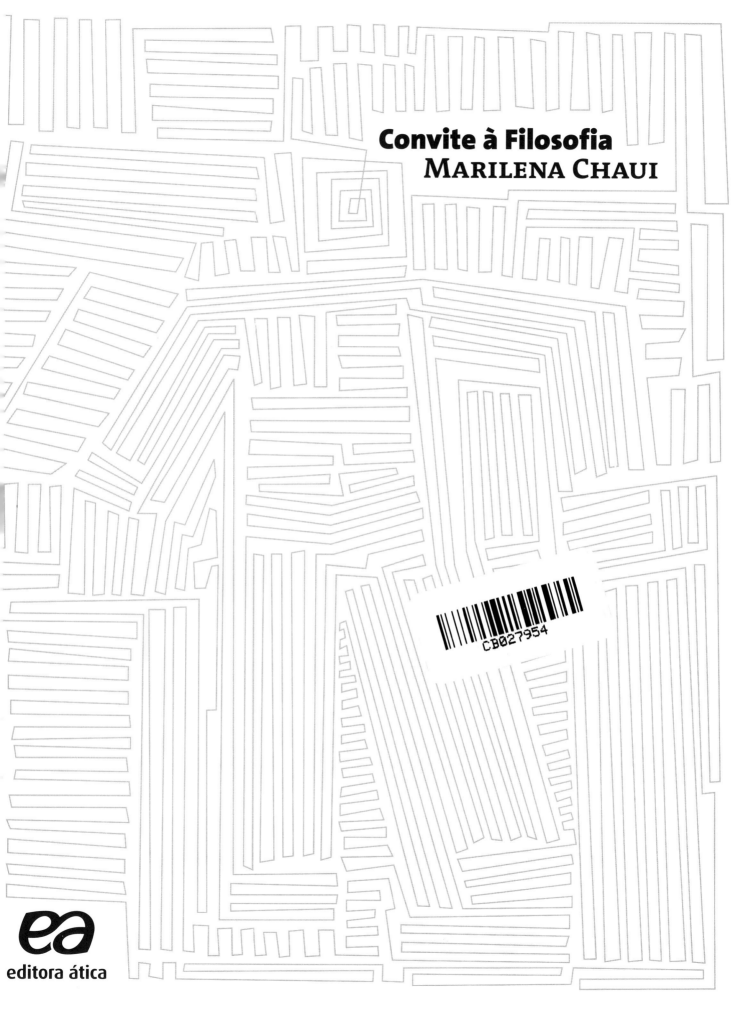

Gerente Editorial	Margarete Gomes
Coordenação da edição e edição de texto	Samir Thomaz
Revisão	Hélia de Jesus Gonsaga (ger.)
	Kátia Scaff Marques (coord.)
	Gloria Cunha
	João Carlos Ribeiro Jr.
	Maurício Baptista Vieira
	Patrícia Travanca
	Rosângela Muricy
	Sandra Regina de Souza
Pesquisa iconográfica	Sílvio Kligin (superv.)
	Caio Mazzilli
Edição de arte	Rosimeire Tada (coord.)
	André Gomes Vitale
Programação visual	Homem de Melo & Troia Design
Editoração eletrônica	Homem de Melo & Troia Design
Capa	Homem de Melo & Troia Design
Impressão e acabamento	Bercrom Gráfica e Editora
Código da op	261186

14ª edição
10ª impressão

ISBN: 978-85-08-13469-4 (aluno)
ISBN: 978-85-08-13470-0 (professor)

Cód. de obra CL 736933

2010
Todos os direitos reservados pela Editora Ática S.A.
Av. Otaviano Alves de Lima, 4400 – 5º andar e andar intermediário Ala A
Freguesia do Ó – CEP 02909-900
São Paulo – SP
Tel.: 0800 115152 – Fax: 0(XX)11 3990-1616
www.atica.com.br
editora@atica.com.br

Apresentação

Como seu título indica, este livro se destina a todos os que estão iniciando estudos de filosofia, seja por interesse pessoal, seja porque essa disciplina faz parte de seu currículo escolar tanto no ensino médio como em cursos universitários de graduação.

Três preocupações determinaram a forma e a organização do livro: em primeiro lugar, despertar o interesse pela filosofia partindo de indagações e de problemas suscitados pela experiência cotidiana, ou seja, indicando que as questões filosóficas não são estranhas nem distantes de nossa vida de todo dia; em segundo lugar, apresentar os temas filosóficos acompanhando sua história, isto é, o que os suscitou, quando foram tratados pela primeira vez, que mudanças sofreram no decorrer dos tempos, ou seja, sublinhando que as ideias filosóficas, científicas, religiosas, artísticas, morais e políticas são determinadas pelas condições históricas em que aparecem e se transformam; e, em terceiro lugar, permitir que a diversidade de disciplinas filosóficas e de campos de investigação seja percebida em sua articulação, isto é, que cada uma dessas disciplinas e desses campos sejam vistos não só em sua especificidade (tal como aparecem na Unidade em que são tratados), mas também vinculados a outras Unidades (por meio de um tema, um conceito, um problema propostos de óticas diferentes).

A finalidade deste *Convite* terá sido alcançada se ele conseguir informar, provocar o raciocínio, a reflexão e a crítica, cultivar o interesse pela cultura e o prazer da interrogação.

A autora

Sumário

INTRODUÇÃO Para que filosofia? 9

Conhece-te a ti mesmo 11
Neo e a Matrix 12
Neo e Sócrates 13
O mito da caverna 14
Nossas crenças costumeiras 15
Exercendo nossa liberdade 16
Conhecendo as coisas 17
E se não for bem assim? 18
Momentos de crise 19
Buscando a saída da caverna ou a atitude filosófica 20
A atitude crítica 21
Para que filosofia? 22
Atitude filosófica: *indagar* 24
A reflexão filosófica 24
Filosofia: um pensamento sistemático 25
Em busca de uma definição da filosofia 26
Inútil? Útil? 29
Questões 29

UNIDADE 1 A filosofia 31

Capítulo 1
A origem da filosofia 32
A palavra *filosofia* 32
O legado da filosofia grega para o Ocidente europeu 33

Capítulo 2
O nascimento da filosofia 38
Ouvindo a voz dos poetas 38
O que perguntavam os primeiros filósofos 40
O nascimento da filosofia 41
Nem oriental, nem milagre 42
Mito e filosofia 43
Condições históricas para o surgimento da filosofia 46

Capítulo 3
Campos de investigação da filosofia 48
Os períodos da filosofia grega 48
Filosofia grega 49

Capítulo 4
Principais períodos da história da filosofia 57
A filosofia na história 57
Os principais períodos da filosofia 58

Capítulo 5
Aspectos da filosofia contemporânea 63
As questões discutidas pela filosofia contemporânea 63
Temas, disciplinas e campos filosóficos 71
Questões 74

UNIDADE 2 A razão 77

Capítulo 1
A razão 78
Os vários sentidos da palavra *razão* 78
Origem da palavra *razão* 79
Os princípios racionais 80

Capítulo 2
A atividade racional 83
A atividade racional e suas modalidades 83
Realismo e idealismo 88

Capítulo 3
A razão: inata ou adquirida? 89
Inatismo ou empirismo? 89
O inatismo 89
O empirismo 91

Capítulo 4
Os problemas do inatismo e do empirismo: soluções filosóficas 95
Inatismo e empirismo: questões e respostas 95
A solução de Leibniz no século XVII 95
A solução kantiana no século XVIII 96
A resposta de Hegel 100
Empiristas, kantianos e hegelianos 102

Capítulo 5
A razão na filosofia contemporânea 103
A razão na fenomenologia de Husserl 103
Razão e sociedade 104
Razão e descontinuidade temporal 104
Por que ainda falamos em *razão*? 106
Razão e realidade 107
Questões 108

UNIDADE 3 A verdade 111

Capítulo 1
Ignorância e verdade 112
A verdade como um valor 112
Ignorância, incerteza e insegurança 112
Dificuldades para a busca da verdade 114

Capítulo 2
Buscando a verdade 116

Dogmatismo e busca da verdade *116*
As três concepções da verdade *121*

Capítulo 3
As concepções da verdade **122**
Grego, latim e hebraico *122*
Diferentes teorias sobre a verdade *123*
Verdade e falsidade *124*
Uma outra teoria da verdade *127*
A concepção da verdade na filosofia analítica *129*
A concepção pragmática da verdade *129*
As concepções da verdade e a história *130*
Questões *131*

Unidade 4 A lógica — 133

Capítulo 1
O nascimento da lógica **134**
É lógico! *134*
Heráclito e Parmênides *135*
O aparecimento da lógica *136*

Capítulo 2
Elementos de lógica **138**
Principais características *138*
A proposição *138*
O silogismo *141*
O silogismo científico *143*

Capítulo 3
A lógica simbólica **146**
A lógica matemática *146*
Linguagem e metalinguagem *149*
Lógica dos predicados e lógica das relações *150*
Questões *154*

Unidade 5 O conhecimento — 157

Capítulo 1
A preocupação com o conhecimento **158**
O conhecimento e os primeiros filósofos *158*
Os filósofos modernos e o nascimento da teoria do conhecimento *162*
Bacon e Descartes *164*
Locke *167*
Racionalismo e empirismo *168*
A consciência: o sujeito, o eu, a pessoa e o cidadão *169*
Subjetividade e graus de consciência *171*

Capítulo 2
A percepção **172**
Sensação e percepção *172*
Empirismo e intelectualismo *173*
Psicologia da forma e fenomenologia *173*
O que é a percepção *175*
Percepção e teoria do conhecimento *177*

Capítulo 3
A imaginação **179**
Cotidiano e imaginação *179*
A imaginação na tradição filosófica *180*
A fenomenologia e a imaginação *180*
Descrevendo a imagem *182*
As modalidades ou tipos de imaginação *183*
Imaginação e teoria do conhecimento *184*

Capítulo 4
A linguagem **185**
A importância da linguagem *185*
A força da linguagem *186*
A outra dimensão da linguagem *187*
A origem da linguagem *188*
O que é a linguagem? *189*
Empiristas e intelectualistas diante da linguagem *190*
Purificar a linguagem *191*
Crítica ao empirismo e ao intelectualismo *192*
A linguística e a linguagem *192*
A experiência da linguagem *194*

Capítulo 5
O pensamento **196**
Pensando... .... *196*
O que dizem os dicionários *197*
Experiências de pensamento *198*
A inteligência *199*
Inteligência e linguagem *200*
Inteligência e pensamento *201*
A necessidade do método *202*
Pensamento mítico e pensamento lógico *204*
Como o mito funciona *205*
Como funciona o pensamento conceitual *207*

Capítulo 6
A consciência pode conhecer tudo? **209**
Consciência e conhecimento *209*
O inconsciente *209*
A psicanálise *210*
A vida psíquica *211*
A alienação social *214*
As três formas da alienação *216*
A ideologia *218*
Erguendo o véu, tirando a máscara *220*
Questões *221*

Unidade 6 A metafísica — 225

Introdução
As indagações metafísicas **226**
A questão metafísica: "O que é?" *226*
A pergunta pelo que é *226*
Características da metafísica em seus períodos *227*

Capítulo 1
O nascimento da metafísica **228**

O realismo da filosofia nascente ... *228*
Da cosmologia à metafísica ... *229*
Metafísica ou ontologia? ... *229*
O surgimento da ontologia: Parmênides de Eleia ... *231*
Platão e o mundo das essências ... *232*

Capítulo 2
A metafísica de Aristóteles **235**
Diferença entre Aristóteles e seus predecessores ... *235*
A metafísica aristotélica ... *237*
Os principais conceitos da metafísica aristotélica ... *237*

Capítulo 3
As aventuras da metafísica **240**
O cristianismo e a tarefa da evangelização ... *240*
As tradições metafísicas encontradas pelo cristianismo ... *241*
A metafísica cristã ... *243*
A metafísica clássica ou moderna ... *245*
A grande crise da metafísica: David Hume ... *247*
Kant e o fim da metafísica clássica ... *248*

Capítulo 4
A ontologia contemporânea **252**
A herança kantiana ... *252*
A contribuição da fenomenologia de Husserl ... *252*
Os fenômenos ou essências ... *255*
Ôntico e ontológico ... *255*
A nova ontologia: nem realismo, nem idealismo ... *257*
O nosso corpo ... *259*
O que é o tempo? ... *260*

Capítulo 5
A filosofia pós-metafísica **262**
As mortes da metafísica ... *262*
A realidade puramente discursiva do sujeito do conhecimento ... *263*
A realidade puramente discursiva do saber ... *264*
Questões ... *267*

Unidade 7 A ciência **271**

Capítulo 1
A atitude científica **272**
O senso comum ... *272*
Características do senso comum ... *273*
A atitude científica ... *274*

Capítulo 2
A ciência na história **277**
As três principais concepções de ciência ... *277*
Diferenças entre a ciência antiga e a clássica ou moderna ... *278*
As mudanças científicas ... *278*
Desmentindo a evolução e o progresso científicos ... *279*
Rupturas epistemológicas ... *280*
Revoluções científicas ... *281*
Falsificação X revolução ... *282*
Classificação das ciências ... *283*

Capítulo 3
As ciências humanas **284**
São possíveis ciências humanas ... *284*
O humano como objeto de investigação ... *285*
Fenomenologia, estruturalismo e marxismo ... *287*
Os campos de estudo das ciências humanas ... *289*

Capítulo 4
O ideal científico e a razão instrumental **291**
O ideal científico ... *291*
Ciência desinteressada e utilitarismo ... *293*
A ideologia cientificista ... *294*
A razão instrumental ... *296*
Confusão entre ciência e técnica ... *298*
O problema do uso das ciências ... *299*
Questões ... *300*

Unidade 8 O mundo da prática **303**

Capítulo 1
A cultura **304**
Natureza humana? ... *304*
Culto, inculto: cultura ... *306*
Natureza e cultura ... *307*
Cultura e história ... *309*
Cultura e antropologia ... *313*
A cultura como ordem simbólica ... *313*
A filosofia e as manifestações culturais ... *315*

Capítulo 2
A experiência do sagrado e a instituição da religião **315**
A religiosidade ... *315*
O sagrado ... *316*
A religião ... *317*
A religião como narrativa da origem ... *318*
Ritos ... *319*
Os objetos simbólicos ... *319*
Manifestação e revelação ... *320*
A lei divina ... *320*
A vida após a morte ... *322*
Milenarismo ... *323*
O bem e o mal ... *323*
O pecado ... *324*
Imanência e transcendência ... *326*
Transcendência e hierarquia ... *326*
As finalidades da religião ... *328*
Críticas à religião ... *329*
Mythos e *lógos* ... *330*
O conflito entre fé e razão ... *332*
Conciliação entre filosofia e religião ... *334*

6

Capítulo 3
O universo das artes **335**
O ponto de vista do espectador *335*
O ponto de vista do artista *337*
Arte e religião *341*
Arte e técnica *343*
Religiosidade, autonomia e técnica:
a *aura* e sua desaparição *346*
Arte e filosofia *349*
A arte como trabalho criador *352*
Arte e sociedade *358*

Capítulo 4
A cultura de massa e a indústria cultural **359**
Cultura popular e cultura de massa *359*
Indústria cultural e cultura de massa *360*
Os meios de comunicação *364*
A informática *375*

Capítulo 5
A existência ética **379**
Senso moral e consciência moral *379*
Juízo de fato e juízo de valor *381*
Ética e violência *382*
Os constituintes do campo ético *383*

Capítulo 6
A filosofia moral **386**
Ética ou filosofia moral *386*
O cristianismo: interioridade e dever *390*
Natureza humana e dever *392*
Cultura e dever *395*
História e virtudes *399*
Razão, desejo e vontade *406*
Ética e psicanálise *409*

Capítulo 7
A liberdade **411**
A liberdade como problema *411*
Três grandes concepções filosóficas da liberdade *415*
Liberdade e possibilidade objetiva *419*
Vida e morte *423*

Capítulo 8
Ética e ciência **424**
Ampliando o campo do possível *424*
A genética e os problemas éticos *425*
Uma breve reflexão *428*
Alguns preceitos da GenÉtica *429*

Capítulo 9
A vida política **430**
Paradoxos da política *430*
O vocabulário da política *434*
O poder despótico *435*
A invenção da política *437*
A sociedade contra o Estado *439*

Capítulo 10
As filosofias políticas (1) **442**
A vida boa *442*
Origem da vida política *443*
Finalidade da vida política *444*
Os regimes políticos *446*
Ética e política *448*
Romanos: a construção do príncipe *448*
O poder teológico-político: o cristianismo *450*

Capítulo 11
As filosofias políticas (2) **457**
O ideal republicano *457*
Antes de *O príncipe* *458*
Maquiavélico, maquiavelismo *458*
A revolução maquiaveliana *459*
A ideia de soberania *462*
O mundo desordenado *462*
Estado de natureza, contrato social, estado civil *464*
A teoria liberal *466*
Liberalismo e fim do Antigo Regime *468*
A cidadania liberal *469*
A ideia de revolução *470*
Significado político das revoluções *471*
As revoluções sociais *472*

Capítulo 12
A política contra a servidão voluntária **473**
A tradição libertária *473*
O discurso da servidão voluntária *473*
As teorias socialistas *474*
A perspectiva marxista *475*
Antecedentes da teoria marxista *478*
Gênese da sociedade e do Estado *479*
Ideologia *482*
Práxis e revolução *485*

Capítulo 13
As experiências políticas do século XX **489**
A Revolução de Outubro *489*
As experiências totalitárias: fascismo e nazismo *492*
O totalitarismo stalinista *494*
A social-democracia *496*
O neoliberalismo *498*

Capítulo 14
A questão democrática **502**
A democracia como ideologia *502*
A sociedade democrática *503*
Dificuldades para a democracia no Brasil *507*
Questões *509*

Leituras recomendadas *519*
Indicações bibliográficas *520*

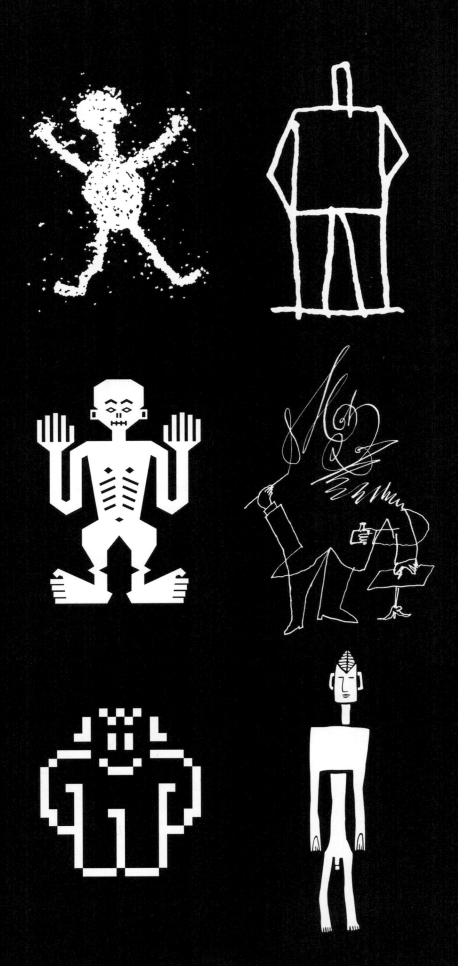

Introdução
Para que filosofia?

Se abandonar a ingenuidade e os preconceitos do senso comum for útil; se não se deixar guiar pela submissão às ideias dominantes e aos poderes estabelecidos for útil; se buscar compreender a significação do mundo, da cultura, da história for útil; se conhecer o sentido das criações humanas nas artes, nas ciências e na política for útil; se dar a cada um de nós e à nossa sociedade os meios para serem conscientes de si e de suas ações numa prática que deseja a liberdade e a felicidade para todos for útil, então podemos dizer que a filosofia é o mais útil de todos os saberes de que os seres humanos são capazes.

Da esquerda para a direita, de cima para baixo: inscrição pré-histórica existente no Parque Nacional da Serra da Capivara, no Piauí; desenho de Joaquim Torres Garcia, de meados do século XX; pictograma usado internacionalmente a partir da década de 1970; figura redesenhada com base em padrão têxtil asiático de origem pré-histórica; desenho de Saul Steinberg, de meados do século XX; silhueta originária do século XIX; pictograma projetado para uso na internet, da década de 1990; figura redesenhada a partir de escultura africana de origem pré-histórica; desenho de Will Eisner, de história em quadrinhos, da década de 1980.

Introdução
Para que filosofia?

Tales de Mileto, o primeiro filósofo de que se tem notícia, andava pelos jardins de sua cidade olhando para o céu para conhecer o movimento dos astros e foi o primeiro astrônomo a prever um eclipse. Conta a lenda que, numa de suas andanças, Tales tropeçou e caiu num poço. A pessoa que o tirou dali teria rido muito, dizendo-lhe: "Ei, Tales! Como você há de saber o que se passa no céu se não consegue ver o que se passa na terra?". Essa anedota consagrou a imagem do filósofo como alguém distraído, que se ocupa com coisas distantes e não enxerga o que se passa à sua volta.

No entanto, uma outra lenda oferece uma imagem oposta a essa. Narra a historieta que Heráclito de Éfeso, também um dos primeiros filósofos, costumava ser visitado por pessoas que desejavam ouvi-lo e imaginavam encontrá-lo isolado e mergulhado em profundas meditações. Heráclito, porém, as surpreendia, pois o encontravam na cozinha, junto ao fogo, ocupado com os afazeres domésticos e, sorrindo, ele lhes dizia: "Aqui também se encontram os deuses". Isto é, o que Heráclito estava querendo dizer é que em qualquer lugar é possível ocupar-se com a busca da verdade. Que não é preciso afastar-se da vida cotidiana e do contato com as pessoas para fazer filosofia.

É exatamente essa posição que a história atribui ao patrono dos filósofos, Sócrates. Baixinho, muito feio e tagarela, Sócrates costumava conversar com os atenienses na praça pública de Atenas. Interessava-se pelas opiniões das pessoas com quem convivia. Diz a história que, na realidade, Sócrates atormentava os atenienses porque não cessava de fazê-los cair em contradições quando estes pretendiam explicar-lhe por que julgavam ter opiniões corretas e verdadeiras.

"Você diz que respeita os corajosos", dizia Sócrates, "mas, diga-me, o que é a coragem?". Ou então: "Você diz que é uma pessoa justa, mas, diga-me, o que é a justiça?". E ainda: "Você diz que sua opinião é verdadeira, mas, diga-me, o que é a verdade?". Mostrando que a primeira resposta que o interlocutor oferecia era insuficiente, Sócrates a transformava numa nova pergunta cuja resposta contradizia a primeira e colocava o interlocutor em contradição consigo mesmo. E assim, de pergunta em pergunta, chegava o momento em que, enfurecido e cheio de dúvidas, o interlocutor reconhecia não saber o que sempre julgara que sabia. Nesse momento, dizia Sócrates, a pessoa estava pronta para começar a filosofar.

Contemplar o Universo, como Tales, ouvir a verdade divina, como Heráclito, conversar com as pessoas, como Sócrates, eis várias maneiras de fazer filosofia.

Nossos exemplos, porém, parecem levar-nos para um tempo muito distante, o da antiga Grécia, que nada (ou, relativamente, quase nada) tem em comum com o mundo atual. Seria a filosofia uma atividade antiga cuja prática não teria sentido nos dias atuais? Afinal, hoje em dia, um astrônomo não sai pelas ruas olhando para o céu, mas trabalha em observatórios com instrumentos técnicos de alta precisão. Um cientista não fica ao pé do fogo esperando ouvir a voz dos deuses, mas realiza investigações em laboratórios complexos e sofisticados. E quando queremos verificar se nossa opinião está correta ou incorreta, não saímos a conversar na praça pública, mas consultamos os serviços e centros de informação colocados à nossa disposição pela internet, ou emitimos nosso pensamento das coisas e do mundo nas chamadas "redes sociais".

Em suma, talvez seja preciso aceitar a desconfiança de muitos de que, em nossos dias, a filosofia não serve para nada. Essa falta de serventia pode ser mais bem percebida se examinarmos o que aconteceu com o significado de uma palavra grega, a palavra *sophía,* que está na formação da palavra *philosophía,* "filosofia".

A palavra *sophía* possuía dois sentidos que, para os gregos, eram inseparáveis: *saber* (conhecimento) e *sabedoria* (conduta moral). Ora, o pensamento moderno separou esses dois sentidos porque distinguiu entre "conhecimento racional" e "vida moral", entre "conhecer" e "agir". *Sabedoria* passou a significar "conhecimento científico e técnico". A distinção entre *conhecer* e *agir* levou também a diferenciar dois sentidos que estavam unidos numa outra palavra grega, a palavra *sóphos,* isto é, "sábio". Enquanto, para os gregos o sábio era, ao mesmo tempo, aquele que possuía conhecimentos verdadeiros sobre a realidade e aquele que agia de acordo com os valores morais, no pensamento moderno, sábio é aquele que possui conhecimentos científicos, técnicos, históricos, artísticos: é o cientista.

No entanto, é possível que a distância entre o passado e o presente seja muito menor do que parece à primeira vista e que a filosofia ainda tenha muito a dizer no mundo contemporâneo. Tomemos um exemplo que vai além de nosso tempo presente e se dirige a um futuro longínquo, no qual a ciência e as técnicas alcançam o máximo desenvolvimento e o máximo poder sobre os seres humanos. Indaguemos se o *passado grego* e o *futuro tecnológico,* isto é, dois tempos distantes do nosso, não seriam, na realidade, fontes para compreendermos nosso mundo e nosso presente. Em outras palavras, se não seriam caminhos para percebermos a validade da filosofia nos dias atuais.

Observemos, para tanto, o primeiro filme da trilogia *Matrix*.

Conhece-te a ti mesmo

Quem viu o filme *Matrix* — antes que se tornasse o primeiro de uma série — há de se lembrar da cena em que o herói Neo é levado pelo guia Morfeu para ouvir o oráculo.

Nesta cena aparece a sibila, a mulher que recebeu o oráculo (isto é, a mensagem) e que é também o oráculo (ou seja, a transmissora da mensagem). Essa mulher pergunta a Neo se ele leu o que está escrito sobre a porta de entrada da casa em que acabou de entrar. Ele diz que não. Ela então lê para ele as palavras, explicando-lhe que são de uma língua há muito desaparecida, o latim. O que está escrito? *Nosce te ipsum.* O que significa? "Conhece-te a ti mesmo." O oráculo diz a Neo que ele — e somente ele — poderá saber se é ou não aquele que vai livrar o mundo do poder da Matrix e, portanto, somente conhecendo a si mesmo ele terá a resposta.

oráculo: a palavra *oráculo* possui dois significados principais, que aparecem nas expressões "consultar um oráculo" e "receber um oráculo". No primeiro caso, significa "uma mensagem misteriosa" enviada por um deus como resposta a uma indagação feita por algum humano; é uma revelação divina que precisa ser decifrada e interpretada. No segundo, significa "uma pessoa especial", que recebe a mensagem divina e a transmite para quem enviou a pergunta à divindade, deixando que o interrogante decifre e interprete a resposta recebida. Entre os gregos antigos, essa pessoa especial costumava ser uma mulher e era chamada *sibila*.

Os atores Keanu Reeves (Neo), Carrie-Anne Moss (Trinity) e Laurence Fishburne (Morfeu), em cena do filme *Matrix*, dos irmãos Wachowski, EUA, 1999. O filme explora as fronteiras entre o real e o virtual.

Poucas pessoas que viram esse filme compreenderam exatamente o significado dessa cena, pois ela é a representação, no futuro, de um acontecimento do passado, ocorrido há 23 séculos, na Grécia.

Havia, na Grécia antiga, na cidade de Delfos, um santuário dedicado ao deus Apolo, deus da luz, da razão e do conhecimento verdadeiro, o patrono da sabedoria. Sobre o portal de entrada desse santuário estava escrita a grande mensagem do deus ou o principal oráculo de Apolo: "Conhece-te a ti mesmo". Um ateniense, chamado Sócrates, foi ao santuário consultar o oráculo, pois em Atenas, onde morava, muitos diziam que ele era um sábio e ele desejava saber o que significava ser um sábio e se ele poderia ser chamado de sábio. O oráculo, que era uma mulher, perguntou-lhe: "O que você sabe?". Ele respondeu: "Só sei que nada sei". Ao que o oráculo disse: "Sócrates é o mais sábio de todos os homens, pois é o único que sabe que não sabe". Sócrates, como todos sabem, é o patrono da filosofia.

Neo e a Matrix

Se voltarmos ao filme *Matrix*, podemos perguntar por que foi feito o paralelo entre Neo e Sócrates.

Comecemos pelo nome dos dois personagens masculinos principais: Neo e Morfeu. Esses nomes são gregos.

Neo significa "novo" ou "renovado" e, quando dito de alguém, significa "jovem na força e no ardor da juventude".

Morfeu pertence à mitologia grega: era o nome de um espírito, filho do Sono e da Noite, que possuía asas e era capaz, num único instante, de voar em absoluto silêncio para as extremidades do mundo. Esvoaçando sobre um ser humano ou pousando levemente sobre sua cabeça, tocando-o com uma papoula vermelha, tinha o poder não só de fazê-lo adormecer e sonhar, mas também de aparecer-lhe no sonho, tomando forma humana. É dessa maneira que, no filme, Morfeu se comunica pela primeira vez com Neo, que desperta assustado com o ruído de uma mensagem na tela de seu computador. E, no primeiro encontro de ambos, Morfeu surpreende Neo por sua extrema velocidade, por ser capaz de voar e por parecer saber tudo a respeito desse jovem que não o conhece.

Várias vezes, Morfeu pergunta a Neo se ele tem sempre a impressão de estar dormindo e sonhando, como se nunca tivesse certeza de estar realmente desperto. Essa pergunta deixa de ser feita a partir do momento em que, entre uma pílula azul e uma vermelha oferecidas por Morfeu, Neo escolhe ingerir a vermelha (como a papoula da mitologia), que o fará ver a realidade. É Morfeu quem lhe mostra a Matrix, fazendo-o compreender que passou a vida inteira sem saber se estava desperto ou se dormia e sonhava porque, realmente, esteve sempre dormindo e sonhando.

O que é a Matrix? Essa palavra é latina. Deriva de *mater*, que quer dizer "mãe". Em latim, *matrix* é o órgão das fêmeas dos mamíferos onde o embrião e o feto se desenvolvem; é o útero. Na linguagem técnica, a matriz é o molde para fundição de uma peça; o circuito de codificadores e decodificadores das cores primárias (para produzir imagens na televisão) e dos sons (nos discos, fitas e filmes); e, na informática, é a rede de guias de entradas e saídas de elementos lógicos dispostos em determinadas intersecções.

No filme, a Matrix tem todos esses sentidos: ela é, ao mesmo tempo, um útero universal onde estão todos os seres humanos cuja vida real é "uterina" e cuja vida imaginária é forjada pelos circuitos de codificadores e decodificadores de cores e sons e pelas redes de guias de entrada e saída de sinais lógicos.

Qual é o poder da Matrix? Usar e controlar a inteligência humana para dominar o mundo, criando uma realidade virtual ou uma falsa realidade na qual todos acreditam. A Matrix é o feitiço virado contra o feiticeiro: criada pela inteligência humana, a Matrix é inteligência artificial que destrói a inteligência que a criou porque só subsiste sugando o sistema nervoso central dos humanos.

Antes que a palavra *computador* fosse usada correntemente, quando só havia as enormes máquinas militares e de grandes empresas, falava-se em "cérebro eletrônico". Por quê? Porque se tratava de um objeto técnico muito diferente de todos até então conhecidos pela humanidade. De fato, os objetos técnicos tradicionais ampliavam a força física dos seres humanos (o microscópio e o telescópio aumentam o limite dos olhos; o navio, o automóvel e o avião aumentam o alcance dos pés humanos; a alavanca, a polia, a chave de fenda, o martelo aumentam a força das mãos humanas; e assim por diante). Em contrapartida, o "cérebro eletrônico" ou computador amplia e mesmo substitui as capacidades mentais ou intelectuais dos seres humanos. A Matrix é o computador gigantesco que escraviza os homens, usando a mente deles para controlar as próprias percepções, sentimentos e pensamentos, fazendo-os crer que o aparente é real.

Vencer o poder da Matrix é destruir a aparência, restaurar a realidade e assegurar que os seres humanos possam perceber e compreender o mundo verdadeiro e viver realmente nele. Todos os combates realizados por Neo e seus companheiros são combates cerebrais e do sistema nervoso, isto é, são combates mentais entre os centros de sensação, percepção e pensamento humanos e os centros artificiais da Matrix. Ou seja, as armas e tiroteios que aparecem na tela são pura ilusão, não existem, pois o combate não é físico e sim mental.

Neo e Sócrates

Por que os personagens do filme afirmam que Neo é "o escolhido"? Por que eles estão seguros de que ele será capaz de realizar o combate final e vencer a Matrix? Porque ele era um "pirata eletrônico", isto é, alguém capaz de invadir programas, decifrar códigos e mensagens, mas, sobretudo, porque ele também era um criador de programas de realidade virtual, um perito capaz de rivalizar com a própria Matrix e competir com ela. Por ter um poder semelhante ao dela, Neo sempre desconfiou de que a realidade não era exatamente tal como se apresentava. Sempre teve dúvidas quanto à realidade percebida e secretamente questionava o que era a Matrix. Essa interrogação o levou a vasculhar os circuitos internos da máquina (tanto assim que começou a ser perseguido por ela como alguém perigoso) e foram suas incursões secretas que o fizeram ser descoberto por Morfeu.

Por que Sócrates é considerado o "patrono da filosofia"? Porque jamais se contentou com as opiniões estabelecidas, com os preconceitos de sua sociedade, com as crenças inquestionadas de seus conterrâneos. Ele costumava dizer que era impelido por um "espírito interior" (como Morfeu instigando Neo) que o levava a desconfiar das aparências e procurar a realidade verdadeira de todas as coisas.

Sócrates andava pelas ruas de Atenas fazendo aos atenienses algumas perguntas: "O que é isso em que você acredita?", "O que é isso que você está dizendo?", "O que é isso que você está fazendo?". Os atenienses achavam, por exemplo, que sabiam o que era a justiça. Sócrates lhes fazia perguntas de tal maneira sobre a justiça que, embaraçados e confusos, chegavam à conclusão de que não sabiam o que ela significava. Os atenienses acreditavam que sabiam o que era a coragem. Com suas perguntas incansáveis, Sócrates os fazia concluir que não sabiam o que significava a coragem. Os atenienses acreditavam também que sabiam o que eram a bondade, a beleza, a verdade, mas um prolongado diálogo com Sócrates os fazia perceber que não sabiam o que era aquilo em que acreditavam.

A pergunta "O que é?" era o questionamento sobre a realidade essencial e profunda de uma coisa para além das aparências e contra as aparências. Com essa pergunta, Sócrates levava os atenienses a descobrir a diferença entre *parecer* e *ser*, entre mera *crença ou opinião* e *verdade*.

Sócrates era filho de uma parteira. Ele dizia que sua mãe ajudava o nascimento dos corpos e que ele também era um parteiro, mas não de corpos e sim de almas. Assim como sua mãe lidava com a matrix corporal, ele lidava com a matrix mental, auxiliando as mentes a libertar-se das aparências e buscar a verdade.

Como os de Neo, os combates socráticos eram também combates mentais ou de pensamento. E enfureceram de tal maneira os poderosos de Atenas que Sócrates foi condenado à morte, acusado de espalhar dúvidas sobre as ideias e os valores atenienses, corrompendo a juventude.

O paralelo entre Neo e Sócrates não se encontra apenas no fato de que ambos são instigados por "espíritos" que os fazem desconfiar das aparências, nem apenas pelo encontro com um oráculo e o "Conhece-te a ti mesmo", e nem apenas porque ambos lidam com matrizes. Podemos encontrá-lo também ao comparar a trajetória de Neo até o combate final no interior da Matrix e em uma das mais célebres e famosas passagens de um escrito de um discípulo de Sócrates, o filósofo Platão. Essa passagem encontra-se numa obra intitulada *A República* e chama-se "O mito da caverna".

O mito da caverna

Imaginemos uma caverna separada do mundo externo por um alto muro. Entre o muro e o chão da caverna há uma fresta por onde passa um fino feixe de luz exterior, deixando a caverna na obscuridade quase completa. Desde o nascimento, geração após geração, seres humanos encontram-se ali, de costas para a entrada, acorrentados sem poder mover a cabeça nem locomover-se, forçados a olhar apenas a parede do fundo, vivendo sem nunca ter visto o mundo exterior nem a luz do Sol, sem jamais ter efetivamente visto uns aos outros nem a si mesmos, mas apenas sombras dos outros e de si mesmos, porque estão no escuro e imobilizados. Abaixo do muro, do lado de dentro da caverna, há um fogo que ilumina vagamente o interior sombrio e faz com que as coisas que se passam do lado de fora sejam projetadas como sombras nas paredes do fundo da caverna. Do lado de fora, pessoas passam conversando e carregando nos ombros figuras ou imagens de homens, mulheres e animais cujas sombras também são projetadas na parede da caverna, como num teatro de fantoches. Os prisioneiros julgam que as sombras de coisas e pessoas, os sons de suas falas e as imagens que transportam nos ombros são as próprias coisas externas, e que os artefatos projetados são seres vivos que se movem e falam.

Os prisioneiros se comunicam, dando nome às coisas que julgam ver (sem vê-las realmente, pois estão na obscuridade) e imaginam que o que escutam, e que não sabem que são sons vindos de fora, são as vozes das próprias sombras e não dos homens cujas imagens estão projetadas na parede; também imaginam que os sons produzidos pelos artefatos que esses homens carregam nos ombros são vozes de seres reais.

Qual é, pois, a situação dessas pessoas aprisionadas? Tomam sombras por realidade, tanto as sombras das coisas e dos homens exteriores como as sombras dos artefatos fabricados por eles. Essa confusão, porém, não tem como causa a natureza dos prisioneiros e sim as condições adversas em que se encontram. Que aconteceria se fossem libertados dessa condição de miséria?

Um dos prisioneiros, inconformado com a condição em que se encontra, decide abandoná-la. Fabrica um instrumento com o qual quebra os grilhões. De início, move a cabeça, depois o corpo todo; a seguir, avança na direção do muro e o escala. Enfrentando os obstáculos de um caminho íngreme e difícil, sai da caverna.

No primeiro instante, fica totalmente cego pela luminosidade do Sol, com a qual seus olhos não estão acostumados. Enche-se de dor por causa dos movimentos que seu corpo realiza pela primeira vez e pelo ofuscamento de seus olhos sob a luz externa, muito mais forte do que o fraco brilho do fogo que havia no interior da caverna. Sente-se dividido entre a incredulidade e o deslumbramento. Incredulidade porque será obrigado a decidir onde se encontra a realidade: no que vê agora ou nas sombras em que sempre viveu. Deslumbramento (literalmente: "ferido pela luz") porque seus olhos não conseguem ver com nitidez as coisas iluminadas.

mito da caverna: imagine que a caverna é uma sala de cinema escura, o fio de luz, a luminosidade lançada pelo projetor, e as imagens no fundo da parede da caverna, um filme que está sendo projetado numa tela.

A caverna de Platão, gravura da Escola Francesa do século XVI.

Seu primeiro impulso é o de retornar à caverna para livrar-se da dor e do espanto, atraído pela escuridão, que lhe parece mais acolhedora. Além disso, precisa aprender a ver e esse aprendizado é doloroso, fazendo-o desejar a caverna onde tudo lhe é familiar e conhecido.

Sentindo-se sem disposição para regressar à caverna por causa da rudeza do caminho, o prisioneiro permanece no exterior. Aos poucos, habitua-se à luz e começa a ver o mundo. Encanta-se, tem a felicidade de finalmente ver as próprias coisas, descobrindo que estivera prisioneiro a vida toda e que em sua prisão vira apenas sombras. Doravante, desejará ficar longe da caverna para sempre e lutará com todas as suas forças para jamais regressar a ela. No entanto, não pode evitar lastimar a sorte dos outros prisioneiros e, por fim, toma a difícil decisão de regressar ao subterrâneo sombrio para contar aos demais o que viu e convencê-los a se libertarem também.

Que lhe acontece nesse retorno? Os demais prisioneiros zombam dele, não acreditando em suas palavras e, se não conseguem silenciá-lo com suas caçoadas, tentam fazê-lo espancando-o. Se mesmo assim ele teima em afirmar o que viu e os convida a sair da caverna, certamente acabarão por matá-lo. Mas, quem sabe, alguns podem ouvi-lo e, contra a vontade dos demais, também decidir sair da caverna rumo à realidade?

O que é a caverna? O mundo de aparências em que vivemos. Que são as sombras projetadas no fundo? As coisas que percebemos. Que são os grilhões e as correntes? Nossos preconceitos e opiniões, nossa crença de que o que estamos percebendo é a realidade. Quem é o prisioneiro que se liberta e sai da caverna? O filósofo. O que é a luz do Sol? A luz da verdade. O que é o mundo iluminado pelo sol da verdade? A realidade. Qual o instrumento que liberta o prisioneiro rebelde e com o qual ele deseja libertar os outros prisioneiros? A filosofia.

Nossas crenças costumeiras

Em nossa vida cotidiana, afirmamos, negamos, desejamos, aceitamos ou recusamos coisas, pessoas, situações. Fazemos perguntas como "Que horas são?" ou "Que dia é hoje?". Dizemos frases como "Ele está sonhando" ou "Ela ficou maluca". Fazemos afirmações como "Onde há fumaça, há fogo" ou "Não saia na chuva para não se resfriar". Avaliamos coisas e pessoas, dizendo, por exemplo, "Esta casa é mais bonita do que a outra" e "Maria está mais jovem do que Glorinha".

Numa disputa, quando os ânimos estão exaltados, um dos contendores pode gritar ao outro: "Mentiroso! Eu estava lá e não foi isso o que aconteceu", e alguém, querendo acalmar a briga, pode dizer: "Vamos pôr a cabeça no lugar, cada um seja bem objetivo e diga o que viu, porque assim todos poderão se entender".

Também é comum ouvirmos os pais e amigos dizerem que quando o assunto é o namorado ou a namorada, não somos capazes de ver as coisas como elas são, que vemos o que ninguém vê e não vemos o que todo mundo está vendo. Dizem, nesse caso, que somos "muito subjetivos". Ou, como diz o ditado, que "quem ama o feio, bonito lhe parece".

Frequentemente, quando aprovamos uma pessoa, o que ela diz, como ela age, dizemos que essa pessoa "é legal". Vejamos um pouco mais de perto o que dizemos em nosso cotidiano.

Quando pergunto "Que horas são?" ou "Que dia é hoje?", minha expectativa é a de que alguém, tendo um relógio ou um calendário, me dê a resposta exata. Em que acredito quando faço a pergunta e aceito a resposta? Acredito que o tempo existe, que ele passa, pode ser medido em horas e dias, que o que já passou é diferente do agora e que o que virá também há de ser diferente deste momento, que o passado pode ser lembrado ou esquecido e o futuro, desejado ou temido. Assim, uma simples pergunta contém, silenciosamente, várias **crenças**.

Por que "crenças"? Porque são coisas ou ideias em que acreditamos sem questionar, que aceitamos porque são óbvias, evidentes. Afinal, quem não sabe que ontem é diferente de amanhã, que o dia tem horas e que elas passam sem cessar?

Quando digo "Ele está sonhando" para me referir a alguém que está acordado e diz ou pensa alguma coisa que julgo impossível ou improvável, tenho igualmente muitas crenças silenciosas: acredito que sonhar é diferente de estar acordado, que, no sonho, o impossível e o improvável se apresentam como possível e provável, e também que o sonho se relaciona com o irreal, enquanto a vigília se relaciona com o que existe realmente. Acredito, portanto, que a realidade existe fora de mim, que posso percebê-la e conhecê-la tal como é, e por isso creio que sei diferenciar realidade de ilusão.

A frase "Ela ficou maluca" contém essas mesmas crenças e mais uma: a de que sabemos diferenciar entre sanidade mental e loucura, que a sanidade mental se chama razão e que maluca é a pessoa que perde a razão e inventa uma realidade existente só para ela. Assim, ao acreditar que sei distinguir entre razão e loucura, acredito também que a razão se refere a uma realidade que é a mesma para todos, ainda que não gostemos das mesmas coisas.

Quando alguém diz "Onde há fumaça, há fogo" ou "Não saia na chuva para não se resfriar", afirma silenciosamente muitas crenças: acredita que existem relações de causa e efeito entre as coisas, que onde houver uma coisa certamente houve uma causa para a sua existência, ou que essa coisa é causa de alguma outra (o fogo é uma causa e a fumaça é seu efeito, a chuva é causa do resfriado ou o resfriado é efeito da chuva). Acreditamos, assim, que a realidade é feita de causalidades, que as coisas, os fatos, as situações se encadeiam em relações de causa e efeito que podem ser conhecidas por nós e, até mesmo, ser controladas por nós para o uso de nossa vida.

Exercendo nossa liberdade

Quando dizemos que uma casa é mais bonita do que a outra ou que Maria está mais jovem do que Glorinha, acreditamos que as coisas, as pessoas, as situações, os fatos podem ser comparados e avaliados, julgados por sua qualidade (bonito, feio, bom, ruim, jovem, velho, engraçado, triste, limpo, sujo) ou por sua quantidade (muito, pouco, mais, menos, maior, menor, grande, pequeno, largo, estreito, comprido, curto). Julgamos, assim, que as qualidades e as quantidades existem, que podemos conhecê-las e usá-las em nossa vida.

Se dissermos, por exemplo, que o Sol é maior do que o vemos, estamos acreditando que nossa percepção alcança as coisas de modos diferentes, às vezes tais como são em si mesmas (a folha deste livro, bem à nossa frente, é percebida como branca e, de fato, ela o é), outras vezes tais como nos parecem (o Sol, de fato, é maior do que o disco dourado que vemos ao longe), dependendo da distância, de nossas condições de visibilidade ou da localização e do movimento dos objetos. Por isso acreditamos que nossa visão pode ver as coisas diferentemente do que elas são, mas nem por isso diremos que estamos sonhando ou que ficamos malucos.

Acreditamos, assim, que vemos as coisas nos lugares em que elas estão ou do lugar em que estamos e que a percepção visual varia conforme elas estejam próximas ou distantes de nós. Isso significa que acreditamos que elas e nós ocupamos lugares no espaço e, portanto, cremos que este existe, pode ser diferenciado (perto, longe, alto, baixo) e medido (comprimento, largura, altura).

Na briga, quando alguém chama o outro de mentiroso porque não estaria dizendo os fatos exatamente como aconteceram, está presente a nossa crença de que há diferença entre verdade e mentira. A primeira diz as coisas tais como são, enquanto a segunda faz exatamente o contrário, distorcendo a realidade.

No entanto, consideramos a mentira diferente do sonho, da loucura e do erro, porque o sonhador, o louco e o que erra se iludem involuntariamente, enquanto o mentiroso decide voluntariamente deformar a realidade e os fatos. Com isso, acreditamos que o erro e a mentira são falsidades, mas são diferentes porque somente na mentira há a decisão de falsear.

Ao diferenciarmos erro de mentira, considerando o primeiro uma ilusão ou um engano involuntário e a segunda uma decisão voluntária, manifestamos silenciosamente a crença de que somos seres dotados de vontade e que dela depende dizer a verdade ou a mentira.

Ao mesmo tempo, porém, nem sempre avaliamos a mentira como alguma coisa ruim: não gostamos tanto de ler romances, ver novelas, assistir a filmes? E não são mentira? É que também acreditamos que, quando alguém nos avisa que está mentindo, a mentira é aceitável, não é uma mentira "no duro", "pra valer".

Quando distinguimos entre verdade e mentira e diferenciamos mentiras inaceitáveis de mentiras aceitáveis, não estamos apenas nos referindo ao conhecimento ou desconhecimento da realidade, mas também ao caráter da pessoa, à sua moral. Acreditamos, portanto, que as pessoas, porque possuem vontade, podem ser morais ou imorais, pois cremos que a vontade é o poder para escolher entre o Bem e o Mal. E sobretudo acreditamos que exercer tal poder é exercer a liberdade, pois acreditamos que somos livres porque escolhemos voluntariamente nossas ações, nossas ideias, nossos sentimentos.

Conhecendo as coisas

Na briga, quando uma terceira pessoa pede às outras duas para que digam o que realmente viram ou que sejam "objetivas", ou quando falamos dos namorados como incapazes de ver as coisas como são ou como sendo "muito subjetivos", também temos várias crenças silenciosas.

De fato, acreditamos que quando alguém quer defender muito intensamente um ponto de vista, uma preferência, uma opinião e é até capaz de brigar por isso, pode "perder a objetividade" e deixar-se guiar apenas pelos seus sentimentos e não pela realidade. Da mesma maneira, acreditamos que os apaixonados se tornam incapazes de ver as coisas como são, de ter uma "atitude objetiva", e que sua paixão os faz ficar "muito subjetivos". Em que acreditamos, então?

Acreditamos que ter objetividade é ter uma atitude imparcial que percebe e compreende as coisas tais como são verdadeiramente, enquanto a subjetividade é uma atitude parcial, pessoal, ditada por sentimentos variados (amor, ódio, medo, desejo). Assim, não só acreditamos que a objetividade e a subjetividade existem, como ainda acreditamos que são diferentes, sendo que a primeira percebe perfeitamente a realidade e não a deforma, enquanto a segunda não percebe adequadamente a realidade e, voluntária ou involuntariamente, a deforma.

Ao dizermos que alguém "é legal" porque tem os mesmos gostos, as mesmas ideias, respeita ou despreza as mesmas coisas que nós e tem atitudes, hábitos e costumes muito parecidos com os nossos, estamos, silenciosamente, acreditando que a vida com as outras pessoas — família, amigos, escola, trabalho, sociedade — nos faz semelhantes ou diferentes em decorrência de normas e valores morais, políticos, religiosos e artísticos, regras de conduta, finalidades de vida.

Achamos óbvio que todos os seres humanos seguem regras e normas de conduta, possuem valores morais, religiosos, políticos, artísticos, vivem na companhia de seus semelhantes e procuram distanciar-se dos diferentes dos quais discordam e com os quais entram em conflito. Isso significa que acreditamos que somos seres sociais, morais e racionais, pois regras, normas, valores, finalidades só podem ser estabelecidos por seres conscientes e dotados de raciocínio.

Como se pode notar, nossa vida cotidiana é toda feita de *crenças silenciosas*, da aceitação de coisas e ideias que nunca questionamos porque nos parecem naturais, óbvias. Cremos na existência do espaço e do tempo, na realidade exterior e na diferença entre realidade e sonho, assim como na diferença entre sanidade mental ou razão e loucura. Cremos na existência das qualidades e das quantidades. Cremos que somos seres racionais capazes de conhecer as coisas e por isso acreditamos na existência da verdade e na diferença entre verdade e mentira; cremos também na objetividade e na diferença entre ela e a subjetividade. Cremos na existência da vontade e da liberdade e por isso cremos na existência do Bem e do Mal, crença que nos faz aceitar como perfeitamente natural a existência da moral e da religião. Cremos também que somos seres que naturalmente precisam de seus semelhantes e por isso tomamos como um fato óbvio e inquestionável a existência da sociedade com suas regras, normas, permissões e proibições. Haver sociedade é, para nós, tão natural quanto haver Sol, Lua, dia, noite, chuva, rios, mares, céu e florestas.

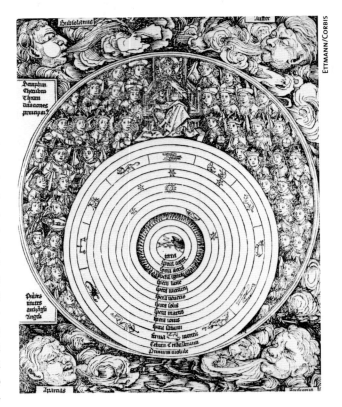

Até o início do século XVI, as pessoas acreditavam no modelo de Universo proposto por Ptolomeu, matemático e astrônomo alexandrino que viveu no século II. Nesse modelo, a Terra ocupa o centro do Universo, como se vê nesta ilustração de 1492.

E se não for bem assim?

Quando, em *Matrix*, Neo pergunta: "Onde estamos?", Morfeu lhe diz que a pergunta está equivocada, pois o correto seria perguntar: "Quando estamos?". Ou seja, Neo pergunta pelo lugar ou pela realidade espacial — onde? —, mas teria de perguntar pela realidade temporal — quando? Ao mostrar-lhe que não estão vivendo no ano de 1999 e sim no século XXI, Morfeu pode mostrar a Neo onde realmente estão vivendo: num mundo destruído e arruinado, vazio de coisas e de pessoas, pois todos os seres humanos estão aprisionados no interior da Matrix. O que Neo julgava ser o mundo real é pura ilusão e aparência.

Para fazê-lo compreender o que se passa, Morfeu (como sua origem mitológica indica) faz com que incessante e velozmente tudo mude de forma, cor, tamanho, lugar e tempo, de maneira que Neo tenha de perguntar se o espaço e o tempo existem realmente.

Quando é levado ao oráculo, Neo presencia fatos surpreendentes: vê crianças realizando prodígios, como entortar e desentortar uma colher sem tocar nela, ou manter soltos no ar e em movimento cubos sem neles tocar. Diante de sua surpresa, a criança que entorta e desentorta a colher lhe diz simplesmente: "A colher não existe". Neo está diante de uma contradição entre visão e realidade: o que ele vê não existe e o que existe não é visto por ele.

Exatamente por isso e por estar perplexo, sem compreender o que se passa, é que o oráculo lhe mostra a inscrição sobre a porta — "Conhece-te a ti mesmo" —, indicando-lhe que antes de tentar resolver os enigmas do mundo externo será mais proveitoso que comece compreendendo-se a si mesmo.

Quantas vezes não passamos por situações desse tipo, que nos levam a desconfiar ora das coisas, ora de nós mesmos, ora dos outros?

Cremos que nossa vontade é livre para escolher entre o Bem e o Mal. Cremos também na necessidade de obedecer às normas e às regras de nossa sociedade. Que acontece, porém, quando, numa situação, nossa vontade nos indica que é bom fazer ou querer algo que nossa sociedade proíbe ou condena? Ou, ao contrário, quando nossa vontade julga que será um mal e uma injustiça querer ou fazer algo que nossa sociedade exige ou obriga? Ou seja, há momentos em nossa vida em que vivemos um conflito entre o que nossa liberdade deseja (porque nossa vontade julga ser isso o melhor) e o que nossa sociedade determina e impõe.

Cremos na existência do tempo, isto é, num transcorrer que não depende de nós, e cremos que podemos medi-lo com instrumentos como o relógio e o cronômetro. No entanto, quando estamos à espera de alguma coisa muito desejada ou de alguém muito querido, o tempo parece não passar, a demora é longa, interminável; olhamos para o relógio e nele o tempo está passando, sem corresponder à nossa impressão de que está quase parado. Ao contrário, se estamos numa situação de muita satisfação (uma festa, um espetáculo de música e dança, um encontro amoroso, um passeio com amigos queridos), o tempo voa, passa velozmente, ainda que o relógio mostre que se passaram várias horas.

Vemos que o Sol nasce a leste e se põe a oeste, que sua presença é o dia e sua ausência é a noite. Nossos olhos nos fazem acreditar que o Sol se move à volta da Terra e que esta permanece imóvel. Quando, durante muitas noites seguidas, acompanhamos a posição das estrelas no céu, vemos que elas mudam de lugar e acreditamos que se movem à nossa volta, enquanto a Terra permanece na imobilidade. No entanto, a astronomia demonstra que não é isso que acontece. A Terra é um planeta num sistema cuja estrela central se chama Sol, ou seja, a Terra é um planeta do Sistema Solar e ela, juntamente com outros planetas, é que se move à volta do Sol, num movimento de translação. Além desse movimento, ela ainda realiza um outro, o de rotação em torno de seu eixo invisível. O movimento de translação explica a existência do ano e o de rotação explica a existência do dia e da noite. Assim, há uma contradição entre nossa crença na imobilidade da Terra e a informação astronômica sobre os movimentos terrestres.

Esses exemplos assemelham-se às experiências e desconfianças de Neo: por um lado, tudo parece certinho e como tem de ser e, por outro, parece que tudo poderia estar errado ou ser ilusão. Temos a crença na liberdade, mas somos dominados pelas regras de nossa sociedade. Temos experiência do tempo parado ou do tempo ligeiro, mas o relógio não comprova essa experiência. Temos a percepção do Sol e das estrelas em movimento à volta da Terra imóvel, mas a astronomia nos ensina o contrário.

Momentos de crise

Esses conflitos entre várias de nossas crenças ou entre nossas crenças e um saber estabelecido indicam a principal circunstância em que somos levados a mudar de atitude. Quando uma crença contradiz outra ou parece incompatível com outra, ou quando aquilo em que sempre acreditamos é contrariado por uma outra forma de conhecimento, entramos em **crise**. Algumas pessoas se esforçam para fazer de conta que não há problema algum e vão levando a vida como se tudo estivesse "muito bem, obrigado". Outras, porém, sentem-se impelidas a indagar qual é a origem, o sentido e a realidade de nossas crenças.

É assim que o conflito entre minha vontade e as regras de minha sociedade me levam a colocar a seguinte questão: sou livre quando quero ou faço algo que contraria minha sociedade, ou sou livre quando domino minha vontade e a obrigo a aceitar o que minha sociedade determina? Ou seja, sou livre quando sigo minha vontade ou quando sou capaz de controlá-la? Ora, para responder a essa questão, precisamos fazer outras perguntas, mais profundas. Temos de perguntar "O que é a liberdade?", "O que é a vontade?", "O que é a sociedade?", "O que são o Bem e o Mal, o justo e o injusto?".

É assim também que as experiências do tempo parado e do tempo veloz e a do tempo marcado pelo relógio nos levam a indagar: "Como é possível que haja duas realidades temporais diferentes, a marcada pelo relógio e a vivida por nós?", "Qual é o tempo real e verdadeiro?". Mas, para responder a essas perguntas, novamente é preciso fazer uma pergunta mais profunda e indagar: "O que é o tempo?".

Da mesma maneira, a diferença entre nossa percepção da imobilidade da Terra e mobilidade do Sol e o que ensina a astronomia leva-nos a perguntar: "Se não percebemos os movimentos da Terra e se nossos olhos se enganam tão profundamente, será que poderemos sempre confiar em nossa percepção visual ou devemos sempre desconfiar dela?", "Será que percebemos as coisas como realmente são?". Para responder a essas perguntas, precisamos fazer duas outras, mais profundas: "O que é perceber?" e "O que é realidade?".

Quadrinhos da história "O véu", que compõe o livro *Persépolis*, da cartunista iraniana Marjane Satrapi. A história é narrada em primeira pessoa e conta as peripécias vividas pela própria autora no Irã dos aiatolás.

O que está por trás de tais perguntas? O fato de que estamos mudando de atitude. Quando o que era objeto de crença aparece como algo contraditório ou problemático e por isso se transforma em indagação ou interrogação, estamos passando da atitude costumeira à *atitude filosófica*.

Essa mudança de atitude indica algo bastante preciso: quem não se contenta com as crenças ou opiniões preestabelecidas, quem percebe contradições e incompatibilidades entre elas, quem procura compreender o que elas são e por que são problemáticas está exprimindo um desejo, o *desejo de saber*. E é exatamente isso o que, na origem, a palavra *filosofia* significa, pois, em grego, *philosophía* quer dizer "amor à sabedoria".

Buscando a saída da caverna ou a atitude filosófica

Imaginemos, portanto, alguém que tomasse a decisão de não aceitar as opiniões estabelecidas e começasse a fazer perguntas que os outros julgam estranhas e inesperadas. Em vez de "Que horas são?" ou "Que dia é hoje?", perguntasse "O que é o tempo?". Em vez de dizer "Está sonhando" ou "Ficou maluca", quisesse saber "O que é o sonho, a loucura, a razão?".

Suponhamos que essa pessoa fosse substituindo suas afirmações por perguntas e em vez de dizer "Onde há fumaça, há fogo" ou "Não saia na chuva para não ficar resfriado", perguntasse "O que é causa?", "O que é efeito?"; ou, se em lugar de dizer "Seja objetivo" ou "Eles são muito subjetivos", perguntasse "O que é a objetividade?", "O que é a subjetividade?"; e, ainda, se em vez de afirmar "Esta casa é mais bonita do que a outra", perguntasse "O que é 'mais'?", "O que é 'menos'?", "O que é o belo?".

Em vez de gritar "Mentiroso!", questionasse: "O que é a verdade?", "O que é o falso?", "O que é o erro?", "O que é a mentira?", "Quando existe verdade e por quê?", "Quando existe ilusão e por quê?".

Se, em vez de falar na subjetividade dos namorados, inquirisse: "O que é o amor?", "O que é o desejo?", "O que são os sentimentos?".

Se, em lugar de discorrer tranquilamente sobre "maior" e "menor" ou "claro" e "escuro", resolvesse investigar: "O que é a quantidade?", "O que é a qualidade?".

E se, em vez de afirmar que gosta de alguém porque possui as mesmas ideias, os mesmos gostos, as mesmas preferências e os mesmos valores, preferisse analisar: "O que é um valor?", "O que é um valor moral?", "O que é um valor artístico?", "O que é a moral?", "O que é a vontade?", "O que é a liberdade?".

Alguém que tomasse essa decisão estaria tomando distância da vida cotidiana e de si mesmo, teria passado a indagar o que são as crenças e os sentimentos que alimentam, silenciosamente, nossa existência. Ao tomar essa distância, estaria interrogando a si mesmo, desejando conhecer por que cremos no que cremos, por que sentimos o que sentimos e o que são nossas crenças e nossos sentimentos. Esse alguém estaria começando a cumprir o que dizia o oráculo de Delfos: "Conhece-te a ti mesmo". E estaria começando a adotar o que chamamos de **atitude filosófica**.

Assim, uma primeira resposta à pergunta "O que é filosofia?" poderia ser: "A decisão de não aceitar como naturais, óbvias e evidentes as coisas, as ideias, os fatos, as situações, os valores, os comportamentos de nossa existência cotidiana; jamais aceitá-los sem antes havê-los investigado e compreendido".

Perguntaram, certa vez, a um filósofo: "Para que filosofia?". E ele respondeu: "Para não darmos nossa aceitação imediata às coisas, sem maiores considerações".

Podemos dizer que a filosofia surge quando os seres humanos começam a exigir provas e justificações racionais que validem ou invalidem as crenças cotidianas.

Por que racionais? Por três motivos principais: em primeiro lugar, porque *racional* significa argumentado, debatido e compreendido; em segundo, porque *racional* significa que, ao argumentar e debater, queremos conhecer as condições e os pressupostos de nossos pensamentos e os dos outros; em terceiro, porque *racional* significa respeitar certas regras de coerência do pensamento para que um argumento ou um debate tenham sentido, chegando a conclusões que podem ser compreendidas, discutidas, aceitas e respeitadas por outros.

Será que percebemos as coisas como realmente são?

A atitude crítica

A primeira característica da atitude filosófica é negativa, isto é, um "dizer não" aos "pré-conceitos", aos "pré-juízos", aos fatos e às ideias da experiência cotidiana, ao que "todo mundo diz e pensa", ao estabelecido. Numa palavra, é colocar entre parênteses nossas crenças para poder interrogar *quais são suas causas* e *qual é seu sentido*.

A segunda característica da atitude filosófica é positiva, isto é, uma interrogação sobre *o que são* as coisas, as ideias, os fatos, as situações, os comportamentos, os valores, nós mesmos. É também uma interrogação sobre o *porquê* e o *como* disso tudo e de nós próprios. "O que é?", "Por que é?", "Como é?". Essas são as indagações fundamentais da atitude filosófica.

A face negativa e a face positiva da atitude filosófica constituem o que chamamos de **atitude crítica**.

Por que "crítica"?

Em geral, julgamos que a palavra *crítica* significa ser do contra, dizer que tudo vai mal, que tudo está errado, que tudo é feio ou desagradável. Crítica é mau humor, coisa de gente chata ou pretensiosa que acha que sabe mais que os outros. Mas não é isso que essa palavra quer dizer.

A palavra *crítica* vem do grego e possui três sentidos principais: 1) "capacidade para julgar, discernir e decidir corretamente"; 2) "exame racional de todas as coisas sem preconceito e sem pré-julgamento"; 3) "atividade de examinar e avaliar detalhadamente uma ideia, um valor, um costume, um comportamento, uma obra artística ou científica". A atitude filosófica é uma atitude "crítica" porque preenche esses três significados da noção de *crítica*, a qual, como se observa, é inseparável da noção de *racional*, que vimos anteriormente.

A filosofia começa dizendo "não" às crenças e aos preconceitos do dia a dia para que possam ser avaliados racional e criticamente, admitindo que não sabemos o que imaginávamos saber. Ou, como dizia Sócrates, começamos a buscar o conhecimento quando somos capazes de dizer: "Só sei que nada sei".

Para Platão, o discípulo de Sócrates, a filosofia começa com a *admiração* ou, como escreve seu discípulo Aristóteles, a filosofia começa com o *espanto*, "... pois os homens começam e começaram sempre a filosofar movidos pelo espanto (...). Aquele que se coloca uma dificuldade e se espanta, reconhece sua própria ignorância. (...) De sorte que, se filosofaram, foi para fugir da ignorância".

Admiração e *espanto* significam que reconhecemos nossa ignorância e exatamente por isso podemos superá-la. Nós nos espantamos quando, por meio de nosso pensamento, tomamos distância do nosso mundo costumeiro, olhando-o como se nunca o tivéssemos visto antes, como se não tivéssemos tido família, amigos, professores, livros e outros meios de comunicação que nos tivessem dito o que o mundo é; como se estivéssemos acabando de nascer para o mundo e para nós mesmos e precisássemos perguntar o que é, por que é e como é o mundo, e precisássemos perguntar também o que somos, por que somos e como somos.

A filosofia inicia sua investigação num momento muito preciso: naquele instante em que abandonamos nossas certezas cotidianas e não dispomos de nada para substituí-las ou para preencher a lacuna deixada por elas. Em outras palavras, a filosofia se interessa por aquele instante em que a realidade natural (o mundo das coisas) e a realidade histórico-social (o mundo dos homens) tornam-se estranhas, espantosas, incompreensíveis e enigmáticas, quando as opiniões estabelecidas disponíveis já não nos podem satisfazer. Ou seja, a filosofia volta-se preferencialmente para os *momentos de crise* no pensamento, na linguagem na ação, pois é nesses momentos críticos que se manifesta mais claramente a exigência de fundamentação das ideias, dos discursos e das práticas.

Assim como cada um de nós, quando possui desejo de saber, vai em direção à atitude filosófica ao perceber contradições, incoerências, ambiguidades ou incompatibilidades entre nossas crenças cotidianas, assim também a filosofia tem especial interesse pelos momentos de crise ou momentos críticos, quando sistemas religiosos, éticos, políticos, científicos e artísticos estabelecidos se envolvem em contradições internas ou contradizem-se uns aos outros e buscam transformações e mudanças cujo sentido ainda não está claro e precisa ser compreendido.

Para que filosofia?

Ora, muitos fazem uma outra pergunta: "Afinal, para que filosofia?". É uma pergunta interessante. Não vemos nem ouvimos ninguém perguntar, por exemplo, "Para que matemática ou física?", "Para que geografia ou geologia?", "Para que história ou sociologia?", "Para que biologia ou psicologia?", "Para que astronomia ou química?", "Para que pintura, literatura, música ou dança?". Mas todo mundo acha muito natural perguntar "Para que filosofia?".

Em geral, essa pergunta costuma receber uma resposta irônica, conhecida dos estudantes de filosofia: "A filosofia é uma ciência com a qual e sem a qual o mundo permanece tal e qual". Ou seja, a filosofia não serve para nada. Por isso, costuma-se chamar de "filósofo" alguém sempre distraído, com a cabeça no mundo da lua, pensando e dizendo coisas que ninguém entende e que são completamente inúteis, como no episódio de Tales de Mileto que abre esta Introdução.

Essa pergunta, "Para que filosofia?", tem a sua razão de ser. Em nossa cultura e em nossa sociedade, costumamos considerar que alguma coisa só tem o direito de existir se tiver alguma finalidade prática muito visível e de utilidade imediata, de modo que, quando se pergunta "Para quê?", o que se quer saber é: "Qual a utilidade?", "Para que serve isso?", "Que uso proveitoso ou vantajoso posso fazer disso?".

Eis por que ninguém pergunta "Para que as ciências?", pois todo mundo imagina ver a utilidade das ciências nos produtos da técnica, isto é, na aplicação dos conhecimentos científicos para criar instrumentos de uso, desde o cronômetro, o telescópio e o microscópio até a luz elétrica, a geladeira, o automóvel, o avião, a máquina de lavar roupa ou louça, o telefone, o rádio, a televisão, o cinema, a máquina de raios X, o computador, os objetos de plástico, etc.

Todo mundo também imagina ver a utilidade das artes, tanto por causa da compra e venda das obras de arte (tidas como mais importantes quanto mais altos forem seus preços no mercado), como porque nossa cultura vê os artistas como gênios que merecem ser valorizados para o elogio da humanidade (ao mesmo tempo que, paradoxalmente, nossa sociedade é capaz de rejeitá-los e maltratá-los se suas obras forem verdadeiramente revolucionárias e inovadoras, pois, nesses casos, não são "úteis" para o estabelecido). Ninguém, todavia, consegue ver para que serviria a filosofia, donde dizer-se: "Não serve para coisa alguma".

Parece, porém, que o senso comum não enxerga algo que os cientistas sabem muito bem. As ciências pretendem ser conhecimentos verdadeiros, obtidos graças a procedimentos rigorosos de pensamento; pretendem agir sobre a realidade, por meio de instrumentos e objetos técnicos; pretendem fazer progressos nos conhecimentos, corrigindo-os e aumentando-os.

Ora, todas essas pretensões das ciências pressupõem que elas admitem a existência da verdade, a necessidade de procedimentos corretos para bem usar o pensamento, o estabelecimento da tecnologia como aplicação prática de teorias, e, sobretudo, que elas confiam na racionalidade dos conhecimentos, isto é, que eles são válidos não só porque explicam os fatos, mas também porque podem ser corrigidos e aperfeiçoados.

Verdade, pensamento racional, procedimentos especiais para conhecer fatos, aplicação prática de conhecimentos teóricos, correção e acúmulo de saberes: *esses objetivos e propósitos das ciências não são científicos, são filosóficos e dependem de questões filosóficas*. O cientista parte delas como questões já respondidas, mas é a filosofia quem as formula e busca respostas para elas.

Assim, o trabalho das ciências pressupõe, como condição, o trabalho da filosofia, mesmo que o cientista não seja filósofo. No entanto, como apenas os cientistas e filósofos sabem disso, a maioria das pessoas, envolvidas pelo senso comum, continua afirmando que a filosofia não serve para nada.

Para dar alguma utilidade à filosofia, muitos consideram que é preciso determinar claramente o uso que se pode fazer dela. Dizem então que, de fato, a filosofia não serve para nada, se "servir" for entendido como a possibilidade de fazer usos técnicos dos produtos filosóficos ou dar-lhes utilidade econômica, obtendo lucros com eles; consideram também que a parte principal ou mais importante da filosofia nada tem a ver com as ciências e as técnicas.

Para quem pensa dessa forma, o interesse da filosofia não estaria nos conhecimentos (que ficam por conta da ciência) nem nas aplicações práticas de teorias (que ficam por conta da tecnologia), mas nos ensinamentos morais ou éticos. A filosofia seria a arte do bem-viver ou da vida correta e virtuosa. Estudando as paixões e os vícios humanos, a liberdade e a vontade, analisando a capacidade de nossa razão para impor limites aos nossos desejos e paixões, ensinando-nos a viver de modo honesto e justo na companhia dos outros seres humanos, a filosofia teria como finalidade ensinar-nos a virtude, que é o princípio do bem-viver.

Essa definição da filosofia, porém, não nos ajuda muito. De fato, mesmo para ser uma arte moral ou ética, ou uma arte do bem-viver, a filosofia continua fazendo suas perguntas desconcertantes e embaraçosas: "O que é o homem?", "O que é a vontade?", "O que é a paixão?", "O que é a razão?", "O que é o vício?", "O que é a virtude?", "O que é a liberdade?", "Como nos tornamos livres, racionais e virtuosos?", "Por que a liberdade e a virtude são valores para os seres humanos?", "O que é um valor?", "Por que avaliamos os sentimentos e as ações humanas?".

Assim, mesmo se disséssemos que o objeto da filosofia não é o conhecimento da realidade, nem o conhecimento da nossa capacidade para conhecer, mesmo se disséssemos que o objeto da filosofia é apenas a vida moral ou ética, ainda assim o estilo filosófico e a atitude filosófica permaneceriam os mesmos, pois as perguntas filosóficas — *o quê*, *por que* e *como* — permanecem.

Atitude filosófica: *indagar*

Se, por enquanto, deixarmos de lado os objetos com os quais a filosofia se ocupa, veremos que a atitude filosófica possui algumas características que são as mesmas, independentemente do conteúdo investigado. Essas características são:

- perguntar *o que é* (uma coisa, um valor, uma ideia, um comportamento). Ou seja, a filosofia pergunta qual é a realidade e qual é a significação de algo, não importa o quê;
- perguntar *como é* (uma coisa, uma ideia, um valor, um comportamento). Ou seja, a filosofia indaga como é a estrutura ou o sistema de relações que constitui a realidade de algo;
- perguntar *por que é* (uma coisa, uma ideia, um valor, um comportamento). Ou seja, por que algo existe, qual é a origem ou a causa de uma coisa, de uma ideia, de um valor, de um comportamento.

A atitude filosófica inicia-se dirigindo essas indagações ao mundo que nos rodeia e às relações que mantemos com ele. Pouco a pouco, descobre que essas questões pressupõem a figura daquele que interroga e que elas exigem que seja explicada a tendência do ser humano a interrogar o mundo e a si mesmo com o desejo de conhecê-lo e conhecer-se. Em outras palavras, a filosofia compreende que *precisa conhecer nossa capacidade de conhecer*, que *precisa pensar sobre nossa capacidade de pensar*.

Por isso, pouco a pouco, as perguntas da filosofia se dirigem ao próprio pensamento: "O que é pensar?", "Como é pensar?", "Por que há o pensar?". A filosofia torna-se, então, *o pensamento interrogando-se a si mesmo*. Por ser uma volta que o pensamento realiza sobre si mesmo, a filosofia se realiza como *reflexão* ou, seguindo o oráculo de Delfos, busca realizar o "Conhece-te a ti mesmo".

A reflexão filosófica

A palavra *reflexão* é empregada na física para descrever o movimento de propagação de uma onda luminosa ou sonora quando, ao passar de um meio para outro, encontra um obstáculo e retorna ao meio de onde partiu. É esse retorno ao ponto de partida que é conservado quando a palavra é usada na filosofia para significar "movimento de volta sobre si mesmo" ou "movimento de retorno a si mesmo". A *reflexão filosófica* é o movimento pelo qual o pensamento, examinando o que é pensado por ele, volta-se para si mesmo como fonte desse pensado. É o pensamento interrogando-se a si mesmo ou pensando-se a si mesmo. É a concentração mental em que o pensamento volta-se para si próprio para examinar, compreender e avaliar suas ideias, suas vontades, seus desejos e sentimentos.

A reflexão filosófica é *radical* porque vai à raiz do pensamento, pois é um movimento de volta do pensamento sobre si mesmo para pensar-se a si mesmo, para conhecer como é possível o próprio pensamento ou o próprio conhecimento.

Não somos, porém, somente seres pensantes. Somos também seres que agem no mundo, que se relacionam com os outros seres humanos, com os animais, as plantas, as coisas, os fatos e acontecimentos, e exprimimos essas relações tanto por meio da linguagem e dos gestos como por meio de ações, comportamentos e condutas. A reflexão filosófica também se volta para compreender o que se passa em nós nessas relações que mantemos com a realidade circundante, para o que dizemos e para as ações que realizamos.

A reflexão filosófica organiza-se em torno de três grandes conjuntos de perguntas ou questões:

1. "Por que pensamos o que pensamos, dizemos o que dizemos e fazemos o que fazemos?" Isto é, quais os *motivos*, as *razões* e as *causas* para pensarmos o que pensamos, dizermos o que dizemos, fazermos o que fazemos?

2. "O que queremos pensar quando pensamos, o que queremos dizer quando falamos, o que queremos fazer quando agimos?" Isto é, qual é o *conteúdo* ou o *sentido* do que pensamos, dizemos ou fazemos?

3. "Para que pensamos o que pensamos, dizemos o que dizemos, fazemos o que fazemos?" Isto é, qual é a *intenção* ou a *finalidade* do que pensamos, dizemos e fazemos?

Essas três questões têm como objetos de indagação o pensamento, a linguagem e a ação e podem ser resumidas em o que é pensar, falar e agir? E elas pressupõem a seguinte pergunta: "O que pensamos, dizemos e fazemos em nossas crenças cotidianas constitui ou não um pensamento verdadeiro, uma linguagem coerente e uma ação dotada de sentido?"

Como vimos, a atitude filosófica inicia-se indagando "O que é?", "Como é?", "Por que é?", dirigindo-se ao mundo que nos rodeia e aos seres humanos que nele vivem e com ele se relacionam. São perguntas sobre a *essência* (O que é?), a *significação* ou *estrutura* (Como é?), a *origem* (Por que é?) e a *finalidade* (Para que é?) de todas as coisas. É um saber sobre a *realidade exterior* ao pensamento.

Já a reflexão filosófica, ou o "Conhece-te a ti mesmo", indaga "Por quê?", "O quê?", "Para quê?" e se dirige ao pensamento, à linguagem e à ação, ou seja, volta-se para os seres humanos. São perguntas sobre a *capacidade* e a *finalidade* para *conhecer*, *falar* e *agir*, próprias dos seres humanos. É um saber sobre o homem como ser pensante, falante e agente, ou seja, sobre a *realidade interior* dos seres humanos.

A atitude filosófica resume-se no seguinte questionamento: o que é o pensar, o falar, o agir?

Filosofia: um pensamento sistemático

As indagações fundamentais da atitude filosófica e da reflexão filosófica não se realizam ao acaso, segundo preferências e opiniões de cada um de nós. A filosofia não é um "eu acho que" ou um "eu gosto de". Não é pesquisa de opinião à maneira dos meios de comunicação de massa. Não é pesquisa de mercado para conhecer preferências dos consumidores com a finalidade de montar uma estratégia de propaganda.

As indagações filosóficas se realizam de modo *sistemático*. Que significa isso?

A palavra *sistema* vem do grego, significa "um todo cujas partes estão ligadas por relações de concordância interna". No caso do pensamento, significa "um conjunto de ideias internamente articuladas e relacionadas, graças a princípios comuns ou a certas regras e normas de argumentação e demonstração que as ordenam e as relacionam num todo coerente".

Dizer que as indagações filosóficas são sistemáticas significa dizer que a filosofia trabalha com enunciados precisos e rigorosos, busca encadeamentos lógicos entre os enunciados, opera com conceitos ou ideias obtidos por procedimentos de demonstração e prova, exige a fundamentação racional do que é enunciado e pensado. Somente assim a reflexão filosófica pode fazer com que nossa experiência cotidiana, nossas crenças e opiniões alcancem uma visão crítica de si mesmas. Não se trata de dizer "eu acho que", mas de poder afirmar "eu penso que".

O conhecimento filosófico é um trabalho intelectual. É sistemático porque não se contenta em obter respostas para as questões colocadas, mas exige que as próprias questões sejam válidas e, em segundo lugar, que as respostas sejam verdadeiras, estejam relacionadas entre si, esclareçam umas às outras, formem conjuntos coerentes de ideias e significações, sejam provadas e demonstradas racionalmente.

Quando alguém diz "Esta é minha filosofia" ou "Esta é a filosofia de fulana ou de fulano" ou ainda "Esta é a filosofia da empresa", engana-se e não se engana.

Engana-se porque imagina que para "ter uma filosofia" basta alguém possuir um conjunto de ideias mais ou menos coerentes sobre todas as coisas e pessoas, bem como ter um conjunto de princípios mais ou menos coerentes para julgar as coisas e as pessoas.

Mas não se engana ao usar essas expressões porque percebe, ainda que muito confusamente, que há uma característica nas ideias e nos princípios que leva a dizer que são "uma filosofia": a ligação entre certas ideias e certos comportamentos, as relações entre essas ideias e esses comportamentos como se tivessem alguns princípios que os unissem ou relacionassem. Ou seja, pressente-se que a filosofia opera sistematicamente, com coerência e lógica, que tem uma vocação para compreender como se relacionam, se conectam e se encadeiam num todo racionalmente compreensível as coisas e os fatos que aparecem de modo fragmentado e desconexo em nossa experiência cotidiana.

Em busca de uma definição da filosofia

Quando começamos a estudar filosofia, somos logo levados a buscar o que ela é. Nossa primeira surpresa surge ao descobrirmos que não há apenas uma definição da filosofia, mas várias. A segunda surpresa vem ao percebermos que, além de várias, as definições não parecem poder ser reunidas numa só e mais ampla. Eis por que muitos, cheios de perplexidade, indagam: "Afinal, o que é a filosofia que nem sequer consegue dizer o que ela é?".

Uma primeira aproximação nos mostra pelo menos quatro definições gerais do que seria a filosofia:

1. **Visão de mundo de um povo, de uma civilização ou de uma cultura.**

    Nessa definição, a filosofia corresponderia, de modo vago e geral, ao conjunto de ideias, valores e práticas pelos quais uma sociedade apreende e compreende o mundo e a si mesma, definindo para si o tempo e o espaço, o sagrado e o profano, o bom e o mau, o justo e o injusto, o belo e o feio, o verdadeiro e o falso, o possível e o impossível, o contingente e o necessário.

    Qual o problema dessa definição? Por um lado, ela se parece com a noção de "minha filosofia" ou "a filosofia da empresa"; por outro, ela é tão genérica e tão ampla que não permite, por exemplo, diferenciar entre filosofia e religião, filosofia e arte, filosofia e ciência. Na verdade, essa definição identifica filosofia e cultura, pois esta é uma visão de mundo coletiva que se exprime em ideias, valores e práticas de uma sociedade determinada.

    A definição, portanto, não consegue acercar-se da especificidade do trabalho filosófico e por isso não podemos aceitá-la como definição da filosofia, mas apenas como uma expressão que contém ou indica alguns aspectos que poderão entrar na sua definição.

2. **Sabedoria de vida.**

    Nessa definição, a filosofia é identificada com a atividade de algumas pessoas que pensam sobre a vida moral, dedicando-se à contemplação do mundo e dos outros seres humanos para aprender e ensinar a controlar seus desejos, sentimentos e impulsos e a dirigir a própria vida de modo ético e sábio. A filosofia seria uma escola de vida ou uma arte do bem-viver; seria uma contemplação do mundo e dos homens para nos conduzir a uma vida justa, sábia e feliz, ensinando-nos o domínio sobre nós mesmos, sobre nossos impulsos, desejos e paixões. Essa definição, porém, nos diz, de modo vago, o que se espera da filosofia (a sabedoria interior), mas não o que ela é e o que faz a filosofia e, por isso, também não podemos aceitá-la, mas apenas reconhecer que nela está presente um dos aspectos do trabalho filosófico.

3. **Esforço racional para conceber o Universo como uma totalidade ordenada e dotada de sentido.**

    Nessa definição, atribui-se à filosofia a tarefa de conhecer a realidade inteira, provando que o Universo é uma totalidade, isto é, algo estruturado ou ordenado por relações de causa e efeito, e que essa totalidade é racional, ou seja, possui sentido e finalidade compreensíveis pelo pensamento humano.

Os que adotam essa definição precisam começar distinguindo entre filosofia e religião e até mesmo opondo uma à outra, pois ambas possuem o mesmo objeto (compreender o Universo), mas a primeira o faz por meio do esforço racional, enquanto a segunda, por meio da confiança (fé) numa revelação divina. Ou seja, a filosofia procura discutir até o fim o sentido e o fundamento da realidade, enquanto a consciência religiosa se baseia num dado primeiro e inquestionável, que é a revelação divina, objeto de fé e indemonstrável pela e para a razão humana.

Pela fé, a religião aceita princípios indemonstráveis e até mesmo aqueles que podem ser considerados irracionais pelo pensamento, enquanto a filosofia não admite indemonstrabilidade e irracionalidade de coisa alguma. Pelo contrário, o pensamento filosófico procura explicar e compreender mesmo o que parece ser irracional e inquestionável.

No entanto, essa definição também é problemática, porque dá à filosofia a tarefa de oferecer uma explicação e uma compreensão totais sobre o Universo, elaborando um sistema universal ou um sistema do mundo, mas sabemos, hoje, que essa tarefa é impossível.

É verdade que, nos seus primórdios, a filosofia se apresentava como uma explicação total sobre a realidade, isto é, sobre a natureza física e sobre os seres humanos, pois não só viera substituir a explicação religiosa como também constituía o conjunto de todas as ciências teóricas e práticas (ou seja, não havia distinção e separação entre filosofia e ciência). No entanto, há, nos dias de hoje, pelo menos duas limitações principais a essa pretensão totalizadora: em primeiro lugar, a filosofia e as ciências foram se separando no correr da história e o saber científico se dividiu em vários saberes particulares, cada qual com seu campo próprio de investigação e de explicação de um aspecto determinado da realidade. Em outras palavras, a filosofia compartilha a explicação da realidade com as ciências e as artes, cada uma das quais definindo um aspecto e um campo da realidade para estudo (no caso das ciências) e para a expressão (no caso das artes), já não sendo admissível que haja uma única disciplina teórica que possa abranger sozinha a totalidade dos conhecimentos ou o conhecimento universal do Universo. Em segundo lugar, porque a própria filosofia já não admite que seja possível um único sistema de pensamento que ofereça uma única explicação para o todo da realidade, pois esta permanece aberta e convida a múltiplas perspectivas de conhecimentos e interpretações. Por isso, essa definição também não pode ser aceita, embora contenha aspectos importantes da atividade filosófica.

4. **Fundamentação teórica e crítica dos conhecimentos e das práticas.**

    Fundamento é uma palavra que vem do latim e significa "uma base sólida" ou "o alicerce sobre o qual se pode construir com segurança". Do ponto de vista do conhecimento, significa "a base ou o princípio racional que sustenta uma demonstração verdadeira". Sob esta perspectiva, *fundamentar* significa "encontrar, definir e estabelecer racionalmente os princípios, as causas e condições que determinam a existência, a forma e os comportamentos de alguma coisa, bem como as leis ou regras de suas mudanças".

    Teoria vem do grego, no qual significava "contemplar uma verdade com os olhos do espírito", isto é, uma atividade puramente intelectual de conhecimento. Sob esta perspectiva, uma *fundamentação teórica* significa "determinar pelo pensamento, de maneira lógica, metódica, organizada e sistemática o conjunto de princípios, causas e condições de alguma coisa (de sua existência, de seu comportamento, de seu sentido e de suas mudanças)".

    Como vimos há pouco, *crítica* também é uma palavra grega, que significa "a capacidade para julgar, discernir e decidir corretamente"; "o exame racional de todas as coisas sem preconceito e sem pré-julgamento" e a "atividade de examinar e avaliar detalhadamente uma ideia, um valor, um costume, um comportamento, uma obra artística ou científica". Sob essa perspectiva, *fundamentação crítica* significa "examinar, avaliar e julgar racionalmente os princípios, as causas e condições de alguma coisa (de sua existência, de seu comportamento, de seu sentido e de suas mudanças)".

Como *fundamentação teórica e crítica*, a filosofia ocupa-se com os princípios, as causas e condições do conhecimento que pretenda ser racional e verdadeiro; com a origem, a forma e o conteúdo dos valores éticos, políticos, religiosos, artísticos e culturais; com a compreensão das causas e das formas da ilusão e do preconceito no plano individual e coletivo; com os princípios, as causas e condições das transformações históricas dos conceitos, das ideias, dos valores e das práticas humanas.

Por isso, a filosofia volta-se para o estudo das várias formas de conhecimento (percepção, imaginação, memória, linguagem, inteligência, experiência, reflexão) e dos vários tipos de atividades interiores e comportamentos externos dos seres humanos como expressões da vontade, do desejo e das paixões, procurando descrever as formas e os conteúdos dessas formas de conhecimento e desses tipos de atividade e comportamento como relação do ser humano com o mundo, consigo mesmo e com os outros.

Para realizar seu trabalho, a filosofia investiga e interpreta o significado de ideias gerais como: realidade, mundo, natureza, cultura, história, verdade, falsidade, humanidade, temporalidade, espacialidade, qualidade, quantidade, subjetividade, objetividade, diferença, repetição, semelhança, conflito, contradição, mudança, necessidade, possibilidade, probabilidade, etc.

A atividade filosófica é, portanto, uma *análise* (das condições e princípios do saber e da ação, isto é, dos conhecimentos, da ciência, da religião, da arte, da moral, da política e da história), uma *reflexão* (volta do pensamento sobre si mesmo para conhecer-se como capacidade para o conhecimento, a linguagem, o sentimento e a ação) e uma *crítica* (avaliação racional para discernir entre a verdade e a ilusão, a liberdade e a servidão, investigando as causas e condições das ilusões e dos preconceitos individuais e coletivos, das ilusões e dos enganos das teorias e práticas científicas, políticas e artísticas, dos preconceitos religiosos e sociais, da presença e difusão de formas de irracionalidade contrárias ao exercício do pensamento, da linguagem e da liberdade).

Essas três atividades (*análise*, *reflexão* e *crítica*) estão orientadas pela elaboração filosófica de ideias gerais sobre a realidade e os seres humanos. Portanto, para que essas três atividades se realizem, é preciso que a filosofia se defina como busca do fundamento (princípios, causas e condições) e do sentido (significação e finalidade) da realidade em suas múltiplas formas, indagando o que essas formas de realidade são, como são e por que são, e procurando as causas que as fazem existir, permanecer, mudar e desaparecer.

A filosofia não é ciência: é uma reflexão sobre os fundamentos da ciência, isto é, sobre procedimentos e conceitos científicos. Não é religião: é uma reflexão sobre os fundamentos da religião, isto é, sobre as causas, origens e formas das crenças religiosas. Não é arte: é uma reflexão sobre os fundamentos da arte, isto é, sobre os conteúdos, as formas, as significações das obras de arte e do trabalho artístico. Não é sociologia nem psicologia, mas a interpretação e avaliação crítica dos conceitos e métodos da sociologia e da psicologia. Não é política, mas interpretação, compreensão e reflexão sobre a origem, a natureza e as formas do poder e suas mudanças. Não é história, mas reflexão sobre o sentido dos acontecimentos enquanto inseridos no tempo e compreensão do que seja o próprio tempo.

O filósofo alemão Immanuel Kant considerou que as indagações fundamentais da filosofia são:

- *Que podemos saber?* É a pergunta sobre o conhecimento, isto é, sobre os fundamentos do pensamento em geral e do pensamento científico em particular;
- *Que podemos fazer?* É a pergunta sobre a ação e a expressão humana, isto é, sobre os fundamentos da ética, da política, das artes, das técnicas e da história;
- *Que podemos esperar?* É a pergunta sobre a esperança de uma outra vida após a morte, isto é, sobre os fundamentos da religião.

Inútil? Útil?

O primeiro ensinamento filosófico é perguntar: "O que é o útil?", "Para que e para quem algo é útil?", "O que é o inútil?", "Por que e para quem algo é inútil?".

O senso comum de nossa sociedade considera útil o que dá prestígio, poder, fama e riqueza. Julga o útil pelos resultados visíveis das coisas e das ações, identificando sua possível utilidade, como na famosa expressão "levar vantagem em tudo". Não poderíamos, porém, definir o útil de uma outra maneira?

Platão definia a filosofia como "um saber verdadeiro que deve ser usado em benefício dos seres humanos para que vivam numa sociedade justa e feliz".

Descartes dizia que a filosofia "é o estudo da sabedoria, conhecimento perfeito de todas as coisas que os humanos podem alcançar para o uso da vida, a conservação da saúde e a invenção das técnicas e das artes com as quais ficam menos submetidos às forças naturais, às intempéries e aos cataclismos".

Kant afirmou que a filosofia "é o conhecimento que a razão adquire de si mesma para saber o que pode conhecer, o que pode fazer e o que pode esperar, tendo como finalidade a felicidade humana".

Marx declarou que a filosofia havia passado muito tempo apenas contemplando o mundo e que se tratava, agora, de conhecê-lo para transformá-lo, transformação que traria justiça, abundância e felicidade para todos.

Merleau-Ponty escreveu que a filosofia "é um despertar para ver e mudar nosso mundo".

Espinosa afirmou que a filosofia "é um caminho árduo e difícil, mas que pode ser percorrido por todos, se desejarem a liberdade e a felicidade".

Qual seria, então, a utilidade da filosofia?

Se abandonar a ingenuidade e os preconceitos do senso comum for útil; se não se deixar guiar pela submissão às ideias dominantes e aos poderes estabelecidos for útil; se buscar compreender a significação do mundo, da cultura, da história for útil; se conhecer o sentido das criações humanas nas artes, nas ciências e na política for útil; se dar a cada um de nós e à nossa sociedade os meios para ser conscientes de si e de suas ações numa prática que deseja a liberdade e a felicidade para todos for útil, então podemos dizer que a filosofia é o mais útil de todos os saberes de que os seres humanos são capazes.

QUESTÕES

Introdução: Para que filosofia?

1. Que quer dizer a palavra *crítica*?
2. Quando passamos da atitude costumeira à atitude filosófica?
3. Que significa dizer que a filosofia se volta preferencialmente para os momentos de crise ou críticos?
4. Por que se pergunta "Para que filosofia"?
5. Quais as três principais perguntas que caracterizam a atitude filosófica?
6. O que é e como é a reflexão filosófica?
7. Quais os três conjuntos de questões que organizam a reflexão filosófica?
8. Explique o que é a filosofia como saber a respeito da realidade externa ao pensamento e acerca da realidade interna aos seres humanos.
9. Que significa dizer que a filosofia é um pensamento sistemático ou uma interrogação sistemática?
10. Explique brevemente as três principais definições de filosofia que não podemos aceitar inteiramente.
11. Explique a definição da filosofia como fundamentação teórica e crítica dos conhecimentos e das práticas.
12. Explique por que a atividade filosófica é uma análise, uma reflexão e uma crítica.
13. Quais as indagações da filosofia segundo Kant?
14. Qual a utilidade da filosofia?
15. Questão opcional (para estudantes e professores que tenham visto o filme *Matrix*): Quais os paralelos que podemos estabelecer entre o personagem Neo, do filme *Matrix*, e o filósofo Sócrates?

UNIDADE 1
A filosofia

Capítulo 1   **A origem da filosofia**

Capítulo 2   **O nascimento da filosofia**

Capítulo 3   **Campos de investigação da filosofia**

Capítulo 4   **Principais períodos da história da filosofia**

Capítulo 5   **Aspectos da filosofia contemporânea**

A filosofia surgiu quando alguns gregos, admirados e espantados com a realidade, insatisfeitos com as explicações que a tradição lhes dera, começaram a fazer perguntas e buscar respostas para elas, demonstrando que o mundo e os seres humanos, os acontecimentos naturais e as coisas da natureza, os acontecimentos humanos e as ações dos seres humanos podem ser conhecidos pela razão humana, e que a própria razão é capaz de conhecer-se a si mesma. Em suma, a filosofia surgiu quando alguns pensadores gregos se deram conta de que a verdade do mundo e dos humanos não era algo secreto e misterioso que precisasse ser revelado por divindades a alguns escolhidos, mas que, ao contrário, podia ser conhecida por todos por meio das operações mentais de raciocínio, que são as mesmas em todos os seres humanos. Esses pensadores descobriram também que a linguagem respeita as exigências do pensamento e que, por esse mesmo motivo, os conhecimentos verdadeiros podem ser transmitidos e ensinados a todos.

"O labirinto do Minotauro", ilustração de autoria desconhecida extraída da obra *O labirinto*, de Lima de Freitas, Lisboa: Arcadia, 1975.

Capítulo 1
A origem da filosofia

A palavra *filosofia*

A palavra "filosofia", de origem grega, é composta de duas outras: *philo* e *sophía*. *Philo* quer dizer "aquele ou aquela que tem um sentimento amigável", pois deriva de *philía*, que significa "amizade e amor fraterno". *Sophía* quer dizer "sabedoria" e dela vem a palavra *sophós*, sábio.

Filosofia significa, portanto, "amizade pela sabedoria" ou "amor e respeito pelo saber". *Filósofo*: o que ama ser sábio, que é amigo do sábio ou tem amizade pelo saber, deseja ser sábio.

Assim, *filosofia* indica a disposição interior de quem estima o saber, ou o estado de espírito da pessoa que deseja o conhecimento, o procura e o respeita.

Atribui-se ao filósofo grego Pitágoras de Samos a invenção da palavra *filosofia*. Pitágoras teria afirmado que a sabedoria plena e completa pertence aos deuses, mas que os homens podem desejá-la ou amá-la, tornando-se filósofos.

Pitágoras de Samos
(século V a.C.)

Dizia Pitágoras que três tipos de pessoas compareciam aos Jogos Olímpicos (a festa pública mais importante da Grécia): as que iam para comerciar durante os jogos, ali estando apenas para satisfazer a própria cobiça, sem se interessar pelos torneios; as que iam para competir e brilhar, isto é, os atletas e artistas (pois durante os jogos também havia competições artísticas de dança, poesia, música e teatro); e as que iam para assistir aos jogos e torneios, para avaliar o desempenho e julgar o valor dos que ali se apresentavam. Esse terceiro tipo de pessoa, dizia Pitágoras, é como o filósofo.

Com isso, Pitágoras queria dizer que o filósofo não é movido por interesses comerciais ou financeiros — não coloca o saber como propriedade sua, como uma coisa para ser comprada e vendida no mercado; também não é movido pelo desejo de competir —, não é um "atleta intelectual", não faz das ideias e dos conhecimentos uma habilidade para vencer competidores; e, sim, é movido pelo desejo de observar, contemplar, julgar e avaliar as coisas, as ações, as pessoas, os acontecimentos, a vida; em resumo, é movido pelo desejo de saber. A verdade não pertence a ninguém (para ser comerciada) nem é um prêmio conquistado por competição. Ela está diante de todos nós como algo a ser procurado e é encontrada por todos aqueles que a desejarem, que tiverem olhos para vê-la e coragem para buscá-la.

A filosofia surgiu quando alguns gregos, admirados e espantados com a realidade, insatisfeitos com as explicações que a tradição lhes dera, começaram a fazer perguntas e buscar respostas para elas, demonstrando que o mundo e os seres humanos, os acontecimentos naturais e as coisas da natureza, os acontecimentos humanos e as ações dos seres humanos podem ser conhecidos pela razão humana, e que a própria razão é capaz de conhecer-se a si mesma.

Em suma, a filosofia surgiu quando alguns pensadores gregos se deram conta de que a verdade do mundo e dos humanos não era algo secreto e misterioso que precisasse ser revelado por divindades a alguns escolhidos, mas que, ao contrário, podia ser conhecida por todos por meio das operações mentais de raciocínio, que são as mesmas em todos os seres humanos. Esses pensadores descobriram também que a linguagem respeita as exigências do pensamento e que, por esse mesmo motivo, os conhecimentos verdadeiros podem ser transmitidos e ensinados a todos.

O legado da filosofia grega para o Ocidente europeu

Réplica romana do *Discóbolo* esculpida pelo grego Míron no século V a.C.

Entendida como aspiração ao conhecimento racional, lógico, demonstrativo e sistemático da realidade natural e humana, da origem e das causas da ordem do mundo e de suas transformações, da origem e das causas das ações humanas e do próprio pensamento, a filosofia é uma instituição cultural tipicamente grega que, por razões históricas e políticas, veio a se tornar, no correr dos séculos, o modo de pensar e de se exprimir predominante da chamada cultura europeia ocidental, da qual, em decorrência da colonização europeia das Américas, nós também fazemos parte — ainda que de modo inferiorizado e colonizado.

Dizer que a filosofia é tipicamente grega, ou um fato grego, não significa, evidentemente, que outros povos, tão antigos quanto os gregos ou mais antigos do que eles, como os chineses, os hindus, os japoneses, os árabes, os persas, os hebreus, os africanos ou os índios da América não possuam sabedoria, pois possuíam e possuem. Também não quer dizer que todos esses povos não tivessem desenvolvido o pensamento e formas de conhecimento da natureza e dos seres humanos, pois desenvolveram e desenvolvem.

Quando se diz que a filosofia é um fato grego, o que se quer dizer é que ela possui certas características, apresenta certas formas de pensar e de exprimir os pensamentos, estabelece certas concepções sobre o que sejam a realidade, a razão, a linguagem, a ação, as técnicas, completamente diferentes das de outros povos e outras culturas.

Quando nos acercamos da filosofia nascente, podemos perceber os principais traços que definem a atividade filosófica na época de seu nascimento:

1. *Tendência à racionalidade*, pois os gregos foram os primeiros a definir o ser humano como animal racional, a considerar que o pensamento e a linguagem definem a razão, que o homem é um ser dotado de razão e que a racionalidade é seu traço distintivo em relação a todos os outros seres. Mesmo que a razão humana não possa conhecer tudo, tudo o que pode conhecer ela conhece plena e verdadeiramente. A tendência à racionalidade significa que a razão humana ou o pensamento é a condição de todo conhecimento verdadeiro e por isso mesmo a própria razão ou o próprio pensamento deve conhecer as leis, regras, princípios e normas de suas operações e de seu exercício correto.

2. *Recusa de explicações preestabelecidas* e, por isso mesmo, exigência de que para cada fato seja encontrada uma explicação racional e que para cada problema ou dificuldade sejam investigadas e encontradas as soluções próprias exigidas por eles.

3. *Tendência à argumentação e ao debate* para oferecer respostas conclusivas para questões, dificuldades e problemas de maneira que nenhuma solução seja aceita se não houver sido demonstrada, isto é, provada racionalmente em conformidade com os princípios e as regras do pensamento verdadeiro.

4. *Capacidade de generalização*, isto é, de mostrar que uma explicação tem validade para muitas coisas diferentes ou para muitos fatos diversos porque, sob a aparência da diversidade e da variação percebidas pelos órgãos dos sentidos, o pensamento descobre semelhanças e identidades. Essa capacidade racional é a *síntese*, palavra grega que significa "reunião ou fusão de várias coisas numa união íntima para formar um todo".

Por exemplo, para meus olhos, meu tato e meu olfato, o gelo é diferente da neblina, que é diferente do vapor de uma chaleira, que é diferente da chuva, que é diferente da correnteza de um rio. No entanto, o pensamento mostra que se trata sempre de um mesmo elemento (a água), passando por diferentes estados e formas (líquido, sólido, gasoso) em decorrência de causas naturais diferentes (condensação, liquefação, evaporação).

Reunindo semelhanças, o pensamento conclui que se trata de uma mesma coisa que aparece para nossos sentidos de maneiras diferentes, e como se fossem coisas diferentes. O pensamento generaliza, isto é, encontra sob as diferenças a identidade ou a semelhança e reúne os traços semelhantes, realizando uma *síntese*.

5. *Capacidade de diferenciação*, isto é, de mostrar que fatos ou coisas que aparecem como iguais ou semelhantes são, na verdade, diferentes quando examinados pelo pensamento ou pela razão. Essa capacidade racional para compreender diferenças onde parece haver identidade ou semelhança é a *análise*, palavra grega que significa "ação de desligar e separar, resolução de um todo em suas partes". Um exemplo nos ajudará a compreender como procede a análise.

No ano de 1992, no Brasil, os jovens estudantes pintaram a cara com as cores da bandeira nacional e saíram às ruas para exigir a destituição do presidente da República.

Logo depois, os candidatos a prefeituras municipais contrataram jovens para aparecer na televisão com a cara pintada, defendendo tais candidaturas. Em seguida, as Forças Armadas brasileiras, para persuadir jovens a servi-las, contrataram jovens "caras-pintadas" para aparecer como soldados, marinheiros e aviadores. Ao mesmo tempo, várias empresas, pretendendo vender seus produtos aos jovens, contrataram artistas jovens para, de cara pintada, fazer a propaganda de seus produtos.

Aparentemente, teríamos sempre o mesmo panorama — os jovens rebeldes e conscientes, de cara pintada, símbolo da esperança do país. No entanto, o pensamento pode mostrar que, sob a aparência da semelhança percebida, estão as diferenças, pois os primeiros caras-pintadas fizeram um movimento político espontâneo, os segundos fizeram propaganda política para um candidato (e receberam dinheiro para isso), os terceiros tentaram ajudar as Forças Armadas a aparecer como divertidas e juvenis, e os últimos, mediante remuneração, estavam transferindo para produtos industriais (roupas, calçados, vídeos, margarinas, discos, iogurtes) um símbolo político inteiramente despolitizado e sem nenhuma relação com sua origem. Separando as aparentes semelhanças, distinguindo-as, o pensamento descobriu diferenças e realizou uma análise.

Argumentar e demonstrar por princípios e regras necessários e universais, apreender pelo pensamento a unidade real sob a multiplicidade percebida ou, ao contrário, apreender pelo pensamento a multiplicidade e a diversidade reais de algo percebido como uma unidade ou uma identidade, eis aí algumas das características do que os gregos chamaram de filosofia.

Com a filosofia, os gregos instituíram para o ocidente europeu as bases e os princípios fundamentais do que chamamos razão, racionalidade, ciência, ética, política, técnica, arte. Aliás, basta observarmos que são gregas palavras como *lógica, técnica, ética, política, monarquia, anarquia, democracia, física, diálogo, biologia, semântica, sintaxe, símbolo, alegoria, mito, tragédia, cronologia, gênese, genealogia, cirurgia, ortopedia, pedagogia, farmácia, psicologia, ortodoxia, análise, síntese*, entre muitas outras, para percebermos a influência decisiva e predominante da filosofia grega sobre a formação do pensamento e das instituições das sociedades ocidentais.

Do legado filosófico grego, podemos destacar como principais contribuições as seguintes:

⇢ A ideia de que o conhecimento verdadeiro deve encontrar as leis e os princípios universais e necessários do objeto conhecido e deve demonstrar sua verdade por meio de provas ou argumentos racionais. Ou seja, em primeiro lugar, a ideia de que um conhecimento não é algo que alguém impõe a outros e sim algo que deve ser compreendido por todos, graças a argumentos, debates e provas racionais, pois a razão ou a capacidade de pensar e conhecer é a mesma em todos os seres humanos; e, em segundo lugar, a ideia de que um conhecimento só é verdadeiro quando explica racionalmente o que é a coisa conhecida, como ela é e por que ela é. É assim, por exemplo, que a matemática deve ser considerada um conhecimento racional verdadeiro, pois define racionalmente seus objetos: ninguém impõe aos outros que o círculo é uma figura geométrica em que todos os pontos são equidistantes do centro, pois essa definição simplesmente ensina que onde quer que haja uma figura desse tipo, ela será necessariamente um círculo; da mesma maneira, ninguém impõe aos outros que o triângulo é uma figura geométrica em que a soma dos ângulos internos é igual à soma de dois ângulos retos, pois essa definição simplesmente mostra que onde houver uma figura com tal propriedade ela será necessariamente um triângulo. Além de definir seus objetos, a matemática não os impõe e sim os *demonstra* por meio de provas (os teoremas) fundadas em princípios racionais verdadeiros (os axiomas e os postulados).

⇢ A ideia de que a natureza segue uma ordem *necessária* e não casual ou acidental. Ou seja, a ideia de que ela opera obedecendo a leis e princípios *necessários* (isto é, não poderiam ser outros ou diferentes do que são) e *universais* (quer dizer, são os mesmos em toda parte e em todos os tempos). Ou, em outras palavras, uma lei natural é necessária porque nenhum ser natural, no universo inteiro, dela escapa nem pode operar de outra maneira que não desta; e uma lei da natureza é universal porque é válida para todos os seres naturais em todos os tempos e lugares.

A ideia de ordem natural necessária e universal é o fundamento da origem da filosofia, pois, como **veremos**, tal ideia dará nascimento à primeira expressão filosófica conhecida, a *cosmologia* (conhecimento racional da ordem universal, pois a palavra *cosmos* vem do vocábulo grego *kósmos*, que significa "ordem e organização do mundo").

Essa ideia é, portanto, responsável pelo surgimento do que será chamado de filosofia da natureza ou ciência da natureza, ou o que os gregos chamaram de *física*, palavra que deriva do vocábulo grego *physis*, cujo sentido veremos mais adiante.

Graças aos primeiros filósofos gregos e à ideia de que a natureza é uma ordem que segue leis universais e necessárias, séculos depois, no início do século XVII, Galileu Galilei deu novo impulso à física ao estudar o movimento dos graves ou "pesados" (ou a

Galileu Galilei (1564–1642) Nascido em Pisa, foi professor das universidades de Pádua e Pisa, na Itália.

"Isaac Newton e a antimaçã", charge que brinca com a ideia de que a lei da natureza é necessária e universal.

estabelecer as leis da queda dos corpos) e, para isso, a demonstrar as leis naturais do movimento uniforme e do movimento uniformemente variado. Foi também a ideia grega de ordem natural necessária que inspirou Isaac Newton, no final daquele mesmo século, a estabelecer as leis matemáticas da física, a demonstrar as três leis do movimento e a chamada "lei da gravitação universal", que, como o nome indica, é válida para todos os corpos naturais (e que, em linguagem contemporânea, pode ser formulada da seguinte maneira: toda partícula de matéria atrai toda outra partícula com uma força que varia na razão direta do produto de suas massas e na razão inversa do quadrado das distâncias entre elas). E, no século XX, levou Albert Einstein a estabelecer uma lei válida para toda a matéria e energia do universo, lei que se exprime na fórmula $E = mc^2$ (em que E é a energia, m é a massa e c é a velocidade da luz), segundo a qual a energia é a transformação que acontece à massa de um corpo quando sua velocidade é o quadrado da velocidade da luz.

Isaac Newton (1642–1727). Físico e matemático inglês, foi professor na Universidade de Cambridge e criador da lei da gravitação universal e das leis que fundamentam a mecânica clássica.

Albert Einstein (1879–1955). Físico alemão, criador da teoria da relatividade.

- A ideia de que as leis necessárias e universais da natureza podem ser plenamente conhecidas pelo nosso pensamento, isto é, não são conhecimentos misteriosos e secretos, que precisariam ser revelados por divindades, mas são conhecimentos que o pensamento humano, por sua própria força e capacidade, pode alcançar.

- A ideia de que a razão ou o nosso pensamento também opera obedecendo a princípios, leis, regras e normas universais e necessários, com os quais podemos distinguir o verdadeiro do falso. Em outras palavras, a ideia de que, por sermos racionais, nosso pensamento é coerente e capaz de conhecer a realidade porque segue leis lógicas de funcionamento.

Nosso pensamento diferencia uma afirmação de uma negação porque, na afirmação, atribuímos alguma coisa a outra coisa (quando afirmamos que "Sócrates é um ser humano", atribuímos humanidade a Sócrates) e, na negação, retiramos alguma coisa de outra (quando dizemos "este caderno não é verde", estamos retirando do caderno a cor verde). Por isso mesmo, nosso pensamento percebe o que é a *identidade*, isto é, que devemos sempre e necessariamente afirmar que uma coisa é idêntica a si mesma ("Sócrates é Sócrates"), pois, se negarmos sua identidade, estaremos retirando dela ela própria. Graças à afirmação da identidade, o pensamento pode distinguir e diferenciar os seres (Sócrates é diferente de Platão e ambos são diferentes de uma pedra). Nosso pensamento também percebe o que é uma contradição, ou seja, que é impossível afirmar e negar ao mesmo tempo a mesma coisa de uma outra coisa ("O infinito é ilimitado e não é ilimitado"), e por isso também percebe a diferença entre uma contradição e uma alternativa, pois nesta ou a afirmação será verdadeira e real e a negação será falsa ou vice-versa ("Ou haverá guerra ou não haverá guerra").

Que importância pode ter a descoberta de que a razão ou o pensamento obedece à lei da identidade, da diferença, da contradição e da alternativa? Basta que nos lembremos como nos contos de fadas, nos mitos religiosos e nas lendas populares as narrativas são maravilhosas justamente porque nelas não funcionam essas distinções para que compreendamos que, ao afirmá-las como leis do pensamento racional, os filósofos gregos estabeleceram a diferença entre ilusão e verdade.

Nosso pensamento distingue quando uma afirmação é verdadeira ou falsa porque distingue o não contraditório e o contraditório e porque reconhece o verdadeiro como algo que se conclui de uma demonstração, de uma prova ou de um argumento racional. Se alguém apresentar o seguinte raciocínio: "Todos os homens são mortais. Sócrates é homem. Logo, Sócrates é mortal", diremos que a afirmação "Sócrates é mortal" é verdadeira, porque foi concluída de outras afirmações cujas demonstrações também já foram realizadas e sabemos serem verdadeiras ("Todos os seres que nascem e perecem existem no tempo. Todos os seres que existem no tempo são mortais"; "Todos os homens existem no tempo. Todos os homens são mortais").

⇢ A ideia de que as práticas humanas, isto é, a ação moral, a política, as técnicas e as artes *dependem* da vontade livre, da deliberação e da discussão, de uma escolha passional (emocional) ou racional, de nossas preferências e opiniões, realizando-se segundo certos valores e padrões que foram estabelecidos seja pela natureza, seja pelos próprios seres humanos e não por imposições misteriosas e incompreensíveis que lhes teriam sido feitas por forças secretas, invisíveis, divinas e impossíveis de serem conhecidas. Em outras palavras, o agir humano exprime a conduta de um ser racional dotado de vontade e de liberdade.

⇢ A ideia de que os acontecimentos naturais e humanos são *necessários*, porque obedecem a leis (naturais ou da natureza humana), não exclui a compreensão de que esses acontecimentos, em certas circunstâncias e sob certas condições, também podem ser *acidentais*, seja porque um concurso de circunstâncias os faz ocorrer por acaso na natureza, seja porque as ações humanas dependem das escolhas e deliberações dos homens, em condições determinadas.

Uma pedra lançada ao ar cai necessariamente porque pela lei natural da gravitação ela necessariamente deve cair e não pode deixar de cair; um ser humano é capaz de locomoção e anda porque as leis anatômicas e fisiológicas que regem o seu corpo fazem com que ele tenha os meios necessários para isso.

No entanto, se uma pedra, ao cair, atingir a cabeça de um passante, esse acontecimento é acidental. Por quê? Porque se o passante não estivesse andando por ali naquela hora a pedra não o atingiria. Assim, a queda da pedra é necessária e o andar de um ser humano é necessário, mas que uma pedra caia sobre a cabeça de alguém quando anda é inteiramente acidental. É o acaso. No entanto, o próprio acaso não é desprovido de uma lei natural. Como explica Aristóteles, o acaso é o encontro acidental de duas séries de acontecimentos que são, cada uma delas, necessárias (é por necessidade natural que a pedra cai e é por necessidade natural que o homem anda). A lei natural do acaso é, portanto, o encontro acidental de coisas que em si mesmas são necessárias.

Todavia, a situação das ações humanas é bastante diversa dessa. É verdade que é por uma necessidade natural ou por uma lei da natureza que ando. Mas é por deliberação voluntária que ando para ir à escola em vez de andar para ir ao cinema, por exemplo. É verdade que é por uma lei necessária da natureza que os corpos pesados caem, mas é por uma deliberação humana e por uma escolha voluntária que fabrico uma bomba, coloco-a num avião e a faço despencar sobre Hiroshima. Essa escolha faz com que a ação humana introduza o *possível* no mundo, pois o possível é o que pode acontecer ou deixar de acontecer, dependendo de uma escolha voluntária e livre.

Um dos legados mais importantes da filosofia grega é, portanto, a diferença entre o **necessário** (o que não pode ser senão como é) e o **contingente** (o que pode ser ou não ser, o que pode ser de uma maneira ou da maneira oposta), bem como a diferença, no interior do contingente, entre o **acaso** e o **possível**. O *contingente* é o que pode ou não acontecer na natureza ou entre os homens; o *acaso* é a contingência nos acontecimentos da natureza; o *possível* é a contingência nos acontecimentos humanos. Dessa maneira, os filósofos gregos nos deixaram a ideia de que podemos diferenciar entre o necessário, o acaso e o possível em nossas ações: o necessário é o que não está em nosso poder escolher, pois acontece e acontecerá sempre, independentemente de nossa vontade (não depende de nós que o Sol brilhe, que haja dia e noite, que a matéria se transforme em energia quando sua velocidade é o quadrado da velocidade da luz); o acaso é o que também não está em nosso poder escolher (não escolho que aconteça uma tempestade justamente quando estou fazendo uma viagem de navio ou de avião, nem escolho estar num veículo que será destruído por um outro, dirigido por um motorista embriagado); o possível, ao contrário do necessário e do acaso, é exatamente o que temos poder de escolher e fazer, é o que está em nosso poder.

Essas diferenciações legadas pela filosofia grega nos permitem evitar tanto o fatalismo — "tudo é necessário, temos que nos conformar com o destino e nos resignar com o nosso fado" —, como também evitar a ilusão de que podemos tudo quanto quisermos, pois a natureza segue leis necessárias que podemos conhecer e nem tudo é possível, por mais que o queiramos.

⇢ A ideia de que os seres humanos naturalmente aspiram ao conhecimento verdadeiro (pois são seres racionais), à justiça (pois são seres dotados de vontade livre) e à felicidade (pois são seres dotados de emoções e desejos), isto é, que os seres humanos não vivem nem agem cegamente, nem são comandados por forças extranaturais secretas e misteriosas, mas instituem por si mesmos valores pelos quais dão sentido às suas vidas e às suas ações.

Capítulo 2
O nascimento da filosofia

Ouvindo a voz dos poetas

Escutemos, por um instante, a voz dos poetas, porque ela costuma exprimir o que chamamos de "sentimento do mundo", isto é, o sentimento da velhice e da juventude perene do mundo, da grandeza e da pequeneza dos humanos ou dos mortais.
Assim, o poeta grego Arquíloco escreveu:

> *E não te esqueças, meu coração,*
> *que as coisas humanas apenas*
> *mudanças incertas são.*

Outro poeta grego, Teógnis, cantando sobre a brevidade da vida, dizia:

> *Choremos a juventude e a velhice também,*
> *pois a primeira foge e a segunda sempre vem.*

Também o poeta grego Píndaro falava do sentimento das coisas humanas como passageiras:

> *A glória dos mortais num só dia cresce,*
> *Mas basta um só dia, contrário e funesto,*
> *para que o destino, impiedoso, num gesto*
> *a lance por terra e ela, súbito, fenece.*

Mas não só a vida e os feitos dos humanos são breves e frágeis. Os poetas também exprimem o sentimento de que o mundo é tecido por mudanças e repetições intermináveis. A esse respeito, a poetisa brasileira Orides Fontela escreveu:

> *O vento, a chuva, o sol, o frio*
> *Tudo vai e vem, tudo vem e vai*

Píndaro (518 a.C. – 438 a.C.)

Orides Fontela (1940–1998)

Carlos Drummond de Andrade (1902–1987)

E o poeta brasileiro Carlos Drummond de Andrade, por sua vez, lamentou:

Como a vida muda.
Como a vida é muda.
Como a vida é nuda.
Como a vida é nada.
Como a vida é tudo.
...
Como a vida é senha
de outra vida nova
...
Como a vida é vida
ainda quando morte
...
Como a vida é forte
em suas algemas.
...
Como a vida é bela
...
Como a vida vale
mais que a própria vida
sempre renascida.

Mário Quintana (1906–1994)

O sentimento de renovação e beleza do mundo, da vida, dos seres humanos é o que transparece nos versos do poeta brasileiro Mário Quintana:

Quando abro a cada manhã a janela do meu quarto
É como se abrisse o mesmo livro
Numa página nova...

E, por isso, em outros versos seus, lemos:

O encanto
Sobrenatural
que há
nas coisas da natureza!
...
se nela algo te dá
encanto ou medo,
não me digas que seja feia
ou má,
é, acaso, singular...

Ovídio (43 a.C. – 17)

Numa das obras poéticas mais importantes da Antiguidade romana, as *Metamorfoses*, o poeta latino Ovídio exprimiu todos esses sentimentos que experimentamos diante da mudança, da renovação e da repetição, do nascimento e da morte das coisas e dos seres humanos. Na parte final de sua obra, lemos:

Não há coisa alguma que persista em todo o Universo. Tudo flui, e tudo só apresenta uma imagem passageira. O próprio tempo passa com um movimento contínuo, como um rio... O que foi antes já não é, o que não tinha sido é, e todo instante é uma coisa nova. Vês a noite, próxima do fim, caminhar para o dia, e à claridade do dia suceder a escuridão da noite... Não vês as estações do ano se sucederem, imitando as idades de nossa vida? Com efeito, a primavera, quando surge, é semelhante à criança nova... a planta nova, pouco vigorosa, rebenta em brotos e enche de esperança o agricultor. Tudo floresce. O fértil campo resplandece com o colorido das flores, mas ainda falta vigor às folhas. Entra, então, a quadra mais forte e vigorosa, o verão: é a robusta mocidade, fecunda e ardente. Chega, por sua vez, o outono: passou o fervor da mocidade, é a quadra da maturidade, o meio-termo entre o jovem e o velho; as têmporas embranquecem. Vem, depois, o tristonho inverno: é o velho trôpego, cujos cabelos ou caíram como as folhas das árvores, ou, os que restaram, estão brancos como a neve dos caminhos. Também nossos corpos mudam sempre e sem descanso... E também a natureza não descansa e, renovadora, encontra outras formas nas formas das coisas. Nada morre no vasto mundo, mas tudo assume aspectos novos e variados... todos os seres têm sua origem noutros seres. Existe uma ave a que os fenícios dão o nome de fênix. Não se alimenta de grãos ou ervas, mas das lágrimas do incenso e do suco da amônia. Quando completa cinco séculos de vida, constrói um ninho no alto de uma grande palmeira, feito de folhas de canela, do aromático nardo e da mirra avermelhada. Ali se acomoda e termina a vida entre perfumes. De suas cinzas, renasce uma pequena fênix, que viverá outros cinco séculos... Assim também é a natureza e tudo o que nela existe e persiste.

O que perguntavam os primeiros filósofos

Por que os seres nascem e morrem? Por que os semelhantes dão origem aos semelhantes, de uma árvore nasce outra árvore, de um cão nasce outro cão, de uma mulher nasce uma criança? Por que os diferentes também parecem fazer surgir os diferentes: o dia parece fazer nascer a noite, o inverno parece fazer surgir a primavera, um objeto escuro clareia com o passar do tempo, um objeto claro escurece com o passar do tempo?

Por que tudo muda? A criança se torna adulta, amadurece, envelhece e desaparece. A paisagem, cheia de flores na primavera, vai perdendo o verde e as cores no outono até ressecar-se e retorcer-se no inverno. Por que um dia luminoso e ensolarado, de céu azul e brisa suave, repentinamente, se torna sombrio, coberto de nuvens, varrido por ventos furiosos, tomado pela tempestade, pelos raios e trovões?

Por que a doença invade os corpos, rouba-lhes a cor, a força? Por que o alimento que antes me agradava, agora, que estou doente, me causa repugnância? Por que o som da música que antes me embalava, agora, que estou doente, parece um ruído insuportável?

Por que o que parecia uno se multiplica em tantos outros? De uma só árvore, quantas flores e quantos frutos nascem! De uma só gata, quantos gatinhos nascem!

Por que as coisas se tornam opostas ao que eram? A água do copo, tão transparente e de boa temperatura, torna-se uma barra dura e gelada, deixa de ser líquida e transparente para tornar-se sólida e acinzentada. O dia, que começa frio e gelado, pouco a pouco, se torna quente e cheio de calor.

Por que nada permanece idêntico a si mesmo? De onde vêm os seres? Para onde vão, quando desaparecem? Por que se transformam? Por que se diferenciam uns dos outros?

Mas, também, por que tudo parece repetir-se? Depois do dia, a noite; depois da noite, o dia. Depois do inverno, a primavera, depois da primavera, o verão, depois do verão, o outono e, depois deste, novamente o inverno. De dia, o Sol; à noite, a Lua e as estrelas. Na primavera, o mar é tranquilo e propício à navegação; no inverno, tempestuoso e inimigo dos homens. O calor leva as águas para o céu e as traz de volta pelas chuvas. Ninguém nasce adulto ou velho, mas sempre criança, que se torna adulto e velho.

Foram perguntas como essas que os primeiros filósofos fizeram e para elas buscaram respostas.

Sem dúvida, a religião, as tradições e os mitos explicavam todas essas coisas, mas suas explicações já não satisfaziam aos que interrogavam sobre as causas da mudança, da permanência, da repetição, da desaparição e do ressurgimento de todos os seres. Haviam perdido força explicativa, não convenciam nem satisfaziam a quem desejava conhecer a verdade sobre o mundo.

O nascimento da filosofia

Tales de Mileto
(c. 624 a.C. – c. 558 a.C.)

cosmologia: a palavra *cosmologia* é composta de duas outras: *cosmos (kósmos)*, que significa "a ordem e organização do mundo" ou "o mundo ordenado e organizado", e *logia*, que vem da palavra *lógos*, que significa "pensamento racional", "discurso racional", "conhecimento".

Os historiadores da filosofia dizem que ela possui data e local de nascimento: final do século VII a.C. e início do século VI a.C., nas colônias gregas da Ásia Menor (particularmente as que formavam uma região denominada Jônia), na cidade de Mileto. E o primeiro filósofo foi Tales de Mileto.

Além de possuir data e local de nascimento e de possuir seu primeiro autor, a filosofia também possui um conteúdo preciso ao nascer: é uma **cosmologia**. Assim, a filosofia nasce como conhecimento racional da ordem do mundo ou da natureza, donde cosmologia.

Apesar da segurança desses dados, existe um problema que, durante séculos, vem ocupando os historiadores da filosofia: o de saber se a filosofia (que é um fato especificamente grego) nasceu por si mesma ou dependeu de contribuições da sabedoria oriental (egípcios, assírios, persas, caldeus, babilônios) e da sabedoria de civilizações que antecederam à grega, na região que, antes de ser a Grécia ou a Hélade, abrigara as civilizações de Creta, Minos, Tirento e Micenas.

Durante muito tempo, considerou-se que a filosofia nascera por transformações que os gregos operaram na sabedoria oriental (egípcia, persa, caldeia, fenícia e babilônica). Assim, filósofos como Platão e Aristóteles afirmavam a origem oriental da filosofia. Os gregos, diziam eles, povo de comerciantes e navegantes, descobriram, por meio das viagens, a agrimensura dos egípcios (usada para medir as terras, após as cheias do Nilo), a astrologia dos caldeus e dos babilônios (usada para prever grandes guerras, ascensão e queda de reis, catástrofes como peste, fome, furacões), as genealogias dos persas (enumeração das linhagens de pais e filhos usadas para dar continuidade às dinastias dos governantes), os mistérios religiosos orientais referentes aos rituais de purificação da alma (para livrá-la da reencarnação contínua e garantir-lhe o descanso eterno) etc. A filosofia teria nascido pelas transformações que os gregos impuseram a esses conhecimentos.

Vista aérea das cataratas no Parque Nacional do Iguaçu, em Foz do Iguaçu, no Paraná. Tales considerava o elemento água o princípio de todo o Universo.

Dessa forma, da agrimensura, os gregos fizeram nascer duas ciências: a aritmética e a geometria; da astrologia, fizeram surgir também duas ciências: a astronomia e a meteorologia; das genealogias, fizeram surgir mais outra ciência: a história; dos mistérios religiosos de purificação da alma, fizeram surgir a psicologia ou as teorias filosóficas sobre a natureza e o destino da alma humana.

Todos esses conhecimentos, propriamente gregos, teriam propiciado o aparecimento da filosofia, de sorte que esta só teria podido nascer graças ao saber oriental.

Essa ideia de uma filiação oriental da filosofia foi muito defendida oito séculos depois de seu nascimento (durante os séculos II e III d.C.), no período do Império Romano. Quem a defendia? Pensadores judaicos, como Filo de Alexandria, e pensadores cristãos ou os primeiros Padres da Igreja, como Eusébio de Cesareia e Clemente de Alexandria.

Por que defendiam a origem oriental da filosofia grega? Pelo seguinte motivo: a filosofia grega tornara-se, em toda a Antiguidade clássica, e para os poderosos da época, os romanos, a forma superior ou mais elevada do pensamento e da moral.

Os judeus, para valorizar seu pensamento, desejavam que a filosofia tivesse uma origem oriental, dizendo que o pensamento de filósofos importantes, como Platão, tinha surgido no Egito, onde também se originara o pensamento de Moisés, de modo que havia uma ligação entre a filosofia grega e a Bíblia (o que valorizava esta última, pois pertenceria ao mesmo campo de saber que a filosofia).

Os cristãos, por sua vez, queriam mostrar que os ensinamentos de Jesus eram elevados e perfeitos, que não eram supersticiosos nem primitivos e incultos e, por isso, mostravam que os filósofos gregos estavam filiados a correntes de pensamento místico e oriental e, dessa maneira, estariam próximos do cristianismo, que é uma religião oriental.

No entanto, nem todos aceitaram a tese chamada "orientalista", e muitos, sobretudo no século XIX da nossa era, passaram a falar da filosofia como sendo o "milagre grego".

Com a palavra *milagre*, queriam dizer várias coisas:

- que a filosofia surgiu inesperada e espantosamente na Grécia, sem que nada anterior a preparasse;
- que a filosofia grega foi um acontecimento espontâneo, único e sem par, como é próprio de um milagre;
- que os gregos foram um povo excepcional, sem nenhum outro semelhante a eles, nem antes nem depois deles, e, por isso, somente eles poderiam ter sido capazes de criar a filosofia, como foram os únicos a criar as ciências e a dar às artes uma elevação que nenhum outro povo conseguiu, nem antes nem depois deles.

Nem oriental, nem milagre

Desde o final do século XIX da nossa era e durante o século XX, estudos históricos, arqueológicos, linguísticos, literários e artísticos corrigiram os exageros das duas teses, isto é, tanto a redução da filosofia à sua origem oriental quanto o "milagre grego".

Retirados os exageros do orientalismo, percebe-se que, de fato, a filosofia tem dívidas com a sabedoria dos orientais, não só porque as viagens colocaram os gregos em contato com os conhecimentos produzidos por outros povos (sobretudo os egípcios, persas, babilônios, assírios e caldeus), mas também porque os dois maiores formadores da cultura grega antiga, os poetas Homero e Hesíodo, encontraram nos mitos e nas religiões dos povos orientais, bem como nas culturas que precederam a grega, os elementos para elaborar a mitologia grega, que, depois, seria transformada racionalmente pelos filósofos.

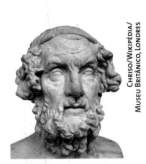

Homero (século IX a.C.)

Assim, estudos recentes mostraram que mitos, cultos religiosos, instrumentos musicais, dança, música, poesia, utensílios domésticos e de trabalho, formas de habitação, formas de parentesco e formas de organização tribal dos gregos foram resultado de contatos profundos com as culturas mais avançadas do Oriente e com a herança deixada pelas culturas que antecederam a grega nas regiões onde ela se implantou.

Hesíodo (século VIII a.C.)

Esses mesmos estudos apontaram, porém, que, se nos afastarmos dos exageros da ideia de um "milagre grego", podemos perceber o que havia de verdadeiro nessa tese. De fato, os gregos imprimiram mudanças de qualidade tão profundas no que receberam do Oriente e das culturas precedentes, que até pareceria terem criado sua própria cultura a partir de si mesmos. Dessas mudanças, podemos mencionar quatro que nos darão uma ideia da originalidade grega:

1. Com relação aos mitos: quando comparamos os mitos orientais, cretenses, micênicos, minoicos e os que aparecem nos poetas Homero e Hesíodo, vemos que eles retiraram os aspectos apavorantes e monstruosos dos deuses e do início do mundo; humanizaram os deuses, divinizaram os homens; deram racionalidade a narrativas sobre as origens das coisas, dos homens, das instituições humanas (como o trabalho, as leis, a moral);

2. Com relação aos conhecimentos: os gregos transformaram em ciência (isto é, num conhecimento racional, abstrato e universal) aquilo que eram elementos de uma sabedoria

prática para o uso direto da vida. Assim, transformaram em matemática (aritmética, geometria, harmonia) o que eram expedientes práticos para medir, contar e calcular; transformaram em astronomia (conhecimento racional da natureza e do movimento dos astros) aquilo que eram práticas de adivinhação e previsão do futuro; transformaram em medicina (conhecimento racional sobre o corpo humano, a saúde e a doença) aquilo que eram práticas de grupos religiosos secretos para a cura misteriosa das doenças. E assim por diante;

> **política:** palavra que vem de *pólis*, que, em grego, significa "cidade organizada por leis e instituições".

3. Com relação à organização social e política: os gregos não inventaram apenas a ciência ou a filosofia, mas inventaram também a política. Todas as sociedades anteriores a eles conheciam e praticavam a autoridade e o governo. Mas por que não inventaram a política propriamente dita? Porque não separaram o poder político e duas outras formas tradicionais de autoridade: a do chefe de família e a do sacerdote ou mago.

De fato, nas sociedades orientais e não gregas, o poder e o governo eram exercidos como autoridade absoluta da vontade pessoal e arbitrária de um só homem (o chefe) ou de um pequeno grupo de homens (os chefes), que possuíam o poder militar, religioso e econômico e decidiam sobre tudo, sem consultar nem justificar suas decisões a ninguém.

Os gregos inventaram a política porque separaram o poder público e o poder privado, assim como distinguiram o poder público e o religioso. Em outras palavras, porque instituíram práticas pelas quais as decisões eram tomadas com base em discussões e debates públicos e eram adotadas ou revogadas por voto em assembleias públicas; porque estabeleceram instituições públicas (tribunais, assembleias, separação entre autoridade do chefe da família e autoridade pública, entre autoridade político-militar e autoridade religiosa) e sobretudo porque criaram a ideia da lei e da justiça como expressões da vontade coletiva pública e não como imposição da vontade de um só ou de um grupo, em nome de divindades;

4. Com relação ao pensamento: diante da herança recebida, os gregos inventaram a ideia ocidental da razão como um pensamento sistemático que segue necessariamente regras, normas e leis universais, isto é, as mesmas em todos os tempos e lugares, como vimos ao examinar o legado da filosofia.

Mito e filosofia

Resolvido o problema da origem da filosofia, agora temos um outro que também tem ocupado muito os estudiosos. O novo problema pode ser assim formulado: a filosofia nasceu realizando uma transformação gradual nos mitos gregos ou nasceu por uma ruptura radical com os mitos?

O que é um mito?

> **mito:** a palavra *mito* vem do grego, *mythos*, e deriva de dois verbos: *mytheyo* ("contar", "narrar", "falar alguma coisa para alguém") e *mytheo* ("conversar", "contar", "nomear", "designar").

Um mito é uma narrativa sobre a origem de alguma coisa (origem dos astros, da Terra, dos homens, das plantas, dos animais, do fogo, da água, dos ventos, do bem e do mal, da saúde e da doença, da morte, dos instrumentos de trabalho, das raças, das guerras, do poder etc.).

Para os gregos, mito é um discurso pronunciado ou proferido para ouvintes que recebem a narrativa como verdadeira porque confiam naquele que narra; é uma narrativa feita em público, baseada, portanto, na autoridade e confiabilidade da pessoa do narrador. E essa autoridade vem do fato de que o narrador ou testemunhou diretamente o que está narrando ou recebeu a narrativa de quem testemunhou os acontecimentos narrados.

Quem narra o mito? O poeta-rapsodo. Quem é ele? Por que tem autoridade? Acredita-se que o poeta é um escolhido dos deuses, que lhe mostram os acontecimentos passados e permitem que ele veja a origem de todos os seres e de todas as coisas para que possa transmiti-la aos ouvintes. Sua palavra — o mito — é sagrada porque vem de uma revelação divina. O mito é, pois, incontestável e inquestionável.

Greve de metalúrgicos no ABC, região industrial da Grande São Paulo, em 1979. Uma assembleia de trabalhadores em greve é o que melhor se aproxima da política exercida pelos cidadãos atenienses.

Como o mito narra a origem do mundo e de tudo o que nele existe? De três maneiras principais:

1. Encontrando o pai e a mãe das coisas e dos seres, isto é, tudo o que existe decorre de relações sexuais entre forças divinas pessoais. Essas relações geram os demais deuses: os titãs (seres semi-humanos e semidivinos), os heróis (filhos de um deus com uma humana ou de uma deusa com um humano), os humanos, os metais, as plantas, os animais, as qualidades (como quente e frio, seco e úmido, claro e escuro, bem e mal, justo e injusto, belo e feio, certo e errado etc.).

    A narração da origem é, assim, uma *genealogia*, isto é, uma narrativa da geração dos seres, das coisas, das qualidades, por outros seres, que são seus pais ou antepassados.

    Tomemos um exemplo da narrativa mítica. Observando que as pessoas apaixonadas estão sempre cheias de ansiedade e de plenitude, inventam mil expedientes para estar com a pessoa amada ou para seduzi-la e também serem amadas, o mito narra a origem do amor, isto é, o nascimento do deus Eros (que conhecemos mais com o nome de Cupido):

    Houve uma grande festa entre os deuses. Todos foram convidados, menos a deusa Penúria, sempre miserável e faminta. Quando a festa acabou, Penúria apareceu, comeu os restos e dormiu com o deus Poros (o astuto engenhoso). Dessa relação sexual nasceu Eros (ou Cupido), que, como sua mãe, está sempre faminto, sedento e miserável, mas, como seu pai, tem mil astúcias para se satisfazer e se fazer amado. Por isso, quando Eros fere alguém com sua flecha, esse alguém se apaixona e logo se sente faminto e sedento de amor, inventa astúcias para ser amado e satisfeito, ficando ora maltrapilho e desanimado, ora rico e cheio de vida.

2. Encontrando uma rivalidade ou uma aliança entre os deuses que fazem surgir alguma coisa no mundo. Nesse caso, o mito narra ou uma guerra entre as forças divinas ou uma aliança entre elas para provocar alguma coisa no mundo dos homens.

    O poeta Homero, na *Ilíada*, que narra a guerra de Troia, explica por que, em certas batalhas, os troianos eram vitoriosos e, em outras, a vitória cabia aos gregos. Os deuses estavam divididos, alguns a favor de um lado e outros a favor do outro. A cada vez, o rei dos deuses, Zeus, ficava com um dos partidos, aliava-se com um grupo e fazia um dos lados — ou os troianos ou os gregos — vencer uma batalha.

    A causa da guerra, aliás, foi uma rivalidade entre as deusas. Elas apareceram em sonho para o príncipe troiano Páris, oferecendo a ele seus dons, e ele escolheu a deusa do amor, Afrodite. As outras deusas, enciumadas, o fizeram raptar a grega Helena, mulher do general grego Menelau, e isso deu início à guerra entre os humanos.

3. Encontrando as recompensas ou castigos que os deuses dão a quem lhes desobedece ou a quem lhes obedece.

Como o mito narra, por exemplo, o uso do fogo pelos homens? Para os homens, o fogo é essencial, pois com ele se diferenciam dos animais, porque tanto passam a cozinhar os alimentos, a iluminar caminhos na noite, a se aquecer no inverno, como podem fabricar instrumentos de metal para o trabalho e para a guerra. Mas o fogo era possuído apenas pelos deuses.

Um titã, Prometeu, mais amigo dos homens do que dos deuses, roubou uma centelha do fogo divino e a trouxe de presente para os humanos. Prometeu foi castigado (amarrado num rochedo para que as aves de rapina, eternamente, devorassem seu fígado) e os homens também. Qual foi o castigo dos homens?

Os deuses fizeram uma mulher encantadora, Pandora, a quem foi entregue uma caixa que conteria coisas maravilhosas, mas que nunca deveria ser aberta. Pandora foi enviada aos humanos e, cheia de curiosidade e querendo dar a eles as maravilhas, abriu a caixa. Dela saíram todas as desgraças, doenças, pestes, guerras e, sobretudo, a morte. Explica-se, assim, a origem dos males no mundo.

Vemos, portanto, que o mito narra a origem das coisas por meio de lutas, alianças e relações sexuais entre forças sobrenaturais que governam o mundo e o destino dos homens. Visto que os mitos sobre a origem do mundo são *genealogias*, diz-se que são **cosmogonias** e **teogonias**.

Ao surgir, a filosofia não é uma *cosmogonia* e sim, como já dissemos, uma *cosmologia*, ou seja, uma explicação racional sobre a origem do mundo e sobre as causas das transformações e repetições das coisas. A pergunta que os estudiosos fazem, então, é a seguinte: a cosmologia nasce de uma transformação gradual dos mitos ou de uma ruptura radical com os mitos? A filosofia continua ou rompe com a cosmogonia e a teogonia?

Duas foram as respostas.

A primeira delas foi dada nos fins do século XIX e começo do século XX, quando reinava um grande otimismo com relação aos poderes científicos e capacidades técnicas do homem. Dizia-se, então, que a filosofia teria nascido por uma ruptura radical com os mitos, sendo a primeira explicação científica da realidade produzida pelo Ocidente.

A segunda resposta foi dada a partir de meados do século XX, quando os estudos dos antropólogos e dos historiadores mostraram a importância dos mitos na organização social e cultural das sociedades e como os mitos estão profundamente entranhados nos modos de pensar e de sentir de uma sociedade. Por isso, dizia-se que os gregos, como qualquer outro povo, acreditavam em seus mitos e que a filosofia nasceu, vagarosa e gradualmente, dos próprios mitos, como uma racionalização deles.

Atualmente, consideram-se as duas respostas exageradas e afirma-se que a filosofia, percebendo as contradições e limitações dos mitos, foi reformulando e racionalizando as narrativas míticas, transformando-as numa outra coisa, numa explicação inteiramente nova e diferente.

Quais são as diferenças entre filosofia e mito? Podemos apontar três como as mais importantes:

1. O mito pretendia narrar como as coisas eram ou tinham sido no passado imemorial, longínquo e fabuloso, voltando-se para o que era antes que tudo existisse tal como existe no presente. A filosofia, ao contrário, se preocupa em explicar como e por que, no passado, no presente e no futuro (isto é, na totalidade do tempo), as coisas são como são;

2. O mito narra a origem por meio de genealogias e rivalidades ou alianças entre forças divinas sobrenaturais e personalizadas, enquanto a filosofia, ao contrário, explica a produção natural das coisas por elementos naturais primordiais (esses elementos são: água ou úmido, fogo ou quente, ar ou frio, e terra ou seco) por meio de causas naturais e impessoais (ações e movimentos de combinação, composição e separação entre os quatro elementos primordiais). Assim, por exemplo, o mito falava nos deuses Urano,

---

cosmogonia: a palavra *gonia* se origina do grego: do verbo *gennao* ("engendrar", "gerar", "fazer nascer e crescer") e do substantivo *genos* ("nascimento", "gênese", "descendência", "gênero", "espécie"). *Gonia*, portanto, quer dizer "geração", "nascimento a partir da concepção sexual e do parto". *Cosmos*, como já vimos, quer dizer "mundo ordenado e organizado". Assim, a cosmogonia é a narrativa sobre o nascimento e a organização do mundo a partir de forças geradoras (pai e mãe) divinas.

teogonia: *teogonia* é uma palavra composta de *gonia* e *theos*, que, em grego, significa "as coisas divinas", "os seres divinos", "os deuses". A teogonia é, portanto, a narrativa da origem dos próprios deuses a partir de seus pais e antepassados.

Ponto e Gaia; a filosofia fala em céu, mar e terra. O mito narrava a origem dos seres celestes (os astros), terrestres (plantas, animais, homens) e marinhos pelos casamentos de Gaia com Urano e Ponto. A filosofia explica o surgimento do céu, do mar e da terra e dos seres que neles vivem explicando os movimentos e ações de composição, combinação e separação dos quatro elementos — úmido, seco, quente e frio.

3. O mito não se importava com contradições, com o fabuloso e o incompreensível, não só porque esses eram traços próprios da narrativa mítica, como também porque a confiança e a crença no mito vinham da autoridade religiosa do narrador. A filosofia, ao contrário, não admite contradições, fabulação e coisas incompreensíveis, mas exige que a explicação seja coerente, lógica e racional; além disso, a autoridade da explicação não vem da pessoa do filósofo, mas da razão, que é a mesma em todos os seres humanos.

Condições históricas para o surgimento da filosofia

Esclarecida a relação entre filosofia e mito, temos ainda duas questões a elucidar: O que tornou possível o surgimento da filosofia na Grécia no final do século VII e no início do século VI a.C.? Quais as condições materiais, isto é, econômicas, sociais, políticas e históricas que permitiram o surgimento da filosofia?

Podemos apontar como principais condições históricas para o surgimento da filosofia na Grécia:

- as viagens marítimas, que permitiram aos gregos descobrir que os locais que os mitos diziam habitados por deuses, titãs e heróis eram, na verdade, habitados por outros seres humanos; e que as regiões dos mares que os mitos diziam habitados por monstros e seres fabulosos não possuíam nem monstros nem seres fabulosos. As viagens produziram o desencantamento ou a desmitificação do mundo, que passou, assim, a exigir uma explicação sobre sua origem, explicação que o mito já não podia oferecer;

- a invenção do calendário, que é uma forma de calcular o tempo segundo as estações do ano, as horas do dia, os fatos importantes que se repetem, revelando, com isso, uma capacidade de abstração nova ou uma percepção do tempo como algo natural e não como uma força divina incompreensível;

- a invenção da moeda, que permitiu uma forma de troca que não se realiza como escambo ou em espécie (isto é, coisas trocadas por outras coisas) e sim uma troca abstrata, uma troca feita pelo cálculo do valor semelhante das coisas diferentes, revelando, portanto, uma nova capacidade de abstração e de generalização;

- o surgimento da vida urbana, com predomínio do comércio e do artesanato, dando desenvolvimento a técnicas de fabricação e de troca, e diminuindo o prestígio das famílias da aristocracia proprietárias de terras, por quem e para quem os mitos foram criados; além disso, o surgimento de uma classe de comerciantes ricos, que precisava encontrar pontos de poder e de prestígio para suplantar o velho poderio da aristocracia de terras e de sangue (as linhagens constituídas pelas famílias), fez com que essa nova classe social procurasse o prestígio pelo patrocínio e estímulo às artes, às técnicas e aos conhecimentos, favorecendo um ambiente onde a filosofia poderia surgir;

- a invenção da escrita alfabética, que, como a do calendário e a da moeda, revela o crescimento da capacidade de abstração e de generalização, uma vez que a escrita alfabética ou fonética, diferentemente de outras escritas — como, por exemplo, os hieróglifos dos egípcios ou os ideogramas dos chineses —, supõe que não se represente uma imagem da coisa que está sendo dita, e sim se ofereça um sinal ou signo abstrato (uma palavra) dela. Além disso, enquanto nas outras escritas, para cada sinal corresponde uma coisa ou uma ideia, na escrita alfabética ou fonética as letras são independentes e podem ser combinadas de formas variadas em palavras e estas podem ser distribuídas de formas

O nascimento da filosofia | **Capítulo 2**

variadas para exprimir ideias. Ou seja, nas outras escritas, o signo representa a coisa assinalada, enquanto na escrita alfabética a palavra designa uma coisa e *exprime* uma ideia. Nas outras escritas, há a tendência a sacralizar os sinais ou os signos, ou a lhes dar um caráter mágico, enquanto a escrita alfabética é inteiramente leiga, abstrata, racional e usada por todos;

caráter mágico: acredita-se que os sinais ou os signos *são* as coisas assinaladas e que neles se encarnam forças divinas e demoníacas, de maneira que quem sabe escrever ou usar os sinais tem poder sobre as coisas e sobre os outros.

- a invenção da política, que introduz três aspectos novos e decisivos para o nascimento da filosofia:

    1. A ideia da lei como expressão da vontade de uma coletividade humana que decide por si mesma o que é melhor para si e como ela definirá suas relações internas. O aspecto legislado e regulado da cidade — da *pólis* — servirá de modelo para a filosofia propor o aspecto legislado, regulado e ordenado do mundo como um mundo racional.
    2. O surgimento de um espaço público, que faz aparecer um novo tipo de palavra ou de discurso, diferente daquele que era proferido pelo mito. Neste, um poeta-vidente, que recebia das deusas ligadas à memória (a deusa Mnemosyne, mãe das Musas que guiavam o poeta) uma iluminação misteriosa ou uma revelação sobrenatural, dizia aos homens quais eram as decisões dos deuses a quem eles deveriam obedecer. Agora, com a *pólis*, isto é, a cidade política, surge a palavra como direito de cada cidadão de emitir em público sua opinião, discuti-la com os outros, persuadi-los a tomar uma decisão proposta por ele, de tal modo que surge o discurso político como palavra humana compartilhada, como diálogo, discussão e deliberação humana, isto é, como decisão racional e exposição dos motivos ou das razões para fazer ou não fazer alguma coisa. A política, ao valorizar o humano, o pensamento, a discussão, a persuasão e a decisão racional, valorizou o pensamento racional e criou condições para que surgisse o discurso ou a palavra filosófica.
    3. A política estimula um pensamento e um discurso que não procuram ser formulados por seitas secretas dos iniciados em mistérios sagrados, mas que procuram, ao contrário, ser públicos, ensinados, transmitidos, comunicados e discutidos. A ideia de um pensamento que todos podem compreender e discutir, que todos podem comunicar e transmitir, é fundamental para a filosofia.

Ruínas da ágora grega, na Acrópole, em Atenas.

Capítulo 3

Campos de investigação da filosofia

Os períodos da filosofia grega

A filosofia terá, no correr dos séculos, um conjunto de preocupações, indagações e interesses que lhe vieram de seu nascimento na Grécia. Assim, antes de vermos que campos são esses, examinemos brevemente os conteúdos que a filosofia possuía na Grécia. Para isso, devemos, primeiro, conhecer os períodos principais da filosofia grega, pois tais períodos definiram os campos da investigação filosófica na Antiguidade.

A história da Grécia costuma ser dividida pelos historiadores em quatro grandes períodos ou épocas:

1. a da **Grécia homérica**, correspondente aos quatrocentos anos narrados pelo poeta Homero em seus dois grandes poemas, *Ilíada* e *Odisseia*;

2. a da **Grécia arcaica** ou **dos Sete Sábios**, do século VII ao século V a.C., quando os gregos criam cidades como Atenas, Esparta, Tebas, Megara, Samos etc., na qual predomina a economia urbana, baseada no artesanato e no comércio;

3. a da **Grécia clássica**, nos séculos V e IV a.C. até o início do século III a.C., quando a democracia se desenvolve, a vida intelectual e artística entra no apogeu e Atenas domina a Grécia com seu império comercial e militar, que será perdido com a Guerra do Peloponeso;

4. e, finalmente, a **época helenística**, a partir de meados do século III a.C., quando a Grécia passa para o poderio do império de Alexandre da Macedônia e, depois, para as mãos do Império Romano, terminando a história de sua existência independente. Os períodos da filosofia não correspondem exatamente a essas épocas, já que ela não existe na Grécia homérica e só aparece em meados da Grécia arcaica (no século VII a.C.). Entretanto, o apogeu da filosofia acontece durante o auge da cultura e da sociedade gregas, portanto, durante a Grécia clássica, tendo seu ponto culminante com as obras de Platão e Aristóteles.

Guerra do Peloponeso: guerra entre Atenas e Esparta envolvendo todas as cidades gregas e terminando com o enfraquecimento de todas elas.

Alexandre da Macedônia (356 a.C. – 323 a.C.)

Os quatro grandes períodos da filosofia grega, nos quais seu conteúdo muda e se enriquece, são:

1. **Período pré-socrático** ou **cosmológico**, do final do século VII ao final do século V a.C., quando a filosofia se ocupa fundamentalmente com a origem do mundo e as causas das transformações na natureza.

2. **Período socrático** ou **antropológico**, do final do século V e todo o século IV a.C., quando a filosofia investiga as questões humanas, isto é, a ética, a política e as técnicas, e busca compreender qual é o lugar do homem no mundo.

3. **Período sistemático**, do final do século IV ao final do século III a.C., quando a filosofia busca reunir e sistematizar tudo quanto foi pensado pela cosmologia e pelas investigações sobre a ação humana na ética, na política e nas técnicas. A filosofia se interessa em mostrar que tudo pode ser objeto do conhecimento filosófico, desde que as leis do pensamento e de suas demonstrações estejam firmemente estabelecidas para oferecer os critérios da verdade e da ciência. Nesse período desenvolvem-se a teoria do conheci-

antropológico: em grego, *ântropos* quer dizer "homem"; por isso, o período recebeu o nome de antropológico.

mento, a psicologia e a lógica. Além disso, os filósofos procuram encontrar o fundamento último de todas as coisas ou da realidade inteira, e essa investigação, séculos mais tarde, é designada com o nome de *metafísica*.

4. **Período helenístico** ou **greco-romano**, do final do século III a.C. até o século VI d.C. Nesse longo período, que abrange a época do domínio mundial de Roma e do surgimento do cristianismo, a filosofia se ocupa sobretudo com as questões da ética, do conhecimento humano e das relações entre o homem e a natureza e de ambos com Deus.

Filosofia grega

Pode-se perceber que os dois primeiros períodos da filosofia grega têm como referência o filósofo Sócrates de Atenas, donde a divisão em filosofia pré-socrática e socrática.

Período pré-socrático ou cosmológico

A filosofia pré-socrática se desenvolve em cidades da Jônia (na Ásia Menor): Mileto, Éfeso, Samos e Clazômena; em cidades da Magna Grécia (sul da Itália e Sicília): Crotona, Tarento, Eleia e Agrigento; e na cidade de Abdera, na Trácia.

Os principais filósofos pré-socráticos foram:

- filósofos da Escola Jônica: Tales de Mileto, Anaxímenes de Mileto, Anaximandro de Mileto e Heráclito de Éfeso;
- filósofos da Escola Itálica: Pitágoras de Samos, Filolau de Crotona e Árquitas de Tarento;
- filósofos da Escola Eleata: Parmênides de Eleia e Zenão de Eleia;
- filósofos da Escola da Pluralidade: Empédocles de Agrigento, Anaxágoras de Clazômena, Leucipo de Abdera e Demócrito de Abdera.

As principais características da cosmologia são:

- É uma explicação racional e sistemática sobre a origem, ordem e transformação da natureza, da qual os seres humanos fazem parte, de modo que, ao explicar a natureza, a filosofia também explica a origem e as mudanças dos seres humanos.

- Busca o princípio natural, eterno, imperecível e imortal, gerador de todos os seres. Em outras palavras, a cosmologia não admite a *criação* do mundo a partir do nada, mas afirma a *geração* de todas coisas por um princípio natural de onde tudo vem e para onde tudo retorna. Esse princípio é uma natureza primordial e chama-se *physis*, sendo ele a causa natural contínua e imperecível da existência de todos os seres e de suas transformações. A *physis* não pode ser conhecida pela percepção sensorial (esta só nos oferece as coisas já existentes), mas apenas pelo pensamento. Em outras palavras, ela é aquilo que o pensamento descobre quando indaga qual é a causa da existência e da transformação de todos os seres percebidos. A *physis* é a natureza tomada em sua totalidade, isto é, a natureza entendida como princípio e causa primordial da existência e das transformações das coisas naturais (os seres humanos aí incluídos) e entendida como o conjunto ordenado e organizado de todos os seres naturais ou físicos.

- Afirma que, embora a *physis* (o princípio ou o elemento primordial eterno) seja imperecível, ela dá origem a todos os seres infinitamente variados e diferentes do mundo, seres que, ao contrário do princípio gerador, são perecíveis ou mortais. A *physis* é imortal e as coisas físicas são mortais.

physis: palavra originada do verbo que significa "fazer surgir", "fazer brotar", "fazer nascer", "produzir".

⋯⋗ Afirma que, embora a *physis* seja imutável, os seres físicos ou naturais gerados por ela, além de serem mortais, são mutáveis ou seres em contínua transformação, mudando de qualidade (por exemplo, o branco amarelece, acinzenta, enegrece; o negro acinzenta, embranquece; o novo envelhece; o quente esfria; o frio esquenta; o seco fica úmido; o úmido seca; o dia se torna noite; a noite se torna dia; a primavera cede lugar ao verão, que cede lugar ao outono, que cede lugar ao inverno; o saudável adoece; o doente se cura; a criança cresce; a árvore vem da semente e produz sementes, etc.) e mudando de quantidade (o pequeno cresce e fica grande; o grande diminui e fica pequeno; o longe fica perto se eu for até ele ou se as coisas distantes chegarem até mim, um rio aumenta de volume na cheia e diminui na seca, etc.). Portanto, o mundo está numa mudança contínua, sem por isso perder sua forma, sua ordem e sua estabilidade.

A mudança — nascer, mudar de qualidade ou de quantidade, perecer — se diz em grego *kínesis*, palavra que significa "movimento". Por movimento, os gregos não entendem apenas a mudança de lugar ou a locomoção, mas toda e qualquer alteração ou mudança qualitativa e/ou quantitativa de um ser, bem como seu nascimento e seu perecimento. As coisas naturais, isto é, todos os seres existentes, se movem ou são movidos por outros seres e o mundo está em movimento ou transformação permanente. O movimento das coisas e do mundo chama-se *devir* e o devir segue leis rigorosas que o pensamento conhece. Essas leis são as que mostram que toda mudança é a passagem de um estado ao seu contrário: dia-noite, claro-escuro, quente-frio, seco-úmido, novo-velho, pequeno-grande, bom-mau, cheio-vazio, um-muitos, vivo-morto, etc., e também no sentido inverso, noite-dia, escuro-claro, frio-quente, muitos-um, etc. O devir é, portanto, a passagem contínua de uma coisa ao seu estado contrário e essa passagem não é caótica, mas obedece a leis determinadas pela *physis* ou pelo princípio fundamental do mundo.

Embora todos os pré-socráticos afirmassem as ideias que acabamos de expor, nem por isso concordaram ao determinar o que era a *physis*, e cada filósofo encontrou motivos e razões para determinar qual era o princípio eterno e imutável que está na origem da natureza e de suas transformações. Assim, Tales dizia que a *physis* era a água ou o úmido; Anaximandro considerava que era o ilimitado, sem qualidades definidas; Anaxímenes, que era o ar ou o frio; Pitágoras julgava que era o número (entendido como estrutura e relação proporcional entre os elementos que compõem as coisas); Heráclito afirmou que era o fogo; Empédocles, que eram quatro raízes (úmido, seco, quente e frio); Anaxágoras, que eram sementes que continham os elementos de todas as coisas; Leucipo e Demócrito disseram que eram os átomos.

Período socrático ou antropológico

Com o desenvolvimento das cidades, do comércio, do artesanato e das artes militares, Atenas tornou-se o centro da vida social, política e cultural da Grécia, vivendo seu período de esplendor, conhecido como o Século de Péricles.

É a época de maior florescimento da democracia. A democracia grega possuía, entre outras, duas características de grande importância para o futuro da filosofia.

Em primeiro lugar, afirmava a igualdade de todos os homens adultos perante as leis e o direito de todos de participar diretamente do governo da cidade, da *pólis*.

Em segundo, e como consequência, a democracia, sendo direta e não por eleição de representantes, garantia a todos a participação no governo, e os que dele participavam tinham o direito de exprimir, discutir e defender em público suas opiniões sobre as decisões que a cidade deveria tomar. Surgia, assim, a figura política do cidadão.

Ora, para conseguir que a sua opinião fosse aceita nas assembleias, o cidadão precisava saber falar e ser capaz de persuadir os demais. Com isso, uma mudança profunda ocorreu na educação grega.

Antes da instituição da democracia, as cidades eram dominadas pelas famílias aristocráticas, senhoras das terras e do poder militar. Essas famílias, valendo-se dos grandes poetas

Século de Péricles: período compreendido entre 439 a.C. (cerco de Samos pelos atenienses) e 338 a.C. (derrota dos gregos para o exército macedônio na batalha de Queroneia).

cidadão: estavam excluídos da cidadania aqueles que os gregos chamavam de "dependentes": mulheres, escravos, crianças e idosos. Também estavam excluídos os estrangeiros.

gregos, Homero, Píndaro e Hesíodo, criaram um padrão de educação, próprio dos aristocratas. Esse padrão afirmava que o homem ideal ou perfeito era o guerreiro belo e bom. Belo: seu corpo era formado pela ginástica, pela dança e pelos jogos de guerra, imitando os heróis da guerra de Troia (Aquiles, Heitor, Ajax, Ulisses). Bom: seu espírito era formado escutando Homero, Píndaro e Hesíodo, aprendendo com eles as virtudes admiradas pelos deuses e praticadas pelos heróis, sendo a principal delas a coragem diante da morte na guerra. A virtude era a *aretê*, própria dos melhores, ou, em grego, dos *aristoi*.

aretê: palavra grega que significa "excelência e superioridade".

Quando a economia agrária foi sendo suplantada pelo artesanato e pelo comércio, surgiu nas cidades (particularmente em Atenas) uma classe social urbana rica que desejava exercer o poder político, até então privilégio da classe aristocrática. É para responder aos anseios dessa nova classe social que a democracia é instituída. Com ela, o poder vai sendo retirado dos aristocratas e passando para os cidadãos. Dessa maneira, o antigo ideal educativo ou pedagógico também foi sendo substituído por outro. O ideal da educação da Grécia clássica já não é a formação do jovem guerreiro belo e bom, e sim a formação do bom cidadão. A *aretê* é a excelência no exercício da cidadania ou a virtude cívica.

Ora, qual é o momento em que o cidadão mais aparece e mais exerce sua cidadania? Quando opina, discute, delibera e vota nas assembleias. Assim, a nova educação estabelece como padrão ideal a formação do bom orador, isto é, aquele que saiba falar em público e persuadir os outros na política.

Para dar aos jovens essa educação, substituindo a educação antiga dos poetas, surgiram, na Grécia, os *sofistas*, que são os primeiros filósofos do período socrático. Os sofistas mais importantes foram: Protágoras de Abdera, Górgias de Leontini e Isócrates de Atenas.

sofistas (1): historicamente, há dificuldade para conhecer o pensamento dos grandes sofistas porque não possuímos seus textos. Restaram fragmentos. Por isso nós os conhecemos pelo que deles disseram seus adversários – Platão, Xenofonte, Aristóteles – e não temos como saber se estes foram justos com aqueles.

Que diziam e faziam os sofistas? Diziam que os ensinamentos dos filósofos cosmologistas estavam repletos de erros e contradições e que não tinham utilidade para a vida da *pólis*. Apresentavam-se como mestres de oratória ou de retórica, afirmando ser possível ensinar aos jovens tal arte para que fossem bons cidadãos.

Que arte era essa? A arte da persuasão. Os sofistas ensinavam técnicas de persuasão para os jovens, que aprendiam a defender a posição ou opinião A, depois a posição ou opinião contrária, não A, de modo que, numa assembleia, soubessem ter fortes argumentos a favor ou contra uma opinião e ganhassem a discussão.

Morte de Sócrates, detalhe da pintura de Jean-Louis David, de 1787, Museu do Louvre, Paris.

O filósofo Sócrates, considerado o patrono da filosofia, rebelou-se contra os sofistas, dizendo que não eram filósofos, pois não tinham amor pela sabedoria nem respeito pela verdade, já que defendiam qualquer ideia, se isso fosse vantajoso. Corrompiam o espírito dos jovens, pois faziam o erro e a mentira valer tanto quanto a verdade.

Como homem de seu tempo, Sócrates concordava com os sofistas em um ponto: por um lado, a educação antiga do guerreiro belo e bom já não atendia às exigências da sociedade grega, e, por outro, os filósofos cosmologistas defendiam ideias tão contrárias entre si que também não eram uma fonte segura para o conhecimento verdadeiro.

Discordando dos antigos poetas, dos antigos filósofos e dos sofistas, o que propunha Sócrates?

Propunha que, antes de querer conhecer a natureza e antes de querer persuadir os outros, cada um deveria, primeiro e antes de tudo, conhecer-se a si mesmo. Como vimos na Introdução, a expressão "Conhece-te a ti mesmo", ou o oráculo que estava gravado no pórtico do templo de Apolo, em Delfos, deus da luz e da sabedoria, foi o centro das preocupações e investigações de Sócrates.

Por fazer do autoconhecimento ou do conhecimento que os homens têm de si mesmos a condição de todos os outros conhecimentos verdadeiros é que se diz que o período socrático é antropológico, isto é, voltado para o conhecimento do homem, particularmente de seu espírito e de sua capacidade para conhecer a verdade.

O retrato que a história da filosofia possui de Sócrates foi traçado por seu mais importante aluno e discípulo, o filósofo ateniense Platão.

Que retrato Platão nos deixa de seu mestre Sócrates?

O de um homem que andava pelas ruas e praças de Atenas, pelo mercado e pela assembleia indagando a cada um: "Você sabe o que *é* isso que você está dizendo?"; "Você sabe o que *é* isso em que você acredita?"; "Você acha que está conhecendo realmente aquilo em que acredita, aquilo em que está pensando, aquilo que está dizendo?". "Você diz", falava Sócrates, "que a coragem é importante, mas o que *é* a coragem?"; "Você acredita que a justiça é importante, mas o que *é* a justiça?"; "Você diz que ama as coisas e as pessoas belas, mas o que *é* a beleza?"; "Você crê que seus amigos são a melhor coisa que você tem, mas o que *é* a amizade?"

Sócrates fazia perguntas sobre as ideias, sobre os valores nos quais os gregos acreditavam e que julgavam conhecer. Suas perguntas deixavam os interlocutores embaraçados, irritados, curiosos, pois, quando tentavam responder ao célebre "o que é?", descobriam, surpresos, que não sabiam responder e que nunca tinham pensado em suas crenças, em seus valores e em suas ideias.

Mas o pior não era isso. O pior é que as pessoas esperavam que Sócrates respondesse por elas ou para elas, que soubesse as respostas às perguntas, como os sofistas pareciam saber, mas Sócrates, para desconcerto geral, dizia: "Eu também não sei, por isso estou perguntando" — donde a famosa expressão atribuída a ele quando respondeu à pergunta da sibila no templo de Apolo: "Só sei que nada sei".

A consciência da própria ignorância é o começo da filosofia. O que procurava Sócrates? Procurava a definição daquilo que uma coisa, uma ideia, um valor *é* verdadeiramente. Aquilo que uma coisa, uma ideia, um valor *é* realmente em si mesmo chama-se **essência**. Sócrates procurava a essência real e verdadeira da coisa, da ideia, do valor. Como a essência não é dada pela percepção sensorial e sim encontrada pelo trabalho do pensamento, procurá-la é procurar o que o pensamento conhece da realidade e verdade de uma coisa, de uma ideia, de um valor. Isso que o pensamento conhece da essência chama-se **conceito**. Sócrates procurava o conceito, e não *a mera opinião* que temos de nós mesmos, das coisas, das ideias e dos valores.

Qual a diferença entre uma opinião e um conceito? A opinião varia de pessoa para pessoa, de lugar para lugar, de época para época. É instável, mutável, depende de cada um, de seus gostos e preferências. O conceito, ao contrário, é uma verdade intemporal, universal e necessária que o pensamento descobre, mostrando que é a essência universal, intemporal e necessária de alguma coisa. Por isso, Sócrates não perguntava se uma coisa era bela — pois

sofistas (2): os historiadores mais recentes consideram os sofistas verdadeiros representantes do espírito democrático, isto é, da pluralidade conflituosa de opiniões e interesses, enquanto seus adversários seriam partidários de uma política aristocrática, na qual somente algumas opiniões e interesses teriam o direito de fato perante o restante da sociedade.

nossa opinião sobre ela pode variar — e sim: "O que *é* a beleza?", "Qual *é* a essência ou o conceito do belo, do justo, do amor, da amizade?".

Sócrates perguntava: "Que razões rigorosas você possui para dizer o que diz e para pensar o que pensa?"; "Qual é o fundamento racional daquilo que você fala e pensa?".

Ora, as perguntas de Sócrates se referiam a ideias, valores, práticas e comportamentos que os atenienses julgavam certos e verdadeiros em si mesmos e por si mesmos. Ao fazer suas perguntas e suscitar dúvidas, Sócrates os fazia pensar não só sobre si mesmos, mas também sobre a *pólis*. Aquilo que parecia evidente acabava sendo percebido como duvidoso e incerto.

Sabemos que os poderosos têm medo do pensamento, pois o poder é mais forte se ninguém pensar, se todo mundo aceitar as coisas como elas são, ou melhor, como nos dizem e nos fazem acreditar que elas são. Para os poderosos de Atenas, Sócrates tornara-se um perigo, pois fazia a juventude pensar. Por isso, eles o acusaram de desrespeitar os deuses, corromper os jovens e violar as leis. Levado perante a assembleia, Sócrates não se defendeu e foi condenado a tomar um veneno — a cicuta — e obrigado a suicidar-se.

Por que Sócrates não se defendeu? "Porque", dizia ele, "se eu me defender, estarei aceitando as acusações, e eu não as aceito. Se eu me defender, o que os juízes vão exigir de mim? Que eu pare de filosofar. Mas eu prefiro a morte a ter de renunciar à filosofia".

O julgamento e a morte de Sócrates são narrados por Platão numa obra intitulada *Apologia de Sócrates*, isto é, a defesa de Sócrates, feita por seus discípulos, contra Atenas.

Sócrates nunca escreveu. O que sabemos de seu pensamento encontra-se nas obras de seus vários discípulos, e Platão foi o mais importante deles. Se reunirmos o que esse filósofo escreveu sobre os sofistas e sobre Sócrates, além da exposição de suas próprias ideias, poderemos apresentar como características gerais do período socrático:

- A filosofia se volta para as questões humanas no plano da ação, dos comportamentos, das ideias, das crenças, dos valores e, portanto, se preocupa com as questões morais e políticas.

- O ponto de partida da filosofia é a confiança no pensamento ou no homem como um ser racional, capaz de conhecer-se a si mesmo e, portanto, capaz de reflexão. Reflexão é a volta que o pensamento faz sobre si mesmo para conhecer-se; é a consciência conhecendo-se a si mesma como capacidade para conhecer as coisas, alcançando o conceito ou a essência delas.

- Como se trata de conhecer a capacidade de conhecimento do homem, a preocupação se volta para estabelecer procedimentos que nos garantam que encontremos a verdade, isto é, o pensamento deve oferecer a si mesmo caminhos próprios, critérios próprios e meios próprios para saber o que é o verdadeiro e como alcançá-lo em tudo o que investigamos.

- A filosofia está voltada para a definição das virtudes morais (do indivíduo) e das virtudes políticas (do cidadão), tendo como objeto central de suas investigações a moral e a política, isto é, as ideias e práticas que norteiam os comportamentos dos seres humanos tanto como indivíduos quanto como cidadãos.

- Cabe à filosofia, portanto, encontrar a definição, o conceito ou a essência dessas virtudes, para além da variedade das opiniões, para além da multiplicidade das opiniões contrárias e diferentes. As perguntas filosóficas se referem, assim, a valores como a justiça, a coragem, a amizade, a piedade, o amor, a beleza, a temperança, a prudência etc., que constituem os ideais do sábio e do verdadeiro cidadão.

- É feita, pela primeira vez, uma separação radical entre, de um lado, *a opinião e as imagens das coisas*, trazidas pelos nossos órgãos dos sentidos, nossos hábitos, pelas tradições, pelos interesses, e, de outro lado, *os conceitos* ou *as ideias*. As ideias se referem à essência invisível e verdadeira das coisas e só podem ser alcançadas pelo pensamento puro, que afasta os dados sensoriais, os hábitos recebidos, os preconceitos, as opiniões.

| Unidade 1 | A filosofia

⋯▸ A reflexão e o trabalho do pensamento são tomados como uma purificação intelectual, que permite ao espírito humano conhecer a verdade invisível, imutável, universal e necessária.

⋯▸ A opinião, as percepções e imagens sensoriais são consideradas falsas, mentirosas, mutáveis, inconsistentes, contraditórias, devendo ser abandonadas para que o pensamento siga seu caminho próprio no conhecimento verdadeiro.

⋯▸ A diferença entre os sofistas, de um lado, e Sócrates e Platão, de outro, é dada pelo fato de que os sofistas aceitam a validade das opiniões e das percepções sensoriais e trabalham com elas para produzir argumentos de persuasão, enquanto Sócrates e Platão consideram as opiniões e as percepções sensoriais, ou imagens das coisas, como fonte de erro, mentira e falsidade, formas imperfeitas do conhecimento que nunca alcançam a verdade plena da realidade.

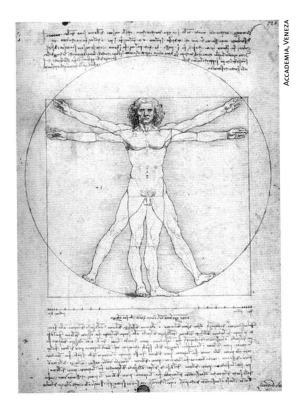

"O homem é a medida de todas as coisas", frase de Protágoras sobre a relatividade do conhecimento que pode ser representada pelo "Homem de Vitruvius", desenho feito por Leonardo da Vinci para o livro *Da arquitetura*, do arquiteto romano Vitruvius.

São essas ideias que, de maneira alegórica ou simbólica, encontramos na exposição platônica do Mito da Caverna, que apresentamos na Introdução.

Nesse mito ou alegoria, Platão estabelece uma distinção decisiva para toda a história da filosofia e das ciências, qual seja, a diferença entre o sensível e o inteligível. O *sensível* são as coisas materiais ou corpóreas cujo conhecimento nos é dado por meio de nosso corpo na experiência sensorial ou dos órgãos dos sentidos e pela linguagem baseada nesses dados. O sensível nos dá imagens das coisas tais como nos aparecem e nos parecem, sem alcançar a realidade ou a essência verdadeira delas. As imagens sensíveis formam a mera opinião — a *dóxa* —, variável de pessoa para pessoa e variável numa mesma pessoa, dependendo das circunstâncias. O *inteligível* é o conhecimento verdadeiro que alcançamos exclusivamente pelo pensamento. São as ideias imateriais e incorpóreas de todos os seres ou as essências reais e verdadeiras das coisas. Para Platão, a filosofia é o esforço do pensamento para abandonar o sensível e passar ao inteligível.

Período sistemático

Este período tem como principal nome o filósofo Aristóteles de Estagira, discípulo de Platão.

Passados quase quatro séculos de filosofia, Aristóteles apresenta, nesse período, uma verdadeira enciclopédia de todo o saber que foi produzido e acumulado pelos gregos em todos os ramos do pensamento e da prática, considerando essa totalidade de saberes como sendo a filosofia. Esta, portanto, não é um saber específico sobre algum assunto, mas uma forma de conhecer todas as coisas, possuindo procedimentos diferentes para cada campo de coisas que conhece.

Além de a filosofia ser o conhecimento da totalidade dos conhecimentos e práticas humanas, ela também estabelece uma diferença entre esses conhecimentos, distribuindo-os numa escala que vai dos mais simples e inferiores aos mais complexos e superiores. Essa classificação e distribuição dos conhecimentos fixou, para o pensamento ocidental, os campos de investigação da filosofia como totalidade do saber humano.

Cada saber, no campo que lhe é próprio, possui seu objeto específico, procedimentos específicos para sua aquisição e exposição, formas próprias de demonstração e prova. Cada campo do conhecimento é uma ciência.

Aristóteles afirma que, antes de um conhecimento constituir seu objeto e seu campo próprios, seus procedimentos próprios de aquisição e exposição, de demonstração e de pro-

ciência: ciência, em grego, se diz *epistéme*.

54

va, deve, primeiro, conhecer os princípios e as leis gerais que governam o pensamento, independentemente do conteúdo que possa vir a ser pensado.

O estudo dos princípios e das formas do pensamento, sem preocupação com seu conteúdo, foi denominado por Aristóteles de *analítica*, mas, desde a Idade Média, passou a chamar-se **lógica**. Aristóteles foi o criador da lógica como instrumento do conhecimento em qualquer campo do saber.

A lógica não é uma ciência, mas o instrumento para a ciência e, por isso, na classificação das ciências feita por Aristóteles, a lógica não aparece, embora ela seja indispensável para a filosofia e, mais tarde, tenha-se tornado um de seus ramos específicos.

Os campos do conhecimento filosófico

Aristóteles distingue e classifica todos os saberes científicos (cuja totalidade é a filosofia) tendo como critério a distinção entre ação e contemplação, isto é, diferencia as ciências conforme seus objetos e finalidades, sejam atividades produtivas, éticas e políticas, sejam puramente intelectuais, interessadas exclusivamente no conhecimento e sem preocupação com qualquer prática.

Vejamos, pois, a classificação aristotélica dos campos do saber:

- **Ciências produtivas**: estudam as práticas produtivas ou as técnicas, isto é, as ações humanas cuja finalidade está além da própria ação, pois a finalidade é a produção de um objeto, de uma obra. São elas: arquitetura (cujo fim é a edificação de alguma coisa), economia (cujo fim é a produção agrícola, o artesanato e o comércio, isto é, produtos para a sobrevivência e para o acúmulo de riquezas), medicina (cujo fim é produzir a saúde ou a cura), pintura, escultura, poesia, teatro, oratória, arte da guerra, da caça, da navegação etc. Em suma, são objeto das ciências produtivas todas as atividades humanas, técnicas e artísticas que resultam num produto ou numa obra distintos do produtor.

- **Ciências práticas**: estudam as práticas humanas enquanto ações que têm nelas mesmas seu próprio fim, isto é, a finalidade da ação não é chegar a um produto diferente do agente, mas é a realização do próprio agente. Em outras palavras, a finalidade da ação é ela mesma e não há distinção entre o agente e o ato que ele realiza. São elas: ética, em que a ação é realizada pela vontade guiada pela razão tendo como finalidade o bem do indivíduo, sendo este bem alcançado pela prática voluntária e deliberada das virtudes morais (coragem, generosidade, fidelidade, lealdade, clemência, prudência, amizade, justiça, modéstia, honradez, temperança etc.); e política, em que a ação racional voluntária é realizada tendo como fim o bem da comunidade ou o bem comum.

  Para Aristóteles, como para todo grego da época clássica, a política é superior à ética, pois a verdadeira liberdade, sem a qual não pode haver vida virtuosa ou ética, só é conseguida na *pólis*. Por isso, a finalidade da política é a vida justa, a vida boa e bela, a vida livre, da qual depende a atividade ética ou moral dos indivíduos.

teoréticas: *theoria*, em grego, significa "contemplação da verdade".

- **Ciências teoréticas** ou **contemplativas**: estudam coisas que existem independentemente dos homens e de suas ações e que, não tendo sido feitas pelos homens, só podem ser contempladas por eles. O que são as coisas que existem por si mesmas e em si mesmas, independentes de nossa ação fabricadora (técnica) e de nossa ação moral e política? São as coisas da natureza e as coisas divinas. Aristóteles, aqui, classifica as ciências teoréticas por graus de superioridade, indo da mais inferior à superior:

  1. ciência das coisas naturais submetidas à mudança ou ao devir: física, biologia, meteorologia, psicologia (pois a alma, que em grego se diz *psyché*, é um ser natural, que existe de formas variadas em todos os seres vivos, plantas, animais e homens);
  2. ciência das coisas naturais que não estão submetidas à mudança ou ao devir: as matemáticas e a astronomia (os gregos julgavam que os astros eram eternos e imutáveis);

3. ciência da realidade pura, que não é nem natural mutável, nem natural imutável, nem resultado da ação humana, nem resultado da fabricação humana. Trata-se daquilo que deve haver em toda e qualquer realidade, seja ela natural, matemática, ética, política ou técnica, para ser realidade. É o que Aristóteles chama de *ser* ou *substância* de tudo o que existe. A ciência teorética que estuda o puro ser foi chamada por Aristóteles de *Filosofia Primeira*, mas alguns séculos depois, como os livros que a expunham estavam localizados nas bibliotecas depois dos livros que expunham a física, ela passou a ser chamada de **metafísica** (pois, em grego, *meta* significa "o que vem depois, o que está além"; ou seja, no caso, os livros que vinham depois da física e que tratavam da realidade para além da física);
4. ciência das coisas divinas que são a causa e a finalidade de tudo o que existe na natureza e no homem. Deus, em grego, se diz *théos* e as coisas divinas são chamadas de *theion*; por isso, esta última ciência se chama **teologia**.

A filosofia, para Aristóteles, encontra seu ponto mais alto na metafísica e na teologia, de onde se derivam todos os outros conhecimentos.

A partir da classificação aristotélica, definiu-se, no correr dos séculos, o grande campo da investigação filosófica, campo que só seria desfeito no século XIX de nossa era, quando as ciências particulares foram se separando do tronco geral da filosofia. Considerando-se a classificação aristotélica, podemos dizer que os campos de investigação da filosofia são três:

1. O *do conhecimento do ser*, isto é, da realidade fundamental e primordial de todas as coisas ou da essência de toda a realidade. Como, em grego, "ser" se diz *on* e "as coisas" se diz *ta onta*, esse campo é chamado de **ontologia** (na concepção de Aristóteles, a ontologia era formada pelo conjunto da Filosofia Primeira e da teologia).

2. O *do conhecimento das ações humanas* ou *dos valores e das finalidades da ação humana*: *das ações que têm em si mesmas sua finalidade*, a ética e a política, ou a vida moral (valores morais) e a vida política (valores políticos); e *das ações que têm sua finalidade num produto ou numa obra*: as técnicas e as artes e seus valores (utilidade, beleza etc.).

3. O *do conhecimento da capacidade humana de conhecer*, isto é, *o conhecimento do próprio pensamento em exercício*. Nesse campo estão: a lógica, que oferece as leis gerais do pensamento; a teoria do conhecimento, que oferece os procedimentos pelos quais conhecemos; as ciências propriamente ditas; e o conhecimento do conhecimento científico, isto é, a teoria das ciências ou epistemologia, que estuda e avalia os procedimentos empregados pelas diferentes ciências para definir e conhecer seus objetos.

Ser ou realidade, prática ou ação segundo valores, conhecimento do pensamento em suas leis gerais e em suas leis específicas em cada ciência: eis os campos da atividade ou investigação filosófica.

Período helenístico

Trata-se do último período da filosofia antiga, quando a *pólis* grega desapareceu como centro político, deixando de ser a referência principal dos filósofos, uma vez que a Grécia encontrava-se sob o poderio do Império Romano. Os filósofos dizem, a partir de então, que o mundo é sua cidade e que são cidadãos do mundo. Em grego, mundo se diz *cosmos* (*kósmos*) e esse período é chamado período da *Filosofia Cosmopolita*.

Essa época da filosofia é constituída por grandes sistemas ou doutrinas, isto é, explicações que buscam entender a realidade como um todo articulado e entrelaçado formado pelas coisas da natureza, os seres humanos, pelas relações entre elas e eles e de todos com a divindade (esta, em geral, é pensada como *providência divina* que instaura e conserva a ordem universal). Predominam preocupações com a física, a ética — pois os filósofos já não podem ocupar-se diretamente com a política, uma vez que esta é privilégio dos imperadores romanos — e a teologia.

Arquimedes (c. 287 a.C. – c. 212 a.C.) movendo o mundo com uma alavanca.

Datam desse período quatro grandes sistemas cuja influência será sentida pelo pensamento cristão, que começa a formar-se nessa época: estoicismo, epicurismo, ceticismo e neoplatonismo.

A amplidão do Império Romano, a presença crescente de religiões orientais no Império, os contatos comerciais e culturais entre Ocidente e Oriente fizeram aumentar os contatos dos filósofos helenistas com a sabedoria oriental. Podemos falar numa orientalização da filosofia, sobretudo com a aparição de aspectos místicos e religiosos no pensamento e na ação.

Capítulo 4
Principais períodos da história da filosofia

A filosofia na história

Como todas as criações e instituições humanas, a filosofia está na história e tem uma história.

Está na história: a filosofia manifesta e exprime os problemas e as questões que, em cada época de uma sociedade, os homens colocam para si mesmos diante do que é novo e ainda não foi compreendido. A filosofia procura enfrentar essa novidade oferecendo caminhos, respostas e, sobretudo, propondo novas perguntas, num diálogo permanente com a sociedade e a cultura de seu tempo, do qual ela faz parte.

Tem uma história: as respostas, as soluções e as novas perguntas que os filósofos de uma época oferecem tornam-se saberes adquiridos que outros filósofos prosseguem ou, frequentemente, tornam-se novos problemas que outros filósofos tentam resolver, seja aproveitando o passado filosófico, seja criticando-o e refutando-o. Além disso, as transformações nos modos de conhecer podem ampliar os campos de investigação da filosofia, fazendo surgir novas disciplinas filosóficas, como também podem diminuir esses campos, porque alguns de seus conhecimentos podem desligar-se dela e formar disciplinas separadas.

Assim, por exemplo, a filosofia teve seu campo de atividade aumentado quando, no século XVIII, surge a filosofia da arte ou estética; no século XIX, a filosofia da história; no século XX, a filosofia da linguagem. No entanto, o campo da filosofia foi reduzido quando as ciências particulares que dela faziam parte foram se desligando para constituir suas próprias esferas de investigação. É o que acontece, por exemplo, no século XVIII, quando se desligam da filosofia a biologia, a física e a química; e, no século XX, as chamadas ciências humanas (psicologia, antropologia, história).

Pelo fato de estar na história e ter uma história, a filosofia costuma ser apresentada em grandes períodos que acompanham, às vezes de maneira mais próxima, às vezes de maneira mais distante, os períodos em que os historiadores dividem a história da sociedade ocidental.

Os principais períodos da filosofia

Filosofia antiga (do século VI a.C. ao século VI d.C.)

Compreende os quatro grandes períodos da filosofia greco-romana, indo dos pré-socráticos aos grandes sistemas do período helenístico, mencionados no capítulo anterior.

Filosofia patrística (do século I ao século VII)

Inicia-se com as Epístolas de São Paulo e o Evangelho de São João e termina no século VIII, quando teve início a filosofia medieval.

A filosofia desse período é conhecida com o nome de *patrística* porque foi obra não só de dois apóstolos, Paulo e João, mas também dos chamados Padres da Igreja, os primeiros dirigentes espirituais e políticos do cristianismo, após a morte dos apóstolos.

A patrística resultou do esforço para conciliar a nova religião — o cristianismo — com o pensamento filosófico dos gregos e romanos, pois somente com tal conciliação seria possível convencer os pagãos da nova verdade e convertê-los a ela. A filosofia patrística liga-se, portanto, à tarefa religiosa da evangelização e à defesa da religião cristã contra os ataques teóricos e morais que recebia dos antigos. Divide-se em *patrística grega* (ligada à Igreja de Bizâncio) e *patrística latina* (ligada à Igreja de Roma) e seus nomes mais importantes foram: Justino, Tertuliano, Atenágoras, Orígenes, Clemente, Eusébio, Santo Ambrósio, São Gregório Nazianzo, São João Crisóstomo, Isidoro de Sevilha, Santo Agostinho, Beda e Boécio.

A patrística foi obrigada a introduzir ideias desconhecidas para os filósofos greco-romanos: a ideia de criação do mundo a partir do nada, de pecado original do homem, de Deus como trindade una, de encarnação e morte de Deus, de juízo final ou de fim dos tempos e ressurreição dos mortos etc. Precisou também explicar como o mal pode existir no mundo, já que tudo foi criado por Deus, que é pura perfeição e bondade. Introduziu, sobretudo com Santo Agostinho e Boécio, a ideia de "homem interior", isto é, da consciência moral e do livre-arbítrio da vontade (ou o poder da vontade para escolher entre alternativas opostas igualmente possíveis), pelo qual o homem, por ser dotado de liberdade para escolher entre o bem e o mal, é o responsável pela existência do mal no mundo.

Para impor as ideias cristãs, os Padres da Igreja as transformaram em verdades reveladas por Deus (por meio da Bíblia e dos santos) que, por serem decretos divinos, seriam *dogmas*, isto é, verdades irrefutáveis e inquestionáveis. Com isso, surge uma distinção, desconhecida pelos antigos, entre verdades reveladas ou da fé e verdades da razão ou humanas, isto é, entre verdades sobrenaturais e verdades naturais, sendo que as primeiras introduzem a noção de conhecimento recebido por uma graça divina, superior ao simples conhecimento racional. Dessa forma, o grande tema de toda a filosofia patrística é o da possibilidade ou impossibilidade de conciliar razão e fé, e, a esse respeito, havia três posições principais:

1. Os que julgavam fé e razão irreconciliáveis e a fé superior à razão (diziam eles: "Creio porque absurdo".).
2. Os que julgavam fé e razão conciliáveis, mas subordinavam a razão à fé (diziam eles: "Creio para compreender".).
3. Os que julgavam razão e fé inconciliáveis, mas afirmavam que cada uma delas tem seu campo próprio de conhecimento e não devem misturar-se (a razão se refere a tudo o que concerne à vida temporal dos homens no mundo; a fé, a tudo o que se refere à salvação da alma e à vida eterna futura).

Filosofia medieval (do século VIII ao século XIV)

Abrange pensadores europeus, árabes e judeus. É o período em que a Igreja Romana dominava a Europa, ungia e coroava reis, organizava Cruzadas à Terra Santa e criava, à volta das catedrais, as primeiras universidades ou escolas. E, a partir do século XII, por ter sido ensinada nas escolas, a filosofia medieval também passa a ser conhecida com o nome de *escolástica*.

A filosofia medieval teve como influências principais Platão e Aristóteles, embora o Platão conhecido pelos medievais fosse o neoplatônico (isto é, interpretado pelo filósofo Plotino, do século VI d.C.) e o Aristóteles fosse aquele conservado e traduzido pelos árabes, particularmente Avicena e Averróis.

Conservando e discutindo os mesmos problemas que a patrística, a filosofia medieval acrescentou outros — particularmente um, conhecido com o nome de *Problema dos Universais* — e, além de Platão e Aristóteles, sofreu uma grande influência das ideias de Santo Agostinho. Durante esse período surge propriamente a filosofia cristã, que é, na verdade, a teologia. Um de seus temas mais constantes são as provas da existência de Deus e da imortalidade da alma, isto é, demonstrações racionais da existência do infinito criador e do espírito humano imortal.

A diferença e a separação entre infinito (Deus) e finito (homem, mundo), a diferença entre razão e fé (a primeira deve subordinar-se à segunda), a diferença e a separação entre corpo (matéria) e alma (espírito), o Universo como uma hierarquia de seres, onde os superiores dominam e governam os inferiores (Deus, serafins, querubins, arcanjos, anjos, alma, corpo, animais, vegetais, minerais), a subordinação do poder temporal dos reis e barões ao poder espiritual de papas e bispos: eis os grandes temas da filosofia medieval.

Avicena (980–1037)

Averróis: (1126–1198)

Santo Agostinho (354–430), também chamado de Agostinho de Hipona.

Afresco do século XIV, de Andrea da Firenze, que mostra a hierarquia da Igreja e do Estado da época: o templo e os dois vigários de Cristo, o papa e o imperador.

Outra característica marcante da escolástica foi o método por ela inventado para expor as ideias filosóficas, conhecido como *disputa*: apresentava-se uma tese e esta devia ser ou refutada ou defendida com argumentos tirados da Bíblia, de Aristóteles, de Platão ou de outros Padres da Igreja, particularmente Pedro Lombardo.

Assim, uma ideia era considerada uma tese verdadeira ou falsa dependendo da força e da qualidade dos argumentos encontrados nos vários autores. Por causa desse método de disputa — teses, refutações, defesas, respostas, conclusões baseadas em escritos de outros autores —, costuma-se dizer que, na Idade Média, o pensamento estava subordinado ao *princípio da autoridade*, isto é, uma ideia é considerada verdadeira se for baseada nos argumentos de uma autoridade reconhecida (Bíblia, Platão, Aristóteles, um papa, um santo).

Os pensadores medievais mais importantes foram: Abelardo, Duns Scoto, Escoto Erígena, Santo Anselmo, Santo Tomás de Aquino, Santo Alberto Magno, Guilherme de Ockham, Roger Bacon, São Boaventura. Do lado árabe: Avicena, Averróis, Alfarabi e Algazáli. Do lado judaico: Maimônides, Nahmanides, Yeudah ben Levi.

São Tomás de Aquino (1225–1274)

Filosofia da Renascença (do século XIV ao século XVI)

É marcada pela descoberta de obras de Platão desconhecidas na Idade Média e de novas obras de Aristóteles, que passam a ser lidas em grego e a receber novas traduções latinas, mais acuradas e fiéis. A época também se dedica à recuperação das obras dos grandes autores e artistas gregos e romanos e à imitação deles.

São três as grandes linhas de pensamento que predominavam na Renascença:

1. Aquela proveniente da leitura de três diálogos de Platão (*Banquete*, *Fédon*, *Fedro*), das obras dos filósofos neoplatônicos e da descoberta do conjunto dos livros do hermetismo ou de magia natural, que se supunha terem vindo do Egito, escritos séculos antes de Moisés e de Platão, ditados por deuses a seus filhos humanos. A natureza era concebida como um grande ser vivo, dotada de uma alma universal (a Alma do Mundo) e feita de laços e vínculos secretos entre todas as coisas, unidas por simpatia e desunidas por antipatia. O homem era concebido como parte da natureza e como um microcosmo no macrocosmo (isto é, um pequeno mundo que espelha e reproduz a estrutura e a vida do grande mundo, ou o Universo) e por isso pode agir sobre o mundo por meio de conhecimentos e práticas que operam com as ligações secretas entre as coisas, isto é, por meio da magia natural, da alquimia e da astrologia.

2. Aquela originária dos pensadores florentinos, que valorizava a vida ativa (a política) e defendia a liberdade das cidades italianas contra o Império Romano-Germânico, isto é, contra o poderio dos papas e dos imperadores. Na defesa da liberdade política, recuperaram a ideia de república, tal como esta aparece nas obras dos grandes autores políticos latinos, como Cícero, Tito Lívio e Tácito, bem como nos escritos de historiadores e juristas clássicos, e propuseram a "imitação dos antigos" ou o renascimento da república livre, anterior ao surgimento do império eclesiástico.

Cícero (106 a.C. – 43 a.C.)

3. Aquela que propunha o ideal do homem como artífice de seu próprio destino, tanto por meio dos conhecimentos (astrologia, magia, alquimia), como por meio da política (o ideal republicano), das técnicas (medicina, arquitetura, engenharia, navegação) e das artes (pintura, escultura, poesia, teatro).

Essas três grandes linhas de pensamento explicam por que se costuma falar no *humanismo* como traço predominante da Renascença, uma vez que nelas o homem é valorizado, colocado como centro do Universo, defendido em sua liberdade e em seu poder criador e transformador.

A intensa atividade teórica e prática dessa época foi alimentada com as grandes descobertas marítimas, que garantiam ao homem o conhecimento de novos mares, novos céus, novas terras e novas gentes, permitindo-lhe ter uma visão crítica de sua própria sociedade.

60

Giordano Bruno
(1548–1600)

Kepler (1571–1630)

Essa efervescência cultural e política levou a críticas profundas à Igreja Romana, culminando na Reforma Protestante, baseada na ideia de liberdade de crença e de pensamento. À Reforma a Igreja Romana respondeu com a Contrarreforma e com o aumento do violento poder da Inquisição.

Os nomes mais importantes desse período são: Dante, Marcílio Ficino, Giordano Bruno, Campannella, Maquiavel, Montaigne, Erasmo, Tomás Morus, Jean Bodin, Kepler e Nicolau de Cusa.

Filosofia moderna (do século XVII a meados do século XVIII)

Esse período, conhecido como o Grande Racionalismo Clássico, nasce procurando vencer um ambiente de pessimismo teórico, reinante no final do século XVI e início do XVII. Esse pessimismo teórico é o *ceticismo*, ou seja, a atitude filosófica que duvida da capacidade da razão humana para conhecer a realidade exterior e o homem. As guerras de religião (as lutas entre protestantes e católicos), as descobertas de outros povos inteiramente diferentes dos europeus, as disputas e querelas filosóficas e teológicas criaram um ambiente em que o sábio já não podia admitir que a razão humana fosse capaz de conhecimento verdadeiro e que a verdade fosse universal e necessária. Ao contrário, diante da multiplicidade de opiniões em luta, o sábio tornou-se cético.

Para vencer o ceticismo e restaurar o ideal filosófico da possibilidade do conhecimento racional verdadeiro e universal, a filosofia moderna ou Grande Racionalismo propõe três mudanças teóricas principais:

1. Aquela conhecida como o "surgimento do sujeito do conhecimento", isto é, a filosofia, em lugar de começar seu trabalho conhecendo a natureza (como na filosofia antiga) e Deus (como na patrística e na escolástica), para depois referir-se ao homem, começa indagando qual é a capacidade da razão humana para conhecer e demonstrar a verdade dos conhecimentos. Em outras palavras, em lugar de começar pelas coisas a serem conhecidas e sobre as quais, como mostra o ceticismo, só cabem dúvidas e desconfianças, a filosofia começa pela reflexão, isto é, aquele que conhece — o sujeito do conhecimento — volta-se para si mesmo para saber se é capaz de conhecimento verdadeiro e, se o for, sob quais condições a capacidade de conhecer o que é diferente dele? Como o espírito pode conhecer a matéria? Como o sujeito espiritual pode conhecer os objetos corporais, o seu próprio corpo e os demais corpos da natureza?

2. A resposta a essa pergunta constituiu a segunda grande mudança teórica dos modernos e diz respeito ao objeto do conhecimento. Para os modernos, as coisas exteriores (a natureza, as instituições sociais e políticas) são conhecidas quando o sujeito do conhecimento as representa intelectualmente, ou seja, quando as apreende como ideias que dependem apenas das operações cognitivas realizadas pelo próprio sujeito.

    Isso significa, por um lado, que tudo o que pode ser conhecido deve poder ser representado por um conceito ou por uma ideia clara e distinta, demonstrável e necessária, formulada pelo intelecto; e, por outro, que a natureza, a sociedade e a política podem ser inteiramente conhecidas pelo sujeito do conhecimento, porque são racionais em si mesmas e propensas a serem representadas pelas ideias do sujeito do conhecimento.

3. Essa concepção da realidade como intrinsecamente racional e que pode ser plenamente captada pelas ideias e conceitos preparou a terceira grande mudança teórica moderna. A natureza, a partir de Galileu, é concebida como um sistema ordenado de causas e efeitos necessários cuja estrutura profunda e invisível é matemática. O "livro do mundo", diz Galileu, está escrito em caracteres matemáticos e para lê-lo é preciso conhecer matemática.

A realidade é racional porque é um sistema ordenado de causalidades físico-matemáticas perfeitas e plenamente conhecíveis pela razão humana. Essa ideia deu origem à ciência clássica, na qual prevalece o ponto de vista da mecânica, isto é, nas relações de causa e efeito entre as coisas a causa é sempre o movimento e este segue leis universais necessárias que podem ser explicadas e representadas matematicamente. Todas as coisas e todos os fatos da realidade (na astronomia, na física, na química, na psicologia, na política, nas artes etc.) são percebidos pelo conhecimento que se tem das relações necessárias de causa e efeito que os produzem, os conservam ou os destroem.

A realidade é um sistema de causalidades racionais rigorosas que podem ser conhecidas e transformadas pelo homem. Porque a realidade pode ser inteiramente representada pelos conceitos do sujeito do conhecimento, este também pode intervir na realidade e alterá-la. Nascem, assim, a ideia de experimentação científica (são criados os laboratórios) e o ideal tecnológico, ou seja, a expectativa de que o homem poderá dominar tecnicamente a natureza e a sociedade graças à invenção de máquinas.

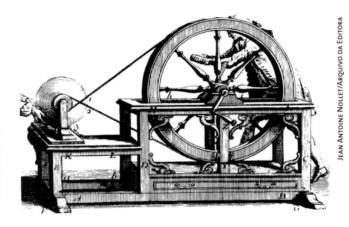

Ilustração de uma máquina eletrostática que consta no livro *Ensaio da eletricidade dos corpos*, de Jean Antoine Nollet, publicado em Paris, em 1746.

Existe também a convicção de que a razão humana é capaz de conhecer a origem, as causas e os efeitos das paixões e das emoções e, por meio da vontade orientada pela razão, é capaz de governá-las e dominá-las, de sorte que a vida ética pode ser plenamente racional.

A mesma convicção orienta o racionalismo político, isto é, a ideia de que a razão é capaz de definir para cada sociedade qual o melhor regime político e como mantê-lo racionalmente.

Os principais pensadores desse período foram: Francis Bacon, Descartes, Galileu, Pascal, Hobbes, Espinosa, Leibniz, Malembranche, Locke, Berkeley, Newton, Gassendi.

Filosofia da Ilustração ou Iluminismo (meados do século XVIII ao começo do século XIX)

Esse período também crê nos poderes da razão, chamada de *As Luzes* (por isso o nome *Iluminismo*). O Iluminismo afirma que:

- pela razão, o homem pode conquistar a liberdade e a felicidade social e política (a filosofia da Ilustração foi decisiva para as ideias da Revolução Francesa de 1789);

- a razão é capaz de aperfeiçoamento e progresso, e o homem é um ser perfectível. A perfectibilidade consiste em liberar-se dos preconceitos religiosos, sociais e morais, em libertar-se da superstição e do medo graças ao avanço das ciências, das artes e da moral;

- o aperfeiçoamento da razão se realiza pelo progresso das civilizações, que vão das mais atrasadas (também chamadas de "primitivas" ou "selvagens") às mais adiantadas e perfeitas (as da Europa ocidental);

- há diferença entre natureza e civilização, isto é, a natureza é o reino das relações necessárias de causa e efeito ou das leis naturais universais e imutáveis, enquanto a civilização é o reino da liberdade e da finalidade proposta pela vontade livre dos próprios homens, em seu aperfeiçoamento moral, técnico e político. A natureza é o reino da necessidade (isto é, das coisas e acontecimentos que não podem ser diferentes do que são); a civilização é o reino da liberdade (isto é, onde os fatos e acontecimentos podem ser diferentes do que são porque a vontade humana pode escolher entre alternativas contrárias possíveis).

Voltaire (1694–1778)

Nesse período há grande interesse pelas ciências que se relacionam com a ideia de transformação progressiva e, por isso, a biologia terá um lugar central no pensamento ilustrado. Há igualmente grande interesse e preocupação com as artes, na medida em que elas são as expressões por excelência do grau de progresso de uma civilização.

Data também desse período o interesse pela compreensão das bases econômicas da vida social e política, surgindo uma reflexão sobre a origem e a forma das riquezas das nações, com uma controvérsia sobre a importância maior ou menor da agricultura e do comércio que se exprime em duas correntes do pensamento econômico: a corrente fisiocrata (a agricultura é a fonte principal das riquezas) e a mercantilista (o comércio é a fonte principal da riqueza das nações).

Os principais pensadores do período foram: Hume, Voltaire, D'Alembert, Diderot, Rousseau, Kant, Fichte e Schelling.

Filosofia contemporânea

Abrange o pensamento filosófico que vai de meados do século XIX e chega aos nossos dias. Esse período, por ser o mais próximo de nós, parece ser o mais complexo e o mais difícil de definir, pois as diferenças entre as várias filosofias ou posições filosóficas nos parecem muito grandes porque as estamos vendo surgir diante de nós.

Para facilitar uma visão mais geral do período, faremos, no próximo capítulo, uma contraposição entre as principais ideias do século XIX e as principais correntes de pensamento do século XX e do início do XXI.

Diderot (1713–1784)

Capítulo 5
Aspectos da filosofia contemporânea

As questões discutidas pela filosofia contemporânea

Dissemos, no capítulo anterior, que a filosofia contemporânea vai de meados do século XIX até nossos dias e que, por estar próxima de nós, é mais difícil de ser vista em sua generalidade, pois os problemas e as diferentes respostas dadas a eles parecem impossibilitar uma visão de conjunto.

Em outras palavras, não temos distanciamento suficiente para perceber os traços mais gerais e marcantes desse período da filosofia. Apesar disso, é possível assinalar quais têm sido as principais questões e os principais temas que interessaram à filosofia nesse período.

História e progresso

O século XIX é, na filosofia, o grande século da descoberta da história ou da historicidade do homem, da sociedade, das ciências e das artes. É particularmente com o filósofo alemão Hegel que se afirma que a história é a realidade, que a razão, a verdade e os seres humanos são essencial e necessariamente históricos.

Hegel (1770–1831)

Essa concepção levou à ideia de *progresso*, isto é, de que os seres humanos, as sociedades, as ciências, as artes e as técnicas melhoram com o passar do tempo, acumulam conhecimento e práticas, aperfeiçoando-se cada vez mais, de modo que o presente é melhor e superior, se comparado ao passado, e o futuro será melhor e superior, se comparado ao presente.

Essa visão otimista também foi desenvolvida na França pelo filósofo Augusto Comte, que atribuía o progresso ao desenvolvimento das ciências. Essas ciências permitiriam aos seres humanos "saber para prever, prever para prover", de modo que o desenvolvimento social se faria por aumento do conhecimento científico e do controle científico da sociedade. É de Comte a ideia de "Ordem e Progresso", que viria a fazer parte da bandeira do Brasil republicano.

Auguste Comte (1798–1857)

No entanto, no século XX, a mesma afirmação da historicidade dos seres humanos, da razão e da sociedade levou à ideia de que a história é descontínua e não progressiva, cada sociedade tem sua história própria em vez de ser apenas uma etapa numa história universal das civilizações.

A ideia de progresso passou a ser criticada porque serve como desculpa para legitimar colonialismos e imperialismos (os mais "adiantados" teriam o direito de dominar os mais "atrasados"). Passou a ser criticada também a ideia de progresso das ciências e das técnicas, mostrando-se que, em cada época histórica e para cada sociedade, os conhecimentos e as práticas possuem sentido e valor próprios, e que tal sentido e tal valor desaparecem numa época seguinte ou são diferentes numa outra sociedade, não havendo, portanto, transformação contínua, acumulativa e progressiva da humanidade.

As ciências e as técnicas

No século XIX, entusiasmada com as ciências e as técnicas, bem como com a Segunda Revolução Industrial, a filosofia afirmava a confiança plena e total no saber científico e na tecnologia para dominar e controlar a natureza, a sociedade e os indivíduos.

Acreditava-se que a sociologia, por exemplo, nos ofereceria um saber seguro e definitivo sobre o modo de funcionamento das sociedades e que os seres humanos poderiam organizar racionalmente o social, evitando revoluções, revoltas e desigualdades.

Acreditava-se, também, que a psicologia ensinaria definitivamente como funciona a psique humana, quais as causas dos comportamentos e os meios de controlá-los, quais as causas das emoções e os meios de controlá-las, de tal modo que seria possível livrar-nos das angústias, do medo, da loucura, assim como seria possível uma pedagogia baseada nos conhecimentos científicos e que permitiria não só adaptar perfeitamente as crianças às exigências da sociedade, como também educá-las segundo suas vocações e potencialidades psicológicas.

No entanto, no século XX, a filosofia passou a desconfiar do otimismo científico-tecnológico do século anterior em virtude de vários acontecimentos: as duas guerras mundiais, o bombardeio de Hiroshima e Nagasaki, os campos de concentração nazistas e estalinistas, as guerras da Coreia, do Vietnã, do Oriente Médio, do Afeganistão, as invasões russas da Hungria e da Tchecoslováquia, as ditaduras sangrentas da América Latina e da África, a devastação de mares, florestas e terras, a poluição do ar, os perigos cancerígenos de alimentos e remédios, o aumento de distúrbios e sofrimentos mentais, os problemas éticos e políticos surgidos com o desenvolvimento da genética e da engenharia genética (a inseminação artificial, a clonagem, a alteração da estrutura de plantas e animais) etc.

Além disso, as ciências e as técnicas foram incorporadas a grandes complexos industriais e militares, que financiam as pesquisas e definem o que deve ser pesquisado e como serão utilizados os resultados. O chamado "complexo industrial-militar" das grandes potências econômicas possui poder de vida e morte sobre o planeta, não está submetido a governos nem a associações públicas, mas opera secretamente, segundo seus próprios interesses, desencadeando guerras, ditaduras, violências em toda parte, quando isso convém às suas finalidades.

Escola de Frankfurt: Sede do Instituto de Pesquisa Social, que abrigava um grupo de pensadores alemães marxistas na década de 1920, responsáveis pela formulação da Teoria Crítica.

Uma escola alemã de filosofia, a Escola de Frankfurt, elaborou uma concepção conhecida como Teoria Crítica, na qual distingue duas formas da razão: *a razão instrumental* e *a razão crítica*.

A razão instrumental é a razão técnico-científica, que faz das ciências e das técnicas não um meio de liberação dos seres humanos, mas um meio de intimidação, medo, terror e desespero. Ao contrário, a razão crítica é aquela que analisa e interpreta os limites e os perigos do pensamento instrumental e afirma que as mudanças sociais, políticas e culturais só se realizarão verdadeiramente se tiverem como finalidade a emancipação do gênero humano e não as ideias de controle e domínio técnico-científico sobre a natureza, a sociedade e a cultura.

Os ideais políticos revolucionários

No século XIX, em decorrência do otimismo trazido pelas ideias de progresso, desenvolvimento técnico-científico, poderio humano para construir uma vida justa e feliz, a filosofia apostou nos ideais políticos revolucionários — anarquismo, socialismo, comunismo — que criariam, graças à ação política consciente dos explorados e oprimidos, uma sociedade nova, justa e feliz.

No entanto, no século XX, com o surgimento das chamadas sociedades totalitárias ou dos regimes totalitários — fascismo, nazismo, stalinismo, maoísmo — e com o aumento do poder das sociedades autoritárias ou ditatoriais (como as da América Latina, das Filipinas e da África do Sul), a filosofia também passou a desconfiar do otimismo revolucionário e das utopias e a indagar se os seres humanos, os explorados e os dominados, seriam capazes de criar e manter uma sociedade nova, justa e feliz.

O crescimento das chamadas burocracias — que dominam as organizações estatais, empresariais, político-partidárias, escolares, hospitalares — levou a filosofia a indagar como os seres humanos poderiam derrubar esse imenso poderio que os governa secretamente, que eles desconhecem e que determina sua vida cotidiana, desde o nascimento até a morte.

O Grito (1893), quadro de Eduard Munch (1863–1944). No século XIX, acreditava-se que a psicologia explicaria o funcionamento da psique humana, de modo a livrar-nos das angústias, do medo e da loucura.

A cultura

No século XIX, a filosofia descobre a cultura como o modo próprio e específico da existência dos seres humanos. Os animais são seres naturais; os humanos, seres culturais. A natureza é governada por leis necessárias de causa e efeito; a cultura é o exercício da liberdade.

A cultura é a criação coletiva de ideias, símbolos e valores pelos quais uma sociedade define para si mesma o bom e o mau, o belo e o feio, o justo e o injusto, o verdadeiro e o falso, o puro e o impuro, o possível e o impossível, o inevitável e o casual, o sagrado e o profano, o espaço e o tempo. A cultura se realiza porque os humanos são capazes de linguagem, trabalho e relação com o tempo. A cultura se manifesta como vida social, como criação das obras de pensamento e de arte, como vida religiosa e vida política.

Para a filosofia do século XIX, em consonância com sua ideia de progresso da humanidade e de uma história universal das civilizações, haveria uma única grande cultura em desenvolvimento ou em progresso, da qual as diferentes culturas seriam fases ou etapas.

Para outros, chamados de filósofos românticos ou adeptos da filosofia do romantismo, as culturas não formavam uma sequência universal progressiva, mas eram culturas particulares, isto é, nacionais. Assim, cabia à filosofia conhecer o "espírito de um povo" conhecendo as origens e as raízes de cada cultura, pois, para esses filósofos, o mais importante de uma cultura não se encontraria em seu futuro (no seu progresso), mas no seu passado, isto é, nas tradições, no folclore nacional.

No entanto, no século XX, a filosofia, afirmando que a história é descontínua, também afirma que não há *a cultura*, mas *culturas* diferentes, e que a pluralidade de culturas e as diferenças entre elas não se devem à nação, pois a ideia de nação é uma criação cultural e não a causa das diferenças culturais. Ou seja, a nação não é causa da diferença cultural, porque a própria ideia de nação é uma invenção cultural de uma cultura determinada (no caso, invenção feita pelas culturas francesa e alemã do século XIX).

Cada cultura inventa seu modo de relacionar-se com o tempo, de criar sua linguagem, de elaborar seus mitos e suas crenças, de organizar o trabalho e as relações sociais, de criar as obras de pensamento e de arte. Cada uma, em decorrência das condições históricas, geográficas e políticas em que se forma, tem seu modo próprio de organizar o poder e a autoridade, de produzir seus valores.

Índio Yanomami com o filho no colo, deitado numa rede, dentro da maloca, na região do rio Demini, em Roraima.

Contra a filosofia da cultura universal, a filosofia do século XX negou que houvesse uma única cultura em progresso e afirmou a existência da pluralidade cultural. Contra a filosofia romântica das culturas nacionais como expressão do "espírito do povo" e do conjunto de tradições, a filosofia do século XX negou que a nacionalidade fosse causa das culturas (as nacionalidades são efeitos culturais temporários) e afirmou que cada cultura se relaciona com outras e encontra dentro de si seus modos de transformação. Dessa maneira, o presente está voltado para o futuro, e não para o conservadorismo do passado.

O fim da filosofia

No século XIX, o otimismo científico e técnico levou a filosofia a supor que, no futuro, só haveria ciências, e que todos os conhecimentos e todas as explicações seriam dados por elas. Assim, a própria filosofia poderia desaparecer, não tendo motivo para existir.

No entanto, no século XX, a filosofia passou a mostrar que as ciências não possuem princípios totalmente certos, seguros e rigorosos para as investigações, que os resultados podem ser duvidosos e precários, e que, frequentemente, uma ciência desconhece até onde pode ir e quando está entrando no campo de investigação de uma outra.

Os princípios, os métodos, os conceitos e os resultados de uma ciência podem estar totalmente equivocados ou desprovidos de fundamento. Com isso, a filosofia voltou a afirmar seu papel de compreensão e interpretação crítica das ciências, discutindo a validade de seus princípios, procedimentos de pesquisa, resultados, de suas formas de exposição dos dados e das conclusões etc.

Foram preocupações com a falta de rigor das ciências que levaram o filósofo alemão Husserl a propor que a filosofia fosse o estudo e o conhecimento rigoroso da possibilidade do próprio conhecimento científico, examinando os fundamentos, os métodos e os resultados das ciências. Foram também preocupações como essas que levaram filósofos como Bertrand Russell e Quine a estudar a linguagem científica, a discutir os problemas lógicos das ciências e a mostrar os paradoxos e os limites do conhecimento científico.

Bertrand Russel
(1872–1970)

A maioridade da razão

No século XIX, o otimismo filosófico levava a filosofia a afirmar que, enfim, os seres humanos haviam suplantado a superstição, as explicações mágicas e fantásticas da realidade e alcançado a maioridade racional. Acreditava também que a razão se desenvolvia plenamente para que o conhecimento completo da realidade e das ações humanas fosse atingido.

No entanto, Marx, no final do século XIX, e Freud, no início do século XX, puseram em questão esse otimismo racionalista. Marx e Freud, cada qual em seu campo de investigação e cada qual voltado para diferentes aspectos da ação humana — Marx, voltado para a economia e a política; Freud, voltado para as perturbações e os sofrimentos psíquicos —, fizeram descobertas que, até hoje, continuam impondo questões filosóficas. Que descobriram eles?

Marx descobriu que temos a ilusão de estarmos pensando com nossa própria cabeça e agindo por nossa própria vontade de maneira racional e livre, de acordo com nosso entendimento e nossa liberdade, porque desconhecemos as condições econômicas e sociais nas quais a classe social que domina a sociedade exerce seu poder sobre a mente de todos, fazendo com que suas ideias pareçam ser verdades universais, válidas para todos os membros da sociedade e para todas as classes sociais. Esse poder social invisível que nos força a pensar como pensamos e agir como agimos foi chamado por ele de **ideologia**.

Freud, por sua vez, mostrou que os seres humanos têm a ilusão de que tudo quanto pensam, fazem, sentem e desejam, tudo quanto dizem ou calam estaria sob o pleno controle de nossa consciência porque desconhecemos a existência de uma força invisível, de um poder — que é psíquico e social — que atua sobre nossa consciência sem que ela o saiba. A esse poder que domina e controla invisível e profundamente nossa vida consciente ele deu o nome de **inconsciente**.

Diante dessas duas descobertas, a filosofia se viu forçada a reabrir a discussão sobre o que é e o que pode a razão, sobre o que é e o que pode a consciência reflexiva ou o sujeito do conhecimento, sobre o que são e o que podem as aparências e as ilusões.

Ao mesmo tempo, a filosofia teve de reabrir as discussões éticas e morais: "O homem é realmente livre ou é inteiramente condicionado pela sua situação psíquica e histórica?"; "Se for inteiramente condicionado, então a história e a cultura são causalidades necessárias como a natureza?". Ou seria mais correto indagar: "Como os seres humanos conquistam a liberdade em meio a todos os condicionamentos psíquicos, históricos, econômicos, culturais em que vivem?".

Infinito e finito

O século XIX prosseguiu uma tradição filosófica que veio desde a Antiguidade e que foi muito alimentada pelo pensamento cristão. Nessa tradição, o mais importante sempre foi a ideia do infinito, isto é, a natureza eterna (dos gregos), o Deus eterno (dos cristãos), o desenvolvimento pleno e total da história ou do tempo como totalização de todos os seus momentos ou suas etapas (como na filosofia de Hegel, por exemplo). Prevalecia a ideia de todo ou de totalidade, da qual os humanos fazem parte e participam.

No entanto, a filosofia do século XX tendeu a dar maior importância ao finito, isto é, ao que surge e desaparece, ao que tem fronteiras e limites. Esse interesse pelo finito apareceu, por exemplo, numa corrente filosófica (entre os anos 1930 e 1950) chamada existencialismo, que definiu o humano ou o homem como "um ser para a morte", ou seja, um ser que sabe que é temporal e que termina e que precisa encontrar em si mesmo o sentido de sua existência.

Trabalhadores franceses comemoram aprovação da jornada semanal de 40 horas e férias remuneradas, em 1936, nas imediações de Paris.

Para a maioria dos existencialistas, dois eram os modos privilegiados de o homem aceitar e enfrentar sua finitude: por meio das artes e por meio da ação político-revolucionária. Nessas formas excepcionais da atividade, os humanos seriam capazes de dar sentido à brevidade e finitude de sua vida.

Um outro exemplo do interesse pela finitude apareceu no que se costuma chamar de *filosofia da diferença*, isto é, naquela filosofia que se interessa menos pelas semelhanças e identidades e muito mais pela singularidade e particularidade.

É assim, por exemplo, que tal filosofia, inspirando-se nos trabalhos dos antropólogos, interessou-se pela diversidade, pluralidade, singularidade das diferentes culturas, em lugar de voltar-se para a ideia de uma cultura universal, que foi, no século XIX, uma das imagens do infinito, isto é, de uma totalidade que conteria dentro de si, como suas partes ou seus momentos, as diferentes culturas singulares.

Enfim, um outro exemplo de interesse pela finitude apareceu quando a filosofia, em vez de buscar uma ciência universal que conteria dentro de si todas as ciências particulares, interessou-se pela multiplicidade e pela diferença entre as ciências, pelos limites de cada uma delas e sobretudo por seus impasses e problemas insolúveis.

Nossos dias: a pós-modernidade

Desde meados dos anos 1960, surge a ideia de que a modernidade terminou e que se iniciou a pós-modernidade. Diz-se que a modernidade corresponde à época da sociedade industrial (aquela em que o poder econômico e político pertence às grandes indústrias e em que se explora o trabalho produtivo), enquanto a pós-modernidade corresponde à sociedade pós-industrial (aquela em que o poder econômico e político pertence ao capital financeiro e ao setor de serviços das redes eletrônicas de automação e informação).

O que era a modernidade? Era o conjunto de ideias e de valores que haviam norteado a filosofia e as ciências desde o final do século XVIII até os anos 1960 e que podemos brevemente resumir nos seguintes aspectos:

1. No campo do conhecimento:

- racionalismo: confiança no poder da razão (seja como razão instrumental, seja como razão crítica) para distinguir entre aparência e realidade e para conhecer e transformar a realidade. O racionalismo definira critérios que permitiam distinguir entre razão e loucura, ser e parecer ou realidade e aparência, conhecimento e ilusão, verdade e ideologia, e assegurava a validade do conhecimento filosófico e científico;

- distinção entre interior e exterior ou entre sujeito e objeto: confiança em critérios e procedimentos que permitiam distinguir claramente entre o sujeito ou a consciência (o interior) e o objeto ou as coisas (o exterior), de maneira a assegurar a subjetividade (isto é, o pensamento com seus princípios e leis universais e com seus procedimentos teóricos próprios) como fundamento necessário do conhecimento ou como condição necessária da objetividade como forma do conhecimento verdadeiro;

- afirmação da capacidade da razão humana para conhecer a essência ou a estrutura interna de todos os seres, definindo as causas e condições pelas quais é determinada a identidade de cada coisa e sua realidade, demonstrando as relações necessárias que cada uma delas mantém com outras de que dependem ou que delas dependem e oferecendo as leis necessárias de mudança ou alteração de todas as coisas.

O vocalista da banda U2, Bono Vox, em *show* no estádio Rose Bowl, nos Estados Unidos, transmitido ao vivo pelo You Tube para 19 países. Foi o primeiro *show* dessa magnitude transmitido ao vivo para vários países, alcançando uma audiência recorde.

2. No campo da prática:

- afirmação da diferença entre a necessidade que rege a ordem natural ou as leis da natureza e a ordem humana da cultura (ética, política, artes), pois nesta as regras e normas dependem da ação econômica, social e política dos próprios homens. Ainda que a ordem social e política atue sobre os indivíduos como se tivesse a mesma necessidade que a ordem natural, ela pode ser mudada e transformada pelos seres humanos, o que prova que ela é uma instituição humana e histórica;

- afirmação de que os seres humanos são indivíduos e agentes livres porque são seres racionais dotados de vontade, capazes de controlar e moderar suas paixões e seus desejos e que escolhem por si mesmos as ações que praticam, sendo por isso responsáveis por elas;

- distinção entre o público e o privado: estabelecimento de critérios que permitiam distinguir entre a esfera pública ou política (ou o campo das instituições sociais e de poder) e a esfera privada da moral individual (a ética) e da economia de mercado (a propriedade privada dos meios de produção);

- afirmação dos ideais da Revolução Francesa — igualdade, liberdade e fraternidade —, reconhecimento de uma esfera de direitos civis — o campo da cidadania — e ampliação desses ideais pela afirmação de direitos sociais, que deram origem aos movimentos sociais de luta contra o racismo, ao movimento feminista e aos movimentos de liberação sexual;

- afirmação de um sentido progressivo da história ou de ideais revolucionários de emancipação do gênero humano, com lutas sociais e políticas contra a opressão e a exploração econômica, social, política e cultural.

O pensamento pós-moderno critica as ideias modernas e as recusa.

Considera infundadas e ilusórias as pretensões da razão no conhecimento e na prática, quando não um disfarce para o exercício da dominação sobre os homens.

Julga que o conhecimento não se define por procedimentos articulados à distinção entre a verdade e a falsidade e sim pelos critérios da utilidade e da eficácia: um conhecimento (filosófico, científico, artístico) é válido se for útil (se servir para alguma coisa aqui e agora) ou se for eficaz para a obtenção de fins desejados por quem conhece, não importando que fins sejam.

Considera infundada a distinção entre sujeito e objeto, pois tanto as filosofias como as ciências são construções subjetivas de seus objetos, os quais só existem como resultado das operações teóricas e técnicas. Em outras palavras, o conhecimento não visa a uma realidade existente em si mesma e sim à invenção ou construção de objetos teóricos e técnicos. No caso da filosofia, essa criação é feita por meio da linguagem, a qual, como na literatura, não diz o que as coisas são e sim cria coisas ao falar delas. No caso das ciências, essa criação é feita por meio de procedimentos de laboratório, no qual os cientistas não observam realidades, mas as constroem.

Não admite a distinção entre ordem natural necessária e ordem histórica ou cultural instituída pelos homens: ambas são invenções ou instituições humanas, contingentes, efêmeras, passageiras.

Não admite a definição do ser humano como animal racional dotado de vontade livre, mas o concebe como um ser passional, desejante, que age movido por impulsos e instintos, embora, ao mesmo tempo, institua uma ordem social que reprime seus desejos e paixões. A ética, portanto, não se define pela ação racional voluntária livre que busca a ação boa ou virtuosa, mas se define pela busca da satisfação dos desejos, satisfação que define a felicidade e esta se realiza na esfera da intimidade individual.

Desconfia da política: a democracia gera a apatia crescente dos cidadãos; o socialismo e o comunismo desembocam em regimes e sociedades totalitárias. Por isso desconfia da distinção entre o público e o privado e dá importância à esfera da intimidade individual.

Dá importância à ideia de *diferença*, ou seja, em lugar de tomar a sociedade como uma estrutura que opera pela divisão social das classes (cada uma das quais com uma realidade e uma identidade definidas pela economia e pela política e contrárias umas às outras ou em luta contínua), concebe o social como uma teia fragmentada de grupos que se diferenciam por etnia, gênero, religião, costumes, comportamentos, gostos e preferências.

Temas, disciplinas e campos filosóficos

A filosofia existe há 26 séculos. Durante uma história tão longa e de tantos períodos diferentes, surgiram temas, disciplinas e campos de investigação filosóficos enquanto outros desapareceram. Desapareceu também a ideia de Aristóteles de que a filosofia era a totalidade dos conhecimentos teóricos e práticos da humanidade.

Também desapareceu uma imagem, que durou muitos séculos, na qual a filosofia era representada como uma grande árvore frondosa, cujas raízes eram a metafísica e a teologia, cujo tronco era a lógica, cujos ramos principais eram a filosofia da natureza, a ética e a política, e cujos galhos extremos eram as técnicas, as artes e as invenções. A filosofia, vista como uma totalidade orgânica ou viva, era chamada de "rainha das ciências". Isso desapareceu.

Pouco a pouco, as várias ciências particulares foram definindo seus objetivos, seus métodos e seus resultados próprios, e se desligaram da grande árvore. Cada ciência, ao se desligar, levou consigo os conhecimentos práticos ou aplicados de seu campo de investigação, isto é, as artes e as técnicas a ela ligadas. As últimas ciências a aparecer e a se desligar da árvore da filosofia foram as ciências humanas (psicologia, sociologia, antropologia, história, linguística, geografia etc.). Outros campos de conhecimento e de ação abriram-se para a filosofia, mas a ideia de uma totalidade de saberes que conteria em si todos os conhecimentos nunca mais reapareceu.

No século XX, a filosofia foi submetida a uma grande limitação quanto à esfera de seus conhecimentos. Isso pode ser atribuído a dois motivos principais:

Immanuel Kant
(1724–1804)

1. Desde o final do século XVIII, com o filósofo alemão Immanuel Kant, passou-se a considerar que a filosofia, durante todos os séculos anteriores, tivera uma pretensão irrealizável. Que pretensão fora essa? A de que nossa razão pode conhecer as coisas tais como são em si mesmas. Esse conhecimento da realidade em si, dos primeiros princípios e das primeiras causas de todas as coisas chama-se metafísica.

   Kant negou que a razão humana tivesse tal poder de conhecimento e afirmou que só conhecemos as coisas tais como são organizadas pela estrutura interna e universal de nossa razão, mas nunca saberemos se tal organização corresponde ou não à organização em si da própria realidade. Deixando de ser metafísica, a filosofia se tornou o conhecimento das condições de possibilidade do conhecimento verdadeiro enquanto conhecimento possível para os seres humanos racionais.

   A filosofia tornou-se uma teoria do conhecimento, ou uma teoria sobre a capacidade e a possibilidade humanas de conhecer, e uma ética, ou estudo das condições de possibilidade da ação moral enquanto realizada por liberdade e por dever. Com isso, a filosofia deixava de ser conhecimento do mundo em si e tornava-se apenas conhecimento do homem como ser racional e moral.

2. Desde meados do século XIX, como consequência da filosofia de Augusto Comte — chamada positivismo —, foi feita uma separação entre filosofia e ciências positivas (matemática, física, química, biologia, astronomia, sociologia). As ciências, dizia Comte, estudam a realidade natural, social, psicológica e moral e são propriamente o conhecimento. Para ele, a filosofia seria apenas uma reflexão sobre o significado do trabalho científico, isto é, uma análise e uma interpretação dos procedimentos ou das metodologias usadas pelas ciências e uma avaliação dos resultados científicos. A filosofia tornou-se, assim, uma teoria das ciências ou **epistemologia**. A filosofia reduziu-se, portanto, à teoria do conhecimento, à ética e à epistemologia. Como consequência dessa redução, os filósofos passaram a ter um interesse primordial pelo conhecimento das estruturas e formas de nossa consciência e também pelo seu modo de expressão, isto é, a linguagem.

epistemologia: *episteme*, em grego, quer dizer "ciência".

O interesse pela consciência reflexiva ou pelo sujeito do conhecimento deu surgimento a uma corrente filosófica conhecida como *fenomenologia*, iniciada pelo filósofo alemão Edmund Husserl. Já o interesse pelas formas e pelos modos de funcionamento da linguagem corresponde a uma corrente filosófica conhecida como *filosofia analítica*, cujo início é atribuído ao filósofo austríaco Ludwig Wittgenstein.

No entanto, a atividade filosófica não se restringiu à teoria do conhecimento, à lógica, à epistemologia e à ética. Desde o início do século XX, a história da filosofia tornou-se uma disciplina de grande prestígio e, com ela, a história das ideias e a história das ciências.

Desde a Segunda Guerra Mundial, com o fenômeno do totalitarismo — fascismo, nazismo, stalinismo —; com as guerras de libertação nacional contra os impérios coloniais e as revoluções socialistas em vários países; desde os anos 1960, com as lutas contra ditaduras e com os movimentos por direitos (dos negros, índios, mulheres, idosos, homossexuais, loucos, crianças e os excluídos econômica e politicamente); e desde os anos 1970, com a luta pela democracia em países submetidos a regimes autoritários, um grande interesse pela *filosofia política* ressurgiu e, com ele, as críticas de ideologias e uma nova discussão sobre as relações entre a ética e a política, além das discussões em torno da *filosofia da história*.

Finalmente, desde o final do século XX, o pós-modernismo vem ganhando relevância. Seu alvo principal, como vimos há pouco, é a crítica de todos os conceitos e valores que, até hoje, sustentaram a filosofia e o pensamento dito ocidental: razão, saber, sujeito, objeto, história, espaço, tempo, liberdade, necessidade, acaso, natureza, homem etc.

Vimos que o otimismo racionalista da modernidade foi constatado no decorrer do século XX: a crítica das ideologias, a descoberta freudiana do inconsciente, a crítica da história, da unidade da cultura ou de sua pluralidade nacional, dos benefícios das ciências e das técnicas foram contestando os valores e ideias modernos.

Já no início dos anos 20, com as obras dos filósofos Wittgenstein e Heidegger, a ideia da metafísica como conhecimento da realidade última dos seres foi contestada e acabou cedendo lugar ao papel da linguagem na invenção dos próprios seres e dos objetos de conhecimento.

Também, entre os anos 1915 e 1960, com as filosofias de Husserl e de Merleau-Ponty, surgiu a ideia de que a concepção moderna de razão era insuficiente para dar conta de todo o pensamento humano, das experiências e vivências corporais, da linguagem e das artes.

Da mesma maneira, os filósofos do chamado Círculo de Viena afirmaram, no início do século XX, os limites da filosofia e das ciências para conhecer as próprias coisas e consideraram a ciência apenas "uma linguagem bem feita".

Entre os anos 1960 e 1980, a obra do filósofo francês Michel Foucault expressava todas as críticas que o século XX vinha fazendo ao racionalismo moderno, à sua concepção de metafísica, história, ciência e cultura.

Com isso, podemos dizer que o pós-modernismo veio sendo gestado no interior da filosofia até o momento em que, nos anos 1960, pôde finalmente expressar-se como uma posição filosófica.

Quais são os campos próprios em que se desenvolve a reflexão filosófica nestes 26 séculos? São eles:

Ontologia ou **metafísica**: conhecimento dos princípios e fundamentos últimos de toda a realidade, de todos os seres.

Lógica: conhecimento das formas e regras gerais do pensamento correto e verdadeiro, independentemente dos conteúdos pensados; regras e critérios que determinam a forma dos discursos ou dos argumentos tanto para a demonstração científica verdadeira como para os discursos não científicos; regras para a verificação da verdade ou falsidade de um pensamento ou de um discurso etc.

Epistemologia: análise crítica das ciências, tanto as ciências exatas ou matemáticas quanto as naturais e as humanas; avaliação dos métodos e dos resultados das ciências; compatibilidades e incompatibilidades entre as ciências, formas de relações entre as ciências etc.

Martin Heidegger
(1889–1976)

Círculo de Viena:
associação fundada na década de 1920 por filósofos que tinham por objetivo a unificação do saber científico. Na foto, Moritz Schlick, um dos fundadores do grupo.

Michel Foucault
(1926–1984)

Teoria do conhecimento ou estudo das diferentes modalidades de conhecimento humano: o conhecimento sensorial ou sensação e percepção; a memória e a imaginação; o conhecimento intelectual; a ideia de verdade e falsidade; a ideia de ilusão e realidade; formas de conhecer o espaço e o tempo; formas de conhecer relações; conhecimento ingênuo e conhecimento científico; diferença entre conhecimento científico e filosófico etc.

Ética: estudo dos valores morais (as virtudes), da relação entre vontade e paixão, vontade e razão; finalidades e valores da ação moral; ideias de liberdade, responsabilidade, dever, obrigação etc.

Filosofia política: estudo sobre a natureza do poder e da autoridade; ideia de direito, lei, justiça, dominação, violência; formas dos regimes políticos e suas fundamentações; nascimento e formas do Estado; ideias autoritárias, conservadoras, revolucionárias e libertárias; teorias da revolução e da reforma; análise e crítica das ideologias.

Filosofia da história: estudo sobre a dimensão temporal da existência humana como existência sociopolítica e cultural; teorias do progresso, da evolução e teorias da descontinuidade histórica; significado das diferenças culturais e históricas, suas razões e consequências.

Filosofia da arte ou estética: estudo das formas de arte, do trabalho artístico; ideia de obra de arte e de criação; relação entre matéria e forma nas artes; relação entre arte e sociedade, arte e política, arte e ética.

Filosofia da linguagem: a linguagem como manifestação da humanidade do homem; signos, significações; a comunicação; passagem da linguagem oral à escrita, da linguagem cotidiana à filosófica, à literária, à científica; diferentes modalidades de linguagem como diferentes formas de expressão e de comunicação.

História da filosofia: estudo dos diferentes períodos da filosofia; de grupos de filósofos segundo os temas e problemas que abordam; de relações entre o pensamento filosófico e as condições econômicas, políticas, sociais e culturais de uma sociedade; mudanças ou transformações de conceitos filosóficos em diferentes épocas; mudanças na concepção do que seja a filosofia e de seu papel ou finalidade.

QUESTÕES

CAPÍTULO 1
A origem da filosofia

1. Que quer dizer *philosophía*? A quem se atribui a invenção dessa palavra?
2. O que Pitágoras queria dizer ao se referir às pessoas que compareciam aos Jogos Olímpicos?
3. O que moveu alguns gregos à filosofia?
4. Enumere os principais traços da filosofia nascente.
5. Que é a tendência à racionalidade?
6. Que é síntese? E análise?
7. Qual é a noção de conhecimento verdadeiro trazida pela filosofia nascente?
8. Que significa afirmar que a razão e o pensamento operam obedecendo a leis, princípios e regras universais?
9. Qual é a diferença entre o acaso na natureza e o possível nas ações humanas?
10. Para a ação humana, qual é a diferença entre necessidade, contingência e possível?
11. Resuma os principais legados da filosofia grega para o pensamento ocidental.

CAPÍTULO 2
O nascimento da filosofia

1. Que perguntas fizeram os primeiros filósofos gregos?
2. O que diziam os defensores da "tese orientalista" sobre a origem da filosofia?
3. O que diziam os defensores da tese do "milagre grego" sobre a origem da filosofia?
4. O que há de verdadeiro nas teses orientalista e do milagre grego?
5. Que significa dizer que os gregos inventaram a ciência, a política e a ideia de razão?
6. O que é o mito? Por que merecia confiança e era inquestionável?
7. Quais as maneiras pelas quais o mito narra a origem das coisas?
8. Que explicações foram dadas sobre a continuação ou ruptura da filosofia com relação à cosmogonia e à teogonia? Qual a explicação hoje aceita?
9. Quais as principais diferenças entre filosofia e mito?
10. Quais as condições históricas que propiciaram o surgimento da filosofia na Grécia?
11. Por que a invenção da política foi decisiva para o nascimento da filosofia?

CAPÍTULO 3
Campos de investigação da filosofia

1. Quais os principais períodos da filosofia grega?
2. Quais os principais traços da cosmologia pré-socrática? Escolha um deles e o explique.
3. Que é *kínesis* ou o devir? Por que essa ideia é central no pensamento pré-socrático?
4. Qual a mudança na educação dos jovens gregos na passagem da aristocracia para a democracia?
5. Quais as consequências para a filosofia da mudança na educação dos jovens gregos?
6. Que ensinavam os sofistas?
7. Que propunha Sócrates contra os sofistas?
8. Como Platão descreve Sócrates?
9. O que Sócrates pretendia ao buscar a essência e o conceito?
10. Qual a diferença entre opinião e conceito?
11. Por que Atenas condenou Sócrates à morte?
12. Por que as principais características da filosofia no período socrático indicam que a principal preocupação filosófica é com o homem?
13. Explique a diferença entre o sensível e o inteligível estabelecida por Platão.
14. Com base na afirmação de Aristóteles de que a filosofia é a totalidade de todas as ciências e tomando a distinção entre contemplação e ação, exponha brevemente a classificação aristotélica das ciências.
15. Exponha a classificação aristotélica das ciências teoréticas ou contemplativas.
16. Que quer dizer metafísica?
17. Partindo de Aristóteles, quais são os três grandes campos da investigação filosófica?
18. Que quer dizer ontologia?

CAPÍTULO 4
Principais períodos da história da filosofia

1. Que significa dizer que a filosofia está na história e tem uma história?
2. Que ideias novas a patrística introduziu na filosofia grega? Por que são dogmas?
3. Qual a distinção entre as verdades introduzidas pela patrística?
4. Quais as posições dos filósofos cristãos sobre as relações entre fé e razão?
5. Quais os grandes temas da filosofia medieval?
6. O que era o princípio de autoridade?

7. Resuma as três grandes linhas da filosofia da Renascença e explique por que exprimem o humanismo renascentista.
8. Por que, no início da modernidade, vigorou o ceticismo?
9. Explique o que foi o surgimento do sujeito do conhecimento na filosofia moderna.
10. Como era concebida a natureza na filosofia moderna? Por que essa concepção leva às ideias de experimentação científica e de tecnologia?
11. Por que podemos chamar a filosofia moderna de racionalismo?
12. Quais as principais afirmações da filosofia das Luzes?
13. Qual a diferença entre fisiocratas e mercantilistas?

CAPÍTULO 5
Aspectos da filosofia contemporânea

1. Como os filósofos do século XIX (Hegel e Comte) entendiam a história?
2. Como os filósofos do século XX passaram a pensar a história?
3. Como era o otimismo dos filósofos do século XIX com relação às ciências e às técnicas?
4. Por que no século XX desapareceu o otimismo com relação às ciências e às técnicas?
5. Explique a distinção feita pela Escola de Frankfurt entre razão instrumental e razão crítica.
6. Por que os filósofos do século XX não mantiveram o otimismo do século XIX com relação às revoluções sociais e políticas?
7. Como a filosofia do século XIX definiu a cultura?
8. Qual é a concepção dos pensadores românticos sobre a cultura?
9. Como os filósofos do século XX concebem a cultura?
10. Qual é a diferença entre os filósofos do século XIX e os do século XX quanto ao desaparecimento da filosofia?
11. Por que a descoberta da ideologia, por Marx, e a do inconsciente, por Freud, questionaram o otimismo racionalista do século XIX?
12. Apresente alguns exemplos do interesse pelo finito ou pela finitude nas filosofias do século XX.
13. O que definia a modernidade no campo do conhecimento?
14. O que definia a modernidade no campo da prática?
15. Como veio sendo gestado o pós-modernismo no interior da modernidade?
16. Quais as principais críticas pós-modernas à modernidade?
17. Que mudanças filosóficas ocorreram com a crítica de Kant à metafísica?
18. Por que, com o positivismo de Augusto Comte, a filosofia se reduzia à epistemologia?
19. Quais os campos próprios da investigação filosófica?

UNIDADE 2
A razão

Capítulo 1   A razão
Capítulo 2   A atividade racional
Capítulo 3   A razão: inata ou adquirida?
Capítulo 4   Os problemas do inatismo e do empirismo: soluções filosóficas
Capítulo 5   A razão na filosofia contemporânea

Desde seus primórdios, a filosofia considerou que a razão opera seguindo certos princípios que ela própria estabelece e que estão em concordância com a própria realidade, mesmo quando os empregamos sem conhecê-los explicitamente. Ou seja, o conhecimento racional obedece a certas regras ou leis fundamentais que respeitamos até mesmo quando não conhecemos diretamente quais são e o que são. Nós as respeitamos porque somos seres racionais e porque são princípios que garantem que a realidade é racional.

Marca do primeiro passo dado em solo lunar por Neil Armstrong, em 20 de julho de 1969, fato que pode ser considerado o ápice da razão entendida como domínio das técnicas e das tecnologias.

Capítulo 1
A razão

Os vários sentidos da palavra *razão*

Na parte introdutória deste trabalho, insistimos na afirmação de que a filosofia se realiza como conhecimento racional da realidade natural e cultural, das coisas e dos seres humanos. Dissemos que ela confia na razão e que, hoje, ela também desconfia da razão. Mas, até agora, não dissemos o que é a razão, apesar de ser ela tão antiga quanto a filosofia.

Em nossa vida cotidiana usamos a palavra *razão* em muitos sentidos. Dizemos, por exemplo, "eu estou com a razão" ou "ele não tem razão" para afirmar que nos sentimos seguros de alguma coisa ou que sabemos com certeza alguma coisa. Também dizemos que, num momento de fúria ou de desespero, "alguém perde a razão", como se a razão fosse alguma coisa que se pode ter ou não ter, possuir e perder, ou recuperar.

Falamos também frases como "Se você me disser suas razões, sou capaz de fazer o que você me pede", querendo dizer com isso que queremos ouvir os motivos que alguém tem para querer ou fazer alguma coisa. Fazemos perguntas como "Qual a razão disso?", querendo saber qual a causa de alguma coisa e, nesse caso, a razão parece ser alguma propriedade que as próprias coisas teriam, já que teriam uma causa.

Assim, usamos *razão* para nos referirmos aos *motivos* de alguém e também para nos referirmos às *causas* de alguma coisa, de modo que tanto nós como as coisas parecemos dotados de razão, mas em sentido diferente.

Esses poucos exemplos já nos mostram quantos sentidos diferentes a palavra *razão* possui: certeza, lucidez, motivo, causa. E todos esses sentidos encontram-se presentes quando a filosofia fala na razão.

Por identificar razão e certeza, a filosofia afirma que a verdade é racional; por identificar razão e lucidez (não ficar ou não estar louco), a filosofia chama nossa razão de luz e luz natural (pois a palavra *lucidez* vem de luz); por identificar razão e motivo, por considerar que sempre agimos e falamos movidos por motivos, a filosofia afirma que somos seres racionais e que nossa vontade é racional; por identificar razão e causa e por julgar que a realidade opera de acordo com relações causais, a filosofia afirma que a realidade é racional.

É muito conhecida a célebre frase do filósofo Pascal: "O coração tem razões que a razão desconhece". Nessa frase, as palavras *razões* e *razão* não têm o mesmo significado, indicando coisas diversas. "Razões" são os motivos do coração, enquanto "razão" é algo diferente de "coração"; este é o nome que damos para as emoções e paixões, enquanto "razão" é o nome que damos à consciência intelectual e moral.

Pascal: filósofo francês do século XVII.

Ao dizer que o coração tem suas próprias razões, Pascal está afirmando que as emoções, os sentimentos ou as paixões são motivos e causas de muito do que fazemos, dizemos, queremos e pensamos. Ao dizer que a razão desconhece "as razões do coração", Pascal está afirmando que a consciência intelectual e moral é diferente das paixões e dos sentimentos e que ela é capaz de uma atividade própria não motivada nem causada pelas emoções, mas que possui seus motivos e causas ou suas próprias razões.

Assim, a frase de Pascal pode ser traduzida da seguinte maneira: nossa vida emocional possui causas e motivos (as "razões do coração"), que são as paixões ou os sentimentos, e é diferente de nossa atividade consciente, de nossa razão, seja como atividade intelectual, seja como atividade moral.

A consciência é a razão. Coração e razão, paixão ou sentimentos e consciência intelectual ou moral são diferentes. Se alguém "perde a razão" é porque está sendo arrastado pelas "razões do coração". Se alguém "recupera a razão" é porque o conhecimento intelectual e a consciência moral se tornaram mais fortes do que as paixões. A razão, como consciência moral, é a vontade racional livre que não se deixa dominar pelos impulsos passionais, mas realiza as ações morais como atos corretos, ditados pela inteligência ou intelecto.

Além da frase de Pascal, também ouvimos outras que elogiam as ciências, dizendo que elas manifestam o "progresso da razão". Aqui, a razão é colocada como capacidade puramente intelectual para conseguir o conhecimento verdadeiro da natureza, da sociedade, da história, e isso é considerado algo bom, positivo, um "progresso".

Por ser considerado um "progresso", o conhecimento científico é visto como se realizando no tempo e como dotado de continuidade, de tal modo que a razão é concebida como temporal também, isto é, como capaz de aumentar seus conteúdos e suas capacidades através dos tempos.

Algumas vezes ouvimos um professor dizer a outro: "Fulano trouxe um trabalho irracional; era um caos, uma confusão. Incompreensível. Já o trabalho de beltrano era uma beleza: claro, compreensível, racional". Aqui, a "razão", ou "racional", significa clareza de ideias, ordem, resultado de esforço intelectual ou da inteligência, seguindo normas e regras de pensamento e de linguagem. Ao contrário, "irracional" significa confuso, desordenado, sem seguir as regras e normas do pensamento e da linguagem corretos.

Todos esses sentidos constituem a nossa ideia de razão. Nós a consideramos a consciência moral que observa as paixões, orienta a vontade e oferece finalidades éticas para a ação. Nós a vemos como atividade intelectual de conhecimento da realidade natural, social, psicológica, histórica. Nós a concebemos segundo o ideal da clareza, da ordenação e do rigor e precisão dos pensamentos e das palavras. "Razão" designa, portanto, as leis do pensamento e as leis da ação refletida.

Para muitos filósofos, porém, a razão não é apenas a capacidade moral e intelectual dos seres humanos, mas também uma propriedade ou qualidade primordial das próprias coisas, existindo na própria realidade. Para esses filósofos, nossa razão pode conhecer a realidade (natureza, sociedade, história) porque esta é racional em si mesma. Razão designa, agora, a ordenação necessária das próprias coisas.

Fala-se, portanto, em *razão objetiva* (a realidade é racional em si mesma) e em *razão subjetiva* (a razão é uma capacidade intelectual e moral dos seres humanos). A razão objetiva é a afirmação de que o *objeto do conhecimento* ou a realidade é racional; a razão subjetiva é a afirmação de que o *sujeito do conhecimento e da ação* é racional. Para muitos filósofos, a filosofia é o momento do encontro, do acordo e da harmonia entre as duas razões ou racionalidades.

Origem da palavra *razão*

Na cultura da chamada sociedade ocidental, a palavra *razão* origina-se de duas fontes: a palavra latina *ratio* e a palavra grega *lógos*. Essas duas palavras são substantivos derivados de dois verbos que têm um sentido muito parecido em latim e em grego.

Lógos vem do verbo *legein*, que quer dizer "contar", "reunir", "untar", "calcular". *Ratio* vem do verbo *reor*, que quer dizer "contar", "reunir", "medir", "juntar", "separar", "calcular".

Que fazemos quando medimos, juntamos, separamos, contamos e calculamos? Pensamos de modo ordenado. E que meios usamos para falar sobre essas ações? Usamos palavras (mesmo quando usamos números estamos usando palavras, sobretudo os gregos e os romanos, que usavam letras para indicar números).

Por isso, *lógos*, *ratio* ou *razão* significam pensar e falar ordenadamente, com medida e proporção, com clareza e de modo compreensível para outros. Assim, na origem, razão é a capacidade intelectual para pensar e exprimir-se correta e claramente, para pensar e dizer as coisas tais como são. A razão é uma maneira de organizar a realidade (medir, reunir, juntar, separar, contar, calcular) pela qual esta se torna compreensível. É, também, a confiança de que podemos ordenar e organizar as coisas porque são organizáveis, ordenáveis, compreensíveis nelas mesmas e por elas mesmas, isto é, as próprias coisas são racionais ou estão ordenadas e organizadas, estão articuladas e conectadas, são semelhantes ou diferentes, possuem identidade, etc., podendo por isso ser reunidas ou separadas, medidas e calculadas.

Desde o começo da filosofia, a origem da palavra *razão* fez com que ela fosse considerada oposta a quatro outras atitudes mentais:

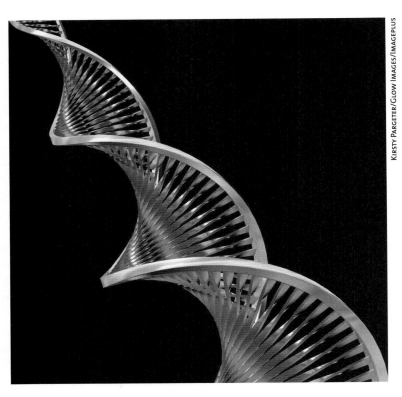

Imagem idealizada do DNA humano.

1. ao conhecimento ilusório, isto é, ao conhecimento da mera aparência das coisas que não alcança a realidade ou a verdade delas; para a razão, a ilusão provém de nossos costumes, de nossos preconceitos, da aceitação imediata das coisas tais como aparecem e tais como parecem ser. As ilusões criam as opiniões que variam de pessoa para pessoa e de sociedade para sociedade. A razão se opõe à mera opinião;

2. às emoções, aos sentimentos, às paixões, que são cegas, caóticas, desordenadas, contrárias umas às outras, ora dizendo "sim" a alguma coisa, ora dizendo "não" a essa mesma coisa, como se não soubéssemos o que queremos e o que as coisas são. A razão é vista como atividade ou ação (intelectual e da vontade) oposta à paixão;

3. à crença religiosa, pois, nesta, a verdade nos é dada pela fé numa revelação divina, não dependendo do trabalho de conhecimento realizado pela nossa inteligência ou pelo nosso intelecto. A razão é oposta à revelação e por isso os filósofos cristãos distinguem a luz natural — a razão — da luz sobrenatural — a revelação;

4. ao êxtase místico (dos santos, dos profetas), no qual o espírito acredita entrar em relação direta com o ser divino e participar dele, sem nenhuma intervenção do intelecto ou da inteligência, nem da vontade. Pelo contrário, o êxtase místico exige um estado de abandono, de rompimento com a atividade intelectual e com a vontade, um rompimento com o estado consciente, a perda da consciência da própria individualidade para entregar-se ao gozo ou ao prazer de participar do ser infinito, num conhecimento que só pode ser sentido e não pode ser expresso em pensamentos e palavras.

Os princípios racionais

Desde seus primórdios, a filosofia considerou que a razão opera seguindo certos princípios que ela própria estabelece e que estão em concordância com a própria realidade, mesmo quando os empregamos sem conhecê-los explicitamente. Ou seja, o conhecimento racional obedece a certas regras ou leis fundamentais que respeitamos até mesmo quando não conhecemos diretamente quais são e o que são. Nós as respeitamos porque somos seres racionais e porque são princípios que garantem que a realidade é racional.

Que princípios são estes? São eles:

Princípio da identidade, cujo enunciado pode parecer surpreendente: "*A é A*" ou "*O que é, é*". O princípio da identidade é a condição do pensamento e sem ele não podemos pensar. Ele afirma que uma coisa, seja ela qual for (um ser da natureza, uma figura geométrica, um ser humano, uma obra de arte, uma ação), só pode ser conhecida e pensada se for percebida e conservada com sua identidade.

Esse princípio, cujo enunciado parece absurdo (pois achamos óbvio que uma coisa seja idêntica a si mesma), é usado por nossa sociedade sem que percebamos. Onde é usado? Na chamada "carteira de identidade" (o nosso RG) com a qual se afirma e se garante que "*A é A*".

O princípio da identidade é a condição para que definamos as coisas e possamos conhecê-las a partir de suas definições. Por exemplo, depois que a matemática definiu o triângulo determinando sua identidade como figura de três lados e de três ângulos internos cuja soma é igual à soma de dois ângulos retos, nenhuma outra figura a não ser essa poderá ser chamada de triângulo. Uma vez estabelecida a identidade do triângulo, todos os teoremas e problemas que o matemático demonstrar sobre essa figura só poderão ser demonstrados se, a cada vez que ele disser "triângulo", soubermos a qual ser ou a qual coisa ele está se referindo.

Princípio da não contradição (também conhecido como **princípio da contradição**), cujo enunciado é "*A é A e é impossível que, ao mesmo tempo e na mesma relação, seja não A*". Assim, é impossível que a árvore que está diante de mim seja e não seja, ao mesmo tempo, uma mangueira; que o cachorrinho de dona Filomena seja e não seja, ao mesmo tempo, branco; que o triângulo seja e não seja, ao mesmo tempo, a figura geométrica de três lados e três ângulos; que o homem seja e não seja, ao mesmo tempo, mortal; que o vermelho seja e não seja, ao mesmo tempo, vermelho, etc.

Sem o princípio da não contradição, o princípio da identidade não poderia funcionar. O princípio da não contradição afirma que uma coisa ou uma ideia da qual algo é afirmado e negado ao mesmo tempo e na mesma relação são coisas ou ideias que se negam a si mesmas e que por isso se autodestroem, desaparecem, deixam de existir. Eis por que o princípio enuncia que isso é impossível, ou seja, afirma que as coisas e as ideias contraditórias são impensáveis e impossíveis.

No enunciado desse princípio devemos estar atentos às duas condições nas quais há contradição. De fato, o princípio enuncia que é impossível afirmar e negar a mesma coisa de uma outra *ao mesmo tempo e na mesma relação*. Por que essas duas condições? Porque há coisas que podem mudar no correr de suas existências ou no correr do tempo, de tal maneira que poderão tornar-se diferentes do que eram e até mesmo opostas ao que eram. Por exemplo, é contraditório que, aqui e agora (neste tempo e nesta relação), uma criança seja e não seja, ao mesmo tempo, criança e não criança; porém, não será contraditório dizer que esta criança *é* uma criança e *não será* uma criança, quando crescer. A contradição existe para a afirmação e negação simultâneas, mas não para uma afirmação que poderá ser negada num outro tempo. O cachorrinho de dona Filomena, ao envelhecer, poderá ficar cinzento: ele *foi* branco e *não é* branco.

Essas condições indicam também que as coisas que não estão submetidas ao tempo ou que não são temporais, justamente porque não mudam ou não se transformam, são aquelas para as quais o princípio de não contradição opera sempre da mesma maneira. Assim, será sempre contraditório dizer que o triângulo é triângulo e não triângulo, ou que o vermelho é vermelho e não vermelho, embora *uma coisa* triangular possa perder a forma com o correr do tempo ou com uma intervenção humana e *uma coisa* vermelha possa mudar de cor com o passar do tempo ou com uma intervenção humana.

Princípio do terceiro excluído, cujo enunciado é "*A é ou x ou y e não há terceira possibilidade*". Por exemplo: "Ou este homem é Sócrates ou não é Sócrates"; "Ou faremos a guerra ou faremos a paz". Este princípio define a decisão de um dilema — "ou isto ou aquilo" — no qual as duas alternativas são possíveis e cuja solução exige que apenas uma delas seja verdadeira. Mesmo quando temos, por exemplo, um teste de múltipla escolha, escolhemos na verdade apenas entre duas opções — "ou está certo ou está errado" — e não há terceira possibilidade ou terceira alternativa, pois, entre várias escolhas possíveis, só há realmente duas, a certa ou a errada.

Princípio de razão suficiente, que afirma que tudo o que existe e tudo o que acontece tem uma razão (causa ou motivo) para existir ou para acontecer, e que tal razão (causa ou motivo) pode ser conhecida pela nossa razão. O princípio de razão suficiente costuma ser chamado de **princípio de causalidade** para indicar que a razão afirma que para tudo o que existe ou acontece há uma causa (nada é sem causa, costuma-se dizer para referir-se ao princípio de razão suficiente). Ou seja, esse princípio afirma a existência de relações ou conexões internas entre as coisas, entre fatos, ou entre ações e acontecimentos. Pode ser enunciado da seguinte maneira: "Dado *A*, necessariamente se dará *B*". E também: "Dado *B*, necessariamente houve *A*".

Isso não significa que a razão não admita o acaso ou ações e fatos acidentais, mas sim que ela procura, mesmo para o acaso e para o acidente, uma causa. A diferença entre a causa, ou razão suficiente, e a causa casual ou acidental está em que a primeira se realiza sempre, é universal e necessária, enquanto a causa acidental ou casual só vale para aquele caso particular, para aquela situação específica, não podendo ser generalizada e ser considerada válida para todos os casos ou situações iguais ou semelhantes, pois, justamente, o caso ou a situação são únicos.

A morte, por exemplo, é um efeito necessário e universal (válido para todos os tempos e lugares) da guerra e a guerra é a causa necessária e universal da morte de pessoas. Mas é imprevisível ou acidental que esta ou aquela guerra aconteçam. Podem acontecer ou não. Nenhuma causa universal exige que aconteçam. Mas, se uma guerra acontecer, ela terá necessariamente causas (mesmo as mais absurdas e inaceitáveis) e, se ela acontecer, terá necessariamente como efeito mortes. Mas as causas dessa guerra são somente as dessa guerra e de nenhuma outra. Assim, o princípio de razão suficiente assegura que, se houver guerra, houve causa para ela e que, havendo guerra, as mortes vão ocorrer.

Diferentemente desse caso, o princípio de razão suficiente está vigorando plenamente quando, por exemplo, Galileu demonstrou as leis universais do movimento dos corpos em queda livre, isto é, no vácuo. Ou seja, quando descobriu e demonstrou as causas naturais necessárias e os efeitos naturais necessários do movimento dos corpos em queda livre.

Pelo que foi exposto, podemos observar que os princípios da razão apresentam algumas características importantes:

- não possuem um conteúdo determinado, pois são *formas*: indicam como as coisas devem ser pensadas, mas não nos dizem quais coisas são nem quais os conteúdos que devemos ou vamos pensar;

- possuem validade universal, isto é, onde houver razão (nos seres humanos e nas coisas, nos fatos e nos acontecimentos), em todo tempo e em todo lugar, tais princípios são verdadeiros e empregados por todos (os humanos) e obedecidos por todos (coisas, fatos, acontecimentos);

- são necessários, isto é, indispensáveis para o pensamento e para a vontade, indispensáveis para as coisas, os fatos e os acontecimentos. Indicam que algo é assim e não pode ser de outra maneira. *Necessário* significa que é impossível que não seja dessa maneira e que possa ser de outra.

causa: veja na Introdução, no tópico "O legado da filosofia grega", a explicação sobre necessidade, contingência, acaso e possível.

Capítulo 2
A atividade racional

A atividade racional e suas modalidades

A filosofia distingue duas grandes modalidades da atividade racional realizadas pela razão subjetiva ou pelo sujeito do conhecimento: a **intuição** (ou razão intuitiva) e o **raciocínio** (ou razão discursiva).

A atividade racional discursiva, como a própria palavra indica, percorre uma realidade ou um objeto para chegar a conhecê-lo, isto é, realiza vários atos de conhecimento até conseguir captá-lo. A razão discursiva ou o pensamento discursivo chega ao objeto passando por etapas sucessivas de conhecimento, realizando esforços sucessivos de aproximação para chegar ao conceito ou à definição do objeto.

A razão intuitiva ou intuição, ao contrário, consiste num único ato do espírito, que, de uma só vez, capta por inteiro e completamente o objeto. A intuição é uma visão direta e imediata do objeto do conhecimento, um contato direto e imediato com ele, sem necessidade de provas ou demonstrações para saber o que conhece.

A intuição

A intuição é uma compreensão global e completa de uma verdade, de um objeto, de um fato. Nela, de uma só vez, a razão capta todas as relações que constituem a realidade e a verdade da coisa intuída. É um ato intelectual de discernimento e compreensão, como, por exemplo, quando um médico, graças ao conjunto de conhecimentos que possui, faz um diagnóstico em que apreende de uma só vez a doença, sua causa e o modo de tratá-la. Os psicólogos se referem à intuição usando o termo *insight*, descrevendo-o como o momento em que temos uma compreensão total, direta e imediata de alguma coisa, ou o momento em que percebemos, num só lance, um caminho para a solução de um problema prático, científico, filosófico, moral ou vital.

Um exemplo de intuição pode ser encontrado no romance de Guimarães Rosa, *Grande sertão: veredas*. Riobaldo e Diadorim são dois jagunços ligados pela mais profunda amizade e lealdade, companheiros de lutas e cumpridores de uma vingança de sangue contra os assassinos da família de Diadorim. Riobaldo, porém, sente-se cheio de angústia e atormentado, pois seus sentimentos por Diadorim são confusos, como se entre eles houvesse muito mais do que amizade. Diadorim é assassinado. Quando o corpo é trazido para ser preparado o funeral, Riobaldo descobre que Diadorim era mulher. De uma só vez, num só lance, Riobaldo compreende tudo o que havia sentido, todos os fatos acontecidos entre eles e que lhe pareciam inexplicáveis, todas as conversas que haviam tido, todos os gestos estranhos de Diadorim (como, por exemplo, o de jamais banhar-se nos rios na companhia dos demais jagunços) e compreende, instantaneamente, a verdade: estivera apaixonado por Diadorim.

O exemplo do médico e o de Riobaldo indicam que a intuição pode depender de conhecimentos anteriores e que ela é o momento em que eles são percebidos de uma só vez, numa síntese em que aparecem articulados e organizados num todo. Isso significa que a intuição pode ser o momento final de um processo de conhecimento. Em outras palavras, o momento em que o conjunto de conhecimentos que foi sendo adquirido permite que o sujeito do conhecimento realize uma síntese, percebendo de uma só vez e imediatamente

---

intuição: A palavra *intuição* deriva de um verbo latino, *intuere*, que significa "olhar atentamente", "contemplar", "ver claramente".

o todo do objeto conhecido (sua forma, seu conteúdo, suas causas, suas propriedades, seus efeitos, suas relações com outros, seu sentido).

Justamente por ser o momento de conclusão de um percurso, muitos filósofos consideram também que uma intuição pode ser o ponto inicial de um novo percurso de conhecimento, isto é, graças a ela, a razão discursiva poderá dar início a uma nova cadeia de conhecimentos em cujo ponto final haverá uma nova intuição.

A intuição racional pode ser de dois tipos: *intuição sensível ou empírica* e *intuição intelectual*.

A intuição sensível ou empírica é o conhecimento que temos a todo momento de nossa vida. Assim, com um só olhar ou num só ato de visão percebemos uma casa, um homem, uma mulher, uma flor, uma mesa. Num só ato, por exemplo, capto que *isto é uma flor*: vejo sua cor e suas pétalas, sinto a maciez de sua textura, aspiro seu perfume, tenho-a por inteiro e de uma só vez diante de mim.

A intuição empírica é o conhecimento direto e imediato das qualidades do objeto externo chamadas de *qualidades sensíveis*: cor, sabor, odor, paladar, som, textura. É também a percepção direta de formas, dimensões, distâncias das coisas percebidas. E o conhecimento direto e imediato de nossos estados internos ou mentais que dependem ou dependeram de nosso contato sensorial com as coisas: lembranças, desejos, sentimentos, imagens.

A intuição sensível ou empírica é psicológica, isto é, refere-se aos estados do sujeito do conhecimento como ser corporal e psíquico individual — sensações, lembranças, imagens, sentimentos, desejos e percepções são exclusivamente pessoais, variando de pessoa para pessoa e numa mesma pessoa em decorrência de variações em seu corpo, em sua mente ou nas circunstâncias em que o conhecimento ocorre.

Assim, a marca da intuição empírica é sua singularidade: por um lado, está ligada à singularidade do objeto intuído (ao "isto" oferecido à sensação e à percepção) e, por outro, está ligada à singularidade do sujeito que intui (aos *meus* estados psíquicos, às *minhas* experiências). A intuição empírica não capta o objeto em sua universalidade e a experiência intuitiva não é transferível para um outro objeto. Riobaldo teve uma intuição empírica.

A intuição intelectual difere da sensível justamente por sua universalidade e necessidade. Quando penso "Uma coisa não pode ser e não ser ao mesmo tempo", sei, sem necessidade de provas e demonstrações, que isso é verdade e que é necessário que seja sempre assim, ou que é impossível que não seja sempre assim. Ou seja, tenho conhecimento intuitivo do princípio da contradição. Quando digo "O amarelo é diferente do azul", sei, sem necessidade de provas e demonstrações, que há diferenças entre as coisas. Vejo, na intuição sensível, a cor amarela e a cor azul, mas vejo, na intuição intelectual, a diferença entre as cores. Quando afirmo "O todo é maior do que as partes", sei, sem necessidade de provas e demonstrações, que isso é verdade, porque intuo uma forma necessária de relação entre as coisas.

A intuição intelectual é o conhecimento direto e imediato dos princípios da razão (identidade, contradição, terceiro excluído, razão suficiente), os quais, por serem princípios, não podem ser demonstrados (pois, para demonstrá-los, precisaríamos de outros princípios, e para demonstrar estes outros princípios precisaríamos de outros, num processo interminável que nos impediria de saber com certeza a verdade de um princípio). Alguns filósofos afirmam também que conhecemos por intuição as ideias simples, isto é, aquelas que não são compostas de outras e não precisam de outras para serem conhecidas. Justamente porque não dependem de outros conhecimentos ou de outras ideias, as ideias simples são apreendidas num ato intuitivo. No entanto, como a intuição pode ser o ponto final de um processo de conhecimento, ela é também a apreensão intelectual das relações necessárias entre as ideias e entre os seres e entre as ideias e as coisas de que são ideias.

Na história da filosofia, os dois exemplos mais célebres de intuição intelectual encontram-se em Platão (século IV a.C.) e em Descartes (século XVII).

Na narrativa do Mito da Caverna, Platão descreve o que se passa com o prisioneiro que vê a luz do Sol e as coisas e o compara ao filósofo que vê a luz do bem e as ideias verdadeiras. O prisioneiro tem uma intuição empírica (tudo o que conhece, conhece por sensação ou

empírico: do grego *empeiría*, "experiência".

Descartes (1596–1650)

Mito da Caverna: veja a explicação sobre o Mito da Caverna na Introdução.

por percepção sensorial); o filósofo tem uma intuição intelectual (é seu intelecto ou sua inteligência que conhece as ideias verdadeiras), mas ambos têm um conhecimento intuitivo porque direto, imediato, sem necessidade de demonstrações, argumentos e provas.

Numa obra intitulada *Meditações metafísicas*, o filósofo francês Descartes (considerado o iniciador do racionalismo moderno) descreve a intuição intelectual que ficou conhecida como *cogito cartesiano*, ou, mais simplesmente, *cogito*. Descartes escreve: *"Cogito, ergo sum"*, isto é, "Penso (*cogito*), logo existo". Por que essa afirmação é um conhecimento intuitivo? Porque quando penso, sei que estou pensando e não é preciso provar ou demonstrar isso, mesmo porque provar e demonstrar é pensar, e para demonstrar e provar é preciso, primeiro, pensar e saber que se pensa. Ora, para pensar é preciso que alguém realize o ato de pensamento e, portanto, aquele que pensa existe necessariamente ao pensar ou enquanto pensa, pois, do contrário, não haveria o ato de pensar. E isso também não precisa ser provado ou demonstrado, mas é imediatamente evidente. Por que essa intuição é intelectual? Porque é realizada exclusivamente pelo intelecto ou pela inteligência, sem recorrer a nenhum conhecimento sensível ou sensorial.

O Pensador, de Rodin.

cogito: em latim, o verbo *cogitare* significa "pensar".

Quando digo "Penso, logo existo", estou simplesmente afirmando racionalmente que sei que sou um ser pensante ou que existo pensando, sem necessidade de provas e demonstrações. A intuição capta, num único ato intelectual, a verdade do pensamento pensando em si mesmo.

Um outro exemplo de intuição intelectual é oferecido por uma corrente filosófica criada no século XX pelo filósofo alemão Husserl, a *fenomenologia*. Trata-se da intuição intelectual de essências ou significações. Toda consciência, diz Husserl, é sempre "consciência de" ou "consciência de alguma coisa", isto é, toda consciência é um ato pelo qual visamos um objeto, um fato, uma ideia. A consciência representa os objetos, os fatos, as pessoas. Essa representação pode ser de dois tipos: *psicológica* (isto é, empírica, variando de pessoa para pessoa e numa mesma pessoa em diferentes circunstâncias) e *intelectual* (quando o pensamento, sem recorrer aos dados psicológicos individuais, conhece a essência necessária do objeto, que é a mesma para todos os seres racionais; isto é, apreende de uma só vez a significação ou o sentido de uma coisa, independentemente das condições particulares de espaço e tempo e das condições psicológicas de cada um). Intuímos intelectualmente ideias ou significações ou, como diz a fenomenologia, intuímos essências. Fala-se também de uma *intuição emotiva* ou *valorativa*. Trata-se daquela intuição na qual, juntamente com o sentido ou significado de alguma coisa, captamos também seu *valor*, isto é, a intuição intelectual capta a essência do objeto (o que ele é ou o que ele significa) e a intuição emotiva ou valorativa capta essa essência apreendendo o que ela vale (boa, má, bela, feia, justa, injusta, etc.).

A razão discursiva: dedução, indução e abdução

A intuição pode ser o ponto de chegada, a conclusão de um processo de conhecimento, e pode também ser o ponto de partida de um processo cognitivo. O processo de conhecimento, seja o que chega a uma intuição, seja o que parte dela, constitui a razão discursiva ou o raciocínio.

Ao contrário da intuição, o raciocínio é o conhecimento que exige provas e demonstrações e se realiza igualmente por meio de provas e demonstrações das verdades que estão sendo conhecidas ou investigadas. Não é só um ato intelectual, mas são vários atos intelectuais internamente ligados ou conectados, formando um processo de conhecimento.

Um caçador sai pela manhã em busca da caça. Entra no mato e vê rastros: choveu na véspera e há pegadas no chão; pequenos galhos rasteiros estão quebrados; o capim está amassado em vários pontos; a carcaça de um bicho está à mostra, indicando que foi devorado faz poucas horas; há um grande silêncio no ar, não há canto de pássaros, não há ruídos de pequenos animais.

O caçador supõe que haja uma onça por perto. Ele pode, então, tomar duas atitudes. Se, por todas as suas experiências anteriores, tiver certeza de que a onça está nas imediações, pode preparar-se para enfrentá-la: sabe que caminhos evitar, se não estiver em condições de caçá-la; sabe que armadilhas armar, se estiver pronto para capturá-la; sabe como atraí-la, se quiser conservá-la viva e preservar a espécie.

O caçador pode ainda estar sem muita certeza se há ou não uma onça nos arredores e, nesse caso, tomará uma série de atitudes para verificar a presença ou ausência do felino: pode percorrer trilhas que sabe serem próprias de onças; pode examinar melhor as pegadas e o tipo de animal que foi devorado; pode comparar, em sua memória, outras situações nas quais esteve presente uma onça, etc.

Assim, partindo de indícios, o caçador raciocina para chegar a uma conclusão e tomar uma decisão. Temos aí um exercício de raciocínio empírico (baseado nos dados sensoriais ou na experiência sensível) e prático (um pensamento que visa a uma ação), ou seja, um exame de vários sinais que permitem a alguém fazer uma *inferência*, isto é, tirar uma conclusão com base nos dados conhecidos. Esse raciocínio, por ser empírico, caracteriza-se pela singularidade ou individualidade do sujeito do conhecimento (no caso, um caçador) e do objeto do conhecimento (no caso, uma situação em que há sinais ou indícios de uma onça).

Quando, porém, um raciocínio se realiza em condições tais que a individualidade psicológica do sujeito e a singularidade do objeto são substituídas por critérios de generalidade e universalidade, temos a *dedução*, a *indução* e a *abdução*.

A dedução

Dedução e **indução** são procedimentos racionais que nos levam do já conhecido ao ainda não conhecido, isto é, permitem que adquiramos conhecimentos novos graças a conhecimentos já adquiridos. Por isso, costuma-se dizer que, no raciocínio, o intelecto opera seguindo *cadeias de razões* ou os nexos e conexões internos e necessários entre as ideias ou entre os fatos.

A **dedução** consiste em partir de uma verdade já conhecida (seja por intuição, seja por uma demonstração anterior) e que funciona como um princípio geral ao qual se subordinam todos os casos que serão demonstrados a partir dela. Em outras palavras, na dedução parte-se de uma verdade já conhecida para demonstrar que ela se aplica a todos os casos particulares iguais. Por isso também se diz que a dedução vai do geral para o particular ou do universal para o individual. O ponto de partida de uma dedução é ou uma ideia verdadeira (ou definição) ou uma teoria verdadeira (isto é, um todo sistemático de definições e demonstrações baseadas em princípios verdadeiros e procedimentos corretos), e a finalidade do processo dedutivo é assegurar a *inferência* de conclusões novas e verdadeiras, obtidas com base na definição do objeto ou na teoria já existente.

Por exemplo, se definirmos o triângulo como um figura geométrica cujos ângulos internos somados são iguais à soma de dois ângulos retos, dela deduziremos todos os diferentes tipos de triângulos possíveis (equilátero ou isósceles, retângulo, etc.), todas as propriedades de todos os triângulos possíveis e todas as propriedades de cada um dos tipos possíveis de triângulos. Se tomarmos como ponto de partida as definições geométricas do ponto, da linha, da superfície e da figura, deduziremos todas as figuras geométricas possíveis.

No caso de uma teoria, a dedução permitirá que cada novo caso particular encontrado seja conhecido, demonstrando que a ele se aplicam todas as leis, regras e verdades. Ou seja, a dedução é um procedimento pelo qual um fato ou objeto particular é conhecido por *inclusão* numa teoria geral.

Por exemplo, estabelecida a verdade da teoria física de Newton, sabemos que: 1) as leis da física são relações dinâmicas de tipo mecânico, isto é, se referem a relações de força (ação e reação) entre corpos dotados de figura, massa e grandeza; 2) os fenômenos físicos ocorrem no espaço e no tempo; 3) conhecidas as leis iniciais de um conjunto ou de um sistema de fenômenos, poderemos prever os atos que ocorrerão nesse conjunto e nesse sistema.

Assim, se eu quiser conhecer um caso físico particular — por exemplo, o que acontecerá com um corpo lançado no espaço por uma nave espacial, ou qual a velocidade de um projétil lançado de um submarino para atingir um alvo num tempo determinado, ou qual é o tempo para um certo astro realizar um movimento de rotação em torno de seu eixo —, aplicarei a esses casos particulares as leis gerais da física newtoniana e saberei com certeza a resposta verdadeira.

Costuma-se representar a dedução pela seguinte fórmula:

Todos os *x* são *y* (definição do objeto ou teoria geral sobre um conjunto de objetos);

A é *y* (caso particular);

Portanto, *A* é *x* (dedução).

Ela também pode ser expressa numa figura:

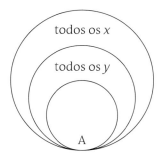

A razão oferece regras especiais para realizar uma dedução. Se tais regras não forem respeitadas, a dedução será considerada falsa.

A indução

A **indução** realiza um caminho inverso ao da dedução. Com a indução, partimos de casos particulares iguais ou semelhantes e procuramos a lei geral, a definição geral ou a teoria geral que explica e subordina todos esses casos particulares. A definição ou a teoria são obtidas no ponto final do percurso. E a razão também oferece um conjunto de regras precisas para guiar a indução. Se tais regras não forem respeitadas, a indução será considerada falsa.

Por exemplo, colocamos água no fogo e observamos que ela ferve e se transforma em vapor; colocamos leite no fogo e vemos também que ele se transforma em vapor; colocamos vários tipos de líquidos no fogo e vemos sempre sua transformação em vapor. Induzimos desses casos particulares que o fogo possui uma propriedade que produz a evaporação dos líquidos. Essa propriedade é o calor.

Verificamos, porém, que os diferentes líquidos não levam sempre o mesmo tempo para evaporar; cada um deles, portanto, deve ter propriedades específicas que os fazem evaporar em tempos diferentes. Descobrimos, porém, que o tempo para acontecer a evaporação não é o fato que precisa ser observado e sim quanto de calor cada líquido precisa para começar a evaporar, pois é essa a causa dos diferentes tempos para a evaporação. Se considerarmos a água o nosso padrão de medida, diremos que ela ferve e começa a evaporar a partir de uma certa quantidade de calor e que é essa quantidade de calor que precisa ser conhecida.

Como a água foi escolhida para servir de padrão, diremos que a quantidade de calor é de 100 graus centígrados.

Podemos, a seguir, verificar um fenômeno diferente. Vemos que a água e outros líquidos, colocados num refrigerador, endurecem e congelam, mas que, como no caso do vapor, cada líquido congela ou se solidifica em tempos diferentes. Procuramos, novamente, a causa dessa diferença e descobrimos que depende tanto de certas propriedades de cada líquido como da quantidade de frio que há no refrigerador. Percebemos, finalmente, que é essa quantidade que devemos procurar e, se tomarmos a água como padrão, diremos que ela se congela a zero grau centígrado.

Com essas duas séries de fatos (vapor e congelamento), descobrimos que os estados dos líquidos variam (evaporação e solidificação) em decorrência da temperatura ambiente (calor e frio) e que cada líquido atinge o ponto de evaporação ou de solidificação em temperaturas diferentes. Com esses dados podemos formular uma teoria da relação entre os estados da matéria — sólido, líquido e gasoso — e as variações de temperatura, estabelecendo uma relação necessária entre o estado de um corpo e a temperatura ambiente. Chegamos, por indução, a uma teoria.

A dedução e a indução são conhecidas com o nome de **inferência**, isto é, concluir alguma coisa com base em outra já conhecida. Na dedução, dado X (definição ou teoria), infiro (concluo) a, b, c, d (os casos particulares). Na indução, dados a, b, c, d, infiro (concluo) X.

Charles Sanders Peirce (1839–1914), filósofo da ciência e da linguagem.

A abdução

O filósofo norte-americano Peirce considera que, além da dedução e da indução, a razão discursiva ou raciocínio também se realiza numa terceira modalidade de inferência, embora esta não seja propriamente demonstrativa. Essa terceira modalidade é chamada por ele de **abdução**.

A abdução é uma espécie de intuição, mas que não se dá de uma só vez, indo passo a passo para chegar a uma conclusão. A abdução é a busca de uma conclusão pela interpretação racional de sinais, de indícios, de signos. O exemplo mais simples oferecido por Peirce para explicar o que é a abdução são os contos policiais, o modo como os detetives vão coletando indícios e sinais e formando uma explicação para o caso que investigam.

Segundo Peirce, a abdução é a forma que a razão possui quando inicia o estudo de um novo campo científico que ainda não havia sido abordado. Ela se aproxima da intuição do artista e da adivinhação do detetive, que, antes de iniciarem seus trabalhos, só contam com alguns sinais que indicam pistas a seguir. Os historiadores costumam usar a abdução.

Estátua do detetive Sherlock Holmes, personagem das histórias policiais de Conan Doyle.

De modo geral, diz-se que a indução e a abdução são procedimentos racionais que empregamos para a *aquisição* de conhecimentos, enquanto a dedução é o procedimento racional que empregamos para *verificar* ou *comprovar* a verdade de um conhecimento já adquirido.

Realismo e idealismo

Vimos anteriormente que muitos filósofos distinguem razão objetiva e razão subjetiva, considerando a filosofia o encontro e o acordo entre ambas.

Falar numa razão objetiva significa afirmar que a realidade externa ao nosso pensamento é racional em si e por si mesma e que podemos conhecê-la justamente por ser racional. Significa dizer, por exemplo, que o espaço e o tempo existem em si e por si mesmos, que as relações matemáticas e de causa-efeito existem nas próprias coisas, que o acaso existe na própria realidade, etc.

Chama-se **realismo** a posição filosófica que afirma a existência objetiva ou em si da realidade externa como uma realidade racional em si e por si mesma e, portanto, que afirma a existência da razão objetiva.

Há filósofos, porém, que estabelecem uma diferença entre a realidade e o conhecimento racional que dela temos. Dizem eles que, embora a realidade externa exista em si e por si mesma, só podemos conhecê-la tal como nossas ideias a formulam e a organizam e não como ela seria em si mesma. Não podemos saber nem dizer se a realidade exterior é racional *em si*, pois só podemos saber e dizer que ela é racional *para nós*, isto é, por meio de nossas ideias.

Essa posição filosófica é conhecida pelo nome de **idealismo** e afirma apenas a existência da razão subjetiva. A razão subjetiva possui princípios e modalidades de conhecimento que são universais e necessários, isto é, válidos para todos os seres humanos em todos os tempos e lugares. O que chamamos realidade, portanto, é apenas o que podemos conhecer por meio das ideias de nossa razão.

Capítulo 3
A razão: inata ou adquirida?

Inatismo ou empirismo?

De onde vieram os princípios racionais? De onde veio a capacidade para a intuição e para o raciocínio? Nascemos com eles ou nos seriam dados pela educação e pelo costume? Seriam algo próprio dos seres humanos, constituindo a natureza deles, ou seriam adquiridos pela experiência? Durante séculos, a filosofia ofereceu duas respostas a essas perguntas. A primeira ficou conhecida como **inatismo** e a segunda, como **empirismo**.

O **inatismo** afirma que ao nascermos trazemos em nossa inteligência não só os princípios racionais mas também algumas ideias verdadeiras, que, por isso, são ideias inatas. O **empirismo**, ao contrário, afirma que a razão, com seus princípios, seus procedimentos e suas ideias, é adquirida por nós pela experiência.

O inatismo

Vamos falar do inatismo tomando dois filósofos como exemplo: o filósofo grego Platão e o filósofo francês Descartes.

Inatismo platônico

Platão defende a tese do inatismo da razão ou das ideias verdadeiras em várias de suas obras, mas as passagens mais conhecidas se encontram nos diálogos *Mênon* e *República*.

No *Mênon*, Sócrates dialoga com um jovem escravo analfabeto. Fazendo-lhe perguntas certas na hora certa, o filósofo consegue que o jovem escravo demonstre sozinho um difícil teorema de geometria. As verdades matemáticas vão surgindo no espírito do escravo à medida que Sócrates vai-lhe fazendo perguntas e vai raciocinando com ele.

Como isso seria possível, indaga Platão, se o escravo não houvesse nascido com a razão e com os princípios da racionalidade? Como dizer que conseguiu demonstrar o teorema por um aprendizado vindo da experiência, se ele jamais ouvira falar de geometria?

Na *República*, Platão desenvolve uma teoria que já fora esboçada no *Mênon*: a teoria da reminiscência. Nascemos com a razão e as ideias verdadeiras, e a filosofia nada mais faz do que nos relembrar essas ideias.

Platão é um grande escritor e usa em seus escritos um procedimento literário que o auxilia a expor as teorias muito difíceis. Esse procedimento é a *alegoria* ou o *mito*. Já vimos uma das alegorias platônicas — o Mito da Caverna —, também narrado na *República*. Para explicar a teoria da reminiscência, o filósofo narra o Mito de Er.

O pastor Er, da região da Panfília, morreu e foi levado para o Reino dos Mortos. Ali chegando, encontra as almas dos heróis gregos, de governantes, de artistas, de seus antepassados e amigos. Ali, as almas contemplam a verdade e possuem o conhecimento verdadeiro.

Er fica sabendo que todas as almas renascem em outras vidas para se purificarem de seus erros passados até que não precisem mais voltar à Terra, permanecendo na eternidade. Antes de voltar ao nosso mundo, as almas podem escolher a nova vida que terão. Algumas escolhem a vida de rei, outras a de guerreiro, outras a de comerciante rico, outras a de artista, outras a de sábio.

No caminho de retorno à Terra, as almas atravessam uma grande planície por onde corre um rio, o Lethé (que, em grego, quer dizer "esquecimento"), e bebem de suas águas. As que bebem muito esquecem toda a verdade que contemplaram; as que bebem pouco quase não se esquecem do que conheceram.

As que escolheram vida de rei, de guerreiro ou de comerciante rico são as que mais bebem das águas do esquecimento; as que escolheram as de sábio são as que menos bebem. Assim, as primeiras dificilmente (talvez nunca) se lembrarão, na nova vida, da verdade que conheceram, enquanto as outras serão capazes de lembrar e ter sabedoria, usando a razão.

Conhecer, diz Platão, é recordar a verdade que já existe em nós; é despertar a razão para que ela se exerça por si mesma. Por isso Sócrates fazia perguntas, pois, através delas, as pessoas poderiam lembrar-se da verdade e do uso da razão. Se não nascêssemos com a razão e com a verdade, indaga Platão, como saberíamos que temos uma ideia verdadeira ao encontrá-la? Como poderíamos distinguir o verdadeiro do falso, se não nascêssemos conhecendo essa diferença?

Inatismo cartesiano

Descartes discute a teoria das ideias inatas em várias de suas obras, mas as exposições mais conhecidas encontram-se em duas delas: no *Discurso do método* e nas *Meditações metafísicas*. Nelas, Descartes mostra que nosso espírito possui três tipos de ideias que se diferenciam segundo sua origem e qualidade:

1. **Ideias adventícias** (isto é, vindas de fora): são aquelas que se originam de nossas sensações, percepções, lembranças; são as ideias que nos vêm por termos tido a experiência sensorial ou sensível das coisas a que se referem. São, de um lado, as ideias das qualidades sensoriais — cor, sabor, odor, som, textura, tamanho, lugar, etc. — e, de outro, as ideias das coisas percebidas por meio dessas qualidades. São também as opiniões formuladas a partir dessas ideias ou nossas ideias cotidianas e costumeiras, geralmente enganosas ou falsas, isto é, são opiniões recebidas e que, em geral, não correspondem à realidade das próprias coisas.

Por exemplo, sentada num banco de jardim, vejo ao longe um objeto escuro e imóvel. Porém, o objeto se aproxima e vejo que é uma bola branca rolando. Qual percepção é verdadeira? A primeira ou a segunda? Como o mesmo objeto pode produzir na mesma pessoa duas ideias tão diferentes? Andando à noite por uma floresta, vejo movimentos e escuto sons. Ensinaram-me que isso são fantasmas e acredito que estou na presença de um. Mas, quando raia o dia, descubro que os movimentos e sons vinham de galhos retorcidos de árvores que se mexiam sob o vento. Olho para o céu e vejo o Sol mover-se de leste para oeste. Ensinaram-me que a Terra está imóvel e que o Sol se move à volta dela. Mas, quando estudo astronomia, descubro que tal opinião é falsa.

2. **Ideias fictícias**: são aquelas que criamos em nossa fantasia e imaginação, compondo seres inexistentes com pedaços ou partes de ideias adventícias que estão em nossa memória. Por exemplo, cavalo alado, fadas, elfos, duendes, dragões, sereia, etc. São as fabulações das artes, da literatura, dos contos infantis, dos mitos, das superstições. Essas ideias nunca são verdadeiras, pois não correspondem a nada que exista realmente e sabemos que foram inventadas por nós, mesmo quando as recebemos já prontas de outros que as inventaram.

3. **Ideias inatas**: são aquelas que não poderiam vir de nossa experiência sensorial, porque não há objetos sensoriais ou sensíveis para elas, nem poderiam vir de nossa fantasia, pois não tivemos experiência sensorial para compô-las a partir de nossa memória. Por exemplo, a ideia do infinito é inata, pois não temos nenhuma experiência sensorial da infinitude.

As ideias inatas são inteiramente racionais e só podem existir porque já nascemos com elas. Os princípios da razão (identidade, não contradição, terceiro excluído, razão suficiente) são ideias inatas. Também são inatas ideias que Descartes denomina de "noções comuns da razão", como, por exemplo, "o todo é maior que as partes". São também inatas as ideias simples conhecidas por intuição intelectual (como é o caso do *cogito*). Por serem simples, as ideias inatas são conhecidas por intuição e são elas o ponto de partida da dedução racional e da indução, que conhecem as ideias complexas ou compostas.

As ideias inatas, diz Descartes, são "a assinatura do Criador" no espírito das criaturas racionais, e a razão é a luz natural inata que nos permite conhecer a verdade. Visto que as ideias inatas são colocadas em nosso espírito por Deus, serão sempre verdadeiras, isto é, sempre corresponderão integralmente às coisas a que se referem, e, graças a elas, podemos julgar quando uma ideia adventícia é verdadeira ou falsa e saber que as ideias fictícias são sempre falsas (não correspondem a nada fora de nós).

A tese central dos inatistas é a seguinte: se, desde nosso nascimento, não possuirmos em nosso espírito a razão com seus princípios e leis e algumas ideias verdadeiras das quais todas as outras dependem, nunca teremos como saber se um conhecimento é verdadeiro ou falso, isto é, nunca saberemos se uma ideia corresponde ou não à realidade a que ela se refere. Não teremos um critério seguro para avaliar nossos conhecimentos.

O empirismo

Contrariamente aos defensores do inatismo, os defensores do empirismo afirmam que a razão, a verdade e as ideias racionais são adquiridas por nós pela experiência. Antes da experiência, dizem eles, nossa razão é como uma "folha em branco", onde nada foi escrito; uma tábula rasa onde nada foi gravado. Somos como uma cera sem forma e sem nada impresso nela, até que a experiência venha escrever na folha, gravar na tábua, dar forma à cera. A razão é uma maneira de conhecer e a adquirimos (por meio da experiência sensorial) no decorrer de nossa vida.

Os empiristas ingleses

No decorrer da história da filosofia, muitos filósofos defenderam a tese empirista, mas os mais famosos e conhecidos são os filósofos ingleses dos séculos XVI ao XVIII, chamados, por isso, de empiristas ingleses: Francis Bacon, Thomas Hobbes, John Locke, George Berkeley e David Hume.

Na verdade, o empirismo é uma característica muito marcante da filosofia inglesa. Na Idade Média, por exemplo, filósofos importantes como Roger Bacon e Guilherme de Ockham eram empiristas; mais próximo a nós, Bertrand Russell foi um empirista.

Que dizem os empiristas?

Nossos conhecimentos começam com a experiência dos sentidos, isto é, com as sensações. Os objetos exteriores excitam nossos órgãos dos sentidos e vemos cores, sentimos sabores e odores, ouvimos sons, sentimos a diferença entre o áspero e o liso, o quente e o frio, etc.

As sensações se reúnem e formam uma percepção; ou seja, percebemos uma única coisa ou um único objeto que nos chegou por meio de várias e diferentes sensações. Assim, vejo uma cor vermelha e uma forma arredondada, aspiro um perfume adocicado, sinto a maciez e digo: "Percebo uma rosa". A "rosa" é o resultado da reunião de várias sensações diferentes num só objeto de percepção.

Francis Bacon (1561–1626), filósofo e estadista inglês.

George Berkeley (1685–1753)

São Tomé, apóstolo do "ver para crer", pintado por Caravaggio em c. 1601.

As percepções, por sua vez, se combinam ou se associam. A associação pode se dar por três motivos: por semelhança, por proximidade ou contiguidade espacial e por sucessão temporal. A causa da associação das percepções é a repetição. Ou seja, de tanto algumas sensações se repetirem por semelhança ou de tanto se repetirem no mesmo espaço ou próximas umas das outras, ou, enfim, de tanto se repetirem sucessivamente no tempo, criamos o hábito de associá-las. Essas associações são as ideias.

As ideias, trazidas pela experiência, isto é, pela sensação, pela percepção e pelo hábito, são levadas à memória e, de lá, a razão as apanha para formar os pensamentos.

A experiência escreve e grava em nosso espírito as ideias, e a razão vai associá-las, combiná-las ou separá-las, formando todos os nossos pensamentos. Por isso, David Hume dirá que a razão é o hábito de associar ideias, seja por semelhança, seja por diferença.

O exemplo mais importante (por causa das consequências futuras) oferecido por Hume para mostrar como formamos hábitos racionais é o da origem do princípio da causalidade.

A experiência me mostra, todos os dias, que, se eu puser um líquido num recipiente e levar ao fogo, esse líquido ferverá, saindo do recipiente sob a forma de vapor. Se o recipiente estiver totalmente fechado e eu o destampar, receberei um bafo de vapor, como se o recipiente tivesse ficado pequeno para conter o líquido.

A experiência também me mostra, todo o tempo, que se eu puser um objeto sólido (um pedaço de vela, um pedaço de ferro) no calor do fogo, não só ele se derreterá mas também passará a ocupar um espaço muito maior no interior do recipiente. A experiência também repete constantemente para mim a possibilidade que tenho de retirar um objeto preso dentro de um outro, se eu aquecer este último, pois, aquecido, ele solta o que estava preso no seu interior, parecendo alargar-se e aumentar de tamanho.

Experiências desse tipo, à medida que vão se repetindo sempre da mesma maneira, vão criando em mim o hábito de associar o calor com certos fatos. Adquiro o hábito de perceber o calor e, em seguida, um fato igual ou semelhante a outros que já percebi inúmeras vezes. E isso me leva a dizer que "o calor é a *causa* desses fatos". Como os fatos são de aumento do volume ou da dimensão dos corpos submetidos ao calor, acabo concluindo que "o calor é a *causa* da dilatação dos corpos" e também que "a dilatação dos corpos é o *efeito* do calor". É assim, diz Hume, que nascem as ciências. São elas, portanto, o hábito de associar ideias como consequência da repetição de experiências.

Ora, ao mostrar como se forma o princípio da causalidade, Hume não está dizendo apenas que as ideias da razão se originam da experiência, mas está afirmando também que os próprios princípios da racionalidade são derivados da experiência.

Mais do que isso. A razão pretende, por meio de seus princípios, seus procedimentos e suas ideias, alcançar a realidade em seus aspectos universais e necessários. Em outras palavras, pretende conhecer a realidade tal como é em si mesma, considerando que o que conhece vale como verdade para todos os tempos e lugares (universalidade) e indica como as coisas são e como não poderiam, de modo algum, ser de uma outra maneira (necessidade).

Ora, com Hume já não se pode admitir a universalidade e a necessidade pretendidas pela razão. O universal é apenas um nome ou uma palavra geral que usamos para nos referir à repetição de semelhanças percebidas e associadas. O necessário é apenas o nome ou uma palavra geral que usamos para nos referir à repetição das percepções sucessivas no tempo. O universal, o necessário, a causalidade são meros hábitos psíquicos.

Problemas do inatismo

Se os princípios e as ideias da razão são inatos e por isso universais e necessários, como explicar que possam mudar? Por exemplo, Platão afirmava que a ideia de justiça era inata, vinha da contemplação intelectual do justo em si ou do conhecimento racional das coisas justas em si. Sendo inata, era universal e necessária.

Sem dúvida, dizia o filósofo grego, os seres humanos variam muito nas suas opiniões sobre o justo e a justiça, pois essas opiniões se formam por experiência e esta varia de pessoa para pessoa, de época para época, de lugar para lugar. Por isso mesmo, são simples *opiniões*.

Uma *ideia verdadeira*, ao contrário, por ser verdadeira, é inata, universal e necessária, não sofrendo as variações das opiniões, que, além de serem variáveis, são, no mais das vezes, falsas, pois nossa experiência tende a ser enganosa ou enganada.

Qual era a ideia platônica da justiça? Era uma ideia moral e uma ideia política.

Moralmente, uma pessoa é justa (pratica a ideia universal da justiça) quando faz com que o intelecto ou a razão domine e controle inteira e completamente seus impulsos passionais, seus sentimentos e suas emoções irracionais. Por quê? Porque o intelecto ou a razão é a parte melhor e superior da alma ou espírito e deve dominar a parte inferior e pior, ligada aos desejos irracionais do nosso corpo.

Politicamente, uma sociedade é justa (isto é, pratica a ideia inata e universal de justiça) quando nela as classes sociais se relacionam como na moral. Em outras palavras, quando as classes inferiores forem dominadas e controladas pelas classes superiores.

A sociedade justa cria uma hierarquia ou uma escala de classes sociais e de poderes na qual a classe econômica mais inferior deve ser dominada e controlada pela classe militar para que as riquezas não provoquem desigualdades, egoísmos, guerras, violências; a classe militar, por sua vez, deve ser dominada e controlada pela classe política para impedir que os militares queiram usar a força e a violência contra a sociedade e fazer guerras absurdas.

Enfim, a classe política deve ser dominada e controlada pelos sábios, que não deixarão que os políticos abusem do poder e prejudiquem toda a sociedade.

Justiça, portanto, é o domínio da inteligência sobre os instintos, interesses e paixões, tanto no indivíduo quanto na sociedade.

Ora, com o surgimento da psicanálise, o que acontece com a justiça moral platônica, isto é, com a ideia de um poder total da razão sobre as paixões e os sentimentos, os desejos e os impulsos? Freud, criador da psicanálise, mostrou que não temos esse poder, que nossa consciência, nossa vontade e nossa razão podem menos do que o nosso inconsciente, isto é, do que o desejo. Se a justiça platônica era uma ideia inata da razão, deveria ser universalmente verdadeira em todos os tempos, mas a psicanálise contesta a ideia platônica. O problema, portanto, é: "Como uma ideia inata pode deixar de ser verdadeira?".

O que acontece com a ideia da justiça política platônica quando alguns filósofos que estudaram a formação das sociedades e da política afirmaram que a igualdade é um direito de todos os cidadãos e que nenhuma classe tem o direito de dominar e controlar outras, pois tal domínio e controle é, exatamente, a injustiça? Em outras palavras, um pensamento democrático pode afirmar que a justiça platônica, por se basear na desigualdade, é injusta. Ora, uma ideia inata, por ser plenamente racional, é sempre verdadeira e, portanto, temos que perguntar: "Como uma ideia inata, afinal, perdeu a verdade?".

Tomemos, agora, um outro exemplo, vindo da filosofia de Descartes. Descartes considera que a realidade natural é regida por leis universais e necessárias do movimento ou por relações de causa e efeito em que a causa é sempre o movimento, isto é, considera que a natureza é uma realidade mecânica. Considera também que as leis mecânicas ou leis do movimento elaboradas por sua filosofia ou por sua física são ideias racionais deduzidas de ideias inatas simples e verdadeiras.

Ora, quando comparamos a física de Descartes com a de Galileu, elaborada na mesma época, verificamos que, em vários aspectos, a física galileana é oposta à cartesiana e é a que será provada e demonstrada verdadeira, e a de Descartes será considerada falsa. Como poderia isso acontecer, se as ideias da física cartesiana eram ideias inatas da razão?

Os exemplos que propusemos indicam quais são os dois grandes problemas do inatismo:

1. a própria razão (isto é, os conhecimentos sobre a realidade e o homem) pode mudar o conteúdo de ideias que foram consideradas universais e verdadeiras (é o caso da ideia platônica de justiça);

2. a própria razão (isto é, os procedimentos de raciocínio) pode provar que ideias consideradas racionais podem, na realidade, ser falsas (é o caso de várias ideias da física cartesiana).

Se as ideias são racionais e verdadeiras, é porque correspondem à realidade. Ora, se a realidade mudar (como é o caso da realidade social ou histórica), visto que uma ideia verdadeira deve corresponder à realidade, como manter ideias que não apresentam tal correspondência? Ou, ao contrário, se a realidade permanecer a mesma (como é o caso da realidade natural ou da natureza) e, no entanto, as ideias que as explicavam perderam a validade porque outras mais corretas e verdadeiras as substituíram, como considerar as primeiras ideias como verdades inatas? Ou seja, o inatismo se depara com o problema da mudança da realidade (que exige mudança das ideias), e com a mudança das próprias ideias, feita pela própria razão no processo de conhecimento, além do problema da falsidade das ideias, demonstrada pela própria razão.

Problemas do empirismo

O empirismo, por sua vez, se defronta com um problema insolúvel.

Se as ciências são apenas hábitos psicológicos de associar percepções e ideias por semelhança e diferença, bem como por contiguidade espacial ou sucessão temporal, então as ciências não possuem verdade alguma, não explicam realidade alguma, não nos dão certeza alguma sobre a realidade, não alcançam os objetos tais como são em si mesmos e tais como funcionam ou operam realmente. Em outras palavras, os conhecimentos não possuem objetividade, pois são apenas hábitos subjetivos.

Ora, o ideal racional da objetividade afirma que uma verdade é uma verdade porque corresponde à realidade das coisas e, portanto, não depende de nossos gostos, nossas opiniões, nossas preferências, nossos preconceitos, nossas fantasias, nossos costumes e hábitos. Em outras palavras, não é subjetiva, não depende de nossa vida pessoal e psicológica. Essa objetividade, porém, para o empirista, a ciência não pode oferecer nem garantir.

A ciência, mero hábito psicológico ou subjetivo, torna-se afinal uma ilusão, e a realidade tal como é em si mesma (a realidade objetiva) jamais poderá ser conhecida pela nossa razão. Basta, por exemplo, que eu ponha um líquido no fogo e, em lugar de vê-lo ferver e aumentar de volume, eu o veja gelar e diminuir de volume, para que toda a ciência desapareça, já que ela depende da repetição, da frequência, do hábito de sempre percebermos uma certa sucessão de fatos à qual, também por hábito, demos o nome de *princípio da causalidade*.

Assim, do lado do empirismo, o problema colocado é o da impossibilidade do conhecimento objetivo da realidade.

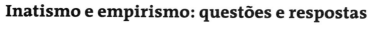

Capítulo 4
Os problemas do inatismo e do empirismo: soluções filosóficas

Leibniz (1646–1716), filósofo e matemático alemão.

Inatismo e empirismo: questões e respostas

Vimos, no capítulo anterior, que a razão enfrenta problemas sérios quanto à sua intenção de ser conhecimento universal e necessário da realidade. Vimos também que, como consequência de conflitos e impasses entre o inatismo e o empirismo, surgiu na filosofia a tendência ao ceticismo, isto é, passou-se a duvidar de que o conhecimento racional, como conhecimento certo, verdadeiro e inquestionável, seria possível.

Neste capítulo vamos examinar algumas soluções propostas pela filosofia para resolver essa questão. Os problemas criados pela divergência entre inatistas e empiristas foram resolvidos em dois momentos: o primeiro é anterior à filosofia de David Hume e encontra-se na filosofia de Leibniz (filósofo alemão do século XVII); o segundo é posterior à filosofia de Hume e encontra-se na filosofia de Kant (filósofo alemão do século XVIII).

A solução de Leibniz no século XVII

Leibniz estabeleceu uma distinção entre *verdades de razão* e *verdades de fato*.

As verdades de razão enunciam que uma coisa é o que ela é, necessária e universalmente, não podendo de modo algum ser diferente do que é e de como é. O exemplo mais evidente das verdades de razão são as ideias matemáticas. É impossível que o triângulo não tenha três lados e que a soma de seus ângulos internos não seja igual à soma de dois ângulos retos; é impossível que um círculo não tenha todos os pontos equidistantes do centro e que não seja a figura formada pelo movimento de um semieixo ao redor de um centro fixo; é impossível que 2 + 2 não seja igual a 4; é impossível que o todo não seja maior do que as partes.

As verdades de razão são inatas. Isso não significa que uma criança, por exemplo, nasça conhecendo a matemática e sabendo realizar operações matemáticas, demonstrar teoremas ou resolver problemas nessa área do conhecimento. Significa que nascemos com a capacidade racional, puramente intelectual, para conhecer ideias que não dependem da experiência para serem formuladas e para serem verdadeiras.

As verdades de fato, ao contrário, são as que dependem da experiência, pois enunciam ideias que são obtidas por meio da sensação, da percepção e da memória. As verdades de fato são empíricas e se referem a coisas que poderiam ser diferentes do que são, mas que são como são porque há uma causa para que sejam assim. Quando digo "Esta rosa é vermelha", nada impede que ela pudesse ser branca ou amarela, mas se ela é vermelha é porque alguma causa a fez ser assim e uma outra causa poderia tê-la feito amarela. Mas não é acidental ou contingente que ela tenha *cor*, e é a cor que possui uma *causa necessária*. Ou seja, uma rosa pode ter esta ou aquela cor, mas não pode deixar de ter cor, cabendo à razão buscar a causa da cor, estudando a natureza da luz.

Círculo preto. Pintura de 1913 de Kasimir Malevich, artista abstrato russo que, para libertar a arte do mundo visível, buscou refúgio nas formas geométricas.

As verdades de fato são verdades porque para elas funciona o princípio de razão suficiente, segundo o qual tudo o que existe, tudo o que percebemos e tudo aquilo de que temos experiência possui uma causa determinada e essa causa pode ser conhecida. Pelo princípio de razão suficiente — isto é, pelo conhecimento das causas — todas as verdades de fato poderão, em certas condições, tornar-se, um dia, verdades necessárias e serem consideradas verdades de razão, isto é, ainda que para conhecê-las dependamos da experiência, podemos desenvolver procedimentos pelos quais descobrimos que a experiência está oferecendo relações causais necessárias entre as coisas. Para Leibniz, o que são verdades de fato para a inteligência humana limitada ou finita são verdades de razão para a inteligência divina infinita.

Observamos, assim, que, para Leibniz, o princípio de razão suficiente ou a ideia de causalidade universal e necessária permite manter as ideias inatas e as ideias empíricas.

Ora, é justamente o princípio da causalidade, como vimos, que será alvo das críticas dos empiristas, na filosofia de David Hume. Para esse filósofo, o princípio de razão suficiente é apenas um hábito adquirido por experiência como resultado da repetição e da frequência de nossas impressões sensoriais. A crítica de Hume à causalidade e ao princípio de razão suficiente leva à resposta de Kant.

Nicolau Copérnico
(1473-1543)

A solução kantiana no século XVIII

A resposta aos problemas do inatismo e do empirismo oferecida pelo filósofo alemão do século XVIII, Immanuel Kant, é conhecida com o nome de "revolução copernicana" em filosofia. Por quê? Qual a relação entre o que propõe Kant e o que fizera Copérnico, quase dois séculos antes do kantismo?

Vejamos, muito brevemente, o que foi a revolução copernicana em astronomia para, depois, vermos o que ela significou em filosofia.

A tradição antiga e medieval considerava que o mundo possuía limites (ou seja, o mundo era finito), sendo formado por um conjunto de sete esferas concêntricas, em cujo centro estava a Terra, imóvel.

À volta da Terra giravam as esferas nas quais estavam presos os planetas (o Sol e a Lua eram considerados planetas), e a última dessas esferas era denominada "esfera fixa" ou "esfera dos fixos", isto é, onde estavam estrelas que não mudavam de posição. Em grego, Terra se diz *Gaia* ou *Geia*. Como ela se encontrava no centro, o sistema astronômico era chamado de *geocêntrico* e o mundo era explicado pelo *geocentrismo*. Dizia-se que o Céu (as esferas) girava em torno da Terra imóvel. A chamada *revolução copernicana* foi realizada pelo astrônomo

Sol e Lua como planetas: por isso, os antigos e medievais falavam nos Sete Planetas ou Sete Sábios, que aparecem nas cartas de tarô, pois esse baralho é uma invenção medieval que corresponde às ideias e à visão de um mundo daqueles tempos, quando o Sol e a Lua eram tidos como planetas, o mundo terminava na esfera do sétimo céu e a Terra ficava imóvel no centro do mundo. É interessante que, no século XX, depois das descobertas astronômicas e das viagens espaciais, as pessoas ainda acreditem no tarô, como se fosse uma espécie de ideia inata, verdadeira, universal e necessária.

Os problemas do inatismo e do empirismo: soluções filosóficas | CAPÍTULO 4

revolução: a palavra *revolução* (que aparece no título da obra de Copérnico) é um termo astronômico que significa "movimento completo de um astro ou de um sistema de astros que retorna ao ponto inicial e recomeça".

Copérnico quando da publicação, em 1543, de sua obra *Das revoluções dos orbes celestes*, em que demonstrava que o sistema geocêntrico não dava conta dos movimentos celestes e de muitos outros fenômenos astronômicos.

Uma das características mais marcantes do geocentrismo era o fato de que baseava suas explicações em nossa experiência sensorial, isto é, no fato de que percebemos o movimento do Sol e dos demais astros, mas não percebemos o movimento da Terra e por isso a consideramos imóvel. Ora, escreve Copérnico, "toda mudança de posição que se vê ou é devida ao movimento de uma coisa observada ou do observador, ou ainda de um e de outro". Isto é, não há motivo racional para considerarmos que o Céu se move e a Terra está imóvel, pois poderia ser o contrário ou, até mesmo, poderia dar-se que ambos estivessem em movimento. Além disso, diz Copérnico, "um sistema que coloque o Sol no centro e a Terra girando à sua volta é muito mais adequado para explicar os fenômenos astronômicos". (Copérnico julgava que o Sol se mantinha imóvel no centro do sistema, mas, posteriormente, os astrônomos demonstraram que o próprio Sol realiza um movimento de translação, isto é, também se move, mas não em volta da Terra; julgava também que o movimento dos planetas era circular, mas Kepler demonstrará que é elíptico.)

Em grego, Sol se diz *Helios* e por isso o sistema de Copérnico é chamado de *heliocêntrico*, e sua explicação, de *heliocentrismo*, pois o Sol está no centro do nosso sistema planetário e tudo se move ao seu redor.

Voltemos agora a Kant e observemos o que ele diz.

Inatistas e empiristas, isto é, todos os filósofos parecem ser como astrônomos geocêntricos, buscando um centro que não é verdadeiro. Parecem, diz Kant, "como alguém que, querendo assar um frango, fizesse o fogo girar em torno dele e não o frango em torno do fogo".

Qual o engano dos filósofos? Considerar que o conhecimento se inicia tendo como ponto de partida a realidade: no caso dos inatistas, como Descartes, a realidade inicial é o interior, o espírito, a alma humana, que Descartes chama de "coisa pensante" ou "substância pensante"; no caso dos empiristas, a realidade inicial é exterior, o mundo ou a natureza. Ora, diz Kant, "o ponto de partida da filosofia não pode ser a realidade (seja interna, seja externa) e sim o estudo da própria faculdade de conhecer ou o estudo da razão". De fato, os filósofos anteriores, em lugar de, primeiro e antes de tudo, estudar o que é a própria razão e indagar o que ela pode e o que não pode conhecer, o que é a experiência e o que ela pode e não pode conhecer; em vez, enfim, de procurar saber o que é conhecer, o que é pensar e o que é a verdade, preferiram começar dizendo o que é a realidade (a natureza e o espírito humano), afirmando que ela é racional e que, por isso, pode ser inteiramente conhecida pelas ideias da razão. Colocaram a realidade (tanto a do mundo exterior como a da alma humana) ou os objetos do conhecimento no centro e fizeram a razão, ou o sujeito do conhecimento, girar em torno dela.

razão: O texto de Kant encontra-se na Introdução da segunda edição da *Crítica da razão pura* e diz o seguinte: "Tentemos, pois, uma vez, experimentar se não se resolverão melhor as tarefas da metafísica, admitindo que os objetos se deveriam regular pelo nosso conhecimento, o que assim já concorda melhor com o que desejamos, a saber, a possibilidade de um conhecimento *a priori* desses objetos, que estabeleça algo sobre eles antes de nos serem dados. Trata-se aqui de uma semelhança com a primeira ideia de Copérnico: não podendo prosseguir na explicação dos movimentos celestes enquanto admitia que toda a multidão de estrelas se movia em torno do observador, tentou se não daria melhor resultado fazer antes girar o observador e deixar os astros imóveis".

Façamos, pois, uma revolução copernicana em filosofia, escreve Kant em sua obra *Crítica da razão pura*: até agora, julgava-se "que nosso conhecimento devia ser regulado pelos objetos", mas agora devemos "admitir que os objetos devem regular-se pelo nosso conhecimento". Copérnico, escreve Kant, "não completou sua explicação, ela foi completada e corrigida por Kepler e Newton, que mostraram que o que ele julgava ser uma boa hipótese era, realmente, a verdadeira e necessária explicação astronômica". À maneira copernicana (isto é, do heliocentrismo como teoria científica demonstrada), prossegue Kant, "demonstremos, também de maneira universal e necessária, que os objetos se adaptam ao conhecimento e não o conhecimento aos objetos". Ou seja, comecemos colocando no centro a própria razão.

Não é a razão a Luz Natural? Não é ela o Sol que ilumina todas as coisas e em torno do qual tudo gira? Comecemos, portanto, pela Luz Natural no centro do conhecimento e indaguemos: "O que é ela?", "O que ela pode conhecer?", "Quais são as condições para que haja conhecimento verdadeiro?", "Quais são os limites que o conhecimento humano não pode transpor?", "Como a razão e a experiência se relacionam?".

Comecemos, então, pela razão porque, por meio de seu estudo, compreenderemos o que são *o sujeito do conhecimento* e *o objeto do conhecimento*. Comecemos pela **crítica da razão pura**.

Por que *crítica*? Com essa palavra, Kant quer dizer que não serão examinados os conhecimentos que a razão alcança e sim as *condições* nas quais o conhecimento racional é possível. Por que *pura*? Porque se trata do exame da razão antes e sem os dados oferecidos pela experiência. Escreve ele que a crítica não é crítica de livros e de sistemas filosóficos e sim da própria faculdade da razão em geral, considerada em todos os conhecimentos que pode alcançar sem valer-se da experiência. Ou seja, é verdade que todos os nossos conhecimentos *começam* com a experiência, mas não é verdade que todos eles *provenham* dela.

Como o estudo se refere às condições necessárias e universais de todo conhecimento possível antes da experiência e sem os dados da experiência, tal estudo não é empírico. Ou seja, é *a priori* (tem prioridade com relação à experiência, é anterior à experiência e não provém dela) e não *a posteriori* (é posterior à experiência e dependente da experiência). Kant diz que ele é *transcendental*, dizendo que chama de transcendental "todo conhecimento que, em geral, se ocupa menos dos objetos e mais de nosso modo de conhecer, na medida em que este deve ser *a priori*".

O que é a razão?

A razão é uma estrutura vazia, uma forma pura sem conteúdos. Essa estrutura (e não os conteúdos) é que é universal, a mesma para todos os seres humanos, em todos os tempos e lugares. Essa estrutura é inata, isto é, não é adquirida pela experiência. Por ser inata e não depender da experiência para existir, a razão é, do ponto de vista do conhecimento, *anterior à experiência* e *independente da experiência*, portanto, a estrutura da razão é *a priori*.

O sonho da razão produz monstros, gravura de Francisco Goya de c. 1797-98.

Porém, os conteúdos que a razão conhece e nos quais ela pensa, esses sim dependem da experiência. Sem ela, a razão seria sempre vazia, inoperante, nada conheceria. Assim, a experiência fornece *a matéria* (os conteúdos) do conhecimento para a razão e esta, por sua vez, fornece *a forma* (universal e necessária) do conhecimento. A matéria do conhecimento, por ser fornecida pela experiência, vem *depois* desta e por isso é, no dizer de Kant, *a posteriori*.

Qual o engano dos inatistas? Supor que os conteúdos ou a matéria do conhecimento são inatos quando o que é inato é a estrutura da razão.

Qual o engano dos empiristas? Supor que a estrutura da razão é adquirida por experiência ou causada pela experiência. Na verdade, diz Kant, a experiência não é causa das ideias, mas é a *ocasião* para que a razão, recebendo a matéria ou o conteúdo, formule as ideias.

Dessa maneira, a estrutura da razão é inata e universal, enquanto os conteúdos são empíricos e podem variar no tempo e no espaço, podendo transformar-se com novas experiências e mesmo revelarem-se falsos, graças a experiências novas.

O que é o conhecimento racional, sem o qual não há filosofia nem ciência?

É a *síntese* que a razão realiza entre uma forma universal inata e um conteúdo particular oferecido pela experiência.

Qual é a estrutura da razão? A razão é constituída por três estruturas *a priori*:

1. a estrutura ou forma da sensibilidade, isto é, a estrutura ou forma da percepção sensível ou sensorial;

2. a estrutura ou forma do entendimento, isto é, do intelecto ou da inteligência;

3. a estrutura ou forma da razão propriamente dita, quando esta não se relaciona nem com os conteúdos da sensibilidade nem com os conteúdos do entendimento, mas apenas consigo mesma. Como, para Kant, só há conhecimento quando a experiência oferece conteúdos à sensibilidade e ao entendimento, a razão, separada da sensibilidade e do

entendimento, *não conhece coisa alguma* e não é sua função conhecer. Sua função é a de *regular e controlar* a sensibilidade e o entendimento. Do ponto de vista do conhecimento, portanto, a razão é a função reguladora da atividade do sujeito do conhecimento.

A forma da sensibilidade é o que nos permite ter percepções, isto é, a forma é aquilo sem o que não pode haver percepção, sem o que a percepção seria impossível. Percebemos todas as coisas como dotadas de figura, dimensões (altura, largura, comprimento), grandeza; ou seja, nós as percebemos como realidades espaciais.

Não interessa se cada um de nós vê as cores de uma certa maneira, gosta mais de uma cor do que de outra, ouve sons de uma forma peculiar, gosta mais de certos sons do que de outros, etc. O que importa é que nada pode ser percebido por nós se não possuir propriedades espaciais; por isso, o *espaço* não é algo percebido, mas é o que permite haver percepção (percebemos lugares, posições, situações, mas não percebemos o próprio espaço). Assim, o espaço é a forma *a priori* da sensibilidade e existe em nossa razão antes e sem a experiência.

Também só podemos perceber as coisas como simultâneas ou sucessivas: percebemos as coisas como se ocorressem num só instante ou em instantes sucessivos. Ou seja, percebemos as coisas como realidades temporais. Não percebemos o tempo (temos experiência do passado, do presente e do futuro, porém não temos percepção do próprio tempo), mas ele é a condição de possibilidade da percepção das coisas e por isso o *tempo* é a outra forma *a priori* da sensibilidade que existe em nossa razão antes da experiência e sem a experiência.

A percepção recebe conteúdos da experiência e a sensibilidade os organiza racionalmente segundo a forma do espaço e do tempo. Essa organização espaço-temporal dos objetos do conhecimento é que é inata, universal e necessária.

A forma do entendimento organiza os conteúdos que lhe são enviados pela sensibilidade, isto é, organiza as percepções. Novamente o conteúdo é oferecido pela experiência sob a forma do espaço e do tempo, e a razão, por meio da estrutura do entendimento, organiza tais conteúdos empíricos.

Essa organização transforma as percepções em conhecimentos intelectuais ou em conceitos. Para tanto, o entendimento possui *a priori* (isto é, antes da experiência e independentemente dela) um conjunto de elementos que organizam os conteúdos empíricos. Esses elementos são chamados de **categorias** e sem elas não pode haver conhecimento intelectual, pois são as condições para tal conhecimento. Com as categorias *a priori*, o sujeito do conhecimento formula os **conceitos**.

Quais são as categorias que organizam os dados da experiência? A qualidade, a quantidade, a causalidade, a finalidade, a verdade, a falsidade, a universalidade, a particularidade. Assim, longe de a causalidade, a qualidade e a quantidade serem resultados de hábitos psicológicos associativos, elas são os instrumentos racionais com os quais o sujeito do conhecimento organiza a realidade e a conhece. As categorias, estruturas vazias, são as mesmas em toda época e em todo lugar, para todos os seres racionais.

Graças à universalidade e à necessidade das categorias, as ciências são possíveis e válidas; o empirismo, portanto, está equivocado.

Eis aqui o quadro ou a tábua das categorias:

QUANTIDADE	QUALIDADE	RELAÇÃO	MODALIDADE
Unidade	Realidade	Subsistência (ou substância)	Possibilidade / Impossibilidade
Pluralidade	Negação	Causalidade (ou dependência)	Existência / Não existência
Totalidade	Limitação	Comunidade (ou relação recíproca entre termos)	Necessidade / Contingência

Em instante algum Kant admite que a realidade, em si mesma, é espacial, temporal, qualitativa, quantitativa, causal, etc. Isso seria regredir ao fogo girando em torno do frango. O que Kant afirma é que a razão e o sujeito do conhecimento possuem essas estruturas como meio de conhecimento e que, por serem elas universais e necessárias, o conhecimento é racional e verdadeiro para os seres humanos.

É isso que a razão pode. O que ela não pode (e nisso inatistas e empiristas se enganaram) é supor que com suas estruturas passe a conhecer a realidade tal como esta é em si mesma. A razão conhece os objetos do conhecimento. O objeto do conhecimento é aquele conteúdo empírico que recebeu as formas e as categorias do sujeito do conhecimento. A razão não está nas coisas, mas em nós. A razão é sempre razão subjetiva e não pode pretender conhecer a realidade tal como ela seria em si mesma, nem pode pretender que exista uma razão objetiva governando as próprias coisas.

O erro dos inatistas e empiristas foi o de supor que nossa razão alcança a realidade em si. Para um inatista como Descartes, a realidade em si é espacial, temporal, qualitativa, quantitativa, causal. Para um empirista como Hume, a realidade em si pode ou não repetir fatos sucessivos no tempo, pode ou não repetir fatos contíguos no espaço, pode ou não repetir as mesmas sequências de acontecimentos.

Para Kant, jamais poderemos saber se a realidade em si é espacial, temporal, causal, qualitativa, quantitativa. A realidade em si é denominada por Kant com uma palavra grega, *noumenon* (nôumeno); a realidade tal como é organizada pela razão, que submete os conteúdos da experiência às estruturas da sensibilidade e do entendimento, é nomeada por Kant com a palavra grega *phainomenon* (fenômeno). O engano de inatistas e empiristas era supor que podiam conhecer o *nôumeno*, quando, na verdade, só podemos conhecer o fenômeno. No entanto, isso não nos impede de ter conhecimentos verdadeiros e de alcançar o saber científico universal e necessário. Por quê? Porque sabemos que nossa razão possui uma estrutura universal, necessária e *a priori*, que organiza necessariamente a realidade em termos das *formas* da sensibilidade e dos *conceitos* e *categorias* do entendimento. Como razão subjetiva, nossa razão pode garantir a verdade da filosofia e da ciência.

A resposta de Hegel

Um filósofo alemão do século XIX, Hegel, ofereceu uma outra solução para o problema do inatismo e do empirismo.

Hegel criticou o inatismo, o empirismo e o kantismo. A todos endereçou a mesma crítica, qual seja, a de não haverem compreendido o que há de mais fundamental e de mais essencial à razão: *a razão é histórica*.

De fato, a filosofia, preocupada em garantir a diferença entre a mera opinião ("eu acho que", "eu gosto de", "eu não gosto de") e a verdade ("eu penso que", "eu sei que", "isto é assim porque"), considerou que as ideias só seriam racionais e verdadeiras se fossem intemporais, perenes, eternas, as mesmas em todo tempo e em todo lugar. Uma verdade que mudasse com o tempo ou com os lugares seria mera opinião, seria enganosa, não seria verdade. A razão, sendo a fonte e a condição da verdade, teria também de ser intemporal.

É essa intemporalidade atribuída à razão que Hegel criticou em toda a filosofia anterior. Ao afirmar que a razão é histórica, Hegel não está, de modo algum, dizendo que a razão é algo relativo, que vale hoje e não vale amanhã, que cada época não alcança verdades universais. O que Hegel está dizendo é que a mudança, a transformação da razão e de seus conteúdos é obra racional da própria razão. A razão não é uma vítima do tempo, que lhe roubaria a verdade, a universalidade, a necessidade. A razão não está *na* história; ela *é* a história. A razão não está *no* tempo; ela *é* o tempo. Ela dá sentido ao tempo.

Hegel também fez uma crítica aos inatistas e aos empiristas muito semelhante à que Kant fizera. Ou seja, inatistas e empiristas acreditam que o conhecimento racional vem das próprias coisas para nós, que o conhecimento depende exclusivamente da ação das coisas sobre nós, e que a verdade é a correspondência entre a coisa e a ideia da coisa.

Para o empirista, a realidade "entra" em nós pela experiência. Para o inatista, a verdade "entra" em nós pelo poder de nossa força intelectual, capaz de ter ideias que são verdadeiras porque representam ou reproduzem as próprias coisas externas. Estava certo Kant quando disse que inatistas e empiristas se enganaram por excesso de objetivismo, isto é, por julgarem que o conhecimento racional dependeria inteiramente dos objetos do conhecimento, seja porque dependeria da experiência, seja porque dependeria da capacidade das ideias para reproduzir a realidade em si das coisas.

Mas Kant também se enganou porque não foi capaz de compreender que *a razão é sujeito e objeto*. Ou seja, mesmo afirmando que a razão não conhece a realidade em si, mas apenas a realidade fenomênica, Kant ainda admitia a existência de uma realidade exterior à razão e inalcançável pela razão. Dessa maneira, não compreendeu que a razão é criadora da realidade, isto é, que o real é a obra histórica da razão.

Naturezas-mortas expressas em épocas diferentes. À direita, pintura de Pieter Claesz, de 1633; à esquerda, quadro de Roy Lichtenstein, de 1972. Para Hegel, a razão é histórica, ou seja, a mudança, a transformação da razão e de seus conteúdos é obra racional da própria razão.

A razão, diz Hegel, não é nem exclusivamente razão objetiva (a razão que diz que a verdade está nos objetos) nem exclusivamente subjetiva (a razão que diz que a verdade está no sujeito), mas ela é *a unidade necessária do objetivo e do subjetivo*. Ela é o conhecimento da harmonia entre as coisas e as ideias, entre o mundo exterior e a consciência, entre o objeto e o sujeito, entre a verdade objetiva e a verdade subjetiva. O que é, afinal, a razão para Hegel?

Para Hegel, a razão é:

1. o conjunto das leis do pensamento, isto é, os princípios, os procedimentos do raciocínio, as formas e as estruturas necessárias para pensar, as categorias, as ideias — é razão subjetiva;

2. a ordem, a organização, o encadeamento e as relações das próprias coisas, isto é, a realidade objetiva e racional — é razão objetiva;

3. a relação interna e necessária entre as leis do pensamento e as leis do real. Ela é a unidade da razão subjetiva e da razão objetiva. A essa unidade, Hegel dá o nome de **espírito absoluto**.

Hegel afirma que toda realidade é racional e que toda racionalidade é real. Ou, em suas palavras, "o real é racional e o racional é real". Com essa afirmação, pretendeu significar a unidade da razão objetiva e da razão subjetiva.

Por que a razão é histórica?

A unidade ou harmonia entre o objetivo e o subjetivo, entre a realidade das coisas e o sujeito do conhecimento não é um dado eterno, algo que existiu desde todo o sempre, mas é uma *conquista da razão* e essa conquista a razão realiza no tempo. A razão não tem como ponto de partida essa unidade, mas a tem como ponto de chegada, como *resultado* do percurso histórico ou temporal que ela própria realiza.

Qual o melhor exemplo para compreender o que Hegel quer dizer? O melhor exemplo é o que acabamos de ver nos capítulos 2 e 3 desta unidade.

Vimos que os inatistas começaram combatendo a suposição de que opinião e verdade são a mesma coisa. Para livrarem-se dessa suposição, o que fizeram eles? Disseram que a opinião pertence ao campo da experiência sensorial, pessoal, psicológica, instável e que as ideias da razão são inatas, universais, necessárias, imutáveis.

Os empiristas, no entanto, negaram que os inatistas tivessem acertado, negaram que as ideias pudessem ser inatas e fizeram a razão depender da experiência psicológica ou da percepção. Ao fazê-lo, revelaram os pontos fracos dos inatistas, mas abriram o flanco para um problema que não podiam resolver, isto é, a validade das ciências.

A filosofia kantiana negou, então, que inatistas e empiristas estivessem certos. Negou que pudéssemos conhecer a realidade em si das coisas, negou que a razão possuísse conteúdos inatos, mostrando que os conteúdos dependem da experiência; mas negou também que a experiência fosse a causa da razão, ou que esta fosse adquirida, pois possui formas e estruturas inatas. Kant deu prioridade ao sujeito do conhecimento, enquanto empiristas e inatistas davam prioridade ao objeto do conhecimento.

Que diz Hegel? Que esses conflitos filosóficos são a história da própria razão, a qual afirma uma tese (por exemplo, a tese inatista), nega essa tese (por exemplo, a tese empirista nega a inatista) e chega a uma terceira posição que nega as duas anteriores (por exemplo, a posição kantiana). Mas essa terceira tese, ao ser afirmada, torna-se uma primeira tese que será negada por uma outra (por exemplo, a filosofia do chamado romantismo alemão, que negou a filosofia kantiana) até que uma terceira tese (no caso a filosofia de Hegel) negue as duas anteriores numa verdade superior que as engloba e as compreende. Esse movimento da razão, explica Hegel, tem a peculiaridade de nunca destruir inteiramente o que ela afirmou antes, mas incorpora o caminho percorrido numa verdade superior. O caminho é feito de verdades parciais que vão sendo reunidas até que se chegue a uma verdade totalizadora que as engloba. Eis por que Hegel afirma que a história da razão ou a história da filosofia é a memória dos caminhos percorridos, que foram conservados naquilo que tinham de verdadeiro.

Em cada momento de sua história, a razão produziu uma tese a respeito de si mesma e, logo a seguir, uma tese contrária à primeira, ou uma antítese. Cada tese e cada antítese foram momentos necessários para a razão conhecer-se cada vez mais. Cada tese e cada antítese foram verdadeiras, mas parciais. Sem elas, a razão nunca teria chegado a conhecer-se a si mesma. Mas a razão não pode ficar estacionada nessas contradições que ela própria criou por uma necessidade dela mesma: precisa ultrapassá-las numa síntese que una as teses contrárias, mostrando onde está a verdade de cada uma delas e conservando essa verdade. Essa é a razão histórica ou a história do Espírito, que busca tornar-se Espírito Absoluto.

Empiristas, kantianos e hegelianos

Embora Hegel tenha proposto sintetizar a história da razão, considerando, portanto, que inatistas, empiristas e kantianos eram parte do passado dessa história, cujo término ou cuja conclusão seria a filosofia hegeliana, isso não significa que todos os filósofos tenham aceitado a solução hegeliana como resposta final.

Assim, os empiristas não desapareceram. Reformularam muitas de suas teses e posições, mas permaneceram empiristas. Em outras palavras, persiste, na filosofia, uma corrente empirista. Foi também o que aconteceu com os filósofos inatistas; e o mesmo pode ser dito com relação aos que adotaram a filosofia kantiana. Reformularam teses, acrescentaram novas ideias e perspectivas, mas se mantiveram kantianos.

Há os que aceitaram a solução hegeliana, assim como há os que a recusaram e dos quais falaremos no próximo capítulo.

Capítulo 5
A razão na filosofia contemporânea

A razão na fenomenologia de Husserl

Quando, no século XVIII, Kant escreveu a *Crítica da razão pura*, tinha diante de si duas ciências consideradas por ele exemplares: a matemática e a ciência da natureza. Perante elas, dizia Kant, a filosofia (ou a metafísica) é de causar pena, pois nela reinam a confusão, os conflitos de doutrinas, aporias de todo tipo. Em outras palavras, a filosofia ainda não alcançou o estatuto ou a condição de ciência. A tarefa da *Crítica da razão pura* era justamente examinar quais as condições preliminares que deviam ser preenchidas ou respeitadas para que um dia a filosofia (a metafísica) pudesse tornar-se uma ciência, estabelecendo as condições *a priori* de possibilidade e os limites do conhecimento humano. Como vimos, esse exame Kant denominou de transcendental.

No final do século XIX e início do século XX, a preocupação com o transcendental reapareceu com a filosofia de Edmund Husserl, a fenomenologia. A discussão do dilema entre o inatismo e o empirismo é retomada por Husserl a partir das discussões sobre os fundamentos da lógica e da matemática e prossegue quando o filósofo procura determinar as condições *a priori* de possibilidade da filosofia como ciência rigorosa.

Por que "fenomenologia"? Porque Husserl reúne os dois principais significados da palavra *fenômeno*, tais como aparecem respectivamente em Kant e em Hegel. De Kant, Husserl conserva a afirmação de que não conhecemos uma realidade em si, mas a realidade tal como aparece ao ser estruturada e organizada *a priori* pela razão; de Hegel, Husserl conserva a afirmação de que "uma fenomenologia" é a descrição do que aparece à consciência e a descrição do aparecer da consciência para si mesma. Hegel dissera que a fenomenologia é a narrativa das experiências da consciência na história. Husserl diz que a fenomenologia é a descrição das experiências da consciência como atividade de conhecimento.

A descrição fenomenológica exige uma atitude que Husserl designa com a palavra grega *epoché*, que significa "suspender o juízo sobre alguma coisa de que não se tem certeza". A *epoché* fenomenológica consiste, nas palavras de Husserl, em "'colocar entre parênteses' nossa crença na existência da realidade exterior e descrever as atividades da consciência ou da razão como um poder *a priori* de constituição da própria realidade".

O que isso quer dizer?

O que chamamos de "mundo" ou "realidade", diz Husserl, não é um conjunto de coisas e pessoas, animais, vegetais e minerais existentes em si mesmos e que nossas ideias representam ao transformá-los em objetos de conhecimento. O mundo ou a realidade é um conjunto de *significações* ou de *sentidos* que são produzidos pela consciência ou pela razão. A razão é "doadora de sentido" e ela *constitui a realidade* não enquanto existência de seres, mas enquanto sistema de significações que dependem da estrutura da própria consciência. Ou, como explica Husserl, a realidade constituída pela consciência transcendental ou pela razão transcendental não se refere a existências de seres e sim a *essências*, isto é, a *significações*. As essências são verdadeiras, universais e necessárias porque são constituídas *a priori* pela própria razão. As significações ou essências são o conteúdo que a própria razão oferece a si mesma para doar sentido, pois a razão transcendental é doadora de sentido e o sentido é a única realidade existente para a razão.

---

aporia: contradição ou paradoxo num contexto argumentativo ou num raciocínio.

transcendência: condição do que se encontra num estado superior e inacessível a uma determinada ordem de existência ou realidade.

Razão e sociedade

Diferentemente da fenomenologia, outros filósofos, como os que criaram a chamada Escola de Frankfurt, onde se originou a Teoria Crítica, adotam a solução hegeliana, mas com uma modificação fundamental. Os filósofos dessa escola, como Theodor Adorno, Herbert Marcuse e Max Horkheimer, têm uma formação marxista e, por isso, recusam a ideia hegeliana de que a história é obra da razão como espírito, ou que as transformações históricas da razão são realizadas pela própria razão, sem que esta seja condicionada ou determinada pelas condições sociais, econômicas e políticas.

Para esses filósofos, o engano de Hegel está, em primeiro lugar, na suposição de que a razão seja uma força histórica autônoma (isto é, não condicionada pela situação material ou econômica, social e política de uma época), e, em segundo lugar, na suposição de que a razão é a força histórica que cria a própria sociedade, a política, a cultura. Ou seja, Hegel se engana porque considera a razão (ou o espírito) incondicionada social, econômica e politicamente e por considerar que a sociedade, a economia e a política é que são condicionadas pela razão. Para eles, Hegel está correto quando afirma que as mudanças históricas ocorrem pelos conflitos e contradições, mas está enganado ao supor que tais conflitos se dão entre diferentes formas da razão, pois eles se dão como conflitos e contradições sociais e políticas, modificando a própria razão.

Os filósofos da Teoria Crítica consideram que existem, na verdade, duas modalidades da razão: a *razão instrumental* ou *razão técnico-científica*, que está a serviço da exploração e da dominação, da opressão e da violência, e a *razão crítica* ou *filosófica*, que reflete sobre as contradições e os conflitos sociais e políticos e se apresenta como uma força liberadora.

A Escola de Frankfurt mantém a ideia hegeliana de que há uma continuidade temporal ou histórica entre a forma anterior da racionalidade e a forma seguinte: a razão moderna, por exemplo, não surge de repente e do nada, mas resulta de contradições e conflitos sociopolíticos do final da Idade Média e da Renascença, de modo que, ao superar a racionalidade medieval e renascentista, nasce como racionalidade moderna.

Cada nova forma da racionalidade é a vitória sobre os conflitos das formas anteriores, sem que haja ruptura histórica entre elas. Mudanças sociais, políticas e culturais determinam mudanças no pensamento, e tais mudanças são a solução realizada pelo tempo presente para os conflitos e as contradições do passado.

A razão não determina nem condiciona a sociedade (como julgara Hegel), mas é determinada e condicionada pela sociedade e suas mudanças. Assim, os inatistas se enganam ao supor a imutabilidade dos conteúdos da razão e os empiristas se enganam ao supor que as mudanças são acarretadas por nossas experiências, quando, na verdade, são produzidas por transformações globais de uma sociedade.

Razão e descontinuidade temporal

Nos anos 1960, desenvolveu-se, sobretudo na França, uma corrente científica (iniciada na linguística e na antropologia social) chamada **estruturalismo**. Para os estruturalistas, o mais importante não é a mudança ou a transformação de uma realidade (de uma língua, de uma sociedade indígena, de uma teoria científica), mas a *estrutura* ou a forma que ela tem no presente.

A estrutura passada e a estrutura futura são consideradas estruturas *diferentes entre si* e *diferentes da estrutura presente*, sem que haja interesse em acompanhar temporalmente a passagem de uma estrutura para outra. Assim, o estruturalismo científico desconsidera a posição filosófica de tipo hegeliano, tendo maior afinidade com a kantiana. O estruturalismo teve uma grande influência sobre o pensamento filosófico e isso se refletiu na discussão sobre a razão.

Se observarmos bem, notaremos que a solução hegeliana revela uma concepção cumulativa e otimista da razão:

A razão na filosofia contemporânea | Capítulo 5

Jacques Derrida (1930–2004), filósofo francês de origem argelina.

Gilles Deleuze (1925–1995)

⇢ *cumulativa*: Hegel considera que a razão, na batalha interna entre teses e antíteses, vai sendo enriquecida, vai acumulando conhecimentos cada vez maiores sobre si mesma, tanto como conhecimento da racionalidade do real (razão objetiva) quanto como conhecimento da capacidade racional para o conhecimento (razão subjetiva).

⇢ *otimista*: para Hegel, a razão possui força para não se destruir a si mesma em suas contradições internas; ao contrário, supera cada uma delas e chega a uma síntese harmoniosa de todos os momentos que constituíram a sua história.

Influenciados pelo estruturalismo, vários filósofos franceses, como Michel Foucault, Jacques Derrida e Gilles Deleuze, ao estudarem a história da filosofia, das ciências, da sociedade, das artes e das técnicas, disseram que, sem dúvida, a razão é histórica — isto é, muda temporalmente —, mas essa história não é cumulativa, evolutiva, progressiva e contínua. Pelo contrário, é descontínua, se realiza por saltos e cada estrutura nova da razão possui um sentido próprio, válido apenas para ela.

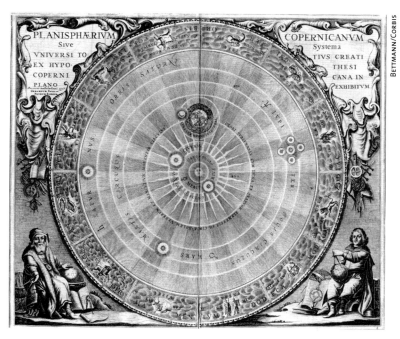

A teoria heliocêntrica de Copérnico pode ser um exemplo da razão histórica descontínua proposta por Foucault, Derrida e Deleuze. Com ela, a Terra deixou de ser o centro do Universo.

Dizem eles que uma teoria (filosófica ou científica) ou uma prática (ética, política, artística) são novas justamente quando rompem as concepções anteriores e as substituem por outras completamente diferentes, não sendo possível falar numa continuidade progressiva entre elas, pois são tão diferentes que não há como nem por que compará-las e julgar uma delas mais atrasada e a outra mais adiantada.

Assim, por exemplo, a teoria da relatividade, elaborada por Einstein, não é continuação evoluída e melhorada da física clássica, formulada por Galileu e Newton, mas é uma *outra física*, com conceitos, princípios e procedimentos completamente novos e diferentes. Temos duas físicas diferentes, cada qual com seu sentido e valor próprios.

Não se pode falar num processo, numa evolução ou num avanço da razão a cada nova teoria, pois a novidade significa justamente que se trata de algo tão novo, tão diferente e tão outro que será absurdo falar em continuidade e avanço. Não há como dizer que as ideias e as teorias passadas são falsas, erradas ou atrasadas: elas simplesmente são diferentes das atuais porque se baseiam em princípios, interpretações e conceitos novos.

Uma concepção semelhante foi desenvolvida pelo filósofo norte-americano Thomas Kuhn. Segundo ele, essas revoluções acontecem quando uma teoria científica entra em crise e acaba sendo eliminada por outra, organizada de maneira diferente.

Em sua visão, a cada época as teorias científicas instituem métodos e definições de seus objetos constituindo matrizes de investigação e de pensamento as quais Kuhn denomina de

Thomas Kuhn (1922), filósofo da ciência que estuda a história do pensamento científico para mostrar que as ciências não se desenvolvem num processo contínuo e cumulativo e sim por "saltos" ou revoluções.

105

paradigmas. Um paradigma é composto de hipóteses, leis, procedimentos metodológicos e técnicas de pesquisa e de aplicação dos conhecimentos, definindo as normas e regras do que deve ser pesquisado e conhecido.

paradigma: palavra de origem grega que significa "modelo".

Ora, a partir de certos momentos, começam a surgir dificuldades, irregularidades, anomalias: uma teoria científica começa a não dar conta de seus objetos ou certos objetos novos aparecem para os quais o paradigma existente não serve. Nesses momentos há uma "crise do paradigma" ou uma crise da razão cuja solução se dá com uma revolução científica, isto é, com a instituição de um paradigma novo. Isso não significa que a ciência "progrediu" e sim que "mudou". Ou seja, não há continuidade entre um paradigma anterior e um novo.

Assim, em cada época de sua história, a razão cria modelos ou paradigmas explicativos para os fenômenos ou para os objetos do conhecimento, não havendo continuidade nem pontos comuns entre eles que permitam compará-los. Agora, em lugar de um processo linear e contínuo da razão, fala-se na invenção de formas diferentes de racionalidade, de acordo com critérios que a própria razão cria para si mesma. A razão grega é diferente da medieval que, por sua vez, é diferente da renascentista e da moderna. A razão moderna e a iluminista também são diferentes, assim como a razão hegeliana é diferente da contemporânea.

Lyotard (1924–1998) filósofo pós-moderno francês.

Enfim, os filósofos ditos pós-modernos (como, por exemplo, o francês Lyotard e o norte-americano Rorty) consideram a filosofia e a ciência práticas culturais típicas do Ocidente cuja pretensão de realizar a razão ou o conhecimento racional é infundada e irrealizável. Por quê? Porque a razão tem a pretensão de ser o conhecimento verdadeiro da realidade, mas esta não existe, pois não há fatos, dados ou coisas e sim maneiras de falar ou "jogos de linguagem" com que inventamos meios para exprimir o que pensamos e sentimos. Chamamos tais jogos de racionais ou de verdadeiros simplesmente enquanto funcionam ou são úteis para nossos fins e os abandonamos por outros quando deixam de funcionar ou de ser úteis para nossos fins. A prova de que não há *a razão* está na multiplicidade de filosofias contrárias umas às outras e nas mudanças das teorias científicas. Razão, racionalidade, objetividade, verdade são mitos ocidentais, "crenças tribais" como as de quaisquer outros povos.

Rorty (1931–2007) filósofo pós-moderno norte-americano.

Por que ainda falamos em *razão*?

Diante das concepções descontinuístas da razão e do pós-modernismo, podemos fazer duas perguntas:

1. Se, em cada época, por motivos históricos e teóricos determinados, a razão muda inteiramente, o que queremos dizer quando continuamos empregando a palavra *razão*?

2. Se, em cada ciência, filosofia, teoria ou expressão do pensamento nada há em comum com as anteriores e as posteriores, por que dizemos que algumas são racionais e outras não o são? A razão não seria, afinal, um mito que nossa cultura inventou para si mesma, como dizem os pós-modernos?

Podemos responder à primeira pergunta dizendo que continuamos a falar em *razão*, apesar de haver muitas e diferentes "razões", porque mantemos uma ideia que é essencial à noção ocidental de razão. Que ideia é essa? A de que a realidade, o mundo natural e cultural, os seres humanos, suas ações e obras *têm sentido* e esse sentido *pode ser conhecido*. A atitude racional de conhecer a realidade não é senão o trabalho do pensamento para apreender, compreender e interpretar o sentido das coisas, dos fatos, das ideias, ações e valores humanos. É esse ideal do conhecimento que é conservado quando continuamos a falar em razão.

Com relação à segunda pergunta, podemos dizer que, em cada época, os membros da sociedade e da cultura ocidentais julgam a validade da própria razão como capaz ou incapaz de realizar o ideal do conhecimento. Esse julgamento pode ser realizado de duas maneiras.

A primeira maneira ou o primeiro critério de avaliação da capacidade racional é o da *coerência interna* de um pensamento ou de uma teoria. Ou seja, quando um pensamento ou uma teoria se propõem a oferecer um conhecimento, simultaneamente também oferecem os princípios, os conceitos e os procedimentos que sustentam a explicação apresentada. Quando não há compatibilidade entre a explicação e os princípios, os conceitos e os procedimentos oferecidos, dizemos que não há coerência e que o pensamento ou a teoria não são racionais. A razão é, assim, o critério de que dispomos para a avaliação, o instrumento para julgar a validade de um pensamento ou de uma teoria, julgando, ela mesma, sua coerência ou incoerência.

A segunda maneira é diferente da anterior. Agora, pergunta-se se um pensamento ou uma teoria contribuem ou não para que os seres humanos conheçam e compreendam as circunstâncias em que vivem, contribuem ou não para alterar situações que os seres humanos julgam inaceitáveis ou intoleráveis, contribuem ou não para melhorar as condições em que os seres humanos vivem. Assim, a razão, além de ser o critério para avaliar os conhecimentos, é também um instrumento crítico para compreendermos as circunstâncias em que vivemos, para mudá-las ou melhorá-las. A razão tem um potencial ativo ou transformador e por isso continuamos a falar nela e a desejá-la.

Razão e realidade

Os dois critérios vistos acima — a coerência interna de um pensamento ou de uma teoria e o potencial crítico-transformador dos conhecimentos — também nos ajudam a compreender que a razão não é um mito, porque podemos perceber quando a razão vira mito e deixa de ser razão.

Analisemos como exemplo dessa virada as teorias que defendem o racismo e que são tidas como científicas ou racionais.

As teorias racistas se apresentam usando princípios, conceitos e procedimentos (ou métodos) racionais, científicos. Fazem pesquisas biológicas, genéticas, químicas, sociológicas; usam a indução e a dedução; definem conceitos, inferem conclusões dos dados obtidos por experiência e por cálculos estatísticos. Usando tais procedimentos, fazem demonstrações e por meio delas pretendem provar:

1. que existem "raças";

2. que as "raças" são biológica e geneticamente diferentes;

3. que há "raças" atrasadas e adiantadas, inferiores e superiores;

4. que as "raças" atrasadas e inferiores não são capazes, por exemplo, de desenvolvimento intelectual e estão naturalmente destinadas ao trabalho manual, pois sua razão é muito pequena e não conseguem compreender as ideias mais complexas e avançadas;

5. que as "raças" adiantadas e superiores estão naturalmente destinadas a dominar o planeta e que, se isso for necessário para o seu bem, têm o direito de exterminar as "raças" atrasadas e inferiores;

6. que, para o bem das "raças" inferiores e das superiores, deve haver segregação racial (separação dos locais de moradia, de trabalho, de educação, de lazer, etc.), pois a não segregação pode fazer as inferiores arrastarem as superiores para seu baixo nível, assim como pode fazer as superiores tentarem inutilmente melhorar o nível das inferiores.

Ora, a razão pode demonstrar que a "racionalidade" racista é irracional e que está a serviço da violência, da ignorância e da destruição.

Assim, a biologia e a genética demonstram que há diferenças na formação anatômico-fisiológica dos seres humanos em decorrência de diferenças internas do organismo e de diferenças ecológicas, isto é, do meio ambiente, e que tais diferenças não produzem "raças". "Raça", portanto, é uma palavra inventada para avaliar, julgar e manipular as diferenças biológicas e genéticas.

| UNIDADE 2 | A razão

A sociologia, a antropologia e a história explicam que as diferenças que a biologia e a genética apresentam não decorrem somente das diferenças nas condições ambientais, mas também são produzidas pelas diferentes maneiras pelas quais os grupos sociais definem as relações de trabalho, de parentesco, as formas de avaliação, de vestuário, de habitação, etc. Essas diferenças não formam "raças".

A ciência política e a econômica explicam que, no interior de uma mesma sociedade, formam-se grupos e classes sociais que se apropriam das riquezas e do poder, submetem (pela força, pelo medo, pela superstição, pela mentira, pela ilusão) outros grupos e classes sociais à sua dominação e justificam tal fato afirmando que tais grupos ou classes são inferiores e que possuem características físicas e mentais que os fazem ser uma "raça inferior". "Raça", portanto, não existe. É uma palavra inventada para legitimar a exploração e a dominação que um grupo social e político exerce sobre os outros grupos.

A psicologia mostra que as capacidades mentais de todos os grupos e classes sociais de uma cultura são iguais, mas que se manifestam de modos diferenciados dependendo dos modos de vida, de trabalho, de acesso à escola e à educação formal, das crenças religiosas, de valores morais e artísticos diferenciados etc. Essas diferenças não formam "raças" e, portanto, "raça" é uma palavra inventada para transformar as diferenças em justificativas para discriminações e exclusões.

A filosofia, recolhendo fatos, dados, resultados, explicações e demonstrações trazidos pelas várias ciências, pode, então, concluir dizendo que:

1. a teoria do racismo é falsa, não tem fundamento científico e é irracional;

2. a teoria "científica" do racismo é, na verdade, uma prática (e não uma teoria) econômica, social, política e cultural para justificar a violência contra seres humanos e, portanto, é inaceitável para as ciências, para a filosofia e para a razão. Uma "razão" racista não é razão, mas ignorância, preconceito, violência e irracionalidade.

QUESTÕES

CAPÍTULO 1
A razão

1. Exemplifique os vários sentidos em que a palavra *razão* é usada cotidianamente.
2. Que quer dizer Pascal ao afirmar que "o coração tem razões que a razão desconhece"?
3. O que é razão objetiva? E razão subjetiva?
4. Considerando que razão vem do grego *lógos* e do latim *ratio*, explique o que ela significa desde sua origem.
5. Quais são as atitudes mentais opostas à razão?
6. Enumere os princípios a que a razão obedece.
7. Explique o princípio de identidade.
8. Explique o princípio de contradição.
9. Explique o princípio de razão suficiente.
10. Quais as principais características da razão?

CAPÍTULO 2
A atividade racional

1. Explique como opera a razão discursiva ou o raciocínio.
2. Explique como opera a razão intuitiva.
3. O que é a intuição? Dê um exemplo pessoal de um conhecimento intuitivo.
4. Quantos tipos de intuição existem?
5. Quais são as características da intuição empírica ou sensível?
6. Quais as características da intuição intelectual?
7. Exponha a intuição intelectual de Descartes ou o "*cogito* cartesiano".
8. Dê um exemplo pessoal de raciocínio empírico realizado em sua vida cotidiana.
9. Que significa dizer que a dedução realiza uma inferência e uma inclusão? Dê a fórmula da dedução.
10. Como se realiza a indução? Dê um exemplo.
11. Qual a diferença entre a inferência dedutiva e a indutiva?
12. O que é abdução? Exemplifique com uma história de detetive que você conhece.
13. O que é o Realismo?
14. O que é o Idealismo?

CAPÍTULO 3
A razão: inata ou adquirida?

1. Que é o inatismo?
2. Que é o empirismo?
3. Qual o significado do Mito de Er, narrado por Platão na *República*?
4. Como Descartes explica as ideias inatas, adventícias e fictícias?
5. Como os empiristas explicam a atividade do conhecimento?
6. Por que David Hume afirma que o princípio de causalidade, empregado nas ciências e na filosofia, não é inato e sim adquirido por experiência?
7. Quais os problemas do inatismo?
8. Quais os problemas do empirismo?
9. Por que os problemas do inatismo e do empirismo suscitam o aparecimento do ceticismo?

CAPÍTULO 4
Os problemas do inatismo e do empirismo: soluções filosóficas

1. Quais os tipos de verdades distinguidas por Leibniz?
2. Como Leibniz define o princípio de razão suficiente e explica que ele garante a necessidade e universalidade das ideias?
3. O que foi a "revolução copernicana" em astronomia?
4. Qual a crítica de Kant aos filósofos inatistas e empiristas?
5. O que foi a "revolução copernicana" em filosofia?
6. O que Kant entende por transcendental? Você saberia diferenciar *transcendente* e *transcendental*?
7. O que quer dizer *a priori*? E *a posteriori*?
8. Qual a relação estabelecida por Kant entre razão *a priori* e experiência *a posteriori*?
9. Kant resolve o impasse entre o inatismo e o empirismo?
10. Segundo Kant, quais são as estruturas *a priori* que constituem a razão humana?
11. Quais são as formas *a priori* da sensibilidade?
12. Quais são as categorias *a priori* do entendimento? O que são elas?
13. Por que a razão kantiana é subjetiva?
14. Explique a distinção kantiana entre *nôumeno* e fenômeno.
15. O que Hegel criticou nas filosofias anteriores à sua?
16. Que quer dizer a sentença "A razão é história e é tempo"?
17. Quais as críticas de Hegel a inatistas, empiristas e a Kant?
18. O que é e como é a razão para Hegel?
19. Como Hegel descreve o caminho percorrido pela razão?

CAPÍTULO 5
A razão na filosofia contemporânea

1. Que quer dizer *fenomenologia*?
2. O que é a *epochê* husserliana?
3. Quais as críticas da Escola de Frankfurt a Hegel?
4. Quais são as duas modalidades da razão apresentadas pela Teoria Crítica?
5. Qual a posição dos filósofos estruturalistas quanto à historicidade da razão?
6. Por que os estruturalistas recusam a ideia de progresso teórico e técnico?
7. Como Thomas Kuhn formula a história da ciência empregando as ideias de paradigma e crise de paradigmas?
8. Que dizem os filósofos pós-modernos sobre as pretensões da razão?
9. Por que mantemos o ideal da racionalidade apesar das mudanças históricas da ideia de razão?
10. Que é a razão como critério de coerência?
11. Que significa considerar a razão um instrumento crítico para avaliar as condições de vida dos seres humanos?
12. Considerando o potencial crítico e político da razão, pode ela combater teorias que têm apenas a aparência de racionalidade, mas não são racionais?
13. Por que as crises da razão são o melhor antídoto contra o dogmatismo? O que é o dogmatismo?

You are not yourself

Unidade 3
A verdade

Capítulo 1   Ignorância e verdade
Capítulo 2   Buscando a verdade
Capítulo 3   As concepções da verdade

Em nossa sociedade é muito difícil despertar nas pessoas o desejo de buscar a verdade. Pode parecer paradoxal que assim seja, pois parecemos viver numa sociedade que acredita nas ciências, que luta por escolas, que recebe diariamente informações vindas de jornais, rádios, televisões e redes eletrônicas, que possui editoras, livrarias, bibliotecas, museus, salas de cinema e de teatro, vídeos, fotografias e computadores.

Ora, é justamente essa enorme quantidade de veículos e formas de informação que acaba tornando tão difícil a busca da verdade, pois todo mundo acredita que está recebendo, de modos variados e diferentes, informações científicas, filosóficas, políticas, artísticas e que essas informações são verdadeiras, sobretudo porque tal quantidade de informação ultrapassa a experiência vivida pelas pessoas, que, por isso, não têm meios para avaliar o que recebem.

Obra da artista multimídia norte-americana Barbara Kruger, de 1984. As palavras em destaque, formadas pelas letras recortadas, dizem: "Você é você mesmo". Em tamanho menor, a palavra *não* gera a segunda possibilidade de leitura: "Você não é você mesmo".

Capítulo 1
Ignorância e verdade

A verdade como um valor

"Não se aprende filosofia, mas a filosofar", já disse Kant. A filosofia não é um conjunto de ideias e de sistemas que possamos aprender automaticamente, não é um passeio turístico pelas paisagens intelectuais, mas uma decisão ou deliberação orientada por um valor: a verdade. É o desejo do verdadeiro que move a filosofia e suscita filosofias.

Afirmar que a verdade é um valor significa que o verdadeiro confere às coisas, aos seres humanos, ao mundo um sentido que não teriam se fossem considerados indiferentes à verdade e à falsidade.

Ignorância, incerteza e insegurança

Ignorar é não saber alguma coisa. A ignorância pode ser tão profunda que nem sequer a percebemos ou a sentimos, isto é, não sabemos que não sabemos, não sabemos que ignoramos. Em geral, o estado de ignorância se mantém em nós enquanto as crenças e opiniões que possuímos para viver e agir no mundo se conservam como eficazes e úteis, de modo que não temos nenhum motivo para duvidar delas, nenhum motivo para desconfiar delas e, consequentemente, achamos que sabemos tudo o que há para saber.

A incerteza é diferente da ignorância porque, na incerteza, descobrimos que somos ignorantes, que nossas crenças e opiniões parecem não dar conta da realidade, que há falhas naquilo em que acreditamos e que durante muito tempo nos serviu como referência para pensar e agir. Na incerteza não sabemos o que pensar, o que dizer ou o que fazer em certas situações ou diante de certas coisas, pessoas, fatos, etc. Temos dúvidas, ficamos cheios de perplexidade e somos tomados pela insegurança.

Outras vezes, estamos confiantes e seguros e, de repente, vemos ou ouvimos alguma coisa que nos enchem de espanto e de admiração, não sabemos o que pensar ou o que fazer com a novidade que vimos ou ouvimos porque as crenças, opiniões e ideias que possuímos não dão conta do novo. O espanto e a admiração, assim como antes a dúvida e a perplexidade, nos fazem querer saber o que não sabíamos, nos fazem querer sair do estado de insegurança ou de encantamento, nos fazem perceber nossa ignorância e criam o desejo de superar a incerteza.

Quando isso acontece, estamos na disposição de espírito chamada *busca da verdade*.

Desejo da verdade

O desejo da verdade aparece muito cedo nos seres humanos e se manifesta como desejo de confiar nas coisas e nas pessoas, isto é, de acreditar que as coisas são exatamente tais como as percebemos e o que as pessoas nos dizem é digno de confiança e crédito. Ao mesmo tempo, nossa vida cotidiana é feita de pequenas e grandes decepções e, por isso, desde cedo, vemos as crianças perguntarem aos adultos se tal ou qual coisa "é de verdade ou é de mentira".

Quando uma criança ouve uma história, inventa uma brincadeira ou um brinquedo, quando joga, vê um filme ou uma peça teatral, está sempre atenta para saber se "é de verdade ou de mentira", está sempre atenta para a diferença entre o "de mentira" e a mentira propriamente dita, isto é, para a diferença entre brincar, jogar, fingir e faltar à confiança.

Quando uma criança brinca, joga e finge, está criando um outro mundo, mais rico e mais belo, mais cheio de possibilidades e invenções do que o mundo onde, de fato, vive. Mas sabe, mesmo que não formule explicitamente tal saber, que há uma diferença entre imaginação e percepção, ainda que, no caso infantil, essa diferença seja muito tênue, muito leve, quase imperceptível — tanto é assim que a criança acredita em mundos e seres maravilhosos como parte do mundo real de sua vida.

Cena do filme de animação *Peter Pan*, de 1953, da Disney. Com a ajuda de Sininho e Peter Pan, Wendy, John e Michael Darling estão a caminho da Terra do Nunca.

Por isso mesmo, a criança é muito sensível à mentira dos adultos, pois a mentira é diferente do "de mentira", isto é, a mentira é diferente da imaginação, e a criança se sente ferida, magoada, angustiada quando o adulto lhe diz uma mentira, porque, ao fazê-lo, quebra a relação de confiança e a segurança infantis.

Quando crianças, estamos sujeitos a duas decepções: a de que os seres, as coisas, os mundos maravilhosos não existem "de verdade" e a de que os adultos podem dizer-nos falsidades e nos enganar. Essa dupla decepção pode acarretar dois resultados opostos: ou a criança se recusa a sair do mundo imaginário e sofre com a realidade como sendo alguma coisa ruim e hostil a ela; ou, dolorosamente, aceita a distinção, mas também se torna muito atenta e desconfiada diante da palavra dos adultos. Neste segundo caso, a criança também se coloca à disposição da *busca da verdade*.

Nessa busca, a criança pode desejar um mundo melhor e mais belo do que aquele em que vive e encontrar a verdade nas obras de arte, desejando ser artista também. Ou pode desejar saber como e por que o mundo em que vive é tal como é e se ele poderia ser diferente ou melhor do que é. Nesse caso, é despertado nela o desejo de conhecimento intelectual e o da ação transformadora.

A criança não se decepciona nem se desilude com o "faz de conta" porque sabe que é um "faz de conta". Ela se decepciona ou se desilude quando descobre que querem que acredite como sendo "de verdade" alguma coisa que ela sabe ou que ela supunha que fosse "de faz de conta", isto é, decepciona-se e desilude-se quando descobre a mentira. Os jovens se decepcionam e se desiludem quando descobrem que o que lhes foi ensinado e lhes foi exigido oculta a realidade, reprime sua liberdade, diminui sua capacidade de compreensão e de ação. Os adultos se desiludem ou se decepcionam quando enfrentam situações nas quais o saber adquirido, as opiniões estabelecidas e as crenças enraizadas na consciência não são suficientes para que compreendam o que se passa nem para que possam agir ou fazer alguma coisa.

Assim, seja na criança, seja nos jovens ou nos adultos, a busca da verdade está sempre ligada a uma decepção, a uma desilusão, a uma dúvida, a uma perplexidade, a uma insegurança ou, então, a um espanto e uma admiração diante de algo novo e insólito.

Dificuldades para a busca da verdade

Em nossa sociedade é muito difícil despertar nas pessoas o desejo de buscar a verdade. Pode parecer paradoxal que assim seja, pois parecemos viver numa sociedade que acredita nas ciências, que luta por escolas, que recebe diariamente informações vindas de jornais, rádios, televisões e redes eletrônicas, que possui editoras, livrarias, bibliotecas, museus, salas de cinema e de teatro, vídeos, fotografias e computadores.

Ora, é justamente essa enorme quantidade de veículos e formas de informação que acaba tornando tão difícil a busca da verdade, pois todo mundo acredita que está recebendo, de modos variados e diferentes, informações científicas, filosóficas, políticas, artísticas e que essas informações são verdadeiras, sobretudo porque tal quantidade de informação ultrapassa a experiência vivida pelas pessoas, que, por isso, não têm meios para avaliar o que recebem.

Bastaria, no entanto, que uma mesma pessoa, durante uma semana, lesse de manhã quatro jornais diferentes, ouvisse três noticiários de rádio diferentes e recebesse notícias fornecidas por três *sites* da Internet; à tarde, frequentasse duas escolas diferentes, onde os mesmos cursos fossem ministrados; e, à noite, visse os noticiários de quatro canais diferentes de televisão, para que, comparando todas as informações recebidas, descobrisse que elas "não batem" umas com as outras, que há vários "mundos" e várias "sociedades" diferentes, dependendo da fonte de informação.

Uma experiência como essa criaria perplexidade, dúvida e incerteza. Mas as pessoas não fazem ou não podem fazer tal experiência e por isso não percebem que, em lugar de receber informações, estão, na maioria das vezes, se desinformando. E, sobretudo, como há outras pessoas (o jornalista, o radialista, o professor, o policial, o repórter) dizendo a elas o que devem saber, o que podem saber, o que podem e devem fazer ou sentir, ao confiar na palavra desses "emissores de mensagens", as pessoas se sentem seguras e confiantes. Ou seja, não há incerteza porque há ignorância.

Uma outra dificuldade para fazer surgir o desejo da busca da verdade, em nossa sociedade, vem da propaganda.

A propaganda trata todas as pessoas — crianças, jovens, adultos, idosos — como crianças extremamente ingênuas e crédulas. O mundo é sempre um mundo "de faz de conta": nele a margarina fresca faz a família bonita, alegre, unida e feliz; o automóvel faz o homem confiante, inteligente, belo, sedutor, bem-sucedido nos negócios, cheio de namoradas lindas; o desodorante faz a moça bonita, atraente, bem empregada, bem vestida, com um belo apartamento e lindos namorados; o cigarro leva as pessoas para belíssimas paisagens exóticas, cheias de aventura e de negócios coroados de sucesso que terminam com lindos jantares à luz de velas.

A propaganda trata todas as pessoas — crianças, jovens, adultos, idosos — como crianças extremamente ingênuas e crédulas. O mundo é sempre um mundo "de faz de conta".

A propaganda nunca vende um produto dizendo o que ele é e para que serve. Ela vende uma imagem (de felicidade, de sucesso, de juventude, de saúde, de riqueza, de beleza, etc.) que é transmitida por meio do produto, rodeando-o de magias, belezas, dando-lhe qualidades que são de outras coisas (a criança saudável, o jovem bonito, o adulto inteligente, o idoso feliz, a casa agradável, etc.), produzindo um eterno "faz de conta".

Uma outra dificuldade para o desejo da busca da verdade vem da atitude dos políticos nos quais as pessoas confiam, ouvindo seus programas, suas propostas, seus projetos, enfim, dando-lhes o voto e vendo-se, depois, ludibriadas, não só porque não são cumpridas as promessas, mas também porque há corrupção, mau uso do dinheiro público, crescimento das desigualdades e das injustiças, da miséria e da violência.

Em vista disso, a tendência das pessoas é julgar que é impossível haver verdade na política. Muitos passam a desconfiar do valor e da necessidade da democracia e, ao aceitar "vender" seu voto por alguma vantagem imediata e pessoal, caem na descrença e no ceticismo.

No entanto, essas dificuldades podem ter o efeito oposto, isto é, suscitar em muitas pessoas dúvidas, incertezas, desconfianças e desilusões que as façam desejar conhecer a realidade, a sociedade, a ciência, as artes, a política. Muitos começam a não aceitar o que lhes é dito e a não acreditar no que lhes é mostrado. E, como Sócrates em Atenas, começam a fazer perguntas, a indagar sobre fatos e pessoas, coisas e situações, a exigir explicações, a exigir liberdade de pensamento e de conhecimento.

Para essas pessoas surge o desejo e a necessidade da busca da verdade. Essa busca nasce não só da dúvida e da incerteza, mas também da ação deliberada contra os preconceitos, contra as ideias e opiniões estabelecidas, contra crenças que paralisam a capacidade de pensar e de agir livremente.

Podemos, dessa maneira, distinguir dois tipos de busca da verdade. O primeiro é o que nasce da *decepção*, da *incerteza* e da *insegurança* e, por si mesmo, exige que saiamos de tal situação readquirindo certezas. O segundo é o que nasce da *deliberação* ou *decisão* de não aceitar as certezas e crenças estabelecidas, de ir além delas e de encontrar explicações, interpretações e significados para a realidade que nos cerca. Esse segundo tipo é a busca da verdade na **atitude filosófica**.

Exemplos da busca filosófica da verdade

Podemos oferecer dois exemplos célebres dessa busca filosófica. Já falamos do primeiro: Sócrates andando pelas ruas e praças de Atenas dialogando com os atenienses, indagando se sabiam verdadeiramente o que eram as coisas e ideias em que acreditavam. O segundo exemplo é o do filósofo Descartes, que dialoga consigo mesmo, indagando se conhece verdadeiramente aquilo que imagina saber. Vimos, na Introdução, a semelhança entre Sócrates e a personagem de Neo, no filme *Matrix*. Veremos, agora, a semelhança entre Neo, Morfeu e Descartes.

Descartes começa sua obra filosófica fazendo um balanço de tudo o que sabia: o que lhe fora ensinado pelos preceptores e professores, pelos livros, pelas viagens, pelo convívio com outras pessoas. Ao final, conclui que tudo quanto aprendera, tudo quando sabia e tudo quanto conhecera pela experiência era duvidoso e incerto. Decide, então, não aceitar nenhum desses conhecimentos, a menos que pudesse provar racionalmente que eram certos e dignos de confiança. Para isso, submete todos os conhecimentos existentes em sua época e os seus próprios a um exame crítico conhecido como **dúvida metódica**, declarando que só aceitaria um conhecimento, uma ideia, um fato ou uma opinião se, passados pelo crivo da dúvida, revelarem-se indubitáveis para o pensamento puro. Por que a dúvida cartesiana é metódica? Porque ela é um instrumento intelectual empregado pelo pensamento para avaliar e controlar suas próprias ideias, aceitando como válidas ou verdadeiras somente aquelas que resistirem ao processo da dúvida.

Descartes submete todos os seus conhecimentos à análise e ao raciocínio, demonstrando que possuímos razões fortes para duvidar da existência de nosso corpo e do mundo. Por exemplo, sabe-se que as pessoas que sofreram amputação de algum membro continuam sentindo frio, calor e dor nesse membro inexistente. Descartes pergunta: que motivo racionalmente válido eu teria para não supor que todo o meu corpo, que sinto perfeitamente, não é uma ilusão, como a do membro amputado (conhecido como "membro fantasma")? Uma ideia semelhante aparece em *Matrix*, quando Neo sente, apavorado, que seu corpo não existe, mas está convertido num material brilhante e viscoso, ou quando aprende lutas marciais sem se mover da cadeira onde está sentado, o que demonstra, portanto, que não é realmente seu corpo que está na luta. Será que ele possui mesmo um corpo?

Quanto à existência do mundo, Descartes oferece um argumento conhecido como "argumento do sonho": quando sonhamos, estamos convencidos de que a realidade sonhada existe e que a conhecemos tal como é, de maneira que não há diferença entre a percepção da realidade pelo sonhador e a percepção do mundo por aquele que está desperto.

Ou seja, não possuímos critérios para distinguir sonho e vigília e, portanto, não temos nenhum critério racional para afirmar que o mundo existe ou que ele não é um sonho. Essa ideia é apresentada em *Matrix* justamente por Morfeu, o deus do sono e do sonho, perguntando a Neo se este sabe distinguir entre a realidade e a ilusão, pois passou a vida num mundo que não existe realmente.

No entanto, mostra Descartes, há um momento em que a dúvida se interrompe necessariamente porque o pensamento encontra, enfim, uma primeira verdade indubitável: "eu penso!". Essa primeira verdade pode ser traduzida pelo seguinte raciocínio: eu penso, pois, se eu duvidar de que estou pensando, ainda estou pensando, visto que duvidar é uma maneira de pensar. Em outras palavras, quando estou duvidando de tudo (da existência de meu corpo e da existência do mundo) não posso duvidar de que estou duvidando. Ora, duvidar é uma maneira de pensar e, portanto, quando estou duvidando, estou pensando: "eu duvido" significa "eu penso". E não posso duvidar de que penso. A consciência do pensamento aparece, assim, como a primeira verdade indubitável que será o alicerce para todos os conhecimentos futuros. Ora, se penso, o pensar existe e aquele que pensa existe, donde a célebre afirmação de Descartes: "Penso, logo existo". A existência do pensamento e do sujeito pensante será, então, o ponto de partida para as outras verdades (existência de nosso corpo, existência do mundo exterior) ou o alicerce para a reconstrução do edifício do saber.

Capítulo 2
Buscando a verdade

Dogmatismo e busca da verdade

Quando prestamos atenção em Sócrates ou Descartes, notamos que ambos, por motivos diferentes e usando procedimentos diferentes, fazem uma mesma coisa, isto é, desconfiam das opiniões e crenças estabelecidas em suas sociedades, mas também desconfiam das suas próprias ideias e opiniões. Do que desconfiam eles, afinal? Desconfiam do **dogmatismo**.

O que é dogmatismo?

dogma; dogmatismo: dogmatismo vem da palavra grega *dogma*, que significa "uma opinião estabelecida por decreto e ensinada como uma doutrina, sem contestação".

Dogmatismo é uma atitude natural e espontânea que temos desde muito crianças. É nossa crença de que o mundo existe e que é exatamente da forma como o percebemos. Temos essa crença porque somos seres práticos, isto é, nos relacionamos com a realidade como se ela fosse um conjunto de coisas, fatos e pessoas que são úteis ou inúteis para nossa sobrevivência.

Por ser uma opinião decretada ou uma doutrina inquestionada, um dogma é tomado como uma verdade que não pode ser contestada nem criticada, como acontece, por exemplo, na nossa vida cotidiana, quando, diante de uma pergunta ou de uma dúvida que apresentamos, nos respondem: "É assim porque é assim e porque tem de ser assim".

O dogmatismo é uma atitude autoritária e submissa. Autoritária porque não admite dúvida, contestação e crítica. Submissa porque se curva às opiniões estabelecidas. As crises, as dificuldades e os impasses da razão mostram, assim, o oposto do dogmatismo. Indicam atitude reflexiva e crítica própria da racionalidade, destacando a importância fundamental da liberdade de pensamento para a própria razão e para a filosofia.

Os seres humanos trabalham. O trabalho é uma ação pela qual modificamos as coisas e a realidade de modo a conseguir nossa preservação na existência. Eles constroem casas, fabricam vestuário e utensílios, produzem objetos técnicos (os instrumentos) e de consumo, inventam meios de transporte, de comunicação e de informação. Por meio da prática ou do trabalho e da técnica, os seres humanos organizam-se economicamente (coleta de frutos, caça e pesca, pastoreio, agricultura, comércio, indústria), criam instituições sociais (família, parentesco, religião, classes e grupos sociais, escola, formas de assistência e de amparo a órfãos e viúvas, hospitais, etc.) e instituições políticas (o Estado, o poder Executivo, Legislativo e Judiciário, as forças militares profissionais, os tribunais e as leis).

Planos em superfície modulada nº 5, de 1957, obra de Lygia Clark na qual os planos são percebidos, embora não existam no espaço bidimensional da tela.

Essas práticas só são possíveis porque acreditamos que o mundo existe, que é tal como o percebemos e tal como nos ensinaram que ele é. Acreditamos que pode ser modificado ou conservado por nós; que é explicado pelas religiões e pelas ciências, e que é representado pelas artes. Acreditamos que os outros seres humanos também são racionais, pois, graças à linguagem, trocamos ideias e opiniões, pensamos de modo muito parecido, e a escola e os meios de comunicação garantem a manutenção dessas semelhanças.

Na atitude dogmática, tomamos o mundo como já dado, já feito, já pensado, já transformado. A realidade natural, social, política e cultural forma uma espécie de moldura de um quadro em cujo interior nos instalamos e onde existimos. Mesmo quando acontece algo excepcional ou extraordinário (uma catástrofe, o aparecimento de um objeto inteiramente novo e desconhecido), nossa tendência espontânea e dogmática é a de reduzir o excepcional e o extraordinário aos padrões do que já conhecemos e já sabemos. Mesmo quando descobrimos que alguma coisa é diferente do que havíamos suposto, essa descoberta não abala nossa crença e nossa confiança na realidade, nem nossa familiaridade com ela.

O mundo é como a novela da televisão: muita coisa acontece, mas, afinal, nada acontece, pois quando a novela termina, os bons foram recompensados, os maus foram punidos, os pobres bons ficaram ricos, os ricos maus ficaram pobres, a mocinha casou com o mocinho certo, a família boa se refez e a família má se desfez. Em outras palavras, os acontecimentos da novela servem apenas para confirmar e reforçar o que já sabíamos e o que já esperávamos. Tudo se mantém numa atmosfera ou num clima de familiaridade, de segurança e sossego.

Na atitude dogmática ou natural, aceitamos sem nenhum problema que há uma realidade exterior a nós e que, embora externa e diferente de nós, pode ser conhecida e tecnicamente transformada por nós. Achamos que o espaço existe, que nele estão as coisas como um receptáculo; achamos que o tempo também existe e que nele as coisas e nós próprios estamos submetidos à sucessão dos instantes.

Dogmatismo e estranhamento

Escutemos, porém, por um momento, a indagação de Santo Agostinho, em suas *Confissões*:

> *O que é o tempo? Tentemos fornecer uma explicação fácil e breve. O que há de mais familiar e mais conhecido do que o tempo? Mas, o que é o tempo? Quando quero explicá-lo, não encontro explicação. Se eu disser que o tempo é a passagem do passado para o presente e do presente para o futuro, terei de perguntar: Como pode o tempo passar? Como sei que ele passa? O que é um tempo passado? Onde ele está? O que é um tempo futuro? Onde ele está? Se o passado é o que eu, do presente, recordo e o futuro é o que o eu, do presente, espero, então não seria mais correto dizer que o tempo é apenas o presente? Mas, quanto dura um presente? Quando acabo de colocar o "r" no verbo "colocar", este "r" é ainda presente ou já é passado? A palavra que estou pensando em escrever a seguir é presente ou é futuro? O que é o tempo, afinal? E a eternidade?*

As coisas são mesmo tais como me aparecem? Estão *no* espaço? Mas o que é o espaço? Se eu disser que o espaço é feito de comprimento, altura e largura, onde poderei colocar a profundidade, sem a qual não podemos ver, não podemos enxergar nada? Mas a profundidade, que me permite ver as coisas espaciais, é justamente aquilo que não vejo e que não posso ver, se eu quiser olhar as coisas. A profundidade é ou não espacial? Se for espacial, porque não a vejo *no* espaço?

Se não for espacial, como pode ser a condição para que eu veja as coisas *no espaço*? Acompanhemos agora os versos do poeta Mário de Andrade, escritos no poema "Lira paulistana":

Mário de Andrade
(1893–1945), escritor brasileiro.

> *Garoa do meu São Paulo,*
> *Um negro vem vindo, é branco!*
> *Só bem perto fica negro,*
> *Passa e torna a ficar branco.*
> *Meu São Paulo da garoa,*
> *— Londres das neblinas frias —*
> *Um pobre vem vindo, é rico!*
> *Só bem perto fica pobre,*
> *Passa e torna a ficar rico.*

Esses versos, nos quais a garoa de São Paulo se parece com a neblina de Londres, isto é, com um véu denso de ar úmido, dizem que não conseguimos ver a realidade: o negro, de longe, é branco, o pobre, de longe, é rico; só muito de perto, sem o véu da garoa, o negro é negro e o pobre é pobre. Mas, apesar de vê-los de perto tais como são, de longe voltam a ser o que não são.

O poeta exprime um dos problemas que mais fascinam a filosofia: como a ilusão é possível? Como podemos ver o que não é? Mas, consequentemente, como a verdade é possível? Como podemos ver o que é, tal como é? Qual é a "garoa" que se interpõe entre o nosso pensamento e a realidade? Qual é a "garoa" que se interpõe entre nosso olhar e as coisas?

A atitude dogmática ou natural se rompe quando somos capazes de uma atitude de estranhamento diante das coisas que nos pareciam familiares. Dois exemplos podem ilustrar essa capacidade de estranhamento, ambos da escritora Clarice Lispector em seu livro *A descoberta do mundo*. O primeiro tem como título "Mais do que um inseto".

Clarice Lispector
(1920–1977), escritora intimista brasileira.

> *Custei um pouco a compreender o que estava vendo, de tão inesperado e sutil que era: estava vendo um inseto pousado, verde-claro, de pernas altas. Era uma "esperança", o que sempre me disseram que é de bom augúrio. Depois a esperança começou a andar bem de leve sobre o colchão. Era verde transparente, com pernas que mantinham seu corpo plano alto e por assim dizer solto, um plano tão frágil quanto as próprias pernas que eram feitas apenas da cor da casca. Dentro do fiapo das pernas não havia nada dentro: o lado de dentro de uma superfície tão rasa já é a própria superfície. Parecia um raso desenho que tivesse saído do papel, verde e andasse... E andava com uma determinação de quem copiasse um traço que era invisível para mim... Mas onde estariam nele as glân-*

dulas de seu destino e as adrenalinas de seu seco verde interior? Pois era um ser oco, um enxerto de gravetos, simples atração eletiva de linhas verdes.

O outro se intitula "Atualidade do ovo e da galinha" e nele podemos ler o seguinte trecho:

Olho o ovo com um só olhar. Imediatamente percebo que não se pode estar vendo um ovo apenas: ver o ovo é sempre hoje; mal vejo o ovo e já se torna ter visto um ovo, o mesmo, há três milênios. No próprio instante de se ver o ovo ele é a lembrança de um ovo. Só vê o ovo quem já o tiver visto... Ver realmente o ovo é impossível: o ovo é supervisível como há sons supersônicos que o ouvido já não ouve. Ninguém é capaz de ver o ovo... O ovo é uma coisa suspensa. Nunca pousou. Quando pousa, não foi ele quem pousou, foi uma superfície que veio ficar embaixo do ovo... O ovo é uma exteriorização: ter uma casca é dar-se... O ovo expõe tudo.

À primeira vista, o que há de mais banal ou familiar do que um inseto ou um ovo? No entanto, Clarice Lispector nos faz sentir admiração e estranhamento, como se jamais tivéssemos visto um inseto ou um ovo. Nas duas descrições maravilhadas, um ponto é comum: o inseto (que a autora conhece com o nome de "esperança" e que outros conhecem como "louva-a-deus") e o ovo têm a peculiaridade de serem superfícies nas quais não conseguimos distinguir ou separar o fora e o dentro, o exterior e o interior; a "esperança" verde é como um traçado — letra, desenho — sobre a superfície do papel; o ovo é uma casca que expõe tudo.

No entanto, nesses dois seres sem profundidade, há um abismo misterioso: todo ovo é igual a todo ovo e por isso não temos como ver "um" ovo, embora ele esteja diante de nossos olhos; e o inseto "esperança" é um oco, um vazio colorido (como um vazio pode ter cor?) ou uma cor sem corpo (como uma cor pode existir sem um corpo colorido?).

O sentido das palavras

A mesma estranheza pode ser encontrada num poema de Carlos Drummond de Andrade, mas agora relativa à linguagem. Usamos todos os dias as palavras como instrumentos dóceis e disponíveis, como se sempre estivessem estado prontas para nós, com seu sentido claro e útil. O poeta, porém, aconselha:

Penetra surdamente no reino das palavras.
(...)
Chega mais perto e contempla as palavras.
Cada uma
tem mil faces secretas sob a face neutra
e te pergunta, sem interesse pela resposta,
pobre ou terrível, que lhe deres:
Trouxeste a chave?

Se as palavras tivessem sempre um sentido óbvio e único, não haveria literatura, não haveria mal-entendido e controvérsia. Se as palavras tivessem sempre o mesmo sentido e se indicassem diretamente as coisas nomeadas, como seria possível a mentira? É por isso que o poeta Fernando Pessoa, em versos famosos, escreveu:

Fernando Pessoa (1888–1935), poeta português, famoso por seus heterônimos.

O poeta é um fingidor.
Finge tão completamente
Que chega a fingir que é dor,
A dor que deveras sente.

O poeta é um "finge-dor" e seu fingimento — isto é, sua criação artística — é tão profundo e tão constitutivo de seu ser de poeta que ele finge — isto é, transforma em poema, em obra de arte — a dor que deveras ou de verdade sente. A palavra tem esse poder misterioso de transformar o que não existe em realidade (o poeta finge) e de dar a aparência de irrealidade ao que realmente existe (o poeta finge a dor que realmente sente).

Na tragédia *Otelo*, de Shakespeare, o mouro Otelo, apaixonado perdidamente por sua jovem esposa, Desdêmona, acaba por assassiná-la porque foi convencido por um servidor ambicioso, Iago, de que ela o traía. Iago, invejoso dos cargos que Otelo daria a um outro membro de sua corte, inventou a traição de Desdêmona com esse outro, mentiu para Otelo com a esperança de que este expulsasse ou matasse o rival. Mas Otelo, tomando a mentira pela verdade, matou a inocente Desdêmona, destruiu a pessoa amada, que morreu afirmando sua inocência. Para construir a mentira, Iago despertou em Otelo o ciúme, caluniando Desdêmona. Usou vários estratagemas, mas sobretudo usou a linguagem, isto é, palavras falsas que envenenaram o espírito de Otelo.

William Shakespeare (1564–1616), dramaturgo e poeta inglês.

Como é possível que as palavras ou a linguagem tenham o poder para tornar o verdadeiro, falso, e fazer do falso, verdadeiro? Como seria uma sociedade na qual a mentira fosse a regra e, portanto, na qual não conseguíssemos nenhuma informação, por menor que fosse, que tivesse alguma veracidade? Como faríamos para sobreviver, se tudo o que nos fosse dito fosse mentira? Perguntas e respostas seriam inúteis, a desconfiança e a decepção seriam as únicas formas de relação entre as pessoas e tal sociedade seria a imagem do Inferno.

Essa sociedade infernal é criada pelo escritor George Orwell, no romance *1984* (escrito em 1948, após o término da Segunda Guerra Mundial — 1939-1945). Orwell descreve uma sociedade totalitária que controla todos os gestos, atos, pensamentos e palavras de seus membros. Estes, todos os dias, entram num cubículo onde uma teletela exibe o rosto do grande chefe, o Grande Irmão (o Big Brother), que, pela mentira e pelo medo, domina o espírito da população, falando diariamente com cada um. Em toda parte, nas paredes externas e internas dos edifícios, é exibido o rosto do Grande Irmão, que, incessantemente, envia mensagens, ordens e conselhos a toda a sociedade. Em toda parte, há câmeras escondidas pelas quais o Big Brother vigia e controla a sociedade inteira.

George Orwell (1903–1950), escritor inglês.

Nessa sociedade, é instituído o Ministério da Verdade, no qual, todos os dias, os fatos reais são omitidos ou modificados em narrativas ou relatos falsos, são apagados da história e da memória, como se nunca tivessem existido. O Ministério da Verdade cria a mentira como instituição social. O Estado cria a Novilíngua, isto é, inventa palavras e destrói outras; as inventadas são as que estão a serviço da mentira institucionalizada, e as destruídas são as que poderiam fazer aparecer a mentira. A negação da verdade é, assim, usada para manter uma sociedade inteira enganada e submissa.

Quando vemos o modo como os meios de comunicação funcionam, podemos perguntar se *1984* é uma simples ficção ou se realmente existe, sem que o saibamos.

Como é possível que a linguagem tenha tamanho poder mistificador? É que os seres humanos, desde as culturas mais antigas, sempre acreditaram que certas palavras podem ter força para fazer acontecer ou não acontecer as coisas, pois têm poderes mágicos (é por isso que em todas as sociedades há palavras que são consideradas de boa sorte e da má sorte, palavras que nunca devem ser ditas porque têm o poder de causar a morte ou uma catástrofe, etc.). Como é possível que a linguagem seja capaz de produzir coisas ou fatos?

A linguagem pode mistificar e iludir. Porém, ao mesmo tempo, como é possível que, em todas as culturas, na relação entre os homens e a divindade, entre o profano e o sagrado, o papel fundamental de revelação da verdade seja sempre dado à linguagem, à palavra sagrada e verdadeira que os deuses dizem aos homens? Como uma mesma coisa — a palavra, o discurso — pode ser origem, ao mesmo tempo, da verdade e da falsidade? Como a linguagem pode mostrar e esconder?

Como essa duplicidade misteriosa da linguagem pode servir para manter o dogmatismo? Mas também, como pode despertar o desejo da verdade?

Verdades reveladas e verdades alcançadas

A atitude dogmática é conservadora, isto é, sente receio das novidades, do inesperado, do desconhecido e de tudo o que possa desequilibrar as crenças e opiniões já constituídas. Esse conservadorismo se transforma em preconceito, isto é, em ideias preconcebidas que impedem até mesmo o contato com tudo quanto possa pôr em perigo o já sabido, o já dito e o já feito.

Umberto Eco (1932), semiólogo, linguista, filósofo e escritor italiano.

copistas: antes da imprensa de Gutenbeg, o copista era o responsável pela cópia manuscrita dos textos de todos os tipos, principalmente os considerados "proibidos" pela Igreja católica.

O conservadorismo pode aumentar ainda mais quando o dogmatismo estiver convencido de que várias de suas opiniões e crenças vieram de uma fonte sagrada, de uma revelação divina incontestável e incontestada, de modo que situações que tornem problemáticas tais crenças são afastadas como inaceitáveis e perigosas; aqueles que ousam enfrentar essas crenças e opiniões são tidos como criminosos, blasfemadores e heréticos.

No romance de Umberto Eco, *O nome da rosa*, uma série de assassinatos misteriosos acontecem e todos os mortos trazem um mesmo sinal, a língua enegrecida e dois dedos da mão direita — o polegar e o indicador — também enegrecidos. O monge Guilherme de Baskerville descobre que todos os assassinados eram frades encarregados de copiar e ilustrar manuscritos de uma biblioteca; todos eles haviam manuseado um mesmo livro no qual havia algo que funcionava como veneno (ao molhar os dedos com saliva para virar as páginas do livro, os copistas eram envenenados).

Guilherme descobre que o livro era uma obra perdida de Aristóteles sobre a comédia e a importância do riso para a vida humana. Descobre também que um dos monges, Jorge de Burgos, guardião da biblioteca, julgara que o riso é contrário à vontade de Deus, um pecado que merece a morte, pois viemos ao mundo para sofrer a culpa original de Adão. Por isso, assassina por envenenamento os copistas que ousaram ler o livro e, ao final, queima a biblioteca para que o livro seja destruído.

Nesse romance, duas ideias acerca da verdade se enfrentam: a verdade humana, que estaria contida no livro do filósofo Aristóteles, e a verdade divina, que o bibliotecário julga estar na proibição do riso e da alegria para os humanos pecadores, que vieram à Terra para o sofrimento. Em nome dessa segunda verdade, Jorge de Burgos mata outros seres humanos e queima livros escritos por seres humanos, pois, para ele, uma verdade revelada por Deus é a única verdade e tudo quanto querem e pensam os humanos, se for contrário à verdade divina, é erro e falsidade, crime e blasfêmia.

Esse conflito entre verdades reveladas e verdades alcançadas pelos humanos por meio do exercício da inteligência e da razão tem sido também uma questão que preocupa a filosofia, desde o surgimento do cristianismo. Podemos conhecer as verdades divinas? Se não pudermos conhecê-las, seremos culpados? Mas, como seríamos culpados por não conhecer aquilo que nosso intelecto, por ser pequeno e menor do que o de Deus, não teria forças para alcançar?

As três concepções da verdade

Os vários exemplos que mencionamos neste capítulo indicam concepções diferentes da verdade.

No caso de Mário de Andrade e Clarice Lispector, o problema da verdade está ligado ao ver, ao perceber. No caso de Fernando Pessoa, Drummond, Shakespeare e Orwell, o problema da verdade está ligado ao dizer, ao falar, às palavras. No caso de Umberto Eco, o problema da verdade está ligado ao crer, ao acreditar.

Para a atitude natural ou dogmática, o verdadeiro é o que funciona e não surpreende. É — como vimos — o já sabido, o já dito e o já feito. Verdade e realidade parecem ser idênticas e quando essa identidade se desfaz ou se quebra, surge a incerteza que busca readquirir certezas.

Para a atitude crítica ou filosófica, a verdade nasce da decisão e da deliberação de encontrá-la, da consciência da ignorância, do espanto, da admiração e do desejo de saber. Nessa busca, a filosofia é herdeira de três grandes concepções da verdade: a do ver-perceber, a do falar-dizer e a do crer-confiar.

| UNIDADE 3 | A verdade

Capítulo 3
As concepções da verdade

Grego, latim e hebraico

Nossa ideia da verdade foi construída ao longo dos séculos com base em três concepções diferentes, vindas da língua grega, da latina e da hebraica.

Em grego, verdade se diz *alétheia*, palavra composta do prefixo *a* (que em grego indica "negação") e de *léthe* (que significa "esquecimento"). *Alétheia* significa "o não esquecido" e justamente por isso, como vimos no Mito de Er, Platão fala da verdade como o que é lembrado ou não esquecido. Por extensão do sentido, *alétheia* também significa o não escondido, não dissimulado. Como não esquecido, não escondido, não dissimulado, a verdade é o que vemos numa contemplação, o que se manifesta ou se mostra para os olhos do corpo e do espírito. O que é manifestado ou mostrado? A verdade é a manifestação daquilo que é realmente ou do que existe realmente tal como se manifesta ou se mostra. O verdadeiro se opõe ao falso, *pseudos*, que é o encoberto, o escondido, o dissimulado, o que parece ser mas não é, o que não é como parece. O verdadeiro é o plenamente visível para a razão ou o evidente.

Assim, a verdade é uma automanifestação da realidade ou a manifestação dos seres à visão intelectual dos humanos. Ela é uma qualidade das próprias coisas (o manifestar-se ou mostrar-se a si mesmas) e o verdadeiro está nas próprias coisas, quando o que elas manifestam é sua realidade própria. Conhecer é ver e dizer a verdade que está na própria realidade e, portanto, a verdade depende de que a realidade se manifeste, enquanto a falsidade depende de que ela se esconda ou se dissimule em aparências. Por isso, na concepção grega, o verdadeiro é o *ser* (o que algo realmente é) e o falso é o *parecer* (o que algo aparenta ser e não é).

Em latim, verdade se diz *veritas* e se refere à precisão, ao rigor e à exatidão de um relato, no qual se diz com detalhes, pormenores e fidelidade o que realmente aconteceu. Verdadeiro se refere, portanto, à linguagem como narrativa de fatos acontecidos, refere-se a enunciados que dizem fielmente as coisas tais como foram ou aconteceram. Um relato é veraz ou dotado de veracidade quando a linguagem enuncia os fatos reais.

A verdade depende, de um lado, da veracidade, da memória e da acuidade mental de quem fala e, de outro, de que o enunciado corresponda aos fatos acontecidos. A verdade não se refere às próprias coisas e aos próprios fatos (como acontece na *alétheia*), mas ao relato e ao enunciado, à linguagem. Seu oposto, portanto, não é a aparência (como na concepção grega), e sim a mentira ou a falsificação. As coisas e os fatos ou são reais ou imaginários; os relatos e enunciados sobre eles é que são verdadeiros ou falsos.

Em hebraico, verdade se diz *emunah* e significa "confiança". Agora são as pessoas e Deus quem são verdadeiros. Um Deus verdadeiro ou um amigo verdadeiro são aqueles que cumprem o que prometem, são fiéis à palavra dada ou a um pacto feito; enfim, não traem a confiança.

Os atores Sean Connery e Christian Slater em cena do filme *O nome da rosa*, de 1986, dirigido por Jean-Jacques Annaud.

122

A verdade se relaciona com a presença de alguém (Deus ou humano) e com a espera de que aquilo que foi prometido ou pactuado vai cumprir-se ou acontecer. *Emunah* é uma palavra de mesma origem que "amém" e significa "assim seja". A verdade é uma crença fundada na esperança e na confiança em uma promessa, estando referida ao futuro, ao que será ou virá. Sua forma mais elevada é a revelação divina e sua expressão mais perfeita é a profecia.

Alétheia se refere ao que as coisas *são* (isto é, o que elas sempre foram e sempre serão tais como se manifestam agora ao nosso espírito); *veritas* se refere aos fatos que *foram* (isto é, a acontecimentos que realmente se deram tais como são relatados); *emunah* se refere às ações e coisas que *serão* (isto é, ao que virá a ser ou a acontecer porque assim foi prometido). A nossa concepção da verdade é uma síntese dessas três fontes e por isso se refere à percepção das coisas reais (como na *alétheia*), à linguagem que relata fatos passados (como na *veritas*) e à expectativa de coisas futuras (como na *emunah*). Ou seja, nossa concepção da verdade abrange *o que é* (a realidade), *o que foi* (os acontecimentos passados) e *o que será* (as ações e acontecimentos futuros). Refere-se, portanto, à própria realidade (como na *alétheia*), à linguagem (como na *veritas*) e à confiança-esperança (como na *emunah*).

Palavras como *averiguar* e *verificar* indicam buscar a verdade; *veredicto* é pronunciar um julgamento verdadeiro, dizer um juízo veraz; *verossímil* e *verossimilhante* significam ser parecido com a verdade, ter traços semelhantes aos de algo verdadeiro.

Diferentes teorias sobre a verdade

Existem diferentes concepções filosóficas sobre a natureza do conhecimento verdadeiro, dependendo de qual das três ideias originais da verdade predomine no pensamento de um ou de alguns filósofos.

Assim, quando predomina a *alétheia*, considera-se que a verdade está nas próprias coisas ou na própria realidade e o conhecimento verdadeiro é a apreensão intelectual e racional dessa verdade. A marca do conhecimento verdadeiro é a **evidência**, isto é, a visão intelectual e racional da realidade tal como é em si mesma e alcançada pelas operações de nossa razão ou de nosso intelecto. Uma ideia é verdadeira quando *corresponde* à coisa que é seu conteúdo e que existe fora de nosso espírito ou de nosso pensamento. A teoria da verdade como evidência e correspondência afirma que o critério da verdade é a *adequação do nosso intelecto à coisa* (as ideias correspondem efetivamente às coisas representadas por elas) ou *a adequação da coisa ao nosso intelecto* (as coisas correspondem efetivamente às ideias que as representam).

Quando predomina a *veritas*, considera-se que a verdade depende do rigor e da precisão na criação e no uso de regras de linguagem, que devem exprimir, ao mesmo tempo, nosso pensamento ou nossas ideias e os acontecimentos ou fatos exteriores a nós. Considera-se que nossas ideias relatam ou narram em nossa mente os fatos ou acontecimentos e serão verdadeiras quando obedecerem a princípios, regras e normas de uma linguagem rigorosa.

Agora, não se diz que uma coisa é verdadeira *porque* corresponde a uma realidade externa, mas se diz que ela corresponde à realidade externa *porque* é verdadeira. O critério da verdade é dado pela *coerência interna* ou pela *coerência lógica* das ideias e das cadeias de ideias que formam um raciocínio, coerência que depende da obediência às regras e leis dos enunciados corretos. A marca do verdadeiro não é, como anteriormente, a evidência, e sim a *validade lógica* de seus argumentos.

Finalmente, quando predomina a *emunah*, considera-se que a verdade depende de um acordo ou de um pacto de confiança entre os pesquisadores, que definem um conjunto de *convenções* universais sobre o conhecimento verdadeiro e que devem sempre ser respeitadas por todos. A marca da verdade é, portanto, o **consenso** e a confiança recíprocos entre os membros de uma comunidade de pesquisadores e estudiosos.

O consenso se estabelece baseado em três princípios que serão respeitados por todos:

1. que somos seres racionais e nosso pensamento obedece aos quatro princípios da razão;
2. que somos seres dotados de linguagem e que ela funciona segundo regras lógicas convencionadas e aceitas por uma comunidade;
3. que os resultados de uma investigação devem ser submetidos à discussão e avaliação pelos membros da comunidade de investigadores que lhe atribuirão ou não o valor de verdade.

Existe ainda uma quarta teoria da verdade que se distingue das anteriores porque define o conhecimento verdadeiro por um critério que não é teórico, e sim prático. Trata-se da teoria **pragmática**. Como seu nome indica, para essa teoria um conhecimento é verdadeiro por seus resultados e suas aplicações práticas, sendo verificado pela experimentação e pela experiência. A marca do verdadeiro é a *verificabilidade* dos resultados e a *eficácia* de sua aplicação.

Essa concepção da verdade está muito próxima da teoria da correspondência entre coisa e ideia, entre realidade e pensamento, que julga que o resultado prático, na maioria das vezes, é conseguido porque o conhecimento alcançou as próprias coisas e pode agir sobre elas.

Em contrapartida, a teoria da convenção ou do consenso está mais próxima da teoria da coerência interna, pois as convenções ou consensos verdadeiros costumam ser baseados em princípios e argumentos linguísticos e lógicos, princípios e argumentos da linguagem, do discurso e da comunicação.

Na primeira teoria (*correspondência*), as coisas e as ideias são consideradas verdadeiras ou falsas; na segunda (*coerência*) e na terceira (*consenso*), os enunciados, os argumentos e as ideias é que são julgados verdadeiros ou falsos; na quarta (*pragmática*), são os resultados que recebem a denominação de verdadeiros ou falsos.

Na teoria da correspondência e na teoria pragmática, a verdade é o acordo entre o pensamento e a realidade. Na teoria da coerência e na teoria do consenso, a verdade é o acordo do pensamento e da linguagem consigo mesmos, com base em regras e princípios que o pensamento e a linguagem deram a si próprios, em conformidade com sua natureza própria, que é a mesma para todos os seres humanos (ou definida como a mesma para todos por um consenso).

pragmática: palavra derivada do vocábulo grego *pragmatikós*, que significa "o que concerne à ação", "o que é próprio da ação", "o que é eficaz", vindo da palavra *pragma*, que significa "a ação que se faz", "o que se faz", "o que se deve fazer".

Verdade e falsidade

Se observarmos a concepção grega da verdade, notaremos que nela as coisas ou o *ser* (a realidade) é o verdadeiro ou a verdade. Isto é, o que existe e manifesta sua existência para nossa percepção e para nosso pensamento é verdade ou verdadeiro. Por esse motivo, os filósofos gregos perguntam: como o erro, o falso e a mentira são possíveis? Em outras palavras, como podemos pensar naquilo que não é, não existe, não tem realidade, se o erro, o falso e a mentira só podem referir-se ao que não é, ao *não ser*? O *ser* é o manifesto, o visível para os olhos do corpo e do espírito, o evidente. Errar, falsear ou mentir, portanto, é não ver os seres tais como são, é não falar deles tais como são. Como isso é possível?

A resposta dos filósofos gregos é dupla:

1. o erro, o falso e a mentira se referem à *aparência* superficial e ilusória das coisas ou dos seres e surgem quando não conseguimos alcançar a *essência* das realidades (como no poema de Mário de Andrade, em que a garoa-neblina cria um véu que encobre, oculta e dissimula as coisas e as torna confusas, indistintas); são um defeito ou uma falha de nossa percepção sensorial ou intelectual;

2. o erro, o falso e a mentira surgem quando dizemos de algum ser aquilo que ele não é, quando lhe atribuímos qualidades ou propriedades que ele não possui ou quando lhe negamos qualidades ou propriedades que ele possui. Nesse caso, o erro, o falso e a mentira se alojam na linguagem e acontecem no momento em que fazemos afirmações ou negações que não correspondem à essência de alguma coisa. O erro, o falso e a mentira são um acontecimento do juízo ou do enunciado.

juízo: juízo é uma proposição afirmativa ("*S é P*") ou negativa ("*S não é P*") pela qual se atribui ou se nega a um sujeito *S* um predicado *P*. O predicado é um atributo afirmado ou negado do sujeito e faz parte (ou não) de sua essência.

Assim, por exemplo, se eu formular o seguinte juízo: "Sócrates é imortal", o erro se encontra na atribuição do predicado "imortal" a um sujeito (Sócrates), que não possui a qualidade ou propriedade da imortalidade. Há, porém, uma diferença entre o erro, de um lado, e o falso e a mentira, de outro. O erro é um engano do juízo quando desconhecemos a essência de um ser. O falso e a mentira, porém, são juízos deliberadamente errados, isto é, conhecemos a essência de alguma coisa, mas deliberadamente emitimos um juízo errado sobre ela.

O que é a verdade? É a conformidade entre nosso pensamento e nosso juízo e as coisas pensadas ou formuladas. Qual a condição para o conhecimento verdadeiro? A evidência, isto é, a visão intelectual da essência de um ser. Para formular um juízo verdadeiro precisamos, portanto, primeiro conhecer a essência, e a conhecemos ou por intuição, ou por dedução, ou por indução.

A verdade exige que nos libertemos das aparências das coisas para ver intelectualmente a essência delas; exige portanto que nos libertemos das opiniões estabelecidas e das ilusões de nossos órgãos dos sentidos. Em outras palavras, a verdade sendo o conhecimento da essência real e profunda dos seres é sempre universal e necessária, enquanto as opiniões variam de lugar para lugar, de época para época, de sociedade para sociedade, de pessoa para pessoa. Essa variabilidade e inconstância das opiniões provam que a essência dos seres não está conhecida e, por isso, se nos mantivermos no plano das opiniões, nunca alcançaremos a verdade.

O mesmo deve ser dito sobre nossas sensações ou impressões sensoriais, que variam conforme o estado do nosso corpo, as disposições de nosso espírito e as condições em que as coisas nos aparecem. Pelo mesmo motivo, devemos ou abandonar as ideias formadas com base nas nossas sensações (é o que dizem, por exemplo, Sócrates, Platão, Descartes), ou, então, encontrar aqueles aspectos da experiência sensorial que são necessários e universais e por isso capazes de perceber em parte algo da essência real das coisas (é o que diz, por exemplo, Aristóteles). No primeiro caso (abandono da sensação), somente o intelecto (espírito) vê o *ser* verdadeiro. No segundo caso (aceitação dos aspectos necessários e universais da sensação), o intelecto purifica o testemunho sensorial, que é aceitar parcialmente os dados da experiência sensorial.

Por exemplo, posso perceber que uma flor é branca, mas se eu estiver doente, a verei amarela; percebo o Sol muito menor do que a Terra, embora ele seja maior do que ela. Apesar desses enganos perceptivos, observo que toda percepção capta qualidades nas coisas (cor, textura, por exemplo) e, portanto, as qualidades pertencem à essência das próprias coisas e fazem parte da verdade delas, mesmo que me engane ao percebê-las.

Quando se examina a ideia latina da verdade como veracidade de um relato, pode-se observar que o problema da verdade e do erro, do falso e da mentira deslocou-se diretamente para o campo da linguagem. O verdadeiro e o falso estão menos no ato de ver (com os olhos do corpo ou com os olhos do espírito) e mais no ato de dizer. Por isso, a pergunta dos filósofos, agora, é exatamente contrária à anterior, ou seja, em vez de perguntar "como o erro e a falsidade são possíveis?", pergunta-se "como a verdade é possível?".

Por que essa pergunta? Porque, se a verdade está no discurso ou na linguagem, não depende apenas do pensamento e das próprias coisas, mas também de nossa **vontade** para dizê-la, silenciá-la ou deformá-la. O verdadeiro continua sendo tomado como conformidade entre a ideia e as coisas — no caso, entre o discurso ou relato e os fatos acontecidos que estão sendo relatados —, mas depende também de nosso querer.

Esse aspecto voluntário da verdade torna-se de grande importância com o surgimento da filosofia cristã porque, com ela, é introduzida a ideia de vontade livre ou de livre-arbítrio da vontade, de modo que a verdade está na dependência não só da conformidade entre relato e fato, mas também da boa vontade ou da vontade que deseja o verdadeiro.

Ora, o cristianismo afirma que a vontade livre foi responsável pelo pecado original e que a vontade, criada boa por Deus, foi pervertida pelo primeiro homem e tornou-se vontade má. Assim sendo, a mentira, o erro e o falso tenderiam a prevalecer contra a verdade porque nossa inteligência ou nosso intelecto é mais fraco do que nossa vontade, e esta pode forçá-lo ao erro e ao falso.

Essas questões foram posteriormente examinadas pelos filósofos modernos, os filósofos do Grande Racionalismo Clássico, no século XVII, que, com Descartes e Francis Bacon, introduziram a exigência de começar a filosofia pelo exame de nossa consciência — vontade, intelecto, imaginação, memória —, para saber o que podemos conhecer realmente e quais os auxílios que devem ser oferecidos ao nosso intelecto para que controle e domine nossa vontade e a submeta ao verdadeiro.

Verdade e erro para o Grande Racionalismo

Os racionalistas modernos afirmam que é preciso começar liberando nosso espírito ou nossa consciência dos preconceitos, dos dogmatismos da opinião e da experiência cotidiana. Essa liberação pode ser realizada de várias maneiras: uma delas é proposta por Bacon com o nome de combate aos ídolos, isto é, aos preconceitos; a outra, que já vimos, é a dúvida metódica cartesiana. A consciência purificada, que é o sujeito do conhecimento, poderá, então, alcançar as evidências (por intuição, dedução ou indução) e formular juízos verdadeiros aos quais a vontade deverá submeter-se. Os filósofos modernos afirmam que:

1. a verdade é conhecida por evidência (a evidência pode ser obtida por intuição, dedução ou indução);
2. a verdade se exprime no juízo quando nele a ideia está em conformidade com o ser das coisas ou com os fatos;
3. o erro, o falso e a mentira se alojam no juízo quando afirmamos de uma coisa algo que não pertence à sua essência ou natureza, ou quando lhe negamos algo que pertence necessariamente à sua essência ou natureza;
4. as causas do erro e do falso são as opiniões preconcebidas, os hábitos, os enganos da percepção e da memória e os enganos na formulação de juízos sobre as coisas;
5. em decorrência do cristianismo, para alguns modernos a causa do falso e da mentira também se encontra na vontade, que é mais poderosa do que o intelecto ou o pensamento, e precisa ser controlada por ele;
6. uma verdade, por referir-se à essência das coisas ou dos seres, é sempre universal e necessária e distingue-se da aparência, pois esta produz apenas opinião, a qual é sempre particular, individual, instável e mutável;
7. o pensamento se submete a uma única autoridade: a dele próprio como capacidade para o conhecimento verdadeiro.

A verdade como correspondência

Quando os filósofos antigos e modernos afirmam que a verdade é conformidade ou correspondência entre a ideia e a coisa e entre a coisa e a ideia (ou entre a ideia e o ideado), não estão dizendo que uma ideia verdadeira é uma cópia, um papel-carbono, um "xerox" da coisa verdadeira. Ideia e coisa, conceito e ser, juízo e fato não são de mesma natureza. Como disse um filósofo, a ideia de cão não late e a de açúcar não é doce. O que os filósofos afirmam é que a ideia corresponde à coisa conhecida ou ao ideado porque é o conhecimento da estrutura da coisa, das relações internas necessárias que constituem a essência da coisa e das relações e nexos necessários que ela mantém com outras. A ideia é uma ação realizada pelo intelecto, uma operação intelectual; o ideado, uma realidade externa conhecida pelo intelecto.

Quando o pensamento conhece, por exemplo, o fenômeno da queda livre dos corpos (formulado pela física de Galileu), isso não significa que o pensamento se torna um corpo caindo no vácuo, mas sim que conhece as causas desse movimento e as formula em conceitos verdadeiros, isto é, formula as *leis* do movimento. Em outras palavras, os corpos *seguem* as leis do movimento; o pensamento *conhece* essas leis.

A ideia verdadeira é o conhecimento das causas, qualidades, propriedades e relações da coisa conhecida, e, por ser o conhecimento de causa, qualidades, propriedades e relações necessárias (e não acidentais ou casuais), ela é o conhecimento da essência da coisa conhecida ou de seu ser íntimo e necessário.

Uma outra teoria da verdade

Quando estudamos a razão, vimos os problemas criados pelo inatismo e pelo empirismo. Vimos a solução de Leibniz, distinguindo verdades de razão e verdades de fato. Vimos também a "revolução copernicana" de Kant, distinguindo entre as estruturas (ou formas e categorias) da razão e os conteúdos trazidos a ela pela experiência, isto é, a distinção entre os elementos *a priori* e *a posteriori* no conhecimento.

Kant afirma que o conhecimento (científico e filosófico) deve realizar-se apenas com juízos *a priori*.

Um juízo é um ato mental de julgamento pelo qual atribuímos a alguma coisa certas propriedades e lhe recusamos outras. O juízo estabelece uma relação determinada entre dois termos (um sujeito e um predicado) e se exprime por meio de uma proposição cuja forma mais simples é "*S é P*", "*S não é P*". Um juízo é verdadeiro quando o que o predicado afirma ou nega do sujeito corresponde exatamente ao que a coisa é; e é falso quando não há essa correspondência (afirma-se algo que não pertence à coisa ou nega-se algo que pertence a ela).

Um juízo é analítico quando o predicado ou os predicados do enunciado nada mais são do que a explicitação do conteúdo do sujeito do enunciado. Por exemplo: quando digo que o triângulo é uma figura de três lados, o predicado "figura de três lados" nada mais é do que a explicitação do sujeito "triângulo". Ou quando digo que "todos os corpos são extensos", o predicado "são extensos" não acrescenta um conhecimento novo sobre o sujeito "corpos", mas apenas explicita o conceito desse sujeito. O mesmo acontece se eu disser que "o calor é uma medida de temperatura dos corpos", o predicado "medida da temperatura dos corpos" simplesmente explicita o conteúdo do sujeito "calor". No juízo analítico podemos dizer que o predicado é um sinônimo do sujeito ou que ele analisa o conteúdo do sujeito. Como diz Kant, o juízo analítico é *explicativo*, pois nada exprime no predicado que já não tenha sido pensado no conceito do sujeito.

Quando, porém, entre o sujeito e o predicado se estabelece uma relação na qual o predicado oferece informações novas sobre o sujeito, o juízo é sintético, isto é, formula uma síntese entre um predicado e um sujeito. Assim, por exemplo, se em vez de dizer que os corpos são extensos, dissermos que "alguns corpos são pesados", o predicado "são pesados" nos diz algo novo sobre o sujeito; da mesma maneira, se em vez de dizer que o calor é uma medida de temperatura dos corpos, dissermos que "o calor é a causa da dilatação dos corpos", o predicado "causa da dilatação dos corpos" não está analiticamente contido no sujeito "calor". A relação entre "calor" e "dilatação dos corpos" é uma síntese de dois termos diferentes na qual algo novo nos é dito sobre o sujeito por meio do predicado. O juízo sintético, diz Kant, é *ampliativo*, pois aumenta nosso conhecimento.

Para Kant, os juízos analíticos correspondem às verdades de razão de Leibniz, mas os juízos sintéticos teriam de ser considerados verdades de fato, isto é, uma relação entre termos que depende dos acontecimentos ou dos fatos e que requer a experiência para ser conhecida. Ou seja, o juízo analítico sobre o calor não nos ensina nada, senão que ele mede a temperatura dos corpos. Para afirmar um juízo sintético em que "calor" seja o sujeito e o predicado afirme algo novo sobre esse sujeito, precisamos ver, em muitas ocasiões, corpos se dilatando sob a ação do calor e só então poderemos dizer que o calor é a causa desse fato. No entanto, ao estudar a razão, vimos que os fatos são acontecimentos que conhecemos por experiência — são empíricos — e sobre eles pesa a suspeita de Hume de que não seriam senão hábitos associativos e repetitivos de nossa mente, baseados na experiência sensível e, portanto, um juízo sintético jamais poderia pretender ser verdadeiro de modo universal e necessário.

Dessa maneira, a verdade parece ficar reduzida aos juízos analíticos, os quais nada nos ensinam sobre as coisas, mas apenas nos explicam o que estamos dizendo quando as nomeamos. Em contrapartida, os juízos sintéticos, que nos ensinam sobre a realidade e nos trazem informações novas sobre as coisas, por dependerem da experiência variável de cada um de nós, não são verdadeiros no sentido preciso da palavra, isto é, não são necessários nem universais.

Que faz Kant? Vimos que Kant distingue entre a estrutura universal e necessária da razão e os conteúdos da experiência, dizendo que a experiência é a ocasião para o conhecimento, mas não a causa do conhecimento, pois este depende da estrutura *a priori* da sensibilidade (espaço e tempo) e do entendimento (categorias e conceitos). Partindo dessa formulação, Kant introduz a ideia de *juízos sintéticos a priori*, isto é, de juízos sintéticos nos quais a síntese do sujeito e do predicado depende da estrutura universal e necessária de nossa razão e não da variabilidade individual de nossas experiências. Os juízos sintéticos *a priori* exprimem o modo como necessariamente nosso pensamento relaciona e conhece a realidade. A causalidade, por exemplo, é uma síntese *a priori* que nosso entendimento formula para as ligações universais e necessárias entre causas e efeitos, independentemente de hábitos psíquicos associativos.

Todavia, vimos também que Kant afirma que a realidade que conhecemos filosoficamente e cientificamente não é a realidade em si das coisas, mas a realidade tal como é estruturada por nossa razão, tal como é organizada, explicada e interpretada pelas estruturas *a priori* do sujeito do conhecimento. A realidade conhecida é o que depende inteiramente de nossas ideias verdadeiras, e o kantismo é um idealismo.

Com efeito, quando estudamos a razão, vimos que Kant distingue entre realidade em si e realidade para nós ou conhecida por nós. Para fazer essa distinção, Kant usa duas palavras gregas: *noumenon*, que significa "a realidade em si, racional em si, inteligível em si"; e *phainomenon (fenômeno)*, que significa "a realidade tal como se mostra ou se manifesta para nossa razão ou para nossa consciência". Kant afirma que só podemos conhecer o *fenômeno* (o que se apresenta para a consciência a partir da estrutura *a priori* da própria consciência) e que não podemos conhecer o *noumenon* (a coisa em si).

Autorretrato como expressão da consciência reflexiva de Husserl. Obra de Roberto Magalhães intitulada *Autorretrato falando*, de 1965.

Vimos também, ao mencionar as correntes de pensamento da filosofia contemporânea, que o filósofo Husserl criou uma filosofia chamada *fenomenologia*. Essa palavra, tal como usada por Husserl, vem diretamente da filosofia kantiana. Fenomenologia significa "conhecimento daquilo que se manifesta para nossa consciência, daquilo que está presente para a consciência ou para a razão porque é organizado e explicado com base na própria estrutura *a priori* da consciência". A verdade se refere aos fenômenos, e os fenômenos são o que a consciência conhece.

Ora, diz Husserl, o que é o fenômeno? O que se manifesta para a consciência. O que é que se manifesta para a consciência? A própria consciência. Conhecer os fenômenos e conhecer a estrutura e o funcionamento necessário da consciência são uma só e mesma coisa, pois é a própria consciência que *a priori* constitui os fenômenos. Essa consciência é a *consciência reflexiva a priori*. Por que reflexiva? Porque o fenômeno é apenas uma expressão da própria consciência, é o resultado da reflexão. Por que *a priori*? Porque essa consciência não depende da experiência psicológica para conhecer, e sim da sua estrutura própria, anterior a toda e qualquer experiência.

A consciência reflexiva *a priori* é aquilo pelo que há fenômeno e experiência. Como a consciência constitui os fenômenos? Dando sentido às coisas. Conhecer é conhecer a significação das coisas tal como essa significação foi produzida *a priori* pela estrutura da consciência. A significação, quando oferece o sentido universal e necessário de uma coisa, é a **essência** da coisa significada. A verdade é o conhecimento das essências universais e necessárias ou o *conhecimento das significações* constituídas *a priori* pela consciência reflexiva ou pela razão reflexiva.

Na perspectiva idealista, seja ela kantiana ou husserliana, não podemos mais dizer que a verdade é a conformidade do pensamento com as coisas ou a correspondência entre a ideia e o objeto. A verdade será o encadeamento interno e rigoroso das ideias ou dos conceitos (Kant) ou das significações (Husserl), sua coerência lógica e sua necessidade. A verdade é um acontecimento interno ao nosso intelecto ou à nossa consciência e, portanto, a correspondência entre ideias e coisas depende inteiramente das próprias ideias, uma vez que são elas as responsáveis pelo objeto do conhecimento. Para Kant e para Husserl, o erro e a falsidade encontram-se no realismo, isto é, na suposição de que os conceitos ou as significações se refiram a uma realidade em si, independentemente do sujeito do conhecimento. Esse erro e essa falsidade, Kant chamou de *dogmatismo*, e Husserl, de *atitude natural* ou *tese natural do mundo*.

A concepção da verdade na filosofia analítica

Quando falamos sobre filosofia contemporânea, fizemos referência a um tipo de filosofia conhecida como *filosofia analítica*.

A filosofia analítica dedicou-se prioritariamente aos estudos da linguagem e da lógica e por isso situou a verdade como um fato ou um acontecimento linguístico e lógico, isto é, como um fato da linguagem. A teoria da verdade, nessa filosofia, passou por duas grandes etapas.

Na primeira, os filósofos consideravam que a linguagem produz enunciados ou sentenças sobre as coisas — há os enunciados ou sentenças do senso comum ou da vida cotidiana (a chamada "linguagem natural") e os enunciados ou sentenças lógicos formulados pelas ciências. A pretensão da linguagem, nos dois casos, seria a de produzir enunciados ou sentenças em conformidade com a própria realidade, de modo que a verdade seria tal conformidade ou correspondência entre os enunciados e os fatos e coisas.

Essa conformidade ou correspondência seria inadequada e imprecisa na linguagem natural e seria adequada e precisa na linguagem correta e rigorosa das ciências. Por isso, a ciência foi definida como "linguagem bem-feita" e concebida como descrição e "pintura" do mundo.

No entanto, inúmeros problemas levaram os chamados filósofos analíticos a perceber que a estrutura e o funcionamento da linguagem não correspondem exatamente à estrutura e ao funcionamento das coisas, que uma linguagem, por mais bem-feita e rigorosa, não é uma "pintura do mundo". A filosofia analítica passou, então, à ideia da verdade como a coerência interna de uma linguagem que apresenta axiomas, postulados e regras para os seus enunciados e argumentos. Um enunciado ou um argumento são verdadeiros quando respeitam as normas e critérios de funcionamento de sua linguagem, isto é, quando estão de acordo com os preceitos estipulados por sua linguagem; e são falsos quando não os respeitam. Cada campo do conhecimento institui sua própria linguagem, com seus axiomas, seus postulados, suas regras de argumentação ou de demonstração e de verificação de seus resultados, e é a coerência interna dos procedimentos e dos resultados com os princípios que norteiam esse campo de conhecimento que define o verdadeiro e o falso. Verdade e falsidade não estão nas coisas nem nas ideias, nem nas relações de correspondência entre coisas e ideias, mas são propriedades (ou, como dizem esses filósofos, valores) dos enunciados e dos argumentos (isto é, das conexões entre enunciados) de uma linguagem.

A concepção pragmática da verdade

Há, porém, filósofos que consideram os critérios anteriores puramente teóricos e insuficientes para decidir sobre a verdade de um fato ou de uma ideia, podendo gerar ceticismo. Ou seja, como há variados critérios e como há mudanças históricas no conceito da verdade, acaba-se julgando que a verdade não existe ou é inalcançável pelos seres humanos, dizem eles.

Para tais filósofos, o empirismo está correto ao considerar que a verdade é sempre verdade de fato e é obtida por indução e por experimentação. No entanto, além disso, é preciso acrescentar qual é o critério que permite decidir se um conhecimento é verdadeiro. Esse critério é sua eficácia ou sua utilidade. Um conhecimento é verdadeiro não só quando explica alguma coisa ou algum fato, mas sobretudo quando permite obter consequências práticas e aplicáveis. Por considerarem como critério da verdade a eficácia e a utilidade, essa concepção é chamada de *pragmática* e a corrente filosófica que a defende é denominada **pragmatismo**.

As concepções da verdade e a história

As várias concepções da verdade expostas anteriormente estão articuladas a mudanças históricas, tanto no sentido de mudanças na estrutura e organização das sociedades, como no sentido de mudanças no interior da própria filosofia.

Assim, por exemplo, nas sociedades antigas, baseadas no trabalho escravo, a ideia da verdade como utilidade e eficácia prática não poderia ser valorizada, pois a busca da verdade era considerada a realização superior do espírito humano, portanto, desligada do trabalho e das técnicas, e tomada como um valor do conhecimento enquanto pura contemplação da realidade, isto é, como *theoria*.

Em contrapartida, nas sociedades nascidas com o capitalismo, em que o trabalho escravo e servil é substituído pelo trabalho assalariado, que produz a riqueza, e as quais são regidas pelo princípio do crescimento ou acumulação do capital por meio do crescimento das forças produtivas (trabalho e técnicas) e por meio do aumento da capacidade industrial para dominar e controlar as forças da natureza e a sociedade, a verdade tenderá a aparecer como utilidade e eficácia, ou seja, como algo que tenha uso prático e verificável.

Também as transformações internas à própria filosofia modificam a concepção da verdade. A teoria da verdade como correspondência entre coisa e ideia, fato e ideia, liga-se à concepção das ideias como representações da realidade, seja na perspectiva realista da razão e do conhecimento, isto é, à prioridade do objeto do conhecimento sobre o sujeito do conhecimento, seja na perspectiva idealista, em que as operações da razão constituem o objeto do conhecimento. Ao contrário, a concepção da verdade como coerência interna articula-se à crítica do realismo em filosofia e da suposição, nas ciências, de que o conhecimento científico se baseia na observação dos fatos, pois as ciências constroem seus objetos instituindo linguagens coerentes para eles.

As mudanças históricas e as transformações internas ao conhecimento mostram que as várias concepções da verdade não são arbitrárias nem casuais ou acidentais, mas possuem causas e motivos que as explicam, e que a cada formação social e a cada mudança interna do conhecimento surge a exigência de reformular a concepção da verdade para que o saber possa realizar-se. Sob as mudanças, algo permanece sempre: a busca do conhecimento verdadeiro. A verdade se conserva, portanto, como o valor mais alto a que aspira o pensamento.

A verdade é, ao mesmo tempo, frágil e poderosa. Frágil porque os poderes estabelecidos podem destruí-la, assim como mudanças teóricas podem substituí-la por outra. Poderosa porque a exigência do verdadeiro é o que dá sentido à existência humana. Um texto do filósofo Pascal nos mostra essa fragilidade-força do desejo do verdadeiro:

> *O homem é apenas um caniço, o mais fraco da natureza; mas é um caniço pensante. Não é preciso que o Universo inteiro se arme para esmagá-lo: um vapor, uma gota de água são suficientes para matá-lo. Mas, mesmo que o Universo o esmagasse, o homem seria ainda mais nobre do que aquilo que o mata, porque ele sabe que morre e conhece a vantagem do Universo sobre ele; mas disso o Universo nada sabe. Toda nossa dignidade consiste, pois, no pensamento. É a partir dele que nos devemos elevar e não do espaço e do tempo, que não saberíamos ocupar.*

QUESTÕES

CAPÍTULO 1
Ignorância e verdade

1. Que é a ignorância?
2. Qual a diferença entre ignorância e incerteza?
3. Por que a dúvida, a decepção e o espanto podem despertar o desejo da verdade?
4. Por que em nossa sociedade é difícil despertar o desejo da verdade?
5. Como funciona a propaganda?
6. Que significa dizer que o desejo da verdade pode ser despertado pelos próprios obstáculos à verdade criados por nossa sociedade?
7. Quais são os dois tipos de busca da verdade?
8. O que é a "dúvida metódica" de Descartes?
9. O que é o "argumento do sonho" de Descartes?
10. Qual a primeira verdade indubitável encontrada por Descartes? Explique como ele chegou a ela.

CAPÍTULO 2
Buscando a verdade

1. O que é o dogmatismo?
2. O que é a atitude dogmática? Por que é conservadora?
3. Quando se rompe a atitude dogmática?
4. Dê um exemplo (tirado de sua vida pessoal, da literatura ou do cinema) de estranhamento diante de alguma coisa ou de algum fato que pareciam simples e naturais.
5. Que dúvidas e perplexidades a linguagem provoca em nós? Dê alguns exemplos.

CAPÍTULO 3
As concepções da verdade

1. O que é a verdade como *alétheia*?
2. O que é a verdade como *veritas*?
3. O que é a verdade como *emunah*?
4. Qual a marca do conhecimento verdadeiro na *alétheia*? Que é adequação?
5. Qual é a marca do conhecimento verdadeiro na *veritas*? Que é veracidade?
6. Qual é a marca do conhecimento verdadeiro na *emunah*?
7. Explique por que nossa concepção da verdade é uma síntese da *alétheia*, da *veritas* e da *emunah*.
8. Quais os princípios em que se funda a ideia de consenso?
9. Como a teoria pragmática concebe a verdade?
10. Apresente semelhanças e diferenças entre as quatro concepções de verdade.
11. Como os filósofos gregos explicavam o erro e a falsidade?
12. Qual a diferença entre opinião e verdade? E entre aparência e essência?
13. Com relação ao conhecimento sensível, qual a diferença entre, de um lado, as posição de Sócrates, Platão e Descartes, e, de outro, a de Aristóteles?
14. Como são concebidos o erro e a falsidade na concepção da verdade como *veritas*?
15. Por que na concepção da verdade como *veritas* a vontade é um elemento importante para entendermos o erro, o falso e o verdadeiro? Que diz o cristianismo a esse respeito?
16. Qual a exigência feita pelo Grande Racionalismo do século XVII quanto ao ponto de partida da filosofia?
17. Quais os principais pontos da concepção da verdade no Grande Racionalismo do século XVII?
18. O que é juízo analítico? E sintético?
19. O que é juízo sintético *a priori*?
20. O que é a verdade para a filosofia idealista de Kant e Husserl?
21. Para Kant e Husserl, o erro se encontra no Realismo. Explique.
22. Como a filosofia analítica concebe a linguagem?
23. Qual foi a primeira concepção de verdade na filosofia analítica?
24. O que a filosofia analítica entende pela verdade como coerência?
25. Explique brevemente a concepção pragmática da verdade.
26. Explique brevemente as mudanças na concepção da verdade em decorrência de mudanças sociais e históricas.
27. Explique brevemente as mudanças na concepção da verdade em decorrência de mudanças internas à filosofia.

Unidade 4
A lógica

Capítulo 1   O nascimento da lógica
Capítulo 2   Elementos de lógica
Capítulo 3   A lógica simbólica

Para os antigos, os princípios e as leis da lógica correspondiam à estrutura da própria realidade, pois o pensamento exprime o real e dele participa. Aristóteles dizia que a verdade e a falsidade são propriedades do pensamento e não das coisas; que a realidade e a irrealidade (aparência ilusória) são propriedades das coisas e não do pensamento; mas afirmava que um pensamento verdadeiro devia exprimir a realidade da coisa pensada, enquanto um pensamento falso nada podia exprimir.

Para os medievais e para os modernos ou clássicos (século XVII), a lógica era uma arte de pensar *para bem conduzir a razão nas ciências. Como arte de pensar, a lógica oferecia ao conhecimento científico e filosófico as leis do pensamento verdadeiro e os procedimentos para a avaliação dos conhecimentos adquiridos.*

(...)

A lógica tornou-se cada vez mais uma ciência formal da linguagem, mas de uma linguagem muito especial, que nada tem a ver com a linguagem cotidiana, pois trata-se de uma linguagem inteiramente construída por ela mesma, com base no modelo da matemática.

Fila de dominós.

Capítulo 1
O nascimento da lógica

É lógico!

"É lógico que eu vou!"; "Lógico que ela disse isso!". Quando dizemos frases como essas, a expressão "é lógico que" indica, para nós e para a pessoa com quem falamos, que se trata de alguma coisa evidente. A expressão aparece como se fosse a conclusão de um raciocínio implícito, compartilhado pelos interlocutores do discurso. Ao dizer "É lógico que eu vou!", estou supondo que quem me ouve sabe, sem que isso seja dito explicitamente, que também estou afirmando: "Você me conhece, sabe o que penso, gosto ou quero, sabe o que vai acontecer no lugar *x* e na hora *y* e, *portanto*, não há dúvida de que vou até lá".

Ao dizer "É lógico que ela disse isso!", a situação é semelhante. A expressão seria a conclusão de algo que eu e a outra pessoa sabemos, como se eu estivesse dizendo: "Sabendo quem ela é, o que pensa, gosta, quer, o que costuma dizer e fazer, e vendo o que está acontecendo agora, *concluo* que é evidente que ela disse isso, pois era de esperar que ela o dissesse".

Nesses casos, estamos tirando uma conclusão que nos parece óbvia, e dizer "é lógico que" seria o mesmo que dizer "é claro que" ou "não há dúvida de que".

Em certas ocasiões, ouvimos, lemos, vemos alguma coisa e nossa reação é dizer: "Não. Não pode ser assim. Isso não tem lógica!" Ou, então: "Isso não é lógico!". Essas duas expressões indicam uma situação oposta às anteriores, ou seja, agora uma conclusão foi tirada por alguém, mas o que já sabemos (de uma pessoa, de um fato, de uma ideia, de um objeto) nos faz julgar que a conclusão é indevida, está errada, deveria ser outra. É possível, também, que as duas expressões estejam indicando que o conhecimento que possuímos sobre alguma coisa, sobre alguém ou sobre um fato não é suficiente para compreendermos o que estamos ouvindo, vendo, lendo e por isso nos parece "não ter lógica".

Nesses vários exemplos, podemos perceber que as palavras *lógica* e *lógico* são usadas por nós para significar:

1. ou uma inferência: visto que conheço *x*, disso posso concluir *y* como consequência;
2. ou a exigência de coerência: visto que *x* é assim, então é preciso que *y* seja assim;
3. ou a exigência de que não haja contradição entre o que sabemos de *x* e a conclusão *y* a que chegamos;
4. ou a exigência de que, para entender a conclusão *y*, precisamos saber o suficiente sobre *x* para conhecer por que se chegou a *y*.

Inferência, coerência, conclusão sem contradições, conclusão com base em conhecimentos suficientes são algumas noções implicitamente pressupostas por nós toda vez que afirmamos que algo é lógico ou ilógico.

Ao usarmos as palavras *lógica* e *lógico*, estamos participando de uma tradição de pensamento que se origina na filosofia grega, quando a palavra *lógos* — significando "linguagem-discurso e pensamento-conhecimento" — conduziu os filósofos a indagar se o *lógos* obedecia ou não a regras, possuía ou não normas, princípios e critérios para seu uso e funcionamento. A disciplina filosófica que se ocupa dessas questões chama-se **lógica**.

Heráclito e Parmênides

devir: processo de surgimento, mudança e perecimento dos seres; transformação. Fluxo permanente como uma lei geral do Universo.

Quando estudamos o nascimento da filosofia, vimos que os primeiros filósofos se preocupavam com a origem, a transformação e o desaparecimento de todos os seres. Preocupavam-se com o <u>devir</u>. Vimos também que dois filósofos do período pré-socrático adotaram posições opostas a esse respeito: <u>Heráclito de Éfeso</u>, que afirmava que somente a mudança é real e a permanência é ilusória, e <u>Parmênides de Eleia</u>, que afirmava que somente a identidade e a permanência são reais e a mudança, ilusória.

O mundo, dizia Heráclito, é um *fluxo perpétuo* onde nada permanece idêntico a si mesmo, mas tudo se transforma no seu contrário. A luta é a harmonia dos contrários, responsável pela ordem racional do universo. Nossa experiência sensorial percebe o mundo como se tudo fosse estável e permanente, mas o pensamento sabe que nada permanece, tudo se torna o contrário de si mesmo. O *lógos* é a mudança de todas as coisas, os conflitos entre elas, e a contradição. Por isso Heráclito dizia: "A guerra (ou a luta) é o pai de todas as coisas". O dia se opõe à noite, o quente ao frio, o úmido ao seco, o bom ao mau, o novo ao velho. A ordem do mundo são essas oposições e a mudança contínua de um no outro.

O *Ser*, dizia Parmênides, é o *lógos*, porque sempre idêntico a si mesmo, sem contradições, imutável e imperecível. O devir, o fluxo dos contrários, é a *aparência sensível*, mera opinião que formamos porque confundimos a realidade com as nossas sensações, percepções e lembranças. A mudança é o *não Ser*, o nada, impensável e indizível. O pensamento e a linguagem verdadeira só são possíveis se as coisas que pensamos e dizemos guardarem a identidade, forem permanentes, pois só podemos dizer e pensar aquilo que é sempre idêntico a si mesmo. Se uma coisa tornar-se contrária a si mesma, deixará de ser e, em seu lugar, haverá nada, coisa nenhuma, pois o que se contradiz se autodestrói. A mudança é impossível, do ponto de vista do pensamento, e só existe como aparência ou ilusão dos sentidos. O devir é *não Ser*. Por isso somente o *Ser* pode ser pensado e dito.

Assim, Heráclito afirmava que a verdade e o *lógos* são a mudança das coisas nos seus contrários, enquanto Parmênides afirmava que são a identidade do *Ser* imutável, oposto à aparência sensível da luta dos contrários.

Parmênides introduz a ideia de que o que é contrário a si mesmo, ou se torna o contrário do que era, ou não pode ser (existir), não pode ser pensado nem dito porque é contraditório, e a contradição é o impensável e o indizível, uma vez que uma coisa que se torna o oposto de si mesma destrói-se a si mesma, torna-se nada. Para Heráclito, a contradição é a lei racional da realidade; para Parmênides, a identidade é essa lei racional.

Heráclito
(540 a.C. – 470 a.C.)

Parmênides
(c. 530 a.C. – c. 460 a.C.)

Gravura de M. C. Escher em que é possível observar o fluxo dos contrários de Heráclito.

A história da filosofia grega é a história de um gigantesco esforço para encontrar uma solução para o problema posto por Heráclito e Parmênides, pois, se o primeiro tem razão, o pensamento deve ser um fluxo perpétuo e a verdade é a perpétua contradição dos seres em mudança contínua; mas se Parmênides tem razão, o mundo em que vivemos não tem sentido, não pode ser conhecido, é uma aparência impensável e nos faz viver na ilusão.

Seria preciso, portanto, uma solução que provasse que a mudança e os contrários existem e podem ser pensados, mas, ao mesmo tempo, que provasse que a identidade ou permanência dos seres também existe, é verdadeira e pode ser pensada. Como encontrar essa solução?

A busca dessa solução teria como consequência o surgimento de duas disciplinas filosóficas: a **lógica**, que estudaremos agora, e a **metafísica** ou **ontologia**, que estudaremos na Unidade 6.

O aparecimento da lógica

No momento de seu apogeu, isto é, na época de Platão e Aristóteles, a filosofia oferece as duas soluções mais importantes para o problema da contradição-mudança e identidade-permanência dos seres. Não vamos, aqui, falar dessas duas filosofias, mas destacar um aspecto de cada uma relacionado-os com o nosso assunto, isto é, com o surgimento da lógica.

A dialética platônica

Platão considerou que Heráclito tinha razão no que se refere ao mundo material ou físico, isto é, ao mundo dos seres corporais, pois a matéria é o que está sujeito a mudanças contínuas e a oposições internas. Heráclito está certo no que diz respeito ao mundo material, que conhecemos por meio de nossas sensações, percepções e opiniões. Esse mundo é chamado por Platão de *mundo sensível* e nele há o devir permanente.

No entanto, dizia Platão, o mundo sensível é uma *aparência* (é o mundo dos prisioneiros da caverna), é uma cópia ou sombra do mundo verdadeiro e real e, nesse sentido, Parmênides é quem tem razão. O mundo verdadeiro é o das *essências* imutáveis, portanto, sem contradições nem oposições, sem transformações, onde nenhum ser passa para o seu contraditório. Esse mundo das essências ou das ideias é chamado por Platão de *mundo inteligível*.

Como sair da caverna? Como passar do sensível ao inteligível? Por meio de um método chamado **dialética**.

Como a própria palavra indica, *dialética* é um diálogo, um discurso compartilhado por dois interlocutores, ou uma conversa em que cada um possui opiniões opostas sobre alguma coisa e deve discutir ou argumentar de modo a superar essas opiniões contrárias e chegar à unidade de uma ideia que é a mesma para ambos e para todos os que buscam a verdade. Devem passar de *imagens* contraditórias a *conceitos* idênticos para todos os pensantes. Em outras palavras, a dialética é um procedimento com o qual passamos dos contrários ao idêntico, das opiniões contrárias à identidade da ideia, das oposições do devir à unidade da essência.

A dialética platônica é um procedimento intelectual e linguístico que parte de alguma coisa que deve ser separada ou dividida em duas partes contrárias ou opostas, de modo que se conheça sua contradição e se possa determinar qual dos contrários é verdadeiro e qual é falso. A cada divisão surge um par de contrários, que devem ser separados e novamente divididos, até que se chegue a um termo indivisível, isto é, não formado por nenhuma oposição ou contradição e que será a ideia verdadeira ou a essência da coisa investigada. Partindo de sensações, imagens, opiniões contraditórias sobre alguma coisa, a dialética vai separando os opostos em pares, mostrando que um dos termos é aparência e ilusão e o outro, verdadeiro, até chegar à essência da coisa.

Superar os contraditórios e chegar ao que é sempre idêntico a si mesmo é a tarefa da discussão dialética, que revela o mundo sensível como *heraclitiano* (a luta dos contrários, a mudança incessante) e o mundo inteligível como *parmenidiano* (a perene identidade consigo mesma de cada ideia ou de cada essência).

dialética: palavra composta pelo prefixo *día*, que quer dizer "dois", e da terminação *lética*, derivada de *lógos* e do verbo *legein*, cujo significado vimos ao estudar a razão.

O nascimento da lógica | Capítulo 1

A analítica aristotélica

Aristóteles, por sua vez, segue uma via diferente da escolhida por Platão.

Considera desnecessário separar a realidade e a aparência em dois mundos diferentes — há um único mundo no qual existem essências e aparências — e não aceita que a mudança ou o devir sejam mera aparência ilusória. Há seres cuja essência é mutável e há seres cuja essência é imutável. O erro de Heráclito foi supor que a mudança se realiza sob a forma da contradição, isto é, que as coisas se transformam nos seus opostos, pois a mudança ou transformação é a maneira pela qual as coisas realizam todas as potencialidades contidas em sua essência, e esta não é contraditória, mas uma identidade que o pensamento pode conhecer. Assim, por exemplo, quando a criança se torna adulta ou quando a semente se torna árvore, nenhuma delas torna-se contrária a si mesma, mas desenvolve uma potencialidade definida pela identidade própria de sua essência.

Cabe à filosofia conhecer como e por que as coisas, sem mudarem de essência, transformam-se, assim como cabe à filosofia conhecer como e por que há seres imutáveis (como as entidades matemáticas e as divinas).

Quando a semente se torna árvore, nenhuma delas tornou-se contrária a si mesma, mas desenvolveu uma potencialidade definida pela identidade de sua essência.

lógica: a palavra *lógica* será empregada, séculos mais tarde, no período helenístico, pelos filósofos estoicos e por Alexandre de Afrodísia.

Parmênides tem razão: o pensamento e a linguagem exigem a identidade. Heráclito tem razão: as coisas mudam. Ambos se enganaram ao supor que deve haver somente a identidade ou somente a mudança. Ambas existem sem que seja preciso dividir a realidade em dois mundos, à maneira platônica.

Em segundo lugar, Aristóteles considera que a dialética não é um procedimento seguro para o pensamento e a linguagem da filosofia e da ciência, pois tem como ponto de partida as meras opiniões contrárias dos debatedores, e a escolha de uma opinião em vez de outra não garante que se possa chegar à essência da coisa investigada. A dialética, diz Aristóteles, é boa para as disputas oratórias da política e do teatro, para a *retórica*, pois esta tem como finalidade persuadir alguém, oferecendo argumentos fortes que convençam o oponente e os ouvintes. É adequada para os assuntos sobre os quais só existem opiniões e nos quais só cabe a persuasão, mas não para a filosofia e a ciência, porque, nestas, interessam a demonstração ou a prova de uma verdade.

Substituindo a dialética por um conjunto de procedimentos de demonstração e prova, Aristóteles criou a *lógica* propriamente dita, que ele chamava de *analítica*.

Qual a diferença entre a *dialética platônica* e a *lógica* (ou analítica) *aristotélica*?

Em primeiro lugar, a dialética platônica é o exercício direto do pensamento e da linguagem, um modo de pensar que opera com *os conteúdos* do pensamento e do discurso. A lógica aristotélica é um instrumento para o exercício do pensamento e da linguagem, oferecendo-lhes meios para realizar o conhecimento e o discurso. Para Platão, a dialética é *um modo de conhecer*.

Para Aristóteles, a lógica (ou analítica) é *um instrumento para o conhecer*. Em segundo lugar, a dialética platônica é uma atividade intelectual destinada a trabalhar contrários e contradições para superá-los, chegando à identidade da essência ou da ideia imutável. Depurando e purificando as opiniões contrárias, a dialética platônica chega à verdade do que é idêntico e o mesmo para todas as inteligências. A lógica aristotélica oferece procedimentos que devem ser empregados naqueles raciocínios que se referem a todas as coisas das quais possamos ter um conhecimento universal e necessário, e seu ponto de partida não são opiniões contrárias, mas princípios, regras e leis necessários e universais do pensamento.

| UNIDADE 4 | A lógica

Capítulo 2
Elementos de lógica

Principais características

Aristóteles propôs a primeira classificação geral dos conhecimentos ou das ciências dividindo-as em três tipos: *teoréticas* (ou *contemplativas*), *práticas* (ou *da ação humana*) e *produtivas* (ou *relativas à fabricação e às técnicas*). Todos os saberes referentes a todos os seres, todas as ações e produções humanas encontravam-se distribuídos nessa classificação que ia da ciência mais alta — a Filosofia Primeira — até o conhecimento das técnicas criadas pelos homens para a fabricação de objetos. No entanto, nessa classificação não encontramos a lógica. Por quê?

Para Aristóteles, a lógica não era uma ciência teorética, nem prática nem produtiva, mas *um instrumento* para as ciências. Eis por que o conjunto das obras lógicas aristotélicas recebeu o nome de *Órganon*.

Um estudioso do *Órganon* verá que a lógica aristotélica possui as seguintes características:

- *instrumental*: é o instrumento do pensamento e da linguagem para pensar e dizer corretamente a fim de verificar a correção do que está sendo pensado e dito;
- *formal*: não se ocupa com os conteúdos pensados ou com os objetos referidos pelo pensamento, mas apenas com a forma pura e geral dos pensamentos, expressos por meio da linguagem;
- *propedêutica* ou *preliminar*: é o que devemos conhecer antes de iniciar uma investigação científica ou filosófica, pois somente ela pode indicar os procedimentos (métodos, raciocínios, demonstrações) que devemos empregar para cada modalidade de conhecimento;
- *normativa*: fornece princípios, leis, regras e normas que todo pensamento deve seguir se quiser ser verdadeiro;
- *doutrina da prova*: estabelece as condições e os fundamentos necessários de todas as demonstrações. Dada uma hipótese, permite verificar as consequências necessárias que dela decorrem; dada uma conclusão, permite verificar se é verdadeira ou falsa;
- *geral* e *atemporal*: as formas do pensamento, seus princípios e suas leis não dependem do tempo e do lugar, nem das pessoas e circunstâncias, mas são universais, necessárias e imutáveis.

O objeto da lógica é a *proposição*, que exprime, por meio da linguagem, os *juízos* formulados pelo pensamento. A proposição é a atribuição de um predicado a um sujeito: *S é P*. O encadeamento dos juízos constitui o *raciocínio*, e este se exprime logicamente por meio da conexão de proposições; essa conexão chama-se **silogismo**. A lógica estuda os elementos que constituem uma proposição, os tipos de proposições e de silogismos e os princípios necessários a que toda proposição e todo silogismo devem obedecer para serem verdadeiros.

Órganon: palavra grega que significa "instrumento".

formal: no século XX, os lógicos afirmaram que a lógica aristotélica não deveria ser considerada formal porque Aristóteles não afastara por inteiro os conteúdos pensados para ficar apenas com a forma vazia de conteúdo. No entanto, vamos aqui manter essa característica para a lógica aristotélica, porque, se comparada à dialética platônica, nesta o papel do conteúdo pensado é menor do que a forma de pensamento, estudada pelo filósofo.

A proposição

Uma **proposição** é constituída por elementos que são seus *termos*.

138

Aristóteles define os *termos* ou *categorias* como "aquilo que serve para designar uma coisa". São palavras não combinadas com outras e que aparecem em tudo quanto pensamos e dizemos. Há dez categorias ou termos:

1. *substância* (por exemplo, homem, Sócrates, animal);
2. *quantidade* (por exemplo, dois metros de comprimento);
3. *qualidade* (por exemplo, branco, grego, agradável);
4. *relação* (por exemplo, o dobro, a metade, maior do que);
5. *lugar* (por exemplo, em casa, na rua, no alto);
6. *tempo* (por exemplo, ontem, hoje, agora);
7. *posição* (por exemplo, sentado, deitado, de pé);
8. *posse* (por exemplo, armado, isto é, na posse de uma arma);
9. *ação* (por exemplo, corta, fere, derrama);
10. *paixão* ou *passividade* (por exemplo, está cortado, está ferido).

As categorias ou termos indicam o que uma coisa é ou faz, ou como está. São aquilo que nossa percepção e nosso pensamento captam imediata e diretamente numa coisa, sem precisar de nenhuma demonstração, pois nos dão a apreensão direta de uma entidade simples. Possuem duas propriedades lógicas: a *extensão* e a *compreensão*.

Extensão é o conjunto de objetos designados por um termo ou uma categoria. *Compreensão* é o conjunto de propriedades que esse mesmo termo ou essa categoria designa.

Por exemplo: uso a palavra *homem* para designar Pedro, Paulo, Sócrates, e uso a palavra *metal* para designar ouro, ferro, prata, cobre. A *extensão* do termo *homem* será o conjunto de todos os seres que podem ser designados por ele e que podem ser chamados de homens; a *extensão* do termo *metal* será o conjunto de todos os seres que podem ser designados como metais. Se, porém, tomarmos o termo *homem* e dissermos que é um animal, vertebrado, mamífero, bípede, mortal e racional, essas qualidades formam sua *compreensão*. Se tomarmos o termo *metal* e dissermos que é um bom condutor de calor, reflete a luz, etc., teremos a *compreensão* desse termo.

Quanto maior a extensão de um termo, menor sua compreensão, e quanto maior a compreensão, menor a extensão. Se, por exemplo, tomarmos o termo *Sócrates*, veremos que sua extensão é a menor possível, pois se refere a um único ser; no entanto, sua compreensão é a maior possível, pois possui todas as propriedades do termo *homem* e mais suas propriedades específicas na qualidade de uma pessoa determinada. Essa distinção permite classificar os termos ou categorias em três tipos:

1. *gênero*: extensão maior, compreensão menor. Exemplo: animal;
2. *espécie*: extensão média e compreensão média. Exemplo: homem;
3. *indivíduo*: extensão menor, compreensão maior. Exemplo: Sócrates.

Na proposição, a categoria da substância é o *sujeito* (S) e as demais categorias são os *predicados* (P) atribuídos ao sujeito. A atribuição ou predicação se faz por meio do verbo de ligação *ser*. Exemplo: Pedro *é* alto.

A proposição é um *discurso declarativo* que enuncia ou declara verbalmente o que foi pensado e relacionado pelo juízo. A proposição reúne ou separa verbalmente o que o juízo reuniu ou separou mentalmente.

A reunião de termos se faz pela *afirmação*: S é P.

A separação se faz pela *negação*: S não é P. A reunião ou separação dos termos é considerada verdadeira ou recebe a denominação de *verdade* quando o que foi reunido ou separado em pensamento e na linguagem está efetivamente reunido ou separado na realidade.

Em contrapartida, a reunião ou separação dos termos é considerada falsa ou recebe a denominação de *falsidade* quando o que foi reunido ou separado em pensamento e na linguagem não está efetivamente reunido ou separado na realidade. Do ponto de vista do sujeito (S), há dois tipos de proposições:

1. *proposição existencial*: declara a existência, posição, ação ou paixão do sujeito. Por exemplo: "Um homem é (existe)", "Um homem anda", "Um homem está ferido". E suas negativas: "Um homem não é (não existe)", "Um homem não anda", "Um homem não está ferido";
2. *proposição predicativa*: declara a atribuição de alguma coisa a um sujeito por meio do verbo de ligação *é*. Por exemplo: "Um homem é justo", "Um homem não é justo".

As proposições se classificam segundo a qualidade e a quantidade.
Do ponto de vista da qualidade, as proposições se dividem em:

- *afirmativas*: as que atribuem alguma coisa a um sujeito: *S é P*.
- *negativas*: as que separam o sujeito de alguma coisa: *S não é P*.

Do ponto de vista da quantidade, as proposições se dividem em:

- *universais*: quando o predicado se refere à extensão total do sujeito, afirmativamente (*Todos os S são P*) ou negativamente (*Nenhum S é P*);
- *particulares*: quando o predicado é atribuído a uma parte da extensão do sujeito, afirmativamente (*Alguns S são P*) ou negativamente (*Alguns S não são P*);
- *singulares*: quando o predicado é atribuído a um único indivíduo, afirmativamente (*Este S é P*) ou negativamente (*Este S não é P*).

Além da distinção pela qualidade e pela quantidade, as proposições se distinguem pela *modalidade*, sendo classificadas como:

- *necessárias*: quando o predicado está incluído necessariamente na essência do sujeito, fazendo parte dessa essência. Por exemplo: "Todo triângulo é uma figura de três lados", "Todo homem é mortal";
- *não necessárias ou impossíveis*: quando o predicado não pode, de modo algum, ser atribuído ao sujeito. Por exemplo: "Nenhum triângulo é figura de quatro lados", "Nenhum planeta é um astro com luz própria";
- *possíveis*: quando o predicado pode ser ou deixar de ser atribuído ao sujeito. Por exemplo: "Alguns homens são justos".

Como todo pensamento e todo juízo, a proposição está submetida aos três *princípios lógicos* fundamentais, condições de toda verdade, isto é, os princípios de identidade, de não contradição e de terceiro excluído, que vimos na Unidade 3. Graças a esses princípios, obtemos a última maneira pela qual as proposições se distinguem. Trata-se da classificação das proposições segundo a *relação*:

- *contraditórias*: quando temos o mesmo sujeito e o mesmo predicado, uma das proposições é universal afirmativa (*Todos os S são P*) e a outra é particular negativa (*Alguns S não são P*); ou quando se tem uma universal negativa (*Nenhum S é P*) e uma particular afirmativa (*Alguns S são P*). Por exemplo: "Todos os homens são mortais" e "Alguns homens não são mortais". Ou então: "Nenhum homem é imortal" e "Alguns homens são imortais";
- *contrárias*: quando, tendo o mesmo sujeito e o mesmo predicado, uma das proposições é universal afirmativa (*Todo S é P*) e a outra é universal negativa (*Nenhum S é P*); ou quando uma das proposições é particular afirmativa (*Alguns S são P*) e a outra é particular negativa (*Alguns S não são P*). Por exemplo: "Todas as estrelas são astros com luz própria" e "Nenhuma estrela é um astro com luz própria". Ou então: "Alguns homens são justos" e "Alguns homens não são justos";
- *subalternas*: quando uma universal afirmativa subordina uma particular afirmativa de mesmo sujeito e predicado, ou quando uma universal negativa subordina uma particular negativa de mesmo sujeito e predicado.

Os lógicos medievais criaram uma figura, conhecida como *o quadrado dos opostos*, na qual podemos visualizar as proposições segundo a qualidade, a quantidade, a modalidade e a relação. Nessa figura, as vogais minúsculas indicam a quantidade e a qualidade (*a, e, i, o*):

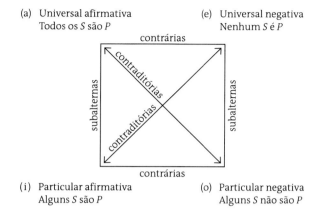

(a) Universal afirmativa
Todos os S são P

(e) Universal negativa
Nenhum S é P

(i) Particular afirmativa
Alguns S são P

(o) Particular negativa
Alguns S não são P

Quando a proposição é universal e necessária (seja afirmativa, seja negativa), diz-se que ela declara um *juízo apodítico*. Quando a proposição é universal possível ou particular possível (afirmativa ou negativa), diz-se que ela declara um *juízo hipotético*, cuja formulação é: "Se... então...". Quando a proposição é universal ou particular (afirmativa ou negativa) e comporta uma alternativa que depende dos acontecimentos ou das circunstâncias, diz-se que ela declara um *juízo disjuntivo*, cuja formulação é: "Ou... ou...".

Assim, a proposição "Todos os homens são mortais" e a proposição "Nenhum triângulo é uma figura de quatro lados" são apodíticas. A proposição "Se a educação for boa, ele será virtuoso" é hipotética. A proposição "Ou choverá amanhã ou não choverá amanhã" é disjuntiva.

O silogismo

Aristóteles elaborou uma teoria do raciocínio como *inferência*. Inferir é obter uma proposição como conclusão de uma outra ou de várias outras proposições que a antecedem e são sua explicação ou sua causa. O raciocínio realiza inferências.

O raciocínio é uma operação do pensamento realizada por meio de juízos e enunciada por meio de proposições encadeadas, formando um **silogismo**.

Raciocínio e silogismo são operações *mediatas* de conhecimento, pois a *inferência* significa que só conhecemos alguma coisa (a conclusão) por meio de outras coisas. Em outras palavras, o raciocínio e o silogismo diferem da intuição, que, como vimos na Unidade 1, é um conhecimento direto ou imediato de alguma coisa ou de alguma verdade.

A teoria aristotélica do silogismo é o coração da lógica, pois é a teoria das demonstrações ou das provas, da qual depende o pensamento científico e filosófico.

O silogismo possui três características principais:

1. é *mediato*: exige um percurso de pensamento e de linguagem para que se possa chegar a uma conclusão;

2. é *demonstrativo* (*dedutivo* ou *indutivo*): é um movimento de pensamento e de linguagem que parte de certas afirmações verdadeiras para chegar a outras também verdadeiras e que dependem necessariamente das primeiras;

3. é *necessário*: porque é demonstrativo (as consequências a que se chega na conclusão resultam necessariamente da verdade do ponto de partida). Por isso, Aristóteles considera o silogismo que parte de proposições apodíticas superior ao que parte de proposições hipotéticas ou possíveis, designando-o com o nome de *ostensivo*, pois ostenta ou mostra claramente a relação necessária e verdadeira entre o ponto de partida e a conclusão. O exemplo mais famoso do silogismo ostensivo é:

Todos os homens são mortais.
Sócrates é homem.
Logo,
Sócrates é mortal.

Um silogismo é constituído por três proposições. A primeira é chamada de *premissa maior* (no nosso exemplo, *Todos os homens são mortais*); a segunda, de *premissa menor* (no nosso exemplo, *Sócrates é homem*); e a terceira, de *conclusão* (no nosso exemplo, *Sócrates é mortal*).

A conclusão é inferida das premissas pela mediação de um termo chamado *termo médio* (no nosso exemplo, o termo médio é "homem"). As premissas possuem termos chamados *extremos*; há um *extremo maior* (no nosso exemplo, "mortais") e um *extremo menor* (no nosso exemplo, "Sócrates"), e a função do termo médio é ligar os extremos. Essa ligação é a inferência e sem ela não há raciocínio nem demonstração. Por isso, a arte do silogismo consiste em saber encontrar o termo médio que ligará os extremos e permitirá chegar à conclusão.

Aristóteles dizia que em toda ciência, afora o conhecimento intuitivo de seus princípios necessários, o ponto mais importante era o conhecimento dos termos médios, porque estes é que permitiam encadear as premissas à conclusão, isto é, articular uma afirmação ou negação particular às suas condições universais.

O silogismo, para permitir a chegada a uma conclusão verdadeira ou a realização de uma inferência correta, deve obedecer a um conjunto complexo de regras. Dessas regras, apresentaremos as mais importantes, tomando como referência o silogismo clássico que oferecemos acima:

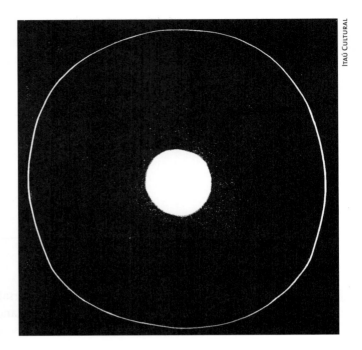

Sol negro, de 1978, gravura de Heloisa Pires Ferreira que serve como exemplo visual de silogismo: o quadrado externo seria a premissa maior, e o círculo negro, a premissa menor. No centro, a conclusão.

- a *premissa maior* deve conter o termo extremo maior (no caso, "mortais") e o termo médio (no caso, "homens");

- a *premissa menor* deve conter o termo extremo menor (no caso, "Sócrates") e o termo médio (no caso, "homem");

- a *conclusão* deve conter o maior e o menor e *jamais* deve conter o termo médio (no caso, deve conter "Sócrates" e "mortal" e *jamais* deve conter "homem"). Sendo função do médio ligar os extremos, deve estar nas premissas, mas nunca na conclusão.

A ideia geral da inferência silogística é:

A é verdade de B.
B é verdade de C.
Logo, A é verdade de C.

A inferência silogística também é feita com negativas:

Nenhum anjo é mortal. (A é verdade de B.)
Miguel é anjo. (B é verdade de C.)
Logo, Miguel não é mortal. (A é verdade de C.)

A proposição é uma predicação ou atribuição. As premissas fazem a atribuição afirmativa ou negativa do predicado ao sujeito, estabelecendo a inclusão ou exclusão do médio no maior e a inclusão ou exclusão do menor no médio. Graças a essa dupla inclusão ou exclusão, o menor estará incluído ou excluído do maior.

Por ser um sistema de inclusões (ou exclusões) entre sujeitos e predicados, o silogismo é a declaração da *inerência* do predicado ao sujeito (inerência afirmativa, quando o predicado está incluído no sujeito; inerência negativa, quando o predicado está excluído do sujeito). A ciência é a investigação dessas inerências, por meio das quais se alcança a essência do objeto investigado.

A inferência silogística deve obedecer a oito regras, sem as quais não terá validade, não sendo possível dizer se a conclusão é verdadeira ou falsa:

1. um silogismo deve ter um termo maior, um menor e um médio e somente três termos, nem mais, nem menos;

2. o termo médio deve aparecer nas duas premissas e jamais aparecer na conclusão; deve ser tomado em toda a sua extensão (isto é, como um universal) pelo menos uma vez, pois, do contrário, não se poderá ligar o maior e o menor. Por exemplo, se eu disser "Os nordestinos são brasileiros" e "Os paulistas são brasileiros", não poderei tirar conclusão alguma, pois o termo médio "brasileiros" foi tomado sempre em parte de sua extensão e nenhuma vez no todo de sua extensão;

3. nenhum termo pode ser mais extenso na conclusão do que nas premissas, pois, nesse caso, concluiremos mais do que seria permitido. Isso significa que uma das premissas sempre deverá ser universal (afirmativa ou negativa);

4. a conclusão não pode conter o termo médio, já que a função deste se esgota na ligação entre o maior e o menor, ligação que é a conclusão;

5. de duas premissas negativas nada pode ser concluído, pois o médio não terá ligado os extremos;

6. de duas premissas particulares nada poderá ser concluído, pois o médio não terá sido tomado em toda a sua extensão pelo menos uma vez e não poderá ligar o maior e o menor;

7. duas premissas afirmativas devem ter a conclusão afirmativa, o que é evidente por si mesmo;

8. a conclusão sempre acompanha a parte mais fraca, isto é, se houver uma premissa negativa, a conclusão será negativa; se houver uma premissa particular, a conclusão será particular; se houver uma premissa particular negativa, a conclusão será uma particular negativa.

Essas regras dão origem às *figuras* e aos *modos* do silogismo.

As figuras são quatro e se referem à posição ocupada pelo termo médio nas premissas (sujeito em ambas, predicado em ambas, sujeito na maior, predicado na menor, predicado na maior, sujeito na menor).

Os modos são 64 (embora somente dez sejam considerados válidos) e se referem aos tipos de proposições que constituem as premissas (universais afirmativas em ambas, particulares negativas em ambas, particulares afirmativas em ambas, particulares negativas em ambas, universal afirmativa na maior e particular afirmativa na menor, etc.).

O silogismo científico

Aristóteles distingue dois grandes tipos de silogismos: os *dialéticos* e os *científicos*.

Os primeiros são aqueles cujas premissas se referem ao que é apenas possível ou provável, ao que pode ser de uma maneira ou de uma maneira contrária e oposta, ao que pode acontecer ou deixar de acontecer. Suas premissas são hipotéticas e por isso sua conclusão também é hipotética.

O silogismo dialético é o que comporta argumentações contrárias, porque suas premissas são meras opiniões sobre coisas ou fatos possíveis ou prováveis. As opiniões não são objeto de ciência, mas de persuasão. A dialética é uma discussão entre opiniões contrárias que oferecem argumentos contrários, vencendo aquele argumento cuja conclusão for mais persuasiva. O silogismo dialético é próprio da retórica, ou arte da persuasão, na qual aquele que fala procura tocar as emoções e paixões dos ouvintes e não o raciocínio ou a inteligência deles.

> **retórica:** palavra originada do grego *retoriké*, que quer dizer "arte da oratória".

O silogismo científico é aquele que se refere ao que é universal e necessário, ao que é de uma maneira e não pode deixar de ser tal como é, ao que acontece sempre, e sempre acontece da mesma maneira. Suas premissas são apodíticas e sua conclusão também é apodítica.

O silogismo científico não admite premissas contraditórias. Suas premissas são universais necessárias e sua conclusão não admite discussão ou refutação, mas exige demonstração. Por esse motivo, o silogismo científico deve obedecer a quatro regras, sem as quais sua demonstração não tem valor:

1. as premissas devem ser verdadeiras (não podem ser possíveis ou prováveis, nem falsas);
2. as premissas devem ser primárias ou primeiras, isto é, indemonstráveis, pois se tivermos de demonstrar as premissas, teremos de ir de regressão em regressão, indefinidamente, e nada demonstraremos;
3. as premissas devem ser mais inteligíveis do que a conclusão, pois a verdade desta última depende inteiramente da absoluta clareza e compreensão que tenhamos das suas condições, isto é, das premissas;
4. as premissas devem ser causa da conclusão, isto é, devem estabelecer as coisas ou os fatos que causam a conclusão e que a explicam, de tal maneira que, ao conhecê-las, estamos obedecendo às causas da conclusão. Esta regra é da maior importância porque, para Aristóteles, conhecer é conhecer as causas ou pelas causas.

O que são as premissas de um silogismo científico? São verdades indemonstráveis, evidentes e causais. São de três tipos:

1. *axiomas*, isto é, verdades indemonstráveis que servem de base para todas as demonstrações de uma ciência. Por exemplo, os três princípios lógicos; afirmações do tipo "O todo é maior do que as partes";
2. *postulados*, isto é, os pressupostos de que se vale uma ciência para iniciar o estudo de seus objetos. Por exemplo, o espaço plano, na geometria; o movimento e o repouso, na física;
3. *definições* do objeto da ciência investigada ou do *gênero* de objetos que ela investiga. A definição deve dizer o que a coisa estudada é, como é, por que é, sob quais condições ela é (a definição deve dar o *quê*, o *como*, o *porquê* e o *se* da coisa investigada, que é o sujeito da proposição). Para Aristóteles, as definições são as premissas mais importantes de uma ciência.

A definição está referida ao termo médio, pois é ele que pode preencher as quatro exigências (*quê, como, por quê, se*) e é por seu intermédio que o silogismo alcança o **conceito** da coisa investigada. Valendo-se do termo médio, a definição oferece o conceito da coisa por meio das categorias (substância, quantidade, qualidade, lugar, tempo, relação, posse, ação, paixão, posição) e da inclusão necessária do indivíduo na espécie e no gênero.

O conceito nos oferece a **essência** da coisa investigada (suas propriedades necessárias ou essenciais), e o termo médio é o *atributo essencial* para chegar à definição. Por isso, a definição consiste em encontrar para um sujeito (uma substância) seus atributos essenciais (seus predicados).

Um atributo é essencial quando faz uma coisa ser o que ela é ou cuja ausência impediria a coisa de ser tal como é ("mortal" é um atributo essencial de Sócrates). Um atributo é acidental quando sua presença ou sua ausência não afetam a essência da coisa ("gordo" é um atributo acidental de Sócrates). O silogismo científico não lida com os predicados ou atributos acidentais.

A ciência é um conhecimento que vai do gênero mais alto de um ser às suas espécies mais singulares. A passagem do gênero à espécie singular se faz por uma cadeia dedutiva ou cadeia silogística, na qual cada espécie funciona como gênero para suas subordinadas e cada uma delas se distingue das outras por uma *diferença específica*. *Definir é encontrar a diferença específica entre seres do mesmo gênero.*

O quadro a seguir auxilia a compreender como opera a dedução científica.

A tarefa da definição é delimitar o gênero e a diferença específica essencial que distingue uma espécie da outra. A demonstração (o silogismo) partirá do gênero, oferecerá a definição da espécie e incluirá o indivíduo na espécie e no gênero, de sorte que a essência ou o conceito do indivíduo nada mais é do que sua inclusão ou sua inerência à espécie e ao gênero. A demonstração parte da definição do gênero e dos axiomas e postulados referentes a ele; deve provar que o gênero possui realmente os atributos ou predicados que a definição, os axiomas e postulados afirmam que ele possui. O que é essa prova? É a prova de que as espécies são os atributos ou predicados do gênero e são elas o objeto da conclusão do silogismo.

Como opera a dedução científica

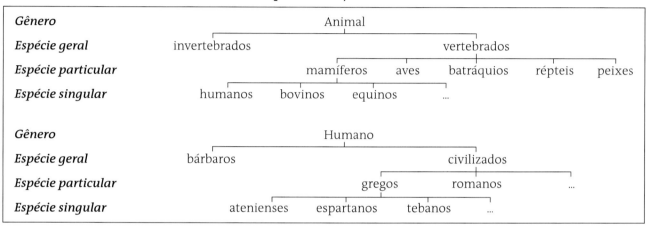

Com isso, percebe-se que uma ciência possui três objetos: os axiomas e postulados, que fundamentam a demonstração; a definição do gênero, cuja existência não precisa nem deve ser demonstrada; e os atributos essenciais ou predicados essenciais do gênero, que são suas espécies, às quais chega a conclusão. Numa etapa seguinte, a espécie a que se chegou na conclusão de um silogismo torna-se gênero, do qual parte uma nova demonstração, e assim sucessivamente. No quadro que apresentamos acima, "humano" era uma espécie do gênero animal, mas torna-se gênero para novas espécies subordinadas a ele.

Para que o silogismo científico cumpra sua função, ele deve respeitar, além das regras gerais do silogismo, quatro exigências relativas às suas premissas:

1. devem ser premissas *verdadeiras* para todos os casos de seu sujeito;

2. devem ser premissas *essenciais*, isto é, a relação entre o sujeito e o predicado deve ser sempre necessária, seja porque o predicado está contido na essência do sujeito (por exemplo, o predicado "linha" está contido na essência do sujeito "triângulo"), seja porque o predicado é uma propriedade essencial do sujeito (por exemplo, o predicado "curva" tem de estar necessariamente referido ao sujeito "linha"), seja porque existe uma relação causal entre o predicado e o sujeito (por exemplo, o predicado "equidistantes do centro" é a causa do sujeito "círculo", uma vez que esta é a figura geométrica cuja circunferência tem todos os pontos equidistantes do centro). Em resumo, as premissas devem estabelecer a inerência do predicado à essência do sujeito;

3. devem ser premissas *próprias*, isto é, devem referir-se exclusivamente ao sujeito daquela ciência e de nenhuma outra. Por isso, não posso buscar premissas da geometria (cujo sujeito são as figuras) na aritmética (cujo sujeito são os números), nem as da biologia (cujo sujeito são os seres vivos) na astronomia (cujo sujeito são os astros), etc. Em outras palavras, o termo médio do silogismo científico se refere aos atributos essenciais dos sujeitos de uma ciência determinada e de nenhuma outra;

4. devem ser premissas *gerais*, isto é, nunca devem referir-se aos indivíduos, mas aos gêneros e às espécies, pois o indivíduo define-se por eles e não eles pelo indivíduo.

Capítulo 3
A lógica simbólica

O ideal de uma lógica simbólica perfeita, inspirada na linguagem matemática, surgiu no século XVII, particularmente com o filósofo e matemático alemão, Leibniz, criador do cálculo infinitesimal. Assim como a álgebra possui símbolos próprios, inconfundíveis, universais para todos os matemáticos, assim também a lógica deveria ser uma linguagem perfeita, totalmente purificada das ambiguidades e dos contrassensos da linguagem cotidiana. Leibniz propôs uma linguagem simbólica artificial, isto é, construída especialmente para garantir ao pensamento plena clareza nas demonstrações e nas provas.

Esse ideal veio concretizar-se apenas em meados do século XIX com a publicação de duas obras: *Análise matemática da lógica*, de Boole (em 1847), e *Lógica formal*, de Morgan (também em 1847). Caberia mais tarde ao filósofo alemão Frege e aos filósofos ingleses Bertrand Russell e Alfred Whitehead completar e consolidar a grande transformação da lógica, abandonando as teorias aristotélicas da inferência por uma nova concepção de proposição lógica.

Frege (1848–1925), matemático e filósofo alemão.

Leibniz desenvolveu para a lógica uma linguagem semelhante à da matemática, para que o conteúdo das afirmações não comprometesse a validade dos raciocínios.

Alfred Whitehead (1861–1947), filósofo e matemático britânico.

A lógica matemática

Para os antigos, os princípios e as leis da lógica correspondiam à estrutura da própria realidade, pois o pensamento exprime o real e dele participa. Aristóteles dizia que a verdade e a falsidade são propriedades do pensamento e não das coisas; que a realidade e a irrealidade (aparência ilusória) são propriedades das coisas e não do pensamento; mas afirmava que um pensamento verdadeiro deve exprimir a realidade da coisa pensada, enquanto um pensamento falso nada pode exprimir.

Para os medievais e para os modernos ou clássicos (século XVII), a lógica era uma *arte de pensar* para bem conduzir a razão nas ciências. Como arte de pensar, a lógica oferecia ao conhecimento científico e filosófico as leis do pensamento verdadeiro e os procedimentos para a avaliação dos conhecimentos adquiridos.

Essa lógica — antiga e moderna ou clássica — não era plenamente formal, pois não era indiferente aos conteúdos das proposições nem às operações intelectuais do sujeito do conhecimento. A forma lógica recebia o valor de verdade ou falsidade com base na verdade ou falsidade dos atos de conhecimento do sujeito e na realidade ou irrealidade dos objetos conhecidos. Ao contrário, a lógica contemporânea, procurando tornar-se um puro simbolismo do tipo matemático e um cálculo simbólico, preocupa-se cada vez menos com o conteúdo material das proposições (a realidade dos objetos referidos pela proposição) e com as operações intelectuais do sujeito do conhecimento (a estrutura do pensamento). Tornou-se plenamente formal.

Assim como o matemático lida com objetos que foram construídos pelas próprias operações matemáticas, de acordo com princípios e regras prefixados e aceitos por todos, assim também o lógico elabora os símbolos e as operações que constituem o objeto lógico por excelência, a proposição. O lógico indaga que *forma* deve possuir uma proposição para que:

- seja-lhe atribuído o valor de verdade ou falsidade;
- represente a forma do pensamento; e
- represente a relação entre pensamento, linguagem e realidade.

A lógica descreve as formas, as propriedades e as relações das proposições graças à construção de um simbolismo regulado e ordenado que permite diferenciar linguagem cotidiana e linguagem lógica formalizada.

Boole definiu a lógica como "o método que repousa sobre o emprego de símbolos, dos quais se conhecem as leis gerais de combinação e cujos resultados admitem interpretação coerente".

A lógica tornou-se cada vez mais uma ciência formal da linguagem, mas de uma linguagem muito especial, que nada tem a ver com a linguagem cotidiana, pois trata-se de uma linguagem inteiramente construída por ela mesma, com base no modelo da matemática.

Dois aspectos devem ser mencionados para melhor compreendermos a relação entre a lógica contemporânea e a matemática.

axioma fundamento de uma demonstração, ela mesma indemonstrável, originada de princípios inatos da consciência (segundo os racionalistas) ou de generalizações da observação empírica (segundo os empiristas).

1. A mudança no modo de conceber o que seja a matemática:

    Durante séculos (na verdade, desde os gregos), considerou-se a matemática uma ciência baseada na *intuição intelectual* de verdades absolutas, existentes em si e por si mesmas, sem depender de nenhuma interferência humana. Os axiomas, as figuras geométricas, os números e as operações aritméticas, os símbolos e as operações algébricas eram considerados verdades absolutas, universais, necessárias, que existiriam com ou sem os homens e que permaneceriam existindo mesmo se os humanos desaparecessem (para muitos filósofos, a matemática chegou a ser considerada a ciência divina por excelência).

    No entanto, desde o século XVII passou-se a considerar a matemática uma ciência que resulta de uma *construção intelectual*, uma invenção do espírito humano, sem que suas entidades sejam existentes em si e por si mesmas. Os entes matemáticos são puras idealidades construídas pelo intelecto ou pelo pensamento, que formula um conjunto rigoroso de princípios, regras, normas e operações para a criação de figuras, números, símbolos, cálculos, etc.

    No fim do século XIX, o matemático italiano Giuseppe Peano realizou um estudo sobre a aritmética dos números cardinais finitos demonstrando que podia ser derivada de cinco axiomas ou proposições primitivas e de três termos não definíveis — zero, número e sucessor de.

    Dessa maneira, a matemática surgia como um ramo da lógica, cabendo ao alemão Frege e aos ingleses Bertrand Russell e Alfred Whitehead prosseguir o trabalho de Peano, oferecendo as definições lógicas dos três termos que o matemático italiano julgara indefiníveis. Frege ofereceu o primeiro conceito de *sistema formal* e os primeiros exemplos do *cálculo de proposições e de predicados*.

Giuseppe Peano
(1858–1932)

A matemática é uma ciência de formas e cálculos puros organizados numa *linguagem simbólica* perfeita, na qual cada signo é um *algoritmo*, isto é, um símbolo com um único sentido. É elaborada pelo espírito humano e não por meio de um pensamento intuitivo que contemplaria entidades perfeitas e eternas, existentes em si e por si mesmas.

algoritmo: palavra derivada do nome do matemático islâmico Al-Khowarizmi. O algoritmo oferece um processo de decisão para resolver um problema.

2. Mudança no modo de conceber o pensamento, distinguindo psicologia e teoria do conhecimento:

Durante muitos séculos, psicologia e teoria do conhecimento estiveram confundidas, constituindo uma só disciplina filosófica, encarregada de estudar os modos como conhecemos as coisas, distinguindo o que é puramente pessoal e individual (a vida psíquica ou mental de cada um de nós) do que é universal e necessário (válido em todos os tempos e lugares, para todos os sujeitos do conhecimento).

Quando a psicologia se tornou uma ciência (descrição dos fatos psíquicos e suas leis) independente da filosofia e a teoria do conhecimento permaneceu filosófica (por não ser apenas uma descrição da vida mental, mas um estudo das diferenças no conteúdo e na forma dos conhecimentos), surgiu a pergunta: "Onde fica a lógica?". Alguns responderam: "Na psicologia". Alegavam que os progressos da ciência psicológica iriam definir as regras universais a que todo e qualquer pensamento se submete, e a lógica seria apenas um ramo da psicologia, aquele que estuda como funciona o pensamento científico.

Essa corrente lógica recebeu o nome de *psicologismo lógico*, mas foi logo refutada pela maioria dos lógicos e particularmente pelo alemão Edmund Husserl, o criador da fenomenologia. À pergunta: "Onde fica a lógica?" os lógicos responderam: "Consigo mesma". Em outras palavras, a lógica não é parte da psicologia nem da teoria do conhecimento, mas uma disciplina filosófica independente. Essa independência decorre da complexidade do pensamento, pois, quando pensamos, há quatro fatores que nos permitem pensar: 1) o sujeito que pensa (o sujeito do conhecimento estudado pela teoria do conhecimento); 2) o ato de pensar (as operações mentais estudadas pela psicologia); 3) o objeto pensado (estudado pelas ciências); e 4) o pensamento decorrente do ato de pensar (é esse o objeto da lógica).

A lógica não se confunde com a psicologia nem com a teoria do conhecimento, porque seu objeto é o pensamento como operação demonstrativa, que segue regras orientadas para determinar se a demonstração é verdadeira ou falsa do ponto de vista do próprio pensamento, isto é, se a demonstração obedeceu ou não aos princípios lógicos.

Qual o efeito dessas duas mudanças sobre a lógica contemporânea?

Em primeiro lugar, ao manter a proximidade e a relação com a matemática, a lógica passou a ser entendida como avaliadora da verdade ou falsidade do pensamento, concebido como uma construção intelectual. Ora, se o pensamento constrói seus próprios objetos, em vez de descobri-los ou contemplá-los, essa construção, segundo os próprios matemáticos, faz com que a matemática deva ser entendida como um *discurso* ou como uma *linguagem* que obedece a certos critérios e padrões de funcionamento. Assim sendo, a lógica adotou para si o modelo de um discurso ou de uma linguagem que lida com puras formas sem conteúdo e tais formas são símbolos de tipo matemático (algoritmos).

Em segundo lugar, distinguindo-se da psicologia e da teoria do conhecimento, a lógica passou a dedicar-se menos ao pensamento e muito mais à linguagem, seja como tradução, representação ou expressão do pensamento, seja como discurso independente do pensamento. Seu objeto passou a ser o estudo de um tipo determinado de discurso: a proposição e as relações entre proposições. Sua finalidade tornou-se o projeto de oferecer normas e critérios para uma linguagem perfeita, capaz de avaliar as demais linguagens (científicas, filosóficas, artísticas, cotidianas, etc.).

A lógica simbólica | Capítulo 3

Exemplo de simbolismo denotativo, no chão da Estação da Luz, no metrô de São Paulo, cujo significado é "proibido fumar".

Linguagem e metalinguagem

Para conseguir seu propósito, a lógica distingue dois níveis de linguagem:

1. *linguagem natural*, isto é, aquela que usamos em nossa vida cotidiana, nas artes, na política, na filosofia;

2. *linguagem formal*, isto é, aquela que é construída segundo princípios e regras determinados que descrevem um tipo específico de objeto, o objeto das ciências.

Essa distinção também pode ser apresentada como diferença entre dois tipos de linguagens simbólicas:

1. a *linguagem simbólica cultural* (a linguagem "natural"), que usa signos, metáforas, analogias, esquemas para exprimir significações cotidianas, religiosas, artísticas, políticas, filosóficas. A principal característica desse simbolismo é ser **conotativo**, isto é, os símbolos carregam muitos sentidos e referem-se a muitas significações. A linguagem cultural é *polissêmica*, isto é, nela as palavras possuem inúmeros significados;

2. a *linguagem simbólica lógico-científica* (a linguagem "construída"), que usa um sistema fechado de signos ou símbolos (o algoritmo), em que cada símbolo representa uma única coisa e corresponde a uma única significação. Sua principal característica é ser essencialmente um simbolismo **denotativo** ou indicativo, evitando a polissemia e afirmando a univocidade do sentido simbolizado. Por exemplo: H_2O, $+$, $\times$, $=$, $\rightarrow$, $\equiv$, etc. são símbolos denotativos ou indicativos de um só objeto ou de um só sentido; são algoritmos.

A lógica ocupa-se com a linguagem formal ou com a linguagem simbólico-científica. Por ser um discurso ou uma linguagem que fala de outro discurso ou de outra linguagem, se diz que ela é uma **metalinguagem**.

Na vida cotidiana, podemos dizer, por exemplo, uma frase como: "O Sol é uma estrela". A lógica começará dizendo: "A frase 'O Sol é uma estrela' é uma proposição afirmativa". Prosseguirá dizendo: "A proposição 'A frase *O sol é uma estrela* é uma proposição afirmativa' é uma proposição verdadeira". E assim por diante.

A ideia da lógica como metalinguagem transparece com clareza quando examinamos, por exemplo, as teses principais do austríaco Ludwig Wittgenstein, cuja influência seria sentida por toda a lógica do século XX:

Ludwig Wittgenstein (1889–1951), filósofo austríaco.

1. qualquer proposição que tenha significado é composta por proposições elementares, nas quais se encontra a verdade ou a falsidade da proposição com significado;

2. as proposições elementares adquirem significado porque afiguram (retratam) o mundo não como fatos e coisas, mas como "estados de coisas";

3. as proposições da lógica são verdadeiras independentemente das noções de "significado" e de "estados de coisas", porque, rigorosamente, não falam de nada, pois referem-se a qualquer fato, significado ou estado de coisas que possam ocorrer ou não no Universo. As proposições lógicas são *verdades vazias*, referidas apenas ao próprio uso das convenções lógicas.

Definição da lógica simbólica

Em seu livro *Introdução à lógica simbólica*, o lógico Paulo Margutti Pinto explica a diferença entre *verdade* e *validade inferencial*.

Como já vimos, um raciocínio realiza uma inferência, isto é, a obtenção de uma conclusão ou uma consequência com base em um antecedente do qual ela é extraída. Realizar uma inferência é produzir um *argumento*. Este pode ser definido como um discurso no interior do qual se extrai uma consequência. Um argumento é feito de sentenças e de relações entre as sentenças, podendo ser *persuasivo* (quando busca a adesão emocional de alguém) ou *demonstrativo* (quando busca a adesão racional de alguém). Um argumento é *válido* quando a inferência realizada está correta. Isso significa que "validade inferencial" não é sinônimo de "verdade", pois um argumento correto não envolve necessariamente sentenças verdadeiras.

Assim, a lógica é "o estudo dos princípios que regem a inferência válida" e seu campo é "aquela parte da linguagem na qual estão presentes os argumentos demonstrativos". Ela efetua a análise lógica dos argumentos para avaliar sua correção ou incorreção. Para isso, ela oferece um conjunto de regras que estabelecem com precisão as passagens corretas dos antecedentes aos consequentes. Portanto, escreve Margutti Pinto, "quando explicitamos estas regras através de símbolos adequados, encontramo-nos no domínio da lógica simbólica".

Paulo Margutti Pinto, filósofo e professor brasileiro, especialista em lógica, argumentação e filosofia da linguagem.

Lógica dos predicados e lógica das relações

Aristóteles quantificou as proposições pela quantificação do sujeito (*todos os S*, *nenhum S*, *alguns S*). Alguns filósofos medievais e modernos julgaram necessário quantificar, além do sujeito da proposição, também o predicado. No século XIX, o lógico inglês Hamilton levou avante a quantificação dos predicados, chegando a oito tipos de proposições:

Hamilton (1788–1856), filósofo e lógico escocês.

1. *afirmativas toto-totais*, em que sujeito e predicado são tomados em toda sua extensão ou universalmente: "Todo *S* é todo *P*". Por exemplo: "Todo triângulo é todo trilateral";
2. *afirmativas toto-parciais*, em que o sujeito é tomado universalmente e o predicado particularmente: "Todo *S* é algum *P*". Por exemplo: "Todo triângulo é alguma figura";
3. *afirmativas parti-totais*, em que o sujeito é particular e o predicado é tomado universalmente: "Alguns *S* são todos *P*". Por exemplo: "Alguns sul-americanos são todos os brasileiros";
4. *afirmativas parti-parciais*, em que o sujeito e o predicado são tomados como particulares: "Algum *S* é algum *P*". Por exemplo: "Algumas figuras equilaterais são alguns triângulos";
5. *negativas toto-totais*, em que o sujeito em toda a sua extensão é excluído de toda a extensão do predicado: "Nenhum *S* é nenhum *P*". Por exemplo: "Nenhum triângulo é nenhum quadrado";
6. *negativas toto-parciais*, em que todo sujeito é excluído de apenas uma parte do predicado: "Nenhum *S* é algum *P*". Por exemplo: "Nenhum triângulo é algum equilateral";
7. *negativas parti-totais*, em que só uma parte do sujeito é excluída da extensão do predicado: "Algum *S* não é nenhum *P*". Por exemplo: "Alguma figura equilateral não é nenhum triângulo";
8. *negativas parti-parciais*, em que uma parte da extensão do sujeito é excluída de uma parte da extensão do predicado: "Alguns *S* não são alguns *P*". Por exemplo: "Algum triângulo não é alguma figura equilateral".

As proposições poderiam converter-se simplesmente umas nas outras e, finalmente, uma proposição seria apenas uma *equação* entre um sujeito e um predicado. Com isso, o raciocínio já não consistia em fazer uma noção entrar em outra (a antiga inerência aristotélica), mas em ser capaz de substituir outra equivalente, em proposições dadas, de sorte que proposições usando palavras como *homem*, *animal*, *mortal*, etc. poderiam ser tratadas como os raciocínios matemáticos que usam símbolos como x, y e z. Estava aberta a porta para que Boole propusesse o cálculo lógico.

O cálculo lógico realizou-se em duas etapas diferentes. Na primeira, com a introdução das noções de *classe* e *função*, manteve-se a ideia de que a proposição é a inclusão de um sujeito num predicado, ou melhor, a inclusão de toda ou parte da extensão do sujeito em toda ou parte da extensão do predicado. Na segunda etapa, com a introdução da ideia de *relação*, passou-se da concepção inclusiva-exclusiva do sujeito e do predicado à de equivalência ou substituição de um por outro.

À medida que a formalização e a matematização da lógica se desenvolveram, a noção de predicado recebeu um novo sentido e um novo tratamento. Passou a ser tratada como **classe**. Esta é um conjunto de objetos que, possuindo algo em comum, "caminham em conformidade". Um predicado é o que permite reunir determinados objetos em classes: a classe dos azuis, a classe dos esféricos, a classe dos sul-americanos, a classe dos felizes, a classe dos miseráveis, a classe dos sólidos, etc.

Um predicado isolado — azul, feliz, sólido, miserável, etc. — não é verdadeiro nem falso. Recebe tal valor apenas a partir da inclusão ou exclusão do sujeito numa classe. Com a classe, o predicado se torna uma relação entre duas variáveis, e essa relação chama-se **função**.

A lógica passa a construir um simbolismo que permite definir as funções do predicado, introduzindo novos quantificadores com os quais a função é calculada. Esse cálculo constitui a *lógica dos predicados*.

Por exemplo, a proposição tradicional "Sócrates é homem" será formalizada como F(a), onde *F*, a função, significa a "qualidade de ser homem" e *a*, a variável, designa "Sócrates". Todavia, a variável poderá designar um indivíduo qualquer, um sujeito indeterminado, e a proposição será escrita como F(x). Tal proposição pode ser assim quantificada:

- a universal será escrita como (x)F(x), devendo ser lida como "para todo *x*, *F* de *x*";

- a particular ou existencial será escrita como (∃x)F(x), devendo ser lida como "existe um *x* tal que *F* de *x*".

Se, em lugar da inclusão tradicional do predicado no sujeito, tivermos classes, a relação será estabelecida entre "elemento" e "classe", ou entre as próprias classes, tornando a proposição muito mais abrangente e complexa. Tomemos, por exemplo, a proposição "Os homens são mortais" e a proposição "Sócrates é mortal". Para calculá-las, devemos começar pela relação entre a classe dos homens e a dos mortais:

A (Classe dos homens)
B (Classe dos mortais)
A ⊂ B (A classe dos homens está contida na classe dos mortais.)

x (Sócrates)
A (Classe dos homens)
x ∈ A (Sócrates pertence à classe dos homens.)

Donde:
(x)(x ∈ A) → (x ∈ B), em que "→" significa *implica*.

Lemos: "Para todo *x*, *x* pertence a *A* implica que *x* pertence a *B*".
Portanto, "Sócrates é mortal".
São seis as operações que podem ser realizadas com as classes:

1. inclusão de uma classe em outra: A ⊂ B;
2. reunião de várias classes: D ∪ M ∪ N;
3. intersecção de várias classes com elementos comuns: A ∩ B ∩ C;
4. a da classe universal que abrange todos os elementos e cujo símbolo é ∨;
5. a da classe vazia, isto é, que não contém elemento algum e cujo símbolo é ∧;
6. a da classe complementar A' de A, formada por todos os elementos que não pertencem a A.

Os lógicos que mais desenvolveram a possibilidade de uma lógica das classes, das funções proposicionais e do cálculo dos predicados foram Frege, Whitehead, Bertrand Russell e Wittgenstein.

A lógica dos predicados foi enriquecida e modificada com a *lógica das relações*, iniciada no século XIX pelos filósofos ingleses Morgan (que também era matemático) e Peirce.

A lógica das relações ocupa-se, como o nome indica, das relações entre conjuntos de objetos: maior do que, menor do que, perto de, longe de, mais velho que, mais novo que, pai de, mãe de, irmão de, causa de, finalidade de, semelhante a, diferente de, etc.

As relações podem abranger dois ou mais objetos, sendo binárias, ternárias, quaternárias, etc., dependendo do número de objetos abrangidos por ela. A relação mais conhecida é a binária, expressa na fórmula xRy, que significa: há uma relação entre x e y.

As relações possuem propriedades calculáveis. Tais propriedades permitem diferenciar os vários tipos de relação, como por exemplo:

- relação *transitiva*: dados x, y e z e dadas xRy e yRz, há uma relação xRz. Por exemplo: x é maior do que y, y é maior do que z, x é maior do que z. Ou:

   (xRy) · (yRz) → (xRz)

- relação *não transitiva*: dados x, y e z e dadas xRy e yRz, não se pode ter xRz, embora haja uma relação entre z e x. Por exemplo: Pedro é pai de João, João é pai de Antônio, mas Pedro não é pai de Antônio, pois é seu avô;

- relação *intransitiva*: dados x, y e z e dadas xRy e yRz, não é possível determinar qual seria a relação entre x e z. Por exemplo: x é maior do que y, y é menor do que z, mas não podemos saber se x é maior ou menor do que z;

- relação de *simetria*: xRy é o mesmo que yRx. Por exemplo: *a* é igual a *b*, *b* é igual a *a*. Ou:

   (x) (y) (xRy) → (yRx)

- relação de *assimetria*: quando se tem xRy, não se pode ter yRx. Por exemplo: *a* é maior do que *b* e, portanto, não se pode ter *b* é maior que *a*. Ou:

   ~ (x) ~ (y) (xRy) → (yRx)

- relação *reflexiva*: estabelece-se entre uma relação transitiva e uma relação simétrica. Assim, por exemplo, "x pode ver y" é reflexiva num mundo onde haja espelhos, onde "y pode ver x".

- relação *irreflexiva*: estabelece-se entre relações intransitivas e assimétricas;

- relação *inversa*: uma relação é inversa (S) a uma outra relação (R), quando para todos os objetos x, y e z, verifica-se xRy, se, e somente se, houver ySx. É o caso, por exemplo, da relação "pai de" e "filho de".

Tanto a lógica dos predicados como a lógica das relações estão submetidas a uma lógica mais ampla, que é a das proposições ou do *cálculo proposicional*, pois a proposição é o campo da lógica propriamente dita. O cálculo das proposições consiste em estabelecer os procedimentos pelos quais podemos determinar a verdade ou a falsidade de uma proposição, de acordo com sua ligação com outra ou com outras, entendendo por verdade a validade da ligação e por falsidade a invalidade da ligação. Ou seja, como vimos acima, a lógica se ocupa com a validade ou a invalidade das inferências e, portanto, verdade e falsidade são para ela os *valores das proposições* e os *valores das inferências*.

Os casos mais simples de cálculos de proposições referem-se à conjunção ("Pedro canta *e* Pedro dança"), negação ("Pedro canta. Pedro *não* canta"), disjunção ("Pedro canta *ou* Pedro dança") e implicação ("*Se* Pedro canta, *então* Pedro dança").

O cálculo consiste em atribuir o *valor* "verdade" a uma das proposições, o valor "falsidade" à outra e inferir o *valor da ligação* entre elas. Para que se perceba que o conteúdo das proposições é irrelevante, só interessando sua forma, vejamos como são simbolizados os vários cálculos das ligações proposicionais:

- cálculo da conjunção *e* (símbolo da conjunção .)

p	q	p · q
v	v	v
v	f	f
f	v	f
f	f	f

- cálculo da negação *não* (símbolo da negação ~)

p	~p
v	f
f	v

- cálculo da disjunção *ou* (símbolo da disjunção ∨)

p	q	p ∨ q
v	v	v
v	f	v
f	v	v
f	f	f

- cálculo da implicação *implica que* (símbolo da implicação ⊃)

p	q	p ⊃ q
v	v	v
v	f	f
f	v	v
f	f	v

Um exemplo poderá ajudar-nos a compreender como funciona o cálculo. Se dissermos: Se Pedro é cearense (*p*) ou catarinense (*q*), então é brasileiro (*r*). Ora, Pedro não é brasileiro. Portanto, não é cearense nem catarinense, teremos:

(p ∨ q ⊃ r) · r ⊃ ~p ∨ ~q

Cálculo da bi-implicação ou equivalência (símbolo da equivalência ↔):

p	q	p ↔ q
v	v	v
v	f	f
f	v	f
f	f	v

Esses cálculos constituem as matrizes, que são como tabelas que apresentam todas as situações possíveis que cada lição associa a um par de proposições elementares *p* e *q*.

QUESTÕES

CAPÍTULO 1

O nascimento da lógica

1. O que é significado no uso cotidiano que fazemos das palavras *lógica* e *lógico*? Que noções estão pressupostas nesse uso?
2. Qual foi o conflito entre a filosofia de Heráclito e a de Parmênides?
3. Por que os conflitos entre as filosofias de Heráclito e de Parmênides suscitaram o aparecimento da lógica?
4. O que é a dialética platônica?
5. O que é a analítica ou lógica aristotélica?
6. Quais as diferenças entre a dialética platônica e analítica ou lógica aristotélica?

CAPÍTULO 2

Elementos de lógica

1. Por que a lógica não entra na classificação aristotélica das ciências?
2. No pensamento aristotélico, quais as principais características da lógica?
3. Qual é o objeto da lógica?
4. Que são e quais são as categorias?
5. Quais são as duas propriedades das categorias lógicas? Explique-as.
6. Qual a classificação das categorias segundo a extensão e a compreensão?
7. O que é uma proposição? Quais são seus elementos?
8. O que são a verdade e a falsidade lógicas de uma proposição?
9. Qual a diferença entre proposição existencial e proposição predicativa?
10. Como as proposições se classificam do ponto de vista da qualidade?
11. Como as proposições se classificam do ponto de vista da quantidade?
12. Como as proposições se classificam do ponto de vista da modalidade?
13. Como as proposições se classificam do ponto de vista da relação?
14. Explique o que são juízo apodítico, hipotético e disjuntivo.
15. Por que o raciocínio é uma inferência mediata?
16. Que é um silogismo?
17. Quais as principais características do silogismo?
18. Como é constituído um silogismo?
19. Que são termo maior, menor e médio? Qual é a função do termo médio?
20. Quais as principais regras do silogismo verdadeiro?
21. Por que o silogismo declara uma inerência?
22. A que regras de inferência o silogismo deve obedecer?
23. Que são figuras e modos do silogismo?
24. Qual a diferença entre silogismo dialético e científico? Por que o silogismo dialético é próprio da retórica?
25. Quais as regras do silogismo científico?
26. Explique o que são os três tipos de premissas do silogismo científico.
27. De acordo com Aristóteles, como uma ciência vai do gênero às espécies e destas aos indivíduos?
28. Quais as exigências feitas para que um silogismo científico chegue ao conceito verdadeiro de uma coisa?
29. A proposição seguinte é verdadeira ou falsa?

    A extensão do termo "astro" é maior do que a do termo "planeta Terra".

    Explique por quê.
30. A proposição seguinte é verdadeira ou falsa?

    A compreensão do termo "boi" é menor do que a do termo "animal".

    Explique por quê.
31. Diga se há ou não contradição entre as seguintes proposições e explique por quê.
    a) Todos os seres humanos são racionais.
       Pedro é irracional.
    b) Nenhum planeta tem luz própria.
       Vênus ilumina-se a si mesmo.
    c) Todas as ciências desejam conhecer a verdade.
       A biologia é o conhecimento verdadeiro dos fenômenos relacionados à vida.

CAPÍTULO 3
A lógica simbólica

1. Qual o objetivo da lógica simbólica?
2. Por que a lógica aristotélica não era plenamente formal?
3. Por que a lógica contemporânea tornou-se plenamente formal?
4. O que a lógica formal descreve?
5. Por que, ao passar da concepção intuitiva à construtiva, a matemática se aproximou da lógica? Que significa dizer que a matemática é uma linguagem simbólica perfeita?
6. Que foi o psicologismo lógico?
7. Por que a lógica não se confunde com a psicologia nem com a teoria do conhecimento?
8. Que níveis de linguagem a lógica distingue?
9. Quais os dois tipos de linguagem simbólica? Quais são suas diferenças?
10. Por que a lógica é uma metalinguagem?
11. Quais as principais teses de Wittgenstein?
12. Como se distinguem verdade e validade inferencial?
13. Dê alguns tipos de proposições em que o sujeito e o predicado estão quantificados.
14. Qual a diferença entre a inerência aristotélica e o cálculo lógico de proposições?
15. Levando em consideração o predicado como classe e como função, o que é a lógica dos predicados?
16. Que operações podem ser realizadas com as classes?
17. O que é a lógica das relações?
18. Quais as propriedades calculáveis das relações?
19. O que é cálculo proposicional?

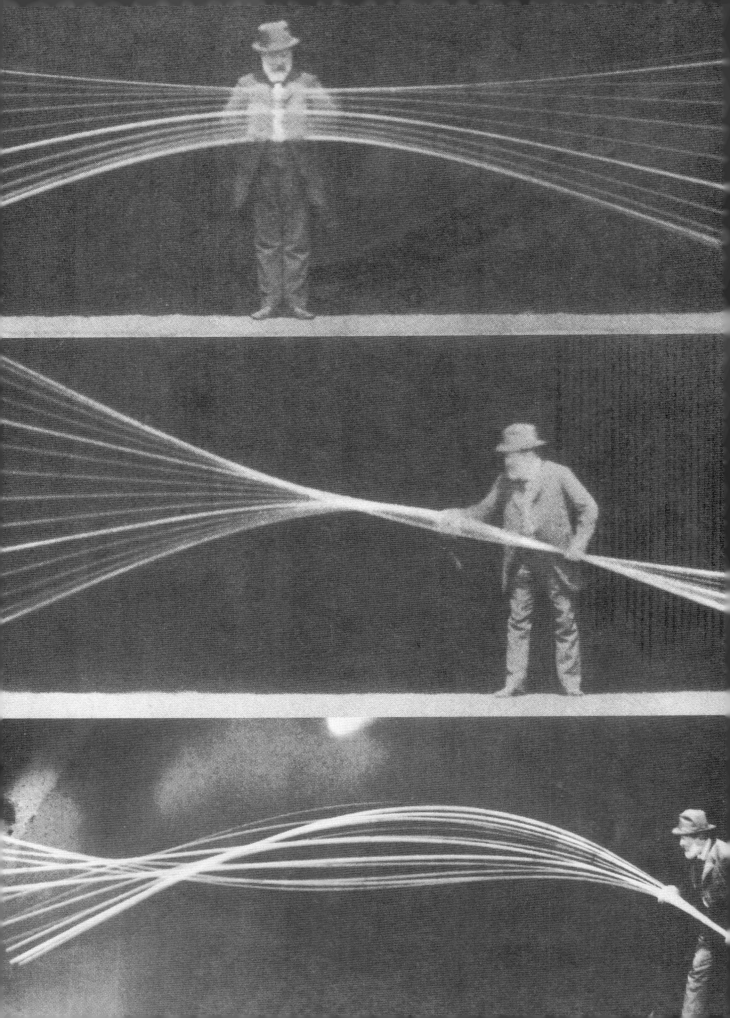

Unidade 5
O conhecimento

Capítulo 1   A preocupação com o conhecimento

Capítulo 2   A percepção

Capítulo 3   A imaginação

Capítulo 4   A linguagem

Capítulo 5   O pensamento

Capítulo 6   A consciência pode conhecer tudo?

Certa vez um grego disse: "O pensamento é o passeio da alma". Com isso quis dizer que o pensamento é a maneira como nosso espírito parece sair de dentro de si mesmo e percorrer o mundo para conhecê-lo. Assim como no passeio levamos nosso corpo a toda parte, no pensamento levamos nossa alma a toda parte e mais longe do que o corpo, pois a alma não encontra obstáculos físicos para seu caminhar.

O pensamento é essa curiosa atividade por meio da qual saímos de nós mesmos sem sairmos de nosso interior. Por isso, outro filósofo escreveu que pensar é a maneira pela qual sair de si e entrar em si são uma só e mesma coisa. Como um voo sem sair do lugar.

Experiências realizadas nas duas últimas décadas do século XIX por Etienne-Jules Marey, utilizando a fotografia como instrumento de investigação do movimento dos corpos.

Capítulo 1
A preocupação com o conhecimento

O conhecimento e os primeiros filósofos

Quando estudamos o nascimento da filosofia na Grécia, vimos que os primeiros filósofos — os pré-socráticos — dedicavam-se a um conjunto de indagações principais: "Por que e como as coisas existem?", "O que é o mundo?", "Qual a origem da natureza e quais as causas de sua transformação?". Essas indagações colocavam no centro a pergunta: "O que *são* as coisas?". Pouco a pouco essa pergunta passou a ser assim formulada: "O que é o *Ser*?".

Os primeiros filósofos ocupavam-se com a origem e a ordem do mundo, o *kósmos*, e a filosofia nascente era uma *cosmologia*. Pouco a pouco, passou-se a indagar o que era o próprio *kósmos*, qual era o princípio eterno que ordenava todas as coisas e que permanecia imutável sob a multiplicidade e transformação delas. Esse princípio era concebido como o fundo imperecível presente em todas as coisas, fazendo-as existir tais como são. Esse fundo presente em todas as coisas é o Ser. Assim, passou-se a perguntar qual era e o que era *o Ser*, *tò ón*, subjacente a todos os seres. Com isso, a filosofia nascente tornou-se **ontologia**, isto é, conhecimento ou saber sobre *o Ser*.

Por esse mesmo motivo, alguns estudiosos consideram que os primeiros filósofos não tinham uma preocupação principal com o conhecimento como conhecimento, isto é, não indagavam se podemos ou não conhecer o Ser, mas partiam da pressuposição de que o podemos conhecer, pois a verdade, sendo *alétheia*, isto é, presença e manifestação das coisas para os nossos sentidos e para o nosso pensamento, significa que o Ser está manifesto e presente para nós e, portanto, nós o podemos conhecer.

Todavia, a opinião de que os primeiros filósofos não se preocupavam com nossa capacidade e possibilidade de conhecimento não é exata. Para tanto, basta levarmos em conta o fato de afirmarem que a realidade (o Ser, a natureza) é racional e que a podemos conhecer porque também somos racionais; nossa razão é parte da racionalidade do mundo, dela participando.

Heráclito, Parmênides e Demócrito

Alguns exemplos indicam a existência da preocupação dos primeiros filósofos com o conhecimento e, aqui, tomaremos três: Heráclito de Éfeso, Parmênides de Eleia e Demócrito de Abdera.

Heráclito de Éfeso considerava a natureza (o mundo, a realidade) um "fluxo perpétuo", o escoamento contínuo dos seres em mudança perpétua. Dizia: "Não podemos banhar-nos duas vezes no mesmo rio, porque as águas nunca são as mesmas e nós nunca somos os mesmos". Comparava o mundo à chama de uma vela que queima sem cessar, transformando a cera em fogo, o fogo em fumaça e a fumaça em ar. O dia se torna noite, o verão se torna outono, o novo fica velho, o quente esfria, o úmido seca, tudo se transforma no seu contrário. O mundo é um processo incessante de transformação em que cada ser é um movimento em direção ao seu contrário.

A realidade, para Heráclito, é a harmonia dos contrários, que não cessam de se transformar uns nos outros. Se tudo não cessa de se transformar perenemente, como explicar que

Ser: a palavra *ser*, em português, traduz a palavra latina *esse* e a expressão grega *tà ónta*. A palavra latina *esse* é o infinitivo de um verbo, o verbo *ser*. A expressão grega *tà ónta* quer dizer "as coisas existentes, os entes, os seres". No singular, *tà ónta* se diz *tò ón*, cuja tradução é "o Ser".

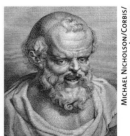

Demócrito de Abdera
(c. 460 – c. 370 a.C.)

nossa percepção nos ofereça as coisas como se fossem estáveis, duradouras e permanentes? Com essa pergunta o filósofo indicava a diferença entre o conhecimento que nossos sentidos nos oferecem e o conhecimento que nosso pensamento alcança, pois nossos sentidos nos oferecem a imagem da estabilidade e nosso pensamento alcança a verdade como mudança contínua.

Parmênides de Eleia colocava-se na posição oposta à de Heráclito. Dizia que só podemos pensar sobre aquilo que permanece sempre idêntico a si mesmo, isto é, que o pensamento não pode pensar sobre coisas que são e não são, que ora são de um modo e ora são de outro, que são contrárias a si mesmas e contraditórias.

Conhecer é alcançar o idêntico, imutável. Nossos sentidos nos oferecem a imagem de um mundo em incessante mudança, num fluxo perpétuo, onde nada permanece idêntico a si mesmo, onde tudo se torna o contrário de si mesmo: o dia vira noite, o inverno vira primavera, o doce se torna amargo, o pequeno vira grande, o grande diminui, o doce amarga, o quente esfria, o frio se aquece, o líquido vira vapor ou vira sólido.

Como pensar o que é e não é ao mesmo tempo? Como pensar o instável? Como pensar o que se torna oposto e contrário a si mesmo? Não é possível, dizia Parmênides. Pensar é apreender um ser em sua identidade profunda e permanente. Com isso, afirmava o mesmo que Heráclito — perceber e pensar são diferentes —, mas o dizia no sentido oposto ao de Heráclito, isto é, percebemos mudanças impensáveis e devemos pensar identidades imutáveis.

Demócrito de Abdera desenvolveu uma teoria sobre o Ser ou sobre a natureza conhecida com o nome de **atomismo**: a realidade é constituída por átomos. Os seres surgem por composição dos átomos, transformam-se por novos arranjos dos átomos e morrem por separação dos átomos.

átomo: a palavra *átomo* tem origem grega e significa "o que não pode ser cortado ou dividido", isto é, a menor partícula indivisível de todas as coisas.

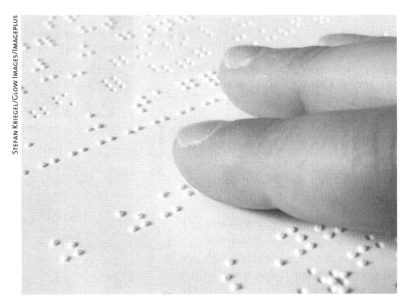

Leitura de linguagem braile para deficientes visuais.

Os átomos, para Demócrito, possuem formas e consistências diferentes (redondos, triangulares, lisos, duros, moles, rugosos, pontiagudos, etc.) e essas diferenças e os diferentes modos de combinação entre eles produzem a variedade de seres, suas mudanças e desaparições. Por meio de nossos órgãos dos sentidos, percebemos o quente e o frio, o doce e o amargo, o seco e o úmido, o grande e o pequeno, o duro e o mole, sabores, odores, texturas, o agradável e o desagradável, sentimos prazer e dor, porque percebemos os efeitos das combinações dos átomos que, em si mesmos, não possuem tais qualidades (isto é, não são doces nem amargos, nem azuis nem verdes, nem grandes nem pequenos, pois são as menores partículas materiais existentes).

Somente o pensamento pode conhecer os átomos, que são invisíveis para nossa percepção sensorial. Dessa maneira, Demócrito concordava com Heráclito e Parmênides em que há uma diferença entre o que conhecemos por meio de nossa percepção e o que conhecemos apenas pelo pensamento; porém, diversamente dos outros dois filósofos, não considerava a percepção ilusória, mas apenas um efeito da realidade sobre nós. O conhecimento sensorial ou sensível é tão verdadeiro quanto aquilo que o pensamento puro alcança, embora de uma verdade diferente e menos profunda ou menos relevante do que aquela alcançada pelo puro pensamento.

Esses três exemplos nos mostram que, desde os seus começos, a filosofia preocupou-se com o problema do conhecimento, pois sempre esteve voltada para a questão do verdadeiro. Desde o início, os filósofos se deram conta de que nosso pensamento parece seguir certas leis ou regras para conhecer as coisas e que há uma diferença entre perceber e pensar. Pensamos com base no que percebemos ou pensamos negando o que percebemos? O pensamento continua, nega ou corrige a percepção? O modo como os seres nos aparecem é o modo como os seres realmente são?

Sócrates e os sofistas

Preocupações como essas levaram, na Grécia clássica, a duas atitudes filosóficas: a dos sofistas e a de Sócrates — com eles, os problemas do conhecimento tornaram-se centrais. Diante da pluralidade e dos antagonismos das filosofias anteriores, ou dos conflitos entre as várias ontologias, os sofistas concluíram que não podemos *conhecer* o Ser, pois, se pudéssemos, pensaríamos todos da mesma maneira e haveria uma única filosofia, uma vez que a verdade é universal e a mesma para todos os humanos. Consequentemente, só podemos ter *opiniões subjetivas* sobre a realidade.

Por isso, para se relacionarem com o mundo e com os outros humanos, os homens devem valer-se de um instrumento — a linguagem — para persuadir os outros de suas próprias ideias e opiniões. A verdade é uma questão de opinião e de persuasão, e a linguagem é mais importante do que a percepção e o pensamento.

Em contrapartida, Sócrates, distanciando-se dos primeiros filósofos — que se ocupavam em conhecer a natureza —, propunha começar pelo oráculo de Delfos, isto é, pelo "conhece-te a ti mesmo", e, opondo-se aos sofistas, afirmava que a verdade pode ser conhecida desde que compreendamos que precisamos começar afastando as ilusões dos sentidos, as imposições das palavras e a multiplicidade das opiniões. Possuímos uma alma racional e que nos assegura que podemos alcançar a verdade e que a alcançamos apenas pelo pensamento, isto é, pela atividade de nossa razão. Como as ideias são inatas em nossa alma racional, conhecer-se a si mesmo é fazer o trabalho para o parto ou nascimento das ideias e auxiliar os demais a realizar esse parto.

parto: em grego, *parto se* diz *maiêutica*.

Os órgãos dos sentidos, diz Sócrates, nos dão somente as aparências das coisas e as palavras, meras opiniões sobre elas. A marca da aparência e da opinião é sua variabilidade: varia de pessoa para pessoa e varia num mesmo indivíduo. Mas não só varia: também se contradiz. Conhecer é começar a examinar as contradições das aparências e das opiniões para poder abandoná-las e passar da aparência à essência, da opinião ao conceito. O exame das opiniões é aquele procedimento que Sócrates chamava de *ironia*, com o qual o filósofo conseguia que seus interlocutores reconhecessem que não sabiam o que imaginavam saber; o parto das ideias era a *maiêutica*, com a qual, graças a perguntas adequadas feitas pelo filósofo, o interlocutor encontrava em sua alma racional a ideia verdadeira ou a essência da coisa procurada.

Platão e Aristóteles

Sócrates fez a filosofia voltar-se para nossa capacidade de conhecer e indagar quais as causas das ilusões, dos erros, do falso e da mentira. Platão e Aristóteles herdaram de Sócrates o procedimento filosófico de abordar uma questão começando pela discussão e pelo debate das opiniões contrárias sobre ela. Além disso, passaram a definir as formas de conhecer e as diferenças entre o conhecimento verdadeiro e a ilusão, introduzindo na filosofia a ideia de que existem diferentes maneiras de conhecer ou graus de conhecimento.

Platão distingue quatro formas ou graus de conhecimento, que vão do grau inferior ao superior: *crença, opinião, raciocínio* e *intuição intelectual*. Os dois primeiros graus formam o que ele chama de *conhecimento sensível*, enquanto os dois últimos formam o *conhecimento inteligível*.

A crença é nossa confiança no conhecimento sensorial: cremos que as coisas são tais como as percebemos em nossas sensações. A opinião é nossa aceitação do que nos ensinaram sobre as coisas ou o que delas pensamos conforme nossas sensações e lembranças. Esses dois primeiros graus de conhecimento nos oferecem apenas a aparência das coisas ou suas imagens (são as sombras das coisas verdadeiras) e correspondem à situação dos prisioneiros da caverna. Por serem ilusórios, esses dois graus devem ser afastados pelas pessoas que buscam o conhecimento verdadeiro, pois este diz respeito às *essências* das coisas; portanto, somente os dois últimos graus devem ser considerados válidos. O raciocínio — que, para Platão, se realiza de maneira perfeita na matemática — treina e exercita nosso pensamento, purifica-o das sensações e opiniões e o prepara para a intuição intelectual, que conhece as essências das coisas ou o que Platão denomina com a palavra *ideia*.

A *ironia* e a *maiêutica* socráticas são transformadas por Platão num procedimento denominado por ele de **dialética**, que consiste em trabalhar expondo e examinando teses contrárias sobre um mesmo assunto ou sobre uma mesma coisa, de maneira a descobrir qual das teses é falsa e deve ser abandonada e qual é verdadeira e deve ser conservada. A finalidade do percurso dialético ou do exercício dialético é proporcionar, ao seu término, a intuição intelectual de uma essência ou ideia.

Aristóteles distingue sete formas ou graus de conhecimento: *sensação, percepção, imaginação, memória, linguagem, raciocínio* e *intuição*. Enquanto Platão concebia o conhecimento como abandono de um grau inferior por um superior, para Aristóteles, nosso conhecimento vai sendo formado e enriquecido por acumulação das informações trazidas por todos os graus, de modo que, em lugar de uma ruptura entre o conhecimento sensível e o intelectual, há continuidade entre eles. Assim, as informações trazidas pelas sensações se organizam e permitem a percepção. As percepções se organizam e permitem a imaginação. Juntas, percepção e imaginação conduzem à memória, à linguagem e ao raciocínio.

Aristóteles concebe, porém, uma separação entre os seis primeiros graus e o último, a intuição intelectual, que é um ato do pensamento puro e não depende dos graus anteriores. Essa separação, porém, não significa que os outros graus ofereçam conhecimentos ilusórios ou falsos e sim que oferecem tipos de conhecimentos diferentes, que vão de um grau menor a um grau maior de verdade.

Em cada um deles temos acesso a um aspecto do Ser ou da realidade e, na intuição intelectual, temos o conhecimento dos princípios universais e necessários do pensamento (identidade, não contradição, terceiro excluído) e dos primeiros princípios e das primeiras causas da realidade ou do Ser. A diferença entre os seis primeiros graus e o último decorre da diferença do objeto do conhecimento, isto é, os seis primeiros graus conhecem objetos que se oferecem a nós na sensação, na imaginação, no raciocínio, enquanto o sétimo lida com princípios e causas primeiras, isto é, com o que só pode ser alcançado pelo pensamento puro. Ou seja, nos outros graus, o conhecimento é obtido por indução ou por dedução, por demonstrações e provas, mas no último grau conhecemos o que é indemonstrável (princípios) porque é condição de todas as demonstrações e raciocínios.

Princípios gerais

Com os filósofos gregos, estabeleceram-se alguns princípios gerais do conhecimento verdadeiro:

- a determinação das fontes e formas do conhecimento: sensação, percepção, imaginação, memória, linguagem, raciocínio e intuição intelectual;
- a distinção entre o conhecimento sensível e o conhecimento intelectual;
- o papel da linguagem no conhecimento;
- a diferença entre opinião e saber ou conhecimento verdadeiro;
- a diferença entre aparência e essência;
- a definição dos princípios do pensamento verdadeiro (identidade, não contradição, terceiro excluído), da forma do conhecimento verdadeiro (ideias, conceitos e juízos) e dos procedimentos para alcançar o conhecimento verdadeiro (indução, dedução, intuição);

---

ideia: para Platão, as ideias são a realidade verdadeira e conhecê-las é ter conhecimento verdadeiro.

- o estabelecimento de procedimentos corretos que orientam a razão na busca do conhecimento e asseguram sua chegada a conhecimentos verdadeiros (em Platão, esse procedimento é a dialética, em Aristóteles, a lógica ou o que ele chama de analítica);

- a distinção dos campos do conhecimento verdadeiro segundo os objetos conhecidos em cada um deles, distinção que foi sistematizada por Aristóteles em três ramos: *teorético* (referente aos seres que apenas podemos contemplar ou observar, sem agir sobre eles ou neles interferir); *prático* (referente às ações humanas: ética, política e economia); e *técnico* (referente à fabricação de instrumentos e de objetos e ao trabalho humano, o qual pode interferir no curso da natureza — como a agricultura e a medicina —, e fabricar instrumentos ou artefatos — como os artesanatos, a arquitetura, a escultura, a poesia, a retórica, etc.).

Os filósofos modernos e o nascimento da teoria do conhecimento

Quando se diz que a teoria do conhecimento tornou-se uma disciplina específica da filosofia somente com os filósofos modernos (a partir do século XVII), não se pretende dizer que antes deles o problema do conhecimento não havia ocupado outros filósofos, e sim que, para os modernos, a questão do conhecimento foi considerada anterior à da ontologia e precondição ou pré-requisito para a filosofia e as ciências.

Por que essa mudança de perspectiva dos gregos para os modernos? Porque a filosofia moderna pressupõe a presença do cristianismo, o qual trouxe questões e problemas que os antigos filósofos desconheciam. A perspectiva cristã introduziu algumas distinções que romperam com a ideia grega de uma participação direta e harmoniosa entre o nosso intelecto e a verdade, nosso ser e o mundo, pois os filósofos antigos consideravam que éramos entes participantes de todas as formas de realidade: por nosso corpo, participamos da natureza; por nossa alma, participamos da inteligência divina.

O cristianismo, porém, parte da concepção judaica de uma separação entre o homem e Deus, causada pelo pecado original ou pela queda do primeiro homem e da primeira mulher; pelo pecado, os humanos ficaram separados da inteligência divina e perderam os laços harmoniosos com a natureza. Dessa maneira o cristianismo afirmou que o erro e a ilusão são parte da natureza humana em decorrência do caráter pervertido de nossa vontade, após o pecado original. Criados com uma inteligência perfeita e uma vontade livre, o primeiro homem e a primeira mulher usaram a liberdade para transgredir a ordem de Deus, que lhes proibia o conhecimento do bem e do mal. Por orgulho, Adão e Eva infringiram a lei divina e, ao fazê-lo, foram punidos, perdendo o contato direto com Deus e a verdade, a imortalidade de seus corpos, a perfeição da inteligência e da vontade, caindo para sempre no erro e na ilusão.

Em consequência da concepção cristã do ser humano, a filosofia precisou enfrentar problemas novos:

1. Como, sendo seres decaídos e pervertidos, podemos conhecer a verdade?

2. Ao introduzir a noção de pecado original, o cristianismo introduziu a separação radical entre os humanos (pervertidos e finitos) e a divindade (perfeita e infinita). Com isso, fez surgir a pergunta: como o finito (humano) pode conhecer a verdade (infinita e divina)?

Eis por que, durante toda a Idade Média, a fé tornou-se central para a filosofia, pois era por meio dela que essas perguntas eram respondidas. Misericordioso, Deus prometeu aos homens a redenção e para isso enviou seu Filho para salvá-los. Crer no Filho é ter a suprema virtude, a fé, que ilumina nosso intelecto e guia nossa vontade, permitindo à nossa razão o conhecimento do que está ao seu alcance, ao mesmo tempo que nossa alma aceita as verdades superiores, reveladas por Deus e contidas nas Escrituras Sagradas. Com isso, o cristianismo introduziu uma distinção impensável para os filósofos antigos, qual seja, a distinção entre verdades de razão e verdades de fé, ou entre o conhecimento que nossa razão pode alcançar por si mesma e o conhecimento que só alcançamos por meio de uma revelação divina. As verdades que dependem de revelação divina são aquelas que nossa razão finita e imperfeita não só não pode alcançar sozinha como são, sobretudo, aquelas que só podemos aceitar sem compreender (como é o caso, por exemplo, da Encarnação do Filho de Deus, ou a Santíssima Trindade, ou a Eucaristia). Em outras palavras, as verdades da fé são *mistérios*. Há, portanto, duas maneiras de conhecer: pela atividade da razão ou luz natural e pela aceitação da revelação ou luz sobrenatural.

Visto que a verdade, tanto de razão como de fé, tem sua origem na sabedoria e inteligência de Deus (pois este é o criador de todas as coisas), a verdade, dividida para nós, é indivisa e uma em si mesma. Isso significa, em primeiro lugar, que não pode haver contradição entre verdades da fé e da razão, pois a verdade não pode contradizer a verdade, e, em segundo, se houver alguma contradição, as verdades de razão devem ser abandonadas em proveito das verdades da fé, uma vez que a razão humana está sujeita ao erro e ao falso. O conhecimento racional, mesmo que não dependa da fé, subordina-se a ela.

Além da distinção das verdades, o cristianismo trouxe a ideia de que *a causa da verdade* é a inteligência divina enquanto *a causa do erro e do falso* é a vontade humana, cuja liberdade perversa polui nossa inteligência ou razão. Essa ideia cristã foi fundamentada particularmente com Santo Agostinho na ideia de *pessoa*, vinda do Direito Romano, que define a pessoa como um sujeito de direitos e deveres. Se somos pessoas, dizem os cristãos, somos responsáveis por nossos atos e pensamentos. Nossa pessoa é nossa *consciência*, que é nossa alma dotada de vontade, imaginação, memória e inteligência. A verdade se torna, portanto, uma questão de consciência.

Santo Agostinho
(354–430)

A vontade é livre e, aprisionada num corpo passional e fraco, pode mergulhar nossa alma na ilusão e no erro. Estar no erro ou na verdade dependerá, portanto, de nós mesmos, de nossa consciência, e por isso precisamos saber se podemos ou não conhecer a verdade e em que condições tal conhecimento é possível. Os primeiros filósofos cristãos e os medievais afirmaram que podemos conhecer a verdade, desde que a razão não contradiga a fé e se submeta a ela no tocante às verdades últimas e principais.

Os filósofos modernos, porém, não aceitaram essas respostas e por esse motivo a questão do conhecimento tornou-se central para eles.

Os filósofos gregos se surpreendiam que pudesse haver erro, ilusão e mentira. Como a verdade — *alétheia* — era concebida como presença e manifestação do verdadeiro aos nossos sentidos ou ao nosso intelecto, isto é, como presença do Ser à nossa experiência sensível e/ou ao puro pensamento, a pergunta filosófica só podia ser: "Como é possível o erro ou a ilusão?". Ou seja, se o verdadeiro é o próprio Ser fazendo-se ver em todas as coisas, presente em nossas percepções, em nossas palavras, em nossos pensamentos, como o falso é possível se o falso é dizer e pensar que existe o que não existe? Como é possível ver o que não é, dizer o que não é, pensar o que não é?

Para os modernos, a situação é exatamente contrária. Perguntam: "Como o conhecimento da verdade é possível?". De fato, se a verdade é o que está no intelecto infinito de Deus, então está escondida de nossa razão finita e não temos acesso a ela. A verdade, portanto, não é o que está manifesto na realidade, mas depende da revelação divina. Ora, a revelação só é conhecida pela fé e para esta a verdade é *emunah*, a confiança que nos leva a dizer "assim seja" e que nossa razão não pode entender. Por outro lado, visto que nosso intelecto limitado foi pervertido pela nossa vontade pecadora, como podemos conhecer até mesmo as verdades de razão, isto é, as que estariam ao nosso alcance sem o auxílio da revelação e da fé? Ou seja, até que ponto podemos admitir que nossa razão ou luz natural é capaz de um saber verdadeiro?

Por isso mesmo, os filósofos modernos observaram que as verdades de fé haviam influenciado a própria maneira de conceber as verdades de razão. De fato, uma verdade de fé é algo proferido e proclamado por uma autoridade inquestionável (Deus, anjos, santos) e esse aspecto como que "contaminou" as verdades de razão, fazendo com que os filósofos só aceitassem uma ideia se esta viesse com o selo de alguma autoridade reconhecida pela Igreja. Assim, mesmo uma verdade que podia ser alcançada por nossa razão só era aceita se fosse autorizada por alguém considerado superior (um filósofo antigo, um santo, um papa, um concílio eclesiástico, etc.). E essa autoridade era ainda maior se estivesse situada no passado distante e suas ideias conhecidas pela leitura de livros ou por lições de escola.

A primeira tarefa que os modernos se deram foi a de recusar o poder de autoridades sobre a razão, seja a autoridade das Igrejas, seja a das escolas e dos livros. Começam, por isso, separando fé de razão, considerando cada uma delas voltada para conhecimentos diferentes e sem que uma deva subordinar-se à outra. Prosseguem fazendo a crítica da autoridade atribuída à tradição, aos livros dos antigos e ao ensinamento das escolas. E passam a explicar como a razão e o pensamento podem tornar-se mais fortes do que a vontade e controlá-la para que se evite o erro.

O problema do conhecimento torna-se, portanto, crucial e a filosofia precisa começar pelo exame da capacidade humana de conhecer, pelo entendimento, o estudo da própria razão humana ou de nosso intelecto ou entendimento. Com isso, o ponto de partida dos modernos é o *sujeito do conhecimento*. Os dois filósofos que, no século XVII, iniciam esse trabalho são o inglês Francis Bacon e o francês René Descartes. O filósofo que propõe, pela primeira vez, uma teoria do conhecimento propriamente dita é o inglês John Locke. Podemos dizer que a partir do século XVII, portanto, a teoria do conhecimento torna-se uma disciplina crucial da filosofia.

Bacon e Descartes

Como dissemos, os gregos indagavam: "Como o erro é possível?". Os modernos perguntaram: "Como a verdade é possível?". Para os gregos, a verdade era *alétheia*, para os modernos, *veritas*. Em outras palavras, para os modernos trata-se de compreender e explicar como os relatos mentais — nossas ideias — correspondem ao que se passa verdadeiramente na realidade. Apesar dessas diferenças, os modernos retomaram o modo de trabalhar filosoficamente proposto por Sócrates, Platão e Aristóteles, qual seja, começar pelo exame das opiniões contrárias e ilusórias para ultrapassá-las em direção à verdade.

Antes de abordar o conhecimento verdadeiro, Bacon e Descartes examinaram exaustivamente as causas e as formas do erro, inaugurando um estilo filosófico que permanecerá na filosofia, isto é, a análise das causas e formas dos nossos preconceitos.

Bacon

Bacon elaborou uma teoria conhecida como *a crítica dos ídolos*. De acordo com Bacon, existem quatro tipos de ídolos ou de imagens que formam opiniões cristalizadas e preconceitos, que impedem o conhecimento da verdade:

1. *ídolos da caverna* (a caverna de que fala Bacon é a do Mito da Caverna, de Platão): as opiniões que se formam em nós por erros e defeitos de nossos órgãos dos sentidos. São os mais fáceis de serem corrigidos por nosso intelecto;
2. *ídolos do fórum* (o fórum era o lugar das discussões e dos debates públicos na Roma antiga): são as opiniões que se formam em nós como consequência da linguagem e de nossas relações com os outros. São difíceis de serem vencidos, mas o intelecto tem poder sobre eles;
3. *ídolos do teatro* (o teatro é o lugar em que ficamos passivos, onde somos apenas espectadores e receptores de mensagens): são as opiniões formadas em nós em decorrência

ídolo: a palavra *ídolo* vem do grego *eidolon* e significa "imagem".

dos poderes das autoridades que nos impõem seus pontos de vista e os transformam em decretos e leis inquestionáveis. Só podem ser desfeitos se houver uma mudança social e política;

4. *ídolos da tribo* (a tribo é um agrupamento humano em que todos possuem a mesma origem, o mesmo destino, as mesmas características e os mesmos comportamentos): são as opiniões que se formam em nós em decorrência da natureza humana. São próprios da espécie humana e só podem ser vencidos se houver uma reforma da própria natureza humana.

O então presidente dos Estados Unidos, George W. Bush, com sua mãe Barbara Bush e seu pai, o ex-presidente George Bush, durante um discurso numa universidade do Texas, em dezembro de 2008. Cena exemplar do que Bacon chama de "ídolo de teatro".

A demolição dos ídolos é, portanto, uma reforma do intelecto, dos conhecimentos e da sociedade. Para os dois primeiros, Bacon propõe a instauração de um *método*, definido como o modo seguro de "aplicar a razão à experiência", isto é, de aplicar o pensamento lógico aos dados oferecidos pelo conhecimento sensível. O método deve tornar possível:

1. organizar e controlar os dados recebidos da experiência sensível, graças a procedimentos adequados de observação e de experimentação;

2. organizar e controlar os resultados observacionais e experimentais para chegar a conhecimentos novos ou à formulação de teorias verdadeiras;

3. desenvolver procedimentos adequados para a aplicação prática dos resultados teóricos, pois para ele o homem é "ministro da natureza" e, se souber conhecê-la (obedecer-lhe, diz Bacon), poderá comandá-la. O método, diz Bacon, é o modo seguro e certo de "aplicar a razão à experiência", isto é, de aplicar o pensamento verdadeiro aos dados oferecidos pelo conhecimento sensível.

Bacon acreditava que o avanço dos conhecimentos e das técnicas, as mudanças sociais e políticas e o desenvolvimento das ciências e da filosofia propiciariam uma grande reforma do conhecimento humano, que seria também uma grande reforma da vida humana. Tanto assim que, ao lado de suas obras filosóficas, escreveu uma obra filosófico-política, a *Nova Atlântida*, na qual descreve e narra uma sociedade ideal e perfeita, nascida do conhecimento verdadeiro e do desenvolvimento das técnicas.

Descartes

Descartes localizava a origem do erro em duas atitudes que chamou de *atitudes infantis* ou *preconceitos da infância*:

1. a *prevenção*, que é a facilidade com que nosso espírito se deixa levar pelas opiniões e ideias alheias, sem se preocupar em verificar se são ou não verdadeiras. São as opiniões que se cristalizam em nós na forma de preconceitos (colocados em nós por pais, professores, livros, autoridades) e que escravizam nosso pensamento, impedindo-nos de pensar e de investigar;

2. a *precipitação*, que é a facilidade e a velocidade com que nossa vontade nos faz emitir juízos sobre as coisas antes de verificarmos se nossas ideias são ou não são verdadeiras. São opiniões que emitimos em consequência de nossa vontade ser mais forte e poderosa que nosso intelecto. Originam-se no conhecimento sensível, na imaginação, na linguagem e na memória.

Essas duas atitudes indicam que, para Descartes, o erro situa-se no conhecimento sensível (ou seja, sensação, percepção, imaginação, memória e linguagem), de maneira que o conhecimento verdadeiro é puramente intelectual, ou seja, fundado apenas nas operações de nosso intelecto ou entendimento e tem como ponto de partida ou ideias inatas (existentes em nossa razão) ou observações que foram inteiramente controladas pelo pensamento.

Como Bacon, Descartes também está convencido de que é possível vencer os defeitos no conhecimento, por meio de uma reforma do entendimento e das ciências. (Diferentemente de Bacon, Descartes não vê a necessidade de essa reforma também exigir mudanças sociais e políticas.)

Essa reforma deve ser feita pelo sujeito do conhecimento quando este compreende a necessidade de encontrar fundamentos seguros para o saber e se, para tanto, instituir um *método*.

Os objetivos principais do método são:

1. assegurar a reforma do intelecto para que este siga o caminho seguro da verdade (portanto, afastar a prevenção e a precipitação);

2. oferecer procedimentos pelos quais a razão possa controlar-se a si mesma durante o processo de conhecimento sabendo que caminho percorrer e sabendo reconhecer se um resultado obtido é verdadeiro ou não;

3. permitir a ampliação ou o aumento dos conhecimentos graças a procedimentos seguros que permitam passar do já conhecido ao desconhecido;

4. oferecer os meios para que os novos conhecimentos possam ser aplicados, pois o saber deve, no dizer de Descartes, tornar o homem "senhor da natureza".

Por que o método se torna necessário?

Feitas as críticas à autoridade das escolas e dos livros, da tradição e dos preconceitos, o sujeito do conhecimento descobre-se como uma consciência que parece não poder contar com o auxílio do mundo para guiá-lo, desconfia dos conhecimentos sensíveis e dos conhecimentos herdados. Está só. Conta apenas com seu próprio pensamento. Sua solidão torna indispensável um método que possa guiar o pensamento em direção aos conhecimentos verdadeiros e distingui-los dos falsos. Eis por que Descartes escreve *Discurso do método* e *Regras para a direção do espírito*. Sobre o método, diz ele, na regra IV das *Regras*:

> Por método, entendo regras certas e fáceis, graças às quais todos os que as observem exatamente jamais tomarão como verdadeiro aquilo que é falso e chegarão, sem se cansar com esforços inúteis e aumentando progressivamente sua Ciência, ao conhecimento verdadeiro de tudo o que lhes é possível esperar.

Discurso do método: fac-símile da capa da obra *Discurso do método*, de Descartes, publicada em 1637.

Descartes, portanto, define o método como um conjunto de regras cujas características principais são três:

1. certas (o método dá segurança ao pensamento);
2. fáceis (o método evita complicações e esforços inúteis);
3. amplas (o método deve permitir que se alcance todos os conhecimentos possíveis para o entendimento humano).

Descartes elabora quatro grandes regras do método:

dúvida metódica: como já vimos, é a decisão de não aceitar nenhum pensamento ou nenhuma ideia em que possa haver a menor dúvida.

1. *regra da evidência*: só admitir como verdadeiro um conhecimento evidente, isto é, no qual e sobre o qual não caiba a menor dúvida. Para isso Descartes criou um procedimento, a *dúvida metódica*, pelo qual o sujeito do conhecimento, analisando cada um de seus conhecimentos, conhece e avalia as fontes e as causas de cada um, a forma e o conteúdo de cada um, a falsidade e a verdade de cada um e encontra meios para livrar-se de tudo quanto seja duvidoso perante o pensamento;

2. *regra da divisão*: para conhecermos realidades complexas precisamos dividir as dificuldades e os problemas em suas parcelas mais simples, examinando cada uma delas em conformidade com a regra da evidência;

3. *regra da ordem*: os pensamentos devem ser ordenados em séries que vão dos mais simples aos mais complexos, dos mais fáceis aos mais difíceis, pois a ordem consiste em distribuir os conhecimentos de tal maneira que possamos passar do conhecido ao desconhecido;

4. *regra da enumeração*: a cada conhecimento novo obtido, fazer a revisão completa dos passos dados, dos resultados parciais e dos encadeamentos que permitiram chegar ao novo conhecimento.

John Locke (1632–1704)

Locke

John Locke é o iniciador da teoria do conhecimento propriamente dita porque se propõe a analisar cada uma das formas de conhecimento que possuímos, a origem de nossas ideias e nossos discursos, a finalidade das teorias e as capacidades do sujeito cognoscente relacionadas com os objetos que ele pode conhecer.

Logo na abertura de sua obra *Ensaio sobre o entendimento humano*, Locke escreve:

> *Visto que o entendimento situa o homem acima dos outros seres sensíveis e dá-lhe toda vantagem e todo domínio que tem sobre eles, seu estudo consiste certamente num tópico que, por sua nobreza, é merecedor de nosso trabalho de investigá-lo. O entendimento, como o olho, que nos faz ver e perceber todas as outras coisas, não se observa a si mesmo; requer arte e esforço situá-lo a distância e fazê-lo seu próprio objeto.*

Ensaio sobre o entendimento humano: *fac-símile da capa de Ensaio sobre o entendimento humano, de John Locke, em edição de 1690.*

Assim como o olho, que faz ver e não se vê a si mesmo, o entendimento humano faz conhecer, mas não se conhece a si mesmo. Para conhecer-se, isto é, para que o entendimento torne-se um objeto de conhecimento para si mesmo, "requer arte e esforço". Como Descartes e Bacon, Locke afirma a necessidade do entendimento examinar a si mesmo. Como Bacon e Descartes, Locke também considera que é necessário esforço, trabalho, decisão para fazer o entendimento tornar-se a si mesmo como objeto de investigação. Porém, assim como Aristóteles diferia de Platão, Locke difere de Descartes.

Platão e Descartes separam, de um lado, a experiência sensível, que pode estar sujeita ao erro, e, de outro, o conhecimento verdadeiro, que é puramente intelectual. Descartes, porém, difere de Platão, porque considera que o conhecimento sensível pode e deve ser empregado por nós, desde que submetido ao método e controlado pelo entendimento. Aristóteles e

Locke consideram que o conhecimento se realiza por graus contínuos, partindo da sensação até chegar às ideias. No entanto, Locke difere de Aristóteles porque, para este, os princípios do pensamento e da realidade não são conhecidos por experiência sensível nem procedem da experiência sensível, mas são conhecidos apenas pelo puro pensamento ou pela intuição intelectual. Para Locke, porém, todas as ideias e todos os princípios do conhecimento derivam da experiência sensível. Em outras palavras, o intelecto recebe da experiência sensível todo o material do conhecimento e por esse motivo pode-se dizer que não há nada em nosso entendimento que não tenha vindo das sensações.

> *Suponhamos que o espírito seja, por assim dizer, uma folha em branco, sem nenhuma letra, sem nenhuma ideia. Como estas chegaram ali? (...) De onde procede todo o material da razão e do conhecimento? Respondo com uma só palavra: da experiência. Todo nosso conhecimento se baseia nela e dela provém em última instância.*

Como se formam os conhecimentos? Por um processo de combinação e associação dos dados da experiência. Por meio das sensações, recebemos as impressões das coisas externas; essas impressões formam o que Locke chama de ideias simples. Por sua vez, nas percepções, essas impressões ou ideias simples se associam por semelhanças e diferenças, formando ideias complexas ou compostas. Por intermédio de novas combinações e associações, essas ideias se tornarão mais complexas na razão, que forma as ideias abstratas ou gerais, como as ideias de substância, corpo, alma, Deus, natureza, etc., bem como as ideias das relações entre essas ideias complexas, como as ideias de identidade, causalidade, finalidade, etc. A formação das ideias na sensação, na percepção e na razão se faz por um processo de generalização pelo qual, a cada passo, eliminamos as diferenças para ficar com as semelhanças e os traços comuns, cujo conjunto forma uma ideia complexa geral ou universal.

Tudo o que sabemos existir nos é dado pelas sensações e percepções, portanto, pela experiência. Visto que a experiência nos mostra e nos dá a conhecer apenas coisas particulares ou singulares, somente elas existem. Por conseguinte, as ideias gerais ou universais não correspondem a realidades ou a essências existentes, mas são nomes que instituímos por convenção para organizar nossos pensamentos e nossos discursos. Assim, por exemplo, nossos olhos sentem ou percebem objetos coloridos e não a cor (isto é, percebemos cores determinadas que existem nos objetos particulares da visão). Da mesma forma, nossos olhos percebem objetos luminosos ou com luminosidades diferentes, mas não percebem a luz. Nossa razão, recebendo as percepções singulares dos objetos coloridos e dos objetos luminosos, combina e organiza essas sensações e percepções, abstrai dos objetos (isto é, separa) as qualidades coloridas e luminosas e com elas forma as ideias universais de "cor" e de "luz". Não existe "a cor", mas objetos singulares coloridos tais como os percebemos — "a cor" é um nome geral com que nossa razão organiza nossas sensações visuais. Do mesmo modo, não existe "a luz" e sim objetos singulares luminosos tais como os percebemos — "a luz" é um nome geral com que nossa razão organiza nossas sensações visuais. Por isso se diz que Locke é *nominalista*.

abstração: a palavra *abstração* vem do verbo *abstrair*, que significa "separar pelo pensamento". A abstração consiste em separar qualidades, quantidades, propriedades que existem nas coisas singulares percebidas e organizá-las em ideias gerais que não possuem objetos determinados.

Racionalismo e empirismo

Na história da filosofia e da epistemologia, a diferença de perspectiva entre Descartes e Locke levou a distinguir as duas grandes orientações da teoria do conhecimento: o **racionalismo** e o **empirismo**.

Para o racionalismo, a razão, tomada em si mesma e sem apoio da experiência sensível, é o fundamento e a fonte do conhecimento verdadeiro. O valor e o sentido da experiência sensível, bem como seu uso na produção de conhecimentos dependem de princípios, regras e normas estabelecidos pela razão. Em outras palavras, a razão controla a experiência sensível para que esta possa participar do conhecimento verdadeiro. Para o racionalismo, o modelo perfeito de conhecimento verdadeiro é a matemática, que depende exclusivamente do uso da razão e que usa a percepção sensível (por exemplo, para construir figuras geométricas) sob o controle da atividade do intelecto.

Para o empirismo, o fundamento e a fonte de todo e qualquer conhecimento é a experiência sensível, responsável pela existência das ideias na razão e controlando o trabalho da própria razão, pois o valor e o sentido da atividade racional dependem do que é determinado pela experiência sensível. Para os empiristas, o modelo do conhecimento verdadeiro é dado pelas ciências naturais ou ciências experimentais, como a física e a química.

A consciência: o sujeito, o eu, a pessoa e o cidadão

As diferenças entre racionalismo e empirismo não impedem que haja um elemento comum a todos os filósofos a partir da modernidade, qual seja, tomar o entendimento humano como objeto da investigação filosófica.

Tomar o entendimento objeto para si próprio, tomar o sujeito do conhecimento objeto de conhecimento para si mesmo é a grande tarefa que a modernidade filosófica inaugura ao desenvolver a teoria do conhecimento. Como se trata da volta do pensamento sobre si mesmo para conhecer-se, ou do sujeito do conhecimento colocando-se como objeto para si mesmo, a teoria do conhecimento é a **reflexão filosófica**.

O pressuposto da teoria do conhecimento como reflexão filosófica é o de que somos seres racionais conscientes. O que a teoria do conhecimento entende por consciência?

A capacidade humana para conhecer, para saber que conhece e para saber que sabe que conhece. A consciência é um conhecimento (das coisas e de si) e um conhecimento desse conhecimento (reflexão).

Do ponto de vista da teoria do conhecimento, a consciência é uma atividade sensível e intelectual dotada do poder de análise e síntese, de representação dos objetos por meio de ideias e de avaliação, compreensão e interpretação desses objetos por meio de juízos. É o **sujeito do conhecimento**. Este se reconhece como diferente dos objetos, cria e/ou descobre significações, institui sentidos, elabora conceitos, ideias, juízos e teorias. Por ser dotado de reflexão, isto é, da capacidade de conhecer-se a si mesmo no ato do conhecimento, o sujeito é um saber de si e um saber sobre o mundo, manifestando-se como sujeito percebedor, imaginante, memorioso, falante e pensante. É o entendimento propriamente dito, uma estrutura racional e uma capacidade de conhecimento que é a mesma em todos os seres humanos. Por sua universalidade, o sujeito do conhecimento distingue-se da consciência psicológica, pois esta é sempre individual.

Que entendemos por "consciência psicológica"?

Do ponto de vista psicológico, a consciência é o sentimento de nossa própria identidade: é o *eu*. O eu é o centro ou a unidade de todos os nossos estados psíquicos e corporais, ou aquela percepção que permite a alguém dizer "meu corpo", "minha razão", "minhas lembranças".

A consciência psicológica ou o eu é formada por nossas *vivências*. O *eu* é a consciência de si como o ponto de identidade e de permanência de um fluxo temporal interior que retém o passado na memória, percebe o presente pela atenção e espera o futuro pela imaginação e pelo pensamento.

Por seu turno, a consciência de si reflexiva ou o sujeito do conhecimento forma-se como atividade de análise e síntese, de representação e de significação voltadas para a explicação, descrição e interpretação da realidade e das outras três esferas da vida consciente (vida psíquica, moral e política), isto é, da posição do mundo natural e cultural e de si mesma como objetos de conhecimento. Apoia-se em métodos de conhecer e buscar a verdade ou o verdadeiro. É o aspecto intelectual e teórico da consciência.

Ao contrário do *eu*, o sujeito do conhecimento não é uma vivência individual, uma estrutura cognitiva dotada de universalidade, ou seja, a capacidade de conhecimento é idênti-

vivências: a maneira como sentimos e compreendemos o que se passa em nosso corpo e no mundo que nos rodeia, assim como o que se passa em nosso interior; a maneira individual e própria com que cada um de nós percebe, imagina, lembra, opina, deseja, age, ama e odeia, sente prazer e dor, toma posição diante das coisas e dos outros, decide, age, sente-se feliz ou infeliz.

ca em todos os seres humanos e tem a mesma validade para todos os seres humanos, em todos os tempos e lugares. Assim, por exemplo, a ideia de círculo ou a de triângulo, elaboradas pelo geômetra enquanto sujeito do conhecimento, possuem o mesmo sentido, as mesmas características e propriedades, seguem as mesmas leis geométricas em todos os tempos e lugares, não dependendo de nossos gostos e desejos. Da mesma maneira, o princípio de identidade e o de não contradição exprimem a estrutura universal do modo de pensar do sujeito do conhecimento e são válidos em todos os tempos e lugares. O sujeito do conhecimento se ocupa com noções como as de espaço e tempo, causa e efeito, princípio e consequência, verdadeiro e falso, matéria e forma, signo e significação, etc., entendidas como condições universais e necessárias do conhecimento.

Podemos compreender melhor a diferença entre o *eu psicológico* e o *sujeito do conhecimento* tomando alguns exemplos. João, por exemplo, pode gostar de geometria e Paula pode detestar essa matéria, mas o que ambos sentem não afeta os conceitos geométricos, nem os procedimentos matemáticos, cujo sentido e valor independem das vivências de ambos e são o objeto construído ou descoberto pelo sujeito do conhecimento. Maria pode não saber que existe a física quântica e pode, ao ser informada sobre ela, não acreditar nela e não gostar da ideia de que seu corpo seja apenas movimentos de partículas invisíveis. Isso, porém, não afeta a validade e o sentido da física quântica, descoberta e conhecida pelo sujeito do conhecimento. Luíza tem lembranças agradáveis quando vê rosas amarelas; Antônio, porém, tem péssimas lembranças quando vê rosas dessa cor. No entanto, a percepção de cores, de seres espaciais e temporais se realiza em nós não apenas segundo nossas vivências psicológicas individuais, mas também segundo leis, normas, princípios de estruturação e organização que são os mesmos para todos na medida em que cada um de nós é um sujeito do conhecimento, mesmo quando não sabemos disso, ou seja, mesmo que não tenhamos passado à atitude reflexiva pela qual conhecemos que conhecemos.

Além de sua *dimensão epistemológica* (sujeito do conhecimento ou entendimento) e de sua *dimensão psicológica* (o *eu* das vivências individuais), a consciência possui também uma *dimensão ética*.

O que é a consciência moral ou ética?

Do ponto de vista ético e moral, a consciência é a capacidade livre e racional para escolher, deliberar e agir conforme valores, normas e regras que dizem respeito ao bem e ao mal, ao justo e ao injusto, à virtude e ao vício. É a **pessoa**, dotada de vontade livre e de responsabilidade. É a capacidade de alguém para compreender e interpretar sua própria situação e condição (física, mental, social, cultural, histórica), viver na companhia de outros segundo as normas e os valores morais definidos por sua sociedade, agir tendo em vista fins escolhidos por deliberação e decisão próprias, comportar-se segundo o que julga o melhor para si e para os outros e, quando necessário, contrapor-se e opor-se aos valores estabelecidos, em nome de outros considerados mais adequados à liberdade e à responsabilidade. É a consciência de si como exercício racional e afetivo da liberdade e da responsabilidade, em vista da vida feliz e justa.

A consciência moral pertence à esfera da vida privada, isto é, das relações interpessoais e intersubjetivas que transcorrem na família, nas amizades, no trabalho, na comunidade religiosa, na organização empresarial, etc. Além de nossa vida privada, participamos também da vida pública, isto é, da esfera política.

O que é a consciência na esfera pública ou política?

Do ponto de vista político, a consciência é o **cidadão**, isto é, o indivíduo situado no tecido das relações sociais como portador de direitos e deveres definidos na esfera pública, relacionando-se com o poder político e as leis; bem como o indivíduo na condição de membro de uma classe social, definido por sua situação e posição nessa classe, portador e defensor de interesses específicos de seu grupo ou de sua classe, relacionando-se com a esfera pública do poder e das leis. Em outras palavras, o cidadão é a consciência de si definida pela esfera pública dos direitos e deveres civis e sociais, das leis e do poder político.

A consciência moral (a pessoa) e a consciência política (o cidadão) formam-se pelas relações entre as vivências do *eu* e *os valores e as instituições de sua sociedade ou de sua cultura*. São as maneiras pelas quais nos relacionamos com os outros por meio de comportamentos e de práticas determinados pelos códigos morais e políticos. Esses códigos dependem do modo como uma cultura e uma sociedade determinadas definem o bem e o mal, o justo e o injusto, o legítimo e o ilegítimo, o legal e o ilegal, o privado e o público.

O eu é a consciência como uma vivência psíquica e uma experiência que se realiza na forma de *comportamentos*; a pessoa é a consciência como agente moral; e o cidadão é a consciência como agente político. A ação da pessoa e a do cidadão formam a *práxis*, palavra grega que significa "a ação na qual o agente, o ato realizado por ele e a finalidade do ato são idênticos". Em outras palavras, aquela prática na qual o agente *é* a ação que ele realiza buscando um certo fim.

Sujeito, *eu*, *pessoa* e *cidadão* constituem a consciência como **subjetividade ativa**, sede da razão e do pensamento, capaz de identidade consigo mesma, de conhecimento verdadeiro, de decisões livres, de direitos e obrigações.

Subjetividade e graus de consciência

Embora a subjetividade se manifeste plenamente como uma atividade que sabe de si mesma, isso não significa que a consciência esteja sempre inteiramente alerta e atenta. Quando, por exemplo, recebemos uma anestesia geral, vamos perdendo gradualmente a consciência, deixamos de ter a consciência de ver, sentir, lembrar. Dependendo da intensidade da dose aplicada, podemos perder todas as formas de consciência menos, por exemplo, a auditiva. No entanto, mesmo a consciência auditiva, nessa situação, é fluida, não parece estar referida a um eu. Quando despertamos à noite, de um sono profundo e num local que não é nosso quarto, podemos levar um certo tempo até sabermos quem somos e onde estamos.

Quando devaneamos ou divagamos, ou sonhamos de olhos abertos, perdemos a consciência de tudo quanto está à nossa volta e, muitas vezes, quando "voltamos a nós", temos um braço ou uma perna adormecidos, uma queimadura na mão, o rosto queimado de sol ou o corpo molhado de chuva sem que tivéssemos consciência do que se passava conosco. Situações como essas indicam que há *graus de consciência*.

De um modo geral, distinguem-se os seguintes graus de consciência:

- *consciência passiva*: aquela na qual temos uma vaga e confusa percepção de nós mesmos e do que se passa à nossa volta, como no devaneio, no momento que precede o sono ou o despertar, na anestesia e, sobretudo, quando somos muito crianças ou muito idosos;

- *consciência vivida, mas não reflexiva*: é nossa consciência afetiva, que tem a peculiaridade de ser *egocêntrica*, isto é, de perceber os outros e as coisas baseados apenas em nossos sentimentos com relação a eles, como, por exemplo, a criança que esmurra uma mesa ao tropeçar nela, julgando que a mesa "fez de propósito" para machucá-la. Nesse grau de consciência, não conseguimos separar o eu e o outro, o eu e as coisas. É típico, por exemplo, das pessoas apaixonadas, para as quais o mundo só existe a partir dos seus sentimentos de amor, ódio, cólera, alegria, tristeza, etc.;

- *consciência ativa e reflexiva*: aquela que reconhece a diferença entre o interior e o exterior, entre si e os outros, entre si e as coisas. Esse grau de consciência é o que permite a existência da consciência em suas quatro modalidades, isto é, eu, pessoa, cidadão e sujeito.

Esse último grau da consciência, nas suas quatro modalidades, é definido pela fenomenologia como *consciência intencional* ou *intencionalidade*, isto é, como "consciência de". Toda consciência, diz a fenomenologia, é sempre consciência de alguma coisa, visa sempre

---

códigos morais: os que definem deveres, obrigações, virtudes dos indivíduos em sua vida privada.

códigos políticos: os que definem direitos, deveres, obrigações de indivíduos, grupos e classes sociais na vida pública.

práxis: como na dança, em que é impossível separar a dança, o ato de dançar e o(a) dançante, pois são idênticos; não há dança sem o ato de dançar e não há dança e ato de dançar sem o(a) dançante – se um deles faltar, não há ação alguma.

a alguma coisa, de tal maneira que perceber é sempre perceber alguma coisa, imaginar é sempre imaginar alguma coisa, lembrar é sempre lembrar alguma coisa, dizer é sempre dizer alguma coisa, pensar é sempre pensar alguma coisa. A consciência realiza *atos* (perceber, lembrar, imaginar, falar, refletir, pensar) e visa a *conteúdos* ou *significações* (o percebido, o lembrado, o imaginado, o falado, o refletido, o pensado). O sujeito do conhecimento é aquele que reflete sobre as relações entre atos e significações e conhece a estrutura formada por eles (a percepção, a imaginação, a memória, a linguagem, o pensamento).

Capítulo 2
A percepção

Sensação e percepção

O conhecimento sensível também é chamado de *conhecimento empírico* ou *experiência sensível* e suas formas principais são a **sensação** e a **percepção**.

A sensação é o que nos dá as qualidades exteriores e interiores, isto é, as qualidades dos objetos e os efeitos internos dessas qualidades sobre nós. Na sensação vemos, tocamos, sentimos, ouvimos qualidades puras e diretas das coisas: cores, odores, sabores, texturas, sons, temperaturas. Sentimos o quente e o frio, o doce e o amargo, o liso e o rugoso, o vermelho e o verde, etc. Sentimos também qualidades internas, isto é, que se passam em nosso corpo ou em nossa mente pelo nosso contato com as coisas sensíveis: prazer, desprazer, dor, agrado, desagrado.

Sentir é algo ambíguo, pois o sensível é, ao mesmo tempo, a qualidade que está no objeto externo e o sentimento interno que nosso corpo possui das qualidades sentidas. Por isso, a tradição costuma dizer que a sensação é uma reação corporal imediata a um estímulo externo ou a uma excitação externa, sem que seja possível distinguir, no ato da sensação, o estímulo exterior e o sentimento interior. Essa distinção só poderia ser feita num laboratório, com análise de nossa anatomia, fisiologia e sistema nervoso.

Quando examinamos a sensação, notamos que ninguém diz que sente o quente, vê o azul e engole o amargo. Pelo contrário, dizemos que a água está quente, que o céu é azul e que o alimento está amargo. Além disso, quando, por exemplo, percebemos a água, não percebemos apenas sua temperatura, mas também sua transparência, sua vulnerabilidade, isto é, várias de suas características.

Assim também no caso de um alimento: além de seu gosto, sentimos simultaneamente sua temperatura, sua consistência, sua cor, isto é, vários de seus atributos. Percebemos várias qualidades e as sentimos como integrantes das coisas ou de seres complexos. Em outras palavras, mesmo que façamos referência a apenas uma qualidade (água quente, céu azul, alimento amargo), juntamente com essa sensação temos outras. Por isso se diz que, na realidade, não temos uma sensação isolada de outras, mas só temos sensações na forma de percepções, isto é, como reunião de muitas sensações ou como sínteses de várias sensações. A percepção seria, pois, uma síntese de sensações simultâneas.

empírico, empiria: como vimos, as palavras *empírico* e *empiria* são derivadas da palavra grega *empeiría*, que significa a experiência sensorial, direta e imediata das coisas exteriores (objetos dos sentidos) e interiores (vivências).

Empirismo e intelectualismo

Duas grandes concepções sobre a sensação e a percepção fazem parte da tradição filosófica: a *empirista* e a *intelectualista*.

Para os empiristas, a sensação e a percepção dependem das coisas exteriores, isto é, são causadas por estímulos externos que agem sobre nossos sentidos e sobre o nosso sistema nervoso e que recebem uma resposta que parte de nosso cérebro, voltando a percorrer nosso sistema nervoso até chegar aos nossos sentidos na forma de uma sensação (uma cor, um sabor, um odor), ou de uma associação de sensações numa percepção (vejo um objeto vermelho, sinto o sabor de uma carne, sinto o cheiro da rosa, etc.).

Para um empirista, a sensação é pontual, isto é, um ponto do objeto externo toca um de meus órgãos dos sentidos e faz um percurso no interior do meu corpo, indo ao cérebro e voltando às extremidades sensoriais. Cada sensação é independente das outras, cabendo à percepção unificá-las e organizá-las numa síntese. A causa do conhecimento sensível é a coisa externa, de modo que a sensação e a percepção são efeitos passivos de uma atividade dos corpos exteriores sobre o nosso corpo. O conhecimento é obtido por soma e associação das sensações na percepção e tal soma e associação dependem da frequência, da repetição e da sucessão dos estímulos externos e de nossos hábitos.

Para os intelectualistas, a sensação e a percepção dependem do sujeito do conhecimento e a coisa exterior é apenas a ocasião para que tenhamos a sensação ou a percepção. Nesse caso, o sujeito é ativo e a coisa externa é passiva, ou seja, sentir e perceber são fenômenos que dependem da capacidade do sujeito para decompor um objeto em suas qualidades simples (a sensação) e de recompô-lo como um todo, dando-lhe organização e significação (a percepção).

A passagem da sensação para a percepção é, nesse caso, um ato realizado pelo intelecto do sujeito do conhecimento, que confere organização e sentido às sensações. Não haveria algo propriamente chamado percepção, mas sensações dispersas ou elementares; sua organização ou síntese seria feita pela inteligência e receberia o nome de percepção. Assim, na sensação, "sentimos" qualidades pontuais, dispersas, elementares e, na percepção, "sabemos" que estamos tendo sensação de um objeto que possui as qualidades sentidas por nós.

Para os empiristas, a sensação conduz à percepção como uma síntese passiva, isto é, que depende da presença das qualidades que estão no objeto exterior. Para os intelectualistas, a sensação conduz à percepção como síntese ativa, isto é, que depende apenas da atividade do sujeito.

Para os empiristas, as ideias são provenientes das percepções — a razão ou o entendimento combinam, organizam e generalizam as percepções na forma de ideias. Para os intelectualistas, a sensação e a percepção são sempre confusas e devem ser abandonadas quando o pensamento formula as ideias puras, que dependem apenas da atividade intelectual e que servem para explicar, classificar, compreender e dar um sentido às sensações e percepções.

Psicologia da forma e fenomenologia

No século XX, porém, a filosofia alterou bastante essas duas tradições e as superou numa nova concepção do conhecimento sensível. As mudanças foram trazidas pela *fenomenologia* de Husserl e pela *psicologia da forma* ou *teoria da Gestalt*. Ambas mostraram:

> **Gestalt:** palavra alemã que significa "configuração", "figura estruturada", "forma".

⇢ contra o empirismo, que a sensação não é uma resposta físico-fisiológica pontual a um estímulo externo também pontual. Ela não é um reflexo pontual;

⇢ contra o intelectualismo, que a percepção não é uma atividade de síntese das sensações realizada pelo pensamento;

⇢ contra o empirismo e o intelectualismo, que não há diferença entre sensação e percepção.

Empiristas e intelectualistas, apesar de suas diferenças, concordavam num aspecto: julgavam que a sensação era uma relação de causa e efeito entre pontos das coisas e pontos de nosso corpo. As coisas seriam como mosaicos de qualidades isoladas justapostas e nosso aparelho sensorial (órgãos dos sentidos, sistema nervoso e cérebro) também seria um mosaico de receptores isolados e justapostos. Por isso, a percepção era considerada a atividade que "somava" ou "juntava" as partes numa síntese que seria o objeto percebido.

Fenomenologia e *gestalt*, porém, mostram que não há diferença entre sensação e percepção porque nunca temos sensações parciais, pontuais ou elementares, isto é, sensações separadas de cada qualidade, que depois o espírito juntaria e organizaria como percepção de um único objeto. Sentimos e percebemos *formas*, isto é, *totalidades estruturadas dotadas de sentido ou de significação*.

Assim, por exemplo, ter a sensação e a percepção de um cavalo é sentir/perceber de uma só vez sua cor (ou cores), suas partes, sua face, seu lombo, sua crina e seu rabo, seu porte, seu cheiro, seus ruídos, seus movimentos. O cavalo percebido não é um feixe de qualidades isoladas que enviam estímulos aos meus órgãos dos sentidos (como suporia o empirista) nem um objeto indeterminado esperando que meu pensamento diga às minhas sensações "Esta coisa é um cavalo" (como suporia o intelectualista). O cavalo percebido não é um mosaico de estímulos exteriores (empirismo) nem uma ideia (intelectualismo), mas é, exatamente, um-cavalo-percebido.

As experiências conhecidas como "figura e fundo" mostram que não temos sensações parciais, mas percepções globais de uma forma ou de uma estrutura:

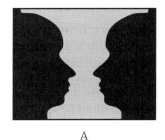 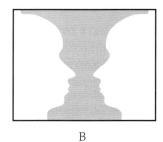 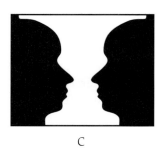

A B C

Na primeira figura podemos ora perceber dois perfis negros com um fundo cinza, ora um vaso cinza sobre um fundo negro; na segunda, ou dois perfis brancos sobre um fundo cinza, ou um vaso cinza sobre um fundo branco; e na última, ou dois perfis negros sobre um fundo branco ou um vaso branco sobre um fundo negro. Ou seja, percebemos *formas* ou *uma relação* entre figura e fundo.

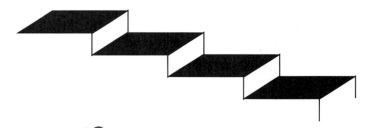 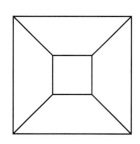

Aqui também percebemos totalidades, a percepção varia conforme o que percebemos, seja figura, seja fundo. As experiências com formas "incompletas" mostram que a percepção sempre percebe uma totalidade completa, o que seria impossível se tivéssemos sensações elementares que o pensamento unificaria numa percepção:

Se percebêssemos sensações pontuais e isoladas, veríamos uma linha incompleta. Na realidade, porém, percebemos um todo – percebemos uma árvore, embora seu contorno não esteja completo. Se sentíssemos pontos de uma coisa externa, não poderíamos, aqui, ter a sensação/percepção de uma árvore. Temos essa percepção porque espontaneamente "completamos" a figura, pois sempre percebemos uma forma, um todo e não partes isoladas.

Se a percepção fosse uma soma de sensações parciais e se cada sensação dependesse dos estímulos diretos que as coisas produzissem em nossos órgãos dos sentidos, então teríamos de ver como sendo de mesmo tamanho duas linhas que são objetivamente de mesmo tamanho. Mas a experiência mostra que nós as percebemos como tendo comprimentos diferentes porque as percebemos como formas ou totalidades diferentes:

O que é a percepção

A percepção possui as seguintes características:

- ⇢ é o conhecimento sensorial de formas ou de totalidades organizadas e dotadas de sentido e não uma soma de sensações elementares; sensação e percepção são o mesmo;

- ⇢ é o conhecimento de um sujeito corporal, isto é, uma vivência corporal, de modo que a situação de nosso corpo e as condições de nosso corpo são tão importantes quanto a situação e as condições dos objetos percebidos;

- ⇢ é sempre uma experiência dotada de significação, isto é, o percebido é dotado de sentido e tem sentido em nossa história de vida, fazendo parte de nosso mundo e de nossas vivências;

- ⇢ o próprio mundo exterior não é uma coleção ou uma soma de coisas isoladas, mas está organizado em formas e estruturas complexas dotadas de sentido. Uma paisagem, por exemplo, não é uma soma de coisas que estão apenas próximas umas das outras, mas é a percepção de coisas que formam um todo complexo e com sentido: o vale só é vale por causa da montanha, cuja altura e distância só podem ser avaliadas porque há o céu, as árvores, um rio e um caminho; o verde do vale só pode ser percebido por contraste com o cinza ou o dourado da montanha; o azul do céu só pode ser percebido por causa do verde da vegetação e o marrom da terra; essa paisagem será um espetáculo de contemplação se o sujeito da percepção estiver repousando, mas será um objeto digno de ser visto por outros se o sujeito da percepção for um pintor, ou será um obstáculo se o sujeito da percepção for um viajante que descobre que precisa ultrapassar a montanha. Em resumo: na percepção, o mundo possui forma e sentido e ambos são inseparáveis do sujeito da percepção;

- ⇢ a percepção é, assim, uma *relação* do sujeito com o mundo exterior e não uma reação físico-fisiológica de um sujeito físico-fisiológico a um conjunto de estímulos externos (como suporia o empirista), nem uma ideia formulada pelo sujeito (como suporia o intelectualista). A relação dá sentido ao percebido e àquele que percebe, e um não existe sem o outro;

- ⇢ o mundo percebido é qualitativo, significativo, estruturado e estamos nele como sujeitos ativos, isto é, damos às coisas percebidas novos sentidos e novos valores, pois as coisas fazem parte de nossa vida e nós interagimos com o mundo;

- ⇢ o mundo percebido é um mundo intercorporal, isto é, as relações se estabelecem entre nosso corpo, o corpo dos outros sujeitos e o corpo das coisas, de modo que a percepção é uma forma de comunicação corporal que estabelecemos com os outros e com as coisas;

⇢ a percepção depende das coisas e de nosso corpo, depende do mundo e de nossos sentidos, depende do exterior e do interior, e por isso é mais adequado falar em *campo perceptivo* para indicar que se trata de uma relação complexa entre o corpo-sujeito e os corpos-objetos num campo de significações visuais, táteis, olfativas, gustativas, sonoras, motrizes, espaciais, temporais e linguísticas. A percepção é uma conduta vital, uma comunicação corporal com o mundo, uma interpretação das coisas e uma valoração delas (belas, feias, agradáveis, desagradáveis, fáceis, difíceis, úteis, inúteis, desejadas, indesejadas, prazerosas, dolorosas, etc.), com base na estrutura de relações entre nosso corpo e o mundo;

⇢ a percepção envolve toda nossa personalidade, nossa história pessoal, nossa afetividade, nossos desejos e paixões, isto é, a percepção é uma maneira fundamental de os seres humanos estarem no mundo. Percebemos as coisas e os outros de modo positivo ou negativo, percebemos as coisas como instrumentos para conseguir outras ou como tendo valores positivos ou negativos, reagimos positiva ou negativamente a cores, odores, sabores, texturas, distâncias, tamanhos. O mundo é percebido qualitativamente (o percebido possui cores, sabores, odores, paladares, texturas, sons, tamanhos, proximidades ou distâncias, etc.), afetivamente (o percebido é desejado ou indesejado, amado ou odiado, prazeroso ou doloroso, alegre ou triste, protetor ou amedrontador, etc.) e valorativamente (bom ou mau, belo ou feio, maravilhoso ou terrível, útil ou inútil, etc.). Quando percebemos uma outra pessoa, por exemplo, não temos uma coleção de sensações que nos dariam as partes isoladas de seu corpo, mas a percebemos como tendo uma *fisionomia* (agradável ou desagradável, bela ou feia, serena ou agitada, sadia ou doentia, sedutora ou repulsiva) e por essa percepção definimos nosso modo de relação com ela;

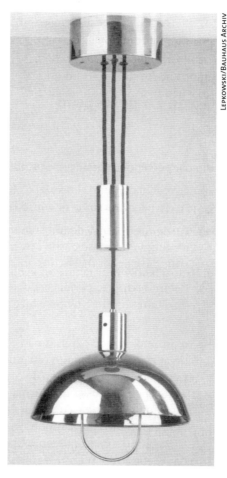

Luminária de teto com dispositivo de tração, de Marianne Brandt e Hans Przyrembel. A imagem foi extraída do livro *Bauhaus*, de Magdalena Droste, Taschen.

⇢ a percepção envolve nossa vida social, isto é, os significados e os valores das coisas percebidas decorrem de nossa sociedade e do modo como nela as coisas e as pessoas recebem sentido, valor ou função. Assim, objetos que para nossa sociedade não causam temor, podem causar numa outra sociedade. Por exemplo, em nossa sociedade, um espelho ou uma fotografia são objetos funcionais ou artísticos, meios de nos vermos em imagem; no entanto, para muitas sociedades indígenas, ver a imagem de alguém ou a sua própria é ver a alma desse alguém e fazê-lo perder a identidade e a vida, de modo que a percepção de um espelho ou de uma fotografia pode ser uma percepção apavorante;

⇢ a percepção nos oferece um acesso ao mundo dos objetos práticos e instrumentais, isto é, nos orienta para a ação cotidiana e para as ações técnicas mais simples; a percepção é uma forma de conhecimento e de ação fundamental para as artes, que são capazes de criar um "outro" mundo pela simples alteração que provocam em nossa percepção cotidiana e costumeira, como vemos no teatro, na música, na pintura, no cinema ou na literatura. Basta lembrarmos dos textos de Clarice Lispector sobre a "esperança" e sobre o ovo;

- a percepção não é uma ideia confusa ou inferior, como julgava a tradição, mas uma maneira de ter *ideias sensíveis* ou *significações perceptivas*, ou seja, há um *mundo percebido*, uma realidade material na qual as coisas e suas qualidades possuem sentidos e fazem sentido para nós. A melhor prova disso está nas artes como a pintura, a escultura, a música, a dança, em que o sentido ou a significação é inseparável da mentalidade das cores dos movimentos, dos sons, dos gestos;

- a percepção está sujeita a uma forma especial de erro: a ilusão, causada pela confusão entre várias percepções e várias ideias, levando-nos a tomar uma coisa por outra (como, por exemplo, galhos retorcidos de árvores secas numa noite escura e de ventania podem ser tomados por fantasmas), mas que também pode ser causada pelas condições de nosso corpo e do objeto (como vimos no exemplo dos versos de Mário de Andrade sobre a garoa de São Paulo que produz a confusão do branco e do negro, do pobre e do rico, conforme diminua ou aumente a distância entre os olhos do poeta e o passante).

Percepção e teoria do conhecimento

Do ponto de vista das teorias do conhecimento, há três concepções principais sobre o papel da percepção:

1. nas teorias empiristas, a percepção é a única fonte de conhecimento, estando na origem das ideias formuladas pelo pensamento num processo de abstração que exclui as diferenças percebidas e reúne as semelhanças entre várias sensações para formar as percepções das quais, por um novo processo de generalização e abstração, são formadas as ideias. Hume, por exemplo, afirma que todo conhecimento é percepção e que existem dois tipos de percepção: as *impressões* (sensações, emoções e paixões) e as *ideias* (imagens das impressões no pensamento);

2. nas teorias racionalistas intelectualistas, a percepção é considerada não muito confiável para o conhecimento porque depende das condições particulares de quem percebe e está propensa a ilusões, pois frequentemente a imagem percebida não corresponde à realidade do objeto.

    Vemos o Sol menor do que a Terra e, no entanto, ele é maior do que ela. Descartes menciona o modo como percebemos um bastão mergulhado na água: embora o bastão seja reto e contínuo, percebemos a parte mergulhada como se o bastão estivesse entortado ou quebrado, como se houvesse descontinuidade entre a parte que está fora da água e a parte mergulhada. O bastão é percebido como distorcido, embora, na realidade, não esteja deformado.

    Para os intelectualistas, o pensamento filosófico e científico deve abandonar os dados da percepção enquanto dados sensíveis, controlando-os pelo pensamento, o qual julga o percebido e formula ideias sobre o percebido. Em outras palavras, trata-se de explicar e corrigir a percepção, ou, como se costuma dizer, trata-se de passar do ver ao pensamento de ver, do perceber ao pensamento de perceber;

3. na teoria fenomenológica do conhecimento, a percepção é considerada originária e parte principal do conhecimento humano, tendo uma estrutura diferente da do conhecimento intelectual, que opera com ideias. Ou seja, a percepção não é o reservatório de onde sairão ideias (como para o empirista), nem é uma ideia confusa e inadequada que deve ser corrigida pelo pensamento (como para o intelectualista), pois ela é *diferente* de uma ideia ou de um pensamento.

    Qual a diferença entre percepção e pensamento?
    A percepção sempre se realiza por perfis ou perspectivas, isto é, nunca podemos perceber de uma só vez um objeto, pois somente percebemos algumas de suas faces de cada vez.

É isso que significa dizer que o percebido é *observável*, isto é, que só é percebido porque o contemplamos de várias maneiras, em posições e ângulos diferentes e nunca o percebemos por inteiro de uma só vez. Ao contrário, no pensamento nosso intelecto compreende uma ideia de uma só vez e por inteiro, isto é, captamos a totalidade do sentido de uma ideia de uma só vez, sem precisar examinar cada uma de suas "faces".

Por exemplo, na percepção, nunca poderemos ver, de uma só vez, as seis faces de um cubo, pois "*perceber* um cubo" significa, justamente, nunca vê-lo de uma só vez por inteiro. Ao contrário, quando o geômetra pensa o cubo, ele o pensa como figura de seis lados e, para seu pensamento, as seis faces estão todas presentes simultaneamente: a *ideia* do cubo exige concebê-lo de uma só vez como figura dotada de seis faces.

Justamente por não haver compreendido a diferença entre o objeto percebido e o objeto pensado, os intelectualistas, tendo como modelo do conhecimento as ideias, consideraram a percepção uma forma menor, inferior e confusa de conhecimento.

Quanto ao problema da ilusão, a fenomenologia considera que ela não existe. Se tomarmos, por exemplo, o verso de Mário de Andrade, diremos que perceber uma pessoa sob a garoa ou a neblina de São Paulo é percebê-la como negra de longe e branca de perto ou como branca de longe e negra de perto: são quatro percepções diferentes e que são como são porque perceber é sempre perceber um campo de objetos que permite corrigir uma percepção por meio de outra. Ou seja, não é o pensamento que corrige uma percepção, declarando-a ilusória, mas é a própria percepção atual que corrige uma percepção anterior, sem entretanto apagá-la, pois quando ela ocorreu era verdadeira.

Merleau-Ponty
(1908–1961)

Podemos compreender mais claramente a diferença entre as três concepções filosóficas da percepção por meio de um exemplo, oferecido pelo filósofo Merleau-Ponty.

Olhemos para uma piscina ladrilhada de verde-claro e rodeada por um jardim. O que percebemos? O empirista dirá que recebemos estímulos de todos os elementos que estão em nosso campo visual: cores, sons, reflexos; que esses estímulos isolados são levados ao nosso cérebro, onde causam uma impressão, e que a consciência dessa impressão é a percepção como soma dos estímulos.

O intelectualista, por sua vez, nos dirá que vemos qualidades sensíveis — líquido, cor, reflexos — de uma realidade distorcida: vemos árvores sobre a superfície das águas, embora as árvores não estejam ali, vemos os ladrilhos do fundo como se fossem curvos, côncavos, convexos, embora sejam quadrados e lisos, vemos a água colorida, quando, na realidade, ela não tem cor. Vemos, portanto, algo que nosso intelecto ou nosso pensamento nos avisa que não corresponde à realidade.

O fenomenólogo, porém, mostrará que perceber-uma-piscina-ladrilhada-com-água--rodeada-de-árvores é perceber exatamente isso: os reflexos das árvores na água, as nuanças de cor no líquido que reflete a cor do céu e a das árvores, a movimentação dos ladrilhos sob a ação da água. Não estamos recebendo estímulos que formarão impressões no cérebro: estamos percebendo uma forma organizada ou uma estrutura, que é exatamente a piscina ladrilhada cheia de água, sob o céu e com árvores em volta.

Não estamos tendo ilusões visuais, vendo ladrilhos quadrados e lisos "apesar" da água que os deformaria; nem estamos vendo a água cristalina "apesar" dos reflexos do céu e das árvores que a deformariam. Estamos vendo e percebendo ladrilhos-de-uma-piscina-com-água (portanto, formas móveis no chão e nas paredes da piscina); estamos vendo ou percebendo árvores-à-volta-de-uma-piscina-com-água (portanto, refletindo-se nas águas e agitando-se ao vento); estamos vendo ou percebendo água-de-uma-piscina (portanto, agitando os ladrilhos, recebendo reflexos, mudando de cor e de tonalidade). Perceber é exatamente isso.

A percepção se realiza num *campo perceptivo* e o percebido não está "deformado" por nada, pois perceber é diferente de fazer geometria ou física. Perceber é diferente de pensar e não uma forma inferior do pensamento. A percepção *não é causada* pelos objetos sobre *nós nem é causada* pelo nosso corpo sobre as coisas: *ela é a relação entre elas e nós e entre nós e elas*. O que torna possível e real essa relação? O fato de que nós e as coisas somos seres corporais. A percepção é um acontecimento ou uma vivência corporal e mental.

Capítulo 3
A imaginação

Cotidiano e imaginação

Com frequência, ouvimos frases como: "Que falta de imaginação!", "Por favor, use a sua imaginação!", "Cuidado! Ela tem muita imaginação!", "Que nada! Você andou imaginando tudo isso!", "Não comece a imaginar coisas!", "Imagine se tivesse sido assim!".

Essas frases são curiosas porque indicam maneiras bastante diferentes de concebermos o que seja a imaginação. Nas frases "Que falta de imaginação!" e "Por favor, use a sua imaginação!", a imaginação é tomada como algo positivo, cuja falta ou ausência é criticada. Imaginar, nesse caso, aparece como capacidade mais alargada para pensar, para encontrar soluções inteligentes para algum problema, para adivinhar o sentido de alguma coisa que não está muito evidente. Ela aparece, também, como algo que nós *temos* e que *podemos ou não usar*.

Já nas frases "Cuidado! Ela tem muita imaginação!", "Que nada! Você andou imaginando tudo isso!" ou "Não comece a imaginar coisas!", a imaginação é tomada como risco de irrealidade, invencionice, mentira, exagero, excesso. Agora, imaginar é inventar ou exagerar, perder o pé da realidade. Temos agora, portanto, um sentido bastante diverso do anterior.

Na frase "Imagine se tivesse sido assim!", ou em outra como "Imagine o que ele vai dizer!", a imaginação é tomada como uma espécie de suposição sobre as coisas futuras, uma espécie de previsão ou de alerta sobre o que poderá ou poderia acontecer como consequência de outros acontecimentos.

Apesar de diferentes, essas frases possuem alguns elementos comuns. Em todas elas:

- positiva ou negativamente, a imaginação está referida ao inexistente. Dizer "Use sua imaginação!" significa "faça de outro modo ou invente alguma coisa". Exclamar "Que falta de imaginação!" significa "poderia ter feito muito melhor, poderia ter dito uma coisa muito mais interessante". Alertar com a frase "Cuidado! Ela tem muita imaginação!" significa "ela inventa e exagera". Supor "Imagine o que nos teria acontecido!" significa "criar a imagem de uma situação que não aconteceu";

- a imaginação aparece como algo que possui graus, isto é, pode haver falta ou excesso;

- a imaginação se apresenta como capacidade para elaborar mentalmente alguma coisa possível, algo que não existiu, mas poderia ter existido, ou que não existe, mas poderá vir a existir.

A imaginação parece, assim, ser algo impreciso, situada entre dois tipos de invenção — criação inteligente e inovadora, de um lado; exagero, invencionice, mentira, de outro. No primeiro caso, ela faz aparecer o que não existia ou mostra ser possível algo que não existe. No segundo, ela é incapaz de reproduzir o existente ou o acontecido. Com isso, nossas frases cotidianas apontam os dois principais sentidos da imaginação: *criadora* e *reprodutora*.

A imaginação na tradição filosófica

A tradição filosófica sempre deu prioridade à imaginação reprodutora, considerada como um resíduo da percepção, isto é, a imagem é o que sobrou do objeto percebido, que permanece retido em nossa consciência. A imagem seria um rastro ou um vestígio deixado pela percepção.

Os empiristas falam das imagens como reflexos mentais das percepções ou das impressões, cujos traços foram gravados no cérebro. Desse ponto de vista, a imagem e a lembrança difeririam apenas porque a primeira é atual enquanto a segunda é passada. A imagem seria, portanto, a reprodução presente que faço de coisas ou situações presentes.

Por exemplo, se nesse momento eu fechar os olhos, posso imaginar o computador, a mesa de trabalho, os livros nas estantes, o quebra-luz, a porta, a janela. A imagem seria a coisa atual percebida quando ausente. Seria uma percepção enfraquecida, que, associada a outras, formaria as ideias no pensamento.

Os filósofos intelectualistas também consideravam a imaginação uma forma enfraquecida da percepção e, por considerarem a percepção a principal causa de nossos erros (as ilusões e deformações da realidade), também julgavam a imaginação fonte de enganos e erros. Tomando-a como meramente reprodutora, diziam, por exemplo, que a imaginação dos artistas nada mais faz do que juntar de maneira nova imagens de coisas percebidas: um cavalo alado é a junção da imagem de um cavalo percebido com a imagem de asas percebidas; uma sereia, a junção de uma imagem de mulher percebida com a imagem de um peixe percebido; um romance seria a reunião de imagens de pessoas percebidas que, realmente, nunca estiveram juntas, e de acontecimentos percebidos que não se deram na forma e na sequência narradas; etc.

A imaginação seria, pois, diretamente reprodutora da percepção, no campo do conhecimento, e indiretamente reprodutora da percepção, no campo da fantasia.

Por isso, na tradição filosófica, costumava-se usar a palavra *imaginação* como sinônimo de percepção ou como um aspecto da percepção. Percebemos *imagens* das coisas, dizia a tradição.

A tradição, porém, enfrentava alguns problemas que não podia resolver:

- em nossa vida, não confundimos *percepção* e *imagem*. Assim, por exemplo, distinguimos perfeitamente a percepção direta de um bombardeio da imagem do que seria uma explosão atômica;
- em nossa vida, não confundimos *perceber* e *imaginar*. Assim, por exemplo, distinguimos o sonho da vigília; distinguimos um fato que vemos na rua da cena de um filme;
- em nossa vida, somos capazes de distinguir *nossa* percepção e a imaginação de uma *outra* pessoa. Assim, por exemplo, percebemos o sofrimento psíquico de alguém que está tendo alucinações, mas não somos capazes de alucinar junto com ela.

Dessa maneira, a suposição de que entre a percepção e a imaginação, entre o percebido e a imagem haveria apenas uma diferença de grau ou de intensidade (a imagem seria uma percepção fraca e a percepção seria a imagem forte) não se mantém, pois há uma diferença de natureza ou uma diferença de essência entre ambas.

A fenomenologia e a imaginação

Distanciando-se da tradição, a fenomenologia fala na *consciência imaginativa* como uma forma de consciência diferente da *consciência perceptiva* e da *consciência memoriosa*, isto é, parte da diferença da imaginação com respeito à percepção e à memória. O ato da consciência imaginativa é o imaginar e seu conteúdo (ou correlato) é o imaginado ou o objeto-em-imagem.

A imaginação é a capacidade da consciência para fazer surgir os objetos imaginários ou objetos-em-imagem. Pela imaginação, relacionamo-nos com o ausente e com o inexistente. Perceber *este* livro é relacionar-se com sua presença e existência. Imaginar *um* livro é relacionar-se com a imagem do livro, isto é, com um livro existente, mas ausente (guardado numa biblioteca) ou com um livro ausente porque ainda inexistente e porque ainda não escrito e que é apenas um-livro-possível. Graças à imaginação, abre-se para nós o tempo futuro, isto é, o tempo do que ainda não existe, e o campo dos possíveis ou das coisas possíveis, isto é, do que poderia ou poderá vir a existir.

Qual a diferença entre perceber e imaginar? Há pelo menos duas, que são as principais.

Uma primeira diferença consiste em que a percepção *observa* as coisas, as pessoas, as situações, mas a imaginação *não observa*.

O pintor na torre Eiffel, fotografia de Marc Riboud, de 1953. "A imaginação não observa o objeto: cada imagem põe o objeto por inteiro."

Observar, como vimos ao estudar a percepção, é jamais ter uma coisa, pessoa ou situação percebidas de uma só vez e por inteiro. A percepção *observa* porque alcança as coisas, as pessoas, as situações por perfis, perspectivas, faces diferentes que vão sendo articuladas umas às outras, num processo sem fim, podendo sempre enriquecer nosso conhecimento porque podemos perceber aspectos novos, ir "completando" o percebido com novos dados ou aspectos.

A imaginação, ao contrário, *não observa* o objeto: cada imagem põe o objeto por inteiro. O filósofo francês Sartre dá um exemplo: quando imagino uma rua ou um edifício, tenho de uma só vez a rua-em-imagem ou o edifício-em-imagem, cada um deles possui uma única face e é essa que existe em imagem. Podemos ter muitas imagens da mesma rua ou do mesmo edifício, mas cada uma delas é uma imagem distinta das outras. Uma imagem, diz Sartre, é inobservável.

Jean-Paul Sartre (1905–1980), filósofo existencialista e romancista francês.

Tomemos um outro exemplo. Um turista pode ir à cidade francesa de Rouen para conhecer sua famosa catedral (ligada, entre outros fatos, à história de Joana d'Arc). Para vê-la ou percebê-la exteriormente, ele precisa observá-la, isto é, dar a volta ou andar à volta dela, vendo suas diferentes faces e seus diferentes perfis. Depois de completar uma volta, o turista dirá que está percebendo a catedral e que, em outras voltas, perceberá novos aspectos dela. Esse mesmo turista poderá, a seguir, ir ao museu onde verá uma sequência de quadros, pintados pelo pintor Monet, que ilustram a fachada da catedral de Rouen em horas diferentes do dia. São várias imagens da mesma catedral e cada uma delas é uma imagem diferente e completa, isto é, o espectador não poderá dar-lhes a volta, não poderá passear à sua volta para observá-las, pois cada uma delas possui uma única face, aquela que o pintor nos mostrou. A catedral percebida é observável; a catedral em imagem não é observável.

Passemos, agora, a uma segunda diferença entre percepção e imaginação.

Se uma pessoa apaixonada tem diante de si a pintura ou a fotografia da pessoa amada, tem a imagem dela. Ao olhá-la, não olha para as manchas coloridas, para os traços reproduzidos no papel, não presta atenção no trabalho do pintor nem do fotógrafo, mas torna presente a pessoa amada ausente. O amante de pintura que foi ao museu ver a série de Monet da catedral de Rouen não olha para manchas e linhas coloridas, mas para a fachada da catedral, para a imagem que presentifica a catedral. Com isso podemos apontar a segunda diferença entre o percebido e o imaginado: a imagem é diferente do percebido porque ela é *um análogo* do ausente, sua presentificação.

Por que um *análogo*?

Dizer que a imagem é um *análogon* significa dizer que não há desproporção entre ela e aquilo de que ela é imagem, que ela guarda alguma proporção ou semelhança com aquilo de que é imagem, que entre ela e aquilo de que é imagem há algo comum, apesar da diferença entre eles. É por esse motivo que um apaixonado pode dizer "Esta é a foto de minha amada", ou um visitante de um museu poderá dizer "Esta é a catedral de Rouen". Em outras palavras, percebemos e imaginamos ao mesmo tempo, embora perceber e imaginar sejam diferentes. O visitante do museu percebe os quadros de Monet e por isso imagina a catedral de Rouen.

O apaixonado percebe a fotografia e imagina a pessoa amada. Percebe a fisionomia da pessoa fotografada (o olhar, o sorriso, as mãos, a roupa) e imagina a sedução do olhar, a doçura do sorriso, a sutileza dos gestos, a preferência por certas roupas. São dois estados de consciência simultâneos e diferentes.

Quando a criança brinca, sua imaginação desfaz a percepção: todos os objetos, todas as pessoas e todos os lugares nada têm a ver com seu sentido percebido, mas remetem a outros sentidos, criam sentidos inexistentes ou presentificam o ausente. Um armário é um navio-em-imagem, um tapete é o mar-em-imagem, uma vassoura é uma espada-em-imagem, uma folha de jornal é um mapa-em-imagem, um avental preso às costas é uma capa-em-imagem. A imaginação é, assim, uma *capacidade irrealizadora*.

A força irrealizadora da imaginação significa, de certo modo, que ela é capaz de tornar ausente o que está presente (o armário deixa de estar presente), de tornar presente o ausente (o navio torna-se presente) e criar inteiramente o inexistente (a aventura nos mares). É por isso que a imaginação tem também uma força prospectiva, isto é, consegue inventar o futuro, como na canção de John Lennon, *Imagine*, ou como na invenção de uma teoria científica ou de um objeto técnico. Pelo mesmo motivo, a imaginação pode criar um mundo irreal que julgamos melhor do que o nosso, a ponto de recusarmos viver neste para "viver" imaginariamente naquele, perdendo todo contato com o real. É o que acontece, por exemplo, na loucura, quando passamos definitivamente para o "outro lado". Mas é também o que acontece todos os dias, quando sonhamos ou entramos em devaneio.

Embora vigília e sonho sejam diferentes, a vigília pode ser sentida como intolerável e insuportável, e somos arrastados pelo desejo de ficar no sonho e de, embora acordados, viver como se o sonho fosse real, porque nossa imaginação o faz real para nós. Irrealizando o mundo percebido e realizando o sonho, a imaginação pode ocupar o lugar da percepção e passamos a perceber imaginariamente.

Quando o fazemos para criar um outro mundo ao qual os outros seres humanos também podem ter acesso, a imaginação passa do sonho à obra de arte. Quando o fazemos para criar um outro mundo só nosso e ao qual ninguém mais pode ter acesso, a imaginação passa do sonho à loucura. Assim, a diferença entre sonho, arte e loucura é muito pequena e frágil: a imaginação aberta aos outros (arte) ou fechada aos outros (loucura).

análogo: essa palavra vem do grego *análogon*, de onde vem uma outra palavra grega, *analogia*, que significa "proporção, existência de algo comum em coisas diferentes que permite que haja alguma relação entre elas, apesar de suas diferenças".

Descrevendo a imagem

Quando falamos em imagens, referimo-nos a coisas bastante diversas: quadros, esculturas, fotografias, filmes, reflexos num espelho ou nas águas, ficções literárias, contos, lendas e mitos, figuras de linguagem (como a metáfora e a metonímia), símbolos, sonhos, devaneios, alucinações, imitações pela mímica e pela dança, sons musicais, poesia.

Embora sejam todas imagens, elas são diferentes em dois aspectos principais:

1. Uma primeira diferença entre essas imagens pode ser logo notada: algumas se referem a imagens exteriores à nossa consciência (pinturas, esculturas, fotos, filmes, mímica, símbolos, etc.), outras podem ser consideradas internas ou mentais (sonhos, devaneios, alucinações, etc.), enquanto algumas são externas e internas ao mesmo tempo (no caso da ficção literária, por exemplo, a imagem é externa, pois está no livro, e é interna, pois leio palavras e com elas imagino).

No entanto, algo é comum a todas elas: oferecem-nos coisas, situações, pessoas que guardam alguma semelhança com outras coisas, situações, pessoas reais. Por oferecer alguma parecença, diz-se que uma imagem oferece um *análogo* das próprias coisas, situações ou pessoas. As imagens oferecem um análogo seja porque estão no lugar das próprias coisas (como na fotografia ou numa pintura, por exemplo), seja porque nos fazem imaginar coisas através de outras (como a bandeira de um país, uma poesia ou uma música, por exemplo).

2. Uma segunda diferença entre as imagens decorre do *tipo de análogo* que cada uma delas propõe. Um análogo pode ser um símbolo (a bandeira é um símbolo da nação), uma metáfora (dizer "a primavera da vida" é criar uma figura de linguagem para referir-se à juventude), uma ilustração (a foto de alguém junto a uma notícia de jornal ou uma paisagem num livro de contos), um esquema (a planta de uma casa ou de uma máquina), um signo (vejo a luz vermelha do semáforo e ela é o signo de uma ordem: "Pare!"), um sentimento (a emoção que sinto ao ouvir uma sinfonia é a imagem da sinfonia em mim), um substituto (um armário imaginado como um navio pela criança que brinca).

Embora sejam diferentes pela natureza da analogia, as imagens novamente possuem algo em comum: raramente ou quase nunca a imagem corresponde materialmente à coisa imaginada. Por exemplo, a bandeira e a nação são materialmente diferentes, os sons da sinfonia e meus sentimentos são diferentes, a fotografia e a pessoa fotografada são materialmente diferentes, um mímico que imita uma janela ou uma locomotiva não é nem uma coisa nem outra, etc. Notamos, assim, que é próprio das imagens algo que suporíamos próprio apenas da ficção, isto é, as imagens são *irreais* quando comparadas ao que é imaginado através delas. Um quadro é real na condição de quadro percebido, mas é irreal se comparado à paisagem da qual é imagem.

Apesar de irreal e *justamente por ser irreal*, a imagem é dotada de um atributo especial: ela tem o poder de tornar presente ou de presentificar algo ausente, seja porque esse algo existe e não se encontra onde estamos, seja porque é inexistente. No primeiro caso, a imagem ou o análogo é *testemunha* irreal de alguma coisa existente; no segundo, é a criação de uma realidade imaginária, ou seja, de algo que existe apenas em imagem ou como imagem. Nos dois casos, porém, o objeto-em-imagem é imaginário.

As modalidades ou tipos de imaginação

Partindo da diferença entre imaginação reprodutora e imaginação criadora, podemos distinguir várias modalidades ou tipos de imaginação:

1. *imaginação reprodutora propriamente dita*, isto é, a imaginação que toma suas imagens da percepção e da memória;

2. *imaginação evocadora*, que presentifica o ausente por meio de imagens com forte tonalidade afetiva;

3. *imaginação irrealizadora*, que torna ausente o presente e nos coloca vivendo numa outra realidade que é só nossa, como no sonho, no devaneio e no brinquedo. Essa imaginação tem forte teor mágico;

4. *imaginação fabuladora*, de caráter social ou coletivo, que cria os mitos e as lendas pelos quais uma sociedade, um grupo social ou uma comunidade imaginam sua própria origem e a origem de todas as coisas, oferecendo uma explicação para seu presente e sobretudo para a morte. Nesse caso, a imaginação cria imagens simbólicas para o bem e o mal, o justo e o injusto, o puro e o impuro, o belo e o feio, o mortal e o imortal, o tempo e a natureza pela referência às divindades e aos heróis criadores; explica os males desta vida por faltas originárias cometidas pelos humanos e promete uma vida futura feliz após a morte. É a *imaginação religiosa*;

5. *imaginação criadora*, que inventa ou cria o novo nas artes, nas ciências, nas técnicas e na filosofia. Nela, combinam-se elementos afetivos, intelectuais e culturais que preparam as condições para que algo novo seja criado e que só existia, primeiro, como imagem prospectiva ou como possibilidade aberta. A imaginação criadora pede auxílio à percepção, à memória, às ideias existentes, à imaginação reprodutora e evocadora para cumprir-se como criação ou invenção. As utopias são expressões literárias e políticas da imaginação criadora.

Imaginação e teoria do conhecimento

Do ponto de vista da teoria do conhecimento, a imaginação possui duas faces: a de auxiliar precioso para o conhecimento da verdade e a de perigo imenso para o conhecimento verdadeiro.

Quando lemos relatos dos cientistas sobre suas pesquisas e investigações, com frequência eles se referem aos momentos em que tiveram de imaginar, isto é, criar pelo pensamento a imagem total ou completa do fenômeno pesquisado para, graças a ela, orientar os detalhes e pormenores da pesquisa concreta que realizavam.

Essa imagem é negadora e antecipadora. Negadora: graças a ela, o cientista pode negar ou recusar as teorias já existentes. Antecipadora: graças a ela, o cientista pode antever o significado completo de sua própria pesquisa, mesmo que esta ainda esteja em andamento; a imaginação orienta o pensamento. O filósofo Gaston Bachelard atribui à imaginação a capacidade para encorajar o pensamento a dizer "não" a teorias existentes e propor novas.

Muitas vezes, lendo um romance ou vendo um filme, compreendemos e conhecemos muito melhor uma realidade do que se apenas lêssemos livros científicos ou jornais. Por quê? Porque o artista, pela imaginação, capta o essencial e reúne o que estava disperso na realidade, fazendo-nos compreender o sentido profundo e invisível de alguma coisa ou de alguma situação. O artista nos mostra o inusitado, o excepcional, o exemplar ou o impossível por meio dos quais nossa realidade ganha sentido e pode ser mais bem conhecida.

Outras vezes, porém, sobretudo quando se trata da imaginação reprodutora, somos lançados no mundo dos ídolos de que falava Francis Bacon, ou no mundo da prevenção e dos preconceitos de que falava Descartes.

Agora surge um tecido de imagens, isto é, muitas imagens presas umas nas outras formando uma realidade imaginária ou um *imaginário*, que desvia nossa atenção da realidade ou que serve para nos dar compensações ilusórias para as desgraças de nossa vida ou de nossa sociedade, ou que é usado como máscara para ocultar a verdade e bloquear nosso conhecimento, inventando para a realidade aspectos sedutores, mágicos, embelezados, cheios de sonhos que já parecem realizados. Desse aspecto, a imaginação reprodutora se opõe à imaginação utópica.

Utopia é uma palavra grega que significa "em lugar nenhum e em tempo nenhum". A imaginação utópica cria uma outra realidade para mostrar erros, desgraças, infâmias, angústias, opressões e violências da realidade presente e para despertar, em nossa imaginação, o desejo de mudança. Assim, enquanto o imaginário reprodutor procura abafar o desejo de transformação, o imaginário utópico procura criar esse desejo em nós. Pela invenção de uma outra sociedade que não existe em lugar nenhum e em tempo nenhum, a utopia nos ajuda a conhecer a realidade presente e a buscar sua transformação.

Em outras palavras, o imaginário reprodutor opera com ilusões enquanto a imaginação criadora e a imaginação utópica operam com a invenção do novo e da mudança, graças ao conhecimento crítico do presente.

Capítulo 4
A linguagem

A importância da linguagem

Na abertura da sua obra *Política*, Aristóteles afirma que somente o homem é um "animal político", isto é, social e cívico, porque somente ele é dotado de linguagem. Os outros animais, escreve Aristóteles, possuem *voz* (*phoné*) e com ela exprimem dor e prazer, mas o homem possui a *palavra* (*lógos*) e, com ela, exprime o bom e o mau, o justo e o injusto. Exprimir e possuir em comum esses valores é o que torna possível a vida social e política e, dela, somente os homens são capazes.

Na luta dos negros por direitos civis nos Estados Unidos, Martin Luther King apostou no poder político da palavra. Até hoje ecoa seu famoso discurso "Eu tenho um sonho", proferido durante a Marcha pela Liberdade, em 1963, em Washington.

Hjelmslev (1899–1965), linguista dinamarquês.

Na mesma linha é o raciocínio de Rousseau, no primeiro capítulo do *Ensaio sobre a origem das línguas*:

> *A palavra distingue os homens e os animais; a linguagem distingue as nações entre si. Não se sabe de onde é um homem antes que ele tenha falado.*

Escrevendo sobre a teoria da linguagem, o linguista Hjelmslev afirma que "a linguagem é inseparável do homem, segue-o em todos os seus atos", sendo

> *o instrumento graças ao qual o homem modela seu pensamento, seus sentimentos, suas emoções, seus esforços, sua vontade e seus atos, o instrumento graças ao qual ele influencia e é influenciado, a base mais profunda da sociedade humana.*

Prosseguindo em sua apreciação sobre a importância da linguagem, Rousseau considera que a linguagem nasce de uma profunda necessidade de comunicação:

Desde que um homem foi reconhecido por outro como um ser sensível, pensante e semelhante a si próprio, o desejo e a necessidade de comunicar-lhe seus sentimentos e pensamentos fizeram-no buscar meios para isto.

Gestos e vozes, na busca da expressão e da comunicação, fizeram surgir a linguagem. Por seu turno, Hjelmslev afirma que a linguagem é

o recurso último e indispensável do homem, seu refúgio nas horas solitárias em que o espírito luta contra a existência, e quando o conflito se resolve no monólogo do poeta e na meditação do pensador.

A linguagem, diz ele, está sempre à nossa volta, sempre pronta a envolver nossos pensamentos e sentimentos, acompanhando-nos em toda a nossa vida. Ela não é um simples acompanhamento do pensamento, "mas sim um fio profundamente tecido na trama do pensamento", é "o tesouro da memória e a consciência vigilante transmitida de geração a geração". A linguagem é, assim, a forma propriamente humana da comunicação, da relação com o mundo e com os outros, da vida social e política, do pensamento e das artes.

No entanto, no diálogo *Fedro*, Platão dizia que a linguagem é um *phármakon*, palavra que possui três sentidos principais: "remédio", "veneno" e "cosmético". Ou seja, Platão considerava que a linguagem pode ser um medicamento ou um remédio para o conhecimento, pois, pelo diálogo e pela comunicação, conseguimos descobrir nossa ignorância e aprender com os outros. Pode, porém, ser um veneno quando, pela sedução das palavras, nos faz aceitar, fascinados com o que vimos ou lemos, sem que indaguemos se tais palavras são verdadeiras ou falsas. Enfim, a linguagem pode ser cosmético, maquiagem ou máscara para dissimular ou ocultar a verdade sob as palavras. A linguagem pode ser conhecimento-comunicação, mas também pode ser encantamento-sedução.

Essa mesma ideia da linguagem como possibilidade de comunicação-conhecimento e de dissimulação-desconhecimento aparece na Bíblia judaico-cristã, no mito da Torre de Babel, quando Deus lança a confusão entre os homens, fazendo-os perder a língua comum e passando a falar línguas diferentes, que impediam a realização de uma obra em comum e abriam as portas para todos os desentendimentos e guerras. A pluralidade das línguas é explicada, nas Escrituras Sagradas, como punição porque os homens ousaram imaginar que poderiam construir uma torre que alcançasse o céu, isto é, ousaram imaginar que teriam um poder e um lugar semelhantes ao da divindade. "Que sejam confundidos", disse Deus, multiplicando as línguas.

phármakon: palavra grega, que em português se traduz por "poção", da qual provém o vocábulo *farmácia*.

A força da linguagem

Podemos avaliar a força da linguagem tomando como exemplo os mitos e as religiões.

A palavra grega *mythos*, como já vimos, significa "narrativa" e, portanto, "linguagem". Trata-se da palavra que narra a origem dos deuses, do mundo, dos homens, das técnicas (o fogo, a agricultura, a caça, a pesca, o artesanato, a guerra) e da vida do grupo social ou da comunidade. Pronunciados em momentos especiais — os momentos sagrados ou de relação com o sagrado —, os mitos são mais do que uma simples narrativa; são a maneira pela qual, por meio das palavras, os seres humanos organizam a realidade e a interpretam.

O mito tem o poder de fazer com que as coisas sejam tais como são ditas ou pronunciadas. O melhor exemplo dessa força criadora da palavra encontra-se na abertura do Gênese, na Bíblia judaico-cristã, em que Deus cria o mundo do nada, apenas usando a linguagem: "E Deus disse: faça-se!", e foi feito. Porque Ele *disse*, foi *feito*. A palavra divina é uma força criadora.

Também vemos a força realizadora ou concretizadora da linguagem nas liturgias religiosas. Por exemplo, na missa cristã, o celebrante, pronunciando as palavras "Este é o meu corpo" e "Este é o meu sangue", realiza o mistério da Eucaristia, isto é, a encarnação de Deus no pão e no vinho. Também nos rituais indígenas e africanos, os deuses e heróis comparecem e se reúnem aos mortais quando invocados pelas palavras corretas, pronunciadas pelo celebrante.

A linguagem tem, assim, um poder encantatório. Eis por que, em quase todas as religiões, existem profetas e oráculos, isto é, pessoas escolhidas pela divindade para transmitir mensagens divinas aos humanos.

O poder encantatório da linguagem também aparece, por exemplo, nos rituais de feitiçaria: a feiticeira ou o feiticeiro tem a força para fazer coisas acontecerem ou não acontecerem pelo simples fato de, em circunstâncias certas, pronunciarem determinadas palavras. Também nos contos infantis há palavras poderosas ("Abre-te, Sésamo!", "Shazam!") e encantatórias ("Abracadabra"). É ainda o poder da linguagem que está presente nos chamados *tabus*, isto é, em certas interdições religiosas que uma coletividade impõe a seus membros, proibindo-os de tocar certos objetos (que foram sacralizados) e de pronunciar determinadas palavras (que foram sacralizadas).

As palavras tabus existem nos contextos religiosos de várias sociedades, porém não existem apenas na esfera religiosa, mas também nos brinquedos infantis, quando certas palavras são proibidas a todos os membros do grupo sob pena de punição para quem as pronunciar.

Existem, ainda, palavras tabus na vida social, sob os efeitos da repressão dos costumes, sobretudo as que se referem, em determinados contextos, a práticas sexuais ou à esfera política.

O poder mágico-religioso da palavra aparece ainda num outro contexto: o do direito. Na origem, o direito não era um código de leis referentes à propriedade (de coisas ou bens, do corpo e da consciência) nem referentes à vida política (impostos, constituições, direitos sociais, civis, políticos), mas era um ato solene no qual o juiz pronunciava uma fórmula pela qual duas partes em conflito faziam as pazes.

O direito era uma linguagem solene que empregava fórmulas conhecidas pelo juiz e reconhecidas pelas partes em litígio. Era o juramento pronunciado pelo juiz e acatado pelas partes, donde as expressões "Dou minha palavra" ou "Ele deu sua palavra" para indicar o juramento feito e a "palavra empenhada" ou "palavra de honra". É por isso também que, até hoje, nos tribunais, se faz o(a) acusado(a) e as testemunhas responderem à pergunta: "Jura dizer a verdade, somente a verdade, nada além da verdade?". "Juro", normalmente eles respondem. Razão pela qual o perjúrio — dizer o falso depois de haver feito o juramento de dizer o verdadeiro — é considerado crime gravíssimo.

Nas sociedades menos complexas do que a nossa, isto é, nas sociedades que são comunidades, onde todos se conhecem pelo primeiro nome e se encontram todos os dias ou com frequência, a palavra dada e empenhada é suficiente, pois, quando alguém dá sua palavra, dá sua vida, sua consciência, sua honra e assume um compromisso que só poderá ser desfeito com a morte ou com o acordo da outra parte. É por isso que, nos casamentos religiosos, em que os noivos fazem parte da comunidade, basta que digam solenemente ao celebrante "Aceito", para que o casamento esteja concretizado.

Independentemente de acreditarmos ou não em palavras místicas, mágicas, encantatórias ou tabus, o importante é que elas existem, pois sua existência revela o poder que atribuímos à linguagem. Esse poder decorre do fato de que as palavras são núcleos, sínteses ou feixes de significações, símbolos e valores que determinam o modo como interpretamos as forças divinas, naturais, sociais e políticas e suas relações conosco.

A outra dimensão da linguagem

Para referir-se à palavra e à linguagem, os gregos possuíam duas palavras: *mythos* e *lógos*. Diferentemente do *mythos*, *lógos* é uma síntese de três ideias: fala/palavra, pensamento/ideia e realidade/ser. *Lógos* é a palavra racional em que se exprime o pensamento que conhece o real. É discurso (ou seja, argumento e prova), pensamento (ou seja,

---

poder encantatório: capacidade para reunir o sagrado e o profano, trazer os deuses e as forças cósmicas para o meio do mundo, ou, como acontece com os místicos em oração, poder de levar os humanos até o interior do sagrado.

tabu: um tabu é alguma coisa, alguma pessoa que não podem ser tocadas, alguma palavra que não pode ser dita, algum gesto que não pode ser feito, pois a transgressão acarretará desgraças para o transgressor e, em certos casos, para o grupo inteiro.

raciocínio e demonstração) e realidade (ou seja, as coisas e os nexos e as ligações universais e necessárias entre os seres).

Lógos é a palavra-pensamento compartilhada: diálogo; é a palavra-pensamento verdadeira: lógica; é a palavra-conhecimento de alguma coisa: o "logia" que colocamos no final de palavras como *cosmologia, mitologia, teologia, ontologia, biologia, psicologia, sociologia, antropologia, tecnologia*, etc.

Se, como vimos, do lado do *mythos* desenvolve-se a palavra mágica e encantatória, do lado do *lógos* desenvolve-se a linguagem como poder de conhecimento racional. Agora, as palavras são *conceitos* ou *ideias*, estando referidas ao pensamento, à razão e à verdade.

Essa dupla dimensão da linguagem (como *mythos* e *lógos*) explica por que, na sociedade ocidental, podemos comunicar-nos e interpretar o mundo sempre em dois registros contrários e opostos: o da palavra solene, mágica, religiosa, artística e o da palavra leiga, científica, técnica, puramente racional e conceitual. Não por acaso, muitos filósofos das ciências afirmam que uma ciência nasce ou um objeto se torna científico quando uma explicação que era religiosa, mágica, artística, mítica cede lugar a uma explicação conceitual, causal, metódica, demonstrativa, racional, isto é, quando se passa de *mythos* para *lógos*.

A origem da linguagem

Durante muito tempo a filosofia preocupou-se em definir a origem e as causas da linguagem.

Uma primeira divergência sobre o assunto surgiu na Grécia: a linguagem é natural aos homens (existe por natureza) ou é uma convenção social? Se a linguagem for natural, as palavras possuem um sentido próprio e necessário; se for convencional, são decisões consensuais da sociedade e, nesse caso, são arbitrárias, isto é, a sociedade poderia ter escolhido outras palavras para designar as coisas. Essa discussão levou, séculos mais tarde, à seguinte conclusão: a *linguagem* como capacidade de expressão dos seres humanos é natural, isto é, os humanos nascem com uma aparelhagem física, anatômica e fisiológica que lhes permite expressarem-se pela palavra; mas as *línguas* são convencionais, isto é, surgem de condições históricas, geográficas, econômicas e políticas determinadas; ou, em outros termos, são fatos culturais. Uma vez constituída uma língua, ela se torna uma estrutura ou um sistema dotado de necessidade interna, passando a funcionar como se fosse algo natural, isto é, como algo que possui suas leis e princípios próprios, independentes dos sujeitos falantes que a empregam.

Perguntar pela origem da linguagem levou a quatro tipos de respostas:

1. a linguagem nasce por imitação, isto é, os humanos imitam, pela voz, os sons da natureza (dos animais, dos rios, das cascatas e dos mares, do trovão e do vulcão, dos ventos, etc.). A origem da linguagem seria, portanto, a onomatopeia ou imitação dos sons animais e naturais;

2. a linguagem nasce por imitação dos gestos, isto é, nasce como uma espécie de pantomima ou encenação, na qual o gesto indica um sentido. Pouco a pouco, o gesto passou a ser acompanhado de sons e estes se tornaram gradualmente palavras, substituindo os gestos;

3. a linguagem nasce da necessidade: a fome, a sede, a necessidade de abrigar-se e proteger-se, a necessidade de reunir-se em grupo para defender-se das intempéries, dos animais e de outros homens mais fortes levaram à criação de palavras, formando um vocabulário elementar e rudimentar, que, gradativamente, tornou-se mais complexo e transformou-se numa língua;

4. a linguagem nasce das emoções, particularmente do grito (medo, surpresa ou alegria), do choro (dor, medo, compaixão) e do riso (prazer, bem-estar, felicidade). Citando novamente Rousseau em seu *Ensaio sobre a origem das línguas*:

Não é a fome ou a sede, mas o amor ou o ódio, a piedade, a cólera, que aos primeiros homens lhes arrancaram as primeiras vozes... Eis por que as primeiras línguas foram cantantes e apaixonadas antes de serem simples e metódicas.

A atriz e mímica Denise Stoklos durante ensaio no teatro do *shopping* Gávea, no Rio de Janeiro, em 2002.

psicologia genética: ramo da psicologia que estuda a gênese da percepção, imaginação, memória, linguagem e inteligência nas crianças.

Assim, para Rousseau, a linguagem, por nascer das paixões, foi primeiro linguagem figurada e por isso surgiu como poesia e canto, tornando-se prosa muito depois; e as vogais nasceram antes das consoantes. Assim como a pintura nasceu antes da escrita, também os homens primeiro cantaram seus sentimentos e só muito depois exprimiram seus pensamentos.

Essas teorias não são excludentes. É muito possível que a linguagem tenha nascido de todas essas fontes ou modos de expressão, e os estudos de psicologia genética mostram que uma criança se vale de todos esses meios para começar a exprimir-se. Podemos dizer que uma linguagem se constitui para a criança (e para todos os seres humanos) quando ela passa (ou todos passamos) dos *meios de expressão* aos *meios de significação*. Um gesto ou um grito *exprimem*, por exemplo, medo; exprimem um sentimento; palavras, frases e enunciados *significam* o que é medo, dizem qual é o sentido do sentimento de medo.

O que é a linguagem?

A linguagem é um sistema de signos ou sinais usados para indicar coisas, para a comunicação entre pessoas e para a expressão de ideias, valores e sentimentos. Embora aparentemente simples, essa definição da linguagem esconde problemas complicados com os quais os filósofos têm-se ocupado desde há muito tempo. Essa definição afirma que:

1. a linguagem é um *sistema*, isto é, uma totalidade estruturada, com princípios e leis próprios, sistema esse que pode ser conhecido;

2. a linguagem é um sistema de *sinais* ou de *signos*, isto é, os elementos que formam a totalidade linguística são um tipo especial de objetos, os signos, ou objetos que indicam outros, designam outros ou representam outros. Por exemplo, a fumaça é um signo ou sinal de fogo, a cicatriz é signo ou sinal de uma ferida, manchas na pele de um determinado formato, tamanho e cor são signos de sarampo ou de catapora, etc. No caso da linguagem, os signos são palavras e os componentes das palavras (sons ou letras);

3. a linguagem *indica coisas*, isto é, os signos linguísticos (as palavras) possuem uma **função indicativa** ou **denotativa**, pois como que apontam para as coisas que significam;

4. a linguagem estabelece a *comunicação* entre os seres humanos, isto é, tem uma **função comunicativa**: por meio das palavras entramos em relação com os outros, dialogamos, argumentamos, persuadimos, relatamos, discutimos, amamos e odiamos, ensinamos e aprendemos, etc.;

5. a linguagem *exprime pensamentos, sentimentos e valores*, isto é, possui uma função de conhecimento e de expressão, ou **função conotativa**: uma mesma palavra pode exprimir sentidos ou significados diferentes, dependendo do sujeito que a emprega, do sujeito que a ouve e lê, das condições ou circunstâncias em que foi empregada ou do contexto em que é usada. Assim, por exemplo, a palavra *água*, se for usada por um professor numa aula de química, conotará o elemento químico que corresponde à fórmula H_2O; se for empregada por um poeta, pode conotar rios, chuvas, lágrimas, mar, líquido, pureza, etc.; se for empregada por uma criança que chora, pode estar indicando uma carência ou necessidade como a sede.

A definição nos diz, portanto, que a linguagem é um sistema de sinais com função indicativa, comunicativa, expressiva e conotativa.

No entanto, essa definição não nos diz várias coisas. Por exemplo, como a fala se forma em nós? Por que a linguagem pode indicar coisas externas e também exprimir ideias (internas ao pensamento)? Por que a linguagem pode ser diferente quando falada pelo cientista, pelo filósofo, pelo poeta ou pelo político? Como a linguagem pode ser fonte de engano, de mal-entendido, de controvérsia ou de mentira? O que se passa exatamente quando dialogamos com alguém? O que é escrever? E ler? Como podemos aprender uma outra língua?

Na resposta a várias dessas perguntas, vamos encontrar uma divergência que já encontramos quando estudamos a razão, a verdade, a percepção ou a imaginação, qual seja, a diferença entre empiristas e intelectualistas.

Empiristas e intelectualistas diante da linguagem

Para os empiristas, como vimos, uma imagem é a associação de vários elementos independentes provenientes da sensação e dos movimentos corporais (ou da motricidade de nosso corpo) e unificados pela mente do sujeito. Isso significa que, para um empirista, uma imagem é uma síntese de sensações e movimentos. Desse ponto de vista, a linguagem é um conjunto de imagens corporais e mentais formadas por associação e repetição e que constituem imagens verbais, isto é, as palavras (pois, em latim, *palavra* se diz *verbum*).

Quais imagens corporais e quais imagens mentais formam a linguagem ou as imagens verbais?

As imagens corporais que formam a linguagem são de dois tipos: *motoras* e *sensoriais*. As imagens motoras são as que adquirimos quando aprendemos a articular sons (falar) e letras (escrever), graças a mecanismos anatômicos e fisiológicos. As imagens sensoriais são as que adquirimos quando, graças aos nossos sentidos, à fisiologia de nosso sistema nervoso, sobretudo a de nosso cérebro, aprendemos a ouvir (compreender sons e vozes) e a reconhecer a grafia dos sons (ler). As imagens verbais ou as palavras são aprendidas por associação, em função da frequência e repetição dos sinais externos que estimulam nossa capacidade motriz e sensorial. A palavra ou imagem verbal é uma síntese de imagens motoras e sensoriais armazenadas em nosso cérebro.

O que levou a essa concepção empirista da linguagem foi o estudo médico de "perturbações da linguagem": a afasia, a agrafia, a surdez verbal e a cegueira verbal.

Os médicos que estudaram essas perturbações concluíram que elas estavam relacionadas com lesões no cérebro e que, portanto, a linguagem era um fenômeno físico (anatômico e fisiológico) do qual não temos consciência (desconhecemos suas causas), mas de cujos efeitos temos consciência, isto é, falamos, ouvimos, escrevemos, lemos e compreendemos o sentido das palavras.

Os intelectualistas, porém, apresentam uma concepção muito diferente desta. Embora aceitem que a *possibilidade* para falar, ouvir, escrever e ler esteja em nosso corpo (anatomia e fisiologia), afirmam que a *capacidade* para a linguagem é um fato do pensamento ou de nossa consciência. A linguagem, dizem eles, é apenas a tradução auditiva, oral, gráfica ou visível de nosso pensamento e de nossos sentimentos. A linguagem é um instrumento do pensamento

afasia: incapacidade para usar e compreender todas as palavras disponíveis na língua.

agrafia: incapacidade para escrever ou para escrever determinadas palavras.

surdez verbal: ouvir as palavras sem conseguir compreendê-las.

cegueira verbal: ler sem conseguir entender.

Helen Keller (1880–1968), ativista social e escritora norte-americana.

para exprimir conceitos e símbolos, para transmitir e comunicar ideias abstratas e valores. A palavra, dizem eles, é uma representação de um pensamento, de uma ideia ou de valores, sendo produzida pelo sujeito pensante que usa os sons e as letras com essa finalidade.

O pensamento puro seria silencioso ou mudo e formaria, para manifestar-se, as palavras. Duas provas poderiam confirmar essa concepção da linguagem: o fato de que o pensamento procura e inventa palavras; e o fato de que podemos aprender outras línguas, porque o sentido de duas palavras diferentes em duas línguas diferentes é o mesmo e tal sentido é a ideia formada pelo pensamento para representar ou indicar as coisas.

A grande prova dos intelectualistas contra os empiristas foi a história de Helen Keller. Nascida cega, surda e muda, Helen Keller aprendeu a usar a linguagem — língua de sinais — através do tato — sem nunca ter visto as coisas e as palavras, sem nunca ter escutado ou emitido um som. Se a linguagem dependesse exclusivamente de mecanismos e disposições corporais, Helen Keller jamais teria chegado à linguagem.

Mas chegou. E chegou quando compreendeu a relação simbólica entre duas expressões diferentes: numa das mãos, sentia correr a água de uma torneira, enquanto a outra mão segurava um lápis e, guiada por sua professora e educadora Anne Sullivan, que também teve graves problemas de visão, ia traçando a palavra *água*; quando se tornou capaz de compreender que uma mão traduzia o que a outra sentia, tornou-se capaz de usar a linguagem, isto é, passou a usar a linguagem dos gestos, a escrever e a ler em braile. Assim, a linguagem, longe de ser um mecanismo instintivo e biológico, seria um fato puro da inteligência, uma atividade intelectual simbólica e de compreensão, uma pura tradução de pensamentos.

As concepções empirista e intelectualista, apesar de suas divergências, possuem dois pontos em comum:

1. ambas consideram a linguagem fundamentalmente indicativa ou denotativa, isto é, os signos linguísticos ou as palavras servem apenas para indicar coisas;

2. ambas consideram a linguagem um instrumento de representação das coisas e das ideias, ou seja, as palavras têm apenas uma função ou um uso instrumental representativo.

Esses dois pontos de concordância fazem com que, para as duas correntes filosóficas, os aspectos conotativos ou a função conotativa da linguagem sejam considerados algo perturbador e negativo. Em outros termos, o fato de a comunicação verbal se realizar com as palavras e assumir sentidos diferentes, dependendo de quem fala e ouve, escreve e lê, do contexto e das circunstâncias em que as enunciamos, é considerado perturbador porque, afinal, as coisas são sempre o que elas são e as ideias são sempre o que elas são, de modo que as palavras deveriam ter sempre um só e mesmo sentido para indicar claramente as coisas e representar claramente as ideias.

Por esse motivo, periodicamente, aparecem na filosofia correntes filosóficas que se preocupam em "purificar" a linguagem para que ela sirva docilmente às representações conceituais. Tais correntes julgam que a linguagem perfeita para o pensamento é a das ciências e, particularmente, a da matemática e a da física.

Purificar a linguagem

Uma dessas correntes filosóficas desenvolveu-se nas primeiras décadas do século XX com o nome de **positivismo lógico**. Os positivistas lógicos distinguiram duas linguagens:

1. a linguagem natural, isto é, aquela que usamos todos os dias e que é imprecisa, confusa, mescla de elementos afetivos, volitivos, perceptivos e imaginativos;

2. a linguagem lógica, ou seja, uma linguagem purificada, formalizada (que apresenta enunciados sem conteúdo e avaliadores do conteúdo das linguagens científicas e filosóficas), inspirada na matemática e sobretudo na física.

Essa linguagem obedecia a princípios e regras lógicas precisas e funcionava por meio de operações chamadas cálculos simbólicos (semelhantes às operações da matemática), que

volitivos: relativos à vontade; que dependem da vontade.

permitiam avaliar com exatidão se um enunciado era verdadeiro ou falso. Dava-se ênfase à *sintaxe lógica* dos enunciados, que asseguraria a verdade representativa e indicativa da linguagem. A conotação foi afastada.

A linguagem lógica era uma *metalinguagem*, isto é, uma segunda linguagem que falava sobre língua natural e sobre linguagem científica para saber se os enunciados delas eram verdadeiros ou falsos. Assim, por exemplo, na linguagem comum e diária dizemos: "O livro é de autoria de José Antônio Silva" e, na metalinguagem lógica, diremos: "A proposição 'O livro é de autoria de José Antônio Silva' é uma proposição verdadeira se e somente se forem preenchidas as condições x, y, z".

No entanto, descobriu-se, pouco a pouco, que havia expressões linguísticas que não possuíam caráter denotativo nem representativo, e, apesar disso, eram verdadeiras. Descobriu-se também que havia inúmeras formas de linguagem que não podiam ser reduzidas aos enunciados lógicos de tipo matemático e físico. Descobriu-se, ainda, que a linguagem usa certas expressões para as quais não existe denotação. Por exemplo, as preposições e as conjunções só têm existência na linguagem e não na realidade.

Além disso, descobriu-se que a redução da linguagem ao cálculo simbólico ou lógico despojava de qualquer verdade e de qualquer pretensão ao conhecimento a ontologia, a literatura, a história, bem como várias ciências humanas, isto é, todas as linguagens que são profundamente conotativas, para as quais a multiplicidade de sentido das palavras e das coisas é sua própria razão de ser.

Crítica ao empirismo e ao intelectualismo

As concepções empiristas e intelectualistas também sofreram sérias críticas dos estudiosos da linguagem no campo da psicologia.

Os psicólogos Goldstein e Gelb fizeram estudos aprofundados da afasia e descobriram situações curiosas. Por exemplo, ordena-se a um afásico: "Coloque nesta pilha todas as fitas azuis que você encontrar nesta caixa". O afásico inicia a separação. Ao encontrar uma fita azul-clara ele a coloca na pilha das fitas azuis, conforme lhe foi dito, mas também passa a colocar ali fitas verde-claras, rosa-claro e lilás-claras.

Os dois psicólogos observaram, assim, que a palavra *azul* não formava uma categoria ou uma ideia geral para o afásico e que, portanto, seu problema de linguagem era também um problema de pensamento.

No entanto, do ponto de vista cerebral ou anatômico, a parte do cérebro destinada à inteligência estava perfeita, sem nenhuma lesão. Com isso, compreendeu-se que os empiristas estavam enganados: a linguagem não é um mero conjunto de imagens verbais, mas é inseparável de uma visão mais global da realidade e inseparável do pensamento. Esses estudos, porém, não reforçaram a concepção intelectualista, como poderíamos supor. De fato, basta tentarmos imaginar o que seria um pensamento puro, mudo, silencioso para compreendermos que não seria nada, não pensaria nada. Não pensamos sem palavras, não há pensamento antes e fora da linguagem, as palavras não traduzem pensamentos, mas os envolvem e os englobam. É justamente por isso que a criança aprende a falar e a pensar ao mesmo tempo, pois, para ela, uma coisa se torna conhecida e pensável ao receber um nome.

A linguística e a linguagem

Durante o século XIX, o estudo da linguagem tinha como preocupação encontrar a origem da linguagem e das línguas, considerando o estado presente ou atual de uma língua como resultado ou efeito de causas situadas no passado.

Nesses estudos, retomava-se a discussão sobre o caráter natural ou convencional da linguagem. Também era comum aos filólogos e gramáticos a ideia de que as línguas se transformam no tempo e que as transformações eram causadas por fatores extralinguísticos (migrações, guerras, invasões, mudanças sociais e econômicas, etc.).

Tais estudos, porém, viram-se diante de problemas que não conseguiam resolver. Um desses problemas foi o aparecimento do estudo das flexões (tempos verbais, maneira de indicar o plural e o singular, aumentativos e diminutivos, declinações), revelando que as línguas mudavam por razões internas e não por fatores externos.

A partir do século XX, desenvolve-se a linguística, cujas principais ideias podem ser assim resumidas:

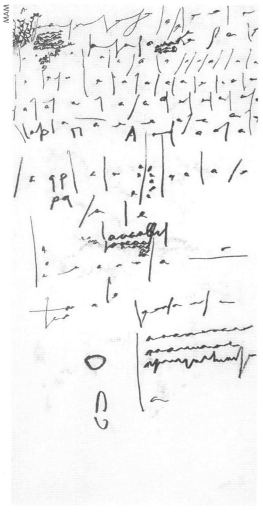

Nesta monotipia, "Sem título", s.d., Mira Schendel explora o aspecto gráfico das letras, que, para Merleau-Ponty, são a dimensão material da língua.

- a linguagem é constituída por duas dimensões: a *língua* e a *fala* ou palavra. A língua é uma instituição social e um sistema, ou uma estrutura objetiva que existe com suas regras e princípios próprios, enquanto a fala ou palavra é o ato individual de uso da língua, tendo existência subjetiva por ser o modo como os sujeitos falantes se apropriam da língua e a empregam. Assim, por exemplo, temos a língua portuguesa e a palavra ou fala de Camões, Machado de Assis, Fernando Pessoa, Guimarães Rosa, a do leitor e a minha;

- a língua é uma totalidade ou uma estrutura, isto é, nela o todo não é mera soma das partes e sim a articulação e organização de partes que são suas e que só possuem sentido e função por serem partes desse todo;

- numa língua, distinguem-se o *significante* e o *significado*: o signo é o elemento verbal material da língua (r, l, p, b, q, g, por exemplo) e o significante é uma cadeia ou um grupo organizado de signos (palavras, frases, orações, proposições, enunciados) que permitem a expressão dos significados e garantem a comunicação; o significado são os conteúdos ou sentidos imateriais (afetivos, volitivos, perceptivos, imaginativos, evocativos, literários, científicos, retóricos, filosóficos, políticos, religiosos, etc.) veiculados pelos signos;

- a relação dos signos e significantes com as coisas é convencional (ou seja, as palavras são escolhidas por convenções entre os homens, os quais poderiam convencionar palavras diferentes das que escolheram), mas, uma vez constituída a língua como sistema de relações entre signos/significantes e significados, a relação das palavras com as coisas indicadas, nomeadas, expressadas ou comunicadas por elas torna-se uma relação necessária para todos os falantes da língua. Assim, por exemplo, foi por convenção que, em português, passaram a ser usadas palavras como "dia", "noite", "manhã", "tarde" para indicar a passagem do tempo, mas uma vez estabelecida e fixada essa convenção, será desprovido de sentido chamar de "manhã" o que é indicado pela palavra "noite", ou usar a palavra "tarde" para o que é indicado pela palavra "manhã". Ou seja, o uso das palavras para significar alguma coisa torna-se necessário para todos os falantes da língua;

- a língua é um *código* (conjunto de regras que permitem produzir informação e comunicação) e se realiza por meio de *mensagens*, isto é, pela fala/palavra dos sujeitos que veiculam informações e se comunicam de modo específico e particular (a mensagem possui um *emissor*, aquele que emite ou envia a mensagem, e um *receptor*, aquele que recebe e decodifica a mensagem, isto é, entende o que foi emitido);

⇢ o sujeito falante possui duas capacidades: a *competência* (isto é, sabe usar a língua) e o *desempenho* (a *performance*, o jeito pessoal e individual de usar a língua); a competência é a participação do sujeito em uma comunidade linguística e o desempenho são os atos de linguagem que ele realiza;

⇢ a língua é praticada por nós de maneira não consciente, isto é, nós a falamos sem ter consciência de sua estrutura, de suas regras e seus princípios, de suas funções e diferenças internas; vivemos nela e a empregamos sem necessidade de conhecê-la cientificamente.

A experiência da linguagem

Dizer que somos seres falantes significa dizer que temos e somos linguagem, que ela é uma criação humana (uma instituição sociocultural), ao mesmo tempo que nos cria como humanos (seres sociais e culturais). A linguagem é nossa via de acesso ao mundo e ao pensamento, ela nos envolve e nos habita, assim como a envolvemos e a habitamos. Ter experiência da linguagem é ter uma experiência espantosa: emitimos e ouvimos sons, escrevemos e lemos letras, mas, sem que saibamos como, experimentamos e compreendemos sentidos, significados, significações, emoções, desejos, ideias.

Após o caminho feito até aqui, podemos voltar à definição inicial que demos da linguagem e nela fazer alguns acréscimos.

Em primeiro lugar, teremos de especificar melhor que tipo de signo é o signo linguístico. Por que, por exemplo, a palavra *fumaça* é diferente da fumaça que indica fogo? Ou, se se preferir, qual é a diferença entre a fumaça como signo de fogo e a palavra *fumaça*, que é um signo linguístico? A fumaça é uma coisa física que indica outra coisa também física, o fogo. A palavra *fumaça*, porém, é um **símbolo**, isto é, algo que indica, representa, exprime alguma coisa que é de natureza diferente dela. O signo verbal (a palavra) é um símbolo porque nos remete a coisas que não são verbais (não são palavras): coisas materiais, ideias, pessoas, valores, seres inexistentes, etc. Em segundo lugar, temos de especificar melhor as várias funções que atribuímos à linguagem (indicativa ou denotativa, comunicativa, expressiva, conotativa) e para isso precisamos indagar com o que a linguagem se relaciona e nos relaciona. Evidentemente, diremos que a linguagem nos relaciona com o mundo e com os outros seres humanos. Mas como se dá essa relação?

A grande preocupação da filosofia da linguagem resume-se num questionamento: "As palavras realmente dizem as coisas tais como são, descrevem e explicam verdadeiramente a realidade?". Tradicionalmente, dizia-se que a linguagem possuía a forma de uma relação binária, isto é, entre dois termos:

signo verbal ⟷ coisa indicada (realidade)

signo verbal ⟷ ideia, conceito, valor (pensamento)

Se a relação é binária, então a função da linguagem é apenas a função indicativa ou denotativa, o que significa que a cada signo corresponde uma realidade indicada ou denotada por ele, assim como a cada signo verbal corresponde uma ideia ou um conceito, no pensamento. E vice-versa: para cada realidade corresponde um signo verbal que a denota e para cada ideia ou conceito também um signo verbal que o indica.

No entanto, é possível perceber que essa relação binária não nos explica *por que* uma palavra ou um signo verbal indica alguma coisa ou alguma ideia, pois, se ele fosse simplesmente denotativo ou indicativo, não poderia haver o caso, muito comum, de palavras diferentes indicando uma mesma coisa.

Tomemos um exemplo: os significantes "estrela da manhã", "estrela-d'alva", "estrela matutina", "estrela vespertina", "Vésper" e "estrela da tarde" indicam a mesma coisa, qual seja, o planeta Vênus. Mas falar na estrela-d'alva, na estrela da tarde, na estrela matutina e na estrela vespertina não é a mesma coisa, ainda que todas essas expressões se refiram a Vênus. Em cada uma dessas expressões, o *sentido* de Vênus muda e esse sentido é expresso pelas palavras que se referem ao mesmo planeta. Assim, as palavras indicam/denotam alguma coisa mas também a conotam, isto é, referem-se aos sentidos dessa coisa. As palavras se referem a significações, conotam significações.

Imaginemos ou recordemos a leitura de um romance. Começamos a ler entendendo tudo o que o escritor escreveu porque referimos suas palavras a coisas que já conhecemos, a ideias que já possuímos e ao vocabulário comum entre ele e nós. Pouco a pouco, porém, o livro vai ganhando espessura própria, percebemos as coisas de outra maneira, mudamos ideias que já tínhamos, vemos surgir pessoas (personagens) com vida própria e história própria, sentimos que as palavras adquirem um significado diferente daquele com o qual estamos habituados no dia a dia.

Uma realidade foi criada e penetramos em seu interior exclusivamente pelas mãos do escritor. Como isso é possível? Como as palavras poderiam criar um mundo, se elas apenas fossem sinais para indicar coisas e ideias já existentes? Com o romance descobrimos que as palavras, além de se referirem às significações, também inventam e criam *significações*.

Imaginemos ou recordemos um diálogo. Quantas vezes, conversando com alguém, dizemos: "Puxa! Eu nunca tinha pensado nisso!"; ou então: "Você sabe que, agora, eu entendo melhor uma ideia que eu tinha, mas que não entendia muito bem?"; ou ainda: "Você me fez compreender uma coisa que eu sabia e não sabia que sabia".

Como essas frases são possíveis? É que a linguagem tem a capacidade especial de nos fazer pensar enquanto falamos e ouvimos, de nos levar a compreender nossos próprios pensamentos tanto quanto os dos outros que falam conosco. As palavras nos fazem pensar e nos dão o que pensar porque se referem a *significados*, tanto os já conhecidos por outros quanto os já conhecidos por nós, bem como os que não conhecíamos e que descobrimos por estarmos conversando.

Esses exemplos nos levam a considerar a linguagem sob uma forma ternária:

Há um vaivém contínuo entre as palavras e as coisas, entre elas e as significações, de tal modo que a realidade (as coisas, os fatos, as pessoas, as instituições sociais, políticas, culturais), o pensamento (as ideias ou conceitos como significações) e a linguagem (as palavras, os significantes) são inseparáveis, suscitam uns aos outros, referem-se uns aos outros e interpretam-se uns aos outros.

A linguagem:

- refere-se ao mundo por meio das significações e, por isso, podemos relacionar-nos com a realidade por intermédio da palavra;
- relaciona-se com sentidos já existentes e cria sentidos novos e, por isso, podemos nos relacionar com o pensamento por meio das palavras;
- exprime e descobre significados e, por isso, podemos nos comunicar e nos relacionar com os outros;
- tem o poder de suscitar significações, de evocar recordações, de imaginar o novo ou o inexistente e, por isso, a literatura é possível.

Como escreve Merleau-Ponty:

> *A palavra, longe de ser um simples signo dos objetos e das significações, habita as coisas e veicula significações. Naquele que fala, a palavra não traduz um pensamento já feito, mas o realiza. E aquele que escuta recebe, pela palavra, o próprio pensamento.*

A linguagem *não traduz* imagens verbais de origem motora e sensorial *nem representa* ideias feitas por um pensamento silencioso, mas encarna as significações. As palavras *têm* sentido e *criam* sentido.

Capítulo 5
O pensamento

Pensando...

Certa vez um grego disse: "O pensamento é o passeio da alma". Com isso quis dizer que o pensamento é a maneira como nosso espírito parece sair de dentro de si mesmo e percorrer o mundo para conhecê-lo. Assim como no passeio levamos nosso corpo a toda parte, no pensamento levamos nossa alma a toda parte e mais longe do que o corpo, pois a alma não encontra obstáculos físicos para seu caminhar.

O pensamento é essa curiosa atividade por meio da qual saímos de nós mesmos sem sairmos de nosso interior. Por isso, outro filósofo escreveu que pensar é a maneira pela qual sair de si e entrar em si são uma só e mesma coisa. Como um voo sem sair do lugar.

Em nosso cotidiano usamos as palavras *pensar* e *pensamento* em sentidos variados e múltiplos. Podemos chegar a uma pessoa amiga, vê-la silenciosa e dizer-lhe: "Por favor, diga-me em que você está pensando?". Com isso reconhecemos uma atividade solitária, invisível para nós e que precisa ser proferida para ser compartilhada.

Outras vezes, porém, podemos dizer a essa mesma pessoa: "Você pensa que não sei o que você está pensando?". Nesse caso, damos a entender que dispomos de sinais — alguma coisa que foi dita, um gesto, um olhar, uma expressão fisionômica — que nos permitem "ver" o pensamento de alguém e, portanto, acreditamos que pensar também se traduz em sinais corporais e visíveis. O pensamento é menos solitário e menos secreto do que se poderia supor.

Algumas vezes, chegamos para alguém e indagamos: "Como é, pensou?", e ouvimos a resposta: "Sim. Vamos fazer o trabalho". Ou então: "Ainda estou pensando no assunto. Vamos ver depois". Nesses casos, pensar é tomado por nós como sinônimo de deliberação e de decisão, como algo que resulta numa ação.

Muitas vezes, podem dizer-nos: "Você pensa demais, não faz bem à saúde". Ou ouvimos a frase: "Ela ficou parada lá na esquina, quieta, pensando, pensando". Podemos falar: "Por mais que pense nisso não consigo acreditar e, quanto mais penso, menos acredito". Agora, pensar é visto como preocupação (fazendo mal à saúde), cisma (ficar parada, quieta, cismando), dúvida (quanto mais penso, menos acredito).

Alguns jornais costumam publicar algo que alguém disse com o título: "O pensamento do dia é...", querendo dizer com isso que uma determinada ideia, definindo algum assunto, foi publicamente anunciada. Essa mesma identificação entre pensamento e ideia pode aparecer quando, por exemplo, um crítico literário escreve: "O livro de Fulano tem alguns bons pensamentos, mas tem outros banais", classificando ideias em "boas" e "banais", isto é, umas que dizem algo novo ou interessante e outras que repetem lugares-comuns ou frivolidades. Supomos, dessa maneira, que há bons e maus pensamentos, tanto assim que falamos em "pensamento positivo" e em "afastar os maus pensamentos".

Um professor pode criticar o trabalho de um aluno dizendo a ele: "Esse trabalho mostra que você não quis pensar". Aqui, pensar não é só ter ideias mas também algo que se pode querer ou não querer, algo voluntário e deliberado, uma forma de atenção e concentração. Essa imagem de concentração aparece, por exemplo, quando alguém se zanga e diz: "Querem, por favor, fazer silêncio? Não estão vendo que estou pensando?".

E já mencionamos o célebre "Penso, logo existo" (*Cogito, ergo sum*), de Descartes, e a definição do homem como "caniço pensante", feita por Pascal. Aqui, pensar e pensamento indicam a própria essência dos seres humanos.

O que dizem os dicionários

Se procurarmos *pensar* e *pensamento* nos dicionários, notaremos que os vários sentidos dados a esses termos abrangem os exemplos que demos do uso dessas palavras em nosso cotidiano e ainda acrescentam alguns outros sentidos.

Pensar, dizem os dicionários, significa: 1. "aplicar a atividade do espírito aos elementos fornecidos pelo conhecimento"; "formar e combinar ideias"; "julgar", "refletir", "raciocinar", "especular"; 2. "exercer a inteligência"; "meditar", "ver"; 3. "exercer o espírito ou a atividade consciente de uma maneira global: sentir, querer, refletir"; 4. "ter uma opinião, uma convicção"; 5. "supor", "presumir", "crer", "admitir", "suspeitar", "achar"; 6. "esperar", "tencionar"; 7. "preocupar-se"; 8. "avaliar"; 9. "cismar".

Pensamento, de acordo com os dicionários, significa: 1. "o ato de refletir, meditar ou pensar, ou o processo mental que se concentra em ideias"; 2. "atividade de conhecimento ou que tenha por objeto o conhecimento"; 3. "consciência", "mente", "espírito", "entendimento", "intelecto", "razão"; 4. "poder de formular ideias e conceitos"; 5. "faculdade de pensar logicamente", "raciocínio", "ponto de vista", "formulação de um juízo"; 6. "aquilo que é pensado ou o resultado do ato de pensar: ideia, ponto de vista, opinião, juízo"; 7. "fantasia", "sonho", "devaneio", "lembrança", "recordação", "cuidado", "preocupação", "expectativa"; 8. "conjunto das ideias ou doutrina de um pensador, de uma sociedade, de um grupo, de uma coletividade".

Assim, no exemplo "Você pensa demais, não é bom para a saúde", *pensar* e *pensamento* significam "preocupação"; no exemplo "Por mais que pense nisso, não acredito que seja assim", *pensar* e *pensamento* significam "cisma" e "dúvida"; no exemplo "Ainda estou pensando no assunto", *pensar* e *pensamento* significam "formar uma opinião ou um ponto de vista"; no exemplo "Acabem com esse barulho, não estão vendo que estou pensando?", *pensar* e *pensamento* significam "atividade mental ou intelectual para formular uma ideia ou um conceito".

Se eu disser: "Penso que ela virá", estou exprimindo uma "expectativa"; se disser: "Penso que você sabe disso", estou exprimindo uma "suposição"; se disser: "Pensei nele a noite inteira, nem pude dormir", estou exprimindo "preocupação"; se disser: "Eu a vi perdida em pensamentos", quero dizer que vi alguém cismando, fantasiando, imaginando. Mas se eu disser: "A teoria da relatividade resulta do trabalho do pensamento de Einstein", estou dizendo que o pensamento é uma atividade intelectual de produção de conhecimentos.

Quando procuramos a origem das palavras *pensamento* e *pensar*, descobrimos que procedem de um verbo latino, o verbo *pendere*, que significa: "ficar em suspenso", "estar ou ficar pendente ou pendurado", "suspender", "pesar", "pagar", "examinar", "avaliar", "ponderar", "compensar", "recompensar" e "equilibrar".

Pensar, portanto, é suspender o julgamento (até formar uma ideia ou opinião), pesar (comparar ideias, opiniões, pontos de vista), avaliar (julgar o valor de uma ideia ou opinião, ou seja, se é verdadeira ou falsa, justa ou injusta, adequada ou inadequada), examinar (ideias, opiniões, juízos, pontos de vista), ponderar (isto é, pesar ideias e pontos de vista para escolher um deles), equilibrar (encontrar o meio-termo entre extremos ou entre opostos). *Pensare*, que deriva de *pendere*, caracteriza-se mais como uma atividade sobre ideias, opiniões, juízos e pontos de vista já existentes do que como criação ou produção de uma ideia ou ponto de vista.

Por esse motivo, quando lemos os textos filosóficos antigos e modernos, escritos em latim, notamos que não usam *pendere* e *pensare* para dizer *pensar*, mas empregam dois outros verbos: *cogitare* e *intelligere*.

Cogitare significa "considerar atentamente" e "meditar". Esse verbo vem de outro, *agere*, que significa "empurrar para diante de si", e também do verbo *agitare*, que significa "empurrar para a frente com força", "agitar". *Pensar*, enquanto *cogitare*, é "colocar diante de si alguma coisa para considerá-la com atenção" ou "forçar alguma coisa a ficar diante de nós para ser examinada".

O verbo *intelligere* vem da composição de duas outras palavras: *inter*, isto é, "entre", e *legere*, que significa "colher, reunir, recolher, escolher e ler" (isto é, reunir as letras com os olhos). Por isso, *intelligere* significa "escolher entre", "reunir entre vários", "apanhar", "apreender", "compreender", "ler entre", "ler dentro de". Donde: conhecer e entender.

O pintor Marcel Duchamp estuda o tabuleiro de xadrez antes do próximo lance.

Se reunirmos os vários sentidos dos três verbos — *pensare*, *cogitare* e *intelligere* —, veremos que *pensar* e *pensamento* sempre significam atividades que exigem atenção: pesar, avaliar, equilibrar, colocar diante de si para considerar, reunir e escolher, colher e recolher. O pensamento é, assim, uma atividade pela qual a consciência ou a inteligência coloca algo diante de si para atentamente considerar, avaliar, pesar, equilibrar, reunir, compreender, escolher, entender e ler por dentro.

Isso explica todos os sentidos que vimos surgir nos dicionários da língua portuguesa e nos exemplos que demos: meditar, concentrar-se, cismar, opinar, ter ideias, compreender as coisas, raciocinar, formular conceitos, ter um ponto de vista, refletir, avaliar, preocupar-se.

O pensamento é a consciência ou a inteligência saindo de si ("passeando") para ir colhendo, reunindo, recolhendo os dados oferecidos pela experiência, pela percepção, pela imaginação, pela memória, pela linguagem, e voltando a si, para considerá-los atentamente, colocá-los diante de si, observá-los intelectualmente, pesá-los, avaliá-los, retirando deles conclusões, formulando ideias, conceitos, juízos, raciocínios, valores.

O pensamento exprime nossa existência como seres racionais e capazes de conhecimento abstrato e intelectual, e sobretudo manifesta sua própria capacidade para dar a si mesmo leis, normas, regras e princípios para alcançar a verdade de alguma coisa.

ELIOT ELISOFON/TIME & LIFE PICTURES/GETTY IMAGES

Experiências de pensamento

Muitas vezes nos acontece de passarmos horas matutando, cismando, querendo compreender alguma coisa que nos escapa. Fazemos nossas atividades de todo dia, mas parecemos distraídos porque nossa atenção está concentrada noutra parte, naquilo que estamos querendo compreender e não conseguimos. Cansados, paramos de cismar e de dar atenção ao assunto. De repente, com susto e alegria, quase gritamos: "Entendi!". Sentimos o mesmo que quando completamos um quebra-cabeça, todas as peças em seus devidos lugares, a figura bem visível diante de nós. Tivemos uma experiência de pensamento.

Outras vezes, assistindo a uma aula, lendo um livro científico, fazendo um trabalho no laboratório, resolvendo um problema no computador, vamos acompanhando passo a passo as ideias, os encadeamentos dos raciocínios, as relações de causa e efeito entre certas coisas, as consequências de uma afirmação e de uma negação e, finalmente, a conclusão a que chegam a aula, o livro, o trabalho no laboratório ou no computador. Ao término de cada uma dessas atividades temos consciência de que aprendemos alguma coisa que não sabíamos e que fizemos um percurso para conhecê-la e compreendê-la. Tivemos uma experiência de pensamento.

Em certas ocasiões, dialogando com uma outra pessoa, a conversa vai fazendo surgir ideias nas quais nunca se havia pensado, ou vai fazendo com que se perceba que algumas ideias, que se julgavam claras e corretas, na verdade são confusas e incorretas. Falando com a outra pessoa, vou desenvolvendo ideias que eu nem sabia que tinha e que foram despertadas em mim por alguma coisa que o outro me disse. Clarifico algumas, corrijo outras, abandono outras tantas, descubro novas, tiro conclusões ou me encho de perplexidade. Tive uma experiência de pensamento.

Quando pensamos, pomos em movimento o que nos vem da percepção, da imaginação, da memória; aprendemos o sentido das palavras; encadeamos e articulamos significações, algumas vindas de nossa experiência sensível, outras de nosso raciocínio, outras formadas pelas relações entre imagens, palavras, lembranças e ideias anteriores. O pensamento apreende, compara, separa, analisa, reúne, ordena, sintetiza, conclui, reflete, decifra, interpreta, interroga.

A inteligência

A psicologia costuma definir a inteligência por sua função, considerando-a uma atividade que tem por objetivo realizar nossa adaptação ao ambiente pelo estabelecimento de relações entre meios e fins para a solução de um problema ou de uma dificuldade. Essa definição concebe, portanto, a inteligência como uma atividade eminentemente prática e a distingue de duas outras que também possuem finalidade adaptativa e relacionam meios e fins: o *instinto* e o *hábito*.

Compartilhamos o instinto e o hábito com os animais. O instinto, por exemplo, nos leva automaticamente a contrair a pupila quando nossos olhos estão muito expostos à luz e a dilatá-la quando estamos na escuridão; leva-nos a afastar rapidamente a mão de uma superfície muito quente que possa queimar-nos. O instinto é inato. Ao contrário, o hábito é adquirido, mas, como o instinto, tende a realizar-se automaticamente. Por exemplo, quem adquire o hábito de dirigir um veículo, muda as marchas, pisa na embreagem, no acelerador ou no freio sem precisar pensar nessas operações; quem aprende a patinar ou a nadar, realiza maquinalmente os gestos necessários, depois de adquiri-los.

Instinto e hábito são formas de comportamento cuja principal característica é serem especializados ou específicos: a abelha sabe fazer a colmeia, mas é incapaz de fazer o ninho; o joão-de-barro constrói uma "casa", mas é incapaz de fazer uma colmeia; posso aprender a nadar, mas esse hábito não me faz saber andar de bicicleta.

O instinto e o hábito especializam as funções, os meios e os fins e não possuem flexibilidade para mudá-los ou para adaptar um meio a um novo fim, nem para usar meios novos para um fim já existente. A tendência do instinto e do hábito é a repetição e o automatismo das respostas aos problemas.

A inteligência difere do instinto e do hábito por sua flexibilidade, pela capacidade de encontrar novos meios para um novo fim, ou de adaptar meios existentes para uma finalidade nova, pela possibilidade de enfrentar de maneira diferente situações novas e inventar novas soluções para elas, pela capacidade de escolher entre vários meios possíveis e entre vários fins possíveis. Nesse nível prático, a inteligência é capaz de criar *instrumentos*, isto é, de dar uma função nova e um sentido novo a coisas já existentes, para que sirvam de meios a novos fins.

Compartilhamos a inteligência prática com alguns animais, especialmente com os chimpanzés. O psicólogo Köhler fez experiências com alguns desses animais e demonstrou que eram capazes de comportamentos inteligentes:

- colocado um chimpanzé numa pequena sala, põe-se a seu lado um certo número de caixotes e prende-se uma banana no teto. Após saltos instintivos (infrutíferos) para agarrar a banana, o chimpanzé consegue empilhar os caixotes, subir neles e agarrar o alimento;

- colocado um chimpanzé numa pequena sala, nas mesmas circunstâncias anteriores, mas oferecendo bambus em vez de caixotes, o chimpanzé termina por encaixar os bambus uns nos outros, formando um instrumento para apanhar a banana.

Köhler (1887–1967), um dos principais teóricos da psicologia da Gestalt.

Köhler explica o comportamento do chimpanzé mostrando que ele se comporta percebendo um campo perceptivo no qual a banana, os caixotes e os bambus formam uma totalidade e se relacionam como partes de um todo, de modo que os caixotes ou os bambus são percebidos como partes da paisagem e como meios para um fim (agarrar a banana).

O fato de que o chimpanzé percebe um campo perceptivo, e não objetos isolados, é demonstrado quando, no lugar dos bambus, são colocados arames, que o animal engancharã uns nos outros para colher a fruta; ou quando, no lugar dos caixotes, são colocadas mesinhas de tamanhos diferentes, que podem ser empilhadas pelo animal para agarrar a banana.

No entanto, observa-se algo interessante. Depois de comer a banana, o chimpanzé nada faz com os caixotes, os bambus, os arames ou as mesas. Ficam à sua volta como objetos sem sentido. Ao contrário, uma criança nas mesmas circunstâncias, depois de conseguir apanhar um doce, por exemplo, examinará os objetos. Se descobrir que são desmontáveis, ela tentará fazer, com os caixotes e as mesas, uma escada, e com os bambus e os arames, uma rede.

Essa diferença nos comportamentos do chimpanzé e da criança revela que esta última ultrapassa a situação imediata de fome e de uso direto dos objetos e prevê uma situação futura para a qual encontra uma solução, transformando os objetos em instrumentos propriamente ditos.

A criança *antecipa* uma situação e *transforma* os dados de uma situação presente, fabricando meios para certos fins que ainda estão ausentes. Ela *se lembra* da situação passada, *espera* a situação futura, *organiza* a situação presente com base nos dados lembrados, esperados e percebidos, *imagina* uma situação nova e responde a ela, mesmo que ainda esteja ausente.

A criança se relaciona com o tempo e transforma seu espaço por essa relação temporal. A criança *representa* seu mundo e *atua* praticamente sobre ele. Sua inteligência difere, portanto, da do animal.

Inteligência e linguagem

Não somos dotados apenas de inteligência prática ou instrumental, mas também de inteligência teórica e abstrata. Pensamos.

O exercício da inteligência como pensamento é inseparável da linguagem, como já vimos, pois a linguagem é o que nos permite estabelecer relações, concebê-las e compreendê-las. Graças às significações *escada* e *rede*, a criança pode pensar nesses objetos e fabricá-los.

A linguagem articula percepções e memórias, percepções e imaginações, oferecendo ao pensamento um fluxo temporal que conserva e interliga as ideias.

O psicólogo Piaget, ao estudar a gênese da inteligência nas crianças, mostrou como a aquisição da linguagem e a do pensamento caminham juntas. Assim, por exemplo, uma menina de 4 anos ainda não é capaz de pensar relações reversíveis ou recíprocas porque não domina a linguagem desse tipo de relação. Se se perguntar a ela: "Você tem um irmão?", ela responderá: "Sim". Se continuarmos a perguntar: "Quem é o seu irmão?", ela responderá:

Piaget (1896–1980), criador da epistemologia genética, dedicou-se à logica, à biologia, à psicologia e à filosofia.

"Pedrinho". No entanto, se lhe perguntarmos: "Pedrinho tem uma irmã?", ela dirá: "Não", pois a linguagem que ela possui permite-lhe estabelecer relações entre ela e o mundo, mas não entre o mundo e ela.

A inteligência humana, como atividade mental e de linguagem, pode ser definida como a capacidade para enfrentar ou colocar diante de si problemas práticos e teóricos, para os quais encontra, elabora ou concebe soluções, seja pela criação de instrumentos práticos (as técnicas), seja pela criação de significações (ideias e conceitos). Caracteriza-se pela flexibilidade, plasticidade e inovação, bem como pela possibilidade de transformar a própria realidade (trabalho, artes, técnicas, ações políticas, etc.). A inteligência se realiza, portanto, como conhecimento e ação.

O conhecimento inteligente apreende o sentido das palavras, interpreta-o, inventa novos sentidos para palavras antigas ou cria novas palavras para novos sentidos. O movimento do conhecer é, pois, um movimento cujo corpo é a linguagem. Graças a ela, compartilhamos com outros os nossos conhecimentos e recebemos de outros os conhecimentos.

Comunicação, informação, memória cultural, transmissão, inovação e ruptura: eis o que a linguagem permite à inteligência. Clarificação, organização, ordenamento, análise, interpretação, compreensão, síntese, articulação: eis o que a inteligência oferece à linguagem.

Inteligência e pensamento

A inteligência colhe, recolhe e reúne os dados oferecidos pela percepção, pela imaginação, pela memória e pela linguagem, formando redes de significações com as quais organizamos e ordenamos nosso mundo e nossa vida, recebendo e dando sentido a eles. O pensamento, porém, vai além do trabalho da inteligência: abstrai (ou seja, separa) os dados das condições imediatas de nossa experiência e os elabora sob a forma de conceitos, ideias e juízos, estabelecendo articulações internas e necessárias entre eles pelo raciocínio (indução e dedução), pela análise e pela síntese. Formula teorias, procura prová-las e verificá-las, pois está voltado para a verdade do conhecimento.

Um **conceito** ou uma **ideia** é uma rede de significações que nos oferece: o sentido interno e essencial daquilo a que se refere; os nexos causais ou as relações necessárias entre seus elementos, de sorte que por eles conhecemos a origem, os princípios, as consequências, as causas e os efeitos daquilo a que se refere. O conceito ou ideia nos oferece a essência-significação necessária de alguma coisa, sua origem ou causa, suas consequências ou seus efeitos, seu modo de ser e de agir.

Assim, por exemplo, vejo rosas, margaridas, girassóis. Mas concebo pelo pensamento o conceito ou a ideia universal de flor. Sinto corpos quentes, mornos, frios, gelados, sinto o frio da neve, o calor do Sol, a tepidez agradável da água do mar ou da piscina. Mas concebo pelo pensamento o conceito ou a ideia de temperatura. Vejo uma bola, no conjunto musical toco um triângulo, escrevo sobre uma mesa cujo tampo tem quatro lados iguais. Mas pelo pensamento concebo o conceito ou a ideia de esfera ou círculo, de triângulo, de quadrado. Vou além: pelo puro pensamento, formulo o conceito de figura geométrica e das leis que a regem, elaborando axiomas, postulados e teoremas.

Os conceitos ou ideias são redes de significações cujos nexos ou ligações são expressos pelo pensamento por meio dos **juízos**, pelos quais estabelecemos os elos internos e necessários entre um ser e as qualidades, as propriedades, os atributos que lhe pertencem, assim como aqueles predicados que lhe são acidentais e que podem ser retirados sem que isso afete o sentido e a realidade de um ser.

Um conjunto de juízos constitui uma **teoria**, quando:

⇢ estabelece-se com clareza um campo de objetos e os procedimentos para conhecê-los e enunciá-los;

⇢ organizam-se e ordenam-se os conceitos;

---

juízo: como já vimos, o juízo relaciona positiva ou negativamente um sujeito S e um predicado ou conjunto de predicados P: S é P; S não é P. Também relaciona S e P *necessariamente*: "Sócrates é mortal"; *acidentalmente*: "Sócrates é pequeno"; *possivelmente*: "Sócrates poderá vir à praça", "Se não chover, Sócrates virá à praça", etc.

⇢ articulam-se e demonstram-se os juízos, verificando seu acordo com regras e princípios de racionalidade e demonstração.

Teoria é explicação, descrição e interpretação geral das causas, formas, modalidades e relações de um campo de objetos, conhecidos graças a procedimentos específicos, próprios da natureza dos objetos investigados.

O pensamento elabora teorias, ou seja, uma explicação ou interpretação intelectual de um conjunto de fenômenos e significações (objetos, fatos, situações, acontecimentos), que estabelece a natureza, o valor e a verdade de tais fenômenos. Por isso falamos em teoria da relatividade, teoria genética, teoria aristotélica, teoria psicanalítica, etc. Uma teoria pode ou não nascer diretamente de uma prática e ter ou não uma aplicação prática direta, mas não é a prática que permite determinar a verdade ou falsidade teórica e sim critérios internos à própria teoria (seja sua correspondência com as coisas teorizadas, seja a coerência interna de seus argumentos, seus raciocínios, suas demonstrações e suas provas, seja, enfim, a consistência lógica de suas significações). A prática orienta o trabalho teórico, verifica suas conclusões, mas não determina sua verdade ou falsidade.

O pensamento propõe e elabora teorias e cria **métodos**.

A necessidade do método

Usar um método é seguir regular e ordenadamente um caminho através do qual um certo objetivo é alcançado. No caso do conhecimento, é o caminho ordenado que o pensamento segue por meio de um conjunto de regras e procedimentos racionais, com três finalidades:

1. conduzir à descoberta de uma verdade até então desconhecida;
2. permitir a demonstração e a prova de uma verdade já conhecida;
3. permitir a verificação de conhecimentos para averiguar se são ou não verdadeiros.

O método é, portanto, um instrumento racional para adquirir, demonstrar ou verificar conhecimentos.

Por que se sente a necessidade de um método? Porque, como vimos, o erro, a ilusão, o falso, a mentira rondam o conhecimento, interferem na experiência e no pensamento. Para dar segurança ao conhecimento, o pensamento cria regras e procedimentos que permitem ao sujeito cognoscente aferir e controlar todos os passos que realiza no conhecimento de algum objeto ou conjunto de objetos.

A filosofia conheceu diferentes concepções de método.

Platão, por exemplo, considerava que o melhor caminho para o conhecimento verdadeiro era o que permitia ao pensamento libertar-se do conhecimento sensível (crenças, opiniões), isto é, das imagens e aparências das coisas. Atribuía esse papel liberador à discussão racional, na forma do diálogo.

No diálogo, os interlocutores, guiados pelas perguntas do filósofo (no caso, Sócrates), examinam e discutem opiniões que cada um deles possui sobre algum assunto; descobrem que suas opiniões são contraditórias e não levam a conhecimento algum. Aceitam abandoná-las e conseguem, pouco a pouco, chegar à ideia universal ou à essência da coisa procurada. Por se tratar de um confronto entre imagens e opiniões contrárias ou contraditórias, esse método ou caminho era chamado por Platão de **dialética** (discussão de teses contrárias e em conflito ou oposição).

Aristóteles, no entanto, considerou a dialética inadequada ao pensamento, pois, dizia ele, tal procedimento lida com meras opiniões prováveis, não oferecendo nenhuma garantia de que tenhamos superado o conflito de opiniões e alcançado a essência verdadeira da coisa investigada. Por esse motivo, definiu o procedimento filosófico-científico como um método

---

método: a palavra *método* vem do grego *methodos*, formada por *meta*: "através de", "por meio de", e por *hodos*: "via", "caminho".

Ver Unidade 4, capítulo 1.

> Ver Unidade 4, capítulo 2.

demonstrativo que se realiza por meio de **silogismos**. O silogismo é um conjunto de três juízos ou proposições que permite obter uma conclusão verdadeira. Trata-se de um método dedutivo no qual, de duas premissas, deduz-se uma conclusão. Por exemplo:

> Todos os homens são mortais.
> Sócrates é homem.
> Logo, Sócrates é mortal.

Aristóteles considerava, porém, que os objetos que são conhecidos por experiência, e não só pelo puro pensamento, deveriam seguir um método indutivo, no qual o silogismo seria o resultado alcançado pelo conhecimento.

Como vimos no primeiro capítulo desta Unidade, durante a modernidade (isto é, a partir do século XVII), a necessidade de um método tornou-se ainda mais imperiosa do que antes, pois, como vimos, o sujeito do conhecimento não sabe se pode alcançar a verdade. Vimos também que para os modernos, o método permite uma reforma da inteligência, oferece regras para o trabalho do pensamento e assegura a ampliação dos conhecimentos.

O método, nas várias formulações que recebeu no correr da história da filosofia e das ciências, sempre teve o papel de um *regulador* do pensamento, isto é, de verificador e avaliador das ideias e teorias: guia o trabalho intelectual (produção das ideias, dos experimentos, das teorias) e avalia os resultados obtidos.

Desde Aristóteles, a filosofia considera que, ao lado de um método geral que todo e qualquer conhecimento deve seguir, tanto para a aquisição como para a demonstração e verificação de verdades, outros métodos particulares são necessários, pois os objetos a serem conhecidos também exigem métodos que estejam em conformidade com eles e, assim, haverá diferentes métodos conforme a especificidade do objeto a ser conhecido. Dessa maneira, são diferentes entre si os métodos da geometria e da física, da biologia e da sociologia, da história e da química, e assim por diante.

É interessante notar, todavia, que, em certos períodos da história da filosofia e das ciências, chegou-se a pensar num método único que ofereceria os mesmos princípios e as mesmas regras para todos os campos do conhecimento. Assim, por exemplo, Galileu julgou que o método matemático deveria ser usado em todos os conhecimentos da natureza, pois, dizia ele, "a natureza é um livro escrito em caracteres matemáticos".

Descartes, indo mais longe que Galileu, julgou que um só e mesmo método deveria ser empregado pela filosofia e por todas as ciências, uma *mathesis universalis*, ou o conhecimento da *ordem* necessária das ideias, válida para todos os objetos de conhecimento. Conhecer seria ordenar e encadear em nexos contínuos as ideias referentes a um objeto e tal procedimento deveria ser o mesmo em todos os conhecimentos porque esse é o modo próprio do pensamento, seja qual for o objeto a ser conhecido.

Os filósofos e cientistas do final do século XIX também afirmavam que um único método deveria ser seguido. Entusiasmados com o desenvolvimento da física, julgaram que todos os campos do saber deveriam empregar o método usado pela "ciência da natureza", mesmo quando o objeto fosse o homem. Agora, não era tanto a ideia de ordenamento interno das ideias que levava à defesa de um único método de conhecimento, mas a ideia da causalidade ou de explicação causal de todos os fatos, fossem eles naturais ou humanos.

No século XX, porém, sobretudo com a fenomenologia de Husserl e com a corrente do pensamento conhecida como estruturalismo, passou-se a considerar que cada campo do conhecimento deva ter seu método próprio, determinado pela natureza do objeto, pela forma como o sujeito do conhecimento pode aproximar-se desse objeto e pelo conceito de verdade que cada esfera do conhecimento define para si própria.

Assim, por exemplo, considera-se o método matemático, isto é, **dedutivo**, próprio para objetos que existem apenas idealmente e que são construídos inteiramente pelo nosso pensamento; ao contrário, o método experimental, isto é, **indutivo**, é próprio das ciências naturais, que observam seus objetos e realizam experimentos.

> **estruturalismo:** método de análise (na etnologia, antropologia, filosofia, sociologia, economia e teoria literária) que investiga um fenômeno buscando suas estruturas profundas. Estudo de uma categoria de fatos que enfoca especialmente as estruturas.

Já as ciências humanas têm métodos de **compreensão** e de **interpretação** do sentido das ações, das práticas, dos comportamentos, das instituições sociais e políticas, dos sentimentos, dos desejos, das transformações históricas, pois o homem, objeto dessas ciências, é um ser histórico-cultural que produz as instituições e o sentido delas. Tal sentido é o que precisa ser conhecido.

No caso das ciências exatas (as matemáticas), o método dedutivo também é chamado **axiomático**, isto é, baseia o conhecimento num conjunto de termos primitivos e de axiomas indemonstráveis, que são o ponto de partida da construção e demonstração dos objetos.

No caso das ciências naturais (física, química, biologia, etc.), o método indutivo também é chamado **experimental** e **hipotético**. Experimental porque se baseia em observações e em experimentos, tanto para formular quanto para verificar as teorias. Hipotético porque os cientistas partem de hipóteses sobre os objetos que guiam os experimentos e a avaliação dos resultados.

No caso das ciências humanas (psicologia, sociologia, antropologia, história, etc.), o método é chamado **compreensivo-interpretativo** porque seu objeto são as significações ou os sentidos dos comportamentos, das práticas e das instituições realizadas ou produzidas pelos seres humanos.

Quanto à filosofia, embora os filósofos tenham oscilado entre vários métodos possíveis, atualmente quatro traços são comuns aos diferentes métodos filosóficos:

1. o método é *reflexivo* — parte da autoanálise ou do autoconhecimento do pensamento;

2. é *crítico* — investiga os fundamentos e as condições necessárias da possibilidade do conhecimento verdadeiro, da ação ética, da criação artística e da atividade política;

3. é *descritivo* — descreve as estruturas internas ou essências de cada campo de objetos do conhecimento e das formas de ação humana;

4. é *interpretativo* — busca as formas da linguagem e as significações ou os sentidos dos objetos, dos fatos, das práticas e das instituições, suas origens e transformações.

Pensamento mítico e pensamento lógico

No capítulo anterior, vimos que a língua grega possuía duas palavras para referir-se à linguagem: *mythos* e *lógos*. Vimos também, tanto no estudo da linguagem como no da inteligência, que o ato de falar e o ato de pensar são inseparáveis. Por isso mesmo, podemos referir-nos a duas modalidades do pensamento, conforme predomine o *mythos* ou o *lógos*.

A tradição filosófica, sobretudo a partir do século XVIII (com a filosofia da Ilustração) e do século XIX (com a filosofia da história de Hegel e o positivismo de Augusto Comte), afirmava que do mito à lógica havia uma evolução do espírito humano, isto é, o mito era uma fase ou etapa do espírito humano e da civilização que antecedia o advento da lógica ou do pensamento lógico, considerado a etapa posterior e evoluída do pensamento e da civilização. Essa tradição filosófica fez crer que o mito pertenceria a culturas "inferiores", "primitivas" ou "atrasadas", enquanto o pensamento lógico ou racional pertenceria a culturas "superiores", "civilizadas" e "adiantadas".

Essa separação temporal e evolutiva de duas modalidades de pensamento fazia com que se julgasse a presença, em nossas sociedades, de explicações míticas (isto é, as religiões, a literatura, as artes) como uma espécie de "resíduo" ou "resto" de uma fase passada da evolução da humanidade, destinada a desaparecer com a plena evolução da racionalidade científica e filosófica.

Hoje, porém, sabe-se que a concepção evolutiva está equivocada e que o pensamento conceitual e o pensamento mítico podem coexistir numa mesma sociedade. Estudos de antropologia social, que estuda os mitos das sociedades ditas selvagens e também as mitologias de nossas sociedades, ditas civilizadas, mostraram que, no caso de nossas sociedades, a presença simultânea do pensamento conceitual e do pensamento mítico decorre do modo como a imaginação social transforma em mito aquilo que o pensamento conceitual elabora nas ciências e na filosofia. Basta ver o caráter mágico-maravilhoso dado aos satélites, aos autômatos, aos computadores para constatarmos a passagem da ciência ao mito.

No entanto, estudos de neurologia e da análise da anatomia e da fisiologia do cérebro humano mostram que esse órgão possui duas partes, ou dois hemisférios; em um deles localiza-se a linguagem e o pensamento simbólicos e afetivos (propensos ao maravilhoso e à imaginação criadora) e, no outro, a linguagem e o pensamento conceituais. Certas pessoas, como os artistas, desenvolvem mais o hemisfério simbólico e afetivo, enquanto outras, como os cientistas, desenvolvem mais o hemisfério conceitual e lógico.

Assim, a predominância de uma ou outra forma do pensamento depende, de um lado, das tendências pessoais e da história de vida dos indivíduos e, de outro, do modo como uma sociedade ou uma cultura recorrem mais a uma do que à outra forma para interpretar a realidade, intervir no mundo e explicar-se a si mesma.

Como o mito funciona

Lévi-Strauss (1908–2009), antropólogo e filósofo belga, um dos principais expoentes do estruturalismo francês. Foi professor na Universidade de São Paulo (USP) de 1934 a 1937 e realizou pesquisas antropológicas com índios bororos e nhambiquaras entre 1938 e 1939.

O antropólogo Claude Lévi-Strauss estudou o "pensamento selvagem" para mostrar que os chamados selvagens não são atrasados nem primitivos, apenas operam com o pensamento mítico.

"O mito e o rito", escreve Lévi-Strauss, "não são simples lendas fabulosas, mas uma organização da realidade a partir da experiência sensível enquanto tal". Para explicar a composição de um mito, Lévi-Strauss se refere a uma atividade que existe em nossa sociedade e que, em francês, se chama *bricolage*.

Ilustração da história do Rei Artur, figura lendária britânica.

Quem pratica *bricolage* produz um objeto novo a partir de pedaços e fragmentos de outros objetos. Vai reunindo, sem um plano muito rígido, tudo o que encontra e que serve para o objeto que está compondo. O pensamento mítico faz exatamente a mesma coisa, isto é, vai reunindo as experiências, as narrativas, os relatos, até compor um mito geral. Com esses materiais heterogêneos produz a explicação sobre a origem e a forma das coisas, suas funções e suas finalidades, os poderes divinos sobre a natureza e sobre os humanos. O mito possui, assim, três características principais:

1. *função explicativa*: o presente é explicado por alguma ação passada cujos efeitos permaneceram no tempo. Por exemplo, uma constelação existe porque, no passado, crianças fugitivas e famintas morreram na floresta e foram levadas ao céu por uma deusa que as transformou em estrelas; as chuvas existem porque, nos tempos passados, uma deusa apaixonou-se por um humano e, não podendo unir-se a ele diretamente, uniu-se pela tristeza, fazendo suas lágrimas caírem sobre o mundo, etc.;

2. *função organizativa*: o mito organiza as relações sociais (de parentesco, de alianças, de trocas, de sexo, de idade, de poder, etc.) de modo a legitimar e garantir a permanência de um sistema complexo de proibições e permissões. Por exemplo, um mito como o de Édipo existe (com narrativas diferentes) em quase todas as sociedades selvagens e tem a função de garantir a proibição do incesto, sem a qual o sistema sociopolítico, baseado nas leis de parentesco e de alianças, não pode ser mantido;

3. *função compensatória*: o mito narra uma situação passada, que é a negação do presente e que serve tanto para compensar os humanos de alguma perda como para garantir-lhes que um erro passado foi corrigido no presente, de modo a oferecer uma visão estabilizada e regularizada da natureza e da vida comunitária.

Por exemplo, entre os mitos gregos, encontra-se o da origem do fogo, que Prometeu roubou do Olimpo para entregar aos mortais e permitir-lhes o desenvolvimento das técnicas. Numa das versões desse mito, narra-se que Prometeu disse aos homens que se protegessem da cólera de Zeus realizando o sacrifício de um boi, mas que se mostrassem mais astutos do que esse deus, comendo as carnes e enviando-lhe as tripas e gorduras. Zeus descobriu a artimanha e os homens seriam punidos com a perda do fogo se Prometeu não lhes ensinasse uma nova artimanha: colocar perfumes e incenso nas partes dedicadas ao deus.

Com esse mito, narra-se o modo como os humanos se apropriaram de algo divino (o fogo) e criaram um ritual (o sacrifício de um animal com perfumes e incenso) para conservar o que haviam roubado dos deuses.

Como opera o pensamento mítico?

Antes de mais nada, pela reunião de heterogêneos. O mito reúne, junta, relaciona e faz elementos diferentes e heterogêneos agirem uns sobre os outros. Por exemplo, corpos de crianças são estrelas, lágrimas de uma deusa são chuva, o dia é o carro do deus Apolo, a noite é o manto de uma deusa, o tempo é um deus (na mitologia grega, Cronos), etc.

Em segundo lugar, o mito organiza a realidade, dando às coisas, aos fatos, às instituições um sentido analógico e metafórico, isto é, uma coisa vale por outra, substitui outra, representa outra. No mito de Édipo, por exemplo, os pés e o modo de andar têm um significado analógico, metafórico e simbólico muito preciso. Labdáco, avô de Édipo, quer dizer "coxo"; Laio, pai de Édipo, quer dizer "pé torto"; Édipo quer dizer "pé inchado".

Essa referência aos pés e ao modo de andar é uma referência à relação dos humanos com o solo e, portanto, com a terra, e simboliza ou metaforiza uma questão muito grave: os humanos nasceram da terra ou da união de um homem e de uma mulher? Se da terra, deveriam ser imortais. No entanto, morrem. Para exprimir a angústia de serem mortais e o fato de os humanos, portanto, nascerem de um homem e uma mulher e não da terra, o mito simboliza a mortalidade através da dificuldade para se relacionar com a terra, isto é, para andar (coxo, torto, inchado). Para exprimir a dificuldade de aceitar uma origem humana mortal, o mito simboliza a fragilidade das leis humanas fazendo Laio mandar matar seu filho Édipo, Édipo assassinar seu pai, Laio, e casar-se com sua mãe, Jocasta.

Em terceiro lugar, o mito estabelece relações entre os seres naturais e humanos, seja fazendo humanos nascerem, por exemplo, de animais, seja fazendo os astros decidirem a sorte e o destino dos humanos (como na astrologia), seja fazendo cores, metais e pedras definirem a natureza de um humano (como a magia, por exemplo).

Coisas e humanos se relacionam por participação, simpatia, antipatia, por formas secretas de ação a distância. O mundo é um tecido de laços e vínculos secretos que precisam ser

---

Édipo Rei: quando Édipo nasce, uma vidente, Tirésias, prevê que o menino matará o pai e se casará com a mãe. Apavorado, o rei Laio – o pai – manda matar Édipo. O escravo que deveria matar o menino sente piedade e o lança num precipício sem verificar se ele está ou não morto; e entrega ao rei o coração de uma corça, como se fosse o de Édipo. A criança não morre e é recolhida por um pastor. Este, por sua vez, a entrega a um outro rei, que, idoso, lamentava não ter filhos. Ao crescer, Édipo suspeita que não é filho de seus pais adotivos e sai à procura dos pais verdadeiros. No caminho, vê uma batalha entre um grupo numeroso e um pequeno; coloca-se ao lado deste último e mata o chefe do outro grupo – seu pai, Laio. Chegando à sua cidade natal, fica sabendo que um monstro estava devorando as virgens e só interromperá a matança se alguém decifrar um enigma que propõe. Édipo decifra o enigma. Como recompensa, recebe a rainha em casamento. Casa-se com Jocasta, sem saber que se tratava de sua verdadeira mãe, e com ela tem filhos. A profecia se cumpre. A cidade será castigada com a peste e, ao tentar combatê-la, pedindo aos deuses que lhe digam o que a causou, Édipo fica sabendo, por Tirésias, que matou o pai e casou-se com a mãe. Édipo fura os olhos e exila-se, enquanto Jocasta se suicida.

decifrados e sobre os quais os homens podem adquirir algum poder por meio da imitação (vestir peles de animais, fabricar talismãs, ficar em certas posições, plantar fazendo certos gestos, pronunciar determinadas palavras). O mito decifra o secreto. O rito imita o poder.

Analogias e metáforas formam símbolos, isto é, imagens carregadas e saturadas de sentidos múltiplos e simultâneos, servindo para explicar coisas diferentes ou para substituir uma coisa por outra. Assim, por exemplo, uma mesma e única coisa como o fogo pode simbolizar um deus, uma paixão, como o amor e a cólera (porque são ardentes), o conhecimento (porque este é uma iluminação), a purificação de alguma coisa (como na alquimia), o poder sobre a natureza (porque permite o desenvolvimento das técnicas), a diferença entre os animais e os homens (porque estes cozem os alimentos enquanto aqueles os comem crus), etc.

Como funciona o pensamento conceitual

O pensamento conceitual ou lógico opera de maneira diferente e mesmo oposta à do pensamento mítico. A primeira e fundamental diferença está no fato de que enquanto o pensamento mítico opera por *bricolage* (associação e reunião de fragmentos heterogêneos), o pensamento conceitual opera por método (procedimento lógico para a articulação racional entre elementos homogêneos). Dessa diferença resultam outras:

- um conceito ou uma ideia não é uma imagem nem um símbolo, mas uma descrição e uma explicação da essência ou natureza própria de um ser, referindo-se a esse ser e somente a ele;
- um conceito ou uma ideia não são substitutos para as coisas, mas a compreensão intelectual delas;
- um conceito ou uma ideia não são formas de participação ou de relação de nosso espírito em outra realidade, mas são o resultado de uma análise ou de uma síntese dos dados da realidade ou do próprio pensamento;
- um juízo e um raciocínio não permanecem no nível da experiência, nem organizam a experiência nela mesma, mas, partindo dela, a sistematizam em relações racionais que a tornam compreensível do ponto de vista lógico;
- um juízo e um raciocínio buscam as causas universais e necessárias pelas quais uma realidade é tal como é, distinguindo o modo como ela nos aparece do modo como é em si mesma; as causas e os efeitos são homogêneos, quer dizer, são de mesma natureza;
- um juízo e um raciocínio estudam e investigam a diferença entre nossas vivências subjetivas, pessoais e coletivas, e os conhecimentos gerais e objetivos, que são de todos e de ninguém em particular. Estabelecem a diferença entre vivências subjetivas e a estrutura objetiva do pensamento em geral;
- o pensamento lógico submete seus procedimentos a métodos, isto é, a regras de verificação e de generalização dos conhecimentos adquiridos; a regras de ordenamento e sistematização dos procedimentos e dos resultados, de modo que um conhecimento novo não pode simplesmente ser acrescentado aos anteriores (como na *bricolage*), mas só se junta a eles se obedecer a certas regras e princípios intelectuais.

O pensamento lógico ou racional (ou o pensamento objetivo) opera de acordo com os princípios de identidade, contradição, terceiro excluído, razão suficiente e causalidade; distingue verdades de fato e verdades de razão; diferencia intuição, dedução, indução e abdução; distingue análise e síntese; diferencia reflexão e verificação, teoria e prática, ciência e técnica.

Se relermos o capítulo 2 da Unidade 1, perceberemos melhor a diferença entre as duas modalidades de pensamento vendo a diferença entre a explicação *cosmogônica* (mítica) e a *cosmológica* (conceitual) da realidade, tais como foram elaboradas na Grécia.

O pensamento cosmogônico narrava a origem da natureza por meio de genealogias divinas: as forças e os seres naturais estavam personalizados e simbolizados pelos deuses, titãs e heróis, cujas relações sexuais davam origem às coisas, aos homens, às estações do ano, ao dia e à noite, às colheitas, à sociedade. Suas paixões não correspondidas se exprimiam por raios, trovões, tempestades, tufões, desertos. Seus amores e desejos realizados manifestavam-se na abundância da primavera, das colheitas, da procriação dos animais.

O pensamento cosmológico explicava a origem da natureza pela existência de um ou alguns elementos naturais (terra-seco, água-úmido, ar-frio, fogo-quente), a *physis*, que, por sua força interna natural, se transformava, dando origem a todas as coisas e aos homens. Os primeiros filósofos consideravam os elementos originários como forças divinas, mas já não eram personalizadas nem sua ação explicada por desejos, paixões e furores.

Aristóteles sistematizou lógica e racionalmente as cosmologias ou teorias sobre a natureza numa *física*, isto é, numa teoria ou ciência sobre a matéria e a forma dos seres naturais e sobre as causas de seus movimentos.

Para os gregos, como vimos, movimento (*kínesis*) significa:

- toda mudança qualitativa de um ser qualquer (por exemplo, uma semente que se torna árvore, um objeto branco que amarelece, um animal que adoece, algo quente que esfria, algo frio que esquenta, o duro que amolece, o mole que endurece, etc.);
- toda mudança ou alteração quantitativa (por exemplo, um corpo que aumente e diminua, que se divida em outros menores, que encompride ou encurte, alargue ou estreite, etc.);
- toda mudança de lugar ou locomoção (subir, descer, cair, a trajetória de uma flecha, o deslocamento de um barco, a queda de uma pedra, o levitar de uma pluma, etc.);
- toda geração ou nascimento e toda corrupção ou morte dos seres.

Esses movimentos, diz Aristóteles, possuem causas, pois tudo o que existe possui causa e o conhecimento verdadeiro é o conhecimento das causas. São quatro as causas dos movimentos:

1. *causa material* — a matéria de que alguma coisa é feita (madeira, pedra, metal, líquido);

2. *causa formal* — a forma que alguma coisa possui e que a individualiza e a diferencia das outras (a mesa é causa formal da madeira, a estátua é causa formal da pedra, a taça é causa formal do metal, o vinho é causa formal do líquido);

3. *causa motriz ou eficiente* — aquilo que faz uma matéria receber uma forma determinada (no caso dos objetos artificiais ou artefatos, a causa eficiente é o artesão — o carpinteiro que faz a mesa, o escultor que faz a estátua, o ferreiro que faz a taça, o vinicultor que faz o vinho; no caso dos seres naturais, a causa eficiente também é uma coisa natural — por exemplo, o calor derrete o metal, o sol esquenta um corpo e lhe dá outra consistência ou forma, etc.);

4. *causa final* — o motivo ou finalidade para a qual a coisa existe, se transforma e se realiza (a mesa existe para que possamos usá-la para refeições, escrever, depositar objetos, etc.; a estátua, para o culto de um deus; a taça, para colocarmos bebidas; o vinho, para bebermos.

Com a física aristotélica vemos a natureza tornar-se inteligível ao pensamento, que pode explicá-la, descrevê-la, compreendê-la e interpretá-la conceitualmente.

Capítulo 6
A consciência pode conhecer tudo?

Mito de Narciso: conta o mito que o jovem Narciso, belíssimo, nunca tinha visto sua própria imagem. Um dia, passeando por um bosque, viu um lago. Aproximou-se e viu nas águas um jovem de extraordinária beleza pelo qual se apaixonou perdidamente. Desejava que o outro saísse das águas e viesse ao seu encontro, mas como o outro parecia recusar-se a sair do lago, Narciso mergulhou nas águas, foi às profundezas à procura do outro que fugia e morreu afogado. Narciso morreu de amor por si mesmo, ou melhor, de amor por sua própria imagem ou pela autoimagem. O narcisismo é o encantamento e a paixão que sentimos por nossa própria imagem ou por nós mesmos porque não conseguimos diferenciar o eu do outro.

Consciência e conhecimento

Como vimos, a teoria do conhecimento distingue o eu, a pessoa, o cidadão e o sujeito; distingue também graus de consciência (passiva, vivida, reflexiva) e tem como centro a figura do sujeito do conhecimento, entendido como consciência de si reflexiva ou atividade racional que conhece a si mesma.

Que acontecerá, porém, se o sujeito do conhecimento descobrir que a consciência possui mais um grau, além dos três que mencionamos, e, sobretudo, se descobrir que não se trata exatamente de mais um grau *da* consciência, mas de algo que a consciência desconhece e sobre o qual nunca poderá refletir diretamente? Que esse algo, desconhecido ou só indiretamente conhecido, determina tudo quanto a consciência e o sujeito sentem, querem, fazem, dizem e pensam? Em outras palavras, que sucederá quando o sujeito do conhecimento descobrir um limite intransponível chamado **o inconsciente**?

O inconsciente

O criador da psicanálise, Sigmund Freud, escreveu que, no transcorrer da modernidade, os humanos foram feridos três vezes e que as feridas atingiram o nosso narcisismo, isto é, a bela imagem que possuíamos de nós mesmos como seres conscientes/racionais e com a qual, durante séculos, estivemos encantados. Que feridas foram essas?

A primeira foi a que nos infligiu Copérnico, ao provar que a Terra não estava no centro do Universo e que os homens não eram o centro do mundo. A segunda foi causada por Darwin, ao provar que os homens descendem de um primata, que são apenas um elo na evolução das espécies e não seres especiais, criados por Deus para dominar a natureza. A terceira foi causada pelo próprio Freud com a psicanálise, ao mostrar que a consciência é a menor parte e a mais fraca de nossa vida psíquica.

Na obra *Cinco ensaios sobre a psicanálise*, Freud escreve:

> *A psicanálise propõe mostrar que o Eu não somente não é senhor na sua própria casa mas também está reduzido a contentar-se com informações raras e fragmentadas daquilo que se passa fora da consciência, no restante da vida psíquica (...). A divisão do psíquico num psíquico consciente e num psíquico inconsciente constitui a premissa fundamental da psicanálise, sem a qual ela seria incapaz de compreender os processos patológicos, tão frequentes quanto graves, da vida psíquica e fazê-los entrar no quadro da ciência (...). A psicanálise se recusa a considerar a consciência como constituindo a essência da vida psíquica, mas nela vê apenas uma qualidade desta, podendo coexistir com outras qualidades e até mesmo faltar.*

Charles Darwin (1809–1882), naturalista inglês.

A psicanálise

Freud era médico neurologista e estudava os distúrbios do sistema nervoso. Seguindo os médicos de sua época, usava a hipnose e a sugestão no tratamento dos doentes mentais, mas sentia-se insatisfeito com os resultados obtidos. Durante algum tempo, em Viena, trabalhou com o médico Breuer, que lhe relatou o caso de uma paciente, Anna O., que apresentava sintomas de histeria (distúrbios físicos sem causas físicas, pois eram manifestações de problemas psíquicos).

Sigmund Freud (1856–1939), fundador da psicanálise. Suas teorias tiveram grande impacto na psicologia, na psiquiatria, na filosofia e nas ciências humanas e sociais.

Em seu relato, Breuer contou a Freud que a paciente sugerira um método de tratamento no qual se propunha a falar sobre seus problemas diários, porque isso trazia alívio aos seus sintomas (esse procedimento viria a ser chamado de *método catártico*, isto é, de purificação ou limpeza da alma). Freud passou, então, a empregar esse procedimento com seus pacientes: em lugar de usar a hipnose e a sugestão, fazia com que o paciente relaxasse num divã e falasse, respondendo a suas perguntas.

Uma paciente pediu-lhe que não a interrompesse com as perguntas, mas a deixasse falar espontaneamente. A partir de então, Freud foi abandonando as perguntas, mas, de vez em quando, interrompia a paciente, dizendo-lhe palavras soltas e pedia-lhe que falasse a primeira palavra que lhe viesse à cabeça ao ouvir o que ele dissera — posteriormente Freud denominaria esse procedimento de *técnica de associação livre*.

Freud percebeu que, em certos momentos, a paciente reagia a certas palavras e não pronunciava aquela que lhe viera à cabeça, censurando-a por algum motivo ignorado por ela e por ele. Notou também que, em outras ocasiões, depois de fazer a associação livre de palavras, a paciente ficava muito agitada e falava muito.

Observou que, certas vezes, algumas palavras a faziam chorar sem motivo aparente e, outras vezes, a faziam lembrar-se de fatos da infância, ou a levavam a narrar um sonho que tivera na noite anterior.

Pela conversa, pelas reações da paciente, pelos sonhos narrados e pelas lembranças infantis, Freud descobriu que a vida consciente de sua paciente era determinada por uma vida inconsciente, que tanto ela como ele desconheciam. Compreendeu também que, somente interpretando as palavras, os sonhos, as lembranças e os gestos da paciente, chegaria a essa vida inconsciente.

Freud descobriu, finalmente, que os sintomas histéricos de sua paciente tinham três finalidades:

1. contar indiretamente aos outros e a si mesma os sentimentos inconscientes;
2. punir-se por ter tais sentimentos;
3. realizar, pela doença e pelo sofrimento, um desejo inconsciente que sua consciência julgara intolerável.

Tratando de outros pacientes, Freud descobriu que, embora eles, conscientemente, quisessem a cura, algo neles criava uma barreira, uma resistência inconsciente à cura. Por quê? Porque os pacientes sentiam-se interiormente ameaçados por alguma coisa dolorosa e temida, algo que haviam penosamente esquecido e que não suportavam lembrar. Freud descobriu, assim, que o esquecimento consciente operava simultaneamente de duas maneiras:

1. como resistência à terapia;
2. sob a forma da doença psíquica, pois o inconsciente não esquece e obriga o esquecido a reaparecer sob a forma de sintomas que se manifestam com maior intensidade nas doenças psíquicas.

Desenvolvendo em outros pacientes e em si mesmo os estudos dos sintomas, dos esquecimentos, dos sonhos, das lembranças, aplicando nesses estudos a técnica da associação livre e procedimentos para interpretação desses acontecimentos psíquicos, Freud foi criando o que chamou de *análise da vida psíquica*, ou **psicanálise**, cujo objeto central era o estudo do inconsciente e cuja finalidade era a cura das perturbações e doenças mentais (das neuroses), tendo como método a *interpretação* e como instrumento a *linguagem* (tanto a linguagem verbal como a linguagem corporal, falada pelos sintomas e pelos gestos).

A vida psíquica

Durante toda a sua vida, Freud não cessou de reformular a teoria psicanalítica, abandonando alguns conceitos, criando outros, abandonando algumas técnicas terapêuticas e criando outras. Não vamos, aqui, acompanhar a história da formação da psicanálise, mas apresentar algumas de suas principais ideias e inovações.

A vida psíquica é constituída por três instâncias, duas delas inconscientes e apenas uma consciente. Para indicá-las, Freud usou os termos *isso*, *eu* e *super-eu*, que costumam aparecer em termos vindos do latim — o *id*, o *ego* e o *superego*. O id é a instância inteiramente inconsciente; o ego, a instância consciente; o superego possui aspectos inconscientes e aspectos conscientes.

O id é formado por instintos, impulsos orgânicos e desejos inconscientes, ou seja, pelo que Freud designa como *pulsões*. Estas são regidas pelo *princípio do prazer*, que exige satisfação imediata. O id é a energia dos instintos e dos desejos em busca da realização desse princípio do prazer. Freud descobriu que instintos, impulsos e desejos inconscientes, em suma, as pulsões, são de natureza sexual e por isso empregou um termo também vindo do latim para referir-se a elas: *libido* (que, em latim, significa "lascívia", "luxúria", "desejo sexual violento"). O id é o reservatório primitivo da energia psíquica ou o reservatório da libido. Freud descobriu também que a sexualidade não se reduz ao ato sexual genital, mas envolve todos os desejos que pedem satisfação e que podem ser satisfeitos em qualquer parte de nosso corpo ou na totalidade dele.

Para escândalo da sociedade europeia do final do século XIX e início do XX, Freud introduziu a ideia de *sexualidade infantil* e assinalou três fases dessa sexualidade, que se diferenciam pelos órgãos que sentem prazer e pelos objetos ou seres que dão prazer. Essas fases se dão entre os primeiros meses de vida e os 5 ou 6 anos, ligadas ao desenvolvimento do id: a *fase oral*, quando o desejo e o prazer localizam-se primordialmente na boca e na ingestão de alimentos, e o seio materno é o objeto de prazer (ou seus substitutos, como a mamadeira, a chupeta, os dedos); a *fase anal*, quando o desejo e o prazer localizam-se primordialmente nas excreções, e os objetos de prazer são brincar com massas e com tintas, amassar barro ou argila, comer coisas cremosas, sujar-se; e a *fase fálica*, quando o desejo e o prazer localizam-se primordialmente no órgão genital masculino, o falo ou pênis, pois a criança, menino ou menina, só reconhece esse órgão sexual. Nessa fase, para os meninos, a mãe é o objeto do desejo e do prazer; para as meninas, o pai.

É nessa terceira fase que surge, no centro do id, determinando toda a vida psíquica, o que Freud denominou de *complexo nuclear das neuroses* ou *complexo de Édipo*.

O termo "complexo" é empregado por Freud para indicar que se trata de um conjunto de várias pulsões nas quais se exprime o mesmo desejo, isto é, o desejo incestuoso pela mãe ou pelo pai. É esse o desejo fundamental que organiza a totalidade da vida psíquica e determina o sentido de nossa vida, pois tudo dependerá de como a criança conseguirá ou não superar esse complexo. É esse complexo que determina também o sentimento da *ameaça da castração* ou o surgimento de um outro complexo, conhecido como *complexo de castração*, no qual a criança teme perder o falo (pois as meninas também imaginam que o possuem) como punição de seu desejo incestuoso.

O superego é a censura das pulsões, que a sociedade e a cultura impõem ao id, impedindo-o de satisfazer plenamente seus instintos e desejos. É a repressão, particularmente a repressão sexual. Manifesta-se à consciência indiretamente, sob a forma da moral, como um conjunto de interdições e de deveres, e por meio da educação, pela produção da imagem do

Complexo de Édipo: no capítulo anterior, no tópico sobre o pensamento mítico, há uma nota sobre o mito de Édipo. Esse mito foi transformado pelo poeta grego Sófocles numa das tragédias mais importantes e impressionantes da cultura ocidental, *Édipo Rei*.

"eu ideal", isto é, da pessoa moral, boa e virtuosa. Como consciência moral, o superego apresenta aspectos conscientes; como atividade de repressão, suas operações são inconscientes. Ele se desenvolve num período que Freud designa como *período de latência*, situado entre os 6 ou 7 anos e o início da puberdade ou adolescência. Nesse período, forma-se nossa personalidade moral e social, de maneira que, quando a sexualidade genital propriamente dita surge, é obrigada a seguir o caminho traçado pelo superego.

O ego ou o eu é a consciência, pequena parte da vida psíquica, submetida aos desejos do id e à observação, censura e repressão do superego. Obedece ao *princípio da realidade*, ou seja, à necessidade de encontrar objetos que possam satisfazer ao id sem transgredir as exigências do superego.

Num ensaio intitulado "O ego e o id", Freud escreve que o ego é "um pobre coitado", espremido entre três escravidões ou por três senhores: os desejos insaciáveis do id, a severidade repressiva do superego e os perigos do mundo exterior. Por esse motivo, a forma fundamental da existência para o ego é a *angústia*. Se se submeter ao id, torna-se imoral e destrutivo; se se submeter ao superego, enlouquece de desespero, pois viverá numa insatisfação insuportável; se não se submeter à realidade do mundo, será destruído por ele. Cabe ao ego encontrar caminhos para a angústia existencial. Estamos divididos entre o princípio do prazer (que não conhece limites) e o princípio da realidade (que nos impõe limites externos e internos).

Ao ego-eu, ou seja, à consciência, é dada uma função dupla: ao mesmo tempo *recalcar* o id, satisfazendo o superego, e *satisfazer* o id, limitando o poderio do superego. A vida consciente normal é o equilíbrio encontrado pela consciência para realizar sua dupla função. As neuroses indicam as dificuldades da realização desse equilíbrio e as psicoses (ou a loucura) exprimem a incapacidade do ego para realizar sua dupla função, seja porque o id ou o superego são excessivamente fortes, seja porque o ego é excessivamente fraco.

O inconsciente está impedido de manifestar-se diretamente à consciência, mas consegue fazê-lo indiretamente. A maneira mais eficaz para a manifestação é a substituição, isto é, o inconsciente oferece à consciência um substituto aceitável por ela e por meio do qual ela pode satisfazer o id ou o superego. Os substitutos são imagens (isto é, representações analógicas dos objetos do desejo) e formam o *imaginário psíquico*, que, ao ocultar e dissimular o verdadeiro desejo, o satisfaz indiretamente por meio de objetos substitutos (a chupeta e o dedo, para o seio materno; as tintas e a pintura ou argila e a escultura para as fezes; uma pessoa amada no lugar do pai ou da mãe). Além dos substitutos reais (chupeta, argila, pessoa amada), o imaginário inconsciente também oferece outros substitutos — os mais frequentes são os sonhos, os lapsos e os atos falhos. Neles, realizamos desejos inconscientes, de natureza sexual. São a satisfação imaginária do desejo.

Alguém sonha, por exemplo, que sobe uma escada, ou que está mergulhado na água num naufrágio, ou que está no meio do fogo num incêndio. Na realidade, sonhou com uma relação sexual proibida, expressa por meio de imagens substitutivas, no caso, a escada (a ereção do pênis ou do clitóris), a água (o esperma ou os líquidos vaginais) ou o fogo (a ardência do orgasmo). Alguém quer dizer uma palavra, esquece-a ou se engana, comete um lapso e diz uma outra que nos surpreende, pois nada tem a ver com aquela que se queria dizer. Realizou um desejo proibido. Alguém vai andando por uma rua e, sem querer, torce o pé e quebra o objeto que estava carregando. Com esse ato falho realizou um desejo proibido. Ou seja, tanto o sonho como o lapso de linguagem ou de memória e o ato falho indicam que nossa existência não transcorre ao acaso, nem desejamos, pensamos, sentimos ou fazemos coisas ao acaso, mas estamos determinados pelas operações necessárias da libido.

A vida psíquica dá sentido e coloração afetivo-sexual a todos os objetos e a todas as pessoas que nos rodeiam e entre os quais vivemos. Por isso, sem que saibamos por que, desejamos e amamos certas coisas e pessoas, odiamos e tememos outras. As coisas e os outros são investidos por nossa libido com cargas afetivas inconscientes.

É por esse motivo que certas coisas, certos sons, certas cores, certos animais, certas situações nos enchem de pavor, enquanto outros nos enchem de bem-estar, sem que o

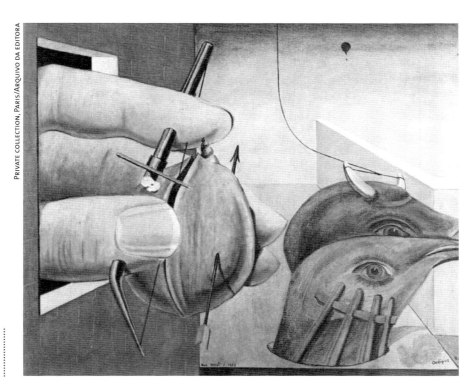

Oedipus Rex, 1922, obra surrealista, óleo sobre tela de Max Ernst.

possamos explicar. A origem das simpatias e antipatias, amores e ódios, medos e prazeres está em nossa mais tenra infância, em geral nos primeiros meses e anos de nossa vida, quando se formam as relações afetivas fundamentais e o complexo de Édipo.

Essa dimensão imaginária de nossa vida psíquica — substituições, sonhos, lapsos de linguagem e de memória, atos falhos, prazer e desprazer com objetos ou pessoas, medo ou bem-estar com objetos ou pessoas — indica que os recursos inconscientes para surgir indiretamente à consciência possuem dois níveis: o nível do *conteúdo manifesto* (escada, mar e incêndio, no sonho; a palavra esquecida e a pronunciada, no lapso; o pé torcido ou o objeto partido, no ato falho; os afetos contrários por coisas e pessoas) e o nível do *conteúdo latente*, que é o conteúdo inconsciente real e oculto (os desejos sexuais).

Nossa vida normal se passa no plano dos conteúdos manifestos e, portanto, no imaginário. Somente uma análise psíquica e psicológica desses conteúdos, por meio de técnicas especiais (trazidas pela psicanálise), nos permite decifrar o conteúdo latente que se dissimula sob o conteúdo manifesto.

Além dos recursos individuais cotidianos que nosso inconsciente usa para manifestar-se, e além dos recursos usados nas neuroses e psicoses (esses recursos são os *sintomas*), existe um outro recurso, de enorme importância para a vida cultural e social, isto é, para a existência coletiva. Trata-se do que Freud designou com o nome de *sublimação*.

Na sublimação, os desejos inconscientes são satisfeitos indiretamente porque são transformados em uma outra coisa, exprimem-se pela criação de alguma coisa estimada, valorizada positivamente: as obras de arte, as ciências, a religião, a filosofia, as técnicas, as ações éticas e políticas. Artistas, místicos, pensadores, escritores, cientistas, líderes políticos satisfazem seus desejos pela sublimação e, portanto, pela realização de obras e pela criação de instituições religiosas, sociais, políticas, etc.

Não devemos confundir o inconsciente descoberto pela psicanálise com a noção, existente na psicologia, de *subconsciente*. O subconsciente é aquele grau da consciência que opera como consciência passiva e consciência vivida não reflexiva, podendo tornar-se plenamente consciente. O inconsciente de que fala a psicanálise, ao contrário, jamais será consciente diretamente, podendo ser captado apenas indiretamente e por meio de técnicas especiais de interpretação, desenvolvidas pela psicanálise.

A psicanálise descobriu, assim, uma poderosa limitação às pretensões da consciência para dominar e controlar a realidade e o conhecimento. Paradoxalmente, porém, nos revelou a capacidade fantástica da razão e do pensamento para ousar atravessar proibições e repressões e buscar a verdade, mesmo que para isso seja preciso desmontar a bela imagem que os seres humanos têm de si mesmos.

Longe de desvalorizar a teoria do conhecimento, a psicanálise exige do pensamento que não faça concessões às ideias estabelecidas, à moral vigente, aos preconceitos e às opiniões de nossa sociedade, mas que os enfrente em nome da própria razão e do pensamento. A consciência é frágil, mas é ela que decide e aceita correr o risco da angústia e o risco de desvendar e decifrar o inconsciente. Aceita e decide enfrentar a angústia para chegar ao conhecimento de que somos um caniço pensante.

caniço pensante: a expressão provém da frase do filósofo Pascal: "O homem não passa de um caniço [*cana delgada e frágil*], o mais fraco da natureza, mas é um caniço pensante." O filósofo quis realçar a potencialidade do homem por trás de sua aparente fragilidade.

A alienação social

Às três feridas narcísicas mencionadas por Freud precisamos acrescentar mais uma: a que nos foi infligida por Marx com a noção de **ideologia**. Para compreendê-la, precisamos primeiro compreender o fenômeno da alienação social.

Marx era filósofo, advogado e historiador e interessou-se por um estudo feito por um outro filósofo, Feuerbach. Este investigara o modo como se formam as religiões, isto é, o modo como os seres humanos sentem necessidade de oferecer uma explicação para a origem e a finalidade do mundo.

Ao buscar essa explicação, explica Feuerbach, os humanos projetam para fora de si um ser superior dotado das qualidades que julgam as melhores: inteligência, vontade livre, bondade, justiça, beleza, mas as fazem existir nesse ser supremo como superlativas, isto é, ele é onisciente e onipotente, sabe tudo, faz tudo, pode tudo. Pouco a pouco, os humanos se esquecem de que foram os criadores desse ser e passam a acreditar no inverso, ou seja, que esse ser foi quem os criou e os governa. Passam a adorá-lo, prestar-lhe culto, temê-lo. Não se reconhecem nesse *outro* que criaram. Em latim, "outro" se diz *alienus*. Quando os homens não se reconhecem num outro que eles mesmos criaram, eles se alienam. Feuerbach designou esse fato com o nome de **alienação**.

Feuerbach (1804–1872), filósofo alemão.

A alienação é o fenômeno pelo qual os homens criam ou produzem alguma coisa, dão independência a essa criatura como se ela existisse por si mesma e em si mesma, deixam-se governar por ela como se ela tivesse poder em si e por si mesma, não se reconhecem na obra que criaram, fazendo-a um *ser-outro*, separado dos homens, superior a eles e com poder sobre eles.

Marx não se interessou apenas pela alienação religiosa, mas investigou sobretudo a alienação social. Interessou-se em compreender as causas pelas quais os homens ignoram que são os criadores da sociedade, da política, da cultura e agentes da história. Interessou-se em compreender por que os humanos acreditam que a sociedade não foi instituída por eles, mas por vontade e obra dos deuses ou pela força cega das leis da natureza, em vez de perceberem que são eles próprios que, em condições históricas determinadas, criam as instituições sociais — família, relações de produção e de trabalho, relações de troca, linguagem oral, linguagem escrita, escola, religião, artes, ciências, filosofia — e as instituições políticas — leis, direitos, deveres, tribunais, Estado, exército, impostos, prisões. A ação sociopolítica e histórica chama-se **práxis**. O desconhecimento da origem e das causas da práxis leva os homens a atribuir a um outro ou a outros (divindades, forças da natureza) aquilo que, na realidade, foi produzido por sua própria ação. Marx denominou esse desconhecimento da própria práxis com a expressão **alienação social**.

Por que há alienação social? Por que os seres humanos não se reconhecem como sujeitos sociais, políticos, históricos, como agentes e criadores da realidade na qual vivem? Por que, além de não se perceberem como sujeitos e agentes, os humanos se submetem às condições sociais, políticas, culturais como se elas tivessem vida própria, poder próprio, vontade própria e os governassem, em lugar de serem controladas e governadas por eles? Para compreender o fenômeno da alienação social, Marx estudou o modo como as sociedades são produzidas historicamente pela práxis dos seres humanos.

Verificou que, historicamente, uma sociedade (pequena, grande, tribal, imperial, não importa) sempre começa por uma divisão e que essa divisão organiza todas as relações sociais que serão instituídas a seguir. Trata-se da **divisão social do trabalho**. Na luta pela sobrevivência, os seres humanos se agrupam para explorar os recursos da natureza e dividem as tarefas: tarefas dos homens adultos, tarefas das mulheres adultas, tarefa dos homens jovens, tarefa das mulheres jovens, tarefa das crianças e dos idosos. A partir dessa divisão, organizam a primeira instituição social: a *família*, na qual o homem adulto, na qualidade de pai, torna-se chefe e domina a mulher adulta, sua esposa e mãe de seus filhos, os quais também são dominados pelo pai.

As famílias trabalham e trocam entre si os produtos do trabalho. Surge uma segunda instituição social: a troca, isto é, o *comércio*. Algumas famílias, usando a força ou a astúcia, conquistam terras melhores do que outras e conseguem colheitas ou gado em maior quantidade que outras, trocando seus produtos por uma quantidade maior que a de outras. Ficam mais ricas. As muito pobres, não tendo conseguido produzir nada ou muito pouco, veem-se obrigadas a trabalhar para as mais ricas em troca de produtos para a sobrevivência. Começa a surgir uma terceira instituição social: o *trabalho servil*, que desembocará na escravidão.

Os mais ricos e poderosos reúnem-se e decidem controlar o conjunto de famílias, distribuindo entre si os poderes e excluindo algumas famílias de todo poder. Começa a surgir uma quarta instituição social: o poder político, de onde virá o *Estado*.

A essa altura, os seres humanos já começaram a explicar a origem e a finalidade do mundo, já elaboraram mitos e ritos. As famílias ricas e poderosas dão a alguns de seus membros autoridade exclusiva para narrar mitos e celebrar ritos. Criam uma outra instituição social: a *religião*, dominada por sacerdotes saídos das famílias poderosas e que, por terem a autoridade para se relacionar com o sagrado, tornam-se temidos e venerados pelo restante da sociedade. São um novo poder social.

Os vários grupos de famílias dirigentes disputam entre si terras, animais e servos e dão início a uma nova instituição social: a *guerra*, com a qual os vencidos se tornam escravos dos vencedores, e o poder econômico, social, militar, religioso e político se concentra ainda mais em poucas mãos.

Com essa descrição, Marx observou que a sociedade nasce pela estruturação de um conjunto de divisões: divisão sexual do trabalho, divisão social do trabalho, divisão social das trocas, divisão social das riquezas, divisão social do poder econômico, divisão social do poder militar, divisão social do poder religioso e divisão social do poder político. Por que *divisão*? Porque em todas as instituições sociais (família, trabalho, comércio, guerra, religião, política) uma parte detém poder, riqueza, bens, armas, ideias e saberes, terras, trabalhadores, poder político, enquanto outra parte não possui nada disso, estando subjugada à outra, rica, poderosa e instruída. Esse conjunto estruturado de divisões torna-se cada vez mais complexo, intricado, numeroso, multiplicando-se em muitas outras divisões, sob a forma de numerosas instituições sociais e que acabam por revelar a estrutura fundamental das sociedades como divisão social das classes sociais.

A esse conjunto (tanto simples quanto complexo) de instituições nascidas da divisão social Marx deu o nome de **condições materiais da vida social e política**. Por que *materiais*? Porque se referem ao conjunto de práticas sociais pelas quais os homens garantem sua sobrevivência por meio do trabalho e da troca dos produtos do trabalho, e que constituem **a economia**.

A variação das condições materiais de uma sociedade constitui a história dessa sociedade, e Marx as designou como **modos de produção**, definidos por ele com base em três fatores principais: a *forma da propriedade* ou os meios de produção, a *divisão social das* *classes* e as *relações sociais de produção* (ou a realização social do trabalho). A história é a mudança, passagem ou transformação de um modo de produção para outro. Tal mudança não se realiza por acaso nem por vontade livre dos seres humanos, mas acontece de acordo com condições econômicas, sociais e culturais já estabelecidas, que podem ser alteradas de uma maneira também determinada, graças à práxis humana diante de tais condições dadas.

O fato de que a mudança de uma sociedade ou a mudança histórica se faça em condições determinadas levou Marx a afirmar que "os homens fazem a história, mas o fazem em condições determinadas", isto é, que não foram escolhidas por eles. Por isso também, ele disse: "os homens fazem a história, mas não sabem que a fazem".

Estamos, aqui, diante de uma situação coletiva muito parecida com a que encontramos no caso de nossa vida psíquica individual. Assim como julgamos que nossa consciência sabe tudo, pode tudo, faz o que pensa e quer, mas, na realidade, está determinada pelo inconsciente e ignora tal determinação, assim também, na existência social, os seres humanos julgam que sabem o que é a sociedade, dizendo que Deus ou a natureza a criaram, instituíram a política e a história, e que os homens são seus instrumentos; ou, então, acreditam que fazem o que fazem e pensam o que pensam porque são indivíduos livres, autônomos e com poder para mudar o curso das coisas como e quando quiserem.

Por exemplo, quando alguém diz que uma pessoa é pobre porque quer, porque é preguiçosa, ou perdulária, ou ignorante, está imaginando que somos o que somos somente por nossa vontade, como se a organização e a estrutura da sociedade, da economia, da política não tivessem nenhum peso sobre nossa vida. A mesma coisa acontece quando alguém diz ser pobre "pela vontade de Deus" e não por causa das condições concretas em que vive. Ou quando faz uma afirmação racista, segundo a qual "a natureza fez alguns superiores e outros inferiores".

A alienação social é o desconhecimento das condições histórico-sociais concretas em que vivemos e que são produzidas pela ação humana também sob o peso de outras condições históricas anteriores e determinadas. Há uma dupla alienação: por um lado, os homens não se reconhecem como agentes e autores da vida social com suas instituições, mas, por outro lado e ao mesmo tempo, julgam-se indivíduos plenamente livres, capazes de mudar a própria vida como e quando quiserem, apesar das instituições sociais e das condições históricas. No primeiro caso, não percebem que *instituem* a sociedade; no segundo caso, ignoram que a sociedade *instituída* determina seus pensamentos e ações.

As três formas da alienação

Podemos falar em três grandes formas de alienação existentes nas sociedades modernas ou capitalistas:

1. A *alienação social*, na qual os humanos não se reconhecem como produtores das instituições sociopolíticas e oscilam entre duas atitudes. Numa delas, aceitam passivamente tudo o que existe, por ser tido como natural ou de origem divina; a sociedade é o outro (*alienus*), algo externo a nós, separado de nós, diferente de nós e com poder total ou nenhum poder sobre nós. Na outra, os humanos se rebelam individualmente contra esse outro social, julgando que, por sua própria vontade e inteligência, podem mais do que a realidade que os condiciona e que ela não tem poder nenhum sobre nós.

2. A *alienação econômica*, na qual os produtores não se reconhecem como produtores nem se reconhecem nos objetos produzidos por seu trabalho. Em nossas sociedades modernas ou capitalistas, a alienação econômica decorre da transformação de seres humanos em coisas, isto é, da transformação de uma classe social — os trabalhadores produtivos — em mercadoria.

    De fato, os trabalhadores, como classe social, estão despojados dos meios de produção, ou seja, a propriedade dos meios de produção pertence, de forma particular, a uma classe social que é a proprietária do capital (donos das terras, das indústrias, do comércio, dos bancos, das escolas, dos hospitais, das frotas de automóveis, de ônibus ou de aviões, etc.), à qual os trabalhadores vendem sua força de trabalho. Vendendo sua força de trabalho no mercado da compra e venda de trabalho, os trabalhadores são mercadorias e, como toda mercadoria, recebem um preço, isto é, o salário. Entretanto, os trabalhadores não percebem que foram reduzidos à condição de coisas que produzem coisas; não percebem que foram *desumanizados* e *coisificados*. Os trabalhos produzem alimentos (pelo cultivo da terra e dos animais), objetos de consumo (pela indústria), instrumentos para a produção de outros trabalhos (máquinas), condições para a realização de outros trabalhos (transporte de matérias-primas, de produtos e de trabalhadores). A mercadoria-trabalhador produz mercadorias. Estas, ao deixarem as fazendas, as usinas, as fábricas, os escritórios e entrarem nas lojas, nas feiras, nos supermercados, nos *shopping centers*, parecem ali estar porque lá foram colocadas (não pensamos no trabalho humano que nelas está cristalizado e não pensamos no trabalho humano realizado para que chegassem até nós) e, como o trabalhador, elas também recebem um preço.

    O trabalhador vai às compras. Olha os preços e sabe que não poderá adquirir quase nada do que está exposto no comércio, mas não lhe passa pela cabeça que foi ele, não enquanto indivíduo, e sim como classe social, quem produziu tudo aquilo com seu trabalho e que não pode ter os produtos porque o preço deles é muito mais alto do que o preço dele, isto é, que o seu salário.

    Apesar disso, o trabalhador pode, cheio de orgulho, mostrar aos outros as coisas que ele fabrica, ou, se comerciário, que ele vende, aceitando não possuí-las, como se isso fosse muito justo e natural. As mercadorias deixam de ser percebidas como produtos do trabalho e passam a ser vistas como bens em si e por si mesmas (como a propaganda as mostra e oferece).

    O trabalhador não se reconhece como produtor das mercadorias, não pode vê-las como cristalização de seu trabalho, de sua ação. Elas lhe aparecem separadas dele, exteriores a ele e podem mais do que ele: são um outro (*alienus*) e não uma expressão da atividade do trabalhador.

3. A *alienação intelectual*, resultante da separação social entre *trabalho material* (que produz mercadorias) e *trabalho intelectual* (que produz ideias). A divisão social entre as duas modalidades de trabalho leva a crer que o trabalho material é uma tarefa que não exige conhecimentos, mas apenas habilidades manuais, enquanto o trabalho intelectual é responsável exclusivamente pelos conhecimentos. Vivendo numa sociedade alienada, os intelectuais também se alienam.

    Por um lado, esquecem ou ignoram que suas ideias estão ligadas a opiniões e pontos de vista da classe a que pertencem, isto é, a classe dominante, e imaginam, ao contrário, que são ideias universais, válidas para todos, em todos os tempos e lugares. Por outro, esquecendo ou ignorando a origem social das ideias e seu próprio trabalho para criá-las, acreditam que as ideias existem em si e por si mesmas, independentemente do sujeito do conhecimento; acreditam que criam a realidade e a controlam, dirigem e dominam. Pouco a pouco, passam a acreditar que as ideias se produzem umas às outras, são causas e efeitos umas das outras e que somos apenas receptáculos ou instrumentos delas. As ideias se tornam separadas de seus autores, externas a eles, transcendentes a eles: tornam-se *um outro*.

    As três grandes formas da alienação (social, econômica e intelectual) têm como causas a propriedade privada dos meios de produção, a divisão social das classes, a exploração econômica e a dominação política de uma classe social por outra (que é a classe dominante da sociedade). Com base no fenômeno da alienação, podemos compreender o fenômeno da ideologia.

A ideologia

A alienação social se exprime numa "teoria" do conhecimento espontânea, formando o *senso comum* da sociedade. Por seu intermédio, são imaginadas explicações e justificativas para a realidade tal como é diretamente percebida e vivida.

Um exemplo desse senso comum aparece no caso da "explicação" da pobreza, segundo a qual o pobre é pobre por sua própria culpa (preguiça, ignorância) ou por vontade divina ou por inferioridade natural. Esse senso comum social, na verdade, é o resultado de uma elaboração intelectual sobre a realidade, feita pelos pensadores ou intelectuais da sociedade — sacerdotes, filósofos, cientistas, professores, escritores, jornalistas, artistas —, que descrevem e explicam o mundo do ponto de vista da classe dominante de sua sociedade.

A função principal da ideologia é ocultar e dissimular as divisões sociais e políticas, dando-lhes a aparência de indivisão social e de diferenças naturais entre os seres humanos. *Indivisão*: apesar da divisão social das classes, somos levados a crer que somos todos iguais porque participamos da ideia de "humanidade", ou da ideia de "nação" e "pátria", ou da ideia de "raça", etc. *Diferenças naturais*: somos levados a crer que as desigualdades sociais, econômicas e políticas não são produzidas pela divisão social das classes, mas por diferenças individuais dos talentos e das capacidades, da inteligência, da força de vontade maior ou menor, etc.

A produção ideológica da ilusão social tem como finalidade fazer com que todas as classes sociais aceitem as condições em que vivem, julgando-as naturais, normais, corretas, justas, sem pretender transformá-las ou conhecê-las realmente, sem levar em conta que há uma contradição profunda entre as condições reais em que vivemos e as ideais.

Por exemplo, a ideologia afirma que somos todos cidadãos e, portanto, temos todos os mesmos direitos sociais, econômicos, políticos e culturais. No entanto, sabemos que isso não acontece de fato: as crianças de rua não têm direitos; os idosos não têm direitos; os direitos culturais das crianças nas escolas públicas são inferiores aos das crianças que estão em escolas particulares, pois o ensino não é de mesma qualidade em ambas; os negros e índios são discriminados como inferiores; os homossexuais são perseguidos como pervertidos, etc.

Interior da loja Villa Daslu, em São Paulo. Na loja, as mercadorias de grife destinam-se aos consumidores que têm poder aquisitivo para comprá-las. O trabalhador que as produz não pode adquiri-las.

A maioria, porém, acredita que o fato de ser eleitor, pagar as dívidas e contribuir com os impostos já nos faz cidadãos, sem considerar as condições concretas que fazem alguns serem mais cidadãos do que outros. A função da ideologia é impedir-nos de pensar nessas coisas.

Os procedimentos da ideologia

Como procede a ideologia para obter esse fantástico resultado? Em primeiro lugar, opera por *inversão*, isto é, coloca os efeitos no lugar das causas e transforma estas últimas em efeitos. Ela opera como o inconsciente: este fabrica imagens e sintomas; aquela fabrica ideias e falsas causalidades.

Por exemplo, o senso comum social afirma que a mulher é um ser frágil, sensitivo, intuitivo, feito para as doçuras do lar e da maternidade e que, por isso, foi destinada, por natureza, para a vida doméstica, o cuidado do marido e da família. Assim, o "ser feminino" é colocado como causa da "função social feminina".

Ora, historicamente, o que ocorreu foi exatamente o contrário: na divisão sexual-social do trabalho e na divisão dos poderes no interior da família, atribuiu-se à mulher um lugar levando-se em conta o lugar masculino; como este era o lugar do domínio, da autoridade e do poder, deu-se à mulher o lugar subordinado e auxiliar, a função complementar e, visto que o número de braços para o trabalho e para a guerra aumentava o poderio do chefe da família e chefe militar, a função reprodutora da mulher tornou-se imprescindível, trazendo como consequência sua designação prioritária para a maternidade.

Estabelecidas essas condições sociais, era preciso persuadir as mulheres de que seu lugar e sua função não provinham do modo de organização social, mas da natureza, e eram excelentes e desejáveis. Para isso, montou-se a ideologia do "ser feminino" e da "função feminina" como naturais e não como históricas e sociais. Como se observa, uma vez implantada uma ideologia, passamos a tomar os efeitos pelas causas.

A segunda maneira de operar da ideologia é a produção do *imaginário social*, por meio da imaginação reprodutora. Recolhendo as imagens diretas e imediatas da experiência social (isto é, do modo como vivemos as relações sociais), a ideologia as reproduz, mas transformando-as num conjunto coerente, lógico e sistemático de ideias que funcionam em dois registros: como representações da realidade (sistema explicativo ou teórico) e como normas e regras de conduta e comportamento (sistema prescritivo de normas e valores). Representações, normas e valores formam um tecido de imagens que explicam toda a realidade e prescrevem para toda a sociedade o que ela deve e como deve pensar, falar, sentir e agir. A ideologia assegura, a todos, modos de entender a realidade e de se comportar nela ou diante dela, eliminando dúvidas, ansiedades, angústias, admirações, ocultando as contradições da vida social, bem como as contradições entre esta e as ideias que supostamente a explicam e controlam.

Enfim, uma terceira maneira de operação da ideologia é o *uso do silêncio*. Um imaginário social se parece com uma frase na qual nem tudo é dito, nem pode ser dito, porque, se tudo fosse dito, a frase perderia a coerência, tornar-se-ia incoerente e contraditória, e ninguém acreditaria nela. A coerência e a unidade do imaginário social ou ideologia vêm, portanto, do que é silenciado.

Por exemplo, a ideologia afirma que o adultério feminino é crime (tanto assim que homens que matam a esposa e o amante dela são considerados inocentes porque praticaram um ato "em nome da honra"), que a virgindade feminina é preciosa e que o homossexualismo é uma perversão e uma doença grave (tão grave que, para alguns, Deus resolveu punir os homossexuais enviando a peste, isto é, a Aids).

O que está sendo silenciado pela ideologia? Os motivos pelos quais, em nossa sociedade, o vínculo entre sexo e procriação é tão importante (coisa que não acontece em todas as sociedades, mas apenas em algumas, como a nossa). Nossa sociedade exige a procriação legítima e legal — a que se realiza pelos laços do casamento —, porque ela garante, para a classe dominante, a transmissão do capital aos herdeiros. Assim sendo, o adultério feminino e a perda da virgindade são perigosos para o capital e para a transmissão legal da riqueza; por isso, o primeiro se torna crime e a segunda é valorizada como virtude suprema das mulheres jovens.

Em nossa sociedade, a reprodução da força de trabalho se faz pelo aumento do número de trabalhadores e, portanto, a procriação é considerada fundamental para o aumento do capital, que precisa da mão de obra. Por esse motivo, toda sexualidade que não se realizar com finalidade reprodutiva será considerada anormal, perversa e doentia, donde a condenação do homossexualismo.

A ideologia perderia sua força e coerência se evidenciasse essas coisas e por isso as silencia.

Ideologia e inconsciente

A ideologia se assemelha a alguns aspectos do inconsciente psicanalítico. Há, pelo menos, três semelhanças principais entre eles:

1. o fato de que adotamos crenças, opiniões, ideias sem saber de onde vieram, sem pensar em suas causas e motivos, sem avaliar se são ou não coerentes e verdadeiras;

2. ideologia e inconsciente operam através do imaginário (as representações e regras saídas da experiência imediata) e do silêncio, realizando-se indiretamente perante a consciência. Falamos, agimos, pensamos, temos comportamentos e práticas que nos parecem perfeitamente naturais e racionais porque a sociedade os repete, os aceita, os incute em nós pela família, pela escola, pelos livros, pelos meios de comunicação, pelas relações de trabalho, pelas práticas políticas. Um véu de imagens estabelecidas interpõe-se entre nossa consciência e a realidade;

3. inconsciente e ideologia não são deliberações voluntárias. O inconsciente *precisa* de imagens, substitutos, sonhos, lapsos, atos falhos, sintomas, sublimações para manifestar-se e, ao mesmo tempo, esconder-se da consciência. A ideologia *precisa* das ideias-imagens, da inversão de causas e efeitos, do silêncio para manifestar os interesses da classe dominante e escondê-los como interesses de uma única classe social.

Erguendo o véu, tirando a máscara

Diante do poder do inconsciente e da ideologia, poderíamos ser levados a "entregar os pontos", dizendo: "Para que tanto esforço na teoria do conhecimento, se, afinal, tudo é ilusão, véu e máscara?", "Para que compreender a atividade da consciência, se ela é a 'pobre coitada', espremida entre o id e o superego, esmagada entre a classe dominante e os ideólogos?".

Todavia, uma pergunta também é possível: "Como, sendo a consciência tão frágil, o inconsciente e a ideologia tão poderosos, Freud e Marx chegaram a conhecê-los, explicar seus modos de funcionamento e suas finalidades?".

No caso de Freud, foram a prática médica e a busca de uma técnica terapêutica para indivíduos que permitiram a descoberta do inconsciente e o trabalho teórico que deu origem à psicanálise. No caso de Marx, foi a decisão de compreender a realidade a partir da prática política de uma classe social (os trabalhadores) que permitiu a percepção dos mecanismos de dominação e exploração sociais, de onde surgiu a formulação teórica da ideologia.

A busca da cura dos sofrimentos psíquicos, em Freud, e a luta pela emancipação dos explorados, em Marx, criaram condições para uma tomada de consciência pela qual o sujeito do conhecimento pôde recomeçar a crítica das ilusões e dos preconceitos que iniciara desde a Grécia, mas, agora, como crítica de suas próprias ilusões e preconceitos.

Em lugar de invalidar a razão, a reflexão, o pensamento e a busca da verdade, as descobertas do inconsciente e da ideologia fizeram o sujeito do conhecimento perceber as condições — psíquicas, sociais, históricas — nas quais o conhecimento e o pensamento se realizam.

QUESTÕES

CAPÍTULO 1
A preocupação com o conhecimento

1. Que quer dizer cosmologia? E ontologia?
2. Em que Heráclito e Parmênides discordam? Em que concordam?
3. Como Demócrito explica a diferença entre percepção e pensamento?
4. Qual a posição dos sofistas a respeito do conhecimento?
5. Por que Sócrates se opõe aos sofistas?
6. O que são a ironia e a maiêutica socráticas?
7. Quais os graus de conhecimento para Platão?
8. Segundo Platão, o que conhecemos em cada grau do conhecimento?
9. Explique a distinção platônica entre conhecimento sensível e conhecimento inteligível.
10. Quais os graus do conhecimento para Aristóteles?
11. Segundo Aristóteles, o que conhecemos em cada grau do conhecimento? Como se distinguem e se relacionam os graus do conhecimento?
12. Segundo Aristóteles, o que conhecemos por intuição intelectual?
13. Apresente alguns dos princípios gerais sobre o conhecimento formulados pelo pensamento grego.
14. Quais os três principais campos do saber formulados por Aristóteles?
15. Como o cristianismo concebe os seres humanos?
16. Que problemas novos para o conhecimento foram trazidos pelo cristianismo?
17. Por que a fé assumiu um lugar tão importante para o conhecimento verdadeiro?
18. Explique a diferença entre verdades de fé e verdades de razão.
19. Explique o que o cristianismo entende por pessoa e as consequências dessa ideia para o conhecimento.
20. Por que a pergunta grega sobre o conhecimento era "como são possíveis o erro e a ilusão"?
21. Por que a pergunta moderna sobre o conhecimento é "como o conhecimento verdadeiro é possível"?
22. Por que a autoridade tinha papel preponderante na concepção medieval da verdade?
23. Que fizeram os filósofos modernos diante do papel da autoridade no conhecimento?
24. Por que os filósofos modernos começam pela teoria do conhecimento?
25. Segundo Francis Bacon, quais são e o que são os ídolos?
26. Para Bacon, quais as principais finalidades do método?
27. Segundo Descartes, quais os dois principais preconceitos que impedem o conhecimento verdadeiro?
28. Por que Descartes julga o método necessário?
29. O que Descartes entende por método? Quais as três características principais das regras do método?
30. Quais os objetivos do método cartesiano?
31. Quais são as regras do método cartesiano?
32. Que é a dúvida metódica?
33. Qual a diferença entre o pensamento de Descartes e o pensamento de Locke?
34. Qual a diferença entre o pensamento de Locke e o pensamento de Aristóteles?
35. Como Locke explica a formação das ideias?
36. Por que Locke é um empirista?
37. Por que Locke é um nominalista?
38. Qual a diferença principal entre empirismo e racionalismo?
39. O que é a consciência de si reflexiva ou o sujeito do conhecimento.
40. O que é a consciência de si como consciência psicológica?
41. Qual a diferença entre o sujeito do conhecimento e o eu psicológico?
42. O que é a consciência de si moral ou ética?
43. O que é a consciência de si política?
44. Quais são os graus da consciência?
45. Dê exemplos dos diferentes graus de consciência.
46. De acordo com a fenomenologia, o que é a intencionalidade da consciência?

CAPÍTULO 2
A percepção

1. Que é a sensação?
2. Por que a sensação é ambígua?
3. Por que se diz que a percepção é a síntese de muitas sensações simultâneas?
4. Como os empiristas explicam a sensação?
5. Como os intelectualistas explicam a sensação?
6. Quais as críticas que a psicologia da forma e a fenomenologia fizeram a empiristas e intelectualistas no tocante à sensação e à percepção?
7. Como a *gestalt* e a fenomenologia explicam a sensação e a percepção?
8. Quais as principais características da percepção?
9. Escolha algumas das características da percepção e explique-as.
10. Que significa dizer que "há um 'mundo percebido', que temos ideias sensíveis ou significações perceptivas"?
11. Do ponto de vista da teoria do conhecimento, quais são as principais teorias sobre a percepção?
12. Qual a diferença entre percepção e pensamento?

CAPÍTULO 3
A imaginação

1. Como os empiristas concebem a imaginação?
2. Como os intelectualistas concebem a imaginação?
3. Por que, na tradição filosófica, a imaginação era considerada uma percepção enfraquecida? Mencione alguns problemas que essa concepção não podia resolver.
4. Como a fenomenologia concebe a imaginação?
5. Que significa dizer que a imaginação difere da percepção porque a imaginação não observa e o imaginado não é observável?
6. Que significa dizer que a imaginação difere da percepção porque a imagem é um análogo do ausente?
7. Explique e exemplifique a capacidade irrealizadora da imaginação.
8. Qual a diferença entre sonho, arte e loucura?
9. Quais são os tipos ou modalidades de imaginação?
10. Escolha três modalidades de imaginação e explique-as.
11. Qual o papel da imaginação para o conhecimento?

CAPÍTULO 4
A linguagem

1. Exponha as ideias de alguns filósofos sobre a importância da linguagem.
2. Por que Platão se refere à linguagem como *phármakon*?
3. Qual o significado do mito bíblico da Torre de Babel?
4. Que significa dizer que o mito manifesta a força realizadora da linguagem?
5. Que significa dizer que a linguagem tem um poder encantatório? Como esse poder se manifesta?
6. Que são palavras tabus? Dê alguns exemplos.
7. Por que no direito antigo aparecia o poder mágico-religioso da linguagem?
8. Que quer dizer *lógos*?
9. Explique a distinção entre linguagem e línguas.
10. Quais as principais respostas para a pergunta sobre a origem da linguagem?
11. O que é a linguagem?
12. Explique por que a linguagem é um sistema.
13. Explique o que são os signos.
14. Explique as funções denotativa, conotativa e comunicativa da linguagem.
15. Como o empirista explica a linguagem?
16. Por que os distúrbios de linguagem foram importantes para os empiristas?
17. Como os intelectualistas explicam a linguagem?
18. Por que o caso de Helen Keller foi importante para os intelectualistas?
19. Quais os pontos comuns nas concepções de linguagem de empiristas e intelectualistas? Como essas concepções consideram o aspecto conotativo da linguagem?
20. Em que se baseava o positivismo lógico para propor uma purificação da linguagem?
21. Que significa dizer que o positivismo lógico dava ênfase à sintaxe lógica?
22. Quais as limitações e os equívocos do positivismo lógico?
23. Quais as principais ideias da linguística?
24. Escolha três ideias da linguística e explique-as.
25. Explique o que é um signo linguístico ou verbal.
26. O que era a concepção binária do signo ou da linguagem?
27. Qual o papel do sentido e das significações para se passar de uma concepção binária da linguagem à concepção ternária, na qual se compreende que há uma inter-relação contínua entre palavras, realidade e pensamentos?
28. Considerando a forma ternária da linguagem, como podemos concebê-la?
29. Quais os quatro fatores que constituem a linguagem?
30. Escolha dois desses fatores e explique-os.

CAPÍTULO 5
O pensamento

1. Cite alguns exemplos dos vários sentidos que damos às palavras *pensamento* e *pensar* em nossa vida cotidiana.
2. Quais os principais sentidos que os dicionários dão para as palavras *pensar* e *pensamento*?
3. Que significam os verbos *pensare*, *cogitare* e *intelligere*? Quando reunimos seus sentidos, que significa "pensamento"?
4. Como a psicologia concebe a inteligência?
5. Quais as diferenças entre instinto e hábito?
6. Quais as semelhanças entre instinto e hábito?
7. Como e por que a inteligência difere do instinto e do hábito?
8. Que é a inteligência prática ou instrumental?
9. Como podemos definir a inteligência enquanto atividade mental e de linguagem? Que queremos dizer ao falarmos em "conhecimento inteligente"?
10. Explique por que o pensamento vai mais longe do que a inteligência.
11. Que é um conceito ou ideia?
12. Que são os juízos?
13. Quando os juízos constituem uma teoria?
14. Que é uma teoria? De onde ela nasce?
15. Quais as principais finalidades do método para o conhecimento? Por que se diz que ele tem um papel regulador?
16. Explique o que são método dedutivo, método indutivo e método de compreensão e interpretação.
17. Por que o método nas ciências exatas também é chamado de axiomático?

18. Por que o método nas ciências naturais também é chamado de experimental e hipotético?
19. Por que o método nas ciências humanas também é chamado de compreensivo-interpretativo?
20. Quais os traços comuns aos diferentes métodos filosóficos?
21. Como a neurologia, a anatomia e a fisiologia do cérebro humano o descrevem? Quais as consequências dessa descrição para distinguirmos indivíduos e culturas pelo tipo de pensamento que desenvolvem?
22. Segundo Lévi-Strauss, quais são as três principais características ou funções do mito?
23. Escolha um mito e mostre como ele explica uma realidade.
24. Explique por que o mito é uma rede de metáforas e de símbolos que precisam ser decifrados ou interpretados.

CAPÍTULO 6
A consciência pode conhecer tudo?

1. Segundo Freud, quais são as três feridas narcísicas que o pensamento ocidental impôs aos seres humanos?
2. O que é isso que Freud chamou de psicanálise?
3. Como Freud chegou ao conceito de inconsciente?
4. Como Freud descreve a estrutura e o funcionamento da vida psíquica?
5. Quais as fases da sexualidade infantil, segundo Freud?
6. Por que o complexo de Édipo é o complexo nuclear das neuroses? Quando esse complexo se desenvolve?
7. Por que, segundo Freud, o ego ou a consciência é um "pobre coitado"?
8. Qual a diferença entre conteúdo manifesto e conteúdo latente de nossos atos, gestos, palavras, sonhos?
9. Como opera o inconsciente (id e superego)? Qual a função dos sonhos, dos sintomas e da sublimação?
10. Diante do poder do inconsciente, Freud defendeu a força do pensamento. Por quê?
11. O que é alienação religiosa? E alienação em geral?
12. Qual o interesse de Marx pela alienação social?
13. Como Marx explica a origem da alienação social com base na descrição do surgimento das instituições sociais e políticas fundadas na divisão das classes sociais?
14. Por que a afirmação "os homens fazem a história, mas não sabem que a fazem" assinala a existência de uma dupla alienação social?
15. Quais são as três formas da alienação no modo de produção capitalista?
16. O que é ideologia? Como ela surge?
17. Qual a principal função da ideologia? Qual sua principal finalidade?
18. Explique como inversão, imaginário social e silêncio são os principais procedimentos para a operação da ideologia.
19. Quais as semelhanças entre a ideologia e o inconsciente descoberto pela psicanálise?
20. As descobertas de Marx e Freud invalidam o trabalho consciente do pensamento?

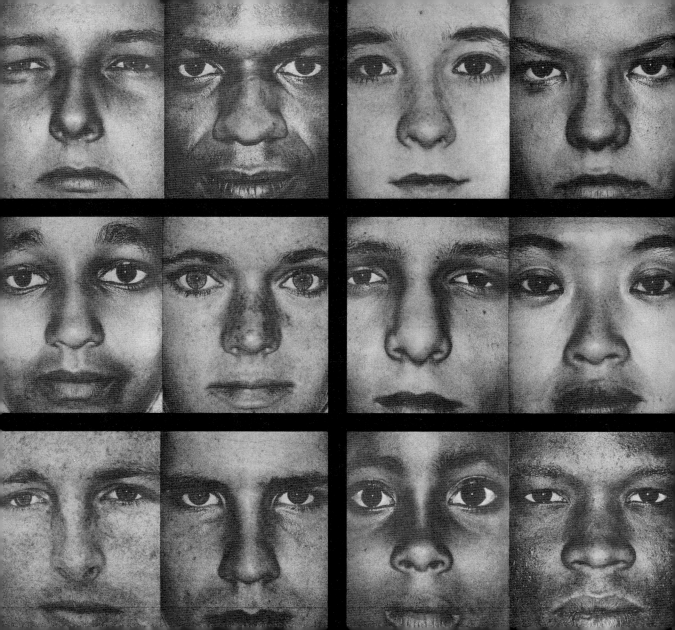

UNIDADE 6

A metafísica

Introdução   As indagações metafísicas
Capítulo 1   O nascimento da metafísica
Capítulo 2   A metafísica de Aristóteles
Capítulo 3   As aventuras da metafísica
Capítulo 4   A ontologia contemporânea
Capítulo 5   A filosofia pós-metafísica

Não somos uma consciência reflexiva pura, mas uma consciência encarnada num corpo. Nosso corpo não é apenas uma coisa natural, tal como a física, a biologia e a psicologia o estudam, mas é um corpo humano, isto é, habitado e animado por uma consciência. Não somos pensamento puro, pois somos um corpo. Não somos uma coisa natural, pois somos uma consciência. O mundo não é um conjunto de coisas e fatos estudados pelas ciências segundo relações de causa e efeito e leis naturais. Além do mundo como conjunto racional de fatos científicos, há o mundo como lugar onde vivemos com os outros e rodeados pelas coisas, um mundo qualitativo de cores, sons, odores, figuras, fisionomias, obstáculos, um mundo afetivo de pessoas, lugares, lembranças, promessas, esperanças, conflitos, lutas. Somos seres temporais — nascemos e temos consciência da morte. Somos seres intersubjetivos — vivemos na companhia dos outros. Somos seres culturais — criamos a linguagem, o trabalho, a sociedade, a religião, a política, a ética, as artes e as técnicas, a filosofia e as ciências.

Em 1970, o fotógrafo japonês Ken Ohara, radicado nos Estados Unidos, publicou o livro *One* (*Um*). Além do título, não há nenhum outro texto ao longo de suas 500 páginas, apenas fotos em branco e preto de rostos enquadrados sempre da mesma maneira, deixando visíveis exclusivamente os olhos, o nariz e a boca. Aqui estão reproduzidas as doze primeiras páginas do livro.
Nessa época, o mundo atravessava um momento de ebulição cultural, em que a condição existencial das pessoas estava em xeque. O livro de Ohara traduz essa consciência de um duplo vetor da existência: "um" significa tanto que cada pessoa é única em suas singularidades como também que somos todos iguais, partilhando uma identidade humana comum.

Introdução

As indagações metafísicas

A questão metafísica: "O que é?"

Por que uma coisa pode mudar e, no entanto, conservar sua identidade individual, de tal maneira que podemos dizer que é a *mesma* coisa, ainda que a vejamos diferente do que fora antes? Como sabemos que uma determinada roseira é a mesma que, no ano passado, não passava de um ramo com poucas folhas e sem flor? Como sabemos que Paulo, hoje adulto, é o mesmo Paulo que conhecemos criança?

Por que sinto que sei que sou diferente das coisas? Porém, por que também sinto que sei que um outro corpo, diferente e semelhante ao meu, não é uma coisa, mas um alguém?

Por que eu e o outro podemos ver de modo diferente, sentir e gostar de modo diferente, discordar sobre tantas coisas, fazer coisas diferentes e, no entanto, ambos admitimos, sem sombra de dúvida, que um triângulo, o número 5, o círculo, os arcos do Palácio da Alvorada ou as pirâmides do Egito são exatamente as mesmas coisas para ele e para mim?

O que é uma coisa? E um objeto? O que é a subjetividade? O que é o corpo humano? E uma consciência?

Perguntas como essas constituem o campo da metafísica, ainda que nem sempre as mesmas palavras tenham sido usadas para formulá-las.

Por exemplo, um filósofo grego não falaria em "nada", mas em "Não Ser". Não falaria em "objeto", mas em "ente", pois a palavra *objeto* só foi usada a partir da Idade Média e, no sentido em que a empregamos hoje, só foi usada depois do século XVII.

Também não falaria em "consciência", mas em *psyché*, isto é, em "alma". Jamais falaria em "subjetividade", pois essa palavra, com o sentido que lhe damos hoje, só foi usada a partir do século XVIII. A mudança do vocabulário da filosofia no curso dos séculos indica que mudaram os modos de formular as questões e respondê-las, pois a filosofia está na história e possui uma história. No entanto, sob essas mudanças profundas, permaneceu a questão metafísica fundamental: *O que é?*.

A pergunta pelo que é

A metafísica é a investigação filosófica que gira em torno da pergunta "O que é?". Este "é" possui dois sentidos:

1. significa "existe", de modo que a pergunta se refere à *existência* da realidade e pode ser transcrita como: "O que existe?";

2. significa "natureza própria de alguma coisa", de modo que a pergunta se refere à *essência* da realidade, podendo ser transcrita como: "Qual é a essência daquilo que existe?".

Existência e *essência* da realidade em seus múltiplos aspectos são, assim, os temas principais da metafísica, que investiga os fundamentos, os princípios e as causas de todas as coisas e o Ser íntimo de todas as coisas, indagando por que existem e por que são o que são.

A história da metafísica pode ser dividida em três grandes períodos, o primeiro deles separado dos outros dois pela filosofia de David Hume:

1. período que vai de Platão e Aristóteles (séculos IV e III a.C.) até David Hume (século XVIII d.C.);
2. período que vai de Kant (século XVIII) até a fenomenologia de Husserl (século XX);
3. metafísica ou ontologia contemporânea, a partir dos anos 20 do século XX.

Características da metafísica em seus períodos

No primeiro período, a metafísica possui as seguintes características:

- investiga aquilo que é ou existe, a realidade em si;
- é um conhecimento racional apriorístico, isto é, não se baseia nos dados conhecidos diretamente pela experiência sensível ou sensorial (nos dados empíricos), mas nos puros conceitos formulados pelo pensamento puro ou pelo intelecto;
- é um conhecimento sistemático, isto é, cada conceito depende de outros e se relaciona com outros, formando um sistema coerente de ideias ligadas entre si;
- exige a distinção entre *ser* e *parecer* ou entre *realidade* e *aparência*, seja porque, para alguns filósofos, a aparência é irreal e falsa, seja porque, para certos filósofos, a aparência só pode ser compreendida e explicada pelo conhecimento da realidade que subjaz a ela.

Esse primeiro período da metafísica termina quando Hume explica que os conceitos metafísicos não correspondem a nenhuma realidade externa, existente em si mesma e independente de nós, mas são meros nomes gerais para as coisas, nomes que nos vêm pelo hábito mental ou psíquico de associar em ideias as sensações, as percepções e as impressões dos sentidos, quando são constantes, frequentes e regulares.

O segundo período tem seu centro na filosofia de Kant, que demonstra a impossibilidade dos conceitos tradicionais da metafísica para alcançar e conhecer a realidade em si das coisas. Em seu lugar, Kant propõe que a metafísica seja o conhecimento de nossa própria capacidade de conhecer — seja uma <u>crítica</u> da razão pura teórica —, tomando a realidade como aquilo que existe para nós enquanto somos o sujeito do conhecimento.

A metafísica poderá continuar usando o mesmo vocabulário que usava tradicionalmente, mas o sentido conceitual das palavras mudará totalmente, pois não se referem ao que existe em si e por si, mas ao que existe para nós e é organizado por nossa razão. Embora com muitas diferenças (que veremos mais tarde), Husserl trilhará um caminho próximo ao de Kant.

A metafísica contemporânea é chamada de **ontologia** (veremos posteriormente o sentido dessa palavra) e procura superar tanto a antiga metafísica quanto a concepção kantiana. Considera o objeto da metafísica a relação originária mundo-homem. Suas principais características são:

- investiga os diferentes modos como os entes ou os seres existem;
- investiga a essência ou o sentido (a significação) e a estrutura desses entes ou seres;
- investiga a relação necessária entre a existência e a essência dos entes e o modo como aparecem para nossa consciência, manifestação que se dá nas várias formas em que a consciência se realiza (percepção, imaginação, memória, linguagem, intersubjetividade, reflexão, ação moral e política, prática artística, técnicas);
- alguns consideram que a metafísica ou ontologia contemporânea deveria ser chamada de *descritiva*, porque, em vez de oferecer uma explicação causal da realidade, é uma descrição das estruturas do mundo e do nosso pensamento.

crítica: Kant emprega a palavra *crítica* no sentido que ela possuía em grego: "estudo das condições da possibilidade de alguma coisa". No caso, estudo das condições de possibilidade de conhecimento verdadeiro. É a análise da estrutura da razão humana como atividade teórica de conhecimento. Veja-se o capítulo 4 da Unidade 2, em que a posição kantiana é examinada.

| UNIDADE 6 | A metafísica

CAPÍTULO 1
O nascimento da metafísica

O realismo da filosofia nascente

Estudamos até aqui a figura do *sujeito* do conhecimento. Passaremos, agora, ao *objeto* do conhecimento. Convém, no entanto, fazer uma observação preliminar, pois essa sequência, indo do sujeito ao objeto, nem sempre foi aquela seguida pela filosofia.

A incerteza do poeta, 1913, uma das pinturas metafísicas de Giorgio De Chirico que, pela perspectiva exagerada, evocam um mundo irreal.

A maneira como tratamos o conhecimento até este momento poderia sugerir que a filosofia teria começado indagando como nossa razão pode conhecer a realidade.

Mas não foi assim que tudo começou. Como vimos na Unidade 4, embora a filosofia sempre tenha tratado dos problemas do conhecimento verdadeiro, iniciar a atividade filosófica partindo do sujeito do conhecimento foi algo novo que aconteceu a partir do século XVII, com o racionalismo clássico ou racionalismo moderno, cujo ponto de partida era a indagação: "Pode nosso pensamento conhecer a realidade?". Até o século XVII, porém, não era assim que se formulava a indagação filosófica. A questão filosófica era: "O que é a realidade que nosso pensamento conhece?".

Desde os gregos, partia-se da afirmação da existência da realidade e de que ela poderia ser conhecida verdadeiramente pela razão ou pelo pensamento. A pergunta filosófica indagava, portanto, o que era essa realidade que nossa razão pode conhecer. Porque a pergunta inicial tinha como pressuposto a existência da realidade exterior ao pensamento, costuma-se dizer que a filosofia nasceu como um *realismo* e desse realismo surgiu a metafísica.

Da cosmologia à metafísica

A filosofia nasce da admiração e do espanto, dizem Platão e Aristóteles. Admiração: "Por que o mundo existe?". Espanto: "Por que o mundo é tal como é?".

Desde seu nascimento, a filosofia perguntou: "O que existe?", "Por que existe?", "O que *é isso* que existe?", "Como *é* isso que existe?", "Por que e como surge, muda e desaparece?", "Por que a natureza ou o mundo se mantêm ordenados e constantes, apesar da mudança contínua de todas as coisas?".

Como vimos na Unidade 1, essas perguntas — ou esse espanto ou admiração diante do mundo — levaram os primeiros filósofos a buscar uma explicação racional para a origem de um mundo ordenado, o *cosmo*. Por esse motivo, a filosofia nasce como **cosmologia**. A busca do princípio que causa e ordena tudo quanto existe na natureza (minerais, vegetais, animais, humanos, astros, qualidades como úmido, seco, quente, frio) e tudo quanto nela acontece (dia e noite, estações do ano, nascimento, transformação e morte, crescimento e diminuição, saúde e doença, bem e mal, belo e feio, etc.) foi a busca de uma força natural perene e imortal, subjacente às mudanças, denominada pelos primeiros filósofos com o nome de *physis*. A cosmologia era uma explicação racional sobre a *physis* e, portanto, uma *física*, ou, como a chamava Aristóteles, uma *fisiologia*, isto é, o estudo da *physis*.

Como, então, surgiu a metafísica? Como surgiu um saber que suplantou a cosmologia ou física dos primeiros filósofos? Como e por que a metafísica acabou tornando-se o centro e a disciplina mais importante da filosofia?

Metafísica ou ontologia?

A palavra *metafísica* não foi empregada pelos filósofos gregos. Foi usada pela primeira vez por Andrônico de Rodes, por volta do ano 50 a.C., quando recolheu e classificou as obras de Aristóteles que, durante muitos séculos, haviam ficado dispersas e perdidas. Com essa sentença — *tà meta tà physica* —, o organizador dos textos aristotélicos indicava um conjunto de escritos que, em sua classificação, localizavam-se após os tratados sobre a física ou sobre a natureza, pois a palavra grega *meta* quer dizer "depois de", "após", "acima de".

Tà: "aqueles"; *meta*: "após, depois"; *tà physica*: "aqueles da física". Assim, a expressão *tà meta tà physica* significa literalmente "aqueles [escritos] que estão [catalogados] após os [escritos] da física".

Ora, os escritos que Andrônico de Rodes pospôs aos escritos de física haviam recebido uma designação por parte do próprio Aristóteles quando este definira o assunto de que tratavam: são os escritos da *Filosofia Primeira*, cujo tema é o estudo do "Ser enquanto Ser". Desse modo, o que Aristóteles chamou de Filosofia Primeira passou a ser designado como **metafísica**.

No século XVII, o filósofo alemão Jacobus Thomasius considerou que a palavra correta para designar os estudos da metafísica ou Filosofia Primeira seria a palavra *ontologia*. Essa palavra é composta de duas outras: *onto* e *logia*. *Onto* deriva de dois substantivos

Jacobus Thomasius
(1622–1684)

gregos, *tà onta* ("os bens e as coisas realmente possuídas por alguém"; e "as coisas realmente existentes"). *Tà onta* deriva do verbo *ser*, que, em grego, se diz *einai*. O particípio presente desse verbo se diz *on* ("sendo", "ente"). Dessa maneira, as palavras *tà onta* ("as coisas") e *on* ("ente") levaram a um substantivo: *tò on*, que significa "o Ser". O Ser é o que *é* realmente e se opõe ao que *parece ser*, à aparência. Assim, *ontologia* significa "estudo ou conhecimento do Ser, dos entes ou das coisas tais como são em si mesmas, real e verdadeiramente, correspondendo ao que Aristóteles chamara de Filosofia Primeira, isto é, o estudo do Ser enquanto Ser".

Por que Thomasius julgou a palavra *ontologia* mais adequada do que a palavra *metafísica*? Para responder a essa pergunta, devemos retomar o que escreveu Aristóteles quando propôs a Filosofia Primeira.

Ao definir a Filosofia Primeira, Aristóteles afirmou que ela estuda o Ser das coisas, a *ousía*. A palavra *ousía* é o feminino do particípio presente do verbo *ser*, isto é, do verbo *einai*. Os pensadores e escritores latinos, ao traduzir as obras dos filósofos gregos, procuraram um correspondente para *ousía* e inventaram a palavra *essentia*, pois em latim o verbo *ser* é *esse*. Em português, o termo *ousía* significa "essência", porque é traduzido da palavra latina *essentia*.

Assim, a Filosofia Primeira é o estudo ou o conhecimento da essência das coisas ou do Ser real e verdadeiro das coisas, daquilo que elas são em si mesmas, apesar das aparências que possam ter e das mudanças que possam sofrer.

Thomasius considerou que Aristóteles definira a Filosofia Primeira como o estudo do Ser enquanto Ser para significar que ela não estuda esta ou aquela coisa, este ou aquele ente, mas busca aquilo que faz de um ente ou de uma coisa um Ser. Busca a essência de um ente ou de uma coisa. Por isso, por ser o estudo da *ousía* e porque a *ousía* oferece o Ser real e verdadeiro de um ente, oferece o *on* íntimo e perene, a Filosofia Primeira deveria ser designada com a palavra *ontologia*. Nesse caso, a palavra *metafísica* seria apenas a indicação do lugar ocupado nas estantes pelos livros aristotélicos de Filosofia Primeira, localizados depois dos tratados sobre a física ou a natureza.

A palavra *ontologia* diria qual é o assunto da Filosofia Primeira, enquanto a palavra *metafísica* diria apenas qual é o lugar dos livros da Filosofia Primeira no catálogo das obras de Aristóteles.

Por que, então, a tradição filosófica consagrou a palavra *metafísica* em vez de *ontologia*? Porque Aristóteles, ao definir a Filosofia Primeira, também afirmou que ela estuda os primeiros princípios e as causas primeiras de todos os seres ou de todas as essências, estudo que deve *vir antes* de todos os outros, porque é a condição de todos eles.

Que quer dizer "vir antes"? Para Aristóteles, significa "estar acima dos demais, estar além do que vem depois, ser superior ao que vem depois, ser a condição da existência e do conhecimento do que vem depois". Ora, a palavra *meta* quer dizer exatamente isso: "o que está além de", "o que está acima de", "o que vem depois", mas no sentido de ser superior ou de ser a condição de alguma coisa. Se assim é, então a palavra *metafísica* não quer dizer apenas o lugar onde se encontram os escritos posteriores aos tratados de física, não indica um mero lugar num catálogo de obras, mas significa "o estudo de alguma coisa que está acima e além das coisas físicas ou naturais e que é a condição da existência e do conhecimento delas".

Por isso, a tradição consagrou a palavra *metafísica* mais do que a palavra *ontologia*. *Metafísica*, nesse caso, quer dizer: "aquilo que é condição e fundamento de tudo o que existe e de tudo o que puder ser conhecido".

Até aqui respondemos à pergunta: "Por que metafísica em lugar de ontologia?". Mas ainda não respondemos à pergunta principal: "Por que a metafísica ou ontologia ocupou o lugar que, no início da filosofia, era ocupado pela cosmologia ou física?". Para isso, precisamos acompanhar os motivos que levaram a uma crise da cosmologia e ao surgimento da ontologia, que acabaria recebendo o nome de metafísica.

O surgimento da ontologia: Parmênides de Eleia

Quando estudamos o surgimento da lógica, vimos a importância do pensamento de Parmênides. Foi ele o primeiro filósofo a afirmar que o mundo percebido por nossos sentidos — o cosmo estudado pela cosmologia — é um mundo ilusório, feito de aparências, sobre as quais formulamos nossas opiniões. Foi ele também o primeiro a contrapor a esse mundo mutável (feito de mudança perene dos contrários que se transformam uns nos outros) a ideia de um pensamento e de um discurso verdadeiros referidos àquilo que *é* realmente, ao Ser — *tò on, on*.

O Ser *é*, diz Parmênides. Com isso, pretendeu dizer que o Ser é sempre idêntico a si mesmo, imutável, eterno, imperecível, invisível aos nossos sentidos e visível apenas para o pensamento. Foi Parmênides o primeiro a dizer que a aparência sensível das coisas da natureza não possui realidade, não existe real e verdadeiramente, *não é*. Contrapôs, assim, o Ser (*on*) ao Não Ser (*me on*), declarando: "o Não Ser não é". A filosofia é chamada por Parmênides de "a Via da Verdade" (*alétheia*), que nega realidade e conhecimento à "Via de Opinião" (*dóxa*), pois esta se ocupa com as aparências, com o Não Ser.

Ora, a cosmologia ou física ocupava-se justamente com o mundo que percebemos e no qual vivemos com as demais coisas naturais. Ocupava-se com a natureza como um cosmo ou ordem regular e constante de surgimento, transformação e desaparecimento das coisas. A cosmologia buscava a explicação para o *devir*, isto é, para a mudança das coisas, para a passagem de uma coisa a um outro modo de existir, contrário ao que possuía. A cosmologia dedicava-se à multiplicidade dos seres, à mutabilidade deles e às oposições entre eles.

Parmênides tornou a cosmologia impossível ao afirmar que o pensamento verdadeiro exige a identidade, a não transformação e a não contradição do Ser. Considerando a mudança de uma coisa em outra contrária como o Não Ser, Parmênides também afirmava que o Ser não muda porque não tem como nem por que mudar e não tem no que mudar, pois, se mudasse, deixaria de ser o Ser, tornando-se contrário a si mesmo, o Não Ser. Como consequência, mostrou que o pensamento verdadeiro não admite a multiplicidade ou pluralidade de seres e que o Ser é uno e único.

Os argumentos da Escola Eleata eram rigorosos. Diziam:

- admitamos que o Ser não seja uno, mas múltiplo. Nesse caso, cada ser *é* ele mesmo e *não é* os outros seres; portanto, cada ser *é* e *não é* ao mesmo tempo, o que é impensável ou absurdo. O Ser é uno e não pode ser múltiplo;

- admitamos que o Ser não seja eterno, mas teve um começo e terá um fim. Antes dele, o que havia? Outro Ser? Não, pois o Ser é uno. O Não Ser? Não, pois o Não Ser é o nada. Portanto, o Ser não pode ter tido um começo. Terá um fim? Se tiver, que virá depois dele? Outro Ser? Não, pois o Ser é uno. O Não Ser? Não, pois o Não Ser é o nada. Portanto, o Ser não pode acabar. Sem começo e sem fim, o Ser é eterno;

- admitamos que o Ser não seja imutável, mas mutável. No que o Ser mudaria? Noutro Ser? Não, pois o Ser é uno. No Não Ser? Não, pois o Não Ser é o nada. Portanto, se o Ser mudasse, tornar-se-ia Não Ser e desapareceria. O Ser é imutável e o devir é uma ilusão de nossos sentidos.

O que Parmênides afirmava era a diferença entre *pensar* e *perceber*. Percebemos a natureza na multiplicidade e na mutabilidade das coisas que se transformam umas nas outras e se tornam contrárias a si mesmas. Mas pensamos o Ser, isto é, a identidade, a unidade, a imutabilidade e a eternidade daquilo que é em si mesmo. Perceber é ver aparências. Pensar é contemplar a realidade como idêntica a si mesma. Pensar é contemplar o *tò on*, o Ser.

Multiplicidade, mudança, nascimento e perecimento são aparências, ilusões dos sentidos. Ao abandoná-las, a filosofia passou da cosmologia à ontologia.

Platão e o mundo das essências

Também ao estudarmos a lógica, vimos que Platão dedicou a sua obra à resolução do impasse filosófico criado pelo antagonismo entre o pensamento de Heráclito de Éfeso e o de Parmênides de Eleia.

Platão considerou que Heráclito tinha razão no que se refere ao mundo material e sensível, mundo das imagens e das opiniões. A matéria, diz Platão, é, por essência e por natureza, algo imperfeito, que não consegue manter a identidade das coisas, mudando sem cessar, passando de um estado a outro, contrário ou oposto. O mundo material ou de nossa experiência sensível é mutável e contraditório e, por isso, dele só nos chegam as aparências das coisas e sobre ele só podemos ter opiniões contrárias e contraditórias.

Por esse motivo, diz Platão, Parmênides está certo ao exigir que a filosofia deva abandonar esse mundo sensível e ocupar-se com o mundo verdadeiro, invisível aos sentidos e visível apenas ao puro pensamento. O verdadeiro é o Ser, uno, imutável, idêntico a si mesmo, eterno, imperecível, puramente inteligível.

Eis por que a ontologia platônica introduz uma divisão no mundo, afirmando a existência de dois mundos inteiramente diferentes e separados: o *mundo sensível* da mudança, da aparência, do devir dos contrários, e o *mundo inteligível* da identidade, da permanência, da verdade, conhecido pelo intelecto puro, sem nenhuma interferência dos sentidos e das opiniões. O primeiro é o *mundo das coisas*. O segundo, o *mundo das ideias* ou *das essências verdadeiras*. O mundo das ideias ou das essências é o mundo do Ser; o mundo sensível das coisas ou aparências é o mundo do Não Ser. O mundo sensível é uma sombra, uma cópia deformada ou imperfeita do mundo inteligível das ideias ou essências.

Notamos, aqui, uma diferença entre a ontologia de Parmênides e a de Platão. Para o primeiro, o mundo sensível das aparências é o Não Ser em sentido forte, isto é, não existe, não tem realidade nenhuma, é o nada. Para Platão, porém, o Não Ser não é o puro nada. Ele é alguma coisa. O que ele é? Ele é *o outro* do Ser, o que é diferente do Ser, o que é inferior ao Ser, o que nos engana e nos ilude, a causa dos erros. Em lugar de ser um puro nada, o Não Ser é um *falso ser*, uma sombra do Ser verdadeiro, aquilo que Platão chama de *pseudo-Ser*. O Não Ser é o sensível.

Há ainda uma outra diferença importante entre a ontologia de Parmênides e a de Platão. O primeiro afirmava que o Ser, além de imutável, eterno e idêntico a si mesmo, era único ou uno. Havia *o* Ser. Qual o problema dessa afirmação parmenideana?

Se, do lado do devir heraclitiano, havia uma multiplicidade infinita de seres contrários uns aos outros e contrários a si mesmos, multiplicidade contraditória que não poderia ser pensada nem dita, visto que o pensamento exige a identidade do pensado, no entanto, do lado da identidade una-única de Parmênides, que restava para a filosofia? Só lhe restava pensar e dizer três frases: "o Ser é", "o Não Ser não é" e "o Ser é uno, idêntico, eterno e imutável".

Em suma, a filosofia começava e terminava nessas três frases, nada mais podendo pensar ou dizer. Parmênides paralisava a filosofia. Se esta quisesse prosseguir como investigação da verdade e se tivesse mais objetos a conhecer, era preciso quebrar a unidade-unicidade do Ser de Parmênides. Foi o que fez Platão. Que disse ele?

Em primeiro lugar, seguindo Sócrates e os sofistas, Platão distinguiu três sentidos para a palavra *ser*: o sentido de substantivo, isto é, de realidade existente; o sentido verbal forte, em que *é* significa "existe" e *ser* quer dizer "existência"; e o sentido verbal mais fraco, em que o verbo *ser* é o verbo de ligação, isto é, o verbo que permite ligar um sujeito e seu predicado. Distinguiu, assim, além do sentido substantivado ("o ser", "um ser"), dois sentidos para o verbo: o sentido existencial e o sentido predicativo. Por exemplo: "O homem *é*" (existe) e "O homem *é mortal*" (possui um predicado como parte de sua essência).

Em segundo lugar, afirmou que, no sentido forte de *ser* (isto é, como substantivo e como verbo existencial), existem múltiplos seres e não um só, mas cada um deles possui os atributos do Ser de Parmênides (identidade, unidade, eternidade, imutabilidade). Esses seres são as *ideias* ou *formas inteligíveis*, totalmente imateriais, que constituem o mundo verdadeiro, o mundo inteligível.

Em terceiro lugar, afirmou que, no sentido mais fraco do verbo *ser*, isto é, como verbo de ligação ou da predicação, cada ideia é um sujeito real, que possui um conjunto de predicados reais ou de propriedades essenciais e que a fazem ser o que ela é em si mesma. Uma ideia *é* (existe) e uma ideia *é uma essência* ou conjunto de qualidades essenciais que a fazem ser o que ela *é* necessariamente. Por exemplo, a justiça *é* (há a ideia de justiça) e há seres humanos que *são justos* (possuem o predicado da justiça como parte de sua essência).

Dessa maneira, cada ideia, em si mesma, é como o Ser de Parmênides: una, idêntica a si mesma, eterna e imutável — uma ideia *é*. Ao mesmo tempo, cada ideia difere de todas as outras pelo conjunto de qualidades ou propriedades internas e necessárias pelas quais ela é uma essência determinada, diferente das demais (a ideia de homem é diferente da ideia de planeta, que é diferente da ideia de beleza, que é diferente da ideia de coragem, etc.).

A tarefa da filosofia é dupla:

1. deve conhecer que ideias existem, isto é, que ideias *são*;
2. deve conhecer quais são as qualidades ou propriedades essenciais de uma ideia, isto é, *o que* uma ideia é, sua essência.

As ideias ou formas inteligíveis (ou essências inteligíveis), diz Platão, são seres perfeitos e, por sua perfeição, tornam-se *modelos inteligíveis* ou *paradigmas inteligíveis* perfeitos que as coisas sensíveis materiais tentam imitar imperfeitamente. O sensível é, pois, uma imitação imperfeita do inteligível: as coisas sensíveis são imagens das ideias, são Não Seres tentando inutilmente imitar a perfeição dos seres inteligíveis.

Cabe à filosofia passar das cópias imperfeitas aos modelos perfeitos, abandonando as *imagens* pelas *essências*, as *opiniões* pelas *ideias*, as *aparências* pelas *essências*. O pensamento, empregando a dialética, deve passar da *instabilidade contraditória das coisas sensíveis* à *identidade racional das coisas inteligíveis*, à identidade das ideias que são a realidade, o ser, o *tò on*.

Os diálogos de Platão põem em marcha a dialética, isto é, o caminho seguro (*méthodos*) que nos conduz das sensações, das percepções, das imagens e das opiniões à contemplação intelectual do ser real das coisas, à ideia verdadeira, que existe em si mesma no mundo das puras ideias ou no mundo inteligível.

Tomemos um diálogo para acompanharmos o procedimento platônico. *O Banquete* busca a ideia ou a essência do amor.

No centro de Londres, em Picadilly Circus, foi erigida uma escultura de Eros em homenagem ao conde de Shaftesbury (1671-1713), filósofo inglês que sustentou o pensamento conhecido como moral do sentimento.

Numa festa, oferecida por um poeta que ganhou um prêmio por sua poesia, conversam cinco amigos e Sócrates. Um deles afirma que todos os deuses recebem hinos e poemas de louvor, mas nenhum foi feito ao melhor dos deuses, Eros, o amor. Propõe, então, que cada um faça uma homenagem a Eros dizendo o que é o amor.

Para um deles, o amor é o mais bondoso dos deuses, porque nos leva ao sacrifício pelo ser amado, inspira-nos o devotamento e o desejo de fazer o bem. Para o seguinte, é preciso distinguir dois tipos de amor: o amor sexual e grosseiro e o amor espiritual entre as almas, pois o primeiro é breve e logo acaba, enquanto o segundo é eterno. Já o terceiro afirma que os que o antecederam tinham limitado muito o amor, tomando-o apenas como uma relação entre duas pessoas. O amor, diz ele, é o que ordena, organiza e orienta o mundo, pois é ele que faz os semelhantes se aproximarem e os diferentes se afastarem. O amor é uma força cósmica de ordem e harmonia do Universo.

O quarto prefere retornar ao amor entre as pessoas e narra um mito. No princípio, os humanos eram de três tipos: havia o homem duplo, a mulher dupla e o homem-mulher, isto é, o andrógino. Tinham um só corpo, com duas cabeças, quatro braços e quatro pernas. Como se julgavam seres completos, decidiram habitar no céu. Zeus, rei dos deuses, enfureceu-se, tomou de uma espada e os cortou pela metade.

Decaídos, separados e desesperados, os humanos teriam desaparecido se Eros não lhes tivesse dado órgãos sexuais e os ajudasse a procurar a metade perdida. Os que eram homens duplos e mulheres duplas amam os de mesmo sexo, enquanto os que eram andróginos amam a pessoa do sexo oposto. Amar é encontrar a nossa metade e o amor é esse encontro.

Finalmente, o poeta, anfitrião da festa, toma a palavra dizendo: "Todos os que me precederam louvaram o amor pelo bem que faz aos humanos, mas nenhum louvou o amor por ele mesmo. É o que farei. O amor, Eros, é o mais belo, o melhor dos deuses. O mais belo, porque sempre jovem e sutil, porque penetra imperceptivelmente nas almas; o melhor, porque odeia a violência e a desfaz onde existir; inspira os artistas e poetas, trazendo a beleza ao mundo".

Resta Sócrates.

"Não poderei falar", diz ele. "Não tenho talento para fazer discursos tão belos".

Os outros, porém, não se conformam e o obrigam a falar.

"Está bem", retruca ele. *"Mas falarei do meu jeito."*

Com essa pequena frase, Platão mudará todo o tom do diálogo, pois "falar do meu jeito" significa que "não vou fazer elogios e louvores às imagens e aparências do amor, que não vou emitir mais uma opinião sobre o amor, mas que vou buscar a *essência* do amor, o *ser* do amor, vou investigar a *ideia* do amor".

Sócrates também começa com um mito. Quando a deusa Afrodite nasceu, houve uma grande festa para os deuses, mas esqueceram-se de convidar a deusa Penúria (*Pênia*). Miserável e faminta, Penúria esperou o fim da festa, esgueirou-se pelos jardins e comeu os restos, enquanto os demais deuses dormiam. Num canto do jardim, viu Engenho Astuto (*Poros*) e desejou conceber um filho dele, deitando-se ao seu lado. Desse ato sexual nasceu Eros, o amor. Como sua mãe, Eros está sempre carente, faminto, miserável; como seu pai, Eros é astuto, sabe criar expedientes engenhosos para conseguir o que quer.

Qual o sentido do mito? Nele descobrimos que o amor é carência e astúcia, desejo de saciar a fome e a sede, desejo de preenchimento, desejo de completar-se e de encontrar a plenitude. Amar é desejar o amado como o que nos completa, nos sacia e satisfaz, nos dá plenitude. Amar é desejar fundir-se na plenitude do amado e ser um só com ele.

O que pode completar e dar plenitude a um ser carente? O que é em si mesmo completo e pleno, isto é, o que é perfeito. O amor é desejo de perfeição. O que é a perfeição?

A harmonia, a proporção, a integridade ou inteireza da forma. Desejamos as formas perfeitas. O que é uma forma perfeita? A forma perfeita, acabada, plena, inteiramente realizada, sem falhas, sem faltas, sem defeitos, sem necessidade de transformar-se, isto é, sem necessidade de mudar de forma. A forma perfeita é o que chamamos de beleza. O amor é desejo de beleza.

Onde está a beleza nas coisas corporais? Nos corpos belos, cuja união engendra uma beleza: a imortalidade dos pais através dos filhos. Onde está a beleza nas coisas incorporais? Nas almas belas, cuja beleza está na perfeição de seus pensamentos e ações, isto é, na inteligência.

Que amamos quando amamos corpos belos? O que há de imperecível naquilo que, por natureza, é perecível, isto é, amamos a posteridade ou a descendência. Que amamos quando amamos almas belas? O que há de imperecível na inteligência, isto é, as ideias. O amor pelos corpos belos é uma imagem ou uma sombra do amor pelo imperecível, mas o amor pelas almas belas é o amor por algo que é em si mesmo e por si mesmo imperecível e absolutamente perfeito.

Se o amor é desejo de identificar-se com o amado, de fundir-se nele tornando-se como ele, então a qualidade ou a natureza do ser amado determina se um amor é plenamente verdadeiro ou uma aparência de amor. Amar o perecível é tornar-se perecível também. Amar o mutável é tornar-se mutável também. O perecível e o mutável são sombras, cópias imperfeitas do ser verdadeiro, imperecível e imutável. As formas corporais belas são sombras ou imagens da verdadeira beleza imperecível. Abandonando-as pela verdadeira beleza, amamos não esta ou aquela coisa bela, mas a ideia ou a essência da beleza, o belo em si mesmo, único, real.

As almas belas são belas porque nelas há a presença, ainda que invisível à primeira vista, de algo imperecível: o intelecto, parte imortal de nossa alma. Que ama o intelecto? Um outro intelecto que seja mais belo e mais perfeito do que ele e que, ao ser amado, torna perfeito e belo quem o ama. O que é um intelecto verdadeiramente belo e perfeito? O que ama a beleza perfeita. Onde se encontra a tal beleza? Nas ideias.

O que é a *essência* ou a *ideia* do amor? O amor é o desejo da perfeição imperecível das formas belas, daquilo que permanece sempre idêntico a si mesmo, daquilo que pode ser contemplado plenamente pelo intelecto e conhecido plenamente pela inteligência. Sendo amor intelectual pelo inteligível ou pelas ideias, o amor é o desejo de saber: *philo sophia*, "amor da sabedoria". Pelo amor, o intelecto humano participa do inteligível, toma parte no mundo das ideias ou das essências, conhecendo o *ser verdadeiro*.

A ontologia é, assim, a própria filosofia e o conhecimento do Ser, isto é, das ideias; é a passagem das opiniões sobre as coisas sensíveis mutáveis rumo ao pensamento sobre as essências imutáveis. Passar do sensível ao inteligível — tarefa da filosofia — é passar da aparência ao real, do Não Ser ao Ser.

Capítulo 2
A metafísica de Aristóteles

Diferença entre Aristóteles e seus predecessores

Embora a ontologia tenha começado com Parmênides e Platão, costuma-se atribuir seu nascimento a Aristóteles quando este explicitamente formula a ideia de uma ciência ou disciplina que tem como finalidade própria o estudo do Ser, denominando-a Filosofia Primeira. Além disso, três outros motivos levam a atribuir a Aristóteles o início da metafísica:

1. diferentemente de seus dois predecessores, Aristóteles não julga o mundo das coisas sensíveis, ou a natureza, um mundo aparente e ilusório. Pelo contrário, é um mundo real e verdadeiro cuja *essência* é, justamente, a multiplicidade de seres e a mudança incessante.

    Em lugar de afastar a multiplicidade e o devir como ilusões ou sombras do verdadeiro Ser, Aristóteles afirma que o ser da natureza existe, é real, que seu modo próprio de existir é a mudança e que esta não é uma contradição impensável. É possível uma ciência teórica verdadeira sobre a natureza e a mudança: a física. Mas é preciso, primeiro, demonstrar que o objeto da física é um ser real e verdadeiro e isso é tarefa da Filosofia Primeira ou da "meta-física".

2. diferentemente de seus dois predecessores, Aristóteles considera que a essência verdadeira das coisas naturais e dos seres humanos e de suas ações não está no mundo

inteligível, separado do mundo sensível, no qual as coisas físicas ou naturais existem e onde vivemos. As essências, diz Aristóteles, estão nas próprias coisas, nos próprios homens, nas próprias ações e é tarefa da filosofia conhecê-las ali mesmo onde existem e acontecem.

Como conhecê-las? Partindo da sensação até alcançar a intelecção. A essência de um ser ou de uma ação é conhecida pelo pensamento, que capta as propriedades internas e necessárias desse ser ou dessa ação, sem as quais ele ou ela não seriam o que são. A metafísica não precisa abandonar este mundo, mas, ao contrário, é o conhecimento da essência do que existe em nosso mundo.

3. ao se dedicar à Filosofia Primeira ou metafísica, a filosofia descobre que há diferentes tipos de seres ou entes que se diferenciam justamente por suas essências. Em outras palavras, para Parmênides havia apenas o Ser único, uno e imutável; para Platão, havia as coisas materiais ou sensíveis, sujeitas à mudança, e que eram cópias imperfeitas ou sombras do ser verdadeiro ou da realidade, as Ideias. Podemos perceber que o critério de Parmênides e de Platão para distinguir realidade verdadeira e aparência é a ausência ou a presença de mudança. Aristóteles também usará a mudança como critério de diferenciação dos seres, porém o fará de maneira completamente nova.

"Mudança", em grego, se diz "movimento". A palavra grega para "movimento" é *kínesis* (de onde vem as palavras *cinético, cinema, cinemática*, em português). "Movimento" não significa, porém, simplesmente mudança de lugar ou locomoção. Significa toda e qualquer mudança que um ser sofra ou realize. É "movimento":

⇢ toda mudança qualitativa de um ser qualquer (por exemplo, uma semente que se torna árvore, um objeto branco que amarelece, um animal que adoece, algo quente que esfria, algo frio que esquenta, o duro que amolece, o mole que endurece, etc.);

⇢ toda mudança ou alteração quantitativa (por exemplo, um corpo que aumente e diminua, que se divida em outros menores, que encompride ou encurte, alargue ou estreite, etc.);

⇢ toda mudança de lugar ou locomoção (subir, descer, cair, a trajetória de uma flecha, o deslocamento de um barco, a queda de uma pedra, o levitar de uma pluma, etc.);

⇢ toda alteração em que um ser passe da ação à paixão ou à passividade, ou passe da passividade à atividade (por exemplo, de cortar a ser cortado, de amar a ser amado, ou de ser desejado a desejar, de ser tocado a tocar, etc.);

⇢ toda geração ou nascimento e toda corrupção ou morte dos seres; nascer, viver e morrer são movimentos.

Numa palavra: o *devir*, em todos os seus aspectos, é o *movimento*. Parmênides e Platão excluíram o movimento da essência do Ser.

Que faz Aristóteles? Nega que movimento e Não Ser ou irrealidade sejam o mesmo. E diferenciará os seres conforme estejam ou não em movimento.

Existe a essência dos seres que são e estão em movimento, isto é, os seres físicos ou naturais (minerais, vegetais, animais, humanos), cujo modo de ser se caracteriza por nascer, viver, mudar, reproduzir-se e desaparecer. São seres em devir e que existem no devir.

Existe a essência dos seres matemáticos, que não existem em si mesmos, mas existem como formas das coisas naturais, podendo, porém, ser separados delas pelo pensamento e ter suas essências conhecidas; são seres que, por essência, são imóveis, isto é, não nascem, não mudam, não se transformam nem perecem, não estando em devir nem no devir.

Existe a essência de seres cuja essência é imutável ou imóvel — não nascem, não se transformam e não perecem —, mas que realizam um movimento local perfeito, eterno, sem começo e sem fim: os astros, que realizam o movimento circular.

E, finalmente, existe a essência de um ser eterno, imutável, imperecível, sempre idêntico a si mesmo, perfeito, imaterial, do qual o movimento está inteiramente excluído, conhecido apenas pelo intelecto, que o conhece como separado de nosso mundo, superior a tudo que existe, e que é o ser por excelência: o ser divino.

Para cada um desses tipos de ser e suas essências existe uma ciência teorética própria (física, biologia, psicologia, matemática, astronomia). Mas também deve haver uma ciência geral, mais ampla, mais universal, anterior a todas essas, cujo objeto não seja esse ou aquele tipo de Ser, essa ou aquela modalidade de essência, mas o Ser em geral, a essência em geral. Trata-se de uma ciência teorética que investiga o que *é* a essência e aquilo que faz com que haja essências particulares e diferenciadas. Em outras palavras, deve haver uma ciência que estude o Ser enquanto Ser, sem considerar as diferenciações dos seres.

Essa ciência mais alta, mais ampla, mais universal é a Filosofia Primeira, escreve Aristóteles no primeiro livro da obra conhecida como *Metafísica*.

A metafísica aristotélica

Na *Metafísica*, Aristóteles afirma que a Filosofia Primeira estuda os primeiros princípios e as causas primeiras de todas as coisas e investiga "o Ser enquanto Ser".

Ao definir a ontologia ou metafísica como estudo do "Ser enquanto Ser", Aristóteles está dizendo que a Filosofia Primeira estuda as essências sem diferenciá-las em essências físicas, matemáticas, astronômicas, humanas, etc., pois cabe às diferentes ciências estudá-las como diferentes entre si. À metafísica cabem três estudos:

1. o do ser divino, a realidade primeira e suprema da qual todo o restante procura aproximar-se, imitando sua perfeição imutável. As coisas se transformam, diz Aristóteles, porque desejam encontrar sua essência total e perfeita, imutável como a essência divina. É pela mudança incessante que buscam imitar o que não muda nunca. Por isso, o ser divino é o Primeiro Motor Imóvel do mundo, isto é, aquilo que, sem agir diretamente sobre as coisas, ficando a distância delas, as atrai, é desejado por elas. Tal desejo as faz mudar para, um dia, não mais mudar (esse desejo, diz Aristóteles, explica por que há o devir e por que o devir é eterno, pois as coisas naturais nunca poderão alcançar o que desejam, isto é, a perfeição imutável).

    A mudança ou o devir são a maneira pela qual a natureza, ao seu modo, se aperfeiçoa e busca imitar a perfeição do imutável divino. O ser divino chama-se Primeiro Motor porque é o princípio que move toda a realidade, e chama-se Primeiro Motor Imóvel porque não se move e não é movido por nenhum outro ente, pois, como já vimos, mover significa "mudar", "sofrer alterações qualitativas e quantitativas", nascer é perecer, e o ser divino, perfeito, não muda nunca;

2. o dos primeiros princípios e causas primeiras de todos os seres ou essências existentes;

3. o das propriedades ou atributos gerais de todos os seres, sejam eles quais forem, graças aos quais podemos determinar a essência particular de um ser particular existente. A essência ou *ousía* é a realidade primeira e última de um ser, aquilo sem o qual um ser não poderá existir ou deixará de ser o que é. À essência, entendida dessa perspectiva universal, Aristóteles dá o nome de **substância**, e a metafísica estuda a substância em geral.

Os principais conceitos da metafísica aristotélica

De maneira muito breve e simplificada, os principais conceitos da metafísica aristotélica (e que se tornarão as bases de toda a metafísica ocidental) podem ser assim resumidos:

mover, movimento: lembremos que o movimento, *kínesis*, é toda e qualquer alteração ou mudança experimentada por um ser: mudança de qualidade e quantidade, mudança de lugar; nascer e morrer. O Primeiro Motor (o divino) é Imóvel porque perfeito, jamais submetido a qualquer tipo de movimento, sempre idêntico a si mesmo. Os seres mudam (movem-se) para realizar todas as alterações e, um dia, deixarem de mover-se.

- *primeiros princípios*: são os três princípios que estudamos na lógica, isto é, *identidade*, *não contradição* e *terceiro excluído*. Os princípios lógicos são ontológicos porque definem as condições sem as quais um ser não pode existir nem ser pensado; os primeiros princípios garantem, simultaneamente, a realidade e a racionalidade das coisas;

- *causas primeiras*: são aquelas que explicam o que a essência é e também a origem e o motivo da existência de uma essência. Causa (para os gregos) significa não só *o porquê* de alguma coisa mas também *o quê* e *o como* uma coisa é o que ela é. As causas primeiras nos dizem o que é, como é, por que é e para que é uma coisa.

    São quatro as causas primeiras:

    1. causa material, isto é, aquilo de que um ser é feito, sua matéria (por exemplo, água, fogo, ar, terra);
    2. causa formal, isto é, aquilo que explica a forma que um ser possui (por exemplo, o rio ou o mar são formas da água; mesa é a forma assumida pela matéria madeira com a ação do carpinteiro). A forma é propriamente a essência de um ser, aquilo que ele é em si mesmo ou aquilo que o define em sua identidade e diferença com relação a todos os outros;
    3. causa eficiente ou motriz, isto é, aquilo que explica como uma matéria recebeu uma forma para constituir uma essência (por exemplo, o ato sexual é a causa eficiente que faz a matéria do óvulo ao receber o esperma receber a forma de um novo animal ou de uma criança; o carpinteiro é a causa eficiente que faz a madeira receber a forma da mesa; o fogo é a causa eficiente que faz os corpos frios tornarem-se quentes, etc.);
    4. a causa final, isto é, a causa que dá o motivo, a razão ou finalidade para alguma coisa existir e ser tal como ela é (por exemplo, o bem comum é a causa final da política, a felicidade é a causa final da ação ética; a flor é a causa final da semente transformar-se em árvore; o Primeiro Motor Imóvel é a causa final do movimento dos seres naturais, etc.);

- *matéria*: é o elemento de que as coisas da natureza, os animais, os homens, os artefatos são feitos; sua principal característica é possuir virtualidades ou conter em si mesma possibilidades de transformação, isto é, de mudança;

- *forma*: é o que individualiza e determina uma matéria, fazendo existir as coisas ou os seres particulares; sua principal característica é ser aquilo que uma essência é;

- *potência*: é a virtualidade que está contida numa matéria e pode vir a existir, se for atualizada por alguma causa; por exemplo, a criança é um adulto em potência ou um adulto em potencial; a semente é a árvore em potência ou em potencial;

- *ato*: é a atualização de uma matéria por uma forma e numa forma; o ato é a forma que atualizou uma potência contida na matéria. Por exemplo, a árvore é o ato da semente, o adulto é o ato da criança, a mesa é o ato da madeira, etc.

    Potência e matéria são idênticos, assim como forma e ato são idênticos. A matéria ou potência é uma realidade passiva que precisa do ato e da forma, isto é, da atividade que cria os seres determinados. Graças aos conceitos de potência e ato, a metafísica aristotélica pode explicar a causa e a racionalidade de todos os movimentos naturais ou dos seres físicos, isto é, de todos os seres dotados de matéria e forma. O devir não é aparência nem ilusão, ele é o movimento pelo qual a potência se atualiza, a matéria recebe a forma e muda de forma.

- *essência*: é a unidade interna e indissolúvel entre uma matéria e uma forma, unidade que lhe dá um conjunto de propriedades ou atributos que a fazem ser necessariamente aquilo que ela é. Assim, por exemplo, um ser humano é por essência ou essencialmente um animal mortal racional dotado de vontade, gerado por outros semelhantes a ele e capaz de gerar outros semelhantes a ele, etc.;

- *acidente*: é uma propriedade ou atributo que uma essência pode ter ou deixar de ter sem perder seu ser próprio. Por exemplo, um ser humano é racional ou mortal por essência, mas é baixo ou alto, gordo ou magro, negro ou branco, por acidente. A humanidade é a essência essencial (animal, mortal, racional, voluntário), enquanto o acidente é o que, existindo ou não existindo, nunca afeta o ser da essência (magro, gordo, alto, baixo, negro, branco). A essência é o universal; o acidente é o particular;

- *substância*: é aquilo em que se encontram a matéria-potência, a forma-ato, onde estão os atributos essenciais e acidentais, sobre o qual agem as quatro causas; em suma, é o Ser propriamente dito.

Aristóteles usa o conceito de substância em dois sentidos: num primeiro sentido, substância é o ser individual; num segundo sentido, substância é o gênero ou a espécie a que um ser individual pertence. No primeiro sentido, a substância é um ser individual existente; no segundo, é o conjunto das características gerais que os indivíduos de um gênero e de uma espécie possuem. Aristóteles fala em *substância primeira* para referir-se aos seres individuais realmente existentes, com sua essência e seus acidentes; por exemplo, Sócrates; e em *substância segunda* para referir-se aos sujeitos universais, isto é, gêneros e espécies que não existem em si e por si mesmos, mas só existem encarnados nos indivíduos, podendo, porém, ser conhecidos pelo pensamento. Assim, por exemplo, o gênero "animal" e as espécies "vertebrado", "mamífero" e "humano" não existem em si mesmos, mas existem em Sócrates ou através de Sócrates.

O gênero é um universal formado por um conjunto de propriedades da matéria e da forma que caracterizam o que há de comum nos seres de uma mesma espécie. A espécie também é um universal formado por um conjunto de propriedades da matéria e da forma que caracterizam o que há de comum nos indivíduos semelhantes. Assim, o gênero é formado por um conjunto de espécies semelhantes e as espécies, por um conjunto de indivíduos semelhantes. Os indivíduos ou substâncias primeiras são seres realmente existentes; os gêneros e as espécies ou substâncias segundas são universalidades que o pensamento conhece através dos indivíduos;

- *predicados*: são as categorias que vimos no estudo da lógica e que também são ontológicas, porque se referem à estrutura e ao modo de ser da substância ou da essência (quantidade, qualidade, relação, lugar, tempo, posse, ação, paixão). Vimos, ao estudar a lógica, que a substância é a primeira categoria. Aristóteles explica que a substância difere das demais categorias porque, enquanto todas são predicados atribuídos a um sujeito, ela não é atribuída a ninguém porque ela é, justamente, o sujeito que recebe os predicados ou as demais categorias. Os predicados atribuídos a uma substância são constitutivos de seu ser e de seu modo de ser, de sua essência, pois toda realidade pode ser conhecida porque possui qualidades (mortal, imortal, finito, infinito, bom, mau, etc.), quantidades (um, muitos, alguns, pouco, muito, grande, pequeno), relaciona-se com outros (igual, diferente, semelhante, maior, menor, superior, inferior), está em algum lugar (aqui, ali, perto, longe, no alto, embaixo, em frente, atrás, etc.), está no tempo (antes, depois, agora, ontem, hoje, amanhã, de dia, de noite, sempre, nunca), realiza ações ou faz alguma coisa (anda, pensa, dorme, corta, cai, prende, cresce, nasce, morre, germina, frutifica, floresce, etc.) e sofre ações de outros seres (é cortado, é preso, é morto, é quebrado, é arrancado, é puxado, é atraído, é levado, é curado, é envenenado, etc.).

As categorias ou predicados podem ser essenciais ou acidentais, isto é, podem ser necessários e indispensáveis à natureza própria de um ser ou podem ser algo que um ser possui por acaso ou que lhe acontece por acaso, sem afetar sua natureza.

Tomemos um exemplo. Se eu disser "Sócrates é homem", necessariamente terei de lhe dar os seguintes predicados: mortal, racional, finito, animal, pensa, sente, anda, reproduz, fala, adoece, é semelhante a outros atenienses, é menor do que uma montanha e maior do que um gato, ama, odeia. Acidentalmente, ele poderá ter outros predicados: é feio, é baixo, é diferente da maioria dos atenienses, é casado, conversou com Laques, esteve no banquete de Agáton, esculpiu três estátuas, foi forçado a envenenar-se pelo tribunal de Atenas.

Se nosso exemplo, porém, fosse uma substância genérica ou específica, todos os predicados teriam de ser essenciais, pois o acidente é o que acontece somente para o indivíduo existente, e o gênero e a espécie são universais que só existem no pensamento e encarnados nas essências individuais.

Com esse conjunto de conceitos forma-se o quadro da ontologia ou metafísica aristotélica como explicação geral, universal e necessária do Ser, isto é, da realidade. Esse quadro conceitual será herdado pelos filósofos posteriores, que problematizarão alguns de seus aspectos, estabelecerão novos conceitos, suprimirão alguns outros, desenvolvendo o que conhecemos como *metafísica ocidental*.

A metafísica aristotélica inaugura, portanto, o estudo da estrutura geral de todos os Seres ou as condições universais e necessárias que fazem com que exista um Ser e que possa ser conhecido pelo pensamento. Afirma que a realidade no seu todo é inteligível ou conhecível e apresenta-se como conhecimento teórico da realidade em todos os seus aspectos gerais ou universais, devendo preceder as investigações que cada ciência realiza sobre um tipo determinado de Ser.

A metafísica investiga:

- aquilo sem o que não há Seres nem conhecimento dos Seres: os três princípios lógico-ontológicos e as quatro causas;
- aquilo que faz um Ser ser necessariamente o que ele é: matéria, potência, forma e ato;
- aquilo que faz um Ser ser necessariamente como ele é: essência e predicados ou categorias;
- aquilo que faz um Ser existir como algo determinado: a substância individual (substância primeira) e a substância como gênero ou espécie (substância segunda).

É isto estudar "o Ser enquanto Ser".

Capítulo 3
As aventuras da metafísica

O cristianismo e a tarefa da evangelização

Ao surgir, o cristianismo era mais uma entre as várias religiões orientais; suas raízes encontravam-se na religião judaica, isto é, numa religião que, como todas as religiões antigas, era nacional ou de um povo particular. No entanto, havia nele algo inexistente no judaísmo e nas outras religiões antigas: a ideia de evangelização, isto é, de espalhar a "boa-nova" para o mundo inteiro, a fim de converter os não cristãos e tornar-se uma religião universal.

Ora, como converter a essa religião pessoas de outras religiões, que possuíam um passado e um sentido próprios para elas? Os evangelizadores usaram muitos expedientes para isso, levando em conta as condições e a mentalidade dos que deveriam ser convertidos. Para o nosso assunto, interessa apenas um tipo de evangelização e conversão: o dos intelectuais gregos e romanos, isto é, daqueles que haviam sido formados não só em religiões diferentes da judaica, como também haviam sido educados na tradição racionalista da filosofia. Para convertê-los e mostrar a superioridade da verdade cristã sobre a tradição filosófica, os primeiros Padres da Igreja ou intelectuais cristãos (São Paulo, São João, Santo Ambrósio, Santo Eusébio, Santo Agostinho, entre outros) adaptaram as ideias filosóficas à religião cristã e fizeram surgir uma filosofia cristã.

Em vários aspectos, podemos dizer que o cristianismo, enquanto tal, não precisava de uma filosofia:

- sendo uma religião da salvação, seu interesse maior estava na moral, na *prática* dos preceitos virtuosos deixados por Jesus, e não em uma *teoria* sobre a realidade;
- sendo uma religião vinda do judaísmo, já possuía uma ideia muito clara do que era o Ser, pois Deus disse a Moisés: "Eu sou aquele que é, foi e será. Eu sou aquele que sou";
- sendo uma religião, seu interesse maior estava na fé e não na razão teórica, na crença e não no conhecimento intelectual, na revelação e não na reflexão.

Foi, portanto, o desejo de converter os intelectuais gregos e os chefes e imperadores romanos (isto é, aqueles que estavam acostumados à filosofia) que "empurrou" os cristãos para a metafísica.

As tradições metafísicas encontradas pelo cristianismo

São Paulo, um dos pensadores da Antiguidade cristã, em pintura renascentista.

Evidentemente, as duas grandes tradições metafísicas incorporadas pelo cristianismo foram o **platonismo** e o **aristotelismo**. No entanto, como as obras de Platão e Aristóteles haviam ficado perdidas durante vários séculos, antes de incorporá-las o cristianismo tomou contato com três outras tradições metafísicas, que formaram, assim, o conteúdo das primeiras elaborações metafísicas cristãs: o **neoplatonismo**, o **estoicismo** e o **gnosticismo**.

O neoplatonismo, como o nome indica, foi uma retomada da filosofia de Platão, mas com um conteúdo espiritualista e místico. Os neoplatônicos afirmavam a existência de três realidades distintas por essência: o mundo sensível da matéria ou dos corpos, o mundo inteligível das puras formas imateriais, e, acima desses dois mundos, uma realidade suprema, separada de todo o resto, inalcançável pelo intelecto humano, luz pura e esplendor imaterial, o Uno ou o Bem. Por ser uma luz, o Uno se irradia; suas irradiações (que os neoplatônicos chamavam de *emanações*) formaram o mundo inteligível, onde estão o Ser, a Inteligência e a Alma do Mundo.

Dessas primeiras emanações perfeitas seguiram outras, mais afastadas do Uno e, por isso, imperfeitas: o mundo sensível da matéria, imagem decaída ou cópia imperfeita do mundo inteligível. Por seu intelecto, o homem participa do mundo inteligível. Purificando-se da matéria de seu corpo, desenvolvendo seu intelecto, o homem pode subir além do pensamento e ter o êxtase místico, pelo qual se funde com a luz do Uno e retorna ao seio da realidade suprema ou do Bem.

O estoicismo, embora muito diferente do neoplatonismo — pois negava a existência de realidades separadas e superiores ao mundo sensível —, também influenciou o pensamento cristão. Os estoicos afirmavam a existência de uma Razão Universal ou Inteligência Universal, que produz e governa toda a realidade, de acordo com um plano racional necessário, a que davam o nome de Providência. O homem, embora impulsionado por instintos, como os animais, participa da Razão Universal porque possui razão e vontade.

A participação na racionalidade universal não se dá pelo simples conhecimento intelectual, mas pela ação moral, isto é, pela renúncia a todos os instintos, pelo domínio voluntário racional de todos os desejos e pela aceitação da Providência. A Razão Universal é a natureza; a Providência é o conjunto das leis necessárias que regem a natureza; a ação racional humana (própria do sábio) é a vida em conformidade com a natureza e com a Providência.

O gnosticismo era um dualismo metafísico, isto é, afirmava a existência de dois princípios supremos de onde provinha toda a realidade: o Bem, ou a luz imaterial, e o Mal, ou a treva material. Para os gnósticos, o mundo natural ou o mundo sensível é resultado da vitória do Mal sobre o Bem e por isso afirmavam que a salvação estava em libertar-se da matéria (do corpo) através do conhecimento intelectual e do êxtase místico. Gnosticismo vem da palavra grega *gnosis*, que significa "conhecimento". Para os gnósticos, o conhecimento intelectual pode, por si mesmo, alcançar a verdade plena e total do Bem e afastar os poderes materiais do Mal.

Que fez o cristianismo nascente?

Adaptou à nova fé várias concepções da metafísica neoplatônica, disso resultando os seguintes pontos doutrinários:

- separação entre material-corporal e espiritual-incorporal;
- separação entre Deus-Uno e o mundo material;
- transformação da primeira emanação neoplatônica (Ser, Inteligência, Alma do Mundo) na ideia da Trindade divina, pela afirmação de que o Deus-Uno se manifesta em três emanações idênticas a ele próprio: o Ser, que é o Pai; a Inteligência, que é o Espírito Santo; a Alma do Mundo, que é o Filho;
- afirmação de que há uma segunda emanação, isto é, aquela que vem da luz da Trindade e que forma o mundo inteligível das puras formas ou inteligências imateriais perfeitas, que são os anjos (arcanjos, querubins, serafins, etc.);
- modificação da ideia neoplatônica quanto ao mundo sensível pela afirmação de que o mundo sensível ou material não é uma emanação de Deus, mas uma *criação*: Deus fez o mundo do nada, como diz a Bíblia, no livro da Gênese;
- admissão de que a alma humana participa da divindade — não diretamente, e sim pela mediação do Filho e do Espírito Santo —, e que o conhecimento intelectual não é suficiente para levar ao êxtase místico e ao contato com Deus, sendo necessária a *graça santificante*, que o crente recebe por um mistério divino.

Do estoicismo, o cristianismo manteve duas ideias:

- a de que existe uma Providência divina racional, que governa todas as coisas e o homem;
- a de que a perfeição humana depende de abandonar todos os apetites, impulsos e desejos corporais ou carnais, entregando-se à Providência. Essa entrega, porém, não é, como pensavam os estoicos, uma ação deliberada de nossa vontade guiada pela razão, mas exige como condição a fé em Cristo e a graça santificante.

O gnosticismo será considerado uma heresia e, por isso, rejeitado. No entanto, o cristianismo conservará do gnosticismo duas ideias:

- a de que o Mal existe realmente: é o demônio;
- a de que a matéria ou a carne é o centro onde o demônio, isto é, o Mal, age sobre o mundo e sobre o homem.

Al-Farabi (c. 870–950)

Alguns séculos mais tarde, o cristianismo tomou conhecimento de algumas das obras de Platão e de algumas das obras de Aristóteles que haviam sido conservadas e traduzidas por filósofos árabes, como Averróis, Avicena e Al-Farabi, e comentadas por filósofos judeus como Filon de Alexandria e Maimônides. Reunindo essas obras e as elaborações precedentes, baseadas nas três tradições mencionadas, o cristianismo reorganizou a metafísica grega, adaptando-a às necessidades da religião cristã.

A metafísica cristã

Filon de Alexandria (25 a.C. – c. 50)

Embora a metafísica cristã seja uma reelaboração da metafísica grega, muitas das ideias gregas não poderiam ser aceitas pelo cristianismo. Vejamos alguns exemplos:

- para os gregos, o mundo (sensível e inteligível) é eterno; para os cristãos, o mundo foi criado por Deus a partir do nada e terminará no dia do Juízo Final;

- para os gregos, a divindade é uma força cósmica racional impessoal; para os cristãos, Deus é pessoal, é a unidade de três pessoas e por isso é dotado de intelecto e de vontade, como o homem, embora superior a este, porque o intelecto divino é onisciente (sabe tudo desde toda a eternidade) e a vontade divina é onipotente (pode tudo desde toda a eternidade);

- para os gregos, o homem é um ser natural, dotado de corpo e alma, esta possuindo uma parte superior e imortal que é o intelecto ou razão; para os cristãos, o homem é um ser misto, natural por seu corpo, mas sobrenatural por sua alma imortal;

- para os gregos, a liberdade humana é uma forma de ação, isto é, a capacidade da razão para orientar e governar a vontade, a fim de que esta escolha o que é bom, justo e virtuoso; para os cristãos, o homem é livre porque sua vontade é uma capacidade para escolher tanto o bem quanto o mal, sendo mais poderosa do que a razão e, pelo pecado, destinada à perversidade e ao vício, de modo que a ação moral só será boa, justa e virtuosa se for guiada pela fé e pela revelação;

- para os gregos, o conhecimento é uma atividade do intelecto (o êxtase místico de que falavam os neoplatônicos não era algo misterioso ou irracional, mas a forma mais alta da intuição intelectual); para os cristãos, a razão humana é limitada e imperfeita, incapaz de, por si mesma e sozinha, alcançar a verdade, precisando ser socorrida e corrigida pela fé e pela revelação.

Essas diferenças — e muitas outras que não foram mencionadas aqui — acarretaram grandes mudanças na metafísica herdada dos gregos. O problema principal para os cristãos foi o de encontrar um meio para reunir as verdades da razão (filosofia) e as verdades da fé (religião), isto é, para reunir novamente aquilo que, ao nascer, a filosofia havia separado, pois separara razão e mito.

De modo bastante resumido, podemos dizer que os aspectos que passaram a constituir o centro da nova metafísica foram os seguintes:

- provar a existência de Deus e os atributos ou predicados de sua essência. Para a metafísica grega, a divindade era uma força imaterial, racional e impessoal conhecida por nossa razão. Para a metafísica cristã, Deus é uma pessoa trina ou uma pessoa misteriosa, que se revela ao espírito dos que possuem fé. Como conciliar a concepção racionalista dos gregos e a concepção religiosa dos cristãos? Provando racionalmente que Deus existe, mesmo que a causa de sua existência seja um mistério da fé. E provando racionalmente que ele possui, por essência, os seguintes predicados: eternidade, infinitude, onisciência, onipotência, bondade, justiça e misericórdia, mesmo que tais atributos sejam um mistério da fé;

- provar que o mundo existe e não é eterno, mas foi criado do nada por Deus e retornará ao nada, no dia do Juízo Final; provar que o mundo resulta da vontade divina e é governado pela Providência divina, a qual age tanto por meios naturais (as leis da natureza) quanto por meios sobrenaturais (os milagres). Por que era necessária essa prova? Porque, do ponto de vista da razão, Deus, sendo perfeito, completo, pleno e eterno, não carecia de nada, não precisava de nada e, portanto, não tinha por que nem para que criar o mundo;

- provar que, embora Deus seja imaterial e infinito, sua ação pode ter efeitos materiais e finitos, como o mundo e o homem; portanto, provar que Deus é causa eficiente de todas as coisas e que uma causa imaterial e infinita pode produzir um efeito material e finito, mesmo que isso seja um mistério da fé que a razão é obrigada a aceitar.

De fato, a filosofia grega, em nome dos princípios da identidade e da não contradição, sempre demonstrou que uma causa precisa ser de mesma natureza que seu efeito e, por esse motivo, as Ideias (em Platão) e o Primeiro Motor Imóvel (em Aristóteles) eram causas finais e jamais causas materiais, formais ou eficientes. Por quê? Porque uma causa final age a distância, sem se identificar com aquilo que a deseja, a procura. Ao contrário, as outras três causas agem diretamente sobre as coisas semelhantes a elas, de mesma natureza que elas. Uma planta causa outra planta, um animal causa outro animal semelhante, um humano causa o nascimento de outro ser humano, e assim por diante.

Ora, a criação do mundo por Deus seria, para a metafísica grega, uma irracionalidade e uma contradição, pois se trata de um ser infinito e imaterial, cuja ação produz um efeito oposto à natureza da causa, isto é, finito e material. Um mistério da fé, dirão os metafísicos cristãos.

- provar que a alma humana existe e que é imortal, estando destinada à salvação ou à condenação eternas, segundo a vontade da Providência divina;

- provar que não há contradição entre a liberdade humana e a onisciência-onipotência de Deus. A contradição existe para a razão, mas não existe para a fé.

Qual seria a contradição racional entre a liberdade humana para fazer o bem ou o mal, e a onisciência-onipotência divina? A contradição estaria no fato de que, se Deus fez cada um dos homens e, desde a eternidade, sabe o que cada um deles escolherá, então o homem não é livre, mas já foi predeterminado pela vontade de Deus. Para a fé não há contradição alguma nisso, embora haja mistério.

- provar que as ideias (platônicas), ou as emanações (neoplatônicas), ou os gêneros e as espécies (aristotélicos) existem, são substâncias reais, criadas pelo intelecto e pela vontade de Deus e existem na mente divina. Em outras palavras, ideias, emanações, gêneros e espécies são substâncias universais e os universais existem tanto quanto os indivíduos;

- provar que o Ser se diz ou deve ser entendido de modo diferente conforme se refira a Deus ou às criaturas. Para os gregos, no entanto, o Ser existia de diferentes maneiras, mas possuía um único sentido no que se refere à realidade e à essência de todos os entes. Essa ideia, para os cristãos, não poderá ser mantida.

Platão, por exemplo, afirmou que o Ser só podia estar referido às ideias do mundo inteligível, pois as coisas sensíveis eram o Não Ser, cópia, imagem, sombra do verdadeiro Ser. Já Aristóteles considerou o Ser como real para as coisas naturais ou sensíveis, para o Primeiro Motor Imóvel, para os seres matemáticos, pois a diferença entre eles referia-se apenas ao fato de poderem estar ou não submetidos à mudança ou ao devir.

No caso do cristianismo, porém, não era possível manter a diferença platônica entre o Ser e o Não Ser, pois este mundo e tudo o que nele existe é obra de Deus, é criatura de Deus e não mera aparência. Mas também não era possível manter a ideia aristotélica de que a diferença entre os seres estaria apenas na presença ou ausência do devir ou da mudança, pois para os cristãos o ser de Deus é de natureza diferente do ser das coisas, uma vez que ele é criador e elas são criaturas, e não há nada em comum entre eles. O resultado da necessidade de afirmar que o Ser não possui o mesmo sentido, quando aplicado a Deus e às criaturas, foi a divisão da metafísica em três tipos de conhecimento:

1. a teologia, que se refere ao Ser como ser divino ou Deus;
2. a psicologia racional, que se refere ao Ser como essência da alma humana;
3. a cosmologia racional, que se refere ao Ser como essência das coisas naturais ou do mundo.

- finalmente, e como consequência de todas essas concepções, provar que fé e razão, revelação e conhecimento intelectual não são incompatíveis nem contraditórios e, quando o forem, a fé ou revelação deve ser considerada superior à razão e ao intelecto, que devem submeter-se a ela.

Evidentemente, os pensadores cristãos nunca se puseram de acordo sobre todos esses aspectos, e uma das marcas características da metafísica cristã foi a *controvérsia*.

Para alguns, por exemplo, os chamados "universais" (ideias, emanações, gêneros, espécies) eram nomes gerais criados por nossa razão e não seres, substâncias ou essências reais. Para outros, o Ser deveria ser afirmado com o mesmo sentido para Deus e para as criaturas, a diferença entre eles sendo de grau e não de natureza. Para muitos, fé e razão eram incompatíveis e deveriam ser inteiramente separadas, cada qual com seu campo próprio de conhecimento, sem que uma devesse submeter-se à outra. E assim por diante.

Independentemente das controvérsias, divergências e diferenças entre os pensadores, o cristianismo legou para a metafísica a separação entre teologia (Deus), psicologia racional (alma) e cosmologia racional (mundo), bem como a identificação de três conceitos: *ser*, *essência* e *substância*, que se tornaram sinônimos.

Como consequência da identificação entre ser, essência e substância, de um lado, e, de outro a afirmação de que existem essências ou substâncias universais tanto quanto individuais, a metafísica passou a ter um número ilimitado de seres para investigar: as substâncias universais como água, ar, terra, fogo, homem, anjo, animal, vegetal, o bem, o verdadeiro, o justo, o belo, o pesado, o leve; as substâncias individuais ou os seres particulares; as substâncias celestes, as terrestres, as aquáticas, as matemáticas, as orgânicas, as inorgânicas, etc. Cada uma delas era investigada segundo os três princípios (identidade, contradição, terceiro excluído), as quatro causas (material, formal, eficiente, final), o ato e a potência, a matéria e a forma, as categorias (qualidade, quantidade, ação, paixão, relação, tempo, lugar, etc.), o simples e o composto, etc.

A metafísica clássica ou moderna

A partir do final do século XVI e, com maior intensidade, no início do século XVII, o pensamento ocidental começa a sofrer uma mudança considerável, que irá manifestar-se na metafísica.

Os filósofos clássicos (século XVII) julgavam-se modernos por terem rompido com a tradição do pensamento platônico, aristotélico e neoplatônico e, por conseguinte, por não mais aceitarem a tradição que havia sido elaborada pelos medievais. Por rejeitarem a autoridade religiosa e a autoridade dos antigos em assunto filosófico, vimos que o ponto de partida da filosofia é a teoria do conhecimento, isto é, a investigação sobre a capacidade humana para conhecer a verdade, de modo que uma coisa ou um ente só é considerado real se a razão humana puder conhecê-lo, isto é, se puder ser objeto de uma ideia verdadeira estabelecida rigorosa e metodicamente pelo intelecto humano. Essa exigência conduz a uma reelaboração completa da metafísica. Podemos, de modo resumido, apontar os seguintes traços característicos da nova metafísica:

- afirmação da incompatibilidade entre fé e razão, acarretando a separação de ambas, de sorte que a religião e a filosofia possam seguir caminhos próprios, mesmo que a segunda não esteja publicamente autorizada a expor ideias que contradigam as verdades ou dogmas da fé (a Inquisição e o Santo Ofício, criados pela Igreja Católica para controlar os pensamentos dos cristãos, eram atuantes e não foram poucos os pensadores submetidos a tais tribunais, como foi o caso de Galileu);

- redefinição do conceito de Ser ou substância. Os modernos conservam a definição tradicional da substância como o Ser que existe em si e por si mesmo, que subsiste em si e por si mesmo. Porém, em lugar de considerar que a substância se define por gênero e espécie, havendo tantos tipos de substâncias quantos gêneros e espécies houver, passa-se a definir a substância levando em consideração seus predicados essenciais ou seus atributos essenciais, isto é, aquelas propriedades ou atributos sem os quais uma substância não é o que ela é.

  Por esse critério, Descartes e os cartesianos dirão que há somente três substâncias: a substância pensante (a alma), definida pelo atributo do pensamento; a substância extensa (a matéria dos corpos), definida pelo atributo da extensão; e a substância infinita (Deus), definida pelo atributo da infinitude.

  Filósofos empiristas, como o inglês Thomas Hobbes, consideram que não temos como conhecer a substância divina nem a substância anímica porque não são dadas à experiência sensorial e por isso é mais adequado falar apenas em substância corpórea. Como consequência, só conhecemos corpo e por isso Hobbes nega que possamos elaborar uma metafísica: podemos elaborar uma geometria e uma física, que são conhecimentos de coisas corporais.

  Espinosa (1632–1677)

  Por sua vez, o filósofo judeu-holandês Baruch Espinosa considera que é preciso levar em conta a definição geral de substância, aceita por todos os filósofos desde os tempos de Aristóteles. Essa definição é: "substância é aquilo que existe em si e por si e não depende de outros para existir".

  Se essa é a definição de substância, então todas as coisas que foram criadas ou produzidas por Deus não podem ser chamadas de substância, pois não existem por si mesmas e dependem da ação divina para existir. Consequentemente, diz Espinosa, no Universo há uma única substância, Deus ou a natureza. A definição geral de substância é: aquilo que existe em si e por si e que não depende de outros seres para existir.

- redefinição do conceito de causa ou causalidade. Vimos que a metafísica aristotélica propunha quatro tipos de causas, pois a causa era entendida como aquilo que é responsável pela matéria, pela forma, pela ação e pela finalidade de alguma coisa.

  Os modernos consideram que causa é aquilo que produz um efeito determinado e admitem apenas dois tipos de causas: a *eficiente* e a *final*. O efeito pode ser produzido por um antecedente (o fogo é a causa ou o antecedente do aquecimento e da dilatação de um corpo) ou em vista de um fim (nossas ações nascem de escolhas que fazemos dos meios para alcançar um determinado fim). *Causa eficiente* é aquela na qual uma ação anterior determina como consequência necessária a produção de um efeito. *Causa final* é aquela que determina, para os seres pensantes, a escolha da realização ou não realização de uma ação. A causa eficiente tem alcance universal na natureza, isto é, a totalidade da natureza opera por relações de causa e efeito ou por causalidade eficiente necessária. A causa final só tem validade para a ação de seres dotados de razão e vontade, portanto, só opera na ação de Deus e nas ações dos homens. Não há causa final nas operações da natureza.

- a metafísica não se divide em teologia, psicologia racional e cosmologia racional. A teologia é um conhecimento diferente da metafísica, embora, como esta, estude a substância infinita; a psicologia racional é um conhecimento diferente da metafísica, embora, como esta, estude a substância pensante; a cosmologia é diferente da metafísica, embora, como esta, estude a substância extensa.

O vento é a causa eficiente do movimento das hélices dos geradores de energia, em fazenda de vento na Califórnia, Estados Unidos.

Que estuda a metafísica? A essência do ser infinito, a essência do ser pensante ou do pensamento, a essência do ser extenso ou da extensão e a essência de um ser composto de pensamento e extensão, isto é, o homem. Como são estudados? Como conceitos ou ideias rigorosamente racionais.

A substância infinita é conhecida pela ideia racional de um fundamento ou princípio absoluto que produz a essência e a existência de tudo o que existe — é Deus. A substância pensante é conhecida pela ideia racional de uma faculdade intelectual e volitiva que produz pensamentos e ações segundo normas, regras e métodos estabelecidos por ela mesma enquanto poder de conhecimento — é a consciência como faculdade de reflexão e de representação da realidade por meio de ideias verdadeiras e como vontade que escolhe as ações. A substância extensa é conhecida pela ideia racional de uma realidade físico-geométrica que produz os corpos como figuras e formas dotadas de comprimento, largura, profundidade, volume e movimento — é a natureza como sistema de leis necessário definido pela mecânica e pela matemática.

Três ideias e apenas três operam na metafísica: a ideia do ser infinito como causa eficiente da natureza e do homem; a ideia do ser pensante finito como causa eficiente dos pensamentos, dos conceitos e das ações humanas; a ideia do ser extenso ou natureza como causa eficiente que, pelas relações de movimento e repouso, produz todos os corpos. Deus, homem e natureza são os objetos da metafísica. Infinito, finito, causa eficiente e causa final são os primeiros princípios de que se ocupa a metafísica. Ideias verdadeiras produzidas pelo intelecto humano, com as quais o sujeito do conhecimento representa e conhece a realidade, são os fundamentos da metafísica como ciência verdadeira ou como Filosofia Primeira.

A grande crise da metafísica: David Hume

Se a realidade investigada pela metafísica é aquela que pode e deve ser racionalmente estabelecida pelas ideias verdadeiras produzidas pelo pensamento ou pela razão humana, que acontecerá se se provar que tais ideias são hábitos mentais do sujeito do conhecimento e não correspondem a realidade alguma?

A metafísica antiga e medieval baseava-se na afirmação de que a realidade ou o Ser existe em si mesmo e que ele se oferece tal como é ao pensamento.

A metafísica clássica ou moderna baseava-se na afirmação de que o intelecto humano ou o pensamento possui o poder para conhecer a realidade tal como é em si mesma e que, graças às operações intelectuais ou aos conceitos que representam as coisas e as transformam em objetos de conhecimento, o sujeito do conhecimento tem acesso ao Ser.

Tanto num caso como noutro, a metafísica baseava-se em dois pressupostos:

1. a realidade em si existe e pode ser conhecida;
2. ideias ou conceitos são um conhecimento verdadeiro da realidade, porque a verdade é a correspondência entre as coisas e os pensamentos, ou entre o intelecto e a realidade.

Esses dois pressupostos assentavam-se num único fundamento: a existência de um Ser Infinito (Deus) que garantia a realidade e a inteligibilidade de todas as coisas, dotando os humanos de um intelecto capaz de conhecê-los tais como são em si mesmos.

David Hume dirá que os dois pressupostos da metafísica não têm fundamento, não possuem validade alguma.

David Hume (1711–1776), filósofo britânico.

A metafísica — antiga, medieval e clássica ou moderna — era sustentada por três princípios que já estudamos quando tratamos da ideia ocidental da razão: o princípio da identidade, o da não contradição e o da razão suficiente ou da causalidade. Os dois primeiros serviam de garantia para a ideia de substância ou essência; o terceiro servia de garantia para explicar a origem e a finalidade das coisas, bem como as relações entre os seres.

Hume, partindo da teoria do conhecimento, mostrou que o sujeito do conhecimento opera associando sensações, percepções e impressões recebidas pelos órgãos dos sentidos e retidas na memória. As ideias nada mais são do que hábitos mentais de associação de impressões semelhantes ou de impressões sucessivas.

Que é a ideia de substância ou de essência? Nada mais do que um nome geral dado para indicar um conjunto de imagens e de ideias que nossa consciência tem o hábito de associar por causa das semelhanças entre elas. O princípio da identidade e o da não contradição são simplesmente o resultado de percebermos repetida e regularmente certas coisas semelhantes e sempre da mesma maneira, levando-nos a supor que, porque as percebemos como semelhantes e sempre da mesma maneira, isso lhes daria uma identidade própria, independente de nós.

Que é a ideia da causalidade? O mero hábito que nossa mente adquire de estabelecer relações de causa e efeito entre percepções e impressões sucessivas, chamando as anteriores de causas e as posteriores de efeitos. A repetição constante e regular de imagens ou impressões sucessivas nos leva à crença de que há uma causalidade real, externa, própria das coisas e independente de nós.

Substância, essência, causa, efeito, matéria, forma e todos os outros conceitos da metafísica (Deus, mundo, alma, infinito, finito, etc.) não correspondem a seres, a entidades reais e externas, independentes do sujeito do conhecimento, mas são nomes gerais com que o sujeito nomeia e indica seus próprios hábitos associativos. Eis por que a metafísica foi sempre alimentada por controvérsias infindáveis, pois não se referia a nenhuma realidade externa existente em si e por si, mas a hábitos mentais dos sujeitos, hábitos que são muito variáveis e dão origem a inúmeras doutrinas filosóficas sem nenhum fundamento real.

A partir de Hume, a metafísica, tal como existira desde os gregos, tornava-se impossível.

Kant e o fim da metafísica clássica

O primeiro a reagir aos problemas postos por Hume foi Kant, ao declarar que, graças ao filósofo inglês, pôde "despertar do sono dogmático". O que é o sono dogmático? É tomar como ponto de partida da metafísica a ideia de que existe uma realidade em si (Deus, alma, mundo, infinito, finito, matéria, forma, substância, causalidade), que pode ser conhecida por nossa razão ou, o que dá no mesmo, tomar como ponto de partida da metafísica a afirmação de que as ideias produzidas por nossa razão correspondem exatamente a uma realidade externa, que existe em si e por si mesma.

Dogmático é aquele que aceita, sem exame e sem crítica, afirmações sobre as coisas e sobre as ideias. Hume despertou a metafísica do sono dogmático porque a forçou a indagar sobre sua própria validade e sua pretensão ao conhecimento verdadeiro.

Alegoria dos cinco sentidos, pintura de Gérard de Lairesse, de 1668: a audição é representada pela criança que toca o triângulo; a visão, pela criança com o espelho; o paladar, pela mulher com a fruta; o olfato, pela criança segurando flores; o tato, pelo contato dos corpos — as sensações, percepções e impressões de que fala Hume.

Ver Unidade 2, especialmente o capítulo 4, e também a Unidade 3, especialmente o capítulo 3.

O que é *despertar do sono dogmático*? É indagar, antes de tudo, se a metafísica é possível e, se for, em que condições é possível. Despertar do dogmatismo é elaborar uma *crítica da razão teórica*, isto é, um estudo sobre a estrutura e o poder da razão para determinar o que ela pode e o que ela não pode conhecer verdadeiramente.

Quando examinamos os conceitos de razão e verdade, vimos que Kant realizou uma "revolução copernicana" em filosofia, isto é, exigiu que, antes de qualquer afirmação sobre as ideias, houvesse o estudo da própria capacidade de conhecer, isto é, da razão, e que era preciso mostrar que a razão não depende das coisas nem é regulada por elas e sim as coisas dependem da razão e são reguladas por ela. Vimos também que ele distinguira duas grandes modalidades de conhecimento: os conhecimentos empíricos, isto é, baseados nos dados da experiência psicológica de cada um de nós, e os conhecimentos *a priori*, isto é, baseados exclusivamente na estrutura interna da própria razão, independentemente da experiência individual de cada um. Vimos, além disso, que ele distinguira as duas maneiras pelas quais esses dois tipos de conhecimentos se exprimem: os juízos analíticos ou explicativos (em que o predicado apenas explicita o conteúdo pensado no conceito do sujeito) e os juízos sintéticos ou ampliativos (em que o predicado acrescenta novos dados que não estavam pensados no conceito do sujeito). Finalmente, vimos que a questão do conhecimento estava resumida numa pergunta fundamental: são possíveis juízos sintéticos *a priori*?

De fato, diz Kant, um juízo, para ter valor científico e filosófico ou valor teórico, deve preencher duas condições:

1. ser universal e necessário;
2. ser verdadeiro, isto é, corresponder à realidade que enuncia.

Os juízos analíticos preenchem as duas condições, mas não os juízos sintéticos. Por quê? Porque um juízo sintético se baseia nos dados da experiência individual e, como bem mostrou Hume, tal experiência nos dá sensações e impressões que associamos em ideias, mas estas não são universais e necessárias nem correspondem à realidade.

Ora, como já vimos, somente juízos sintéticos são fonte do conhecimento. Portanto, se quisermos realizar metafísica e ciência, temos, primeiro, de provar que são possíveis juízos sintéticos universais, necessários e verdadeiros e, portanto, demonstrar que tais juízos não podem ser empíricos e sim devem ser juízos sintéticos *a priori*, ou seja, que não dependem da experiência individual. A pergunta: "É possível a metafísica como ciência?" (isto é, como conhecimento universal, necessário e verdadeiro) só poderá ser respondida se, primeiro, for provado que há ou que pode haver juízos sintéticos *a priori* sobre as realidades metafísicas, isto é, Deus, alma, mundo, substância, matéria, forma, infinito, finito, causalidade, etc. Se tais juízos não forem possíveis, a metafísica como ciência não será possível.

Vimos que Kant demonstrou a existência e a validade dos juízos sintéticos *a priori* nas ciências, apresentando, de um lado, a diferença entre *fenômeno* (a realidade para nosso entendimento) e *nôumeno* (a realidade em si), e, de outro, que o conhecimento da realidade é fenomênico, ou seja, a maneira como o sujeito do conhecimento organiza de modo universal e necessário os dados da experiência, graças às formas *a priori* da sensibilidade (espaço e tempo) e dos conceitos *a priori* do entendimento (as categorias). O que é conhecer?

Conhecer é formular juízos que nos apresentem todas as propriedades de um objeto (as suas propriedades positivas) e excluam todas as propriedades que o objeto não pode possuir (as propriedades negativas). Por exemplo, quando digo: "O número 4 é um inteiro par", esse juízo afirma que um certo objeto (4) é alguma coisa (é um número) que possui determinadas propriedades positivas (inteiro, par) e, por conseguinte, dele estão excluídas propriedades negativas, diferentes das que possui (fracionário e ímpar).

Quando digo: "Isto é uma mesa, é de madeira, possui quatro pés, está junto à janela, é usada para escrever", este juízo afirma que certo objeto (isto) é alguma coisa (mesa) que possui certas qualidades (madeira, quatro pés, serve para escrever, está junto à janela) e, por conseguinte, dele estão excluídas outras coisas (não é uma cadeira, não é um livro) e a ele são negadas certas propriedades (não é de vidro, não está junto à porta, não serve para deitar, etc.).

Um juízo, portanto, nos dá a conhecer alguma coisa, desde que esta possa ser apreendida nas formas do espaço e do tempo e nos conceitos do entendimento. Uma coisa passa a existir quando se torna objeto de um juízo. Isso não significa que o juízo *cria* a própria coisa, mas sim que *a faz existir para nós*. O juízo *põe* a realidade de alguma coisa ao colocá-la como sujeito de uma proposição, isto é, ao colocá-la como objeto de um conhecimento. É, portanto, o juízo que põe a qualidade, a quantidade, a causalidade, a substância, a matéria, a forma, a essência das coisas, na medida em que estas existem apenas enquanto são objetos de conhecimento postos pelas formas do espaço, do tempo e pelos conceitos do entendimento.

Em outras palavras, uma coisa existe quando pode ser posta pelo sujeito do conhecimento, entendido não como um sujeito individual e psicológico (João, Pedro, Maria, Ana), mas como o sujeito universal ou estrutura *a priori* universal da razão humana, aquilo que Kant denomina de Sujeito Transcendental. Quando o juízo for sintético e *a priori*, o conhecimento obtido é universal, necessário e verdadeiro. Podemos saber o que são e como são esses juízos sintéticos *a priori* examinando a matemática e a física.

No entanto, a demonstração de que, graças às formas *a priori* da sensibilidade e graças aos conceitos *a priori* do entendimento, os juízos sintéticos *a priori* são possíveis, é uma demonstração que não ajuda em nada a pergunta sobre a possibilidade da metafísica. Por quê?

Como vimos, Kant distinguiu duas modalidades de realidade: a que se oferece a nós na experiência e recebe as formas da sensibilidade e as categorias do entendimento (o fenômeno) e a que não se oferece à experiência nem recebe formas e categorias (o nôumeno). Ora, a metafísica pretende ser a ciência que conhece as coisas em si, o *nôumeno*, aquilo que seria dado ao pensamento puro sem nenhuma relação com a experiência. No entanto, só há conhecimento universal e necessário — ciência verdadeira — daquilo que é organizado pelo sujeito do conhecimento (o sujeito transcendental) nas formas do espaço e do tempo e de acordo com os conceitos do entendimento. Se o *nôumeno* é aquilo que nunca se apresenta à sensibilidade nem ao entendimento, mas é afirmado pelo pensamento puro, não pode ser conhecido. E se o *nôumeno* é o objeto da metafísica, esta não é um conhecimento possível.

Tomemos um exemplo que vai nos ajudar na compreensão da argumentação kantiana.

Quando a metafísica se refere a Deus, ela o define como imaterial, infinito, eterno, incausado, princípio e fundamento das essências e existências de todos os seres.

Vejamos cada uma das qualidades atribuídas ao sujeito "Deus" ou à ideia de Deus.

Sujeito Transcendental: a palavra *transcendental* vem do vocabulário medieval e significa: "aquilo que torna possível alguma coisa, a condição necessária de possibilidade da existência e do sentido de alguma coisa. Ao falar em Sujeito Transcendental, Kant está afirmando que o sujeito do conhecimento ou a razão pura universal é a condição necessária de possibilidade dos objetos do conhecimento que, por isso, são postos por ele.

Imaterial: portanto, não espacial; infinito: portanto, não espacial; eterno: portanto, não temporal; incausado: portanto, sem causa; princípio e fundamento de tudo: portanto, acima e fora de toda a realidade conhecida, não submetido a nenhuma condição ou incondicionado.

A ideia metafísica de Deus é a ideia de um ser que não pode nos aparecer sob a forma do espaço e tempo; de um ser ao qual a categoria da causalidade não se aplica; de um ser que, nunca tendo sido dado a nós, é posto, entretanto, como fundamento e princípio de toda a realidade e de toda a verdade. Assim, a ideia metafísica de Deus escapa de todas as condições de possibilidade do conhecimento humano e, portanto, a metafísica usa ilegitimamente essa ideia para afirmar que Deus existe e para dizer o que ele é. Kant emprega uma argumentação semelhante para dois outros objetos da metafísica: a existência da alma ou substância pensante e a discussão da finitude ou infinitude do mundo.

Até agora, diz Kant, a metafísica tem sido uma insensatez dogmática. Tem sido a pretensão de conhecer aqueles seres que, justamente, escapam de toda possibilidade humana de conhecimento, pois são seres aos quais não se aplicam as condições universais e necessárias dos juízos, isto é, espaço, tempo, causalidade, qualidade, quantidade, substancialidade, etc. Essa metafísica não é possível.

Mas isso não significa que toda metafísica seja impossível.

Qual é a metafísica possível? É aquela que tem como objeto a investigação dos conceitos usados pelas ciências — espaço, tempo, quantidade, qualidade, causalidade, substancialidade, universalidade, necessidade, etc. —, isto é, que tem como objeto o estudo das condições de possibilidade de todo conhecimento humano e de toda experiência humana possível, ou seja, o estudo das condições *a priori* da existência dos objetos do conhecimento. A metafísica estuda, portanto, *as condições universais e necessárias da objetividade em geral* e não o "Ser enquanto Ser", nem Deus, alma e mundo, nem substância infinita, pensante e extensa. Estuda as maneiras pelas quais o sujeito do conhecimento põe a realidade, isto é, estabelece os objetos do conhecimento e da experiência. A metafísica é o conhecimento do conhecimento humano e da experiência humana, ou, em outras palavras, do modo como os seres humanos, enquanto manifestações do Sujeito Transcendental, definem e estabelecem realidades.

Há, além desse, um outro objeto para a metafísica. Não se trata, porém, de um objeto teórico e sim de um objeto prático, qual seja, a ação humana como ação moral, ou o que Kant chama de *ação livre por dever*. Por que a moral, ou a ética, se torna objeto da metafísica? Por causa da liberdade.

Se a razão teórica deve responder à pergunta sobre a possibilidade do conhecimento verdadeiro, a razão prática deve responder à seguinte pergunta: é possível a ação livre?

A razão teórica mostra que todos os seres, incluindo os homens, são seres naturais. Isso significa que são seres submetidos a relações necessárias de causa e efeito, tais como estabelecidas pela ciência da natureza ou física. A natureza é o reino das leis naturais de causalidade e, como nela, tudo acontece de modo necessário, ela é o reino da necessidade, não havendo aí lugar para escolhas livres. No entanto, os seres humanos são capazes de agir por escolha livre, por determinação racional de sua vontade e são capazes de agir em nome de fins ou finalidades humanas, e não apenas condicionados por causas naturais necessárias. Como é isso possível?

A ação livre ou por escolha voluntária racional é uma ação por finalidade e não por causalidade necessária ou por necessidade. Nesse sentido, a ação moral mostra que, além do reino causal da natureza, existe o reino ético da liberdade e da finalidade. Cabe à metafísica o estudo dessa outra modalidade de realidade, que não é natural nem teórica, mas prática. Assim, ao lado do conhecimento da razão teórica, a metafísica tem como objeto o estudo da razão prática ou da ética.

Como é possível a liberdade? Como é possível a ação livre por finalidade? Quais são as finalidades da vida ética? O que é o dever? O que é e como é possível agir por dever? O que é a virtude? Eis alguns dos temas da metafísica como estudo da razão prática.

Capítulo 4
A ontologia contemporânea

A herança kantiana

Após a solução kantiana para o problema da metafísica, esta não mais retornou à antiga concepção de conhecimento da realidade em si, mas caminhou no sentido inaugurado por Kant, conhecido como **idealismo**.
Por que *idealismo*?

Vimos que a filosofia (na Antiguidade, na Idade Média e na Modernidade) era realista, isto é, ou partia da afirmação de que a realidade ou o Ser existem em si mesmos e que, como tais, podem ser conhecidos pela razão humana, ou partia da afirmação de que a razão humana era o poder para conhecer as coisas em si mesmas ou a realidade em si. Vimos também que o realismo clássico ou moderno introduzira uma mudança no realismo antigo e medieval, pois exigira que, antes de iniciar uma investigação metafísica da realidade, fosse respondida a questão: "Podemos conhecer a realidade?".

Vimos, a seguir, o resultado dessa exigência: David Hume mostrando que o conteúdo da metafísica são apenas nossas ideias e que estas são nomes gerais atribuídos aos hábitos psicológicos de associar os dados da sensação e da percepção. O sentimento subjetivo ou psicológico de regularidade, constância e frequência de nossas impressões são transformados em entidades metafísicas que, na verdade, não existem.

Kant completou a trajetória moderna, mas com duas inovações fundamentais: em primeiro lugar, transformou a própria teoria do conhecimento em metafísica, ao afirmar que esta investiga as condições gerais da objetividade, isto é, do conhecimento universal e necessário dos fenômenos, e, em segundo, mostrou que o sujeito do conhecimento não é, como pensara Hume, o sujeito psicológico individual, mas uma estrutura universal, idêntica para todos os seres humanos em todos os tempos e lugares, e que é a razão, como faculdade *a priori* de conhecer ou o Sujeito Transcendental. E que realidade conhecível e conhecida é a fenomênica, isto é, aquela posta pela objetividade estabelecida pelas operações do Sujeito Transcendental sobre os dados da experiência.

O que é a objetividade? O que é fenômeno? O que é a realidade enquanto objeto ou fenômeno? É a realidade estruturada pelas *ideias* produzidas pelo sujeito. Por isso a metafísica se torna *idealista* ou *um idealismo*. O conhecimento não vem das coisas para o sujeito do conhecimento, mas vai das ideias produzidas pelo sujeito para as coisas.

A contribuição da fenomenologia de Husserl

Quando estudamos a teoria do conhecimento, vimos que o filósofo alemão Husserl trouxe, no início do século XX, uma nova abordagem do conhecimento a que deu o nome de *fenomenologia*. Essa abordagem, como veremos agora, teve consequências para a metafísica.

Segundo Husserl, a fenomenologia está encarregada, entre outras, de três tarefas principais: distinguir e separar psicologia e filosofia, afirmar a prioridade do sujeito do conhecimento ou consciência reflexiva diante dos objetos e ampliar/renovar o conceito de fenômeno.

Distinção e separação entre psicologia e filosofia

No final do século XIX e no início do século XX, muitos pensadores julgaram que a psicologia tomaria o lugar da teoria do conhecimento e da lógica e, portanto, da filosofia. Na opinião deles, a ciência positiva do psiquismo seria suficiente para explicar as causas e as formas de conhecimento, sem necessidade de investigações filosóficas.

Husserl, porém, mostrou o equívoco de tal opinião. A psicologia, diz ele, como toda e qualquer ciência, estuda e explica *fatos observáveis*, mas não pode oferecer os fundamentos de tais estudos e explicações, pois os fundamentos, como o nome indica, não são fatos observáveis. O estudo dos fundamentos cabe à filosofia.

A psicologia explica, por meio de observações e de relações causais, fatos mentais e comportamentais, isto é, os mecanismos físicos, fisiológicos e psíquicos que nos fazem ter sensações, percepções, lembranças, pensamentos ou que nos permitem realizar ações pelas quais nos adaptamos ao meio ambiente. A filosofia, porém, difere da psicologia, porque investiga o que é a percepção, o que é a memória, o que é o comportamento, o que quer dizer "psíquico", o que quer dizer "físico", etc. Em outras palavras, não explica fatos mentais e de comportamento por meio de explicações causais (ou de relações de causa e efeito), mas descreve as significações que constituem a vida psíquica, o sentido das atividades e operações psíquicas. Como, para a fenomenologia, as significações são as essências, a filosofia difere da psicologia porque esta *explica fatos* e aquela *descreve essências* da vida psíquica.

Tomemos um exemplo.

Quando um psicólogo estuda a percepção, procura distinguir dois tipos de fatos: os fatos externos observáveis, a que dá o nome de estímulos (luz, calor, cor, forma dos objetos, distância, etc.), e os fatos internos indiretamente observáveis, a que dá o nome de respostas. Divide o fato perceptivo em estímulos externos e internos (o que acontece no sistema nervoso e no cérebro) e em respostas internas e externas (as operações do sistema nervoso e o ato sensorial de sentir ou perceber alguma coisa).

Quando um filósofo estuda a percepção, procede de modo muito diferente. Começa perguntando: "O que é a percepção?", diferentemente do psicólogo, que parte da pergunta: "Como acontece uma percepção?".

O que é a percepção? Antes de mais nada, é um modo de a nossa consciência relacionar-se com o mundo exterior por intermédio de nosso corpo. Em segundo lugar, é um certo modo de a consciência relacionar-se com as coisas quando as toma como realidades qualitativas (cor, sabor, odor, tamanho, forma, distâncias, agradáveis, desagradáveis, dotadas de fisionomia e de sentido, belas, feias, diferentes umas das outras, partes de uma paisagem, etc.). A percepção é uma *vivência*. Em terceiro, essa vivência é uma forma de conhecimento dotada de estrutura: há o *ato* de perceber (pela consciência) e há o *correlato* percebido (a coisa externa); a característica principal do percebido é a de oferecer-se por faces, por perfis ou perspectivas, como algo interminável, que nossos sentidos nunca podem apanhar de uma só vez e de modo total.

O que é a percepção? Ou, em outras palavras, qual é a *essência* da percepção? É uma vivência da consciência, um ato, cujo correlato são qualidades percebidas pela mediação de nosso corpo; é um modo de estarmos no mundo e de nos relacionarmos com a presença das coisas diante de nós; é um modo diferente, por exemplo, da vivência imaginativa, da vivência reflexiva, etc.

A psicologia nos diz que *há* percepção e nos oferece uma explicação causal para ela, mas não pode nos dizer o que *é* a percepção, pois para isso precisaria conhecer a essência da própria consciência.

Manutenção da prioridade do sujeito do conhecimento

Conservando-se fiel à tradição moderna e kantiana, Husserl privilegia ou dá prioridade à consciência reflexiva ou ao sujeito do conhecimento, isto é, afirma que as essências descritas pela filosofia são produzidas ou constituídas pela consciência enquanto um poder para dar significação à realidade.

A consciência de que fala o filósofo não é, evidentemente, aquela de que fala o psicólogo. Para este, a consciência é o nome dado a um conjunto de fatos externos e internos observáveis e explicados causalmente. A consciência a que se refere o filósofo é o sujeito do conhecimento, como estrutura e atividade universal e necessária do saber. É a Consciência Transcendental ou o Sujeito Transcendental.

Qual é o poder da consciência reflexiva? O de constituir ou criar as essências, pois estas nada mais são do que as *significações* produzidas pela consciência, na qualidade de um poder universal de *doação de sentido* ao mundo.

A consciência não é uma coisa entre as coisas, não é um fato observável, nem é, como imaginava a metafísica, uma substância pensante ou uma alma, entidade espiritual. A consciência é uma pura atividade, o ato de constituir essências ou significações, dando sentido ao mundo das coisas. Estas — ou o mundo como significação — são o correlato da consciência, aquilo que é visado por ela e dela recebe sentido. Não é uma substância (uma coisa), mas uma atividade (uma ação). Por ser uma ação que visa os objetos como significações, toda consciência é sempre *consciência de*. A isso (ser consciência de), Husserl dá o nome de *intencionalidade*.

A consciência é um ato intencional e sua essência é a intencionalidade, ou o ato de visar as coisas como significações. O mundo ou a realidade como significação é o correlato intencional da consciência, isto é, o que é visado por ela. Assim, por exemplo, perceber é o ato intencional da consciência, o percebido é o seu correlato intencional e a percepção é a unidade interna e necessária entre o ato e o correlato, entre o perceber e o percebido. É por esse motivo que, conhecendo a estrutura intencional ou a essência da consciência, se pode conhecer a essência da percepção (e, da mesma maneira, a essência da imaginação, da memória, da reflexão, etc.).

Ampliação/renovação do conceito de fenômeno

Desde Kant, *fenômeno* indicava aquilo que, do mundo externo, se oferece ao sujeito do conhecimento sob as estruturas cognitivas *a priori* da consciência (isto é, sob as formas *a priori* do espaço e do tempo e sob os conceitos *a priori* do entendimento). No entanto, Hegel ampliou o conceito de fenômeno, afirmando que tudo o que aparece só pode aparecer para uma consciência e que a própria consciência mostra-se a si mesma no conhecimento de si, sendo ela própria um fenômeno. Por isso, foi Hegel o primeiro a usar a palavra *fenomenologia* para com ela indicar o conhecimento que a consciência tem de si mesma por meio dos demais fenômenos que lhe aparecem.

Husserl mantém o conceito kantiano e hegeliano, mas amplia ainda mais a noção de fenômeno. Para compreendermos essa ampliação precisamos considerar a crítica que endereça a Kant e a Hegel.

Kant equivocou-se ao distinguir fenômeno e *nôumeno*, pois, com essa distinção, manteve a velha ideia metafísica da realidade em si ou do "Ser enquanto Ser", mesmo que dissesse que não a podíamos conhecer. Hegel, por sua vez, aboliu a diferença entre a consciência e o mundo, porque dissera que este nada mais é do que o modo como a consciência se torna as próprias coisas, torna-se mundo ela mesma, tudo sendo fenômeno: fenômeno interior — a consciência — e fenômeno exterior — o mundo como manifestação da consciência nas coisas.

Contra Kant, Husserl afirma que não há *nôumeno*, não há a "coisa em si" incognoscível. Tudo o que existe é fenômeno e só existem fenômenos. Fenômeno é a presença real de coisas reais diante da consciência; é aquilo que se apresenta diretamente, "em pessoa", "em carne e osso", à consciência.

Contra Hegel, Husserl afirma que a consciência possui uma essência diferente das essências dos fenômenos, pois ela é doadora de sentido às coisas e estas são receptoras de sentido. A consciência não se encarna nas coisas, não se torna as próprias coisas, mas dá significação a elas, permanecendo diferente delas.

O que é o fenômeno? É a *essência*.

O que é a essência? É a *significação* ou o *sentido* de um ser, sua ideia, seu *eidos*. A filosofia é a descrição da essência da consciência (de seus atos e correlatos) e das essências das coisas. Por isso, a filosofia é uma *eidética* — descrição do *eidos* ou das essências. Como o *eidos* ou a essência é o fenômeno, a filosofia é uma **fenomenologia**.

Os fenômenos ou essências

Fenômeno não são apenas as coisas materiais que percebemos, imaginamos ou lembramos cotidianamente porque são parte de nossa vida. Também não são, como supunha Kant, apenas as coisas naturais, estudadas pelas ciências da natureza (física, química, biologia, astronomia, geologia, etc.). Fenômeno são também coisas puramente ideais ou idealidades, isto é, coisas que existem apenas no pensamento, como os entes estudados pela matemática (figuras geométricas, números, operações algébricas, conceitos como igualdade, diferença, identidade, etc.) e pela lógica (como os conceitos de universalidade, particularidade, individualidade, necessidade, contradição, etc.).

Além das coisas materiais, naturais e ideais, também são fenômenos as coisas criadas pela ação e pela prática humanas (técnicas, artes, instituições sociais e políticas, crenças religiosas, valores morais, etc.). Em outras palavras, os resultados da vida e da ação humanas — aquilo que chamamos de cultura — são fenômenos, isto é, significações ou essências que aparecem à consciência e que são constituídas pela própria consciência.

A fenomenologia é a descrição de todos os fenômenos, ou *eidos* ou essências, ou significação de todas estas realidades: materiais, naturais, ideais, culturais.

Ao ampliar o conceito de fenômeno, Husserl propôs que a filosofia distinguisse diferentes tipos de essências ou fenômenos e que considerasse cada um deles como manifestando um tipo de realidade diferente, um tipo de ser diferente. Falou, assim, em *regiões do ser*: a região consciência, a região natureza, a região matemática, a região arte, a região história, a região religião, a região política, a região ética, etc. Propôs que a filosofia investigasse as essências próprias desses seres ou desses entes, criando *ontologias regionais*.

Com essa proposta, Husserl fazia com que a metafísica do "Ser enquanto Ser" e a metafísica das substâncias (Deus, alma, mundo; infinito, pensante, extensa) cedessem lugar ao estudo do ser diferenciado em entes dotados de essências próprias e irredutíveis uns aos outros. Esse estudo seria a ontologia sob a forma de ontologias regionais.

Martin Heidegger
(1889–1976)

Ôntico e ontológico

Vimos que a palavra *ontologia* deriva do particípio presente do verbo *einai* (ser), isto é, de *on* ("ente") e *tà onta* ("as coisas", "os entes"), dos quais vem o substantivo *tò on*: "o Ser".

O filósofo alemão Martin Heidegger propõe distinguir duas palavras: *ôntico* e *ontológico*. *Ôntico* se refere à estrutura e à essência própria de um ente, aquilo que ele é em si mesmo, sua identidade, sua diferença em face de outros entes, suas relações com outros entes. *Ontológico* se refere ao estudo filosófico dos entes, à investigação dos conceitos que nos permitam conhecer e determinar pelo pensamento em que consistem as modalidades ônticas, quais os métodos adequados para o estudo de cada uma delas, quais as categorias que se aplicam a cada uma delas.

Em resumo: *ôntico* diz respeito aos entes em sua existência própria; *ontológico* diz respeito aos entes tomados como objetos de conhecimento. Como existem diferentes esferas ou regiões ônticas, existirão ontologias regionais que se ocupam com cada uma delas. Em nossa experiência cotidiana, distinguimos espontaneamente cinco grandes estruturas ônticas:

1. os entes materiais ou naturais que chamamos de *coisas reais* (frutas, árvores, pedras, rios, estrelas, areia, o Sol, a Lua, metais, etc.);
2. os entes materiais artificiais que também chamamos de *coisas reais* (nossa casa, mesas, cadeiras, automóveis, telefone, computador, lâmpadas, chuveiro, roupas, calçados, pratos, talheres, etc.);
3. os entes ideais, isto é, aqueles que não são coisas materiais, mas ideias gerais, concebidas pelo pensamento lógico, matemático, científico, filosófico e aos quais damos o nome de *idealidades* (igualdade, diferença, número, raiz quadrada, círculo, conjunto, classe, função, variável, frequência, animal, vegetal, mineral, físico, psíquico, matéria, energia, etc.);
4. os entes que podem ser valorizados positiva ou negativamente e aos quais damos o nome de *valores* (beleza, feiura, vício, virtude, raro, comum, bom, mal, justo, injusto, difícil, fácil, possível, impossível, verdadeiro, falso, desejável, indesejável, etc.);
5. os entes que pertencem a uma realidade diferente daquela a que pertencem as coisas, as idealidades e os valores e aos quais damos o nome de *metafísicos* (a divindade ou o absoluto; o infinito e o nada; a morte e a imortalidade; a identidade e a alteridade; o mundo como unidade, a relação e diferenciação de todos os entes ou de todas as estruturas ônticas, etc.).

Mobiliário para quarto de vestir de senhora, de 1923, parte da Casa "Am Horn", experimental, criação do *designer* Marcel Breuer, que usou conceitos construtivistas em seu trabalho.

Como passamos da experiência ôntica à investigação ontológica?

Quando aquilo que faz parte de nossa vida cotidiana se torna problemático, estranho, confuso; quando somos surpreendidos pelas coisas e pelas pessoas, porque acontece algo inesperado ou imprevisível; quando desejamos usar certas coisas e não sabemos como lidar com elas; enfim, quando o significado costumeiro das coisas, das ações, dos valores ou das pessoas perde sentido ou se mostra obscuro e confuso, ou quando o que nos foi dito, ensinado e transmitido sobre eles já não nos satisfaz e queremos saber mais e melhor.

Podemos, então, perguntar: "O que é isso que chamamos de coisa real (coisas naturais e coisas artificiais ou culturais)?". Diremos que uma coisa é chamada de real porque pertence a um conjunto de entes que possuem em comum a mesma estrutura ontológica: são entes que existem fora de nós, estão no mundo diante de nós, isto é, são um *ser*; são entes que existem quer nós os percebamos quer não, quer nós os usemos quer não; estão presentes no mundo, mesmo que não estejam presentes para nós, pois podem estar presentes para todos ou ficar presentes para nós em algum momento, isto é, são uma *realidade*; são entes que começam a existir e podem desaparecer, mesmo que seu desaparecimento seja muito mais lento do que o nosso, são entes que duram e possuem duração, isto é, são *temporais*; são entes que se transformam no tempo, são produzidos pela ação de outros e produzem outros, obedecendo a certos princípios, isto é, são causas e efeitos, são *causalidades*. *Ser, realidade, temporalidade* e *causalidade* são conceitos ontológicos que descrevem a essência dos entes chamados "coisas".

No caso dos entes ideais, os conceitos ontológicos são bastante diferentes. Em primeiro lugar, tais entes não são coisas reais — *este* cavalo é uma coisa real, mas *a ideia* do cavalo não é uma coisa, é um conceito e existe apenas como conceito. Em segundo lugar, não causam uns aos outros, mas são entes que possuem uma definição própria, podendo relacionar-se com outros — a ideia de homem não causa a ideia de cavalo, mas elas podem relacionar-se quando o historiador, por exemplo, mostra a diferença entre sociedades cujo exército só possui a infantaria e aquelas que inventaram a cavalaria; um círculo não causa um triângulo, mas podemos inscrever triângulos num círculo para demonstrar um teorema ou resolver um problema. São, portanto, *entes relacionais*, mas não são regidos pelo conceito de causalidade. Em terceiro lugar, não existem do mesmo modo que as coisas, isto é, não começam a existir, transformam-se e desaparecem — um triângulo, uma inferência, a ideia de vegetal não nascem nem morrem, são *atemporais*. *Idealidade*, *relação* e *atemporalidade* são os conceitos ontológicos para os entes ideais.

No caso dos entes que são valores, os conceitos ontológicos principais que os descrevem essencialmente são a *qualidade* (um valor pode ser negativo ou afirmativo) e a *polaridade* ou *oposição* (os valores sempre se apresentam como pares de opostos: bom-mau, belo-feio, justo-injusto, verdadeiro-falso, etc.).

Observemos que o sentido das coisas naturais se altera com a mudança dos conhecimentos científicos, assim como se altera o sentido dos entes ideais (o que os gregos entendiam por número não é o que a matemática moderna entende por número, por exemplo). No caso dos entes reais artificiais, isto é, das coisas produzidas pelo homem com as técnicas e as artes, a mudança não é apenas de sentido, mas das próprias coisas — entes técnicos ficam obsoletos e caem em desuso quando outros, mais sofisticados, são produzidos. O sentido dos valores também muda nas diferentes sociedades e épocas: o que era inaceitável numa sociedade ou numa época pode tornar-se aceitável e desejável noutra ou vice-versa.

Se considerarmos os entes na perspectiva dos seres humanos, diremos que todos os entes — naturais, artificiais, ideais, valores, metafísicos — são entes culturais e históricos, submetidos ao tempo, à mudança, pois seu sentido — sua essência — muda com a cultura. No entanto, podemos observar também que as categorias ontológicas (ser, realidade, causalidade, temporalidade, idealidade, atemporalidade, relação, diferença, qualidade, quantidade, polaridade, oposição, etc.) permanecem, ainda que mudem seus objetos. Assim, por exemplo, a ciência física pode oferecer uma explicação inteiramente nova para o fenômeno da percepção das cores. Contudo, a existência da luz, da cor, da percepção das coisas coloridas permanece e é a essa permanência que se refere a ontologia. Uma sociedade pode considerar o homossexualismo masculino um valor positivo (como foi o caso na sociedade grega antiga) ou um valor negativo (como na sociedade inglesa vitoriana, do século XIX), mas o ato de valorar positiva ou negativamente alguma ação permanece e é essa permanência que interessa à ontologia.

Merleau-Ponty
(1908–1961)

A nova ontologia: nem realismo, nem idealismo

Filósofos que vieram após Husserl e adotaram suas ideias desenvolveram a nova ontologia. Entre esses filósofos, dois merecem especial destaque: o alemão Martin Heidegger (de quem falamos anteriormente) e o francês Maurice Merleau-Ponty. Ambos modificaram várias das ideias de Husserl e esforçaram-se para liberar a ontologia do velho problema deixado pela metafísica, qual seja, o dilema do realismo e do idealismo, dilema que Husserl resolvera em favor do idealismo pelo papel preponderante que dera à consciência transcendental ou ao sujeito do conhecimento.

Qual o dilema posto pelo realismo e pelo idealismo? O realismo afirma que, se eliminarmos o sujeito ou a consciência, restam as coisas em si mesmas, a realidade verdadeira, o ser em si.

O idealismo, ao contrário, afirma que, se eliminarmos as coisas ou o *nôumeno*, resta a consciência ou o sujeito que, por meio das operações do conhecimento, revela a realidade, o objeto.

Heidegger e Merleau-Ponty afirmam que as duas posições estão equivocadas e que são "erros gêmeos", cabendo à nova ontologia superá-los. Como resolver um problema milenar como esse e que é, afinal, a própria história da metafísica e da ontologia?

Dizem os dois filósofos: se eliminarmos a consciência, não sobra nada, pois as coisas existem para nós, isto é, para uma consciência que as percebe, imagina, que delas se lembra, nelas pensa, que as transforma pelo trabalho, etc. Se eliminarmos as coisas, também não resta nada, pois não podemos viver sem o mundo nem fora dele; não somos os criadores do mundo e sim seus habitantes.

Damos sentido ao mundo, transformamos as coisas, criamos utensílios, obras de arte, instituições sociais, mas não criamos o próprio mundo. Sem a consciência, não há mundo para nós. Sem o mundo, não temos como conhecer nem agir. Um mundo sem nós será tudo quanto se queira, menos o que entendemos por realidade. Uma consciência sem o mundo será tudo quanto se queira, menos consciência humana.

A nova ontologia parte da afirmação de que *estamos no mundo* e de que *o mundo é mais velho do que nós* (isto é, não esperou o sujeito do conhecimento para existir), mas, simultaneamente, de que somos capazes de dar sentido ao mundo, conhecê-lo e transformá-lo.

Não somos uma consciência reflexiva pura, mas uma consciência encarnada num corpo. Nosso corpo não é apenas uma coisa natural, tal como a física, a biologia e a psicologia o estudam, mas é um corpo humano, isto é, habitado e animado por uma consciência. Não somos pensamento puro, pois somos um corpo. Não somos uma coisa natural, pois somos uma consciência.

O mundo não é um conjunto de coisas e fatos estudados pelas ciências segundo relações de causa e efeito e leis naturais. Além do mundo como conjunto racional de fatos científicos, há o mundo como lugar onde vivemos com os outros e rodeados pelas coisas, um mundo qualitativo de cores, sons, odores, figuras, fisionomias, obstáculos, um mundo afetivo de pessoas, lugares, lembranças, promessas, esperanças, conflitos, lutas.

Somos seres *temporais* — nascemos e temos consciência da morte. Somos seres *intersubjetivos* — vivemos na companhia dos outros. Somos seres *culturais* — criamos a linguagem, o trabalho, a sociedade, a religião, a política, a ética, as artes e as técnicas, a filosofia e as ciências.

O que é, pois, a realidade? É justamente a existência do mundo material, natural, ideal, cultural e a nossa existência nele. A realidade é o campo formado por seres ou entes diferenciados e relacionados entre si que possuem sentido em si mesmos e que também recebem de nós outros e novos sentidos. A realidade ou o Ser não é o Objeto-Coisa, sem a consciência. Mas, também, não é o Sujeito-Consciência, sem as coisas e os outros. A realidade ou o Ser é o cruzamento e a diferenciação entre o sensível e o inteligível, entre o material-natural e o ideal-cultural, entre o qualitativo e o quantitativo, entre o fato e o sentido, entre o psíquico e o corporal, etc. O que estuda a ontologia? Os entes ou seres *antes* que sejam investigados pelas ciências e *depois* que se tornaram enigmáticos para nossa vida cotidiana. Em outras palavras: os entes ou os seres *antes* de serem transformados em conceitos das ciências e, como vimos na Introdução deste livro, *depois* que nossa experiência cotidiana sofreu o espanto, a admiração e o estranhamento de que eles sejam como nos parecem ser, ou não sejam o que nos parecem ser.

A ontologia estuda as essências antes que sejam fatos da ciência explicativa e depois que se tornaram estranhas para nós. Digo, por exemplo: "Vejo esta casa vermelha, próxima da azul". A ontologia indaga: "O que é ver, qual a essência da visão?", "O que é uma casa ou qual a essência da habitação?", "Que é vermelho ou azul ou qual é a essência da cor ou o que é cor?", "Que é ver cores?".

Pergunto, por exemplo: "Que horas são?". A ontologia indaga: "O que é o tempo?", "Qual a essência da temporalidade?".

Pedro fala: "A cidade já está perto". A ontologia indaga: "O que é o espaço?", "Qual é a essência da espacialidade?", "Que é perto e longe?", "Que é a distância?".

Antônio diz a Paulo: "Aquelas duas árvores são idênticas, mas a terceira é diferente". A ontologia indaga: "O que é identidade?", "E a diferença?", "O que é 'duas' e 'terceira', ou seja, o que é o número?".

Ana me diz: "Ouvi uma música belíssima, não essa coisa feia que você está escutando". A ontologia indaga: "O que é a beleza e a feiura?", "Existem o belo em si e o feio em si, ou beleza ou feiura são avaliações e valores que atribuímos às coisas?", "O que é um valor?".

Cecília conta a Joana: "Pedro realizou um ato generoso protegendo a criança, mas Eugênia foi egoísta ao não ajudá-lo". A ontologia indaga: "O que é a generosidade ou o egoísmo?", "Existem em si e por si mesmos ou são avaliações que fazemos das ações humanas?", "O que é um valor?".

Como se observa, a ontologia investiga a essência ou o sentido do ente físico ou natural, do ente psíquico, lógico, matemático, estético, ético, temporal, espacial, etc. Investiga as diferenças e as relações entre eles, seu modo próprio de existir, sua origem, sua finalidade. O que é o mundo? O que é o eu ou a consciência? O que é o corpo? O que é o outro? O que é o espaço-tempo? O que é a linguagem? O que é o trabalho, a religião, a arte, a sociedade, a história, a morte, o infinito? Eis as questões da ontologia.

Recupera-se, assim, a velha questão filosófica: "O que é isto que é?", mas acrescida de nova questão: "Para quem é isto que é?". Volta-se, pois, a buscar o Ser ou a essência das coisas, dos atos, dos valores humanos, da vida e da morte, do infinito e do finito. A pergunta "O que é isto que é?" refere-se ao modo de ser dos entes naturais, artificiais, ideais e humanos; a pergunta "Para quem é isto que é?" refere-se ao sentido ou à significação desses entes.

Tomemos um exemplo para nos ajudar a compreender o modo de pensar da ontologia. Acompanhemos, brevemente, o estudo de Merleau-Ponty sobre a essência ou o ser do nosso corpo e, a seguir, o ser e a essência do tempo.

O nosso corpo

O que é o nosso corpo? Qual a sua essência?

A física dirá que é um agregado de átomos, uma certa massa e energia que funciona de acordo com as leis gerais da natureza. A química dirá que é feito de moléculas de água, oxigênio, carbono, de enzimas e proteínas, funcionando como qualquer outro corpo químico. A biologia dirá que é um organismo vivo, um indivíduo membro de uma espécie (animal, mamífero, vertebrado, bípede), capaz de adaptar-se ao meio ambiente por operações e funções internas, dotado de um código genético hereditário, que se reproduz sexualmente. A psicologia dirá que é um feixe de carne, músculos, ossos, que formam aparelhos receptores de estímulos externos e internos e aparelhos emissores de respostas internas e externas a tais estímulos, capaz de ter comportamentos observáveis.

Todas essas respostas dizem que nosso corpo é uma coisa entre as coisas, uma máquina receptiva e ativa que pode ser explicada por relações de causa e efeito, suas operações são observáveis direta ou indiretamente — podendo ser examinado em seus mínimos detalhes nos laboratórios, classificado e conhecido. Nosso corpo, como qualquer coisa, é um objeto de conhecimento.

Porém, será isso o corpo que é *nosso*?

Meu corpo é um ser visível no meio dos outros seres visíveis, mas que tem a peculiaridade de ser um visível vidente: vejo, além de ser vista. Não só isso. Posso me ver, sou visível para mim mesma. E posso me ver vendo.

Meu corpo é um ser táctil como os outros corpos, podendo ser tocado. Mas também tem o poder de tocar, é tocante; e é capaz de tocar-se, como quando minha mão direita toca a esquerda e já não sabemos quem toca e quem é tocado.

Meu corpo é sonoro como outros corpos, como os cristais e os metais; pode ser ouvido. Mas tem o poder de ouvir. Mais do que isso, pode fazer-se ouvir e pode ouvir-se quando emite sons. Do fundo da garganta, passando pela língua e pelos dentes, com os movimentos de meus lábios transformo a sonoridade em sentido, dizendo palavras. Ouço-me falando e ouço quem me fala. Sou sonora para mim mesma.

Meu corpo estende a mão e toca outra mão em outro corpo, vê um olhar, percebe uma fisionomia, escuta uma outra voz: sei que diante de mim está um corpo que é meu outro, um outro humano habitado por consciência e eu o sei porque me fala e, como eu, seu corpo produz palavras, sentidos.

Visível-vidente, táctil-tocante, sonoro-ouvinte/falante, meu corpo se vê vendo, se toca tocando, se escuta escutando e falando. Meu corpo não é coisa, não é máquina, não é feixe de ossos, músculos e sangue, não é uma rede de causas e efeitos, não é um receptáculo para uma alma ou para uma consciência: é meu modo fundamental de ser e de estar no mundo, de me relacionar com ele e de ele se relacionar comigo. Meu corpo é um sensível que sente e se sente, que se sabe sentir e se sentindo. É uma interioridade exteriorizada e uma exterioridade interiorizada. É esse o ser ou a essência do meu corpo. Meu corpo tem, como todos os entes, uma dimensão metafísica ou ontológica.

O que é o tempo?

Estamos acostumados a considerar o tempo como uma linha reta, feita da sucessão de instantes, ou como uma sucessão de "agoras" — um "agora" que já foi é o passado, o "agora" que está sendo é o presente, um "agora" que virá é o futuro.

A metafísica realista usa, frequentemente, a imagem do rio para representar o tempo como algo que passa sem cessar: a nascente é o passado, o lugar onde me encontro é o presente, a foz é o futuro. Há dois enganos nessa imagem. Em primeiro lugar, trata-se de uma imagem *espacial* para referir-se ao que é *temporal*, isto é, pretende explicar a essência do tempo (o escoamento) usando a essência do espaço (a sucessão de pontos). Em segundo lugar, a imagem do rio não corresponde ao escoamento do tempo. Para que correspondesse, precisaria estar invertida, pois a água que está na nascente é aquela que ainda não passou pelo lugar onde estou e, portanto, ela é, para mim, o futuro e não o passado; a água que está na foz é aquela que já passou pelo lugar onde estou e, portanto, para mim, é o passado e não o futuro.

Tentando evitar os enganos do realismo, a metafísica idealista dirá que o tempo é a forma do sentido interno, isto é, uma forma criada pelo sujeito do conhecimento ou pela consciência reflexiva para organizar a experiência subjetiva da sucessão. O tempo não existe, mas é uma idealidade produzida pela razão, um conceito subjetivo para estruturar o que é experimentado como sucessivo.

Um novo engano acaba de ser cometido. Se o tempo for uma forma ou um conceito produzido pela consciência reflexiva ou pelo sujeito para organizar a sucessão, não haverá sucessão a organizar, pois a consciência reflexiva ou o sujeito do conhecimento opera sempre e exclusivamente com o que é atual, com o que está dado presentemente ao pensamento. Para a reflexão só existe a simultaneidade, e a sucessão se reduz a uma experiência psicológica ou empírica, ao sentimento de que há um "antes" e um "depois" e que tais palavras indicam o modo como nos referimos a lembranças e expectativas pessoais.

Indaguemos, porém, o que é vivenciar o próprio tempo. Quando vivencio o meu presente, ele se apresenta como uma situação na qual sinto, faço, digo, penso coisas, atuo de várias maneiras e tenho experiência de uma situação aberta, isto é, na qual muitas coisas são possíveis para mim e em que muitas coisas podem acontecer. Quando rememoro meu passado, percebo que entre ele e o meu presente há uma diferença: quando ele era o meu presente, também estava aberto a muitas possibilidades, mas somente algumas se realizaram. Por isso, o passado lembrado não é uma situação aberta como o presente, mas fechada, terminada. Assim, meu passado não é simplesmente o que veio antes do meu presente, mas algo qualitativamente diferente do presente: este é aberto; aquele, fechado.

Quando imagino meu futuro, antevejo, baseada nas possibilidades abertas em meu presente, como seria se certas possibilidades se concretizassem e se outras não se realizassem. Meu futuro não é simplesmente o que vem depois do meu presente, mas algo qualitativamente diferente do presente: é o que poderá ser se as aberturas do meu presente se concretizarem e, portanto, se o que, hoje, está aberto ou em suspenso, estiver, amanhã, fechado e realizado.

Meu passado e meu futuro nunca são os mesmos. Cada vez que me lembro do meu passado, eu o faço com base no meu presente e, a cada vez, este é diferente, fazendo-me recordar de maneiras diversas o que passou. Cada vez que imagino meu futuro, eu o faço com base no meu presente, que, sendo sempre diferente, imagina diferentemente o futuro. Não revivo o passado, mas o rememoro tal como sou hoje em meu presente. Não vivo meu futuro, mas o imagino tal como sou hoje em meu presente. O presente é uma contração temporal que arranca o passado do esquecimento e abre o futuro para o possível. O passado e o futuro são dilatações temporais, distensões do presente.

Que é lembrar? É captar no contínuo temporal uma diferença *real* entre o que estou vivendo no presente e o que estou vivenciando do passado. Que é esquecer? É perder a fisionomia ou o relevo de um momento do passado. Que é esperar? É buscar no contínuo temporal uma diferença *possível* entre o que estou vivendo e o que estou vivenciando do futuro.

O que é o tempo?

Na Pennsylvania Station, em Nova York, o grande relógio da estação se destaca sobre a multidão, em foto de Alfred Eisenstaedt, de 1943.

Em primeiro lugar, é um escoamento interno e externo, um fluir contínuo, que vai produzindo diferenças dentro de si mesmo. Em segundo, é uma contração e uma dilatação de si mesmo, um juntar-se a si mesmo e consigo mesmo (na lembrança) e um expandir-se a si mesmo e consigo mesmo (na esperança). O tempo é a produção da identidade e da diferença consigo mesmo e, nesse sentido, é uma dimensão do meu ser (não estou *no* tempo, mas *sou* temporal) e uma dimensão de todos os entes (não estão *no* tempo, mas *são* temporais).

O tempo não é um receptáculo de instantes, não é uma linha de momentos sucessivos, não é a distância entre um "agora", um "antes" e um "depois", mas é o movimento interno dos entes para reunirem-se consigo mesmos (o presente como centro que busca o passado e o futuro) e para se diferenciarem de si mesmos (o presente como diferença qualitativa em face do passado e do futuro). O Ser é tempo.

| Unidade 6 | A metafísica

Capítulo 5
A filosofia pós-metafísica

As mortes da metafísica

Na história da filosofia, periodicamente é declarada a morte da metafísica.

Foi assim, no século XVIII, com as obras de Hume e Kant (ainda que este tenha considerado que a metafísica, despojada de sua pretensão de ciência, poderia sobreviver como sistema dos princípios que a razão emprega na constituição das ciências e no mundo moral).

Foi assim também no final do século XIX e início do século XX, quando se constituíram e se consolidaram as ciências particulares — exatas, naturais e humanas —, cada qual com seus objetos e métodos próprios, definitivamente separadas da filosofia. A confiança na capacidade das ciências para conhecer completamente a realidade toda e o todo da realidade levou a uma atitude denominada **cientificismo**, para a qual a ciência vinha substituir inteiramente a filosofia na tarefa do conhecimento, liquidando de uma vez por todas as ilusões filosóficas contidas na metafísica.

Se, na perspectiva de Hume e Kant, a metafísica como ciência era impossível porque a razão humana não tem como alcançar o conhecimento da realidade em si, na perspectiva do cientificismo a metafísica desaparece simplesmente porque não tem objeto, não tem o que conhecer. No primeiro caso, havia um limite vindo da própria razão; no segundo, houve a substituição da filosofia pelas ciências.

Atualmente, proclama-se, ainda uma vez, a morte da metafísica.

Num livro publicado em 1981, com o título de *Pensamento pós-metafísico*, o filósofo alemão Jürgen Habermas examina o que aqui estamos chamando de morte da metafísica, falando em passagem do paradigma da ontologia para o da *filosofia da consciência* e deste para o paradigma da *filosofia da linguagem*. Essas duas passagens nos conduzem ao pensamento pós-metafísico.

Jürgen Habermas (1929), filósofo e sociólogo alemão.

Por *paradigma da ontologia*, Habermas entende a metafísica grega e a clássica, isto é, as metafísicas realistas. Por *paradigma da filosofia da consciência*, Habermas entende tanto a crítica kantiana como a fenomenologia husserliana, isto é, as filosofias que deram prioridade ao sujeito do conhecimento ou à consciência de si reflexiva e das quais provieram metafísicas idealistas. Por *paradigma da filosofia da linguagem* Habermas entende a prioridade conferida às estruturas gramaticais e lógicas da linguagem ou das linguagens como maneiras de organizar a realidade e dar-lhe sentido, de permitir a avaliação dos conhecimentos científicos e de assegurar a prática comunicativa entre os seres humanos. Este último paradigma corresponde à época da *pós-metafísica*.

Podemos nos acercar do "paradigma da linguagem" ou da "época pós-metafísica" por vários caminhos ou examinando as posições de diferentes filósofos contemporâneos. Escolhemos apenas dois exemplos, um deles vindo da linguística e o outro, da obra do filósofo francês Michel Foucault. Esses exemplos não esgotam o assunto, mas oferecem os principais traços do pensamento contemporâneo no que respeita à metafísica.

Michel Foucault (1926–1984)

262

A realidade puramente discursiva do sujeito do conhecimento

O que é a filosofia da consciência? A filosofia que confere prioridade ao sujeito do conhecimento ou à consciência de si reflexiva.

Vimos que o sujeito do conhecimento faz sua primeira aparição na metafísica clássica com Descartes, uma vez que a consciência de si reflexiva, ponto de partida do conhecimento, é concebida como *substância pensante* e, na condição de substância, sua realidade é metafísica. É a alma.

Vimos também que a crítica kantiana não só declara a impossibilidade de nossa razão conhecer substâncias em si, como também concebe o sujeito do conhecimento não como substância pensante ou alma e sim como *atividade de representação*, isto é, como sujeito transcendental e como sujeito moral. O sujeito é o poder para reunir numa síntese *a priori* os dados da experiência organizados pelas formas *a priori* da sensibilidade e pelos conceitos *a priori* do entendimento, produzindo representações sobre os fenômenos.

Vimos também que a dessubstancialização do sujeito do conhecimento prossegue na fenomenologia de Husserl, para quem a consciência não é uma substância pensante ou alma e sim um *ato intencional* ou "consciência de", uma pura atividade de visar as coisas como significações constituídas por ela mesma enquanto consciência transcendental.

Embora nesse percurso histórico-filosófico a consciência de si reflexiva tenha deixado de ser uma substância para ser considerada uma atividade ou ato, um aspecto foi conservado desde Descartes até Husserl, qual seja, o sujeito do conhecimento é uma realidade separada e distinta da realidade do objeto do conhecimento. Em outras palavras, a consciência é um modo de existir ou um modo de ser ontologicamente diferente das coisas e, do ponto de vista do saber, ela é anterior às coisas, pois é ela que concebe as ideias das coisas (Descartes), que representa as coisas (Kant), que constitui as coisas como significações (Husserl).

Assim, as filosofias da consciência conservam um pressuposto que é, no final das contas, metafísico, uma vez que a prioridade ou o privilégio do sujeito não é dado pelos fatos da experiência (nesta, as coisas são anteriores a nós e nos afetam na sensação e na percepção) e sim pelo conhecimento puramente inteligível de que, para haver conhecimento verdadeiro, é necessário que aquele que conhece seja a condição daquilo que é conhecido. Quer como substância, quer como atividade *a priori* ou atividade pura, *o sujeito existe e existe com um modo de ser distinto das demais coisas*.

Linguisticamente, o sujeito é a primeira pessoa do verbo, aquela que diz: *eu penso*.

Ora, os estudos dos pronomes pessoais pela linguística estrutural chegaram a conclusões mortais para a ideia, o lugar e a função do sujeito entendido como uma existência determinada ou um modo de ser determinado.

Quando falamos, empregamos os pronomes chamados pessoais, "eu" e "tu". Esse emprego, mostra a linguística, não se refere a substâncias, essências ou entidades existentes. A que realidade "eu" e "tu" se reportam? A uma realidade puramente linguística, puramente discursiva, pois esses pronomes são *locuções* e não *seres*.

O que é e quem é o "eu"? É, simultaneamente, o que profere o discurso e aquilo a quem o discurso se refere — "eu ando", "eu me cortei", "eu acho que", "eu penso", "eu quero" nos informam de que há um autor da fala e que esse autor fala de si mesmo. Ou seja, o "eu" é o referente e o referido do discurso. É o locutor.

Por isso mesmo, o "tu" é alocutório, ou seja, aquele a quem o "eu" fala e que não fala, pois, se falar, torna-se um "eu". O "tu" é o interlocutor. Ora, se o "eu" pode tornar-se "tu" quando alguém lhe fala e se o "tu" pode tornar-se "eu" quando fala, isso significa que a "primeira pessoa" e a "segunda pessoa" dos verbos não são pessoas no sentido físico e metafísico, isto é, seres, e sim *lugares* ou *posições* num discurso. "Eu" e "tu" são signos vazios, disponíveis e móveis que se preenchem e se movimentam quando há um locutor que se põe como "eu" e um interlocutor posto como "tu". A melhor prova de que não são pessoas em sentido físico e metafísico está no que chamamos de "terceira pessoa". De fato, essa terceira pessoa pode ser um humano, um animal, um deus ou uma coisa, portanto, não é "pessoa"; além disso, a gramática a define como *aquilo* de que se fala e não como *aquela* (pessoa) de quem se fala. E é na terceira "pessoa" que conjugamos os verbos denominados impessoais.

Tira do cartunista Angeli para a *Folha de S.Paulo*.

Nas histórias em quadrinhos, os balões de fala indicam quem é o locutor.

O pronome "eu" organiza toda a linguagem e todos os signos linguísticos. É por causa dele que o tempo verbal fundamental é o presente (a coincidência entre o enunciante do discurso, o enunciado do discurso e o que é enunciado pelo discurso), de maneira que passado e futuro se definem como tempos não presentes. É por referência a ele que se distinguem e se organizam, por exemplo, os demonstrativos: este/esse/aquele (conforme a proximidade ou a distância do locutor), aqui/ali (também conforme a proximidade ou distância do locutor), etc. É sua presença ou ausência que determina o sentido dos verbos que indicam operações mentais: "eu penso" é diferente de "eu suponho", pois o primeiro é uma operação do "eu" enquanto o segundo é uma atitude do "eu" em face de algo diferente dele; "eu penso" é diferente de "tu pensas", pois só posso dizer "tu pensas" se me tiveres dito "eu penso", etc.

Esses estudos chegam à conclusão de que o sujeito ou a subjetividade tem um fundamento puramente linguístico e não físico nem metafísico. Quais os critérios para concebê-lo como uma existência puramente linguística?

- em nenhuma língua, de qualquer época e região, deixa de haver pronomes pessoais;
- ao contrário dos demais signos da linguagem, os pronomes pessoais não se referem a uma essência individual, a um ente individual, a uma coisa sensível ou a uma coisa inteligível, mas referem-se a uma realidade puramente discursiva, a prova disso estando na transformação do "eu" em "tu" e do "tu" em "eu" simplesmente por ocuparem ora a posição de locutor, ora a de interlocutor, transformação que seria absolutamente impossível se o "eu" fosse uma substância (pois se tornaria outra substância ao ser "tu") ou se fosse uma atividade existente em si mesma (pois se tornaria passividade ao ser o "tu");
- o pronome pessoal "eu" organiza todos os outros pronomes, bem como os adjetivos, os advérbios e os demonstrativos, organizando-os à volta do locutor;
- o pronome pessoal "eu" organiza a temporalidade por referência ao presente, que é o tempo em que o "eu" fala;
- o pronome pessoal "eu" modifica o sentido dos verbos com base nos verbos que indicam disposições e operações mentais do locutor. Por exemplo, "eu creio que vai chover" converte numa enunciação subjetiva algo que em si mesmo é objetivo e exterior ao sujeito "vai chover".

Esses aspectos explicam por quê, afinal, a filosofia acabou acreditando que o sujeito era uma realidade determinada (seja como substância pensante, seja como atividade pensante) e que tinha prioridade e privilégio sobre as coisas, dele dependendo a existência do espaço, do tempo, das categorias, das significações. A metafísica simplesmente transformou num ser ou num modo de ser aquilo que não é senão um modo de falar.

A realidade puramente discursiva do saber

Se o sujeito é um lugar e uma posição vazia, disponível e móvel num discurso, o mesmo poderá ser dito do objeto do discurso ou daquilo que a tradição metafísica e ontológica chamava de realidade externa, natureza, mundo, sociedade.

Duas obras do filósofo francês Michel Foucault nos ajudam a compreender essa afirmação.

Numa obra significativamente intitulada *As palavras e as coisas*, Foucault explica como e por que a filosofia e as ciências, entre os séculos XV e XIX, conceberam a realidade de maneiras muito diferentes. Para essa explicação, introduz o conceito de *episteme* (palavra grega que significava "ciência"), entendida como uma estrutura de conhecimentos determinada por uma rede de conceitos que são os instrumentos com os quais, numa dada época, os pensadores investigam e interpretam a realidade. Uma *episteme* é um conjunto de enunciados ou de discursos baseados num certo instrumento conceitual que organiza a linguagem e o pensamento e lhes dá o sentimento de que as palavras correspondem às coisas.

Na *episteme* da Renascença, diz Foucault, o conceito que organiza os discursos é o de *semelhança*. Ou seja, os renascentistas concebem a realidade como um tecido e uma trama em que as coisas se articulam por possuírem aspectos secretos e invisíveis que as aproximam porque são semelhantes ou as distanciam porque são diferentes. A semelhança organiza a realidade por relações de simpatia e antipatia entre as coisas e, por isso, na Renascença, desenvolvem-se com intensidade a alquimia (a simpatia e antipatia entre certas coisas que podem ser transformadas em outras), a astrologia (a simpatia e antipatia na relação dos astros com os seres humanos) e a magia natural (ou ciência dos laços secretos entre os seres, permitindo agir sobre eles pelo conhecimento desses laços).

Quando se passa para o estudo do racionalismo moderno do século XVII, não se verifica uma continuação melhorada dessa *episteme* e sim o surgimento de uma outra completamente diferente. Por quê? Porque o conceito organizador da linguagem e do pensamento deixa de ser a semelhança e se torna a *representação*. Representar é a atividade do sujeito do conhecimento que se reconhece como uma realidade distinta das coisas a serem conhecidas. Representar não é buscar os laços secretos de simpatia e antipatia entre as coisas e sim as identidades e diferenças reais entre elas e as relações de causa e efeito entre coisas de mesma natureza, dispostas numa ordem instituída pelo pensamento, em conformidade com um método. Conhecer é pôr em ordem séries causais de coisas de mesma natureza e distingui-las intrinsecamente das que são de natureza diferente. Ordenar, identificar e diferenciar são as operações da representação e definem a *episteme* moderna.

> Vejam-se as ideias de ordem e método na Unidade 4, no estudo sobre Descartes.

Quando se passa ao estudo da filosofia e das ciências a partir do século XIX, escreve Foucault, nota-se que, novamente, elas não são a realização mais avançada e melhorada do que havia sido pensado pelo pensamento clássico ou moderno e sim que estão organizadas por outra *episteme*, portanto, por uma nova rede discursiva. Qual o conceito que serve de instrumento para a linguagem e para o pensamento organizarem o discurso do conhecimento? A *história* ou a *historicidade*, entendida como o modo de ser das coisas e das palavras. Conhecer é estabelecer analogia de funções entre coisas e entre palavras e coisas, bem como estabelecer a sucessão ou a ordem de surgimento, desenvolvimento e desaparição das coisas e das palavras no tempo.

Uma *episteme*, diz Foucault, exprime o saber de uma época. Mas o que é o saber?

No livro *A arqueologia do saber*, Foucault começa explicando o que o saber *não é*.

Ele não é a cultura de uma época, pois não é uma totalidade de ideias, valores e práticas que possuem o mesmo sentido e exprimem o mesmo todo. Além disso, ele não pressupõe a existência de um sujeito e por isso ele não é:

→ a ciência, pois não é um conhecimento de um objeto determinado por um sujeito determinado;

→ a experiência, pois não é uma vivência subjetiva;

→ espírito de um povo, pois não é uma consciência coletiva ou um sujeito coletivo;

→ ideologia, pois não pressupõe uma consciência ou inconsciência coletiva que justifique sua forma e sua instalação no mundo.

O saber também não pressupõe uma continuidade entre um estado latente ou virtual de conhecimentos e um estado de conhecimentos atualizados, nem pressupõe a continuidade entre a desaparição de uma ciência e a permanência de resíduos e vestígios dela numa ciência nova. O saber está sempre referido ao presente e, como tal, não possui um passado nem um futuro. Isso significa que entre duas formas de saber não há continuidade e sim descontinuidade, como se vê ao estudar as *epistemes*.

O que é, pois, o saber?

Ele é, em primeiro lugar, o domínio de objetos de uma prática discursiva. Ou seja, o campo de coisas postas como objetos pela atividade do discurso. Ao nomeá-las, defini-las, reuni-las, ordená-las e organizá-las o discurso é uma prática que institui os próprios objetos e essa prática é o saber.

Em segundo, ele é o espaço no qual um sujeito pratica um discurso e se apresenta como sujeito exatamente porque realiza essa prática discursiva. Ou seja, assim como a prática discursiva institui o objeto, da mesma maneira institui o sujeito.

Em terceiro, o saber é o campo no qual os enunciados se coordenam e se subordinam segundo regras e critérios definidos pela própria prática discursiva. Em outros termos, o saber é um discurso que produz para si mesmo as regras de sua enunciação e o modo de organização de seus enunciados.

Em quarto, o saber é a possibilidade de uso e de apropriação de um discurso por quem possui ou adquire a competência para produzir enunciados conformes às regras da prática discursiva em vigor.

Se o saber é uma prática discursiva, o que é o discurso?

Novamente, Foucault começa explicando o que o discurso *não é*. Ele não é:

→ a palavra ou a fala, pois não é a ação de um sujeito falante;

→ o que se refere a objetos (pois o discurso não é uma frase indicativa), a significações (pois não é um conjunto de significantes ou de signos organizados por uma consciência produtora de significações) ou a valores de verdade ou de falsidade (pois o discurso não é a proposição lógica nem o juízo lógico).

O discurso é uma rede de enunciados ou de relações que tornam possível haver significantes, nomes, frases, significações, proposições, juízos, palavra ou fala e objetos. O enunciado é a função do discurso e este engendra os enunciados de maneiras variadas, segundo as regras que constituem, em cada época, uma *formação discursiva*.

Se reunirmos as ideias de Foucault sobre o saber como prática discursiva e o estudo dos pronomes pessoais como lugares e posições discursivas, o que podemos concluir?

O estudo dos pronomes nos ensina que o sujeito é um efeito produzido pela linguagem. A "arqueologia do saber" nos ensina que sujeito e objeto são efeitos produzidos pelo discurso. O princípio da metafísica realista — o objeto ou o Ser — e o princípio da metafísica idealista — o sujeito ou a consciência de si — não são princípios, mas simples efeitos da linguagem e do discurso.

Não havendo para a metafísica um princípio ou um fundamento nem realidades ou seres, deve-se concluir, por um lado, que ela pertence a uma formação discursiva ou a uma linguagem desaparecida e, por outro, que, no presente, ela está morta.

QUESTÕES

INTRODUÇÃO
As indagações metafísicas

1. Qual é considerada a questão metafísica fundamental? Por que somos levados a formulá-la?
2. Quais os sentidos do verbo *é* na pergunta "o que é?". E por que esses sentidos definem os dois temas principais da metafísica?
3. O que a metafísica investiga?
4. Quais os principais períodos da história da metafísica?
5. Quais as principais características do primeiro período da metafísica?
6. Que diz Hume a esse respeito? Por que com ele termina o primeiro período da metafísica?
7. Que significa dizer que, com Kant, a metafísica é substituída pela crítica da razão pura teórica?
8. Quais as principais características da metafísica contemporânea?

CAPÍTULO 1
O nascimento da metafísica

1. Qual era a pergunta filosófica feita até o século XVII? Qual era o significado dessa pergunta?
2. Que significa dizer que a filosofia nasce como cosmologia? O que era a cosmologia?
3. Qual a origem do emprego da palavra *metafísica*? Com que sentido foi empregada?
4. Que significa a palavra *ontologia*?
5. Relacione a definição de Aristóteles sobre a Filosofia Primeira com o uso que posteriormente foi feito da palavra *ontologia*.
6. Explique o que significa afirmar que a metafísica ou ontologia estuda "o Ser enquanto Ser".
7. Por que a palavra *metafísica* ficou consagrada para designar a Filosofia Primeira ou ontologia?
8. Resuma os principais traços do pensamento de Parmênides tomando como referência a oposição entre realidade e aparência.
9. Por que Parmênides criticou a cosmologia e o devir e com essa crítica deu origem ao que viria a ser a ontologia ou metafísica?
10. Apresente os principais argumentos da Escola Eleata.
11. Explique como e por que Parmênides diferencia entre *perceber* e *pensar*.
12. Explique a divisão platônica entre mundo sensível e mundo inteligível.
13. Qual a principal diferença entre o pensamento de Platão e o de Parmênides?
14. Quais as três atitudes com as quais Platão resolveu o impasse filosófico deixado por Parmênides, que reduzira a filosofia à afirmação "o Ser é" e à negação "o Não Ser não é"?
15. Que são as ideias ou formas inteligíveis? Quais as suas principais características ou qualidades?
16. Explique como e por que, para Platão, a filosofia consiste em passar da aparência sensível à essência inteligível das coisas, da opinião à ideia.
17. Exponha com suas palavras o que diz Sócrates no diálogo *O banquete* e como, por meio dele, explica qual é a essência do amor ou a ideia verdadeira do amor.

CAPÍTULO 2
A metafísica de Aristóteles

1. Quais os motivos pelos quais atribuem a Aristóteles o nascimento da metafísica?
2. Quais os principais sentidos da palavra grega *kínesis*?
3. Qual a posição de Aristóteles a respeito da mudança ou movimento? Explique como ele emprega a ideia de movimento para distinguir os diferentes tipos de seres.
4. Explique o que Aristóteles entende por Filosofia Primeira ou metafísica.
5. Quais são os três estudos que cabem à metafísica?
6. O que são e quais são os primeiros princípios, segundo Aristóteles?
7. O que são e quais são as causas primeiras, segundo Aristóteles?
8. O que são matéria e forma, segundo Aristóteles?
9. O que são potência e ato, segundo Aristóteles?
10. O que são essência e acidente, segundo Aristóteles?
11. O que é a substância, segundo Aristóteles? Quais os dois sentidos em que a emprega?
12. O que são predicados ou categorias, segundo Aristóteles? Dê alguns exemplos.
13. Tomando Aristóteles como referência, o que a metafísica investiga?

CAPÍTULO 3
As aventuras da metafísica

1. Por que podemos dizer que o cristianismo, como religião, não precisava da filosofia?
2. Por que, entretanto, o cristianismo foi levado a formular uma metafísica?
3. Explique brevemente o que é o neoplatonismo.
4. Explique brevemente o que é o estoicismo.

5. Explique brevemente o que é o gnosticismo.
6. O que o cristianismo tomou do neoplatonismo?
7. O que o cristianismo tomou do estoicismo?
8. O que o cristianismo tomou do gnosticismo?
9. Apresente algumas diferenças entre o pensamento grego e o cristão.
10. Explique por que a diferença entre verdades de razão e verdades de fé é o principal problema para a elaboração de uma filosofia cristã.
11. Quais os três aspectos concernentes a Deus que constituem o centro da metafísica cristã? Explique-os brevemente.
12. Além das provas referentes a Deus e à criação do mundo, que outras provas foram importantes para a filosofia cristã?
13. Por que os cristãos não podiam manter a distinção platônica entre o sensível e o inteligível?
14. Quais os campos filosóficos surgidos com a afirmação cristã de que o Ser não possui o mesmo sentido quando referido a Deus e às criaturas?
15. Explique por que os filósofos modernos falam na incompatibilidade entre fé e razão.
16. Explique a redefinição moderna do conceito de Ser ou substância.
17. Quais são as substâncias para Descartes? E para Hobbes?
18. Que diz Espinosa sobre a substância?
19. Explique a redefinição moderna do conceito de causalidade.
20. Para os modernos, o que a metafísica estuda?
21. Quais as três ideias que operam na metafísica moderna?
22. Quais eram os dois grandes pressupostos da metafísica? Explique com suas palavras como e por que David Hume os critica.
23. Para Hume, que são as ideias?
24. Para Hume, que é a substância ou a essência?
25. Para Hume, que é a causalidade?
26. O que é o "sono dogmático", segundo Kant? E o que significa despertar desse sono?
27. Qual é a distinção kantiana entre juízos analíticos e juízos sintéticos?
28. Por que Kant afirma que só há ciência ou saber verdadeiro se forem possíveis juízos sintéticos *a priori*? Em outras palavras, explique como Kant identifica conhecer e formular juízos sintéticos *a priori*.
29. Como Kant prova que não são possíveis juízos sintéticos *a priori* na metafísica? Em outras palavras, como Kant explica por que não podemos conhecer o *nômeno* ou a coisa em si, que era o objeto da metafísica?
30. Qual a metafísica que é possível para nosso entendimento? Quais são os objetos de investigação metafísica que estão ao alcance de nosso entendimento?

CAPÍTULO 4
A ontologia contemporânea

1. Explique o que é o idealismo inaugurado por Kant e como se diferencia do realismo.
2. Quais são as três tarefas que Husserl atribui à fenomenologia?
3. Por que Husserl mostrou que a psicologia não poderia substituir a lógica e a teoria do conhecimento? Qual a diferença entre a filosofia e a psicologia?
4. O que é a consciência reflexiva? Por que é consciência transcendental?
5. O que a fenomenologia entende por intencionalidade da consciência?
6. Por que Hegel foi o primeiro a empregar a palavra *fenomenologia*? O que pretendeu significar com ela?
7. Qual a crítica de Husserl à concepção kantiana de fenômeno?
8. Qual a crítica de Husserl à concepção hegeliana de fenômeno?
9. O que Husserl entende por fenômeno?
10. Qual o campo dos fenômenos? Em outras palavras, qual o alargamento do conceito de fenômeno trazido por Husserl?
11. O que Husserl entende por "regiões do ser"? Por que dessa ideia surge a de "ontologias regionais"?
12. O que é a distinção entre ôntico e ontológico proposta por Heidegger?
13. Segundo Heidegger, quais são as cinco estruturas ônticas de nossa vida cotidiana?
14. Segundo Heidegger, quando passamos da experiência ôntica ao conhecimento ontológico?
15. Ontologicamente, o que é um ser real ou a realidade?
16. Ontologicamente, o que é um ser ideal ou uma idealidade?
17. Quais os conceitos ontológicos para descrever o ser dos valores ou os entes que são valores?
18. Qual o dilema entre idealismo e realismo?
19. O que resta se retirarmos a consciência? O que resta se eliminarmos as coisas? O que diz uma nova ontologia que se afasta tanto do idealismo da consciência como do realismo das coisas?
20. Que significa dizer que somos uma consciência encarnada e temporal? O que é o mundo para seres encarnados e temporais?
21. O que a nova ontologia entende por realidade?
22. O que a ontologia investiga? Quais as suas principais questões?
23. Explique por que a investigação ontológica das essências é uma investigação sobre as significações.
24. Apresente com suas palavras a maneira como Merleau-Ponty investiga a essência de nosso corpo.

25. Exponha com suas palavras a maneira como Merleau-Ponty critica as concepções tradicionais do tempo.
26. Apresente com suas palavras a descrição que Merleau-Ponty oferece da essência do tempo.

CAPÍTULO 5
A filosofia pós-metafísica

1. O que é o cientificismo? Por quê, para ele, a metafísica é impossível?
2. O que Habermas entende por "paradigma da ontologia"? E por "paradigma da filosofia da consciência"? E por "paradigma da filosofia da linguagem"?
3. Apesar das diferenças, qual o aspecto comum à filosofia de Descartes e à fenomenologia de Husserl? Tendo em vista esse aspecto comum, qual é o pressuposto metafísico comum a todas as filosofias da consciência?
4. Como a linguística analisa os pronomes pessoais "eu" e "tu"?
5. Quais os pontos da análise linguística dos pronomes pessoais que levam a dizer que o sujeito ou a subjetividade tem apenas existência na linguagem ou uma existência puramente linguística?
6. Qual a conclusão filosófica da análise linguística que afasta a metafísica vinda das filosofias da consciência?
7. O que Michel Foucault entende por *episteme*?
8. Como Foucault distingue a *episteme* da Renascença e a *episteme* clássica ou do racionalismo moderno?
9. Como Foucault descreve a *episteme* a partir do século XIX?
10. O que Foucault entende por saber? Exponha o que ele diz que o saber não é.
11. O que Foucault entende por saber? Exponha o que ele diz que o saber é.
12. O que Foucault entende por discurso? Exponha o que ele diz que o discurso não é.
13. O que Foucault entende por discurso? Exponha o que ele diz que o discurso é.
14. Por que podemos falar em pensamento pós-metafísico quando reunimos a análise linguística dos pronomes pessoais e a análise foucaultiana do saber e do discurso?

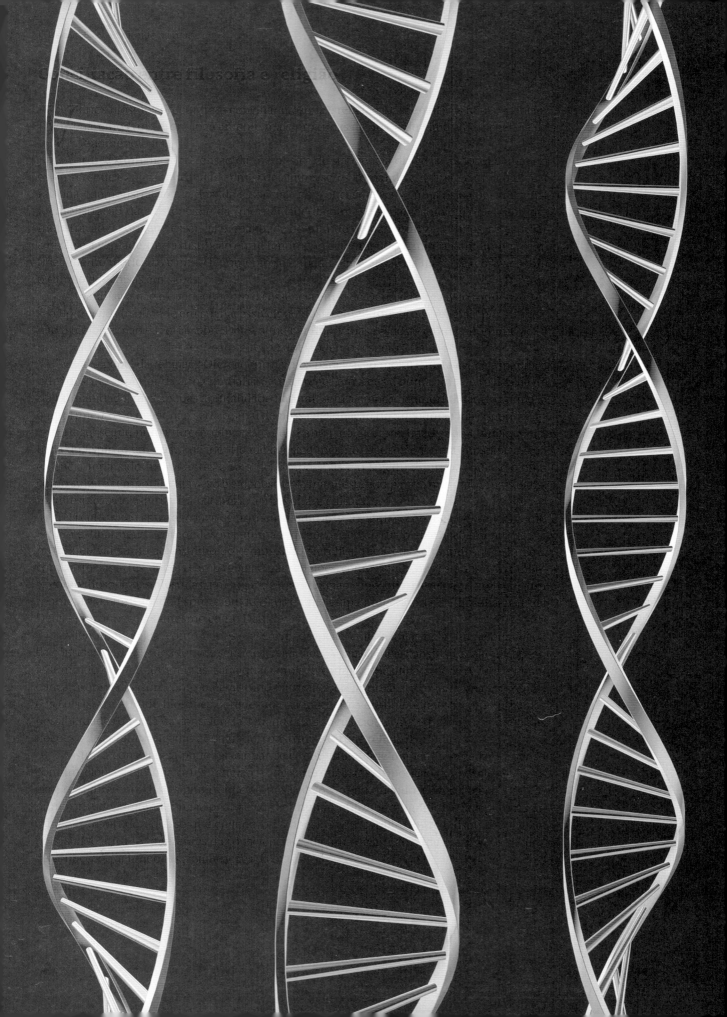

Unidade 7
A ciência

Capítulo 1   A atitude científica
Capítulo 2   A ciência na história
Capítulo 3   As ciências humanas
Capítulo 4   O ideal científico e a razão instrumental

Uma das características mais novas da ciência está em que as pesquisas científicas passaram a fazer parte das forças produtivas da sociedade, isto é, da economia. A automação, a informatização, a telecomunicação determinam formas de poder econômico, modos de organizar o trabalho industrial e os serviços, criam profissões e ocupações novas, destroem profissões e ocupações antigas, introduzem a velocidade na produção de mercadorias e em sua distribuição e consumo, modificando padrões industriais, comerciais e estilos de vida. A ciência tornou-se parte integrante e indispensável da atividade econômica. Tornou-se agente econômico e político.

Estrutura do DNA em 3D.

| UNIDADE 7 | A ciência

Capítulo 1

A atitude científica

O senso comum

Nossas opiniões cotidianas

O Sol é menor do que a Terra. Quem duvidará disso se, diariamente, vemos um pequeno círculo avermelhado percorrer o céu, indo de leste a oeste?

O Sol se move em torno da Terra, que permanece imóvel. Quem duvidará disso se, diariamente, vemos o Sol nascer, percorrer o céu e se pôr? A aurora não é o seu começo e o crepúsculo seu fim?

As cores existem em si mesmas. Quem duvidará disso se passamos a vida vendo rosas vermelhas, amarelas e brancas, o azul do céu, o verde das árvores, o alaranjado da laranja e da tangerina?

Cada gênero ou espécie de animais já surgiu tal como os conhecemos. Alguém poderia imaginar um peixe tornar-se um réptil ou pássaro? Em religião, como a judaica, a cristã e a islâmica, os livros sagrados não ensinam que a divindade criou de uma só vez todos os animais, num só dia?

A família é uma realidade natural criada pela natureza para garantir a sobrevivência humana e para atender à afetividade natural dos humanos, que sentem a necessidade de viver juntos. Quem duvidará disso, se vemos, no mundo inteiro, no passado e no presente, a família existindo naturalmente e sendo a célula primeira da sociedade?

A "raça" é uma realidade natural ou biológica produzida pela diferença dos climas, da alimentação, da geografia e da reprodução sexual. Quem duvidará disso, se vemos que os africanos são negros, os asiáticos são amarelos de olhos puxados, os índios são vermelhos e os europeus, brancos?

Certezas como essas formam nossa vida e o senso comum de nossa sociedade, transmitido de geração para geração, e, muitas vezes, ao se transformar em crença religiosa, torna-se uma doutrina inquestionável.

Retomemos nossos exemplos.

A astronomia demonstra que o Sol é muitas vezes maior do que a Terra e, desde Copérnico, que é a Terra que se move em torno do Sol. A óptica demonstra que as cores são ondas luminosas, obtidas pela refração e reflexão ou decomposição da luz branca.

A biologia demonstra que os gêneros e as espécies de animais se formaram lentamente, no curso de milhões de anos, a partir de modificações de microrganismos extremamente simples.

Historiadores e antropólogos mostram que o que entendemos por família (pai, mãe, filhos; esposa, marido, irmãos) é uma instituição social recentíssima — data do século XV — e própria da Europa ocidental, não existindo na Antiguidade nem nas sociedades africanas, asiáticas e americanas pré-colombianas. Mostram também que não é um fato natural, mas uma criação humana, exigida por condições históricas determinadas.

Sociólogos e antropólogos mostram que a ideia de "raça" também é recente — data do século XVIII —, sendo usada por pensadores que procuravam uma explicação para as diferenças físicas e culturais entre os europeus e os povos que se tornaram conhecidos dos europeus a partir do século XIV, com as viagens de Marco Polo, e do século XV, com as Grandes Navegações e as descobertas de continentes ultramarinos.

Marco Polo (1254–1324), mercador e explorador veneziano. O relato de suas expedições pelo Oriente foi por muito tempo uma das poucas informações sobre a Ásia no Ocidente.

272

Ao que parece, há uma grande diferença entre nossas certezas cotidianas e o conhecimento científico. Como e por que essa diferença existe?

Características do senso comum

Um breve exame de nossos saberes cotidianos e do senso comum de nossa sociedade revela que eles possuem algumas características que lhes são próprias:

- são subjetivos, isto é, exprimem sentimentos e opiniões individuais e de grupos, variando de uma pessoa para outra, ou de um grupo para outro, dependendo das condições em que vivemos. Assim, por exemplo, se eu for artista, verei a beleza da árvore; se eu for marceneira, a qualidade da madeira; se estiver passeando sob o sol, a sombra para descansar; se for boia-fria, os frutos que devo colher para ganhar o meu dia. Se eu for hindu, uma vaca será sagrada para mim; se for dona de um frigorífico, estarei interessada na qualidade e na quantidade de carne que poderei vender;

- por serem subjetivos, levam a uma avaliação qualitativa das coisas conforme os efeitos que produzem em nossos órgãos dos sentidos ou conforme os desejos que despertam em nós e o tipo de finalidade ou de uso que lhes atribuímos, ou seja, as coisas são julgadas por nós como grandes ou pequenas, doces ou azedas, pesadas ou leves, novas ou velhas, belas ou feias, quentes ou frias, úteis ou inúteis, desejáveis ou indesejáveis, coloridas ou sem cor, com sabor, odor, próximas ou distantes, etc.;

- agrupam-se ou distinguem-se conforme as coisas e os fatos nos pareçam semelhantes ou diferentes. É assim, por exemplo, que julgamos serem fatos diferentes um corpo que cai e uma pena que flutua no ar;

- são individualizadores, isto é, cada coisa ou cada fato nos aparece como um indivíduo distinto de outros por possuir qualidades que nos afetam de maneira diferente: a seda é macia, a pedra é rugosa, o algodão é suave, o mel é doce, o fogo é quente, o mármore é frio, a madeira é dura, etc.;

- mas também são generalizadores, pois tendem a reunir numa só opinião ou numa só ideia coisas e fatos julgados semelhantes: falamos dos animais, das plantas, dos seres humanos, dos astros, dos gatos, das mulheres, das crianças, das esculturas, das pinturas, das bebidas, dos remédios, etc.;

- em decorrência das generalizações, tendem a estabelecer relações de causa e efeito entre as coisas ou entre os fatos: "onde há fumaça, há fogo"; "quem tudo quer, tudo perde"; "dize-me com quem andas e te direi quem és"; a posição dos astros determina o destino das pessoas; mulher menstruada não deve tomar banho frio; ingerir sal quando se tem tontura é bom para a pressão; mulher assanhada quer ser estuprada; menino de rua é delinquente, etc.;

- não se surpreendem nem se admiram com a regularidade, constância, repetição e diferença das coisas, mas, ao contrário, a admiração e o espanto se dirigem para o que é imaginado como único, extraordinário, maravilhoso ou miraculoso. Justamente por isso, em nossa sociedade, a propaganda e a moda estão sempre inventando o "extraordinário", o "nunca visto";

- pelo mesmo motivo e não por compreenderem o que seja investigação científica, tendem a vê-la quase como magia, considerando que ambas — magia e investigação científica — lidam com o misterioso, o oculto, o incompreensível. Essa imagem da ciência como magia aparece, por exemplo, no cinema, quando os filmes mostram os laboratórios científicos repletos de objetos incompreensíveis, com luzes que acendem e apagam, tubos de onde saem fumaças coloridas, exatamente como são mostradas as cavernas ocultas dos magos. Essa mesma identificação entre ciência e magia aparece num programa da televisão brasileira, o *Fantástico*, que, como o nome indica, mostra aos telespectadores resultados científicos como se fossem espantosa obra de magia, assim como exibe magos ocultistas como se fossem cientistas;

- costumam projetar nas coisas ou no mundo sentimentos de angústia e de medo diante do desconhecido. Assim, por exemplo, durante a Idade Média, as pessoas viam o demônio em toda parte e, hoje, enxergam discos voadores no espaço;

- por serem subjetivos, generalizadores, expressões de sentimentos de medo e angústia e de incompreensão quanto ao trabalho científico, nossas certezas cotidianas e o senso comum de nossa sociedade ou de nosso grupo social cristalizam-se em preconceitos com os quais passamos a interpretar toda a realidade que nos cerca e todos os acontecimentos.

A atitude científica

Características gerais da atitude científica

O que distingue a atitude científica da atitude costumeira ou do senso comum? Antes de mais nada, a ciência *desconfia* da veracidade de nossas certezas, de nossa adesão imediata às coisas, da ausência de crítica e da falta de curiosidade. Por isso, onde vemos coisas, fatos e acontecimentos, a atitude científica vê *problemas* e *obstáculos*, aparências que precisam ser explicadas e, em certos casos, afastadas.

Em quase todos os aspectos podemos dizer que o conhecimento científico opõe-se ponto por ponto às características do senso comum:

Edward H. White, astronauta norte-americano, flutuando na gravidade zero do espaço, em 3 de junho de 1965.

- é objetivo, pois procura as estruturas universais e necessárias das coisas investigadas;

- é quantitativo, ou seja, busca medidas, padrões, critérios de comparação e de avaliação para coisas que parecem diferentes. Assim, por exemplo, as diferenças de cor são explicadas por diferenças de um mesmo padrão ou critério de medida, o comprimento de onda luminosa; as diferenças de intensidade dos sons, pelo comprimento de onda sonora;

- é homogêneo, isto é, busca as leis gerais de funcionamento dos fenômenos, que são as mesmas para fatos que nos parecem diferentes. Por exemplo, a lei universal da gravitação demonstra que a queda de uma pedra e a flutuação de uma pluma são movimentos que obedecem à mesma lei no interior do campo gravitacional;

- é generalizador, pois reúne individualidades sob as mesmas leis, os mesmos padrões ou critérios de medida, mostrando que possuem a mesma estrutura, embora sejam sensorialmente percebidas como diferentes. Assim, por exemplo, a química mostra que a enorme variedade de corpos decorre das inúmeras combinações de um pequeno número limitado de elementos que compõem os corpos complexos;

274

- é diferenciador, pois não reúne nem generaliza por semelhanças aparentes, mas distingue entre os que parecem iguais, desde que obedeçam a estruturas diferentes. A palavra *queijo* parece ser a mesma coisa que a palavra inglesa *cheese* e a palavra francesa *fromage*, quando, na realidade, são muito diferentes, porque se referem a estruturas alimentares diferentes;

- só estabelece relações causais depois de investigar a natureza ou estrutura do fato estudado e suas relações com outros semelhantes ou diferentes. Assim, por exemplo, um corpo não cai porque é pesado, mas o peso de um corpo depende do campo gravitacional onde se encontra — é por isso que, nas naves espaciais, onde a gravidade é igual a zero, todos os corpos flutuam, independentemente do peso ou do tamanho; um corpo tem uma certa cor não porque é colorido, mas porque, dependendo de sua composição química e física, reflete a luz de uma determinada maneira, etc.;

- surpreende-se com a regularidade, a constância, a frequência, a repetição e a diferença das coisas e procura mostrar que o maravilhoso, o extraordinário ou o "milagroso" são um caso particular do que é regular, normal, frequente. Um eclipse, um terremoto, um furacão, a erupção de um vulcão, embora excepcionais, obedecem às leis da física. Procura, assim, apresentar explicações racionais, claras, simples e verdadeiras para os fatos, opondo-se ao espetacular, ao mágico e ao fantástico;

- distingue-se da magia. A magia admite uma participação ou simpatia secreta entre coisas diferentes, que agem umas sobre outras por meio de qualidades ocultas e considera o psiquismo humano uma força capaz de ligar-se a psiquismos superiores (planetários, astrais, angélicos, demoníacos) para provocar efeitos inesperados nas coisas e nas pessoas. A atitude científica, ao contrário, opera um desencantamento ou desenfeitiçamento do mundo, mostrando que nele não agem forças secretas, mas causas e relações racionais que podem ser conhecidas e que tais conhecimentos podem ser transmitidos a todos;

- afirma que, pelo conhecimento, o homem pode libertar-se do medo e das superstições, deixando de projetá-los no mundo e nos outros;

- procura renovar-se e modificar-se continuamente, evitando a transformação das teorias em doutrinas e destas em preconceitos sociais. O fato científico resulta de um *trabalho* paciente e lento de investigação e de pesquisa racional, aberto a mudanças, não sendo nem um mistério incompreensível nem uma doutrina geral sobre o mundo.

Giles Gaston Granger (1920), epistemólogo francês.

Em seu livro *Lógica e filosofia das ciências*, o filósofo das ciências, Giles Gaston Granger, escreve:

> A ciência é uma forma sistematicamente organizada do pensamento objetivo. (...) Da magia — considerada um conjunto de práticas destinado a aproveitar os poderes sobrenaturais —, a ciência teria conservado uma aparência de mistério e gravidade ritual, traço que ainda hoje surpreende a maioria dos espíritos. Do feiticeiro ao cientista há apenas um pequeno passo, fácil de transpor, quando considerados os "milagres" da ciência moderna. Quanto mais escapam aos nossos sentidos as forças naturais das quais ela se aproveita (ondas hertzianas, eletricidade, emissões eletrônicas), mais parece ela realizar os sonhos dos mágicos. (...) A ciência, entretanto, apenas poderá ser magia aos olhos de espectadores, pois apenas se libertando da magia que a ciência propriamente dita pode desenvolver-se.

O trabalho científico é metódico e sistemático

Os fatos ou objetos científicos não são dados empíricos espontâneos de nossa experiência cotidiana, mas são *construídos* pelo trabalho da investigação científica. Esta é um conjunto de atividades intelectuais, experimentais e técnicas, realizadas com base em *métodos* que permitem e garantem que a principal marca da ciência seja o *rigor*:

- separar os elementos subjetivos e objetivos de um fenômeno;
- construir o fenômeno como um objeto do conhecimento, controlável, verificável, interpretável e capaz de ser retificado ou corrigido por novas elaborações;
- demonstrar e provar os resultados obtidos durante a investigação, graças ao rigor das relações definidas entre os fatos estudados; a demonstração deve ser feita não só para verificar a validade dos resultados obtidos, mas também para prever racionalmente novos fatos como efeitos dos já estudados;
- relacionar com outros fatos um fato isolado, integrando-o numa explicação racional unificada, pois somente essa integração transforma o fenômeno em objeto científico, isto é, em fato explicado por uma teoria;
- formular uma teoria geral sobre o conjunto dos fenômenos observados e dos fatos investigados, isto é, formular um conjunto sistemático de conceitos que expliquem e interpretem as causas e os efeitos, as relações de dependência, identidade e diferença entre todos os objetos que constituem o campo investigado.

Por isso, no livro acima citado, Granger nos diz que "o verdadeiro significado da ciência, que a distingue de toda outra forma de nossa atividade civilizada, é o de ser um *método de pensamento e de ação*".

Delimitar ou definir os fatos a investigar, separando-os de outros semelhantes ou diferentes; estabelecer os procedimentos metodológicos para observação, experimentação e verificação dos fatos; construir instrumentos técnicos e condições de laboratório específicas para a pesquisa; elaborar um conjunto sistemático de conceitos que formem a teoria geral dos fenômenos estudados, que controlem e guiem o andamento da pesquisa, além de ampliá-la com novas investigações, e permitam a previsão de fatos novos com base nos já conhecidos: esses são os pré-requisitos para a constituição de uma ciência e as exigências da própria ciência.

A ciência distingue-se do senso comum porque este é uma opinião baseada em hábitos, preconceitos, tradições cristalizadas, enquanto a primeira baseia-se em pesquisas, investigações metódicas e sistemáticas e na exigência de que as teorias sejam internamente coerentes e digam a verdade sobre a realidade. A ciência é *conhecimento* que resulta de um trabalho racional.

Que tipo de conhecimento é esse?

Vem de Aristóteles a primeira grande definição do conhecimento científico: a ciência é um conhecimento das causas e pelas causas, isto é, um conhecimento demonstrativo.

E vem do final do Renascimento e do início da filosofia moderna, com Francis Bacon, Galileu e Descartes, a ideia de que, além de conhecimento demonstrativo, a ciência é um conhecimento eficaz, isto é, capaz de permitir ao homem não só conhecer o mundo, mas também dominá-lo e transformá-lo.

O trabalho científico é sistemático e por isso uma teoria científica é um sistema ordenado e coerente de proposições ou enunciados baseados em um pequeno número de princípios, cuja finalidade é descrever, explicar e prever do modo mais completo possível um conjunto de fenômenos, oferecendo suas leis necessárias. A teoria científica permite que uma multiplicidade empírica de fatos aparentemente muito diferentes sejam compreendidos como semelhantes e submetidos às mesmas leis; e vice-versa, permite compreender por que fatos aparentemente semelhantes são diferentes e submetidos a leis diferentes.

Capítulo 2
A ciência na história

As três principais concepções de ciência

Historicamente, três têm sido as principais concepções de ciência ou de ideais de cientificidade: a *racionalista*, cujo modelo de objetividade é a matemática; a *empirista*, que toma o modelo de objetividade da medicina grega e da história natural do século XVII; e a *construtivista*, cujo modelo de objetividade advém da ideia de razão como conhecimento aproximativo.

A **concepção racionalista** — que se estende dos gregos até o final do século XVII — afirma que a ciência é um conhecimento racional dedutivo e demonstrativo como a matemática, portanto, capaz de provar a verdade necessária e universal de seus enunciados e resultados, sem deixar nenhuma dúvida. Uma ciência é a unidade sistemática de axiomas, postulados e definições, que determinam a natureza e as propriedades de seu objeto, e de demonstrações, que provam as relações de causalidade que regem o objeto investigado.

O objeto científico é uma representação intelectual universal, necessária e verdadeira das coisas representadas, e corresponde à própria realidade, porque esta é racional e inteligível em si mesma. As experiências científicas são realizadas apenas para verificar e confirmar as demonstrações teóricas, e não para produzir o conhecimento do objeto, pois este é conhecido exclusivamente pelo pensamento. O objeto científico é matemático, porque a realidade possui uma estrutura matemática, ou, como disse Galileu, "o grande livro da natureza está escrito em caracteres matemáticos".

A **concepção empirista** — que vai da medicina grega e Aristóteles até o final do século XIX — afirma que a ciência é uma interpretação dos fatos baseada em observações e experimentos que permitem estabelecer induções e que, ao serem completadas, oferecem a definição do objeto, suas propriedades e suas leis de funcionamento. A teoria científica resulta das observações e dos experimentos, de modo que a experiência não tem simplesmente a função de verificar e confirmar conceitos, mas a de produzi-los. Eis por que, nesta concepção, sempre houve grande cuidado para estabelecer métodos experimentais rigorosos, pois deles dependia a formulação da teoria e a definição da objetividade investigada.

Essas duas concepções de cientificidade possuíam o mesmo pressuposto, embora o realizassem de maneiras diferentes. Ambas consideravam que a teoria científica era uma explicação e uma representação verdadeira da própria realidade, tal como esta é em si mesma. A ciência era uma espécie de raio X da realidade.

A concepção racionalista era *hipotético-dedutiva*, isto é, definia o objeto e suas leis e disso deduzia propriedades, efeitos posteriores, previsões. A concepção empirista era *hipotético-indutiva*, isto é, apresentava suposições sobre o objeto, realizava observações e experimentos e chegava à definição dos fatos, às suas leis, suas propriedades, seus efeitos posteriores e a previsões.

A **concepção construtivista** — iniciada em nosso século — considera a ciência uma construção de modelos explicativos para a realidade e não uma representação da própria realidade. O cientista combina dois procedimentos — um vindo do racionalismo, outro vindo do empirismo — e a eles acrescenta um terceiro, vindo da ideia de conhecimento aproximativo e corrigível.

Como o racionalista, o cientista construtivista exige que o método lhe permita e lhe garanta estabelecer axiomas, postulados, definições e deduções sobre o objeto científico. Como o empirista, o construtivista exige que a experimentação guie e modifique axiomas, postulados, definições e demonstrações. No entanto, porque considera o objeto uma construção lógico-intelectual e uma construção experimental feita em laboratório, o cientista não espera que seu trabalho apresente a realidade em si mesma, mas ofereça estruturas e modelos de funcionamento da realidade, explicando os fenômenos observados. Não espera, portanto, apresentar uma verdade absoluta, e sim uma verdade aproximada que pode ser corrigida, modificada, abandonada por outra mais adequada aos fenômenos. São três as exigências de seu ideal de cientificidade:

1. que haja coerência (isto é, que não haja contradições) entre os princípios que orientam a teoria;
2. que os modelos dos objetos (ou estruturas dos fenômenos) sejam construídos com base na observação e na experimentação;
3. que os resultados obtidos possam não só alterar os modelos construídos, mas também alterar os próprios princípios da teoria, corrigindo-a.

Diferenças entre a ciência antiga e a clássica ou moderna

Quando apresentamos os ideais de cientificidade, dissemos que tanto o ideal racionalista como o empirista se iniciaram com os gregos. Isso, porém, não significa que a concepção antiga e a clássica ou moderna (século XVII) de ciência sejam idênticas.

Entre as várias diferenças, devemos mencionar uma, talvez a mais profunda: a ciência antiga era uma ciência *teorética*, ou seja, apenas contemplava os seres naturais, sem jamais imaginar intervir neles ou sobre eles por meios técnicos; a ciência clássica é uma ciência que visa não só ao conhecimento teórico, mas sobretudo à aplicação prática ou técnica. Francis Bacon dizia que "saber é poder", e Descartes escreveu que "a ciência deve tornar-nos senhores da natureza". A ciência clássica ou moderna nasce vinculada à ideia de *intervir na natureza*, de conhecê-la para apropriar-se dela, para controlá-la e dominá-la. A ciência não é apenas contemplação da verdade, mas é sobretudo o exercício do poderio humano sobre a natureza. Numa sociedade em que o capitalismo está surgindo e, para acumular o capital, deve ampliar a capacidade do trabalho humano para modificar e explorar a natureza, a nova ciência será inseparável da técnica.

Na verdade, é mais correto falar em "tecnologia" do que em "técnica". De fato, a técnica é um conhecimento empírico, que, graças à observação, elabora um conjunto de receitas e práticas para agir sobre as coisas. A tecnologia, porém, é um saber teórico que se aplica praticamente.

Por exemplo, um relógio de sol é um objeto técnico que serve para marcar horas seguindo o movimento solar no céu. Um cronômetro, porém, é um objeto tecnológico: por um lado, sua construção pressupõe conhecimentos teóricos sobre as leis do movimento (as leis do pêndulo) e, por outro, seu uso altera a percepção empírica e comum dos objetos, pois serve para medir aquilo que nossa percepção não consegue perceber. Uma lente de aumento é um objeto técnico, mas o telescópio e o microscópio são objetos tecnológicos, pois sua construção pressupõe o conhecimento das leis científicas definidas pela óptica. Em outras palavras, um objeto é tecnológico quando sua construção pressupõe um saber científico e quando seu uso interfere nos resultados das pesquisas científicas. A ciência moderna tornou-se inseparável da tecnologia.

As mudanças científicas

Vimos até aqui duas grandes mudanças na ciência. A primeira delas se refere à passagem do racionalismo e do empirismo ao construtivismo, isto é, de um ideal de cientificidade baseado na ideia de que a ciência é uma *representação* da realidade tal como ela é em si mesma, a um ideal de cientificidade baseado na ideia de que o objeto científico é um *modelo* construído e não uma representação do real, uma aproximação sobre o modo de funcionamento da realidade, mas não o conhecimento absoluto dela. A segunda mudança refere-se à passagem da ciência antiga — teorética, qualitativa — à ciência clássica ou moderna — tecnológica, quantitativa. Por que houve tais mudanças no pensamento científico?

Durante certo tempo, julgou-se que a ciência (como a sociedade) evolui e progride. Evolução e progresso são duas ideias muito recentes — datam dos séculos XVIII e XIX —, mas muito aceitas pelas pessoas. Basta ver o lema da bandeira brasileira para perceber como as pessoas acham natural falar em "Ordem e Progresso".

As noções de evolução e de progresso partem da suposição de que o tempo é uma linha contínua e homogênea (como a imagem do rio, que vimos ao estudar a metafísica). O tempo seria uma sucessão contínua de instantes, momentos, fases, períodos, épocas, que iriam se somando uns aos outros, acumulando-se de tal modo que o que acontece depois é o resultado melhorado do que aconteceu antes. Contínuo e cumulativo, o tempo seria um aperfeiçoamento de todos os seres (naturais e humanos).

Evolução e progresso são a crença na superioridade do presente em relação ao passado e do futuro em relação ao presente. Assim, os europeus civilizados seriam superiores aos africanos e aos índios, a física galilaico-newtoniana seria superior à aristotélica, a física quântica seria superior à de Galileu e à de Newton.

Evoluir significa tornar-se superior e melhor do que se era antes. Progredir significa ir num rumo cada vez melhor na direção de uma finalidade superior.

Evolução e progresso também supõem o tempo como uma série linear de momentos ligados por relações de causa e efeito, em que o passado é causa e o presente, efeito, vindo a tornar-se causa do futuro. Vemos essa ideia aparecer quando, por exemplo, os manuais de história apresentam as "influências" que um acontecimento anterior teria tido sobre um outro, posterior.

Evoluir e progredir pressupõem uma concepção da história semelhante à que a biologia apresenta quando fala em germe, semente ou larva. O germe, a semente ou a larva são entes que contêm em si mesmos tudo o que lhes acontecerá, ou seja, o futuro já está contido no ponto inicial de um ser cuja história ou cujo tempo nada mais é do que o desdobrar ou o desenvolver pleno daquilo que ele já era potencialmente.

Essa ideia encontra-se presente, por exemplo, na distinção entre países desenvolvidos e subdesenvolvidos. Quando digo que um país é ou está desenvolvido, digo que sei que alcançou a finalidade à qual estava destinado desde que surgiu. Quando digo que um país é ou está subdesenvolvido, estou dizendo que a finalidade — que é a mesma para ele e para o desenvolvido — ainda não foi, mas deverá ser alcançada em algum momento do tempo. Não por acaso, as expressões "desenvolvido" e "subdesenvolvido" foram usadas para substituir duas outras, tidas como ofensivas e agressivas: países "adiantados" e países "atrasados", isto é, países "evoluídos" e "não evoluídos", países "com progresso" e "sem progresso".

Em resumo, evolução e progresso pressupõem continuidade temporal, acumulação causal dos acontecimentos, superioridade do futuro e do presente com relação ao passado, existência de uma finalidade a ser alcançada. Supunha-se que as mudanças científicas indicavam evolução ou progresso dos conhecimentos humanos.

Desmentindo a evolução e o progresso científicos

A filosofia das ciências, estudando as mudanças científicas, impôs um desmentido às ideias de evolução e progresso. Isso não quer dizer que a filosofia das ciências viesse a falar em atraso e regressão científica, pois essas duas noções são idênticas às de evolução e progresso, apenas com o sinal trocado (em vez de caminhar causal e continuamente para a frente, caminhar-se-ia causal e continuamente para trás). O que a filosofia das ciências compreendeu foi que as elaborações científicas e os ideais de cientificidade são *diferentes* e *descontínuos*.

Quando, por exemplo, comparamos a geometria clássica ou geometria euclidiana (que opera com o espaço plano) e a geometria contemporânea ou topológica (que opera com o espaço tridimensional), vemos que não se trata de duas etapas ou de duas fases sucessivas da mesma ciência geométrica, e sim de duas geometrias diferentes, com princípios, conceitos, objetos, demonstrações completamente diferentes. Não houve evolução e progresso de uma para outra, pois são duas geometrias diversas e não geometrias sucessivas.

Quando comparamos as físicas de Aristóteles, Galileu-Newton e Einstein, não estamos diante de uma mesma física, que teria evoluído ou progredido, mas diante de três físicas diferentes, baseadas em princípios, conceitos, demonstrações, experimentações e tecnologias completamente diferentes. Em cada uma delas, a ideia de natureza é diferente; em cada uma delas os métodos empregados são diferentes; em cada uma delas o que se deseja conhecer é diferente.

Quando comparamos a ciência da linguagem do século XIX (que era baseada nos estudos de filologia, isto é, nos estudos da origem e da história das palavras) com a linguística contemporânea (que, como vimos no capítulo dedicado à linguagem, estuda estruturas), vemos duas ciências diferentes. E o mesmo pode ser dito de todas as ciências.

Verificou-se, portanto, uma descontinuidade e uma diferença temporal entre as teorias científicas como consequência não de uma forma mais evoluída, mais progressiva ou melhor de fazer ciência, mas como resultado de diferentes maneiras de conhecer e construir os objetos científicos, de elaborar os métodos e inventar tecnologias. O filósofo Gaston Bachelard criou a expressão *ruptura epistemológica* para explicar essa descontinuidade no conhecimento científico.

Gaston Bachelard (1884–1962), filósofo e ensaísta francês, considerado o pai da epistemologia contemporânea.

epistemologia: a palavra *epistemologia* é composta de dois termos gregos: *episteme*, que significa "ciência", e *logia*, vinda de *logos*, que significa "conhecimento". Epistemologia é o conhecimento filosófico sobre as ciências.

Rupturas epistemológicas

Um cientista ou um grupo de cientistas começam a estudar um fenômeno empregando teorias, métodos e tecnologias disponíveis em seu campo de trabalho. Pouco a pouco, descobrem que os conceitos, os procedimentos, os instrumentos existentes não explicam o que estão observando nem levam aos resultados que estão buscando. Encontram, diz Bachelard, um "obstáculo epistemológico".

Para superar o obstáculo epistemológico, o cientista ou o grupo de cientistas precisam ter a coragem de dizer "não". Precisam dizer "não" à teoria existente e aos métodos e tecnologias existentes, realizando a **ruptura epistemológica**. Esta conduz à elaboração de novas teorias, novos métodos e tecnologias, que afetam todo o campo de conhecimentos existentes. Assim, uma nova concepção científica emerge, levando tanto a incorporar nela os conhecimentos anteriores quanto a afastá-los inteiramente. Isso significa que, para Bachelard, a história das mudanças científicas é feita de *descontinuidades* (novas teorias, novos modelos, novas tecnologias que rompem com os antigos) mas também comporta *continuidades*, quando se considera que o novo foi suscitado pelo antigo e que parte deste é incorporada por aquele.

Da mesma maneira, Granger propõe que distingamos entre dois tipos de descontinuidades científicas: uma *externa* e outra *interna*.

A descontinuidade é externa quando há um hiato radical entre uma situação científica caótica, em que os conhecimentos estão dispersos e são inverificáveis, e o surgimento de uma disciplina científica cujos conceitos, métodos e técnicas conseguem "pôr ordem no caos". Essa disciplina ordenadora, rigorosa e sistemática não muda a ciência anterior, apenas a reorganiza.

A descontinuidade é interna quando, mantida uma mesma visão objetiva de um campo de fatos, teorias diferentes se sucedem no interior desse campo. No livro *A ciência e as ciências*, escreve Granger:

> *Tomando o exemplo da mecânica, vemos que a mecânica da relatividade restrita está em ruptura com a mecânica newtoniana clássica, e isso não apenas em pontos isolados. O referencial do espaço e do tempo, que serve, digamos, de decoração de fundo para uma*

mecânica, é fundamentalmente modificado, com os procedimentos de medida dos espaços e dos tempos passando a depender, então, do movimento relativo do observador e do observado. A velocidade da propagação do fenômeno luminoso torna-se, em compensação, uma constante universal absoluta. Todas as demais modificações do sentido operatório dos conceitos físicos decorrem dessa mudança do quadro da descrição dos fenômenos.

Quando há descontinuidade interna, não há, porém, ruptura total, pois, diz Granger, como é mantida a mesma visão objetiva de um campo de fatos, a teoria anterior é incorporada como um caso particular (às vezes até diminuto) da nova teoria, mas universal. Há descontinuidade, mas não há destruição da teoria anterior.

Revoluções científicas

Thomas Kuhn (1922–1996), filósofo norte-americano.

Ptolomeu (90–168), cientista grego que viveu em Alexandria, reconhecido por seus trabalhos com matemática, astronomia, geografia e cartografia.

Diversamente de Bachelard, o filósofo da ciência Thomas Kuhn considera que a história da ciência é feita de descontinuidades e de rupturas radicais. Kuhn designa os momentos de ruptura e de criação de novas teorias com a expressão *revolução científica*, como, por exemplo, a revolução copernicana, que substituiu a explicação geocêntrica de Ptolomeu pela heliocêntrica de Copérnico.

Segundo Kuhn, um campo científico é criado quando métodos, tecnologias, formas de observação e experimentação, conceitos e demonstrações formam um todo sistemático, uma teoria que permite o conhecimento de inúmeros fenômenos. A teoria se torna um modelo de conhecimento ou um paradigma científico. O paradigma se torna o campo no qual uma ciência trabalha normalmente, sem crises.

Kuhn usa a expressão *ciência normal* para referir-se ao trabalho científico no interior de um paradigma estabelecido. Em tempos normais, um cientista, diante de um fato ou de um fenômeno ainda não estudado, o explica usando o modelo ou o paradigma científico existente. Em contraposição à *ciência normal*, ocorre a *revolução científica*. Uma revolução científica acontece quando o cientista descobre que o paradigma disponível não consegue explicar um fenômeno ou um fato novo, sendo necessário produzir um outro paradigma, até então inexistente e cuja necessidade não era sentida pelos investigadores. Numa revolução científica, não só novos fenômenos são descobertos e conhecimentos antigos são abandonados, mas há uma mudança profunda na maneira de o cientista ver o mundo, como se passasse a trabalhar num mundo completamente diferente.

A ciência, portanto, não caminha numa via linear contínua e progressiva, mas por saltos ou revoluções. Assim, quando a ideia de próton-elétron-nêutron entra na física, a de vírus entra na biologia, a de enzima entra na química ou a de fonema entra na linguística, os paradigmas existentes são incapazes de alcançar, compreender e explicar esses objetos ou fenômenos, exigindo a criação de novos modelos científicos.

Por que, então, temos a ilusão de progresso e de evolução? Por dois motivos principais:

1. do lado do cientista, porque este sente que sabe mais e melhor do que antes, já que o paradigma anterior não lhe permitia conhecer certos objetos ou fenômenos. Como trabalhava com uma tradição científica e a abandonou, tem o sentimento de que o passado estava errado, era inferior ao presente aberto por seu novo trabalho. Não é ele, mas o filósofo da ciência que percebe a ruptura e a descontinuidade e, portanto, a diferença temporal. Do lado do cientista, o progresso é uma *vivência subjetiva*;

2. do lado dos não cientistas, porque vivemos sob a ideologia do progresso e da evolução, do "novo" e do "fantástico". Além disso, vemos os resultados tecnológicos das ciências: naves espaciais, computadores, satélites, fornos de micro-ondas, telefones celulares, cura de doenças julgadas incuráveis, objetos plásticos descartáveis, e esses resultados tecnológicos são apresentados pelos governos, pelas empresas e pela propaganda como "signos do progresso" e não da diferença temporal. Do lado dos não cientistas, o progresso é uma *crença ideológica*.

Há, porém, uma razão mais profunda para nossa crença no progresso. Desde a Antiguidade, conhecer sempre foi considerado o meio mais precioso e eficaz para combater o medo, a superstição e as crendices. Ora, no caso da modernidade, o vínculo entre ciência e aplicação prática dos conhecimentos (tecnologias) fez surgirem objetos que não só facilitaram a vida humana (meios de transporte, de iluminação, de comunicação, de cultivo do solo, etc.), mas aumentaram a esperança de vida (remédios, cirurgias, etc.). Do ponto de vista dos resultados práticos, sentimos que estamos em melhores condições que os antigos e por isso falamos em evolução e progresso.

Entretanto, Kuhn não recusa totalmente a ideia de um progresso científico. Julga que, evidentemente, não se pode aceitar a velha ideia do progresso em que se supunha que, com o passar do tempo e o acúmulo de conhecimentos, a ciência se aproximava cada vez mais da verdade; mas pode-se falar em progresso toda vez que um novo paradigma ou uma nova teoria se mostram capazes de resolver um maior número de problemas do que os anteriores e de fazer mais e melhores previsões do que eles.

Falsificação × revolução

Vimos que a ciência contemporânea é construtivista, julgando que fatos e fenômenos novos podem exigir a elaboração de novos métodos, novas tecnologias e novas teorias.

Alguns filósofos da ciência, entre os quais Karl Popper, afirmaram que a reelaboração científica decorre do fato de ter havido uma mudança no conceito filosófico-científico da verdade. Esta, como já vimos, foi considerada durante muitos séculos a correspondência exata entre uma ideia ou um conceito e a realidade. Vimos também que, no século XX, foi proposta uma teoria da verdade como coerência interna entre conceitos. Na concepção anterior, o falso acontecia quando uma ideia não correspondia à coisa que deveria representar. Na nova concepção, o falso é a perda da coerência de uma teoria, a existência de contradições entre seus princípios ou entre estes e alguns de seus conceitos.

Popper afirma que as mudanças científicas são uma consequência da concepção da verdade como coerência teórica. E propõe que uma teoria científica seja avaliada pela possibilidade de ser falsa ou falsificada. A falsificação se apoia na ideia anterior da verdade como correspondência entre as ideias e as coisas. Ou seja, Popper considera que a antiga noção de verdade não serve para *confirmar* uma teoria — uma teoria se mantém confirmada graças à sua coerência interna —, mas serve para *refutar* uma teoria.

Karl Popper (1902–1994)

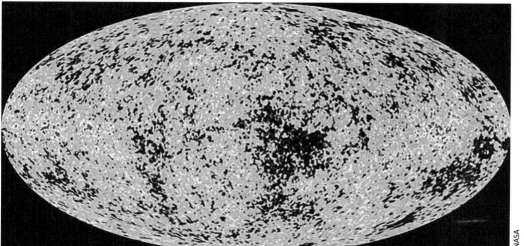

Fotografia detalhada da infância de nosso Universo, quando este tinha apenas 380 000 anos de idade, obtida por observatório da Nasa. Esta imagem, divulgada em fevereiro de 2003, é uma versão detalhada da produzida pelo telescópio COBE, em 1992, confirmando a teoria do *big bang*.

Para explicar essa diferença entre confirmação (ou verificação) e refutação (ou falsificação), Popper usa o seguinte exemplo: uma teoria científica que disser que "todos os cisnes são brancos" não pode ser verificada ou confirmada porque nenhum ser humano jamais viu ou verá todos os cisnes; todavia, basta que alguém veja um único cisne negro para refutar (ou falsificar) essa teoria.

Uma ciência formula hipóteses para resolver problemas e as conserva até que sejam refutadas ou falsificadas por algum fato. Essas hipóteses são verdades provisórias mantidas até que sejam contestadas ou não consigam explicar novos problemas.

Uma teoria científica é boa, diz Popper, quanto mais aberta estiver a fatos novos que possam tornar falsos os princípios e os conceitos em que se baseava. Assim, o valor de uma teoria não se mede por sua verdade, mas pela possibilidade de ser falsa. A *falseabilidade* seria o critério de avaliação das teorias científicas e garantiria a ideia de progresso científico, pois é *a mesma teoria* que vai sendo corrigida por fatos novos que a falsificam.

A maioria dos filósofos da ciência, entre os quais Kuhn, demonstrou o absurdo da posição de Popper. De fato, dizem eles, jamais houve um único caso em que uma teoria pudesse ser falsificada por fatos científicos ou jamais houve um único caso em que um fato novo garantisse a coerência de uma teoria, bastando impor a ela mudanças totais.

Cada vez que novos fatos provocaram verdadeiras e grandes mudanças teóricas, essas mudanças não foram feitas com o objetivo de "melhorar" ou "aprimorar" uma teoria existente, mas com o objetivo de abandoná-la por uma outra. O papel do fato científico não é o de falsear ou falsificar uma teoria, mas o de provocar o surgimento de uma nova teoria verdadeira. É o verdadeiro e não o falso que guia o cientista, seja a verdade entendida como correspondência entre ideia e coisa, seja entendida como coerência interna das ideias.

Classificação das ciências

Ciência, no singular, refere-se a um modo e a um ideal de conhecimento que examinamos até aqui. *Ciências*, no plural, refere-se às diferentes maneiras de realização do ideal de cientificidade segundo os diferentes fatos investigados e os diferentes métodos e tecnologias empregados.

A primeira classificação sistemática das ciências de que temos notícia foi a de Aristóteles, à qual já nos referimos no início deste livro. O filósofo grego empregou três critérios para classificar os saberes:

- critério da *ausência ou presença da ação humana nos seres investigados*, levando à distinção entre as *ciências teoréticas* (conhecimento dos seres que existem e agem independentemente da ação humana) e as *ciências práticas* (conhecimento de tudo quanto existe como efeito das ações humanas);

- critério da *imutabilidade ou permanência e da mutabilidade ou movimento dos seres investigados*, levando à distinção entre *metafísica* (estudo do Ser enquanto Ser, fora de qualquer mudança), *física ou ciências da natureza* (estudo dos seres constituídos por matéria e forma e submetidos à mudança ou ao movimento) e *matemática* (estudo dos seres dotados apenas de forma, sem matéria, imutáveis, mas existindo nos seres naturais e conhecidos por abstração);

- critério da *modalidade prática*, levando à distinção entre *ciências que estudam a práxis* (a ação ética, política e econômica, que tem o próprio agente como fim) e as *técnicas* (a fabricação de objetos artificiais ou a ação que tem como fim a produção de um objeto diferente do agente).

Com pequenas variações, essa classificação foi mantida até o século XVII, quando então os conhecimentos se separaram em *filosóficos*, *científicos* e *técnicos*. Após esse período, a filosofia tende a desaparecer nas classificações científicas (é um saber diferente do científico), assim como delas desaparecem as técnicas. Das inúmeras classificações propostas, as mais conhecidas e utilizadas foram feitas por filósofos franceses e alemães do século XIX, baseando-se em três critérios: *tipo de objeto estudado, tipo de método empregado, tipo de resultado obtido*. Desses critérios e da simplificação feita sobre as várias classificações anteriores resultou aquela que se costuma usar até hoje:

- **ciências matemáticas ou lógico-matemáticas** (aritmética, geometria, álgebra, trigonometria, lógica, física pura, astronomia pura, etc.);
- **ciências naturais** (física, química, biologia, geologia, astronomia, geografia física, paleontologia, etc.);
- **ciências humanas ou sociais** (psicologia, sociologia, antropologia, geografia humana, economia, linguística, psicanálise, arqueologia, história, etc.);
- **ciências aplicadas** (todas as ciências que conduzem à invenção de tecnologias para intervir na natureza, na vida humana e nas sociedades, como, por exemplo, direito, engenharia, medicina, arquitetura, informática, etc.).

Cada uma das ciências subdivide-se em ramos específicos, com nova delimitação do objeto e do método de investigação. Assim, por exemplo, a física subdivide-se em mecânica, acústica, óptica, etc.; a biologia, em botânica, zoologia, fisiologia, genética, etc.; a psicologia subdivide-se em psicologia do comportamento, do desenvolvimento, psicologia clínica, psicologia social, etc., e assim sucessivamente, para cada uma das ciências. Por sua vez, os próprios ramos de cada ciência subdividem-se em disciplinas cada vez mais específicas, à medida que seus objetos conduzem a pesquisas cada vez mais detalhadas e especializadas.

Capítulo 3
As ciências humanas

São possíveis ciências humanas

Embora seja evidente que toda e qualquer ciência é humana, porque resulta da atividade humana de conhecimento, a expressão "ciências humanas" refere-se àquelas ciências que têm o próprio ser humano como objeto. A situação de tais ciências é muito especial. Em primeiro lugar, porque seu objeto é bastante recente: o homem como objeto científico é uma ideia surgida apenas no século XIX. Até então, tudo quanto se referia ao humano era estudado pela filosofia.

Em segundo lugar, porque surgiram depois que as ciências matemáticas e naturais estavam constituídas e já haviam definido a ideia de cientificidade, de métodos e conhecimentos científicos, de modo que as ciências humanas foram levadas a imitar e copiar o que aquelas ciências haviam estabelecido, tratando o homem como uma coisa natural matematizável e experimentável. Em outras palavras, para ganhar respeitabilidade científica, as disciplinas conhecidas como ciências humanas procuraram estudar seu objeto empregando conceitos, métodos e técnicas propostos pelas ciências da natureza.

Em terceiro lugar, por terem surgido no período em que prevalecia a concepção empirista e determinista da ciência, também procuraram tratar o objeto humano usando os modelos hipotético-indutivos e experimentais de estilo empirista, e buscavam leis causais necessárias e universais para os fenômenos humanos. Como, entretanto, não era possível realizar uma transposição integral e perfeita dos métodos, das técnicas e das teorias naturais para os estudos dos fatos humanos, as ciências humanas acabaram trabalhando por *analogia* com as ciências naturais e seus resultados tornaram-se muito contestáveis e pouco científicos.

Essa situação levou muitos cientistas e filósofos a duvidar da possibilidade de ciências que tivessem o homem como objeto. Quais as principais objeções feitas à possibilidade das ciências humanas?

- A ciência lida com fatos observáveis, isto é, com seres e acontecimentos que, nas condições especiais de laboratório, são objetos de experimentação. Como observar-experimentar, por exemplo, a consciência humana individual, que seria o objeto da psicologia? Ou uma sociedade, objeto da sociologia? Ou uma época passada, objeto da história?

- A ciência busca as leis objetivas gerais, universais e necessárias dos fatos. Como estabelecer leis objetivas para o que é essencialmente subjetivo, como o psiquismo humano? Como estabelecer leis universais para algo que é particular, como é o caso de uma sociedade humana? Como estabelecer leis necessárias para o que acontece uma única vez, como é o caso do fato histórico?

- A ciência opera por análise (decomposição de um fato complexo em elementos simples) e síntese (recomposição do fato complexo por seleção dos elementos simples, distinguindo os essenciais dos acidentais). Como analisar e sintetizar o psiquismo humano, uma sociedade, um acontecimento histórico?

- A ciência lida com fatos regidos pela necessidade causal ou pelo princípio do determinismo universal. O homem é dotado de razão, vontade e liberdade, é capaz de criar fins e valores, de escolher entre várias opções possíveis. Como dar uma explicação científica necessária àquilo que, por essência, é contingente, pois é livre e age por liberdade?

- A ciência lida com fatos objetivos, isto é, com os fenômenos depois que foram purificados de todos os elementos subjetivos, de todas as qualidades sensíveis, de todas as opiniões e todos os sentimentos, de todos os dados afetivos e valorativos. Ora, o humano é justamente o subjetivo, o sensível, o afetivo, o valorativo, o opinativo. Como transformá-lo em objetividade sem destruir sua principal característica, a subjetividade?

O humano como objeto de investigação

Embora as ciências humanas sejam recentes, a percepção de que os seres humanos são diferentes das coisas naturais é antiga. Desse ponto de vista podemos dizer que, do século XV ao início do século XX, a investigação do humano realizou-se de três maneiras diferentes:

1. **Período do humanismo**: inicia-se no século XV com a ideia renascentista da *dignidade do homem* como centro do Universo, prossegue nos séculos XVI e XVII com o estudo do homem como *agente moral*, político e técnico-artístico, destinado a dominar e controlar a natureza e a sociedade, chegando ao século XVIII quando surge a ideia de *civilização*, isto é, do homem como razão que se aperfeiçoa e progride temporalmente por meio das instituições sociais e políticas e do desenvolvimento das artes, das técnicas e dos ofícios. O humanismo não separa homem e natureza, mas considera o homem um ser natural diferente dos demais, manifestando essa diferença como ser racional e livre, agente ético, político, técnico e artístico.

2. **Período do positivismo**: inicia-se no século XIX com Augusto Comte, para quem a humanidade atravessa três etapas progressivas, indo da superstição religiosa à metafísica e à teologia para chegar finalmente à ciência positiva, ponto final do progresso humano. Comte enfatiza a ideia do homem como um ser social e propõe o estudo científico da sociedade: assim como há uma física da natureza, deve haver uma física do social, a *sociologia*, que deve estudar os fatos humanos usando procedimentos, métodos e técnicas empregados pelas ciências da natureza.

    A concepção positivista não termina no século XIX com Comte, mas será uma das correntes mais poderosas e influentes nas ciências humanas em todo o século XX. Assim, por exemplo, a psicologia positivista afirma que seu objeto não é o psiquismo como consciência, mas como *comportamento observável* que pode ser tratado com o método experimental das ciências naturais. A sociologia positivista (iniciada por Comte e desenvolvida como ciência pelo francês Emile Durkheim) estuda a sociedade como fato afirmando que o fato social deve ser tratado como uma *coisa* à qual são aplicados os procedimentos de análise e síntese criados pelas ciências naturais. Os elementos ou átomos sociais são os indivíduos, obtidos por via da análise; as relações causais entre os indivíduos, recompostas por via da síntese, constituem as instituições sociais (família, trabalho, religião, Estado, etc.).

Emile Durkheim (1858–1917), sociólogo francês.

3. **Período do historicismo**: desenvolvido no final do século XIX e início do século XX por Dilthey, filósofo e historiador alemão. Essa concepção, herdeira do idealismo alemão (Kant, Fichte, Schelling, Hegel), insiste na diferença profunda entre homem e natureza e entre ciências naturais e humanas, chamadas por Dilthey de "ciências do espírito ou da cultura". Os fatos humanos são históricos, dotados de valor e de sentido, de significação e finalidade e devem ser estudados com essas características que os distinguem dos fatos naturais. As ciências do espírito ou da cultura não podem e não devem usar o método da observação-experimentação, mas devem criar o método da explicação e compreensão do *sentido* dos fatos humanos, encontrando a causalidade histórica que os governa.

    O fato humano é histórico ou temporal: surge no tempo e se transforma no tempo. Em cada época histórica, os fatos psíquicos, sociais, políticos, religiosos, econômicos, técnicos e artísticos possuem as mesmas causas gerais, o mesmo sentido e seguem os mesmos valores, devendo ser compreendidos, simultaneamente, como particularidades históricas ou "visões de mundo" específicas ou autônomas e como etapas ou fases do desenvolvimento geral da humanidade, isto é, de um processo causal universal, que é o progresso.

    O historicismo resultou em dois problemas que não puderam ser resolvidos por seus adeptos: o *relativismo* (numa época em que as ciências humanas buscavam a universalidade de seus conceitos e métodos) e a *subordinação a uma filosofia da história* (numa época em que as ciências humanas pretendiam separar-se da filosofia).

    Relativismo: as leis científicas são válidas apenas para uma determinada época e cultura, não podendo ser universalizadas. *Filosofia da história*: os indivíduos humanos e as instituições socioculturais só são compreensíveis se seu estudo científico subordinar-se a uma teoria geral da história que considere cada formação sociocultural, seja como "visão de mundo" particular, seja como etapa de um processo histórico universal.

    Para escapar dessas consequências, o sociólogo alemão Max Weber propôs que as ciências humanas — no caso, a sociologia e a economia — trabalhassem seus objetos como *tipos ideais* e não como fatos empíricos. O tipo ideal, como o nome indica, oferece construções conceituais puras, que permitem compreender e interpretar fatos particulares observáveis. Assim, por exemplo, o Estado se apresenta como uma forma de dominação social e política sob vários tipos ideais (dominação carismática, dominação pessoal burocrática, etc.), cabendo ao cientista verificar sob qual tipo encontra-se o caso particular investigado.

Fichte (1762–1814), filósofo idealista alemão.

Schelling (1775–1854), filósofo alemão.

Max Weber (1864–1920), sociólogo e filósofo alemão.

Garota fotografada por Robert Capa em Barcelona, durante a Guerra Civil Espanhola, em 1939. Os fatos humanos são históricos, dotados de valor e de sentido, de significação e finalidade e devem ser estudados com essas características que os distinguem dos fatos naturais.

Fenomenologia, estruturalismo e marxismo

A constituição das ciências humanas como ciências específicas consolidou-se a partir das contribuições de três correntes de pensamento, que, entre os anos 20 e 50 do século XX, provocaram uma ruptura epistemológica e uma revolução científica no campo das humanidades.

A contribuição da fenomenologia

Como vimos em vários momentos deste livro, a fenomenologia introduziu a noção de essência ou significação como um conceito que permite diferenciar internamente uma realidade de outras, encontrando seu sentido, sua forma, suas propriedades e sua origem.

Dessa maneira, a fenomenologia começou por permitir que fosse feita a diferença rigorosa entre a esfera ou região da essência "natureza" e a esfera ou região da essência "homem". A seguir, permitiu que a esfera ou região "homem" fosse internamente diferenciada em essências diversas: o psíquico, o social, o histórico, o cultural. Com essa diferenciação, garantia às ciências humanas a validade de seus projetos e campos científicos de investigação: psicologia, sociologia, história, antropologia, linguística, economia.

Qual a diferença entre a perspectiva positivista e a fenomenológica? Dois exemplos podem ajudar-nos a compreendê-la.

Recusando a perspectiva metafísica, que se referia ao psíquico em termos de alma e de interioridade, a psicologia volta-se para o estudo dos fatos psíquicos diretamente observáveis. Ao radicalizar essa concepção, a psicologia positivista fazia do psiquismo uma soma de elementos físico-químicos, anatômicos e fisiológicos, de sorte que não havia, propriamente falando, um objeto científico denominado "o psíquico", mas efeitos psíquicos de causas não psíquicas (físicas, químicas, fisiológicas, anatômicas). Por isso, a psicologia considerava-se uma ciência natural próxima da biologia, tendo como objeto o comportamento como um fato externo, observável e experimental.

Ao contrário, a psicologia como ciência humana do psiquismo tornou-se possível a partir do momento em que um conjunto de fatos internos e externos ligados à consciência (sensação, percepção, motricidade, linguagem, etc.) puderam ser definidos como dotados de significação objetiva própria.

Recusando a perspectiva da filosofia da história, que considerava as sociedades como etapas culturais e civilizatórias de um processo histórico universal, a sociologia volta-se para o estudo dos fatos sociais observáveis. Inspirando-se nas ciências naturais, a sociologia positivista fazia da sociedade uma soma de ações individuais e tomava o indivíduo como elemento observável e causa do social, de sorte que não havia a sociedade como um objeto ou uma realidade propriamente dita, mas um efeito de ações psicológicas dos indivíduos. Somente a definição do social como algo essencialmente diferente do psíquico — e como não sendo a mera soma de ações individuais — permitiu o surgimento da sociologia como ciência propriamente dita.

Em resumo, antes da fenomenologia, cada uma das ciências humanas desfazia seu objeto num agregado de elementos de natureza diversa do todo, estudava as relações causais externas entre esses elementos e as apresentava como explicação e lei de seu objeto de investigação. A fenomenologia garantiu às ciências humanas a existência e a especificidade de seus objetos.

A contribuição do estruturalismo

O estruturalismo permitiu que as ciências humanas criassem métodos específicos para o estudo de seus objetos, livrando-as das explicações mecânicas de causa e efeito sem que por isso tivessem de abandonar a ideia de lei científica.

A concepção estruturalista veio mostrar que os fatos humanos assumem a forma de estruturas, isto é, de sistemas que criam seus próprios elementos dando a eles sentido pela posição e pela função que ocupam no todo. As estruturas são totalidades organizadas segundo princípios internos que lhes são próprios e que comandam seus elementos ou partes, seu modo de funcionamento e suas possibilidades de transformação temporal ou histórica. Nelas, o todo não é a soma das partes nem um conjunto de relações causais entre elementos isoláveis, mas um princípio ordenador, diferenciador e transformador. Uma estrutura é uma totalidade dotada de sentido.

Já vimos a noção de estrutura quando, nos capítulos dedicados à teoria do conhecimento, nos referimos à teoria da percepção, formulada pela psicologia da *gestalt* ou da forma, bem como quando nos referimos à teoria da linguagem, elaborada pela linguística contemporânea.

Após a psicologia e a linguística, a primeira das ciências humanas a se transformar profundamente, graças à ideia de estrutura e ao método estrutural, foi a antropologia social. Esta pôde mostrar que, ao contrário do que pensava a antropologia positivista, as chamadas "sociedades primitivas" não eram uma etapa atrasada da evolução da história social da humanidade, mas uma forma objetiva de organizar as relações sociais de modo diferente do nosso, constituindo estruturas culturais.

O antropólogo Claude Lévi-Strauss, por exemplo, mostrou que as estruturas dessas sociedades são baseadas no princípio do valor ou da equivalência, que permite a troca e a circulação de certos seres de maneira a constituir o todo da sociedade, organizando todas as relações sociais: a troca ou circulação das mulheres (estrutura do parentesco como sistema social de alianças), a troca ou circulação de objetos especiais (estrutura do dom como sistema social da guerra e da paz) e a troca e circulação da palavra (estrutura da linguagem como sistema do poder religioso e político). O modo como cada um desses sistemas ou estruturas parciais se organiza e se relaciona com os outros define a estrutura geral e específica de uma sociedade "primitiva", que pode, assim, ser compreendida e explicada cientificamente.

A contribuição do marxismo

O marxismo permitiu compreender que os fatos humanos são instituições sociais e históricas produzidas não pelo espírito e pela vontade livre dos indivíduos, mas pelas condições objetivas nas quais a ação e o pensamento humanos devem realizar-se. Levou a compreender que os fatos humanos mais originários ou primários são as relações dos homens com a natureza na luta pela sobrevivência e que tais relações são as de trabalho, dando origem às primeiras instituições sociais: família (divisão sexual do trabalho), pastoreio e agricultura (divisão social do trabalho), troca e comércio (distribuição social dos produtos do trabalho).

Assim, as primeiras instituições sociais são *econômicas*. Para mantê-las, o grupo social cria ideias e sentimentos, valores e símbolos aceitos por todos e que justificam ou legitimam as instituições assim criadas. Também para conservá-las, o grupo social cria instituições de poder que sustentem (pela força, pelas armas ou pelas leis) as relações sociais e as ideias-valores-símbolos produzidos.

Dessa maneira, o marxismo permitiu às ciências humanas compreender as articulações necessárias entre o plano psicológico e o social da existência humana; entre o plano econômico e o das instituições sociais e políticas; entre todas elas e o conjunto de ideias e de práticas que uma sociedade produz.

Graças ao marxismo as ciências humanas puderam compreender que as mudanças históricas não resultam de ações súbitas e espetaculares de alguns indivíduos ou grupos de indivíduos, mas de lentos processos sociais, econômicos e políticos baseados na forma assumida pela propriedade dos meios de produção e pelas relações de trabalho. A materialidade da existência econômica comanda as outras esferas da vida social e da espiritualidade e os processos históricos abrangem todas elas.

Enfim, o marxismo trouxe como grande contribuição à sociologia, à ciência política e à história a interpretação dos fenômenos humanos como expressão e resultado de contradições sociais, de lutas e conflitos sociopolíticos determinados pelas relações econômicas baseadas na exploração do trabalho da maioria pela minoria de uma sociedade.

Em resumo, a fenomenologia permitiu a definição e a delimitação dos objetos das ciências humanas; o estruturalismo permitiu uma metodologia que chega às leis dos fatos humanos sem que seja necessário imitar ou copiar os procedimentos das ciências naturais; o marxismo permitiu compreender que os fatos humanos são historicamente determinados e que a historicidade, longe de impedir que sejam conhecidos, garante a interpretação racional deles e o conhecimento de suas leis.

Com essas contribuições, que foram incorporadas de maneiras muito diferenciadas pelas várias ciências humanas, os obstáculos epistemológicos foram ultrapassados e foi possível demonstrar que os fenômenos humanos são dotados de sentido e significação, são históricos, possuem leis próprias, são diferentes dos fenômenos naturais e podem ser tratados cientificamente.

Os campos de estudo das ciências humanas

Se tomarmos as ciências humanas de acordo com seus campos de investigação, podemos distribuí-las da seguinte maneira:

Psicologia

- estudo das estruturas, do desenvolvimento das operações da mente humana (consciência, vontade, percepção, linguagem, memória, imaginação, emoções);
- estudo das estruturas e do desenvolvimento dos comportamentos humanos e animais;
- estudo das relações intersubjetivas dos indivíduos em grupo e em sociedade;
- estudo das perturbações (patologias) da mente humana e dos comportamentos humanos e animais.

Sociologia

- estudo das estruturas sociais: origem e forma das sociedades, tipos de organizações sociais, econômicas e políticas;
- estudo das relações sociais e de suas transformações;
- estudo das instituições sociais (origem, forma, sentido).

Economia

- estudo das condições materiais (naturais e sociais) de produção e reprodução da riqueza, de suas formas de distribuição, circulação e consumo;
- estudo das estruturas produtivas — relações de produção e forças produtivas — segundo o critério da divisão social do trabalho, da forma da propriedade, das regras do mercado e dos ciclos econômicos;
- estudo da origem, do desenvolvimento, das crises, das transformações e da reprodução das formas econômicas ou modos de produção.

Antropologia

- estudo das estruturas ou formas culturais em sua singularidade ou particularidade, isto é, como diferentes entre si por seus princípios internos de funcionamento e transformação. A cultura é entendida como modo de vida global de uma sociedade, incluindo religião, formas de poder, formas de parentesco, formas de comunicação, organização da vida econômica, artes, técnicas, costumes, crenças, formas de pensamento e de comportamento, etc.;
- estudo das comunidades ditas "primitivas", isto é, tanto das que desconhecem a divisão social em classes e recusam organizar-se sob a forma do mercado e do poder estatal quanto daquelas que já iniciaram o processo de divisão social e política.

História

- estudo da gênese e do desenvolvimento das formações sociais em seus aspectos econômicos, sociais, políticos e culturais;
- estudo das transformações das sociedades e comunidades como resultado e expressão de conflitos, lutas e contradições internas às formações sociais;
- estudo das transformações das sociedades e comunidades sob o impacto de acontecimentos políticos (revoluções, guerras civis, conquistas territoriais), econômicos (crises, inovações técnicas, descobertas de novas formas de exploração da riqueza ou procedimentos de produção, mudanças na divisão social do trabalho), sociais (movimentos sociais, movimentos populares, mudanças na estrutura e organização da família, da educação, da moralidade social, etc.) e culturais (mudanças científicas, tecnológicas, artísticas, filosóficas, éticas, religiosas, etc.);
- estudo dos acontecimentos que, em cada caso, determinaram ou determinam a preservação ou a mudança de uma formação social em seus aspectos econômicos, políticos, sociais e culturais;
- estudo dos diferentes suportes da memória coletiva (documentos, monumentos, pinturas, fotografias, filmes, moedas, lápides funerárias, testemunhos e relatos orais e escritos, etc.).

Linguística

- estudo das estruturas da linguagem como sistema dotado de princípios internos de funcionamento e transformação;
- estudo das relações entre língua (a estrutura) e fala ou palavra (o uso da língua pelos falantes);
- estudo das relações entre a linguagem e os outros sistemas de signos e símbolos ou outros sistemas de comunicação.

Psicanálise

- estudo da estrutura e do funcionamento do inconsciente e de suas relações com o consciente;
- estudo das patologias ou perturbações inconscientes e suas expressões conscientes (neuroses e psicoses).

Devemos observar que:

- cada uma das ciências humanas subdivide-se em vários ramos, definidos pela especificidade crescente de seus objetos e métodos. Assim, podemos falar em psicologia social, clínica, do desenvolvimento, da aprendizagem, da criança, do adolescente, etc. Ou em sociologia política, do trabalho, rural, urbana, econômica, etc. Também podemos falar em história econômica, política, oral, social, etc. Ou levar em consideração que a antropologia depende de investigações feitas pela etnografia e pela etnologia ou pela arqueologia, assim como a linguística trabalha com a fonologia, a fonética, a gramática, a semântica, a sintaxe, etc.;
- embora com campos e métodos específicos, as ciências humanas tendem a apresentar resultados mais completos e satisfatórios quando trabalham interdisciplinarmente, de modo a abranger os múltiplos aspectos simultâneos e sucessivos dos fenômenos estudados;
- os desenvolvimentos da linguística, da antropologia e da psicanálise suscitaram o aparecimento de uma nova disciplina ou interdisciplina científica: a **semiologia**, que estuda os diferentes sistemas de signos e símbolos que constituem as múltiplas e diferentes formas de comunicação. O desenvolvimento da semiologia conduziu à ideia de que signos e símbolos são ações e práticas sócio-históricas, isto é, estão referidos às relações sociais e às suas condições históricas, cada sociedade e cada cultura constituindo-se como um sistema que integra e totaliza vários subsistemas de signos e símbolos (linguagem, arte, religião, instituições sociais e políticas, costumes, etc.). Vários estudiosos propuseram que o método das ciências humanas fosse capaz de descrever e interpretar esses subsistemas e o sistema geral que os unifica. Esse método é a **semiótica**, tomada como metodologia própria às ciências humanas e capaz de unificá-las.

etnografia: método utilizado pela antropologia no estudo descritivo das diversas etnias, de suas características antropológicas, sociais, etc. Pode-se dizer que as anotações detalhadas da observação do pesquisador constituem a etnografia.

etnologia: na antropologia, ciência que estuda os fatos e documentos levantados pela etnografia.

Capítulo 4
O ideal científico e a razão instrumental

O ideal científico

O percurso que fizemos no estudo das ciências evidencia a existência de um **ideal científico**: embora continuidades e rupturas marquem os conhecimentos científicos, a ciência é a confiança que a cultura ocidental deposita na razão como capacidade para conhecer a realidade, mesmo que esta, afinal, tenha de ser inteiramente construída pela própria atividade racional.

A lógica que rege o pensamento científico contemporâneo está centrada na ideia de demonstração e prova, baseada na definição ou construção do objeto do conhecimento por suas propriedades e funções e da posição do sujeito do conhecimento, por meio das operações de análise, síntese e interpretação. A ciência contemporânea funda-se:

- na distinção entre sujeito e objeto do conhecimento, que permite estabelecer a ideia de objetividade, isto é, de independência dos fenômenos em relação ao sujeito que conhece e age;

- na ideia de método como um conjunto de regras, normas e procedimentos gerais, que servem para definir ou construir o objeto e para o autocontrole do pensamento durante a investigação e, após esta, para a confirmação ou falsificação dos resultados obtidos. A ideia de método tem como pressuposto que o pensamento obedece universalmente a certos princípios internos — identidade, não contradição, terceiro excluído, razão suficiente — dos quais dependem o conhecimento da verdade e a exclusão do falso. A verdade pode ser compreendida seja como correspondência necessária entre os conceitos e a realidade, seja como coerência interna dos próprios conceitos;

- nas operações de análise e síntese, isto é, de passagem do todo complexo às suas partes constituintes ou de passagem das partes ao todo que as explica e determina. O objeto científico é um fenômeno submetido à análise e à síntese, que descrevem os fatos observados ou constroem a própria entidade objetiva como um campo de relações internas necessárias, ou seja, uma estrutura que pode ser conhecida em seus elementos, suas propriedades, suas funções e seus modos de permanência ou de transformação;

- na ideia de lei do fenômeno, isto é, de regularidades e constâncias universais e necessárias, que definem o modo de ser e de comportar-se do objeto, seja este tomado como um campo separado dos demais, seja em suas relações com outros objetos ou campos de realidade. A lei científica define o que é o fato-fenômeno ou o objeto construído pelas operações científicas. Em outras palavras, a lei científica diz como o objeto se constitui, como se comporta, por que e como permanece, por que e como se transforma, sobre quais fenômenos atua e de quais sofre ação. A lei define o objeto segundo um sistema complexo de relações necessárias de causalidade, complementaridade, inclusão e exclusão. A ideia de lei visa marcar o caráter necessário do objeto e afastar as ideias de acaso, contingência, indeterminação, oferecendo o objeto como completamente determinado pelo pensamento ou completamente conhecido ou cognoscível;

- no uso de instrumentos tecnológicos e não simplesmente técnicos. Os instrumentos técnicos são prolongamentos de capacidades do corpo humano e destinam-se a aumentá-las na relação do nosso corpo com o mundo. Os instrumentos tecnológicos são ciência cristalizada em objetos materiais, nada possuem em comum com as capacidades e aptidões do corpo humano; visam intervir nos fenômenos estudados e mesmo construir o próprio objeto científico; destinam-se a dominar e transformar o mundo e não simplesmente a facilitar a relação do homem com o mundo. A tecnologia confere à ciência precisão e controle dos resultados, aplicação prática e interdisciplinaridade.

- na criação de uma linguagem específica e própria, distante da linguagem cotidiana e da linguagem literária. A ciência procura afastar os dados qualitativos e perceptivo-emotivos dos objetos ou dos fenômenos para guardar ou construir apenas seus aspectos quantitativos e relacionais.

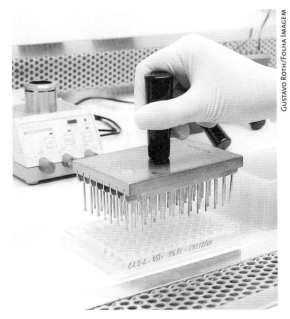

Técnica de clonagem de genes em laboratório da Unesp de Jaboticabal (SP), onde se encontra o banco de genes do Projeto Genoma. As amostras de clones são inoculadas em placas de crescimento com a finalidade de extração de DNA. A pesquisa procura combater a doença do amarelinho que ataca a lavoura da laranja.

A linguagem cotidiana e a literária são conotativas e polissêmicas, o que significa que nelas as palavras possuem múltiplos significados simultâneos, subentendidos, ambiguidades e exprimem tanto o sujeito quanto as coisas, ou seja, exprimem as relações vividas entre o sujeito e o mundo qualitativo de sons, cores, formas, odores, valores, sentimentos, etc.

Nas ciências, porém, sons e cores são explicados como variação no comprimento das ondas sonoras e luminosas, observadas e medidas no laboratório. Valores e sentimentos são explicados pelas análises do corpo vivido e da consciência, feitas pela psicologia, pelas análises da estrutura e organização da sociedade, feitas pela sociologia e pela antropologia.

A linguagem científica destaca o objeto das relações com o sujeito, separa-o da experiência vivida cotidianamente e constrói uma linguagem puramente denotativa para exprimir sem ambiguidades as leis do objeto. O simbolismo científico rompe com o simbolismo da linguagem cotidiana construindo uma linguagem própria, com símbolos unívocos e denotativos, de significado único e universal. A ciência constrói o algoritmo e fala por meio deles ou de uma combinatória de estilo matemático.

Justamente por serem estes os principais traços do ideal científico, podemos compreender por que existem os problemas epistemológicos examinados nos capítulos precedentes. Em outras palavras, o ideal de cientificidade impõe às ciências critérios e finalidades que, quando impedidos de se concretizarem, forçam rupturas e mudanças teóricas profundas, fazendo desaparecer campos e disciplinas científicos ou levando ao surgimento de objetos, métodos, disciplinas e campos de investigação novos.

Ciência desinteressada e utilitarismo

Desde a Renascença — isto é, desde o Humanismo, que colocava o homem no centro do Universo e afirmava seu poder para conhecer e dominar a realidade —, duas concepções sobre o valor da ciência estiveram sempre em confronto.

A primeira delas, que chamaremos de *ideal do conhecimento desinteressado*, afirma que o valor de uma ciência encontra-se na qualidade, no rigor e na exatidão, na coerência e na verdade de uma teoria, independentemente de sua aplicação prática. A teoria científica vale por trazer conhecimentos novos sobre fatos desconhecidos, por ampliar o saber humano sobre a realidade e não por ser aplicável na prática. Em outras palavras, é por ser verdadeira que a ciência pode ser aplicada na prática, mas o uso da ciência é consequência e não causa do conhecimento científico.

A segunda concepção, conhecida como *utilitarismo*, afirma, ao contrário, que o valor de uma ciência encontra-se na quantidade de aplicações práticas que possa permitir. É o uso ou a utilidade imediata dos conhecimentos que prova a verdade de uma teoria científica e lhe confere valor. Os conhecimentos são procurados para resolver problemas práticos e estes determinam não só o aparecimento de uma ciência, mas também suas transformações no decorrer do tempo.

As duas concepções são verdadeiras, mas parciais. Se uma teoria científica fosse elaborada apenas por suas finalidades práticas imediatas, inúmeras pesquisas jamais teriam sido feitas e inúmeros fenômenos jamais teriam sido conhecidos, pois, com frequência, os conhecimentos teóricos estão mais avançados do que as capacidades técnicas de uma época e, em geral, sua aplicação só é percebida e só é possível muito tempo depois de haver sido elaborada.

No entanto, se uma teoria científica não for capaz de suscitar aplicações, se não for capaz de permitir o surgimento de objetos técnicos e tecnológicos, instrumentos, utensílios, máquinas, medicamentos, de resolver problemas importantes para os seres humanos, então seremos obrigados a dizer que a técnica e a tecnologia são cegas, incertas, arriscadas e perigosas, porque são práticas sem bases teóricas seguras. Na realidade, teoria e prática científicas estão relacionadas na concepção moderna e contemporânea de ciência, mesmo que uma possa estar mais avançada do que a outra.

A distinção e a relação entre *ciência pura* e *ciência aplicada* pode solucionar o impasse ou o confronto entre as duas concepções sobre o valor das teorias científicas, garantindo, por um lado, que uma teoria possa e deva ser elaborada sem a preocupação com fins práticos imediatos, embora possa, mais tarde, contribuir para eles; e, por outro, garantindo o caráter científico de teorias construídas diretamente com finalidades práticas, as quais podem, por sua vez, suscitar investigações puramente teóricas.

Pode-se dizer que são problemas e dificuldades técnicas e práticas que suscitam o desenvolvimento de conhecimentos teóricos. Sabemos, por exemplo, que o químico Lavoisier decidiu estudar o fenômeno da combustão para resolver problemas econômicos de iluminação da cidade de Paris, e que Galileu e Torricelli investigaram o movimento dos corpos no vácuo para resolver problemas de carregamento de grandes pesos nos portos e para responder a uma pergunta dos construtores de fontes dos jardins da cidade de Florença.

No entanto, o que sempre se verifica é que a explicação científica e a teoria acabam conhecendo muito mais fatos e relações do que o que era necessário para solucionar o problema prático, de tal modo que as pesquisas teóricas vão avançando já sem a preocupação prática, embora comecem a surgir e a suscitar, tempos depois, soluções práticas para problemas novos. Assim, por exemplo, passou-se muito tempo até que a teoria eletromagnética de Hertz levasse às técnicas de radiodifusão.

A ideologia cientificista

O senso comum, ignorando as complexas relações entre as teorias científicas e as técnicas, entre ciência pura e ciência aplicada, entre teoria e prática e entre verdade e utilidade, tende a identificar as ciências com os resultados de suas aplicações. Essa identificação desemboca numa atitude conhecida como **cientificismo**, isto é, a *fusão entre ciência e técnica* e a *ilusão da neutralidade científica*.

Examinemos brevemente cada um desses aspectos que constituem a ideologia da ciência na sociedade contemporânea.

O cientificismo

O cientificismo é a crença infundada de que a ciência pode e deve conhecer tudo; que, de fato, conhece tudo e é a explicação causal das leis da realidade tal como esta é em si mesma. Ao contrário dos cientistas, que não cessam de enfrentar obstáculos epistemológicos, problemas e enigmas, o senso comum cientificista redunda numa ideologia e numa mitologia da ciência.

Ideologia da ciência: crença no progresso e na evolução dos conhecimentos científicos que, um dia, explicarão totalmente a realidade e permitirão manipulá-la tecnicamente, sem limites para a ação humana.

Mitologia da ciência: crença na ciência como se fosse magia e poderio ilimitado sobre as coisas e os homens, dando-lhe o lugar que muitos costumam dar às religiões, isto é, um conjunto doutrinário de verdades intemporais, absolutas e inquestionáveis.

A ideologia e a mitologia cientificistas encaram a ciência não pelo prisma do trabalho do conhecimento, mas pelo prisma dos resultados (apresentados como espetaculares e miraculosos) e sobretudo como uma forma de poder social e de controle do pensamento humano. Por esse motivo, aceitam a *ideologia da competência*, isto é, a ideia de que há, na sociedade, os que sabem e os que não sabem, que os primeiros são competentes e têm o direito de mandar e de exercer poderes, enquanto os demais são incompetentes, devendo obedecer e ser mandados. Em resumo, a sociedade deve ser dirigida e comandada pelos que "sabem" e os demais devem executar as tarefas que lhes são ordenadas.

A ilusão da neutralidade da ciência

Como a ciência se caracteriza pela separação e pela distinção entre o sujeito do conhecimento e o objeto e por retirar dos objetos do conhecimento os elementos subjetivos; como os procedimentos científicos de observação, experimentação e interpretação procuram alcançar o objeto real ou o objeto construído como modelo aproximado do real; e, enfim, como os resultados obtidos por uma ciência não dependem da boa ou má vontade do cientista nem de suas paixões, estamos convencidos de que a ciência é neutra ou imparcial. Diz à razão o que as coisas são em si mesmas. Desinteressadamente.

No entanto, essa imagem da neutralidade científica é ilusória. Quando o cientista escolhe uma certa definição de seu objeto, decide usar um determinado método e espera obter certos resultados, sua atividade não é neutra nem imparcial, mas feita por escolhas precisas. Vamos tomar três exemplos que nos ajudarão a esclarecer este ponto.

1. O racismo não é apenas uma ideologia social e política; é também uma teoria que se pretende científica, apoiada em observações, dados e leis conseguidos com a biologia, a psicologia, a sociologia. É uma certa maneira de apresentar tais dados de modo a transformar diferenças étnicas e culturais em diferenças biológicas naturais imutáveis e separar os seres humanos em superiores e inferiores, dando aos primeiros justificativas para explorar, dominar e mesmo exterminar os segundos.

2. Por que Copérnico teve de esconder os resultados de suas pesquisas e Galileu foi forçado a comparecer perante a Inquisição e negar que a Terra se movia em redor do Sol? Porque a concepção astronômica geocêntrica (elaborada na Antiguidade) permitia que a Igreja Romana mantivesse a ideia de que a realidade é constituída por uma hierarquia de seres, que vão dos mais perfeitos — os celestes — aos mais imperfeitos — os infernais —, tendo a Terra como ponto intermediário entre o celeste e o infernal. Essa posição da Terra como ponto intermediário servia de base para a afirmação de que a mesma função pertencia à Igreja e que esta, portanto, estava mais próxima de Deus do que as outras religiões e que, no mundo cristão, ela ocupava um lugar mais alto do que os reis e os imperadores. Estes, por sua vez, na hierarquia de perfeição dos seres, estavam acima dos barões e estes acima dos camponeses e servos. Se a astronomia demonstrasse que a Terra não é o centro do Universo e se a mecânica galilaica demonstrasse que todos os seres estão submetidos às mesmas leis do movimento, então as hierarquias celestes, naturais e humanas perderiam legitimidade e fundamento, não precisando ser respeitadas. Uma sociedade e uma concepção do poder viram-se ameaçadas por uma nova concepção científica.

A fotografia, inventada em 1839, foi muito usada como forma de registro dos povos então chamados de primitivos, como neste daguerreótipo de um índio botocudo, datado de 1844.

3. Nosso terceiro exemplo pode ser dado com a antropologia. Durante muito tempo os antropólogos afirmaram que havia duas formas de pensamento cientificamente observáveis e com leis diferentes: o pensamento lógico-racional dos civilizados (homens europeus brancos adultos) e o pensamento pré-lógico e pré-racional dos selvagens ou primitivos (africanos, índios, tribos australianas). O primeiro era considerado superior, verdadeiro e evoluído; o segundo, inferior, falso, supersticioso e atrasado, cabendo aos brancos europeus "auxiliar" os selvagens "primitivos" a abandonar sua cultura e adquirir a cultura "evoluída" dos colonizadores. Em outras palavras, uma ciência como a antropologia simplesmente exprimia com conceitos e teorias o poder dos dominantes e legitimava a dominação colonial.

As condições atuais da pesquisa e os grandes interesses em jogo

O melhor caminho para perceber a impossibilidade de uma ciência neutra é levar em consideração o modo como a pesquisa científica se realiza em nosso tempo.

Durante séculos os cientistas trabalharam individualmente (mesmo que possuíssem auxiliares e discípulos) em seus pequenos laboratórios. Suas pesquisas eram custeadas ou por eles mesmos ou por reis, nobres e burgueses ricos, que desejavam a glória de patrocinar descobertas e as vantagens práticas que delas poderiam advir. Por sua vez, o senso comum social olhava o cientista como *inventor e gênio*.

Hoje os cientistas trabalham coletivamente, em equipes, nos grandes laboratórios universitários, nos dos institutos de pesquisa e nos das grandes empresas transnacionais que participam de um sistema conhecido como *complexo industrial-militar*. As pesquisas são financiadas pelo Estado (nas universidades e institutos), pelas empresas privadas (em seus laboratórios) e por ambos (nos centros de investigação do complexo industrial-militar). São pesquisas que exigem altos investimentos econômicos e das quais se esperam resultados que a opinião pública nem sempre conhece. Além disso, os cientistas de uma mesma área de investigação lutam entre si porque competem por recursos e financiamentos, e tendem a fazer segredo de suas descobertas, pois dependem delas para conseguir fundos e vencer a competição com outros.

Sabemos, hoje, que a maioria dos resultados científicos que usamos em nossa vida cotidiana — máquinas, remédios, fertilizantes, produtos de limpeza e de higiene, materiais sintéticos, computadores — tiveram como origem investigações militares e estratégicas, competições econômicas entre grandes empresas transnacionais e competições políticas entre grandes Estados. Muito do que usamos em nosso cotidiano provém de pesquisas nucleares, bacteriológicas e espaciais.

O senso comum social, agora, vê o cientista como *engenheiro e mago*, em roupas brancas no interior de grandes laboratórios repletos de objetos incompreensíveis, rodeado de outros cientistas, fazendo cálculos misteriosos diante de dezenas de computadores.

Tanto na visão anterior — o cientista como inventor e gênio solitário — quanto na atual — o cientista como membro de uma equipe de engenheiros e magos —, o senso comum vê a ciência desligada do contexto das condições de sua realização e de suas finalidades. Eis por que tende a acreditar na neutralidade científica, na ideia de que o único compromisso da ciência é o conhecimento verdadeiro e desinteressado e a solução correta de nossos problemas.

A ideologia cientificista usa essa imagem idealizada para consolidar a da neutralidade científica, dissimulando, com isso, a origem e a finalidade da maioria das pesquisas, destinadas a controlar a natureza e a sociedade segundo os interesses dos grupos que dominam os financiamentos dos laboratórios.

A razão instrumental

Por que há uma ideologia e uma mitologia da ciência?

A Escola de Frankfurt e a razão instrumental

Quando estudamos a teoria do conhecimento, examinamos a noção de ideologia como lógica social imaginária de ocultamento da realidade histórica. Ao estudarmos o nascimento da filosofia, examinamos a diferença entre *mythos* e *lógos*, isto é, entre a explicação antropomórfica e mágica do mundo e a explicação racional. Quando estudamos a razão, vimos que alguns filósofos alemães, reunidos na Escola de Frankfurt, descreveram a racionalidade ocidental como instrumentalização da razão. Se reunirmos esses vários estudos que fizemos até aqui, poderemos responder à pergunta sobre a ideologização e a mitologização da ciência.

A *razão instrumental* — que os frankfurtianos, como Adorno, Marcuse e Horkheimer, também designaram com a expressão *razão iluminista* — nasce quando o sujeito do conhecimento toma a decisão de que conhecer é *dominar* e *controlar* a natureza e os seres humanos. Assim, por exemplo, o filósofo Francis Bacon, no início do século XVII, criou uma expressão para referir-se ao objeto do conhecimento científico: "a natureza atormentada".

Atormentar a natureza é fazê-la reagir a condições artificiais, criadas pelo homem. O laboratório científico é a maneira paradigmática de efetuar esse tormento, pois, nele, plantas, animais, metais, líquidos, gases, etc. são submetidos a condições de investigação totalmente diversas das naturais, de maneira a fazer com que a experimentação supere a experiência, descobrindo formas, causas, efeitos que não poderiam ser conhecidos se contássemos apenas com a atividade espontânea da natureza. Atormentar a natureza é conhecer seus segredos para dominá-la e transformá-la.

O tormento da realidade aumenta com a ciência contemporânea, uma vez que esta não se contenta em conhecer as coisas e os seres humanos, mas os constrói artificialmente e aplica os resultados dessa construção ao mundo físico, biológico e humano (psíquico, social, político, histórico). Assim, por exemplo, a organização do processo de trabalho nas indústrias apresenta-se como científica porque é baseada em conceitos da psicologia, da sociologia, da economia, que permitem dominar e controlar o trabalho humano em todos os aspectos (controle sobre o corpo e o espírito dos trabalhadores), a fim de que a produtividade seja a maior possível para render lucros ao capital.

Na medida em que a razão se torna instrumental, a ciência vai deixando de ser uma forma de acesso aos conhecimentos verdadeiros para tornar-se um instrumento de dominação, poder e exploração. Para que não seja percebida como tal, passa a ser sustentada pela ideologia cientificista, que, através da escola e dos meios de comunicação de massa, desemboca na mitologia cientificista.

Elaboração científica X mitologia científica

Todavia, devemos distinguir entre o momento da investigação científica propriamente dita e o da ideologização-mitologização de uma ciência. Um exemplo poderá auxiliar-nos a perceber essa diferença.

Quando Darwin elabora a teoria biológica da evolução das espécies, o modelo de explicação usado por ele permitia-lhe supor que o processo evolutivo ocorria por seleção natural dos mais aptos à sobrevivência.

Ora, na mesma época, a sociedade capitalista estava convencida de que o progresso social e histórico provinha da competição e da concorrência dos indivíduos, segundo a lei econômica da oferta e da procura. Um filósofo, Spencer, aplicou, então, a teoria darwiniana à sociedade: nesta, os mais "aptos" (isto é, os mais capazes de competir e concorrer) tornam-se *naturalmente* superiores aos outros, vencendo-os em riqueza, privilégios e poder.

Ao transpor uma teoria biológica para uma explicação filosófica sobre a essência da sociedade, Spencer transformou a *teoria científica da evolução* em *ideologia evolucionista*. Por quê? Em primeiro lugar, porque generalizou para toda a realidade resultados obtidos num campo particular de conhecimentos específicos. Em segundo lugar, porque tomou conceitos referentes a fatos naturais e os converteu em fatos sociais, como se não houvesse diferença entre natureza e sociedade. Uma vez criada a ideologia evolucionista, o evolucionismo tornou-se teoria da história e, a seguir, mitologia científica do progresso humano.

Os efeitos da razão instrumental

O emprego da noção de razão instrumental nos permite compreender:

···> a transformação de uma ciência em ideologia e mito social, isto é, em senso comum cientificista;

Spencer (1820–1903), filósofo inglês. Muito influenciado pelas ciências naturais, Spencer via a sociedade como um organismo vivo. Suas teses foram muito criticadas após a consolidação e o desenvolvimento da sociologia e da antropologia.

⋯▸ que a ideologia da ciência não se reduz à transformação de uma teoria científica em ideologia, mas encontra-se na própria ciência quando esta é concebida como instrumento de dominação, controle e poder sobre a natureza e a sociedade;

⋯▸ que as ideias de progresso técnico e neutralidade científica pertencem ao campo da ideologia cientificista.

Confusão entre ciência e técnica

Vimos que a ciência moderna e contemporânea transforma a técnica em tecnologia, isto é, passa da máquina-utensílio à máquina como instrumento de precisão, que permite conhecimentos mais exatos e novos.

Essa transformação traz duas consequências principais: a primeira se refere ao conhecimento científico e a segunda, ao estatuto dos objetos técnicos:

1. o conhecimento científico é concebido como *lógica da invenção* (para solução de problemas teóricos e práticos) e como *lógica da construção* (de objetos teóricos), graças à possibilidade de estudar os fenômenos sem depender apenas dos recursos de nossa percepção e de nossa inteligência. É assim que, por exemplo, Galileu se refere ao telescópio como um instrumento cuja função não é a de simplesmente aproximar objetos distantes, mas de corrigir as distorções de nossos olhos e garantir-nos a imagem correta das coisas. O mesmo foi dito sobre o microscópio, sobre a balança de precisão, sobre o cronômetro.

    Em nosso tempo, os instrumentos técnico-tecnológicos vão além da correção de nossa percepção, pois corrigem falhas de nosso pensamento, uma vez que são inteligências artificiais (o computador foi chamado de "cérebro eletrônico") mais acuradas do que nossa inteligência individual. Evidentemente, são conhecimentos científicos que permitem a construção desses instrumentos, mas dando-lhes capacidades que cada um de nós, como indivíduo, não possui. Ora, os objetos técnico-tecnológicos ampliam a ideia da ciência como invenção e construção dos próprios fenômenos;

2. os objetos técnicos são criados pela ciência como instrumentos de auxílio ao trabalho humano, máquinas para dominar a natureza e a sociedade, instrumentos de precisão para o conhecimento científico e, sobretudo, em sua forma contemporânea, como autômatos. Estes são o objeto técnico-tecnológico por excelência, porque possuem as seguintes características, marcas do novo estatuto desse objeto:

⋯▸ são conhecimento científico objetivado, isto é, depositado e concretizado num objeto. São resultado e corporificação de conhecimentos científicos;

Charge do cartunista argentino Quino sobre a prática científica.

- são objetos que possuem em si mesmos o princípio de sua regulação, manutenção e transformação. As máquinas antigas dependiam de forças externas para realizar suas funções (alavancas, polias, manivelas, força muscular de seres humanos ou de animais, força hidráulica, etc.). As máquinas modernas são autômatos porque, dado o impulso elétrico-eletrônico inicial, realizam por si mesmas todas as operações para as quais foram programadas, incluindo a correção de sua própria ação, a realimentação de energia, a transformação. São autorreguladas e autoconservadas, porque possuem em si mesmas as informações necessárias ao seu funcionamento;

- como consequência, não são propriamente um objeto singular ou individual, mas um *sistema de objetos* interligados por comandos recíprocos;

- são sistemas que, uma vez programados, realizam operações teóricas complexas, que modificam o conteúdo dos próprios conhecimentos científicos, isto é, os objetos técnico-tecnológicos fazem parte do trabalho teórico.

Ora, o senso comum social ignora essas transformações da ciência e da técnica e conhece apenas seus resultados mais imediatos: os objetos que podem ser usados por nós (máquina de lavar, *videogame*, televisão a cabo, máquina de calcular, computador, robô industrial, telefone celular, *e-book*, aparelho de mp3, etc.).

Como, para usá-los, precisamos receber um conjunto de informações detalhadas e sofisticadas, tendemos a identificar o conhecimento científico com seus efeitos tecnológicos. Com isso, deixamos de perceber o essencial, isto é, que as ciências passaram a fazer parte das forças econômicas produtivas da sociedade e trouxeram mudanças sociais de grande porte na divisão social do trabalho, na produção e na distribuição dos objetos, na forma de consumi-los. Não percebemos que as pesquisas científicas são financiadas por empresas e governos, demandando grandes somas de recursos que retornam, graças aos resultados obtidos, na forma de lucro e poder para os agentes financiadores.

Por não percebermos o poderio econômico das ciências, lutamos para ter acesso, para possuir e consumir os objetos tecnológicos, mas não lutamos pelo direito de acesso tanto aos conhecimentos como às pesquisas científicas, nem lutamos pelo direito de decidir seu modo de inserção na vida econômica e política de uma sociedade.

Eis por que, entre outros efeitos de nossa confusão entre ciência e tecnologia, aceitamos, no Brasil, políticas educacionais que profissionalizam os jovens no ensino médio — portanto, antes que tenham tido acesso às ciências propriamente ditas — e que destinam poucos recursos públicos às áreas de pesquisa nas universidades — portanto, mantendo os cientistas na mera condição de reprodutores de ciências produzidas em outros países e sociedades.

O problema do uso das ciências

Além do problema anterior, isto é, de teorias científicas serem formuladas com base em certas decisões e escolhas do cientista ou do laboratório onde trabalham os cientistas, com consequências sérias para os seres humanos, um outro problema também é trazido pelas ciências: o seu uso.

Vimos que uma teoria científica pode nascer para dar resposta a um problema prático ou técnico. Vimos também que a investigação científica pode ir avançando para descobertas de fenômenos e relações que já não possuem relação direta com os problemas práticos iniciais e, como consequência, é frequente uma teoria estar muito mais avançada do que as técnicas e tecnologias que poderão aplicá-la. Muitas vezes, aliás, o cientista nem sequer imagina que a teoria terá aplicação prática.

É exatamente isso que torna o uso da ciência algo delicado, que, em geral, escapa das mãos dos próprios pesquisadores. É assim, por exemplo, que a microfísica ou física quântica desemboca na fabricação das armas nucleares; a bioquímica e a genética, na de armas bacteriológicas. Teorias sobre a luz e o som permitem a construção de satélites artificiais, que, se são conectáveis instantaneamente em todo o globo terrestre para a comunicação e informação, também são responsáveis por espionagem militar e por guerras com armas teleguiadas.

Quando estudarmos a ética, veremos os graves problemas morais trazidos pelas técnicas desenvolvidas pela genética contemporânea.

Uma das características mais novas da ciência está em que as pesquisas científicas passaram a fazer parte das forças produtivas da sociedade, isto é, da economia. A automação, a informatização, a telecomunicação determinam formas de poder econômico, modos de organizar o trabalho industrial e os serviços, criam profissões e ocupações novas, destroem profissões e ocupações antigas, introduzem a velocidade na produção de mercadorias e em sua distribuição e consumo, modificando padrões industriais, comerciais e estilos de vida. A ciência tornou-se parte integrante e indispensável da atividade econômica. Tornou-se agente econômico e político.

Além de fazer parte essencial da atividade econômica, a ciência também passou a fazer parte do poder político. Não é por acaso, por exemplo, que governos criem ministérios e secretarias de Ciência e Tecnologia e que destinem verbas para financiar pesquisas civis e militares. Do mesmo modo que as grandes empresas financiam pesquisas e até criam centros e laboratórios de investigação científica, também os governos determinam quais ciências serão desenvolvidas e, nestas, que pesquisas serão financiadas.

Essa nova posição das ciências na sociedade contemporânea, além de indicar que é mínimo ou quase inexistente o grau de neutralidade e de liberdade dos cientistas, indica também que o *uso* das ciências define os recursos financeiros que nelas serão investidos.

A sociedade, porém, não luta pelo direito de interferir nas decisões de empresas e governos quando estes decidem financiar um tipo de pesquisa em vez de outro. Dessa maneira, o campo científico torna-se cada vez mais distante da sociedade sem que esta encontre meios para orientar o uso das ciências, pois este é definido *antes* do início das próprias pesquisas e *fora* do controle que a sociedade poderia exercer sobre ele.

Um exemplo de luta social para interferir nas decisões sobre as pesquisas e seus usos encontra-se nos movimentos ecológicos, no novo movimento da genética e em muitos movimentos sociais ligados a reivindicações de direitos. De modo geral, porém, a ideologia cientificista tende a ser muito mais forte do que esses movimentos e, em decorrência dos poderes econômicos, políticos e militares envolvidos, a limitar o seu poder de ação.

novo movimento da genética: termo inventado por cientistas para indicar um conjunto de princípios e valores a serem defendidos diante dos problemas éticos trazidos pela genética contemporânea.

QUESTÕES

CAPÍTULO 1
A atitude científica

1. Dê alguns exemplos de certezas do senso comum e sua refutação pelas ciências.
2. Quais as principais características dos saberes do senso comum? Dessas características, escolha três e explique-as.
3. Quais as principais características do conhecimento científico em oposição ao senso comum? Dessas características, escolha três e explique-as.
4. Por que em nossa sociedade a ciência tende a ser tomada como se fosse magia? Qual o equívoco dessa visão?
5. Que atividades intelectuais garantem rigor ao trabalho científico?
6. Como Aristóteles define a ciência? Como Granger define a ciência?
7. Quais os pré-requisitos para a constituição de uma ciência?
8. Que significa dizer que a ciência é um pensamento sistemático?

CAPÍTULO 2
A ciência na história

1. Quais as três principais concepções de ciência?
2. Explique brevemente a concepção racionalista de ciência.
3. Explique brevemente a concepção empirista de ciência.
4. Explique brevemente a concepção construtivista de ciência.
5. Explique o que significam as expressões "hipotético-dedutivo" e "hipotético-indutivo".
6. Quais os princípios do ideal de cientificidade na concepção construtivista de ciência?
7. Qual a principal diferença entre a ciência antiga e a ciência clássica ou moderna?
8. Qual a diferença entre técnica e tecnologia?
9. Explique as ideias de progresso e evolução científicos e a concepção de história pressuposta por elas.
10. Dê alguns exemplos que indiquem a descontinuidade dos conhecimentos científicos.
11. Que significam as expressões "ruptura epistemológica" e "obstáculo epistemológico", criadas por Gaston Bachelard para se referir às mudanças científicas?
12. Quais os tipos de descontinuidade científica apresentados por Granger?
13. O que Thomas Kuhn entende por revolução científica? Quando ela acontece? Por que ela é uma ruptura radical com relação à ciência anterior?
14. O que é um paradigma científico e uma ciência normal?
15. O que é uma crise de paradigma científico?
16. Por que, apesar das rupturas e descontinuidades, continuamos acreditando no progresso das ciências?
17. Que justificativa oferece Kuhn para admitirmos, com algumas restrições, a ideia de progresso científico?
18. Como Karl Popper explica a mudança de uma teoria científica?
19. Quais as críticas feitas a Popper por outros filósofos da ciência?
20. Quais os critérios usados por Aristóteles para classificar as ciências?
21. Quais os critérios usados a partir do século XVII para classificar as ciências?

CAPÍTULO 3
As ciências humanas

1. Por que a situação das ciências humanas é muito especial no conjunto das ciências?
2. Quais as principais objeções que foram feitas às ciências humanas?
3. Antes da constituição das ciências humanas, quais foram os três principais períodos de estudo do humano? Resuma brevemente cada um deles.
4. Como o historicismo pensava os fatos humanos? Quais os problemas do historicismo que não puderam ser resolvidos por seus seguidores?
5. Qual a proposta de Max Weber para superar os problemas do historicismo?
6. Qual a principal contribuição da fenomenologia para as ciências humanas?
7. Qual a principal contribuição do marxismo para as ciências humanas?
8. Qual a principal contribuição do estruturalismo para as ciências humanas?

CAPÍTULO 4
O ideal científico e a razão instrumental

1. Quais os fundamentos da ciência contemporânea? Desses, escolha três e explique-os.
2. O que é o ideal da ciência como conhecimento desinteressado?
3. O que é a concepção utilitarista da ciência?
4. Por que podemos dizer que a concepção do conhecimento desinteressado e a do utilitarismo são verdadeiras, mas parciais?
5. O que é o cientificismo? Explique o que são a ideologia da ciência e a mitologia da ciência.
6. O que é a ideia de neutralidade científica?
7. Por que a imagem da neutralidade científica é ilusória?
8. Como se realiza a pesquisa científica contemporânea?
9. O que é a razão instrumental ou a razão iluminista apresentada pela Escola de Frankfurt? Qual a relação entre essa razão e a ideia do conhecimento científico como poder para atormentar a natureza?
10. Que fatos e situações relativos às ciências se tornam compreensíveis graças à ideia de razão instrumental?
11. Quais as consequências da tecnologia para o conhecimento científico?
12. O que é um objeto tecnológico?
13. Por que lutamos para possuir objetos tecnológicos e não para ter o controle das investigações científicas?
14. Quais os problemas éticos, econômicos e políticos que surgiram com o uso das ciências?

Unidade 8
O mundo da prática

Capítulo 1   A cultura
Capítulo 2   A experiência do sagrado e a instituição da religião
Capítulo 3   O universo das artes
Capítulo 4   A cultura de massa e a indústria cultural
Capítulo 5   A existência ética
Capítulo 6   A filosofia moral
Capítulo 7   A liberdade
Capítulo 8   Ética e ciência
Capítulo 9   A vida política
Capítulo 10   As filosofias políticas (1)
Capítulo 11   As filosofias políticas (2)
Capítulo 12   A política contra a servidão voluntária
Capítulo 13   As experiências políticas do século XX
Capítulo 14   A questão democrática

Para vários filósofos e historiadores, a cultura surge quando os homens produzem as primeiras transformações na natureza pela ação do trabalho. Com o trabalho, os seres humanos produzem objetos inexistentes na natureza (casa, utensílios, instrumentos), organizam-se socialmente para realizá-lo, dividindo as tarefas entre homens e mulheres, adultos e crianças. Para aumentar os recursos produzidos, instituem a família e as relações de parentesco, as aldeias e vilas. Para protegê-las, inventam as armas e a guerra. Para conseguir sempre condições favoráveis para o trabalho e para a melhoria do que produzem, invocam e adoram forças divinas, instituindo a religião. Os vários agrupamentos humanos, nascidos do trabalho e dos sistemas de parentesco, trocam entre si produtos de seus trabalhos, inventando o comércio. As desigualdades surgem quando uma parte da comunidade toma para si, como propriedade privada, terras, animais, águas: começa a divisão social de onde surgirão as classes sociais e os conflitos e, destes, a instituição do poder.

Numa das fotos mais conhecidas do fotógrafo francês Cartier-Bresson, um homem e um gato compartilham sua solidão entre os edifícios do centro de Nova York, na década de 1940.

Capítulo 1
A cultura

Natureza humana?

É muito comum ouvirmos e dizermos frases do tipo "Chorar é próprio da natureza humana" e "Homem não chora". Ou então "É da natureza humana ter medo do desconhecido" e "Ela é corajosa, não tem medo de nada". Também é comum a frase "As mulheres são naturalmente frágeis e sensíveis, porque nasceram para a maternidade", bem como esta outra, "Fulana é uma desnaturada, pois não tem o menor amor aos filhos".

Com frequência ouvimos dizer: "Os homens são fortes e racionais, feitos para o comando e para a vida pública", donde, como consequência, esta outra frase: "Fulana nem parece mulher. Veja como se veste! Veja o emprego que arranjou!". Não é raro escutarmos que os negros são indolentes por natureza, os pobres são naturalmente violentos, os judeus são naturalmente avarentos, os árabes são naturalmente comerciantes espertos, os franceses são naturalmente interessados em sexo e os ingleses são, por natureza, fleumáticos.

Frases como essas e muitas outras pressupõem, por um lado, que existe uma natureza humana, a mesma em todos os tempos e lugares, e, por outro, que existe uma diferença de natureza entre homens e mulheres, pobres e ricos, negros, índios, judeus, árabes, franceses ou ingleses. Haveria, assim, uma natureza humana universal, a mesma para todos, e uma natureza humana diferenciada por espécies, à maneira da diferença entre várias espécies de plantas ou de animais: uma natureza feminina, uma masculina, uma brasileira, uma francesa, uma japonesa, uma negra, uma branca, uma judaica, uma ariana, etc.

Em outras palavras, a natureza teria feito o *gênero humano* universal e as *espécies humanas* particulares, de modo que certos sentimentos, comportamentos, ideias e valores seriam os mesmos para todo o gênero humano (seriam naturais para todos os humanos) enquanto outros variariam para cada espécie (ou sexo, ou etnia, ou tipo, ou grupo, ou classe social). Dizer que alguma coisa é *natural* ou *por natureza* significa dizer que essa coisa existe necessariamente (ou seja, não pode deixar de existir nem pode ser diferente do que é) e universalmente (em todos os tempos e lugares) porque ela é efeito de uma causa necessária e universal. Essa causa é a natureza, que é sempre a mesma em toda parte. Significa dizer, portanto, que tal coisa, por ser natural, não depende da ação e intenção dos seres humanos e sim das operações necessárias e universais realizadas pela natureza. Assim como é da natureza dos corpos serem governados por uma lei natural, a lei da gravitação universal, como é da natureza da água ser composta por dois átomos de hidrogênio e um de oxigênio, ou como é da natureza da abelha produzir mel e da roseira produzir rosas, também seria *por natureza* que os homens sentem, pensam e agem; e por isso haveria uma *natureza humana*. Que aconteceria com as frases que mencionamos acima se mostrássemos que, havendo uma natureza humana, algumas delas são contraditórias e outras não correspondem aos fatos da realidade?

Assim, por exemplo, dizer que "é natural chorar na tristeza" entra em contradição com a ideia de que "homem não chora", pois, se isso fosse verdade, o homem teria de ser considerado um ser que não possui natureza humana e que escapa das leis da natureza, já que chorar é considerado natural. O mesmo se passa com as frases sobre o medo e a coragem: nelas é dito que o medo é natural, mas que uma certa pessoa é admirável porque não tem medo. Neste caso, estamos diante de uma contradição. De fato, fala-se de uma coisa natural (o medo) e se diz que ele pode deixar de existir ou de acontecer (uma pessoa admirável não tem medo), mas isso é impossível, pois tudo o que é natural é necessário, ou seja, acontece sempre necessariamente, uma vez que o natural é o que não depende de uma intervenção ou de uma decisão dos seres humanos. Além de ser contraditório dizer que o medo é natural e que há pessoas que não têm medo, ainda parecemos ter admiração por quem, misteriosamente, escapa da lei da natureza, que consegue não ter ou não sentir algo natural, isto é, medo.

Em certas sociedades tribais, o sistema de alianças entre as tribos, que determina as relações de parentesco que organizam e conservam a comunidade, exige que, ao nascer, a criança seja levada à irmã do pai, que deverá responsabilizar-se pela vida e pela educação da criança. Em outras, o sistema de parentesco exige que a criança seja entregue à irmã da mãe. Nos dois casos, a relação principal da criança é estabelecida com a tia e não com a mãe biológica. Se assim é, como fica a afirmação de que as mulheres amam *naturalmente* os *seus* filhos e que é *desnaturada* a mulher que não demonstra esse amor ficando com os filhos e cuidando deles?

Em certas sociedades, considera-se que a mulher é impura para lidar com a terra e com os alimentos. Por esse motivo, o cultivo da terra, o preparo dos alimentos e os cuidados com a casa são de responsabilidade dos homens, cabendo às mulheres a guerra e o comando da comunidade. Se assim é, como fica a frase que afirma que o homem é forte, feito para o que exige força e coragem, para o comando e a guerra, enquanto a mulher foi feita para a maternidade, a casa, o trabalho doméstico, as atividades de um ser frágil e sensível? Ou seja, se os homens e as mulheres possuem certas características naturais, estas devem ser obrigatoriamente necessárias e universais, e as mesmas em todos os tempos e lugares (pois a natureza opera em toda parte e em todo tempo sempre da mesma maneira), de sorte que será impossível que uma sociedade atribua aos homens tarefas que uma outra sociedade considere *naturalmente* femininas, e vice-versa, que atribua às mulheres tarefas que uma outra sociedade considere *naturalmente* masculinas.

Sabe-se que os colonizadores europeus brancos, ao instituírem a escravidão na América, escolheram os africanos como escravos preferenciais por considerarem que os negros possuíam extraordinária força física, grande capacidade de trabalho e muita inteligência para realizar tarefas com objetos técnicos, como o engenho de açúcar.

Se assim é, se a escravidão dos africanos foi instituída por causa de sua grande capacidade e inteligência para o trabalho da agricultura e do engenho de açúcar, como fica a afirmação de que a natureza fez os negros indolentes, preguiçosos e malandros?

Ora, os historiadores brasileiros mostram que a abolição da escravatura (pela qual muitos negros lutaram e morreram) só foi realizada pelo Estado brasileiro quando a elite econômica considerou mais lucrativo o uso da mão de obra imigrante para um certo tipo de agricultura (o café) e para a indústria nascente. Foi, portanto, por razões econômicas que a classe dominante brasileira do século XIX admitiu a abolição da escravatura, o que acarretou a substituição dos escravos africanos pelos imigrantes europeus. A abolição fez com que o mercado de trabalho fosse ocupado pelos trabalhadores brancos imigrantes e que a maioria dos escravos libertados ficasse sem emprego, sem habitação, sem alimentação e sem nenhum direito social, econômico e político. Em outras palavras, os ex-escravos *foram impedidos de trabalhar* como trabalhadores livres e foram mantidos como eram em estado de cativeiro, isto é, sem direitos. Não houve *preguiça natural* nem *indolência natural* e sim *condições sociais e econômicas* que causaram desemprego, e falta de garantias para a sobrevivência e impedimento de condições de vida dignas (moradia, vestuário, alimentação, instrução escolar, etc.).

Poderíamos examinar muito do que dizemos ou ouvimos em nosso cotidiano observando o quanto *naturalizamos* os seres humanos, naturalizando seus comportamentos, ideias, valores, formas de viver e de agir. Veríamos então como, em cada caso, os fatos desmentem tal naturalização. Veríamos como os seres humanos variam em consequência das condições sociais, econômicas, políticas, históricas em que vivem. Veríamos que somos seres cuja ação determina nosso modo de ser, agir e pensar e que a ideia de um gênero humano natural e de espécies humanas naturais não possui fundamento na realidade. Veríamos que a ideia de natureza humana como algo universal, intemporal e existente em si e por si mesma não se sustenta. Por quê? Porque os seres humanos são **culturais** ou **históricos**.

Culto, inculto: cultura

"Pedro é muito culto, conhece várias línguas, entende de arte e de literatura."

"Imagine! É claro que o Antônio não pode ocupar o cargo que pleiteia. Não tem cultura nenhuma. É semianalfabeto!"

"Não creio que as culturas francesa ou alemã sejam superiores à brasileira. Você acha que há alguma coisa superior à nossa música popular?"

"Ouvi uma conferência que criticava a cultura de massa, mas me pareceu que a conferencista defendia a cultura de elite. Por isso, não concordei inteiramente com ela."

"O livro de Silva sobre a cultura dos guaranis é bem interessante. Aprendi que o modo como entendem a religião e a guerra é muito diferente do nosso."

Essas frases e muitas outras que fazem parte do nosso dia a dia indicam que empregamos a palavra *cultura* (ou seus derivados, como *culto*, *inculto*) em sentidos muito diferentes e, por vezes, contraditórios.

Na primeira e na segunda frase que mencionamos acima, cultura é identificada com a posse de certos conhecimentos (línguas, arte, literatura, ser alfabetizado). Nelas, fala-se em *ter* e *não ter* cultura, *ser* ou *não ser* culto. A posse de cultura é vista como algo positivo, enquanto "ser inculto" é considerado algo negativo. A segunda frase deixa entrever que "ter cultura" habilita alguém a ocupar algum posto ou cargo, pois "não ter cultura" significa não estar preparado para uma certa posição ou função. Nessas duas primeiras frases, a palavra *cultura* sugere também prestígio e respeito, como se "ter cultura" ou "ser culto" fosse o mesmo que "ser importante", "ser superior".

Ora, quando passamos à terceira frase, a cultura já não parece ser uma propriedade que o indivíduo possa ter, mas a *qualidade* de uma coletividade — franceses, alemães, brasileiros. Também é interessante observar que a coletividade aparece como um adjetivo qualificativo para distinguir tipos de cultura: a francesa, a alemã, a brasileira. Nessa frase, a cultura surge como algo que existe em si e por si mesma e que pode ser comparada (cultura superior, cultura inferior).

Além disso, na frase, cultura aparece representada por uma atividade artística, a música popular. Isso permite estabelecer duas relações diferentes da terceira frase com as duas primeiras frases:

1. de fato, a terceira frase, como a primeira, identifica cultura e artes (entender de arte e literatura, na primeira frase; a música popular brasileira, na terceira);

2. no entanto, algo curioso acontece quando passamos das duas primeiras frases à terceira, pois nas duas primeiras "culto" e "inculto" surgiam como *diferenças sociais*. Num país como o nosso, dizer que alguém é inculto porque é semianalfabeto deixa transparecer que cultura é algo que *pertence* a certas camadas ou classes sociais socialmente privilegiadas, enquanto a incultura está do lado dos não privilegiados socialmente, portanto, do lado do povo e do popular. Entretanto, a terceira frase afirma que a cultura brasileira não é inferior à francesa ou à alemã por causa de nossa música *popular*. Não estaríamos diante de uma contradição? Como poderia haver cultura popular (a música), se o popular é inculto?

Já a quarta frase (a que se refere à conferência sobre cultura de massa) introduz um novo significado para a palavra *cultura*. Nela não se trata mais de pessoas cultas ou incultas nem de uma coletividade que possui uma atividade cultural que possa ser comparada à de outras. Agora, estamos diante da ideia de que *numa mesma coletividade* ou *numa mesma sociedade* pode haver dois tipos de cultura: a de massa e a de elite. A frase não nos diz o que é a cultura (seria posse de conhecimentos ou seria atividade artística?). Entretanto, a frase nos informa sobre uma oposição entre formas de cultura, dependendo de sua origem e de sua destinação, pois *cultura de massa* tanto pode significar "originada na massa" como "destinada à massa", e o mesmo pode ser dito da *cultura de elite*, ou seja, pode significar "originada na elite" ou "destinada à elite".

Finalmente, a última frase que mencionamos como exemplo apresenta um sentido totalmente diverso dos anteriores no que toca à palavra *cultura*. Fala-se agora na *cultura dos guaranis* e esta aparece em duas manifestações: a guerra e a religião (que, portanto, nada têm a ver com a posse de conhecimentos, com atividade artística ou com a divisão social entre massa e elite). Nessa última frase, a cultura aparece não só como algo próprio *dos* guaranis, mas também como alguma coisa que não se limita ao campo dos conhecimentos e das artes, pois se refere à relação dos guaranis com o *sagrado* (a religião) e com o *conflito e a morte* (a guerra).

Vemos, assim, que passar da natureza à cultura quando falamos dos seres humanos não resolve nossas dificuldades de compreensão desses seres, uma vez que, agora, precisamos perguntar o que queremos dizer quando afirmamos que os seres humanos são seres culturais, visto que a palavra *cultura* possui muitos sentidos, alguns deles contraditórios entre si.

Natureza e cultura

No pensamento ocidental, *natureza* possui vários sentidos:

- princípio de vida ou princípio ativo que anima e movimenta os seres. Nesse sentido, fala-se em "deixar agir a natureza" ou "seguir a natureza" para significar que se trata de uma força espontânea, capaz de gerar e de cuidar de todos os seres por ela gerados. É este o sentido da palavra grega *physis* com a qual, como vimos, se inicia a investigação filosófica;

- essência própria de um ser ou aquilo que um ser é necessariamente em si mesmo. Nesse aspecto, a natureza de alguma coisa é o conjunto de qualidades, propriedades e atributos que a definem propriamente. No caso dos seres vivos, é sua índole ou disposição inata, espontânea; e, no caso dos seres humanos, essa disposição inata é seu temperamento ou seu caráter. Aqui, *natural* ou *inato* opõem-se ao que é *acidental* (o que pode ser ou deixar de ser) e ao que é *adquirido* por costume ou pela relação com o ambiente e com as circunstâncias de vida;

- organização universal e necessária dos seres segundo uma ordem regida por leis universais e necessárias. Nesse sentido, a natureza se caracteriza pelo ordenamento dos seres, pela regularidade dos fenômenos ou dos fatos, pela frequência, constância e repetição de encadeamentos fixos entre as coisas, isto é, de relações de causalidade entre elas. Em outros termos, a natureza é a ordem e a conexão universal e necessária entre as coisas, expressas em leis naturais. Trata-se da natureza tal como estudada pelas ciências ditas naturais (física, química, biologia, astronomia, etc.);

- tudo o que existe no Universo sem a intervenção da vontade e da ação humanas. Nesse sentido, *natureza* ou *natural* opõe-se a *artificial*, *artefato*, *artifício*, *técnico* e *tecnológico*. *Natural* é tudo quanto se produz e se desenvolve sem nenhuma interferência humana;

→ conjunto de tudo quanto existe e é percebido pelos humanos como o meio ambiente no qual vivem. A natureza, aqui, tanto significa o conjunto das condições físicas em que vivemos como as coisas que contemplamos com emoção (a paisagem, o mar, o céu, as estrelas, terremotos, eclipses, tufões, erupções vulcânicas, etc.). A natureza é o mundo visível como meio ambiente e como aquilo que existe fora de nós e que provoca ideias e sentimentos em nós;

→ para as ciências contemporâneas, a natureza não é apenas a realidade externa, dada e observada, percebida diretamente por nós, mas é um objeto de conhecimento elaborado pelas operações científicas para explicar a realidade externa.

Quanto à *cultura*, dois são seus significados iniciais:

1. Vinda do verbo latino *colere*, que tem o sentido de "cultivar", "criar", "tomar conta" e "cuidar", *cultura* significava, na Antiguidade romana, o cuidado do homem com a natureza — donde *agricultura*. Tinha o sentido também de "cuidado dos homens com os deuses" (donde a palavra *culto* para se referir aos ritos religiosos) e o de "cuidado com a alma e o corpo das crianças", com sua educação e formação (donde a palavra *puericultura*). Nessa última acepção, *cultura* era o cultivo ou a educação do espírito das crianças para tornarem-se membros excelentes ou virtuosos da sociedade pelo aperfeiçoamento e refinamento das qualidades naturais (caráter, índole, temperamento). Com esse sentido, *cultura* correspondia ao que os gregos chamavam de *paideia*, a formação ou educação do corpo e do espírito dos membros da sociedade (de *paideia* vem a nossa palavra *pedagogia*).

    Nessa primeira acepção, a cultura era o aprimoramento da natureza humana pela educação em sentido amplo, isto é, como formação das crianças não só pela alfabetização, mas também pela iniciação à vida da coletividade por meio do aprendizado da dança e da ginástica (para a educação ou formação do corpo, preparando-o para as atividades da guerra) e de exercícios mentais, com o aprendizado de gramática, poesia, oratória ou eloquência, história, ciências e filosofia (para a educação ou formação do espírito, preparando-o para as atividades da política). A pessoa culta era a pessoa fisicamente bem preparada, moralmente virtuosa, politicamente consciente e participante, intelectualmente desenvolvida pelo conhecimento das ciências, das artes e da filosofia.

    Podemos observar que, nesse primeiro sentido, *cultura* e *natureza* não se opunham. Os humanos são considerados seres naturais, embora diferentes dos animais e das plantas porque são dotados de linguagem e de pensamento, isto é, porque possuem espírito. Sua natureza, porém, não pode ser deixada por conta própria, porque tenderá a ser agressiva, destrutiva, ignorante, precisando por isso ser educada, formada, cultivada de acordo com os ideais de sua sociedade. A cultura é uma *segunda natureza* que a educação e os costumes acrescentam à natureza de cada um, isto é, uma *natureza adquirida*, que melhora, aperfeiçoa e desenvolve a *natureza inata* de cada um.

2. A partir do século XVIII, *cultura* passa a significar *os resultados e as consequências* daquela formação ou educação dos seres humanos, resultados expressos em obras, feitos, ações e instituições: as técnicas e os ofícios, as artes, a religião, as ciências, a filosofia, a vida moral e a vida política ou o Estado. Torna-se sinônimo de **civilização** porque os pensadores julgavam que os resultados da formação-educação se manifestam com maior clareza e nitidez nas formas de organização da vida social e política ou na **vida civil**.

    Nessa segunda acepção tem início a separação e, posteriormente, a oposição entre *natureza* e *cultura*. Os pensadores consideram que há entre o homem e a natureza uma diferença essencial: esta opera por causalidade necessária ou de acordo com leis necessárias de causa e efeito, mas o homem é dotado de liberdade e razão, agindo por escolha, de acordo com valores e fins estabelecidos por ele próprio. Por conseguinte, a *natureza* é o campo da necessidade causal ou de séries ordenadas de causas e efeitos que operam por si mesmos, sem depender da vontade de algum agente; em contrapartida, a *cultura*

puericultura: em latim, *puer* significa "menino" e *puera*, "menina".

civil: a palavra *civil* vem do latim *cives*, que quer dizer "cidadão", de onde vem *civitas*, a cidade-Estado, donde *civilização*.

é o campo instituído pela ação dos homens, que agem escolhendo livremente seus atos, dando a eles sentido, finalidade e valor porque instituem as distinções (inexistentes na natureza) entre bom e mau, verdadeiro e falso, útil e nocivo, justo e injusto, belo e feio, legítimo e ilegítimo, possível e impossível, sagrado e profano.

À medida que este segundo sentido foi prevalecendo, além de "civilização", *cultura* passou também a significar a relação que os seres humanos socialmente organizados (isto é, civilizados) estabelecem com o tempo e com o espaço, com os outros seres humanos e com a natureza, relações que se transformam no tempo e variam conforme as condições do meio ambiente. Agora, cultura torna-se sinônimo de **história**.

A distinção entre *natureza* e *cultura* passa, então, a levar em conta a maneira como o tempo se realiza: na natureza, o tempo é *repetição* (o dia sempre sucede a noite, as estações do ano se sucedem sempre da mesma maneira, as espécies vegetais e animais se reproduzem sempre da mesma maneira, os astros realizam sempre os mesmos movimentos, etc.); o tempo da cultura é o da *transformação* (isto é, das mudanças nos costumes, nas leis, nas emoções, nos pensamentos, nas técnicas, no vestuário, na alimentação, na linguagem, nas instituições sociais e políticas, etc.). Para vários filósofos e historiadores, a cultura surge quando os homens produzem as primeiras transformações na natureza pela ação do *trabalho*. Com o trabalho, os seres humanos produzem objetos inexistentes na natureza (casa, utensílios, instrumentos), organizam-se socialmente para realizá-lo, dividindo as tarefas entre homens e mulheres, adultos e crianças. Para aumentar os recursos produzidos, instituem a família e as relações de parentesco, as aldeias e vilas. Para protegê-las, inventam as armas e a guerra. Para conseguir sempre condições favoráveis para o trabalho e para a melhoria do que produzem, invocam e adoram forças divinas, instituindo a religião. Os vários agrupamentos humanos, nascidos do trabalho e dos sistemas de parentesco, trocam entre si produtos de seus trabalhos, inventando o comércio. As desigualdades surgem quando uma parte da comunidade toma para si, como propriedade privada, terras, animais, águas: começa a divisão social de onde surgirão as classes sociais e os conflitos e, destes, a instituição do poder.

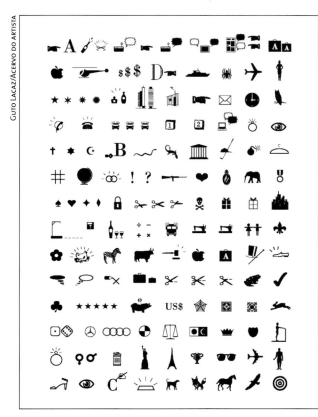

Sinais dos tempos, obra de Guto Lacaz.

Cultura e história

Com Kant, consolida-se a ideia de que a natureza é o reino da causalidade ou da necessidade enquanto a cultura é o reino da vontade humana, da ação dotada de finalidade e da liberdade, tais como se exprimem na ética, na política, nas artes, nas ciências e na filosofia.

Em outras palavras, Kant distinguiu entre o *reino da natureza* — isto é, das coisas submetidas às leis naturais de causalidade, que são universais e necessárias — e o *reino da moral* — ou seja, das ações humanas realizadas por uma escolha voluntária ou por liberdade e segundo finalidades racionais. A partir de então, a separação entre *reino da necessidade* e *reino da liberdade* foi interpretada como separação entre *natureza* e *cultura*.

Hegel, no entanto, compreendeu essa separação de maneira bastante diversa. Para acompanharmos seu pensamento precisamos, por um momento, retomar a noção de *dialética*, que vimos em outras Unidades deste livro.

A história hegeliana

Platão e Aristóteles, divergindo quanto ao papel da dialética no conhecimento, concordavam porém num ponto: a dialética é o *lógos* (isto é, o pensamento e o discurso expressos numa proposição ou num juízo) dividido em predicados opostos ou contrários, como, por exemplo: "a coragem é uma virtude" e "a coragem não é uma virtude"; "o homem é um animal racional" e "o homem não é um animal racional". Ou seja, na dialética, o sujeito de uma proposição ou de um juízo aparece dividido internamente por predicados contraditórios — "a coragem é e não é uma virtude"; "o homem é e não é racional".

Ora, dizem os dois filósofos, a realidade e a verdade obedecem ao princípio de identidade e excluem a contradição. Esta é considerada *irreal* (do ponto de vista da realidade) e *impossível* (do ponto de vista da verdade), pois é irreal e impossível que uma coisa seja e não seja ela mesma ao mesmo tempo e na mesma relação. Em outras palavras, algo é real e verdadeiro quando:

1. podemos conhecer o conjunto de seus predicados positivos, isto é, as qualidades e propriedades que constituem sua essência;
2. podemos afastar os predicados negativos, que são contrários aos positivos e que, se estiverem presentes, destroem a identidade ou a essência da coisa. Em resumo, predicados positivos e negativos não podem estar juntos num mesmo sujeito ou numa mesma coisa, pois essa união dos contrários é uma contradição e a contradição destrói a realidade de uma coisa ou de uma essência.

positivo: em geral, atribui-se o caráter de positivo àquilo que é real, concreto e existente, ou que é dado na experiência.

Platão e Aristóteles se enganaram, julga Hegel. Para ele, "a dialética é a única maneira pela qual podemos alcançar a realidade e a verdade não pela eliminação dos contraditórios, mas compreendendo que o real e o verdadeiro nada mais são do que o movimento interno da contradição", pois, como já dissera sabiamente Heráclito, "a realidade é o fluxo dos contraditórios". No entanto, diz Hegel, Heráclito também se enganou porque julgara que os termos contraditórios eram pares de termos positivos opostos (quente-frio, seco-úmido, claro-escuro, doce-amargo, sadio-doente, vivo-morto, etc.). A verdadeira contradição dialética possui duas características principais:

1. Os termos contraditórios não são dois termos positivos *contrários* ou *opostos*, mas dois predicados contraditórios do mesmo sujeito e que só existem negando um ao outro. Em lugar de dizer quente-frio, seco-úmido, doce-amargo, material-espiritual, natural-cultural, devemos compreender que, *dialeticamente*, é preciso dizer: quente-não quente, frio-não frio, doce-não doce, amargo-não amargo, material-não material, espiritual-não espiritual, natural-não natural, cultural-não cultural;
2. O negativo (o *não* de não doce, não frio, não material, não cultural, etc.), portanto, não é um termo positivo *contrário* a outro positivo, mas é verdadeiramente *o negativo* de um positivo. Se eu disser, por exemplo, "o caderno não é a árvore", esse *não* não é um verdadeiro negativo, pois o caderno e a árvore continuam como dois termos positivos. Esse *não*, simplesmente, significa que o caderno e a árvore são duas coisas diferentes, cada qual com suas propriedades e qualidades próprias, cada qual existindo perfeitamente um sem o outro. Esse *não*, diz Hegel, é mera *negação externa*, na qual qualquer coisa pode ser a negação de qualquer outra (o caderno não é: a árvore, a mesa, a bola, o menino, João, a porta, etc.), pois cada coisa pode ser percebida e pensada positivamente sem as outras. Na negação externa, dizemos que "A" não é "B", "C" ou "D", e cada um desses termos é *um outro* com relação aos demais. O verdadeiro negativo é uma *negação interna*, na qual o termo negado não é *um outro* qualquer, mas *o outro do sujeito* ou *o seu outro*. Na negação interna, dizemos que "A" é ao mesmo tempo e na mesma relação "A e não A". Por exemplo, sabemos que um caderno é feito de papel e que o papel vem das árvores; dialeticamente, não diremos "o caderno não é a árvore" e sim que "o caderno *é* uma não árvore".

Na negação interna há contradição propriamente dita e a dialética, que constitui o tempo e a história, é o movimento pelo qual há posição, supressão e superação das contradições. Em outras palavras, em lugar de a contradição ser a destruição pura e simples de um sujeito, ela é o movimento de sua realização verdadeira.

A contradição dialética nos revela que, em lugar de tomarmos dois sujeitos contrários, cada qual com seus predicados positivos próprios, e examinarmos a oposição entre eles, devemos compreender que um só e mesmo sujeito é constituído por predicados contraditórios, por uma afirmação e uma negação internas, e que o trabalho que o sujeito realiza para superar essa contradição é o movimento do próprio tempo, é a própria história.

Quem é esse sujeito que realiza o movimento da posição e superação de predicados contraditórios ou das contradições? Hegel o chama de "o Espírito". Por que o sujeito dos predicados contraditórios é o Espírito? Porque o movimento da história é reflexivo e somente um espírito é capaz de reflexão, isto é, de voltar-se sobre si mesmo e de conhecer-se a si mesmo.

O que é essa reflexão? O movimento no qual o Espírito se coloca a si mesmo como *espírito*, produzindo o tempo e a história.

O Espírito começa seu percurso temporal como um sujeito do qual a *natureza* é um predicado contraditório. Ou seja, o Espírito é interioridade e não interioridade. Como não interioridade ele é natureza, o não Espírito. No início do percurso histórico-temporal, portanto, o Espírito é não Espírito, pois é natureza ou pura exterioridade. A exteriorização do Espírito como natureza é obra sua, mas essa obra é sua negação como Espírito porque ele, que é imaterial, se apresenta na pura materialidade da natureza ou como o conjunto das coisas naturais. O Espírito inicia sua marcha temporal pondo-se a si mesmo como *coisa* (substância, qualidade, quantidade, relações de causa e efeito, etc.). Ele é terra, água, ar, fogo, céu, astros, mares, minerais, vegetais, animais.

Para conservar-se vivo, cada ser natural (ou cada coisa) precisa consumir os seres que o rodeiam: os animais consomem água, plantas, outros animais, ar, calor, luz; as plantas consomem calor, água, luz; os astros consomem energia e matéria, etc. Ora, isso significa que o Espírito enquanto natureza nega-se a si mesmo consumindo-se a si mesmo.

Essa negação de si da natureza pelo consumo não é transformadora, pois ela se realiza apenas para conservar as coisas naturais. Entretanto, o Espírito não manifesta apenas seu predicado negativo, a não interioridade ou natureza, mas também manifesta um outro predicado, o predicado da não exterioridade, que nega a exterioridade da natureza. Esse predicado da não exterioridade é a *consciência* com que o Espírito põe-se a si mesmo como interioridade ou não exterioridade. Como natureza, o Espírito é a interioridade que se afirma como não interioridade ou pura exterioridade; como consciência, o Espírito é a não exterioridade ou negação da exterioridade natural. Como natureza, o Espírito nega sua interioridade, existindo sob a forma dos corpos naturais; como consciência, afirma-se diferente da natureza e nega a exterioridade natural. O Espírito produz assim a contradição entre a sua existência como coisa e sua existência como consciência.

Como os seres naturais, a consciência também busca conservar-se, mas o faz não pelo simples consumo das coisas naturais, mas pela negação da mera naturalidade delas. O que é essa negação?

Quando digo "Isto é uma montanha", tenho a impressão de que me refiro a uma coisa natural, diferente de mim, existente em si mesma e com características positivas próprias. Entretanto, o simples fato de que eu chame uma coisa de "montanha" indica que ela, enquanto montanha ou como montanha, não existe *em si*, mas existe *para mim*, isto é, possui um sentido em minha experiência. Ou seja, não vemos a natureza dar nomes a si mesma e às coisas naturais. Somos nós que as nomeamos, dizendo como existem para nós.

Suponhamos agora que eu pertença a uma comunidade cuja religião seja politeísta, que acredite que os deuses, superiores aos homens, mas dotados de forma humana, habitam os lugares altos. Para mim, agora, uma montanha não é mais uma simples coisa, mas a morada sagrada dos deuses. Ou, então, imaginemos que somos uma empresa capitalista exploradora de minérios e que haja uma jazida de ferro na montanha. Como empresários, compramos a montanha para explorá-la. Novamente, ela deixou de ser uma simples coisa natural para tornar-se propriedade privada, local de trabalho e capital. Imaginemos, por fim, que somos pintores e que vamos pintar a montanha. Nesse caso, ela não é nem morada dos deuses, nem propriedade privada capitalista, nem local de trabalho, mas forma, cor, volume, linhas, profundidade — um campo de visibilidade.

Sob essas quatro formas — "isto é uma montanha", "morada dos deuses", "jazida de minério de ferro/propriedade privada/capital" e "campo de visibilidade a ser pintado" —, a montanha como *coisa* natural desapareceu, foi negada como mera coisa pela consciência. Tornou-se *não coisa* porque se tornou montanha para nós, significação, um ente cultural. Em termos hegelianos, o Espírito negou-se como natureza transformando-se na não natureza, isto é, na cultura.

A natureza é o ser em si, a negação efetuada pela consciência a transformou em ser para nós ou ser para a consciência. Visto que a consciência é reflexiva, isto é, consciência de si ou um saber sobre si, ela é para si. Podemos dizer que o movimento temporal de negação realizado pelo Espírito é a passagem do *em si* ao *para si* e que essa passagem é o movimento que leva o Espírito da natureza à cultura. Devemos compreender que a negação dialética não significa a destruição empírica ou material de coisas (a água, o ar, a terra, o fogo, a matéria, a energia, os corpos naturais continuam existindo), e sim a destruição de seu *sentido* imediato que é *superado* por um sentido novo, por um significado novo que elas passam a ter para nós, significado que é posto pelo próprio Espírito como consciência.

Ao reconhecer-se como movimento interno de posição, negação e supressão de seus predicados contraditórios (natureza e não natureza ou consciência; consciência e não consciência ou natureza), o Espírito se reconhece como sujeito que se produz a si mesmo e que ele não é senão o movimento de produção de si mesmo. Esse movimento em que o Espírito se exterioriza na natureza e se interioriza na cultura é a *história* não como sequência temporal de acontecimentos e de causas e efeitos, mas como vida do Espírito.

O tempo, portanto, é a vida do Espírito, o modo como o Espírito se põe a si mesmo e se desenvolve. O tempo cultural é o tempo das obras e instituições humanas — religião, artes, ciências, filosofia, instituições sociais, instituições políticas. A cada período de sua temporalidade o Espírito se apresenta na forma de uma cultura determinada, que exprime o estágio de desenvolvimento espiritual ou racional da humanidade e na qual cada cultura particular se exprime com um caráter próprio que é negado e ultrapassado pelos estágios seguintes, num progresso contínuo.

A história em Marx

Marx, que também concebe a cultura como história, critica a concepção hegeliana, ou o *idealismo espiritualista* de Hegel. Para ele, a cultura não é manifestação do Espírito e sim o modo como, em condições determinadas e não escolhidas por eles, os homens produzem materialmente (pelo trabalho, pela organização econômica) sua existência e dão sentido a essa produção material. A história não narra o movimento temporal do Espírito, mas as lutas reais dos seres humanos reais que produzem e reproduzem suas condições materiais de existência, isto é, produzem e reproduzem as *relações sociais*, pelas quais se distinguem da natureza e nas quais são instituídas as divisões sociais, ou seja, as classes sociais contraditórias. Cada cultura exprime a maneira como nela se definem a propriedade e a divisão social do trabalho, se organizam as instituições sociais e políticas que visam à conservação da forma existente da propriedade e são produzidas as ideias com que as classes sociais explicam para si mesmas o sentido da formação social em que vivem.

As diferentes formações sociais são determinadas pelo modo de produção e de reprodução da vida material dos homens; essas formações sociais são constituídas por contradições internas entre os homens divididos em classes sociais contrárias e em luta. O movimento da história-cultura, portanto, é realizado pela luta das classes sociais para manter ou para vencer formas de exploração econômica, opressão social, dominação política. O fim dessas lutas e das contradições dependerá da capacidade de organização política e de consciência da última classe social explorada (o proletariado, produzido pelo capitalismo industrial) para eliminar a desigualdade e a injustiça históricas.

Cultura e antropologia

antropologia: a palavra *antropologia* é composta de duas palavras gregas: *antropos*, que significa "homem", e *logía*, "estudo" (palavra derivada de *lógos*, que significa "pensamento ou razão", "linguagem ou discurso").

A antropologia estuda os seres humanos na condição de seres culturais. O antropólogo procura, antes de mais nada, determinar em que momento e de que maneira os humanos instituem sua diferença em relação à natureza, fazendo assim surgir o mundo cultural.

Os filósofos, a partir do século XVIII, consideraram que os humanos diferem da natureza graças ao pensamento, à linguagem, ao trabalho e à ação voluntária livre.

Os antropólogos, a partir do século XX, sem negar a afirmação dos filósofos, procuram aquela ação com a qual os seres humanos instituem a cultura propriamente dita. Ou seja, como os filósofos, os antropólogos também consideram que as condições para que haja cultura são o pensamento, a linguagem, o trabalho e a ação voluntária, porém julgam que não basta apontar essas condições e que é preciso dizer que ação os homens praticaram ou que decisão tomaram que os fizeram passar da possibilidade da cultura à realidade efetiva dela.

Se, para muitos historiadores, essa ação foi o trabalho, para muitos antropólogos a cultura foi instituída quando os humanos marcaram simbolicamente sua diferença com relação à natureza, decretando uma lei que não poderia ser transgredida e, se o fosse, a comunidade exigiria reparação com a morte do transgressor. A diferença entre homem e natureza, que dá origem à cultura, surge com a lei da proibição do incesto, lei inexistente entre os animais. Essa lei dá início à sexualidade propriamente humana, que não é apenas a satisfação imediata de uma necessidade biológica, mas é definida por regras que instituem o proibido e o permitido na expressão do desejo. Os seres humanos dão sentido à sexualidade.

Para alguns antropólogos, além dessa lei, a diferença entre homem e natureza também é estabelecida quando os humanos definem uma outra lei que, se transgredida, causa a ruína da comunidade e do indivíduo: a lei que separa o cru e o cozido, lei também inexistente entre os animais. A separação entre o cru e o cozido e a exigência de que os humanos comam alimentos que passaram pelo fogo colocam a culinária no ponto inicial da cultura. Assim como a sexualidade humana, também a alimentação humana não é apenas a satisfação de uma necessidade biológica de sobrevivência, mas está ligada a regras que lhe dão um sentido propriamente humano.

Essas duas primeiras leis estruturam o mundo humano a partir da oposição entre *puro* (permitido) e *impuro* (proibido), oposição inexistente para todo o restante da natureza. Sexualidade e culinária introduzem a dimensão simbólica da vida humana.

A cultura como ordem simbólica

A cultura é instituída no momento em que os humanos determinam para si mesmos regras e normas de conduta que asseguram a existência e conservação da comunidade e por isso devem ser obedecidas sob pena de punição (que pode ir desde um castigo ou a expulsão para longe do grupo de origem até a morte).

O que é a lei humana? A lei humana é um mandamento social que organiza toda a vida dos indivíduos e da comunidade, tanto porque determina o modo de estabelecimento dos costumes e de sua transmissão de geração a geração como porque preside as ações que criam as instituições sociais (religião, família, formas de trabalho, guerra e paz, distribuição das tarefas, formas de poder, etc.). A lei não é uma simples proibição para certas coisas e obrigação para outras, mas é a afirmação de que os humanos são capazes de criar uma ordem de existência que não é simplesmente natural (física, biológica). Essa ordem é a **ordem simbólica**.

A ordem simbólica consiste na capacidade humana para dar às coisas um sentido que está além de sua presença material, isto é, na capacidade de atribuir significações e valores às coisas e aos homens, distinguindo entre bem e mal, verdade e falsidade, beleza e feiura; determinando se uma coisa ou uma ação é justa ou injusta, legítima ou ilegítima, possível ou impossível. É essa dimensão simbólica que é instituída com a lei da proibição do incesto e a lei da proibição do cru.

Graças à linguagem e ao trabalho, os seres humanos tomam consciência do tempo e das diferenças temporais (passado, presente, futuro), tomam consciência da morte e lhe dão um sentido; organizam o espaço, humanizando-o (isto é, dando sentido ao próximo e ao distante, ao alto e ao baixo, ao grande e ao pequeno, ao visível e ao invisível). A diferenciação temporal e espacial permite que os seres humanos se relacionem com o ausente diferenciando não só o presente do passado e do futuro e o próximo do distante, mas também distinguindo o sagrado do profano e os deuses dos homens.

Podemos, então, definir a cultura como tendo três sentidos principais:

1. criação da ordem simbólica da *lei*, isto é, de sistemas de interdições e obrigações estabelecidos a partir da atribuição de valores às coisas (boas, más, perigosas, sagradas, diabólicas), aos humanos e suas relações (diferença sexual, significado da virgindade, fertilidade, virilidade; diferença etária e forma de tratamento das crianças, dos mais velhos e mais jovens; formas de tratamento dos amigos e dos inimigos; formas de autoridade e formas de relação com o poder, etc.), aos acontecimentos (significado da guerra, da peste, da fome, do nascimento e da morte, obrigação de enterrar os mortos, etc.);

2. criação de uma ordem simbólica da sexualidade, da linguagem, do trabalho, do espaço, do tempo, do sagrado e do profano, do visível e do invisível. Os símbolos surgem tanto para *representar* como para *interpretar* a realidade, dando-lhe sentido pela presença do humano no mundo;

3. conjunto de *práticas*, *comportamentos*, *ações* e *instituições* pelos quais os humanos se relacionam entre si e com a natureza e dela se distinguem, agindo sobre ela ou através dela, modificando-a (rituais do trabalho, rituais religiosos, construção de habitações, fabricação de utensílios e instrumentos, culinária, tecelagem, vestuário, formas de guerra e de paz, dança, música, pintura, escultura, formas de autoridade, etc.).

Na realidade, não existe *a cultura*, no singular, mas *culturas*, no plural, pois os sistemas de proibição e permissão, as instituições sociais, religiosas, políticas, os valores, as crenças, os comportamentos variam de formação social para formação social e podem variar numa mesma sociedade no decorrer do tempo. A esse sentido amplo podemos acrescentar um outro, restrito, proveniente do antigo sentido de cultivo do espírito: a cultura como criação de obras da sensibilidade e da imaginação — as obras de arte — e como criação de obras da inteligência e da reflexão — as obras de pensamento, isto é, a ciência e a filosofia.

Estrela de davi, símbolo judaico, em sinagoga de Budapeste, Hungria, em 1979.

É esse segundo sentido que leva o senso comum a identificar cultura e escola (educação formal), de um lado, e, de outro, a identificar cultura e belas-artes (música, pintura, escultura, dança, literatura, teatro, cinema, etc.). É também esse sentido que leva à distinção entre cultos e incultos, entendida respectivamente como "escolarmente instruídos" e "sem instrução escolar".

A filosofia e as manifestações culturais

A filosofia se interessa por todas as manifestações culturais, pois, como escreveu o filósofo Montaigne, "nada do que é humano me é estranho".

Os principais campos filosóficos relativos às manifestações culturais são: a filosofia das ciências (que vimos na teoria do conhecimento), da religião, das artes, da existência ética e da vida política. Além disso, a filosofia ocupa-se também com a crítica das ideologias que se originam na vida política mas que se estendem para todas as manifestações da cultura.

Capítulo 2
A experiência do sagrado e a instituição da religião

A religiosidade

Se excetuarmos as atividades culturais ligadas diretamente à sobrevivência do indivíduo e da espécie (coleta e preparo de alimentos, proteção contra as intempéries, cuidado com os recém-nascidos, instrumentos simples para a luta contra inimigos), podemos dizer que a religião é a atividade cultural mais antiga e que existe em todas as culturas.

Por quê?

Porque descobrimos que somos humanos quando temos a experiência de que somos conscientes das coisas, dos outros e de nós mesmos. Se a consciência é a descoberta de nossa humanidade, se a descobrimos porque nos diferenciamos dos outros seres da natureza, graças à linguagem e ao trabalho, podemos atribuir ao fato de sermos dotados de consciência a condição e a causa primordial do surgimento da religiosidade.

De fato, desde muito cedo os seres humanos percebem regularidades na natureza e sabem que não são a causa delas; percebem também que há na natureza coisas úteis e nocivas, boas e ameaçadoras e reconhecem que também não são os criadores delas. A percepção da realidade exterior como algo independente da ação humana, de uma ordem externa e de coisas de que podemos nos apossar para o uso ou de que devemos fugir porque são destrutivas nos conduz à crença em poderes superiores ao humano e à busca de meios para comunicar-nos com eles para que sejam propícios à nossa vida humana. Nasce, assim, a crença na(s) *divindade(s)*.

A consciência também é responsável pela descoberta da morte. Um filósofo disse que somente os seres humanos sabem que são mortais e um outro escreveu: "O animal acaba, mas o homem morre". O que isso quer dizer?

Quando indicamos os principais traços da cultura, observamos que nela e por ela os homens fazem a descoberta do tempo, ou têm a experiência do tempo, isto é, de uma diferenciação no interior de sua vida com respeito ao que já aconteceu e ao que está acontecendo. Assim é que ela se relaciona com a memória, que é responsável pelo sentimento da identidade pessoal e da continuidade de uma vida que transcorre no tempo.

Vimos também que um outro aspecto fundamental da cultura é a atividade do trabalho. Ora, ao trabalhar, os homens se relacionam com um tempo que não é o presente e sim o futuro, pois o trabalho é feito em vista de algo que ainda não existe no presente e que virá a existir no futuro.

A percepção do tempo, o trabalho e a memória fazem com que os homens sejam capazes de estabelecer relações com o ausente: o passado lembrado, o futuro esperado.

Se reunirmos numa única experiência o sentimento do tempo e o da identidade pessoal notaremos que os humanos são conscientes de que há seres e coisas que desaparecem no tempo e outras que surgem no tempo, e que eles permanecem durante um certo tempo porque são capazes de ligar passado, presente e futuro, isto é, são capazes de perceber que *existem* e que *possuem identidade*. Mas também são conscientes de que podem desaparecer um dia. Ou seja, sabem que morrem.

Ora, o fato de que somos conscientes do tempo como uma presença (o presente) situada entre duas ausências (o passado e o futuro) e de que somos conscientes de nossa identidade e da identidade de nossos semelhantes nos leva a conceber a permanência dessa identidade num tempo futuro, isto é, a conceber uma existência futura, num outro lugar ou num outro mundo, para onde vamos após a morte. Esse outro mundo tanto pode ser um lugar separado, existente noutro espaço e noutro tempo, como pode ser a parte invisível deste nosso mundo. A crença numa vida futura explica por que uma das primeiras manifestações religiosas em todas as culturas são os rituais fúnebres, o cuidado com os mortos (que não devem ser deixados sem sepultura), que asseguram sua entrada na vida futura, e a busca de meios para comunicar-se com eles.

A crença em divindades e numa outra vida após a morte define o núcleo da religiosidade e se exprime na experiência do sagrado.

O sagrado

O **sagrado** é a experiência da presença de uma potência ou de uma força sobrenatural que habita algum ser — planta, animal, humano, coisas, ventos, águas, fogo. Essa potência é tanto um poder que pertence própria e definitivamente a um determinado ser quanto algo que ele pode possuir e perder, não ter e adquirir. O sagrado é a experiência simbólica da diferença entre os seres, da superioridade de alguns sobre outros, do poderio de alguns sobre outros — superioridade e poder sentidos como espantosos, misteriosos, desejados e temidos.

A *sacralidade* introduz uma ruptura entre natural e sobrenatural, mesmo que os seres sagrados sejam naturais (como a água, o fogo, o vulcão): é sobrenatural a força ou potência para realizar aquilo que os humanos julgam impossível efetuar contando apenas com as forças e capacidades humanas. Assim, por exemplo, em quase todas as culturas, um guerreiro cuja força, destreza e invencibilidade são espantosas é considerado habitado por uma potência sagrada. Um animal feroz, astuto, veloz e invencível também é assim considerado. Por sua forma e ação misteriosas, benévolas e malévolas, o fogo é um dos principais entes sagrados. Em regiões desérticas, a sacralização concentra-se nas águas, raras e necessárias.

O sagrado opera o **encantamento do mundo**, habitado por forças maravilhosas e poderes admiráveis que agem magicamente. Criam vínculos de simpatia-atração e de antipatia-repulsão entre todos os seres, agem a distância, enlaçam entes diferentes com laços secretos e eficazes.

Todas as culturas possuem vocábulos para exprimir o sagrado como força sobrenatural que habita o mundo. Assim, nas culturas da Polinésia e da Melanésia, a palavra que designa o sagrado é *mana* (e suas variantes). Nas culturas das tribos norte-americanas, fala-se em *orenda* (e suas variantes), referindo-se ao poder mágico possuído por todas as coisas, que lhes dá vida, vontade e ação, força que se pode roubar de outras coisas para si, que se pode perder quando roubada por outros seres, que se pode impor a outros mais fracos.

Entre as culturas dos índios sul-americanos, o sagrado é designado por palavras como *tunpa* e *aigres*. Nas africanas, há centenas de termos, dependendo da língua e da relação mantida com o sobrenatural, mas o termo fundamental, embora com variantes de pronúncia, é *ntu*, "força universal em que coincidem aquilo que é e aquilo que existe".

Na cultura hebraica, dois termos designavam o sagrado: *qados* e *herem*, significando aqueles seres ou coisas que são separados por Deus para seu culto, serviço, sacrifício, e também as que são separadas de todas as outras para receber uma punição. Por serem coisas separadas por Deus, não podem ser tocadas pelo homem para seu uso e só podem ser tocadas ritualmente por aqueles que Deus autoriza ou autorizou. Assim, a Arca da Aliança, onde estavam guardados os textos sagrados, era *qados* e, portanto, intocável. Também os prisioneiros de uma guerra santa pertenciam a Deus, sendo declarados *herem*. Na cultura grega, *agnos* (puro) e *agios* (intocável), e, na romana, *sacer* (dedicado à divindade) e *sanctus* (inviolável) constituem a esfera do sagrado.

Sagrado é, pois, a qualidade excepcional — boa ou má, benéfica ou maléfica, protetora ou ameaçadora — que um ser possui e que o separa e distingue de todos os outros, embora, em muitas culturas, todos os seres possuam algo sagrado, pelo que se diferenciam uns dos outros.

O sagrado pode suscitar devoção e amor, repulsa e ódio. Esses sentimentos suscitam um outro: o respeito feito de temor. Nascem, aqui, o sentimento religioso e a experiência da religião.

A religião pressupõe que, além do sentimento da diferença entre natural e sobrenatural, haja o sentimento da separação entre os humanos e o sagrado, mesmo que este habite nos humanos e na natureza.

A religião

religião: a palavra *religião* vem do latim *religio*, formada pelo prefixo *re* ("outra vez", "de novo") e o verbo *ligare* ("ligar", "unir", "vincular").

A religião é um *vínculo*. Quais as partes vinculadas? O mundo profano e o mundo sagrado, isto é, a natureza (água, fogo, ar, animais, plantas, astros, pedras, metais, terra, humanos) e as divindades que habitam a natureza ou um lugar separado da natureza.

Nas várias culturas, essa ligação é simbolizada no momento de fundação de uma aldeia, vila ou cidade: o guia religioso traça figuras no chão (círculo, quadrado, triângulo) e repete o mesmo gesto no ar (na direção do céu, ou do mar, ou da floresta, ou do deserto). Esses dois gestos delimitam um espaço novo, sagrado (no ar) e consagrado (no solo). Nesse novo espaço erguem-se o *santuário* (em latim, *templum*, "templo") e à sua volta os edifícios da nova comunidade.

Como se acredita que a fundação do espaço coletivo foi feita pelos ancestrais guiados por deuses protetores, o vínculo se estabelece não só entre os homens e os deuses mas também entre os descendentes e os antepassados, os *fundadores*. Por esse motivo, em inúmeras religiões há cultos não só para as divindades, mas também para os ancestrais, que vivem uma vida num outro mundo e podem interceder junto aos deuses em nome de seus descendentes.

A cerimônia da ligação fundadora aparece, por exemplo, na religião judaica, quando Jeová doa ao povo o lugar onde deve habitar — a Terra Prometida —, indica o espaço onde o templo deverá ser edificado, orienta a maneira como deve ser edificado e determina sua finalidade, isto é, nele serão feitos os sacrifícios e nele será colocada a Arca da Aliança, símbolo do vínculo que une o povo e seu Deus. A fundação do espaço coletivo circunscreve um lugar determinado, e a Arca, que contém a lei divina escrita, é um símbolo de ligação que recorda a primeira ligação: o sinal natural oferecido por Deus a Noé como prova de seu laço com ele e sua descendência, isto é, o arco-íris.

Também no cristianismo a *religio* é explicitada por um gesto de união entre o céu e a terra. Na versão latina do Novo Testamento, o primeiro apóstolo, cujo nome hebraico era Simão, passa a ser chamado de Pedro (em latim, *Petrus*) para simbolizar a pedra (em latim, *petra*) sobre a qual é fundada a cidade cristã, isto é, a Igreja. Jesus disse a Pedro: "Tu és Pedro (*Petrus*) e sobre esta pedra (*petra*) edificarei a minha igreja, e as portas do inferno não prevalecerão contra ela. Eu te darei as Chaves do Reino: o que *ligares* na Terra será *ligado* no Céu; o que *desligares* na Terra será *desligado* no Céu".

Por meio da *sacralização* e da *consagração*, a religião cria a ideia de **espaço sagrado**. Os céus, o monte Olimpo (na Grécia), as montanhas do deserto (em Israel), templos e igrejas (nas nossas sociedades) são santuários. Em certas religiões, esses lugares são a morada dos deuses, em outras, o lugar onde o deus se manifesta. O espaço da vida comum separa-se do espaço sagrado: neste vivem os deuses, são feitas as cerimônias de culto, são trazidas oferendas e feitas preces com pedidos às divindades (colheita, paz, vitória na guerra, bom parto, fim de uma peste, cura de uma doença, etc.); no primeiro, transcorre a vida profana dos humanos. A religião organiza o espaço dando-lhe qualidades humanas ou qualidades culturais, diversas das simples características naturais.

A religião como narrativa da origem

A religião não transmuta apenas o espaço. Também qualifica o tempo, dando-lhe a marca do sagrado.

O *tempo sagrado* é uma *narrativa*. Narra a origem dos deuses e, pela ação das divindades, a origem das coisas, das plantas, dos animais e dos seres humanos. Por isso, a narrativa religiosa sempre começa com alguma expressão do tipo: "no princípio", "no começo", "quando o deus *x* estava na Terra", "quando a deusa *y* viu pela primeira vez", etc.

A narrativa sagrada é a *história sagrada*, que os gregos chamavam de *mito*. Este não é uma fabulação ilusória, uma fantasia sem consciência, mas a maneira pela qual uma sociedade narra para si mesma seu começo e o de toda a realidade, inclusive o começo ou nascimento dos próprios deuses. Só tardiamente, quando surgiu a filosofia e, depois dela, a teologia, a razão exigiria que os deuses não fossem apenas imortais, mas também eternos, sem começo e sem fim. Antes, porém, da filosofia e da teologia, a religião narrava **teogonias** (do grego *theos*, "deus"; *gonia*, "geração"), isto é, a geração ou o nascimento dos deuses, semideuses e heróis.

O contraste entre dia e noite (luz e treva), entre as estações do ano (frio, quente, ameno, com flores, com frutos, com chuvas, com secas), entre o nascimento e a desaparição (vida e morte), entre tipos de animais (terrestres, aquáticos, voadores, ferozes, dóceis), entre tipos de humanos (brancos, negros, amarelos, vermelhos, altos, baixos, peludos, glabros), as técnicas obtidas pelo controle sobre alguma força natural (fogo, água, ventos, pedras, areia, ervas) evidenciam um mundo ordenado e regular, no qual os humanos nascem, vivem e morrem. A história sagrada ou mito narra como e por que a ordem do mundo existe e como e por que foi doada aos humanos pelos deuses. Assim, além de ser uma *teogonia*, a história sagrada é uma **cosmogonia** (do grego *kósmos*, "mundo", e *gonia*, "geração"): narra o nascimento, a finalidade e o perecimento de todos os seres sob a ação dos deuses.

Assim como há dois espaços, há dois tempos: o anterior à criação ou *gênese* dos deuses e das coisas (tempo do vazio e do caos) e o tempo originário da gênese de tudo quanto existe (tempo do pleno e da ordem). Nesse tempo sagrado da ordem, novamente uma divisão: o *tempo primitivo*, inteiramente divino, quando tudo foi criado, e o *tempo do agora*, profano, em que vivem os seres naturais, incluindo os homens.

A experiência do sagrado e a instituição da religião | Capítulo 2 |

Fiel animista da etnia dogon, povo de Máli, na África ocidental, no registro do fotógrafo francês Abbas, de 1996.

Embora a narrativa sagrada seja uma explicação para a ordem natural e humana, ela não se dirige ao intelecto dos crentes (não é filosofia nem ciência), mas se endereça ao coração deles. Desperta emoções e sentimentos — admiração, espanto, medo, esperança, amor, ódio. Porque se dirige às paixões do crente, a religião lhe pede uma só coisa: *fé*, ou seja, a confiança, adesão plena ao que lhe é manifestado como ação da divindade. A atitude fundamental da fé é a *piedade*: respeito pelos deuses e pelos antepassados. A religião é crença, não é saber. A tentativa para transformar a religião em saber racional chama-se **teologia**.

Ritos

Porque a religião liga humanos e divindade, porque organiza o espaço e o tempo, os seres humanos precisam garantir que a ligação e a organização se mantenham e sejam sempre propícias. Para isso são criados os **ritos**.

O rito é uma cerimônia em que gestos determinados, palavras determinadas, objetos determinados, pessoas determinadas e emoções determinadas adquirem o poder misterioso de presentificar o laço entre os humanos e a divindade. Para agradecer dons e benefícios, para suplicar novos dons e benefícios, para lembrar a bondade dos deuses ou para exorcizar sua cólera, caso os humanos tenham transgredido as leis sagradas, as cerimônias ritualísticas são de grande variedade.

No entanto, uma vez fixada a simbologia de um ritual, sua eficácia dependerá da *repetição minuciosa e perfeita* do rito, tal como foi praticado na primeira vez, porque nela os próprios deuses orientaram gestos e palavras dos humanos. Um rito religioso é repetitivo em dois sentidos principais: a cerimônia deve repetir um acontecimento essencial da história sagrada (por exemplo, no cristianismo, a eucaristia e a comunhão, que repetem a Santa Ceia); e, em segundo lugar, atos, gestos, palavras, objetos devem ser sempre os mesmos, porque foram, na primeira vez, consagrados pelo próprio deus. O rito é a rememoração perene do que aconteceu numa primeira vez e que volta a acontecer, graças ao ritual que abole a distância entre o passado e o presente.

Os objetos simbólicos

A religião não sacraliza apenas o espaço e o tempo, mas também seres e objetos do mundo, que se tornam símbolos de algum fato religioso.

Os seres e objetos simbólicos são retirados de seu lugar costumeiro, assumindo um sentido novo para toda a comunidade — protetor, perseguidor, benfeitor, ameaçador. Sobre esse ser ou objeto recai a noção de **tabu** (palavra polinésia que significa "intocável"): é um interdito, ou seja, não pode ser tocado nem manipulado por ninguém que não esteja religiosamente autorizado para isso.

É assim, por exemplo, que certos animais se tornam sagrados ou tabus, como a vaca na Índia, o cordeiro perfeito consagrado para o sacrifício da Páscoa judaica, o tucano para a nação indígena Tucana, do Brasil. É assim, por exemplo, que certos objetos se tornam sagrados ou tabus, como o pão e o vinho consagrados pelo padre cristão durante o ritual da missa e que só podem ser consumidos ritualisticamente e sob condições muito determinadas. Do mesmo modo, em inúmeras religiões, as virgens primogênitas das principais famílias se tornam tabus, como as vestais, na Roma antiga. Também objetos se tornam símbolos sagrados intocáveis, como os pergaminhos judaicos que contêm os textos sagrados antigos, certas pedras usadas pelos chefes religiosos africanos, etc.

Os tabus se referem ou a objetos e seres puros ou purificados para os deuses, ou a objetos e seres impuros, que devem permanecer afastados dos deuses e dos humanos. É assim, que, em inúmeras culturas, a mulher menstruada é tabu (está impura) e, no judaísmo e no islamismo, a carne de porco é tabu (é impura).

A religião tende a ampliar o campo simbólico, mesmo que não transforme todos os seres e objetos em tabus ou intocáveis. Ela o faz vinculando seres e qualidades à personalidade de um deus. Assim, por exemplo, em muitas religiões, como as africanas, cada divindade é protetora de um astro, uma cor, um animal, uma pedra e um metal preciosos, um objeto santo.

A figuração do sagrado se faz por *emblemas*: assim, por exemplo, o emblema da deusa Fortuna era uma roda, a vela enfunada de um navio e uma cornucópia; o da deusa Atena, o capacete e a espada; o de Hermes, a serpente e as botas aladas; o de Oxóssi, as sete flechas espalhadas pelo corpo; o de Iemanjá, o vestido branco, as águas do mar e os cabelos ao vento; o de Jesus, a cruz, a coroa de espinhos, o corpo glorioso em ascensão.

Manifestação e revelação

Há religiões em que os deuses se manifestam: surgem diante dos humanos em beleza, esplendor, perfeição e poder e os levam a ver uma outra realidade, escondida sob a realidade cotidiana, na qual o espaço, o tempo, as formas dos seres, os sons e as cores, os elementos encontram-se organizados e dispostos de uma outra maneira, secreta e verdadeira. A divindade, levando um humano ao seu mundo, desvenda-lhe a verdade e o ilumina com sua luz.

Era isso, como vimos, o que significava a palavra grega *alétheia*, a verdade como manifestação ou iluminação. A iluminação pode ser terrível, porque é dado a um humano ver o que os olhos humanos não conseguem ver, ouvir o que os ouvidos humanos não podem ouvir, conhecer o que a inteligência humana não tem forças para conhecer. As religiões indígenas das Américas e a grega são *religiões da manifestação-iluminação* ou da viagem ao mundo divino.

Há religiões em que o deus revela verdades aos humanos sem fazê-los sair de seu mundo. Podem ter sonhos e visões, mas o fundamental é ouvir o que a divindade lhes diz, porque dela provém o sentido primeiro e último de todas coisas e do destino humano. O que se revela não é a verdade do mundo através da viagem visionária a um outro mundo: o que se revela é a vontade do deus, na qual o crente confia e cujos desígnios ele cumpre. Era isso o que significava, como vimos, a palavra hebraica *emunah*, "assim seja". Judaísmo, cristianismo e islamismo são *religiões da revelação*.

Nas duas modalidades de religião, porém, a manifestação da verdade e a revelação da vontade exprimem o mesmo acontecimento: aos humanos é dado conhecer seu destino e o de todas as coisas, isto é, as **leis divinas**.

A lei divina

Os deuses são *poderes misteriosos*. São forças personificadas e por isso são *vontades*. Misteriosos, porque suas decisões são imprevisíveis e, muitas vezes, incompreensíveis para os critérios humanos de avaliação. Vontades, porque o que acontece no mundo manifesta um querer pessoal, supremo e inquestionável. A religião, ao estabelecer o laço entre o humano e o divino, procura um caminho pelo qual a vontade dos deuses seja benéfica e propícia aos seus adoradores.

A vontade divina pode tornar-se parcialmente conhecida dos humanos na forma de *leis*, isto é, decretos, mandamentos, ordenamentos, comandos emanados da divindade. Assim como a ordem do mundo decorre dos decretos divinos, isto é, da lei ordenadora à qual nenhum ser escapa, também o mundo humano está submetido a mandamentos divinos, dos quais os mais conhecidos, na cultura ocidental, são os Dez Mandamentos, dados por Jeová a Moisés. Também são de origem divina as Doze Tábuas da Lei que fundaram a república romana, como eram de origem divina as leis gregas explicitadas na *Ilíada* e na *Odisseia*, obras atribuídas a Homero, bem como nas tragédias.

O modo como a vontade divina se manifesta em leis permite distinguir dois grandes tipos de religião. Há religiões em que a divindade usa intermediários para revelar a lei. É o caso da religião judaica, em que Jeová se vale, por exemplo, de Noé, Moisés, Samuel, para dar a conhecer a lei. Também nessa religião a divindade não cessa de lembrar ao povo as leis, sobretudo quando estão sendo transgredidas. Essa rememoração da lei e das promessas de castigo e redenção nelas contidas é a tarefa do *profeta*, arauto de Deus. Também na religião grega os deuses se valem de intermediários para manifestar sua vontade. Esta, por ser misteriosa e incompreensível, exige um tipo especial de intermediário, o *vidente*, que interpreta os enigmas divinos, vê o passado e o futuro e os expõe aos homens.

Há religiões, porém, em que os deuses manifestam sua lei diretamente, sem recorrer a intermediários, isto é, sem precisar de intérpretes. São religiões da *iluminação individual* e do *êxtase místico*, como é o caso da maioria das religiões orientais, que exigem, para a iluminação e o êxtase, uma educação especial do intelecto e da vontade dos adeptos.

Frequentemente, profetas e videntes entram em transe para receber a revelação, mas a recebem não porque tenham sido educados para isso e sim porque a divindade os escolheu para manifestar-se. O transe dos profetas e dos adivinhos difere do êxtase místico dos iluminados porque, no primeiro, o indivíduo tem acesso a um conhecimento que pode compreender (mesmo com grande dificuldade) e por isso pode transmiti-lo aos outros, enquanto no segundo não há conhecimento, não há atividade intelectual que depois seja transmissível a outros, mas há mergulho e fusão do indivíduo na divindade, numa experiência intraduzível e intransmissível.

As *religiões reveladas* (diferentes, portanto, das religiões extáticas) realizam, conservam e transmitem a revelação recebida em visões e sonhos por profetas e videntes. Podem fazê-lo de duas maneiras diferentes, por escrito ou oralmente.

No caso das religiões judaica, cristã e islâmica, as revelações são consignadas por escrito ou após a morte daquele que as recebeu (a Torah é escrita após a morte de Moisés, os Evangelhos são escritos após a morte de Jesus, o Alcorão é escrito após a morte de Maomé) ou quando aquele que as recebeu recebe de Deus a ordem de escrevê-las, para que integrem os textos da história sagrada e sejam transmissíveis (é o caso dos profetas do Antigo Testamento e de João de Patmos, autor do Apocalipse, no Novo Testamento). Por esse motivo, judeus, cristãos e muçulmanos são chamados de *Povos do Livro* e suas religiões, *Religiões do Livro*.

bíblia, alcorão: a palavra *bíblia* é grega e quer dizer "livro"; a palavra árabe *alcorão* significa, segundo alguns estudiosos, "ler em voz alta" e, segundo outros, "coleção das palavras reveladas".

No caso, por exemplo, das religiões grega e romana antigas, das africanas, das indígenas das três Américas, o vidente é levado perante os deuses ou um deus para ver a vontade divina que decide sobre a vida e a morte de um indivíduo ou de um grupo, sobre acontecimentos naturais e/ou humanos, sobre os tempos passados e futuros, devendo, após a visão, dizê-la aos outros, proferi-la para integrá-la à memória religiosa oral.

Nos dois casos, porém, para que fique indiscutível a origem divina da revelação, a exposição escrita ou oral só pode ser feita por parábolas, metáforas, imagens e histórias cujo sentido precisará ser decifrado pelos leitores ou ouvintes. Deuses, profetas e videntes falam por meio de *enigmas* ou *oráculos*. Dessa maneira, o caráter transcendente e misterioso da vontade divina é preservado.

A vida após a morte

Vimos que o sentimento religioso e a experiência da religião são inseparáveis da percepção de nossa mortalidade e da crença em nossa imortalidade. Toda religião, portanto, explica não só a origem da ordem do mundo natural mas também a dos seres humanos e lhes ensina por que são mortais e o que podem ou devem esperar após a morte.

Na quase totalidade das religiões, o mistério da morte é sempre explicado como consequência de alguma falta cometida contra algum deus ou de alguma ofensa que os homens fizeram aos deuses. No princípio os homens eram imortais e viviam na companhia dos deuses ou de Deus; a seguir, alguém ou alguns cometem uma transgressão imperdoável e com ela vem a grande punição: a mortalidade para todos.

No entanto, a imortalidade não está totalmente perdida, pois os deuses (ou Deus) concedem aos mortais uma vida após a morte, desde que, na vida presente, respeitem a vontade e a lei divinas.

Como é a imortalidade? Algumas religiões afirmam a imortalidade do corpo humano assegurando que este possui um *duplo*, feito de outra matéria, que permanece após a morte, e que, por ser feito de matéria sutil, pode penetrar no corpo de outros seres para relacionar-se com os vivos. Outras religiões acreditam que o corpo é mortal, mas habitado por uma entidade — espírito, alma, sombra imaterial, sopro —, que será imortal se os decretos divinos e os rituais tiverem sido respeitados pelo fiel ou, no caso do judaísmo e do cristianismo, se além disso o gênero humano tiver recebido o perdão divino pelo pecado dos ancestrais.

Por acreditarem firmemente numa outra vida — que pode ser imediata, após a morte do corpo, ou pode exigir reencarnações purificadoras até o espírito ou a alma alçar-se à imortalidade —, as religiões possuem ritos funerários, encarregados de preparar e garantir a entrada do morto na outra vida. O ritual fúnebre limpa, purifica, adorna e perfuma o corpo morto e o protege com a sepultura. Pelo mesmo motivo, além dos ritos funerários, os cemitérios, na maioria das religiões e particularmente nas africanas, indígenas e ocidentais antigas, eram lugares consagrados, campos santos, nos quais somente alguns, e em certas condições, podiam penetrar.

Em algumas religiões, como na antiga egípcia e na grega, a perfeita preservação do corpo morto, isto é, de sua *imagem*, era essencial para que fosse reconhecido pelos deuses no reino dos mortos e recebesse a imortalidade. No caso dos egípcios havia uma instituição social, a Casa dos Mortos, encarregada de embalsamar os cadáveres, preparando-os para a preservação na vida futura. No caso dos gregos, era preciso que o corpo morto permanecesse inviolado (sem sofrer degradação por animais e intempéries), a fim de que dele nascesse sua imagem viva e inteira, sua sombra, pois era esta que partia para o outro mundo para tornar-se imortal.

Nas **religiões do encantamento**, como a antiga grega, as africanas e as indígenas das Américas, a morte é concebida de diversas maneiras, mas em todas elas o morto fica encantado, isto é, torna-se algo mágico. Em algumas, o morto deixa seu corpo para entrar num outro e permanecer no mundo, sob formas variadas; ou deixa seu corpo e seu espírito permanece no mundo, agitando os ventos, as águas, o fogo, ensinando canto aos pássaros, protegendo as crianças, ensinando os mais velhos, escondendo e achando coisas. Em outras, o morto tem sua imagem ou seu espírito levado ao mundo divino, ali desfrutando das delícias de uma vida perenemente perfeita e bela; se, porém, suas faltas terrenas foram tantas e tais que não pôde ser perdoado, sua imagem ou espírito vagará eternamente pelas trevas, sem repouso e sem descanso. O mesmo lhe acontecerá se os rituais fúnebres não puderem ser realizados ou se não tiverem sido realizados adequadamente. Esse perambular pelas trevas não existe nas religiões de reencarnação, porque, em lugar dessa punição, o espírito deverá ter tantas vidas e sob tantas formas quantas necessárias à sua purificação, até que possa participar da felicidade perene.

Nas **religiões da salvação**, como é o caso do judaísmo, do cristianismo e do islamismo, a felicidade perene não é apenas individual, mas também coletiva. São religiões em que a divindade promete perdoar a falta originária, enviando um salvador, que, sacrificando-se pelos humanos, garante-lhes a imortalidade e a reconciliação com Deus.

---

imortalidade: duas histórias nos mostram a importância da conservação da imagem perfeita do corpo morto como condição de sua imortalidade. Uma das histórias é narrada por Homero no poema *Ilíada*, que relata a guerra de Troia: tomado de cólera e fúria, Aquiles, depois de vencer Heitor no combate, desfigura e destroça seu corpo, para desespero de seus amigos e familiares, pois dessa maneira Aquiles tirou de Heitor o direito à imortalidade. Apiedada com o desespero da família e dos amigos do morto, a deusa Atena faz uma intervenção miraculosa e o corpo é recomposto para passar pelo rito fúnebre que lhe assegurará vida futura. A outra encontra-se numa tragédia de Sófocles, *Antígona*: os irmãos de Antígona, Etéocles e Polinice, lutam em partidos contrários. Polinice, acusado pelo rei Creonte de traição política, é vencido e morto em combate por Etéocles. Como traidor político, a lei da cidade-Estado não lhe dá o direito a funeral e sepultura. Isso atormenta Antígona, enchendo-a de dor. O amor fraterno levará Antígona a enfrentar o rei e a lei da cidade, realizando os ritos fúnebres e enterrando o irmão.

A experiência do sagrado e a instituição da religião | Capítulo 2

Como a falta ou queda originária atingiu a todos os humanos, o perdão divino e a redenção decorrem de uma decisão divina, que deverá atingir a todos os humanos, se acreditarem e respeitarem a lei divina escrita nos textos sagrados e se guardarem a esperança na promessa de salvação que lhes foi feita por Deus. Nesse tipo de religião, a obra de salvação é realizada por um enviado de Deus (*messias*, em hebraico; *cristo*, em grego). As religiões da salvação são *messiânicas* e *coletivas*. Um povo (povo de Deus) será salvo pela lei e pelo enviado divino.

Milenarismo

O milenarismo é próprio das religiões da salvação. É a esperança da felicidade perene no mundo quando, após sofrimentos profundos, os seres humanos forem regenerados, purificados e libertados pela divindade.

O termo "milenarismo" provém de uma crença popular cristã, embora não seja exclusivo da religião cristã. Baseados em profecias dos profetas Daniel e Isaías, no Apocalipse de São João, e nas predições de magos e sibilas, grupos populares cristãos, durante a Idade Média, esperavam que Cristo voltasse pela segunda vez, combatesse os males (a peste, a fome, a guerra e a morte), vencesse o demônio, encarnado num governante perverso, o anticristo, e instituísse o reino de Deus na Terra, com a duração de mil anos de abundância, justiça e felicidade. Ao fim de mil anos, haveria a ressurreição dos mortos, o Juízo Final e o fim do mundo terreno. O milenarismo é, portanto, a crença num Reino de Mil Anos que antecede e prepara o fim do mundo, ao cabo do qual se inicia a vida eterna dos eleitos por Deus.

No entanto, o termo "milenarismo" costuma ser usado no sentido mais amplo e mais geral de esperança num tempo futuro de felicidade, justiça, harmonia, paz e abundância. Esse tempo será o último tempo ou o fim dos tempos. Em outras palavras, os homens serão felizes para sempre e nada mais haverá para narrar sobre eles porque nada mais acontecerá.

Nesse sentido amplo de esperança de felicidade e abundância no fim dos tempos, quando a dor, a miséria, a injustiça e a maldade terminarão, outras religiões, que não a cristã, poderão ser chamadas de milenaristas e outros grupos culturais humanos não cristãos também se tornarão adeptos de religiões milenaristas. Assim, por exemplo, os índios guaranis, do Paraguai e do Brasil, acreditam na Terra sem Males, que surgirá além dos mares, depois que a terra, cansada e infeliz, for atravessada por eles, e o deus, benévolo e clemente, lhes der a terra nova, onde as flechas voarão sozinhas para trazer a caça e a pesca, e onde sozinhos os frutos encherão as cestas, não haverá frio nem chuva, nem guerra nem morte.

Todas as religiões são experiências de fé, mas as religiões da salvação (messiânicas) são religiões da fé e da esperança. O milenarismo exprime, no grau mais alto, a esperança religiosa das religiões da salvação. No caso do milenarismo cristão, a esperança volta-se para a existência futura de uma sociedade não hierarquizada, igualitária e justa; por esse motivo, foi considerado, pela ortodoxia cristã, uma *heresia*, isto é, um pecado contra a fé estabelecida pela doutrina cristã, segundo a qual o reino de Deus já existe na Terra desde a ressurreição de Cristo: é a Igreja.

A esperança milenarista é própria das classes populares, em sociedades em que prevalecem a desigualdade, a injustiça, a exclusão e a miséria.

O bem e o mal

As religiões ordenam a realidade segundo dois princípios fundamentais: o *bem* e o *mal* (ou a luz e a treva, o puro e o impuro).

Nesse aspecto, há três tipos de religiões: as *politeístas*, em que há inúmeros deuses, alguns bons, outros maus, ou até mesmo cada deus podendo ser ora bom, ora mau; as *dualistas*, nas quais a dualidade do bem e do mal está encarnada e figurada em duas divindades antagônicas

Canudos: no Brasil, a esperança milenarista manifestou-se em vários movimentos político-religiosos populares, como foi o caso de Canudos. Para significar o reino de felicidade e abundância que mudaria para sempre a face desértica e miserável do sertão nordestino, o chefe religioso de Canudos, Antônio Conselheiro, dizia: "O sertão vai virar mar e o mar vai virar sertão".

Telologia da Libertação: o milenarismo, em outra forma, está presente numa concepção religiosa católica do século XX, a Teologia da Libertação, desenvolvida na América Latina nos anos 1970 e que propunha o retorno da Igreja à pureza igualitária, livre e justa dos primeiros cristãos, criando o reino de Deus na Terra, conforme prometido por Jesus.

que não cessam de combater-se; e as *monoteístas*, em que o mesmo deus é tanto bom quanto mau, ou, como no caso do judaísmo, do cristianismo e do islamismo, a divindade é o bem e o mal provém de entidades demoníacas, inferiores à divindade e em luta contra ela.

No caso do politeísmo e do dualismo, a divisão bem-mal não é problemática, assim como não o é nas religiões monoteístas que não exigem da divindade comportamentos sempre bons, uniformes e homogêneos, pois a ação do deus é insondável e incompreensível. O problema, porém, existe no monoteísmo judaico-cristão e islâmico.

Com efeito, a divindade judaico-cristã e islâmica é definida teologicamente como *um ser positivo* ou *afirmativo*: Deus é bom, justo, misericordioso, clemente, criador único de todas as coisas, onipotente e onisciente, mas, sobretudo, eterno e infinito. Deus é o ser perfeito por excelência, é o próprio bem e este é eterno como Ele. Se o bem é eterno e infinito, como surgiu sua negação, o mal? Que positividade poderia ter o mal se, no princípio, havia somente Deus, eterna e infinitamente bom? Admitir um princípio eterno e infinito para o mal seria admitir dois deuses, incorrendo no primeiro e mais grave dos pecados, pois tanto os Dez Mandamentos quanto o Credo cristão afirmam haver um só e único Deus.

Além disso, Deus criou todas as coisas do nada; tudo o que existe é, portanto, obra de Deus. Se o mal existe, seria obra de Deus? Porém, Deus, sendo o próprio bem, poderia criar o mal? Como o perfeito criaria o imperfeito? Qual é, pois, a origem do mal? A criatura.

Deus criou inteligências imateriais perfeitas, os anjos. Dentre eles, surgem alguns que aspiram a ter o mesmo poder e o mesmo saber que a divindade, lutando contra ela. Menos poderosos e menos sábios, são vencidos e expulsos da presença divina. Não reconhecem, porém, a derrota. Formam um reino separado, de caos e trevas, prosseguem na luta contra o Criador. Que vitória maior teriam senão corromper a mais alta das criaturas após os anjos, isto é, o homem? Valendo-se da liberdade dada ao homem, os anjos do mal corrompem a criatura humana e, com esta, o mal entra no mundo.

O mal é o pecado, isto é, a transgressão da lei divina que o primeiro homem e a primeira mulher praticaram. Sua punição foi o surgimento dos outros males: morte, doença, dor, fome, sede, frio, tristeza, ódio, ambição, luxúria, gula, preguiça, avareza. Pelo mal, a criatura afasta-se de Deus, perde a presença divina e a bondade original que possuía.

O mal, portanto, não é uma força positiva de mesma realidade que o bem, mas é pura ausência do bem, pura privação do bem, negatividade, fraqueza. Assim como a treva não é algo positivo, mas simples ausência da luz, assim também o mal é pura ausência do bem. Há um só Deus e o mal é estar longe e privado dele, pois Ele é o bem e o único bem.

O pecado

Há **religiões da exterioridade** e **religiões da interioridade**. As religiões da exterioridade são aquelas em que os deuses possuem forma visível (humana, animal, vegetal ou mineral) e se dirigem às ações externas e visíveis dos seres humanos; nela, as ordens e os mandamentos se referem a comportamentos divinos e humanos externos e visíveis e a relação dos homens com os deuses se exprime nos ritos e nas cerimônias.

As religiões da interioridade são aquelas em que a divindade é concebida como puro espírito, invisível para os olhos de nosso corpo, e se dirige ao coração, ao espírito, à alma do crente, falando à sua consciência e julgando os atos humanos a partir das intenções interiores do agente. Além de cultuar a divindade com ritos e cerimônias, na religião da interioridade a relação fundamental do homem com o(s) deus(es) é de espírito para espírito.

Em algumas religiões da exterioridade, o pecado é uma ação externa visível, cometida voluntária ou involuntariamente contra a divindade pela violação de um tabu ou pela má realização de um rito. A falta é *irreverência*, sentida na forma da *vergonha*, trazendo como consequência uma *impureza* que contamina o faltoso e o grupo, exigindo rituais de purificação ou sacrifícios expiatórios.

pecado: palavra que vem do latim e significa "culpa, falta, crime, ação má, erro".

A experiência do sagrado e a instituição da religião | CAPÍTULO 2

Adão e Eva consternados pela culpa do pecado original na *Expulsão do Éden*, um dos afrescos pintados por Masaccio na capela Brancacci da igreja de Santa Maria del Carmine, em Florença.

pecado original: o pecado original difere de todos os nossos pecados porque nele o homem e a mulher desejaram possuir o mesmo saber e o mesmo poder de Deus. Rivalizaram com seu criador e desejaram seu lugar. Essa falta não pode ser corrigida por nenhuma ação humana porque nenhum ser humano possui a mesma dignidade que Deus. A inferioridade humana torna impossível aos homens expiar a culpa e redimir-se. Somente o próprio Deus pode expiar o pecado original: essa expiação é realizada pelo sacrifício do messias, do cristo, isto é, do enviado que é o deus encarnado ou o Filho de Deus, Jesus.

Em outras religiões da exterioridade (como as dos babilônios, celtas, budistas, chineses, gregos, hindus), o pecado não é apenas uma irreverência vergonhosa, mas também uma *culpa* causada seja porque o pecador está possuído por demônios, enfeitiçado por maus espíritos, seja porque o pecador se torna desmedido, diz o que não deve, faz o que não deve, deseja o que não pode desejar nem ter. Nesses casos, além dos rituais de purificação e de sacrifícios expiatórios, tornam-se necessários os *exorcismos* (que os sacerdotes praticam sobre os endemoniados e os enfeitiçados) e purificações individuais (autoflagelação, jejum, abstinência sexual).

Nas religiões da interioridade, como por exemplo o judaísmo e o cristianismo, a falta ou pecado é uma ofensa cometida contra Deus por meio de uma ação interna invisível — a *intenção* —, que se manifesta num ato externo visível, tendo como causa ou uma vontade má ou um entendimento equivocado. Quando causado por uma vontade má, o pecado é um *crime*; quando causado por um entendimento equivocado, é um *erro*. É uma *transgressão* experimentada na forma de *culpa*, exigindo expiação individual. Nas religiões da exterioridade, o perdão depende exclusivamente de uma graça divina, isto é, a divindade pode ou não perdoar, independentemente dos rituais de purificação realizados pelo indivíduo ou pelo grupo. Nas religiões da interioridade, o perdão — que também virá na forma de uma graça divina — exige uma experiência interior precisa, o *arrependimento*, isto é, o reconhecimento da falta (a confissão na forma de "eu pequei") e a prática de ações que manifestem externamente a disposição interior do arrependido, seja por meio de preces e orações, seja por meio de sacrifícios infligidos a si mesmo (autoflagelação, jejum, abstinência sexual, entrega de bens na forma de esmolas, etc.).

Na maioria das religiões da exterioridade, a falta ou pecado é uma fatalidade. O *fatum* ("destino", em latim; "fado", em português) ou a *moira* ("destino fatal", em grego) determinou desde sempre que ele seria cometido por alguém, para desgraça sua e de seu grupo. A falta não depende da vontade do agente, mas de uma decisão divina, ou da possessão e enfeitiçamento do pecador, ou do fato de que ele perdeu a medida do que é permitido aos humanos. Nas religiões da interioridade — como é o caso do judaísmo e do cristianismo —, a falta nasce da liberdade do agente, que, conhecendo o bem e o mal (a lei divina), transgride consciente e voluntariamente o decreto de Deus.

No judaísmo, o pecado é a infração à Torah, isto é, à lei divina revelada. Como o pecado contamina o grupo, o pecador deve não só aceitar, mas pedir a Deus punição e sofrimentos pelos quais expie a culpa, purifique a si mesmo e ao grupo. Dessa maneira, o judaísmo enfatiza as ideias de confissão, arrependimento e penitência.

No islamismo, o Grande Pecado é a idolatria (fazer imagens de Alá) e o politeísmo. Os demais pecados são os mesmos do judaísmo, uma vez que o Islã reconhece a lei divina revelada a Moisés. O crente é salvo, apesar de seus pecados, pela constância, pela fé, pelas obras e acima de tudo por seu arrependimento e penitência.

O cristianismo, com São Paulo e Santo Agostinho, introduz a ideia de *pecado original*. Esse pecado não é apenas o primeiro pecado nem apenas o pecado cometido nas origens, quando Adão e Eva viviam no Paraíso. Ele é *original* no sentido de que designa o *estado de pecado* que marca a natureza humana em consequência de sua origem, ou seja, de membro de um gênero de seres (o gênero humano) cuja origem encontra-se no pecado cometido pelo ancestral, pois o pecado do primeiro homem e da primeira mulher foi o pecado dos pais e poluiu para sempre toda a descendência humana.

Sem dúvida, para o cristianismo, o pecado é um problema teológico insolúvel, pois o Deus cristão é onipotente e onisciente, sabendo tudo desde a eternidade e, portanto, conhecendo previamente o pecador. Se pune o pecado, mas sabia que seria cometido, não seria injusto, por não impedir que seja cometido? Se conhece eternamente quem pecará e quem não pecará, não será Deus como o *fatum* e a *moira*? E como falar na liberdade e no livre-arbítrio do pecador, se desde a eternidade Deus sabia que ele cometeria o pecado?

Imanência e transcendência

Quando estudamos o sagrado, vimos que, em inúmeras culturas, os seres e objetos sacros habitam o nosso mundo, são **imanentes** a ele. As primeiras experiências religiosas são por isso *panteístas*, ou seja, nelas tudo são deuses e estes estão em toda parte, espalhados pela natureza. Os seres tomam parte na divindade, motivo pelo qual possuem *mana*, *orenda* e *tunpa*. O *ntu* africano exprime a concepção da imanência panteísta.

panteísta: *theos*, em grego, significa "deus"; *pan*, em grego, significa, "todos, tudo".

Ao contrário das religiões panteístas ou da imanência dos deuses no mundo, as religiões *teístas* são **transcendentes**, isto é, os deuses estão separados do mundo natural e humano, vivem noutro mundo e agem sobre o nosso. É assim, por exemplo, que os deuses gregos, embora tenham forma humana, vivem no monte Olimpo, e Jeová, que possui atributos humanos (como a voz), manifesta-se, por exemplo, no monte Sinai. Eis por que, nas religiões da transcendência, fala-se na *visitação* dos deuses para referir-se aos momentos em que se comunicam com os seres humanos.

Nas várias religiões da transcendência, a visitação divina não é problemática, porque os deuses possuem formas materiais — animais, como na religião egípcia, humanas, como nas religiões grega e romana. A visitação é um problema na religião cristã, porque o Deus cristão é *duas vezes misterioso* e totalmente diferente das formas existentes no mundo. Em primeiro lugar, é eterno, incorpóreo, infinito, pleno e perfeito, e não é possível que apareça aos homens e lhes fale diretamente, pois para isso teria de possuir corpo e voz. Por esse primeiro motivo, o cristianismo fala na visitação de Deus por meio dos anjos e santos, e na inspiração de nosso espírito pelo Espírito Santo, enviado pelo Pai. Em segundo lugar, é constituído por três pessoas que são uma só (Pai, Filho e Espírito Santo), donde o caráter totalmente incompreensível e misterioso da encarnação do Filho em Jesus Cristo, pois como explicar que uma das pessoas da Trindade se separe das outras para vir habitar entre os homens e que um ser eterno, imaterial e infinito tome a forma material, mortal, finita, carente e imperfeita do humano?

Para superar as dificuldades, o cristianismo fala na visitação de Deus por meio dos anjos e santos, e na inspiração do Espírito Santo, enviado pelo Pai.

Transcendência e hierarquia

Vimos que, pela lei divina, é instituída a ordem do mundo natural e humano. Vimos também que o conhecimento dessa lei tende a tornar-se um conhecimento especial, seja porque somente alguns são escolhidos para conhecê-la, seja porque o texto da lei é incompreensível e exige pessoas capazes de fazer a interpretação (profetas e videntes), seja ainda porque a própria interpretação é obscura e exige novos intérpretes.

Constatamos que o conhecimento da lei e da vontade divinas são essenciais para a narrativa da história sagrada e para a realização correta e eficaz dos ritos. Como consequência, as religiões tendem a instituir um grupo de indivíduos, separados do restante da comunidade, encarregados de transmitir a história sagrada, interpretar a lei e os sinais divinos, realizar os ritos e marcar o espaço-tempo sagrados.

Magos, astrólogos, videntes, profetas, xamãs, sacerdotes e pajés possuem saberes e poderes especiais. São capazes de curar, de prever o futuro, de aplacar a cólera dos deuses, de anunciar a vontade divina, de destruir a distância (por meio de palavras e gestos). Inicialmente, sua função é trazer o sagrado para o grupo e aí conservá-lo. Pouco a pouco, porém, formam um grupo separado, uma classe social, com exigências e poderes próprios, privam a comunidade da presença direta do sagrado e distorcem a função originária que possuíam, transformando-a em domínio e poder sobre a comunidade. Tornam-se os portadores simbólicos do sagrado e mediadores indispensáveis.

A religião, como já observamos, realiza o encantamento do mundo, explicando-o pelo maravilhoso e misterioso. O grupo que detém o saber religioso, ao tornar-se detentor do poder, possui o poder mais alto: o de encantar, desencantar e reencantar o mundo. Por isso, num primeiro momento, o poder religioso concentra-se nas mãos de um só, que possui também a autoridade militar e o domínio econômico sobre toda a comunidade.

À medida que as relações sociais se tornam mais complexas, com divisões sociais do trabalho e da propriedade, o poder passa por uma divisão: um grupo detém a autoridade religiosa e outro, a militar e econômica. Porém, todo o saber da comunidade — história sagrada, interpretação da lei divina, rituais — encontra-se nas mãos da autoridade religiosa, que passa, dessa maneira, a ser o braço intelectual e jurídico indispensável da autoridade econômica e militar.

Nas **religiões da transcendência**, três são as consequências principais desse desenvolvimento histórico:

1. a formação de uma autoridade que detém o privilégio do saber, porque conhece a vontade divina e suas leis. Com ela, surge a *instituição sacerdotal e eclesiástica*. Não por acaso, Cícero dirá que a palavra *religião* vem do verbo *legere*, "ler". Os sacerdotes são intelectuais. O grupo sacerdotal detém vários saberes: o da história sagrada, o dos rituais, o das leis divinas, pelas quais é imposta a moralidade ao grupo. Como esses saberes se referem ao divino, constituem a teologia. Os sacerdotes, ou uma parte deles, são teólogos. Tais saberes lhes dão os seguintes poderes:

- *mágico*: são os únicos que conhecem e sabem manipular os vínculos secretos entre as coisas;

- *divinatório ou adivinhatório*: são os únicos capazes de prever os acontecimentos pela interpretação dos astros, de sinais e das entranhas dos animais;

- *propiciatório*: são os únicos capazes de realizar os ritos de maneira correta e adequada para obtenção dos favores divinos;

- *punitivo*: são os únicos que conhecem as leis divinas e podem punir os transgressores ou infiéis.

2. a formulação de uma doutrina religiosa baseada na ideia de *hierarquia*, isto é, de uma realidade organizada na forma de graus superiores e inferiores onde se situam todos os seres, por vontade divina. Os entes se distinguem por sua proximidade ou distância dos deuses, segundo o lugar hierárquico, fixo e imutável, que lhes foi destinado.

Assim, por exemplo, algumas religiões podem considerar certos animais mais próximos dos deuses, sendo por isso mais poderosos, mais sábios e melhores do que todos os outros entes. Outras podem considerar as entidades imateriais superiores e as materiais ou corporais inferiores. Outras podem considerar os humanos o grau mais alto da hierarquia, todos os outros seres estando subordinados a eles e devendo-lhes obediência.

Nas religiões politeístas, a hierarquia começa pelos próprios deuses, havendo deuses superiores e inferiores. Nas religiões monoteístas, a hierarquia põe a divindade no topo de uma escala e os demais seres são ordenados segundo sua maior ou menor semelhança com ela. Assim, por exemplo, no cristianismo, há uma hierarquia celeste (anjos, arcanjos, querubins, serafins, tronos, potestades e santos) e uma hierarquia terrestre (homens, animais, plantas, minerais), estando abaixo dela os demônios e as trevas. A noção de hierarquia introduz as noções de *superior* e *inferior*, definindo a relação entre ambos pelo mando e pela obediência. Dessa maneira, a religião organiza o mundo e, com isso, a sociedade. Evidentemente, os que se ocupam com as coisas sagradas estão no topo da hierarquia humana e todos os outros lhes devem obediência.

3. o privilégio do uso da violência sagrada para punir os faltosos ou pecadores. Inicialmente, exigia-se que todos os membros da comunidade fossem piedosos, ou seja, respeitassem deuses, tabus, rituais e a memória dos antepassados. Com o surgimento da classe sacerdotal, passou-se a exigir que esses membros da comunidade — os sacerdotes — fossem castos, isto é, possuíssem integridade corporal e espiritual para oficiar os ritos e interpretar as leis. Na qualidade de castos, são os mais puros e por isso investidos, após educação e iniciação, do poder de purificação. Detêm o poder judiciário.

Nas **religiões da interioridade**, como é o caso do cristianismo e do judaísmo, o privilégio judiciário e da violência sagrada é exercido não só sobre o corpo e o comportamento dos fiéis, mas sobretudo sobre as almas. Como isso é possível?

No caso do catolicismo ou do cristianismo da Igreja de Roma, por exemplo, isso é feito por meio de dois procedimentos principais. O primeiro é a *confissão das faltas ou dos pecados*, feita perante o sacerdote, que tem o poder para perdoar ou absolver mediante o arrependimento do pecador e das penitências que lhe são impostas.

Há um código ético-religioso que determina quais são os pecados (*pecados mortais, pecados veniais, pecados capitais*), quais os modos de pecar (*por ato, palavras* e *intenções*), qual o dano causado ao pecador e quais as penitências que deve cumprir. O pecador faz um exame de consciência, confessa ao sacerdote, tornando visível (por palavras) os segredos de sua alma e entrega-se à misericórdia de Deus, representado pelo sacerdote que pune e perdoa.

O segundo procedimento é o *exame sacerdotal das ideias e das opiniões dos fiéis*. De fato, o saber religioso cristão está consignado num texto — a Escritura Sagrada — e num conjunto de textos interpretativos do primeiro — a teologia racional —, formando a **doutrina** cristã. Parte dessa doutrina é constituída por verdades reveladas compreensíveis para a razão humana, parte é constituída por verdades reveladas incompreensíveis para a inteligência humana. Essas últimas verdades constituem os **dogmas da fé** e não podem ser questionadas. Questioná-las ou propor-lhes um conteúdo ou significado diferentes do estabelecido pela doutrina é considerado pecado mortal. Isso significa que a transgressão religiosa pode ocorrer por meio do pensamento ou das ideias. É a *heresia* (palavra grega que significa "opinião discordante").

A instituição sacerdotal tem o poder para punir heresias e o faz por três caminhos: a *excomunhão* (o fiel é banido da comunidade dos crentes e prometido à punição eterna), a *obtenção da confissão de arrependimento* do herege (em geral, obtida por meio de tortura) ou a *condenação à morte*. Assim, o sagrado dá origem à religião, enquanto a sociedade faz aparecer o poder teológico da autoridade religiosa.

As finalidades da religião

A invenção cultural do sagrado se realiza como processo de simbolização e encantamento do mundo, seja na forma da *imanência* do sobrenatural no natural, seja na da *transcendência* do sobrenatural. O sagrado dá significação ao espaço, ao tempo e aos seres que neles nascem, vivem e morrem.

A passagem do sagrado à religião determina as finalidades principais da experiência religiosa e da instituição social religiosa. Entre essas finalidades destacamos:

- proteger os seres humanos contra o medo da natureza, nela encontrando forças benéficas, contrapostas às maléficas e destruidoras;
- dar aos humanos um acesso à verdade do mundo, encontrando explicações para a origem, a forma, a vida e a morte de todos os seres e dos próprios humanos;
- oferecer aos humanos a esperança de vida após a morte, seja na forma de reencarnação perene, seja na forma de reencarnação purificadora, seja na forma da imortalidade individual, que permite o retorno do homem ao convívio direto com a divindade, seja na forma de fusão do espírito do morto no seio da divindade. As religiões da salvação, tan-

to as de tipo judaico-cristão quanto as de tipo oriental, prometem aos seres humanos libertá-los da pena e da dor da existência terrena;

- oferecer consolo aos aflitos, dando-lhes uma explicação para a dor, seja ela física, seja psíquica;

- garantir o respeito às normas, às regras e aos valores da moralidade estabelecida pela sociedade. Em geral, os valores morais são estabelecidos pela própria religião na forma de mandamentos divinos, isto é, a religião reelabora as relações sociais existentes como regras e normas, expressões da vontade dos deuses ou de Deus, garantindo a obrigatoriedade da obediência a elas sob pena de sanções sobrenaturais.

Críticas à religião

Epicuro (341–270 a.C.), filósofo grego atomista, fundador do epicurismo.

As primeiras críticas à religião feitas no pensamento ocidental vieram dos filósofos pré-socráticos, que criticaram o politeísmo e o antropomorfismo dos deuses. Afirmaram eles que, do ponto de vista da razão, a pluralidade dos deuses é absurda, pois a essência da divindade é a plenitude infinita, não podendo haver senão uma potência divina. Declararam também absurdo o antropomorfismo, que atribui aos deuses qualidades e propriedades humanas num grau superlativo, isto é, como se os deuses não fossem senão super-homens. A razão, porém, sabe que eles devem ser *supra*-humanos, ou seja, as qualidades dos seres divinos não podem confundir-se com as da natureza humana. Essas críticas foram retomadas e sistematizadas por Platão, Aristóteles e pelos estoicos.

Uma outra crítica à religião foi feita pelo grego Epicuro e retomada pelo latino Lucrécio. A religião, dizem eles, é fabulação ilusória, nascida do medo da morte e da natureza. É superstição. No século XVI, os pensadores chamados libertinos retomam essa mesma crítica.

No século XVII, o filósofo Espinosa também a recoloca, mas, em vez de começar pela religião, começa pela *superstição*. Os homens, diz ele, têm medo de que males lhes aconteçam e nutrem esperança de que bens lhes advenham. Movidos por essas duas paixões (medo e esperança), não confiam em si mesmos nem nos conhecimentos racionais para evitar males e atrair bens. Passional ou irracionalmente, julgam que a origem dos males e bens encontra-se em forças caprichosas, como a sorte e a fortuna, e passam a acreditar nelas como poderes que os governam arbitrariamente. Essa crença é a superstição.

Para alimentá-la, criam a religião e esta, para conservar seu domínio sobre os homens, institui o poder teológico-político, isto é, uma política dirigida e comandada pela religião, ou melhor, pelos detentores do poderio religioso. Dessa maneira, sacerdotes e teólogos fazem crer que as leis políticas não foram instituídas pelos próprios homens, mas pela vontade de Deus ou dos deuses e que esta foi revelada a alguns que, por isso, têm o direito divino de dominar e comandar os demais. Nascida do medo supersticioso, a religião está, portanto, a serviço da tirania, e esta é tanto mais forte quanto mais os homens forem deixados na ignorância da verdadeira natureza de Deus, das verdadeiras causas de todas as coisas e da origem humana do poder político e das leis.

A crítica filosófica à religião concentrou-se, pouco a pouco, na afirmação da diferença entre religião revelada e verdadeiro conhecimento de Deus, ou seja, na diferença entre a crença numa divindade sobrenatural que impõe leis aos homens e o conhecimento racional da essência de Deus. Essa diferença levou, nos séculos XVII e XVIII, à ideia de uma religião não revelada, não sobrenatural, chamada de *religião natural* ou *deísmo*. Voltando-se contra a religião revelada e institucionalizada como poder eclesiástico e poder teológico-político, os filósofos afirmaram a existência de um Deus que é uma força ou uma energia inteligente, imanente à natureza, conhecido pela razão e contrário à superstição.

Observamos, portanto, que as críticas à religião voltam-se contra dois de seus aspectos: o encantamento do mundo, considerado superstição, e o poder teológico-político institucional, considerado tirânico.

No século XIX, o filósofo Feuerbach criticou a religião como *alienação*. Os seres humanos vivem, desde sempre, numa relação com a natureza e, desde muito cedo, sentem necessidade de explicá-la e o fazem analisando a origem das coisas, a regularidade dos acontecimentos naturais, a origem da vida, a causa da dor e da morte, a conservação do tempo passado na memória e a esperança de um tempo futuro. Para isso, criam os deuses. Dão-lhes forças e poderes que exprimem desejos humanos. Fazem-nos criadores da realidade. Pouco a pouco, passam a concebê-los como governantes da realidade, dotados de forças e poderes maiores dos que os humanos.

Nesse movimento, gradualmente, de geração a geração, os seres humanos se esquecem de que foram os criadores da divindade, invertem as posições e julgam-se criados pelos deuses. Estes, cada vez mais, tornam-se seres onipotentes, oniscientes e distantes dos humanos, exigindo destes culto, rito e obediência. Tornam-se transcendentes e passam a dominar a imaginação e a vida dos seres humanos. A alienação religiosa é esse longo processo pelo qual os homens não se reconhecem no produto de sua própria criação, transformando-o num outro (*alienus*), estranho, distante, poderoso e dominador. O domínio da criatura (deuses) sobre seus criadores (homens) é a alienação.

A análise de Feuerbach foi retomada por Marx, de quem conhecemos a célebre expressão: "A religião é o ópio do povo". Com essa afirmação, Marx pretende mostrar que a religião — referindo-se ao judaísmo, ao cristianismo e ao islamismo, isto é, às religiões da salvação — amortece a combatividade dos oprimidos e explorados, porque lhes promete uma vida feliz no futuro e num outro mundo. Na esperança de felicidade e justiça *no outro mundo*, os despossuídos, explorados e humilhados deixam de combater as causas de suas misérias *neste mundo*.

Todavia, Marx fez uma outra afirmação que, em geral, não é lembrada. Disse ele que "a religião é lógica e enciclopédia popular, espírito de um mundo sem espírito". Que significam essas palavras?

Com elas, Marx procurou mostrar que a religião é uma forma de conhecimento e de explicação da realidade, usada pelas classes populares — lógica e enciclopédia — para dar sentido às coisas, às relações sociais e políticas, encontrando significações — o espírito no mundo sem espírito — que lhes permitam, periodicamente, lutar contra os poderes tirânicos. Marx tinha na lembrança as revoltas camponesas e populares durante a Reforma Protestante, bem como na Revolução Inglesa de 1644, na Revolução Francesa de 1789 e nos movimentos milenaristas que exprimiram, na Idade Média e no início dos movimentos socialistas, a luta popular contra a injustiça social e política.

Se por um lado, na religião, há a *face opiácia* do conformismo, há, por outro lado, a *face combativa* dos que usam o saber religioso contra as instituições legitimadas pelo poder teológico-político.

Mythos e *lógos*

Na maioria das culturas, a religião se apresenta como sistema explicativo geral, oferecendo causas e efeitos, relações entre seres, valores morais e também sustentação ao poder político. Nela se efetiva uma *visão de mundo* única, válida para toda a sociedade, e fornece a seus membros uma comunidade de ação e de destino.

No caso da cultura ocidental, porém, a religião tornou-se apenas mais um sistema explicativo da realidade, entre outros. A ruptura com o *mythos*, efetuada pelo surgimento e desenvolvimento do *lógos*, isto é, do pensamento racional, desfez o privilégio da religião como *visão de mundo única*. Filosofia e ciência elaboraram explicações cujos princípios são completamente diferentes dos da religião.

Vimos as principais características do pensamento filosófico quando a filosofia nasce na Grécia. Vimos também os traços que constituem o ideal científico. Diante dessas duas formas de conhecimento, o mito se apresenta como radicalmente distinto. Embora isso já tenha sido analisado anteriormente, vamos recapitular a distinção entre *mythos* e *lógos*:

Veja-se sobretudo a Unidade 5, capítulos 5 e 6.

O *mythos* é uma fala, um relato ou uma narrativa cujo tema principal é a *origem* (origem do mundo, dos homens, das técnicas, dos deuses, das relações entre homens e deuses, etc.); não se define pelo objeto da narrativa ou do relato, mas *pelo modo como narra* ou *pelo modo como profere a mensagem*, de sorte que qualquer tema e qualquer ser podem ser objeto de mito: tornam-se míticos ao se transformarem em valores e símbolos sagrados.

O *mythos* tem como função resolver, num plano simbólico e imaginário, as antinomias, as tensões, os conflitos e as contradições da realidade social que não podem ser resolvidas ou solucionadas pela própria sociedade, criando, assim, uma segunda realidade, que explica a origem do problema e o resolve de modo que a realidade possa continuar com o problema sem ser destruída por ele. O mito cria uma compensação simbólica e imaginária para dificuldades, tensões e lutas reais tidas como insolúveis; essa solução é imaginária porque opera com a lógica invisível e subjacente à organização social. Ou seja, conflitos, tensões, lutas e antinomias não são visíveis e perceptíveis, mas invisíveis e imperceptíveis, comandando o funcionamento visível da organização social. O mito se refere a esse fundo invisível e tenso e o resolve imaginariamente para garantir a permanência da organização. Além de ser uma lógica da compensação, é uma lógica da conservação da sociedade, instrumento para evitar a mudança e a desagregação do grupo. Em outras palavras, é elaborado para ocultar a experiência da história ou do tempo.

O *mythos* não é apenas efeito das causas sociais, mas torna-se causa também, isto é, uma vez elaborado, passa a produzir efeitos sociais: instituições, comportamentos, sentimentos, etc. É uma ação social com efeitos sociais. Ultrapassa as fronteiras da sociedade onde foi suscitado, pois sua explicação visa exprimir estruturas universais do espírito humano e do mundo. Assim, por exemplo, os mitos teogônicos e cosmogônicos concernentes à proibição do incesto, embora referentes às necessidades internas de uma sociedade para a elaboração das leis de parentesco e do sistema de alianças, ressurge em todas as sociedades, exprimindo uma estrutura universal da cultura.

O *mythos* revela uma estrutura inconsciente da sociedade, de tal modo que é possível distinguir estrutura inconsciente universal e as mensagens particulares que cada sociedade inventa para resolver as tensões e os conflitos ou contradições inconscientes. O mito conta uma história dramática na qual a ordem do mundo (o reino vegetal, mineral, animal e humano) foi criada e constituída. Os acontecimentos narrados exprimem, simultaneamente, uma estrutura geral do pensamento humano e uma solução parcial que uma sociedade determinada encontrou para o problema. Assim, a diferença homem-vegetal, homem-animal, homem-mulher, vida-morte, treva-luz é uma diferença que atormenta universalmente todas as culturas, mas cada uma delas possui uma narrativa mítica específica para responder a esse tormento.

Comparado ao discurso filosófico e científico, o discurso mítico opera, segundo Lévi-Strauss, pelo mecanismo do *bricolage*, isto é, assim como alguém junta pedaços e partes de objetos antigos para fazer um objeto novo, no qual se podem perceber as partes ou pedaços dos objetos anteriores, assim também o *mythos* constrói sua narrativa, não como o *lógos*, elaborando de ponta a ponta seu objeto como algo específico, mas como um arranjo e uma construção com pedaços de narrativas já existentes.

O *lógos* busca a coerência, construindo conceitualmente seu objeto, enquanto o *mythos* fabrica seu objeto pela reunião e composição de fragmentos díspares e disparatados do mundo existente, dando-lhes unidade num novo sistema explicativo no qual adquirem significado simbólico. O *lógos* procura a unidade sob a diversidade e a multiplicidade; o *mythos* faz exatamente o oposto, procura a multiplicidade e a diversidade sob a unidade. É um pensamento empírico e concreto, e não um pensamento conceitual e abstrato.

Comparado ao discurso filosófico e científico, o mito se mostra uma operação linguística oposta ao *lógos*. Este purifica a linguagem dos elementos qualitativos e emotivos, busca retirar tanto quanto possível a ambiguidade dos termos que emprega, utilizando provas, demonstrações e argumentos racionais. O mito, ao contrário, opera por metaforização contínua, ou seja, um mesmo significante (palavra ou conjunto de palavras) tenderá a possuir um número imenso de significações ou de sentidos.

---

antinomia: contradição entre dois argumentos válidos, lógicos ou coerentes, mas que chegam a conclusões diametralmente opostas, demonstrando as contradições inerentes ao intelecto humano.

O mito opera com a saturação do sentido, em outras palavras, um mesmo fato pode ser narrado de inúmeras maneiras diferentes, dependendo do que se queira enfatizar, e as coisas do mundo (animais, vegetais, minerais, humanos) podem receber inúmeros sentidos, conforme o lugar que ocupem na narrativa. Assim, a oposição vida-morte, homem-mulher, humano-animal, luz-treva, quente-frio, seco-úmido, bom-mau, justo-injusto, certo-errado, grande-pequeno, cru-cozido, pai-mãe, irmã-irmão, pai-filho, pai-filha, mãe-filho, mãe-filha, etc. serão oposições constantes e regulares em todos os mitos, mas os conteúdos que as exprimem são inumeráveis.

O conflito entre fé e razão

Ao instaurar a ruptura entre *mythos* e *lógos*, a cultura ocidental provocou um acontecimento desconhecido em outras culturas: o conflito entre a fé e a razão, que se manifestou desde muito cedo. Já na Grécia antiga, as críticas de Heráclito, Pitágoras e Xenófanes à religião assinalavam a ruptura com ela. Mais tarde, Atenas forçou o filósofo Anaxágoras a fugir para evitar a condenação pública, acusado pelo tribunal ateniense de "inventar um novo deus"; Sócrates, julgado culpado de impiedade e de corrupção da juventude, foi condenado à morte.

Na Renascença, Giordano Bruno, que afirmara a imanência da Inteligência infinita ao mundo ("o Uno é forma e matéria, figura da natureza inteira, operando de seu interior", dizia ele), foi condenado à fogueira. Galileu, na época moderna, foi forçado a abjurar suas teses sobre o movimento solar, as manchas lunares e solares e o princípio da inércia, fundamento da mecânica clássica.

Giordano Bruno
(1548–1600)

Nem sempre a filosofia abandonou os temas da religião. Todavia, ocupou-se deles do ponto de vista do *lógos* e não do *mythos*. Assim procedendo, despojou-os de sua condição de *mistérios* para transformá-los em conceitos e teorias. Vejamos algumas diferenças entre a maneira como o crente religioso e o filósofo concebem os temas religiosos.

Detalhe do Santo Sudário, mortalha em que teria sido envolvido o corpo de Jesus quando tirado da cruz, e que se encontra em Turim.

Para a alma religiosa, *há um Deus*; para a filosofia, *é preciso provar a existência da divindade*. Para a alma piedosa, Deus é um ente perfeito, bom e misericordioso, mas justo, punindo os maus e recompensando os bons. Para a filosofia, Deus é uma substância infinita, mas *é preciso provar* que sua essência é constituída por um intelecto onisciente e uma vontade onipotente.

Para o crente, a espiritualidade divina não é incompatível com a esperança de poder ver Deus atuar materialmente sobre o mundo, realizando milagres; para a filosofia, *é preciso provar racionalmente* que é possível uma ação do espírito sobre a matéria e por que, sendo Deus onisciente, fazendo milagres suspenderia a ordenação necessária do mundo que Ele próprio estabeleceu.

Mais do que isso. Sendo Deus um espírito perfeito e infinito, que necessidade teria de criar um mundo material, finito e imperfeito? Além disso, é preciso explicar como uma causa espiritual infinita produz um efeito material finito. Mais ainda. Deus é eterno, portanto alheio ao tempo; mas o mundo não é eterno, pois foi criado por Deus e, nesse caso, como um ser eterno realiza uma ação temporal? Como falar em Deus *antes* do mundo e *depois* do mundo, se "antes" e "depois" são qualidades do tempo e não da eternidade?

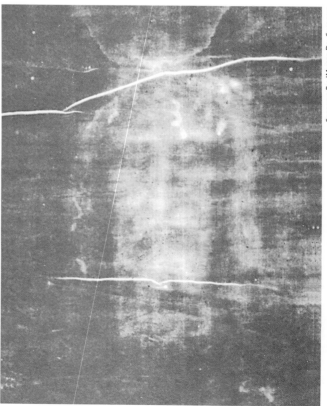

Para o fiel, a alma *é* imortal e destinada a uma vida futura; para a filosofia, cabe *oferecer provas* que demonstrem a imortalidade.

Os místicos experimentam a fusão plena no seio de Deus, sentem estar nele e nele viver. Para a filosofia, não sentimos Deus, mas o conhecemos pela razão.

Essa peculiaridade racionalista da cultura ocidental afetou a própria religião. De fato, para competir com a filosofia e suplantá-la, a religião precisou oferecer-se na forma de provas racionais, conceitos, teses, teorias. Tornou-se **teologia**, ciência sobre Deus. Transformou os textos da história sagrada em **doutrina**, coisa que nenhuma outra religião fez.

No entanto, apesar da teologia e das doutrinas, certas crenças religiosas jamais poderão ser transformadas em teses e demonstrações racionais sem serem destruídas. Não há como provar racionalmente que Jeová falou a Moisés, no monte Sinai. Não há como provar racionalmente a virgindade de Maria, a encarnação do Filho de Deus, a Santíssima Trindade, a Eucaristia. São *verdades da fé* e, como tais, *mistérios*. Estes são verdades inquestionáveis, isto é, **dogmas**. Eis por que o apóstolo Paulo declarou que "a fé é um escândalo para a razão" (é misteriosa e incompreensível) e que "a razão é um escândalo para a fé" (soberba e orgulhosa, querendo entender o incompreensível).

Tomemos um exemplo do Antigo Testamento. Ali é narrado que, durante uma batalha, Josué fez o Sol parar, a fim de que, com o prolongamento do dia, pudesse vencer a guerra. Essa história sagrada pressupõe que o Sol se movimenta em torno da Terra e que esta permanece imóvel. Estando narrada no texto revelado pelo próprio Deus, a história de Josué não pode ser contestada.

A mesma teoria da mobilidade do Sol e imobilidade da Terra existia como tese filosófico-científica no pensamento de Aristóteles e, como tal, foi refutada pela ciência de Copérnico, Galileu e Kepler. Porém, se a estes era permitido refutar uma teoria filosófico-científica por meio de outra, não lhes era permitido negar a história de Josué. Eis por que, durante séculos, a Igreja considerou o heliocentrismo uma heresia, condenou-a e submeteu sábios, como Galileu, aos tribunais da Inquisição.

Um outro exemplo, agora vindo da biologia, vai na mesma direção: a teoria da evolução, de Darwin, que demonstra a origem do homem a partir de primatas. A Bíblia afirma que o homem foi criado diretamente por Deus, à sua imagem e semelhança, no sexto dia da criação. Dessa perspectiva, a teoria darwiniana foi considerada heresia, condenada e, durante anos, não pôde ser ensinada nas escolas cristãs, tendo mesmo havido um caso, nos Estados Unidos, de um professor de primeiro grau processado por um tribunal por ensiná-la.

Um exemplo, agora vindo do Novo Testamento, apresenta o mesmo problema. Historiadores, linguistas e antropólogos fizeram estudos sobre as culturas de toda a região do Oriente Médio e do norte da África, nelas encontrando uma referência constante ao pão, ao vinho, ao cordeiro imolado e ao deus morto e ressuscitado. Eram culturas de uma sociedade agrária, com ritos de fertilidade da Terra e dos animais, realizando cerimônias muito semelhantes às que seriam realizadas, depois, pela missa cristã. Desse ponto de vista, o ritual da missa pertence a uma tradição religiosa agrária, oriental e africana, muito anterior ao cristianismo. Essa descoberta científica, porém, contraria as verdades cristãs, na medida em que a missa é considerada liturgia que repete e rememora um conjunto único e novo de eventos relativos à vida, paixão e morte de Jesus.

Poderíamos prosseguir com os exemplos, mas não é necessário. O que queremos destacar aqui é a peculiaridade da relação que, na cultura ocidental, criadora da filosofia e da ciência, se estabeleceu entre a razão e a fé. As dificuldades dessa relação ocuparam os medievais, os modernos e nossos contemporâneos, parecendo insolúveis.

A religião acusa a filosofia e a ciência de heresia e ateísmo, enquanto ambas acusam a religião de dogmatismo, superstição, atraso e intolerância.

Conciliação entre filosofia e religião

Vários filósofos procuraram conciliar filosofia e religião. Das tentativas feitas, mencionaremos três, cronologicamente mais próximas de nós: a de Kant, a de Hegel e a da fenomenologia.

A crítica kantiana à pretensão da metafísica de ser ciência dirige-se à filosofia quando esta pretende explicar a realidade em si de alguns seres, tomando a forma de uma teologia racional (demonstração racional da essência e existência de Deus), uma psicologia racional (demonstração da existência e da imortalidade da alma) e uma cosmologia racional (demonstração da origem, essência e finalidade do mundo ou da natureza). Vimos, ao estudar a razão e a verdade, que a distinção entre fenômeno e *nôumeno* permite a Kant limitar o conhecimento teórico ao campo fenomênico e impedir a pretensão da razão de teorizar sobre o campo das coisas em si.

A metafísica não é conhecimento da essência em si de Deus, da alma e do mundo; estes são *nôumenos* (realidade em si) inacessíveis ao nosso entendimento. A religião, por sua vez, não é teologia, não é teoria sobre Deus, alma e mundo, mas resposta a uma pergunta que a razão não pode responder teoricamente: "O que podemos esperar?".

Qual o papel da religião? Oferecer princípios para a ação moral e fortalecer a esperança num destino superior da alma humana. Sem a crença em Deus e numa alma livre não haveria humanidade, mas apenas animalidade natural; sem a crença na imortalidade da alma, o cumprimento do dever não seria o sinal de nossa destinação futura numa vida superior.

Hegel segue numa direção diversa da de Kant. Para ele, a realidade não é senão a história do Espírito em busca da identidade consigo mesmo. Deus não é uma substância cuja essência teria sido fixada antes e fora do tempo, mas é o sujeito espiritual que se efetua como sujeito temporal, cuja ação é ele mesmo se manifestando para si mesmo. A mais baixa manifestação do espírito é a natureza; a mais alta, a cultura.

Na cultura, o espírito realiza-se primeiro como arte, a seguir como religião, depois como Estado e, finalmente, como filosofia, numa sequência que efetua o aperfeiçoamento do espírito que vai rumo ao término do tempo. Isso significa que Deus se manifesta, primeiro, como arte nas artes, depois como religião nas religiões, como Estado nos Estados e finalmente como filosofia nas filosofias. Em lugar de opor religião e filosofia, Hegel faz da religião um momento da história do Espírito ou de Deus e uma etapa preparatória da filosofia, na qual Deus se reconhece a si mesmo como Deus.

A fenomenologia, como vimos, descreve essências constituídas pela intencionalidade da consciência, que é doadora de sentido à realidade. A consciência constitui as significações, assumindo *atitudes* diferentes, cada qual com seu campo específico, sua estrutura e finalidades próprias. Assim como há a atitude natural (a crença realista ingênua na existência das coisas) e a atitude filosófica (a reflexão), há também a atitude religiosa, como uma das possibilidades da vida da consciência. Quando esta se relaciona com o mundo por meio das noções e das práticas ligadas ao sagrado, constitui a atitude religiosa.

Assim, a consciência pode relacionar-se com o mundo de maneiras variadas — senso comum, ciência, filosofia, artes, religião —, de sorte que não há oposição nem exclusão entre elas, mas diferença. Isso significa que a oposição só surgirá quando a consciência, estando numa atitude, pretender relacionar-se com o mundo utilizando significações e práticas de uma outra atitude. Foi isso que engendrou a oposição e o conflito entre filosofia e religião, pois, sendo atitudes diferentes da consciência, cada uma delas não pôde usurpar os modos de conhecer e agir nem as significações da outra.

Capítulo 3
O universo das artes

O ponto de vista do espectador

Artista e obra de arte

Se perguntarmos a alguém o que é um *artista*, é quase certo que a pessoa responderá que é o ator (de teatro, cinema, televisão), o compositor musical e o cantor e, em alguns casos, incluirá os bailarinos. Essa resposta é interessante tanto pelo que afirma como pelo que silencia.

De fato, o silêncio consiste em não incluir na categoria "artista", por exemplo, os poetas e romancistas, isto é, a literatura — "são escritores e não artistas", diria a pessoa. Também estão excluídos os diretores de peças teatrais, filmes e novelas de televisão — "dirigem os artistas, mas não são artistas", diria essa mesma pessoa. Ao silenciar sobre os escritores e diretores e ao escolher alguns artistas como definidores do artista, essa pessoa está afirmando, mesmo que não o saiba, que um artista é aquele que realiza uma performance num espetáculo.

Artista seria, portanto, aquele que desempenha um papel num espetáculo (o ator e o bailarino) e aquele que apresenta ao público uma composição e sua interpretação (o compositor musical e o cantor).

Curiosamente, porém, se pedirmos a essa mesma pessoa que nos dê exemplos de *obras de arte*, é praticamente certo que nos falará dos quadros de Leonardo da Vinci, das esculturas de Michelangelo, de Rodin ou do Aleijadinho, das sonatas de Beethoven ou dos prelúdios de Chopin, das óperas de Verdi e Puccini, dos *Lusíadas*, de Camões, de algum balé, como o *Quebra-Nozes*. De modo geral, essa pessoa identifica obra de arte com objetos criados no passado, conservados respeitosamente em museus ou apresentados em importantes teatros para um público restrito.

A resposta é interessante por dois motivos: em primeiro lugar, porque a enumeração das obras de arte não coincide exatamente com o que a pessoa entende por artista, pois agora também aparecem pintores, escultores, poetas; em segundo, porque essa pessoa tende a considerar a obra de arte como algo a que poucos têm acesso, seja porque são poucos os que a compreendem, seja porque são poucos os que dispõem de recursos financeiros para fruí-la e, neste caso, a obra de arte é diferente do que se supõe ser o artista, uma vez que este é perfeitamente acessível para quem assiste a um filme, uma novela ou um show.

Na verdade, essa curiosa discrepância entre o que se entende por artista e por obra de arte indica que, ao dizer quem é um artista, a pessoa está exprimindo o ponto de vista da chamada **cultura de massa** ou **cultura do espetáculo**; e que, ao explicar o que entende por obra de arte, essa pessoa está exprimindo o ponto de vista da chamada **cultura erudita** ou **cultura de elite**, portanto, de um espectador que vive numa sociedade dividida em classes sociais, na qual somente alguns podem entender e fruir a arte.

Neste capítulo trataremos apenas da obra de arte em seu sentido mais amplo. No próximo capítulo, estudaremos a cultura de massa ou a indústria cultural, de maneira a compreendermos como e por que, em nossa sociedade, as pessoas tendem a separar artista e obra de arte, a identificar o primeiro com o desempenho num espetáculo e a segunda com objetos distantes e misteriosos que somente alguns podem fruir e compreender.

Relação com a obra de arte

Se perguntarmos a essa mesma pessoa o que ela experimenta diante de uma obra de arte, é quase certo que nos dirá que sente respeito, que se sente emocionada com a beleza da obra e que tem admiração pelo artista que a criou. Essa pessoa, agora, está exprimindo o ponto de vista de um espectador que vive numa sociedade industrial ou pós-industrial, isto é, numa sociedade em que os objetos de uso e de consumo são produzidos em série, são anônimos (pois a marca registrada do fabricante não indica uma pessoa real ou concreta que tenha feito o produto), descartáveis, efêmeros. Ou seja, os objetos de uso e consumo diários não provocam respeito, não causam emoções por sua beleza nem provocam admiração por seus produtores.

Se, por fim, perguntarmos a essa pessoa se ela possui obras de arte, ela poderá nos dizer que sim (sua família é rica e pode comprar objetos de arte) ou nos dirá que não, mas poderá completar a resposta dizendo que possui objetos de artesanato, algumas antiguidades, algum livro de arte e algum CD de um compositor célebre. Essa resposta é muito interessante porque nela percebemos:

1. a aproximação e a distinção entre arte e artesanato;
2. a proximidade entre arte e antiguidade;
3. a existência de suportes físicos (livro, CD) para obras de arte que, em si mesmas, são consideradas inacessíveis, mas às quais se pode ter algum acesso graças a um objeto industrial que as reproduz.

Examinemos esses três aspectos presentes no ponto de vista do espectador.

Terno de feltro, do alemão Josef Beuys, 1986, para quem o artista é uma espécie de xamã capaz de assimilar a energia de um objeto comum, conferindo-lhe novo significado.

1. Ao aproximar arte e artesanato, o espectador tem em mente o fato de que tanto a obra de arte como o objeto artesanal são trabalhos feitos por uma única pessoa — diferentemente de um operário, que trabalha com centenas de outros numa linha de montagem, o artista e o artesão realizam sozinhos um trabalho completo, são autores de suas produções. Além disso, enquanto o produto industrial, feito em série, é impessoal, a obra de arte e a de artesanato são individualizadas ou pessoais, exprimindo a intenção, a habilidade e o talento de quem as realiza. No entanto, ao distinguir entre arte e artesanato, o espectador tem em mente a maior complexidade e variedade de procedimentos e materiais empregados pelo artista quando comparado com o artesão. Além disso, a distinção também leva em conta o fato de que o artesão costuma fabricar vários exemplares do mesmo objeto enquanto o artista tende a produzir apenas um, ou seja, a obra de arte tende a ser percebida como única e como raridade enquanto o objeto artesanal não possui essa característica.

2. Ao aproximar obra de arte e antiguidade, o espectador simplesmente está mantendo a ideia de que as grandes obras de arte foram realizadas no passado e conservadas pela humanidade como um bem coletivo (mesmo que poucos tenham acesso direto a elas). Mas não só isso. O mercado de antiguidades consiste em apanhar um objeto de uso e de consumo para retirá-lo do circuito do uso e do consumo, fazendo-o valer como uma peça decorativa ou um enfeite, ou como uma peça de estimação ("está há muitos anos na família"; "foi de meu bisavô"; "minha avó usou no dia de seu casamento"). Ora, é exatamente o mesmo que acontece com a obra de arte quando é conservada no museu ou

na biblioteca, ou seja, ela também é retirada do circuito do uso e do consumo, passando a valer em si e por si mesma como uma peça única. Eis por que, espontaneamente, o espectador aproxima obra de arte e antiguidade.

3. A pessoa com quem estamos conversando talvez nunca possa ir a Atenas ver o Partenon, ou a Roma ver a Capela Sistina pintada por Michelangelo durante a Renascença, ou à Alemanha para o festival de Bayreuth, quando as obras de Richard Wagner são executadas, ou a Paris para ver, no Museu do Louvre, a *Mona Lisa* pintada por Leonardo da Vinci, ou a Gramado para assistir ao Festival Nacional de Cinema, ou a Campos do Jordão para o Festival Nacional de Música Erudita. Mas essa pessoa sabe que a imprensa, o rádio, o cinema, o disco, a televisão, o vídeo podem reproduzir ou transmitir essas obras, lançando-as no mercado de consumo e permitindo um acesso indireto a elas. Em outras palavras, a sociedade industrial desenvolveu recursos técnicos para multiplicar aquilo que é considerado o traço mais marcante da obra de arte: *ser única*. O que talvez o espectador não saiba é que a transmissão e a reprodução das obras de arte possui duas caras: numa delas, democratiza o acesso à arte; na outra, submete as artes a um mercado novo, criado pela chamada **indústria cultural**.

Fernando Pessoa e seus heterônimos: além de Alberto Caeiro, o poeta português Fernando Pessoa (1888–1935) tinha dois outros heterônimos principais: Ricardo Reis e Álvaro de Campos.

O ponto de vista do artista

Alberto Caeiro, um dos heterônimos do poeta Fernando Pessoa, leva-nos ao âmago da arte quando escreve:

O meu olhar é nítido como um girassol.
Tenho o costume de andar pelas estradas
Olhando para a direita e para a esquerda,
E de vez em quando olhando para trás...
E o que vejo a cada momento
É aquilo que nunca antes eu tinha visto,
E eu sei dar por isso muito bem...
Sei ter o pasmo essencial
Que tem uma criança se, ao nascer,
Reparasse que nascera deveras...
Sinto-me nascido a cada momento
Para a eterna novidade do Mundo.

A *eterna novidade* do mundo. O poeta une duas palavras que, normalmente, estão separadas e mesmo em oposição (*eterna* e *novidade*), pois o eterno é ausência de tempo, aquilo que, fora do tempo, permanece sempre idêntico a si mesmo, enquanto o novo é pura temporalidade, puro movimento temporal em que surge o que não havia antes. Como se realiza essa unidade do eterno e do novo, aparentemente impossível? Ela se realiza pelos e para os humanos: ela se realiza por meio da **arte**.

Merleau-Ponty dizia que a arte é *advento* (um vir a ser do que nunca antes existiu), como promessa infinita de *acontecimentos* (as obras dos artistas). No ensaio *A linguagem indireta e as vozes do silêncio*, ele escreve:

> *O primeiro desenho nas paredes das cavernas fundava uma tradição porque recolhia uma outra: a da percepção. A quase eternidade da arte confunde-se com a quase eternidade da existência humana encarnada e por isso temos, no exercício de nosso corpo e de nossos sentidos, com que compreender nossa gesticulação cultural, que nos insere no tempo.*

Que dizem os desenhos nas paredes da caverna? Que os seres humanos são dotados de olhos e mãos, que por isso para os humanos o mundo é visível e para ser visto, e que os olhos e as mãos do artista dão a ver o mundo. O artista é aquele que recolhe de maneira nova e inusitada aquilo que está na percepção de todos e que, no entanto, ninguém parece perceber. Ao fazê-lo, nos dá o sentimento da quase eternidade da obra de arte, pois ela é a expressão perene da capacidade perceptiva de nosso corpo.

Que mundo é trazido pelo artista? Aquele eternamente novo. Eternamente, porque tão antigo e perene quanto a percepção humana. Novo, porque o artista o percebe como nunca fora percebido antes pelos demais homens. É assim, por exemplo, que o pintor Monet pintou várias vezes a mesma catedral medieval que existia e perdura há muitos séculos, mas, em cada tela, nasceu uma nova catedral. Referindo-se a essas telas de Monet, o filósofo Gaston Bachelard escreve, num ensaio denominado *O pintor solicitado pelos elementos*:

Monet (1840–1926), pintor impressionista francês.

> *Um dia, Claude Monet quis que a catedral fosse verdadeiramente aérea — aérea em sua substância, aérea no próprio coração das pedras. E a catedral tomou da bruma azulada toda a matéria azul que a própria bruma tomara do céu azul... Num outro dia, outro sonho elementar se apodera da vontade de pintar. Claude Monet quer que a catedral se torne uma esponja de luz, que absorva em todas as suas fileiras de pedras e em todos os seus ornamentos o ocre de um sol poente. Então, nessa nova tela, a catedral é um astro doce, um astro ruivo, um ser adormecido no calor do dia. As torres brincavam mais alto no céu, quando recebiam o elemento aéreo. Ei-las agora mais perto da Terra, mais terrestre, ardendo apenas um pouco, como fogo guardado nas pedras de uma lareira.*

Os elementos, como vimos ao estudar a cosmologia grega, são o ar, o fogo, a terra e a água. Bachelard nos diz que Monet pintou as pedras da catedral como se fossem de ar ("bruma azulada como o céu") e depois as pintou como se fossem de fogo ("o ocre do sol poente", "um astro ruivo"). A seguir, ele pintou uma catedral aquática, esverdeada e submarina; e, finalmente, a pintou terrestre, marrom e cinza, fincada poderosamente no chão. Tomando a eternidade dos elementos e a perenidade da catedral medieval, Monet criou a catedral como obra de arte, como se a cada vez ela estivesse sendo vista pela primeira vez, cada tela fazendo-a inteiramente nova.

Que procura o artista? Responde o poeta Caeiro/Pessoa: "o pasmo essencial/ que tem uma criança se, ao nascer,/reparasse que nascera deveras". O artista busca o espanto profundo de quem soubesse que está vendo o mundo pela primeira vez, de uma criança que soubesse de verdade ("deveras") que nasceu para o mundo e que ele nasceu para ela. O artista busca o mundo em estado nascente, imaginando-o não só tal como seria ao ser visto por nós pela primeira vez, mas também tal como teria sido em si mesmo no momento originário de seu surgimento, antes que nós existíssemos para percebê-lo. É esse mundo originário, anterior à nossa presença nele, o que procura o pintor Cézanne, cujo trabalho é assim comentado por Merleau-Ponty no ensaio *A dúvida de Cézanne*:

Cézanne (1839–1906), pintor francês pós-impressionista.

> *Vivemos em meio aos objetos construídos pelos homens, entre utensílios, casas, ruas, cidades e na maior parte do tempo só os vemos através das ações humanas de que podem ser os pontos de aplicação (...). A pintura de Cézanne suspende estes hábitos e revela o fundo de Natureza inumana sobre o qual se instala o homem (...) a paisagem aparece sem vento, a água do lago sem movimento, os objetos transidos hesitando como na origem da Terra. Um mundo sem familiaridade (...). Só um humano, contudo, é justamente capaz dessa visão que vai até as raízes, aquém da humanidade constituída (...). O artista é aquele que fixa e torna acessível aos demais humanos o espetáculo de que participam sem perceber.*

A obra de arte "fixa e torna acessível" o mundo em que vivemos e que percebemos sem nos darmos conta dele e de nós mesmos nele. A obra de arte nos dá a ver o que sempre vimos sem ver, a ouvir o que sempre ouvimos sem ouvir, a sentir o que sempre sentimos sem sentir,

O universo das artes | Capítulo 3

a pensar o que sempre pensamos sem pensar, a dizer o que sempre dissemos sem dizer. Por isso, nela e por ela, a realidade se revela como se jamais a tivéssemos visto, ouvido, dito, sentido ou pensado. Eis por que o artista é o que passa pela experiência de nascer todo dia para a "eterna novidade do mundo".

O que é essa experiência? A invenção de mundos ou a recriação do mundo. Como escreve o poeta Ferreira Gullar num livro intitulado *Sobre a arte*:

> A arte é muitas coisas. Uma das coisas que a arte é, parece, é uma transformação simbólica do mundo. Quer dizer: o artista cria um mundo outro — mais bonito ou mais intenso ou mais significativo, ou mais ordenado — por cima da realidade imediata (...). Naturalmente, esse mundo outro que o artista cria ou inventa nasce de sua cultura, de sua experiência de vida, das ideias que ele tem na cabeça, enfim, de sua visão de mundo (...).

Ferreira Gullar (1930), poeta, cronista e crítico de arte maranhense, criador do movimento neoconcreto que rompeu com a poesia concreta e aproximou o poeta dos artistas plásticos.

Podemos ver essa recriação do mundo ou sua transformação simbólica se acompanharmos o poema de Jorge de Lima, "Poema do nadador":

Jorge de Lima (1893–1953), poeta alagoano.

> A água é falsa, a água é boa.
> Nada, nadador!
> A água é mansa, a água é doida,
> aqui é fria, ali é morna,
> a água é fêmea.
> Nada, nadador!
> A água sobe, a água desce,
> a água é mansa, a água é doida.
> Nada, nadador!
> A água te lambe, a água te abraça,
> a água te leva, a água te mata.
> Nada, nadador!
> Se não, que restará de ti, nadador?
> Nada, nadador.

Rigorosamente, não há nada nesse poema que desconheçamos. Nenhuma das palavras empregadas pelo poeta nos é desconhecida. E, no entanto, tudo aí é inteiramente novo. O poema diz o que, antes dele, jamais havia sido dito e que, sem ele, nunca seria dito.

O poema se constrói pelo jogo de sentidos da palavra *nada*. O *nada* é o imperativo do verbo *nadar* (o poeta ordena ao nadador que nade: "Nada, nadador!"), mas é também o pronome indefinido negativo (se não nadar, diz o poeta, nada restará ao nadador: "Nada, nadador"). O ponto de exclamação "!" em "Nada, nadador!" indica o uso verbal de *nada*; a ausência do ponto de exclamação em "Nada, nadador." indica o uso pronominal de *nada*. O mesmo jogo é feito com a palavra *nadador*: ela se refere àquele que realiza a ação de nadar, mas também indica onde ou no que essa ação se realiza — "na dor".

A água é descrita por meio de oposições: ela é "boa" e "falsa", "mansa" e "doida", "fria" e "morna", "sobe" e "desce", "abraça" e "mata". O que ela é? É instável, mudando sem cessar, opondo-se a si mesma, contraditória. Por isso é uma força que arrasta tudo para o vazio. A água simboliza a fugacidade e a instabilidade do mundo, sua acolhida ("te lambe, te abraça") e sua violência ("te leva, te mata"). O que sente aquele que nada? Dor. Mas por que ele precisa nadar e continuar nadando? Porque somente assim enfrentará a força e o vazio das coisas, não se deixará seduzir pela acolhida delas nem se deixará destruir pela violência delas. A dor de quem nada é o que resta ao "nada-dor", impedindo-o de transformar-se, ele também, em puro nada.

O poeta nos faz ver, sob a aparência calma e costumeira das coisas de todo dia, a verdade profunda de um mundo contraditório que será tudo, se puder reduzir o homem a nada, mas que será um nada diante daquele que possui a força para suportar e enfrentar a dor de estar no mundo.

Ao jogar com a duplicidade de sentido de "nada" e com a *composição da palavra nada-dor*, o poeta transfigura a linguagem cotidiana para fazê-la dizer algo novo. *Esse algo, isto é, o sentido novo*, não existe antes nem depois, não existe aquém nem além do poema, *mas é o próprio poema* como reinvenção ou recriação da linguagem.

A linguagem que falamos cotidianamente é a linguagem instituída, uma "fala falada", em que reproduzimos as significações das palavras sem pensar nelas. A linguagem do poeta, do romancista, do contista é uma linguagem instituinte, criadora, inventora de significações novas, uma "fala falante".

Que é escrever? Para o poeta e o romancista, diz o filósofo e escritor francês Jean-Paul Sartre, é distanciar-se da linguagem-instrumento e entrar na *atitude poética*, tratando as palavras como entes reais e não como meros signos ou sinais estabelecidos. É apanhar a linguagem em estado selvagem (como Jorge de Lima faz com a palavra *nada*), como se as palavras fossem seres como a terra, a relva, a montanha ou a água (exatamente como no poema de Jorge de Lima a palavra *nada* e a palavra *água* são o mundo e a ação do homem). O poeta quer que as palavras signifiquem, em si e por si, alguma coisa que são elas próprias sob a forma de poema. O prosador deseja, além disso, que elas designem o mundo, ainda que para tanto ele tenha de inventar novamente o mundo por meio das palavras. O que é a literatura? É a criação de um mundo que existe como palavra e somente pela e na palavra.

O que há de espantoso nas artes é que elas desvendam ou descobrem o mundo recriando-o de outra maneira e em outra dimensão. Justamente porque recriam o mundo com palavras, sons, traços, cores, gestos, movimentos, formas, massas, volumes a realidade criada não está aquém nem além da obra, assim como não está na obra, mas é a própria obra de arte.

Talvez a melhor comprovação disso esteja na música e na dança.

Feita de sons, a música será destruída se tentarmos ouvir cada som separadamente ou reproduzi-los como no toque de um corpo de cristal ou de metal. Pela harmonia, pela proporção, pela combinação de sons, pelo ritmo e pela percussão, a música cria um mundo sonoro que só existe por ela, nela e que é ela própria. Ela recolhe a sonoridade do mundo e de nossa percepção auditiva, mas reinventa o som e a audição como se estes jamais houvessem existido.

Feita de movimentos, gestos e ritmos, a dança será destruída se tentarmos isolá-los ou reuni-los mecanicamente, como em bonecos. Ela só existe na movimentação e gesticulação ritmadas do dançarino e da dançarina, que recriam o corpo humano assim como recriam o movimento e o ritmo do próprio mundo cujo sentido e cuja realidade não são senão o ato de dançar.

A literatura, como a pintura, a música, a escultura e qualquer das artes, é a passagem do *instituído* ao *instituinte*, ou seja, uma transfiguração do existente numa outra realidade que o faz renascer e ser de maneira inteiramente nova. A transformação ou transfiguração da realidade numa outra, nova e existente apenas no trabalho realizado pelo artista, chama-se **obra**.

Imagem de Anna Duncan, dançarina do grupo de sua mãe, Isadora Duncan, em foto de 1926.

Arte e religião

Vimos que, a partir da capacidade para relacionar-se com o ausente, os homens criaram a linguagem, instituíram o trabalho e a religião. Essas primeiras manifestações culturais deram origem às primeiras formas da sociabilidade — a vida comunitária — e da autoridade — o poder religioso. Linguagem, trabalho e religião instituíram os símbolos da organização humana do espaço e do tempo, do corpo e do espírito. As artes, isto é, as técnicas ou artes mecânicas, nasceram inseparáveis dessa humanização do mundo natural.

E essa humanização, como vimos, conduziu à sacralização do mundo natural. De fato, ao estudarmos a religião, vimos que a relação com o sagrado, ao organizar o espaço e o tempo e o sentimento da comunhão ou separação entre os humanos e a natureza e deles com o divino, sacralizou o todo da realidade. A sacralização implicou que todas as atividades humanas assumissem a forma de rituais: a guerra, a semeadura e a colheita, a culinária, as trocas, o nascimento e a morte, a doença e a cura eram realizadas ritualisticamente; a mudança das estações, a passagem do dia à noite e da noite ao dia, a presença ou ausência de ventos e chuvas, o movimento dos astros, em suma, todos os acontecimentos naturais eram cercados humanamente por cultos religiosos, dedicados às forças divinas que os causavam.

A sacralização e a ritualização da vida fizeram com que medicina, agricultura, culinária, edificações, produção de utensílios, música, dança se realizassem como ritos ou seguindo rituais, e que certos utensílios (facas, punhais, adagas, cálices, taças, piras, etc.) e instrumentos (sobretudo os musicais), assim como certos vestuários (mantos, túnicas, coifas, etc.) e adornos (tiaras, coroas, colares, pulseiras, anéis, pinturas faciais e corporais) se tornassem elementos dos cultos. Semear e colher, caçar e pescar, cozer alimentos, fiar e tecer, assim como pintar, esculpir, dançar, cantar e tocar instrumentos sonoros surgiram, portanto, como atividades técnico-religiosas.

O que hoje chamamos de **belas-artes** (pintura, escultura, dança, música) nasceu há milênios no interior dos cultos religiosos e para servi-los. De fato, os primeiros objetos artísticos (estatuetas, pinturas nas paredes de cavernas, sons obtidos por percussão) eram objetos *mágicos*, ou seja, não eram uma representação nem uma invocação aos deuses, mas a encarnação deles, pois acreditava-se que as forças divinas estavam neles. Esses primeiros objetos eram os *fetiches* e os artistas ou artesãos eram os *feiticeiros*.

Pouco a pouco, à medida que as religiões foram se organizando no interior das sociedades, embora vários fetiches fossem conservados, passou-se à ideia de que lugares e coisas destinados à sacralidade ou à vida religiosa haviam sido escolhidos pelos próprios deuses e que locais e objetos assim escolhidos deveriam ficar separados de todo o resto, reservados exclusivamente para honrar e adorar os deuses de maneiras determinadas pelos próprios deuses, isto é, em cultos. Os objetos fabricados com essa finalidade pelos artistas-artesãos passaram a ter *valor de culto*.

Ao surgir, nas primeiras sociedades e culturas, o artista era um mago — como o médico e o astrólogo —, um artesão — como o oleiro, o marceneiro, o arquiteto, o pintor e o escultor — e um iniciado num ofício sagrado — como o músico e o dançarino. Era um mago porque conhecia os mistérios sagrados; era um artesão ou artífice porque fabricava os objetos e instrumentos dos cultos; era um oficiante porque realizava o ritual por meio de palavras, gestos, sons e danças fixados pela tradição e pela autoridade religiosa. Era, na qualidade de mago, artífice e detentor de um ofício que realizava sua arte — ou seja, não era o que hoje chamamos de "artista" e sim um servidor religioso. Sua arte, por ser parte inseparável do culto e do ritual, não se efetuava segundo a vontade individual do artista, isto é, não provinha da liberdade criadora do técnico-artesão, mas exigia que ele respeitasse e conservasse as mesmas regras e normas e os mesmos procedimentos para a fabricação dos objetos dos cultos e para a realização dos gestos e linguagens nos rituais, pois tanto os objetos como os gestos e as palavras haviam sido ensinados ou indicados pelos deuses.

O artífice iniciava-se nos segredos das artes ou técnicas recebendo uma educação especial, tornando-se um *iniciado em mistérios*. Aprendia a conhecer a matéria-prima preestabelecida para o exercício de sua arte, a usar utensílios e instrumentos preestabelecidos para a sua ação, a realizar gestos, pronunciar palavras, utilizar cores, manipular ervas segundo um receituário fixo e secreto, conhecido apenas pelos iniciados. O artista era, portanto, oficiante de cultos e fabricador dos objetos e gestos dos cultos. Seu trabalho nascia de um dom *dos* deuses (que deram aos humanos o conhecimento do fogo, dos metais, das sementes, dos animais, das águas e dos ventos, etc.) e era um dom humano *para* os deuses.

Mesmo quando, historicamente, várias sociedades (como a grega, a romana, a cristã) operam uma divisão social em que os detentores da autoridade religiosa realizam os cultos, mas já não fabricam os instrumentos, os objetos e os locais dos cultos, é mantida a relação entre a atividade dos artistas ou artesãos e a religião. É na qualidade de servidores da autoridade religiosa que são encarregados de tecer os vestuários, fabricar as joias, produzir os objetos e os instrumentos, construir os lugares dos cultos, erguer altares, esculpir ou pintar as figuras dos deuses e de seus representantes, produzir as músicas, os cantos e os instrumentos musicais, realizar as danças. As grandes obras de arte das sociedades antigas e da sociedade cristã medieval, assim como da cultura judaica e da cultura islâmica, são religiosas — templos, catedrais, palácios, cálices, taças, mantos, túnicas, chapéus, colares, pulseiras, anéis, estátuas, quadros, músicas e instrumentos musicais, gravuras e ilustrações de manuscritos, etc., tudo isso era encomendado pela autoridade religiosa e pelos oficiantes dos cultos, que estabeleciam as regras de fabricação, determinavam os materiais e as formas, as cores, os ritmos, os movimentos, os sons, etc.

Essa relação profunda com a religião, que determinava toda a atividade artístico-artesanal, indica a ausência de algo que se tornará decisivo séculos mais tarde: a *autonomia das artes*.

Sem dúvida, na sociedade grega e na romana antigas, uma parte da produção artístico-artesanal escapava do poder da autoridade religiosa, mas para ficar sob o poder da autoridade política, que encomendava dos artífices edifícios, objetos, vestuários, mobiliários, joias, adornos, estátuas e pinturas, impondo aos artistas a escolha que fizera dos materiais, das formas, das dimensões, etc.

Para que a autonomia das artes viesse a acontecer foi preciso que o modo de produção capitalista *dessacralizasse* o mundo e *laicizasse* toda a cultura, lançando todas as atividades humanas no mercado. Isso significou, porém, que, livres do poder religioso e do poder político, os artistas se viram a braços com o poder econômico. Ao se livrarem do **valor de culto**, as obras de arte foram aprisionadas pelo **valor de mercado**.

laico: palavra de origem latina (*laicus*) que equivale à expressão "secular", ou seja, que se refere a tudo que se opõe à religião ou se mantém neutro à idéia de religiosidade.

Cúpula do Domo da Rocha, em Jerusalém, Israel.

Arte e técnica

arte: a palavra *arte* vem do latim *ars* e corresponde ao termo grego *tékhne*, "técnica", significando "toda atividade humana submetida a regras em vista da fabricação de alguma coisa"; em latim, *artesão, artífice* ou *artista* se diz *artifex*, "o que faz com arte", e também *opficis*, "o que exerce um ofício"; e o resultado de sua ação se diz *opus* (no singular) e *opera* (no plural), isto é, em português, "obra".

Vimos, no início deste capítulo, que a maioria das pessoas aproxima espontaneamente <u>arte</u> e *artesanato*. Essa aproximação, como dissemos, decorre do fato de que o artista e o artesão produzem sozinhos e por inteiro uma obra e que esta exprime seus talentos e habilidades. Mas há ainda outro motivo para essa aproximação: o fato de que, historicamente, arte e artesanato eram a mesma coisa, e, portanto, o artesão e o artista eram o mesmo.

A arte ou técnica era, portanto, uma atividade regrada em vista da produção de uma obra. Em sentido amplo, *ars* ou *tékhne* significava "habilidade e agilidade para inventar meios para vencer uma dificuldade ou um obstáculo postos pela natureza". Em sentido estrito, significava "o aprendizado e a prática de um ofício que possui regras, procedimentos e instrumentos próprios". *Ars* ou *tékhne* era um saber prático.

Por ser uma habilidade dirigida por regras e procedimentos com vista à produção de um artefato ou com a finalidade de vencer uma dificuldade imposta pela natureza, a arte ou técnica se definia por oposição ao que acontece *por acaso*, bem como ao que é simplesmente *espontâneo* ou não deliberado, e ao que é *natural*, isto é, que existe ou acontece sem a intervenção humana. Por isso, em seu sentido mais geral, arte era "um conjunto de regras e procedimentos com a função de bem dirigir uma atividade humana qualquer para que esta realizasse o fim a que se propôs".

Nessa perspectiva, falava-se em arte médica, arte política, arte militar, arte retórica, arte poética, arte dietética, arte da navegação, arte da caça, arte de pintar, esculpir, dançar, etc. Platão não distinguia a arte das ciências nem a distinguia da filosofia, uma vez que todas elas são atividades humanas ordenadas e regradas. A distinção platônica era feita entre dois tipos de artes ou técnicas: as *judicativas*, isto é, dedicadas apenas ao conhecimento, e as *dispositivas* ou *imperativas*, voltadas para uma ação prática.

Aristóteles, porém, estabeleceu duas distinções que perduraram por séculos na cultura ocidental. A primeira distingue ciência de arte ou técnica: a ciência é um saber teórico que se refere ao *necessário* (ao que não pode ser diferente do que é por ser efeito de causas naturais necessárias), enquanto a arte ou técnica é um saber prático que opera no campo do *contingente* ou do *possível* (do que pode ser diferente do que é por ser efeito de uma deliberação ou decisão humana).

A segunda distinção é estabelecida no campo da própria prática com a diferença entre *ação* e *fabricação*. A ação, em grego *práxis*, é aquela atividade humana em que o agente, o ato que ele realiza e a finalidade buscada por ele são idênticos — a *práxis* define a ação ética e a ação política (assim, por exemplo, o homem que age virtuosamente é virtuoso e a virtude é a ação que ele realiza, de maneira que não se pode separar o agente virtuoso, o ato virtuoso e a virtude ou finalidade da ação). A fabricação, em grego *poiesis*, é aquela atividade humana na qual o agente (o artesão ou artista), a ação que ele realiza (as regras e os procedimentos seguidos por ele) e a finalidade buscada (a obra) são diferentes e distintos — a *poiesis* define as artes ou técnicas como atividades de fabricação (assim, por exemplo, o médico, a ação de curar e a saúde reconquistada não são idênticos; da mesma maneira, o escultor, o cinzel e o mármore, as regras da escultura e a estátua não são idênticos).

Posteriormente, os filósofos neoplatônicos completaram as distinções aristotélicas distinguindo as técnicas ou artes cuja finalidade é auxiliar a natureza — como a medicina, a agricultura — daquelas cuja finalidade é fabricar um objeto com os materiais oferecidos pela natureza — o artesanato propriamente dito. Distinguiram também um outro conjunto de artes e técnicas que não se relacionam com a natureza, mas apenas com o próprio homem, para torná-lo melhor ou pior: música, dança, poesia e retórica.

A classificação das artes ou técnicas seguiu um padrão que foi determinado pela estrutura da sociedade antiga e, portanto, pela organização social fundada na escravidão. A divisão social entre homens livres e escravos, impondo a estes todas as ocupações e todos os trabalhos manuais e reservando àqueles as atividades não manuais, levava a uma cultura que desprezava o trabalho manual. Uma obra, *As núpcias de Mercúrio e filologia*, escrita pelo historiador romano Varrão, oferece a classificação que perdurará do século II d.C. ao século XV, dividindo as artes em *artes liberais* (ou dignas do homem livre) e *artes servis ou mecânicas* (próprias do trabalhador manual).

Eram artes liberais: gramática, retórica, lógica, aritmética, geometria, astronomia e música, compondo o currículo escolar dos homens livres. Eram artes mecânicas todas as outras atividades técnicas: agricultura, caça, pesca, medicina, engenharia, arquitetura, navegação, pintura, escultura, olaria, carpintaria, marcenaria, fiação e tecelagem, etc.

Essa classificação será justificada por Santo Tomás de Aquino durante a Idade Média como diferença entre as *artes que dirigem o trabalho da razão* (ou as artes liberais) e *as que dirigem o trabalho das mãos* (ou as artes mecânicas). Visto que, numa perspectiva religiosa cristã, somente a alma é livre e o corpo é para ela uma prisão, conclui-se que as artes liberais são superiores às artes mecânicas.

Por que as artes manuais são chamadas de artes "mecânicas"? As palavras gregas *mechaniké* (mecânica) e *mechané* (máquina) significam "invenção engenhosa", "estratagema astucioso". Inicialmente, eram empregadas para se referir a estratagemas de guerra e na montagem de cenários de teatro. Pouco a pouco passaram a significar também todo expediente habilidoso para resolver uma dificuldade corporal ou para superar um obstáculo à ação do corpo humano. Qual é o estratagema astucioso ou a invenção habilidosa? Fazer com que alguém fraco realize uma tarefa acima de suas forças, graças a um instrumento que amplia suas forças. É assim, por exemplo, que uma alavanca e um martelo são máquinas ou objetos mecânicos, pois a alavanca permite deslocar um peso que uma pessoa, sozinha, jamais deslocaria, e o martelo permite quebrar ou unir objetos que as mãos sozinhas não conseguiriam quebrar ou unir. A técnica ou arte inventa instrumentos engenhosos e astutos para auxiliar o corpo a realizar uma atividade penosa, dura, difícil que, nas sociedades antigas, era realizada por escravos ou servos e por homens livres pobres.

A partir da Renascença, porém, trava-se uma luta pela valorização das artes mecânicas por duas razões principais: em primeiro lugar, porque começa a surgir o ideal da *vida ativa*, que valoriza a aplicação prática ou técnica dos conhecimentos teóricos (como se vê em Leonardo da Vinci com suas invenções de máquinas de todo tipo e como se vê também na importância dos objetos técnicos que permitiram a realização das Grandes Navegações e os descobrimentos marítimos); em segundo, porque o Humanismo renascentista dignifica o corpo humano e essa dignidade se traduz na chamada "batalha pela dignidade das artes mecânicas" para lhes dar a mesma condição das artes liberais. Além disso, estamos agora no início do capitalismo e à medida que este se desenvolve, o trabalho passa a ser considerado fonte e causa das riquezas, sendo por isso valorizado. A valorização do trabalho acarreta a valorização das artes mecânicas.

A primeira dignidade obtida pelas artes mecânicas foi sua elevação à condição de *conhecimento*, como as artes liberais. Em outras palavras, nelas não havia apenas a aplicação rotineira de regras de fabricação manual de objetos, mas conhecimentos teóricos para a invenção e construção de instrumentos e para a realização de atividades como a medicina, a engenharia, a arquitetura, a balística, a pintura e a escultura.

A segunda dignidade foi alcançada no final do século XVII e a partir do século XVIII, quando se distinguiram as *finalidades* das várias artes mecânicas, isto é, as que têm como fim o que é *útil* aos homens (a medicina, agricultura, engenharia, arquitetura, culinária, os artesanatos, como também a olaria, marcenaria, fiação, tecelagem, tapeçaria, joalheria, vidraria, jardinagem, etc.) e aquelas cujo fim é produzir o *belo* e provocar o sentimento da beleza (a pintura, escultura, poesia ou literatura, a música, o teatro e a dança).

Com a ideia de *utilidade*, uma parte das artes mecânicas tornou-se efetivamente liberal e com isso surgiram as chamadas *profissões liberais* (como o médico, o engenheiro, o advogado, o arquiteto, o professor, etc.).

Com a ideia de *beleza*, uma parte das artes mecânicas transformou-se nas chamadas **belas-artes**, modo pelo qual nós fomos acostumados a entender a arte.

A distinção entre artes da utilidade e artes da beleza acarretou uma separação entre *técnica* (o útil) e *arte* (o belo), levando à imagem da arte como ação individual espontânea, vinda da sensibilidade e da fantasia do artista como *gênio criador*. Enquanto o técnico é visto como aplicador de regras e procedimentos vindos da tradição ou da ciência, o artista é visto como dotado de *inspiração*, entendida como uma espécie de iluminação interior e espiritual misteriosa que leva o gênio a criar a obra.

Além disso, como a obra de arte é pensada a partir de sua finalidade — a criação do belo —, torna-se inseparável da figura do **público** (espectador, ouvinte, leitor), que julga e avalia o objeto artístico conforme tenha ou não realizado a beleza. A beleza vem articulada à noção de **bom gosto** e o julgamento da obra de arte pelo critério do bom gosto dá origem ao conceito de *juízo de gosto*, que será amplamente estudado por Kant.

Gênio criador e inspiração, do lado do artista (fala-se nele como "animal incomparável"), beleza, do lado da obra, e juízo de gosto, do lado do público, são os pilares sobre os quais se erguerá, como veremos adiante, uma disciplina filosófica.

Todavia, desde o final do século XIX e durante o século XX, modifica-se a relação entre arte e técnica, isto é, a distinção e a separação entre o belo e o útil.

Por um lado, como vimos ao estudar as ciências, o estatuto da técnica mudou quando esta se tornou tecnologia, portanto, uma forma de conhecimento e não ação fabricadora de acordo com regras e receitas. Por outro, as artes passaram a ser concebidas menos como criação genial misteriosa e mais como *expressão criadora*, isto é, como transfiguração do mundo em obra artística.

As artes são vistas como *trabalho da expressão* e mostram que, desde que surgiram pela primeira vez, foram inseparáveis da ciência e da técnica. Assim, por exemplo, a escultura grega teria sido impossível sem a geometria; a pintura e a arquitetura da Renascença são incompreensíveis sem a matemática e a teoria da harmonia e das proporções; a pintura impressionista, incompreensível sem a física e a óptica, isto é, sem a teoria das cores, etc. A novidade do final do século XIX e de todo o século XX está no fato de que, agora, as artes não ocultam essas relações, os artistas se referem explicitamente a elas e buscam nas ciências e nas técnicas respostas e soluções para problemas artísticos.

Ao se tomar as artes como expressão criadora e como trabalho expressivo, não se quer dizer que elas perderam o vínculo com a ideia de beleza e sim que a subordinaram a um outro valor, a verdade. A obra de arte busca caminhos de acesso ao real e de expressão da verdade. Em outras palavras, as artes pretendem exprimir por meios artísticos a própria realidade. *Exprimir* significa "interpretar", ou seja, encontrar ou revelar *o sentido* das coisas e do mundo. O pintor deseja revelar o que é a visibilidade interpretando o mundo visível; o músico, o que é a sonoridade interpretando o mundo sonoro; o dançarino, o que é a mobilidade corporal interpretando o mundo do movimento; o escritor, o que é a palavra interpretando o mundo da linguagem; o escultor, o que é materialidade dotada de forma interpretando o mundo da matéria e da forma. Para fazê-lo, recorrem às técnicas e aos instrumentos técnicos (como, aliás, sempre fizeram, apesar da imagem do gênio criador inspirado, que tira de dentro de si a obra).

Três manifestações artísticas contemporâneas podem ilustrar o modo como arte e técnica se encontram e se comunicam: a fotografia, o cinema e o *design*.

Fotografia e cinema surgem, inicialmente, como técnicas de reprodução da realidade. Pouco a pouco, porém, tornam-se interpretações da realidade e com isso surgem como artes da expressão. O *design*, por sua vez, introduz as artes plásticas (pintura, escultura, arquitetura) no desenho e na produção de instrumentos técnicos (usados na indústria, nos laboratórios científicos, nos hospitais, em consultórios médicos e dentários, etc.) e de utensílios cotidianos (indo desde automóveis e aviões até máquinas domésticas ou eletrodomésticos, mobiliário, luminárias, talheres, copos, pratos, xícaras, lápis, canetas, tecidos para móveis e cortinas, joias e bijuterias, calçados, etc.).

Desde os anos 1920-1930, as fronteiras entre arte e técnica tornam-se cada vez mais tênues: é preciso uma película tecnicamente perfeita para a foto artística e para o cinema de arte; é preciso um material tecnicamente perfeito para que um disco possa reproduzir um concerto; é preciso equipamentos técnicos de alta qualidade e precisão para a produção de fotos, filmes, discos, vídeos, cenários e iluminação teatrais. A técnica de fabricação dos instrumentos musicais e a invenção de aparelhos eletrônicos para música, as possibilidades técnicas de novas tintas e cores, graças aos materiais sintéticos, modificando a pintura, as possibilidades técnicas de novos materiais de construção, modificando a arquitetura, o surgimento de novos materiais sintéticos, modificando a escultura, são alguns exemplos da relação interna entre atividade artística e invenção técnico-tecnológica.

Essa relação tornou-se tão estreita que a distinção entre arte erudita e arte popular se baseia na presença da tecnologia na primeira e na ausência dessa tecnologia, na segunda; ou seja, a arte popular é artesanal, a erudita, tecnológica. Também confirma a grande proximidade entre arte e tecnologia o fato de que muitos artistas chegam a apresentar como obra de arte a interpretação dos próprios objetos e instrumentos técnicos. E não menos significativo é o fato de algumas técnicas, que serviam de instrumentos para as artes, terem se tornado, elas próprias, formas de arte, como foi o caso das chamadas artes gráficas, baseadas nas técnicas de imprensa para a reprodução de obras de arte.

Bauhaus: a escola de *design* e arquitetura de vanguarda Bauhaus ("casa de construção"), surgida entre as duas guerras mundiais, no século XX, alterou a relação entre os conceitos de útil e de belo.

Os objetos produzidos com base no *design* indicam que foram concebidos com a preocupação de que, além de úteis, também sejam belos. No entanto, é possível distinguir entre esses objetos técnicos e as obras de arte.

A diferença entre a obra de arte e os objetos técnicos está em suas finalidades: a obra de arte é *expressiva*, o objeto técnico, ainda que belo, é *funcional*. Em outras palavras, nos objetos técnicos nascidos do *design* os materiais e as formas estão subordinados à *função* que devem preencher (uma cadeira deve ser confortável para sentar; uma caneta, adequada para escrever; um automóvel, adequado para a locomoção; uma geladeira, adequada para a conservação dos alimentos; uma luminária, adequada para a distribuição ou concentração de luz, etc.). Da obra de arte, porém, não se espera nem se exige funcionalidade, havendo nela plena liberdade para lidar com formas e materiais, cores e movimentos, sons e gestos, silêncios e palavras dos quais se espera que exprimam significações e verdades, e cuja beleza decorre justamente de seu poder expressivo.

Vista aérea do Empire State Building, em Nova York. Novos materiais de construção, como o cimento, o aço e o vidro, foram usados pela arquitetura no século XX, alterando o cenário das metrópoles.

Religiosidade, autonomia e técnica: a *aura* e sua desaparição

Nada melhor para sintetizar o percurso que fizemos até aqui do que um ensaio, hoje clássico, escrito por Walter Benjamin em 1935, intitulado *A obra de arte na era de sua reprodutibilidade técnica*.

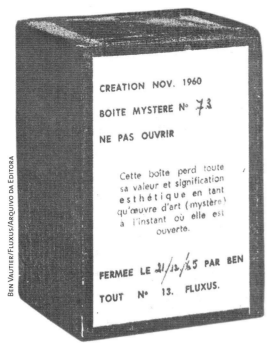

Mystery box, obra do artista Ben Vautier, ligado ao movimento Fluxus. No rótulo, pode-se ler a inscrição: "Não abra. Esta caixa perde todo seu valor e significação estética como obra de arte (mistério) no instante em que é aberta". Ou seja, o artista leva ao paroxismo o conceito de aura.

Nesse ensaio, Benjamin acompanha o movimento histórico e social no qual as artes passam do campo religioso ao de sua autonomia, ou ao campo artístico propriamente dito, e distingue o momento religioso, quando as artes possuem "valor de culto", e o momento autônomo, quando passam a ter "valor de exposição". Para realizar sua análise, Benjamin introduz o conceito de *aura*.

Que é a aura?

A aura, explica Benjamin, é a absoluta singularidade de um ser — natural ou artístico —, sua condição de exemplar único que se oferece num aqui e agora "irrepetível", sua qualidade de eternidade e fugacidade simultâneas, seu pertencimento necessário ao contexto em que se encontra e sua participação numa tradição que lhe dá sentido. É, no caso da obra de arte, sua *autenticidade*, isto é, o vínculo interno entre sua unidade e sua durabilidade. A obra de arte possui aura ou é aurática quando tem as seguintes qualidades: é única, una, irrepetível, duradoura *e* efêmera, nova *e* participante de uma tradição, capaz de tornar distante o que está perto e estranho o que parecia familiar porque transfigura a realidade.

Benjamin escreve:

Em suma, o que é a aura? É uma figura singular, composta de elementos especiais e temporais: a aparição única de uma coisa distante, por mais perto que ela esteja. Observar, em repouso, numa tarde de verão, uma cadeia de montanhas no horizonte, ou um galho, que projeta sua sombra sobre nós, significa respirar a aura dessas montanhas, desse galho.

Porque as artes tinham como finalidade sacralizar e divinizar o mundo — tornando-o distante e transcendente — e, ao mesmo tempo, presentificar os deuses aos homens — tornando o divino próximo e imanente —, sua origem religiosa transmitiu às obras de arte a qualidade aurática mesmo quando deixaram de ser parte da religião para se tornarem autônomas e belas-artes.

Continua Benjamin:

A unicidade da obra de arte é idêntica à sua inserção no contexto da tradição. Sem dúvida, essa tradição é algo muito vivo, extraordinariamente variável. Uma antiga estátua de Vênus, por exemplo, estava inscrita numa certa tradição entre os gregos, que faziam dela um objeto de culto, e em outra tradição na Idade Média, quando os doutores da Igreja viam nela um ídolo malfazejo. O que era comum às duas tradições, contudo, era a unicidade da obra ou, em outras palavras, sua aura.

A forma mais primitiva de inserção da obra de arte no contexto da tradição se exprimia no culto. As mais antigas obras de arte, como sabemos, surgiram a serviço de um ritual inicialmente mágico e depois religioso. O que é de importância decisiva é que esse modo de ser aurático da obra de arte nunca se destaca completamente de sua função ritual.

Em outras palavras: o valor único da obra de arte "autêntica" tem sempre um fundamento teológico, por mais remoto que seja: ele pode ser reconhecido, como ritual secularizado, mesmo nas formas mais profanas do culto do belo. Essas formas profanas do culto do belo, surgidas na Renascença e vigentes durante três séculos, deixaram manifesto esse fundamento.

O culto do belo, ao substituir o culto dos deuses, conservou o caráter aurático da obra de arte. Ou seja, ao passar do campo religioso ao estético, a obra de arte conservou a aura. É preciso, então, explicar como e por que, na sociedade contemporânea, a aura foi perdida ou destruída.

Benjamin prossegue:

> (...) é fácil identificar os fatores sociais específicos que condicionam o declínio atual da aura. Ele deriva de duas circunstâncias, estreitamente ligadas à crescente difusão e intensidade dos movimentos de massas. Fazer as coisas "ficarem mais próximas" é uma preocupação tão apaixonada das massas modernas como sua tendência a superar o caráter único de todos os fatos através da sua reprodutibilidade. Cada dia fica mais irresistível a necessidade de possuir o objeto, tão perto quanto possível, em imagem, ou antes, na sua cópia, na sua reprodução. Cada dia fica mais nítida a diferença entre a reprodução, como ela nos é oferecida pelas revistas ilustradas e pelos documentários cinematográficos, e a imagem. Nesta, a unidade e a durabilidade se associam tão intimamente como, na reprodução, a transitoriedade e a repetibilidade. Retirar o objeto do seu invólucro, destruir sua aura, é a característica de uma forma de percepção cuja capacidade de captar "o semelhante no mundo" é tão aguda que, graças à reprodução, ela consegue captá-lo até no fenômeno único.

A perda da aura decorre, antes de mais nada, do desejo de quebrar a distância e a transcendência dos objetos artísticos, cuja distância e transcendência provinha de serem únicos e de se encontrarem em locais onde apenas alguns podiam contemplá-los. Essa quebra tornou-se possível graças à reprodução técnica das obras de arte. Evidentemente, diz Benjamin, a arte sempre foi reprodutível, bastando ver discípulos imitando os mestres. A questão, portanto, não está no fato da reprodução, e sim na nova modalidade de reproduzir: a **reprodução técnica**, que permite a existência do objeto artístico em série e que, em certos casos, como na fotografia, no disco e no cinema, torna impossível distinguir entre o original e a cópia, isto é, desfaz as próprias ideias de original e cópia.

Continua o filósofo:

> (...) a reprodução técnica da obra de arte representa um processo novo, que se vem desenvolvendo na história intermitentemente através de saltos separados por longos intervalos, mas com intensidade crescente. Com a xilogravura, o desenho tornou-se pela primeira vez tecnicamente reprodutível, muito antes que a imprensa prestasse o mesmo serviço para a palavra escrita.
>
> Conhecemos as gigantescas transformações provocadas pela imprensa — a reprodução técnica da escrita. Mas a imprensa representa apenas um caso especial, embora de importância decisiva, de um processo histórico mais amplo. À xilogravura, na Idade Média, seguem-se a estampa em chapa de cobre e a água-forte, assim como a litografia, no início do século XIX.
>
> Com a litografia, a técnica de reprodução atinge uma etapa essencialmente nova. Esse procedimento muito mais preciso, que distingue a transcrição do desenho numa pedra de sua incisão sobre um bloco de madeira ou uma prancha de cobre, permitiu às artes gráficas pela primeira vez colocar no mercado suas produções não somente em massa, como já acontecia antes, mas também na forma de criações sempre novas.
>
> Dessa forma, as artes gráficas adquiriram os meios de ilustrar a vida cotidiana. Graças à litografia elas começaram a situar-se no mesmo nível que a imprensa. Mas a litografia ainda estava em seus primórdios quando foi ultrapassada pela fotografia.
>
> Pela primeira vez no processo de reprodução da imagem, a mão foi liberada das responsabilidades artísticas mais importantes, que agora cabiam unicamente ao olho. Como o olho apreende mais depressa do que a mão desenha, o processo de reprodução das imagens experimentou tal aceleração que começou a situar-se no mesmo nível que a palavra oral.
>
> Se o jornal ilustrado estava contido virtualmente na litografia, o cinema falado estava virtualmente contido na fotografia. A reprodução técnica do som iniciou-se no fim do século passado [século XIX]. Com ela, atingiu-se tal padrão de qualidade que ela não somente podia transformar em seus objetos a totalidade das obras de arte tradicionais, submetendo-as a transformações profundas, como conquistar para si um lugar próprio entre os procedimentos artísticos.

Dessa maneira, portanto, a destruição da aura está prefigurada na própria essência da obra de arte como algo possível porque toda obra de arte possui dois valores: o *de culto* e o *de exposição*, e este último suscita a reprodutibilidade, cuja extensão, quantidade e qualidade dependem das condições sócio-históricas que a exigirem e a possibilitarem.

Benjamin diz ainda:

> *Seria possível reconstituir a história da arte a partir do confronto de dois polos, no interior da própria obra de arte, e ver o conteúdo dessa história na variação do peso conferido seja a um polo, seja a outro. Os dois polos são o valor de culto da obra e seu valor de exposição. A reprodução artística começa com imagens a serviço da magia. O que importa, nessas imagens, é que existam, e não que sejam vistas. O alce, copiado pelo homem paleolítico nas paredes de sua caverna, é um instrumento de magia, só ocasionalmente exposto aos olhos dos outros homens: no máximo, ele deve ser visto pelos espíritos. O valor de culto, como tal, quase obriga a manter secretas as obras de arte: certas estátuas divinas somente são acessíveis ao sumo sacerdote, na cella, certas madonas permanecem cobertas quase o ano inteiro, certas esculturas em catedrais da Idade Média são invisíveis, do solo, para o observador.*
>
> *À medida que as obras de arte se emancipam do seu uso ritual, aumentam as ocasiões para que sejam expostas. A visibilidade de um busto, que pode ser deslocado de um lugar para outro, é maior que a de uma estátua divina, que tem sua sede fixa no interior de um templo. A visibilidade de um quadro é maior que a de um mosaico ou de um afresco, que o precederam. E se a visibilidade de uma missa, por sua própria natureza, não era talvez menor que a de uma sinfonia, esta surgiu num momento em que sua visibilidade prometia ser maior que a da missa. A visibilidade de uma obra de arte cresceu em tal escala, com os vários métodos de sua reprodutibilidade técnica, que a mudança de ênfase de um polo para outro corresponde a uma mudança qualitativa comparável à que ocorreu na Pré-História. Com efeito, assim como na Pré-História a preponderância absoluta do valor de culto conferido à obra levou-a a ser concebida em primeiro lugar como instrumento mágico, e só mais tarde como obra de arte, do mesmo modo a preponderância absoluta conferida hoje a seu valor de exposição atribui-lhe funções inteiramente novas, entre as quais a "artística", a única de que temos consciência, e que talvez se revele futuramente como secundária.*

Arte e filosofia

Do ponto de vista filosófico, podemos falar em dois grandes momentos de teorização da arte. No primeiro, inaugurado por Platão e Aristóteles, a filosofia trata as artes do ponto de vista da **poética**; no segundo, a partir do século XVIII, do ponto de vista da **estética**.

Arte poética é o nome de uma obra aristotélica sobre as artes da palavra falada e escrita, do canto e da dança, isto é, sobre a poesia e o teatro (tragédia e comédia). A arte poética estuda as obras de arte como fabricação de seres, ações e gestos *artificiais*, isto é, produzidos pelos artífices ou artistas. Ou seja, a física estuda os seres e as ações produzidos pela natureza; a poética, os fabricados pelos seres humanos.

A obra de arte é pensada do ponto de vista de sua conformidade a normas, regras e procedimentos de construção como um fazer regrado e ordenado; por isso os tratados sobre as artes poéticas, escritos desde a antiguidade até a modernidade, possuem um caráter *prescritivo* ou *normativo*, isto é, oferecem as normas corretas e adequadas que cada uma das artes deve seguir para bem realizar seu fim, bem como as normas ou regras que o espectador deve seguir para avaliar a qualidade das obras. Sob esse aspecto, a arte poética é uma *preceptiva*, isto é, a apresentação de preceitos para o fazer e o julgar as obras.

Além disso, como a obra de arte é pensada em sua dependência com a ética, a política e a metafísica, isto é, com as ideias de bem (individual e coletivo) e de verdade, seu valor também é determinado pela qualidade ou dignidade do objeto ou do tema abordado por ela. Em outras palavras, os tratados de arte poética distinguem objetos e assuntos nobres

poética: o vocábulo *poética* é a tradução para *poiesis*, portanto, para "fabricação".

(voltados para o divino, para o bem e para o verdadeiro) e objetos ou assuntos vis, baixos e mesquinhos (voltados para as pequenezas e mesquinharias de nossa vida cotidiana) e julga as obras de arte com esses critérios.

Em seu uso inicial, a estética se referia ao estudo das obras de arte enquanto criações da sensibilidade (isto é, das experiências dos cinco sentidos e dos sentimentos causados por elas), tendo como finalidade o belo. Pouco a pouco, substituiu a noção de arte poética e passou a designar toda investigação filosófica que tinha por objeto as artes ou uma arte. Do lado do artista e da obra, a estética busca compreender como se dá a realização da beleza; do lado do espectador e receptor, busca interpretar a reação à obra de arte sob a forma do juízo de gosto ou do bom gosto.

Como seu nome indica, a estética se ocupa preferencialmente com a expressão da sensibilidade e da fantasia do artista e com o sentimento produzido pela obra sobre o espectador ou receptor.

Comentando o surgimento da estética na modernidade, o filósofo francês Luc Ferry, no livro *Homo aestheticus — A invenção do gosto na era democrática*, escreve:

> O nascimento da estética como disciplina filosófica está indissoluvelmente ligado à mutação radical que intervém na representação do belo quando este é pensado em termos de gosto, portanto, a partir do que no homem irá logo aparecer como a essência mesma da subjetividade, como o mais subjetivo do sujeito. Com o conceito de gosto, efetivamente, o belo é ligado tão intimamente à subjetividade humana que se define, no limite, pelo prazer que proporciona, pelas sensações ou pelos sentimentos que suscita em nós (...). Com o nascimento do gosto, a antiga filosofia da arte deve, portanto, ceder lugar a uma teoria da sensibilidade.

A noção de estética, quando formulada e desenvolvida nos séculos XVIII e XIX, concebia as artes como belas-artes e pressupunha que:

1. a arte é uma atividade humana *autônoma*, isto é, não está a serviço da religião nem da política, mas possui finalidade própria;

2. a arte é produto da experiência sensorial ou perceptiva (sensibilidade), da imaginação e da inspiração do artista como criador autônomo ou livre. Ou seja, a subjetividade do artista ou sua inspiração é *mais importante* do que preceitos, normas e regras de construção de uma obra;

3. a finalidade da arte é *desinteressada* (não utilitária) ou *contemplativa*. Em outras palavras, a obra de arte não está a serviço do culto, nem da política, nem da prática moral das virtudes, assim como não está destinada a produzir objetos de uso e de consumo, e sim a propiciar a *contemplação da beleza*;

4. a contemplação, do lado do artista, é a busca do belo (e não do útil nem do agradável) e, do lado do público, é a avaliação ou o julgamento do valor de beleza atingido pela obra por meio do *juízo de gosto*;

5. o belo é *diferente* do bom e do verdadeiro. O bem é objeto da ética; a verdade, objeto da ciência e da metafísica; e a beleza, o objeto próprio da estética. Em outras palavras, contra a tradição aristotélica (que dava uma finalidade moral às obras de arte, articulando-as à ideia do bem e da virtude) e contra a tradição platônica (que dava uma finalidade cognitiva às artes, articulando-as à ideia da verdade), a estética afirma a *autonomia das artes* pela distinção entre beleza, bondade e verdade;

6. como a obra de arte nasce da sensibilidade inspirada do artista na condição de subjetividade criadora e livre, seu valor encontra-se não só na força de sua beleza, mas também em sua *originalidade*. Em outras palavras, o artista verdadeiro não é aquele que segue regras ou preceitos fixados pela tradição de seu ofício, nem aquele que traduz em palavras, cores, formas, gestos, movimentos, volumes, massas, traços algo já existente na natureza ou em sua sociedade, mas aquele que é capaz de uma *criação* inédita ou original.

estética: *estética* é a tradução da palavra grega *aisthetiké*, que significa "conhecimento sensorial", "experiência sensível", "sensibilidade". Foi empregada pela primeira vez para referir-se às artes pelo alemão Baumgarten, por volta de 1750, portanto em plena modernidade (ou, como vimos nos capítulos sobre os períodos da filosofia e sobre a razão, na época do racionalismo e da afirmação da autonomia do sujeito do conhecimento).

Luc Ferry (1951), filósofo francês e ex-ministro da Educação da França entre 2002 e 2007, ficou bastante conhecido em 2004 por ter banido o véu islâmico das escolas francesas.

O juízo estético ou juízo de gosto

Ao surgir, vimos que a estética afirmou a diferença entre o belo e o verdadeiro. Isso significa que o juízo estético e o juízo científico e metafísico são diferentes. De fato, o verdadeiro é o que é conhecido pelo intelecto por meio de demonstrações e provas, as quais permitem, através de conceitos do entendimento e leis lógicas, inferir um particular de um universal (dedução) ou inferir um universal de vários particulares (indução). O belo, ao contrário, tem a peculiaridade de possuir imediatamente (sem dedução e sem indução) um valor universal, embora a obra de arte seja essencialmente particular.

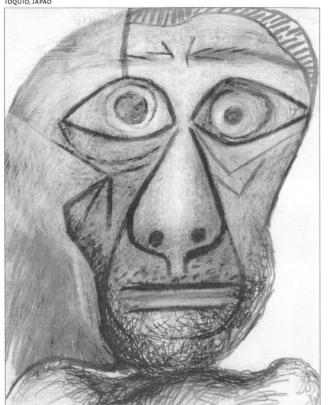

Autorretrato de frente para a morte (1972), obra de Pablo Picasso.

Em outras palavras, a obra de arte, em sua particularidade e singularidade única, oferece algo universal (a beleza) sem necessidade de demonstrações, provas, inferências e conceitos. Quando leio um poema, escuto uma sonata ou observo um quadro, posso dizer, sem precisar de conceitos nem de provas lógicas, que são belos ou que ali está *a* beleza, e não simplesmente coisas belas. A beleza, em seu sentido universal e eterno, encontra-se por inteiro numa obra singular que, em si mesma, é algo único e incomparável.

A peculiaridade do juízo de gosto está em proferir um julgamento de valor universal tendo como objeto algo singular e particular.

O tratamento mais importante do juízo de gosto foi feito por Kant numa obra intitulada *Crítica da faculdade de julgar*. Nesse estudo, o filósofo começa discutindo o problema posto pelo gosto, isto é, como "cada um tem seu gosto" e "gosto não se discute", a total subjetividade do gosto não poderia servir de critério para o julgamento das obras de arte, pois tanto o gosto do artista é individual e incomparável como os gostos do público são individuais e incomparáveis. Como, portanto, falar no juízo de gosto como avaliador das obras de arte? Em outras palavras, como dar universalidade a esse juízo? E mais: como dar-lhe universalidade sem recorrer aos procedimentos lógicos e científicos de demonstrações e provas?

Kant introduz uma máxima: "É possível discutir o gosto". Uma discussão é diferente de uma disputa. Filosoficamente, uma disputa é uma batalha de argumentos que exigem provas, demonstrações e evidências, a fim de que uma opinião ou uma ideia prevaleça sobre as que lhe são contrárias. Uma discussão é um processo de afinamento das opiniões cuja finalidade é chegar a um acordo entre as partes. Assim, não se disputa sobre o belo, mas pode-se discuti-lo. Essa discussão é uma reflexão com a finalidade de se chegar a um juízo estético *compartilhado por todos*.

Por que a reflexão é possível? Porque a obra de arte é algo comunicável — aliás, só existe para comunicar-se, oferecendo-se à sensibilidade dos receptores. Se o artista parte, espontaneamente, da comunicabilidade da obra, é porque, em seu íntimo, reconhece que sentimentos, ideias e opiniões são compartilháveis. A experiência estética — tanto do lado do artista como do lado do público — é comunicável e partilhável.

Kant poderá, então, mostrar que a experiência estética é, ao mesmo tempo, uma experiência individual ou particular, mas que, por ser despertada em cada um de nós pela beleza, também está relacionada a ideias universais da razão (que é a mesma em todos nós). Assim como espaço e tempo são as formas universais da sensibilidade e as categorias e os conceitos são os universais do entendimento, a beleza é uma ideia universal da razão. Seu conteúdo e sua forma podem variar segundo as circunstâncias históricas e segundo a inspiração e sensibilidade subjetivas do artista, mas o *sentimento do belo*, fundamento do juízo de gosto, é universal porque a beleza é uma ideia da razão.

A arte como trabalho criador

À medida que se desenvolve a sociedade industrial (ou a sociedade do trabalho) e sobretudo à medida que o pensamento de esquerda sublinha a determinação histórica (econômica, social e política) de todas as atividades humanas, desde o trabalho até as artes, a filosofia vai deixando de lado a imagem do artista como gênio criador inspirado e original e a da obra de arte como realização do sentimento do belo cuja avaliação é feita pelo juízo de gosto (ainda que essas duas imagens tenham permanecido na sociedade como a maneira pela qual, comumente, as pessoas concebem a arte).

De fato, as artes deixaram de ser pensadas pela filosofia e pela crítica de arte exclusivamente do ponto de vista da produção e contemplação desinteressadas da beleza para serem vistas de outras perspectivas, tais como *expressão de emoções e desejos, interpretação e crítica da realidade social, atividade inventora de procedimentos inéditos para a construção de objetos artísticos*, etc. Essa mudança fez com que as ideias de bom gosto e de beleza perdessem o *privilégio estético* e que a estética se aproximasse cada vez mais da ideia de poética, portanto, da arte como *trabalho* e não como contemplação e sensibilidade, fantasia e ilusão. Evidentemente, a nova estética não retoma a poética como preceptiva ou como apresentação de preceitos, regras e normas do fazer artístico, e sim a ideia da obra de arte como um fazer.

Três são os temas principais investigados pela filosofia da arte: a relação entre *arte e natureza*, entre *arte e saber*, e *as finalidades da arte*.

Relação entre arte e natureza

Uma obra de arte é um *artefato* e um *artifício*. Artefato, porque não é feita pela ação da natureza e sim pela ação deliberada de um ser humano; artifício, seja porque a obra emprega recursos com os quais nos dá a impressão de ser algo natural embora tenha sido fabricada, seja porque, ao contrário, nos leva para longe da natureza, para um mundo inteiramente produzido pelos humanos.

Magritte (1898–1967), pintor surrealista belga.

Talvez um dos melhores exemplos para compreendermos que a obra de arte é um artefato e um artifício encontre-se num quadro do pintor Magritte conhecido como *Isto não é um cachimbo*. O quadro oferece um outro quadro dentro dele, isto é, uma tela pintada no interior da tela materialmente dada. Há, assim, uma tela material, que é o suporte de uma outra tela, a pintada. Nessa segunda tela, há a representação minuciosa, exata e detalhada de um cachimbo, sob o qual está escrito "Isto não é um cachimbo".

Traição das imagens, obra de 1929 de René Magritte na qual se veem o cachimbo e a inscrição "Isto não é um cachimbo".

O que o pintor pretende ao negar que o cachimbo seja um cachimbo? Pretende afirmar que "isto", ou seja, a pintura, não é a "coisa" existente no mundo. "Isto" não é um cachimbo porque é a *pintura de um cachimbo*. Em outras palavras, um cachimbo pintado ou um cachimbo-em-pintura não é a coisa material chamada *cachimbo* e sim, justamente, a pintura de um cachimbo. Por mais que o cachimbo pintado se pareça com um cachimbo material, ambos diferem porque o primeiro só existe em pintura ou pintado. "Isto não é um cachimbo" significa "olhe a pintura", "olhe o trabalho do pintor", "veja um mundo pintado".

A mímesis grega

A primeira e mais antiga relação entre arte e natureza proposta pela filosofia foi a da *mímesis*, palavra grega traduzida para o português como *imitação*: "a arte imita a natureza", escreve Aristóteles. A obra de arte resulta da atividade do artista para imitar seres reais (naturais ou sobrenaturais) e suas ações por meio de palavras, movimentos, gestos, sentimentos, sons, cores, formas, volumes, etc., e o valor da obra decorre da habilidade do artista para encontrar materiais e formas adequados para obter o efeito imitativo.

Que é a *mímesis*?

Para Aristóteles, *imitar* não significa (como significava para Platão) "copiar", mas "representar" a realidade por meio da fantasia e da obediência a regras e preceitos para que a obra *figure* algum ser (natural ou sobrenatural), algum sentimento ou emoção, algum fato (acontecido ou inventado). Harmonia e proporção das formas, dos ritmos, das cores, das palavras ou dos sons oferecem os meios necessários para que a finalidade seja alcançada, *desde que* o artista siga as normas, as regras, os procedimentos e preceitos de seu ofício.

Nas artes, imitar, explica Aristóteles, é *simular*. Assim como o caçador simula ser um arbusto ou uma rocha para apanhar a presa, assim também o ator simula gestos e ações da personagem para narrar fatos, expor sentimentos que podem ser compreendidos e experimentados pelo público, e o pintor simula uma cena ou um objeto por meio de traços e cores. Mas a simulação só é artística se for sentida e percebida como representando algo real.

O melhor exemplo para compreendermos o que era a *mímesis* encontra-se na história do concurso que a cidade de Atenas promoveu para a escolha da estátua da deusa Atena, a ser instalada no Partenon. Dois escultores apresentaram suas obras. Uma delas era uma mulher perfeita e foi admirada por todos. A outra era uma figura grotesca: a cabeça era enorme, os braços, muito longos e as mãos, maiores do que os pés. Foi ridicularizada por todos. No entanto, quando as duas estátuas foram colocadas nos altos pedestais do Partenon, onde eram vistas de baixo para cima, verificou-se algo espantoso: ao ser vista de baixo para cima a estátua perfeita tornara-se ridícula, a cabeça e as mãos de Atena pareceram minúsculas e desproporcionais para seu corpo; em contrapartida, a estátua grotesca ou deformada tornara-se perfeita, pois a cabeça, os braços e as mãos se tornaram proporcionais ao corpo. A estátua grotesca foi considerada a *mímesis* perfeita, a boa imitação, e venceu o concurso. O artista não copiou nem reproduziu uma mulher e sim a *simulou*, calculando matematicamente as proporções entre as partes de seu corpo, entre estas e o local em que seria instalada e a maneira como seria vista.

Inspiração criadora

A definição aristotélica da arte como ação de imitar a natureza foi conservada durante vinte e três séculos, ou seja, até o surgimento do Romantismo, no final do século XVIII e início do século XIX.

A partir do Romantismo, a filosofia passa a definir a obra de arte como **criação subjetiva**. Enquanto na concepção anterior, ou concepção poética (no sentido de *poiesis*, isto é, do fazer ou do fabricar), o valor da obra encontrava-se na correção do artista em seguir os preceitos e na qualidade ou dignidade do objeto produzido, na concepção estética o valor é colocado na figura do artista como gênio e imaginação criadora. Em lugar de imitação, passa-se a falar em *inspiração*.

O artista é visto como um "eu", isto é, como interioridade e subjetividade especiais que nascem com a disposição extraordinária para receber uma espécie de sopro sobrenatural que o impele a criar a obra. *Inspiração* é inspirar o ar ou o sopro sobrenatural que impregna o espírito do artista, orienta sua fantasia e sua percepção (ou sensibilidade) e o faz expirar esse sopro na forma de uma obra de arte. Esta, portanto, deve exprimir sentimentos e emoções muito mais do que figurar ou representar a realidade. A obra de arte é a exteriorização dos sentimentos interiores do gênio excepcional.

Agora a arte não imita nem reproduz a natureza, mas *liberta-se dela*, criando uma realidade puramente humana e espiritual: pela atividade livre do artista, isto é, sua fantasia criadora, os homens se igualam à ação criadora de Deus.

Essa concepção da arte como inspiração e como criação espiritual que libera o homem do peso da natureza é contemporânea, na filosofia, ao momento em que se dá a separação entre homem e natureza com o nascimento da ideia de cultura. É, portanto, contemporânea à ideia kantiana de diferença entre o reino natural da causalidade necessária e o reino humano da liberdade e dos fins e à ideia hegeliana do Espírito como cultura e história, como interioridade em oposição à exterioridade e à causalidade necessária da natureza.

Também Nietzsche sublinha o caráter subjetivo, excepcional, do artista como gênio criador e afirma o caráter lúdico das artes. Para esse filósofo, a arte é jogo, liberdade criadora, embriaguez e delírio, força afirmativa da vida: é "um estado de vigor animal", "uma exaltação do sentimento da vida e um estimulante da vida".

Nietzsche (1844–1900), filósofo alemão cuja obra, de caráter assistemático e fragmentário, é considerada uma das mais originais da história do pensamento contemporâneo.

O trabalho expressivo

A terceira maneira de conceber a relação entre arte e natureza é nossa contemporânea: concebe a arte como **trabalho da expressão** e **construção**. A obra de arte não é pura criatividade espiritual espontânea e livre, mas um *trabalho* para a expressão de um sentido novo, escondido no mundo, e um *processo de construção* do objeto artístico, em que o artista colabora com a natureza ou luta com ela e contra ela, separa-se dela ou volta a ela, vence a resistência dela ou dobra-se às exigências dela. A arte é trabalho da expressão que constrói um sentido novo (a obra) e o institui como parte da cultura.

O artista não é um gênio solitário e excepcional, mas um ser social que busca exprimir seu modo de estar no mundo na companhia dos outros seres humanos, num embate contínuo com a natureza, com a sociedade e consigo mesmo. É alguém que, além de voltar-se para si mesmo para compreender-se por meio da obra que exprime seu trabalho de compreensão, também reflete sobre a sociedade, e por meio da obra volta-se para o social, seja para criticá-lo, seja para afirmá-lo, seja para superá-lo. Mesmo quando o próprio artista se vê como um ser solitário e isolado, que, no dizer do pintor Kandisnky, precisa "isolar-se em si mesmo", sua obra não exprime o isolamento e sim a maneira como, voltando-se para si mesmo, encontra os caminhos para exprimir a realidade.

Nessa concepção, sublinha-se o caráter da obra de arte como *ficção*. Esta palavra vem de um verbo latino, *fingere*, que significa "esculpir", "pintar", "compor uma obra", "representar", "arrumar ou arranjar as coisas", "imaginar", "maquinar", "forjar"; e, por extensão, "disfarçar", "dissimular", "encobrir" e "fingir". Como se observa, o sentido primeiro dessa palavra está diretamente referido às artes: estas são um *fingimento*, não no sentido de uma mentira ou de uma ilusão, e sim no sentido de oferecer uma outra realidade, inexistente no mundo dado, como uma estátua, um quadro ou um poema. É com esse sentido da ficção que o poeta Fernando Pessoa escreve os famosos versos em que define o que é um poeta:

O poeta é um fingidor
Finge tão completamente
Que chega a fingir que é dor
A dor que deveras sente.

Que nos dizem esses versos? Em primeiro lugar, como no poema de Jorge de Lima sobre o nadador, Fernando Pessoa joga com a palavra "fingidor": o poeta é um fingidor porque "finge dor". Porém, prossegue o poema, o que o poeta finge? "Finge que é dor", isto é, no sentido de *fingere*, compõe um poema, constrói uma obra, arranja as palavras para dizer a dor. E "finge completamente", isto é, transfigura a dor em poema. Mas o que é essa dor que ele constrói em palavras na forma de poema? Não é uma mentira, pois a dor fingida (ou seja, construída como obra) é a dor que "deveras sente", isto é, que sente de verdade, realmente.

Relação entre arte e saber

Duas grandes concepções percorrem a história das relações entre a arte e o saber, ambas iniciadas na Grécia com Platão e Aristóteles.

A concepção platônica, que sofrerá alterações no curso da história sociocultural do ocidente europeu, considera a arte *uma forma do conhecimento humano* e, portanto, relacionada com a verdade. A aristotélica, que também sofrerá mudanças no correr da história ocidental, toma a arte como *atividade prática humana*.

Lembremos que Platão não distinguira entre ciência/filosofia e artes e que diferenciara as artes ou técnicas em *judicativas* e *dispositivas*, isto é, aquelas cuja tarefa termina no conhecimento e aquelas que, embora sejam conhecimentos, também orientam a realização de uma ação (como é o caso da medicina, da política, da ética, etc.). A essas duas formas de arte o filósofo contrapõe aquelas artes que chama de *imitativas*: poesia, teatro, pintura, escultura, culinária, retórica. Essas artes (que, com exceção da culinária, irão se transformar nas belas-artes) situam-se no plano mais baixo do conhecimento.

De fato, para Platão, as artes imitativas não são aquelas que, como para Aristóteles, simulam e representam a realidade, pois, platonicamente, imitar significa copiar e deformar. Lembremos que Platão distingue a realidade em dois planos ou "mundos": o *material* ou *sensível* e o *espiritual* ou *inteligível*. A verdade ou os seres verdadeiros são as essências incorpóreas eternas e imutáveis, as ideias, existentes apenas no plano inteligível e conhecidas exclusivamente pela razão. Em contrapartida, as coisas corporais, conhecidas por intermédio da sensibilidade ou dos órgãos dos sentidos, são apenas imitações ou cópias imperfeitas das essências inteligíveis. As obras das artes imitativas, por sua vez, imitam as coisas sensíveis. São, portanto, cópias imperfeitas de cópias imperfeitas e por isso são pura ilusão e falsidade, ou a forma mais baixa e imperfeita do conhecimento.

Na Renascença, a concepção platônica (isto é, de que a arte é uma forma de conhecimento) é retomada, mas com novo sentido: afirma-se, agora, que mesmo as artes imitativas (particularmente a pintura, a escultura e a poesia) são, juntamente com as artes judicativas e dispositivas, uma das formas altas de acesso ao conhecimento verdadeiro e às coisas divinas, ficando abaixo apenas da filosofia e do êxtase místico.

Essa mudança se deve ao fato de que, durante os séculos XV e XVI, os platônicos da Renascença redescobriram os escritos herméticos e de magia natural, atribuídos (equivocadamente) aos antigos egípcios, cuja sabedoria foi elogiada por Platão em vários de seus diálogos. Ora, nesses escritos é afirmado que Deus criou o homem dando-lhe a capacidade de criar novos mundos, porque lhe deu a capacidade de conhecer as formas secretas e invisíveis das coisas, isto é, suas essências ou ideias puras. O acesso a essas formas é conseguido por meio das artes e estas são, portanto, o instrumento privilegiado para passar do conhecimento sensível ao conhecimento inteligível, chegando à filosofia.

A valorização das artes como conhecimento encontra seu apogeu entre o final do século XVIII até meados do século XIX, durante o Romantismo, quando a arte é concebida como "o órgão (ou instrumento) geral da filosofia", em três aspectos diferentes: para alguns, as artes são a única via de acesso ao universal e ao absoluto; para outros, como Hegel, as artes são a primeira etapa da vida consciente do espírito, preparando o advento da religião e da filosofia; e outros, enfim, as concebem como o único caminho para reunir o singular e o universal, o particular e o geral, pois, por meio da singularidade de uma obra artística, temos acesso ao significado universal de alguma realidade. Essa última perspectiva é a que encontramos, por exemplo, no século XX, no filósofo Martin Heidegger, para quem a obra de arte é desvelamento e desvendamento da verdade.

Se, na concepção platônica, a arte é um *saber*, na aristotélica ela é um *fazer* ou um *saber prático*. A concepção aristotélica parte da diferença entre o teórico e o prático, que, como vimos, decorre da diferença entre o necessário (objeto da teoria) e o possível (objeto da prática). A arte é definida, então, como atividade prática fabricadora ou *poiesis*.

Essa concepção foi mantida durante séculos e, frequentemente, rivalizou com as variantes da concepção platônica, embora, outras vezes, coexistisse pacificamente com elas. No século XIX, a concepção aristotélica recebe um reforço por parte daqueles que afirmam a utilidade social das artes (particularmente a literatura). E, no século XX, daqueles que concebem a arte como construção, processo e trabalho da expressão criadora.

Finalidades da arte

Duas concepções predominam no correr da história das artes, concernentes às finalidades da atividade artística: a *pedagógica* e a *expressiva*.

A **concepção pedagógica** encontra sua primeira formulação em Platão e Aristóteles. Em *A República*, expondo a pedagogia para a criação da cidade perfeita, Platão exclui da *pólis* perfeita os praticantes das artes imitativas, poetas, pintores e escultores, porque, como vimos, "copiam cópias", isto é, imitam as coisas sensíveis e oferecem uma imagem desrespeitosa do divino e das coisas divinas, pois apresentam os deuses como humanos e arrebatados por paixões humanas. Todavia, o filósofo ressalta três artes dispositivas (a dança, a música e a estratégia) e três artes judicativas (a gramática, a matemática e a dialética) como disciplinas fundamentais na formação do corpo e da alma, ou seja, do caráter das crianças e dos adolescentes.

Assim, o critério do conhecimento e o da pedagogia (ou formação do caráter) excluem da cidade perfeita três das futuras belas-artes (poesia, pintura e escultura) e conservam apenas duas delas (música e dança). Por sua vez, Aristóteles, na *Arte poética*, desenvolve longamente o papel pedagógico das artes, particularmente a tragédia, que, segundo o filósofo, tem a função de produzir a **catarse**, isto é, a purificação espiritual dos espectadores, comovidos e apavorados com a fúria, o horror e as consequências das paixões que movem as personagens trágicas. Essa função catártica ou purificadora é atribuída sobretudo à música.

Na *Arte poética*, Aristóteles escreve:

> *A música não deve ser praticada por um só tipo de benefício que dela pode derivar, mas por usos múltiplos, já que pode servir para a educação, para proporcionar a catarse e, em terceiro lugar, para o repouso da alma e a suspensão de suas fadigas.*

Ecoando as palavras de Aristóteles, lemos em *O mercador de Veneza*, de Shakespeare:

> *Todo homem que em si não traga música E a quem não toquem doces sons concordes, É de traições, pilhagens, armadilhas. Seu espírito vive em noite obscura, Seus afetos são negros como o Érebo: Não se confie em homem tal...*

A concepção pedagógica da arte reaparece em Kant quando afirma que a função mais alta da arte é produzir o *sentimento do sublime*, isto é, a elevação e o arrebatamento de nosso espírito diante da beleza. Aquele cujo espírito é educado e cultivado pelas artes é capaz não só de formular o juízo de gosto adequado, isto é, de compreender que a arte não está presa ao útil nem ao prazer e sim ao belo, como ainda é capaz de se deixar arrebatar pelo belo como algo terrível e espantoso, como aproximação humana do infinito.

Também Hegel insiste no papel educativo da arte. A pedagogia artística se efetua em duas modalidades sucessivas: na primeira, a arte é o meio para a educação moral da sociedade (como Aristóteles havia mostrado a respeito da tragédia); na segunda, graças à maneira como destrói a brutalidade da matéria, impondo-lhe a pureza da forma, educa a sociedade para passar do natural e do material ao artístico e, deste, à forma mais alta da religião, a religião espiritual ou da interioridade.

Para Hegel, a espiritualização progressiva das artes (ou a passagem da preponderância da dança, da pintura e da escultura para o predomínio da música e da literatura) exprime o movimento pedagógico de passagem da religião da exterioridade (os deuses e espíritos estão visíveis na natureza e se fazem visíveis por suas representações nas artes plásticas, isto é, na pintura e na escultura) à religião da interioridade (o ser divino é o Espírito Absoluto, ou seja, a razão e a verdade, cuja imaterialidade se exprime adequadamente na música e na literatura).

Por estabelecer uma relação intrínseca entre arte e sociedade, o pensamento estético de esquerda também atribui finalidade pedagógica às artes, dando-lhe a tarefa de crítica social e política, interpretação do presente e imaginação da sociedade futura. A arte deve ser *engajada* ou *comprometida*, isto é, estar a serviço da emancipação do gênero humano, oferecendo-se como instrumento do esforço de libertação.

Numa outra perspectiva, a arte é concebida como **expressão**, que transforma num fim aquilo que para as outras atividades humanas é um meio. É assim que se diz que a pintura e a escultura fazem ver a visão, a literatura faz falar a linguagem, a música faz ouvir a audição, a dança faz sentir o corpo. Ou seja, pintura e escultura nos ensinam o que é ver; a música nos ensina o que é ouvir; a dança nos ensina o que é mover-se e possuir um corpo; a literatura nos ensina o que é a linguagem; e assim por diante. A arte é revelação e manifestação da essência da realidade, que está amortecida e esquecida em nossa existência cotidiana, assim como está reduzida a conceitos nas ciências e na filosofia, e transformada em instrumento na técnica e na economia.

Como expressão, as artes transfiguram a realidade para que tenhamos acesso verdadeiro a ela. Desequilibra o estabelecido ou o instituído, descentra movimentos, sons, formas, cores e palavras, retirando-os do contexto costumeiro para fazer-nos conhecê-los numa outra dimensão, a dimensão criadora ou instituinte do novo. A arte inventa um mundo de cores, formas, volumes, massas, sons, gestos, texturas, ritmos, movimentos, palavras, para nos dar a conhecer nosso próprio mundo. Por ser expressiva, é *simbólica* e *alegórica*.

A palavra *símbolo* vem do grego e significa "o que une, junta, sintetiza numa unidade os diferentes, dando-lhes um sentido único e novo que não possuíam quando separados". Um símbolo é um signo ou um sinal que possui uma face material (um som, um traço, uma cor) e uma face imaterial ou mental, o sentido. Em outras palavras, como todo signo, o símbolo é um significante (seu aspecto material) e um significado (seu aspecto mental). A peculiaridade do símbolo está no fato de que ele é um signo diferente de outros porque um signo é um sinal e, portanto, é uma indicação ou é um indicativo (denotativo), apontando diretamente para a coisa sinalizada ou indicada, mas no símbolo não predomina o aspecto indicativo e sim a afirmação de um significado que usa o sinal para significar uma coisa diferente daquela que seria simplesmente indicada.

Por exemplo, como signo ou sinal, a palavra *pomba* indica uma determinada ave. No entanto, para os cristãos, a pomba simboliza o Espírito Santo e, para as pessoas em geral, a paz. Assim, quando numa catedral vemos a pintura de uma pomba ou quando numa passeata vemos uma bandeira em que há a figura de uma pomba, não estamos diante de um signo indicativo de uma ave e sim diante de um *símbolo*. Da mesma maneira, a estátua de olhos vendados com uma balança nas mãos simboliza a justiça e a bandeira vermelha, a revolução. As artes trabalham com símbolos e criam símbolos.

A palavra *alegoria* também vem do grego e significa "o que está no lugar de uma outra coisa" ou "o que apresenta indiretamente uma coisa por meio de uma outra" ou "o falar de uma coisa por meio de outra". Nesse aspecto, toda alegoria é simbólica, uma vez que o símbolo se refere às coisas por meio de outras que, em si mesmas, não indicam a coisa, mas a significam ou a exprimem. A diferença entre a alegoria e o símbolo é apenas de grau, isto é, a alegoria opera com vários símbolos simultâneos e não com um apenas.

Um exemplo clássico de alegoria é a peça literária contida na *República* de Platão: o Mito ou Alegoria da Caverna (que vimos ao iniciar este livro). Nela o filósofo não narra um acontecimento real e sim alegoriza e simboliza o movimento da alma humana passando das trevas da ignorância (a caverna) à luz do conhecimento (a luz do Sol). Um outro exemplo de alegoria, também famoso, é a cena do filme de Charles Chaplin, *Tempos modernos*, na qual o operário tem seu corpo e seus movimentos inteiramente controlados pelas máquinas e é devorado por uma delas. Aqui, também, Chaplin não está narrando um fato ou um acontecimento e sim alegorizando ou simbolizando a violência do trabalho industrial. Da mesma maneira, o filme *Matrix*, que analisamos na Introdução, alegoriza os riscos e perigos que ameaçam a humanidade com o poderio dos computadores, máquinas de produzir ilusões ou realidades irreais, isto é, virtuais.

Arte e sociedade

Se acompanharmos as transformações sofridas pelas artes, *passando da função religiosa à autonomia da obra de arte como criação e expressão*, notaremos que as mudanças foram de dois tipos.

De um lado, houve mudanças quanto ao *fazer artístico*, diferenciando-se em *escolas de arte* ou *estilos artísticos* — clássico, gótico, renascentista, barroco, rococó, romântico, impressionista, realista, expressionista, abstrato, construtivista, surrealista, etc.

Essas mudanças concernem à concepção do objeto artístico, às relações entre matéria e forma, às técnicas de elaboração dos materiais, à relação com o público, ao lugar ocupado por uma arte no interior das demais e servindo de padrão a elas, às descobertas de procedimentos e materiais novos, etc. De outro lado, porém, as mudanças concernem à determinação social da atividade artística, isto é, ao fato de que suas mudanças não dependem apenas de uma história interna dos procedimentos artísticos e sim da inserção das artes na vida social. As artes exprimem as formações sociais em que nascem e nas quais vivem, pois a arte é *socialmente determinada*:

1. pela finalidade social das obras: estavam destinadas ao culto religioso, na Antiguidade; eram feitas para dar prestígio a seus patrocinadores, na Renascença; e hoje estão destinadas a percorrer o circuito do mercado de arte;
2. pelo lugar social ocupado pelo artista: mago-artesão-oficiante de ritos, na Antiguidade; financiado e protegido por um mecenas, na Renascença; profissional liberal dependente do mercado de arte, nos dias de hoje;
3. pelas condições de recepção da obra de arte: a comunidade de fiéis, na Antiguidade; uma elite rica, cultivada e com poder político, na Renascença; a classe economicamente dominante e politicamente dirigente, de um lado, e as classes populares ou a massa, de outro, em nossos dias.

A discussão sobre a relação arte-sociedade levou a duas atitudes filosóficas opostas: a que afirma que a arte só é arte se for *pura*, isto é, se não estiver preocupada com as circunstâncias históricas, sociais, econômicas e políticas. Trata-se da defesa da "arte pela arte". A outra afirma que o valor da obra de arte decorre de seu *compromisso crítico* diante das circunstâncias presentes. Trata-se da "arte engajada", na qual o artista toma posição diante de sua sociedade, lutando para transformá-la e melhorá-la, e para conscientizar as pessoas sobre as injustiças e as opressões do presente.

As duas concepções são problemáticas. A primeira porque imagina o artista e a obra de arte como *desprovidos de raízes no mundo e livres das influências da sociedade* sobre eles — o que é impossível. A segunda porque corre o risco de sacrificar o trabalho artístico em nome das "mensagens" que a obra deve enviar à sociedade para mudá-la, dando ao artista o papel de *consciência crítica* do povo oprimido.

A primeira concepção desemboca no chamado **formalismo** (é a perfeição da forma que conta e não o conteúdo da obra). A segunda, no **conteudismo** (é a "mensagem" que conta, mesmo que a forma da obra seja precária, descuidada, repetitiva e sem força inovadora).

No entanto, podemos dizer que uma obra de arte é grande e duradoura quando nela a perfeição da forma e a riqueza das significações de seu conteúdo são inseparáveis, estão articuladas numa unidade harmoniosa que a constitui como única. Nela, eternidade e fugacidade são simultâneas. Dialoga com o mundo presente porque não esconde seu pertencimento necessário ao contexto histórico e social em que se encontra e no qual nasceu; dialoga com o passado porque também não esconde sua participação numa tradição que lhe dá sentido; e dialoga com o futuro porque será retomada, transformada e superada por outras obras que nela encontrarão um novo ponto de partida.

Capítulo 4

A cultura de massa e a indústria cultural

Cultura popular e cultura de massa

No século XIX, a corrente artística denominada Romantismo criou a ideia de tradição popular, ou o que os artistas românticos denominavam *espírito de um povo*, cuja manifestação constituía o folclore. Em outras palavras, com o Romantismo surgiram as ideias de *arte popular* e *cultura popular* como manifestações da tradição ou espírito de um povo, isto é, como *folclore*.

Por que o Romantismo trouxe tais ideias? Porque essa corrente artística coincide com uma situação histórica determinada, qual seja, a consolidação e o fortalecimento dos Estados nacionais, que passaram a ser definidos pela unidade de língua e religião e pela unidade territorial ou política. Surge a ideia política de **nação** e, com ela, o fenômeno do **nacionalismo**. Intelectuais e artistas europeus consideravam que a nacionalidade constituía o *espírito de um povo*, o qual se exprimia na língua, nos costumes, na religião, nas artes e nas tradições nacionais.

Todavia, não podemos esquecer que os Estados nacionais ou nações eram sociedades capitalistas e, como tais, divididas em classes sociais: a burguesia capitalista, a pequena burguesia formada por pequenos proprietários, funcionários públicos e intelectuais, e o proletariado ou os trabalhadores industriais e rurais. No plano cultural, essa divisão econômico-social trouxe três consequências, que permanecem até os dias de hoje:

1. a cultura e as artes foram distinguidas em dois tipos principais: a **erudita** (ou de elite), própria dos intelectuais e artistas da classe dominante da sociedade, e a **popular** (ou ingênua), própria dos trabalhadores urbanos e rurais;

2. quando pensadas como produções ou criações coletivas vindas do passado nacional, formando a tradição nacional, a cultura e arte populares receberam o nome de **folclore**, constituído por mitos, lendas e ritos populares, danças regionais populares, músicas regionais populares, artesanatos, etc.;

3. a arte erudita ou de elite passou a ser o conjunto das belas-artes com as obras produzidas ou criadas no presente por artistas individuais, que se dirigiam a um público majoritariamente burguês, isto é, escolarizado, instruído e endinheirado, consumidor das obras de arte.

A distinção entre arte popular e erudita, embora tenha sido realmente uma consequência da divisão econômico-social das classes, não foi vista dessa maneira, e sim como causada por diferenças na maneira de realizá-las. Em outras palavras, a distinção foi concebida (e continua a sê-lo, até hoje) como diferença *na forma* e *na qualidade* das próprias artes. As principais diferenças eram apontadas:

1. *na complexidade da elaboração*: a arte popular é mais simples e menos complexa do que a erudita, que é mais sofisticada, mais exigente e mais elaborada quanto à forma e ao conteúdo;

2. *na relação com o novo e com o tempo*: a popular tende a ser tradicionalista e repetitiva, enquanto a erudita tende a ser de vanguarda e voltada para o futuro;

3. *na relação com o público*: na popular, como as criações costumam ser coletivas, artistas e público tendem a não se distinguir; na erudita, é clara a distinção entre o artista (que é sempre um indivíduo criador) e o público (que é um coletivo de consumidores);

4. *no modo de compreensão da realidade*: na arte popular, a obra é imanente ao seu mundo ou ao mundo dado, exprimindo-o diretamente tal como ele é; na arte erudita, a obra busca transcender o mundo, distanciar-se dele para melhor compreendê-lo, recriá-lo, dar-lhe novos sentidos. Em outras palavras, na arte popular o artista exprime diretamente o que se passa em seu ambiente, o qual é o mesmo para seu público e por isso é imediatamente compreendido por todos. Na erudita, o artista busca novos meios de expressão para criar novas significações, simbolizar pessoas, acontecimentos, emoções, lugares, etc., de maneira que sua obra não é imediatamente compreensível para todos e sim para os *entendidos no assunto*, que, por isso, a interpretam para o restante do público (ou seja, a arte erudita dá origem à figura do *crítico de arte*, que explica, interpreta e avalia as obras para o público).

Com o desenvolvimento da sociedade industrial e das grandes metrópoles, os trabalhadores deslocaram-se cada vez mais das zonas rurais ou do campo, passando a residir nas periferias das grandes cidades, atravessando-as todas as manhãs ao se dirigirem ao trabalho nas fábricas e todas as tardes ao regressarem às suas casas. Tendo sido forçados a deixar o campo, a maioria desses trabalhadores também deixava para trás sua cultura e sua arte (que os intelectuais haviam denominado folclore).

Nas cidades, dois fenômenos aconteceram: por um lado, em seus bairros e locais de trabalho, os operários e suas famílias foram criando uma cultura e uma arte próprias, chamadas de *populares*; por outro, passaram a fazer parte da grande massa de consumidores dos produtos industriais para os quais começaram a ser reproduzidas, em larga escala, versões simplificadas e inferiores dos produtos e das criações da cultura e da arte de elite. Essa reprodução simplificada das obras eruditas deu origem ao que viria a ser conhecido com o nome de **cultura e arte de massa**.

Dessa maneira, em nossos dias, as artes costumam ser distinguidas em: **folclore** (as tradições coletivas nacionais populares), **popular** (as criações dos artistas que pertencem à classe trabalhadora), **erudita** ou **de elite** (as criações complexas e de vanguarda de artistas individuais que se dirigem a um público restrito) e **de massa** (financiada por empresas que fazem tanto as reproduções simplificadas das obras da arte erudita como também compram para produção em escala industrial as obras de artistas individuais e as destinam ao mercado de consumo em larga escala).

Assim, por exemplo, o bumba meu boi ou a congada são folclore; o samba de morro e o *rap* (quando não são apropriados pelas empresas de cultura de massa) são populares; um quadro de Tarsila do Amaral ou uma escultura de Lygia Clark são eruditas; a música sertaneja (que imita a música *country* norte-americana), a música dos DJs, a maioria dos filmes, as novelas de televisão, etc. são de massa.

Indústria cultural e cultura de massa

Quando estudamos a religiosidade, vimos que as religiões produzem o *encantamento do mundo*, isto é, o sentimento de que o mundo natural e humano está em relação com um mundo sobrenatural de forças divinas que se manifestam de maneiras variadas, inexplicáveis e misteriosas. Quando estudamos o surgimento da filosofia e, depois, o das ciências e técnicas, vimos que a modernidade concluiu um processo que a filosofia começara desde a Grécia: o *desencantamento do mundo*, isto é, a passagem do mito à razão, da magia à ciência e à lógica. Em outras palavras, passou-se da crença em causas sobrenaturais para os acontecimentos à sua explicação racional ou à sua naturalização e humanização. Esse processo, como vimos no capítulo anterior, liberou as artes da função e finalidade religiosas, dando-lhes autonomia.

Também vimos no capítulo anterior que, no ensaio sobre a destruição da aura, depois de explicar a importância da autonomia das artes, Walter Benjamin assumia uma posição otimista, pois considerava que a sociedade industrial levara à reprodução das obras de arte (pelo livro, pelas artes gráficas, pela fotografia, pelo rádio e pelo cinema) e que isso permitiria à maioria das pessoas o acesso a criações que, até então, apenas uns poucos podiam conhecer e fruir. Em outras palavras, Benjamin esperava que a reprodução técnica das obras de arte promovesse a democratização da cultura e das artes.

O otimismo de Benjamin não era infundado. Basta para isso levarmos em consideração os efeitos sociais e políticos do primeiro grande meio de comunicação de massa, isto é, a invenção da imprensa por Gutenberg, no século XV, para verificar sua importância para a democratização da cultura.

Como se sabe, a cultura europeia (entre os séculos I e XVII) era eminentemente cristã, isto é, ideias, valores, costumes, leis, instituições sociais e políticas, instrução e conhecimentos eram aqueles instituídos pelo ensinamento cristão por meio da Igreja. Essa cultura fundava-se inteiramente na interpretação eclesiástica da Bíblia. Ora, o primeiro livro impresso foi a Bíblia, que até então existia em forma de manuscritos apenas em igrejas e sinagogas (Antigo Testamento ou a Torah, em hebraico e aramaico; Antigo e Novo Testamento, em grego e em latim) e só era lida por especialistas (rabinos, sacerdotes, teólogos), enquanto o restante da sociedade a recebia oralmente, lida em voz alta pelos letrados durante as liturgias religiosas e, com o passar do tempo, em línguas inexistentes, que somente uns poucos compreendiam.

Ao iniciar o movimento religioso conhecido como Reforma Protestante, no final do século XV, Martin Lutero traduziu a Bíblia para o alemão, e foi essa tradução que Gutenberg imprimiu. Pela primeira vez o texto sagrado dos cristãos podia ser adquirido e lido por todos os que conheciam o alemão. Da mesma maneira, a Reforma Protestante inglesa, francesa e holandesa realizou as traduções da Bíblia para o inglês, o francês e o holandês e as imprimiu nessas línguas.

Para difundir a religião reformada e combater a Igreja Católica Romana (chamada de "papista"), os protestantes afirmaram que todos os cristãos eram capazes de compreender os ensinamentos bíblicos sem precisar que padres e teólogos os explicassem. Para isso, iniciaram um processo de alfabetização nos países reformados a fim de que todos os fiéis pudessem ler as Sagradas Escrituras. Como escreveu um historiador inglês, com a imprensa e a Reforma Protestante, a Bíblia foi democratizada.

Theodor Adorno (1903–1969), filósofo e sociólogo alemão, fundador, junto com Horkheimer, da Escola de Frankfurt, em 1924.

Essa leitura da Bíblia fez com que camponeses, na Alemanha e na Holanda, assim como trabalhadores do campo e das cidades, na Inglaterra, percebessem que suas sociedades e seus governantes não seguiam os ensinamentos bíblicos, eram injustos, cruéis, tirânicos, anticristãos. E as massas populares se rebelaram em toda parte, exigindo justiça, igualdade e liberdade. A leitura das Sagradas Escrituras teve, assim, um efeito de conscientização popular.

No entanto, o otimismo de Walter Benjamin deixou de lado um outro aspecto do processo que seus colegas da Escola de Frankfurt examinaram com detalhe. De fato, a partir da Segunda Revolução Industrial no século XIX e prosseguindo no que hoje em dia se denomina sociedade pós-industrial ou pós-moderna, as artes, que haviam se tornado autônomas ou se liberado da submissão à religião, foram submetidas a uma nova servidão: as regras do mercado capitalista e a ideologia da **indústria cultural** (expressão cunhada por Theodor Adorno e Max Horkheimer numa obra intitulada *Dialética do esclarecimento*, para indicar uma cultura baseada na ideia e na prática do consumo de "produtos culturais" fabricados em série. A expressão "indústria cultural" significa que as obras de arte são mercadorias, como tudo o que existe no capitalismo.)

Max Horkheimer (1895–1973), filósofo e sociólogo alemão, um dos fundadores da Escola de Frankfurt.

Benjamin não levou em conta o fato de que a reprodução e a distribuição das obras seriam feitas por empresas capitalistas, visando ao lucro *e não* à democratização das artes. Assim, perdida a aura, a arte não se democratizou, massificou-se para consumo rápido no mercado da moda e nos meios de comunicação de massa, transformando-se em *coisa leve*, *entretenimento* e *diversão* para as horas de lazer. Como escrevem Adorno e Horkheimer, hoje, a obra de arte não transcende o mundo dado, é "arte sem sonho" e por isso mesmo é "sono", ou seja, adormece a criatividade, a consciência, a sensibilidade, a imaginação, o pensamento e a crítica tanto do artista como do público.

Sob o poderio de empresas capitalistas, as obras de arte verdadeiramente criadoras, críticas e radicais foram esvaziadas para se tornarem entretenimento; e outras obras passaram a ser produzidas para celebrar o existente, em lugar de compreendê-lo, criticá-lo e propor um outro futuro para a humanidade. A força de conhecimento, crítica e invenção das artes ficou reduzida a algumas produções da arte erudita, enquanto o restante da produção artística foi destinado a um consumo rápido, transformando-se em sinal de *status* social e prestígio político para artistas e seus consumidores e em meio de *controle cultural* por parte dos empresários e proprietários dos meios de comunicação de massa.

A massificação cultural

Sob os efeitos da massificação pela indústria e pelo consumo culturais, as artes correm o risco de perder sua força simbólica e, com ela, o de perder algumas de suas principais características:

1. de expressivas, tendem a tornar-se reprodutivas e repetitivas;
2. de trabalho da criação, tendem a tornar-se eventos para consumo;
3. de experimentação e invenção do novo, tendem a tornar-se "consagração do consagrado" pela moda e pelo consumo;
4. de duradouras, tendem a tornar-se parte do mercado da moda, passageiro, efêmero, sem passado e sem futuro;
5. de formas de conhecimento que desvendam a realidade e alcançam a verdade, tendem a tornar-se dissimulação da realidade, ilusão falsificadora, publicidade e propaganda.

A arte possui intrinsecamente **valor de exposição** ou *visibilidade*, isto é, *existe para ser contemplada e fruída*. É essencialmente *espetáculo*, palavra que vem do latim e significa "dado à visibilidade". No entanto, sob o controle econômico e ideológico das empresas de produção artística, a arte se transformou em seu oposto: é um evento para tornar invisível tanto o próprio trabalho criador dos artistas e das obras como a realidade, mascarando-a e dissimulando-a. Além disso, as empresas de produção cultural *se apropriam* de criações populares e eruditas sempre que estas começam a interessar a um público, pois este é visto como um grande consumidor em potencial. Ao fazer essa apropriação, a indústria cultural não só vai eliminando os aspectos críticos, inovadores e polêmicos das obras, mas vai também transformando-as em *moda*, isto é, em algo *passageiro* que deve vender muito enquanto é novo e, a seguir, desaparecer sem deixar rastro.

A indústria cultural não atinge mortalmente apenas as obras de arte, mas as obras de pensamento, fazendo-as perder a força crítica, inovadora e criadora. É o que vemos, por exemplo, com a proliferação dos livros de autoajuda, com as versões resumidas e simplificadas de obras científicas (tanto das ciências exatas e naturais como das ciências humanas e da filosofia), com a maneira deformada com que filmes e novelas tratam os acontecimentos históricos, etc. Em lugar de *difusão cultural*, passa a haver mera *vulgarização de informações*. Em outras palavras, as obras de pensamento deixam de ser instigadoras de conhecimento para se reduzir à divulgação rápida e simples de ideias cuja complexidade e importância ficam perdidas.

Massificação versus democratização cultural

Fossem outras as circunstâncias, as obras de arte e de pensamento poderiam, como desejava Benjamin, democratizar-se com os novos meios de comunicação, pois todos poderiam, em princípio, ter acesso a elas, conhecê-las, incorporá-las em sua vida, criticá-las, e os artistas e pensadores poderiam superá-las em outras obras, novas.

A cultura de massa e a indústria cultural | Capítulo 4

Se tomarmos a *cultura* no sentido restrito de obras de arte e de pensamento e não no sentido antropológico amplo, que apresentamos no estudo sobre a ideia de cultura, podemos dizer que a democratização da cultura e da arte tem como precondição a ideia de que os bens culturais são *direito de todos* e não privilégio de alguns. Democracia cultural significa direito de acesso e de fruição das obras culturais, direito à informação e à formação culturais, direito à produção cultural.

Ora, a indústria cultural acarreta o resultado oposto ao massificar o que aqui estamos chamando de *cultura* em sentido restrito (isto é, obras de arte e de pensamento). Por quê?

Em primeiro lugar, porque separa os bens culturais pelo seu suposto valor de mercado: há obras "caras" e "raras", destinadas aos privilegiados que podem pagar por elas, formando uma elite cultural; e há obras "baratas" e "comuns", destinadas à massa. Assim, em vez de garantir o mesmo direito de todos à totalidade da produção cultural, a indústria cultural introduz a *divisão social* entre elite "culta" e massa "inculta". O que é a massa? É um agregado sem forma, sem rosto, sem identidade e sem pleno direito à cultura.

Em segundo lugar, porque *cria a ilusão* de que todos têm acesso aos mesmos bens culturais, cada um escolhendo livremente o que deseja, como o consumidor num supermercado. No entanto, basta prestarmos atenção aos horários dos programas de rádio e televisão ou ao que é vendido nas bancas de jornais para vermos que, pelos preços, as empresas de divulgação cultural já selecionaram de antemão o que cada grupo social pode e deve ouvir, ver ou ler.

No caso dos jornais e revistas, por exemplo, a qualidade do papel, o estilo das letras e imagens, o tipo de manchete e de matéria publicada definem o consumidor e determinam o conteúdo daquilo a que terá acesso e o tipo de informação que poderá receber. Se compararmos, numa manhã, cinco ou seis jornais, perceberemos que o mesmo mundo — este no qual todos vivemos — transforma-se em cinco ou seis mundos diferentes ou mesmo opostos, pois um mesmo acontecimento recebe cinco ou seis tratamentos diversos em função do leitor que a empresa jornalística pretende atingir.

Em terceiro lugar, porque inventa uma figura chamada "espectador médio", "ouvinte médio" e "leitor médio", aos quais são atribuídas certas capacidades mentais "médias", certos conhecimentos "médios" e certos gostos "médios", oferecendo-lhes produtos culturais "médios". Que significa isso?

A indústria cultural *vende* cultura. Para vendê-la, deve seduzir e agradar o consumidor. Para seduzi-lo e agradá-lo, não pode chocá-lo, provocá-lo, fazê-lo pensar, fazê-lo ter informações novas que o perturbem, mas deve devolver-lhe, com nova aparência, o que ele já sabe, já viu, já fez. A "média" é o senso comum *cristalizado* que a indústria cultural devolve com cara de coisa nova.

Os atores Sam Worthington e Zoe Saldana (em sua caracterização digital) em cena do filme *Avatar*, de 2009, do diretor canadense James Cameron.

363

Em quarto lugar, porque define a cultura como *lazer e entretenimento, diversão e distração*, de modo que tudo o que nas obras de arte e de pensamento significa trabalho da sensibilidade, da imaginação, da inteligência, da reflexão e da crítica não tem interesse, não "vende". Massificar é, assim, *banalizar* a expressão artística e intelectual. Em lugar de difundir e divulgar a cultura, despertando interesse por ela, a indústria cultural realiza a *vulgarização* das artes e dos conhecimentos.

Escrevem Adorno e Horkheimer:

> A atrofia da imaginação e da espontaneidade do consumidor cultural de hoje não tem necessidade de ser explicada em termos psicológicos. Os próprios produtos (...) paralisam aquelas faculdades pela sua própria constituição objetiva. Eles são feitos de modo que a sua apreensão adequada exige, por um lado, rapidez de percepção, capacidade de observação e competência específica; por outro lado, é feita de modo a vetar, de fato, a atividade mental do espectador, se ele não quiser perder os fatos que se desenrolam rapidamente à sua frente (...). A violência da sociedade industrial opera nos homens de uma vez por todas. Os produtos da indústria cultural podem estar certos de serem alegremente consumidos em estado de distração. Mas cada um destes é um modelo do gigantesco mecanismo econômico que desde o início mantém tudo sob pressão tanto no trabalho quanto no lazer que lhe é semelhante.

Os meios de comunicação

A expressão "comunicação de massa" foi criada para referir-se aos objetos tecnológicos capazes de transmitir a mesma informação para um público muito amplo, isto é, para a massa. Inicialmente, referia-se ao rádio e ao cinema, pois a imprensa pressupunha pessoas alfabetizadas, o que não era requerido pelo rádio nem pelo cinema em seus começos. Pouco a pouco estendeu-se para a imprensa, a publicidade ou propaganda, a fotografia, o telefone, o telégrafo, o fonógrafo com os discos e a televisão. Esses objetos tecnológicos são os meios por intermédio dos quais a informação é transmitida ou comunicada.

O estudioso dos meios de comunicação Marshall McLuhan comparou as diferenças pedagógicas entre o ensino baseado no livro impresso e o ensino contemporâneo que emprega recursos audiovisuais. Diz McLuhan que, na Antiguidade e na Idade Média, os alunos aprendiam ouvindo o professor e repetindo o que ele dizia, isto é, o ensino era fundamentalmente oral e exigia grande trabalho da memória, havendo mesmo técnicas especiais para aprender a memorizar. Além disso, nos cursos mais avançados, além das aulas, os estudantes copiavam ou produziam para seu uso pessoal manuscritos de gramática, dicionários, ensinamentos básicos de aritmética e geometria. O ensino e o aprendizado, por serem orais, eram coletivos, pois todos os estudantes dependiam da aula ministrada pelo professor e memorizavam o ensinamento por meio de discussões e disputas com os colegas.

Essa situação, diz McLuhan, mudou com a chegada do livro impresso, pois não só os estudantes passaram a ter acesso aos mesmos materiais que os professores, mas também as aulas passaram a apoiar-se nos escritos, exigindo menos da memória de professores e alunos. Além disso, surgiu o estudo solitário e individual como algo mais importante do que a discussão e a disputa coletivas.

Ora, prossegue McLuhan, estamos vendo o final da "galáxia de Gutenberg" (ou seja, do livro impresso), com a chegada do rádio, do disco, da televisão e do computador às escolas. De fato, os novos meios de comunicação são visuais e sonoros, usam muito pouco a escrita (com exceção do jornalismo impresso) e estimulam a oralidade. As escolas, como as da Antiguidade e da Idade Média, adotam cada vez mais os recursos audiovisuais para o ensino e o aprendizado e reintroduzem os trabalhos de grupo e as discussões coletivas.

Benjamin falava em "reprodutibilidade" da obra de arte; McLhuan fala em "mecanização" da expressão humana. Escreve ele, num ensaio intitulado "Visão, som e fúria":

meios: em latim, *meio* se diz *médium* e, no plural, *meios* se diz *media*. Os primeiros teóricos dos meios de comunicação empregaram a palavra latina *media*. Como eram teóricos de língua inglesa, diziam *mass media*, isto é, "os meios de massa". A pronúncia, em inglês, do latim *media* é "mídia". Quando os teóricos de língua inglesa dizem "*the media*", estão dizendo "os meios". Por apropriação da terminologia desses teóricos no Brasil, a palavra *mídia* passou a ser empregada como se fosse uma palavra feminina no singular — "a mídia".

Marshall McLuhan (1911–1980), filósofo e educador canadense.

364

> *Antes da imprensa, um leitor era alguém que discernia e sondava enigmas. Após a imprensa, passou a significar alguém que corria os olhos, que escapulia ao longo das superfícies do texto impresso. Hoje em dia, no final de tal processo, chegamos a aliar a habilidade de ler velozmente com a distração, em vez de com a sabedoria. Mas à imprensa, à mecanização da escrita, sucedeu no século dezenove a fotografia e em seguida a mecanização dos gestos humanos no filme. A isso seguiu-se a mecanização da fala no telefone, no fonógrafo e no rádio. Com o cinema falado e, finalmente, com a televisão, sobreveio a mecanização da totalidade da expressão humana, da voz, do gesto e da figura humana em ação. Cada um desses estágios da mecanização da expressão humana comparou-se, em seu âmbito, à revolução deflagrada pela própria mecanização da escrita.*

O que os meios (ou "a mídia") veiculam? O que transmitem? Sob a forma de romances, novelas, contos, notícias, músicas, debates, danças, jogos, eles transmitem *informações*. Entusiasmado com os meios de comunicação como veículos de informação, McLuhan escreve no mesmo ensaio:

> *Esta é a época de transição da era comercial, quando a produção e distribuição de utilidades absorvia o engenho dos homens. Passamos hoje da produção de mercadorias empacotadas para o empacotamento da informação. Anteriormente, nós invadíamos ["nós", aqui, são os Estados Unidos, evidentemente] os mercados estrangeiros com utilidades. Hoje, invadimos culturas inteiras com informação enlatada, diversão e ideias.*

Ora, é exatamente essa *invasão cultural*, com pacotes de informações, ideias e diversões que não deve causar entusiasmo e sim reflexão, ponderação e crítica, pois é preciso perguntar: quem as produz?, quem as empacota?, quem as distribui?, para quem são distribuídas?, com que finalidade?

A propaganda

Empregando as artes gráficas, a fotografia, a música, a dança e a poesia e difundindo-se por meio de jornais, revistas, cartazes, rádio e televisão (ou seja, pela indústria cultural), a propaganda comercial é a difusão e divulgação de produtos destinados à venda e dirigidos a consumidores. Ela também recebe o nome de *publicidade comercial*, porque é feita publicamente ou se dirige ao público entendido como consumidor. Essa propaganda opera por meio de:

1. explicações simplificadas e elogios exagerados sobre os produtos;
2. *slogans* curtos que possam ser facilmente gravados;
3. aparente informação e prestação de serviço ao consumidor;
4. garantia de que o consumidor será igual a todo mundo e não um deslocado (pois consumirá o que outros consomem), mas, ao mesmo tempo, será diferente de todo mundo (pois o produto lhe dará uma individualidade especial).

Para ser eficaz, a propaganda deve realizar duas operações simultâneas: por um lado, deve afirmar que o produto possui os valores estabelecidos pela sociedade em que se encontra o consumidor (por exemplo, se a vida em família é muito valorizada, os produtos devem aparecer a serviço da mãe, do pai, dos filhos, da higiene e beleza do lar, da saúde das crianças, da felicidade conjugal, etc.) e, por outro, além de despertar desejos que o consumidor não possuía, precisa, sobretudo, assegurar a satisfação desses desejos (donde o *slogan* "sua satisfação garantida ou seu dinheiro de volta").

Em seus começos, desde fins do século XIX até os meados do século XX, a propaganda comercial sublinhava e elogiava as qualidades do produto: apresentava, por exemplo, os efeitos curativos dos remédios, os efeitos higiênicos do sabão, do sabonete e da pasta de dentes, o conforto de uma mobília, o bom gosto de uma peça de roupa da moda. Podia também apresentar essas qualidades oferecendo a palavra de algum especialista que participara

---

propaganda: a palavra *propaganda* deriva do verbo *propagar*, que significa "multiplicar uma espécie por meio da reprodução", "espalhar-se por um território", "aumentar numericamente por contágio", "irradiar-se", "difundir-se" e, por extensão, "divulgar". A propaganda é uma difusão e uma divulgação de ideias, valores, opiniões, informações para o maior número de pessoas no mais amplo território possível. É com esse sentido que falamos em *propaganda religiosa* e em *propaganda política*. Ambas, porque se dirigem publicamente ao maior número possível de pessoas, são formas de *publicidade*.

da fabricação do produto ou que o usara e o recomendava (falavam médicos, dentistas, farmacêuticos, donas de casa, modistas, etc.). Como na era da sociedade industrial os produtos eram valorizados por sua durabilidade, a propaganda tendia a inventar uma imagem duradoura que se tornava uma espécie de *marca* para o reconhecimento imediato do produto e facilmente repetida por todos. Essa "marca" podia ser a embalagem (em latas de metal ou em vidros com forma característica), um desenho, um *slogan*, uma pequena melodia, uma rima, que permitia o rápido reconhecimento do produto por muitos e muitos anos. Uma das propagandas mais conhecidas e de longa duração foi usada, desde os anos 1930, por uma indústria de aparelhos de rádio e fonógrafos, a RCA Victor, cuja "marca" era um cão com o ouvido próximo de um gramofone e sob o qual havia os dizeres "A voz do dono", para sugerir fidelidade do som e fidelidade do consumidor. Nos anos 1940, por exemplo, havia melodias e *slogans* para um analgésico ("Melhoral é melhor e não faz mal"), para um perfume popular ("Cashmere Bouquet, a fragrância de rosas para você"), para um fixador de cabelos ("Lex duralex, no cabelo só Gumex"), para uma brilhantina ("Glostora, a brilhantina que o homem adora"). Nos anos 1950, havia um desenho característico (a rosa dos ventos) acompanhado de uma frase melódica própria com que o consumidor imediatamente identificava uma companhia aérea, a Varig. A propaganda também buscava afirmar e garantir o produto trazendo o nome do fabricante como prova da qualidade (guaraná da Antarctica, cerveja da Brahma, tecido de algodão da América Fabril ou da Bangu, o Biotônico do Laboratório Fontoura) ou como garantia da exclusividade ("Chicletes, a delícia que só Adams fabrica").

Com o aumento da competição entre produtores e distribuidores, com o crescimento do mercado da moda, com o advento da sociedade pós-industrial cujos produtos são descartáveis, sem durabilidade (a sociedade pós-industrial é a "sociedade do descarte") e de consumo imediato (alimentos e refeições instantâneos), e sobretudo à medida que pesquisas de mercado indicam que as vendas dependem da capacidade de manipular desejos do consumidor e até mesmo de criar desejos nele, a propaganda comercial foi deixando de apresentar o produto propriamente dito (com suas propriedades, qualidades, durabilidade) para afirmar os desejos que ele realizaria: sucesso, prosperidade, segurança, juventude eterna, beleza, atração sexual, felicidade.

Em outras palavras, a propaganda ou publicidade comercial passou a *vender imagens e signos* e não as próprias mercadorias.

Assim, por exemplo, até bem pouco tempo, para vender um certo cigarro, em vez de apresentá-lo diretamente, em seu lugar apareciam motocicletas, veleiros, corridas de automóveis e o *slogan* "o sucesso". Ou seja, vendia-se a imagem do sucesso para a qual o cigarro se tornara instrumento indispensável. Uma outra marca de cigarro passava a competir com a anterior e, em lugar do próprio cigarro, apresentava um prédio em construção com engenheiros e arquitetos bem-sucedidos fumando, e o *slogan*, "a marca inteligente". Ou seja, vendia-se o cigarro apelando-se para a imagem dos que eram inteligentes e por isso o escolhiam. Assim, também, em lugar da manteiga e da margarina com suas propriedades e qualidades, aparece a família feliz tomando o café da manhã e consumindo o produto, isto é, vende-se a imagem da felicidade e da harmonia domésticas para as quais a margarina ou manteiga é a condição indispensável. Assim também, em lugar do sabonete e do desodorante, com suas propriedades e qualidades, surge a imagem da sensualidade da mulher ou do homem que os usam. O automóvel é apresentado como prova de sucesso, charme sexual e inteligência do consumidor, sobretudo quando são enfatizadas as inovações tecnológicas do veículo, cujo consumo pressupõe a imagem de uma pessoa moderna e atualizada. E assim por diante.

A propaganda comercial também *se apropria* de atitudes, opiniões e posições críticas ou radicais existentes na sociedade, *esvazia* seu conteúdo social ou político e as investe num produto, transformando-as em moda consumível e passageira. Feminismo, guerrilha revolucionária, movimentos culturais de periferia, liberação sexual, direitos humanos, etc. são transformados em qualidades que vendem um produto.

Mas não só isso. A publicidade não se contenta em construir imagens com as quais o consumidor se identifica e por isso consome os produtos. Ela os apresenta como *realização de desejos* que o consumidor nem sabia que tinha e passa a ter — uma roupa ou um perfume são associados a viagens a países distantes e exóticos ou a uma relação sexual fantástica; um utensílio doméstico ou um sabão em pó são apresentados como a suprema defesa do feminismo, liberando a mulher das lides caseiras; um alimento para crianças é apresentado como garantia de saúde e alegria infantis, despertando na criança o desejo de consumi-lo e levando a mãe ou o pai a adquiri-lo porque esperam ganhar tranquilidade e certeza de bem alimentar os filhos.

Visto, porém, que a sociedade contemporânea ou pós-moderna é aquela em que tudo é veloz, fugaz e efêmero, desaparecendo da noite para o dia, a propaganda precisa acompanhar esse ritmo. Com isso, ela desenvolve a ideia de que sua eficácia e competitividade serão maiores não simplesmente por agir sobre os desejos já existentes e sim por sua capacidade para inventar desejos novos e manipulá-los de acordo com o consumo de produtos sempre novos e fugazes.

Mas a propaganda comercial vai ainda mais longe. De fato, como *todos os indivíduos são mercadorias que consomem mercadorias*, a propaganda passa a estimular imagens de indivíduos vencedores na competição instituída pelo mercado de trabalho: roupas, calçados, bolsas e pastas de grife, sabonetes, perfumes e desodorantes que sugerem requinte e *glamour*, cosméticos de marcas famosas, etc., passam a constituir o próprio corpo do indivíduo, formam sua imagem como uma espécie de *segunda natureza* ou de *máscara* colada em sua pele.

A esse respeito, escreve David Harvey no livro *A condição pós-moderna*:

> *A competição no mercado de construção de imagens passa a ser um aspecto vital da concorrência entre as empresas. O sucesso é tão claramente lucrativo que o investimento na construção da imagem (patrocínio das artes, exposições de artes, produções televisivas, etc.) se torna tão importante quanto o investimento em novas fábricas e maquinário. A imagem serve para estabelecer uma identidade no mercado, o que se aplica também ao mercado de trabalho. A aquisição de uma imagem (por meio da compra de um sistema de signos como roupas de grife e o carro da moda) se torna um elemento singularmente importante na autoapresentação nos mercados de trabalho e, por extensão, passa a ser parte integrante da busca de identidade individual, autorrealização e significado da vida.*

Rádio e televisão

Os primeiros estudos sociológicos, psicológicos e filosóficos sobre os meios de comunicação de massa foram feitos quando se deu a expansão das ondas de rádio. Mais do que o telefone, o telégrafo sem fio e o fonógrafo, o rádio despertou interesse porque com ele iniciou-se efetivamente a informação e a comunicação de massa a distância.

Dois fatos, o caso da transmissão radiofônica de *A guerra dos mundos* e o uso de mensagens radiofônicas pelo nazismo, nos ajudam a perceber o impacto e a importância do rádio.

Nos meados dos anos 1930, o jovem Orson Welles, ator e diretor de cinema, irradiou por uma rádio de Nova York o romance de H. G. Wells, *A guerra dos mundos*, que narrava a invasão da Terra por marcianos. Orson Welles e sua turma não avisaram o público de que se tratava de uma obra de ficção científica, mas a apresentaram como se de fato Nova York estivesse sendo invadida por alienígenas. O pânico tomou a cidade, pessoas fugiram de suas casas, procurando trens, ônibus, metrôs e automóveis para escapar da ameaça. E depois o pânico tomou o país, sendo necessário que o governo e o exército norte-americanos interviessem para acalmar a população.

A transmissão de *A guerra dos mundos* mostrou o poder de persuasão e de convencimento do rádio e nos explica o segundo fato, isto é, seu uso cotidiano e intenso feito pelo poder nazista alemão com finalidade de propaganda política. Conferências de intelectuais nazistas, discursos de Hitler, entrevistas com militantes do partido nazista e transmissão de notícias diretamente das frentes de guerra foram empregados para convencer a sociedade

fugacidade e efemeridade: referência, em linhas gerais, à dromologia, teoria do urbanista e filósofo francês Paul Virilio, à modernidade líquida, teoria do sociólogo polonês Zygmunt Bauman, e à teoria do efêmero, do filósofo francês Gilles Lepvotsky.

David Harvey (1935-), geógrafo marxista britânico.

alemã sobre a grandeza, justeza e poderio do nazismo. Em outras palavras, o nazismo descobriu e explorou a *capacidade mobilizadora* do rádio.

No Brasil, nos anos 1940, durante a ditadura de Getúlio Vargas, foi criado pelo governo um programa diário para transmitir as notícias oficiais e as ideias do ditador: a *Voz do Brasil*, existente até hoje.

De igual impacto e poder de convencimento é a televisão. Para comentar e criticar esse poderio, o cinema produziu alguns filmes. Os mais interessantes foram *Rede de intrigas*, *Mera coincidência* e *O show de Truman*.

Rede de intrigas (título em que a palavra *rede* tem duplo sentido, significando "rede de televisão" e "trama de intrigas") narra a maneira como um jornalista de noticiários de televisão, que havia acabado de ser demitido, no último programa resolve dizer todas as verdades que sempre fora impedido de dizer. O sucesso desse último programa foi tão grande que a rede de televisão, em lugar de demiti-lo, aumentou-lhe o salário e deu-lhe um programa exclusivo, em rede nacional, no qual ele convocava a população a gritar contra o sistema. Ou seja, o sistema lhe pagava para gritar contra ele porque o programa tinha altíssima audiência e havia empresas pagando à rede milhões de dólares para patrociná-lo. O filme termina com o ator cometendo suicídio em frente às câmeras, ao vivo e em cores, e com a rede repetindo a cena porque a audiência era enorme e o lucro financeiro imenso. Ou seja, o sistema e a rede de televisão venceram.

Em *Mera coincidência*, o assessor do presidente dos Estados Unidos, durante a campanha pela reeleição, tem de impedir a queda da popularidade do presidente causada por um escândalo sexual. Contrata um famoso produtor de cinema de Hollywood para solucionar o problema. A solução consiste em inventar um problema mais rumoroso do que o escândalo sexual, que passe a ocupar a opinião pública. Que problema inventar? Uma guerra em um país da Europa central e a intervenção do presidente norte-americano e do exército dos Estados Unidos para salvar os inocentes, vítimas de terroristas e guerrilheiros.

Usando recursos tecnológicos muito avançados e sofisticados, o produtor cinematográfico não só inventa uma guerra completa, com noticiários "ao vivo" da "frente de batalha" e reportagens com as "vítimas", como ainda mostra a vitória norte-americana e cria um soldado herói, que será idolatrado pela opinião pública. Evidentemente, o presidente foi reeleito. O cineasta, contudo, fica entusiasmado com o sucesso de sua invenção, passa a acreditar nela e quer que a "guerra" continue. O assessor presidencial então lhe diz: "A guerra acabou. Deu na televisão". Essa frase é perfeita, pois com ela o assessor presidencial diz ao cineasta que toda e qualquer invenção se torna realidade desde que apresentada pela televisão e que, portanto, assim como a televisão fez existir uma guerra, assim também fez com que o conflito terminasse. O cineasta, porém, acredita que ganhará um Oscar se contar que foi o autor da guerra. Para evitar esse perigo, o assessor presidencial chama o Serviço Secreto, que mata o cineasta. Novamente, vence o sistema, graças à televisão.

O show de Truman faz um jogo de palavras em inglês com os vocábulos *true*, *man* e *show*. *Truman* é um nome próprio, um sobrenome; *true* quer dizer "verdadeiro"; *man* quer dizer "homem"; *show* significa "espetáculo" e o verbo *to show* quer dizer "mostrar". O título diz, portanto: "Espetáculo de Truman" ou "Espetáculo do homem verdadeiro".

De que trata o filme? De um jovem, Truman, cuja família o vendeu, ao nascer, para um programa de televisão, o *Truman Show*, transmitido ao vivo durante vinte e quatro horas para todo o país. Truman não sabe que é uma personagem de televisão e não sabe que a cidadezinha onde nasceu, cresceu e vive, a escola que frequentou, o emprego que possui, as pessoas que conhece e com quem convive não existem realmente. Não sabe que, desde o nascimento, vive num cenário e que é visto por todo o país todas as horas do dia. Por acaso, um dia descobre a verdade e tem de tomar uma decisão essencial: permanecer na ficção como espetáculo (*show*) ou tornar-se um homem verdadeiro (em inglês, *true man*) e mostrar (em inglês, *to show*) a verdade, enfrentando-a. Ele optará pela segunda alternativa, mas o que é impressionante é ver o público acompanhar a tomada de decisão verdadeira como se fosse um espetáculo de ficção. Truman distingue entre realidade e ficção, mas o público já não distingue entre verdade e mentira, *entorpecido* pela televisão.

Esse filme inspirou um programa de televisão holandês, copiado em duas versões pela televisão brasileira: *Casa dos artistas* e *Big brother*. A maioria do público brasileiro talvez não saiba o que seja e quem seja o Big Brother, ou o Grande Irmão. É uma personagem do romance de George Orwell, *1984*.

O Grande Irmão

O romance (escrito em 1948, data invertida para 1984) descreve uma sociedade totalitária na qual todos são permanentemente vigiados por câmeras de televisão. Ao infringirem alguma regra ou lei, são presos e torturados, condicionados para não voltar a errar. As pessoas não convivem umas com as outras, sentem solidão e necessidade de se comunicar. Para isso, todos os dias e várias vezes por dia "conversam" com uma tela de televisão na qual há um rosto bondoso, o Big Brother, o Grande Irmão, que os vigia e lhes fala, sem na verdade dizer-lhes nada, a não ser dar-lhes ordens. Nessa sociedade existe o "Ministério da Verdade", cuja função é produzir a mentira, eliminando e deformando fatos, pessoas e acontecimentos por meio de narrativas falsas, a serviço do poder do Big Brother. Nela também foi criada a "Novilíngua", um departamento encarregado de mudar o sentido das palavras conforme os desejos do Big Brother, impedindo que as pessoas compreendam o verdadeiro sentido delas.

Essa história terrível sobre o controle de corpos, corações e mentes das pessoas por sistemas cruéis de vigilância em sociedades totalitárias teve seu conteúdo crítico inteiramente esvaziado ao servir de modelo para um programa de televisão "engraçado e divertido", um *entretenimento*, como acontece com tudo na indústria cultural.

Dos meios de comunicação, sem dúvida, o rádio e a televisão manifestam mais do que todos os outros aqueles traços da indústria cultural que apontamos no início deste capítulo, pois ambos são *mercadorias que vendem mercadorias* na forma de informação, entretenimento e lazer.

Começam introduzindo duas divisões: a do público (as chamadas "classes" A, B, C e D) e a dos horários (a programação se organiza em horários específicos que combinam a "classe", a ocupação — donas de casa, trabalhadores braçais, profissionais liberais, executivos —, a idade — crianças, adolescentes, adultos — e o sexo).

Essa divisão é feita para atender às exigências dos patrocinadores, que financiam os programas tendo em vista os consumidores potenciais de seus produtos e, portanto, criam a especificação do conteúdo e do horário de cada programa. Em outras palavras, o conteúdo, a forma e o horário do programa já trazem em seu próprio interior a marca do patrocinador.

Muitas vezes, o patrocinador financia um programa que nada tem a ver, diretamente, com o conteúdo e a forma veiculados. Ele o faz porque, nesse caso, não está vendendo um produto, mas a *imagem* de sua empresa. É assim, por exemplo, que uma empresa de cosméticos pode, em lugar de patrocinar um programa feminino, patrocinar concertos de música clássica; uma revendedora de motocicletas, em lugar de patrocinar um programa para adolescentes, pode patrocinar um programa sobre ecologia.

A figura do patrocinador determina o conteúdo e a forma de outros programas, ainda que não patrocinados por ele. Por exemplo, um banco de um governo estadual pode patrocinar um programa de auditório, pois isso é conveniente para atrair clientes, mas pode, indiretamente, influenciar o conteúdo veiculado pelos noticiários. Por quê?

Porque a quantidade de dinheiro paga pelo banco à rádio ou à televisão para o programa de auditório é muito elevada e interessa aos proprietários daquela rádio ou televisão. Se o noticiário apresentar notícias desfavoráveis ao governo do Estado ao qual pertence o banco, este pode suspender o patrocínio do programa de auditório. Para não perder o cliente, a emissora de rádio ou de televisão não veicula notícias desfavoráveis àquele governo e, pior, veicula apenas as que lhe são favoráveis. Dessa maneira, o direito à informação desaparece, e os ouvintes ou telespectadores são desinformados ou ficam mal informados.

A desinformação, aliás, é o principal resultado da maioria dos noticiários de rádio e televisão. Com efeito, como são apresentadas as notícias? De modo geral, são apresentadas de maneira a impedir que o ouvinte e o espectador possam localizá-las no espaço e no tempo.

Falta de localização espacial: o espaço real é o aparelho de rádio e a tela da televisão, que têm a peculiaridade de retirar as diferenças e distâncias geográficas, de tal modo que algo acontecido na China, na Índia, no Iraque, nos Estados Unidos ou em Campina Grande pareça igualmente próximo e igualmente distante. Do ponto de vista da tela, enchentes num vilarejo e numa cidade de Minas Gerais são igualmente próximas e igualmente distantes. É assim, por exemplo, que os acontecimentos no dia 11 de setembro de 2001 na cidade de Nova York (a destruição das duas torres do World Trade Center) foram sentidos com grande emoção no Brasil, com muitas pessoas referindo-se a eles como se fossem algo muito próximo e que as atingia, embora continuassem observando calmamente e sem nenhuma emoção as crianças esfarrapadas e famintas pedindo esmolas nas esquinas das ruas das cidades brasileiras onde vivem os telespectadores.

Falta de localização temporal: os acontecimentos são relatados como se não tivessem causas passadas nem efeitos futuros; surgem como *pontos* puramente atuais ou presentes, sem continuidade no tempo, sem origem e sem consequências; *existem* enquanto forem objetos de transmissão e *deixam de existir* se não forem transmitidos. Por quê? Porque têm a *existência de um espetáculo* e só permanecem na consciência das pessoas enquanto permanecer o espetáculo de sua transmissão.

Refugiados ruandenses na região de Ngara, próximo à fronteira com Ruanda, durante o massacre étnico ocorrido nesse país em 1994.

Assim, por exemplo, desde o sequestro da filha de um apresentador de televisão e, depois, desse mesmo apresentador, bem como de um publicitário muito conhecido no Brasil, os noticiários de rádio e televisão passaram a dedicar a maior parte do tempo a notícias sobre crimes (roubos, furtos, homicídios, sequestros, estupros, violência contra crianças, etc.) como se tivessem surgido do nada, repentinamente. A população passou a sentir-se ameaçada e amedrontada porque passou a receber uma verdadeira enxurrada de notícias sobre tais assuntos, embora os crimes já tivessem existência e já houvessem aumentado há muito tempo. E nenhum noticiário estabeleceu relação entre os problemas postos pela economia (desemprego, exclusão social, desabrigo, fome, miséria, etc.), suas consequências sociais (desigualdade social, injustiça, corrupção dos aparelhos policiais e judiciários, etc.) e a criminalidade. Nenhuma informação real foi transmitida à sociedade.

Assim também os acontecimentos da cidade de Nova York, a que nos referimos anteriormente, levaram o governo dos Estados Unidos a invadir e bombardear o Afeganistão. Este país *passou a existir* porque passou a ser um espetáculo de rádio e televisão. Decorridos alguns meses e terminada a invasão norte-americana, o Afeganistão desapareceu dos meios de comunicação e muita gente já não se lembra de que esse país existe.

Mas não só isso. Radiouvintes e telespectadores tiveram o sentimento de que o ataque às torres de Nova York havia sido um ato repentino de loucura, algo insano, súbito e inexplicável, pois não tinham nenhuma informação sobre o que levou a tal acontecimento (por exemplo, quem armou, treinou e preparou os guerrilheiros árabes?, por que escolheram os alvos que escolheram?). Da mesma maneira, a todos no Brasil parecia incompreensível o que se passava no próprio Afeganistão, invadido pelo exército norte-americano, pois quando termos como "Aliança do Norte" e "Taleban" passaram a ser usados pelos meios de comunicação, ninguém sabia o que queriam dizer. E eram usados como se tivessem *começado a existir* naquele momento e não fizessem parte de uma história que os telespectadores e os radiouvintes desconheciam. E ninguém foi informado pelos noticiários, pois estes se contentavam em usar aquelas expressões sem maiores explicações. Permanecemos tão *desinformados* quanto antes das "informações".

Realidade fragmentada

Paradoxalmente, rádio e televisão podem nos oferecer o mundo inteiro num instante, mas o fazem de tal maneira que o mundo real desaparece, restando apenas retalhos fragmentados de uma realidade desprovida de raiz no espaço e no tempo. Imediatamente depois de experimentarmos a ilusão de que fomos informados sobre tudo, percebemos que nada sabemos.

Também é interessante a *inversão* entre realidade e ficção produzida pelos meios. Acabamos de mencionar o modo como o noticiário nos apresenta um mundo irreal, sem história, sem causas nem consequências, descontínuo e fragmentado. Em contrapartida, as telenovelas criam o *sentimento de realidade*. Elas o fazem usando três procedimentos principais:

1. o tempo dos acontecimentos telenovelísticos é lento para dar a ilusão de que, a cada capítulo, passou-se apenas um dia de nossa vida, ou passaram-se algumas horas, tais como realmente passariam se fôssemos nós a viver os acontecimentos narrados;

2. as personagens, seus hábitos, sua linguagem, suas casas, suas roupas, seus objetos são apresentados com o máximo de *realismo* possível, de modo a impedir que nos sintamos distantes deles (como nos sentimos no cinema e no teatro);

3. como consequência, a telenovela nos aparece como *relato do real*, enquanto o noticiário nos aparece como irreal. Basta ver, por exemplo, a reação de cidades inteiras quando uma personagem da novela morre (as pessoas choram, querem ir ao enterro, ficam de luto) ou quando um acontecimento espantoso ocorrido em outra parte do mundo é apresentado como se fosse um capítulo de telenovela. Observa-se, em contraponto, uma falta de reação das pessoas diante de chacinas reais, ocorridas em nossas proximidades e apresentadas nos noticiários.

Vale a pena, também, mencionar dois outros efeitos que os meios de massa produzem em nossa mente: a *dispersão da atenção* e a *infantilização*.

Para atender aos interesses econômicos dos patrocinadores, rádio e televisão dividem a programação em blocos que duram de sete a dez minutos, sendo cada bloco interrompido pelos comerciais. Essa divisão do tempo nos leva a concentrar a atenção durante os sete ou dez minutos de programa e a desconcentrá-la durante as pausas para a publicidade.

Pouco a pouco, isso se torna um hábito. Artistas de teatro afirmam que, durante um espetáculo, sentem o público ficar desatento a cada sete minutos. Professores observam que seus alunos perdem a atenção a cada dez minutos e só voltam a se concentrar após uma pausa que dão a si mesmos, como se dividissem a aula em "programa" e "comercial".

Ora, um dos resultados dessa mudança mental transparece quando criança e jovem tentam ler um livro: não conseguem ler mais do que sete a dez minutos de cada vez, não conseguem suportar a ausência de imagens e ilustrações no texto, não suportam a ideia de precisar ler "um livro inteiro". Nesse aspecto, a atenção e a concentração, a capacidade de abstração intelectual e de exercício do pensamento foram destruídas. Como esperar que possam desejar e interessar-se pelas obras de arte e de pensamento?

Por ser um ramo da indústria cultural e, portanto, por ser fundamentalmente vendedores de cultura que precisam agradar ao consumidor, os meios de comunicação o infantilizam.

Como isso acontece?

Uma pessoa (criança ou não) é infantil quando não consegue suportar a distância temporal entre seu desejo e a satisfação dele. A criança é infantil justamente porque para ela o intervalo entre o desejo e a satisfação é intolerável (por isso a criança pequenina chora tanto).

Ora, o que fazem os meios de comunicação? Prometem e oferecem *gratificação instantânea*. Como o conseguem? Criando em nós os desejos e oferecendo produtos (publicidade e programação) para satisfazê-los. O ouvinte que gira o *dial* do aparelho de rádio continuamente e o telespectador que muda continuamente de canal o fazem porque sabem que, em algum lugar, seu desejo será imediatamente satisfeito.

Além disso, como a programação se dirige ao que já sabemos e já gostamos, e como toma a cultura sob a forma de lazer e entretenimento, os meios satisfazem imediatamente nossos desejos porque não exigem de nós atenção, pensamento, reflexão, crítica, perturbação de nossa sensibilidade e de nossa fantasia. Em suma, não nos pedem o que as obras de arte e de pensamento nos pedem: trabalho sensorial e mental para compreendê-las, amá-las, criticá-las, superá-las. A cultura nos satisfaz, se tivermos paciência para compreendê-la e decifrá-la. Exige maturidade. Os meios de comunicação nos satisfazem porque nada nos pedem, senão que permaneçamos para sempre infantis.

Opressão dissimulada

Um outro traço da indústria cultural que merece nossa atenção é seu *autoritarismo*, sob a aparência de *democracia*. Um dos melhores exemplos encontra-se nos programas de aconselhamento. Um especialista — é sempre um especialista — nos ensina a viver, um outro nos ensina a criar os filhos, outro nos ensina a fazer sexo, e assim vão se sucedendo especialistas que nos ensinam a ter um corpo juvenil e saudável, boas maneiras, jardinagem, meditação espiritual, enfim, não há um único aspecto de nossa existência que deixe de ser ensinado por um especialista competente.

Em princípio, seria absurdo e injusto considerar tais ensinamentos como "autoritários". Pelo contrário, deveríamos considerá-los uma forma de democratizar e socializar conhecimentos. Onde se encontra o lado "autoritário" desse tipo de programação (no rádio e na televisão) e de publicação (no caso de revistas, jornais e livros)? No fato de que funcionam como *intimidação social*.

De fato, como os meios de comunicação nos infantilizam, diminuem nossa atenção e capacidade de pensamento, invertem realidade e ficção e prometem, por intermédio da publicidade, colocar a felicidade imediatamente ao alcance de nossas mãos, acabam nos transformando num *público dócil e passivo*. Uma vez que nos tornamos dóceis e passivos, os programas de aconselhamento, longe de divulgar informações (como parece ser a intenção generosa dos especialistas), tornam-se um processo de *inculcação* de valores, hábitos, comportamentos e ideias, pois não estamos preparados para pensar, avaliar e julgar o que vemos, ouvimos e lemos. Por isso, ficamos intimidados, isto é, passamos a considerar que nada sabemos, que somos ineptos para viver e agir se não seguirmos a autoridade competente do especialista.

Dessa maneira, um conjunto de programas e publicações que poderiam ter verdadeiro significado cultural tornam-se *o contrário* da cultura e de sua democratização, pois se dirigem a um público transformado em massa inculta, infantil, desinformada e passiva.

Num livro intitulado *Quatro argumentos para eliminar a televisão*, Jerry Mander (que foi, durante quinze anos, executivo e relações-públicas em redes de televisão norte-americanas) explica por que a televisão não pode ser considerada um meio de comunicação democrático. Seus dois principais argumentos são de caráter econômico e tecnológico.

Do ponto de vista *econômico*, as redes de televisão são ou propriedades privadas ou concessões estatais para empresas privadas que, como tais, operam com as ideias de lucro e de conservação de seu próprio poder. Como consequência, a escolha do conteúdo dos programas (do noticiário à telenovela, do debate ao programa de auditório, dos esportes aos concertos de música e dança) é determinada pelo critério do *lucro* (e não da qualidade) e da *conservação do poder* dos proprietários (excluindo, portanto, tudo quanto possa pôr em perigo esse poder e também o poder dos governos existentes, dos quais dependem as concessões). Outros, portanto, decidem o que podemos e devemos ver. Somos receptores e não produtores da informação e da comunicação, como seria o caso, se a televisão fosse democrática.

Do ponto de vista *tecnológico*, há fatores que limitam o próprio meio e determinam o que ele pode transmitir. Vejamos alguns entre os vários apontados por Mander:

- *Ausência de sutileza*. A tela de um televisor produz a imagem por meio de uma grade de pontos localizados em quinhentas linhas (a imagem que vemos é vista como se estivesse por trás da fina rede de um coador de chá). Isso significa que nem toda imagem será nítida ou "limpa", isto é, que nem todos os pontos ou "sinais" que a formam são nítidos. Por isso, a televisão tem preferência por imagens cujos "sinais" ou pontos sejam nítidos, e tais imagens são os rostos em *close-up*, ou seja, vistos de muito perto. Além disso, o que está atrás e em volta da imagem não pode ser complexo (muitos objetos, muitas cores), mas precisa ser o mais simples possível. Por esse motivo, para "limpar" a imagem, há a tendência de separá-la do contexto em que ela se encontra, para que ela possa ser nítida na transmissão.

    Assim, nos programas geográficos ou turísticos, a câmera não consegue mostrar uma floresta (mostra uma mancha verde ou mostra algumas árvores) ou uma cidade (mostra uma mancha cinza ou mostra alguma rua com algumas casas); nos noticiários e programas de debates, por exemplo, nunca vemos o todo da cena, nunca vemos tudo o que está realmente acontecendo, mas apenas um corte, escolhido pela câmera.

    Essa exigência tecnológica de ficar com imagens grandes e simples também determina as expressões de artistas, jornalistas, debatedores, etc., pois todo sentimento ou pensamento sutis ficam invisíveis e só são transmissíveis as emoções mais comuns e mais simples. É por isso que a televisão tem preferência por programas de auditório, programas sobre violência, os chamados filmes de ação e esportes, isto é, todas as situações em que os sentimentos, além de serem poucos, são previsíveis. Também por isso, nas telenovelas, a gama de sentimentos apresentados é sempre mínima e a mesma (amor, ódio, raiva, medo, maldade, bondade, alegria exagerada), desaparecendo toda a sutileza da vida interior e emocional.

- *Redução da percepção*. A televisão só pode transmitir sinais visuais e sonoros. Além de poder oferecer apenas imagens para a vista e a audição, as imagens visuais e sonoras não estão conectadas: vemos imagens distantes com som próximo (por exemplo, montanhas ao longe com nítido som de pássaros e de cachoeiras, que não poderíamos estar escutando de verdade; duas pessoas caminhando ao longo numa rua e o som nítido de sua conversa, que não poderíamos estar ouvindo a essa distância, etc.). A câmera não consegue apresentar uma cena completa de um balé nem a totalidade de uma orquestra sinfônica. Além disso, na televisão a imagem não pode ter profundidade, porque é sempre achatada; o movimento nunca pode ser visto no seu ritmo próprio, porque é sempre distorcido e deformado.

- *Regras de transmissão*. Em decorrência das limitações tecnológicas do meio, a televisão obedece a um conjunto de regras que determinam o que é melhor para a transmissão e o que deve ser evitado. Das 35 regras mencionadas por Mander, selecionamos algumas:

1. a guerra televisiona melhor do que a paz porque contém muita ação e um sentimento poderoso: o medo (a paz é amorfa e sem graça; nela as emoções são interiores e sutis e não há como televisioná-las). Pelo mesmo motivo, violência televisiona melhor do que não violência;

2. fatos externos (ocorrências e acontecimentos) televisionam melhor do que informações (ideias, opiniões, perspectivas), pois é mais forte mostrar coisas e fatos do que acompanhar raciocínios e pensamentos;

3. afora rostos humanos, coisas televisionam melhor do que seres vivos (pessoas, animais e plantas), porque as coisas são simples, comunicam diretamente suas imagens numa mensagem sem complicação, enquanto as pessoas são complexas, raciocinam, se emocionam, dizem coisas sutis;

4. líderes religiosos e políticos carismáticos televisionam melhor do que os não carismáticos, pois estes se dirigem ao pensamento e ao sentimento das pessoas, enquanto aqueles se dirigem a emoções mais simples e visíveis, que são bem transmitidas;

5. é mais fácil transmitir um só do que muitos; por isso, nos acontecimentos de massa ou de multidão, escolhe-se uma única pessoa para opinar e falar ou uma sequência de pessoas entrevistadas uma a uma;

6. é melhor transmitir organizações hierárquicas do que democráticas, pois as primeiras têm uma forma muito simples, qual seja, a autoridade e os subordinados ou os seguidores;

7. assuntos curtos com começo, meio e fim são melhores do que assuntos longos que exigem pluralidade de informações e aprofundamento de pontos de vista;

8. sentimentos de conflito televisionam melhor do que sentimentos de concórdia; por isso, competição televisona melhor do que cooperação;

9. ambição e consumo televisionam melhor do que espiritualidade, pois a câmera não tem como lidar com sutileza, diversidade e ambiguidade;

10. quando televisionar "povos primitivos", apresente música, dança, canto, caça, pesca, lutas e evite entrevistas subjetivas nas quais se exprimem ideias, opiniões, sentimentos complexos;

11. o bizarro e o estranho televisionam muito bem;

12. a expressão facial é melhor do que o sentimento: o choro televisiona melhor do que a tristeza, o riso televisiona melhor do que a alegria;

13. a morte televisiona melhor do que a vida: na morte tudo está claro e decidido; na vida, tudo é ambíguo, fluido, não completamente decidido, aberto a muitas possibilidades.

Fernando Collor, então candidato à Presidência da República, no último debate realizado pela TV Globo em 15 de dezembro de 1989. A TV foi responsável pela projeção de Collor, que nada era senão imagem.

Numa sociedade como a nossa, o que é, afinal, a televisão?

Em nossa sociedade, a televisão é um meio técnico de comunicação a distância que empresta do jornalismo a ideia de reportagem e notícia, da literatura a ideia do folhetim novelesco, do teatro a ideia de relação com um público presente e do cinema os procedimentos com imagens. Do ponto de vista do receptor, o aparelho televisor é um eletrodoméstico, como o liquidificador ou a geladeira. Do ponto de vista do produtor, ele é um centro de poder econômico e político e de controle social e cultural. É uma mercadoria que transmite e vende outras mercadorias.

Cinema

Como a televisão, o cinema é uma indústria. Como ela, depende de investimentos, mercados, propaganda. Como ela, preocupa-se com o lucro, a moda, o consumo.

No entanto, independentemente da boa ou má qualidade dos filmes, o cinema difere da televisão em dois aspectos fundamentais. Em primeiro lugar, não está submetido às limitações tecnológicas que dominam a televisão; em segundo, nele são possíveis as produções independentes, as obras artísticas e as reflexões críticas, ausentes da televisão. Não por acaso, iniciamos este livro comentando um filme (*Matrix*) e, no decorrer deste capítulo, mencionamos vários filmes nos quais o cinema é capaz de fazer críticas contundentes à televisão.

O cinema é a invenção de uma forma contemporânea de arte: a da imagem sonora em movimento. Nele, a câmera capta uma sociedade complexa, múltipla e diferenciada, combinando de maneira totalmente nova música, dança, literatura, escultura, pintura, arquitetura, história e, graças aos recursos tecnológicos dos efeitos especiais, cria realidades novas, insólitas, numa imaginação plástica infinita que só tem correspondente nos sonhos.

Como o livro, o cinema tem o poder extraordinário, próprio da obra de arte, de tornar presente o ausente, próximo o distante, distante o próximo, entrecruzando realidade e irrealidade, verdade e fantasia, reflexão e devaneio.

Quando verdadeiramente grande e artístico, nele a criatividade do diretor e de sua equipe técnica e a expressividade dramática ou cômica dos intérpretes podem manifestar-se com sutileza e diversidade, ideias e opiniões podem ser trabalhadas, interpretadas e transmitidas, oferecendo-se plenamente ao público, sem distinção étnica, sexual, religiosa ou social. Sob esse aspecto, Walter Benjamin tinha razão ao considerar o cinema a arte democrática do nosso tempo.

A informática

Adam Schaff (1913–2006), filósofo marxista polonês.

Numa obra intitulada *A sociedade informática*, o pensador Adam Schaff se refere à "revolução da microeletrônica" e nota que, mesmo sem nos darmos conta, estamos rodeados por ela, desde os pequenos objetos de uso cotidiano, como o relógio de quartzo, a calculadora de bolso e o telefone celular, até os computadores e os voos espaciais. Menciona também a "revolução na microbiologia", com a descoberta do código genético dos seres vivos, da qual surgiu a engenharia genética, que pode alterar o código genético de plantas, animais e seres humanos. Menciona ainda a "revolução da energia nuclear", obtida mediante a fissão e fusão controladas de átomos, podendo propiciar aos humanos recursos energéticos praticamente ilimitados, embora tenha sido prioritariamente usada para fins militares. Schaff denomina essas grandes mudanças de "segunda revolução técnico-industrial", escrevendo:

> *Trata-se da segunda revolução técnico-industrial. A primeira, que pode ser situada entre o final do século XVIII e o início do século XIX e cujas transformações ninguém hesita em chamar de revolução, teve o grande mérito de substituir na produção a força física dos homens pela energia das máquinas (primeiro pela utilização do vapor e mais adiante sobretudo pela utilização da eletricidade). A segunda revolução, a que estamos assistindo agora, consiste em que as capacidades intelectuais do homem são ampliadas e substituídas por autômatos que eliminam com êxito crescente o trabalho humano na produção e nos serviços.*

O ponto importante assinalado por Schaff é a diferença entre os antigos objetos técnicos — que ampliavam a força física humana — e os novos objetos tecnológicos — que ampliam as forças intelectuais humanas, isto é, as capacidades do pensamento, pois são objetos que dependem de informações e que operam informações ou fornecem informações. De fato, os computadores realizam de modo extremamente rápido operações lógicas que um ser humano levaria muito mais tempo para realizar; possui também uma memória muito superior à melhor memória humana; e está organizado de maneira a autocorrigir a maior parte das falhas e dos enganos que cometer numa operação ou num processo. São os *robôs* ou os *autômatos* propriamente ditos.

Como a palavra *informática* indica, os novos objetos tecnológicos produzem e transmitem *informações*. É nesse sentido que dizemos que seu modelo não é a força física nem mecânica e sim mental ou cerebral.

Computadores controlam as armas e operações militares, os voos espaciais, as operações de aeroportos, de bancos e bolsas de valores, de sistemas urbanos de tráfego e de segurança, de edifícios denominados "inteligentes", além de setores inteiros do trabalho industrial e da produção econômica. Estão presentes nos carros de último tipo, nos estabelecimentos comerciais que vendem no atacado e no varejo, nos setores administrativos das instituições públicas e privadas. Encontram-se nas escolas e fazem parte do sistema de ensino e aprendizado dos países economicamente poderosos. Estão presentes nas editoras e produtoras gráficas, nos escritórios de engenharia, arquitetura e advocacia; nos consultórios médicos e hospitais; nas produtoras cinematográficas, fonográficas, televisivas e radiofônicas. Tornaram-se instrumentos de trabalho de escritores, artistas, professores e estudantes, além de operar como correio e como lazer e entretenimento.

Benjamin falara nos efeitos da reprodução das obras de arte (pelos livros, pelo rádio e pelo cinema). McLuhan previra o término da "galáxia de Gutenberg" (isto é, o mundo do livro impresso) com o advento da televisão. Ambos sublinharam as potencialidades de uma difusão cultural sem precedentes, na medida em que os novos meios de comunicação tornaram acessíveis as produções culturais do mundo todo. Esse mesmo efeito pode ser visto com a informática: temos, hoje, acesso imediato a museus inteiros, bibliotecas inteiras, jornais completos em praticamente todas as línguas, disponíveis nos bancos de dados informatizados.

A informática opera com o que David Harvey chamou de "compressão espaço-temporal". De fato, o modo de produção capitalista sempre se baseou no poder econômico sobre o espaço (a propriedade do território pelas empresas privadas e pelos Estados) e sobre o tempo (o controle do tempo socialmente necessário para a produção, distribuição e circulação das mercadorias e de retorno, sob a forma de lucro, do capital investido), mas, atualmente, esse poder agigantou-se porque a tecnologia eletrônica reduz distâncias (comprime o espaço) e porque o retorno do lucro ao capital investido é rapidíssimo (comprime o tempo). A esse respeito, escreve McLuhan:

> *No decorrer das eras mecânicas, estendemos nosso corpo no espaço. Hoje, porém, passado mais de um século de tecnologia eletrônica, estendemos o nosso próprio sistema nervoso central num abraço global, abolindo, no tocante ao nosso planeta, tanto o espaço como o tempo.*

Ou seja, durante a primeira e a segunda revoluções industriais, o corpo humano estendeu-se no espaço, primeiro com o telescópio, o microscópio e as máquinas a vapor (nos transportes e nas fábricas), depois com as máquinas elétricas (nos transportes e nas fábricas), o telégrafo, o telefone, o rádio, o cinema e a televisão. Mas agora, com os satélites e a informática, é nosso cérebro ou nosso sistema nervoso central que, por meio das novas máquinas, se expande sem limites, diminuindo distâncias espaciais e intervalos temporais até abolir o espaço e o tempo.

A informática e os satélites colocam o universo *on-line* durante 24 horas, sem serem impedidos por distâncias e diferenças geográficas, sociais e políticas nem por distinção entre o dia e a noite, ontem, hoje e amanhã. Tudo se passa *aqui*, como se vê nas chamadas "salas de bate-papo", nos programas de comunicação *on-line*, como o MSN, ou nas "redes sociais", em que é possível conversar com pessoas de outro extremo do mundo cuja presença é instantânea; e tudo se passa *agora*, como se vê nas grandes operações financeiras feitas num piscar de olhos entre empresas ou entre bancos situados nos confins da Terra, embora seus fusos horários sejam completamente diferentes.

Examinemos alguns aspectos culturais da informática.

Falaremos das consequências econômicas e sociais da informática nos capítulos dedicados à política e suas consequências morais e nos capítulos dedicados à ética. Aqui examinaremos apenas alguns aspectos culturais desse novo meio de comunicação.

O computador nunca erra

Num livro intitulado *O que é informática*, Ângelo Soares examina o "mito do computador bom": a ideia mágica de uma máquina que resolve tudo simplesmente com o apertar de um botão, sem nunca errar:

> *Essa visão mágica do computador é criada nas pessoas e contribui para a construção de um mito: o mito do computador bom. O computador é um 'ser onipotente', bom, racional, eficiente, que pensa e resolve todos os problemas apresentados a ele, de forma imparcial, investido de um alto grau de justiça, sem nunca errar. (...) A informática aparece, então, como a chave de um mundo eficiente, infalível, feliz, onde o trabalho será reduzido e o lazer aumentado.*

Além disso, a propaganda comercial, bem como a literatura, o cinema e a televisão, alimentam esse mito ao apresentar computadores que falam, ouvem, sentem, têm vontade, são movidos por sentimentos e emoções, são mais ponderados que os seres humanos (tanto assim que costumam impedir e evitar guerras) e, se erram ou falham, é por alguma interferência indevida de algum ser humano mal-intencionado. A humanização do computador é um dos temas do filme *2001 — Uma odisseia no espaço*, no qual o computador HAL 9000 sofre uma "crise nervosa" porque não pode mentir; ou do filme *O homem bicentenário*, em que o computador é dotado de sentimentos, passa a amar e deseja ser humano, isto é, envelhecer e morrer; ou, enfim, a história de Pinocchio no ano 2001, isto é, o computador-criança em disputa com a criança humana pelo amor da mãe, no filme *Inteligência artificial*.

Como observa Soares, a visão mágica oculta o fato de que o computador é uma máquina e, como tal, produzida, programada, conservada e operada por seres humanos. Há, portanto, trabalho humano para fazê-lo existir e funcionar — trabalho industrial para produzir a máquina e trabalho intelectual e manual de analistas de sistemas (que levantam as necessidades dos usuários), programadores (que elaboram o conjunto de instruções que definem o que e como a máquina vai realizar as operações desejadas pelo usuário), operadores (que ligam e desligam as máquinas, reparam seus defeitos, etc.), preparadores de dados (responsáveis pela elaboração ou recepção e emissão de dados) e digitadores (responsáveis pela entrada de dados no computador). Há pelo menos 35 tipos de trabalhos humanos necessários para que um computador opere.

A linguagem informática

Embora haja indústrias produtoras de computadores na Europa e na Ásia, predominam no Brasil as máquinas de procedência norte-americana. O uso e a posse do computador aparecem para as pessoas como sinal de *status* social, poder e prestígio. Por isso, empregar a linguagem técnica em língua inglesa também aparece como prova de participação num mundo técnico avançado e conhecido por poucos.

Disso resultam duas consequências principais: ou os que ignoram a língua inglesa ficam excluídos do uso do computador, que funciona, portanto, como um poder de exclusão cultural (ou exclusão digital), ou os usuários se habituam a empregar palavras como *word, input, site, download, upload, e-mail, delete, upgrade, homepage*, etc. sem ter a menor ideia do que significam. Ou seja, ao empregar com naturalidade um vocabulário cujo sentido lhes escapa e ao reter palavras como se fossem meras operações de um objeto técnico, o usuário tende a não perceber o computador como uma mercadoria produzida e comercializada por grandes monopólios econômicos internacionais que dominam a competição no mercado e impõem sua linguagem e suas leis.

Seja ao sentir-se excluído, seja ao empregar uma linguagem cujo significado é desconhecido e da qual apenas alguns vocábulos são acessíveis e memorizados para fins operacionais, o usuário do computador tende não só a afirmar implicitamente o caráter misterioso do objeto empregado, mas também a ignorar, de um lado, que a exclusão de muitos não é intelectual (ou meramente digital), e sim social (não estão excluídos por serem incapazes de operar tal objeto, e sim porque desconhecem a língua em que as operações foram fixadas), e, de outro, que o uso adequado acarreta dependência econômica e cultural.

O poder informático

Na sociedade contemporânea, a *posse de informações* (científicas, técnicas, econômicas, políticas, militares) é *posse de poder*.

Os computadores são centros de acumulação de informações e por isso são centros de poder. Adam Schaff explica que a expressão "sociedade informática", empregada por ele para designar a sociedade contemporânea, significa uma sociedade na qual todas as esferas da vida pública e da vida privada estão cobertas por processos informatizados e por inteligências artificiais que dão origem a novas gerações de computadores. O problema, diz ele, é saber quem tem a gestão de toda a massa de informações que controla a sociedade, quem utiliza essas informações, como e para que as utiliza. O problema não está em quem sabe e quem não sabe operar um computador (isso se resolve facilmente com treinamento e todas as pessoas podem operá-lo), e sim em *quem tem e quem não tem o poder para armazenar e utilizar informações adequadas*. O problema, portanto, sendo de poder, é *político*.

A esse respeito, escreve Ângelo Soares:

> *O poder não é único e concentrado em um único ponto, mas é distribuído como uma teia [é isto que quer dizer a palavra inglesa* web*], uma rede por toda a sociedade. Aqui, aparecem as redes de computadores (vários computadores interligados, na maioria das vezes, através de linhas telefônicas). Cada computador, dessa forma, representa um ponto de concentração de poder e, por meio dessa interligação, eles acabam formando uma "teia" de poder, permeando toda a sociedade. Dessa maneira, a informática pode ser vista como um instrumento que propicia o controle da vida das pessoas devido ao seu alto grau de concentração das informações e à alta velocidade com que elas são propagadas. Em poucos segundos pode-se ter acesso a bancos de dados onde se concentra um número muito grande de informações e obter, de qualquer parte do país ou do mundo, várias informações sobre um determinado assunto ou pessoa.*

Isso leva esse autor a apontar os três maiores perigos da acumulação e distribuição de informações.

O primeiro perigo é o poder de controle sobre as pessoas porque, com base em informações parciais e dispersas recolhidas em vários arquivos, é possível gerar novas informações que sistematizam as primeiras e permitem reconstituir hábitos, interesses e movimentos das pessoas, como é o caso bastante simples da reconstituição das ações de alguém por meio das centrais telefônicas, que podem dizer para quem alguém telefonou, quantas vezes, por quanto tempo, etc. Dessa maneira, as pessoas podem ser controladas pelos poderes públicos (como o poder policial e o militar).

O segundo perigo, decorrente da centralização da informação, é a posse de informações por pessoas não autorizadas que entram em contato com informações sigilosas tanto do setor público (informações militares, econômicas, políticas) como da vida privada das pessoas (como, por exemplo, as contas bancárias).

O terceiro perigo está na possibilidade de uso de informações por poderes privados para controlar pessoas e instituições, assim como para causar-lhes dano. É o caso da espionagem industrial e política e da ação dos senhores do crime organizado, que usam as informações para praticar sequestros, chantagens, assassinatos.

É desse imenso poder que, como vimos, trata o filme *Matrix*.

A afirmação de que os computadores democratizam as informações não é uma tese verdadeira: a informática, tal como vem sendo praticada, está voltada para a concentração e centralização das informações e para o controle da vida e das ações dos indivíduos, e não para a difusão democrática da informação. Para o computador operar, ele precisa de dados e da centralização dos dados — este é um fato técnico. A democratização da informação, portanto, não pode provir da própria técnica informática, pois esta é centralizadora. A democratização da informação depende de ações políticas da sociedade e dos governos. É o que se vê nas lutas sociais por legislações que impeçam a invasão da vida privada, a espionagem política e militar, etc. É também o que é ilustrado pelo movimento sociopolítico de resistência e luta das personagens de *Matrix*.

Capítulo 5
A existência ética

Senso moral e consciência moral

Muitas vezes, tomamos conhecimento de movimentos nacionais e internacionais de luta contra a fome. Ficamos sabendo que, em outros países e no Brasil, milhares de pessoas, sobretudo crianças e idosos, morrem de penúria e inanição. Sentimos piedade. Sentimos indignação diante de tamanha injustiça (especialmente quando vemos o desperdício dos que não têm fome e vivem na abundância). Sentimos responsabilidade. Movidos pela solidariedade, participamos de campanhas contra a fome. Esses sentimentos e as ações desencadeadas por eles exprimem nosso *senso moral*, isto é, a maneira como avaliamos nossa situação e a de nossos semelhantes segundo ideias como as de *justiça* e *injustiça*.

Quantas vezes, levados por algum impulso incontrolável ou por alguma emoção forte (medo, orgulho, ambição, vaidade, covardia), fazemos alguma coisa de que, depois, sentimos vergonha, remorso, culpa. Gostaríamos de voltar no tempo e agir de modo diferente. Esses sentimentos também exprimem nosso *senso moral*, isto é, a avaliação de nosso comportamento segundo ideias como as de *certo* e *errado*.

Em muitas ocasiões, ficamos contentes e emocionados diante de uma pessoa cujas palavras e ações manifestam honestidade, honradez, espírito de justiça, altruísmo — mesmo quando tudo isso lhe custa sacrifícios. Sentimos que há grandeza e dignidade nessa pessoa. Sentimos admiração por ela e desejamos imitá-la. Tais emoções e sentimentos também exprimem nosso *senso moral*, isto é, a maneira como avaliamos a conduta e a ação de outras pessoas segundo ideias como as de *mérito* e *grandeza de alma*.

Não raras vezes somos tomados pelo horror diante da violência: chacina de seres humanos e animais, linchamentos, assassinatos brutais, estupros, genocídio, torturas e suplícios. Com frequência, ficamos indignados ao saber que um inocente foi injustamente acusado e condenado, enquanto o verdadeiro culpado permanece impune. Sentimos cólera diante do cinismo dos mentirosos, dos que usam outras pessoas como instrumento para seus interesses e para conseguir vantagens à custa da boa-fé de outros. Todos esses sentimentos também manifestam nosso *senso moral* ou a maneira como avaliamos as condutas alheias segundo ideias como as de *justo* e *injusto*, *certo* e *errado*.

Vivemos certas situações, ou sabemos que foram vividas por outros, como situações de extrema aflição e angústia. Assim, por exemplo, uma pessoa querida, com uma doença terminal, está viva apenas porque seu corpo está ligado a máquinas. Suas dores são intoleráveis.

Inconsciente, geme no sofrimento. Não seria melhor que descansasse em paz? Não seria preferível deixá-la morrer? Podemos desligar os aparelhos? Ou não temos o direito de fazê-lo? Que fazer? Qual a ação correta?

Uma jovem descobre que está grávida. Sente que seu corpo e seu espírito ainda não estão preparados para a gravidez. Sabe que seu parceiro, mesmo que deseje apoiá-la, é tão jovem e despreparado quanto ela e que ambos não terão como responsabilizar-se plenamente pela gestação, pelo parto e pela criação de um filho. Ambos estão desorientados. Não sabem se poderão contar com o auxílio de suas famílias (se as tiverem).

Se ela for apenas estudante, terá de deixar a escola para trabalhar, a fim de pagar o parto e arcar com as despesas da criança. Sua vida e seu futuro mudarão para sempre. Se trabalha, sabe que perderá o emprego, porque vive numa sociedade na qual os patrões discriminam as mulheres grávidas, sobretudo as solteiras. Receia não contar com a ajuda e o apoio dos amigos. Ao mesmo tempo, porém, deseja a criança, sonha com ela, mas teme dar-lhe uma vida de miséria e ser injusta com quem não pediu para nascer. Pode fazer um aborto? Deve fazê-lo?

Um pai de família desempregado, com vários filhos pequenos e a esposa doente, recebe uma oferta de emprego que exige que seja desonesto e cometa irregularidades que beneficiem seu patrão. Sabe que o trabalho lhe permitirá sustentar os filhos e pagar o tratamento da esposa. Deve aceitar o emprego, mesmo sabendo o que será exigido dele? Ou deve recusá-lo e ver os filhos com fome e a mulher morrendo?

Um rapaz namora, há tempos, uma moça de quem gosta muito e é por ela correspondido. Conhece uma outra. Apaixona-se perdidamente e é correspondido. Ama duas mulheres e ambas o amam. Pode ter dois amores simultâneos, ou estará traindo a ambos e a si mesmo? Deve magoar uma delas e a si mesmo, rompendo com uma para ficar com a outra? O amor exige uma única pessoa amada ou pode ser múltiplo? Que sentirão as duas mulheres se ele lhes contar o que se passa? Ou deverá mentir para ambas? Que fazer? Se, enquanto está atormentado pela indecisão, um conhecido o vê ora com uma das mulheres, ora com a outra e, conhecendo uma delas, deverá contar a ela o que viu? Em nome da amizade, deve falar ou calar?

Uma mulher vê um furto. Vê uma criança maltrapilha e esfomeada pegar frutas e pães numa mercearia. Sabe que o dono da mercearia está passando por muitas dificuldades e que o furto fará diferença para ele. Mas também vê a miséria e a fome da criança. Deve denunciá-la, julgando que com isso a criança não se tornará um adulto ladrão e o proprietário da mercearia não terá prejuízo de fato? Ou deverá silenciar, pois a criança corre o risco de receber punição excessiva, ser levada pela polícia, ser jogada novamente às ruas e, agora, revoltada, passar do furto ao homicídio? Que fazer?

Uma pessoa vê, nas portas de uma escola, um jovem vendendo droga a um outro. Essa pessoa sabe que tanto o jovem traficante como o jovem consumidor estão realizando ações a que foram levados pela atividade do crime organizado, contra o qual as forças policiais parecem impotentes. Deve denunciar o jovem traficante, mesmo sabendo que com isso não atingirá as poderosas forças que sustentam o tráfico, mas apenas um fraco anel de uma corrente criminosa que permanecerá impune e que poderá voltar-se contra quem fez a denúncia? Ou deve falar com as autoridades escolares para que tomem alguma providência com relação ao jovem consumidor? Mas de que adiantará voltar-se contra o consumo, se nada pode fazer contra a venda propriamente dita? No entanto, como poderá sentir-se em paz sabendo que há um jovem que talvez possa ser salvo de um vício que irá destruí-lo? Que fazer?

Situações como essas — mais dramáticas ou menos dramáticas — surgem sempre em nossa vida. Nossas dúvidas quanto à decisão a tomar não manifestam nosso *senso moral* (isto é, nossos sentimentos quanto ao *certo* e o *errado*, ao *justo* e o *injusto*), mas põem à prova nossa *consciência moral*, pois exigem que, sem sermos obrigados por outros, decidamos o que fazer, que justifiquemos para nós mesmos e para os outros as razões de nossas decisões e que assumamos todas as consequências delas, porque somos responsáveis por nossas opções. Em outras palavras, a consciência moral não se limita aos nossos sentimentos morais, mas se refere também a avaliações de conduta que nos levam a tomar decisões por nós mesmos, a agir em conformidade com elas e a responder por elas perante os outros.

moral: a palavra *moral* vem da palavra latina *mos, moris*, que quer dizer "o costume"; no plural *mores* significa os hábitos de conduta ou de comportamento instituídos por uma sociedade em condições históricas determinadas.

Todos os exemplos mencionados indicam que o **senso moral** e a **consciência moral** referem-se a valores (justiça, honradez, espírito de sacrifício, integridade, generosidade), a sentimentos provocados pelos valores (admiração, vergonha, culpa, remorso, contentamento, cólera, amor, dúvida, medo) e a decisões que conduzem a ações com consequências para nós e para os outros. Embora os conteúdos dos valores variem, podemos notar que estão referidos a um valor mais profundo, mesmo que apenas subentendido: o *bom* ou o *bem*. Os sentimentos e as ações, nascidos de uma opção entre o *bom* e o *mau* ou entre o *bem* e o *mal*, também estão referidos a algo mais profundo e subentendido: nosso desejo de afastar a dor e o sofrimento e de alcançar a felicidade, seja por ficarmos contentes conosco mesmos, seja por recebermos a aprovação dos outros. Além disso, os sentimentos e as ações morais são aqueles que dependem apenas de nós mesmos, que nascem de nossa capacidade de avaliar e decidir por nós mesmos e não levados por outros ou obrigados por eles; em outras palavras, o senso e a consciência morais têm como pressuposto fundamental a ideia de *liberdade* do agente.

O senso moral e a consciência moral dizem respeito a valores, sentimentos, intenções, decisões e ações referidos ao bem e ao mal, ao desejo de felicidade e ao exercício da liberdade. Dizem respeito às relações que mantemos com os outros e, portanto, nascem e existem como parte de nossa vida com outros agentes morais. O senso e a consciência morais são por isso constitutivos de nossa *existência intersubjetiva*, isto é, de nossas relações com outros sujeitos morais.

Juízo de fato e juízo de valor

Se dissermos "Está chovendo", estaremos enunciando um acontecimento constatado por nós, e o juízo proferido é um **juízo de fato**. Se, porém, falarmos: "A chuva é boa para as plantas" ou "A chuva é bela", estaremos interpretando e avaliando o acontecimento. Nesse caso, proferimos um **juízo de valor**.

Juízos de fato são aqueles que dizem que algo é ou existe e que dizem *o que as coisas são, como são* e *por que são*. Em nossa vida cotidiana, mas também na metafísica e nas ciências, os juízos de fato estão presentes. Diferentemente deles, os juízos de valor são *avaliações* proferidas na moral, nas artes, na política, na religião. Avaliam coisas, pessoas, ações, experiências, acontecimentos, sentimentos, estados de espírito, intenções e decisões como bons ou maus, desejáveis ou indesejáveis.

Juízos de valor não se limitam a dizer *que algo é* ou *como algo é*, mas se referem ao que algo *deve ser*. Dessa perspectiva, os juízos morais de valor são **normativos**, isto é, enunciam normas que dizem como devem ser os bons sentimentos, as boas intenções e as boas ações e como devem ser as decisões e ações livres. Em outras palavras, são normas que determinam o *dever ser* de nossos sentimentos, nossos atos, nossos comportamentos. São por isso juízos que enunciam obrigações e avaliam intenções e ações segundo o critério do correto e do incorreto.

Os juízos morais de valor nos dizem *o que são* o bem, o mal, a liberdade, a felicidade. Os juízos morais normativos nos dizem que sentimentos, intenções, atos e comportamentos *devemos ter ou fazer* para agirmos livremente e para alcançarmos o bem e a felicidade. Enunciam também que atos, sentimentos, intenções e comportamentos são condenáveis ou incorretos do ponto de vista moral.

Como se pode observar, senso moral e consciência moral são inseparáveis da vida cultural, uma vez que esta define para os membros de uma cultura os valores positivos e negativos que devem respeitar e desejar ou detestar e desprezar.

Qual a origem da diferença entre juízos de fato e de valor? A diferença entre a natureza e a cultura. A primeira, como vimos, é constituída por estruturas e processos necessários, que existem em si e por si mesmos, independentemente de nós: a chuva, por exemplo, é um fenômeno meteorológico cujas causas e cujos efeitos necessários não dependem de nós e que apenas podemos constatar e explicar.

| Unidade 8 | O mundo da prática

A chuva, obra do artista plástico Oswaldo Goeldi, exposta no Museu de Arte Moderna Aloísio Magalhães (MAMAM), em Recife.

Por sua vez, a cultura nasce da maneira como os seres humanos interpretam a si mesmos e as suas relações com a natureza, acrescentando-lhe sentidos novos, intervindo nela, alterando-a por meio do trabalho e da técnica, dando-lhe significados simbólicos e valores. Dizer que a chuva é *boa* para as plantas pressupõe a relação cultural dos humanos com a natureza por intermédio da agricultura. Considerar a chuva *bela* pressupõe uma relação valorativa dos humanos com a natureza, percebida como objeto de contemplação, encanto e deleite. A chuva é natural; que seja boa ou bela, é uma avaliação ou interpretação cultural.

Frequentemente não notamos a origem cultural dos valores morais, do senso moral e da consciência moral porque somos educados (cultivados) para eles e neles, como se fossem naturais ou fáticos, existentes em si e por si mesmos. Por que isso acontece? Porque, para garantir a manutenção dos padrões morais através do tempo e sua continuidade de geração a geração, as sociedades tendem a *naturalizá-los*, isto é, a fazer com que sejam seguidos e respeitados como se fossem uma segunda natureza. A *naturalização* da existência moral esconde, portanto, a essência da moral, ou seja, que ela é essencialmente uma criação histórico-cultural, algo que depende de decisões e ações humanas.

Ética e violência

Quando acompanhamos a história das ideias éticas, desde a Antiguidade clássica (greco-romana) até nossos dias, podemos perceber que, em seu centro, encontra-se o problema da violência e dos meios para evitá-la, diminuí-la, controlá-la. Diferentes formações sociais e culturais instituíram conjuntos de valores éticos como padrões de conduta, de relações intersubjetivas e interpessoais, de comportamentos sociais que pudessem garantir a segurança física e psíquica de seus membros e a conservação do grupo social.

Evidentemente as várias culturas e sociedades não definiram nem definem a violência da mesma maneira, ao contrário, dão-lhe conteúdos diferentes, segundo os tempos e os lugares, de tal maneira que o que uma cultura ou uma sociedade julgam violento pode não ser avaliado assim por uma outra. No entanto, malgrado as diferenças, certos aspectos da violência são percebidos da mesma maneira nas várias culturas e sociedades, formando o

ética: a palavra *ética* vem de duas palavras gregas: *éthos*, que significa "o caráter de alguém", e *êthos*, que significa "o conjunto de costumes instituídos por uma sociedade para formar, regular e controlar a conduta de seus membros".

382

fundo comum contra o qual os valores éticos são erguidos. Fundamentalmente, a violência é percebida como "exercício da força física e do constrangimento psíquico para obrigar alguém a agir de modo contrário à sua natureza e ao seu ser ou contra sua própria vontade". Por meio da força e da coação psíquica, obriga-se alguém a fazer algo contrário a si, aos seus interesses e desejos, ao seu corpo e à sua consciência, causando-lhe danos profundos e irreparáveis, como a morte, a loucura, a autoagressão ou a agressão aos outros.

Quando uma cultura e uma sociedade definem o que entendem por *mal*, *crime* e *vício*, definem aquilo que julgam ser uma violência contra um indivíduo ou contra o grupo. Simultaneamente, erguem os valores positivos — o *bem*, o *mérito* e a *virtude* — como barreiras éticas contra a violência.

Em nossa cultura, a violência é entendida como *violação* da integridade física e psíquica de alguém, da sua dignidade humana. Eis por que o assassinato, a tortura, a injustiça, a mentira, o estupro, a calúnia, a má-fé, o roubo são considerados violência, imoralidade e crime. Também consideramos violência a *profanação* das coisas sagradas, como a invasão e roubo de igrejas, templos, sinagogas; destruição de textos, imagens e símbolos religiosos; invasão e destruição de túmulos. Da mesma maneira, é violência a *discriminação social e política* de pessoas por suas condições étnicas, crenças religiosas, convicções políticas e preferências sexuais, seja por meio de prisão, tortura e morte.

Considerando que a humanidade dos humanos reside no fato de serem racionais, dotados de vontade livre, de capacidade para a comunicação e para a vida em sociedade, de capacidade para interagir com a natureza e com o tempo, nossa cultura e sociedade nos definem como *sujeitos do conhecimento e da ação,* e por isso localiza a violência em tudo quanto reduz um sujeito à condição de objeto. Do ponto de vista ético, somos **pessoas** e não podemos ser tratados como coisas, isto é, como seres inertes, irracionais, destituídos de linguagem e de liberdade. Os valores éticos se oferecem, portanto, como expressão e garantia de nossa condição de **seres humanos** ou de **sujeitos racionais** e **agentes livres**, proibindo moralmente a violência, isto é, tudo o que nos transforme em coisa usada e manipulada por outros.

Ao definir e afastar formas de violência, uma cultura e uma sociedade definem um conjunto de interdições que devem ser respeitadas por seus membros. Com isso, nos fazem perceber que a moral pressupõe uma distinção fundamental: aquela entre o *permitido* e o *proibido*. A ética é normativa exatamente porque suas normas determinam permissões e proibições e visam impor limites e controles ao risco permanente da violência.

Os constituintes do campo ético

Para que haja conduta ética é preciso que exista o *agente consciente*, isto é, aquele que conhece a diferença entre bem e mal, certo e errado, permitido e proibido, virtude e vício. A consciência moral não só conhece tais diferenças, mas também se reconhece como capaz de julgar o valor dos atos e das condutas e de agir em conformidade com os valores morais, sendo por isso responsável por suas ações e seus sentimentos e pelas consequências do que faz e sente. *Consciência* e *responsabilidade* são condições indispensáveis da vida ética.

A consciência moral manifesta-se, antes de tudo, na capacidade para deliberar diante de alternativas possíveis, avaliando cada uma delas segundo os valores éticos, e para decidir e escolher uma delas antes de lançar-se na ação. É a capacidade para avaliar e pesar as motivações pessoais, as exigências feitas pela situação, as consequências para si e para os outros, a conformidade entre meios e fins (empregar meios imorais para alcançar fins morais é impossível), a obrigação de respeitar o estabelecido ou de transgredi-lo (se o estabelecido for imoral ou injusto).

A vontade é esse poder deliberativo e decisório do agente moral. Para que exerça esse poder, a vontade deve ser *livre*, isto é, não pode estar submetida à vontade de um outro nem pode estar submetida aos instintos (ou impulsos naturais cegos) e às paixões (sentimentos e emoções incontroláveis que dominam o agente), mas, ao contrário, deve ter poder sobre eles e elas, dominando-os e controlando-os.

O campo ético é, assim, constituído pelo agente livre, que é o **sujeito moral** ou a **pessoa moral**, e pelos valores e obrigações que formam o conteúdo das condutas morais, ou seja, as **virtudes** ou as **condutas e ações conformes ao bem**.

O agente moral

O agente moral, isto é, o sujeito moral ou a pessoa moral, só pode existir se preencher as seguintes condições:

- ser consciente de si e dos outros, isto é, ser capaz de reflexão e de reconhecer a existência dos outros como sujeitos éticos iguais a si;

- ser dotado de vontade, isto é: 1) de capacidade para controlar e orientar desejos, impulsos, tendências, paixões, sentimentos para que estejam em conformidade com as normas e os valores ou as virtudes reconhecidas pela consciência moral; e 2) de capacidade para deliberar e decidir entre várias alternativas possíveis;

- ser responsável, isto é, reconhecer-se como autor da ação, avaliar os efeitos e as consequências dela sobre si e sobre os outros, assumi-la, bem como às suas consequências, respondendo por elas;

- ser livre, isto é, ser capaz de oferecer-se como causa interna de seus sentimentos, atitudes e ações, por não estar submetido a poderes externos que o forcem e o constranjam a sentir, a querer e a fazer alguma coisa. A liberdade não é tanto o poder para escolher entre vários possíveis, mas o poder para autodenominar-se, dando a si mesmo as regras de conduta.

A liberdade entendida como capacidade para se autodeterminar faz com que, do ponto de vista do agente ou sujeito/pessoa moral, a ética parta de uma distinção essencial, qual seja, a diferença entre *passividade* e *atividade*.

Passivo é aquele que se deixa governar e arrastar por seus impulsos, inclinações e paixões, pelas circunstâncias, pela boa ou má sorte, pela opinião alheia, pelo medo dos outros, pela vontade de um outro, não exercendo sua própria consciência, vontade, liberdade e responsabilidade.

Ao contrário, é ativo ou virtuoso aquele que controla interiormente seus impulsos, suas inclinações e suas paixões, discute consigo mesmo e com os outros o sentido dos valores e dos fins estabelecidos, indaga se devem e como devem ser respeitados ou transgredidos por outros valores e fins superiores aos existentes, avalia sua capacidade para dar a si mesmo as regras de conduta, consulta sua razão e sua vontade antes de agir, tem consideração pelos outros sem subordinar-se nem submeter-se cegamente a eles, responde pelo que faz, julga suas próprias intenções e recusa a violência contra si e contra os outros. Numa palavra, é *autônomo* e, como tal, verdadeiramente livre.

Os valores ou fins éticos

Como já dissemos, o campo ético é constituído por dois polos internamente relacionados: o agente ou sujeito/pessoa moral e os valores morais ou as virtudes éticas, que são considerados os fins da ação ética ou a finalidade da vida moral.

Do ponto de vista dos valores, a ética exprime a maneira como uma cultura e uma sociedade definem para si mesmas o que julgam ser o mal e o vício, a violência e o crime e, como contrapartida, o que consideram ser o bem e a virtude, a brandura e o mérito. Independentemente do conteúdo e da forma que cada cultura lhe dá, todas as culturas consideram virtude algo que é o melhor como sentimento, como conduta e como ação; a virtude é

paixão: em nossa linguagem cotidiana atual, usamos a palavra *paixão* para nos referirmos ao amor. Filosófica e eticamente, porém, o amor é uma entre muitas paixões, pois paixão significa todo desejo, toda emoção e todo sentimento causados em nós ou por uma força irracional interna ou pela força incontrolável de alguma coisa extrema que nos domina. Na paixão não somos senhores de nós mesmos, mas arrastados por impulsos internos ou forças internas que nos dirigem e controlam. Alegria, tristeza, amor, ódio, medo, esperança, cólera, inveja, avareza, orgulho são paixões.

autônomo: a palavra *autônomo* vem do grego *autos* ("eu mesmo", "si mesmo") e *nomos* ("lei", "norma", "regra"). Aquele que tem o poder para dar a si mesmo a regra, a norma, a lei é autônomo e goza de autonomia ou liberdade. *Autonomia* significa "autodeterminação". Quem não tem a capacidade racional para a autonomia é *heterônomo*, palavra que vem do grego *hetero* ("outro") e *nomos* ("receber de um outro a norma, a regra ou a lei").

a *excelência*, a realização perfeita de um modo de ser, sentir e agir. Em contrapartida, o vício é o que é o pior como sentimento, como conduta e como ação; o vício é a *baixeza* dos sentimentos e das ações.

Por realizar-se como relação intersubjetiva e social, a ética não é alheia ou indiferente às condições históricas e políticas, econômicas e culturais da ação moral. Consequentemente, embora do ponto de vista da sociedade que a institui uma ética seja sempre considerada universal (*universal* porque seus valores são obrigatórios para todos os seus membros), de fato, toda ética está em relação com o tempo e a história, transformando-se para responder a exigências novas da sociedade e da cultura, pois somos seres históricos e culturais e nossa ação se desenrola no tempo.

Os meios morais

Além do sujeito ou pessoa moral e dos valores ou fins morais, o campo ético é ainda constituído por um outro elemento: os *meios* para que o sujeito realize os *fins*.

Costuma-se dizer que os fins justificam os meios, de modo que, para alcançar um fim legítimo, todos os meios disponíveis são válidos. No caso da ética, porém, essa afirmação não é aceitável.

Suponhamos uma sociedade que considere um valor e um fim moral a lealdade entre seus membros, baseada na confiança recíproca. Isso significa que a mentira, a inveja, a adulação, a má-fé, a crueldade e o medo deverão estar excluídos da vida moral e, por conseguinte, ações que empreguem essas atitudes e esses sentimentos como meios para alcançar o fim (no caso, a lealdade) serão imorais.

No entanto, poderia acontecer que, para forçar alguém à lealdade, seria preciso fazê-lo sentir medo da punição pela deslealdade, ou seria preciso mentir-lhe para que não perdesse a confiança em certas pessoas e continuasse leal a elas. Nesses casos, o fim — a lealdade — não justificaria os meios — uso do medo e da mentira? A resposta ética é *não*. Por quê? Porque esses meios desrespeitam a consciência e a liberdade da pessoa moral, que agiria por coação externa e não por reconhecimento interior e verdadeiro do fim ético.

No caso da ética, portanto, nem todos os meios são justificáveis, mas apenas aqueles que estão de acordo com os fins da própria ação. Em outras palavras, *fins éticos exigem meios éticos*.

A relação entre meios e fins pressupõe a ideia de *discernimento*, isto é, que saibamos distinguir entre meios morais e imorais, tais como nossa cultura ou nossa sociedade os definem. Isso significa também que esse discernimento não nasce conosco, mas precisa ser adquirido e, portanto, a pessoa moral não existe como um fato dado, mas é criada pela vida intersubjetiva e social, precisando ser educada para os valores morais e para as virtudes de sua sociedade.

Poderíamos, entretanto, indagar se a educação ética não seria uma violência. Em primeiro lugar, porque, se tal educação visa transformar-nos de passivos (ou submetidos à força das paixões) em ativos (ou senhores de nossa razão e liberdade), poderíamos perguntar se nossa natureza não seria essencialmente passional e, portanto, se forçar-nos à racionalidade ativa não seria um ato de violência contra a nossa natureza espontânea, já que violência é forçar alguém a sentir e agir de maneira contrária à sua natureza. Em segundo lugar, porque, se essa educação visa colocar-nos em harmonia e em acordo com os valores de nossa sociedade, poderíamos indagar se isso não nos submeteria a um poder externo à nossa consciência, o poder da moral social e, nesse caso, em vez de sujeitos autônomos ou livres, seríamos escravos das normas, regras e valores impostos por nossa sociedade. Para responder a essas questões precisamos examinar o desenvolvimento das ideias éticas na filosofia.

| Unidade 8 | O mundo da prática

Capítulo 6
A filosofia moral

Ética ou filosofia moral

Toda cultura e cada sociedade institui uma moral, isto é, valores concernentes ao bem e ao mal, ao permitido e ao proibido e à conduta correta e à incorreta, válidos para todos os seus membros. Culturas e sociedades fortemente hierarquizadas e com diferenças de castas ou de classes muito profundas podem até mesmo possuir várias morais, cada uma delas referida aos valores de uma casta ou de uma classe social.

No entanto, a simples existência da moral não significa a presença explícita de uma *ética*, entendida como *filosofia moral*, isto é, uma reflexão que discuta, problematize e interprete o significado dos valores morais. Ao contrário, como dissemos no capítulo anterior, toda sociedade tende a *naturalizar* a moral, de maneira a assegurar sua perpetuação através dos tempos. De fato, os costumes são anteriores ao nosso nascimento e formam o tecido da sociedade em que vivemos, de modo que acabam sendo considerados inquestionáveis e as sociedades tendem a naturalizá-los (isto é, a tomá-los como fatos naturais existentes por si mesmos). Não só isso. Para assegurar seu aspecto obrigatório que não pode ser transgredido, muitas sociedades tendem a *sacralizá-los*, ou seja, as religiões os concebem ordenados pelos deuses, na origem dos tempos. Como as próprias palavras indicam, *ética* e *moral* referem-se ao conjunto de costumes tradicionais de uma sociedade e que, como tais, são considerados valores e obrigações para a conduta de seus membros.

A filosofia moral ou a disciplina denominada *a ética* nasce quando se passa a indagar *o que são*, *de onde vêm* e *o que valem* os costumes.

A filosofia moral ou a ética nasce quando, além das questões sobre os costumes, também se busca compreender o caráter de cada pessoa, isto é, o *senso moral* e a *consciência moral* individuais.

Podemos dizer, com base nos textos de Platão e de Aristóteles, que, no Ocidente, a ética ou filosofia moral inicia-se com Sócrates.

Sócrates, o incansável perguntador

Percorrendo praças e ruas de Atenas — contam Platão e Aristóteles —, Sócrates perguntava aos atenienses, fossem jovens ou velhos, o que eram os valores nos quais acreditavam e que respeitavam ao agir.

Que perguntas lhes fazia ele? Indagava: "O que é a coragem?", "O que é a justiça?", "O que é a piedade?", "O que é a amizade?". A elas os atenienses respondiam dizendo serem virtudes. Sócrates voltava a indagar: "O que é a virtude?". Retrucavam os atenienses: "É agir em conformidade com o bem". E Sócrates questionava: "Que é o bem?".

As perguntas socráticas terminavam sempre por revelar que os atenienses respondiam sem pensar no que diziam. Repetiam o que lhes fora ensinado desde a infância. Como cada um havia interpretado à sua maneira o que aprendera, era comum, quando um grupo conversava com o filósofo, uma pergunta receber respostas diferentes e contraditórias. Após um certo tempo de conversa com Sócrates, um ateniense via-se diante de duas alternativas: ou zangar-se com a impertinência do filósofo perguntador e ir embora irritado, ou reconhecer que não sabia o que imaginava saber, dispondo-se a começar, na companhia de Sócrates, a busca filosófica da virtude e do bem.

éthos: na língua grega existem duas vogais para pronunciar e grafar nossa vogal e: uma vogal breve, chamada *epsílon*, e uma vogal longa, chamada *eta*. *Éthos*, escrita com a vogal longa, significa "costume"; porém, se escrita com a vogal breve, *éthos*, significa "caráter", "índole natural", "temperamento", "conjunto das disposições físicas e psíquicas de uma pessoa". Nesse segundo sentido, *éthos* se refere às características de cada um, as quais determinam que virtudes e que vícios cada indivíduo é capaz de praticar.

A filosofia moral | Capítulo 6

Por que os atenienses sentiam-se embaraçados (e mesmo irritados) com as perguntas socráticas? Por dois motivos principais: em primeiro lugar, por perceberem que confundiam valores morais com os fatos constatáveis em sua vida cotidiana (diziam, por exemplo, "Coragem é o que fez fulano na guerra contra os persas"); em segundo lugar, porque, inversamente, tomavam os fatos da vida cotidiana como se fossem valores morais evidentes (diziam, por exemplo, "É certo fazer tal ação, porque meus antepassados a fizeram e meus parentes a fazem"). Em resumo, confundiam fatos e valores, pois ignoravam as causas ou razões por que valorizavam certas coisas, certas pessoas ou certas ações e desprezavam outras. Por isso mesmo se embaraçavam ou se irritavam quando Sócrates lhes mostrava que estavam confusos, dizendo-lhes que haviam dito que a conduta de fulano era corajosa, mas não haviam explicado o que é a coragem, ou que a conduta de beltrano era justa, mas não haviam explicado o que é a justiça. Tais confusões, porém, não eram (e não são) inexplicáveis.

Henri Cartier-Bresson/
Magnum/Latinstock

Pouco depois do Maio de 1968, em Paris, o clique do fotógrafo francês Cartier-Bresson capta o exato instante em que o olhar da senhora repousa sobre a minissaia da moça, sugerindo uma suposta censura.

Nossos sentimentos, nossas condutas, nossas ações e nossos comportamentos são modelados pelas condições em que vivemos (família, classe e grupo sociais, escola, religião, trabalho, circunstâncias políticas, etc.). Somos formados pelos costumes de nossa sociedade, que nos educa para respeitarmos e reproduzirmos os valores propostos por ela como bons e, portanto, como obrigações e deveres. Dessa maneira, valores e deveres parecem existir por si e em si mesmos, parecem ser naturais e intemporais, fatos ou dados com os quais nos relacionamos desde nosso nascimento: somos recompensados quando os seguimos, punidos quando os transgredimos.

Sócrates embaraçava os atenienses porque os forçava a indagar qual a origem e a essência (ou a significação verdadeira e necessária) das virtudes (valores e obrigações) que julgavam praticar ao seguir os costumes de Atenas. Como e por que sabiam que uma conduta era boa ou má, virtuosa ou viciosa? Por que, por exemplo, a coragem era considerada virtude e a covardia, vício? Por que valorizavam positivamente a justiça e desvalorizavam a injustiça, combatendo-a? Numa palavra: o que eram e o que valiam realmente os costumes que lhes haviam sido ensinados?

Dirigindo-se aos atenienses, Sócrates não só lhes perguntava qual o sentido dos *costumes* estabelecidos (os valores éticos ou morais da coletividade, transmitidos de geração a geração), mas também indagava quais as disposições de *caráter* (características pessoais, sentimentos, atitudes, condutas individuais) que levavam alguém a respeitar ou a transgredir os valores da cidade e por quê.

Ao indagar *o que são* a virtude e o bem, Sócrates realiza, na verdade, duas interrogações. Por um lado, interroga a sociedade para saber se o que ela está habituada a considerar virtuoso e bom corresponde efetivamente à virtude e ao bem; e, por outro, interroga os indivíduos para saber se, ao agir, possuem efetivamente consciência do significado e da finalidade de suas ações, se seu caráter ou sua índole são virtuosos e bons realmente. A indagação ética socrática dirige-se, portanto, à sociedade e ao indivíduo.

As questões socráticas inauguram a ética ou filosofia moral porque definem o campo no qual valores e obrigações morais podem ser estabelecidos pela determinação de seu ponto de partida: a *consciência do agente moral*. É *sujeito ético ou moral* somente aquele que sabe o que faz, conhece as causas e os fins de sua ação, o significado de suas intenções e de suas atitudes e a essência dos valores morais. Sócrates afirma que apenas o ignorante é vicioso ou incapaz de virtude, pois quem sabe o que é bem não poderá deixar de agir virtuosamente.

Aristóteles e a **práxis**

Se devemos a Sócrates o início da filosofia moral, devemos a Aristóteles a distinção entre **saber teorético ou contemplativo** e **saber prático**. O saber teorético ou contemplativo é o conhecimento de seres e fatos que existem e agem independentemente de nós e sem nossa intervenção ou interferência, isto é, de seres e fatos naturais e divinos. O saber prático é o conhecimento daquilo que só existe como consequência de nossa ação e, portanto, depende de nós. A ética e a política são um saber prático. O saber prático pode ser de dois tipos: ***práxis*** ou ***técnica***.

Na *práxis*, o agente, a ação e a finalidade do agir são inseparáveis ou idênticos, pois o agente, o que ele faz e a finalidade de sua ação são o mesmo. Assim, por exemplo, dizer a verdade é uma virtude do agente, inseparável de sua fala verdadeira e de sua finalidade, que é proferir uma verdade; não podemos distinguir o falante, a fala e o conteúdo falado. Na *práxis* ética, somos aquilo que fazemos e o que fazemos é a finalidade boa ou virtuosa. Ao contrário, na técnica, diz Aristóteles, o agente, a ação e a finalidade da ação são diferentes e estão separados, sendo independentes uns dos outros.

Um carpinteiro, por exemplo, ao fazer uma mesa, realiza uma ação técnica, mas ele próprio não é essa ação nem é a mesa produzida por ela. A técnica tem como finalidade a fabricação de alguma coisa que é diferente do agente (a mesa não é o carpinteiro, diversamente, por exemplo, de uma ação virtuosa, pois esta é o ser do próprio agente que a realiza). Além disso, enquanto na *práxis* a ação e sua finalidade são idênticas (a virtude é a finalidade da ação virtuosa), na técnica a finalidade do objeto fabricado é diferente da ação fabricadora (a ação técnica de fabricar uma mesa, por exemplo, implica o trabalho sobre a madeira com instrumentos apropriados, mas isso nada tem a ver com a finalidade da mesa, uma vez que o fim que ela trará é determinado pelo uso e pelo usuário). Dessa maneira, Aristóteles distingue a *ética* e a *técnica* como práticas que diferem pelo modo de relação do agente com a ação e com a finalidade da ação.

Também devemos a Aristóteles a definição do campo das ações éticas. Estas não só são definidas pela virtude, pelo bem e pela obrigação, mas também pertencem àquela esfera da realidade na qual cabem a *deliberação* e a *decisão* ou *escolha*.

Em outras palavras, quando o curso de uma realidade segue leis necessárias e universais, não há como nem por que deliberar e escolher, pois as coisas acontecerão necessariamente tais como as leis que as regem determinam que devam acontecer. Não deliberamos sobre as estações do ano, o movimento dos astros, a forma dos minerais ou dos vegetais. Não deliberamos nem decidimos sobre aquilo que é regido pela natureza, isto é, pela necessidade.

Mas deliberamos e decidimos sobre tudo aquilo que, para ser e acontecer, depende de nossa vontade e de nossa ação. Não deliberamos e não decidimos sobre o *necessário*, pois o necessário é o que é e será sempre tal como é, independentemente de nós. Deliberamos e decidimos sobre o *possível*, isto é, sobre aquilo que pode ser ou deixar de ser, porque para ser e acontecer depende de nós, de nossa vontade e de nossa ação. Com isso, Aristóteles acrescenta à ideia de consciência moral, trazida por Sócrates, a ideia de *vontade guiada pela razão* como o outro elemento fundamental da vida ética.

Por isso mesmo, devemos a Aristóteles uma distinção que será central em todas as formulações ocidentais da ética, qual seja, a diferença entre o que é *por natureza* (ou conforme à *physis*) e o que é *por vontade* (ou conforme à liberdade). O **necessário** é por natureza; o **possível**, por vontade. Eis por que, desde Aristóteles, afirma-se que a ética (e a política) se refere às coisas e às ações que estão em nosso poder.

A importância dada por Aristóteles à vontade racional, à deliberação e à escolha o levou a considerar, entre todas as virtudes, uma delas como condição de todas as outras e presente em todas elas: a **prudência** ou **sabedoria prática**. O prudente é aquele que, em todas as situações, é capaz de julgar e avaliar qual a atitude e qual a ação que melhor realizarão a finalidade ética, ou seja, entre as várias escolhas possíveis, qual a mais adequada para que o agente seja virtuoso e realize o que é bom para si e para os outros.

Se tomarmos a *Ética a Nicômaco*, de Aristóteles, nela encontraremos a síntese das virtudes que constituíam a excelência e a moralidade gregas durante o tempo da Grécia clássica. Nessa obra, Aristóteles distingue vícios e virtudes pelo critério do excesso, da falta e da moderação: um vício é um sentimento ou uma conduta excessivos ou, ao contrário, deficientes; uma virtude, um sentimento ou uma conduta moderados.

Resumidamente, eis o quadro aristotélico:

Virtude	Vício por excesso	Vício por falta
coragem	temeridade	covardia
temperança	libertinagem	insensibilidade
liberalidade	prodigalidade	avareza
respeito próprio	vulgaridade	vileza
magnificência	vaidade	modéstia
gentileza	irascibilidade	indiferença
veracidade	orgulho	descrédito próprio
agudeza de espírito	zombaria	grosseria
amizade	condescendência	tédio
justa indignação	inveja	malevolência

O legado dos filósofos gregos

Se examinarmos o pensamento filosófico dos antigos, veremos que nele a ética afirma três grandes princípios da vida moral:

1. por natureza, os seres humanos aspiram ao bem e à felicidade, que só podem ser alcançados pela conduta virtuosa;

2. a virtude é uma excelência alcançada pelo caráter, tanto assim que a palavra grega que a designa é *aretê*, que quer dizer "excelência". É a força interior do caráter que consiste na consciência do bem e na conduta definida pela vontade guiada pela razão, pois cabe a esta última o controle sobre instintos e impulsos irracionais descontrolados, que existem na natureza de todo ser humano;

3. a conduta ética é aquela na qual o agente sabe o que está e o que não está em seu poder realizar, referindo-se, portanto, ao que é possível e desejável para um ser humano. Saber o que está em nosso poder significa, principalmente, não se deixar arrastar pelas circunstâncias nem pelos instintos, nem por uma vontade alheia, mas afirmar nossa independência e nossa capacidade de autodeterminação.

O sujeito ético ou moral não se submete aos acasos da sorte (ou o que os antigos chamavam de *fortuna*), nem à vontade e aos desejos de um outro, nem à tirania das paixões (ou sentimentos e desejos incontroláveis), mas obedece apenas à sua consciência — que conhece o bem e as virtudes — e à sua vontade racional — que conhece os meios adequados para chegar aos fins morais. A busca do bem e da felicidade são a essência da vida ética.

Os filósofos antigos (gregos e romanos) consideravam que a vida ética transcorria como um embate contínuo entre nossos apetites e desejos — as paixões — e nossa razão. Por natureza, somos passionais e a tarefa primeira da ética é a educação de nosso caráter ou de nossa natureza para seguirmos a orientação da razão. A vontade possuía um lugar fundamental nessa educação, pois era ela que deveria ser fortalecida para permitir que a razão controlasse e dominasse as paixões.

O passional é aquele que se deixa arrastar por tudo quanto satisfaça imediatamente seus apetites e desejos, tornando-se escravo deles. Desconhece a moderação, busca tudo imoderadamente, acabando vítima de si mesmo.

Podemos resumir a ética dos antigos em três aspectos principais:

1. o *racionalismo*: a vida virtuosa é agir em conformidade com a razão, que conhece o bem, o deseja e guia nossa vontade até ele. A vida virtuosa é aquela em que a vontade se deixa guiar pela razão;

2. o *naturalismo*: a vida virtuosa é agir em conformidade com a natureza (o cosmo) e com nossa natureza (nosso *éthos*), que é a parte do todo natural. Agir voluntariamente não é, portanto, agir contra a necessidade natural (sobre esta não temos poder nenhum) e sim agir em harmonia com ela, de tal maneira que o possível, desejado e realizado por nossa vontade realize nossa natureza individual e a coloque em harmonia com o todo da natureza;

3. a *inseparabilidade entre ética e política*: isto é, a inseparabilidade entre a conduta do indivíduo e os valores da sociedade, pois somente na existência compartilhada com outros encontramos liberdade, justiça e felicidade.

A ética, portanto, era concebida como *educação do caráter do sujeito moral* para dominar racionalmente impulsos, apetites e desejos, para orientar a vontade rumo ao bem e à felicidade, e para formá-lo como membro da coletividade sociopolítica. Sua finalidade era a *harmonia entre o caráter do sujeito virtuoso e os valores coletivos*, que também deveriam ser virtuosos.

O cristianismo: interioridade e dever

Diferentemente de outras religiões da Antiguidade, que eram nacionais e políticas, o cristianismo nasce como religião de indivíduos que não se definem por seu pertencimento a uma nação ou a um estado, mas por sua fé num mesmo e único Deus. Em outras palavras, enquanto nas demais religiões antigas a divindade se relacionava com a comunidade social e politicamente organizada, o Deus cristão relaciona-se diretamente com os indivíduos que nele creem. Isso significa, antes de mais nada, que a vida ética do cristão não é definida por sua relação com a sociedade, mas por sua relação espiritual e interior com Deus. Dessa maneira, o cristianismo introduz duas diferenças primordiais na antiga concepção ética:

- em primeiro lugar, a ideia de que a virtude se define por nossa relação com Deus e não com a cidade (a *pólis*) nem com os outros. Nossa relação com os outros depende da qualidade de nossa relação com Deus, único mediador entre cada indivíduo e os demais. Por esse motivo, as duas virtudes cristãs primeiras e condições de todas as outras são a *fé* (qualidade da relação de nossa alma com Deus) e a *caridade* (o amor aos outros e a responsabilidade pela salvação dos outros, conforme exige a fé). As duas virtudes são privadas, isto é, são relações do indivíduo com Deus e com os outros a partir da intimidade e da interioridade de cada um;

- em segundo lugar, a afirmação de que somos dotados de vontade livre (ou *livre-arbítrio*) e que, em decorrência da desobediência do primeiro homem aos mandamentos divinos (ou o pecado original de Adão e Eva), nossa vontade se perverteu e nossa liberdade dirige-se espontaneamente para o mal e para o pecado, isto é, para a transgressão das leis divinas. Somos seres fracos, pecadores, divididos entre o bem (obediência a Deus) e o mal (desobediência a Deus e submissão do livre-arbítrio à tentação demoníaca). O cristianismo considera, portanto, que, em decorrência do pecado original, o ser humano tornou-se uma natureza fraca, incapaz de realizar o bem e as virtudes apenas pela força de sua própria vontade.

Em outras palavras, enquanto para os filósofos antigos a vontade era uma faculdade racional capaz de dominar e controlar a desmedida passional de nossos apetites e desejos, havendo, portanto, uma força interior (a vontade consciente) que nos tornava morais, para o cristianismo, a própria vontade está pervertida pelo pecado e precisamos do auxílio divino para nos tornarmos morais. Esse auxílio é trazido pela *lei divina revelada* ou pelos *mandamentos* diretamente ordenados por Deus aos homens e que devem ser obedecidos obrigatoriamente, sem nenhuma exceção.

A ideia de dever

A concepção cristã introduz uma nova ideia na moral: a ideia do **dever**, isto é, a ideia de que a virtude é a obrigação de cumprir o que é ordenado pela lei divina.

Por meio da revelação aos profetas (Antigo Testamento) e de Jesus Cristo (Novo Testamento), Deus tornou sua vontade e sua lei manifestas aos seres humanos, definindo eternamente o bem e o mal, a virtude e o vício, a felicidade e a infelicidade, a salvação e o castigo. Para obedecer à lei divina, três virtudes são necessárias: *fé, esperança* e *caridade*. São as **virtudes teologais**, isto é, referidas à nossa relação com Deus — ser virtuoso é buscar a Deus e cumprir a vontade de Deus, ou, como se lê na Bíblia, o homem virtuoso é aquele cujo coração está cheio com a Lei de Deus.

Há, porém, virtudes que se referem a qualidades que nossa alma ou nosso espírito devem adquirir para se aperfeiçoar e merecer a salvação prometida por Deus. A lei divina define quatro virtudes principais ou primeiras — as **virtudes cardeais** — das quais todas as outras dependem: *fortaleza, justiça, temperança* e *prudência*. Além delas, o cristianismo define virtudes que concernem ao nosso comportamento exterior ou à nossa conduta, isto é, as **virtudes morais**: *sobriedade, prodigalidade, trabalho, castidade, mansidão, modéstia* e *generosidade*. Em oposição a elas, define os principais vícios, conhecidos como **os sete pecados capitais**: *gula, avareza, preguiça, luxúria, ira* (ou *cólera*), *soberba* (ou *orgulho*), *inveja*.

Eis resumidamente o quadro cristão:

Virtudes teologais	Virtudes cardeais	Virtudes morais	Sete pecados capitais
fé	coragem	sobriedade	gula
esperança	justiça	prodigalidade	avareza
caridade	temperança	trabalho	preguiça
	prudência	castidade	luxúria
		mansidão	ira (ou cólera)
		generosidade	inveja
		modéstia	soberba (ou orgulho)

Aos humanos cabe reconhecer a vontade e a lei de Deus, cumprindo-as obrigatoriamente, isto é, por *atos de dever*. Este é o único que torna morais um sentimento, uma intenção, uma conduta ou uma ação.

Com a concepção do ato moral como cumprimento voluntário do dever, isto é, como obrigação de obediência voluntária às leis divinas ou aos mandamentos divinos, o cristianismo legou à filosofia moral a distinção entre três tipos fundamentais de conduta:

1. a *conduta moral ou ética*, que se realiza de acordo com as normas e as regras impostas pelo dever;

2. a *conduta imoral ou antiética*, que se realiza contrariando as normas e as regras fixadas pelo dever;

3. a *conduta indiferente à moral*, quando agimos em situações que não são definidas pelo bem e pelo mal, e nas quais não se impõem as normas e as regras do dever.

A ideia de intenção

Juntamente com a ideia do dever, a moral cristã introduziu uma outra, também decisiva na constituição da moralidade ocidental: a ideia de **intenção**.

Até o cristianismo, a filosofia moral localizava a conduta ética nas *ações e nas atitudes visíveis* do agente moral, ainda que tivessem como pressuposto algo que se realizava no interior do agente, em sua vontade racional ou consciente. Eram as condutas visíveis que eram julgadas virtuosas ou viciosas. O cristianismo, porém, é uma religião da interioridade, afirmando que a vontade e a lei divinas não estão escritas nas pedras nem nos pergaminhos, mas inscritas no coração dos seres humanos. A primeira relação ética, portanto, se estabelece entre o coração do indivíduo e Deus, entre a alma invisível e a divindade invisível.

Como consequência, passou-se a considerar como submetido ao julgamento ético tudo quanto, invisível aos olhos humanos, é visível ao espírito de Deus, portanto, tudo quanto acontece em nosso interior, em nosso coração. O dever não se refere apenas às ações visíveis, mas também aos desejos do coração, isto é, às *intenções invisíveis*, que passam a ser julgadas eticamente. Eis por que um cristão, quando se confessa, obriga-se a confessar pecados cometidos por atos, palavras e intenções. Sua alma, invisível, tem o testemunho do olhar de Deus, que a julga.

Natureza humana e dever

O cristianismo introduz a ideia do *dever* para resolver um problema ético, qual seja, oferecer um caminho seguro para nossa vontade, que, sendo livre mas fraca, sente-se dividida entre o bem e o mal. No entanto, essa ideia cria um problema novo. Se o sujeito moral é aquele que encontra em sua consciência (vontade, razão, coração) as normas da conduta virtuosa, submetendo-se apenas ao bem e jamais a poderes externos à consciência, como falar em comportamento ético *por dever*? Este não seria o poder externo de uma vontade externa (Deus), que nos domina e nos impõe suas leis, forçando-nos a agir em conformidade com regras vindas de fora de nossa consciência?

Em outras palavras, se a ética exige um sujeito autônomo, a ideia de *dever* não introduziria a *heteronomia*, isto é, o domínio de nossa vontade e de nossa consciência por um poder estranho a nós?

Rousseau e a moral do coração

Um dos filósofos que procuraram resolver essa dificuldade foi Rousseau, no século XVIII. Para ele, a consciência moral e o sentimento do dever são inatos, são "a voz da natureza" e o "dedo de Deus" em nosso coração. Apesar do pecado do primeiro homem, conservamos em nosso coração vestígios da bondade original e por isso nascemos puros e bons, dotados de generosidade e de benevolência para com os outros. Se o dever parece ser uma imposição e uma obrigação externa, imposta por Deus aos humanos, é porque nossa bondade natural foi pervertida pela sociedade, quando esta criou a propriedade privada e os interesses privados, tornando-nos egoístas, mentirosos e destrutivos. Para Rousseau, foi ao dar nascimento à *razão utilitária* ou à *razão dos interesses* que a sociedade silenciou a bondade natural do coração humano.

Assim, longe de ser uma imposição externa, o dever simplesmente é o que nos força a recordar nossa boa natureza originária, que ficaria para sempre escondida sob os interesses da razão se o dever não nos fizesse recuperá-la. Obedecendo ao dever (à lei divina inscrita na natureza e em nosso coração), estamos obedecendo a nós mesmos, aos nossos sentimentos e nossas emoções, e não à razão, pois esta, privilegiando a utilidade e o interesse individuais, é responsável pela sociedade egoísta e perversa.

Kant e a moral da razão prática

Uma outra resposta ao mesmo problema, também no final do século XVIII, foi trazida por Kant. Opondo-se à "moral do coração" de Rousseau, Kant volta a afirmar o papel da razão na ética. Não existe bondade natural. Por natureza, diz Kant, somos egoístas, ambiciosos, destrutivos, agressivos, cruéis, ávidos de prazeres que nunca nos saciam e pelos quais matamos, mentimos, roubamos. É justamente por isso que precisamos do dever para nos tornarmos seres morais.

Razão pura teórica e razão pura prática

A exposição kantiana parte de duas distinções:

1. a distinção entre *razão pura teórica ou especulativa* e *razão pura prática*;
2. a distinção entre *ação por causalidade ou necessidade* e *ação por finalidade ou liberdade*.

A **razão pura teórica** e a **razão pura prática** são universais, isto é, as mesmas para todos os homens em todos os tempos e lugares — os *conteúdos* dos conhecimentos e das ações podem variar no tempo e no espaço, mas as *formas* da atividade racional de conhecimento e da atividade racional prática ou ação moral são universais. Em outras palavras, os conteúdos do conhecimento e da ação dependem da variação histórica ou da experiência, mas suas formas independem da experiência e da história, pois dependem do *sujeito transcendental*, como vimos na teoria do conhecimento.

A diferença entre razão teórica e razão prática encontra-se em seus objetos. Conservando a distinção que Aristóteles estabelecera entre *teoria* e *práxis*, Kant considera que a razão teórica ou especulativa tem como matéria ou conteúdo a realidade exterior a nós, um sistema de objetos que operam segundo leis necessárias de causa e efeito, independentemente de nossa intervenção; em consequência, a razão prática não contempla uma causalidade externa necessária, mas institui sua própria realidade, na qual se exerce. Essa realidade prática é justamente a vida moral ou a existência humana em sociedade, existência que depende da ação da vontade humana, pois a sociedade é uma instituição criada pelos próprios homens.

A diferença entre razão pura teórica e razão pura prática decorre da distinção entre *necessidade* e *finalidade/liberdade*.

Necessidade e liberdade

A natureza é o reino da *necessidade*, isto é, de acontecimentos regidos por sequências necessárias de causa e efeito — é o reino conhecido pelas ciências exatas e naturais (física, astronomia, química, biologia). Diferentemente do reino da natureza, há o reino humano da *práxis*, no qual as ações são realizadas racionalmente não por necessidade causal, mas tendo em vista fins ou por finalidade. Na medida em que os fins são estabelecidos pelos próprios seres humanos, são fruto de *escolhas voluntárias* e, portanto, a ação *por finalidade* é uma *ação voluntária livre* ou *por liberdade*.

A razão prática é o exercício da liberdade como poder racional para instituir fins éticos (os valores morais), ou a lei moral, que é a mesma para todos os indivíduos, uma vez que a razão prática é universal e encontra-se em todos os seres humanos. Para alcançar esses fins ou valores, os meios devem ser éticos também e por isso a razão prática institui normas para a ação ética. Ora, para quem a razão prática institui fins e normas? Para si mesma. Para quê? Para a orientação de sua conduta conforme ao bem. Na medida em que a razão prática tem o poder para criar normas e fins morais para si mesma, ela é também o poder para impô-los a si mesma. Essa imposição de fins e normas que a razão prática faz a si mesma daquilo que ela própria criou é o *dever*.

O dever, portanto, longe de ser uma imposição externa feita à nossa vontade e à nossa consciência, é a expressão de nossa liberdade, isto é, da presença da lei moral *em nós*, manifestação mais alta da humanidade *em nós*. Obedecer ao dever é obedecer a si próprio como ser racional que dá a si mesmo a lei moral. Por liberdade da vontade, o sujeito moral, isto é, a razão prática universal, dá a si mesmo os valores, os fins e as normas de nossa ação moral. Por isso somos *autônomos*.

Dever e interesse

Resta, porém, uma questão: se somos racionais e livres, por que valores, fins e normas morais não são espontâneos em nós, mas precisam assumir a forma do dever e de uma lei moral?

Responde Kant: porque não somos seres morais apenas. Também somos seres naturais, submetidos à causalidade necessária da natureza. Nosso corpo e nossa psique são feitos de apetites, impulsos, desejos e paixões. Nossos sentimentos, nossas emoções e nossos comportamentos são *a parte da natureza em nós*, exercendo domínio sobre nós, submetendo-nos à causalidade natural inexorável. Quem se submete a eles não pode possuir a autonomia ética. Por quê? Porque impulsos, apetites, paixões são causados em nós por coisas e forças externas a nós sobre as quais não temos domínio e às quais nos submetemos. Aqui, nossa vontade não é livre, mas constrangida por forças exteriores a ela.

A natureza nos impele a agir *por interesse*. Como para Rousseau, também para Kant o interesse é a forma natural do egoísmo, que nos leva a usar coisas e pessoas como meios e instrumentos para o que desejamos. Além disso, explica Kant, o interesse nos faz viver na ilusão de que somos livres e racionais por realizarmos ações que julgamos terem sido decididas livremente por nós, quando, na verdade, são um impulso cego determinado pela causalidade natural. Agir *por interesse* é agir determinado por motivações físicas, psíquicas, vitais, à maneira dos animais.

Visto que apetites, impulsos, desejos, tendências, comportamentos naturais costumam ser muito mais fortes do que a razão, a razão prática e a verdadeira liberdade precisam "dobrar" nossa parte natural e *nos impor* nosso ser moral. Elas o fazem obrigando-nos a passar das motivações do interesse para o dever. Para sermos livres, precisamos ser obrigados pelo *dever de sermos livres*.

Assim, à pergunta que fizemos no capítulo anterior (sobre o perigo de a educação ética ser uma violência contra nossa natureza espontaneamente passional), Kant responderá que a violência está em não compreendermos nossa destinação racional e em confundirmos nossa liberdade com a satisfação irracional de todos os nossos apetites e impulsos. Na medida em que a vontade define nossa natureza racional, na medida em que ela se distingue do mero impulso natural, pois tem consciência dos fins e dos meios e é capaz de justificar uma ação, e na medida em que o dever é uma criação voluntária, podemos concluir que o dever revela nossa verdadeira natureza de seres racionais. O dever não nos é imposto e sim proposto pela razão à nossa vontade livre. Quando o querer e o dever coincidem, somos *seres morais*, pois a virtude é a força da vontade para cumprir o dever.

O imperativo categórico e as máximas morais

O dever, afirma Kant, não se apresenta através de um conjunto de conteúdos fixos, que definiriam a essência de cada virtude e diriam que atos deveriam ser praticados e evitados em cada circunstância de nossa vida. O dever não é um catálogo de virtudes nem uma lista de "faça isto" e "não faça aquilo". O dever é uma *forma* que deve valer para toda e qualquer ação moral.

Essa forma não é indicativa, mas *imperativa*. Um imperativo é o que não admite hipóteses ("se... então") nem condições que o fariam valer em certas situações e não valer em outras, mas vale *incondicionalmente e sem exceções* para todas as circunstâncias de todas as ações morais. Por isso, o dever é um **imperativo categórico**. Ordena incondicionalmente. Não é uma motivação psicológica, mas a **lei moral interior**.

O imperativo categórico exprime-se numa fórmula geral: *Age em conformidade apenas com aquela máxima pela qual possas querer ao mesmo tempo que ela se torne uma lei universal*.

Essa fórmula permite a Kant deduzir as três *máximas morais* que exprimem a incondicionalidade dos atos realizados por dever. São elas:

1. Age como se a máxima de tua ação devesse ser erigida por tua vontade em lei universal da natureza.

Immanuel Kant
(1724–1804)

2. Age de tal maneira que trates a humanidade, tanto na tua pessoa como na pessoa de outrem, sempre como um fim e nunca como um meio.
3. Age como se a máxima de tua ação devesse servir de lei universal para todos os seres racionais.

A primeira máxima afirma a *universalidade* da conduta ética, aquilo que todo e qualquer ser humano racional deve fazer como se fosse uma lei natural, isto é, inquestionável, válida para todos em todo tempo e lugar. A ação por dever é uma *lei moral* para o agente.

A segunda máxima afirma a *dignidade dos seres humanos como pessoas* e, portanto, a exigência de que sejam tratados como fim da ação e jamais como meio ou como instrumento para nossos interesses.

A terceira máxima afirma que a vontade que age por dever institui um reino humano de seres morais porque racionais e, portanto, dotados de uma vontade legisladora livre ou autônoma. A terceira máxima exprime a *diferença ou separação entre o reino natural das causas e o reino humano dos fins*.

O imperativo categórico não enuncia o conteúdo particular de uma ação, mas a forma geral das ações morais. As máximas deixam clara a interiorização do dever, pois este nasce da razão e da vontade legisladora universal do agente moral. O acordo entre vontade e dever é o que Kant designa como *vontade boa que quer o bem*.

O *motivo moral* da vontade boa é agir *por dever*. O *móvel moral* da vontade boa é o *respeito pelo dever*, produzido em nós pela razão. Obediência à lei moral, respeito pelo dever e pelos outros constituem a bondade da vontade ética.

O imperativo categórico não nos diz para sermos honestos, oferecendo-nos a essência da honestidade; nem para sermos justos, verazes, generosos ou corajosos com base na definição da essência da justiça, da verdade, da generosidade ou da coragem. Não nos diz para praticarmos esta ou aquela ação determinada, mas nos diz para *sermos éticos cumprindo o dever* (as três máximas morais). É este que determina por que uma ação moral deverá ser sempre honesta, justa, veraz, generosa ou corajosa. Ao agir, devemos indagar se nossa ação está em conformidade com os fins morais, isto é, com as máximas do dever.

Por que, por exemplo, mentir é imoral? Porque o mentiroso transgride as três máximas morais. Ao mentir, não respeita em sua pessoa e na do outro a humanidade (consciência, racionalidade e liberdade), pratica uma violência escondendo de um outro ser humano uma informação verdadeira e, por meio do engano, usa a boa-fé do outro. Também não respeita a segunda máxima, pois se a mentira pudesse universalizar-se, o gênero humano deveria abdicar da razão e do conhecimento, da reflexão e da crítica, da capacidade para deliberar e escolher, vivendo na mais completa ignorância, no erro e na ilusão.

Por que um político corrupto é imoral? Porque transgride as três máximas. Por que o homicídio é imoral? Porque transgride as três máximas. As respostas de Rousseau e de Kant, embora diferentes, procuram resolver a mesma dificuldade, qual seja, explicar por que o dever e a liberdade da consciência moral são inseparáveis e compatíveis. A solução de ambos consiste em considerar o dever como algo que nasce em nosso interior, proposto pelo coração (Rousseau) ou proposto pela razão (Kant), desfazendo, assim, a impressão de que ele nos seria imposto de fora, por uma vontade estranha à nossa.

Cultura e dever

Rousseau e Kant procuraram conciliar o dever e a ideia de uma natureza humana que precisa ser obrigada à moral. No entanto, poderíamos repetir a pergunta que fizemos antes, mas indagando agora: se a ética exige um sujeito consciente e autônomo, como explicar que a moral exija o cumprimento do dever, definido como um conjunto de valores, normas, fins e leis estabelecidos pela cultura? Não vimos, por exemplo, a diferença entre as virtudes apontadas por Aristóteles e aquelas definidas pelo cristianismo? Mas não só isso. Não podemos perder de vista o fato de que é somente em algumas culturas que a razão, a vontade e a liberdade são consideradas a base da moral; e que é também somente em algumas culturas que aparece a distinção entre necessidade natural e liberdade moral. Mesmo que se diga, com Kant, que o conteúdo dos atos morais (isto é, as virtudes) depende de condições históricas, mas que a forma universal do dever (ou o imperativo categórico) é universal e independente das variações culturais, não podemos esquecer de que é somente numa cultura historicamente determinada, isto é, na cultura cristã, que surge a ideia de que a moral está ligada à noção de dever.

Em suma, aquilo que julgamos ser a forma universal e o conteúdo universal da moral está culturalmente determinado. Nesse caso, não estaríamos de volta ao problema da exterioridade entre o sujeito e a forma e o conteúdo do ato moral, uma vez que estes são definidos pela cultura, impondo-se de fora aos membros de uma cultura determinada? A resposta a essa questão foi trazida, no século XIX, por Hegel.

A perspectiva hegeliana

Moral e sociedade

Hegel critica Rousseau e Kant por dois motivos. Em primeiro lugar, por terem dado mais atenção à relação entre sujeito humano e natureza (isto é, à relação entre razão e paixões) do que à relação entre sujeito humano e cultura ou história. Ou seja, Rousseau pretendia que o homem, regressando a uma relação de harmonia com a natureza, recuperasse sua natureza original, boa e benevolente, perdida sob os efeitos da vida social baseada na razão utilitária e dos interesses. Kant, por sua vez, propôs a distinção fundamental entre o reino necessário da natureza e o reino humano da liberdade, distinguindo entre o que em nós vem da natureza (impulsos, apetites, paixões) e o que em nós deve vir da razão prática ou da liberdade (a moral como conformidade entre o querer e o dever ou entre a vontade e a lei moral).

Em segundo lugar, Hegel os critica por terem admitido a relação entre a ética e a sociabilidade dos seres humanos com base em laços muito frágeis, isto é, por terem concebido a sociabilidade como relações pessoais diretas entre indivíduos, quando deveriam tê-la tomado com base nos laços fortes das relações sociais, fixadas pelas instituições sociais (família, sociedade civil, Estado). Rousseau e Kant deixaram de considerar o mais importante, isto é, que as relações pessoais entre indivíduos são determinadas e mediadas por suas relações sociais. São estas últimas, explica Hegel, que determinam a vida ética ou moral dos indivíduos.

Somos, diz Hegel, seres históricos e culturais. Isso significa que, além de nossa vontade individual subjetiva (que Rousseau chamou de *coração*, e Kant de *razão prática*), existe uma outra vontade, muito mais poderosa, que determina a nossa: a *vontade objetiva*, inscrita nas instituições ou na cultura. Essa vontade não é apenas uma forma do querer, como em Kant, e sim um conjunto de conteúdos determinados (fins, valores, normas dotados de conteúdos determinados).

A *vontade objetiva* é uma vontade impessoal, coletiva, social, pública e historicamente determinada. Esse querer impessoal, social e histórico cria as instituições sociais, políticas, religiosas, artísticas e, com elas, a moralidade como sistema regulador da vida coletiva por meio de *mores*, isto é, dos costumes e dos valores de uma sociedade, numa época determinada. A moralidade é uma totalidade formada pelas instituições (família, religião, artes, técnicas, ciências, relações de trabalho, organização política, etc.), que obedecem, todas, aos mesmos valores e aos mesmos costumes, educando os indivíduos para interiorizarem a vontade objetiva de sua sociedade e de sua cultura.

A vida ética é o acordo e a harmonia entre a vontade subjetiva individual e a vontade objetiva cultural. Realiza-se plenamente quando interiorizamos nossa cultura, de tal maneira que praticamos espontânea e livremente seus costumes e valores, sem neles pensarmos, sem os discutirmos, sem deles duvidarmos, porque são como nossa própria vontade os deseja. O que é, então, o dever? O acordo pleno entre nossa vontade subjetiva individual e a totalidade ética ou moralidade.

Como consequência, o imperativo categórico não poderá ser uma forma universal desprovida de conteúdo determinado, como afirmara Kant, mas terá, em cada época, em cada sociedade e para cada cultura, conteúdos determinados, válidos apenas para aquela formação histórica e cultural. Assim, cada sociedade, em cada época de sua história, define os valores positivos e negativos, os atos permitidos e os proibidos para seus membros, o conteúdo dos deveres e do imperativo moral. Para um sujeito, *ser ético e livre* será, portanto, pôr-se de acordo com as regras morais de sua sociedade, interiorizando-as.

Moral e história

Hegel afirma que podemos perceber ou reconhecer o momento em que uma sociedade e uma cultura entram em declínio, perdem força para se conservar e abrem-se às crises internas que anunciam seu término e sua passagem a uma outra formação sociocultural. Esse momento é aquele no qual os membros daquela sociedade e daquela cultura contestam a moralidade vigente, contestam os valores e as normas instituídos, sentem-se oprimidos e esmagados por eles e agem de modo a transgredi-los. O declínio de uma sociedade ou de uma cultura é o momento no qual o antigo acordo entre as vontades subjetivas individuais e a vontade objetiva institucional rompe-se inexoravelmente, anunciando um novo período histórico.

Entre os vários exemplos oferecidos por Hegel para explicitar a ruptura entre a vontade ética individual e a vontade moral coletiva podemos destacar dois: a passagem da aristocracia à democracia, na Grécia, e a passagem da comunidade medieval à sociedade moderna.

Eva Wilma e Carlos Zara, em cena da peça *Antígona*, de Sófocles, em 1976.

Hegel apresenta a crise ética grega examinando uma tragédia, a *Antígona*, de Sófocles. O conflito se estabelece entre Antígona, que representa a antiga família aristocrática, fundada em laços de sangue, e o dirigente político Creonte, que representa a nova *pólis* democrática. Os irmãos de Antígona, Etéocles e Polinice, lutaram em partidos contrários; Polinice, acusado por Creonte de traição política, é vencido e morto em combate por Etéocles. Como traidor político, a lei da cidade não lhe dá o direito a funeral e sepultura. E é isso que atormenta Antígona, enchendo-a de dor. Por quê?

Na religiosidade da *pólis* aristocrática, um guerreiro valoroso que morre em combate na flor da juventude está prometido à imortalidade. Para tê-la, é preciso que seu corpo morto permaneça inviolado (sem sofrer degradação por animais e intempéries), a fim de que dele nasça sua imagem viva e inteira, sua sombra, pois é esta que passará para o outro mundo e será imortal. O ritual fúnebre limpa, purifica, adorna e perfuma o corpo morto e o protege com a sepultura. Numa *pólis* aristocrática, jamais se contestaria o direito de Polinice aos ritos fúnebres e à sepultura. Mas é exatamente isso que a lei da nova *pólis* ou da cidade democrática não pode conceder a Polinice. O amor fraterno levará Antígona a enfrentar Creonte, realizando os ritos fúnebres e enterrando o irmão. Ao fazê-lo, condena-se também à morte.

Essa tragédia narra os conflitos entre *as leis não escritas do costume* (o passado aristocrático, legislado pelos deuses como protetores das linhagens de sangue ou das famílias e seus guerreiros) e *as leis escritas da cidade* (o presente democrático, legislado pelos homens, definidos como cidadãos, e não pelos laços de sangue ou pelas linhagens familiares). O fato de que Antígona, para defender a família, as crenças religiosas e os valores aristocráticos, tenha de confrontar-se com Creonte, que representa a *pólis* democrática e os valores democráticos, indica a crise ética, ou seja, que desapareceu a antiga moralidade aristocrática ou a harmonia aristocrática entre a vontade individual subjetiva e a vontade objetiva institucional, e que surgiu uma nova moralidade, a harmonia democrática entre a vontade individual subjetiva e a vontade objetiva institucional.

A crise ética que acompanha a passagem da moralidade comunitária medieval para a da sociedade moderna ocorre em dois momentos sucessivos. O primeiro é representado pela Reforma Protestante; o segundo, pelo surgimento da ideia de contrato social.

A comunidade medieval era concebida como a forma natural de relação entre os humanos, instituída por Deus e conforme à hierarquia de seres que organizava o todo da natureza. Nela, cada indivíduo era definido não por suas qualidades próprias ou pessoais, mas segundo o lugar e a função que ocupava numa hierarquia de postos, cargos e ofícios, que iam dos mais elevados (papa e imperador) até os mais humildes (os servos da gleba e os escravos). O lugar e a função eram hereditários, isto é, determinavam a posição e a ocupação das famílias, passando de pais para filhos, de tal maneira que cada um, ao nascer, já tinha predeterminada sua vida e seu futuro.

Além da hierarquia e do caráter hereditário das ocupações, estas estavam organizadas comunitariamente em duas formas principais: a cavalaria, para os nobres, e as corporações de ofícios, para os homens livres não nobres. A cavalaria possuía valores éticos próprios (como se vê, por exemplo, nas histórias do Rei Artur), destacando-se a bravura na guerra e a defesa do cristianismo contra os infiéis (como se vê nas Cruzadas). As corporações de ofícios também possuíam seus valores próprios, que difeririam de corporação para corporação. Tanto a cavalaria como as corporações se guiavam pelas virtudes cristãs e condenavam os sete pecados capitais.

No topo da hierarquia encontrava-se a Igreja Católica Romana, depositária e guardiã das verdades divinas. Por isso, o controle político, espiritual e moral das comunidades e dos reinos era feito pela autoridade dos eclesiásticos, de maneira que o aspecto interior e espiritualizado da vida ética, que caracterizara o cristianismo em seus começos, foi, pouco a pouco, cedendo lugar a uma moral da exterioridade, por meio da qual os membros da Igreja podiam controlar a vida dos fiéis. Essa moral era chamada pelos cristãos de *moral das obras*. As "obras" eram as ações externas pelas quais alguém demonstrava ser um cristão como, por exemplo, a obrigatoriedade dos sacramentos (como o batismo e o casamento), a comunhão no domingo de Páscoa, as peregrinações a lugares santos, a extrema-unção na hora da morte, as esmolas para os órfãos e pobres, o pagamento de dízimos para a Igreja, a celebração dos santos em dias especiais, etc. Em suma, ser um bom cristão ou um cristão virtuoso era cumprir vários rituais externos.

A Reforma Protestante abre a crise dessa moralidade porque propõe restaurar a moral cristã da interioridade e da espiritualidade e combater a autoridade eclesiástica do papado e seus representantes. Combatendo a "moral das obras", a Reforma passa a *valorizar a consciência individual*, muito mais do que os rituais eclesiásticos. Passa a valorizar a piedade, a bondade interior, a fé, a caridade, ou a moral do coração. Com a desvalorização da moral ritualizada ou externa e a valorização da consciência individual e a interioridade das intenções, a Reforma Protestante derruba o pilar eclesiástico da moralidade medieval.

O segundo pilar dessa moralidade — o caráter divino e natural da comunidade como hierarquia hereditária de postos, cargos e funções — entra em crise com o surgimento da sociedade moderna, isto é, com a ideia de que a origem da sociedade se encontra *nos indivíduos*, concebidos como independentes, isolados, cujo valor não decorre de seu lugar na hierarquia de cargos e funções e sim depende de suas qualidades e características pessoais e sobretudo de serem dotados de razão e de vontade livre para julgar e agir. O contraponto entre a antiga ideia de comunidade e a nova ideia de indivíduo racional livre leva à ideia de que a sociedade é instituída por um *contrato* (o contrato social) pelo qual os indivíduos decidem viver em conjunto e sob as mesmas leis. Por que os indivíduos contratam entre si? Porque a razão lhes mostra que é mais útil e de seu interesse unir forças e recursos, em vez de viver no isolamento. E podem contratar porque são dotados de vontade livre, não estando submetidos aos poderes da natureza, da comunidade e da Igreja. Assim, com as ideias de *indivíduo racional livre* e de *contrato social* surge uma nova moralidade cujo fundamento encontra-se exatamente nessa figura do indivíduo como razão e vontade.

É dessa figura do indivíduo moderno, diz Hegel, que partem Rousseau e Kant. Isso significa, em termos hegelianos, que ambos imaginam estar concebendo uma ética universal e intemporal porque não percebem que o sujeito moral de que falam não é o homem como um ser universal e intemporal, e sim o indivíduo tal como acaba de ser produzido pela cultura e pela história europeias modernas.

A perspectiva de Bergson

Henri Bergson (1859–1941), filósofo e diplomata francês.

Numa perspectiva que também procura compreender a relação entre *dever* e *cultura* ou entre *dever* e *história* e, portanto, as mudanças nas formas e nos conteúdos da moralidade, surge, no início do século XX, a obra do filósofo francês Henri Bergson. Para tanto, Bergson distingue duas morais: a *moral fechada* e a *moral aberta*.

A moral fechada é o acordo entre os valores e os costumes de uma sociedade e os sentimentos e as ações dos indivíduos que nela vivem. É a moral repetitiva, habitual, respeitada quase automaticamente por nós.

Em contrapartida, a moral aberta é uma *criação* de novos valores e novas condutas, que rompem a moral fechada, instaurando uma ética nova. Os criadores éticos são, para Bergson, indivíduos excepcionais — heróis, santos, profetas, artistas —, que colocam suas vidas a serviço de um tempo novo, inaugurado por eles, graças a ações exemplares, que contrariam a moral fechada vigente.

Hegel diria que a moral aberta bergsoniana só pode acontecer quando a moralidade vigente está em crise, prestes a terminar, porque um novo período histórico-cultural está para começar. A moral fechada, quando sentida como repressora e opressora, e a totalidade ética, quando percebida como contrária à subjetividade individual, indicam aquele momento em que as normas e os valores morais são experimentados como violência (isto é, como imposição externa e autoritária) e não mais como realização ética, isto é, como expressões da liberdade.

História e virtudes

Viemos observando que os valores morais modificam-se na história porque seu conteúdo é *determinado* por condições históricas. Pudemos comprovar a determinação histórica do conteúdo dos valores, examinando as virtudes definidas em diferentes épocas, como se vê, por exemplo, na diferença entre o quadro aristotélico e o cristão das virtudes ou nas crises éticas assinaladas por Hegel.

Comparando Aristóteles e cristianismo

Quando examinamos as virtudes definidas pelo cristianismo, descobrimos que, embora as virtudes aristotélicas não sejam afastadas, deixam de ser as mais relevantes. Observamos, assim, o aparecimento de virtudes novas, concernentes à relação do crente com Deus (virtudes teologais), à posição da justiça e da prudência como virtudes particulares (virtudes que, para Aristóteles, não eram particulares, pois a justiça é o resultado da virtude e não uma das virtudes, e a prudência é a condição de todas as virtudes), à substituição da amizade pela caridade (entendida como amor ao próximo e esse amor como responsabilidade pela salvação do outro). Podemos também observar que o que Aristóteles chamava de *vício* é transformado em *pecado*, portanto, em algo voltado para a relação do crente com a lei divina. Quanto às virtudes morais, encontramos entre elas uma que, para Aristóteles, era um vício — a modéstia —, além de verificarmos o aparecimento de virtudes ignoradas ou desconhecidas por Aristóteles, como a humildade e a castidade.

Com o cristianismo, surge também como virtude algo que, para um grego ou um romano, jamais poderia fazer parte dos valores do homem livre: o trabalho. Em contrapartida e como consequência, o ócio, valorizado pelos antigos e considerado pela sociedade escravista greco-romana como condição para o exercício da filosofia e da política, torna-se, a partir de então, o vício da preguiça.

Ampliando a comparação: a ética de Espinosa

Se, agora, tomarmos como referência um filósofo do século XVII, Espinosa, cuja obra principal intitula-se *Ética*, veremos o quadro das virtudes e dos vícios alterar-se profundamente.

A naturalidade das paixões

Para Espinosa, somos seres naturalmente afetivos, isto é, nosso corpo é ininterruptamente afetado por outros corpos (que podem conservá-lo e regenerá-lo ou enfraquecê-lo e destruí-lo) e afeta outros corpos (também podendo conservá-los, regenerá-los, enfraquecê-los ou destruí-los) e essas afecções corporais se exprimem em nossa alma na forma de afetos ou sentimentos. Ou seja, o que se passa em nosso corpo é psiquicamente vivido por nós sob a forma afetiva. Assim, por exemplo, quando alguma coisa aumenta a capacidade vital de nosso corpo, experimentamos amor por ela; e, ao contrário, quando alguma coisa enfraquece tal capacidade, experimentamos ódio por ela. O afeto ou sentimento é, portanto, constitutivo da relação de nossa alma com nosso corpo.

Nossos afetos, explica Espinosa, podem ser *paixões* ou *ações*. São paixões quando causados por forças ou coisas externas; são ações quando causados por nossa força interna.

As paixões são naturais. Por quê? Porque somos criaturas que vivem rodeadas por inúmeras outras e somos afetados por elas de inúmeras maneiras, ou seja, somos naturalmente passionais porque somos naturalmente passivos, isto é, incessantemente sofremos a ação de causas exteriores a nós. Assim, por natureza, vivemos cercados por outros seres, mais fortes do que nós, que agem sobre nós e por isso, diz Espinosa, a passividade ou as paixões não são boas nem más, simplesmente são naturais. Não são vícios da natureza humana nem sinais de uma vontade fraca ou pervertida e sim a maneira como naturalmente existimos recebendo e sofrendo a ação de causas externas. Uma paixão indica a força ou a fraqueza de nosso ser (nosso corpo e nossa alma) para existir e agir.

Três são as paixões originais ou primitivas: *alegria*, *tristeza* e *desejo*. As demais derivam-se destas. Assim, da paixão de alegria nascem as de *amor, devoção, esperança, segurança, contentamento, misericórdia, glória*; da paixão de tristeza surgem as de *ódio, inveja, orgulho, arrependimento, modéstia, humildade, medo, desespero*; da paixão do desejo, conforme este se combine com a alegria ou com a tristeza, provêm a *gratidão*, a *glória*, a *benevolência*, a *cólera*, a *crueldade*, a *vingança*, a *ambição*, o *temor*, a *ousadia*, a *luxúria*, a *avareza*.

Uma paixão triste é aquela que experimentamos quando sentimos a diminuição da capacidade de ser e agir de nosso corpo e de nossa alma — é por tristeza que odiamos o que julgamos que nos enfraquece, assim como é por tristeza que sentimos paixões como o medo e o desespero, que nos levam a fugir das coisas e dos outros ou a querer destruí-los. Ao contrário, uma paixão alegre é experimentada quando sentimos o aumento da capacidade de existir e agir de nosso corpo e de nossa alma — é por alegria que amamos o que julgamos que nos fortalece, assim como é por alegria que sentimos amizade e generosidade por aqueles que aumentam nossa força vital. No caso do desejo, podemos ter paixões tristes (como a crueldade, a ambição, a avareza) ou alegres (como a gratidão e a benevolência) e, portanto, o desejo pode exprimir a diminuição ou o aumento de nossa força para existir.

A servidão passional e a liberdade afetiva

Que é o vício? Não é ter paixões. É a fraqueza para existir, agir e pensar. É deixar-se levar apenas por afetos passivos ou paixões, submetendo-se a eles, pois com isso nos deixamos governar pelas causas externas (coisas e outros humanos), que passam a ter poder sobre nós. Como sucumbimos ao poderio de forças externas? Deixando-nos dominar pelas paixões tristes e pelas desejantes nascidas da tristeza. Por isso, em vez de vício, Espinosa fala em "servidão humana". De fato, somos servos quando nossas paixões determinam nossa vida e, portanto, quando não somos livres, mas vivemos sob o poder externo das coisas e de outros, que nos arrastam para onde querem. Ora, quanto mais fracos somos, mais passivos somos e tanto mais fracos quanto mais paixões tristes e desejos tristes nos dominem.

Que é a virtude? Não é cumprir deveres e obrigações, mas ser a causa interna de nossos sentimentos, atos e pensamentos. Ou seja, ser livre é ter força interior para passar da passividade afetiva (submissão a causas externas) à atividade afetiva (ser causa interna dos afetos, dos pensamentos e das condutas). *Se a servidão é paixão, a virtude é ação.* Ser virtuoso ou ser livre é, pois, passar da paixão à ação, tornar-se causa ativa interna de nossos afetos e pensamentos.

Passar da servidão à liberdade

Como passar da paixão à ação? Abandonando os sentimentos, os afetos, as emoções? De maneira nenhuma. Somos seres naturalmente afetivos e deixar de experimentar afetos ou sentimentos é simplesmente deixar de ser humano.

A passagem se dá no interior das paixões e graças a elas. De fato, as paixões e os desejos tristes nos enfraquecem e nos tornam cada vez mais passivos enquanto as paixões e os desejos alegres nos fortalecem. A vida ética se inicia quando procuramos aumentar paixões e desejos alegres e afastar paixões e desejos tristes, pois, à medida que as paixões de alegria e de desejo alegre nos fortalecem, vamos adquirindo poder sobre nós mesmos e diminuindo o poderio das forças externas. Quando nossa razão se torna capaz de ser vivida por nós afetivamente, isto é, quando experimentamos que *conhecer* é mais forte do que *ignorar* e que o conhecimento é a força própria de nossa alma, nossa atividade racional se torna alegria. Ora, a atividade racional não depende de causas externas, mas exclusivamente da força interna de nossa razão. Assim sendo, uma razão forte é alegre e uma razão alegre é forte: com ela se inicia a passagem afetiva e cognitiva que nos leva da paixão à ação, da servidão à virtude. Em outras palavras, passamos da paixão à ação, da servidão à liberdade transformando as paixões alegres e as desejantes nascidas da alegria em atividades de que somos a causa. A virtude é a força para ser e agir autonomamente, isto é, com liberdade.

Bom e mau

O *bom*, explica Espinosa, é aquilo que é útil para o crescimento de nosso ser; o *mau*, o que nos impede de alcançar algo bom para nossa existência. Seja nas paixões, seja nas ações, todos nós sempre buscamos o *bom-útil* (mesmo que nos enganemos a seu respeito) e nos esforçamos para afastar o que julgamos *mau-nocivo* para nossa existência.

Ora, explica Espinosa, vivemos na companhia dos outros seres humanos e somos todos movidos por paixões. Estas podem tornar-nos contrários uns aos outros e inimigos uns dos outros, de tal maneira que cada um pode tornar-se um obstáculo para que os outros consigam o bom-útil que desejam. Por esse motivo, as paixões e os desejos alegres (como o amor, a benevolência, o contentamento, a gratidão, a esperança, a segurança) podem criar laços de concordância entre os homens, enquanto as paixões e os desejos tristes (como o ódio, o medo, a inveja, o orgulho, o desespero, a vingança) sempre os tornam inimigos.

Todavia, uma paixão é sempre instável, pois nela nosso sentimento depende de causas externas e de circunstâncias que não dependem de nós. Por esse motivo, paixões e desejos alegres podem mudar e tornarem-se tristes, enfraquecer-nos e nos tornar inimigos uns dos outros.

Para resolver essa dificuldade, Espinosa propõe duas soluções: de um lado, uma sociedade política cujas instituições favoreçam a diminuição das formas de violência e fortaleçam os laços de amizade, gratidão e benevolência entre os homens, estabilizando suas paixões e seus desejos alegres; essa sociedade é, para Espinosa, a sociedade democrática. De outro, a vida ética como ação virtuosa. Que significa isso?

A virtude, diz Espinosa, não é senão a realização de nossa capacidade cognitiva ou racional (ou, como explica ele, a virtude da alma é *conhecer*), e, por isso, nela nunca nos enganamos quanto ao que é bom-útil para nosso ser, nela um afeto de alegria e um desejo alegre nunca se transformam em afetos e desejos tristes. Assim sendo, os que agem por virtude não são movidos pelo ódio, pelo medo, pela inveja, pelo orgulho e outras paixões criadoras de inimizade e discórdia. Consequentemente, a virtude favorece e conserva a concórdia afetiva e cognitiva entre os homens.

Assim como a política democrática estabiliza paixões e desejos alegres, promovendo a concórdia social, assim também a vida ética promove a concórdia e amizade entre os indivíduos. Na política democrática, a base da concordância encontra-se no fato de que o que é bom-útil para a sociedade também o é para seus membros; na ética, essa base é dada pelo fato de que o que é bom-útil para um indivíduo não é obstáculo para o bem e a utilidade dos outros, mas favorece a virtude dos demais.

Uma concepção contemporânea da virtude

Observamos que a ética espinosana evita oferecer um quadro de virtudes e vícios, distanciando-se de Aristóteles e da moral cristã, para buscar na ideia moderna de indivíduo livre o núcleo da ação moral. Na *Ética*, Espinosa jamais fala em *pecado* e em *dever*; fala em *fraqueza* e em *força* para ser, pensar e agir.

As virtudes aristotélicas inserem-se numa sociedade que valorizava as relações sociopolíticas entre os seres humanos, donde a preeminência da prudência, da amizade e da justiça. As virtudes cristãs, por sua vez, exprimem ideias, costumes e valores de uma sociedade voltada para a relação dos humanos com Deus e a lei divina. A virtude espinosana toma a relação do indivíduo com a natureza e a sociedade centrando-se nas ideias de integridade individual e de força interna para relacionar-se livremente com ambas.

Alasdair Mac Intyre (1929), filósofo britânico.

Um pensador contemporâneo, Alasdair Mac Intyre, numa obra intitulada *Depois da virtude*, procura redefinir a ideia de *virtude* na sociedade contemporânea, na qual a pluralidade e diversificação de instituições sociais impõem para um mesmo indivíduo uma grande variedade de condutas e comportamentos diferentes — há normas e valores na família, na escola, nos diferentes tipos de profissões e de trabalhos, nas diferentes formas políticas, etc. Indaga Mac Intyre: é possível falar em virtude no singular — *a virtude* — ou será preciso considerar que em cada esfera da existência há um tipo determinado de virtude e empregar o plural — *as virtudes*? Mas, seja no singular, seja no plural, falar em virtude implica uma ideia geral de virtude e cabe indagar: como encontrar uma ideia de virtude que possa dar conta da multiplicidade de condutas e de modos de vida?

Mac Intyre, inspirando-se em Aristóteles, concebe a virtude como *práxis*, portanto, como aquela ação ou conduta na qual o agente, o ato e a finalidade são inseparáveis e mesmo idênticos. Por isso, a concebe como uma qualidade humana adquirida que, em qualquer esfera de vida e atividade, nos torna capazes de alcançar um bem interno à própria prática ou à própria conduta, isto é, inseparável da ação que o busca e o realiza.

Sacas de arroz são descarregadas em Porto Príncipe, no Haiti, em ação da ajuda humanitária, alguns dias depois do terremoto que destruiu o país em janeiro de 2010.

Mac Intyre se preocupa com o fato de que sociedades como a nossa são internamente muito diferenciadas em suas instituições sociais, cada uma delas com normas e regras de conduta próprias, de maneira que o que pode ser ético na família não o será na profissão e o que é ético em ambas poderá não sê-lo na política, etc. Perante a multiplicidade de condutas e comportamentos exigidos por nossas sociedades, a unidade ética é alcançada quando somos capazes de avaliar os múltiplos bens ou valores de cada esfera de nossa existência à luz da unidade de nossa vida, isto é, de nosso desejo de uma vida coerente, inteira ou íntegra, de tal maneira que esse desejo de coerência de vida e de inteireza de caráter orienta cada uma de nossas condutas e cada um de nossos comportamentos.

Como explica Mac Intyre, a unidade ética de nossa vida é como a unidade de uma narrativa, com começo, meio e fim, na qual podemos identificar uma só e mesma vida vivida ou narrada, um só e mesmo eu ou um só e mesmo sujeito no decorrer do tempo e nas diferentes ações, condutas e comportamentos. Por esse motivo, a *virtude* (no singular e no plural) é aquilo que propicia a unidade da narrativa de nossa vida, isto é, o que dá sentido às nossas buscas, aos nossos encontros, às nossas perdas e frustrações, permitindo o aumento de nosso autoconhecimento e de nossa autonomia.

Ora, a unidade de uma vida ou a narrativa contínua de uma vida supõe que vivamos na companhia dos outros, isto é, desde o nascimento, estamos inseridos numa família, numa cidade, num país, numa classe social, num grupo, numa língua, numa religião, etc. Em outras palavras, nascemos como membros de uma tradição que possui normas e valores. Essa tradição é o terreno sobre o qual se ergue nossa vida ética e, portanto, esta tanto pode realizar-se em plena conformidade com o que é recebido dessa tradição como, ao contrário, pode realizar-se como crítica dessa mesma tradição (como mostram Hegel e Bergson, por exemplo).

Quando a tradição define virtudes que impedem aos indivíduos a realização da *virtude* como coerência e unidade de vida e de condutas ou que impedem a busca de um futuro novo, isto é, de novas possibilidades de existência individual e coletiva, essa tradição está morta e a vida ética só poderá realizar-se contra ela, instituindo normas, valores, condutas e comportamentos capazes de instituir uma tradição nova e viva.

Qual o critério da mudança ética? Responde Mac Intyre: a *racionalidade*. Ou seja, uma tradição morre e é combatida eticamente quando seus valores e suas normas se tornam irracionais para responder aos anseios éticos dos indivíduos e da coletividade. Por isso, escreve Mac Intyre, a história da moral e da filosofia moral é a história de sucessivos desafios a alguma ordem moral preexistente e é por referência a essa história que a superioridade racional de uma ética pode ser estabelecida. Assim, a passagem de uma tradição moral a uma ética nova decorre da irracionalidade da primeira perante as mudanças históricas e da racionalidade da segunda para corresponder ao presente e, portanto, de sua capacidade para permitir a cada um a coerência de vida e a inteireza de caráter.

Alguns comentários

As observações de Mac Intyre podem suscitar algumas reflexões interessantes que nos permitem retomar vários aspectos da ética que viemos abordando até aqui, particularmente dois, a saber, a ideia de que deve haver proporção entre meios e fins morais (isto é, fins morais exigem meios morais) e a questão da pluralidade de condutas que nossa sociedade nos impõe.

1. *Racional e irracional* — Há várias maneiras de entender essa distinção. Aqui, sugerimos pensá-la tomando como referência a ideia de *ratio*, entendida como proporção entre dois ou mais termos (como vimos ao estudar a razão). "Proporção" significa que há uma medida comum aos termos e que, graças a ela, eles se tornam homogêneos ou de mesma natureza, podendo por isso ser relacionados.

Nessa perspectiva, diremos que uma ética é racional (ou dotada de *ratio*) quando nela há proporção ou homogeneidade entre os meios e os fins da ação, e irracional quando não existe essa proporção, isto é, meios e fins são heterogêneos ou de natureza diferente. Visto que, desde Aristóteles, a *práxis* pressupõe e exige a proporcionalidade (uma ação ética só alcança fins éticos se os meios da ação forem éticos também), diremos que a irracionalidade (ausência de proporção ou de homogeneidade entre meios e fins) impossibilita a *práxis* e a virtude, isto é, meios imorais são heterogêneos a fins morais e incapazes de realizá-los.

Dois exemplos podem auxiliar-nos quanto a essa questão.

O primeiro deles nos é dado pela atitude de muitos filósofos em defesa da tolerância religiosa e política e no combate aos suplícios e torturas de prisioneiros religiosos e políticos. Indagam os defensores da tolerância: o que se pretende quando se aprisiona alguém por suas crenças religiosas ou por suas ideias políticas? E respondem: pretende-se obrigar o prisioneiro a renunciar às suas crenças ou às suas ideias. Indagam novamente: onde estão as crenças e as ideias do prisioneiro? Respondem: na alma do crente e na razão do militante político. Nesse caso, é irracional ou desproporcional supliciar e torturar seu corpo, uma vez que o que se quer é atingir seu espírito. Essa irracionalidade ou desproporção entre os meios e os fins tem duas consequências possíveis: ou o prisioneiro conserva intacto seu espírito e deixa seu corpo perecer sob a tortura, a qual, portanto, não alcança o fim esperado, qual seja, obter a renúncia às crenças religiosas ou às ideias políticas; ou o prisioneiro finge confessar e renunciar às suas crenças e ideias, mentindo para interromper a tortura e, novamente, o fim não é alcançado pelos torturadores porque, em seu espírito, o prisioneiro não se dobrou ao torturador.

Poder-se-ia, então, supor que seria racional torturar diretamente o espírito do prisioneiro (como nos mostra, por exemplo, o escritor George Orwell, no romance *1984*, que mencionamos no capítulo sobre indústria cultural). Ora, respondem os defensores da tolerância, aqui a irracionalidade seria ainda maior. Por quê? Porque os torturadores do espírito querem obter a adesão espiritual do prisioneiro, isto é, querem que sua vontade e sua razão se dobrem, mas aquele cuja vontade e cuja razão foram dobradas pela tortura não dá adesão *voluntária* e *racional* ao torturador, pois perdeu o espírito (a vontade e a razão) quando este foi torturado.

Por conseguinte, toda e qualquer forma de tortura empregada por uma sociedade é imoral porque é irracional, pois não consegue estabelecer uma relação proporcional ou uma *ratio* entre meios (a tortura) e fins (a adesão voluntária do torturado à vontade do torturador).

O segundo exemplo pode vir de uma suposição. Suponhamos uma sociedade em que se acredite que a causa da vida humana seja o sangue e que as diferenças entre indivíduos e grupos de indivíduos sejam determinadas pelo seu tipo de sangue. Numa sociedade como essa, pode surgir um grupo religioso que considere o seu sangue sagrado e abençoado por Deus e estabeleça como norma moral a proibição da mistura do sangue de um crente com o sangue dos não crentes, separando fiéis e infiéis pelo sangue. Dessa proibição podem decorrer outras, como, por exemplo, a de casamentos com não crentes ou a transfusão de sangue para doentes.

Ora, a genética contemporânea demonstra que a causa da vida não é o sangue, isto é, que o surgimento da vida depende do comportamento de certos ácidos (como o DNA e RNA), que nada têm a ver com o sangue, de sorte que as pessoas vivem e se diferenciam umas das outras por condições biológicas que não dependem do sangue. Nesse caso, proibir moralmente uma transfusão de sangue, que poderia salvar uma vida, é imoral porque é irracional, pois não há relação entre a qualidade moral de uma vida (ser um crente fervoroso) e a qualidade físico-química do sangue; a proibição não é ética porque se baseia numa desproporção, uma vez que não há homogeneidade entre ser um crente e ter um determinado tipo de sangue.

2. *Unidade e coerência de vida e pluralidade de comportamentos sociais* — Sociedades internamente muito diferenciadas em suas instituições, cada uma delas com normas e regras de conduta próprias, podem gerar conflitos de condutas de tal maneira que um comportamento considerado ético numa instituição poderia não o ser numa outra. Essa situação nos leva a indagar qual o sentido do aparecimento, nos últimos tempos, de expressões como "ética da empresa", "ética da profissão", "ética médica" (e do dentista, do professor, do aluno, dos motoristas, das donas de casa, etc.). Ao que tudo indica, teríamos de considerar não só que há várias e múltiplas instituições sociais mas também múltiplas éticas e que estas podem estar em conflito ou ser contrárias umas às outras. Como ser ético — isto é, ter unidade e coerência de vida — em tais circunstâncias?

Por exemplo, poderíamos supor que a "ética familiar" teria como valor o amor recíproco, a obediência e a confiança, mas que a "ética da empresa" poderia valorizar a competição, o segredo e a desconfiança. Dessa maneira, a vida virtuosa aprendida em casa não nos prepararia para sermos éticos numa empresa. E vice-versa, isto é, um jovem e uma jovem que trabalhassem numa empresa, ao se casarem e terem filhos, não estariam preparados para praticar a ética familiar. A suposição de que há várias éticas que podem ser conflitantes e às quais devemos adaptar-nos leva a imaginar que a ética seria como um casaco que você tira e põe conforme a hora, o lugar e a temperatura.

Ora, há um equívoco de base nessa suposição de uma pluralidade de éticas. De fato, cada instituição social e cada profissão estabelecem um conjunto de normas que se referem não à qualidade moral dos comportamentos e das condutas de seus membros e sim à *funcionalidade* e à *eficácia* para o desempenho adequado ou esperado de uma ação (empresarial, profissional). Essas normas não são éticas ou morais, mas *organizacionais* e *administrativas*. Por conseguinte, não há várias éticas.

Todavia, embora em si mesmas não sejam éticas nem formem éticas particulares, podemos e devemos perguntar se essas normas de funcionalidade e eficácia do desempenho estão ou não de acordo com os valores éticos da sociedade na qual existem. Dessa maneira, podemos conservar a ideia de que uma ética é, exatamente, *uma* (definida e determinada por uma cultura e uma sociedade em condições históricas dadas) e que é por ela que avaliamos a qualidade moral das ações realizadas nas diferentes instituições sociais e políticas e nas profissões.

Em outras palavras, podemos eticamente indagar se, em suas normas de funcionalidade e eficácia, as instituições e as profissões respeitam ou não os princípios morais: se respeitam ou não a exigência moral da não violência, se favorecem ou não o exercício da autorreflexão, da responsabilidade e da liberdade dos seus membros. E assim por diante.

Razão, desejo e vontade

Racionalismo ético

A tradição filosófica que examinamos até aqui constitui o **racionalismo ético**, pois atribui à razão humana o lugar central na vida ética. Duas correntes principais formam a tradição racionalista: aquela que identifica razão com inteligência ou intelecto (*corrente intelectualista*) e aquela que considera que, na moral, a razão identifica-se com a vontade (*corrente voluntarista*).

Nas duas correntes, porém, há concordância quanto à ideia de que, por natureza, somos seres passionais, cheios de apetites, impulsos e desejos cegos, desenfreados e desmedidos, cabendo à razão (seja como inteligência, no intelectualismo, seja como vontade, no voluntarismo) estabelecer limites e controles para paixões e desejos.

Egoísmo, agressividade, avareza, busca ilimitada de prazeres corporais, sexualidade sem freios, mentira, hipocrisia, má-fé, desejo de posse (tanto de coisas como de pessoas), ambição desmedida, crueldade, medo, covardia, preguiça, ódio, impulsos assassinos, desprezo pela vida e pelos sentimentos alheios são algumas das muitas paixões que nos tornam imorais e incapazes de relações decentes e dignas com os outros e conosco mesmos. Quando cedemos a elas, somos viciosos e culpados. A ética apresenta-se, assim, como trabalho da *inteligência* e/ou da *vontade* para dominar e controlar essas paixões.

A concepção intelectualista

Para a concepção intelectualista, a vida ética ou vida virtuosa depende do conhecimento, pois é somente por ignorância que fazemos o mal e nos deixamos arrastar por impulsos e paixões contrários à virtude e ao bem. O ser humano, sendo essencialmente racional, deve fazer com que sua razão ou inteligência (o intelecto) conheça os fins morais, os meios morais e a diferença entre bem e mal, de modo a conduzir a vontade no momento da deliberação e da decisão. A vida ética depende do desenvolvimento da inteligência ou razão, sem a qual a vontade não poderá atuar.

A concepção voluntarista

Para a concepção voluntarista, a vida ética ou moral depende essencialmente da nossa vontade, porque dela depende nosso agir e porque ela pode querer ou não querer o que a inteligência lhe ordena. Se a vontade for boa, seremos virtuosos, se for má, seremos viciosos. A vontade boa orienta nossa inteligência no momento da escolha de uma ação, enquanto a vontade má desvia nossa razão da boa escolha, no momento de deliberar e de agir. A vida ética depende da qualidade de nossa vontade e da disciplina para forçá-la rumo ao bem. O dever educa a vontade para que se torne reta e boa.

Convergências entre as duas concepções

Uma paixão (amor, ódio, inveja, ambição, orgulho, medo) coloca-nos à mercê de coisas e pessoas que desejamos possuir ou destruir. O racionalismo ético (seja na concepção intelectualista, seja na voluntarista) define a tarefa da educação moral e da conduta ética como poderio da razão para impedir-nos de perder a liberdade sob os efeitos de paixões desmedidas e incontroláveis. Para tanto, a ética racionalista distingue *necessidade*, *desejo* e *vontade*.

A necessidade diz respeito a tudo quanto necessitamos para conservar nossa existência: alimentação, bebida, habitação, agasalho no frio, proteção contra as intempéries, relações sexuais para a procriação, descanso para se recuperar do cansaço, etc.

Para os seres humanos, satisfazer as necessidades é fonte de satisfação. O desejo parte da satisfação de necessidades, mas acrescenta a elas o sentimento do prazer, dando às coisas, às pessoas e às situações novas qualidades e sentidos. No desejo, nossa imaginação busca o prazer e foge da dor pelo significado atribuído ao que é desejado ou indesejado.

A maneira como imaginamos a satisfação, o prazer, o contentamento que alguma coisa ou alguém nos dão transforma essa coisa ou esse alguém em objeto de desejo, o que nos leva a procurá-lo sempre, mesmo quando não conseguimos possuí-lo ou alcançá-lo. O desejo é, pois, a busca da fruição daquilo que é desejado, porque o objeto do desejo dá sentido à nossa vida, determina nossos sentimentos e nossas ações. Se, como os animais, temos necessidades, somente como humanos temos desejo. Por isso, muitos filósofos afirmam que a essência dos seres humanos é desejar e que somos seres "desejantes": não apenas desejamos, mas sobretudo desejamos ser desejados por outros.

A vontade difere do desejo por possuir três características que este não possui:

1. o ato voluntário implica um esforço para vencer obstáculos. Estes podem ser materiais (uma montanha surge no meio do caminho), físicos (fadiga, dor) ou psíquicos (desgosto, fracasso, frustração). A tenacidade e a perseverança, a resistência e a continuação do esforço são marcas da vontade e por isso falamos em *força de vontade*;

2. o ato voluntário exige discernimento e reflexão antes de agir, isto é, exige deliberação, avaliação e tomada de decisão. A vontade pesa, compara, avalia, discute, julga antes da ação;

3. a vontade refere-se ao possível, isto é, ao que pode ser ou deixar de ser e que se torna real ou acontece graças ao ato voluntário, que atua tendo em vista os fins e a previsão das consequências. Por isso, a vontade é inseparável da responsabilidade.

O desejo é paixão. A vontade, decisão. O desejo nasce da imaginação. A vontade se articula à reflexão. O desejo não suporta o tempo, ou seja, desejar é querer a satisfação imediata e o prazer imediato. A vontade, ao contrário, realiza-se no tempo; o esforço e a ponderação trabalham com a relação entre meios e fins e aceitam a demora da satisfação. *Mas é o desejo que oferece à vontade os motivos interiores e os fins exteriores da ação.*

À vontade cabe a educação moral do desejo. Na concepção intelectualista, a inteligência orienta a vontade para que esta eduque o desejo. Na concepção voluntarista, a vontade boa tem o poder de educar o desejo, enquanto a vontade má submete-se a ele e pode, em muitos casos, pervertê-lo.

Consciência, desejo e vontade formam o campo da vida ética: consciência e desejo referem-se às nossas *intenções* e *motivações*; a vontade, às nossas *ações* e *finalidades*. As primeiras dizem respeito à qualidade da atitude interior ou dos sentimentos internos ao sujeito moral; as últimas, à qualidade da atitude externa, das condutas e dos comportamentos do sujeito moral.

Para a concepção racionalista, a filosofia moral é o conhecimento das motivações e intenções (que movem interiormente o sujeito moral) e dos meios e fins da ação moral capazes de concretizar aquelas motivações e intenções. Convém observar que a posição de Kant, embora racionalista, difere das demais porque considera irrelevantes as motivações e intenções do sujeito, uma vez que a ética diz respeito à forma universal do ato moral, como ato livre de uma vontade racional boa, que age por dever segundo as leis universais que deu a si mesma. O imperativo categórico exclui motivos e intenções (que são sempre particulares) porque estes o transformariam em algo condicionado por eles e, portanto, o tornariam um imperativo hipotético, destruindo-o como fundamento universal da ação ética por dever.

Ética das emoções e do desejo

O racionalismo ético não é a única concepção filosófica da moral. Uma outra concepção filosófica é conhecida como *emotivismo ético*.

Para o emotivismo ético, o fundamento da vida moral não é a razão, mas a *emoção*. Nossos sentimentos são causas das normas e dos valores éticos. Inspirando-se em Rousseau, alguns emotivistas afirmam a bondade natural de nossos sentimentos e nossas paixões, que são, por isso, a forma e o conteúdo da existência moral como relação intersubjetiva e interpessoal. Outros emotivistas salientam a utilidade dos sentimentos ou das emoções para nossa sobrevivência e para nossas relações com os outros, cabendo à ética orientar essa utilidade de modo a impedir a violência e garantir relações justas entre os seres humanos.

Há ainda uma outra concepção ética, francamente contrária à racionalista (e, por isso, muitas vezes chamada de *irracionalista*), que contesta à razão o poder e o direito de intervir sobre o desejo e as paixões, identificando a liberdade com a plena manifestação do desejante e do passional. Essa concepção encontra-se em Nietzsche e em vários filósofos contemporâneos.

Embora com variantes, essa concepção filosófica pode ser resumida nos seguintes pontos principais, tendo como referência a obra nietzschiana *A genealogia da moral*:

- a moral racionalista foi erguida com finalidade repressora e não para garantir o exercício da liberdade;
- a moral racionalista transformou tudo o que é natural e espontâneo nos seres humanos em vício, falta, culpa, e impôs a eles, com os nomes de virtude e dever, tudo o que oprime a natureza humana;
- paixões, desejos e vontade referem-se à vida e à expansão de nossa força vital, portanto, não se referem, espontaneamente, ao bem e ao mal, pois estes são uma invenção da moral racionalista;
- a moral racionalista foi inventada pelos fracos para controlar e dominar os fortes, cujos desejos, paixões e vontade afirmam a vida, mesmo na crueldade e na agressividade. Por medo da força vital dos fortes, os fracos condenaram paixões e desejos, submeteram a vontade à razão, inventaram o dever e impuseram castigos aos transgressores;
- transgredir normas e regras estabelecidas é a verdadeira expressão da liberdade e somente os fortes são capazes dessa ousadia. Para disciplinar e dobrar a vontade dos fortes, a moral racionalista, inventada pelos fracos, transformou a transgressão em falta, culpa e castigo;
- a força vital se manifesta como saúde do corpo e da alma, como força da imaginação criadora. Por isso, os fortes desconhecem angústia, medo, remorso, humildade, inveja. A moral dos fracos, porém, é atitude preconceituosa e covarde dos que temem a saúde e a vida, invejam os fortes e procuram, pela mortificação do corpo e pelo sacrifício do espírito, vingar-se da força vital;
- a moral dos fracos é produto do ressentimento, que odeia e teme a vida, envenenando-a com a culpa e o pecado, voltando contra si mesma o ódio à vida;
- a moral dos ressentidos, baseada no medo e no ódio à vida (às paixões, aos desejos, à vontade forte), inventa uma outra vida, futura, eterna, incorpórea, que será dada como recompensa aos que sacrificarem seus impulsos vitais e aceitarem os valores dos fracos;
- a sociedade, governada por fracos hipócritas, impõe aos fortes modelos éticos que os enfraqueçam e os tornem prisioneiros dóceis da hipocrisia da moral vigente;
- é preciso manter os fortes, dizendo-lhes que o bem é tudo o que fortalece o desejo da vida e é mal tudo o que é contrário a esse desejo.

Para esses filósofos, que podemos chamar de antirracionalistas, a moral racionalista ou dos fracos e ressentidos que temem a vida, o corpo, o desejo e as paixões é *moral dos escravos*, dos que renunciam à verdadeira liberdade ética. São exemplo dessa moral de escravos: a ética socrática, a moral kantiana, a moral judaico-cristã, a ética da utopia socialista, a ética democrática, em suma, toda moral que afirme que os humanos são iguais, seja por serem racionais (Sócrates, Kant), seja por serem irmãos (religião judaico-cristã), seja por possuírem os mesmos direitos (ética socialista e democrática).

Contra a concepção dos escravos, afirma-se a *moral dos senhores* ou a *ética dos melhores*, dos aristoi, a *moral aristocrática*, fundada nos instintos vitais, nos desejos e naquilo que Nietzsche chama de *vontade de potência*, cujo modelo se encontra nos guerreiros belos e bons das sociedades antigas, baseadas na guerra, nos combates e nos jogos, nas disputas pela glória e pela fama, na busca da honra e da coragem.

aristoi: do grego "os melhores". Essa palavra referia-se àqueles que realizavam de um modo excelente os valores gregos de coragem na guerra, da beleza física e do respeito aos deuses. São a *elite* ou a *classe dominante*.

Essa concepção da ética suscita duas observações. Em primeiro lugar, lembremos que a ética nasce como trabalho de uma sociedade para delimitar e controlar a violência, isto é, o uso da força contra outrem. Vimos que a filosofia moral se ergue como reflexão contra a violência, em nome de um ser humano concebido como racional, desejante, voluntário e livre, que, sendo sujeito, não pode ser tratado como coisa. A violência era localizada tanto nas ações contra outrem — assassinato, tortura, suplício, escravidão, crueldade, mentira, etc. — como nas ações contra nós mesmos — passividade, covardia, ódio, medo, adulação, inveja, remorso, etc. A ética se propunha, assim, a instituir valores, meios e fins que nos liberassem dessa dupla violência.

Os críticos da moral racionalista, porém, afirmam que a própria ética, transformada em costumes, preconceitos cristalizados e sobretudo em confiança na capacidade apaziguadora da razão, tornou-se a forma perfeita da violência. Contra a ética, os antirracionalistas defendem o valor de uma violência nova e purificadora — a potência ou a força dos instintos —, considerada libertadora. O problema consiste em saber se tal violência pode ter um papel.

Em segundo lugar, é curioso observar que muitos dos chamados irracionalistas contemporâneos baseiam-se na psicanálise e na teoria freudiana da repressão do desejo (fundamentalmente, do desejo sexual). Propõem uma ética que libere o desejo da repressão a que a sociedade o submeteu, repressão causadora de psicoses, neuroses, angústias e desesperos. O aspecto curioso está no fato de que Freud considerava extremamente perigoso liberar o *id*, as pulsões e o desejo, porque a psicanálise havia descoberto uma ligação profunda entre o desejo de prazer e o desejo de morte, a violência incontrolável do desejo se não for orientado e controlado pelos valores éticos propostos pela razão e por uma sociedade racional.

Essas duas observações não devem, porém, esconder os méritos e as dificuldades da proposta moral antirracionalista. É o seu grande mérito desnudar a hipocrisia e a violência da moral vigente, trazer de volta o antigo ideal de felicidade que nossa sociedade destruiu por meio da repressão e dos preconceitos. Porém, a dificuldade, como acabamos de assinalar, está em saber se o que devemos criticar e abandonar é a razão ou a racionalidade repressora e violenta, inventada por nossa sociedade, que precisa ser destruída por uma nova sociedade e uma nova racionalidade.

Nesse aspecto, é interessante observar que não só Freud e Nietzsche criticaram a violência escondida sob a moral vigente em nossa cultura, mas a mesma crítica foi feita por Bergson (quando descreveu a moral fechada) e por Marx (quando criticou a ideologia burguesa).

Marx afirmava que os valores da moral vigente — liberdade, felicidade, racionalidade, respeito à subjetividade e à humanidade de cada um, etc. — eram hipócritas não em si mesmos (como julgava Nietzsche), mas porque eram irrealizáveis e impossíveis numa sociedade violenta como a nossa, baseada na exploração do trabalho, na desigualdade social e econômica, na exclusão de uma parte da sociedade dos direitos políticos e culturais. A moral burguesa, dizia Marx, pretende ser um racionalismo humanista, mas as condições materiais concretas em que vive a maioria da sociedade impedem a existência plena de um ser humano que realize os valores éticos. Para Marx, portanto, tratava-se de mudar a sociedade para que a ética pudesse concretizar-se.

Críticas semelhantes foram feitas por pensadores socialistas, anarquistas, utópicos, para os quais o problema não se encontrava na razão como poderio dos fracos ressentidos contra os fortes, mas no modo como a sociedade está organizada, pois nela o imperativo categórico kantiano, por exemplo, não pode ser respeitado, uma vez que a organização social põe uma parte da sociedade como coisa, instrumento ou meio para a outra parte.

Ética e psicanálise

Ver Unidade 5, capítulo 7.

Quando estudamos o sujeito do conhecimento, vimos que a psicanálise introduzia um conceito novo, o **inconsciente**, que limitava o poder soberano da razão e da consciência, além de descortinar a sexualidade como força determinante de nossa existência, nosso pensamento e nossa conduta.

No caso da ética, a descoberta do inconsciente traz consequências graves tanto para as ideias de consciência responsável e vontade livre como para os valores morais.

De fato, se, como revela a psicanálise, *somos* nossos impulsos e desejos inconscientes e se estes desconhecem barreiras e limites para a busca da satisfação e, sobretudo, se conseguem a satisfação burlando e enganando a consciência, como, então, manter, por exemplo, a ideia de vontade livre que age por dever?

Por outro lado, se o que se passa em nossa consciência é simples efeito disfarçado cujas causas reais são inconscientes e escondidas, como falar em consciência responsável? Como a consciência poderia responsabilizar-se pelo que desconhece e que jamais se torna consciente?

Mais grave, porém, é a consequência para os valores morais. Em lugar de surgirem como expressão de finalidades propostas por uma vontade boa e virtuosa que deseja o bem, os valores e fins éticos surgem como regras e normas repressivas que devem controlar nossos desejos e impulsos inconscientes. Isso acarreta dois problemas éticos novos.

Em primeiro lugar, como falar em autonomia moral, se o dever, os valores e os fins são impostos ao sujeito por uma razão oposta ao inconsciente e, portanto, oposta ao nosso ser real? A razão não seria uma ficção e um poder repressivo externo, incompatível com a definição da autonomia? Em segundo lugar, visto que os desejos inconscientes se manifestam por disfarces, como a razão poderia pretender controlá-los sob o dever e as virtudes se não tem acesso a eles?

A psicanálise mostra que somos resultado e expressão de nossa história de vida, marcada pela sexualidade insatisfeita, que busca satisfações imaginárias sem jamais poder satisfazer-se plenamente. Não somos autores nem senhores de nossa história, mas efeito dela. Mostra-nos também que nossos atos são realizações inconscientes de motivações sexuais que desconhecemos e que repetimos vida afora.

Do ponto de vista do inconsciente, mentir, matar, roubar, seduzir, destruir, temer, ambicionar são simplesmente *amorais*, pois *o inconsciente desconhece valores morais*. Inúmeras vezes, comportamentos que a moralidade julga imorais são realizados como autodefesa do sujeito, que os emprega para defender sua integridade psíquica ameaçada (real ou fantasiosa). Se são atos moralmente condenáveis, podem, porém, ser psicologicamente necessários. Nesse caso, como julgá-los e condená-los moralmente?

Faríamos, porém, uma interpretação parcial da psicanálise se considerássemos apenas esse aspecto de sua grande descoberta, ignorando um outro que também lhe é essencial. De fato, a psicanálise encontra duas instâncias ou duas faces antagônicas no inconsciente: o *id* ou *libido sexual*, em busca da satisfação, e o *superego* ou *censura moral*, interiorizada pelo sujeito, que absorve os valores de sua sociedade.

Nossa psique é um campo de batalha inconsciente entre desejos e censuras. O id ama o proibido; o superego quer ser amado por reprimir o id, imaginando-se tanto mais amado quanto mais repressor. O id desconhece fronteiras; o superego só conhece barreiras. Vencedor, o id é violência que destrói os outros. Vencedor, o superego é violência que destrói o sujeito. Neuroses e psicoses são causadas tanto por um id extremamente forte e um superego fraco, quanto por um superego extremamente forte e um id fraco. A batalha interior só pode ser decidida em nosso proveito por uma terceira instância: a *consciência*.

Descobrir a existência do inconsciente não significa, portanto, esquecer a consciência e abandoná-la como algo ilusório ou inútil. Pelo contrário, a psicanálise não é somente uma teoria sobre o ser humano, mas é antes de tudo uma terapia para auxiliar o sujeito no autoconhecimento e um modo de evitar que ele se torne um joguete das forças inconscientes do id e do superego.

No caso específico da ética, a psicanálise mostrou que uma das fontes dos sofrimentos psíquicos, causa de doenças e de perturbações mentais e físicas, é o rigor excessivo do superego, ou seja, de uma moralidade rígida, que produz um *ideal do ego* (valores e fins éticos) irrealizável, torturando psiquicamente aqueles que não conseguem alcançá-lo por terem sido educados na crença de que esse ideal seria realizável.

Quando uma sociedade reprime os desejos inconscientes de tal modo que não possam encontrar meios imaginários e simbólicos de expressão, quando os censura e condena de tal forma que nunca possam manifestar-se, prepara o caminho para duas alternativas igualmente distantes da ética: ou a transgressão violenta de seus valores pelos sujeitos reprimidos ou a resignação passiva de uma coletividade neurótica, que confunde neurose e moralidade.

Em outras palavras, em lugar de ética, há violência; por um lado, violência da sociedade, que exige dos sujeitos padrões de conduta impossíveis de serem realizados e, por outro, violência dos sujeitos contra a sociedade, pois somente transgredindo e desprezando os valores estabelecidos poderão sobreviver.

Em suma, sem a repressão da sexualidade, não há sociedade nem ética, mas a excessiva repressão da sexualidade destrói, primeiro, a ética e, depois, a sociedade.

O que a psicanálise propõe é uma nova moral sexual que harmonize, tanto quanto for possível, os desejos inconscientes, as formas de satisfazê-los e a vida social. Essa moral, evidentemente, só pode ser realizada pela consciência e pela vontade livre, de sorte que a psicanálise procura fortalecê-las como instâncias moderadoras do id e do superego. Somos eticamente livres e responsáveis não porque possamos fazer tudo quanto queiramos, nem porque queiramos tudo quanto possamos fazer, mas porque aprendemos a discriminar as fronteiras entre o permitido e o proibido, tendo como critério ideal a ausência da violência interna e externa.

Isabelle Huppert em cena do filme *Madame Bovary*, de 1991, adaptação cinematográfica do romance escrito por Flaubert em 1857. Emma Bovary é uma personagem enredada pela ânsia de uma vida amorosa mais intensa.

Capítulo 7
A liberdade

A liberdade como problema

Falam os poetas:

*a torneira seca
(mas pior: a falta
de sede)*

*a luz apagada
(mas pior: o gosto
do escuro)*

*a porta fechada
(mas pior: a chave
por dentro)*

Esse poema de José Paulo Paes nos fala, de forma extremamente concentrada e precisa, do núcleo da liberdade e de como podemos perceber sua ausência. O poeta lança um contraponto entre uma situação externa experimentada como um dado ou como um fato (a torneira seca, a luz apagada, a porta fechada) e a inércia resignada no interior do sujeito (a falta de sede, o gosto do escuro, a chave por dentro). O contraponto é feito pela expressão "mas pior". Que significa ela? Que diante da adversidade (a falta de água, a falta de luz, a falta de abertura), renunciamos a enfrentá-la (já nem queremos beber água, assim como já nem queremos luz ou portas abertas), fazemo-nos cúmplices dela. Porém, não é isso o pior. Pior é a renúncia à liberdade. Renunciamos à sede, que nos faria abrir a torneira; renunciamos ao desejo de luz, que nos faria acender a luz; renunciamos ao aberto, que nos faria girar a chave. Dessa maneira, secura, escuridão e prisão deixam de estar fora de nós para se tornarem nós mesmos, com nossa falta de sede, nosso gosto do escuro e nossa falta de vontade de girar a chave.

José Paulo Paes (1926–1998), poeta brasileiro.

Um outro poema também oferece o contraponto entre nós e o mundo:

Mundo mundo vasto mundo,
se eu me chamasse Raimundo
seria uma rima, não seria uma solução.
Mundo mundo vasto mundo,
mais vasto é meu coração.

Nesse poema, Carlos Drummond de Andrade, como José Paulo Paes, confronta-nos com a realidade exterior: o "vasto mundo" do qual somos uma pequena parcela e no qual estamos mergulhados. Todavia, os dois poemas diferem, pois em vez da inércia resignada, como no poema de Paes, estamos agora diante da afirmação de que nosso ser é mais vasto do que o mundo: pelo nosso coração — sentimentos e imaginação — somos maiores do que o mundo, criamos outros mundos possíveis, inventamos outra realidade. Abrimos a torneira, acendemos a luz e giramos a chave.

Embora diferentes, os dois poemas apontam para o grande tema da ética, desde que esta se tornou questão filosófica: *o que está e o que não está em nosso poder?* Até onde se estende o poder de nossa vontade, de nosso desejo, de nossa consciência? Em outras palavras: até onde alcança o poder de nossa liberdade? Podemos mais do que o mundo ou este pode mais do que nossa liberdade? O que está inteiramente em nosso poder e o que depende inteiramente de causas e forças exteriores que agem sobre nós? Por que o pior é a falta de sede e não a torneira seca, o gosto do escuro e não a luz apagada, a chave imobilizada e não a porta fechada? O que depende do "vasto mundo" e o que depende de nosso "mais vasto coração"?

Essa mesma interrogação, embora não explicitada nesses termos, encontra-se presente no que escreveu o poeta Vicente de Carvalho em "Velho tema":

Vicente de Carvalho (1866–1924), poeta brasileiro.

Só a leve esperança, em toda a vida,
Disfarça a pena de viver, mais nada,
Nem é mais a existência, resumida,
Que uma grande esperança malograda.

O eterno sonho da alma desterrada,
Sonho que a traz ansiosa e embevecida,
É uma hora feliz, sempre adiada
E que não chega nunca em toda a vida.

Essa felicidade que supomos,
Árvore milagrosa que sonhamos
Toda arreada de dourados pomos
Existe, sim: mas nós não a alcançamos,
Porque está sempre apenas onde a pomos
E nunca a pomos onde nós estamos.

O poeta começa dizendo que somente a esperança disfarça a dor de viver e esse disfarce significa que a existência não é senão uma "esperança malograda", pois esperamos pela hora da felicidade e essa hora nunca chega, é sempre adiada. Mas por que nosso malogro? Por que não obtemos a felicidade?

Retomando uma imagem da mitologia grega, a árvore de frutos de ouro, inalcançável pelos mortais (e conquistada pelo semideus Hércules), o poeta estabelece um contraste entre o substantivo "pomos", isto é, frutos, e o verbo "pomos", isto é, a ação de colocar alguma coisa em algum lugar. Com isso, contrasta a "esperança malograda" de felicidade — a inalcançável "árvore de dourados pomos" — e a felicidade que "existe, sim", mas que não alcançamos porque "nunca a pomos onde nós estamos", embora esteja "sempre apenas onde a pomos". Nossa alma fica desterrada no sonho, exilada do real, porque incapaz de reconhecer que a felicidade não é a hora sempre adiada, situada num futuro incerto, não é uma árvore distante, posta pelos deuses em algum lugar não localizável do vasto mundo, mas está em nós, em nossa "leve esperança", em nosso mais vasto coração, dependendo apenas de nós mesmos, "porque está sempre apenas onde a pomos".

Os poetas nos colocam diante de dilemas:

- *porta fechada, vasto mundo, árvore milagrosa*: a felicidade parece depender inteiramente do que se encontra fora de nós, estando longe de nosso alcance e de nosso poder;

- *chave por dentro, coração mais vasto do que o mundo, estar sempre apenas onde a pomos*: a felicidade parece depender inteiramente de nossa liberdade ou de nós mesmos.

Seja de modo pessimista (como em José Paulo Paes e Vicente de Carvalho), seja de modo otimista (como em Carlos Drummond), os três poetas nos colocam diante da liberdade como *problema*.

A liberdade como questão filosófica

Filosoficamente, a questão da liberdade se apresenta na forma de dois pares de opostos:

1. o par *necessidade-liberdade*;
2. o par *contingência-liberdade*.

Torneira seca, luz apagada, porta fechada: a realidade é feita de situações adversas e opressoras, contra as quais nada podemos, pois são necessárias (vimos que o necessário é aquilo que acontece por si mesmo, sem nossa intervenção ou interferência; necessário é o que não depende de nós para ser tal como é).

Vasto mundo: se a realidade natural e cultural possui leis causais necessárias e normas-regras obrigatórias, se tanto as leis naturais quanto as culturais não dependem de nós, se o fato de sermos seres naturais e culturais não depende de nós, se somos seres naturais e culturais cuja consciência e vontade são determinadas por aquelas leis (da natureza) e normas-regras (da cultura), como então falar em liberdade humana? A *necessidade* que rege as leis naturais e as normas-regras culturais não seria mais vasta, maior e mais poderosa do que nossa liberdade? O que poderia estar em nosso poder?

Árvore milagrosa: se felicidade e o bem são milagres, então dependem de alguma vontade sobrenatural cujos desígnios desconhecemos, de alguma força divinizada que causa acontecimentos bons e maus sem que saibamos como nem por quê. Se a felicidade e o bem dependem de tal força desconhecida, então são puro acaso, pura contingência, não dependem de nós, não estão em nosso poder e não nos resta senão o jogo interminável entre a "leve esperança" e a "grande esperança malograda". Se o mundo é um tecido de acasos felizes e infelizes, como esperar que sejamos sujeitos livres, se tudo o que acontece é imprevisível, fruto da boa e da má sorte, de acontecimentos sem causa e sem explicação? Como sermos sujeitos responsáveis num mundo feito de acidentes e de total indeterminação? Se tudo é *contingência*, onde colocar a liberdade?

O par necessidade-liberdade também pode ser formulado em termos religiosos, como fatalidade-liberdade, e em termos científicos, como determinismo-liberdade.

Necessidade é o termo filosófico empregado para referir-se ao todo da realidade, existente em si e por si, que age sem nós e nos insere em sua rede de causas e efeitos, condições e consequências.

Fatalidade é o termo religioso usado quando pensamos em forças transcendentes superiores às nossas e que nos governam, quer o queiramos quer não.

Determinismo é o termo científico empregado, a partir do século XIX, para referir-se às relações causais necessárias que regem a realidade conhecida e controlada pela ciência e, no caso da ética, para referir-se ao ser humano como objeto das ciências naturais (química e biologia) e das ciências humanas (sociologia e psicologia), portanto, como completamente determinado pelas leis e causas que condicionam seus pensamentos, sentimentos e ações, tornando a liberdade ilusória.

O par contingência-liberdade também pode ser formulado pela oposição acaso-liberdade. *Contingência* ou *acaso* significam que a realidade é imprevisível e mutável, impossibilitando deliberação e decisão racionais, definidoras da liberdade. Num mundo contingente, tudo acontece por acidente ou por acaso, e nele somos como um frágil barquinho perdido num mar tempestuoso, levado em todas as direções, ao sabor das vagas e dos ventos.

Necessidade, *fatalidade*, *determinismo* significam que não há lugar para a liberdade, porque o curso das coisas e de nossa vida já está fixado, sem que nele possamos intervir. *Contingência* e *acaso* significam que não há lugar para a liberdade, porque não há curso algum das coisas e de nossa vida sobre o qual pudéssemos intervir.

Alguns exemplos

Tomemos um exemplo da *necessidade oposta à liberdade*.

Não escolhi nascer numa determinada época, num determinado país, numa determinada família, com um corpo determinado. As condições de meu nascimento e de minha vida fazem de mim aquilo que sou, e minhas ações, meus desejos, meus sentimentos, minhas intenções, minhas condutas resultam dessas condições, nada restando a mim senão obedecê-las. Como dizer que sou livre e responsável?

Se, por exemplo, nasci negra, mulher, numa família pobre, numa sociedade racista, machista e classista, que me discrimina racial, sexual e socialmente, que me impede o acesso à escola e a um trabalho bem remunerado, que me proíbe a entrada em certos lugares, que me interdita amar quem não for da mesma etnia e classe social, como dizer que sou livre para viver, sentir, pensar e agir de uma maneira que não escolhi, mas me foi imposta?

Tomemos, agora, um exemplo da contingência oposta à liberdade.

Quando minha mãe estava grávida de mim, houve um acidente sanitário, provocando uma epidemia. Minha mãe adoeceu. Nasci com problemas de visão. Foi por acaso que a gravidez de minha mãe coincidiu com o acaso da epidemia: por acaso, ela adoeceu; por acaso, nasci com distúrbios visuais.

Tendo tais distúrbios, preciso de cuidados médicos especiais. No entanto, na época em que nasci, o governo de meu país instituiu um plano econômico de redução de empregos e privatização do serviço público de saúde. Meu pai e minha mãe ficaram desempregados e não podiam contar com o serviço de saúde para meu tratamento. Tivesse eu nascido em outra ocasião, talvez pudesse ter sido curada de meus problemas visuais. Quis o acaso que eu nascesse numa época funesta. Tal como sou, há coisas que não posso fazer. Sou, porém, bem-dotada para música e poderia receber uma educação musical. Porém, houve a decisão do governo municipal de minha cidade de demolir o conservatório musical público. Não posso pagar um conservatório particular e ficarei sem a educação musical, porque, por acaso, moro numa cidade que deixará de ter um serviço público de educação artística. Morasse eu em outra cidade ou fosse outro o governo municipal, isso não aconteceria comigo. Como, então, dizer que sou livre para decidir e escolher se vivo num mundo onde tudo acontece por acaso?

Diante da *necessidade* e da *contingência*, como afirmar que "mais vasto é meu coração"? — ou que a felicidade "está sempre onde a pomos"?

Examinemos mais de perto os dois exemplos mencionados.

No primeiro exemplo — negra, mulher, pobre, numa sociedade racista, machista, classista — parece que nada posso fazer. A porta está fechada e a luz apagada. Porém, nada estará no poder de minha liberdade? Terei de gostar do escuro e permanecer com a porta fechada? Se a ética afirmar que a discriminação étnica, sexual e de classe é imoral (isto é, violenta), se eu tiver consciência disso, nada farei? Serei impotente para lutar livremente contra tal situação? Mantendo-me resignada, conformada, passiva e omissa não estarei fazendo da necessidade uma desculpa, um álibi para não agir?

No segundo exemplo — epidemia, desemprego, fim dos serviços públicos de saúde e educação artística — também parece que nada posso fazer. Será verdade? Não estarei transformando os acasos de meu nascimento e das condições políticas em desculpa e álibi para minha resignação? Falarei em "destino" e "má sorte" para explicar o fechamento de todos os possíveis para mim? Renunciarei à vastidão do meu coração, aceitando que a felicidade sempre será posta onde não estou?

Nos dois casos, podemos indagar se, afinal, para nós resta somente "a pena de viver, mais nada", ou se, como escreveu o filósofo Sartre, "o que importa não é saber o que fizeram de nós, e sim o que fazemos com o que quiseram fazer conosco"?

Três grandes concepções filosóficas da liberdade

Na história das ideias ocidentais, *necessidade* e *contingência* foram representadas por figuras da mitologia. A primeira, pelas três Parcas ou Moiras, representando a fatalidade, isto é, o destino inelutável de cada um de nós, do nascimento à morte. Uma das Parcas ou Moiras era representada fiando o fio de nossa vida, enquanto a outra o tecia e a última o cortava, simbolizando nossa morte. A contingência (ou o acaso) era representada pela Fortuna, mulher volúvel e caprichosa, que trazia nas mãos uma roda, fazendo-a girar de tal modo que quem estivesse no alto (a boa fortuna ou boa sorte) caísse (infortúnio ou má sorte) e quem estivesse embaixo fosse elevado. Inconstante, incerta e cega, a roda da Fortuna era a pura sorte, boa ou má, contra a qual nada se poderia fazer, como na música de Chico Buarque: "Eis que chega a roda viva, levando a saudade pra lá".

As teorias éticas procuraram sempre enfrentar o *duplo problema* da necessidade e da contingência, definindo o campo da liberdade possível.

As concepções de Aristóteles e de Sartre

A primeira grande teoria filosófica da liberdade é exposta por Aristóteles em sua obra *Ética a Nicômaco* e, com variantes, permanece através dos séculos chegando até o século XX, quando foi retomada por Sartre. Nessa concepção, a liberdade *se opõe* ao que é condicionado externamente (necessidade) e ao que acontece sem escolha deliberada (contingência).

Diz Aristóteles que é livre aquele que tem em si mesmo o princípio para agir ou não agir, isto é, aquele que é causa interna de sua ação ou da decisão de não agir. A liberdade é concebida como *o poder pleno e incondicional da vontade para determinar a si mesma*, ou seja, para autodeterminar-se. É pensada, também, como ausência de constrangimentos externos e internos, isto é, como *uma capacidade que não encontra obstáculos para se realizar nem é forçada por coisa alguma para agir*. Trata-se da espontaneidade plena do agente, que dá a si mesmo os motivos e os fins de sua ação sem ser constrangido ou forçado por nada e por ninguém.

Além de distinguir entre o *necessário* e o *contingente*, Aristóteles também distingue entre o *contingente* e o *possível*: o primeiro é o puro acaso, mas o segundo é o que pode acontecer desde que um ser humano delibere e decida realizar uma ação. Assim, na concepção aristotélica, a liberdade é o princípio para escolher entre *alternativas possíveis*, realizando-se como decisão e ato voluntário. Contrariamente ao necessário ou à necessidade e à contingência, sob as quais o agente sofre a ação de uma causa externa que o obriga a agir de uma determinada maneira, no *ato voluntário livre o agente é causa de si*, isto é, *causa integral de sua ação*. Sem dúvida, poder-se-ia dizer que a vontade livre é determinada pela razão ou pela inteligência e, nesse caso, seria preciso admitir que não é causa de si ou incondicionada, mas que é causada pelo raciocínio ou pelo pensamento.

No entanto, como disseram os filósofos posteriores a Aristóteles, a inteligência *inclina* a vontade para uma certa direção, mas não a obriga nem a constrange, tanto assim que podemos agir na direção contrária à indicada pela inteligência ou razão. É por ser livre e incondicionada que a vontade pode seguir ou não os conselhos da consciência. A liberdade será ética quando o exercício da vontade estiver em harmonia com a direção apontada pela razão.

Em sua obra *O ser e o nada*, o filósofo francês Jean-Paul Sartre levou essa concepção ao ponto limite. Para ele, *a liberdade é a escolha incondicional que o próprio homem faz de seu ser e de seu mundo*. Quando julgamos estar sob o poder de forças externas mais poderosas do que nossa vontade, esse julgamento é uma decisão livre, pois outros homens, nas mesmas circunstâncias, não se curvaram nem se resignaram.

Jean-Paul Sartre (1905–1980), filósofo e romancista francês, principal pensador da escola existencialista.

Em outras palavras, para Sartre, conformar-se ou resignar-se é uma decisão livre, tanto quanto não se resignar nem se conformar, lutando contra as circunstâncias. Quando dizemos que não podemos fazer alguma coisa porque estamos fatigados, a fadiga é uma decisão nossa, tanto assim que uma outra pessoa, nas mesmas circunstâncias, poderia decidir não se sentir cansada e agir. Da mesma maneira, quando dizemos estar enfraquecidos e por isso não temos força para fazer alguma coisa, a fraqueza é uma decisão nossa, pois um outro poderia, nas mesmas circunstâncias, não se considerar fraco e agir. Assim também quando dizemos que numa dada situação não há o que fazer, esse abandono da ação é uma decisão nossa.

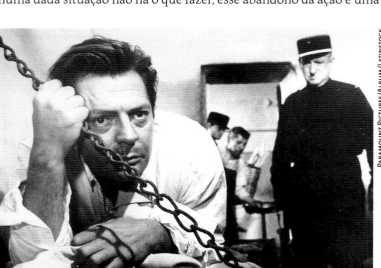

O ator Marcello Mastroiani em cena do filme *O estrangeiro*, de 1967, do diretor italiano Luchino Visconti. O filme é baseado no livro homônimo do escritor francês Albert Camus e trata da questão do absurdo da existência.

Ceder tanto quanto não ceder é uma decisão nossa. Por isso, Sartre faz uma afirmação aparentemente paradoxal, dizendo que "estamos condenados à liberdade". Qual o paradoxo? Identificar *liberdade* e *condenação*, isto é, dois termos incompatíveis, pois é livre quem não está condenado.

O que Sartre pretende dizer?

Que, para os humanos, a liberdade é como a necessidade e a fatalidade, ou seja, não podemos escapar dela. É ela que define a humanidade dos humanos, sem escapatória. É essa ideia que encontramos no poema de Carlos Drummond, quando afirma que somos maiores do que o "vasto mundo". É ela também que se encontra no poema de Vicente de Carvalho, quando nos diz que a felicidade "está sempre apenas onde a pomos" e "nunca a pomos onde nós estamos". Somos agentes livres tanto para ter como para perder a felicidade.

A concepção ética que une necessidade e liberdade

A segunda concepção da liberdade foi, inicialmente, desenvolvida por uma escola de filosofia do período helenístico, o estoicismo. Essa concepção, modificada em vários aspectos, ressurge no século XVII com Espinosa e, no século XIX, com Hegel. Nela é conservada a ideia aristotélica de que a liberdade é a autodeterminação, assim como é conservada a ideia de que é livre aquele que age sem ser forçado nem constrangido por nada nem por ninguém e, portanto, age impulsionado espontaneamente por uma força interna própria. No entanto, diferentemente de Aristóteles e de Sartre, esses filósofos não situam a liberdade no ato de escolha realizado pela vontade individual separada da necessidade e oposta a ela, mas a colocam *na atividade de cada um enquanto parte de um todo necessário*, o qual age livremente *porque* age necessariamente.

O "todo" pode ser *a natureza* (no caso dos estoicos), a *substância* (no caso de Espinosa) ou *o Espírito* como história (no caso de Hegel). Em qualquer dos casos, natureza, substância e Espírito são *a totalidade como poder absoluto de ação*, agindo segundo seus próprios princípios, dando a si mesma suas leis, suas regras, suas normas. Como nada exterior obriga a natureza, a substância ou o Espírito a agir, mas agem apenas por seu poder interno, estes são livres. No entanto, visto que essa ação provém da essência ou do próprio ser do todo, sua ação não é contingente nem meramente possível, mas necessária, isto é, decorre necessariamente da simples existência e essência da natureza, da substância ou do Espírito. Em outras palavras, *é porque o todo é o que é ou possui o ser que possui que ele age da maneira como age*.

Ou, como explica Espinosa, *é pela necessidade da essência ou do ser da substância que esta age e por isso sua ação flui espontânea e necessariamente dela mesma*. Seu agir é uma necessidade livre ou uma liberdade necessária porque a necessidade não é um poder externo que a força a agir, mas é apenas a lei interna de sua própria ação, lei que ela dá a si mesma.

Essa totalidade, necessária e livre em si mesma porque nada a força ou a obriga do exterior, instaura, pela ação de sua liberdade, leis e normas necessárias para toda a realidade ou para todas as suas partes (os indivíduos constituídos por ela). Em outros termos, a liberdade não é um poder incondicionado para escolher (a natureza não escolhe, a substância não escolhe, o Espírito não escolhe), mas é *o poder do todo para agir em conformidade consigo mesmo*, sendo necessariamente o que é e fazendo necessariamente o que faz.

Como podemos observar, essa concepção não mantém a oposição entre liberdade e necessidade, mas afirma que a *necessidade* (as leis da natureza, as normas e regras da cultura, as leis da história) *é a maneira pela qual a liberdade do todo se manifesta*. Em outras palavras, a totalidade é livre porque se põe a si mesma na existência e define por si mesma as leis e as regras de sua atividade; e é necessária porque tais leis e regras exprimem necessariamente o que ela é e faz. *Liberdade não é escolher e deliberar, mas agir ou fazer alguma coisa em conformidade com a natureza do agente que, no caso, é o todo.*

O que é, então, a liberdade humana enquanto o homem é uma parte constituída pelo todo e que age no interior do todo?

São duas as respostas a essa questão:

1. a primeira (dada pelos estoicos e por Hegel) afirma que o todo é racional e que suas partes também o são, sendo livres quando *agirem em conformidade com as leis do todo*, para o bem da totalidade;

2. a segunda (dada por Espinosa) afirma que as partes são de mesma essência que o todo e, portanto, são racionais e livres como ele, dotadas de força interior para agir por si mesmas, de sorte que a liberdade é *tomar parte ativa na atividade do todo*. Tomar parte ativa significa, por um lado, conhecer as condições estabelecidas pelo todo, conhecer suas causas e o modo como determinam nossas ações, e, por outro, graças a tal conhecimento, não ser um joguete das condições e causas que atuam sobre nós, mas agir sobre elas também. Não somos livres para *escolher* tudo, mas o somos para *fazer* tudo quanto esteja de acordo com nosso ser e com nossa capacidade de agir, graças ao conhecimento que possuímos de nós mesmos e das circunstâncias em que vamos agir.

Para os estoicos, o homem livre é aquele cuja razão conhece a necessidade natural e a necessidade de sua própria natureza e tem força para guiar e dirigir a vontade para que esta exerça um poder absoluto sobre a irracionalidade dos instintos e impulsos, isto é, sobre as paixões. Ser livre é agir conforme a natureza (seguindo suas leis necessárias) e conforme a natureza do agente (seguindo uma vontade pessoal poderosa dirigida pela razão).

Para Espinosa, o homem livre é aquele que age como causa interna, completa e total de sua ação. Esta não provém de uma escolha voluntária e sim do desenvolvimento espontâneo da essência ou natureza racional do agente. Em outras palavras, assim como o todo age livremente pela necessidade de sua essência, assim também o indivíduo livre age por necessidade de sua própria essência. Somos livres, diz Espinosa, quando somos uma potência interna para a pluralidade simultânea de afetos, ideias e ações que decorrem de nosso próprio ser e dos quais somos a única causa. Em outras palavras, somos livres quando o que somos, o que sentimos, o que fazemos e o que pensamos exprimem nossa força interna para existir e agir. Dessa maneira, Espinosa não aceita a ideia estoica da liberdade como poderio ou império da vontade sobre as paixões. Diz ele que não somos livres porque nossa vontade domina nossas paixões, mas é porque somos livres que nossa razão é um afeto alegre mais forte do que os afetos nascidos das paixões.

Para Hegel, o homem livre é uma figura que aparece na história e na cultura sob duas formas principais. Na primeira, a liberdade humana coincide com o surgimento da cultura, ou seja, é livre o homem que não se deixa dominar pela força da natureza e que a vence, dobrando-a à sua vontade por meio do trabalho, da linguagem e das artes. Sob essa primeira forma, podemos notar que a liberdade, embora possa exprimir-se nos indivíduos, refere-se muito mais a uma atitude do homem universalmente considerado, ou, se se quiser, não como indivíduo, mas como vitória da cultura sobre a natureza.

Em sua outra forma, o homem livre como indivíduo livre faz sua aparição na história em dois momentos sucessivos nos quais o segundo momento depende do primeiro. O primeiro momento é o do surgimento do homem cristão ou o surgimento da interioridade cristã, que descobre a consciência como consciência de si; o segundo momento, decorrente do desenvolvimento interno do cristianismo, é o do surgimento da individualidade racional moderna ou do indivíduo como consciência de si reflexiva, isto é, como razão e vontade independentes da natureza ou da necessidade natural e independente da coação de autoridades externas na definição de seu pensamento e de sua vontade.

A liberdade como possibilidade objetiva

Além das concepções anteriores, existe ainda uma terceira concepção, que procura unir elementos das duas outras. Afirma, como a segunda, que não somos um poder incondicional de escolha entre quaisquer possíveis, mas que nossas escolhas são condicionadas pelas circunstâncias naturais, psíquicas, culturais e históricas em que vivemos, isto é, pela totalidade natural e cultural em que estamos situados. Afirma, como a primeira, que a liberdade é um ato de decisão e escolha entre vários possíveis. Todavia, não se trata da liberdade de *querer* alguma coisa e sim (como já dizia Espinosa) de *fazer* alguma coisa. Somos livres para fazer alguma coisa quando temos o poder para fazê-la.

Essa terceira concepção da liberdade, que encontramos em pensadores marxistas (como George Lukacs e Lucien Goldman) e em pensadores vindos da fenomenologia e do existencialismo (como Merleau-Ponty) introduz a noção de *possibilidade objetiva*. O possível não é apenas alguma coisa sentida ou percebida subjetivamente por nós, mas é também e sobretudo alguma coisa inscrita objetivamente no seio da própria necessidade, indicando que o curso de uma situação pode ser mudado por nós, em certas direções e sob certas condições. A liberdade é a capacidade para perceber tais possibilidades e o poder para realizar aquelas ações que mudam o curso das coisas, dando-lhe outra direção ou outro sentido.

Na verdade, a não ser aqueles filósofos que afirmaram a liberdade como um poder absolutamente incondicional da vontade, em quaisquer circunstâncias (como o fizeram, por

George Lukacs
(1885–1971), filósofo marxista húngaro.

Lucien Goldman
(1913–1970), filósofo marxista romeno.

razões diferentes, Kant e Sartre), os demais, nas três concepções apresentadas, sempre levaram em conta a *tensão* entre nossa liberdade e as condições — naturais, culturais, psíquicas — que nos determinam. As discussões sobre as paixões, os interesses, as circunstâncias histórico-sociais, as condições naturais sempre estiveram presentes na ética e por isso uma ideia como a de *possibilidade objetiva* sempre esteve pressuposta ou implícita nas teorias sobre a liberdade.

Liberdade e possibilidade objetiva

Contra o tudo ou o nada

O possível não é o provável. Este é o previsível, isto é, algo que podemos calcular e antever, porque é uma probabilidade contida nos fatos e nos dados que analisamos. O possível, porém, é aquilo *criado* pela nossa própria ação. É o que vem à existência graças ao nosso agir. No entanto, não surge como "árvore milagrosa" e sim como aquilo que as circunstâncias abriram para nossa ação.

A liberdade é a consciência simultânea das circunstâncias existentes e das ações que, suscitadas por tais circunstâncias, nos permitem ultrapassá-las, dando-lhes outro rumo e um novo sentido, que não teriam sem a nossa ação. Embora qualquer um de nós, em nossa vida cotidiana, seja capaz desses atos de liberdade, não há dúvida de que há momentos, na história, em que esses atos aparecem de forma grandiosa e exemplar, constituindo aquilo que chamamos de "ações dos heróis". Por que os chamamos de heróis? Não é porque corajosamente enfrentaram situações em que outros teriam recuado e sim porque, ao realizar uma ação, abriram um futuro para muitos outros, mudando o curso do presente, que parecia inevitável. Essa ação não foi imotivada nem foi um milagre. Ou seja, não foi uma ação inexplicável. Seus motivos, suas causas e sua explicação encontram-se na maneira como o agente, em primeiro lugar, foi capaz de interpretar as condições e circunstâncias dadas, percebendo que, sem uma intervenção, elas seguiriam um curso que, depois, diríamos ter sido inevitável; e, em segundo lugar, foi capaz de perceber alternativas que, pouco visíveis, também estavam presentes e poderiam ser realizadas.

Nosso mundo, nossa vida e nosso presente formam um campo de condições e circunstâncias que não foram escolhidas nem determinadas por nós e em cujo interior nos movemos. No entanto, esse campo é temporal: teve um passado, tem um presente e terá um futuro cujos vetores ou direções já podem ser percebidos ou mesmo adivinhados como possibilidades objetivas. Diante desse campo, poderíamos assumir duas atitudes: ou a ilusão de que temos poder para mudá-lo em qualquer direção que desejarmos, ou a resignação, que nos leva a dizer que nada podemos fazer.

Deixado a si mesmo, o campo do presente seguirá um curso que não depende de nós e seremos submetidos passivamente a ele — a torneira permanecerá seca ou vazará, inundando a casa, a luz permanecerá apagada ou haverá um curto-circuito, incendiando a casa, a porta permanecerá fechada ou será arrombada, deixando a casa ser invadida. A liberdade, porém, não se encontra na ilusão do "posso tudo" nem no conformismo do "nada posso". Encontra-se na disposição para interpretar e decifrar as linhas de força e direções do campo presente como possibilidades objetivas, isto é, como abertura de novas direções e de novos sentidos a partir do que está dado.

Ainda uma vez, a poesia

Nada melhor do que um outro poema de Carlos Drummond para expressar essa ideia. Trata-se de um poema no qual o poeta reconhece que seu coração não é mais vasto do que o mundo, como ele imaginara:

Carlos Drummond de Andrade (1902–1987)

Mundo grande

Não, meu coração não é maior que o mundo.
É muito menor.
Nele não cabem nem as minhas dores.
Por isso gosto tanto de me contar.
Por isso me dispo,
por isso me grito,
por isso frequento os jornais, me exponho cruamente nas livrarias:
preciso de todos.
Sim, meu coração é muito pequeno.
Só agora vejo que nele não cabem os homens.
Os homens estão cá fora, estão na rua.
A rua é enorme. Maior, muito maior do que eu esperava.
Mas também a rua não cabe todos os homens.
A rua é menor que o mundo.
O mundo é grande.

Tu sabes como é grande o mundo.
Conheces os navios que levam petróleo e livros, carne e algodão.
Viste as diferentes cores dos homens,
as diferentes dores dos homens,
sabes como é difícil sofrer tudo isso, amontoar tudo isso
num só peito de homem... sem que ele estale.
Fecha os olhos e esquece.
Escuta a água nos vidros,
tão calma. Não anuncia nada.
Entretanto escorre nas mãos,
tão calma! vai inundando tudo...
Renascerão as cidades submersas?
Os homens submersos – voltarão?
Meu coração não sabe.
Estúpido, ridículo e frágil é meu coração.
Só agora descubro
como é triste ignorar certas coisas.
(Na solidão de indivíduo
desaprendi a linguagem
com que os homens se comunicam.)

Outrora escutei os anjos,
as sonatas, os poemas, as confissões patéticas.
Nunca escutei voz de gente.
Em verdade sou muito pobre.

Outrora viajei
países imaginários, fáceis de habitar,
ilhas sem problemas, não obstante exaustivas e convocando ao suicídio.
Meus amigos foram às ilhas.
Ilhas perdem o homem.
Entretanto alguns se salvaram e
trouxeram a notícia
de que o mundo, o grande mundo está crescendo todos os dias,
entre o fogo e o amor.
Então, meu coração também pode crescer.
Entre o amor e o fogo,

*entre a vida e o fogo,
meu coração cresce dez metros e explode.
— Ó vida futura! nós te criaremos.*

Que nos diz o poeta?

Que não é na solidão de uma vontade individual (o "mais vasto é meu coração", como o poeta imaginara antes) que podemos enfrentar livremente o "mundo grande", pois "na solidão de indivíduo desaprendi" a linguagem dos homens e "viajei países imaginários", ilhas de utopia, nas quais não há problemas. Ao contrário, é na companhia dos outros que podemos enfrentar o mundo, escutando "voz de gente" que nos traz a notícia de que o mundo cresce todo dia, isto é, transforma-se incessantemente "entre o fogo e o amor", entre lutas, guerras, conflitos e busca de paz, entendimento e justiça. Somos livres não contra o mundo, mas no mundo, pois somente nele "meu coração também pode crescer".

Diz o poeta no verso final: "meu coração cresce" (aumenta meu poder de querer e de fazer) na companhia dos outros, ou seja, muda, se transforma, aprendendo, "a linguagem com que os homens se comunicam", isto é, suas dores, seus sofrimentos, suas batalhas e suas esperanças. Somente tendo contato com o mundo, conhecendo seus limites e suas aberturas para os possíveis é que nossa liberdade poderá exclamar: "Ó vida futura! nós te criaremos".

Não somos livres apesar do mundo, mas graças a ele

Essa mesma concepção da liberdade como possibilidade objetiva inscrita no mundo encontramos no filósofo Merleau-Ponty, quando escreve:

Nascer é, simultaneamente, nascer do mundo e nascer para o mundo. Sob o primeiro aspecto, o mundo já está constituído e somos solicitados por ele. Sob o segundo aspecto, o mundo não está inteiramente constituído e estamos abertos a uma infinidade de possíveis. Existimos, porém, sob os dois aspectos ao mesmo tempo. Não há, pois, necessidade absoluta nem escolha absoluta, jamais sou como uma coisa e jamais sou uma pura consciência (...). A situação vem em socorro da decisão e, no intercâmbio entre a situação e aquele que a assume, é impossível delimitar a "parte que cabe à situação" e a "parte que cabe à liberdade".

Tortura-se um homem para fazê-lo falar. Se ele recusa dar nomes e endereços que lhe querem arrancar, não é por sua decisão solitária e sem apoios no mundo. É que ele se sente ainda com seus companheiros e ainda engajado numa luta comum; ou é porque, desde há meses ou anos, tem enfrentado esta provocação em pensamento e nela apostara toda sua vida; ou, enfim, é porque ele quer provar, ultrapassando-a, o que ele sempre pensou e disse sobre a liberdade.

Tais motivações não anulam a liberdade, mas lhe dão ancoradouro no ser. Ele não é uma consciência nua que resiste à dor, mas o prisioneiro com seus companheiros, ou com aqueles que ama e sob cujo olhar ele vive, ou, enfim, a consciência orgulhosamente solitária que é, ainda, um modo de estar com os outros (...). Escolhemos nosso mundo e nosso mundo nos escolhe (...).

Concretamente tomada, a liberdade é sempre o encontro de nosso interior com o exterior, degradando-se, sem nunca tornar-se nula, à medida que diminui a tolerância dos dados corporais e institucionais de nossa vida. Há um campo de liberdade e uma "liberdade condicionada", porque tenho possibilidades próximas e distantes...

A escolha de vida que fazemos tem sempre lugar sobre a base de situações dadas e possibilidades abertas. Minha liberdade pode desviar minha vida do sentido espontâneo que teria, mas o faz deslizando sobre este sentido, esposando-o inicialmente para depois afastar-se dele, e não por uma criação absoluta (...).

Sou uma estrutura psicológica e histórica. Recebi uma maneira de existir, um estilo de existência. Todas as minhas ações e meus pensamentos estão em relação com essa estrutura. No entanto, sou livre, não apesar disto ou aquém dessas motivações, mas por meio delas, são elas que me fazem comunicar com minha vida, com o mundo e com minha liberdade.

Manifestantes de comunidades de imigrantes de Paris ateiam fogo em carros em novembro de 2005, em ato contra a política do governo francês.

A liberdade é a capacidade para darmos um sentido novo ao que parecia fatalidade, transformando a situação de fato numa realidade nova, criada por nossa ação. Essa força transformadora, que torna real o que era somente possível e que se achava apenas latente como possibilidade, é o que faz surgir uma obra de arte, uma obra de pensamento, uma ação heroica, um movimento antirracista, uma luta contra a discriminação sexual ou de classe social, uma resistência à tirania e a vitória contra ela.

O possível não é pura contingência ou acaso. O necessário não é fatalidade bruta. O possível é o que se encontra aberto no coração do necessário e que nossa liberdade agarra para fazer-se liberdade. Nosso desejo e nossa vontade não são incondicionados, mas os condicionamentos não são obstáculos à liberdade e sim o meio pelo qual ela pode exercer-se.

Se nascemos numa sociedade que nos ensina certos valores morais — justiça, igualdade, veracidade, generosidade, coragem, amizade, direito à felicidade — e, no entanto, impede a concretização deles porque está organizada e estruturada de modo a impedi-los, o reconhecimento da contradição entre o ideal e a realidade é o primeiro momento da liberdade e da vida ética como recusa da violência. O segundo momento é a busca das brechas pelas quais possa passar o possível, isto é, uma outra sociedade que concretize no real aquilo que a nossa propõe no ideal.

Esse segundo momento indaga se um possível existe e se temos o poder para torná-lo real, isto é, se temos como passar da "pena de viver" e da "árvore milagrosa" a uma felicidade que, enfim, esteja onde nós estamos.

O terceiro momento é o da nossa decisão de agir e da escolha dos meios para a ação.

O último momento da liberdade é a realização da ação para transformar um possível num real, uma possibilidade numa realidade.

Eis por que o poeta José Paulo Paes introduz o "mas o pior" em seu poema. De fato, a torneira está seca, mas o pior é não ter sede, isto é, não agir para que a água possa correr pela torneira. De fato, a luz está apagada, mas o pior é gostar do escuro, isto é, não agir para que a luz possa acender-se. De fato, a porta está trancada, mas o pior é saber que a chave está do lado de dentro e nada fazer para girá-la. O mundo já está constituído, escreve Merleau-Ponty — a torneira está seca, a luz apagada e a porta fechada. Porém, o mundo, prossegue o filósofo, não está completamente constituído, não está pronto e acabado, mas, como escreve Carlos Drummond, "o grande mundo está crescendo todos os dias" pelo fogo e amor dos seres humanos, e o pior seria renunciar a ele por estarmos nele.

Vida e morte

Vida e morte não são, para nós humanos, simples acontecimentos biológicos. Como disse um filósofo, as coisas aparecem e desaparecem, os animais começam e acabam, somente o ser humano vive e morre, isto é, *existe*. Vida e morte são *acontecimentos simbólicos*, são significações, possuem sentido e fazem sentido.

Viver e morrer são a descoberta da finitude humana, de nossa temporalidade e de nossa identidade: uma vida é *minha* e *minha*, a morte. Esta, e somente ela, completa o que somos, dizendo o que fomos. Por isso, os filósofos estoicos propunham que somente após a morte, quando terminam as vicissitudes da vida, podemos afirmar que alguém foi feliz ou infeliz. "Quem não souber morrer bem terá vivido mal", afirmou o estoico Sêneca. Enquanto vivos, somos tempo e mudança, *estamos sendo*. Os filósofos existencialistas disseram: "a existência precede a essência", significando com isso que nossa essência é a síntese final do todo de nossa existência.

Num de seus ensaios, *Filosofar é aprender a morrer*, Montaigne escreve:

> *Qualquer que seja a duração de nossa vida, ela é completa. Sua utilidade não reside na quantidade de duração e sim no emprego que lhe dais. Há quem viveu muito e não viveu.*
>
> *Meditai sobre isso enquanto o podeis fazer, pois depende de vós, e não do número de anos, terdes vivido bastante.*

E conclui:

> *Meditar sobre a morte é meditar sobre a liberdade; quem aprendeu a morrer, desaprendeu de servir; nenhum mal atingirá quem na existência compreendeu que a privação da vida não é um mal; saber morrer nos exime de toda sujeição e coação.*

Morrer é um ato solitário. Morre-se só: a essência da morte é a solidão. O morto parte sozinho; os vivos ficam sozinhos ao perdê-lo. Resta saudade e recordação.

Viver é estar com os outros. Vive-se com outrem: a essência da vida é a intercorporeidade e a intersubjetividade.

Os vivos estão entrelaçados: estamos com os outros e eles estão conosco, somos para os outros e eles são para nós. No ensaio *O filósofo e sua sombra*, Merleau-Ponty nos diz:

> *De "morre-se só" para "vive-se só" a consequência não é exata, pois se apenas a dor e a morte forem invocadas para definir a subjetividade, então, para ela, a vida com outros e no mundo serão impossíveis... Estamos verdadeiramente sós apenas quando não o sabemos. Essa ignorância é a solidão (...). A solidão de onde emergimos para a vida intersubjetiva é apenas a névoa de uma vida anônima e a barreira que nos separa dos outros é impalpável.*

A ética é o mundo das relações intersubjetivas, isto é, entre o eu e o outro como sujeitos e pessoas, portanto, como seres conscientes, livres e responsáveis. Nenhuma experiência evidencia tanto a dimensão essencialmente intersubjetiva da vida e da vida ética quanto a do diálogo. Ouçamos ainda uma vez Merleau-Ponty:

> *Na experiência do diálogo, constitui-se entre mim e o outro um terreno comum, meu pensamento e o dele formam um só tecido, minhas falas e as dele são invocadas pela interlocução, inserem-se numa operação comum da qual nenhum de nós é o criador. Há um entre-dois, eu e o outro somos colaboradores, numa reciprocidade perfeita, coexistimos no mesmo mundo. No diálogo, fico liberado de mim mesmo, os pensamentos de outrem são dele mesmo, não sou eu quem os formo, embora eu os aprenda tão logo nasçam e mesmo me antecipe a eles, assim como as objeções de outrem arrancam de mim pensamentos que eu não sabia possuir, de tal modo que, se lhe empresto pensamentos, em troca ele me faz pensar. Somente depois, quando fico sozinho e me recordo*

Sêneca (4 a.C.–65 d.C.), filósofo romano.

do diálogo, fazendo deste um episódio de minha vida privada solitária, quando outrem tornou-se apenas uma ausência, é que posso, talvez, senti-lo como uma ameaça, pois desapareceu a reciprocidade que nos relacionava na concordância e na discordância.

Porque a vida é intersubjetividade corporal e psíquica, e porque a vida ética é reciprocidade entre sujeitos, tantos filósofos deram à amizade o lugar de virtude proeminente, expressão do mais alto ideal de justiça. Num ensaio, *Discurso da servidão voluntária*, procurando compreender por que os homens renunciam à liberdade e voluntariamente servem aos tiranos, o filósofo La Boétie contrapôs a amizade à servidão voluntária, escrevendo:

Certamente, o tirano nunca ama nem é amado. A amizade é nome sagrado, coisa santa: só pode existir entre gente de bem, nasce da mútua estima e se conserva não tanto por meio de benefícios, mas pela vida boa e pelos costumes bons. O que torna um amigo seguro de outro é a sua integridade. Como garantias, tem seu bom natural, sua fidelidade, sua constância. Não pode haver amizade onde há crueldade e injustiça. Entre os maus, quando se juntam, há uma conspiração, não sociedade. Não se apoiam mutuamente, mas temem-se mutuamente. Não são amigos, são cúmplices.

Assim também Espinosa afirma que o ser humano é mais livre na companhia dos outros do que na solidão e que "somente os seres humanos livres são gratos e reconhecidos uns aos outros", porque os sujeitos livres são aqueles que "nunca agem com fraude, mas sempre de boa-fé".

Capítulo 8
Ética e ciência

Ampliando o campo do possível

Acabamos de ver a relação entre liberdade e possibilidade. Vimos também que, desde Aristóteles, a ética delimitou o campo da ação humana às coisas e aos acontecimentos que estão em nosso poder, distinguindo, de um lado, o *necessário* e o *contingente* (que não estão em nosso poder) e, de outro, o *possível* (que está em nosso poder realizar). Vimos, enfim, que o necessário tendeu a identificar-se com o que acontece por natureza ou segundo as leis naturais, sobre as quais nada podemos, e que o possível foi identificado ao que acontece por liberdade.

No entanto, quando estudamos a ciência e a tecnologia contemporâneas, vimos que deixou de ser evidente a ideia de que a natureza é uma força que, obedecendo às suas próprias leis necessárias, resiste ao nosso poder. Pelo contrário, o saber científico-tecnológico parece dominar as forças naturais de modo cada vez mais amplo e crescente, seja pela capacidade de prever os acontecimentos naturais, seja por meio de intervenções que mudam o próprio curso da natureza. Em outras palavras, o campo do necessário parece cada vez menor e o campo do possível, cada vez maior.

Vimos também que a ciência obtém conhecimentos crescentes e desvenda segredos naturais porque divide sistematicamente a natureza em campos de objetos (físicos, químicos, biológicos, astronômicos, etc.) que, por sua vez, são novamente divididos em objetos cada vez mais parciais, estudados em condições cuidadosamente controladas. A esse respeito, os cientistas David Suzuki e Peter Knudston, numa obra intitulada *GenÉtica — Conflitos entre a engenharia genética e os valores humanos*, escrevem:

> *(...) as explicações científicas do mundo natural são necessariamente fragmentárias, pois a ciência está condenada a ver a natureza como um mosaico de partes componentes, arbitrariamente definidas. Os métodos da ciência são incapazes de abarcar a deslumbrante complexidade da totalidade dos sistemas — quer se trate de células vivas, de cérebros pensantes, quer de ecossistemas autossustentados da floresta tropical.*

Trabalhando com e sobre as partes, os cientistas podem compreender fragmentos dos sistemas naturais, mas não a totalidade da natureza. Como consequência, podem desenvolver técnicas que controlam algumas das partes, mas que podem afetar o todo de maneira imprevisível. Ou seja, as ações técnicas podem conseguir efeitos vantajosos sobre certos setores da natureza no curto prazo, mas, no longo prazo e para outros setores da natureza ou para a natureza como um todo, tais ações podem revelar-se prejudiciais, uma vez que os cientistas não podem prever os efeitos futuros das aplicações científicas sobre as sociedades e sobre os ecossistemas. Dizem os dois autores:

> *Em muitos casos, o ritmo acelerado de avanços científicos e tecnológicos rompeu nosso equilíbrio com o mundo natural. A tecnologia dotou a espécie humana de um equivalente mecânico da potência muscular que excede em muito a de qualquer outra espécie que tenha habitado a Terra. Deu-nos os recursos para nos multiplicarmos e nos convertermos nas populações mais numerosas de mamíferos da Terra. E uma grande quantidade de atividades humanas (desde a agricultura comercial até a combustão do petróleo e do carvão) alterou a face de nosso planeta de maneira visível do espaço exterior.*

A genética e os problemas éticos

Vimos, no final do Capítulo 7, que, para os humanos, vida e morte não são apenas acontecimentos biológicos, mas simbólicos. Por isso mesmo, desde os meados do século XX, o grande desenvolvimento de uma ciência diretamente ligada à vida, a **genética**, passou a ter implicações éticas muito significativas.

De fato, o caso da *genética* e da *engenharia genética*, a partir dos estudos dos genes e do surgimento das tecnologias gênicas, é duplamente importante para nós porque, como explicam Suzuki e Knudston, a *genética moderna* conferiu aos seres humanos um grande poder sobre a hereditariedade, trazendo técnicas para conhecer os genes das espécies vegetais e animais, para decifrar as mensagens químicas cifradas das moléculas gênicas e até para modificar genótipos individuais. Têm sido enormes os benefícios desses conhecimentos na medicina, na indústria, na agricultura, modificando a visão que o homem possuía de seu lugar na natureza — ele não é o "rei da Criação", mas um elo na milenar e longuíssima cadeia da vida — e na própria definição do que é um ser humano.

A *biologia molecular*, descobrindo a origem da vida, abalou os alicerces dos mitos, das religiões, da sabedoria tradicional e dos valores humanos. Por isso mesmo, sugere questões sem precedentes para a ética, a começar pelo fato de que, na sociedade contemporânea, a pesquisa científico-tecnológica e suas aplicações não dependem da vontade e da decisão de indivíduos e sim das grandes corporações empresariais e das instituições militares (o *complexo militar-industrial*, de que falamos ao estudar a ciência e a técnica), que possuem os recursos e a perícia técnica necessários para se aproveitar das novas pesquisas e das novas tecnologias. Em vista do aumento do lucro e do poderio militar, apropriam-se privadamente dos resultados científico-tecnológicos, mantidos como segredos, e, sem prestar contas a ninguém, tomam decisões que afetam todas as formas de vida do planeta.

Essas decisões envolvem inúmeros problemas, dos quais vamos aqui destacar dois:

1. *a responsabilidade moral e os limites do conhecimento genético contemporâneo*:

Os conhecimentos desenvolvidos nessa área do saber, ainda que imensos e cientificamente revolucionários, são ainda muito pequenos e incertos. No entanto, precipitadamente, já têm propiciado ações sobre espécies vegetais e animais e sobre o homem, sem que se possa prever os efeitos futuros dessas intervenções.

O chamado caso da "doença da bolha" pode servir de exemplo aqui. Os que sofrem dessa doença possuem graves problemas imunológicos, isto é, seu organismo não produz glóbulos brancos que sirvam de anticorpos que o proteja de agressões do meio ambiente. Para conservar em vida essas pessoas, elas são confinadas desde o nascimento em ambientes de assepsia perfeita e completa (a "bolha") e não entram em contato direto com nenhuma outra forma de vida, nem mesmo humana. Tem sido considerado um sucesso um experimento genético realizado para alterar as células das crianças nascidas com esse terrível problema, de maneira que possam fabricar os glóbulos brancos ou leucócitos e levar uma vida normal. Infelizmente, algumas dessas crianças agora estão morrendo pelo problema contrário, isto é, por leucemia ou fabricação excessiva de leucócitos.

O outro exemplo é o do chamado "milho transgênico", isto é, a alteração genética para a obtenção de uma espécie de milho que resiste a pragas e demais problemas ambientais. A difusão da produção artificial dessa única espécie tem levado ao abandono das muitas outras variedades naturais de milho, pois, do ponto de vista do mercado, são menos lucrativas do que aquela que parece resistente a todos os males. Além dos desequilíbrios dos ecossistemas das regiões em que as outras espécies de milho deixaram de ser cultivadas e dos riscos de miséria nessas regiões que se tornaram improdutivas, ainda podemos perfeitamente supor que nada impede que um problema ambiental novo apareça e destrua subitamente a espécie única de milho. Como as outras espécies foram abandonadas, terão desaparecido e pode acontecer que, um dia, o milho desapareça da face da Terra e com ele o ecossistema envolvido.

Tendo em vista a proliferação dos vegetais transgênicos (como o caso da soja e da laranja, entre outros) e o abandono da biodiversidade natural em proveito de espécies únicas, não podemos deixar de levantar a hipótese de alterações ambientais que provoquem a extinção de várias dessas espécies únicas com efeitos gigantescos não somente sobre a vida humana (fome, miséria, doenças, mortes), mas sobre todo o planeta.

Como dizem Suzuki e Knudston:

> *Estamos tentando explorar conhecimentos recém-adquiridos sem ter, frequentemente, a mais vaga ideia acerca das consequências a longo prazo de nossas tecnologias.*

Em outras palavras, a aplicação dos conhecimentos pode estar ferindo o princípio ético da responsabilidade.

2. *algumas questões éticas sobre o controle da hereditariedade*:

As aplicações das tecnologias gênicas ou a engenharia genética colocam problemas éticos de grande envergadura que não podem ser ignorados, sobretudo a partir do momento em que se passou a sequenciar o genoma humano. De fato, os cientistas que pretendem sequenciar o genoma humano acreditam chegar a um conhecimento que nos livre de dores e sofrimentos, cure doenças, prolongue a juventude e adie a morte, graças ao aperfeiçoamento da própria espécie humana com o controle sobre a hereditariedade (o famoso ADN, que costuma ser mencionado e popularizado na sua forma em inglês, isto é, DNA).

Um dos problemas éticos mais graves trazidos pela genética encontra-se na chamada "sondagem gênica", por meio da qual se pretende detectar, por exemplo, pessoas que teriam

genoma humano: conjunto de cromossomos que contêm os genes que os ascendentes transmitem aos seus descendentes ao longo da história de uma espécie.

DNA: ácido desoxirribonucleico, é a molécula que forma a dupla hélice portadora dos genes. É a molécula hereditária principal na maioria das espécies.

genes que as predisporiam para a criminalidade ou as que teriam genes que as predisporiam para certas doenças ligadas a certos tipos de trabalho. Por isso, tais pessoas não deveriam ser empregadas. Essas pessoas não só teriam recebido por hereditariedade a "tendência ao crime" ou a "incapacidade para um trabalho", como ainda as transmitiriam aos seus descendentes.

Dessa maneira, por uma paradoxal inversão, enquanto a ciência pretende afastar os obstáculos que a impedem de dominar a natureza (domínio que permitiria o controle humano sobre a necessidade natural e colocaria praticamente tudo sob o poder humano), a genética parece trazer de volta as velhas ideias de fatalidade e de destino (ou a ideia de que nada podemos contra a necessidade natural), pois o crime e a doença passam a ser tidos como efeitos necessários de uma causalidade natural necessária — a hereditariedade. Dessa maneira, poder-se-ia até mesmo falar em "destino biológico", tornando vazias as ideias de liberdade, responsabilidade e autodeterminação dos indivíduos.

Mas não só isso. A ideia de um suposto "destino biológico" pode ser fonte de violência e, portanto, moralmente inaceitável. De fato, essa ideia poderia acarretar a discriminação social das pessoas que tivessem os supostos genes "criminosos", mesmo que jamais tenham cometido nenhum crime, ou genes "doentios para o serviço", mesmo que tenham sido sempre saudáveis e trabalhadoras. E essa discriminação poderia ganhar proporções gigantescas de violência se se passasse a considerar que, sendo tais genes hereditários, a tendência à criminalidade ou à incompetência para o trabalho seriam características biológicas dos grupos sociais em que tais indivíduos nascem, vivem e procriam, de sorte que a discriminação atingiria grupos sociais inteiros.

Agricultores queimam soja transgênica durante manifestação no segundo dia da COP-8 (8ª Conferência das Partes), da Convenção sobre Diversidade Biológica da ONU, em Curitiba, em março de 2006.

Ora, a ideia de "destino biológico" é cientificamente absurda. Como escrevem Suzuki e Knudston:

> Uma mera lista de ADN (DNA) do genoma de uma pessoa poderia parecer a alguns uma visão profética do futuro dessa pessoa. No entanto, os genes representam somente uma das dimensões da identidade biológica de uma pessoa, isto é, a "natureza" biologicamente herdada, componente da eterna equação "natureza-cultura", que se exprime em toda coisa vivente. Ao centrar-se exclusivamente em fatores hereditários, até mesmo uma suposta "sondagem gênica total" do ADN (DNA) de um indivíduo pode oferecer pouco mais do que uma visão momentânea das múltiplas forças que entram em jogo no desenvolvimento de uma vida humana.

Um segundo problema, derivado do anterior, é trazido pela chamada "terapia gênica germinal", isto é, que intervém em células humanas da reprodução ou células germinais com a finalidade de curar doenças genéticas ou corrigir "defeitos genéticos". Há aqui dois problemas graves, um deles propriamente científico e o outro diretamente moral.

Qual o problema científico? A intervenção sobre células reprodutoras para curar doenças genéticas não pode ser feita sem que se tenha uma clara e perfeita definição do que é a doença. Ora, a genética ainda não possui essa definição. Em outras palavras, o problema pode ser assim resumido:

1. qualquer doença genética só tem definição provisória, pois um gene que opera perfeitamente em certas condições do meio ambiente, da alimentação, do clima, pode operar menos satisfatoriamente em outras condições e isso (que seria tido como a doença) pode ser passageiro, bastando repor as condições adequadas para seu funcionamento;

2. há mudanças frequentes nas sequências de ADN (DNA), causando mutações aleatórias, responsáveis por doenças, sem que se possa prever ou "corrigir" tais mutações por interferência nas células reprodutoras, uma vez que as mutações são imprevisíveis e dependem de muitos fatores;

3. calcula-se que todo ser humano é portador de cinco a dez genes defeituosos ocultos, de maneira que tanto um indivíduo perfeitamente saudável pode ser herdeiro e transmissor de uma doença como também a intervenção sobre células germinais de um indivíduo geneticamente doente não impede a conservação dos genes defeituosos ocultos.

Qual o problema moral? O da *eugenia*, isto é, a velha ideia de "pureza da raça" ou de purificação da espécie, em nome da qual não só seriam feitas intervenções e modificações nas células reprodutoras, mas também se justificaria a eliminação dos "impuros" ou dos "inferiores" ou dos "defeituosos". Ora, quem define e quem decide o que é um ser humano "perfeito"? Com que direito alguns podem definir e decidir sobre o que seria um ser humano sem imperfeições e sem defeitos? A experiência do nazismo nos mostra os resultados de tal decisão.

Aldous Huxley (1894–1963), escritor inglês.

Além disso, perfeição e imperfeição são valores culturais, variando de sociedade para sociedade e no correr da história, não podendo ser definidos com base em um padrão biológico único, o qual, aliás, também é um padrão cultural. Quem já leu o belo romance de Aldous Huxley, *Admirável mundo novo*, há de se lembrar do terrível pesadelo que é a pretensão de produzir "seres humanos perfeitos", cada qual adequado a um determinado tipo de função na sociedade.

E, finalmente, além dos problemas éticos de violência envolvidos pela sequenciação do genoma humano, há que mencionar outro efeito da engenharia genética e que se apresenta como a violência em sua forma extrema, algo moral e politicamente inaceitável: a produção de armas biológicas, isto é, o uso deliberado de microrganismos (vírus, bactérias, fungos) ou de substâncias tóxicas obtidas de células vivas com o propósito de matar ou incapacitar seres humanos, animais e plantas. Numa palavra, o uso militar dos conhecimentos genéticos.

Uma breve reflexão

Os problemas assinalados significariam que devemos, supersticiosa e fanaticamente, nos opor à investigação genética? De modo algum. Os conhecimentos novos sobre os genes nos auxiliarão a combater doenças, sofrimentos e dores e a melhorar a prevenção e o tratamento de muitas desordens genéticas.

Ao mesmo tempo, porém, o que devemos e podemos exigir responsavelmente é, de um lado, o direito à informação pública correta sobre as pesquisas, suas finalidades e formas de aplicação (ou o combate ao segredo) e, de outro, a clareza quanto às consequências de curto prazo e os riscos de longo prazo. Como escrevem Suzuki e Knudston:

> *A ciência e a tecnologia são o produto da curiosidade humana, o irrefreável impulso da mente para conhecer, explorar, mudar. E devemos alimentar essa qualidade a todo instante. Porém, também precisamos reconhecer que há a necessidade de um padrão moral em que a curiosidade científica possa exprimir-se sem expor as populações humanas e seus ambientes a riscos inaceitáveis e danos irreparáveis.*

Alguns preceitos da GenÉtica

Introduzindo a palavra *GenÉtica*, David Suzuki e Peter Knudston propuseram um conjunto de preceitos éticos com que os cientistas e os leigos ou os não especialistas em genética podem julgar e avaliar eticamente as atividades e os fins dessa ciência e das tecnologias envolvidas por ela.

Esses preceitos éticos podem ser assim resumidos:

1. necessidade de que se conheça perfeitamente a natureza dos genes (origens, papel nos processos hereditários das células, possibilidades de controlá-los) antes de iniciar intervenções genéticas;

2. evitar e impedir a simplificação perigosa que estabelece uma relação causal entre os comportamentos das pessoas e supostos "defeitos" no DNA humano;

3. as informações genéticas sobre um indivíduo devem ser conhecidas por ele para que possa usá-las livremente e não para que lhe sejam impostas sob a forma de restrições, discriminações e outros prejuízos;

4. as terapias gênicas que incidem sobre as células germinais ou reprodutoras humanas sem informação de toda a sociedade e sem o consentimento de toda a sociedade devem ser explicitamente proibidas;

5. o desenvolvimento de pesquisas e a fabricação de armas biológicas é uma aplicação eticamente inaceitável da genética;

6. o meio ambiente (raios de Sol, radioatividade, substâncias químicas) pode causar mutações que alteram ou destroem a informação genética contida nas moléculas genéticas; cada um de nós tem o direito de receber as informações sobre as condições do meio ambiente e ter a responsabilidade para impedir sua deterioração ou para minorar seus efeitos prejudiciais;

7. a transferência de genes de uma espécie para outra deve ser considerada zona de perigo e não deve ser realizada até que a ciência tenha perfeito conhecimento do alcance do intercâmbio genético entre espécies;

8. a diversidade genética (ou a biodiversidade) tanto nas espécies humanas como nas animais e vegetais é um recurso planetário precioso que deve ser preservado e controlado por nós; até o momento, as espécies transgênicas são um perigo para a biodiversidade planetária e para a vida;

9. o mero acúmulo de conhecimentos genéticos não garante a sabedoria, a prudência e a correção de nossas decisões e não pode ser invocado para controlar os seres humanos;

10. questões que precisam ser postas e para as quais a sociedade precisa buscar respostas:

    a) pode-se permitir que indivíduos privados e empresas privadas tenham a propriedade exclusiva das informações contidas nos genomas produzidos pela engenharia genética (os transgênicos)?

    b) pode-se permitir que empresas biotecnológicas façam aplicações genéticas (sondagem genética, terapia genética, clonagem, transgênicos, etc.) tendo como finalidade apenas o lucro e à custa de aspectos não lucrativos que têm a ver com a saúde, a alimentação, o meio ambiente?

    c) que preço psicológico, moral, cultural e político queremos pagar se decidirmos aprovar o uso das tecnologias gênicas não para celebrar a diversidade genética existente entre os seres humanos, mas para impor uma definição arbitrária do que se deve entender por "ser humano"?

Capítulo 9
A vida política

Paradoxos da política

Os vários usos e sentidos da palavra política

Não é raro ouvirmos dizer que "lugar de estudante é na sala de aula e não na rua fazendo passeata", ou que "estudante estuda, não faz política". Mas também ouvimos o contrário, quando alguém afirma que "os estudantes estão alienados, não se interessam por política". No primeiro caso, considera-se a política uma atividade própria de certas pessoas encarregadas de fazê-la (os políticos profissionais), enquanto, no segundo, considera-se a política um interesse e mesmo uma obrigação de todos. Aparece aqui um primeiro paradoxo da política: é ela uma atividade específica de alguns profissionais da sociedade ou concerne a todos nós, porque vivemos em sociedade?

Como se observa, usamos a palavra *política* ora para significar uma atividade específica (o governo), realizada por um certo tipo de profissional (o político), ora para significar uma ação coletiva (o movimento estudantil nas ruas, por exemplo) de reivindicação de alguma coisa, feita por membros da sociedade e dirigida aos governos ou ao Estado. Afinal, a política é uma profissão entre outras ou é uma ação que todos os indivíduos realizam quando se relacionam com o poder? A política se refere às atividades de governo ou a toda ação social que tenha como alvo ou como interlocutor o governo ou o Estado?

No entanto, podemos usar a palavra *política* ainda em outro sentido. De fato, frequentemente encontramos expressões como "política universitária", "política da escola", "política do hospital", "política da empresa", "política sindical". Nesse conjunto de expressões, já não encontramos a referência ao governo nem a profissionais da política.

"Política universitária" e "política da escola" referem-se à maneira como uma instituição de ensino (pública ou privada) define sua direção e o modo de participação ou não de professores e estudantes em sua gestão, ao modo como os recursos serão empregados, ao currículo, às formas de avaliação dos alunos e professores, ao tipo de pessoa que será recebida como estudante ou como docente, à carreira dos docentes, aos salários e, se a instituição for privada, ao custo das mensalidades e matrículas, etc. Em sentido próximo a esse fala-se de "política do hospital". Já "política da empresa" refere-se ao modo de organização e divisão de poderes relativos aos investimentos e aos lucros de uma empresa, à distribuição dos serviços, à divisão do trabalho, às decisões sobre a produção e a distribuição dos produtos, às relações com as outras empresas, etc. "Política do sindicato" refere-se à maneira de preencher os cargos de direção sindical, às formas de representação e participação dos sindicalizados na direção do sindicato, aos conteúdos e às formas das reivindicações e lutas dos sindicalizados em face de outros poderes, etc.

Podemos, então, indagar: afinal, o que é a política? É atividade de governo? É a administração do que é público? É a profissão de alguns especialistas? É a ação coletiva referida aos governos? Ou é tudo que se refira à organização e à gestão de uma instituição pública ou privada?

Quando a referimos ao governo, à atividade de alguns profissionais e às reivindicações coletivas ou sociais, usamos a palavra *política* para nos reportarmos a ações que envolvem poderes de decisão e se realizam nas formas institucionalizadas (Estado, partidos políticos, organizações sindicais).

A vida política | Capítulo 9 |

Quando nos referimos à administração e gestão de instituições públicas ou privadas, a palavra *política* é usada para indicar que organizar e gerir uma instituição envolve questões de poder. Mas podemos, agora, perguntar: política diz respeito a tudo quanto envolve relações de poder ou a tudo quanto envolve organização e administração de grupos?

Como veremos posteriormente, o crescimento das atribuições conferidas aos governos, na forma do Estado, levou a uma ampliação do campo das atividades políticas, que passaram a abranger questões administrativas e organizacionais, decisões econômicas e serviços sociais. Essa ampliação das atribuições estatais acabou se estendendo para outras esferas da vida social, levando a um uso generalizado da palavra *política* para referir-se a toda modalidade de direção de grupos sociais que envolva poder, administração e organização, tanto no plano público quanto no plano privado.

Podemos, entretanto, distinguir entre esse uso generalizado e vago da palavra *política* e um outro, mais específico e preciso, que aparece quando damos a ela três significados principais inter-relacionados:

1. o significado de governo, entendido como direção e administração do poder público, na forma do Estado. O senso comum social tende a identificar governo e Estado, mas governo e Estado são diferentes, pois o primeiro diz respeito a programas e projetos que uma parte da sociedade propõe para o todo que a compõe, enquanto o segundo é formado por um conjunto de instituições permanentes que permitem a ação dos governos.

Marcello Casal Jr./Agência Brasil

Um exemplo de mobilização política é o Movimento dos Trabalhadores Rurais sem Terra. Na foto, integrante do movimento usa máscara durante manifestação na Esplanada dos Ministérios, em Brasília, em agosto de 2009.

Ao Estado confere-se autoridade para gerir o erário ou fundo público por meio de impostos, taxas e tributos, para promulgar e aplicar as leis que definem os costumes públicos lícitos e os ilícitos ou crimes, bem como os direitos e as obrigações dos membros da sociedade. Também se reconhece como autoridade do Estado o poder para usar a força (polícia e exército) contra aqueles que forem considerados inimigos da sociedade (criminosos comuns e criminosos políticos). Confere-se igualmente ao Estado o poder para decretar a guerra e a paz. Exige-se dos membros da sociedade obediência ao Estado, mas reconhece-se o direito de resistência e de desobediência quando a sociedade julga o governo ou mesmo o Estado injusto, ilegal ou ilegítimo.

A política, nesse primeiro sentido, refere-se, portanto, à ação dos governantes que possuem a autoridade para dirigir a coletividade organizada em Estado, bem como às ações da coletividade em apoio ou contrárias à autoridade governamental e mesmo à forma do Estado;

2. o significado de atividade realizada por especialistas (os administradores) e profissionais (os políticos), pertencentes a um certo tipo de organização sociopolítica (os partidos), que disputam o direito de governar, ocupando cargos e postos no Estado. Nesse segundo sentido, a política aparece como algo distante da sociedade, uma vez que é atividade de especialistas e profissionais que se ocupam exclusivamente com o Estado e o poder. A política é feita "por eles" e não "por nós", ainda que "eles" se apresentem como representantes "nossos";

431

3. o significado, derivado do anterior, de conduta duvidosa, não muito confiável, um tanto secreta, cheia de interesses particulares dissimulados e frequentemente contrários aos interesses gerais da sociedade e obtidos por meios ilícitos ou ilegítimos. Esse terceiro significado é o mais corrente para o senso comum social e resulta numa visão pejorativa da política. Esta aparece como um poder distante de nós (passa-se no governo ou no Estado), exercido por pessoas diferentes de nós (os administradores e profissionais da política), por meio de práticas secretas que beneficiam quem o exerce e prejudicam o restante da sociedade. Fala-se na política como "mal necessário", algo que precisamos tolerar e do qual precisamos desconfiar. A desconfiança pode referir-se tanto aos atuais ocupantes dos postos e cargos políticos como a grupos e organizações que lhes fazem oposição e pretendem derrubá-los, seja para ocupar os mesmos postos e cargos, seja para criar um outro Estado por meio de uma revolução socioeconômica e política.

Onde está, agora, o paradoxo? Na divergência entre o primeiro e o terceiro sentido da palavra *política*, pois o primeiro se refere a algo geral, que concerne à sociedade como um todo, definindo leis e costumes, garantindo direitos e obrigações, criando espaço para contestações através da reivindicação, da resistência e da desobediência, enquanto o terceiro sentido afasta a política de nosso alcance, fazendo-a surgir como algo perverso e maléfico para a sociedade. A divergência entre o primeiro significado e o terceiro é provocada pelo segundo significado, isto é, aquele que reduz a política à ação de especialistas e profissionais.

Alguns efeitos dos paradoxos

Essa situação paradoxal da política acaba por fazer-nos aceitar como óbvias e verdadeiras certas atitudes e afirmações que, se examinadas mais a fundo, seriam percebidas como absurdas.

Tomemos um exemplo recente da história da política do Brasil. Em 1993, durante o julgamento, pelo Supremo Tribunal Federal (STF), do pedido do ex-presidente da República Fernando Collor de Mello de não suspensão de seus direitos políticos, ouvimos em toda parte a afirmação de que o Poder Judiciário (do qual o Supremo Tribunal Federal é o órgão mais alto) só teria sua dignidade preservada se o julgamento do pedido não fosse um "julgamento político".

Onde está o paradoxo? No fato de que a República brasileira é constituída por três poderes *políticos* (Executivo, Legislativo, Judiciário) e, portanto, o Supremo Tribunal Federal, sendo um poder político da República (um poder do Estado), não pode ficar fora da política. Que sentido, portanto, poderia ter a ideia de que o órgão mais alto do Poder Judiciário não deve julgar politicamente? Como desejar que um poder do Estado, portanto, um poder político, não atue politicamente, pondo-se fora da política?

Mais paradoxal, ainda, foi o modo como os juízes, após o julgamento, avaliaram seu próprio trabalho, dizendo: "Foi um julgamento legal e não político", querendo significar que o julgamento fora feito de acordo com a lei e não de acordo com a política. Ora (e nisso reside o paradoxo), a lei não é feita pelo Poder Legislativo? Não é parte da Constituição da República? Não é parte essencial da política? Como, então, separar o legal e o político se a lei é uma das formas fundamentais da ação política?

Na verdade, quando se insistia em que o julgamento "não fosse político" e se elogiava o julgamento por "ter sido apenas legal", o que estava sendo pressuposto por todos (sociedade e juízes) era a identificação costumeira entre política e interesses particulares escusos, contrários aos da maioria, que por isso deve ser protegida pela lei contra a política. O paradoxo está no fato de que uma forma essencial da política (a lei) aparece como proteção contra a própria política, que fica reduzida a jogo de interesses escusos.

Uma outra afirmação que aceitamos tranquilamente é aquela que acusa e critica uma greve, declarando tratar-se de "greve política". É curioso que usemos, sem problema, a expressão "política sindical" e, ao mesmo tempo, a condenemos, criticando uma greve sob a alegação de ser "política".

Em certos casos, é compreensível que a expressão "greve política" apareça como uma acusação. Quando, por exemplo, se trata de trabalhadores de uma fábrica de automóveis que, em nome de melhores salários, entram em greve contra a direção da empresa, considera-se que a greve é como tem de ser, ou seja, "simplesmente econômica". Ao criticá-la como "greve política", está-se querendo dizer que os grevistas, sob a aparência de uma reivindicação salarial, estariam defendendo interesses particulares escusos e ilegítimos, ou buscando, dissimuladamente, vantagens e poderes para alguns sindicalistas. A palavra *política* é, assim, empregada para dar um sentido pejorativo à greve.

Há casos, porém, em que a expressão "greve política", usada como crítica ou acusação, é surpreendente e descabida. Suponhamos, por exemplo, que os trabalhadores de um país façam uma greve geral contra o plano econômico do governo. Estão, portanto, recusando uma *política econômica* e, nesse caso, a greve é e só pode ser política. Por que, então, acusar uma greve por ela ser o que ela é? O motivo é simples: para o senso comum social, dizer de alguma coisa que ela é "política" é fazer uma acusação. A crítica só em aparência está dirigida contra a greve, pois, realmente, está voltada contra a política, imaginada como algo maléfico.

Essa visão generalizada da política como algo perverso, perigoso, distante de nós (passa-se no Estado), praticado por "eles" (os políticos profissionais) contra "nós", sob o disfarce de agirem "por nós", faz com que seja sentida como algo secreto e desconhecido, uma conduta calculista e oportunista, uma força corrupta e, empregando a polícia e o exército, uma força repressora usada contra a sociedade.

Paradoxos da imagem maléfica da política

Essa imagem da política como um poder maléfico, do qual somos vítimas tolerantes porque passivamente consentimos em sua violência, é paradoxal pelo menos por dois motivos principais.

Em primeiro lugar, porque a política foi inventada pelos humanos como o modo pelo qual pudessem expressar suas diferenças e conflitos sem transformá-los em guerra total, em uso da força e extermínio recíproco. Numa palavra, como o modo pelo qual os humanos, fugindo da violência, regulam e ordenam seus interesses conflitantes, seus direitos e obrigações como seres sociais. Como explicar, então, que a política seja percebida como distante, maléfica e violenta?

Em segundo lugar, porque a política foi inventada como o modo pelo qual a sociedade, internamente dividida, discute, delibera e decide em comum para aprovar ou rejeitar as ações que dizem respeito a todos os seus membros. Como explicar, então, que seja percebida como algo que não nos concerne, mas nos prejudica, não nos favorece, mas favorece aos interesses escusos e ilícitos de outros?

Que aconteceu a essa invenção humana para tornar-se, paradoxalmente, um fardo do qual gostaríamos de nos livrar?

Cotidianamente, jornais, rádios, televisões mostram, no mundo inteiro, fatos políticos que reforçam a visão pejorativa da política: corrupção, fraudes, crimes impunes praticados por políticos, mentiras que provocam guerras para satisfazer aos interesses econômicos dos fabricantes de armamentos, desvios de recursos públicos que deveriam ser usados contra a fome, as doenças, a pobreza, aumento das desigualdades econômicas e sociais, uso das leis com finalidades opostas aos objetivos que tiveram ao serem elaboradas, etc.

Ao lado desses fatos, não passa um dia sem que vejamos o modo desumano, autoritário, violento com que funcionários públicos, cujo salário é pago por nós (por meio de impostos), tratam a população que busca os serviços públicos. Também contribui para a visão negativa da política a linguagem em que as leis estão redigidas, tornando-as incompreensíveis para a sociedade e exigindo que sejam interpretadas por especialistas sem que tenhamos garantia de que as interpretam corretamente, se o fazem em nosso favor ou em favor de privilégios ocultos.

O que é curioso, porém, acentuando a imagem da política como algo paradoxal, é o fato de que só podemos opor-nos a tais fatos e lutar contra eles por meio da própria política, pois, mesmo quando se faz uma guerra civil ou se realiza uma revolução, os motivos e objetivos são a política, isto é, mudanças na forma e no conteúdo do poder. Mesmo as utopias de emancipação do gênero humano contra todas as modalidades de servidão, escravidão, autoritarismo, violência e injustiça concebem o término de poderes ilegítimos, mas não o término da própria política.

As pessoas que, desgostosas e decepcionadas, não querem ouvir falar em política, recusam-se a participar de atividades sociais que possam ter finalidade ou cunho políticos, afastam-se de tudo quanto lembre atividades políticas, mesmo tais pessoas, com seu isolamento e sua recusa, estão fazendo política, pois estão deixando que as coisas fiquem como estão e, portanto, que a política existente continue tal como é. O paradoxo, portanto, está em que, ao recusar a política, a apatia social também é uma forma de fazer política, ainda que uma forma passiva.

O vocabulário da política

O historiador helenista Moses Finley, estudando as sociedades grega e romana, concluiu que o que chamamos de *política* foi inventado por gregos e romanos.

Antes de examinarmos o que foi tal invenção, já podemos compreender a origem greco-romana do que chamamos de *política* pelo simples exame do vocabulário usado em política: *democracia, aristocracia, oligarquia, tirania, despotismo, anarquia, monarquia* são palavras gregas que designam regimes políticos; *república, império, poder, cidade, ditadura, senado, povo, sociedade, pacto, consenso* são palavras latinas que designam regimes políticos, agentes políticos e formas de ação política.

A palavra *política* é grega: *ta politika*, vinda de *pólis*. *Pólis* é a cidade, não como conjunto de edifícios, ruas e praças, e sim como "espaço cívico", ou seja, entendida como a comunidade organizada, formada pelos cidadãos (*politikós*), homens livres e iguais nascidos em seu território, portadores de dois direitos inquestionáveis, a *isonomia* (igualdade perante a lei) e a *isegoria* (a igualdade no direito de expor e discutir em público opiniões sobre ações que a cidade deve ou não deve realizar).

Ta politika são os negócios públicos dirigidos pelos cidadãos: costumes, leis, erário público, organização da defesa e da guerra, administração dos serviços públicos (abertura de ruas, estradas e portos, construção de templos e fortificações, obras de irrigação, etc.) e das atividades econômicas da cidade (moeda, impostos e tributos, tratados comerciais, etc.).

Civitas é o correspondente, em latim, do grego *pólis*, portanto, a cidade como ente público e coletivo ou entidade cívica. *Civis* é o correspondente de *politikós*, isto é, cidadão. *Res publica* é o correspondente latino de *ta politika* e significa, portanto, os negócios públicos dirigidos pelo *populus romanus*, isto é, os patrícios ou cidadãos livres e iguais, nascidos no solo de Roma.

Pólis e *civitas* correspondem (imperfeitamente) ao que, no vocabulário político moderno, chamamos de Estado: "o conjunto das instituições públicas (leis, erário público, serviços públicos) e sua administração pelos membros da cidade".

Ta politika e *res publica* correspondem (imperfeitamente) ao que designamos modernamente como "práticas políticas", em referência ao modo de participação no poder, aos conflitos e acordos na tomada de decisões e na definição das leis e de sua aplicação, no reconhecimento dos direitos e das obrigações dos membros da comunidade política e às decisões concernentes ao erário ou fundo público.

Dizer que os gregos e romanos "inventaram" a política não significa dizer que, antes deles, não existiam o poder e a autoridade, mas que inventaram o poder e a autoridade políticos propriamente ditos. Para compreendermos o que se pretende dizer com isso, convém examinarmos como era concebido e praticado o poder tanto nas sociedades greco-romanas quanto em outras, antes da invenção da política.

O poder despótico

família: na Antiguidade, "família" não era o que é hoje para nós (pai, mãe e filhos), mas era uma unidade econômica constituída pelos antepassados e descendentes, pai, mãe, filhos, genros, noras, tios e sobrinhos, escravos, animais, terras, edificações, plantações, bens móveis e imóveis — pessoas e coisas eram propriedades do patriarca (*despótes* ou *pater-familias*).

Nas realezas existentes antes dos gregos, nos territórios que viriam a formar a Grécia (realezas micênicas e cretenses), bem como as que existiam nos territórios que viriam a formar Roma (realezas etruscas), assim como nos grandes impérios orientais (Pérsia, Egito, Babilônia, Índia, China) vigorava o **poder despótico** ou **patriarcal**.

Em grego, *despótes*, e, em latim, *pater-familias*, o patriarca é o chefe de família cuja vontade absoluta é a lei: "Aquilo que apraz ao rei tem força de lei". O poder era exercido por um chefe de família ou de famílias (clã, tribo, aldeia), cuja autoridade era pessoal e arbitrária, decidindo sobre a vida e a morte de todos os membros do grupo, sobre a posse e distribuição das riquezas, a guerra e a paz, as alianças (em geral na forma de casamentos), o proibido e o permitido.

Embora, de fato, a origem desse poder estivesse na propriedade da terra e dos rebanhos, sendo chefe o detentor da riqueza, procurava-se garanti-lo contra revoltas e desobediências afirmando-se uma origem sobrenatural e divina para ele. Aparecendo como designado pelos deuses e desejado por eles, o detentor do poder também era detentor do privilégio de relacionar-se diretamente com o divino ou com o sagrado, concentrando em suas mãos a autoridade religiosa. Por sua riqueza, autoridade religiosa e posse das armas, o detentor do poder era também o chefe militar, concentrando em suas mãos a chefia dos exércitos e a decisão sobre a guerra e a paz. Era o comandante supremo.

O chefe era um *senhor*, enfeixando em suas mãos a propriedade do solo e tudo quanto nele houvesse (portanto, a riqueza do grupo), a autoridade religiosa e militar, sendo, por isso, rei, sumo sacerdote e condutor militar supremo.

Com o crescimento demográfico (por meio de alianças realizadas pelos casamentos entre famílias régias), a expansão territorial (por meio de guerras de conquista), a divisão social do trabalho (pela escravização dos vencidos de guerra e pelas funções domésticas das mulheres) e os acordos militares e navais entre grupos, a autoridade, embora concentrada nas mãos do rei, passou a ser delegada por ele a seus representantes (em geral, membros de sua família e das famílias aliadas).

Surgiu, assim, uma repartição das funções de direção ou de poder: a casta sacerdotal possuía a autoridade religiosa e a dos guerreiros, a militar. Senhores das terras, dos escravos, das mulheres, das armas e dos deuses, os grupos detentores da autoridade formavam a classe dominante economicamente e dirigente da comunidade, sob o poder do rei, ao qual prestavam juramento de lealdade e pagavam tributo pelo usufruto das terras pertencentes a ele e por ele cedidas aos demais.

A propriedade da terra e de seus produtos existia em duas formas principais:

1. como propriedade privada do rei e, portanto, como domínio pessoal do chefe ou patriarca. Esse patrimônio ou propriedade patrimonial era cedido, segundo a vontade arbitrária do patriarca, aos chefes de clãs e tribos, aos grupos sacerdotais e militares, mediante serviços e/ou tributos. Em geral, esse tipo de propriedade prevalecia naquelas regiões em que o cultivo da terra exigia trabalhos imensos de irrigação e de transporte de água que um proprietário isolado não poderia realizar, não só por lhe faltarem recursos para isso, como também porque teria de atravessar terras de outros proprietários, devendo pagar-lhes tributos ou fazer-lhes guerra. A propriedade, ficando na posse do rei, permitia que este usasse os recursos vindos dos tributos para as grandes obras de irrigação e transporte de águas, ao mesmo tempo que possuía o poder para atravessar toda e qualquer terra para realizar as obras;

2. como propriedade coletiva das aldeias ou propriedade comunal do chefe da aldeia, que pagava tributos ao rei em troca de proteção, submetendo-se ao poder régio e, portanto, à autoridade religiosa e militar do senhor.

Seja em um caso como em outro, o patriarca era forçado a exercer um controle cerrado sobre as chefias locais e sobre os que usufruíam das terras, pois as rebeliões eram frequentes e a disputa pelo poder, interminável. Tal controle era feito por representantes do rei quando percorriam as terras registrando a produção e recolhendo tributos, punindo crimes cometidos contra as decisões e decretos régios, sufocando revoltas e impedindo o surgimento de federações e confederações de aldeias.

Com isso, o rei passou a ter uma imensa burocracia e imensos exércitos, custeados pelos chefes locais e suas aldeias. Os funcionários régios precisavam saber ler, escrever e contar. Nas sociedades de que falamos, esses conhecimentos eram privilégio de um grupo, os sacerdotes. Por esse motivo, a ênfase no caráter sagrado ou religioso do poder tendia a aumentar à medida que aumentava o poderio sacerdotal, sustentáculo indispensável do poder régio. Deuses e armas eram os pilares da autoridade.

Assim constituído, o poder possuía as seguintes características:

- *despótico ou patriarcal*: era exercido pelo chefe de família sobre um conjunto de famílias a ele ligadas por laços e dependência econômica e militar, por alianças matrimoniais, numa relação pessoal em que o chefe garantia proteção e os súditos ofereciam lealdade e obediência, jurando cumprir a vontade do primeiro;

- *total*: o detentor da autoridade possuía poder supremo inquestionável para decidir quanto ao permitido e ao proibido (a lei exprime a vontade pessoal do chefe), para estabelecer os vínculos com o sagrado, isto é, com os deuses e antepassados (o chefe detém o poder religioso), para decidir quanto à guerra e à paz (o chefe detém o poder militar). A tomada de decisão cabia exclusivamente ao rei. Este possuía conselheiros (sacerdotes e militares), que o informavam e lhe sugeriam condutas e ações, mas a decisão cabia apenas a ele. O conselho era secreto, os motivos de uma decisão eram secretos, o que se passava entre o rei e seus conselheiros era secreto. Somente a decisão tornava-se pública, na forma de um decreto real;

- *incorporado ou corporificado*: o detentor do poder figurava em seu próprio corpo as características do poder, apresentando-se como manifestação da própria comunidade. Sua cabeça encarnava a autoridade que dirige, seu peito encarnava a vontade que ordena, seus membros superiores encarnavam os delegados que o representavam (sacerdotes e militares), seus membros inferiores encarnavam os súditos que lhe obedeciam. Essa figuração do poder no corpo do próprio rei indicava a existência de uma organização social fortemente hierarquizada, na qual cada indivíduo possuía um lugar fixo e predeterminado, só tendo existência social graças a esse lugar. O corpo do rei permitia não só figurar a hierarquia mas também a forte centralização da autoridade, concentrada na cabeça e no peito do dirigente;

- *mágico*: por receber a autoridade dos deuses, o detentor do poder possuía força sobrenatural ou mágica. Sua palavra era um comando misterioso que fazia existir aquilo que era dito (o rei dizia "faça-se" e as coisas aconteciam simplesmente porque ele as havia dito e desejado); seus gestos e desejos tinham força para matar e curar, sua maldição destruía tudo quanto fosse amaldiçoado por ele, dele dependiam a fertilidade da terra, a vitória ou a derrota na guerra, o início ou o fim de uma peste, fenômenos meteorológicos, cataclismos;

- *transcendente*: por ser de origem divina, o rei era divinizado e acreditava-se em sua imortalidade como condição da preservação da comunidade. Essa divinização o colocava acima e fora da comunidade. Tal separação levava a considerar que o dirigente ocupava um lugar transcendente, graças ao qual via tudo, sabia tudo e podia tudo, tendo o império total sobre a comunidade;

- *hereditário*: era transmitido ao primogênito do rei ou, na falta deste, a um membro da família real. A família reinante constituía uma linhagem e uma dinastia, que só findava ou por falta de herdeiros diretos ou por usurpação do poder por uma outra família, que dava início a uma nova linhagem ou dinastia.

A invenção da política

O surgimento da cidade

Quando se afirma que os gregos e romanos "inventaram" a política, o que se diz é que desfizeram as características da autoridade e do poder de tipo despótico ou patriarcal. Embora, nos começos, gregos e romanos tivessem conhecido esse tipo de organização econômico-social, um conjunto de medidas foi tomado pelos primeiros dirigentes — os *legisladores* — de modo a impedir a concentração dos poderes e da autoridade nas mãos de um rei, senhor da terra, da justiça e das armas, representante da divindade.

A propriedade da terra não se tornou propriedade régia ou patrimônio privado do rei, nem se tornou propriedade comunal ou da aldeia, mas manteve-se como propriedade de famílias independentes, cuja peculiaridade estava em não formarem uma casta fechada em si mesma, mas aberta à incorporação de novas famílias e de indivíduos ou não proprietários enriquecidos no comércio.

Apesar das diferenças históricas na formação da Grécia e de Roma, há três aspectos comuns a ambas e decisivos para a invenção da política. O primeiro, como assinalamos há pouco, é a forma da **propriedade da terra**; o segundo, o fenômeno da **urbanização**; e o terceiro, o modo de **divisão territorial** das cidades.

Como a propriedade da terra não pertencia à aldeia nem ao rei, mas às famílias independentes, e como as guerras ampliavam o contingente de escravos, formou-se na Grécia e em Roma uma camada pobre de camponeses que migraram para as aldeias, ali se estabeleceram como artesãos e comerciantes, prosperaram, transformaram as aldeias em centros urbanos e passaram a disputar o direito ao poder com as grandes famílias agrárias. Uma luta de classes perpassa a história grega e romana exigindo solução.

A urbanização significou uma complexa rede de relações econômicas e sociais que colocava em confronto não só proprietários agrários, de um lado, e artesãos e comerciantes, de outro, mas também a massa de assalariados da população urbana, os não proprietários, genericamente chamados de "os pobres".

O conflito de classes incluía, assim, lutas entre os ricos e lutas entre ricos e pobres. Tais lutas eram decorrentes do fato de que todos os indivíduos participavam das guerras externas, tanto para a expansão territorial como para a defesa de sua cidade, formando as milícias dos nativos da comunidade. Essa participação militar fazia com que todos se julgassem no direito de intervir, de algum modo, nas decisões econômicas e legais de suas comunidades. A luta das classes pedia uma solução. Essa solução foi a política, que transformou as comunidades urbanas em cidades propriamente ditas.

Os primeiros chefes políticos, também conhecidos como *legisladores*, introduziram uma divisão no território das cidades, visando diminuir o poderio das famílias ricas agrárias, dos artesãos e comerciantes urbanos ricos e satisfazer a reivindicação dos camponeses pobres e dos artesãos e assalariados urbanos pobres. Em Atenas, por exemplo, a *pólis* foi subdividida em unidades sociopolíticas denominadas *demos*; em Roma, em *tribus*.

Quem nascesse num *demos* ou numa *tribus*, independentemente de sua situação econômica, tinha assegurado o direito de participar direta ou indiretamente das decisões da cidade. No caso de Atenas, todos os naturais do *demos* tinham o direito de participar diretamente do poder, donde o regime ser uma **democracia**. Em Roma, os não proprietários ou os pobres formavam a **plebe**, que participava indiretamente do poder porque tinha o direito de eleger um representante (o *tribuno da plebe*) para defender e garantir os interesses plebeus junto aos interesses e privilégios dos que participavam diretamente do poder, os *patrícios*, que constituíam o *populus romanus*. O regime político romano era, assim, uma **oligarquia**.

Os principais traços da invenção da política

Rompendo com o poder despótico, gregos e romanos inventaram o poder político porque:

- separaram a *autoridade pessoal privada* do chefe de família (senhorio patriarcal e patrimonial) e o *poder impessoal público*, pertencente à coletividade; separaram o *privado* e o *público* e impediram a identificação do poder político com a pessoa do governante. No caso da Grécia, os postos de governo eram preenchidos por eleições entre os cidadãos, de modo que o poder deixou de ser hereditário. No caso de Roma, os postos de decisão ficaram vitaliciamente com o patriciado e eletivamente com os tribunos da plebe, enquanto os postos administrativos se tornaram eletivos e preenchidos por escolha do órgão político máximo, o Senado;

- separaram *autoridade militar* e *poder civil*, subordinando a primeira ao segundo. Isso não significa que em certos casos, como em Esparta e Roma, o poder político não fosse também um poder militar, mas sim que as ações militares deviam ser, primeiro, discutidas e aprovadas pela autoridade política (as assembleias, em Esparta; o Senado, em Roma) e só depois realizadas. Os chefes militares não eram vitalícios nem seus cargos eram hereditários, mas eram eleitos periodicamente pelas assembleias dos cidadãos, na Grécia, e pelo Senado, em Roma;

- separaram *autoridade mágico-religiosa* e *poder temporal laico*, impedindo tanto a divinização dos governantes quanto sua transformação em sumo sacerdote. Isso não significa que o poder político deixasse de ter laços com a autoridade religiosa — os oráculos, na Grécia, e os áugures, em Roma, eram respeitados firmemente pelo poder político. Significa, porém, que os dirigentes desejavam a aprovação e proteção dos deuses sem que isso implicasse a divinização dos governantes e a submissão da política à autoridade sacerdotal;

áugures: sacerdotes romanos que faziam profecias com base no canto e no voo das aves.

- criaram a ideia e a prática da *lei* como expressão de uma vontade coletiva e pública, definidora dos direitos e deveres para todos os cidadãos, impedindo que fosse confundida com a vontade pessoal de um governante. Ao criarem a lei e o direito, afirmaram a diferença entre o poder político e todos os outros poderes e autoridades existentes na sociedade, pois conferiram a uma instância impessoal e coletiva o poder exclusivo ao uso da força para punir crimes, reprimir revoltas e para vingar com a morte, em nome da coletividade, um delito julgado intolerável por ela. Em outras palavras, retiraram dos indivíduos privados o direito de fazer justiça com as próprias mãos e de vingar por si mesmos uma ofensa ou um crime. O monopólio da força, da vingança e da violência passou para o Estado, sob a lei e o direito;

- criaram instituições e funções públicas para aplicação das leis e garantia dos direitos, isto é, os *tribunais* e os *magistrados*;

- criaram a instituição do *erário público* ou do *fundo público*, isto é, dos bens e recursos que pertencem à sociedade e são por ela administrados por meio de taxas, impostos e tributos, impedindo a concentração da propriedade e da riqueza nas mãos dos dirigentes;

- criaram o *espaço político* ou *espaço público* (a Assembleia grega e o Senado romano), no qual os que possuíam direitos iguais de cidadania discutiam suas opiniões, defendiam seus interesses, deliberavam em conjunto e decidiam por meio do voto, podendo, também pelo voto, revogar uma decisão tomada. *É esse o coração da invenção política*. De fato, e como vimos, a marca do poder despótico é o segredo, a deliberação e a decisão a portas fechadas. A política, ao contrário, introduz a prática da publicidade, isto é, a exigência de que a sociedade seja informada, conheça as deliberações e participe da tomada de decisão.

Além disso, a existência do espaço público de discussão, deliberação e decisão significa que a sociedade está aberta aos acontecimentos, que as ações não foram fixadas de uma vez por todas por alguma vontade transcendente, que erros de avaliação e de decisão podem ser corrigidos, que uma ação pode gerar problemas novos, não previstos nem imaginados, que exigirão o aparecimento de novas leis e novas instituições. Em outras palavras, gregos e romanos tornaram a política inseparável do tempo e, como vimos no caso da ética, também conceberam a ação política ligada à noção de possível ou de possibilidade. Com isso, não só conceberam e praticaram a política como ação humana (e não como cumprimento de decretos divinos perenes ou eternos), mas também inauguraram a ideia e a prática da criação contínua da realidade social ou de sua transformação, isto é, a história.

O significado da invenção da política

Alexandre da Macedônia (356 a.C.-323 a.C.), o mais célebre conquistador do mundo antigo, também conhecido como Alexandre, o Grande, ou Alexandre Magno.

Para responder às diferentes formas assumidas pelas lutas de classes, a política é inventada de um modo que, a cada solução encontrada, um novo conflito ou uma nova luta podem surgir, exigindo novas soluções. Em lugar de reprimir os conflitos pelo uso da força e da violência das armas, a política aparece como trabalho legítimo dos conflitos, de tal modo que o fracasso nesse trabalho é a causa do uso da força e da violência.

A democracia ateniense e as oligarquias de Esparta e da República romana fundaram a ideia e a prática da política na cultura ocidental. Eis por que os historiadores gregos, quando a Grécia caiu sob o domínio do império de Alexandre da Macedônia, e os historiadores romanos, quando Roma sucumbiu ao domínio do império dos césares, falaram em corrupção e decadência da política: para eles, o desaparecimento da *pólis* e da *res publica* significava o retorno ao despotismo e o fim da vida política propriamente dita.

Evidentemente, não devemos cair em anacronismos, supondo que gregos e romanos instituíram uma sociedade e uma política cujos valores e princípios fossem idênticos aos nossos. Em primeiro lugar, a economia era agrária e escravista, de sorte que uma parte da sociedade (os escravos) estava excluída dos direitos políticos e da vida política. Em segundo lugar, a sociedade era patriarcal e, consequentemente, as mulheres também estavam excluídas da cidadania e da vida pública. A exclusão atingia também os estrangeiros e os miseráveis.

A cidadania era exclusiva dos homens adultos livres nascidos no território da cidade. Além disso, a diferença de classe social nunca era apagada, mesmo que os pobres tivessem direitos políticos. Assim, para muitos cargos, o pré-requisito da riqueza vigorava e havia mesmo atividades portadoras de prestígio que somente os ricos podiam realizar. Era o caso, por exemplo, da *liturgia grega* e do *evergetismo romano*, isto é, de grandes doações em dinheiro à cidade para festas, construção de templos e teatros, patrocínio de jogos esportivos, de trabalhos artísticos, etc.

O que procuramos apontar não foi a criação de uma sociedade sem classes, justa e feliz, mas a invenção da política como solução e resposta que uma sociedade oferece para suas diferenças, seus conflitos e suas contradições, sem escondê-los sob a sacralização do poder e do governante e sem fechar-se à temporalidade e às mudanças.

A sociedade contra o Estado

Examinamos até aqui duas grandes respostas sociais ao poder: a resposta *despótica* e a *política*. Em ambas, a sociedade procura organizar-se economicamente (isto é, determina a forma da propriedade), mantendo e mesmo criando diferenças sociais profundas entre proprietários e não proprietários, ricos e pobres, livres e escravos, homens e mulheres. Essas diferenças engendram lutas internas, que podem levar à destruição de todos os membros do grupo social.

Para regular os conflitos, determinar limites às lutas, garantir que os ricos conservem suas riquezas e os pobres aceitem sua pobreza, surge uma chefia que, como vimos, pode tomar duas direções: ou o chefe se torna senhor das terras, das armas e dos deuses e transforma sua vontade em lei, ou o poder é exercido por uma parte da sociedade (os cidadãos), por meio de práticas e instituições públicas fundadas na lei e no direito como expressão da vontade coletiva. Nos dois casos, surge o Estado como poder separado da sociedade e encarregado de dirigi-la, comandá-la, arbitrar os conflitos e usar a força.

Há, porém, um terceiro caminho.

Fomos acostumados pela tradição antropológica europeia a considerar as sociedades existentes nas Américas como atrasadas, primitivas e inferiores. Essa visão nasceu do processo de colonização e conquista, iniciado no século XVI. Os conquistadores e colonizadores que aportaram nas Américas interpretaram as diferenças entre eles e os nativos americanos como distinção hierárquica entre superiores e inferiores: para eles os "índios" não tinham lei, rei, fé, escrita, moeda, comércio, história e, portanto, eram seres desprovidos dos traços daquilo que, para o europeu cristão, súdito de monarquias, constituía a civilização e a humanidade propriamente dita.

Sem dúvida, os conquistadores encontraram grandes impérios nas Américas: incas, astecas e maias. Por isso, os destruíram a ferro e fogo, exterminando as gentes, pilhando as riquezas e erigindo igrejas sobre seus templos. Todavia, exceto por esses impérios destruídos, os conquistadores encontraram as demais nações americanas organizadas de maneira incompreensível para os padrões europeus e por isso interpretaram o que eram incapazes de compreender como inferioridade dos americanos. Considerando-os selvagens e bárbaros, justificavam a escravidão, a evangelização e o extermínio.

A visão europeia era e é etnocêntrica, ou seja, considera padrões, valores e práticas dos brancos adultos proprietários europeus como se fossem os únicos válidos, superiores a todos os outros e devendo servir de modelo ou de padrão para todas as sociedades, porque seriam definidores da civilização. Essa visão passou a ser compartilhada pelos descendentes dos colonizadores, isto é, pelos brancos das três Américas, e se mantém até os dias de hoje. Na perspectiva do etnocentrismo, os nativos americanos (ou os chamados povos pré-colombianos, ou seja, anteriores às viagens de Colombo) possuíam e possuem sociedades defeituosas nas quais falta o que é importante: *falta-lhes* o mercado (moeda e comércio), a escrita (alfabética), a história e o Estado. Eram e são, portanto, sociedades *sem comércio, sem escrita, sem memória* e *sem política*.

No século XX, o antropólogo francês Pierre Clastres estudou essas sociedades por um prisma completamente diferente, longe do etnocentrismo costumeiro. Mostrou que possuem escrita, mas que esta não é alfabética, nem ideográfica, nem hieroglífica (isto é, não é a escrita conhecida pelos ocidentais e orientais), mas é simbólica, gravada no corpo das pessoas por sinais específicos, inscrita com sinais específicos em objetos determinados e em espaços determinados. Somos nós que não sabemos lê-la.

Mostrou também que possuem memória (mitos e narrativas dos povos), transmitida oralmente de geração a geração, conservando-se através dos tempos, mas também transformando-se quando mudam as condições de vida de um grupo ou de uma geração. Examinando as mudanças na escrita e na memória, mostrou que tais sociedades possuem história, mas que esta é inseparável da relação dos povos com a natureza, diferentemente da nossa história, que narra como nos separamos da natureza e como a dominamos.

Mas, sobretudo, mostrou por que e como tais sociedades são *contra* o mercado e *contra* o Estado. Em outras palavras, não são sociedades *sem comércio* e *sem Estado*, mas *contrárias a eles*.

As sociedades indígenas estudadas por Clastres são sul-americanas e encontram-se num estágio anterior ao das sociedades indígenas da América do Norte (Estados Unidos, Canadá e México) e dos três grandes impérios monárquicos situados no México, na América Central e no norte da América do Sul (isto é, inca, asteca e maia). São, portanto, sociedades que não se organizaram na forma das chefias norte-americanas nem dos grandes impérios monárquicos, mas inventaram uma organização *deliberada* para evitar essas duas formas de poder.

As sociedades indígenas sul-americanas estudadas por Clastres são tribais ou comunais. Nelas, não há propriedade privada da terra e das riquezas, não havendo, portanto, classes sociais nem luta de classes. A propriedade é tribal ou comum e o trabalho se divide por sexo e idade. São *comunidades* no sentido pleno do termo, isto é, são internamente homogêneas, unas e indivisas, nas quais todos se conhecem pelo nome, são vistos uns pelos outros

etnocentrismo: a palavra *etnocentrismo* é composta de *etnos* e *centro*. *Etnos* vem do grego e significa "o conjunto de seres que possuem a mesma origem e os mesmos traços", donde designar nação, povo, raça. O etnocentrismo é a visão de mundo daqueles que consideram que sua etnia ou seu grupo étnico é superior aos demais e mais importante do que os outros. Uma visão etnocêntrica é consequência do etnocentrismo.

Pierre Clastres (1934-1977), etnólogo e antropólogo francês.

diariamente e possuem um destino comum. A oposição e o conflito não se estabelecem no interior da comunidade, mas em seu exterior, isto é, nas suas relações com as outras comunidades, portanto, no que se refere à guerra e às alianças de sangue pelo casamento.

Nelas o poder não se destaca nem se separa, não forma uma instância acima dela (como o Estado, na política, ou como o chefe patriarca, no despotismo). Existe chefia, porém, não é um poder de mando a que a comunidade obedece. O chefe não manda; a comunidade não obedece. A comunidade decide por si mesma, de acordo com suas tradições e necessidades, regulando por si mesma conflitos pessoais entre seus membros.

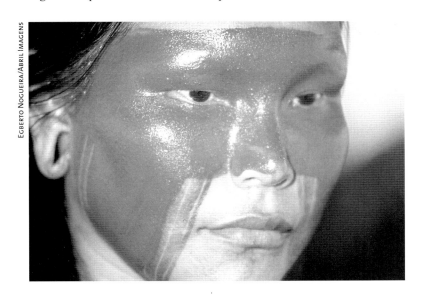

Indígena caiapó da aldeia Aukre, no Pará, em julho de 1992. No ano de sua criação (1967), a Funai tinha um caráter etnocêntrico: sua função era a de promover a integração dos povos indígenas à sociedade.

O que é e o que faz o chefe, uma vez que não tem a função do poder, pois este pertence à comunidade e dela não se separa? O chefe possui três funções: doar presentes, fazer a paz e falar. Além dessas funções, cabe à chefia representar a comunidade perante outras comunidades em casos de alianças e guerras.

- *A doação de presentes.* Exprimindo a benevolência dos deuses e a prosperidade da comunidade, o chefe deve, em certos períodos do ano, oferecer presentes a todos os membros da tribo, isto é, devolver a ela o que ela mesma produziu. A doação de presentes é a maneira deliberada que a comunidade inventou para impedir que alguém possa concentrar bens e riquezas, tornar-se proprietário privado, dominar o sistema de trocas, criar desigualdade econômica e social, de onde surgem a luta de classes e a necessidade do poder do Estado. A comunidade institui um meio *contra* o mercado e *contra* a origem do poder separado.

- *A conservação da paz.* Quando famílias ou indivíduos entram em conflito, o chefe deve intervir. Não dispõe de códigos legais para arbitrar o conflito em nome da lei. Que faz ele? A paz. Como a obtém? Apelando para o bom senso das partes, aos bons sentimentos, à memória da comunidade, à tradição do bom convívio entre as pessoas. Em suma, por meio dele a comunidade fala para reafirmar-se como comunidade indivisa.

- *A palavra.* Além da doação de presentes, da manutenção da paz entre membros da comunidade, da diplomacia para tratar com outras comunidades aliadas e do direito a usar a força, liderando os guerreiros durante a guerra, a grande função da chefia situa-se na fala ou na Grande Palavra. Todas as tardes, o chefe se dirige a um local distante da aldeia, mas visível e de onde possa ser ouvido, e ali discursa. Embora ouvido, ninguém deve dar-lhe atenção e o que ele diz não é ordem ou comando que obrigue à obediência. Que diz ele? Diz a palavra do poder: canta sua força e coragem, seu prestígio, sua relação com os deuses, seus grandes feitos. Mas ninguém lhe dá atenção. Ninguém o escuta.

O que é essa palavra e por que o chefe deve pronunciá-la diariamente? A Grande Palavra tem significado simbólico: a comunidade lembra a si mesma, diariamente, o risco e o perigo que correria se possuísse um chefe que lhe desse ordens e ao qual devesse obedecer. A Grande Palavra simboliza a maneira pela qual a comunidade impede o advento do poder como algo separado dela e que a comandaria pela coerção da lei e das armas. Com a cerimônia da Grande Palavra, a sociedade se coloca *contra* o surgimento do Estado.

Toda vez que o chefe não realiza as funções internas e a função externa tais como a comunidade as define, todas as vezes que pretende usar suas funções para criar o poder separado, ele é morto pela comunidade.

Evidentemente, nossa tendência será dizer que essa organização é própria de povos pouco numerosos e de uma vida socioeconômica muito simples, parecendo-nos, a nós, membros de sociedades complexas e divididas em classes sociais, uma vaga lembrança utópica. Pierre Clastres, porém, indaga: por que outras comunidades, mundo afora, não foram capazes de impedir o surgimento da propriedade privada, das divisões sociais de castas e classes, das desigualdades econômicas do mercado que resultaram na necessidade de criar o poder separado, seja como poder despótico, seja como poder político? Por que, afinal, os homens sucumbiram à necessidade de criar o Estado como poder de coerção social?

Essas indagações estão na origem da filosofia política, que busca respostas para elas.

Capítulo 10
As filosofias políticas (1)

A vida boa

Quando lemos os filósofos gregos e romanos, observamos que tratam a política como um valor e não como um simples fato, considerando a existência política como finalidade superior da vida humana, como a *vida boa*, entendida como racional, feliz e justa, própria dos homens livres.

Embora considerem a forma mais alta de vida a do sábio contemplativo, isto é, do filósofo, afirmam que, para os não filósofos, a vida superior é a do cidadão e ela só se realiza na cidade justa. Por isso mesmo, cabe ao filósofo oferecer os conceitos verdadeiros que auxiliem ou na formulação da melhor política para a cidade, ou na compreensão de qual o melhor regime político para uma cidade determinada.

Política e filosofia nasceram na mesma época. Por serem contemporâneas, diz-se que "a filosofia é filha da *pólis*" e muitos dos primeiros filósofos (os chamados pré-socráticos) foram chefes políticos e legisladores de suas cidades. Por sua origem, a filosofia não cessou de refletir sobre o fenômeno político, elaborando teorias para explicar a origem dele, sua finalidade e suas formas. A esses filósofos devemos a distinção entre *poder despótico* e *poder político*.

Origem da vida política

Entre as explicações sobre a origem da vida política, três foram as principais e as mais duradouras:

1. As inspiradas no mito das Idades do Homem. Esse mito recebeu inúmeras versões, mas, em suas linhas gerais, narra sempre o mesmo: no princípio, durante a primeira Idade do Homem, isto é, a Idade de Ouro, os seres humanos viviam na companhia dos deuses, nasciam já adultos diretamente da terra, eram imortais e felizes, sua vida transcorria em paz e harmonia, sem necessidade de leis e governo.

   Em cada versão desse mito, narra-se a perda ou o fim da Idade de Ouro. Em cada uma das versões, a perda da Idade de Ouro é narrada de modo diverso, porém, em todas, a narrativa relata uma queda dos humanos, que são afastados dos deuses, tornam-se mortais, vivem isoladamente pelas florestas, sem vestuário, moradia, alimentação segura, sempre ameaçados pelas feras e intempéries. Pouco a pouco, descobrem o fogo (em alguns mitos, um deus compadecido lhes dá o fogo): passam a cozer os alimentos e a trabalhar os metais, constroem cabanas, tecem o vestuário, fabricam armas para caça e proteção contra animais ferozes, formam famílias. Estão na Idade do Bronze e passarão, tempos depois, à Idade do Ferro, a última das idades.

   Em geral, a Idade do Ferro é descrita como a era dos homens organizados em grupos, fazendo guerra entre si. Para cessar o estado de guerra, os deuses fazem nascer um homem eminente, que redigirá as primeiras leis e criará o governo. Esse escolhido e enviado dos deuses é o legislador. Com ele, nasce a política.

   Com variantes, esse mito será usado na Grécia por Platão e, em Roma, por Cícero, para simbolizar a origem da política como atividade da razão por meio das leis e da figura do legislador. Leis e legislador garantem a origem racional da vida política, a obra da razão sendo a ordem, a harmonia e a concórdia entre os humanos na forma da cidade. **A razão funda a política**.

Hesíodo (séc. VIII a.C.), poeta grego.

2. As inspiradas pela obra do poeta grego Hesíodo, *O trabalho e os dias*. Agora, a origem da vida política vincula-se à doação do fogo aos homens, feita pelo semideus Prometeu, que rouba o fogo dos deuses e será punido por eles (é um mártir divino que se sacrifica pelo bem dos humanos). Graças ao fogo, os humanos podem trabalhar os metais, cozer os alimentos, fabricar utensílios e sobretudo descobrir-se diferentes dos animais. Essa descoberta os leva a perceber que viverão melhor se viverem em comunidade, dividindo os trabalhos e as tarefas. Organizados em comunidades, colocam-se sob a proteção dos deuses, de quem recebem as leis e as orientações para o governo.

   Pouco a pouco, porém, descobrem que sua vida possui problemas e exige soluções que somente eles podem enfrentar e encontrar. Mantendo a piedade pelos deuses, entretanto, criam leis e instituições humanas, dando origem à comunidade política propriamente dita. No mito de Hesíodo, a comunidade política nasce, portanto, não como obra de um legislador ou de um fundador enviados pelos deuses, mas como uma convenção entre homens que decidem viver em comum e combinam entre si as regras e normas a que obedecerão.

   Esse mito leva à teoria política defendida pelos sofistas. Nessa concepção, o desenvolvimento das técnicas e dos costumes conduz a convenções entre os humanos para a vida em comunidade sob leis. **A convenção funda a política**.

3. As teorias que afirmam que a política decorre da natureza humana e que a cidade existe por natureza. Os humanos são, por natureza, diferentes dos animais, porque são dotados do *lógos*, isto é, da palavra como fala e pensamento. Por serem dotados da palavra, são naturalmente sociais ou, como diz Aristóteles, são "animais políticos".

Na teoria política aristotélica, não é preciso buscar nos deuses, nas leis ou nas técnicas a origem da cidade: basta conhecer a natureza humana para nela encontrar a causa da política. Os humanos, falantes e pensantes, são seres de comunicação e é essa a causa da vida em comunidade ou da vida política. Nessa concepção, a **natureza (como natureza humana) funda a política**.

Na primeira teoria, a política é o remédio que a razão encontra para a perda da felicidade da comunidade originária. Na segunda, a política resulta do desenvolvimento das técnicas e dos costumes, sendo uma convenção humana. Na terceira, enfim, a política define a própria essência do homem, e a cidade é considerada uma instituição natural. Enquanto as duas primeiras reelaboram racionalmente as explicações míticas, a terceira parte diretamente da definição da natureza humana.

Finalidade da vida política

Para os gregos, a finalidade da vida política era a justiça na comunidade. A noção de justiça fora, inicialmente, elaborada em termos míticos com base em três figuras principais: *thémis*, a lei divina trazida pela deusa Thémis, que institui a ordem do Universo; *kósmos*, a ordem universal estabelecida pela lei divina; e *diké*, a justiça que a deusa Diké institui entre as coisas e entre os homens, no respeito às leis divinas e à ordem cósmica. Pouco a pouco, a noção de *diké* identifica-se com a regra natural para a ação das coisas e dos homens e o critério para julgá-las.

A ideia de justiça se refere, portanto, a uma ordem divina e natural, que regula, julga e pune as ações das coisas e dos seres humanos. A justiça é a lei e a ordem do mundo, isto é, da natureza ou *physis*. Lei (*nómos*), natureza (*physis*) e ordem (*kósmos*) constituem assim o campo da ideia de justiça.

A invenção da política exigiu que as explicações míticas fossem afastadas — *thémis* e *diké* deixaram de ser vistas como duas deusas que impunham ordem e leis ao mundo e aos seres humanos passando a significar as *causas* que fazem haver ordem, lei e justiça na natureza e na *pólis*. Justo é o que segue a ordem natural e respeita a lei natural. Mas a *pólis* existe por natureza ou por convenção entre os homens? A justiça e a lei política são naturais ou convencionais? Essas indagações colocam, de um lado, os sofistas, defensores do caráter *convencional* da justiça e da lei, e, de outro, Platão e Aristóteles, defensores do caráter *natural* da justiça e da lei.

A posição dos sofistas

Para os sofistas, a *pólis* nasce por convenção entre os seres humanos quando percebem que lhes é mais útil a vida em comum do que em isolamento. Convencionam regras de convivência que se tornam leis, *nómos*. A justiça é o consenso quanto às leis e a finalidade da política é criar e preservar esse consenso.

Se a *pólis* e as leis são convenções humanas, podem mudar, desde que haja mudança nas circunstâncias. A justiça será não só conservar as leis, mas também permitir sua mudança sem que isso destrua a comunidade política, e a única maneira de realizar mudanças sem destruição da ordem política é o debate para chegar ao consenso, isto é, a expressão pública da vontade da maioria, obtida pelo voto dos cidadãos reunidos em assembleia.

Por esse motivo, os sofistas se apresentavam como professores da arte da discussão e da persuasão pela palavra (*retórica*). Mediante remuneração, ensinavam os jovens a discutir em público, a defender e combater opiniões, ensinando-lhes argumentos persuasivos para os prós e os contras em todas as questões.

A finalidade da política era a justiça entendida como *concórdia* entre os cidadãos, conseguida na discussão pública de opiniões e interesses contrários. O debate dos opostos, a exposição persuasiva dos argumentos antagônicos deviam levar à vitória do interesse mais bem argumentado, aprovado pelo voto da maioria.

Em oposição aos sofistas, Platão e Aristóteles afirmam o caráter natural da *pólis* e da justiça. Embora concordem nesse aspecto, diferem no modo como concebem a própria justiça.

A posição de Platão

Para Platão, os seres humanos e a *pólis* possuem a mesma estrutura. Os humanos são dotados de três almas ou três princípios de atividade: a alma concupiscente ou desejante (situada nas entranhas ou no baixo ventre), que busca satisfação dos apetites do corpo, tanto os necessários à sobrevivência como os que, simplesmente, causam prazer; a alma irascível ou colérica (situada no peito ou no coração), que defende o corpo contra as agressões do meio ambiente e de outros humanos, reagindo à dor na proteção de nossa vida; e a alma racional ou intelectual (situada na cabeça), que se dedica ao conhecimento, tanto na forma de percepções e opiniões vindas da experiência como na forma de ideias verdadeiras contempladas pelo puro pensamento.

Também a *pólis* possui uma estrutura tripartite, formada por três classes sociais: a classe econômica dos proprietários de terra, artesãos e comerciantes, que garante a sobrevivência material da cidade; a classe militar dos guerreiros, responsável pela defesa da cidade; e a classe dos magistrados, que garante o governo da cidade sob as leis.

Um homem, diz Platão, é injusto quando a alma concupiscente (os apetites e prazeres) é mais forte do que as outras duas, dominando-as. Também é injusto quando a alma colérica (a agressividade) é mais poderosa do que a racional, dominando-a. O que é, pois, o homem justo? Aquele cuja alma racional (pensamento e vontade) é mais forte do que as outras duas almas, impondo à concupiscente a virtude da temperança ou moderação, e à colérica, a virtude da coragem, que deve controlar a concupiscência. O homem justo é o homem virtuoso; a virtude, domínio racional sobre o desejo e a cólera. A justiça ética é a hierarquia das almas, a racional, superior, que domina as inferiores.

O que é a justiça política? Essa mesma hierarquia, mas aplicada à comunidade — os sábios legisladores devem governar, os militares, subordinados aos legisladores, devem defender a cidade, e os membros da classe econômica, subordinados aos legisladores, devem assegurar a sobrevivência da *pólis*. Como realizar a cidade justa? Pela educação dos cidadãos — homens e mulheres (Platão não exclui as mulheres da política e critica os gregos por excluí-las).

Desde a primeira infância, a *pólis* deve tomar para si o cuidado total das crianças, educando-as para as funções necessárias à cidade. A educação dos cidadãos submete as crianças a uma mesma formação inicial em cujo término passam por uma seleção: as menos aptas serão destinadas à classe econômica, enquanto as mais aptas prosseguirão os estudos. Uma nova seleção separa os jovens: os menos aptos serão destinados à classe militar enquanto os mais aptos continuarão a ser educados. O novo ciclo educacional ensina as ciências aos jovens e os submete a uma última seleção: os menos aptos serão os administradores da *pólis* enquanto os mais aptos prosseguirão os estudos. Aprendem, agora, a filosofia, que os transformará em sábios legisladores, para que sejam a classe dirigente.

A cidade justa é governada pelos filósofos, administrada pelos cientistas, protegida pelos guerreiros e mantida pelos produtores. Cada classe cumprirá sua função para o bem da *pólis*, racionalmente dirigida pelos filósofos. Em contrapartida, a cidade injusta é aquela na qual o governo está nas mãos dos proprietários (que não pensam no bem comum da *pólis* e lutarão por interesses econômicos particulares), ou na dos militares (que mergulharão a cidade em guerras para satisfazer seus desejos particulares de honra e glória). Somente os filósofos têm como interesse o bem geral da *pólis* e somente eles podem governá-la com justiça.

A posição de Aristóteles

Aristóteles elabora uma teoria política diversa da dos sofistas e de Platão.

Para determinar o que é a justiça, diz ele, precisamos distinguir dois tipos de bens: os partilháveis e os participáveis. Um bem é partilhável quando é uma *quantidade* que pode ser dividida e distribuída (a riqueza é um bem partilhável). Um bem é participável quando é uma *qualidade* indivisível, que não pode ser repartida nem distribuída, podendo apenas ser participada (o poder político é um bem participável). Existem, pois, dois tipos de justiça na cidade: a distributiva, referente aos bens econômicos partilháveis; e a participativa, referente ao poder político participável. A cidade justa saberá distingui-las e realizar ambas.

A justiça distributiva consiste em dar a cada um o que é devido e sua função é dar desigualmente aos desiguais para torná-los iguais. Suponhamos, por exemplo, que a *pólis* esteja atravessando um período de fome em decorrência de secas ou enchentes e que adquira alimentos para distribuí-los a todos. Para ser justa, a cidade não poderá reparti-los de modo igual para todos. De fato, aos que são pobres, deve doá-los, mas, aos que são ricos, deve vendê-los, de modo a conseguir fundos para aquisição de novos alimentos. Se doar a todos ou vender a todos, será injusta. Também será injusta se atribuir a todos as mesmas quantidades de alimentos, pois dará quantidades iguais para famílias desiguais, umas mais numerosas do que outras. Em suma, é injusto tratar igualmente os desiguais e é justo tratar desigualmente os desiguais para que recebam os partilháveis segundo suas condições e necessidades.

A função ou finalidade da justiça distributiva sendo a de igualar os desiguais, dando-lhes desigualmente os bens, implica afirmar que numa cidade em que a diferença entre ricos e pobres é muito grande faz vigorar a injustiça, pois não dá a todos o que lhes é devido como seres humanos. Na cidade injusta, as leis, em lugar de permitirem aos pobres o acesso às riquezas (por meio de limitações impostas à extensão da propriedade, de fixação da boa remuneração do trabalho dos trabalhadores pobres, de impostos e tributos que recaiam sobre os ricos apenas, etc.), vedam-lhes tal direito. Ora, somente os que não são forçados às labutas ininterruptas para a sobrevivência são capazes de uma vida plenamente humana e feliz. A cidade injusta, portanto, impede que uma parte dos cidadãos tenha assegurado o direito à vida boa.

Por sua vez, a justiça política consiste em respeitar o modo pelo qual a comunidade definiu a participação no poder. Essa definição depende daquilo que a cidade mais valoriza e os regimes políticos variam em função do valor mais respeitado pelos cidadãos.

Há cidades que valorizam a honra (isto é, a hierarquia social baseada no sangue, na terra e nas tradições) e julgam que o poder é a honra mais alta e que cabe a um só: tem-se a *monarquia*, na qual é justo que um só participe do poder. Há cidades que valorizam a virtude como excelência de caráter (coragem, lealdade, fidelidade ao grupo e aos antepassados) e julgam que o poder cabe aos melhores: tem-se a *aristocracia*, na qual é justo que somente alguns participem do poder. Há cidades que valorizam a igualdade (são iguais os que são livres), consideram a diferença econômica e não política entre ricos e pobres e julgam que todos possuem o direito de participar do poder: tem-se a *democracia*, na qual é justo que todos governem.

Enquanto Platão se preocupa com a educação e formação do dirigente político (o governante filósofo), Aristóteles se interessa pela qualidade das instituições políticas (assembleias, tribunais, forma da coleta de impostos e tributos, distribuição da riqueza, organização do exército, etc.). Com isso, ambos legam para as teorias políticas subsequentes duas maneiras de conceber onde se situa a qualidade justa da cidade: platonicamente, essa qualidade depende das *virtudes do dirigente*; aristotelicamente, das *virtudes das instituições*.

Os regimes políticos

Dois vocábulos gregos são empregados para compor as palavras que designam os regimes políticos: *arkhé* ("o que está à frente", "o que tem comando") e *kratós* ("o poder ou autoridade suprema"). As palavras compostas com *arkhé* (*arquia*) designam a *quantidade* dos que estão no comando. As compostas com *kratós* (*cracia*) designam *quem* está no poder.

Assim, do ponto de vista da *arkhé*, os regimes políticos são: monarquia ou governo de um só (*monas*), oligarquia ou governo de alguns (*oligói*), poliarquia ou governo de muitos (*polos*) e anarquia ou governo de ninguém (*ana*).

kratós: os termos compostos com *cracia* são: *autos* ("eu mesmo", "eu próprio", "si mesmo"), *aristos* ("o melhor", "o mais excelente"), *demos* ("o povo").

Do ponto de vista do *kratós*, os regimes políticos são: autocracia (poder de uma única pessoa — *autós* —, reconhecida como rei), aristocracia (poder dos *aristói*, isto é, dos melhores), democracia (poder do *demos*, isto é, do povo).

Na Grécia e na Roma arcaicas predominaram as monarquias. No entanto, embora os antigos reis afirmassem ter origem divina e vontade absoluta, a sociedade estava organizada de tal forma que o governante precisava submeter as decisões a um Conselho de Anciãos e à assembleia dos guerreiros ou chefes militares. Isso fez com que, pouco a pouco, o regime se tornasse oligárquico, ficando nas mãos das famílias mais ricas e militarmente mais poderosas, cujos membros se consideravam, por seu sangue, família e linhagem, os "melhores", donde a formação da aristocracia grega, ou se consideravam superiores por terem como ancestrais os pais fundadores da cidade, donde a formação do patriciado romano.

O único regime verdadeiramente democrático foi o de Atenas. Nas demais cidades gregas e em Roma, o regime político era oligárquico, sendo as famílias ricas hereditárias no poder, mesmo quando admitiam a entrada de novos membros no governo, pois as novas famílias também se tornavam hereditárias.

Devemos a Platão e a Aristóteles três ideias políticas, elaboradas com base na experiência política antiga: a primeira delas é a distinção entre regimes políticos e não políticos; a segunda, a da causa da variação de regimes políticos; a terceira se refere à transformação de um regime político em outro.

- *Distinção entre político e não político*. Um regime só é político se for instituído por um corpo de leis publicamente reconhecido e sob o qual todos vivem, governantes e súditos, governantes e cidadãos. Em suma, é político o regime no qual os governantes estão submetidos às leis. Quando a lei coincide com a vontade pessoal e arbitrária do governante, não há política, mas despotismo e tirania. Quando não há lei de espécie alguma, não há política, mas anarquia. A presença ou ausência da lei conduz à ideia de regimes políticos *legítimos* e *ilegítimos*. Um regime é legítimo quando, além de legal, é justo (as leis são feitas segundo a justiça); um regime é ilegítimo quando a lei é injusta ou quando é contrário à lei, isto é, ilegal, ou, enfim, quando não possui lei alguma.

- *Variedade de regimes políticos*. Para Aristóteles, a variação dos regimes políticos depende de dois fatores principais: a natureza ou índole do povo e a extensão do território. Assim, por exemplo, um povo cuja índole ou natureza tende espontaneamente para a igualdade e a liberdade e cuja cidade é de pequena extensão territorial, naturalmente instituirá uma democracia e será mal-avisado se a substituir por um outro regime. Em contrapartida, um povo cuja índole ou natureza tende espontaneamente para a obediência a uma única autoridade e que vive num território extenso, naturalmente instituirá a monarquia, sendo desavisado se a substituir por outro regime político. Dessa maneira, os filósofos gregos legaram ao Ocidente a ideia de *regimes políticos naturais*, isto é, a ideia de que a instituição de um regime político depende de fatores produzidos pela natureza (a índole natural de um povo e o tipo de território em que se instala).

- *Corrupção dos regimes políticos*. Os regimes políticos se transformam em decorrência de mudanças econômicas (aumento do número de ricos e diminuição do número de pobres, diminuição do número de ricos e aumento do número de pobres) e de resultados de guerras (conquistas de novos territórios e populações, submissão a vencedores que conquistam a cidade).

Presença ou ausência da lei, variação econômica e militar determinam, segundo Platão e Aristóteles, a corrupção ou decadência dos regimes políticos: a monarquia degenera em tirania quando um só governa para servir aos interesses pessoais; a aristocracia degenera em oligarquia dos muito ricos (plutocracia) ou dos guerreiros (timocracia), que também governam apenas em interesse próprio; a democracia degenera em demagogia e esta, em anarquia. Em geral, a anarquia leva à tirania, quando a sociedade, desgovernada, apela para um homem superior aos outros no manejo das armas e dos argumentos, nele buscando a salvação.

A tipologia platônico-aristotélica dos regimes políticos segundo o valor dos que participam do poder e da variedade de regimes segundo a índole natural do povo e das condições naturais do território, bem como a teoria da decadência ou corrupção dos regimes políticos, serão mantidas até o século XVIII, aparecendo com vigor numa das obras políticas mais importantes da Ilustração, *O espírito das leis*, de Montesquieu.

Montesquieu (1689-1755), cujo nome era Charles-Louis de Secondat, barão de Montesquieu, moralista e filósofo francês.

Ética e política

Se a política tem como finalidade a vida justa e feliz, isto é, a vida propriamente humana digna de seres livres, então é inseparável da ética.

De fato, para os gregos era inconcebível a ética fora da comunidade política — a *pólis* como *koinonía* ou comunidade dos iguais —, pois nela a natureza ou essência humana encontrava sua realização mais alta.

Quando estudamos a ética, vimos que Aristóteles distinguira entre teoria e prática e, nesta, entre fabricação e ação, isto é, diferenciara *poiesis* de *práxis*. Vimos também que reservara à *práxis* um lugar mais alto do que à fabricação, definindo-a como ação voluntária de um agente racional em vista de um fim considerado bom. A *práxis* por excelência é a política. A esse respeito, na *Ética a Nicômaco*, escreve Aristóteles:

> *Se, em nossas ações, há algum fim que desejamos por ele mesmo e os outros são desejados só por causa dele, e se não escolhemos indefinidamente alguma coisa em vista de uma outra (pois, nesse caso, iríamos ao infinito e nosso desejo seria fútil e vão), é evidente que tal fim só pode ser o bem, o Sumo Bem (...). Se assim é, devemos abarcar, pelo menos em linhas gerais, a natureza do Sumo Bem e dizer de qual saber ele provém. Consideramos que ele depende da ciência suprema e arquitetônica por excelência. Ora, tal ciência é manifestamente a política, pois é ela que determina, entre os saberes, quais são os necessários para as cidades e que tipos de saberes cada classe de cidadãos deve possuir (...). A política se serve das outras ciências práticas e legisla sobre o que é preciso fazer e do que é preciso abster-se; assim sendo, o fim buscado por ela deve englobar os fins de todas as outras, donde se conclui que o fim da política é o bem propriamente humano. Mesmo se houver identidade entre o bem do indivíduo e o da cidade, é manifestamente uma tarefa muito mais importante e mais perfeita conhecer e salvaguardar o bem da cidade, pois o bem não é seguramente amável mesmo para um indivíduo, mas é mais belo e mais divino aplicado a uma nação ou à cidade.*

Platão identificara a justiça no indivíduo e a justiça na *pólis*. Aristóteles subordina o bem do indivíduo ao Bem Supremo da *pólis*. Esse vínculo interno entre ética e política significava que as qualidades das leis e do poder dependiam das qualidades morais dos cidadãos e vice-versa, isto é, das qualidades da cidade dependiam as virtudes dos cidadãos. Somente na cidade boa e justa os homens podem ser bons e justos; e somente homens bons e justos são capazes de instituir uma cidade boa e justa.

Romanos: a construção do príncipe

Após o primeiro período de sua história política, a época arcaica e lendária dos reis patriarcais, semi-humanos e semidivinos, Roma torna-se uma república aristocrática governada pelos grandes senhores de terras, os patrícios, e pelos representantes eleitos pela plebe, os tribunos da plebe. O poder cabe a uma instituição designada como "Senado e Povo Romano", que pode, em certas circunstâncias previstas na lei, receber "homens novos", isto é, os plebeus que, por suas riquezas, casamentos ou feitos militares, passam a fazer parte do grupo governante. Roma é uma república por três motivos principais:

1. o governo está submetido a leis escritas impessoais;

2. a *res publica* (coisa pública) é o solo público romano, distribuído às famílias patrícias, mas pertencente legalmente a Roma, isto é, a propriedade da terra é coisa pública cujo uso é concedido pelo Estado a cidadãos privados;

3. o governo administra os fundos públicos (recursos econômicos provenientes de impostos, taxas e tributos), usando-os para a construção de estradas, aquedutos, templos, monumentos e novas cidades, e para a manutenção dos exércitos.

No centro do governo estavam dois cônsules, eleitos pelo Senado e Povo Romano, aos quais eram entregues dois poderes: o administrativo (gestão dos fundos e serviços públicos) e o *imperium*, isto é, o poder judiciário e militar. O Senado reservava para si duas autoridades: o conselho dos magistrados e a autoridade moral sobre a religião e a política.

República oligárquica, Roma é uma potência com vocação militar. Em cinquenta anos, conquista todo o mundo conhecido, com exceção da Índia e da China. Esse feito é obra militar dos cônsules, que, como dissemos, foram investidos com o *imperium* (poder judiciário e militar). São *imperatores*.

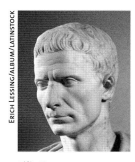

Júlio Cesar (100 a.C.-44 a.C.), líder militar e político romano.

Pouco a pouco, à medida que Roma se torna uma potência mundial, alguns dos cônsules (Júlio Cesar, Numa, Pompeu) reivindicam mais poder e mais autoridade, que lhes vão sendo concedidos pelo Senado e Povo Romano. Gradualmente, sob a aparência de uma república aristocrática, instala-se uma república monárquica, que se inicia com Júlio César e se consolida nas mãos de Augusto. Com este último, a monarquia vai perdendo o caráter republicano até substituir o consulado, tornando-se senhorial, e instituir-se como principado. O príncipe é imperador: chefe militar, detentor do poder judiciário, magistrado, senhor das terras do Império Romano, autoridade suprema. Por isso mesmo, vários pensadores romanos republicanos, como Tácito, Cícero, Tito Lívio, consideram que a decadência *política* de Roma coincide com o momento de seu maior esplendor econômico e militar, isto é, o principado, quando o nome "César" deixa de nomear a pessoa de Júlio César e passa a indicar a posição do governante — o príncipe é um *césar*.

A mudança da república para o principado ou cesarismo transparece na teoria política. Embora esta continue afirmando os valores republicanos — importância das leis, do direito e das instituições públicas, particularmente do Senado e Povo Romano —, a preocupação dos teóricos se mantém voltada para a figura do príncipe.

Augusto (63 a.C.-14 d.C.), imperador romano.

Inspirando-se no governante-filósofo de Platão, os pensadores romanos produzirão o ideal do príncipe perfeito ou do *Bom Governo*. A nova teoria política mantém a ideia grega de que a comunidade política tem como finalidade a vida boa ou a justiça, identificada com a ordem, harmonia ou concórdia no interior da cidade. No entanto, agora, a justiça dependerá das qualidades morais do governante. O príncipe deve ser o modelo das virtudes para a comunidade, pois ela o imitará.

Na verdade, os pensadores romanos viram-se entre duas teorias: a platônica, que pretendia chegar à política legítima e justa educando virtuosamente os governantes; e a aristotélica, que pretendia chegar à política legítima e justa propondo qualidades positivas para as instituições da cidade, das quais dependiam as virtudes dos cidadãos. Entre as duas, os romanos escolheram a platônica, mas tenderam a dar menor importância à organização política da sociedade (as três classes platônicas) e maior importância à formação do príncipe virtuoso.

O príncipe, como todo ser humano, é passional e racional, porém, diferentemente dos outros humanos, não pode ceder às paixões, apenas à razão. Por isso, deve ser educado para possuir um conjunto de virtudes que são próprias do governante justo, ou seja, as *virtudes principescas*. O verdadeiro *vir* ("varão", em latim) possui três séries de *virtudes* ou *qualidades morais*. A primeira delas é comum a todo homem virtuoso, sendo constituída por quatro virtudes universais que cada um deve possuir se quiser ser virtuoso: *sabedoria ou prudência, justiça ou equidade, coragem e temperança ou moderação*. A segunda série constitui o conjunto das virtudes propriamente principescas: *honradez ou disposição para manter os princípios em todas as circunstâncias, magnanimidade ou clemência*, isto é, capacidade para dar punição justa e para perdoar, e *liberalidade*, isto é, disposição para pôr sua riqueza a serviço do povo. Finalmente, a terceira série de virtudes refere-se aos objetivos que devem ser almejados pelo príncipe virtuoso: *honra*, *glória* e *fama*.

Cícero insiste em que o verdadeiro príncipe é aquele que nunca se deixa arrastar por paixões que o transformem numa besta. Não pode ter a violência do leão nem a astúcia da raposa, mas deve, em todas as circunstâncias, comportar-se como homem dotado de vontade racional. O príncipe será o Bom Governo se for um Bom Conselho, isto é, sábio, devendo buscar o amor e o respeito dos súditos.

Em contraponto ao Bom Governo, a teoria política ergue o retrato do tirano ou o príncipe vicioso: bestial, intemperante, passional, injusto, covarde, impiedoso, avarento e perdulário, sem honra, fama ou glória, odiado por todos e de todos temeroso. Inseguro e odiado, rodeia-se de soldados, vivendo isolado em fortalezas, temendo a rua e a corte.

A teoria do Bom Governo deposita na *pessoa* do governante a qualidade da política e faz de suas virtudes privadas virtudes públicas. O príncipe encarna a comunidade e a espelha, sendo por ela imitado tanto na virtude como no vício.

O poder teológico-político: o cristianismo

A herança hebraica e romana

Para compreendermos as teorias políticas cristãs, precisamos ter em mente as duas tradições que o cristianismo recebe como herança e sobre as quais elaborará suas próprias ideias: a *hebraica* e a *romana*.

Os hebreus, embora tenham conhecido várias modalidades de governo (patriarcas, juízes, reis), deram ao poder, sob qualquer forma em que fosse exercido, uma marca fundamental irrevogável: o *caráter teocrático*. Em outras palavras, consideravam eles que o poder, em sua plenitude e verdade, pertence exclusivamente a Deus e que este, por meio dos anjos e dos profetas, elege o dirigente ou os dirigentes. O poder (*kratós*) pertence a Deus (*théos*), donde **teocracia**, cuja expressão mais clara se encontra numa passagem da Bíblia, no Livro dos Provérbios, onde se lê que Deus disse: "Por mim reinam os reis e os príncipes governam".

Além disso, os hebreus se fizeram conhecer não só como Povo de Deus, mas também como Povo da Lei (a lei divina dada primeiro a Noé como lei moral e, depois, completada e doada a Moisés como lei religiosa, política e moral e codificada por escrito). A legalidade era algo tão profundo que, quando o cristianismo se constitui como nova religião, fala-se na Antiga Lei (a aliança de Deus com o povo, prometida a Noé e a Abraão e dada a Moisés) e na Nova Lei (a nova aliança de Deus com o povo, através do messias Jesus).

Do lado romano, o processo que viemos descrevendo acima (passagem da república ao principado e teoria do Bom Governo) prosseguiu, e no período em que o cristianismo se expande e se encontra em via de se tornar religião oficial do Império Romano, o príncipe romano já se encontra investido de novos poderes. Sendo Roma senhora do Universo, o príncipe não é apenas, como seu nome indica, "o primeiro cidadão" (*princeps*), mas é imperador romano e tenderá a ser visto como senhor do Universo, ocupando o topo da hierarquia do mundo, em cujo centro está Roma, que o poeta Virgílio chamou de Cidade Eterna.

Ao imperador (ou ao césar) cabe manter a harmonia e a concórdia no mundo, a *pax romana*, garantida pela força das armas. Com isso, o príncipe passou a enfeixar em suas mãos todos os poderes, que antes cabiam ao Senado e Povo Romano, e foi sendo sacralizado, à maneira do déspota oriental, até ser considerado divino, sendo-lhe atribuídos poderes que pertenciam a Júpiter: fundador do povo, restaurador da ordem universal e salvador do Universo.

Para cumprir suas tarefas, o poder imperial centralizado e hierarquizado desenvolve um complexo sistema estatal em que prevalece o poderio dos funcionários imperiais (civis e militares), que se estende como uma rede intrincada de pequenos poderes por todo o território do Império Romano.

A elaboração da teoria política cristã como *teologia política* resultará da apropriação dessa dupla herança pelo poder eclesiástico.

A instituição eclesiástica

Quando estudamos a ética, vimos que o cristianismo, diferentemente da maioria das religiões antigas, não surge como religião nacional ou de um povo ou de um Estado determinados. No entanto, ele deveria ter sido uma religião nacional, uma vez que Jesus se apresentava como o messias esperado pelo povo judaico. Em outras palavras, se Jesus tivesse sido vitorioso, provavelmente teria sido capitão, rei e sacerdote, pois era assim que o messias havia sido imaginado e esperado. Derrotado pela monarquia judaica, que usara o poder do Império Romano para julgá-lo e condená-lo, Jesus ressurge (ressuscita) como figura puramente espiritual, rei de um reino que não é deste mundo. O cristianismo se constitui, portanto, à margem do poder político e contra ele, pois os "reinos deste mundo" serão, pouco a pouco, vistos como obra de Satanás para a perdição do gênero humano.

Separado da ordem política estatal, o cristianismo será organizado de maneira semelhante a outras crenças religiosas não oficiais: tomará a forma de uma seita religiosa. Nessa época, seitas religiosas e correntes filosóficas que não possuíam a *pólis* como referência — pois Roma tudo dominava imperialmente — não podiam mais dirigir-se a uma comunidade política determinada, a um povo determinado, e por isso dirigiam-se ao ser humano em geral, sem distinção de nação ou povo.

O poder imperial romano criara, sem o saber, a ideia do homem universal, sem pátria e sem comunidade política. O cristianismo será uma seita religiosa dirigida aos seres humanos em geral, com a promessa de salvação individual eterna. À ideia política da lei escrita e codificada em regras objetivas contrapõe a ideia de lei moral invisível (o dever, a obediência a Deus e o amor ao próximo), inscrita pelo Pai no coração de cada um.

Todavia, a seita cristã irá diferenciar-se de outras porque a herança judaica (dos primeiros apóstolos) e romana (dos primeiros padres) irá influenciar o vocabulário e o pensamento dos cristãos. De fato, essa herança conduzirá à ideia de *povo* (de Deus) e de *lei* (de Deus), isto é, a duas ideias provenientes do vocabulário e dos conceitos da *política*. A seita cristã é uma *comunidade* cujos membros formam o *povo* de Deus sob a *lei* de Deus. Essa comunidade é feita de iguais (os filhos de Deus redimidos pelo Filho), que recebem em conjunto a Palavra Sagrada e, pelo batismo e pela eucaristia, participam da nova lei (a aliança do Pai com seu povo pela mediação do Filho). A comunidade é a *ekklesia*, isto é, a assembleia dos fiéis, a *Igreja*. E esta é designada como *Reino de Deus*. Povo, lei, assembleia e reino: essas palavras indicam, por si mesmas, a vocação política do cristianismo, pois escolhe para referir-se a si mesmo os vocábulos da tradição política judaica e romana.

A *ekklesia* organiza-se a partir de uma autoridade constituída pelo próprio Cristo quando, na última ceia, autoriza os apóstolos a celebrar a eucaristia (o pão e o vinho como símbolos do corpo e sangue do messias) e, no dia de Pentecostes, ordena-lhes que preguem ao mundo inteiro a nova lei e a Boa Nova (*o evangelho*).

A autoridade apostólica não se limita a batismo, eucaristia e evangelização. Jesus deu aos apóstolos o poder para ligar os homens a Deus e Dele desligá-los, quando lhes disse, através de Pedro: "Tu és Pedro e sobre esta pedra edificarei a minha igreja, e as portas do inferno não prevalecerão contra ela. Eu te darei as Chaves do Reino: o que ligares na Terra será ligado no Céu, o que desligares na Terra será desligado no Céu".

Essa passagem do Evangelho de Mateus será conhecida como "princípio petríneo das Chaves" e com ela está fundada a Igreja como instituição de poder. Esse poder, como se observa, é teocrático, pois sua fonte é o próprio Deus (é o Filho quem dá poder a Pedro); e é superior ao poder político temporal, uma vez que este seria puramente humano, frágil e perecível, criado por sedução demoníaca.

A *ekklesia*, comunidade de bons e justos, separada do Estado e do poder imperial, organiza-se com normas e regras que estabelecem hierarquias de autoridade e de poder, formando o que o romano Santo Agostinho chamará de *Civitas Dei*, a Cidade de Deus, oposta à Cidade dos Homens, injusta e satânica, isto é, Roma.

Essa instituição eclesiástica conseguirá converter ao cristianismo o imperador Constantino, que transformará uma seita em religião oficial do Império Romano. Com isso, a Igreja

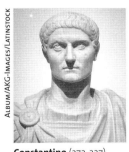

Constantino (272-337), imperador romano.

irá institucionalizar-se repetindo ou imitando em sua organização interna a estrutura militar e burocrática do Império (organização que perdura até os dias de hoje).

O poder eclesiástico

O poderio da Igreja cresce à medida que se esfacela e desmorona o Império Romano. Dois motivos levam a esse crescimento: em primeiro lugar, a expansão do próprio cristianismo pela obra da evangelização dos povos, realizada pelos padres nos territórios do Império Romano e para além deles; em segundo lugar, porque o esfacelamento de Roma, do qual resultará, nos séculos seguintes, a formação socioeconômica conhecida como feudalismo, fragmentou a propriedade da terra (anteriormente, tida como patrimônio de Roma e do imperador) e fez surgirem pequenos poderes locais isolados, de sorte que o único poder centralizado e homogeneamente organizado era o da Igreja.

A Igreja (tanto em Roma como em Bizâncio, isto é, tanto no Ocidente como no Oriente) detém três poderes crescentes, à medida que o Império Romano decai:

1. o poder religioso de ligar os homens a Deus e Dele desligá-los;
2. o poder econômico decorrente de grandes propriedades fundiárias acumuladas no correr de vários séculos, seja porque os nobres do Império, ao se converterem, doaram suas terras à instituição eclesiástica, seja porque esta recebera terras como recompensa por serviços prestados aos imperadores;
3. o poder intelectual, porque a Igreja se torna guardiã e intérprete única dos textos sagrados (a Bíblia) e de todos os textos produzidos pela cultura greco-romana (direito, filosofia, literatura, teatro, manuais de técnicas, etc.). Saber ler e escrever tornou-se privilégio exclusivo da instituição eclesiástica. Será a Igreja, portanto, a formuladora das teorias político-cristãs para os reinos e impérios cristãos. Essas teorias elaborarão a concepção teológico-política do poder, isto é, o vínculo interno entre religião e política.

As teorias teológico-políticas

Na elaboração da teologia política, os teóricos cristãos dispunham de três fontes principais: a Bíblia traduzida para o latim, os códigos de leis dos imperadores romanos, conhecidos como Direito Romano, e as ideias retiradas de algumas poucas obras conhecidas de Platão, Aristóteles e sobretudo Cícero.

De Platão vinha a ideia da comunidade justa, organizada hierarquicamente e governada por sábios legisladores. De Aristóteles vinha a ideia de que a finalidade do poder era a justiça como bem supremo da comunidade. De Cícero, a ideia do Bom Governo do príncipe virtuoso, espelho para a comunidade. De todos eles, a ideia de que a política era resultado da natureza e da razão.

No entanto, essas ideias filosóficas precisavam ser conciliadas com a outra fonte do pensamento político, a Bíblia. E a conciliação não era fácil, uma vez que as Escrituras Sagradas não consideram o poder como algo natural e originado da razão, mas proveniente da vontade de Deus, sendo, portanto, teocrático.

A Bíblia, como se sabe, é um conjunto de textos de proveniências, épocas e autores muito diferentes, escritos em várias línguas (hebraico, aramaico, grego, etc.), que formam dois grupos principais, o Antigo e o Novo Testamento. Ao ser traduzida para o latim, os tradutores só dispunham da língua culta romana e dos textos que formavam o chamado Direito Romano. A tradução verteu os diferentes textos para a linguagem latina clássica, fazendo prevalecer a língua jurídica e legal romana, combinando, assim, a forte tradição legalista judaica e a lati-

ARCHIVO ICONOGRAFICO S.A./CORBIS

Pintura de Jesus Cristo como o Bom Pastor, datada do século III d.C., na catacumba de Priscila, Roma. Antes de 324 d.C., quando o cristianismo tornou-se religião oficial no Império Romano, os cristãos foram muito perseguidos e escondiam-se em catacumbas.

na. Essa Bíblia latinizada servirá de base para as teorias políticas e fornecerá os critérios para decidir o que aceitar e o que recusar das ideias de Platão, Aristóteles e Cícero, combinando de maneira complexa e, às vezes, pouco aceitável, as concepções filosóficas e as teocráticas.

As teorias do poder teológico-político, embora tenham recebido diferentes formulações no correr da Idade Média, variando conforme as condições históricas exigiam, apresentavam os seguintes pontos em comum:

- o poder é teocrático, isto é, pertence a Deus e Dele vem aos homens por Ele escolhidos para representá-lo. O fundamento dessa ideia encontra-se não só numa passagem do Antigo Testamento, que já mencionamos, em que se lê que "Todo poder vem do Alto/ por mim reinam os reis e governam os príncipes", como também numa passagem do Novo Testamento, na Epístola de São Paulo aos Romanos, capítulo XIII, em que se lê que "não há autoridade que não venha de Deus, e as que existem foram instituídas por Deus". O poder é um favor divino ou uma graça divina e o governante não representa os governados, mas representa Deus perante os governados. O regime político é a monarquia teocrática em que o monarca é *rei pela graça de Deus*. A comunidade política se forma pelo *pacto de submissão* dos súditos ao rei;

- o rei, porque escolhido por Deus, Dele recebe a lei, ou, como dizem os teólogos juristas, *o rei traz a lei em seu peito e o que apraz ao rei tem força de lei*. O rei é, portanto, a fonte da lei e da justiça — afirma-se que é pai da lei e filho da justiça. Sendo autor da lei e tendo o poder pela graça de Deus, está acima das leis e não pode ser julgado por ninguém, tendo poder absoluto. O fundamento dessa ideia é retirado de um preceito do Direito Romano que afirma: "Ninguém pode dar o que não tem e ninguém pode tirar o que não deu".

  Se o poder é dado ao rei por Deus, então não foi o povo quem deu o poder ao rei, pois o povo não tem o poder, uma vez que este a Deus pertence, e, portanto, o povo também não pode julgar o rei nem tirar-lhe o poder. Se um rei for tirânico e injusto, nem assim os súditos podem resistir-lhe nem depô-lo, pois ele está no poder pela vontade de Deus, que, para punir os pecados do povo, o faz sofrer sob um tirano. Esse é um flagelo de Deus. Porque o poder vem do alto, porque o rei é pai da lei e está acima dela, e porque os súditos fizeram o pacto de submissão, o rei é intocável;

- o príncipe cristão deve possuir o conjunto das virtudes cristãs (fé, esperança e caridade), as virtudes cardeais e o conjunto das virtudes principescas definidas por Cícero e Sêneca como próprias do Bom Governo. Sendo espelho da comunidade, em sua pessoa devem estar encarnadas as qualidades cristãs que a comunidade deve imitar;

- a comunidade e o rei formam o *corpo político*: a cabeça é a coroa ou o rei, o peito é a legislação sob a guarda dos magistrados e conselheiros do rei, os membros superiores são os senhores ou barões que formam os exércitos do rei e a ele estão ligados por juramento de fidelidade ou de vassalagem, e os membros inferiores são o povo que trabalha para o sustento do corpo político. A *pólis* platônica é, assim, transformada no *corpo político do rei*;

- a hierarquia política e social é considerada ordenada por Deus e natural. O mundo é um *kósmos*, isto é, uma ordem fixa de lugares e funções que cada ser (minerais, vegetais, animais e humanos) ocupa necessariamente e nos quais realiza sua natureza própria. Os seres do *kósmos* estão distribuídos em graus e o grau inferior deve obediência ao superior, submetendo-se a ele.

  No caso da comunidade política, a hierarquia obedece aos critérios das funções e da riqueza, formando *ordens sociais* e *corpos* ou *corporações* que são órgãos do corpo político do rei. Não existe a ideia de indivíduo, mas de ordem ou corporação a que cada um pertence por vontade divina, por natureza e por hereditariedade, ninguém podendo subir ou descer na hierarquia a não ser por vontade expressa do rei. Cada um nasce, vive e morre no mesmo lugar social, transmitindo-o aos descendentes.

Esse papel central que as teorias conferem à ideia de um cosmo hierárquico organizado em ordens, lugares e funções fixos responde a três exigências práticas: manter a concepção hierárquica imperial romana e eclesiástica, manter a concepção teocrática judaica e, sobretudo, oferecer uma garantia de ordem e segurança teórico-política a uma sociedade fragmentada em propriedades rurais isoladas e espalhadas pelo antigo território do Império para as quais já não existe a referência urbana de Roma como centro e polo organizador da realidade política. O mundo (o cosmo) organizado hierarquicamente é o substituto para a desaparição da organização política hierárquica do Império Romano, destruído e esfacelado;

- no topo da hierarquia encontram-se o papa e o imperador. O primeiro possui o poder *espiritual*, o segundo, o *temporal*. Em decorrência da desaparição política dos centros urbanos (sobretudo de Roma como cidade universal) e do isolamento provocado pela ruralização da vida econômico-social e sua fragmentação, cada região possui um conjunto de senhores que escolhe um chefe entre seus pares, garantindo-lhe — e à sua dinastia — a permanência indefinida no poder. Formam-se reinos por todo o território da Europa medieval. Há, assim, pequenos reis regionais cujo poder só passa a outros se o reinante morrer sem herdeiro do sexo masculino, ou se trair seus pares e for por eles deposto, ou se houver uma guerra na qual seja derrotado e o vencedor tenha força para reivindicar o poder régio. A assembleia dos reis subordina-se ao Grande Rei ou Imperador da Europa (senhor do Sacro Império Romano-Germânico, formado por todos os reinos cristãos da Europa), que possui o poder teocrático, isto é, ele é escolhido por Deus e não pelos outros reis (estes, sim, foram escolhidos por seus pares, os barões);

- a justiça, finalidade da comunidade cristã, é a hierarquia de submissão e obediência do inferior ao superior, pois é essa a ordem natural criada pela lei divina. A vida temporal é inferior à vida espiritual e por isso a finalidade maior do governante é a salvação da alma imortal de seus súditos, pela qual responderá perante Deus.

Mesmo que considere a comunidade política algo natural (como dizia Aristóteles e dirão vários teólogos, como Tomás de Aquino) e mesmo que se considere que a comunidade política é obra da razão (como diziam Platão e Cícero e afirmarão vários teólogos, como Guilherme de Ockham), ainda assim, a finalidade suprema do poder político, isto é, o bem e a justiça, não são estritamente terrenos ou temporais, mas espirituais. O príncipe é responsável pela finalidade mais alta da política: a salvação eterna de seus súditos.

Auctoritas *e* potestas

O vocabulário da política romana distinguia *auctoritas* e *potestas*: a primeira é o poder no sentido pleno, isto é, a autoridade para promulgar as leis e fazer a justiça; a segunda é o poder de fato para administrar coisas e pessoas. A primeira é fundadora da comunidade política; a segunda, a atividade executiva. A política cristã, durante toda a Idade Média, viu-se envolvida no conflito entre esses dois poderes, pois é evidente que um deles está subordinado ao outro e que a *potestas* é inferior à *auctoritas*.

No início da Idade Média não há conflito. O papa possui a autoridade espiritual, voltada para a salvação, enquanto o imperador possui a autoridade legal e a potência administrativa temporais. Pouco a pouco, porém, o conflito entre as duas autoridades se instala, expressando-se na chamada **querela das investiduras**.

Padres e bispos são administradores da Igreja no interior dos reinos e do conjunto formado por eles, o Sacro Império Romano-Germânico. Se são administradores, devem ser *investidos* em seus cargos pelos reis e pelo imperador. Isso significa, porém, que reis e imperador passam a intervir na autoridade da Igreja e do papa, o que, para ambos, é inaceitável. Os juristas eclesiásticos elaboram uma legislação, o *direito canônico*, para garantir o poder do papa na investidura de padres e bispos. Essa elaboração, gradualmente, leva à teoria do poder papal como autoridade suprema à qual deve submeter-se o imperador.

As teorias teológico-políticas foram elaboradas para resolver dois conflitos que atravessam toda a Idade Média: o conflito entre o papa e o imperador, de um lado, e entre o imperador e as assembleias dos barões, de outro.

O conflito papa-imperador é consequência da concepção teocrática do poder. Se Deus escolhe quem deverá representá-lo, dando o poder ao escolhido, quem é este: o papa ou o imperador?

A primeira solução encontrada, após a querela das investiduras, foi trazida pelos juristas de Carlos Magno, com a teoria da **dupla investidura**: o imperador é investido no poder temporal pelo papa que o unge e o coroa; o papa recebe do imperador a investidura da espada, isto é, o imperador jura defender e proteger a Igreja, sob a condição de que esta nunca interfira nos assuntos administrativos e militares do Império. Assim, o imperador depende do papa para receber o poder político, mas o papa depende do imperador para manter o poder eclesiástico.

O conflito entre o imperador e as assembleias dos barões e reis diz respeito à escolha do imperador. Esse conflito revela o problema de uma política fundada em duas fontes antagônicas. De fato, barões e reis invocam a chamada Lei Régia Romana, segundo a qual o governante recebe do povo o poder, sendo, portanto, ocupante eleito do poder. Barões e reis afirmam que, da mesma maneira, elegem o imperador e que são os instituidores do imperador. Ora, como essa mesma lei romana afirma que só pode tirar alguma coisa de alguém aquele que tem o poder de dá-la porque a possui, conclui-se que, se reis e barões elegem o imperador, têm o poder para dar-lhe poder e também o poder para depô-lo. O imperador, porém, invoca a Bíblia ("todo poder vem do Alto") e a origem teocrática do poder, afirmando que seu poder não vem dos barões e reis, mas de Deus.

A solução será trazida pela teoria que distingue entre *eleição* e *unção*. O imperador, de fato, é eleito pelos pares para o cargo, mas só terá o poder por meio da unção com óleos santos — afirma-se que é ungido com o mesmo óleo que ungiu Davi e Salomão — e quem unge o imperador é a Igreja, isto é, o papa.

Os dois corpos do rei

Como se observa, a teoria da dupla investidura e da distinção entre eleição e unção deixa o imperador à mercê do papa. Para fortalecer o imperador contra o papa, os reis e os barões, é elaborada uma teoria que, mais tarde, sustentará as teorias da monarquia absoluta por direito divino. Trata-se da teologia política dos *dois corpos do rei* (isto é, do imperador), que foi amplamente estudada pelo historiador Ernst Kantorowicz numa obra intitulada justamente *Os dois corpos do rei*.

A teoria começa afirmando que um rei-pela-graça-de-Deus (isto é, um rei escolhido e ungido por Deus) é a imitação de Jesus Cristo. Jesus possui duas naturezas: a humana, mortal, e a mística ou divina, imortal. Como Jesus, o rei tem dois corpos: um corpo humano, que nasce, vive, adoece, envelhece e morre, e um corpo místico, perene e imortal, seu corpo político. O corpo político do rei não nasce, nem adoece, envelhece ou morre. Por isso, ninguém, a não ser Deus, pode lhe dar esse corpo, e ninguém, a não ser Deus, pode tirar-lhe tal corpo. Não o recebe nem dos barões e reis, nem do papa, e não pode ser-lhe tirado pelos reis, pelos barões ou pelo papa.

O que é o corpo político do rei? A coroa, o cetro, o manto, a espada, o trono, as terras, as leis, os impostos e tributos e seus descendentes ou sua dinastia. Filho da justiça, pai da lei, marido da terra e de tudo o que nela existe, o rei é inviolável e eterno porque é imitação de Cristo e imagem de Deus. Nem eleito nem deposto por ninguém, nem julgado por ninguém, o poder político do rei o coloca fora e acima da comunidade, tornando-o transcendente a ela.

Em relação ao papa, a teoria dos dois corpos do rei dá ao imperador uma força teológica semelhante àquela que o "princípio petríneo" ou a doação das Chaves do Reino dava ao Vigário de Cristo. Em relação aos reis e barões, a teoria dá ao imperador a inviolabilidade do cargo e, mais do que isso, faz com que seja ele o doador de poder a seus inferiores. Reis e barões terão poder por um favor do imperador; como este, recebe poder por um favor de Deus.

O dualismo do poder

No final da Idade Média, sobretudo com a retomada das obras de Aristóteles pelos teólogos, haverá um esforço para separar a Cidade de Deus (a Igreja) e a Cidade dos Homens (a comunidade política).

Considera-se que a primeira foi instituída e fundada diretamente por Deus com a doação das Chaves do Reino aos apóstolos, mas a segunda foi instituída ou fundada pela natureza, que fez o homem um ser racional e um animal político. Sem dúvida, a boa cidade é a Cidade dos Homens *cristã*, em harmonia com a Cidade de Deus, mas as instituições políticas devem ser consideradas humanas, criadas em concordância com a ordem e a lei naturais, derivadas da lei divina eterna.

Um dos teóricos mais importantes da naturalidade da política é o teólogo Tomás de Aquino, para quem, sendo o homem um animal social, a sociabilidade natural já existia no Paraíso, antes da queda e da expulsão dos seres humanos. Após o pecado original, os seres humanos não perderam sua natureza sociável e, por isso, naturalmente organizaram-se em comunidades, deram-se leis e instituíram as relações de mando e obediência, criando o poder político.

Diferentemente de Santo Agostinho, para quem o pecado tornara o homem perverso e violento, injusto e fundador da Cidade dos Homens, injusta como ele, para Tomás de Aquino os humanos perderam a inocência original, mas não perderam a natureza original que lhes fora dada por Deus. Por esse motivo, neles permaneceu o senso da justiça, entendida como o dever de dar a cada um o que lhe é devido, e com ela fundaram a comunidade política.

A finalidade da comunidade política é a ordem (o inferior deve obedecer ao superior) e a justiça (dar a cada um segundo suas necessidades e méritos). Ordem e justiça definem a comunidade política como o único instrumento humano legítimo para assegurar o *bem comum*.

Na mesma linha de separação entre poder espiritual da Igreja e poder temporal da comunidade política encontra-se o teólogo inglês Guilherme de Ockham, que, para melhor definir a justiça e o bem comum, introduz a ideia de *direito natural subjetivo*.

Para que a comunidade política possa realizar a justiça, isto é, dar a cada um o que lhe é devido segundo suas necessidades e seus méritos, é preciso que o legislador e o magistrado possuam um critério ou uma medida que defina o justo. Essa medida é o direito natural subjetivo de cada um e de todos os homens como o direito à vida, à consciência e aos bens materiais e espirituais necessários à garantia da vida e da consciência.

Passa-se, então, a falar em dois grandes direitos naturais: o *direito natural objetivo*, que é a ordem natural hierárquica universal instituída por Deus ou pela lei divina, e o *direito natural subjetivo*, possuído pelo indivíduo na qualidade de ser racional e livre. Esses dois direitos servem de critério e de padrão para determinar a legitimidade e justiça de um poder e de uma comunidade política, bem como sua ilegitimidade e injustiça quando não os seguem.

Com Tomás de Aquino e Ockham, novas ideias são trazidas à teoria política, ainda que continue teológica, isto é, referida à vontade suprema de Deus. Diante da tradição teocrática medieval, são novas as ideias de comunidade política natural, lei humana política e direito natural dos indivíduos como sujeitos dotados de consciência e de vontade.

Os dois teólogos mantêm a ideia de Bom Governo do príncipe cristão virtuoso e a de que a monarquia é a forma natural e melhor de governo, a mais adequada para realizar a justiça como bem comum. Conservam também a ideia de hierarquia natural criada pela lei divina eterna e concretizada pela lei natural. Finalmente, introduzem o primeiro esboço do que viria a ser conhecido, com a Reforma Protestante, como o *direito de resistência* dos súditos do tirano.

Os governados não podem depor nem matar o tirano, mas podem resistir a ele, buscando instrumentos legais que contestem sua autoridade, forçando-o a abdicar do poder. Um dos instrumentos legais mais importantes para isso é a ideia de direito subjetivo natural: quando este é violado pelo governante, o governo se torna ilegítimo, o pacto de submissão perde a validade e o governante deve abdicar do poder.

Capítulo 11
As filosofias políticas (2)

O ideal republicano

À volta dos castelos feudais, durante a Idade Média, formaram-se aldeias ou burgos. Enquanto na sociedade como um todo prevalecia a relação de vassalagem (juramento de fidelidade prestado por um inferior a um superior que prometia proteger o vassalo), nos burgos, a divisão social do trabalho fazia aparecer uma outra organização social, a *corporação de ofício*. Tecelões, pedreiros, ferreiros, médicos, arquitetos, comerciantes, etc. organizavam-se em confrarias nas quais os membros estavam ligados por um juramento de confiança recíproca.

Embora internamente as corporações também fossem hierárquicas, era possível, a partir de regras convencionadas entre seus membros, ascender na hierarquia. Externamente, nas relações com outras corporações, todos eram considerados livres e iguais. As corporações fazem surgir uma nova classe social que, nos séculos seguintes, vai tornar-se economicamente dominante e buscará também o domínio político: a **burguesia**, nascida dos burgos.

Desde o início do século XV, em certas regiões da Europa, as antigas cidades do Império Romano e as novas cidades surgidas dos burgos medievais entram em desenvolvimento econômico e social. Grandes rotas comerciais tornam poderosas as corporações e as famílias de comerciantes, enquanto o poderio agrário dos barões começa a diminuir.

As cidades estão iniciando o que viria a ser conhecido como *capitalismo comercial ou mercantil*. Para desenvolvê-lo, não podem continuar submetidas aos padrões, às regras e aos tributos da economia feudal agrária, então iniciam lutas por franquias econômicas. As lutas econômicas da burguesia nascente contra a nobreza feudal prosseguem na forma de reivindicações políticas: as cidades desejam independência em face de barões, reis, papas e imperadores.

Na Itália, a redescoberta das obras de pensadores, artistas e técnicos da cultura greco-romana, particularmente das antigas teorias políticas, suscita um ideal político novo: o da liberdade republicana contra o poder teológico-político de papas e imperadores.

Estamos no período conhecido como Renascimento, no qual se espera fazer *renascer* o pensamento, as artes, a ética, as técnicas e a política que haviam sido desenvolvidos antes que o saber tivesse sido considerado privilégio da Igreja e os teólogos houvessem adquirido autoridade para decidir o que poderia e o que não poderia ser pensado, dito e feito. Filósofos, historiadores, poetas, dramaturgos, retóricos, matemáticos, astrônomos, médicos, biólogos, arquitetos, pintores, músicos, todos os autores antigos começam a ter suas obras redescobertas e interpretadas, seus textos passam a ser traduzidos, lidos, comentados e aplicados.

Nicolau Maquiavel
(1469-1527)

Esparta, Atenas e Roma são tomadas como exemplos da liberdade republicana. Imitá-las é voltar a valorizar a política como expressão mais alta da capacidade humana e erguer a *vita activa* contra o ideal da *vita contemplativa*, valorizado pela Igreja, isto é, a vida espiritual do sábio contemplativo e solitário, que se preocupava com a vida futura no outro mundo sem se ocupar com a vida presente neste mundo. Fala-se, agora, na *liberdade republicana* e na *vida política* como as formas mais altas da dignidade humana.

Nesse ambiente, entre 1513 e 1514, em Florença, é escrita a obra que inaugura o pensamento político moderno: *O príncipe*, de Maquiavel.

Antes de *O príncipe*

Embora diferentes e, muitas vezes, contrárias, as obras políticas medievais e renascentistas operam num mundo cristão. Isso significa que, para todas elas, a relação entre política e religião é um dado do qual não podem escapar. É verdade que as teorias medievais são ou diretamente teocráticas (o poder pertence apenas a Deus, que o concede a alguém por um favor especial) ou indiretamente teocráticas (a origem do poder está na natureza social do homem, mas o fundamento último do poder político encontra-se na lei divina revelada), enquanto as renascentistas procuram evitar a ideia de que o poder seria uma graça ou um favor divino e que se encontra determinado diretamente pela lei divina.

No entanto, embora recusem a teocracia, não podem recusar uma outra ideia cristã, qual seja, a de que o poder político só é legítimo se for justo e só será justo se estiver de acordo com a vontade de Deus e a Providência divina. Assim, elementos de teologia continuam presentes nas formulações teóricas da política.

Por isso, se deixarmos de lado essa diferença entre medievais e renascentistas, poderemos perceber certos traços que lhes são comuns, provenientes dos elementos de teologia:

- encontram para a política um fundamento anterior e exterior à própria política. Em outras palavras, para alguns, o fundamento da política encontra-se em *Deus* (seja na vontade divina, que doa o poder aos homens, seja na Providência divina, que favorece o poder de alguns homens); para outros, encontra-se na *natureza*, isto é, na ordem natural, criada por Deus em conformidade com o direito natural objetivo, segundo a qual o homem é um ser naturalmente político; e, para alguns, encontra-se na razão, isto é, na ideia de que existe uma racionalidade que governa o mundo e os homens, torna-os racionais e os faz instituir a vida política. Há, pois, algo — Deus, natureza ou razão — anterior e exterior à política, servindo de fundamento a ela;

- afirmam que a política é instituição de uma comunidade una e indivisa, cuja finalidade é realizar o bem comum ou justiça. A boa política é feita pela boa comunidade harmoniosa, pacífica e ordeira. Lutas, conflitos e divisões são vistos como perigos, frutos de homens perversos e sediciosos que devem, a qualquer preço, ser afastados da comunidade e do poder;

- assentam a boa comunidade e a boa política na figura do Bom Governo, isto é, no príncipe virtuoso e racional, portador da justiça, da harmonia e da indivisão da comunidade;

- classificam os regimes políticos em justos-legítimos e injustos-ilegítimos, colocando a monarquia e a aristocracia hereditárias entre os primeiros e identificando com os segundos o poder obtido por conquista e usurpação, denominando-o tirânico. Este é considerado antinatural, irracional, contrário à vontade de Deus e à justiça, obra de um governante vicioso e perverso.

Comparada a esses traços da tradição política, a obra de Maquiavel é demolidora e revolucionária. Com ela, nasce o pensamento político moderno.

Maquiavélico, maquiavelismo

Estamos acostumados a ouvir as expressões *maquiavélico* e *maquiavelismo*. São usadas quando alguém deseja referir-se seja à política e aos políticos, seja a certas atitudes das pessoas, mesmo quando não ligadas diretamente a uma ação política (fala-se, por exemplo, num comerciante maquiavélico, numa professora maquiavélica, no maquiavelismo de certos jornais, etc.).

Em que situações ouvimos ou empregamos essas expressões? Sempre que pretendemos julgar a ação ou a conduta de alguém desleal, hipócrita, fingidor, poderosamente malévolo, que brinca com sentimentos e desejos dos outros, mente-lhes, faz a eles promessas que sabe que não cumprirá, usa a boa-fé alheia em seu próprio proveito.

As filosofias políticas (2) | Capítulo 11 |

Claude Lefort (1924), filósofo francês.

Falamos num "poder maquiavélico" para nos referirmos a um poder que age secretamente nos bastidores, mantendo suas intenções e finalidades desconhecidas para os cidadãos; que afirma que "os fins justificam os meios" e usa meios imorais, violentos e perversos para conseguir o que quer; que dá as regras do jogo, mas fica às escondidas, esperando que os jogadores causem a si mesmos sua própria ruína e destruição.

Maquiavélico e *maquiavelismo* fazem pensar em alguém extremamente poderoso e perverso, sedutor e enganador, que sabe levar as pessoas a fazer exatamente o que ele deseja, mesmo que sejam aniquiladas por isso. Como se nota, *maquiavélico* e *maquiavelismo* correspondem àquilo que, em nossa cultura, é considerado *diabólico*.

Em uma obra intitulada *Maquiavel — O trabalho da obra*, o filósofo francês Claude Lefort indaga o que teria escrito Maquiavel para que gente que nunca leu sua obra e que nem mesmo sabe que ele existiu um dia, em Florença, fale em *maquiavélico* e *maquiavelismo*.

A revolução maquiaveliana

Para responder a essa questão, Lefort distingue entre o "maquiavelismo" e o "pensamento maquiaveliano", isto é, entre a imagem demoníaca de Maquiavel e de seu príncipe e o sentido da obra política do pensador florentino.

Diferentemente dos teólogos, que partiam da Bíblia e do Direito Romano para formular teorias políticas, e diferentemente dos contemporâneos renascentistas, que partiam das obras dos filósofos greco-romanos para construir suas teorias políticas, Maquiavel parte da *experiência real* de seu tempo.

Ele foi diplomata e conselheiro dos governantes de Florença, viu as lutas europeias de centralização monárquica (França, Inglaterra, Espanha, Portugal), o ressurgimento da vida urbana europeia e, com ela, a ascensão da burguesia comercial das grandes cidades, e sobretudo viu a fragmentação da Itália, dividida em reinos, ducados, repúblicas e Igreja. A compreensão dessas experiências históricas e a interpretação do sentido delas o conduziram à noção de que as ideias políticas antigas e medievais não eram capazes de compreender verdadeiramente o que *é* o poder e que uma *nova concepção da sociedade e da política* tornara-se necessária, sobretudo para a Itália e, particularmente, para Florença. Para isso, em 1513, escreve a obra inaugural da filosofia política moderna, *O príncipe*.

Quando Nicolau Maquiavel escreveu *O príncipe*, a invasão de Florença pela França já havia se impregnado em sua memória. Esta cena, da tomada da cidade pelo rei francês Carlos VIII, foi pintada em 1518 por Francesco Granacci.

459

Essa obra funda o pensamento político moderno porque busca oferecer respostas novas a uma situação histórica nova, que seus contemporâneos tentavam compreender lendo os autores antigos, deixando de lado a observação direta dos acontecimentos que ocorriam diante de seus olhos.

Se compararmos o pensamento político de Maquiavel com os quatro pontos nos quais resumimos acima a tradição política, observaremos por onde passa a ruptura maquiaveliana, assinalada por Claude Lefort:

1. Maquiavel não admite um fundamento anterior e exterior à política (Deus, natureza ou razão). Toda cidade, diz ele em *O príncipe*, está originariamente dividida por dois desejos opostos: *o desejo dos grandes de oprimir e comandar* e *o desejo do povo de não ser oprimido nem comandado*. Essa divisão evidencia que a cidade não é uma comunidade homogênea nascida da vontade divina, da ordem natural ou da razão humana. Na realidade, a cidade é tecida por lutas internas que a obrigam a instituir um polo superior que possa unificá-la e dar-lhe identidade. Esse polo é o poder político. Assim, *a política nasce das lutas sociais e é obra da própria sociedade para dar a si mesma unidade e identidade*. A política resulta da ação social a partir das divisões sociais;

2. Maquiavel não aceita a ideia da boa comunidade política constituída para o bem comum e a justiça. Como vimos, o ponto de partida da política para ele é a divisão social entre os grandes e o povo. A sociedade é originariamente dividida e jamais pode ser vista como uma comunidade una, indivisa, homogênea, voltada para o bem comum. Essa imagem da unidade e da indivisão, diz Maquiavel, é uma máscara com que os grandes recobrem a realidade social para enganar, oprimir e comandar o povo, como se os interesses dos grandes e dos populares fossem os mesmos e todos fossem irmãos e iguais numa bela comunidade.

   A finalidade da política não é, como diziam os pensadores gregos, romanos e cristãos, a justiça e o bem comum, mas, como sempre souberam os políticos, *a tomada e manutenção do poder*. O verdadeiro príncipe é aquele que sabe tomar e conservar o poder e que, para isso, jamais se alia aos grandes, pois estes são seus rivais e querem o poder para si, mas deve aliar-se ao povo, que espera do governante a imposição de limites ao desejo de opressão e mando dos grandes. A política não é a lógica racional da justiça e da ética, mas *a lógica da força transformada em lógica do poder e da lei*;

3. Maquiavel recusa a figura do Bom Governo encarnada no príncipe virtuoso, portador das virtudes cristãs, das virtudes morais e das virtudes principescas. O príncipe precisa ter *virtù*, mas esta é propriamente política, referindo-se às qualidades do dirigente para tomar e manter o poder, mesmo que para isso deva usar a violência, a mentira, a astúcia e a força. A tradição afirmava que o governante devia ser amado e respeitado pelos governados. Maquiavel afirma que o príncipe não pode ser odiado.

   Isso significa, em primeiro lugar, que o príncipe deve ser respeitado e temido — o que só é possível se não for odiado. Significa, em segundo lugar, que não precisa ser amado, pois isso o faria um pai para a sociedade e, sabemos, um pai conhece apenas um tipo de poder, o despótico. A virtude política do príncipe aparecerá na qualidade das instituições que souber criar e manter e na capacidade que tiver (*fortuna* ou *sorte*) para enfrentar as ocasiões adversas;

4. Maquiavel não aceita a divisão clássica dos três regimes políticos (monarquia, aristocracia, democracia) e suas formas corruptas ou ilegítimas (tirania, oligarquia, demagogia/anarquia), como não aceita que o regime legítimo seja o hereditário e o ilegítimo, o usurpado por conquista. Qualquer regime político — tenha a forma que tiver e tenha a origem que tiver — poderá ser legítimo ou ilegítimo. O critério de avaliação, ou o valor que mede a legitimidade e a ilegitimidade, é a *liberdade*.

   Todo regime político em que o poderio de opressão e comando dos grandes é maior do que o poder do príncipe e esmaga o povo é ilegítimo; caso contrário, é legítimo. Assim, legitimidade e ilegitimidade dependem do modo como as lutas sociais encontram respostas políticas capazes de garantir o único princípio que rege a política: *o poder do príncipe deve ser superior ao dos grandes e estar a serviço do povo*. O príncipe pode ser monarca hereditário ou por conquista; pode ser todo um povo que conquista, pela força, o poder e o exerce democraticamente. Qualquer desses regimes políticos será legítimo se for uma **república** e não despotismo ou tirania, isto é, só é legítimo o regime no qual o poder não está a serviço dos desejos e interesses de um particular ou de um grupo de particulares.

Dissemos que a tradição grega tornara ética e política inseparáveis, que a tradição romana colocara essa identidade da ética e da política na pessoa virtuosa do governante e que a tradição cristã transformara a pessoa política num corpo místico sacralizado que encarnava a vontade de Deus e a comunidade humana. Hereditariedade, personalidade e virtude formavam o centro da política, orientada pela ideia de justiça e bem comum. Esse conjunto de ideias e imagens *é demolido* por Maquiavel. Um dos aspectos da concepção maquiaveliana que melhor revela essa demolição encontra-se na figura do *príncipe virtuoso*.

Quando estudamos a ética, vimos que a questão central posta pelos filósofos sempre foi "o que está e o que não está em nosso poder". Vimos também que "estar em nosso poder" significava a ação voluntária racional livre, própria da virtude, e "não estar em nosso poder" significava o conjunto de circunstâncias externas que agem sobre nós e determinam nossa vontade e nossa ação. Vimos, ainda, que esse conjunto de circunstâncias que não dependem de nós nem de nossa vontade eram tanto as leis necessárias da natureza como os acasos e a contingência, ou o que foi chamado pela tradição filosófica de *fortuna*.

A oposição *virtude-fortuna* jamais abandonou a ética e, como esta surgia inseparável da política, a mesma oposição se fez presente no pensamento político. Neste, o governante virtuoso era aquele cujas virtudes o protegem do poderio da caprichosa e inconstante fortuna. Maquiavel retoma essa oposição, mas lhe imprime um sentido inteiramente novo. A **virtù** do príncipe não consiste num conjunto fixo de qualidades morais que ele oporá à fortuna, lutando contra ela. A *virtù* é a capacidade do príncipe para ser flexível às circunstâncias, mudando com elas para agarrar e dominar a fortuna. Em outras palavras, um príncipe que agir sempre da mesma maneira e de acordo com os mesmos princípios em todas as circunstâncias fracassará e não terá *virtù* alguma.

Para ser senhor da sorte ou das circunstâncias deve mudar com elas e, como elas, ser volúvel e inconstante, pois somente assim saberá agarrá-las e vencê-las. Em certas circunstâncias, deverá ser cruel, em outras, generoso; em certas ocasiões deverá mentir, em outras, ser honrado; em certos momentos, deverá ceder à vontade dos outros, em algumas, ser inflexível. O *ethos* ou caráter do príncipe deve variar com as circunstâncias, para que sempre seja senhor delas.

A **fortuna**, diz Maquiavel, é sempre favorável a quem souber agarrá-la. Oferece-se como um presente a todo aquele que tiver ousadia para dobrá-la e vencê-la. Assim, em lugar da tradicional oposição entre a constância do caráter virtuoso e a inconstância da fortuna, Maquiavel introduz a virtude política como *astúcia e capacidade para adaptar-se às circunstâncias e aos tempos*, como *ousadia para agarrar a boa ocasião e força para não ser arrastado pelas más*. Essa ousadia para mudar de atitude e de comportamento é a verdadeira prudência principesca, senhora da fortuna.

A lógica política nada tem a ver com as virtudes éticas dos indivíduos em sua vida privada. O que poderia ser moral na vida privada pode ser fraqueza na vida pública e vice-versa; o que poderia ser imoral do ponto de vista da ética privada pode ser *virtù* política. Em outras palavras, Maquiavel inaugura a ideia de valores políticos medidos pela *eficácia prática* e pela *utilidade social*, afastados dos padrões que regulam a moralidade privada dos indivíduos. O *ethos* político e o *ethos* moral *são diferentes* e não há fraqueza política maior do que o moralismo que *mascara* a lógica real do poder. Há ocasiões em que a república exige que o príncipe seja cruel; outras, em que deve ser magnânimo e misericordioso. As circunstâncias podem exigir que ele seja astuto e dissimulador, ou, pelo contrário, que ele seja leal e sincero. Sua virtude é medida pelos efeitos benéficos de sua ação para a república.

Por ter inaugurado a teoria moderna da lógica do poder como independente da religião, da ética e da ordem natural, Maquiavel só poderia ter sido visto como "maquiavélico". As palavras *maquiavélico* e *maquiavelismo*, criadas no século XVI e conservadas até hoje, exprimem o medo que se tem da política quando esta é *simplesmente política*, isto é, *sem as máscaras da religião, da moral, da razão e da natureza*. Para o Ocidente cristão do século XVI, o príncipe maquiaveliano, não sendo o Bom Governo sob as ordens de Deus e da razão, só poderia ser diabólico. À sacralização do poder, feita pela teologia política, só poderia opor-se a demonização. É essa imagem satânica da política como ação social puramente humana que os termos *maquiavélico* e *maquiavelismo* designam. Vocábulos que, como se vê, não exprimem um conhecimento real da obra de Maquiavel e sim a condenação teológica dela.

A ideia de soberania

Ao desligar o poder político de fundamentos não políticos (Deus, natureza, razão) e ao articulá-lo à divisão social entre os grandes e o povo, Maquiavel abriu caminho para uma discussão essencial para o pensamento político moderno, qual seja, a ideia de **soberania**, em latim, *summa potestas*, sumo poder ou poder supremo.

Na tradição, "soberano" designa a pessoa física do governante e se refere ao rei ou ao imperador. A batalha da dupla investidura, que vimos anteriormente, referia-se justamente à questão de saber quem era a pessoa soberana, o imperador ou o papa. Da mesma maneira, a invenção da teoria dos "dois corpos do rei" pretendia assegurar que o rei fosse soberano, distinguindo entre a fraqueza, finitude e mortalidade de sua pessoa física, e força, perenidade e imortalidade de sua pessoa política.

Vimos também que Maquiavel abandonou a definição dos regimes pela distinção entre o número de governantes (um, alguns, todos) e pelo valor atribuído a quem governa (honra, virtude, liberdade), que eram os critérios vindos da filosofia política aristotélica. Em lugar dessa discussão, sua obra voltou-se para a ideia de Principado (que poderia ser monárquico, aristocrático ou democrático). Essa ideia indicava que estava em curso exatamente a questão da soberania e que esta era posta a distância de dois grandes rivais, a Igreja ou o papa, e os Grandes, ou a nobreza e a burguesia urbanas com suas corporações de ofícios e monopólios comerciais.

Dessa maneira, a obra de Maquiavel começa a indicar que *o soberano não é uma pessoa e sim o poder político independente do poder religioso e do poder econômico*. Com isso, anuncia a obra do pensador francês Jean Bodin, o primeiro a formular modernamente o conceito de soberania. Doravante, *soberano* não é o governante e sim o Estado.

Jean Bodin (1530-1596), jurista e professor francês.

Em sua obra, *Os seis livros da república*, publicada em 1520, Bodin introduz a ideia da soberania como poder único de legislar e comandar, pertencente não ao governante (que é efêmero) e sim ao Estado (que é permanente e duradouro). *A soberania é perpétua; o governo, passageiro*. O Estado como soberano é entendido como um sistema articulado que reúne uma ordem jurídica (o direito e a legislação) e uma autoridade independente (o comando e o uso da força). Com isso, Bodin distingue o poder soberano de outros poderes (religiosos, econômicos, sociais) que só podem ser exercidos sob as ordens e sob o controle do Estado.

O mundo desordenado

A obra de Maquiavel, criticada em toda parte, atacada por católicos e protestantes, considerada ateia e satânica, tornou-se, porém, a referência obrigatória do pensamento político moderno. A ideia de que a finalidade da política é a tomada e conservação do poder e que este não provém de Deus, nem da razão, nem de uma ordem natural feita de hierarquias fixas exigiu que os governantes justificassem a ocupação do poder. Em alguns casos, como na França e na Prússia, surgirá a teoria do direito divino dos reis, baseada na reformulação jurídica da antiga teologia política do "rei pela graça divina" e dos "dois corpos do rei". Na maioria dos países, porém, a concepção teocrática não foi mantida e, partindo de Maquiavel, os teóricos tiveram de elaborar novas teorias políticas.

Para compreendermos os conceitos que fundarão essas novas teorias precisamos considerar alguns acontecimentos históricos que mudaram a face econômica e social da Europa entre os séculos XV e XVII.

Já mencionamos, ao tratar do ideal republicano, o novo papel das cidades e da nova classe social (a burguesia) no plano econômico, social e político. Outros fatores, além do crescimento das corporações de ofício e do comércio, são também importantes para o fortalecimento dessa nova classe:

- a decadência e ruína de inúmeras famílias aristocráticas, cujas riquezas foram consumidas nas guerras das Cruzadas contra os árabes e cujas terras ficaram abandonadas porque seus nobres senhores partiram para a guerra e ali morreram sem deixar herdeiros. Outros, ao contrair dívidas com a Coroa para compra de armamentos e pagamento de exércitos para as Cruzadas, tiveram suas terras confiscadas pelo rei para cobrir as dívidas. Os servos da gleba, que trabalhavam nessas propriedades, bem como os camponeses pobres e livres, que as arrendavam em troca de serviços, migravam para as cidades, tornando-se membros das corporações de ofícios ou servos urbanos de famílias nobres que passaram a se dedicar ao comércio;

- a decadência agrária foi acelerada também por uma grande peste que assolou a Europa no final da Idade Média (a chamada "peste negra"), que dizimou gente, gado e colheitas, arruinando a nobreza fundiária e causando migrações para as cidades;

- a vida urbana provocou o crescimento de atividades artesanais e, com elas, o desenvolvimento comercial para compra e venda dos produtos, criando especialidades regionais e o intercâmbio comercial em toda a Europa;

- as grandes rotas do comércio com o Oriente, dominadas primeiro pelas cidades italianas e depois pelos impérios ultramarinos de Portugal, Espanha, Inglaterra e França, articuladas às rotas comerciais no interior da própria Europa e à urbanização, deram origem a um novo tipo de riqueza, o capital, baseado no lucro advindo da exploração do trabalho dos homens pobres e livres que haviam migrado para as cidades e na exploração do trabalho escravo de índios e negros nas Américas.

Nas cidades, primeiro, e no campo, depois, a miséria e as péssimas condições de trabalho e de vida levaram os camponeses pobres a revoltas contra os ricos. No campo, tais revoltas foram um dos efeitos da Reforma Protestante, que acusara a Igreja e a nobreza agrária de cometerem o pecado da ambição, explorando e oprimindo os pobres. Nas cidades, as revoltas populares eram também um efeito da Reforma Protestante, que havia declarado a igualdade espiritual dos seres humanos, *afirmando como principal virtude o trabalho e principal vício a preguiça* — as classes populares urbanas consideraram que a igualdade não era *apenas espiritual*, mas *também social*, e lutavam contra as injustiças dos ricos sobre os pobres.

O desenvolvimento econômico das cidades, o surgimento da burguesia comerciante ou mercantil, o crescimento da classe dos trabalhadores pobres mas livres (isto é, sem laços de servidão com os senhores feudais), a Reforma Protestante, que questionara o poder econômico e político da Igreja, as revoltas populares, as guerras entre potências pelo domínio dos mares e dos novos territórios descobertos, a queda de reis e de famílias da nobreza, a ascensão de famílias de comerciantes e de novos reis que as favoreciam contra os nobres, todos esses fatos evidenciavam que a ideia cristã, herdada do Império Romano e consolidada pela Igreja Romana, de um mundo constituído naturalmente por hierarquias fixas, era uma ideia que não correspondia à realidade. A antiga ideia do direito natural objetivo como ordem fixa da natureza e da sociedade perdera sentido diante de todas essas mudanças sociais, econômicas e técnicas.

A nova situação histórica fazia aparecer dois fatos que não podiam ser negados:

1. a existência de **indivíduos** — um burguês e um trabalhador não podiam invocar sangue, família, linhagem e dinastia para explicar por que existiam e por que haviam mudado de posição social, mas só podiam invocar *a si mesmos* como indivíduos cuja ação produzira a mudança de sua situação e de sua posição econômico-social. Em outras palavras, o surgimento de duas novas classes sociais (a burguesia e os trabalhadores livres) evidenciava que perdera sentido a ideia de que cada um se define pela família e pelo grupo a que pertence e pelo lugar natural dessa família ou desse grupo na ordem hierárquica e fixa do Universo;

2. a existência de **conflitos** entre indivíduos e grupos de indivíduos pela posse de riquezas, cargos, postos e poderes anulava tanto a prática medieval da submissão natural do inferior ao superior (isto é, a prática da vassalagem, que sustentara o edifício social e político da Idade Média) como a imagem da comunidade política una, indivisa e fraterna, tal como havia sido concebida pela tradição cristã.

Os teóricos precisavam, portanto, explicar o que eram os indivíduos e por que lutavam mortalmente uns contra os outros, além de precisarem oferecer teorias capazes de solucionar os conflitos e as guerras sociais. Em outras palavras, foram forçados a indagar qual é a origem da sociedade e da política. Por que indivíduos isolados formam uma sociedade? Por que indivíduos independentes aceitam submeter-se ao poder político e às leis?

A resposta a essas duas perguntas conduz, primeiramente, à ideia de *soberania do Estado*, que vimos neste tópico, e, a seguir, às ideias de *estado de natureza* e *estado civil*.

Estado de natureza, contrato social, estado civil

O conceito de **estado de natureza** ou de **condição natural** tem a função de explicar a situação pré-social na qual os indivíduos existem isoladamente. Duas foram as principais concepções do estado de natureza:

Thomas Hobbes (1588-1679), filósofo materialista inglês.

1. a concepção de Thomas Hobbes (no século XVII), segundo a qual, em estado de natureza, os indivíduos vivem isolados e em luta permanente, vigorando a guerra de todos contra todos ou "o homem lobo do homem". Nesse estado reina o *medo* e, principalmente, o *grande medo*: o da morte violenta. Para se protegerem uns dos outros, os humanos inventaram as armas e cercaram as terras que ocupavam. Essas duas atitudes são inúteis, pois sempre haverá alguém mais forte que vencerá o mais fraco e ocupará as terras cercadas. A vida não tem garantias; a posse não tem reconhecimento e, portanto, não existe; a única lei é a força do mais forte, que pode tudo quanto tenha força para conquistar e conservar;

2. a concepção de Jean-Jacques Rousseau (no século XVIII), segundo a qual, em estado de natureza, os indivíduos vivem isolados pelas florestas, sobrevivendo com o que a natureza lhes dá, desconhecendo lutas e comunicando-se pelo gesto, pelo grito e pelo canto, numa linguagem generosa e benevolente. Esse estado de "felicidade original", no qual os humanos existem na condição de *"bom selvagem"* inocente, termina quando alguém cerca um terreno e diz: "É meu". A divisão entre "o meu" e "o teu", isto é, o surgimento da **propriedade privada**, dá origem ao **estado de sociedade**, no qual prevalece a guerra de todos contra todos. Em outras palavras, *o estado de sociedade rousseauista corresponde ao estado de natureza hobbesiano*.

Jean-Jacques Rousseau (1712-1778), filósofo e escritor francês.

O estado de natureza de Hobbes e o estado de sociedade de Rousseau evidenciam uma percepção do social como luta entre fracos e fortes, vigorando o poder da força ou a vontade do mais forte. Em toda parte reinam a insegurança, a luta, o medo e a morte. Para fazer cessar esse estado de vida ameaçador e ameaçado os humanos decidem passar à *civitas* ou à **sociedade civil**, isto é, ao *estado civil*, criando o poder político e as leis.

O pacto ou contrato social

A passagem do estado de natureza ao estado civil ou à sociedade civil se dá por meio de um **pacto social** ou **contrato social**, pelo qual os indivíduos concordam em renunciar à liberdade natural (ou o poder para fazer tudo o que se quer, desde que nenhum obstáculo impeça a ação) e à posse natural de bens e armas e em transferir a um terceiro — o soberano — o poder para criar e aplicar as leis (determinando o legal e o ilegal, o justo e o injusto, o permitido e o proibido), usar a força (encarregando-se, em nome de todos, de vingar os crimes), declarar a guerra e a paz. O contrato social funda a **soberania** e institui a autoridade política, isto é, a *pólis* ou a *civitas*. É instituído, portanto, o estado civil, que deve pôr um fim às lutas mortais do estado de natureza (hobbesiano) ou do estado de sociedade (rousseauísta).

Como é possível o contrato ou o pacto social? Qual sua legitimidade? Os teóricos invocarão uma cláusula do Direito Romano — "Ninguém pode dar o que não tem e ninguém pode tirar o que não deu" — e a Lei Régia romana — "O poder pertence ao povo e é por ele conferido ao soberano" — para legitimar a teoria do contrato ou do pacto social.

O jusnaturalismo

O ponto de partida das teorias do contrato é o conceito de direito natural: *por natureza*, todo indivíduo tem direito à vida, ao que é necessário à sobrevivência de seu corpo, e à liberdade. *Por natureza*, todos são livres, ainda que, *por natureza*, uns sejam mais fortes e outros mais fracos. Um contrato ou um pacto, dizia a teoria jurídica romana, só tem validade se as partes contratantes forem livres e iguais e se voluntária e livremente derem seu consentimento ao que está sendo pactuado.

A teoria do **direito natural** ou o **jusnaturalismo** (direito, em latim, se diz *jus*, donde "justiça" e "justo") garante essas duas condições para validar o contrato social ou o pacto político. De fato, se as partes contratantes possuem os mesmos direitos naturais e são livres, então possuem o direito e o poder para transferir a liberdade a um terceiro; e se consentem voluntária e livremente nisso, então elas dão ao soberano algo que possuem, de maneira que o poder da soberania é legítimo porque nasce da doação ou transferência voluntária de direitos dos indivíduos. Assim, por meio do direito natural, os indivíduos fazem um pacto de viver em comum sem causar dano uns aos outros. Com isso formam livremente uma vontade social que os leva a transferir ao soberano o poder para governá-los.

Para Hobbes, os homens reunidos numa *multidão* de indivíduos, pelo pacto, passam a constituir um **corpo político**, uma pessoa artificial criada pela ação humana e que se chama Estado. Para Rousseau, os indivíduos naturais são *pessoas morais*, que, pelo pacto, criam a *vontade geral* como corpo moral coletivo ou Estado.

A teoria do direito natural e do contrato, ou jusnaturalismo, evidencia uma inovação de grande importância: *o pensamento político já não fala em comunidade, mas em sociedade*. A ideia de *comunidade* pressupõe um grupo humano uno, homogêneo, indiviso, compartilhando os mesmos bens, as mesmas crenças e ideias, os mesmos costumes e possuindo um destino comum. A ideia de *sociedade*, ao contrário, pressupõe a existência de indivíduos independentes e isolados, dotados de direitos naturais e individuais, que decidem, por um ato voluntário, tornarem-se sócios ou associados para vantagem recíproca e por interesses recíprocos. A **comunidade** é a ideia de uma coletividade natural ou divina; a **sociedade**, a de uma coletividade voluntária, histórica e humana.

O Estado

A sociedade civil é o **Estado** propriamente dito. Trata-se da sociedade que vive sob o **direito civil**, isto é, sob o direito positivo na forma das leis promulgadas e aplicadas pelo soberano. Feito o pacto ou o contrato, os contratantes transferem o direito natural ao soberano e com isso o autorizam a transformá-lo em direito civil ou direito positivo, garantindo a vida, a liberdade e a propriedade privada dos governados. Em nome da segurança e da paz, os indivíduos transferem ao soberano o direito exclusivo ao uso da força e da violência, da vingança contra os crimes, da regulamentação dos contratos econômicos, isto é, a instituição jurídica da propriedade privada e de outros contratos sociais (como, por exemplo, o casamento civil, a legislação sobre a herança, etc.).

Quem é o soberano? Hobbes e Rousseau diferem na resposta a essa pergunta.

Para Hobbes, o soberano pode ser um rei, um grupo de aristocratas ou uma assembleia democrática. Como para Bodin, também para Hobbes o fundamental não é o número dos governantes nem a forma do regime político (monarquia, aristocracia, democracia), mas a determinação de quem possui o poder ou a soberania. Esta pertence de modo absoluto ao Estado, que, por meio das instituições públicas, tem o poder para promulgar e aplicar as leis, definir e garantir a propriedade privada e exigir obediência incondicional dos governados, desde que respeite dois direitos naturais intransferíveis: o *direito à vida* e o *direito à paz*, pois foi por eles que o soberano foi criado. O soberano detém a espada e a lei; os governados, a vida e a propriedade dos bens.

Para Rousseau, o soberano é o povo, entendido como vontade geral, pessoa moral coletiva livre e corpo político de cidadãos. Os indivíduos, pelo contrato, criaram-se a si mesmos como povo e é a este que transferem os direitos naturais para que sejam transformados em direitos civis. Assim sendo, o governante não é o soberano, mas o *representante* da soberania popular. Os indivíduos aceitam perder a liberdade natural pela liberdade civil; aceitam perder o direito à posse natural de bens para ganhar a individualidade civil, isto é, a **cidadania** e, com ela, o direito civil à propriedade de bens. Enquanto criam a soberania e nela se fazem representar, são *cidadãos*. Enquanto se submetem às leis e à autoridade do governo que os representa, chamam-se *súditos*. São, pois, cidadãos do Estado e súditos das leis.

Como para Hobbes a soberania pertence àquele a quem o direito natural foi transferido para que assegure paz e segurança, o regime político que lhe parece mais capaz de realizar essa finalidade é a *monarquia*. Ao contrário, para Rousseau, sendo a soberania sempre popular ou do povo, o regime que melhor realizaria as finalidades do contrato social é a *democracia direta ou participativa*.

A teoria liberal

A burguesia e a propriedade privada

No pensamento político de Hobbes e de Rousseau, a propriedade privada não é um direito natural, mas civil. Dito de outro modo, mesmo que no estado de natureza (em Hobbes) e no estado de sociedade (em Rousseau) os indivíduos se apossem de terras, de outros homens e de bens, essa posse é o mesmo que nada, pois não existem leis para garanti-las. Cada um precisa armar-se para protegê-la, sem garantia de que o conseguirá. O direito civil, ao contrário, assegura a posse por meio das leis e a legitima na forma de **propriedade privada**. Esta é, portanto, um efeito do contrato social e um decreto do soberano.

Essa teoria da legitimidade civil da propriedade privada, porém, não era suficiente para a burguesia em ascensão, cujo poder e prestígio estavam fundados na propriedade privada da riqueza.

De fato, embora o capitalismo estivesse em via de consolidação e o poderio econômico da burguesia fosse inconteste, em toda parte o regime político permanecia monárquico e, com isso, o poderio político da realeza e o prestígio social da nobreza também. Para que o *poder econômico da burguesia* pudesse enfrentar o *poder político dos reis e das nobrezas* a burguesia precisava de uma teoria que lhe desse uma legitimidade tão grande ou maior do que o sangue e a hereditariedade davam à realeza e à nobreza. Em outras palavras, assim como sangue e hereditariedade davam à realeza e à nobreza um fundamento natural para o poder e o prestígio, a burguesia precisava de uma teoria que desse ao seu poder econômico também um fundamento natural, capaz de *rivalizar* com o poder político da realeza e o pres-

John Locke (1632-1704), filósofo inglês.

tígio social da nobreza, e até mesmo suplantá-los. Essa teoria será a da **propriedade privada como direito natural** e sua primeira formulação coerente será feita pelo filósofo inglês John Locke, no final do século XVII e início do século XVIII.

Locke parte da definição do direito natural como direito à vida, à liberdade e aos bens necessários para a conservação de ambas. Esses bens são conseguidos pelo **trabalho**.

Como fazer do trabalho o legitimador da propriedade privada enquanto direito natural?

Deus, escreve Locke, é um artífice, um obreiro, arquiteto e engenheiro que fez uma obra: o mundo. Este, como obra do trabalhador divino, a ele pertence. É seu domínio e sua propriedade. Deus criou o homem à sua imagem e semelhança, deu-lhe o mundo para que nele reinasse e, ao expulsá-lo do Paraíso, não lhe retirou o domínio do mundo, mas lhe disse que o teria com o suor de seu rosto. Por todos esses motivos, Deus instituiu, no momento da criação do mundo e do homem, o direito à propriedade privada como fruto legítimo do trabalho. Por isso, de origem divina, ela é um direito natural.

O Estado existe a partir do contrato social. Tem as funções que Hobbes lhe atribui, mas sua principal finalidade é garantir o direito natural de propriedade.

Dessa maneira, a burguesia se vê inteiramente *legitimada* perante a realeza e a nobreza e, mais do que isso, surge como *superior* a elas, uma vez que o burguês acredita que é proprietário graças ao seu próprio trabalho, enquanto reis e nobres são parasitas da sociedade ou do trabalho alheio.

O burguês não se reconhece apenas como superior social e moralmente aos nobres, mas também como superior aos pobres. De fato, se Deus fez todos os homens iguais, se a todos deu a missão de trabalhar e a todos concedeu o direito à propriedade privada, então, os pobres, isto é, os trabalhadores que não conseguem tornar-se proprietários privados, são *culpados* por sua condição inferior. São pobres, não são proprietários e têm a obrigação de trabalhar para outros, seja porque são perdulários, gastando o salário em vez de acumulá-lo para adquirir propriedades, seja porque são preguiçosos e não trabalham o suficiente para conseguir uma propriedade.

O Estado liberal

Se a função do Estado não é a de criar ou instituir a propriedade privada, mas de garanti-la e defendê-la contra a nobreza e os pobres, qual é o poder do soberano?

A teoria liberal, primeiro com Locke, depois com os realizadores da Independência norte-americana e da Revolução Francesa, e no século XX, com pensadores como Max Weber, dirá que a função do Estado é tríplice:

1. por meio das leis e do uso legal da violência (exército e polícia), garantir o direito natural de propriedade, sem interferir na vida econômica, pois, não tendo instituído a propriedade, o Estado não tem poder para nela interferir.

    Para entendermos o alcance dessa ideia, precisamos lembrar que o capitalismo, em sua forma inicial, tinha no comércio seu ponto mais importante para a acumulação do capital. Essa forma, conhecida como *mercantilismo*, levou às descobertas marítimas e à formação dos grandes impérios ultramarinos. Em decorrência da forma política monárquica, os reis ou as coroas europeias passaram a controlar todo esse comércio, que era a fonte de sustentação de seu poder político. Esse controle era feito pelo monopólio econômico, exercido pelos reis. Destes dependiam as concessões para viagens e exploração de novas terras, preços dos produtos, tarifas, impostos e exclusividades (cada monarquia reivindicava para si o monopólio exclusivo na comercialização de determinados produtos). O monopólio régio era um obstáculo ao desenvolvimento econômico da burguesia, que reivindicava liberdade para a produção manufatureira e comercialização dos produtos. Em outras palavras, a burguesia exigia a liberdade de mercado para o desenvolvimento do capitalismo.

    Essa exigência é o que transparece na maneira como a teoria política liberal nega ao Estado o poder para interferir na economia. Eis por que essa teoria é chamada **liberal** ou **liberalismo**, pois para ela o Estado deve respeitar a liberdade econômica dos proprietários privados, deixando que façam as regras e as normas das atividades econômicas segundo as necessidades do próprio mercado ou da própria economia;

2. visto que os proprietários privados são capazes de estabelecer as regras e as normas da vida econômica ou do mercado e que o fazem agindo numa esfera que não é estatal e sim social, entre o Estado e o indivíduo intercala-se uma esfera social, a **sociedade civil**, sobre a qual o Estado não tem poder instituinte, mas apenas a função de garantidor das relações sociais e de árbitro dos conflitos nela existentes. O Estado tem a função de arbitrar, por meio das leis e da força, os conflitos da sociedade civil.

    Aqui, novamente, afirma-se o liberalismo, ao considerar que a sociedade civil deve ter liberdade para se organizar e para realizar as ações sociais sem interferência do poder de Estado nas relações sociais, que não são públicas e sim privadas. Somente quando as relações sociais entre indivíduos privados infringir as leis públicas ou prejudicar o que é público, o Estado pode intervir;

3. o Estado tem o direito de legislar, permitir e proibir tudo quanto pertença à esfera da vida pública, mas não tem o direito de intervir sobre a esfera privada, isto é, sobre a *consciência* dos governados. O Estado deve garantir a liberdade de consciência, ou seja, a liberdade de pensamento de todos os governados, e só poderá exercer censura nos casos em que se emitam opiniões sediciosas que ponham em risco o próprio Estado.

Liberdade de mercado ou liberdade para as ações econômicas fundadas na propriedade privada, liberdade de organização da sociedade civil ou liberdade das relações sociais entre indivíduos privados livres e iguais, e liberdade de consciência são os pontos nos quais o liberalismo se afirma e com os quais *delimita* o poder do Estado.

Na Inglaterra, o liberalismo se consolida em 1688, com a chamada Revolução Gloriosa. No restante da Europa, seria preciso aguardar a Revolução Francesa, de 1789. Nos Estados Unidos, consolida-se em 1776, com a luta pela independência.

Liberalismo e fim do Antigo Regime

As ideias políticas liberais têm como pano de fundo a luta contra as monarquias absolutas por direito divino dos reis, derivadas da concepção teocrática do poder. O liberalismo consolida-se com os acontecimentos de 1789, na França, isto é, a Revolução Francesa, que derrubou o **Antigo Regime**.

Antigo, em primeiro lugar, porque politicamente teocrático e absolutista. *Antigo*, em segundo lugar, porque socialmente fundado na ideia de hierarquia divina, natural e social e na organização feudal, baseada no pacto de submissão dos vassalos ou súditos ao senhor.

Com as ideias de direito natural dos indivíduos e de sociedade civil (relações entre indivíduos livres e iguais por natureza), quebra-se a ideia de hierarquia. Com a ideia de contrato social (passagem da ideia de pacto de submissão à de pacto social entre indivíduos livres e iguais) quebra-se a ideia da origem divina do poder e da justiça fundada nas virtudes do bom governante.

O término do Antigo Regime se consuma quando a teoria política consagra a propriedade privada como direito natural dos indivíduos, desfazendo a imagem do rei como "marido da terra", senhor dos bens e das riquezas do reino, decidindo segundo sua vontade e seu capricho quanto a impostos, tributos e taxas. A propriedade ou é individual e privada, ou é estatal e pública, jamais patrimônio pessoal do monarca. O poder tem a forma de um *Estado republicano impessoal* porque a decisão sobre impostos, tributos e taxas é tomada por um parlamento — o Poder Legislativo —, constituído pelos representantes dos proprietários privados.

As teorias políticas liberais afirmam, portanto, que o indivíduo é a origem e o destinatário do poder político, nascido de um contrato social voluntário, no qual os contratantes cedem poderes, mas não cedem sua individualidade (vida, liberdade e propriedade). **O indivíduo é o cidadão**.

Afirmam também a existência de uma esfera de relações sociais separadas da vida privada e da vida política, a *sociedade civil organizada*, na qual proprietários privados e trabalhadores criam suas organizações de classes, realizam contratos, disputam interesses e posições sem que o Estado possa aí intervir, a não ser que uma das partes lhe peça para arbitrar os conflitos ou que uma das partes aja de modo que pareça perigoso para a manutenção da própria sociedade.

Afirmam o *caráter republicano* do poder, isto é, o Estado é o poder público e nele os interesses dos proprietários devem estar representados por meio do Parlamento e do Poder Judiciário, os representantes devem ser eleitos por seus pares. Quanto ao Poder Executivo, em caso de monarquia, pode ser hereditário, mas o rei está submetido às leis como os demais súditos. Em caso de democracia, será eleito por *voto censitário*, isto é, são eleitores ou cidadãos plenos apenas os que possuírem uma certa renda ou riqueza.

O Estado, por meio da lei e da força, tem o poder para dominar (exigir obediência) e para reprimir (punir o que a lei defina como crime). Seu papel é a *garantia da ordem pública*, tal como definida pelos proprietários privados e seus representantes.

A cidadania liberal

O Estado liberal se apresenta como **república representativa** constituída de três poderes: o Executivo (encarregado da administração dos negócios e serviços públicos), o Legislativo (parlamento encarregado de instituir as leis) e o Judiciário (magistraturas de profissionais do direito, encarregados de aplicar as leis). Possui um corpo de militares profissionais que formam as forças armadas (exército e polícia), encarregadas da ordem interna e da defesa, ou ataque, externo. Possui também um corpo de servidores ou funcionários públicos, que formam a burocracia, encarregada de cumprir as decisões dos três poderes perante os cidadãos.

O Estado liberal julgava inconcebível que um não proprietário pudesse ocupar um cargo de representante num dos três poderes. Ao afirmar que os cidadãos eram os homens livres e independentes, os liberais queriam dizer com isso que eram dependentes e não livres os que não possuíssem propriedade privada. Dessa maneira, estavam excluídos da cidadania e do poder político os trabalhadores e as mulheres, isto é, a maioria da sociedade.

Lutas populares intensas, desde o século XVIII até nossos dias, forçaram o Estado liberal a tornar-se uma **república democrática representativa**, ampliando a cidadania política. Com exceção dos Estados Unidos, onde os trabalhadores brancos foram considerados cidadãos desde o século XVIII, nos demais países a cidadania plena e o sufrágio universal só vieram a existir completamente no século XX, como conclusão de um longo processo de lutas sociais, populares e políticas em que a cidadania foi conquistada por etapas.

Não deixa de ser espantoso o fato de que, em duas das maiores potências mundiais, Inglaterra e França, as mulheres só alcançaram plena cidadania em 1946, após a Segunda Guerra Mundial. Pode-se avaliar como foi dura, penosa e lenta essa conquista popular, considerando-se que, por exemplo, os negros do sul dos Estados Unidos só se tornaram cidadãos nos anos 1960. Também é importante lembrar que em países da América Latina, sob a democracia liberal, os índios ficaram excluídos da cidadania e que os negros da África do Sul votaram pela primeira vez somente em 1994. As lutas indígenas, em nosso continente, e as africanas continuam até nossos dias.

Podemos observar, portanto, que a ideia de contrato social, pelo qual os indivíduos isolados se transformam em multidão e esta se transforma em corpo político de cidadãos, não previa o direito à cidadania para todos, mas *delimitava* o contrato ou o pacto a uma classe social, a dos proprietários privados ou burguesia e, em termos étnicos, aos homens brancos adultos.

apartheid: a vitória de Mandela, na África do Sul, resulta de longa e sangrenta luta contra o *apartheid*, a segregação e exclusão imposta pelos brancos colonizadores aos negros.

A ideia de revolução

A política liberal foi o resultado de acontecimentos econômicos e sociais que impuseram mudanças na concepção do poder do Estado, considerado instituído pelo consentimento dos indivíduos por meio do contrato social. Tais acontecimentos ficaram conhecidos com o nome de **revoluções burguesas**, isto é, mudanças na estrutura econômica, na sociedade e na política, efetuadas por uma nova classe social, a **burguesia**.

A palavra revolução

O uso da palavra *revolução* para designar tais mudanças é curioso. De fato, essa palavra provém do vocabulário da astronomia e significa "o movimento circular completo que um astro realiza ao voltar ao seu ponto de partida". Uma revolução se efetua quando o movimento total de um astro faz coincidirem seu ponto de partida e seu ponto de chegada. *Revolução* designa "movimento circular cíclico", isto é, repetição contínua de um mesmo percurso em que se retorna ao ponto de partida.

Como entender que essa palavra tenha entrado para o vocabulário político com o significado de mudanças e alterações profundas nas relações sociais e no poder? Como entender que, em vez de significar "retorno circular e cíclico ao ponto de partida", signifique exatamente o contrário, ou seja, "percurso rumo ao tempo novo e à sociedade nova"?

Para responder a essas perguntas, precisamos examinar um pouco mais de perto as revoluções burguesas, isto é, a Revolução Inglesa de 1688, a Revolução Americana de 1776 e a Revolução Francesa de 1789.

Embora em todas elas o resultado tenha sido o mesmo, qual seja, a subida e a consolidação política da burguesia como classe dominante, nas três houve o que um historiador denominou de "revolução na revolução", indicando com isso a existência de *um movimento popular radical no interior da revolução burguesa*, ou a *face democrática e igualitária da revolução*, derrotada pela burguesia. Em outras palavras, nas três revoluções, a burguesia pretendeu e conseguiu derrotar a realeza e a nobreza, passou a dominar o Estado e julgou com isso terminada a tarefa das mudanças, enquanto as classes populares, que participaram daquela vitória, desejavam muito mais: ansiavam instituir uma sociedade inteiramente nova, justa, livre e feliz.

Ora, as classes populares não possuíam teorias políticas de tipo filosófico e científico. Para explicar o mundo em que viviam e o mundo que desejavam, dispunham de uma única fonte: a Bíblia. Por meio da religião, possuíam duas referências de justiça e de felicidade: a imagem do Paraíso terrestre (no Antigo Testamento) e o Reino de Deus na Terra ou Nova Jerusalém (no Novo Testamento), que restauraria o Paraíso depois que Cristo viesse ao mundo pela segunda vez (como está escrito no Apocalipse de São João) e, no fim dos tempos ou "tempo do fim", derrotasse para sempre o Mal. As classes populares revolucionárias dispunham, portanto, de um imaginário messiânico e milenarista, porque ligado à ideia de uma promessa salvadora ou da ação de um salvador que livraria os homens dos males e das penas (para as classes populares revolucionárias, o Messias eram elas mesmas na condição de representantes da justiça prometida pelo Cristo). Milenarista porque apoiado na ideia de que sua ação daria existência à Jerusalém Terrestre ou Nova Jerusalém, o Reino de Deus na Terra, o qual duraria mil anos de felicidade, abundância e justiça, até que, no fim dos tempos, Cristo derrotasse para sempre o Anticristo e houvesse o Juízo Final, com a condenação dos maus e a entrada dos bons e justos na Jerusalém Celeste, eterna.

Ao lutarem politicamente, as classes populares olhavam para o passado (o ponto de partida dos homens no Paraíso) e para o futuro (o ponto de chegada dos homens na Nova Jerusalém Terrestre). Olhavam para o tempo futuro e novo (a sociedade dos justos na Terra), que seria a restituição ou restauração do tempo passado original (o Paraíso). Porque o ponto de chegada e o ponto de partida do movimento político coincidiam com a existência da justiça e da felicidade, o futuro e o passado se encontravam, fechando o ciclo e o círculo da existência humana, graças à ação do presente. Por isso, designaram os acontecimentos de que eram os sujeitos e os protagonistas com a palavra *revolução*.

Veja no capítulo 2 desta Unidade a explicação mais detalhada do milenarismo e do messianismo.

Comparando liberalismo e movimentos revolucionários

Se compararmos os movimentos revolucionários dos séculos XVII e XVIII com a teoria política liberal, notaremos uma diferença importante entre eles.

De fato, *as teorias liberais separam o Estado e a sociedade civil*. O primeiro aparece como instância impessoal de dominação (impõe obediência por meio de um instrumento impessoal, a lei, e por meio da força, o exército e a polícia). O Estado, visto como república, é a instância pública de estabelecimento e aplicação das leis, o garantidor da ordem por meio do uso legal da violência para punir todo crime definido pelas leis, e é o árbitro dos conflitos sociais.

A sociedade civil, por seu turno, aparece como um conjunto de relações sociais diversificadas entre classes e grupos sociais cujos interesses e direitos podem coincidir ou opor-se. Nela existem as relações econômicas de produção, distribuição, acumulação de riquezas e consumo de produtos que circulam no mercado.

O centro da sociedade civil é a propriedade privada, que diferencia indivíduos, grupos e classes sociais, e *o centro do Estado é a garantia dessa propriedade*, sem contudo mesclar política e sociedade. *O coração do liberalismo é a diferença e a distância entre Estado e sociedade*, pois é essa distância que lhe permite defender a ideia de liberdade econômica (ou de mercado) e de liberdade de ação social distinta da ação pública ou política.

Ora, as revoluções e, sobretudo, a *face popular* das revoluções operam exatamente com a indistinção entre Estado e sociedade, entre ação política e relações sociais. As revoluções pretendem derrubar o poder existente ou o Estado porque o percebem como responsável ou cúmplice das desigualdades e injustiças existentes na sociedade. Dito de outra forma, *a percepção de injustiças sociais leva às ações políticas*. Uma revolução pode começar como luta social que desemboca na luta política contra o poder ou pode começar como luta política que desemboca na luta por uma outra sociedade.

Eis por que, em todas as revoluções burguesas, vemos sempre acontecer o mesmo processo: a burguesia estimula a participação popular porque precisa que a sociedade toda lute contra o poder existente; consolidada a mudança política, com a passagem do poder da monarquia à república, a burguesia considera a revolução terminada; as classes populares, porém, a prosseguem, pois aspiram ao poder democrático e desejam mudanças sociais; a burguesia vitoriosa passa então a reprimir as classes populares revolucionárias, desarma o povo que ela própria armara, prende, tortura e mata os chefes populares e encerra, pela força, o processo revolucionário, garantindo, com o liberalismo, a separação entre Estado e sociedade.

Significado político das revoluções

Uma revolução, seja ela burguesa, seja popular, possui um significado político da mais alta importância, porque desvenda a estrutura e a organização da sociedade e do Estado. Como explica o filósofo francês Claude Lefort, ela evidencia:

- a divisão social e política, na forma de uma polarização entre um alto opressor e um baixo oprimido;

- a percepção do alto pelo baixo da sociedade como um poder que não é natural nem necessário, mas resultado de uma ação humana e que, como tal, pode ser derrubado e reconstruído de outra maneira;

- a compreensão de que os agentes sociais são sujeitos políticos e, como tais, dotados de **direitos**. A consciência dos direitos faz com que os sujeitos sociopolíticos exijam reconhecimento e garantia de seus direitos pela sociedade e pelo poder político. Eis por que todas as revoluções culminam numa declaração pública conhecida como Declaração Universal dos Direitos dos Cidadãos;

- pela via da declaração dos direitos, uma revolução repõe a relação entre poder político e justiça social, mas com uma novidade própria do mundo moderno, pois a justiça não depende mais da figura do Bom Governo ou do príncipe virtuoso, e sim de instituições públicas que satisfaçam à demanda dos cidadãos ao Estado. Cabe ao novo poder político criar instituições que possam satisfazer e garantir a luta revolucionária por direitos.

As revoluções sociais

Acabamos de ver que as revoluções modernas possuem duas faces: a *face burguesa liberal* (a revolução é política, visando à tomada do poder e à instituição do Estado como república e órgão separado da sociedade civil) e a *face popular* (a revolução é política *e* social, visando à criação de direitos e à instituição do poder democrático que garanta uma nova sociedade justa e feliz).

Vimos também que, nas revoluções modernas, a face popular é sufocada pela face liberal, embora esta última seja obrigada a introduzir e garantir alguns direitos políticos e sociais para o povo, de modo a conseguir manter a ordem e evitar a explosão contínua de revoltas populares.

A face popular vencida não desaparece. Ressurge periodicamente em lutas isoladas por melhores condições de vida, de trabalho, de salários e com reivindicações isoladas de participação política. Essa face popular tende a crescer e a manifestar-se em novas revoluções (derrotadas) durante todo o século XIX, à medida que se desenvolve o capitalismo industrial e as classes populares se tornam uma classe social de perfil muito definido: os *proletários* ou *trabalhadores industriais*.

Correspondendo à emergência e à definição da classe trabalhadora proletária e à sua ação política em revoluções populares de caráter político-social, surgem novas teorias políticas: as várias **teorias socialistas**.

As teorias socialistas tomam **o proletariado como sujeito político e histórico** e procuram figurar uma nova sociedade e uma nova política nas quais a exploração dos trabalhadores, a dominação política a que estão submetidos e as exclusões sociais e culturais a que são forçados deixem de existir. Porque seu sujeito político são os trabalhadores, essas teorias políticas tendem a figurar a sociedade futura como igualitária, feita de abundância, justiça e felicidade. Como percebem a cumplicidade entre o Estado e a classe economicamente dominante, julgam que a existência do primeiro se deve apenas às necessidades econômicas da burguesia e por isso afirmam que, na sociedade futura, quando não haverá divisão social de classes nem desigualdades, a política não dependerá do Estado. São, portanto, teorias antiestatais, que apostam na capacidade de autogoverno ou de autogestão da sociedade.

Fidel Castro acena para a multidão nos primeiros dias da revolução cubana, em 1959.

Capítulo 12
A política contra a servidão voluntária

A tradição libertária

As teorias socialistas modernas são herdeiras da **tradição libertária**, isto é, das lutas sociais e políticas populares por liberdade e justiça contra a opressão dos poderosos.

As tradições populares

Nessa tradição encontram-se as revoltas camponesas e dos artesãos do final da Idade Média, do início da Reforma Protestante e da Revolução Inglesa de 1688. Essas revoltas são conhecidas como **milenaristas**, pois, como vimos, as classes populares possuem como referencial para compreender e julgar a política as imagens bíblicas do Paraíso, da Nova Jerusalém Terrestre e do "tempo do fim", quando o Bem vencerá perpetuamente o Mal, instaurando o Reino dos Mil Anos de felicidade e justiça. Na Revolução Inglesa, os pobres tinham certeza de que chegara o "tempo do fim" e se aproximava o milênio. Viam os sinais do fim: fome, peste, guerras, eclipses, cometas, prodígios inexplicáveis, que anunciavam a vinda do anticristo e exigiam que fosse combatido pelos justos e bons. A esperança milenarista sempre viu a luta política como conflagração cósmica entre a luz e a treva, o justo e o injusto, o bem e o mal.

anticristo: em geral, o anticristo era identificado à pessoa de um governante tirânico: papas, reis, imperadores. Contra ele, os pobres se reuniam em comunidades igualitárias, armavam-se e partiam para a luta, pois deveriam preparar o mundo para a chegada triunfal de Cristo, que venceria definitivamente o anticristo.

O discurso da servidão voluntária

Também na tradição libertária encontra-se a obra de um jovem filósofo francês, La Boétie, escrita no século XVI, depois da derrota popular contra os exércitos e fiscais do rei, que vinham cobrar um novo imposto sobre o sal. Nessa obra, intitulada *Discurso da servidão voluntária*, La Boétie indaga como é possível que burgos inteiros, cidades inteiras, nações inteiras se submetam à vontade de um só, em geral o mais covarde e temeroso de todos. De onde *um só* tira o poder para esmagar *todos os outros*?

Duas são as respostas. Na primeira, La Boétie mostra que não é por medo que obedecemos à vontade de um só, mas porque desejamos a tirania. Como explicar que o tirano, cujo corpo é igual ao nosso, tenha crescido tanto, com mil olhos e mil ouvidos para nos espionar, mil bocas para nos enganar, mil mãos para nos esganar, mil pés para nos pisotear? Quem lhe deu os olhos e os ouvidos dos espiões, as bocas dos magistrados, as mãos e os pés dos soldados? O próprio povo.

A sociedade é como uma imensa pirâmide de tiranetes que se esmagam uns aos outros: o corpo do tirano é formado pelos seis que o aconselham, pelos sessenta que protegem os seis, pelos seiscentos que defendem os sessenta, pelos seis mil que servem aos seiscentos e pelos seis milhões que obedecem aos seis mil, na esperança de conseguir o poder para mandar em outros. A primeira resposta nos diz que o poder de um só sobre todos foi dado ao tirano por nosso desejo de sermos tiranos também.

A segunda resposta, porém, vai mais fundo. La Boétie indaga: de onde vem o próprio desejo de tirania? E responde: do desejo de ter bens e riquezas, do desejo de ser proprietário.

Mas, indaga ele novamente, de onde vem esse desejo de *ter*, de *posse*? E responde: do desprezo pela liberdade. Se desejássemos verdadeiramente a liberdade, jamais a trocaríamos pela posse de bens, que nos escravizam aos outros e nos submetem à vontade dos mais fortes e tiranos.

Ao trocar o direito à liberdade pelo desejo de posse, aceitamos algo terrível: a **servidão voluntária**. Essa expressão é paradoxal, estranha. De fato, sempre soubemos que a vontade é livre e que os servos são forçados à submissão. Ou seja, nunca ouvimos dizer que a vontade pudesse querer sua negação, isto é, a servidão. La Boétie emprega essa terrível expressão para indicar que a tirania existe e persiste porque não somos obrigados a obedecer ao tirano e aos seus representantes, mas *desejamos voluntariamente servi-los* porque deles esperamos bens e a garantia de nossas posses. Usamos nossa liberdade para nos tornarmos servos.

Como derrubar um tirano e reconquistar a liberdade? A resposta de La Boétie é espantosa: basta não dar ao tirano o que ele pede e exige. Não é preciso tomar das armas e fazer-lhe a guerra. Basta que não seja dado o que ele deseja e será derrubado.

Que quer ele? Nossa consciência e nossa liberdade, a serem trocadas ou negociadas pela promessa de satisfação de nosso desejo de posses e de mando. Se não trocarmos nossa consciência pela posse de bens e se não trocarmos nossa liberdade pelo desejo de mando, nada daremos ao tirano. Se nada lhe dermos, ele perde a fonte de poder que o sustenta e, sem poder, cairá como um ídolo de barro.

Das *lutas populares* e das *tradições libertárias* nascem as teorias socialistas modernas, desenvolvidas a partir do século XIX como resposta ao capitalismo industrial e às sociedades urbanas geradas por ele.

utopia: a palavra *utopia* foi empregada pela primeira vez pelo filósofo inglês Thomas Morus no livro *Utopia*, a cidade atual perfeita. A palavra é uma composição de palavras gregas e, rigorosamente, significa "em lugar nenhum", "lugar inexistente", "imaginário". Por esse motivo, estamos acostumados a identificar *utopia* e *utópico* com *impossível*, aquilo que só existe em nosso desejo e imaginação e que não encontrará nunca condições objetivas para se realizar.

As teorias socialistas

Como o próprio nome indica, as teorias socialistas são aquelas que se fundam nas relações sociais e nas ações sociais, isto é, que recusam a separação liberal entre sociedade e Estado e procuram na atividade social os fundamentos do poder e ação políticos.

São três as principais correntes socialistas modernas. Vejamos, a seguir, o que cada uma defende.

Socialismo utópico

Essa corrente socialista vê a classe trabalhadora como despossuída, oprimida e geradora da riqueza social sem dela desfrutar. Para ela, os teóricos imaginam uma nova sociedade na qual não existam a propriedade privada, o lucro dos capitalistas, a exploração do trabalho e a desigualdade econômica, social e política. Imaginam novas cidades, organizadas em grandes cooperativas geridas pelos trabalhadores e nas quais haja escola para todos, liberdade de pensamento e de expressão, igualdade de direitos sociais (moradia, alimentação, transporte, saúde), abundância, justiça e felicidade.

Essas cidades são concebidas como comunidades de pessoas livres e iguais que se autogovernam. Por serem cidades perfeitas, que não existem em parte alguma, mas que serão criadas pela vontade livre dos despossuídos, diz-se que são "cidades utópicas" e as teorias que as criaram são chamadas de **utopias**. Os principais socialistas utópicos foram os franceses Saint-Simon, Fourier, Proudhon, Louis Blanc e Blanqui, e o inglês Owen.

Anarquismo

O principal teórico dessa corrente socialista foi o russo Bakunin, inspirado nas ideias socialistas de Proudhon. Seu ponto de partida é a crítica do individualismo burguês e do Estado liberal, considerado autoritário e antinatural. Como Rousseau, os anarquistas acreditam na liberdade natural e na bondade natural dos seres humanos e em sua capacidade para viver felizes em comunidades. Atribuem a origem da sociedade, isto é, a existência de indivíduos isolados, precariamente associados e em luta permanente, à propriedade privada e à exploração

Saint-Simon, conde de (1760-1825), filósofo e economista francês.

Proudhon (1809-1865), filósofo político e economista francês.

Bakunin (1814-1876), teórico político russo e um dos expoentes do anarquismo.

do trabalho, e a origem do Estado ao poder dos mais fortes (os proprietários privados) sobre os fracos (os trabalhadores). Sociedade e Estado são *antinaturais* porque se opõem à tendência natural dos homens a viver igualitária e livremente em comunidades autogovernadas.

Por isso mesmo, contra o artificialismo da sociedade e do Estado, os anarquistas propõem o retorno à vida em comunidades autogovernadas, sem nenhuma hierarquia e sem instituir nenhuma autoridade com poder de mando e direção. Afirmam dois grandes valores: a *liberdade* e a *responsabilidade*, em cujo nome propõem a descentralização social e política, a participação direta de todos nas decisões da comunidade, a formação de organizações de bairro, de fábrica, de educação, moradia, saúde, transporte, etc. Propõem também que essas organizações comunitárias participativas formem federações nacionais e internacionais para a tomada de decisões globais, evitando, porém, a forma parlamentar de representação e garantindo a democracia direta.

As comunidades e as organizações comunitárias enviam delegados às federações. Os delegados são eleitos para um mandato referente exclusivamente ao assunto que será tratado pela assembleia da federação; terminada a assembleia, o mandato também termina, de sorte que não há representantes permanentes. Visto que o delegado possui um mandato para expor e defender perante a federação as opiniões e decisões de sua comunidade, se não cumprir o que lhe foi delegado seu mandato será revogado e um outro delegado é eleito.

Como se observa, os anarquistas procuram impedir o surgimento de aparelhos de poder que conduzam à formação do Estado. Recusam, por isso, a existência de exércitos profissionais e defendem a tese do povo armado ou das milícias populares, que se formam numa emergência e se dissolvem tão logo o problema tenha sido resolvido. Consideram o Estado nacional obra do autoritarismo e da opressão capitalista e, por isso, contra ele, defendem o internacionalismo sem fronteiras, pois "só o capital tem pátria" e os trabalhadores são "cidadãos do mundo".

Os anarquistas são conhecidos como *libertários*, pois lutam contra todas as formas de autoridade e de autoritarismo. Além de Bakunin, outros importantes anarquistas foram: Kropotkin, Ema Goldman, Tolstói, Malatesta e George Orwell, autor do livro *1984*.

Comunismo ou socialismo científico

Essa posição é crítica não só do Estado liberal, mas também do socialismo utópico e do anarquismo. Encontra-se desenvolvida nas obras de Karl Marx e Friedrich Engels.

A perspectiva marxista

Com a obra de Marx, estamos diante de um acontecimento comparável apenas ao de Maquiavel. Embora suas teorias sejam completamente diferentes, pois respondem a experiências históricas e a problemas diferentes, ambos representam uma mudança decisiva no modo de conceber a política e a relação entre sociedade e poder. *Maquiavel desmistificou a teologia política e o republicanismo italiano*, que simplesmente pretendia imitar gregos e romanos em vez de compreender seu próprio presente. *Marx desmistificou a política liberal.*

Marx parte da crítica da economia política.

A economia política

A expressão "economia política" é curiosa. Com efeito, a palavra *economia* vem do grego *oikonomía*, composta de dois vocábulos, *oikós* e *nómos*. *Oikós* é "casa" ou "família", entendida como sistema de alianças e parentesco (ascendentes, descendentes, aliados, pais, filhos, parentes e escravos) e unidade de produção (atividades de agricultura, pastoreio, edificações, artesanato, trocas de bens entre famílias ou trocas de bens por moeda, etc.). *Nómos* significa "regra", "acordo convencionado entre seres humanos e por eles respeitado nas relações sociais".

Kropotkin (1842-1921), geógrafo e escritor russo.

Malatesta (1853-1932), teórico e ativista anarquista italiano.

Karl Marx (1818-1883) filósofo, economista, historiador e revolucionário alemão, fundador do comunismo. Sua obra influenciou várias áreas das ciências sociais.

Oikonomía é, portanto, o conjunto de normas de administração da propriedade patrimonial ou privada dirigida pelo chefe da família, o *despotês*.

Vimos que os gregos inventaram a política porque separaram o espaço privado (a *oikonomía*) e o espaço público das leis e do direito (a *pólis*). Como, então, falar em "economia política"? Os dois termos não se excluem reciprocamente? Por que essa expressão passou a ser usada na modernidade?

Porque, para separar sociedade civil e Estado, as teorias políticas liberais precisaram admitir que a economia se refere *à sociedade civil inteira*; que não se reduz às atividades econômicas de famílias e grupos familiares separados da esfera política, mas concerne às atividades de produção e troca de indivíduos cuja existência não é definida por sua situação familiar e sim por sua inserção social na produção econômica. Em outras palavras, o termo "política", usado pelos liberais para qualificar a economia, não se refere tanto ao Estado, mas ao fato de que a sociedade civil é um espaço coletivo formado por indivíduos isolados que se relacionam por meio das atividades econômicas.

De fato, a economia política surge como ciência no final do século XVIII e início do XIX, na França e na Inglaterra, para combater as limitações que o Antigo Regime impunha ao capitalismo. As restrições econômicas próprias da sociedade feudal e o controle da atividade mercantil pelo Estado monárquico eram vistos como prejudiciais ao desenvolvimento da "riqueza das nações". Baseando-se nos mesmos princípios do liberalismo político (a propriedade privada como direito natural, a liberdade como direito natural, a limitação da esfera do poder estatal), a economia política é elaborada como **liberalismo econômico**.

Diferentemente dos gregos, que definiram o homem como "animal político", e diferentemente dos medievais, que definiram o homem como "ser sociável", a economia política define o homem como "indivíduo que busca a satisfação de suas necessidades, consumindo o que a natureza lhe oferece ou trabalhando para obter riquezas e bem-estar". Por ser a vida em comum mais vantajosa aos indivíduos, estes *pactuam* para criar a sociedade e o Estado.

As ideias de Estado, de natureza e de direito natural conduziram a duas noções essenciais à economia política: a primeira é a noção de ordem natural racional, que garante a todos os indivíduos a satisfação de suas necessidades e de seu bem-estar; a segunda é a noção de que, seja por bondade natural, seja por egoísmo, os homens agem em seu próprio benefício e interesse e, assim fazendo, contribuem para o bem coletivo ou social. A propriedade privada é natural e útil socialmente, além de legítima moralmente, porque estimula o trabalho e combate o vício da preguiça.

Adam Smith (1723-1790), economista e filósofo escocês.

A economia política buscará as leis dos fenômenos econômicos na natureza humana e os efeitos das causas econômicas sobre a vida social. Visto que a ordem natural é racional e que os seres humanos possuem liberdade natural, a economia política deverá garantir que a racionalidade natural e a liberdade humana se realizem por si mesmas, sem entraves e sem limites.

Para alguns economistas políticos do século XIX, como Adam Smith, a concorrência (ou **lei econômica da oferta e da procura**) é responsável pela riqueza social e pela harmonia entre interesse privado e interesse coletivo. Para outros, como David Ricardo, as leis econômicas revelam antagonismos entre os vários interesses dos grupos sociais. Assim, por exemplo, a diferença entre o preço das mercadorias e os salários indica uma oposição de interesses na sociedade, de modo que a concorrência exprime esses conflitos sociais. Em ambos os casos, porém, a economia se realiza como sociedade civil capaz de se autorregular, sem que o Estado deva interferir na sua liberdade. Vemos, assim, que embora o liberalismo político tenha sido formulado antes do liberalismo econômico, do ponto de vista lógico (e não cronológico), é o liberalismo econômico que dá os fundamentos para o liberalismo político. Este é uma expressão daquele.

David Ricardo (1772-1823), economista inglês.

A crítica da economia política

A crítica da economia política consiste, justamente, em mostrar que, apesar das afirmações greco-romanas e liberais de separação entre a esfera privada da propriedade e a esfera pública do poder, a política jamais conseguiu realizar a diferença entre ambas. Nem poderia. O poder político sempre foi a maneira legal e jurídica pela qual a classe economicamente dominante de uma sociedade manteve seu domínio sobre as outras classes sociais. A *pólis*, a *civitas*, o Estado nunca puderam separar o poder privado dos economicamente dominantes e o poder público ou político. O aparato legal e jurídico apenas dissimula o essencial: que o poder político existe como poderio dos economicamente poderosos, para servir seus interesses e privilégios e garantir-lhes a dominação social. Divididas entre proprietários e não proprietários (trabalhadores livres pobres, escravos, servos), as sociedades jamais foram comunidades de iguais e jamais permitiram que o poder político fosse compartilhado com os não proprietários.

Marx indaga: o que é a sociedade civil de que falam os economistas e teóricos políticos liberais? E responde: não é a manifestação de uma ordem natural racional nem o aglomerado conflitante de indivíduos, famílias, grupos e corporações, cujos interesses antagônicos serão conciliados pelo contrato social, por meio do qual seria instituída a ação reguladora e ordenadora do Estado como expressão do interesse e da vontade gerais. No capitalismo, a sociedade civil, fundada na separação entre a propriedade privada dos meios de produção e o trabalho, é o sistema de relações sociais que organiza a produção econômica (agricultura, indústria e comércio), realizando-se por meio de instituições sociais encarregadas de reproduzi-lo (família, igrejas, escolas, polícia, partidos políticos, meios de comunicação, etc.). É o espaço no qual as relações sociais e suas formas econômicas e institucionais são pensadas, interpretadas e representadas por um conjunto de ideias morais, religiosas, jurídicas, pedagógicas, artísticas, científico-filosóficas e políticas.

A sociedade civil é o processo de constituição e reposição das condições materiais da produção econômica pelas quais são engendradas as classes sociais: os proprietários privados dos meios de produção e os trabalhadores ou não proprietários, que vendem sua força de trabalho como mercadoria submetida à lei da oferta e da procura no mercado de mão de obra. Essas classes sociais são antagônicas e seus conflitos revelam uma contradição profunda entre os interesses irreconciliáveis de cada uma delas, isto é, a sociedade civil não é um aglomerado de indivíduos e sim uma *divisão social de classes* e se realiza como *luta de classes*. Em outras palavras, o que os teóricos do jusnaturalismo chamavam de estado de natureza não é senão a sociedade civil, e é para servir aos interesses de uma das classes sociais que o Estado é instituído.

Sem dúvida, os liberais estão certos quando afirmam que a sociedade civil, por ser esfera econômica, é a esfera dos interesses privados, pois é exatamente isso o que ela é. *A sociedade civil é a economia de mercado capitalista*. O que é, porém, o Estado?

Longe de diferenciar-se da sociedade civil e de separar-se dela, longe de ser a expressão da vontade geral e do interesse geral, o Estado é a expressão legal (jurídica e policial) dos interesses de uma classe social particular, a classe dos proprietários privados dos meios de produção ou classe dominante. E o Estado não é uma imposição divina aos homens nem é o resultado de um pacto ou contrato social, mas é a maneira pela qual a classe dominante de uma época e de uma sociedade determinadas garante seus interesses e sua dominação sobre o todo social.

O Estado é a expressão política da luta econômico-social das classes, amortecida pelo aparato da *ordem* (jurídica) e da *força pública* (policial e militar). Não *é*, mas *aparece* como um poder público distante e separado da sociedade civil. Não por acaso, o liberalismo define o Estado como garantidor do direito de propriedade privada e, não por acaso, reduz a cidadania aos direitos dos proprietários privados (vimos que a ampliação da cidadania foi fruto de lutas populares contra as ideias e práticas liberais).

A economia, portanto, *jamais* deixou de ser política. Simplesmente, no capitalismo, o vínculo interno e necessário entre economia e política tornou-se evidente.

No entanto, se perguntarmos às pessoas que vivem no Estado liberal capitalista se, para elas, é evidente tal vínculo, certamente dirão que não. Por que o vínculo interno entre o poder econômico e o poder político permanece invisível aos olhos da maioria?

Para responder a essa questão, Marx faz duas outras indagações:

1. Como surgiu o Estado? Isto é, como os homens passaram da submissão ao poder pessoal visível de um senhor à obediência ao poder impessoal invisível de um Estado?
2. Por que o vínculo entre o poder econômico e o poder político não é percebido pela sociedade e, sobretudo, por que não é percebido pelos que não têm poder econômico nem político?

Acompanhemos o percurso do pensamento de Marx para compreendermos a maneira como responderá a essas duas questões.

Antecedentes da teoria marxista

Antes de examinarmos as respostas de Marx a essas indagações, devemos lembrar um conjunto de ideias e de fatos existentes quando ele iniciou seu trabalho teórico.

Do ponto de vista dos fatos, estamos na era do desenvolvimento do capitalismo industrial, com a ampliação da capacidade tecnológica de domínio da natureza pelo trabalho e pela técnica. Essa ampliação aumenta também o campo de ação do capital, que passa a absorver contingentes cada vez maiores de pessoas no mercado da mão de obra e do consumo, rumando para o mercado capitalista mundial.

A burguesia se organiza por meio do Estado liberal, enquanto os trabalhadores industriais ou proletários se organizam em associações profissionais e sindicatos para as lutas econômicas (salários, jornada de trabalho), sociais (condições de vida) e políticas (reivindicação de cidadania). Greves, revoltas e revoluções eclodem em toda parte, as mais importantes vindo a ocorrer na França em 1830, 1848 e 1871. No Brasil, em 1858, eclode a primeira greve dos trabalhadores urbanos e, em 1878, a primeira greve dos trabalhadores do campo, em Amparo (estado de São Paulo).

1848 na França: série de revoluções na Europa central e oriental, de caráter democrático, liberal e socialista, que ficou conhecida como Primavera dos Povos.

Simultaneamente, consolida-se (em alguns países) ou inicia-se (em outros) o Estado nacional unificado e centralizado, definido pela unidade territorial e pela identidade de língua, religião, raça e costumes. O capital precisa de suportes territoriais e por isso leva à constituição das nações, forçando, pelas guerras e pelo direito internacional, a delimitação e a garantia de fronteiras e, pelo aparato jurídico, policial e escolar, a unidade de língua, religião e costumes. Em suma, **inventa-se a pátria ou nação** na forma de Estado nacional. Como se observa, *a nação não é natural nem existe desde sempre, mas foi inventada pelo capitalismo no século XIX*.

Do ponto de vista das ideias, além das teorias liberais e socialistas e da economia política, Hegel propõe uma filosofia política, a **filosofia do direito**.

1871 na França: insurreição conhecida como Comuna de Paris, que em 1871 instituiu uma ditadura proletária, esmagada pelas tropas francesas no mesmo ano.

Hegel explica a gênese do Estado moderno sem recorrer à teoria do direito natural e do contrato social. Para ele, o Estado surge como superação racional das limitações que bloqueavam o desenvolvimento do espírito humano: o isolamento dos indivíduos na família e as lutas dos interesses privados na sociedade civil. O Estado absorve e transforma a família e a sociedade civil numa totalidade racional, mais alta e perfeita, que exprime o interesse e a vontade gerais. Por isso, é a realização mais importante — e a última — da razão na história, uma vez que supera os particularismos numa unidade universal, que, pelo direito, garante a ordem, a paz, a moralidade, a liberdade e a perfeição do espírito humano.

A história é a passagem da família à sociedade civil e desta ao Estado, término do processo histórico. Esse processo é concebido como realização da cultura, isto é, da diferença e da separação entre natureza e Espírito e como absorção da primeira pelo segundo. O processo histórico é desenvolvimento da consciência, que se torna cada vez mais consciente de si pelas obras espirituais da cultura, isto é, das ideias que se materializam em instituições sociais, religiosas, artísticas, científico-filosóficas e políticas. O Estado é a síntese final da criação racional ou espiritual, expressão mais alta da ideia ou do Espírito.

Liberalismo político, liberalismo econômico ou economia política e idealismo político hegeliano formam o pano de fundo do pensamento de Marx, voltado para a compreensão do capitalismo e das lutas proletárias.

Contra o liberalismo político, Marx mostrará que a propriedade privada não é um direito natural e o Estado não é resultado de um contrato social. Contra a economia política, mostrará que a economia não é expressão de uma ordem natural racional. Contra Hegel, mostrará que o Estado não é a ideia ou o Espírito encarnados no real e que a história não é o movimento da consciência e suas ideias.

Gênese da sociedade e do Estado

Afirmamos anteriormente que Marx indaga como os homens passaram da submissão ao poder pessoal de um senhor à obediência do poder impessoal do Estado. Para responder a essa indagação, é preciso desvendar a gênese do Estado.

Os modos de produção

Os seres humanos, escrevem Marx e Engels, distinguem-se dos animais não porque sejam dotados de consciência (animais racionais), nem porque sejam naturalmente sociáveis e políticos (animais políticos), mas porque são capazes de *produzir* as condições de sua existência material e intelectual. Os seres humanos são **produtores**: são *o que* produzem e são *como* produzem. A produção das condições materiais e intelectuais da existência não é escolhida livremente pelos seres humanos, mas está dada objetivamente, independentemente de nossa vontade. Eis por que Marx diz que os homens fazem sua própria história, mas não a fazem em condições escolhidas por eles. São **historicamente determinados** pelas condições em que produzem sua vida.

A produção material e intelectual da existência humana depende de condições naturais (as do meio ambiente e as biológicas da espécie humana) e da procriação. Esta não é apenas um dado biológico (a diferença sexual necessária para a reprodução), mas já é social, pois decorre da maneira como se dá o intercâmbio e a cooperação entre os humanos e do modo como é simbolizada psicológica e culturalmente a diferença dos sexos. Por seu turno, a maneira como os humanos interpretam e realizam a diferença sexual determina o modo como farão a divisão social do trabalho, distinguindo trabalhos masculinos, femininos, infantis e dos idosos.

A produção e a reprodução das condições de existência se realizam, portanto, por meio do trabalho (relação com a natureza), da divisão social do trabalho (intercâmbio e cooperação), da procriação (sexualidade e instituição da família) e do modo de apropriação da natureza (a propriedade).

Esse conjunto de condições forma, em cada época, a sociedade e o sistema das **formas produtivas** que a regulam, segundo a divisão social do trabalho.

Essa divisão, que começa na família, com a diferença sexual das tarefas, prossegue na distinção entre agricultura e pastoreio, entre ambas e o comércio, conduzindo à separação entre o campo e a cidade. Em cada uma das distinções operam novas divisões sociais do trabalho. A divisão social do trabalho não é uma simples divisão de tarefas, mas a manifestação da existência da **propriedade**, ou seja, a separação entre a propriedade, que é a posse das condições e dos instrumentos do trabalho, e o próprio trabalho, incidindo, a seguir, sobre a forma de distribuição dos produtos do trabalho. A propriedade introduz a existência dos **meios de produção** (condições e instrumentos de trabalho) como algo diferente das **forças produtivas** (trabalho).

Analisando as diferentes formas de propriedade, as diferentes formas de relação entre meios de produção e forças produtivas, as diferentes formas de divisão social do trabalho decorrentes das formas de propriedade e das relações entre os meios de produção e as forças produtivas, é possível perceber a sequência do processo histórico e as diferentes modalidades de sociedade.

A propriedade começa como *propriedade tribal* e a sociedade tem a forma de uma comunidade baseada na família (a comunidade é vista como a família ampliada à qual pertencem todos os membros do grupo). Nela prevalece a hierarquia definida por tarefas, funções, poderes e consumo. Essa forma da propriedade se transforma numa outra, a *propriedade estatal*, ou seja, propriedade do Estado, cujo dirigente determina o modo de relações dos sujeitos com ela: em certos casos (como na Índia, na China, na Pérsia), o Estado é o proprietário único e permite as atividades econômicas mediante pagamento de tributos, impostos e taxas; em outros (Grécia, Roma), o Estado cede, mediante certas regras, a propriedade às grandes famílias, que se tornam proprietárias privadas.

A sociedade se divide, agora, entre senhores e escravos. Nos grandes impérios orientais, os senhores se ocupam da guerra e da religião; na Grécia e em Roma, tornam-se cidadãos e ocupam-se da política, além de possuírem privilégios militares e religiosos; vivem nas cidades e em luta permanente entre os que permaneceram no campo, bem como com os homens livres que trabalham nas atividades urbanas (artesanato e comércio) e com os escravos (do campo e da cidade).

A terceira forma de propriedade é a *feudal*, apresentando-se como propriedade privada da terra pelos senhores e propriedade dos instrumentos de trabalho pelos artesãos livres, membros das corporações dos burgos. A terra é trabalhada por servos da gleba e a sociedade se estrutura pela divisão entre nobreza fundiária e servos (no campo) e artesãos livres e aprendizes (na cidade). Entre eles surge uma figura intermediária: o comerciante. As lutas entre comerciantes e nobres, o desenvolvimento dos burgos, do artesanato e da atividade comercial conduzem à mudança que conhecemos: a *propriedade privada capitalista*.

Essa nova forma de propriedade possui *características inéditas* e é uma verdadeira revolução econômica, porque *realiza a separação integral entre proprietários dos meios de produção e forças produtivas*, isto é, entre as condições e os instrumentos de trabalho e o próprio trabalho. Os proprietários privados possuem meios, condições e instrumentos do trabalho, possuem o controle da distribuição e do consumo dos produtos. No outro polo social encontram-se os trabalhadores como massa de assalariados inteiramente expropriada dos meios de produção, possuindo apenas a força do trabalho, colocada à disposição dos proprietários dos meios de produção, no mercado de compra e venda da mão de obra.

Essas diferentes formas da propriedade dos meios de produção e das relações com as forças produtivas ou de determinações sociais decorrentes da divisão social do trabalho constituem os *modos de produção*.

O materialismo histórico

Marx e Engels observaram que, a cada modo de produção, a consciência dos seres humanos se transforma. Descobriram que essas transformações constituem a maneira como, em cada época, a consciência interpreta, compreende e representa para si mesma o que se passa nas condições materiais de produção e reprodução da existência. Por esse motivo, Marx e Engels afirmaram que, ao contrário do que se pensa, não são as ideias humanas que movem a história, mas são as condições históricas que produzem as ideias.

Na obra *Contribuição à crítica da economia política*, Marx escreve:

> *O conjunto das relações de produção (que corresponde ao grau de desenvolvimento das forças produtivas materiais) constitui a estrutura econômica da sociedade, a base concreta sobre a qual se eleva uma superestrutura jurídica e política e à qual correspondem determinadas formas de consciência social. O modo de reprodução de vida material determina o desenvolvimento da vida social, política e intelectual em geral. Não é a consciência dos homens que determina o seu ser; é o seu ser social que, inversamente, determina sua consciência.*

É por afirmar que a sociedade se constitui a partir de condições materiais de produção e da divisão social do trabalho que as mudanças históricas são determinadas pelas modificações naquelas condições materiais e naquela divisão do trabalho; e, ainda, por afirmar que a consciência humana é determinada a pensar as ideias que pensa por causa das condições materiais instituídas pela sociedade que o pensamento de Marx e Engels é chamado de **materialismo histórico**.

Materialismo porque somos o que as *condições materiais* (as relações sociais de produção) nos determinam a ser e a pensar. *Histórico* porque a sociedade e a política não surgem de decretos divinos nem nascem da ordem natural, mas dependem *da ação concreta dos seres humanos no tempo*.

A história não é um progresso linear e contínuo, uma sequência de causas e efeitos, mas *um processo de transformações sociais determinadas pelas contradições entre os meios de produção* (a forma da propriedade) *e as forças produtivas* (o trabalho, seus instrumentos, as técnicas). A luta de classes exprime tais contradições e é o motor da história. Por afirmar que o processo histórico é movido por contradições sociais, o materialismo histórico é **dialético**.

A gênese do Estado

As relações sociais de produção não são responsáveis apenas pela gênese da sociedade, mas também pela do Estado, que Marx designa como **superestrutura jurídica e política**, correspondente à estrutura econômica da sociedade.

Qual a gênese do Estado? Conflitos entre proprietários privados dos meios de produção e contradições entre eles e os não proprietários (escravos, servos, trabalhadores livres). Os conflitos entre proprietários e as contradições entre proprietários e não proprietários *aparecem* para a consciência social na forma de conflitos e contradições entre interesses particulares e interesse geral. *Aparecem* dessa maneira, mas *não são realmente* o que aparentam. Em outras palavras, onde há propriedade privada, há interesse privado e não pode haver interesse coletivo ou geral.

Os proprietários dos meios de produção podem ter interesses comuns, pois necessitam do intercâmbio e da cooperação para manter e fazer crescer a propriedade de cada um. Assim, embora estejam em concorrência e competição, precisam estabelecer certas regras pelas quais não se destruam reciprocamente, nem às suas propriedades. Sabem também que não poderão resolver as contradições com os não proprietários e que estes podem, por revoltas e revoluções populares, destruir a propriedade privada. É preciso, portanto, que os interesses comuns entre os proprietários dos meios de produção e a força para dominar os não proprietários sejam estabelecidos de maneira tal que pareçam corretos, legítimos e válidos para todos. Para isso, criam o Estado como poder separado da sociedade, portador do direito e das leis, dotado de força para usar a violência na repressão de tudo quanto pareça perigoso à estrutura econômica existente.

No caso do poder despótico, a legitimação é feita pela divinização do senhor: o detentor do poder (um indivíduo, uma família ou um grupo de famílias) apresenta-se como filho de um humano e de uma divindade, isto é, seu nascimento excepcional justifica seu poderio. No caso do poder teocrático, a legitimação é feita pela sacralização do governante: o detentor do poder o recebe diretamente de Deus, sendo um escolhido de Deus. No caso das repúblicas (democracia grega, o Senado e Povo Romano), a legitimação é feita pela instituição do direito e das leis, que definem quem pode ser cidadão e participar do governo.

Nos três casos, a divisão social aparece como hierarquia divina e/ou natural, que justifica a exclusão dos não proprietários do poder e sobretudo estabelece princípios (divinos ou naturais) para a submissão e a obediência, transformadas em obrigações.

No caso do Estado moderno, como vimos, as ideias de estado de natureza, direito natural, contrato social e direito civil fundam o poder político na vontade dos proprietários dos meios de produção, que se apresentam como indivíduos livres e iguais que transferem seus direitos naturais ao poder político, instituindo a autoridade do Estado e das leis.

Eis por que o Estado precisa *aparecer* como expressão do interesse geral e não como senhorio particular de alguns poderosos. Os não proprietários podem recusar, como fizeram

---

materialismo: a noção de *materialismo* surge, pela primeira vez, na filosofia grega. As escolas filosóficas estoica e epicurista afirmaram, contra Platão, Aristóteles e neoplatônicos, que só existem corpos ou a matéria. Os epicuristas, retomando ideias dos pré-socráticos atomistas (Leucipo e Demócrito), afirmaram que o espírito era átomo material sutil e diáfano. Nos séculos XVII e XVIII, reagindo contra o espiritualismo cristão, muitos filósofos se disseram materialistas, querendo com isso dizer que só existe a natureza e que esta é matéria (átomos, movimento, massa, figura, etc.). Como vivemos em sociedades cristãs (mesmo que haja outras religiões minoritárias), o materialismo sempre foi considerado blasfêmia e heresia porque nega a existência de puros espíritos, a imortalidade da alma e a separação entre Deus e natureza. O senso comum social, absorvendo a crítica espiritualista, fala em "materialismo" para referir-se a pessoas que só acreditam nesta vida terrena, egoístas e ambiciosas, sem preocupação com a salvação eterna e com o bem e a salvação do próximo. O "materialista" é o que gosta de prazeres, riquezas e luxo (rigorosamente, portanto, dever-se-ia dizer que os burgueses são "materialistas", embora se digam cristãos espiritualistas). Quando Marx fala em "materialismo", a matéria à qual se refere não são os corpos físicos, os átomos, os seres naturais, e sim as *relações sociais de produção econômica*. Seu materialismo visa opor-se ao idealismo espiritualista hegeliano, para o qual a força que move a história é a ideia, o espírito, a consciência.

inúmeras vezes na história, o poder pessoal visível de um senhor, mas não o fazem quando se trata de um poder distante, separado, invisível e impessoal como o do Estado. Julgando que este se encontra a serviço do bem comum, da justiça, da ordem, da lei, da paz e da segurança, aceitam a dominação, pois não a percebem como tal.

Resta a segunda indagação de Marx, qual seja: por que os sujeitos sociais não percebem o vínculo entre o poder econômico e o poder político?

Ideologia

A alienação econômica

Quando citamos o texto da *Contribuição à crítica da economia política*, vimos que Marx afirma que *a consciência humana é sempre social e histórica*, isto é, determinada pelas condições concretas de nossa existência.

Isso não significa, porém, que nossas ideias representem a realidade tal como esta é em si mesma. Se assim fosse, seria incompreensível que os seres humanos, conhecendo as causas da exploração, da dominação, da miséria e da injustiça nada fizessem contra elas. Nossas ideias, historicamente determinadas, têm a peculiaridade de nascer a partir de nossa experiência social direta e esta sempre se oferece como uma explicação da maneira como a vida social nos *aparece* ou tal como ela nos *parece ser*. Em outras palavras, a experiência social imediata ou direta explica a sociedade e as relações sociais a partir de suas *aparências*, como se fossem a realidade.

Não só isso. As aparências (ou o "aparecer social à consciência") são aparências justamente porque nos oferecem o mundo de cabeça para baixo: o que é causa parece ser efeito, o que é efeito parece ser causa. Isso não se dá apenas no plano da consciência individual, mas sobretudo no da consciência social, isto é, no conjunto de ideias e explicações que uma sociedade oferece sobre si mesma.

Feuerbach, como vimos, estudara esse fenômeno na religião, designando-o com o conceito de *alienação*. Marx interessa-se por esse fenômeno porque o percebeu em outras esferas da vida social, por exemplo, na política, que, como analisamos há pouco, leva os sujeitos sociais a aceitar a dominação estatal porque não reconhecem quem são os verdadeiros criadores do Estado.

Ele o observou também na esfera da economia. No capitalismo, os trabalhadores produzem todos os objetos existentes no mercado, isto é, todas as mercadorias; após havê-las produzido, entregam-nas aos proprietários dos meios de produção, mediante um salário; os proprietários dos meios de produção vendem as mercadorias aos comerciantes, que as colocam no mercado de consumo; e os trabalhadores ou produtores dessas mercadorias, quando vão ao mercado de consumo, não conseguem comprá-las. Os que produziram tecidos e roupas olham o preço dos alimentos e percebem que com seu salário não podem comprar quase nada; os que produziram alimentos olham os preços das roupas e percebem que seu salário só dá para comprar algumas peças de baixa qualidade; os que produziram veículos não conseguem comprar todas as roupas e todos os alimentos que gostariam de ter porque seu salário é baixo; e os que produziram alimentos e roupas não podem comprar um automóvel. E assim por diante. Os produtores das mercadorias olham os preços, contam o dinheiro e voltam para casa de mãos vazias, como se o preço das mercadorias existisse *por si mesmo* e como se elas estivessem à venda porque surgiram *do nada* e alguém as decidiu vender.

Em outras palavras, embora os diferentes trabalhadores saibam que produziram as diferentes mercadorias, não percebem que, como **classe social**, produziram todas elas, isto é, que os produtores de tecidos, roupas, alimentos, veículos e todos os outros produtos são membros da mesma classe social. Os trabalhadores se veem como indivíduos isolados (cada qual com sua família, seus parentes e amigos) que conhecem seu próprio trabalho, mas ignoram os trabalhos das outras categorias de trabalhadores, isto é, *não se percebem* como for-

Feuerbach: ver capítulo 7 da Unidade 5.

mando uma classe social única, produtora de todas as mercadorias existentes no mercado. Por esse motivo, quem produziu tecido não percebe que foi também um trabalhador que produziu um veículo e que um outro produziu um alimento. Por não se perceberem como classe social e sim como indivíduos isolados, não só não se reconhecem como autores ou produtores das mercadorias, mas ainda acreditam que valem o preço que custam no mercado de consumo e que não podem ter tais mercadorias porque elas valem mais do que eles. Por não se perceberem como classe social, *não se reconhecem* como produtores da riqueza e das coisas. Sem saber, vivem a experiência da **alienação econômica**, isto é, a crença de que as mercadorias são coisas que existem independentemente do trabalho para produzi-las e que possuem um valor *em si mesmas*, valor que aparece no preço que lhes foi dado.

Marx, entretanto, não se contentou em constatar o fenômeno da alienação, mas perguntou qual seria sua causa. A resposta a essa indagação o levou a formular o conceito de **ideologia**.

A ideologia é um fenômeno histórico-social decorrente do modo de produção econômico. É uma rede de imagens e de ideias ou um conjunto de *representações* sobre os seres humanos e suas relações, sobre as coisas, sobre o bem e o mal, o justo e o injusto, os bons e os maus costumes, etc.

A gênese da ideologia

À medida que, numa formação social, se estabiliza, se fixa e se repete uma forma determinada da divisão social, cada indivíduo passa a ter uma atividade determinada e exclusiva que lhe é atribuída pelo conjunto das relações sociais, pelo estágio das forças produtivas e pela forma da propriedade. Cada um, por causa da fixidez e da repetição de seu lugar e de sua atividade, tende a não percebê-los como *instituídos socialmente* e a considerá-los *naturais* (por exemplo, quando alguém julga que faz o que faz porque tem talento ou vocação natural para isso; quando alguém julga que, por natureza, os negros foram feitos para serem escravos; quando alguém julga que, por natureza, as mulheres foram feitas para a maternidade e o trabalho doméstico).

A experiência da divisão social das atividades é vivida, portanto, com naturalidade: acredita-se que, assim como a natureza produz rios, mares, céus, florestas e astros, ela também produz relações sociais, de maneira que há senhores por natureza, escravos por natureza, cidadãos por natureza, proprietários por natureza, assalariados por natureza, etc. A **naturalização** surge na forma de ideias que afirmam serem as sociedades como são porque é natural que assim sejam. As relações sociais, vistas como naturais, passam a ser consideradas existentes *em si e por si*, e não como resultados históricos da ação humana. Na medida em que a natureza é vista como a causa das relações sociais, a sociedade surge como uma força natural estranha e poderosa, que faz com que tudo seja necessariamente como é.

A divisão social do trabalho, iniciada na família, prossegue na sociedade e, à medida que esta se torna mais complexa, leva a uma divisão entre dois tipos fundamentais de trabalho: *o trabalho material de produção de coisas e o trabalho intelectual de produção de ideias*. No início, essa segunda forma de trabalho social (produção de ideias) é privilégio dos sacerdotes; depois, torna-se função de professores e escritores, artistas e cientistas, pensadores e filósofos.

Os que produzem ideias separam-se dos que produzem coisas, formando um grupo à parte. Pouco a pouco, à medida que vão ficando cada vez mais distantes e separados dos trabalhadores materiais, os que produzem ideias começam a acreditar que a consciência e o pensamento estão, em si e por si mesmos, *separados* das coisas materiais, existindo em si e por si mesmos. Ou seja, como têm a experiência de formar um grupo social *à parte*, julgam-se independentes da própria sociedade e passam a acreditar na independência entre a consciência e o mundo material, entre o pensamento e as coisas produzidas socialmente. Conferem *autonomia* à consciência e às ideias e, finalmente, julgam que as ideias não só explicam a realidade, mas a produzem. Surge a ideologia como afirmação da independência das ideias e da capacidade de as ideias criarem a realidade, ou, como muitos costumam dizer, na crença de que "as ideias é que movem o mundo".

Ora, o grupo dos que produzem ideias (sacerdotes, professores, artistas, filósofos, cientistas) não nasceu do nada. Nasceu não só da divisão social do trabalho, mas também de uma divisão no interior da classe dos proprietários ou classe dominante de uma sociedade, isto é, os primeiros produtores de ideias eram membros da classe dominante cujas famílias dividiram o poder entre guerreiros e sacerdotes, ou entre os que dominavam os corpos, por meio das armas, e os que dominavam os espíritos, por meio das crenças. Por meio de escolas e atividades especializadas, o grupo sacerdotal foi ganhando independência e poder para formar seus próprios membros.

O grupo pensante (os intelectuais) de uma sociedade, por pertencer à classe dominante ou por estar unido a ela por meio da educação especializada, pensa com as ideias dos dominantes; julga, porém, que tais ideias são verdadeiras em si mesmas e transforma as ideias de uma classe social determinada em ideias *universais* e *necessárias*, válidas para a sociedade inteira.

Como o grupo produtor de ideias (os *ideólogos*) domina a consciência social, tem o poder de transmitir as ideias dominantes para toda a sociedade por meio da religião, das artes, da escola, da ciência, da filosofia, dos costumes, das leis e do direito, moldando a consciência de todas as classes sociais e uniformizando o pensamento de todas as classes.

Os ideólogos são membros da classe dominante e das classes aliadas a ela, que, como intelectuais, sistematizam as imagens e as ideias sociais da classe dominante em **representações** coletivas, gerais e universais, válidas para todos e não apenas para os próprios dominantes. Essas imagens e ideias não exprimem a realidade social, mas *representam* a aparência social do ponto de vista dos dominantes — são o que os dominantes pensam sobre a sociedade e não o que a sociedade efetivamente é. As ideias assim produzidas são consideradas realidades autônomas que produzem a realidade material ou social. São imagens e ideias postas como *universais* e, portanto, são ideias *abstratas*, uma vez que, concretamente, não correspondem à realidade social, dividida em classes sociais antagônicas. Assim, por exemplo, existem na sociedade capitalista, concretamente, a classe dos proprietários privados dos meios de produção (os capitalistas) e a classe dos assalariados (os trabalhadores), mas na ideologia aparece abstratamente um universal, *o homem*. Este, na verdade, é uma ideia que exprime a maneira como os dominantes se veem a si mesmos como modelo para todos os seres humanos.

A ideologia torna-se propriamente ideologia quando não aparece na forma do mito, da religião e da teologia. Com efeito, nestes, a explicação sobre a origem dos seres humanos, da sociedade e do poder político encontra a causa criadora ou produtora *fora* e *antes* dos próprios humanos e de sua ação, localizando a causa originária nas divindades. A ideologia propriamente dita surge quando, no lugar de divindades, encontramos *ideias* como causas da sociedade e das relações sociais: o homem, a pátria, a família, a escola, o progresso, a ciência, o Estado, o bem, o justo, etc.

Com isso, podemos dizer que *a ideologia é um fenômeno moderno*, substituindo o papel que, antes dela, tinham os mitos e as teologias. Com a ideologia, a explicação sobre a origem dos homens, da sociedade e da política encontra-se nas ações humanas, entendidas como manifestação da consciência ou das ideias. Assim, por exemplo, julgar que o Estado não se origina da vontade de Deus, mas das ideias de estado de natureza, direito natural, contrato social e direito civil é supor que a consciência humana, independentemente das condições históricas materiais, pensou nessas ideias, julgou-as corretas e passou a agir por elas, criando a realidade designada e representada por elas.

A operação ideológica

Que faz a ideologia? Oferece a uma sociedade dividida em classes sociais antagônicas, e que vivem na forma da luta de classes, *uma imagem que permita a unificação e a identificação social* — uma língua, uma religião, uma etnia, uma nação, uma pátria, um Estado, uma humanidade, mesmos costumes. Assim, a função primordial da ideologia é *ocultar* a origem da sociedade (relações de produção como relações entre meios de produção e forças produtivas sob a divisão social do trabalho), *dissimular* a presença da luta de classes (domínio e exploração dos não proprietários pelos proprietários privados dos meios de produção), negar as desigualdades sociais (são imaginadas como se fossem consequência de talentos diferentes, da preguiça ou da disciplina laboriosa) e *oferecer* a imagem ilusória da comunidade (o Estado) originada do contrato social entre homens livres e iguais. **A ideologia é a lógica da dominação social e política**.

Porque nascemos e somos criados com essas ideias e nesse imaginário social, não percebemos a verdadeira natureza de classe do Estado. A resposta à segunda pergunta de Marx, qual seja, por que a sociedade não percebe o vínculo interno entre poder econômico e poder político, pode ser respondida agora: por causa da ideologia.

Cartaz da Assessoria Especial de Relações Públicas (Aerp) do governo Médici (1969-1974).

Práxis e revolução

O trabalho

Quando estudamos a ética, vimos Aristóteles estabelecer uma distinção que foi mantida no pensamento ocidental: a diferença entre *poiesis*, ação fabricadora (o trabalho e as técnicas), e *práxis* (a ação livre do agente moral e do sujeito político). Vimos também que Aristóteles valorizava muito mais a *práxis* do que a *poiesis*, o que é compreensível. De fato, a sociedade grega, na qual vivia Aristóteles, era escravista, desvalorizando o trabalho como atividade inferior, se comparada à ação livre do cidadão, isto é, dos proprietários (de terra, do artesanato e do comércio). Liberdade, diziam gregos e romanos, é não precisar ocupar-se com as atividades de sobrevivência, mas dispor de ócio para cuidar da coisa pública.

O desprezo pelo trabalho aparece em vários sintomas significativos: não há, na língua grega, uma palavra para designar *trabalho* (usa-se a palavra *ergon*, "obra"; ou a palavra *ponos*, "esforço penoso e doloroso"); a palavra latina da qual *trabalho* deriva é *tripalium*, um instrumento de três estacas, destinado a prender bois e cavalos difíceis de ferrar, portanto um instrumento de tortura. A outra palavra latina empregada para designar trabalho é *labor*, que corresponde ao grego *ponos*, portanto indica "pena", "fadiga", "cansaço", "dor", e é nesse sentido que se fala em "trabalho de parto". Os homens livres dispõem de *otium* (lazer) e os não livres estão no *neg-otium* (negação de ócio, trabalho).

O protestantismo, o capitalismo e o liberalismo não podem manter essa imagem do homem livre como homem desocupado, porque, como vimos, fazem o direito de propriedade repousar sobre o trabalho — trabalho de Deus, fazendo o mundo, propriedade do artífice divino; e trabalho do homem, instituindo a legitimidade da propriedade privada dos meios de produção, isto é, das condições materiais do trabalho. O **negócio** é a alma do capitalismo.

No entanto, algo curioso acontece. Apesar da valorização do trabalho e apesar da ideologia do direito natural, que afirma serem todos os homens livres e iguais, no momento de definir quem tem direito ao poder político, a classe dominante, como vimos, *esquece* a "dignidade do trabalho" e declara o poder político um direito exclusivo dos homens independentes ou livres, isto é, dos que não dependem de outros para viver. Em outras palavras, a cidadania pertence aos que não precisam trabalhar. Do ponto de vista moral, valoriza-se o trabalho — é ele que disciplina os apetites e desejos imoderados dos seres humanos —, mas, do ponto de vista político, não tem valor algum. Na política, a *práxis* continua sendo a greco-romana.

Marx critica a ideologia da *práxis* liberal e a concepção protestante do trabalho como esforço, disciplina e controle moral dos indivíduos. O ser humano é *práxis*. Esta é social e histórica. É o **trabalho**.

Que é o trabalho?

O trabalho, como vimos ao estudar o conceito de cultura, é a relação dos seres humanos com a natureza e entre si, na produção das condições de sua existência. Pelo trabalho, os seres humanos não consomem diretamente a natureza nem se apropriam diretamente dela, mas a transformam em algo humano também.

A subjetividade humana se exprime num objeto produzido por ela e a objetividade do produto é a materialização externa da subjetividade do trabalhador ou produtor. Pelo trabalho, os seres humanos estendem sua humanidade à natureza. É nesse sentido que o trabalho é *práxis*: ação em que o agente e o produto de sua ação são idênticos, pois o agente se exterioriza na ação produtora e no produto, ao mesmo tempo que este interioriza uma capacidade criadora humana, ou a subjetividade.

A ideologia burguesa e o trabalho

Vimos que, para Marx, nossa consciência é *determinada* pelas condições históricas em que vivemos. Vimos também que, para ele, os seres humanos fazem a sua própria história (são os sujeitos práticos dela), mas não a fazem em condições escolhidas voluntariamente por eles. Isso significa que a *práxis* se realiza em condições históricas dadas e, como sabemos, as condições são postas pela *divisão social do trabalho*, pelas *relações de produção* (relação entre meios de produção e forças produtivas), portanto, pela forma da propriedade e pela divisão social das classes.

Vimos, enfim, que, embora a consciência seja determinada pelas condições materiais em que vive, as ideias não representam a realidade *tal como é* e sim *tal como parece*, dando ensejo ao surgimento do *imaginário social* e, com a divisão entre trabalho material e intelectual, ao surgimento da *ideologia*.

No caso do modo de produção capitalista, a ideologia, que é burguesa, utiliza a ideia do trabalho de duas maneiras. A primeira, como vimos, é o emprego dessa ideia para *legitimar* a propriedade privada capitalista. A segunda, é seu uso para *legitimar* a ideia de contrato social e de contrato de trabalho.

Com efeito, a ideia de contrato vem do Direito Romano, que exige, para validar uma relação contratual, que as partes contratantes sejam livres e iguais. Para afirmar que a sociedade e o Estado nascem de um contrato social, a ideologia burguesa precisa afirmar que *todos* os homens nascem livres e iguais, embora a natureza os faça desiguais em talentos e a sociedade os faça desiguais economicamente. A ideologia burguesa precisa, portanto, da ideia de trabalhador livre. Por sua vez, o salário só aparecerá como legítimo se resultar de um contrato de trabalho entre os iguais e livres.

Segundo Marx, o capitalismo efetivamente produziu o trabalhador "livre": está "liberado" de todos os meios e instrumentos de produção, de todas as posses e propriedades, restando-lhe apenas a "liberdade" de vender sua força de trabalho. O trabalhador que a ideologia designa como trabalhador livre é o trabalhador realmente expropriado, o assalariado submetido às regras do modo de produção capitalista, convencido de que o contrato de trabalho torna seu salário legal, legítimo e justo.

Assim, num primeiro momento, o quadro oferecido por Marx é pessimista. Embora o ser humano seja *práxis* e esta seja o trabalho, o processo histórico desfigura o trabalho e o trabalhador, aliena os trabalhadores, que, não se percebendo como uma classe social, não se reconhecem nos produtos de seus trabalhos. A ideologia burguesa, por sua vez, cria a ideia de Homem Universal, livre e igual, dá-lhe o rosto dos proprietários privados dos meios de produção e persuade os trabalhadores de que também são esse Homem Universal, embora vivam miseravelmente.

No entanto, se a *práxis* é socialmente determinada, se a consciência é determinada pelas condições sociais do trabalho, nem tudo está perdido. Pelo contrário.

Consciência de classe e **práxis** *política*

Diferentemente de outros modos de produção, nos quais os trabalhadores (escravos, servos e homens pobres livres) trabalhavam isoladamente e não podiam perceber-se formando uma classe social, no capitalismo industrial as condições de trabalho (as fábricas, as grandes empresas comerciais, os grandes bancos, etc.) forçam os trabalhadores a trabalhar juntos e a conviver em seu local de trabalho.

Poderão, por isso, vir a se perceberem como um conjunto social determinado, isto é, como uma *classe social*, assim como poderão vir a perceber que há classes sociais cujos interesses não são os mesmos e sim contrários, e poderão vir a perceber em sua vida diária que o que a ideologia lhes ensina como verdade é falso. Por exemplo, a ideologia lhes diz que são livres, mas não têm liberdade para escolher o ofício, para definir o salário, para fixar a jornada de trabalho. A ideologia lhes diz que todos os homens são iguais, mas percebem que não podem ter moradia, vestuário, transporte, educação, saúde, como os seus patrões. Assim, pelas próprias condições de sua *práxis* cotidiana, têm condições para começar a duvidar do que lhes é dito e ensinado.

Podem, porém, vir a ser capazes de algo mais. O capital é uma propriedade privada diferente de todas as outras que existiram na história. De fato, as outras formas de propriedade davam riquezas aos seus proprietários, mas não davam **lucro**. Ou seja, as outras formas de riqueza não cresciam nem se acumulavam: para haver crescimento e acúmulo, era preciso pilhar ou roubar a riqueza de um outro homem, de um outro reino, de um outro povo. O capital, porém, tem a peculiaridade de crescer, de acumular-se e reproduzir-se. Com o lucro obtido na venda dos produtos do trabalho, o capital se acumula, cresce, se desenvolve e se amplia.

Pela primeira vez na história, surge uma forma da propriedade privada capaz de aumentar e desenvolver-se. Os trabalhadores poderão perguntar: afinal, de onde vem essa capacidade espantosa de crescimento do capital? Dizem os ideólogos que esse aumento vem do comércio, cujos lucros são investidos na produção. Nesse caso, por que os capitalistas não investem tudo no comércio, em vez de investir prioritariamente na indústria e na agroindústria?

É que, explica Marx, o lucro não vem da comercialização dos produtos para o consumo, *mas nasce na própria esfera da produção*, isto é, resulta da divisão social do trabalho e do tempo socialmente necessário para produzir alguma coisa.

O que é o modo de produção capitalista? A produção de mercadorias, isto é, de produtos cujo valor não é determinado por seu **uso**, mas pelo seu **valor de troca**. Este é determinado pelo custo total para produzir uma mercadoria (custo da matéria-prima, dos instrumentos de trabalho, dos conhecimentos técnicos e dos salários), custo calculado a partir do *tempo socialmente necessário* para produzi-la (horas de trabalho, horas de transporte, horas de descanso para reposição das forças, horas necessárias para a extração da matéria-prima e seu transporte, horas necessárias para a fabricação das máquinas e outros instrumentos de trabalho, etc.).

Quem produz as mercadorias? Os trabalhadores assalariados, que *vendem* sua força de trabalho aos proprietários privados dos meios de produção. Como as vendem? Como uma mercadoria dentre outras. Qual o procedimento que regula a compra e venda da força de trabalho? O contrato de trabalho, que, sendo um contrato, pressupõe que as partes contratantes sejam livres e iguais, e, portanto, que é por livre e espontânea vontade que o trabalhador vende sua força de trabalho pelo **salário**.

O que é o salário? O que é pago ao trabalhador para garantir sua *subsistência* e a *reprodução de sua força de trabalho* (alimentação, moradia, vestuário e condições para procriar). Quanto vale a *mercadoria-trabalhador*, isto é, quanto vale o salário? A economia política afirma que o salário corresponde aos custos e ao preço da produção de uma mercadoria. Calcula-se, assim, o que o trabalhador precisa para manter-se e reproduzir-se, deduzindo-se esse montante do custo total da produção e determinando o salário.

Na realidade, porém, não é o que ocorre. Para produzir uma determinada mercadoria, um trabalhador precisa de um certo número de horas (suponhamos, por exemplo, quatro horas) e seu salário será calculado a partir desse tempo; entretanto, de fato, o trabalhador trabalha durante muito mais tempo (suponhamos, oito horas) e, consequentemente, produz o dobro de mercadorias; estas, porém, não são computadas para o cálculo do salário, pois este corresponderá apenas à mercadoria que o trabalhador produz em um certo número de horas (no nosso exemplo, em quatro horas). Isso significa que o trabalhador realiza mais trabalho do que o salário lhe paga, ou seja, há um *trabalho excedente* não pago, isto é, não coberto pelo salário. Esse procedimento ocorre em toda indústria, na agricultura e no comércio, de maneira que a *massa social dos salários de todos os assalariados* corresponde apenas a *uma parte* do tempo socialmente necessário para a produção das mercadorias, ou seja, não corresponde à totalidade de tempo de trabalho dispendido realmente pelos trabalhadores, que produzem mais do que o salário lhes paga. A outra parte do trabalho, a que permanece não paga, forma uma gigantesca massa social de **mais-valia** (o valor do trabalho excedente não pago). *É a mais-valia que forma o lucro, e não a comercialização dos produtos.* E é esse lucro que será investido na produção de mercadorias para aumentar o capital.

Assim, essa propriedade privada espantosa, o capital, que parece mágica porque parece crescer sozinha, aumentando como se possuísse um fermento interno, na realidade se acumula e se reproduz, se amplia e se estende mundo afora porque se funda na *exploração social da massa dos assalariados*.

Se os trabalhadores puderem descobrir, pela compreensão do processo de trabalho, que os senhores do capital obtêm o lucro pela exploração do trabalho, que sem o trabalho não pago não haveria capital e que a ideologia e o Estado capitalistas existem para impedi-los de tal percepção, sua consciência será *conhecimento verdadeiro da realidade social*. Terão a ciência de sua *práxis*.

Se tiverem essa ciência, se conseguirem unir-se e organizar-se para transformar a sociedade e criar outra sem a divisão e a luta de classes, passarão à ***práxis* política**.

Linha de montagem na fábrica de automóveis Fiat, em Betim, Minas Gerais.

A revolução

Visto que a burguesia dispõe de todos os recursos materiais, intelectuais, jurídicos, políticos e militares para conservar o poderio econômico e estatal, ela buscará impedir a *práxis* política dos trabalhadores e estes não terão outra saída senão aquela que sempre foi usada pelas classes populares insubmissas e radicais: a **revolução**.

A teoria marxista da revolução não se confunde, portanto, com as teorias utópicas e libertárias, porque não se baseia na miséria, na infelicidade e na injustiça a que estão submetidos os trabalhadores, mas se fundamenta na *análise científica* da sociedade capitalista (nas "leis" do capital ou da economia política) e nela encontra as maneiras pelas quais os trabalhadores, conscientes e organizados, realizam sua própria emancipação. Por isso, Marx e Engels disseram que a emancipação dos trabalhadores terá de ser obra histórica dos próprios trabalhadores.

A sociedade comunista, sem propriedade privada dos meios de produção, sem exploração do trabalho, sem classes sociais, sem poder estatal, livre e igualitária, resulta, portanto, da *práxis* revolucionária da classe trabalhadora.

Num célebre panfleto político, o *Manifesto comunista*, que conclamava os proletários do mundo todo a se unirem e a se organizarem para a longa luta contra o capital, Marx e Engels consideravam que a *fase final* do combate proletário seria a revolução e que esta, antes de chegar à sociedade comunista, teria de demolir o aparato estatal (jurídico, burocrático, policial e militar) burguês.

Essa demolição foi designada por eles com a expressão "ditadura do proletariado", tomando a palavra *ditadura* do vocabulário político dos romanos. Estes, toda vez que Roma atravessava uma crise que poderia destruí-la, convocavam um homem ilustre e lhe davam, por um período determinado, o poder para refazer as leis e punir os inimigos de Roma, retirando-lhe o poder assim que a crise estivesse superada. Uma ditadura, na linguagem e na política romanas, significava um poder de duração determinada ou de curta duração. Na perspectiva de Marx e Engels, a ditadura do proletariado seria um breve período de tempo em que, não existindo ainda a sociedade sem Estado e já não existindo o Estado burguês, os proletários (portanto, uma classe social) governariam tendo em vista desfazer todos os mecanismos econômicos e políticos responsáveis pela existência de classes sociais e, portanto, causadores da exploração social. Somente depois de demolida a estrutura econômica capitalista e a superestrutura política e jurídica do Estado capitalista é que seria abolida a ditadura do proletariado, dando início à sociedade comunista.

Julgava Marx que essa seria a *última* revolução popular. Por que a última? Porque aboliria a *causa* de todas as revoluções que as anteriores não haviam conseguido abolir: a propriedade privada dos meios de produção. Só assim o trabalho poderia ser verdadeiramente *práxis* humana criadora.

Capítulo 13
As experiências políticas do século XX

A Revolução de Outubro

Em outubro de 1917, contra toda expectativa marxista, tem lugar a Revolução Russa, sob a liderança do Partido Bolchevique.

Por que "contra toda expectativa marxista"? Porque Marx julgara que a revolução proletária só poderia realizar-se quando as contradições internas ao capitalismo esgotassem as possibilidades econômicas e políticas da burguesia, e o proletariado, por meio da revolução, instaurasse a nova sociedade comunista. Em termos marxistas, a revolução proletária deveria acontecer nos países de capitalismo avançado, como a Inglaterra, a França, a Alemanha.

De fato, era essencial para a teoria da *práxis* revolucionária o pleno desenvolvimento do capitalismo, pois isso significava que a infraestrutura econômica, o avanço tecnológico e o grau de organização da classe trabalhadora prepariam a grande mudança histórica. Não era concebível, portanto, a revolução na Rússia, que vivia sob o Antigo Regime (a monarquia por direito divino, absoluta ou czarista), era majoritariamente pré-capitalista, com pequeno desenvolvimento do capitalismo em alguns centros urbanos, promovido não pela burguesia (quase inexistente), mas pelo próprio Estado e pelo capital externo (inglês, francês e alemão), sem forte consciência e organização proletárias.

Foi ali, porém, que aconteceu a primeira revolução proletária, antecedida por duas revoluções menores: a de 1905, que instaurou o parlamento, com partidos políticos da burguesia liberal, e a de fevereiro de 1917, que proclamou a república e convocou uma assembleia constituinte, mas cujo governo provisório não realizou as reformas prometidas e prosseguiu na guerra contra a Alemanha, provocando reação popular e rebelião das tropas.

Nas circunstâncias russas, o grande sujeito revolucionário não pôde ser a classe proletária organizada (quase inexistente), mas teve de ser uma vanguarda política, liderada por intelectuais acostumados às lutas clandestinas, o Partido Bolchevique ou a fração majoritária do Partido Social-Democrata Russo, que iria tornar-se o Partido Comunista Russo. Foi essa vanguarda que realizou a Revolução de Outubro de 1917.

Que dificuldades enfrentou a Revolução de Outubro?

- as dificuldades previsíveis, que toda revolução comunista enfrentaria, isto é, a reação militar e econômica do capital, na forma de guerra civil e de boicote econômico internacional;

- a existência da Primeira Guerra Mundial, que não só depauperou a precária economia russa, mas também permitiu que os poderes capitalistas internacionais enviassem tropas para auxiliar a contrarrevolução, o chamado Exército dos Brancos, que combatia o exército revolucionário ou o Exército Vermelho;

- o fracasso da revolução comunista alemã, em 1919, da qual se esperava não só apoio para o desenvolvimento da sociedade socialista russa, mas também que fosse o estopim da revolução proletária mundial; esta, se ocorresse, livraria a Revolução Russa do isolamento, do boicote capitalista internacional e da ameaça permanente de invasão militar capitalista;

- a ausência de forte consciência política e organização operárias num país majoritariamente camponês e no qual as atividades políticas tinham sido necessariamente obra de grupos clandestinos, formados sobretudo por intelectuais e estudantes. O contingente revolucionário mais significativo que os bolcheviques conseguiram não veio do proletariado organizado, mas das tropas (exército e marinha) rebeladas contra a Primeira Guerra Mundial, iniciada em 1914. A militarização, inevitável em toda revolução, no caso da Revolução Russa institucionalizou-se como organização do Partido Bolchevique;

- a ausência de economia capitalista desenvolvida que houvesse preparado a infraestrutura econômica e a organização sociopolítica para a nova sociedade. A revolução teve de realizar duas revoluções numa só: a burguesa, de destruição do Antigo Regime, e a comunista, contra a burguesia. Essa situação, mais a ruína econômica causada pela guerra e pela continuação da guerra civil, bem como o boicote do capitalismo internacional, obrigaram ao chamado "comunismo de guerra", que transformou a "ditadura do proletariado" em ditadura do Partido Bolchevique. Essa ditadura, em lugar de promover o surgimento da sociedade comunista, instaurou uma nova forma inesperada de capitalismo, o *capitalismo de Estado*, considerado "etapa socialista" para a futura sociedade comunista. Em outras palavras, a estatização da economia substituiu a abolição do Estado, prevista pelo *Manifesto Comunista*.

As experiências políticas do século XX | Capítulo 13

Trotski (1879-1940), intelectual marxista e revolucionário russo.

Stalin (1878-1953)

Lenin (1870-1924), revolucionário russo, líder do Partido Comunista e primeiro presidente do Conselho dos Comissários do Povo da União Soviética.

Assenhorando-se do Estado, o Partido Bolchevique criou um poderoso aparato militar e burocrático, que, evidentemente, entrou em conflito com os conselhos populares de operários, camponeses e soldados, os *sovietes*, pois estes haviam-se organizado para realizar o autogoverno de uma sociedade sem Estado. Os sovietes foram sendo dizimados e substituídos por órgãos do Partido Bolchevique, deles restando apenas o nome, que seria "colado" ao de república socialista: República Socialista Soviética. A ditadura do Partido Bolchevique se realizava por meio do aparato militar, policial e burocrático do Estado.

Em 1923, o Partido Bolchevique estava profundamente dividido entre a posição de Trotski — que criticava a burocratização e propunha a tese da *revolução permanente* — e a de Stalin, que conseguira galgar o posto de secretário-geral do partido, acumulando enormes poderes em suas mãos. Doente, Lenin, que estivera à frente da revolução, escreveu um testamento político no qual sugeria o afastamento de Stalin, alertando para o perigo de seu autoritarismo. Não foi, porém, atendido. Morreu em janeiro de 1924.

Valendo-se do cargo e colocando a direção partidária contra Trotski, Stalin assumiu o poder do Estado. Sob sua orientação (embora ficasse nos bastidores), as principais lideranças da revolução foram expulsas do partido; Trotski foi banido e, em 1940, assassinado por um agente stalinista, no México.

Com a tese "socialismo num só país" (portanto, oposta à tese marxista do internacionalismo proletário e da revolução mundial), Stalin implantou à força a coletivização da economia, sob a direção do Estado e do partido. Exerceu controle militar, policial e ideológico sobre toda a sociedade, instituiu o "culto à personalidade" e, em 1936, começou os grandes expurgos políticos, conhecidos como "processos de Moscou". Sempre nos bastidores, conseguiu que seus aliados forjassem todo tipo de acusação contra lideranças políticas de oposição, levando-as à condenação, à morte ou à prisão perpétua em campos de concentração. Fortaleceu a polícia secreta e consolidou o totalitarismo (de que falaremos a seguir).

Além da coletivização econômica, Stalin planejou a economia para investimentos na indústria pesada, sacrificando a produção de bens de consumo e os serviços públicos sociais. Prevendo a Segunda Guerra Mundial, orientou a economia para a indústria bélica, química pesada e energia elétrica, produzindo, à custa de enormes sacrifícios e privações da população, o maior crescimento econômico da história da Rússia, que se tornou potência econômica e militar mundial.

Cena do filme *O sol enganador*, de 1994, em que o diretor russo Nikita Mikhalkov expõe a desorientação da população soviética na década de 1930 diante da tirania do stalinismo.

| UNIDADE 8 | O mundo da prática

As experiências totalitárias: fascismo e nazismo

O século XX, durante os decênios de 1920-1940, viu acontecer uma experiência política sem precedentes: o **totalitarismo**, realizado por duas práticas políticas, o **fascismo** (originado na Itália) e o **nazismo** ou nacional-socialismo (originado na Alemanha).

A Alemanha, derrotada na Primeira Guerra Mundial, perdeu territórios e foi obrigada a pagar somas vultosas aos vencedores para ressarci-los dos prejuízos da guerra. A economia estava destroçada, reinavam o desemprego, a recessão e a inflação galopante. A crise assumiu proporções catastróficas quando, em 1929, houve a quebra ("*crash*") da Bolsa de Valores de Nova York, levando à ruína boa parte do capital mundial.

Partindo da crítica marxista ao liberalismo, mas recusando a ideia de revolução proletária comunista, o austríaco Adolf Hitler se ofereceu à burguesia e à classe média alemãs para salvá-las da revolução operária. Ele propôs o reerguimento da Alemanha por meio do fortalecimento do Estado, do nacionalismo geopolítico (a nação é o "espaço vital" do povo, que deve conquistar e manter territórios necessários ao seu desenvolvimento econômico) e da aliança com os setores conservadores do capital industrial e sobretudo do capital financeiro. Hitler foi eleito, em eleições livres e diretas, para o Parlamento e, em seguida, deu o golpe de Estado nazista.

A Itália, embora estivesse do lado dos vencedores da Primeira Guerra Mundial, ficou insatisfeita com as compensações que lhe foram dadas e, ao mesmo tempo, tentava manter-se economicamente pela exploração de colônias na África. Benito Mussolini, como Hitler, partiu da crítica marxista ao liberalismo, mas, como Hitler, recusava a ideia de revolução proletária comunista. Em vez dela, propôs o fortalecimento do Estado nacional, a aliança com setores conservadores do capital industrial e financeiro, a guerra de conquista de territórios e o nacionalismo baseado nas glórias do antigo Império Romano.

Embora de origem e significação diferentes, nazismo e fascismo possuem aspectos comuns:

- o *antiliberalismo*: não como afirmação do socialismo, e sim como defesa da total intervenção do Estado na economia e na sociedade civil. Em sua face inicial, ambos se apresentam contra a ordem burguesa liberal e conseguem a adesão da maioria da classe trabalhadora, que sofria as misérias da recessão e do desemprego;

- a *colaboração de classe*: afirmação de que o capital e o trabalho não são contrários nem contraditórios, mas podem e devem colaborar em harmonia para o bem da coletividade. No lugar das classes sociais, propõem (e criam) as corporações de ofício e de categoria, de que participavam patrões e assalariados, de modo a ocultar a divisão entre o capital e o trabalho. A ideia de Estado Corporativo havia sido elaborada pela Igreja católica e exposta na bula do papa Leão XIII, *Rerum Novarum*, escrita contra socialistas e comunistas;

- *aliança com o capital industrial monopolista e financeiro*: isto é, com os setores do capital cuja vocação é *imperialista*, exigindo a conquista de novos territórios para a ampliação do mercado e o acúmulo do capital;

- *nacionalismo*: a realidade social é a nação, entendida como unidade territorial e identidade racial, linguística, de costumes e tradições. A nação é o espírito do povo, a *pátria-mãe* dos antepassados de sangue, una, única e indivisa;

- *corporativismo*: a sociedade, como propunha o papa Leão XIII, deve ser organizada pelo Estado sob a forma de corporações do trabalho e do capital, hierarquizadas por suas funções e harmonizadas pela política econômica do Estado;

- *partido único que organiza as massas*: em lugar de classes sociais, a nação é vista como constituída pelo povo e este é a massa organizada pelo partido único, que a exprime e representa. O partido organiza a sociedade não só em sindicatos corporativos, mas tam-

Adolf Hitler (1889-1945), líder do Partido Nacional Socialista Alemão.

nazismo: essa palavra é a abreviação do nome de um partido político ao qual Hitler se filiou. Inicialmente, o partido denominava-se Partido Operário Alemão, mas Hitler propôs que fosse denominado Partido Operário Alemão Nacional-Socialista (*Nationalsozialistische* — *Nazi*). Operário, para indicar a oposição aos liberais, mas nacional-socialista para indicar a oposição aos comunistas e socialistas (críticos do nacionalismo por ser este uma ideologia necessária ao capital).

Benito Mussolini (1883-1945), líder do Partido Nacional Fascista na Itália.

fascismo: a palavra *fascismo* foi inventada por Mussolini a partir do vocábulo italiano *fascio*, "feixe". É dupla a significação de *fascio*: por um lado, refere-se ao conjunto de machados reunidos por meio de um feixe de varas, carregados por funcionários que precediam a aparição pública dos magistrados na antiga Roma, os machados significando o poder do Estado para decapitar criminosos, e as varas, a unidade do povo romano em torno do Estado; por outro, refere-se a uma tradição popular do século XIX, em que certas comunidades, lutando por seus interesses e direitos, simbolizavam sua luta e unidade pelos *fasci*. Mussolini se apropria do símbolo romano e popular, criando por toda a Itália os *fasci de combate*.

492

bém em associações: de jovens, de mulheres, de crianças, de artistas, escritores, cientistas, de bairro, de ginástica e dança, de música, etc. A relação entre a sociedade (a nação) e o Estado é feita pela mediação do partido;

- *ideologia de classe média ou pequeno-burguesa*: no modo de produção capitalista, há uma camada social que não é proletária-camponesa, nem é a proprietária privada dos meios de produção, nem é burguesa; trata-se da classe média ou pequena burguesia, constituída por comerciantes, profissionais liberais, intelectuais, artistas, artesãos independentes e funcionários públicos. Essa classe adere completamente aos valores e aos costumes da burguesia e teme a proletarização, sendo por isso antissocialista e anticomunista. Embora admire a burguesia, ressente-se por não possuir a riqueza e os privilégios burgueses.

  Com efeito, a classe média ou pequena burguesia acredita no individualismo competitivo, na ideia do "homem que se faz sozinho" graças à disciplina, à boa família, aos bons costumes e ao trabalho. Mas, ao contrário de suas expectativas, não consegue, apesar dos esforços, "subir na vida", e responsabiliza a "cobiça dos ricos" por sua situação inferiorizada, atribuindo-a à desordem do liberalismo. Por essas características, a classe média ou pequena burguesia é conservadora e reacionária, tendo predileção por propostas políticas que lhe prometam organizar o Estado e a economia de tal modo que desapareçam o liberalismo e o risco do socialismo-comunismo. É o destinatário privilegiado e preferido do nazismo e do fascismo (e de todas as políticas antissocialistas e anticomunistas);

Criança usada como mascote dos fascistas em um comício de Mussolini em Roma, em 1932.

- *imperialismo belicista*: pela aliança com o capital monopolista e financeiro, pela ideologia nacionalista expansionista, pela ideologia de classe média ou pequena burguesia, que espera das conquistas militares melhoria de suas condições sociais, nazismo e fascismo são políticas de guerra e de conquista. Hitler falará do sangue germânico que corre nas veias dos povos da Europa central e deverá ser "reconduzido" à pátria-mãe alemã pela guerra. Mussolini falará nas glórias do Império Romano e em sua reconquista pelas guerras italianas;

- *educação moral e cívica*: para garantir a adesão das massas à ideologia nazifascista, o Estado introduz a educação moral e cívica, pela qual crianças e adolescentes aprenderão os valores nazifascistas de pátria, disciplina, força do caráter, formação de corpos belos, saudáveis, poderosos, necessários aos guerreiros dos novos impérios;

- *propaganda de massa*: o nazifascismo introduz, pela primeira vez na história, a prática (hoje cotidiana e banal) da propaganda dirigida às massas. Essa propaganda é política, voltada para a manifestação de sentimentos, emoções e paixões, desvalorizando a razão, o pensamento e a consciência crítica. Por meio do rádio e da imprensa, de cartazes, desfiles, bandas, jogos atléticos, filmes, o nazifascismo procura incutir na massa a devoção incondicional à pátria e aos chefes, o amor à hierarquia, à disciplina e à guerra;

- *prática da censura e da delação*: o Estado, através do partido, das associações e de aparelhos especializados (policiais e militares), controla o pensamento, as ciências e as artes por meio da censura, queimando livros e obras de arte "contrários" à pátria e aos chefes, prendendo e torturando os dissidentes, perseguindo os "inimigos internos". Estimula também, sobretudo em crianças e jovens, a prática da delação contra os dissidentes, "desviantes" e "inimigos internos" do Estado;

- *racismo*: menos forte no fascismo, é um componente essencial do nazismo, que inventa a ideia de "raça ariana" ou "raça nórdica", superior a todas as outras, devendo conquistar algumas para que a sirvam e aniquilar outras, porque "inservíveis" e "perigosas". A ideia de aniquilação das "raças inferiores" faz do genocídio uma política do Estado. O nazismo considerou os negros africanos, os poloneses, tchecos, húngaros, romenos, croatas, sérvios e demais brancos europeus como "raças inferiores" a serem conquistadas para realizar o trabalho braçal para a raça superior. Considerou ciganos e judeus como raças a serem eliminadas (exterminou ciganos e seis milhões de judeus);

- *estatismo*: contra o Estado liberal (considerado caótico) e contra as revoluções socialistas e comunistas (que recusam o Estado), o nazifascismo cria o Estado forte, centralizado administrativamente, militarizado, que controla toda a sociedade por meio do partido, das milícias de jovens, da educação moral e cívica, da propaganda, da censura e da delação. Existe apenas o Estado como totalidade que engloba em seu interior o todo da sociedade.

Totalitarismo, portanto, significa Estado total, que absorve em seu interior e em sua organização o todo da sociedade e suas instituições, controlando-a por inteiro.

O nazifascismo proliferou por toda parte. Foi vitorioso não apenas na Itália e na Alemanha, mas, com variações, tomou o poder na Espanha (de Franco), em Portugal (com Salazar) e em vários países da Europa oriental.

Conseguiu ter partidos significativos em países como França, Inglaterra, Bélgica, Áustria, Argentina. No Brasil, deu origem à Ação Integralista Brasileira, criada por Plínio Salgado.

O totalitarismo stalinista

Embora o totalitarismo russo esteja ligado indissoluvelmente ao nome de Stalin, isso não significa que tenha terminado com sua morte.

Até a chamada *glasnost* ("transparência"), proposta nos anos 1980 por Mikhail Gorbachev, existiu o stalinismo sem Stalin, ou seja, o totalitarismo na ex-União Soviética.

Muitos traços do stalinismo são semelhantes aos do nazifascismo (centralização estatal, partido único com controle total sobre a sociedade, militarização, nacionalismo, imperialismo, censura do pensamento e da expressão, propaganda estatal no lugar da informação, campos de concentração, invenção contínua dos "inimigos internos"), mas a diferença fundamental e trágica entre eles está no fato de que o stalinismo sufocou a primeira revolução comunista e deformou profundamente o marxismo, marcando com o selo totalitário os partidos comunistas do mundo inteiro.

As grandes teses de Marx foram destruídas pelas teses stalinistas:

- à tese marxista da revolução proletária mundial, o stalinismo contrapôs a tese do socialismo num só país, transformando-a em diretriz obrigatória para os partidos comunistas do mundo inteiro. Isso significou que tais partidos deveriam abandonar práticas revolucionárias em seus países para não prejudicar as relações internacionais da União Soviética. Eram estimuladas, porém, as guerras de libertação nacional contra os países colonialistas sempre que isso fosse do interesse econômico e geopolítico dos soviéticos;

- à tese marxista da ditadura do proletariado para a derrubada do Estado, o stalinismo contrapôs a ditadura do partido único e do Estado forte;

glasnost e *perestroika*: o conceito de *glasnost* se associa a liberdade de expressão e abertura política na ex-União Soviética. *Perestroika* ("reestruturação") se associa à abertura econômica.

Mikhail Gorbachev (1931) foi o último secretário-geral do Partido Comunista da União Soviética.

- à tese marxista da abolição do Estado na sociedade comunista sem classes sociais, contrapôs o agigantamento do Estado, a absorção da sociedade pelo aparelho estatal e pelos órgãos do partido, cuja burocracia constituiu-se numa nova classe dominante, com interesses e privilégios próprios;

- à tese marxista da luta proletária contra a burguesia e a pequena burguesia, bem como da afirmação de que, em muitos processos revolucionários, parte da burguesia e da pequena burguesia se aliam ao proletariado mas o abandonam a partir de certo ponto, devendo ele prosseguir sozinho na ação revolucionária, o stalinismo contrapôs a tese oportunista da "estratégia" e da "tática", segundo a qual, em certos casos, o proletariado faria alianças e nelas permaneceria e, em outros, não faria aliança alguma, se isso não fosse do interesse da vanguarda partidária;

- à tese marxista do internacionalismo proletário ("Proletários de todos os países, uni-vos", dizia o *Manifesto Comunista*), contrapôs o nacionalismo e o imperialismo russos, primeiro invadindo e dominando a Europa oriental e depois os países asiáticos não dominados pela China;

- à tese marxista do partido político como instrumento de organização da classe trabalhadora e expressão prática de suas ideias e lutas, contrapôs a burocracia partidária como vanguarda política, que não só "representa" os interesses proletários mas os encarna e os direciona, pois é detentora do poder e do saber;

- à tese marxista da relação indissolúvel entre as ideias e as condições materiais, isto é, entre teoria e prática, que permitia o desenvolvimento da consciência crítica da classe trabalhadora, contrapôs a propaganda estatal, a ideologia do chefe como "pai dos povos", o controle da educação e dos meios de comunicação pelo partido e pelo Estado;

- à tese de Marx de que a teoria e a prática estão numa relação dialética, que o conhecimento é histórico e um processo interminável de análise e compreensão das condições concretas postas pela realidade social, o stalinismo contrapôs uma invenção, o *Diamat* (materialismo dialético), isto é, o marxismo como *doutrina* a-histórica, fixada em dogmas expostos sob a forma de catecismos de vulgarização da ideologia stalinista. Foi tão longe nisso, que considerou função do Estado definir o *pensamento correto*.

    Para tanto, os intelectuais do partido foram encarregados de determinar as linhas "corretas" para a filosofia, as ciências e as artes. Instituiu-se a psicologia oficial, a medicina e a genética oficiais, a literatura, a pintura, a música e o cinema oficiais, a filosofia e a ciência oficiais, encarregando-se a polícia secreta de queimar obras, prender, torturar, assassinar ou enviar para campos de concentração os "dissidentes" ou "desviantes". Os herdeiros de Stalin foram mais longe: consideraram que, como o partido e o Estado dizem a verdade absoluta, os "desvios" intelectuais, artísticos e políticos eram sintomas de distúrbios psíquicos e de loucura, e enviavam, por isso, os "dissidentes" para hospitais psiquiátricos;

- à tese marxista de que a classe trabalhadora é sujeito de sua própria história quando toma consciência de sua situação e luta contra ela, aprendendo com a memória dos combates e a tradição das derrotas, o stalinismo contrapôs a ideia de história oficial da classe proletária, identificada com a história do Partido Comunista e com a interpretação dada por este último aos acontecimentos históricos, roubando assim dos trabalhadores o direito à memória;

- à tese marxista de que os inimigos da classe trabalhadora não são indivíduos dessa ou daquela classe, mas de uma outra classe social enquanto classe, contrapôs a ideia de "inimigos do povo saídos do seio do próprio povo" como inimigos de sua própria classe, porque são "agentes estrangeiros infiltrados no seio do povo uno, indiviso, bom e homogêneo";

⋯⋯› à tese de Marx da nova sociedade como concretização da liberdade, da igualdade, da abundância, da justiça e da felicidade, o stalinismo contrapôs o "operário modelo" e o "militante exemplar", acostumados à obediência cega aos comandos do Estado e do partido e à hierarquia social imposta por eles. Viver *pelo* e *para* o Estado e o partido tornaram-se sinônimos de felicidade, liberdade e justiça.

A transformação das ideias e práticas stalinistas em *instituições sociais* fez com que o stalinismo não fosse um acontecimento de superfície, que pudesse ser apagado com a morte de Stalin. Pelo contrário. O stalinismo instituiu uma nova *formação social*, que modelou corpos, corações e mentes e que só desapareceu, parcialmente, no fim dos anos 1980 e início dos anos 1990, porque a crise econômica, provocada pelo delírio armamentista, fez emergirem contradições sufocadas durante setenta anos.

A social-democracia

Dois acontecimentos políticos marcaram o período posterior à Segunda Guerra Mundial: a *guerra fria* e o surgimento do *Estado do Bem-Estar Social (Welfare State)*, ou a **social-democracia**. No final do século XX, instalou-se o **neoliberalismo**.

A guerra fria

A *guerra fria* foi a divisão geopolítica, econômica e militar entre dois grandes blocos: o bloco capitalista, sob a direção dos Estados Unidos (incluindo as três Américas, a Europa Ocidental e as colônias europeias na África, no Oriente Médio e na Ásia), e o bloco comunista, sob a direção da União Soviética e da China (incluindo os países da Europa Central e do Leste). Uma das principais razões para essa divisão foi militar, isto é, a invenção da bomba atômica, que alterava de modo irreversível a natureza dos arsenais bélicos, pondo fim às guerras convencionais.

O símbolo dessa guerra foi a divisão da Alemanha em *Ocidental*, ocupada pelas forças militares capitalistas da chamada Organização do Tratado do Atlântico Norte (Otan), e *Oriental*, ocupada pelas forças soviéticas do chamado Pacto de Varsóvia (isto é, dos países da Europa oriental submetidos à União Soviética). Esse símbolo concretizou-se no "Muro de Berlim", a muralha erguida pelos russos para impedir a passagem dos alemães da Alemanha Oriental para a Ocidental e para controlar a entrada e saída de pessoas da Alemanha Ocidental para a Oriental.

Inicialmente, cada bloco julgava que a posse de armamentos nucleares lhe daria mais poder para eliminar o outro. Pouco a pouco, porém, a chamada "corrida armamentista" deixou de visar diretamente à guerra, voltando-se para a intimidação recíproca dos adversários, limitando suas ações imperialistas. Finalmente, percebeu-se que uma guerra não convencional ou nuclear teria resultado zero, ou seja, não teria vencedores, pois o planeta seria inteiramente destruído. A guerra teria de ser, portanto, guerra fria — espionagem, financiamento de guerras localizadas, apoio soviético a guerras anticoloniais, desestabilização norte-americana de regimes socialistas instituídos na área de poder dos Estados Unidos, etc. A guerra fria definiu, por quase cinquenta anos, o alinhamento político e econômico de todos os países à volta dos dois blocos hegemônicos.

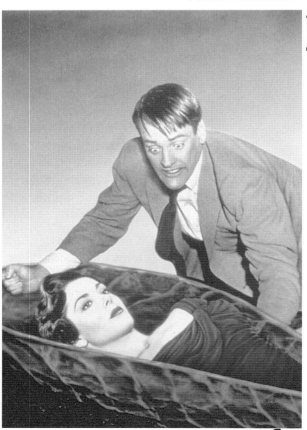

Cena do filme *Vampiros de almas*, de 1956, dirigido por Don Siegel. Durante a paranoia anticomunista na década de 1950, os filmes de ficção científica produzidos nos Estados Unidos associavam a expansão soviética a invasões marcianas.

Sob a ação de Mikhail Gorbachev, a guerra fria terminou com o fim do regime soviético, com a *glasnost* e a *perestroika* sendo implementadas. Na verdade, o regime terminou como consequência da ruína econômica da União Soviética, que não só manteve planos econômicos ligados à indústria bélica, como não desenvolveu as novas tecnologias de ponta exigidas pela era da eletrônica e da informática. O atraso econômico, as lutas regionais por independência (por parte dos países anexados ao bloco soviético após a Segunda Guerra Mundial), a estagnação social e cultural, as contradições internas à sociedade soviética, as ameaças contínuas de guerra com a China, a mudança na forma do capital (o advento do chamado *neoliberalismo*) e a hegemonia ideológica capitalista foram alguns dos fatores que levaram à política de Gorbachev e ao desmantelamento parcial do totalitarismo stalinista.

A social-democracia e o Estado do Bem-Estar Social

Desde muito cedo, entre os marxistas, surgiu uma indagação: a passagem do capitalismo ao comunismo deveria ser feita necessariamente por uma revolução ou poderia ser realizada por um conjunto crescente de reformas, com as quais o poder passaria das mãos da burguesia para as do proletariado? A discussão "reforma ou revolução?" deu origem à ideia de etapas históricas para a passagem ao comunismo; a principal dessas etapas era o socialismo, entendido como passagem gradual ao comunismo por meio de reformas no capitalismo. A política socialista era proposta por partidos que se denominavam *social-democratas*, sendo a expressão "social-democracia" indicadora da política da esquerda reformista.

Embora, antes da Segunda Guerra, várias experiências de tipo social-democrata tenham sido realizadas nos países escandinavos (Suécia, Dinamarca) e na Inglaterra (com o Partido Trabalhista), pode-se falar numa presença mais firme e ampla da social-democracia como política da esquerda reformista somente a partir do final daquela guerra, portanto, a partir do final dos anos 1940. Por essa ocasião, a social-democracia instituiu-se como política do Estado de Bem-Estar Social (*Welfare State*), implantado nos países capitalistas avançados do hemisfério norte como defesa do capitalismo contra o perigo do retorno do nazifascismo e da revolução comunista.

A crise econômica gerada pela guerra, as críticas nazifascista e comunista ao liberalismo, as lutas dos trabalhadores por direitos econômicos e sociais fundadas na imagem da sociedade socialista em construção na União Soviética e na China, fazendo com que os trabalhadores encontrassem nelas (ignorando o que ali realmente se passava) um contraponto para as desigualdades e injustiças do capitalismo, tudo isso levou à necessidade de reformar a economia e de alterar a ação do Estado, corrigindo os problemas econômicos e sociais. A essa tarefa dedicou-se a social-democracia por meio do Estado do Bem-Estar Social (também chamado de Estado Providência).

John Keynes (1883-1946)

Inspirando-se nas ideias do economista inglês John Keynes, a social-democracia passou a combater a anarquia econômica liberal por meio do Estado. Este, em lugar de ser o árbitro de conflitos, postado acima da sociedade civil (à maneira liberal), passa a *intervir* na economia, investindo em indústrias estatais, subsidiando empresas privadas na indústria, na agricultura e no comércio, exercendo controle sobre preços, salários e taxas de juros. Assume para si um conjunto de encargos sociais ou serviços públicos, entendidos como *direitos sociais* reivindicados pela classe trabalhadora: saúde, educação, moradia, transporte, previdência social, salário-desemprego, salário-família, etc. Além dos direitos sociais, também atende *demandas de cidadania política*, como o sufrágio universal (pois este era praticado em poucos países, mesmo os ditos democráticos).

A economia política que sustentava o Estado do Bem-Estar Social possuía, *grosso modo*, três características principais:

1. o **fordismo** na produção, isto é, as grandes "plantas industriais" que realizavam a atividade econômica desde a produção da matéria-prima até sua distribuição no mercado de bens e de consumo, controlavam, por meio do planejamento e da chamada "gerência científica", a organização do trabalho, a produção de grandes estoques e o controle dos preços;

2. a inclusão crescente dos indivíduos no mercado de trabalho, orientando-se pela ideia de pleno emprego;

3. **monopólios** e **oligopólios** que, embora transnacionais ou multinacionais, tinham como referência reguladora o Estado nacional. Para que essa economia realizasse o bem-estar, foi preciso que o Estado nela interviesse como *regulador* e como *parceiro*, o que foi feito pela criação do fundo público.

Como opera o fundo público?

Como explica o sociólogo e economista brasileiro Francisco de Oliveira, no livro *Os direitos do antivalor – A economia política da hegemonia imperfeita*, o fundo público opera de duas maneiras principais: a) pelo financiamento simultâneo da acumulação do capital (os gastos públicos com a produção, desde subsídios para a agricultura, a indústria e o comércio até subsídios para a ciência e a tecnologia, formando amplos setores produtivos estatais que desaguam no célebre complexo militar-industrial, além da valorização financeira do capital por meio da dívida pública, etc.); e b) pelo financiamento da reprodução da força de trabalho, alcançando toda a população por meio dos gastos sociais (educação gratuita, medicina socializada, previdência social, seguro-desemprego, subsídios para transporte, alimentação e habitação, subsídios para cultura e lazer, salário-família, etc.).

A ação de duplo financiamento, diz Francisco de Oliveira, gerou um segundo salário, o salário indireto, ao lado do salário direto (o direto é aquele pago privadamente ao trabalho e o indireto é aquele pago publicamente aos cidadãos para a reprodução de sua força de trabalho). O resultado foi o aumento da capacidade de consumo das classes sociais, particularmente da classe média e da classe trabalhadora, dando ensejo ao consumo de massa.

Em suma, o Estado do Bem-Estar Social introduziu a república entendida estruturalmente como *gestão dos fundos públicos*, os quais se tornam precondição da acumulação, da reprodução do capital (e da formação da taxa de lucro) e da reprodução da força de trabalho por meio das despesas sociais. Numa palavra, houve a socialização dos custos da produção e a manutenção da apropriação privada dos lucros ou da renda (isto é, a riqueza não foi socializada).

Por meio da guerra fria e do Estado do Bem-Estar Social, o bloco capitalista procurou impedir, nos países economicamente subdesenvolvidos ou do então denominado Terceiro Mundo (América Latina, África, Oriente Médio), rebeliões populares que desembocassem em revoluções comunistas.

O perigo dessas revoluções existia por dois motivos principais: ou porque os países do Terceiro Mundo eram colônias dos países capitalistas (nos anos 1950 e 1960, os casos da guerra da Argélia e do Vietnã contra o colonialismo francês tornavam muito presentes a ideia de revolução), ou porque neles a desigualdade econômico-social, a miséria e as injustiças eram de tal monta que, nas colônias, guerras de libertação nacional e, nos demais países, rebeliões populares podiam acontecer a qualquer momento e transformar-se em revoluções (o caso de Cuba, em 1959, evidenciou essa possibilidade).

Os países mais fortes do bloco capitalista adotaram duas medidas: por meio do Banco Mundial e do Fundo Monetário Internacional (FMI), fizeram empréstimos aos Estados do Terceiro Mundo para investir nos serviços sociais e em empresas estatais; e, por meio dos serviços de espionagem e das forças armadas, ofereceram "ajuda" militar para reprimir revoltas e revoluções. Com isso, estimularam, sobretudo a partir dos anos 1960, a proliferação de ditaduras militares e regimes autoritários nessas regiões, como foi o caso do Brasil, do Chile e da Argentina.

Terceiro Mundo: terminologia muito em voga durante a guerra fria para diferenciar o Primeiro Mundo (capitalista) do Segundo Mundo (socialista), mas que vem sendo substituída nos últimos anos pelas expressões "países emergentes" ou "em desenvolvimento".

O neoliberalismo

O que chamamos de *neoliberalismo* é uma teoria econômico-política formulada por um grupo de economistas, cientistas políticos e filósofos que, em 1947, reuniu-se em Mont Saint Pélerin, na Suíça, em torno do economista austríaco Frederick Hayek

Frederick Hayek
(1899-1992)

Milton Friedman
(1912-2006)

e do norte-americano Milton Friedman. Esse grupo opunha-se ao surgimento do Estado de Bem-Estar Social de estilo keynesiano e social-democrata.

Navegando contra a corrente das décadas de 1950 e 1960, esse grupo elaborou um detalhado projeto econômico e político no qual atacava o Estado do Bem-Estar Social com seus encargos sociais e com a função de regulador das atividades do mercado. Afirmava que esse tipo de experiência destruía a liberdade dos cidadãos e a competição, sem as quais não há prosperidade.

Essas ideias permaneceram como letra morta até a crise capitalista do início dos anos 1970, quando o capitalismo conheceu, pela primeira vez, um tipo de situação imprevisível, isto é, baixas taxas de crescimento econômico e altas taxas de inflação: a denominada *estagflação*.

O grupo do Mont Saint Pélerin passou a ser ouvido com respeito, porque oferecia a suposta explicação para a crise: esta, diziam eles, fora causada pelo poder excessivo dos sindicatos e dos movimentos operários, que haviam pressionado por aumentos salariais e exigido o aumento dos encargos sociais do Estado. Teriam, dessa maneira, destruído os níveis de lucro requeridos pelas empresas e desencadeado os processos inflacionários incontroláveis.

Feito o diagnóstico, o grupo do Mont Saint Pélerin propôs o tratamento:

1. um **Estado forte** para quebrar o poder dos sindicatos e movimentos operários, para controlar o dinheiro público e cortar drasticamente os encargos sociais e os investimentos na economia;

2. um Estado cuja meta principal deveria ser a **estabilidade monetária**, que contém os gastos sociais e restaura a taxa de desemprego necessária para formar um exército industrial de reserva, quebrando o poderio dos sindicatos;

3. um Estado que realizasse uma **reforma fiscal** para incentivar os investimentos privados e, portanto, que reduzisse os impostos sobre o capital e as fortunas, aumentando os impostos sobre a renda individual e, portanto, sobre o trabalho, o consumo e o comércio;

4. um Estado que se afastasse da regulação da economia, deixando que o próprio mercado, com sua racionalidade própria, operasse a desregulação; em outras palavras, abolição dos investimentos estatais na produção, abolição do controle estatal sobre o fluxo financeiro, drástica legislação antigreve e vasto **programa de privatização**.

O modelo foi aplicado, primeiro, no Chile, depois na Inglaterra e nos Estados Unidos, expandindo-se para todo o mundo capitalista e, depois da "queda do Muro de Berlim", para o Leste europeu.

Na verdade, de acordo com Francisco de Oliveira, não foram as ideias dos economistas de Mont Saint Pélerin que puseram em marcha o neoliberalismo, e sim as contradições do fundo público implantado pelo Estado do Bem-Estar Social, que levaram ao seu colapso e à proposta neoliberal.

Com efeito, para garantir simultaneamente a acumulação e reprodução do capital e a da força de trabalho, o Estado do Bem-Estar Social endividou-se e entrou num processo de dívida pública conhecido como *deficit* fiscal ou "crise fiscal do Estado". Essa crise torna-se incontornável com a internacionalização oligopólica da produção e da finança, pois os oligopólios multinacionais não enviam aos seus países de origem os ganhos obtidos fora de suas fronteiras e, portanto, não alimentam o fundo público nacional, que deve continuar financiando o capital e a força de trabalho. É isso o chamado "colapso da modernização" e a origem da aplicação da política neoliberal, que propõe "enxugar" ou "encolher" o Estado.

Francisco de Oliveira explica também por que a teoria neoliberal propõe o encolhimento do Estado. Com sua presença na forma do salário indireto, o fundo público desatou o laço que prendia o capital à força de trabalho (isto é, a relação entre capital e salário direto). Essa amarra era o que, no passado, fazia a inovação técnica pelo capital ser uma reação ao aumento real de salário e, desfeito o laço, o impulso à inovação tecnológica tornou-se praticamente ilimitado, provocando expansão dos investimentos e agigantamento das forças produtivas cuja liquidez é impressionante, mas cujo lucro não é suficiente para concretizar todas as possibilidades tecnológicas. Por isso mesmo, o capital precisa de parcelas da riqueza pública, isto é, do fundo público, na qualidade de financiador dessa concretização. Para tanto, é preciso que desapareça o Estado do Bem-Estar Social, ou seja, todos os benefícios sociais que dirigem o fundo público para a garantia de direitos sociais.

Essa teoria neoliberal tornou-se o suporte ideológico da mudança na forma da acumulação do capital, hoje conhecida como "acumulação flexível".

Até meados dos anos 1970, a sociedade capitalista era orientada por dois grandes princípios: *o princípio de Keynes* de intervenção do Estado na economia por meio de investimentos e endividamento para distribuição da renda e promoção do bem-estar social, visando diminuir as desigualdades; e *o princípio de Henry Ford* de organização industrial baseada no planejamento, na funcionalidade e no longo prazo do trabalho industrial, com a centralização e verticalização das plantas industriais, grandes linhas de montagens concentradas num único espaço, formação de grandes estoques e orientado pelas ideias de racionalidade e durabilidade dos produtos, e de política salarial e promocional visando aumentar a capacidade de consumo dos trabalhadores.

Em contrapartida, como podemos caracterizar o capitalismo atual? Seus principais traços podem ser assim resumidos:

1. o **desemprego tornou-se estrutural**, deixando de ser acidental ou expressão de uma crise *conjuntural*, porque a forma contemporânea do capitalismo, ao contrário de sua forma clássica, não opera *por inclusão* de toda a sociedade no mercado de trabalho e de consumo, mas *por exclusão*. Essa exclusão se faz não só pela introdução da automação, mas também pela velocidade da rotatividade da mão de obra, que se torna desqualificada e obsoleta muito rapidamente em decorrência da velocidade das mudanças tecnológicas. Como consequência, tem-se a perda de poder dos sindicatos e o aumento da pobreza absoluta;

2. o **monetarismo** e o **capital financeiro** tornaram-se o coração e o centro nervoso do capitalismo, ampliando a desvalorização do trabalho produtivo e privilegiando a mais abstrata das mercadorias, *o dinheiro*. O poderio do capital financeiro determina, diariamente, as políticas dos vários Estados porque estes, sobretudo os agora chamados países em desenvolvimento (antigo Terceiro Mundo), dependem da vontade dos bancos e das financeiras de transferir periodicamente os recursos para um determinado país, abandonando outro;

crise financeira mundial de 2008: em meados de 2008, uma crise de abrangência mundial, provocada inicialmente pelos chamados *subprimes* (empréstimos imobiliários norte-americanos sem garantia de pagamento), afetou o mercado financeiro. Foi a primeira demonstração mais séria de colapso na economia de mercado desde a crise de 1929.

Operadores observam índices em painel da Bovespa, em São Paulo, nas primeiras manifestações da crise financeira mundial, em outubro de 2008.

3. a **terceirização**, isto é, o aumento do setor de serviços tornou-se estrutural, deixando de ser um suplemento à produção porque, agora, a produção não mais se realiza no antigo modelo fordista das grandes plantas industriais, que concentravam todas as etapas da produção (da aquisição da matéria-prima à distribuição dos produtos), mas opera por *fragmentação* e *dispersão* de todas as esferas e etapas da produção, com a compra de serviços no mundo inteiro. Como consequência, desaparecem todas as *referências materiais* que permitiam à classe operária perceber-se como classe e lutar como classe social, enfraquecendo-se ao se dispersar nas pequenas unidades terceirizadas espalhadas pelo planeta;

4. a **ciência e a tecnologia tornaram-se forças produtivas**, deixando de ser mero suporte do capital para se converter em agentes de sua acumulação. Consequentemente, mudou o modo de inserção dos cientistas e técnicos na sociedade, porque estes tornaram-se *agentes econômicos diretos* e a força e o poder capitalistas encontram-se no *monopólio dos conhecimentos e da informação*;

5. diferentemente da forma social-democrata, que desde o pós-Segunda Guerra havia definido o Estado como agente econômico para regulação do mercado e agente fiscal que emprega a tributação para promover investimentos nas políticas de direitos sociais, agora o capitalismo *dispensa* e *rejeita* a presença estatal não só no mercado mas também nas políticas sociais, de sorte que a **privatização**, tanto de empresas quanto de serviços públicos, também se tornou estrutural. Disso resulta que *a ideia de direitos sociais como pressuposto e garantia dos direitos civis ou políticos tende a desaparecer, pois o que era um direito converte-se num serviço privado regulado pelo mercado e, portanto, torna-se uma mercadoria* apenas para os que têm poder aquisitivo para adquiri-la;

6. a **transnacionalização da economia** torna desnecessária a figura do Estado nacional como *enclave territorial para o capital* e dispensa as formas clássicas do imperialismo (colonialismo político-militar, geopolítica de áreas de influência, etc.), de sorte que o centro econômico, jurídico e político-planetário encontra-se no FMI e no Banco Mundial. Estes operam com um único dogma, proposto pelo grupo fundador do neoliberalismo, qual seja: *estabilidade econômica* e *corte do déficit público*, ou seja, corte nas aplicações sociais do fundo público;

7. a antiga distinção entre países de Primeiro Mundo e Terceiro Mundo tende a ser substituída pela existência, em cada país, de uma divisão entre bolsões de riqueza absoluta e de miséria absoluta, isto é, a *polarização de classes* aparece como polarização entre a *opulência absoluta* e a *indigência absoluta*. Há, em cada país, um "primeiro mundo" e um "terceiro mundo", nos antigos termos.

No entanto, mudaram os termos, mas não muda a realidade. A diferença está apenas no número de pessoas que pertencem a um desses "mundos", em razão dos dispositivos sociais e legais de distribuição da renda, garantia de direitos sociais consolidados e da política tributária.

Podemos resumir a teoria e a prática neoliberais dizendo que, com elas, dá-se o **encolhimento do espaço público dos direitos sociais** e o **alargamento do espaço privado dos interesses de mercado**. É com essa situação que a democracia contemporânea tem de lidar.

---

globalização: processo iniciado na segunda metade do século XX e intensificado nos anos 1980, com o uso crescente das novas tecnologias da informação, que conduz à integração das economias e das sociedades de vários países com relação à produção de mercadorias e serviços, à conexão dos mercados financeiros e à difusão das informações.

Capítulo 14
A questão democrática

A democracia como ideologia

No centro do discurso político capitalista encontra-se a defesa da democracia.

Vimos que as formações sociais totalitárias cresceram à sombra da crítica à democracia liberal, considerada responsável pela desordem e caos socioeconômicos, porque abandona a sociedade à cobiça ilimitada dos ricos e poderosos. A democracia é o mal.

Por seu turno, na luta contra os totalitarismos, os Estados capitalistas afirmaram tratar-se do combate entre a opressão e a liberdade, a ditadura e a democracia. A democracia é o bem.

Nos dois casos, a democracia, erguida ora como o mal, ora como o bem, deixava de ser encarada como forma da vida social para tornar-se um tipo de governo e um instrumento ideológico para esconder o que ela é, em nome do que ela "vale". Tanto assim, que os grandes Estados capitalistas, campeões da democracia, não tiveram dúvida em auxiliar a implantação de regimes autoritários (portanto antidemocráticos) toda vez que lhes pareceu conveniente.

Embora liberalismo e Estado do Bem-Estar Social (ou social-democracia) sejam diferentes quanto à questão dos direitos — o primeiro limita os direitos à cidadania política definida pela classe dominante, o segundo amplia a cidadania política e acolhe a ideia de direitos sociais —, no que tange à democracia eles são semelhantes. Como ambos a definem de fato? Como *regime da lei e da ordem para a garantia das liberdades individuais*.

O que isso quer dizer?

Em primeiro lugar, que identificam *liberdade* e *competição* — tanto a competição econômica da chamada "livre iniciativa" quanto a competição política entre partidos que disputam eleições.

Em segundo lugar, que identificam *a lei* com *a potência judiciária para limitar o poder político*, defendendo a sociedade contra a tirania, pois a lei garante os governos escolhidos pela vontade da maioria.

Em terceiro lugar, que identificam *a ordem* com *a potência do Executivo e do Judiciário para conter e limitar os conflitos sociais*, impedindo o desenvolvimento da luta de classes, seja pela repressão, seja pelo atendimento das demandas por direitos sociais (emprego, boas condições de trabalho e salário, educação, moradia, saúde, transporte, lazer).

Em quarto lugar, que, embora a democracia apareça justificada como "valor" ou como "bem", é encarada, de fato, pelo critério da *eficácia*. Em outras palavras, defendem a democracia porque lhes parece um regime favorável à apatia política (a política seria assunto dos representantes, que são políticos profissionais), que, por seu turno, favorece a formação de uma elite de *técnicos competentes* aos quais cabe a direção do Estado, evitando, dessa maneira, uma participação política que traria à cena os "extremistas" e "radicais" da sociedade, isto é, os "incompetentes".

A democracia é, assim, reduzida a um regime político eficaz, baseado na ideia de cidadania organizada em partidos políticos, que se manifesta no processo eleitoral de escolha dos representantes, na rotatividade dos governantes e nas soluções técnicas (e não políticas) para os problemas sociais.

Vista por esse prisma, é realmente uma ideologia política e justifica a crítica que lhe dirigiu Marx ao referir-se ao formalismo jurídico que preside a ideia de direitos do cidadão. Em outras palavras, desde a Revolução Francesa de 1789, essa democracia declara os direitos universais do homem e do cidadão, mas a sociedade está estruturada de tal maneira que tais direitos não podem existir concretamente para a maioria da população. *A democracia é formal, não é concreta.*

A sociedade democrática

Vimos que uma ideologia não nasce do nada nem repousa no vazio, mas exprime, de maneira invertida, dissimulada e imaginária, a *práxis* social e histórica concretas. Isso se aplica à *ideologia democrática*. Em outras palavras, há, na prática democrática e nas ideias democráticas, uma profundidade e uma verdade muito maiores e superiores ao que a ideologia democrática percebe e deixa perceber.

Que significam as eleições? Muito mais do que a mera rotatividade de governos ou a alternância no poder. Simbolizam o essencial da democracia: que o poder não se identifica com os ocupantes do governo, *não lhes pertence*, mas é sempre um lugar vazio que os cidadãos, periodicamente, preenchem com um representante, podendo revogar seu mandato se não cumprir o que lhe foi delegado para representar.

Que significam as ideias de *situação* e *oposição*, *maioria* e *minoria*, cujas vontades devem ser respeitadas e garantidas pela lei? Elas vão muito além dessa aparência. Significam que a sociedade não é uma comunidade una e indivisa voltada para o bem comum obtido por consenso, mas, ao contrário, que está *internamente dividida* e que as divisões são *legítimas* e devem expressar-se publicamente. A democracia é a única forma política que considera o conflito legítimo e legal, permitindo que seja *trabalhado politicamente* pela própria sociedade.

Da mesma maneira, as ideias de *igualdade* e *liberdade* como direitos civis dos cidadãos vão muito além de sua regulamentação jurídica formal. Significam que os cidadãos são **sujeitos de direitos** e que, onde tais direitos não existam nem estejam garantidos, tem-se o direito de lutar por eles e exigi-los. É esse o cerne da democracia.

Um **direito** difere de uma **necessidade** ou **carência** e de um **interesse**.

Uma necessidade ou carência é algo particular e específico. Alguém pode ter necessidade de água, outro, de comida. Um grupo social pode ter carência de transportes, outro, de hospitais. Há tantas necessidades quanto indivíduos, tantas carências quanto grupos sociais.

Um interesse também é algo particular e específico. Os interesses dos estudantes brasileiros podem ser diferentes dos interesses dos estudantes argentinos. Os interesses dos agricultores podem ser diferentes dos interesses dos comerciantes. Os dos bancários, diferentes dos interesses dos banqueiros. Os dos indígenas, diferentes dos interesses dos garimpeiros.

Necessidades ou carências podem ser conflitantes. Suponhamos que, por exemplo, numa região de uma grande cidade, as mulheres trabalhadoras tenham necessidade ou carência de creches para seus filhos e que, na mesma região, um outro grupo social, favelados, tenha carência de moradia. O governo municipal dispõe de recursos para atender a uma das carências, mas não a ambas, de sorte que resolver uma significará abandonar a outra.

Interesses também podem ser conflitantes. Suponhamos, por exemplo, que interesse a grandes proprietários de terras deixá-las inativas esperando a valorização imobiliária, mas que interesse a trabalhadores rurais sem-terra o cultivo de alimentos para a sobrevivência; temos aí um conflito de interesses. Suponhamos que interesse aos proprietários de empresas comerciais estabelecer um horário de trabalho que aumente as vendas, mas que interesse aos comerciários um outro horário, no qual possam dispor de horas para estudar, cuidar da família e descansar. Temos aqui um outro conflito de interesses.

Um direito, ao contrário de necessidades, carências e interesses, não é particular e específico, mas geral e universal, válido para todos os indivíduos, grupos e classes sociais. Assim, por exemplo, a carência de água e de comida manifesta algo mais profundo: o direito à vida. A carência de moradia ou de transporte também manifesta algo mais profundo: o direito a boas condições de vida. O interesse dos estudantes, o direito à educação e à informação. O interesse dos sem-terra, o direito ao trabalho. O dos comerciários, o direito a boas condições de trabalho.

Dizemos que uma sociedade (e não um simples regime de governo) é democrática quando, além de eleições, partidos políticos, divisão dos três poderes da república, respeito à vontade da maioria e das minorias, institui algo mais profundo, que é condição do próprio regime politico, ou seja, quando institui **direitos**.

A criação de direitos

Quando a democracia foi inventada pelos atenienses, criou-se a tradição democrática como instituição de três direitos fundamentais que definiam o cidadão: igualdade, liberdade e participação no poder. Examinemos o significado desses três direitos na Grécia antiga.

1. *Igualdade* significava, perante as leis e os costumes da *pólis*, que todos os cidadãos possuíam os mesmos direitos e deviam ser tratados da mesma maneira. Por esse motivo, Aristóteles afirmava que a primeira tarefa da justiça era igualar os desiguais, seja pela redistribuição da riqueza social, seja pela garantia de participação no governo. Também pelo mesmo motivo, Marx afirmava que a igualdade só se tornaria um direito concreto quando não houvesse escravos, servos e assalariados explorados, mas fosse dado a cada um segundo suas necessidades e segundo seu trabalho.

    A observação de Aristóteles e, depois, a de Marx, indicam algo preciso: *a mera declaração do direito à igualdade não faz existir os iguais, mas abre o campo para a criação da igualdade por meio das exigências e demandas dos sujeitos sociais*. Em outras palavras, declarado o direito à igualdade, a sociedade pode instituir formas de reivindicação para criá-lo como direito real.

2. *Liberdade* significava que todo cidadão tem o direito de expor em público seus interesses e suas opiniões, vê-los debatidos pelos demais e aprovados ou rejeitados pela maioria, devendo acatar a decisão tomada publicamente. Na modernidade, com a Revolução Inglesa de 1644 e a Revolução Francesa de 1789, o direito à liberdade ampliou-se. Além da liberdade de pensamento e de expressão, passou a significar o direito à independência para escolher o ofício, o local de moradia, o tipo de educação, o cônjuge, em suma, a recusa das hierarquias fixas, supostamente divinas ou naturais.

    A isso acrescentou-se, em 1789, um direito de enorme importância, qual seja, o de que todo indivíduo é inocente até prova em contrário, que a prova deve ser estabelecida perante um tribunal e que a liberação ou punição devem ser dadas segundo a lei. Com os movimentos socialistas, a luta social por liberdade ampliou ainda mais esse direito, acrescentando-lhe o direito de lutar contra todas as formas de tirania, censura e tortura e contra todas as formas de exploração e dominação social, econômica, cultural e política.

    Observamos aqui o mesmo que na igualdade: *a simples declaração do direito à liberdade não a institui concretamente, mas abre o campo histórico para a criação desse direito pela* práxis *humana*.

3. *Participação no poder* significava que todos os cidadãos têm o direito de participar das discussões e deliberações públicas da *pólis*, votando ou revogando decisões. Esse direito possuía um sentido muito preciso. Nele afirmava-se que, do ponto de vista político, todos os cidadãos têm competência para opinar e decidir, pois a política não é uma questão técnica (eficácia administrativa e militar) nem científica (conhecimentos especializados sobre administração e guerra), mas ação coletiva, isto é, decisão coletiva quanto aos interesses e direitos da própria *pólis*.

A democracia ateniense, como se vê, era *direta*. A moderna, porém, é *representativa*. O direito à participação tornou-se, portanto, indireto, por meio da escolha de representantes. Ao contrário dos outros dois direitos, este último parece ter sofrido diminuição em lugar de ampliação. Essa aparência é falsa e verdadeira.

Falsa porque a democracia moderna foi instituída na luta contra o Antigo Regime e, portanto, em relação a esse último, ampliou a participação dos cidadãos no poder, ainda que sob a forma da representação.

Verdadeira porque, como vimos, a república liberal tendeu a limitar os direitos políticos aos proprietários privados dos meios de produção e aos profissionais liberais da classe média, aos homens adultos "independentes". Todavia, as lutas socialistas e populares forçaram a ampliação dos direitos políticos com a criação do *sufrágio universal* (todos são cidadãos eleitores: homens, mulheres, jovens, negros, analfabetos, trabalhadores, índios) e a garantia da elegibilidade de qualquer um que, não estando sob suspeita de crime, se apresente a um cargo eletivo.

Vemos aqui, portanto, o mesmo que nos direitos anteriores: *lutas sociais que transformam a simples declaração de um direito em direito real, ou seja, vemos aqui a criação de um direito*.

As lutas por igualdade e liberdade ampliaram os direitos políticos (civis) e, a partir destes, criaram os direitos sociais (trabalho, moradia, saúde, transporte, educação, lazer, cultura), os direitos das chamadas "minorias" (mulheres, idosos, negros, homossexuais, crianças, deficientes, indígenas) e o direito à segurança planetária (as lutas ecológicas e contra as armas nucleares).

As lutas populares por participação política ampliaram os direitos civis: direito de opor-se à tirania, à censura, à tortura, direito de fiscalizar o Estado por meio de organizações da sociedade (associações, sindicatos, partidos políticos); direito à informação pela publicidade das decisões estatais.

A sociedade democrática institui direitos pela abertura do campo social à *criação de direitos reais*, à *ampliação de direitos existentes* e à *criação de novos direitos*. Com isso, dois traços distinguem a democracia de todas as outras formas sociais e políticas:

1. a democracia é a única sociedade e o único regime político que **considera o conflito legítimo**. Não só trabalha politicamente os conflitos de necessidades e de interesses (disputas entre os partidos políticos e eleições de governantes pertencentes a partidos opostos), mas procura instituí-los como direitos e, como tais, exige que sejam reconhecidos e respeitados. Mais do que isso, na sociedade democrática, indivíduos e grupos organizam-se em associações, movimentos sociais e populares, classes se organizam em sindicatos e partidos, criando um **contrapoder social** que, direta ou indiretamente, limita o poder do Estado;

2. a democracia é a **sociedade verdadeiramente histórica**, isto é, aberta ao tempo, ao possível, às transformações e ao novo. Com efeito, pela criação de novos direitos e pela existência dos contrapoderes sociais, a sociedade democrática não está fixada numa forma para sempre determinada, ou seja, não cessa de trabalhar suas divisões e diferenças internas, de orientar-se pela possibilidade objetiva (a liberdade) e de alterar-se pela própria *práxis*.

Os obstáculos à democracia

Liberdade, igualdade e participação conduziram à célebre formulação da política democrática como "governo do povo, pelo povo e para o povo". Entretanto, o povo da sociedade democrática está dividido em classes sociais — sejam os ricos e os pobres (Aristóteles), sejam os grandes e o povo (Maquiavel), sejam as classes sociais antagônicas (Marx).

É verdade que a sociedade democrática é aquela que não esconde suas divisões, mas procura "trabalhá-las" pelas instituições e pelas leis. Todavia, no capitalismo, são imensos os obstáculos à democracia, pois o conflito de interesses é posto pela exploração de uma classe social por outra, mesmo que a ideologia afirme que todos são livres e iguais.

---

minorias: pode parecer estranho falar em "minoria" para referir-se a mulheres, negros, idosos, crianças, pois *quantitativamente* formam a maioria. É que a palavra *minoria* não é usada em sentido quantitativo, mas qualitativo. Quando o pensamento político liberal definiu os que teriam direito à cidadania, usou como critério a ideia de *maioridade racional*: seriam cidadãos aqueles que houvessem alcançado o pleno uso da razão. Alcançaram o pleno uso da razão ou a maioridade racional os que são *independentes*, isto é, não dependem de outros para viver. São *independentes* os proprietários privados dos meios de produção e os profissionais liberais. São dependentes e, portanto, em estado de *minoridade racional*: as mulheres, as crianças, os adolescentes, os trabalhadores e os "selvagens primitivos" (africanos e indígenas). Formam a *minoria*. Como há outros grupos cujos direitos não são reconhecidos (por exemplo, os homossexuais), fala-se em "minorias". A "maioridade" liberal refere-se, pois, ao homem adulto branco proprietário ou profissional liberal.

É verdade que as lutas populares nos países de capitalismo avançado ampliaram os direitos dos cidadãos e que a exploração dos trabalhadores diminuiu muito, sobretudo com o Estado do Bem-Estar Social. No entanto, houve um preço a pagar: a exploração mais violenta do trabalho pelo capital recaiu nas costas dos trabalhadores dos países do então chamado Terceiro Mundo.

Houve uma **divisão internacional do trabalho e da exploração** que, ao melhorar a igualdade e a liberdade dos trabalhadores de uma parte do mundo, agravou as condições de vida e de trabalho da outra parte. E não foi por acaso que, enquanto nos países capitalistas avançados cresciam o Estado de Bem-Estar Social e a democracia social, no Terceiro Mundo eram implantadas ditaduras e regimes autoritários, com os quais os capitalistas desses países se aliavam.

A situação do direito de igualdade e de liberdade é também muito frágil nos dias atuais, porque, como vimos anteriormente, o *modo de produção capitalista* passou por uma mudança profunda. Tal mudança ocorreu a partir do momento em que o modo de produção capitalista passou a enfrentar a crise do Estado do Bem-Estar Social recorrendo ao neoliberalismo e à ideia liberal de *autocontrole* da economia pelo mercado capitalista, afastando, portanto, a presença do Estado no planejamento econômico e na aplicação dos fundos públicos para garantia de direitos sociais.

O abandono das políticas sociais chama-se **privatização** e o do planejamento econômico, **desregulação**. Ambos os termos asseveram que o capital é *racional* e pode, por si mesmo, resolver os problemas econômicos e sociais. Além disso, o desenvolvimento espantoso das novas tecnologias eletrônicas trouxe a velocidade da comunicação e da informação e a automação da produção e distribuição dos produtos. Essa mudança nas forças produtivas (pois a tecnologia alterou o processo social do trabalho), como vimos, vem causando o desemprego em massa, movimentos racistas contra imigrantes e migrantes, exclusão social, política e cultural de grandes massas da população. Em outras palavras, os direitos econômicos e sociais conquistados pelas lutas populares estão em perigo com a privatização, com o encolhimento da esfera pública e com o alargamento da esfera dos interesses privados. Hoje, como vimos acima, o capital pode acumular-se e reproduzir-se excluindo cada vez mais as pessoas do mercado de trabalho e de consumo. Não precisa mais de grandes massas trabalhadoras e consumidoras, pode ampliar-se graças ao desemprego em massa e não precisa preocupar-se em garantir direitos econômicos e sociais aos trabalhadores porque não necessita de seus trabalhos e serviços.

Jovem lê seção de classificados de empregos em Curitiba, no mês que marcou a eclosão da crise financeira mundial: outubro de 2008.

O direito à participação política também encontra obstáculos. De fato, no capitalismo da segunda metade do século XX, a organização industrial do trabalho foi feita com base em uma divisão social nova: a separação entre **dirigentes** e **executantes**. Os primeiros são os que recebem a educação científica e tecnológica, são considerados portadores de saberes que os tornam *competentes* e por isso com poder de mando. Os executantes são aqueles que não possuem conhecimentos tecnológicos e científicos, sabem apenas executar tarefas, sem conhecer as razões e as finalidades de sua ação. São por isso considerados *incompetentes* e destinados a obedecer.

Essa forma de organização da **divisão social do trabalho** propagou-se para a sociedade inteira. No comércio, na agricultura, nas escolas, nos hospitais, nas universidades, nos serviços públicos, nas artes, todos estão separados entre "competentes" que sabem e "incompetentes" que executam. Em outras palavras, a posse de certos conhecimentos específicos tornou-se um poder para mandar e decidir.

Essa divisão social converteu-se numa ideologia: a **ideologia da competência técnico-científica**, isto é, na ideia de que quem possui conhecimentos está naturalmente dotado de poder de mando e direção. Essa ideologia, fortalecida pelos meios de comunicação de massa que a estimulam diariamente, invadiu a política: esta passou a ser considerada uma atividade reservada para técnicos ou administradores políticos competentes, e não uma ação coletiva de todos os cidadãos.

Não só o direito à representação política (ser representante) diminui porque se restringe aos competentes, como ainda a ideologia da competência oculta e dissimula o fato de que, para ser "competente", é preciso ter recursos econômicos para estudar e adquirir conhecimentos. Ou seja, os "competentes" pertencem à classe economicamente dominante, que, assim, dirige a política segundo seus interesses e não de acordo com a universalidade dos direitos.

Um outro obstáculo ao direito à participação política é posto pelos meios de comunicação de massa. Só podemos participar de discussões e decisões políticas se possuirmos informações corretas sobre aquilo que vamos discutir e decidir. Ora, como já vimos, os meios de comunicação de massa não informam, desinformam. Ou melhor, transmitem as informações de acordo com os interesses de seus proprietários e das alianças econômicas e políticas destes com grupos detentores de poder econômico e político. Assim, por não haver respeito ao direito de informação, não há como respeitar o direito à verdadeira participação política. Os obstáculos à democracia não inviabilizam a sociedade democrática. Pelo contrário. Somente nela somos capazes de perceber tais obstáculos e lutar contra eles.

Dificuldades para a democracia no Brasil

Periodicamente os brasileiros afirmam que vivemos numa democracia, depois de concluída uma fase de autoritarismo. Por democracia entendem a existência de eleições, de partidos políticos e da divisão republicana dos três poderes, além da liberdade de pensamento e de expressão. Por autoritarismo entendem um regime de governo em que o Estado é ocupado por meio de um golpe (em geral militar ou com apoio militar), não há eleições nem partidos políticos, o Poder Executivo domina o Legislativo e o Judiciário, há censura do pensamento e da expressão, além de prisão (por vezes com tortura e morte) dos inimigos políticos. Em suma, democracia e autoritarismo são vistos como algo que se realiza na esfera do Estado e este é identificado com a forma de governo.

Essa visão é cega para algo enraizado na sociedade brasileira: o **autoritarismo social**. Nossa sociedade é autoritária porque é *hierárquica*, pois divide as pessoas, em qualquer circunstância, em inferiores, que devem obedecer, e superiores, que devem mandar. Não há percepção nem prática da igualdade como um direito. Nossa sociedade também é autoritária porque é violenta (nos termos em que, no estudo da ética, definimos a violência): nela vigoram racismo, machismo, discriminação religiosa e de classe social, desigualdades econômicas que estão entre as maiores do mundo, exclusões culturais e políticas. Não há percepção nem prática do direito à liberdade.

O autoritarismo social e as desigualdades econômicas fazem com que a sociedade brasileira esteja polarizada entre as carências das camadas populares e os interesses das classes abastadas e dominantes, sem conseguir ultrapassar essas carências e interesses e alcançar a esfera dos direitos. Os interesses, porque não se transformam em direitos, tornam-se privilégios de alguns, de sorte que a polarização social se efetua entre os despossuídos (os carentes) e os privilegiados. Estes, porque são portadores dos conhecimentos técnicos e científicos, são os "competentes", cabendo-lhes a direção da sociedade.

Como vimos, uma carência é sempre específica, sem conseguir generalizar-se num interesse comum nem universalizar-se num direito. Um privilégio, por definição, é sempre particular, não podendo generalizar-se num interesse comum nem universalizar-se num direito, pois, se tal ocorresse, deixaria de ser privilégio. Ora, a democracia é criação e garantia de direitos. Nossa sociedade, polarizada entre a carência e o privilégio, não consegue ser democrática, pois não encontra meios para isso.

Esse conjunto de *determinações sociais* manifesta-se na esfera política. Em lugar de democracia, temos instituições vindas dela, mas que operam de modo autoritário. Assim, por exemplo, os partidos políticos costumam ser de três tipos: os *clientelistas*, que mantêm relações de favor com seus eleitores, os *vanguardistas*, que substituem seus eleitores pela vontade dos dirigentes partidários, e os *populistas*, que tratam seus eleitores como um pai de família (o *despótes*) trata seus filhos menores.

Favor, substituição e paternalismo evidenciam que a prática da participação política, por meio de representantes, não consegue se realizar no Brasil. Os representantes, em lugar de cumprir o mandato que lhes foi dado pelos representados, surgem como chefes, mandantes, detentores de favores e poderes, submetendo os representados, transformando-os em clientes que recebem favores dos mandantes.

A "indústria política", aliada à estrutura social do país, alimenta um imaginário político autoritário. As lideranças políticas são sempre imaginadas como chefes salvadores da nação, verdadeiros messias escolhidos por Deus e referendados pelo voto dos eleitores. Na verdade, não somos realmente eleitores (os que escolhem), mas meros votantes (os que dão o voto para alguém).

A imagem populista e messiânica dos governantes indica que a concepção teocrática do poder não desapareceu: ainda se acredita no governante como enviado das divindades (o número de políticos ligados a astrólogos e videntes fala por si mesmo) e que sua vontade tem força de lei.

As leis, porque exprimem ou os privilégios dos poderosos ou a vontade pessoal dos governantes, não são vistas como expressão de direitos nem de vontades e decisões públicas coletivas. O Poder Judiciário aparece como misterioso, envolto num saber incompreensível e numa autoridade quase mística. Por isso mesmo, aceita-se que a legalidade seja, por um lado, incompreensível, e, por outro, ineficiente (a impunidade não reina livre e solta?) e que a única relação possível com ela seja a da transgressão (o famoso "jeitinho").

Como se observa, a democracia, no Brasil, ainda está por ser inventada.

indústria política: a criação da imagem dos políticos pelos meios de comunicação de massa para a venda do político aos eleitores-consumidores.

QUESTÕES

CAPÍTULO 1
A cultura

1. Que significa dizer que alguma coisa é natural ou por natureza?
2. O que se quer dizer quando se fala em natureza humana?
3. Dê alguns exemplos de absurdos decorrentes da naturalização dos comportamentos, ideias e valores dos seres humanos.
4. Por que é insustentável a ideia de uma natureza humana universal e intemporal?
5. Dê exemplos dos vários sentidos com que usamos a palavra *cultura* em nosso cotidiano.
6. Enumere os principais sentidos da palavra *natureza*.
7. Enumere os principais sentidos da palavra *cultura* na Antiguidade.
8. Por que, na Antiguidade, cultura e natureza não se opunham?
9. O que se entende por *cultura* a partir do século XVIII?
10. Por que a cultura tende a ser pensada como civilização a partir do século XVIII?
11. Qual a diferença essencial que os pensadores apontam entre *natureza* e *cultura*?
12. Em que momento a cultura se torna sinônimo de história?
13. Qual a diferença entre o tempo na natureza e o tempo na cultura ou na história?
14. Por que muitos pensadores consideram que a cultura começa quando os homens inventam o trabalho?
15. Explique a distinção kantiana entre *reino da necessidade* e *reino da liberdade*.
16. Por que Hegel julga que Platão e Aristóteles se enganaram quanto à impossibilidade da contradição no mundo real?
17. Quais as duas principais características da contradição dialética segundo Hegel?
18. Explique a negação interna.
19. O que Hegel chama de Espírito?
20. Explique o que significa o surgimento da consciência ou do "para si" no que diz respeito ao surgimento da cultura.
21. O que é a cultura para Marx?
22. Qual a diferença entre o espiritualismo de Hegel e o materialismo de Marx?
23. Segundo os antropólogos, quais as duas leis que dão início à cultura?
24. O que é uma lei humana?
25. Explique o que é ordem simbólica e por que a cultura a institui.
26. Quais os principais sentidos de cultura?
27. Qual é o sentido restrito de cultura?

CAPÍTULO 2
A experiência do sagrado e a instituição da religião

1. Por que podemos atribuir à consciência a causa primordial do surgimento da religiosidade?
2. Que significa dizer que "temos consciência do tempo"? Como é nossa relação com o tempo no trabalho? E na memória?
3. Por que a consciência do tempo nos leva à consciência da morte? Qual o papel dessa consciência no surgimento da religiosidade?
4. O que é a experiência do sagrado?
5. O que é o encantamento do mundo?
6. O que é o sagrado? O que torna alguma coisa ou algum ser sagrados?
7. Por que a religião é vínculo? O que ela vincula?
8. Explique como, em várias culturas, a ligação entre o sagrado e o profano é simbolizada no momento de fundação de uma aldeia ou cidade.
9. Exemplifique um caso de cerimônia religiosa em que aparece a ligação fundadora ou a *religio*.
10. Que é o espaço sagrado? Como se distingue do espaço profano?
11. O que é o tempo sagrado?
12. O que o mito e a história sagrada narram? O que pretendem explicar?
13. O que é teogonia?
14. O que é cosmogonia?
15. Como é o tempo sagrado?
16. Por que a religião se dirige às emoções? Por que pede somente fé e piedade?
17. Por que são criados os ritos?
18. O que é um rito?
19. Do que depende a eficácia de um rito?
20. O que é um objeto tabu? Dê exemplos de tabus.
21. O que são os emblemas? Dê exemplos de emblemas de deuses.
22. Que são religiões da manifestação?
23. Que são religiões da revelação?
24. Como as religiões concebem os deuses ou o deus?
25. Como a vontade divina pode tornar-se conhecida dos homens?

26. Explique a diferença entre religiões da revelação das leis e religiões da iluminação mística.
27. Qual a diferença entre o transe dos profetas e videntes e o transe do êxtase místico?
28. Por que judaísmo, cristianismo e islamismo são "religiões do livro"?
29. Por que os deuses sempre falam por enigmas, parábolas e oráculos?
30. Como as religiões explicam a origem ou a causa da morte humana?
31. Como as religiões prometem imortalidade ou vida após a morte?
32. Por que as religiões possuem rituais funerários?
33. Como as religiões do encantamento concebem a vida após a morte?
34. Como as religiões da salvação concebem a vida após a morte?
35. Qual a origem do milenarismo cristão?
36. O que é o milenarismo cristão?
37. Por que o milenarismo costuma ser a religião popular dos que lutam por justiça e felicidade? Dê exemplos de movimentos políticos milenaristas.
38. Como são o Bem e o Mal nas religiões politeístas, dualistas e monoteístas?
39. Por que no judaísmo, cristianismo e islamismo a origem do Mal é um problema?
40. Por que no judaísmo e no cristianismo a origem do Mal encontra-se nas criaturas? O que é o Mal nessas religiões?
41. Explique o que são religiões da exterioridade.
42. Explique o que são religiões da interioridade.
43. Como as religiões da exterioridade concebem a falta humana? Como a falta é punida e perdoada?
44. Como as religiões da interioridade concebem a falta ou o pecado humano? Como a falta é punida e perdoada?
45. Qual a causa da falta ou do pecado nas religiões da exterioridade?
46. Qual a causa da falta ou do pecado nas religiões da interioridade?
47. O que é o pecado no judaísmo?
48. O que é o pecado no islamismo?
49. O que é o pecado original?
50. Por que o pecado é um problema teológico insolúvel para o cristianismo?
51. Que são religiões da imanência ou panteístas?
52. Que são religiões da transcendência ou teístas?
53. Como o cristianismo introduz a visitação divina de maneira a superar as dificuldades teológicas dessa visitação?
54. Como e por que os encarregados da interpretação das manifestações divinas e dos rituais se tornam um grupo de poder no interior das sociedades?
55. Por que a autoridade religiosa aparece como detentora do privilégio do saber? Que poderes possui?
56. Por que as doutrinas religiosas tendem a instituir a ideia de hierarquia? Qual a influência sobre a organização da sociedade?
57. Como os sacerdotes exercem a violência sagrada?
58. Quais os meios e procedimentos dos sacerdotes cristãos para exercer a violência sagrada?
59. Que é a heresia? Quais os caminhos da instituição sacerdotal para punir heresias?
60. Quais as principais finalidades da religião?
61. Quais as críticas que os filósofos antigos fizeram à religião?
62. Como, com base na superstição, Espinosa critica as religiões?
63. Que foi a religião natural ou o deísmo?
64. O que Feuerbach entendeu por alienação religiosa?
65. O que Marx quis dizer com "a religião é o ópio do povo"?
66. O que Marx quis dizer com "a religião é lógica e enciclopédia popular, espírito de um mundo sem espírito"?
67. Apresente as principais características do mito. Explique com mais detalhes duas delas.
68. Apresente algumas diferenças entre o mito e o *"lógos"*.
69. Apresente algumas diferenças entre o crente e o filósofo no tocante aos principais temas da religião.
70. O que é a teologia?
71. Que são mistérios e dogmas da fé?
72. Dê exemplos de incompatibilidades entre verdades da fé e verdades filosóficas ou científicas.
73. Como Kant procurou conciliar filosofia e religião?
74. Como Hegel trata a relação entre religião e filosofia?
75. Como a fenomenologia trata a diferença entre a atitude religiosa e a atitude filosófica?

CAPÍTULO 3
O universo das artes

1. O que, em geral, as pessoas entendem por artista?
2. O que, em geral, as pessoas entendem por obra de arte?
3. O que, em geral, as pessoas dizem sentir diante das obras de arte? Por quê?
4. Quais são os três aspectos sobre as obras de arte que estão presentes no ponto de vista do espectador?
5. Explique o que significa a aproximação que muitos estabelecem entre obra de arte e artesanato.
6. Explique o que significa a relação que muitos estabelecem entre obra de arte e antiguidade.
7. Explique por que a obra de arte é a união do eterno e do novo.
8. O que o artista busca exprimir numa obra?
9. O que é a arte, segundo Ferreira Gullar?
10. Qual a diferença entre a fala falada ou instituída e a fala falante ou instituinte?

11. Explique por que as artes são a passagem do instituído ao instituinte.
12. Por que as artes nascem no interior da vida religiosa?
13. Por que os primeiros objetos artísticos eram mágicos ou fetiches e os artistas eram feiticeiros?
14. Que significa dizer que os objetos fabricados pelos artistas tinham valor de culto?
15. Por que, nas primeiras culturas, o artista era um mago, um iniciado em mistérios e um oficiante de cultos?
16. Descreva como os artistas e artesãos estavam submetidos à autoridade religiosa ou à autoridade política.
17. Que significa dizer que nas sociedades antigas não havia a autonomia das artes?
18. Explique o sentido das palavras *ars* e *tékhne*.
19. Qual o sentido amplo de *ars* ou *tékhne*? Qual o seu sentido estrito? Qual o seu sentido geral?
20. Qual a distinção das artes em Platão?
21. Qual a distinção feita por Aristóteles entre ciência e arte?
22. Qual a distinção feita por Aristóteles no campo da prática humana? Explique a distinção entre ação e fabricação.
23. Quais as distinções acrescentadas pelos neoplatônicos às distinções aristotélicas?
24. Por que as artes foram divididas em liberais e servis? Quais eram as artes liberais? Quais as servis ou mecânicas? Por que as liberais eram consideradas superiores às mecânicas?
25. Que quer dizer "mecânica", palavra usada para referir-se às artes manuais?
26. Por que durante a Renascença houve a luta pela valorização das artes mecânicas?
27. Explique a distinção das artes segundo o critério do útil e do belo.
28. Quais as principais consequências da separação entre artes da utilidade e artes da beleza?
29. Que significa dizer que as artes são expressão criadora e trabalho expressivo?
30. Exemplifique a maneira como na arte contemporânea arte e técnica se comunicam e se relacionam.
31. Por que, a partir do século XX, as fronteiras que separam arte e técnica se tornaram muito tênues?
32. Quais as principais diferenças entre um objeto técnico e uma obra de arte?
33. O que Benjamin entende por "aura"?
34. Quando uma obra de arte é aurática?
35. Quando e por que as obras de arte perderam a aura?
36. Resuma as principais ideias de Benjamin sobre o valor de culto e o valor de exposição das obras de arte.
37. O que é a arte poética? Por que é prescritiva ou normativa?
38. O que é estética? Quando surge relacionada com as artes?
39. Qual o sentido inicial da estética? Qual seu sentido atual?
40. Como Luc Ferry explica o surgimento da estética como disciplina filosófica?
41. Quais eram os principais pressupostos da estética nos séculos XVIII e XIX? Dos seis pressupostos enumerados, escolha dois e explique-os.
42. O que significava a distinção que a estética estabeleceu entre o belo e o verdadeiro?
43. O que é o juízo de gosto?
44. Qual a distinção feita por Kant entre disputa e discussão? Por que o gosto e a obra de arte podem ser discutidos?
45. Por que, ao afirmar que o sentimento do belo é universal, Kant mostra que o juízo de gosto é possível?
46. Explique como a obra de arte é pensada na sociedade contemporânea menos como produção e contemplação desinteressada da beleza e mais como trabalho da expressão.
47. Explique o que Aristóteles entendia por *mímesis*. Por que a obra de arte era uma *mímesis*?
48. Quando a filosofia passou a definir a obra de arte como criação subjetiva? Quando passou a falar em inspiração?
49. Quando a estética se referia à obra de arte como criação vinda da inspiração, como via o artista?
50. Explique como, para a estética, a obra de arte deixa de ser vista como imitação da natureza e passa a ser vista como liberação diante da natureza.
51. Que significa dizer que, para a filosofia da arte contemporânea, a arte é concebida como trabalho da expressão e da construção?
52. Como a estética contemporânea concebe o artista?
53. Explique por que a estética contemporânea sublinha a obra de arte como ficção.
54. Partindo da distinção entre mundo sensível e inteligível e entre artes imitativas e judicativas, como Platão concebe a relação entre arte e saber?
55. Por que a concepção platônica é retomada e reformulada durante a Renascença?
56. Quais as três maneiras pelas quais o Romantismo concebe a arte como o instrumento geral da filosofia?
57. Partindo da distinção entre teoria e prática, como Aristóteles concebe a relação entre arte e saber?
58. O que é a concepção pedagógica da arte?
59. Por que Platão exclui da cidade perfeita as artes imitativas?
60. O que Aristóteles entendia por catarse? Qual seu papel ético?
61. Como a concepção pedagógica da arte aparece em Kant?
62. Como Hegel apresenta sua concepção pedagógica da arte?

63. Por que as esquerdas concebem as artes dando-lhes finalidade pedagógica?
64. O que é a concepção expressiva da arte?
65. Explique por que a arte concebida como expressiva é vista como simbólica.
66. Explique por que a arte concebida como expressiva é vista como alegórica.
67. Quais as duas modalidades de mudanças que afetam as artes?
68. Que quer dizer que as artes são socialmente determinadas? Quais são as determinações sociais das artes?
69. Explique a posição dos que falam em arte pura ou na arte pela arte.
70. Explique o que pensam os que defendem a arte engajada.
71. Quais os problemas e as consequências dessas duas concepções?
72. Quando podemos dizer que uma obra de arte é grande e duradoura?

CAPÍTULO 4
A cultura de massa e a indústria cultural

1. Explique por que o surgimento dos Estados nacionais e da ideia de nação provoca o nascimento das ideias de arte e cultura populares.
2. Explique por que se deu a divisão da cultura e das artes em erudita e popular. Explique o que são cada uma delas.
3. O que se entende por folclore?
4. Qual a diferença entre folclore e arte ou cultura de elite ou erudita?
5. Quais as principais diferenças apontadas entre cultura/arte erudita e cultura/arte popular? Depois de enumerá-las, escolha duas e explique-as.
6. Quais as duas consequências culturais e artísticas da vinda dos trabalhadores rurais para as cidades como operários industriais?
7. Que era o encantamento do mundo? Que foi o desencantamento do mundo? Qual a sua consequência para as artes?
8. Por que Benjamin era otimista ao falar na destruição da aura ou na reprodução técnica das obras de arte?
9. Por que a tradução e impressão da Bíblia poderia justificar o otimismo de Benjamin?
10. O que significa a expressão "indústria cultural"? Qual sua relação com o capitalismo?
11. Segundo Adorno e Horkheimer, que transformação a indústria cultural impôs às artes?
12. Quais os riscos que as artes correm sob os efeitos da massificação da cultura pela indústria cultural?
13. O que é democracia cultural?
14. Qual a diferença entre massificação cultural e democratização da cultura?
15. Explique por que a massificação realiza o oposto da democratização cultural.
16. O que significa a expressão "meios de comunicação de massa"?
17. O que significa a palavra *mídia*?
18. Que diferenças McLuhan aponta entre a educação escolar na Antiguidade e na Idade Média e em nossa época?
19. Por que podemos falar em "invasão cultural" mais do que em informação pelos meios de comunicação?
20. O que quer dizer a palavra *propaganda*? E a palavra *publicidade*?
21. Quais os meios empregados pela propaganda comercial para vender os produtos?
22. O que a propaganda comercial precisa fazer para ser eficaz?
23. Quais as diferenças entre a propaganda do século XIX e início do século XX e a atual?
24. A propaganda comercial passou a vender imagens e signos. Explique essa afirmação.
25. Como a propaganda comercial manipula os desejos das pessoas?
26. Como se dá a competição por meio da construção de imagens do indivíduo?
27. Dê exemplos da força das transmissões radiofônicas.
28. Explique o que é o *Big Brother* (Grande Irmão), que aparece no romance de George Orwell, *1984*. Como se deu a banalização dessa figura pela televisão?
29. Explique as divisões de público, horários e conteúdos dos programas de televisão para atender às exigências dos patrocinadores.
30. Por que os noticiários de televisão não informam? Como tratam o espaço? E o tempo?
31. Como as telenovelas operam para produzir o sentimento ilusório de realidade?
32. Explique a dispersão causada pelos meios de comunicação.
33. Explique a infantilização produzida pelos meios de comunicação.
34. Como podemos perceber o autoritarismo dos meios de comunicação? Por que podemos falar em "intimidação social" e em "inculcação"?
35. Explique por que, do ponto de vista econômico, a televisão, em nossa sociedade, não pode ser democrática.
36. Segundo Mander, quais as limitações tecnológicas da transmissão televisiva? Depois de enumerá-las, escolha uma delas e explique-a.
37. Segundo Mander, o que "televisona bem" e o que "não televisona bem"? Que conclusões podemos tirar dessa análise?
38. O que é a televisão em nossa sociedade?
39. O que é o cinema? Que função ele cumpre em nossa sociedade?
40. Quais as duas principais diferenças entre o cinema e a televisão?

41. Escolha um filme que você tenha visto no qual a forma e o conteúdo são verdadeiras realizações artísticas. Faça um breve comentário sobre ele.
42. Como Adam Schaff diferencia os antigos objetos técnicos dos novos objetos tecnológicos?
43. O que quer dizer "informática"?
44. Onde se encontram os novos objetos tecnológicos ou autômatos informáticos?
45. Por que a informática produz a "compressão espaçotemporal"? Dê exemplos.
46. O que Ângelo Soares chama de "mito do computador bom"? O que esse mito oculta?
47. Quais os problemas colocados pela linguagem informática?
48. O que é o poder informático?
49. Quais os perigos do poder informático?

CAPÍTULO 5
A existência ética

1. Que é o senso moral? Dê alguns exemplos.
2. Que é a consciência moral? Dê alguns exemplos.
3. A que se referem o senso moral e a consciência moral?
4. Qual o principal pressuposto do senso moral e da consciência moral? Por quê?
5. Que é um juízo de fato? Dê exemplos.
6. Que é um juízo de valor? Dê exemplos.
7. Por que os juízos de valor são normativos?
8. Qual a origem da diferença entre juízos de fato e juízos de valor? Explique.
9. O que é a naturalização da vida moral? Por que ela acontece?
10. Explique o sentido das palavras *moral* e *ética*.
11. Apesar das diferenças culturais e históricas a respeito da violência, que definição geral podemos dar da violência, válida em todas as culturas?
12. Quais os principais aspectos do que nossa cultura e sociedade entendem por violência?
13. Por que a ética condena e proíbe a violência?
14. Como se manifesta a consciência moral?
15. O que é a vontade? Como ela deve ser para ser ética?
16. Quais as condições para que haja uma pessoa moral?
17. Explique a diferença entre passividade e atividade.
18. O que são as virtudes? Apesar das diferenças culturais, o que todas as culturas consideram que seja a virtude?
19. Por que na ética não se aplica à expressão "os fins justificam os meios"?

CAPÍTULO 6
A filosofia moral

1. Considerando-se os dois sentidos da palavra grega *éthos*, quando nasce a filosofia moral ou a disciplina filósofica denominada *ética*?
2. Por que Sócrates incomodava os atenienses?
3. Por que a filosofia moral ou a ética se inicia com Sócrates?
4. O que Aristóteles entendia por *práxis*? Como a distinguia da técnica?
5. Segundo Aristóteles, qual é o campo das ações éticas? Por que essa concepção exclui o necessário e o contingente do campo ético e afirma a importância do possível?
6. Explique a distinção aristotélica entre o que é "por natureza" e o que é "por vontade".
7. O que é o homem prudente, segundo Aristóteles?
8. Qual o legado ético dos filósofos antigos?
9. Como os antigos concebiam a vida ética? Por que, para eles, a vontade era tão importante?
10. Quais os três aspectos principais da ética dos antigos? Escolha dois deles e explique-os.
11. Quais as mudanças na ética antiga trazidas pelo cristianismo?
12. Explique a concepção cristã do dever.
13. Quais são as virtudes cristãs?
14. Quais são os pecados capitais?
15. Quais os tipos de conduta definidos pelo cristianismo?
16. O que é a concepção cristã da intenção?
17. Como Rousseau procura resolver o problema da relação entre a liberdade da vontade e o dever? Explique com suas palavras o que é a "moral do coração".
18. Que diferença Kant estabelece entre razão pura teórica e razão pura prática?
19. O que Kant chama de "reino da necessidade"? E de "reino da liberdade"?
20. Segundo Kant, o que é o dever?
21. Que diferença Kant estabelece entre interesse e dever?
22. O que é o imperativo categórico?
23. Quais são as máximas morais, segundo Kant? Explique-as.
24. O que Kant chama de "vontade boa"?
25. Escolha um exemplo no qual as máximas morais e o imperativo categórico são respeitados pelo agente moral.
26. Escolha um exemplo em que as máximas morais e o imperativo categórico não são respeitados pelo agente moral.
27. Quais as críticas de Hegel a Rousseau e a Kant?
28. O que Hegel chama de vontade objetiva?
29. O que Hegel entende por moralidade? Por que a moralidade é cultural e histórica?

30. Segundo Hegel, o que é a vida ética? Quando ela se realiza plenamente?
31. Segundo Hegel, em que momento uma moral entra em declínio? Dê um exemplo.
32. Qual a diferença entre moral aberta e moral fechada, segundo Bergson?
33. Aponte algumas diferenças entre a ética aristotélica e a ética cristã.
34. Como Espinosa define os afetos? Qual a diferença entre afetos passivos ou paixões e afetos ativos ou ações?
35. Por que Espinosa julga as paixões naturais? Quais são as três paixões originárias ou primitivas?
36. Explique o que é uma paixão triste e uma paixão alegre.
37. Segundo Espinosa, o que é servidão humana?
38. Segundo Espinosa, o que é a virtude?
39. Segundo Espinosa, como passamos das paixões às ações, da servidão à liberdade?
40. Como Mac Intyre concebe a virtude? Por que a virtude propicia unidade e coerência à nossa vida ética?
41. Segundo Mac Intyre, em que momento se dá a mudança ética?
42. Explique a distinção ética entre racional e irracional. Por que a tortura é irracional e, portanto, imoral?
43. Qual o equívoco de se supor que há uma pluralidade de éticas no interior de uma mesma sociedade? Por que em cada sociedade há apenas uma ética?
44. O que é o racionalismo ético? Para o racionalismo ético, o que é a filosofia moral?
45. O que é o intelectualismo ético?
46. O que é o voluntarismo ético?
47. Quais as diferenças entre vontade e desejo?
48. O que é o emotivismo ético?
49. Apresente três dentre as várias ideias de Nietzsche desenvolvidas na obra *Genealogia da moral*.
50. Explique a diferença nietzschiana entre moral dos escravos e moral dos senhores.
51. Que críticas Nietzsche, Freud e Marx fizeram à moral vigente na época em que viveram?
52. Por que a descoberta do inconsciente por Freud poderia comprometer a ideia da ética como exercício livre da consciência e da vontade?
53. Por que, de fato, a psicanálise, com a prática do autoconhecimento e com a explicação da origem e dos problemas do "ideal do ego", não impede a ética e sim a faz avançar ao propor uma nova moral sexual?

CAPÍTULO 7
A liberdade

1. Explique a oposição entre necessidade e liberdade. Por que a necessidade ou fatalidade parece excluir a liberdade?
2. Explique a oposição entre contingência e liberdade. Por que a contingência ou o acaso parece excluir a liberdade?
3. Formule com suas palavras um exemplo em que a necessidade parece impedir a liberdade.
4. Formule com suas palavras um exemplo em que a contingência ou acaso parece impedir a liberdade.
5. Explique por que nem a necessidade nem a contingência impedem realmente a liberdade.
6. Explique a concepção aristotélica de liberdade.
7. Explique a concepção sartriana de liberdade. O que Sartre quis dizer ao afirmar que "estamos condenados à liberdade"?
8. Explique com suas palavras a maneira como estoicos, Espinosa e Hegel evitam opor liberdade e necessidade, afirmando que a liberdade não é um poder voluntário de escolha e sim a ação necessária do todo.
9. Explique como os estoicos e Hegel definem a liberdade humana.
10. Explique como Espinosa define a liberdade humana.
11. Como Hegel explica o surgimento histórico da figura do indivíduo livre?
12. Explique a concepção da liberdade como "poder fazer" e como "possibilidade objetiva".
13. Explique a noção de "possível" e a concepção da liberdade como abertura temporal ou como relação com o possível.
14. Comente o texto de Merleau-Ponty em que a liberdade se apresenta como possibilidade objetiva inscrita no próprio mundo.
15. Por que podemos dizer que a liberdade é nosso poder para dar um sentido novo às condições de fato de nossas vidas?
16. Explique por que, para os seres humanos, vida e morte são acontecimentos simbólicos.

CAPÍTULO 8
Ética e ciência

1. Explique por que, em nossa cultura, o campo do necessário parece ter diminuído enquanto o campo do possível parece ter aumentado.
2. Por que as explicações científicas, à medida que se tornam mais acuradas, tornam-se também mais específicas e mais fragmentadas? Quais as consequências disso?
3. Por que a genética e a engenharia genética são importantes para nós?
4. Por que o poderio das empresas privadas e do complexo industrial militar fazem com que as pesquisas em genética e engenharia genética criem sérios problemas éticos?
5. Explique o problema da responsabilidade moral no tocante ao uso do conhecimento genético contemporâneo.

6. Explique os problemas éticos trazidos pela ideia de controle da hereditariedade.
7. Por que não podemos aceitar a ideia de "doença genética" tanto do ponto de vista científico como do ponto de vista moral?
8. Mencione os preceitos da GenÉtica, formulados por Suzuki e Knudston.
9. Escolha três dos preceitos da GenÉtica e explicite-os.

CAPÍTULO 9
A vida política

1. Em que sentidos costumamos usar a palavra *política*? Explique-os.
2. Cite outros sentidos que comumente atribuímos à política e explique-os.
3. O que queremos dizer quando relacionamos a política às atividades do governo?
4. Na evolução das sociedades, o que o crescimento das atribuições dos governos acarretou às atividades políticas no tocante à gestão de órgãos administrativos e organizacionais?
5. O que entendemos por política quando a associamos a atividades exercidas por especialistas e profissionais?
6. Qual o significado da política mais corrente para o senso comum e social? Explique-o.
7. Que paradoxo existe entre o sentido da política como definidora de leis e costumes, direitos e obrigações, criadora de espaços para contestação, resistência e desobediência, e o sentido perverso e maléfico para a sociedade?
8. Dê um exemplo do efeito do paradoxo existente entre os sentidos da política.
9. Explique por que a imagem da política como um poder maléfico é, ela própria, paradoxal.
10. Que fatos contribuem para que, em geral, se tenha uma visão negativa da política?
11. Que argumento paradoxal podemos usar contra os fatos negativos da política?
12. Qual a origem e o significado da palavra *política*?
13. Qual o significado dos termos *pólis* e *civitas*?
14. Qual o significado dos termos *ta politika* e *res publica*?
15. O que se quer dizer quando se afirma que os gregos e os romanos inventaram a política tal como a conhecemos hoje em dia?
16. Que tipo de poder existia antes das sociedades greco-romanas? Cite características desse tipo de poder.
17. Estabeleça um paralelo entre a concepção de família na Antiguidade e em nossa época.
18. Com base na relação de poderes na sociedade patriarcal, explique a seguinte expressão: "Aquilo que apraz ao rei tem força de lei".
19. Em que consistia a propriedade de terra na sociedade patriarcal?
20. Que características tinha o poder na sociedade patriarcal?
21. Que aspectos tornaram propícia a invenção da política?
22. Em que medida a propriedade de terras propiciou o surgimento da política?
23. Em que medida a urbanização propiciou o surgimento da política?
24. Em que medida a divisão territorial suscitou o surgimento da política?
25. Cite alguns traços que possibilitaram aos gregos e aos romanos inventarem o poder político.
26. Qual a importância do espaço público para a consolidação da política na sociedade greco-romana?
27. Que contradições havia na sociedade greco-romana, do ponto de vista da política?
28. Ao longo da história, a sociedade patriarcal e a política foram duas respostas sociais às questões do poder. Além dessas duas formas, que outro caminho foi proposto a essas questões, no século XX, quem o estudou e formulou e quais suas principais características?
29. Como a tradição antropológica europeia via as sociedades existentes nas Américas, na época de seu descobrimento?
30. Que é etnocentrismo?
31. Quais as atribuições do chefe numa sociedade comunitária?

CAPÍTULO 10
As filosofias políticas (1)

1. Quais foram as três explicações principais e mais duradouras sobre a origem da vida política?
2. Explique a expressão "a razão funda a política".
3. Explique a expressão "a convenção funda a política".
4. Explique a expressão "a natureza funda a política".
5. Para os gregos, qual era a finalidade da vida política?
6. As indagações sobre a gênese da *pólis* opõem os sofistas (defensores do caráter convencional da justiça) a Platão e Aristóteles (defensores do caráter natural da justiça e da lei). Explique no que consistia a posição de cada um.
7. O que significam os vocábulos gregos *arkhé* e *kratós*, que estão na formação das palavras que designam os regimes políticos?
8. Que são monarquia, oligarquia, poliarquia e anarquia?
9. Que são autocracia, aristocracia e democracia?
10. Quais são as três ideias políticas elaboradas por Platão e Aristóteles que têm por base a experiência política antiga? Comente-as.
11. Em que obra política importante da Ilustração a tipologia de Platão e Aristóteles aparece com vigor?

12. Cite dois motivos por que se pode dizer que Roma era uma república.
13. Que era, na Roma antiga, o ideal do príncipe ou o Bom Governo?
14. Explique as tradições hebraica e romana sob a perspectiva do nascente cristianismo.
15. Qual era a função do imperador ou césar no Império Romano?
16. Em que contexto e de que forma se constituiu o cristianismo?
17. Em que medida a seita cristã se diferenciou de outras seitas? Por quê?
18. Cite e explique as bases em que foi fundada a religião cristã e como ela se tornou a religião oficial do Império Romano.
19. Por que, à medida que o Império Romano se esfacelava, o poderio da Igreja crescia?
20. Quais os três poderes que a Igreja adquire com o passar dos anos em relação ao Império Romano?
21. Que era a Bíblia?
22. As teorias teológico-políticas (o vínculo interno entre religião e política), embora tivessem diferentes formulações no correr da Idade Média, apresentavam pontos em comuns. Cite três deles e comente-os.
23. O que foi a "querela das investiduras"?
24. Como a "querela das investiduras" foi solucionada?
25. Em que se baseava o esforço para separar a Igreja do poder temporal da comunidade política, no final da Idade Média? Que teólogos estavam envolvidos nessa questão e que ideias defendiam?
26. Que são o direito natural objetivo e o direito natural subjetivo? Para que servem?
27. Quais as consequências do pensamento de Tomás de Aquino e Guilherme de Ockham para a teoria política?
28. O que era o direito de resistência dos súditos do tirano?

CAPÍTULO 11
As filosofias políticas (2)

1. Cite alguns fatos que propiciaram o surgimento do ideal republicano contra o poder político-teológico dos papas e imperadores, no final da Idade Média.
2. Que foi o Renascimento?
3. Que relação havia entre as ideias surgidas no Renascimento e a Antiguidade greco-romana?
4. Compare as teorias medievais e as teorias renascentistas no tocante à política e à religião.
5. Embora divergentes, as teorias medievais e as teorias renascentistas tinham também pontos em comum. Cite dois deles e comente-os.
6. Em que situações ouvimos as expressões *maquiavélico* e *maquiavelismo*?
7. Quem foi Nicolau Maquiavel?
8. Em que Nicolau Maquiavel foi diferente dos teólogos medievais e de seus contemporâneos renascentistas para fundamentar seu pensamento?
9. Qual a importância da obra *O príncipe*, de Maquiavel?
10. Em que consiste a ruptura da obra maquiaveliana em relação à tradição política?
11. Segundo *O príncipe*, toda cidade está dividida em dois desejos opostos. Que desejos são esses? Explique-os.
12. Qual é, para Maquiavel, o ponto de partida da política? Explique.
13. Qual é, para Maquiavel, a finalidade da política?
14. Qual é, para Maquiaval, a lógica da política?
15. O que pensava Maquiavel a respeito da ideia do Bom Governo encarnada no príncipe virtuoso? Explique.
16. O que pensa Maquiavel da legitimidade e da ilegitimidade de quem detém o poder?
17. Que ideias Maquiavel demole com sua obra?
18. O que era a oposição virtude-fortuna?
19. De que maneira Maquiavel retoma a oposição virtude-fortuna? Que novos sentidos ele dá a essa oposição?
20. O que significa dizer que "a lógica política nada tem a ver com as virtudes éticas dos indivíduos em sua vida privada"? Que conceitos Maquiavel inaugura ao preconizar tais ideias?
21. Em face das respostas anteriores sobre Maquiavel, por que ele foi visto como "maquiavélico", no sentido pejorativo que hoje comumente emprestamos a essa palavra? O que, afinal, querem dizer os termos *maquiavélico* e *maquiavelismo*?
22. Em que consistia a ideia de soberania (*summa potestas*), trazida para a discussão por Maquiavel? Que pensador irá desenvolver o conceito de soberania na modernidade?
23. Comente os principais pontos da teoria de Jean Bodin ao formular a ideia de soberania.
24. Que consequências o pensamento de Maquiavel teve sobre a teoria política?
25. Cite os principais fatos sociopolíticos e econômicos que ocorriam no mundo ocidental nos séculos XV e XVI. Que efeitos tiveram sobre as sociedades da época?
26. Que novos fatos o contexto sociopolítico e econômico dos séculos XV e XVI suscitou?
27. Que era o estado de natureza ou condição natural?
28. Como se deu a passagem do estado de natureza para o estado civil ou sociedade civil?
29. Que era o jusnaturalismo ou direito natural?
30. Qual o significado de sociedade civil, ao tempo de Hobbes e Rousseau?
31. Para Hobbes, quem era o soberano?
32. Para Rousseau, quem era o soberano?
33. Que pensavam Hobbes e Rousseau a respeito da propriedade privada?

34. Explique o pensamento de John Locke com relação à propriedade privada como direito natural tendo por base o trabalho.
35. Que consequências a teoria da propriedade privada como direito natural, proposta por John Locke, trouxe para a sociedade ocidental?
36. Qual é a função do Estado segundo a teoria liberal?
37. Qual o significado de "antigo" na expressão Antigo Regime?
38. Em que momento podemos dizer que tem fim o Antigo Regime? Que fatos o comprovam?
39. Como se dá, na prática, a atuação do Estado liberal?
40. Que fatos influenciaram o Estado liberal, ampliando a cidadania política?
41. Que foram as revoluções burguesas?
42. Qual o sentido original da palavra *revolução*? Como ela passou a fazer parte do vocabulário político?
43. O que quer dizer a expressão "revolução na revolução"?
44. As classes populares não possuíam teorias políticas de tipo filosófico e científico. Quais eram suas fontes de referências para explicar o mundo em que viviam?
45. Em que consistia o imaginário messiânico e milenarista das classes populares?
46. Como podemos definir a essência do liberalismo? Que distinções essa teoria estabelece entre sociedade civil e Estado?
47. Levando em conta a resposta da questão anterior, como podemos explicar a face popular das revoluções?
48. Cite três significados políticos das revoluções, segundo o filósofo francês Claude Lefort.
49. Explique a face burguesa liberal e a face popular das revoluções modernas.
50. O surgimento da figura do proletário ou trabalhador industrial favorece o aparecimento das teorias socialistas. Que diziam essas teorias? Em que se baseavam?

CAPÍTULO 12
A política contra a servidão voluntária

1. O que se entende por tradição libertária?
2. O que foram as revoltas milenaristas?
3. Explique a discussão da servidão voluntária proposta pelo filósofo francês La Boétie.
4. Vimos que as teorias socialistas são aquelas que se fundam nas relações sociais e nas ações sociais, isto é, que recusam a separação liberal entre sociedade e Estado e procuram na atividade social os fundamentos do poder e ação políticos. Quais são as três correntes socialistas modernas?
5. Que é socialismo utópico?
6. Explique o sentido da palavra *utopia*.
7. Que é anarquismo?
8. Que é socialismo científico? Quais foram seus principais teóricos?
9. Que paralelo podemos estabelecer entre Maquiavel e Marx?
10. Qual o significado de "economia política"? Em que se baseavam suas formulações?
11. Em que consistiam as críticas à economia política ou liberalismo econômico?
12. Que dizia Marx do liberalismo econômico?
13. Ainda na linha de raciocínio das críticas ao liberalismo econômico, que era o Estado no século XIX?
14. Com base nas três questões anteriores, o que se pode deduzir da relação entre economia e política?
15. Como Hegel explica a gênese do Estado moderno?
16. O que Marx quer dizer ao afirmar que "os homens são historicamente determinados"?
17. Como ocorre na prática a divisão social do trabalho?
18. No decorrer da história, como se denominam as propriedades de acordo com os modos de produção? Explique brevemente cada uma delas.
19. Que é materialismo histórico? Por que "materialismo"? E por que "histórico"?
20. Em que momento surge pela primeira vez o conceito de materialismo?
21. O que significa dizer que o materialismo histórico é dialético?
22. Explique o conceito marxista de alienação.
23. Que é ideologia, segundo Marx?
24. Em que medida a ideologia é posta a serviço da classe dominante numa sociedade?
25. Em que momento da história surge a ideologia?
26. Por que podemos dizer que a ideologia é um fenômeno moderno?
27. Qual é a função primordial da ideologia?
28. Por que podemos dizer que, em relação ao trabalho, existe uma contradição entre o que o protestantismo, o capitalismo e o liberalismo preconizam e a *práxis* levada a efeito pela política no século XIX?
29. Que é trabalho, segundo as teses marxistas?
30. De que maneira a ideologia utiliza a ideia de "trabalho"?
31. Como Marx vê a relação entre o capitalismo e o trabalhador?
32. Que contradições existem entre o que preconizam a ideologia burguesa e o cotidiano do trabalhador?
33. Que ideia o conceito de capital inaugura na história?
34. Explique a afirmação de Marx segundo a qual o valor das mercadorias não é determinado pelo seu uso, mas pelo seu valor de troca.
35. Que papel os trabalhadores assalariados desempenham no modo de produção capitalista, segundo Marx?
36. Que é o salário, na concepção marxista?
37. Quanto vale a mercadoria-trabalhador?

| Unidade 8 | O mundo da prática

38. Que é mais-valia?
39. Por que não se pode confundir a teoria marxista com as teorias utópicas e libertárias?
40. Em que consiste a sociedade comunista, segundo Marx e Engels?
41. O que significa a expressão "ditadura do proletariado"?
42. Por que Marx considerava que a revolução comunista seria a última revolução popular?

CAPÍTULO 13
As experiências políticas do século XX

1. Por que a Revolução Russa de 1917 contrariava a lógica orgânica das teses marxistas?
2. Quem foi o sujeito da Revolução Russa, uma vez que a classe proletária organizada na Rússia era quase inexistente?
3. Que dificuldades enfrentou a Revolução de Outubro?
4. Que eram os sovietes?
5. Que designa a expressão "revolução permanente"?
6. Que medidas adotou Stalin ao assumir o poder, em 1924?
7. Que é o totalitarismo?
8. Que é o fascismo?
9. Que é o nazismo?
10. Que aspectos comuns possuem o nazismo e o fascismo?
11. Que é antiliberalismo?
12. Que é nacionalismo?
13. Que é corporativismo?
14. Como é o funcionamento de uma sociedade na qual um único partido organiza as massas?
15. Que significa a expressão "ideologia de classe média ou pequeno-burguesa"?
16. O que é o imperialismo belicista?
17. Em que implica a "educação moral e cívica"?
18. Que é propaganda de massa?
19. Como se dá a prática da censura e da delação nas sociedades totalitárias?
20. Que é racismo?
21. Que é estatismo?
22. Quais os aspectos principais do stalinismo?
23. De que forma o stalinismo comprometeu as teses marxistas? Cite três aspectos em que isso ocorreu.
24. Quais as consequências do stalinismo na antiga União Soviética?
25. O que foi a guerra fria? Por que tinha esse nome?
26. O que ficou sendo o símbolo da guerra fria?
27. O que era a chamada "corrida armamentista"?
28. Como terminou a guerra fria?
29. Que eram a *glasnost* e a *perestroika*?
30. O que designa a expressão "social-democracia"?
31. O que foi o Estado de Bem-Estar Social (*Welfare State*)? De que forma foi implementado?
32. Quais eram as bases do Estado de Bem-Estar Social?
33. Como operavam os fundos públicos? O que esses fundos representaram na prática?
34. Por que havia perigo de revoluções comunistas nos países do então chamado Terceiro Mundo?
35. Que medidas os países do bloco capitalista adotaram para impedir as revoluções no então Terceiro Mundo?
36. Que é o neoliberalismo? O que ele representou na prática, desde que foi implementado?
37. Que é estagflação?
38. Em que se baseou o neoliberalismo após a crise de 1970?
39. Para o economista brasileiro Francisco de Oliveira, que fatos foram favoráveis ao surgimento do neoliberalismo?
40. Ainda segundo Francisco de Oliveira, por que a teoria neoliberal propôs o encolhimento do Estado?
41. Que princípios orientaram a sociedade capitalista do início do século XX até os anos 1970?
42. Explique em rápidas palavras os principais aspectos do capitalismo na atualidade.

CAPÍTULO 14
A questão democrática

1. Tanto o liberalismo como o Estado de Bem-Estar Social definem a democracia como regime da lei e da ordem para a garantia das liberdades individuais. O que isso significa?
2. O que se quer dizer quando se afirma que, desde a Revolução Francesa, "a democracia é formal, não é concreta"?
3. O que se quer dizer quando se afirma que "a ideologia não nasce do nada nem repousa no vazio, mas exprime, de maneira invertida, dissimulada e imaginária, a *práxis* social e histórica concretas"?
4. Qual o significado das eleições numa democracia?
5. Numa democracia, que significam as ideias de situação e oposição, de maioria e minoria?
6. Que significa afirmar que as ideias de igualdade e liberdade como direitos civis dos cidadãos vão muito além de sua regulamentação jurídica formal?
7. Explique em que medida um direito difere de uma necessidade ou carência ou de um interesse.
8. Com base na resposta da questão anterior, em que momento podemos dizer que uma sociedade (e não um simples regime de governo) é democrática?
9. Quais os três direitos fundamentais que definiam o cidadão na Grécia antiga?
10. Que significava a igualdade na Grécia antiga? Que afirmava Marx a esse respeito?
11. O que na verdade está por trás das falas de Aristóteles e de Marx, a respeito da igualdade?
12. Qual o significado da liberdade na Grécia antiga?
13. Quais as consequências, no decurso da história, do conceito de liberdade tal como os gregos o entendiam?

14. Igualmente como ocorre com a noção de igualdade, existe um descompasso entre a declaração do direito à liberdade e a sua instituição concreta. Como essa divergência se resolve na prática social?
15. O que significava a participação no poder, na Grécia antiga?
16. A democracia grega era direta; a moderna é representativa. O que isso significa?
17. Que se entende por "direitos sociais"?
18. Que são "minorias"?
19. A sociedade democrática institui direitos pela abertura do campo social à criação de direitos reais, à ampliação de direitos existentes e à criação de novos direitos, o que confere a ela traços que a distinguem de todas as outras formas sociais e políticas existentes no decurso da história. Que traços são esses?
20. Que é privatização? E desregulação? Em que medida estas práticas afetam o modo de produção capitalista?
21. Quais os efeitos do rápido desenvolvimento das recentes tecnologias eletrônicas da informação no mundo contemporâneo?
22. Com o neoliberalismo, houve um encolhimento da esfera pública e um alargamento da esfera privada. O que isso representa na prática?
23. Explique a separação entre dirigentes e executantes na organização industrial do trabalho que se observa na atual divisão social.
24. Que é a ideologia da competência técnico-científica? Como ela interfere na política? Que contradições traz consigo?
25. De que forma os meios de comunicação de massa se constituem num obstáculo ao direito à participação política?
26. Por que podemos afirmar que os obstáculos à democracia não inviabilizam a sociedade democrática?
27. Por que podemos dizer que a sociedade brasileira é autoritária?
28. Em razão de seu autoritarismo social e de suas desigualdades econômicas, em que bases está assentada a sociedade brasileira?
29. Explique de que modo, na prática, a sociedade brasileira não consegue ser democrática.
30. Que se entende por "indústria política"?
31. O que está por trás da imagem populista e messiânica dos governantes?
32. Como são vistas as leis em nossa sociedade?

Leituras recomendadas

Adorno: *Lírica e sociedade; Minima moralia*
Adorno e Horkheimer: *Dialética do esclarecimento*
Aristóteles: *Ética a Nicômaco; Política*
Bacon: *Novo Organon; Nova Atlântida*
Benjamin: *A obra de arte na época de sua reprodução técnica; Teses sobre a filosofia da história*
Deleuze: *O que é a filosofia?; Lógica do sentido*
Descartes: *Discurso do método; Princípios da Filosofia,* parte I
Erasmo: *Elogio da loucura*
Espinosa: *Tratado da correção do intelecto* (também traduzida como *Tratado da reforma da inteligência); Tratado teológico-político*
Foucault: *O nascimento da clínica; Microfísica do poder; Vigiar e punir; O cuidado de si*
Freud: *Cinco lições sobre a psicanálise; O mal-estar na civilização*
Giordano Bruno: *Do universo finito*
Habermas: *Técnica e ciência enquanto ideologia; Consciência moral e agir comunicativo*
Hegel: *Propedêutica filosófica; O sistema da vida ética; Introdução à história da filosofia*
Heidegger: *O que é isto: a filosofia?; Sobre a essência da verdade; Ser e tempo*
Hobbes: *Leviatã*
Hume: *Investigação sobre o entendimento humano; Ensaios morais, políticos e literários*
Husserl: *A filosofia como ciência rigorosa; A ideia da fenomenologia*
Kant: *Prolegômenos a toda metafísica que pretenda apresentar-se como ciência; A religião nos limites da simples razão; Projeto de paz perpétua*
Leibniz: *Discurso de metafísica; Monadologia*
Locke: *Carta sobre a tolerância; Segundo tratado sobre o governo*
Marcuse: *Eros e civilização; O homem unidimensional*
Marx: *Manifesto do partido comunista; Salário, preço e lucro; Para a crítica da economia política; O 18 Brumário de Luis Bonaparte*
Merleau-Ponty: *Elogio da filosofia; O olho e o espírito*
Montaigne: *Ensaios*
Montesquieu: *O espírito das leis*
Nietszche: *O nascimento da tragédia; Genealogia da moral; Assim falou Zaratustra*
Pascal: *Pensamentos*
Platão: *Laques; Apologia de Sócrates; A República*
Rousseau: *Ensaio sobre a origem da desigualdade; Ensaio sobre a origem das línguas; O contrato social*
Sartre: *O que é literatura; Questões de método*
Schopenhauer: Seleção de textos no volume da Coleção Pensadores
Sêneca: *Da vida feliz; Da tranquilidade da alma*
Thomas Morus: *A Utopia*
Voltaire: *Cartas inglesas*
Wittgenstein: *Tractatus logico-philosophicus*

Indicações bibliográficas

1. Obras de apoio

ABBAGNANO, N. *Dicionário de filosofia*. São Paulo: Mestre Jou, 1982.

_____. *História da filosofia*. Lisboa: Presença, 1969. 14 v.

BRÉHIER, E. *História da filosofia*. São Paulo: Mestre Jou, 1977. 6 v.

CHÂTELET, F. (Org.). *História da filosofia. Ideias, doutrinas*. Rio de Janeiro: Zahar, 1974. 8 v.

JAPIASSU, H. *Dicionário de filosofia*. Rio de Janeiro: Zahar, 1990.

LALANDE, A. *Vocabulário técnico e crítico da filosofia*. São Paulo: Martins Fontes, 1996.

2. Nascimento da Filosofia

JAEGER, W. *Paideia:* a formação do homem grego. São Paulo: Martins Fontes, 1966.

VERNANT, J.-P. *Mito e pensamento entre os gregos*. Rio de Janeiro: Paz e Terra, 1990.

WOLFF, F. *Sócrates. O sorriso da razão*. São Paulo: Brasiliense, 1982.

ZINGANO, M. *Platão e Aristóteles. O fascínio da Filosofia*. São Paulo: Odysseus, 2002.

3. Obras introdutórias sobre os filósofos

Recomendamos:

os volumes da Coleção Lógos, da Moderna;

os volumes da Coleção Encanto Radical, da Brasiliense;

os volumes dedicados à Filosofia na Coleção Passo a Passo, da Zahar Editores.

4. Obras introdutórias sobre as várias disciplinas filosóficas

ALVES, R. *Filosofia da ciência*. São Paulo: Brasiliense, 1982.

BARBOSA, J. C. *O que é justiça*. São Paulo: Brasiliense, 1986. (Primeiros Passos).

BARTHES, R. *Mitologias*. São Paulo: Difel, 1985.

BERNARDET, J.-C. *O que é cinema*. São Paulo: Brasiliense, 1980.

CASAROTTO, O.; LEITE, M. P. S. *O que é psicanálise*. São Paulo: Brasiliense, 1984. (Primeiros Passos).

CHAUI, M. *O que é ideologia* (rev. e ampl.). São Paulo: Brasiliense, 2001. (Primeiros Passos).

COLLI, J. *O que é arte*. São Paulo: Brasiliense, 1981. (Primeiros Passos).

COSTA, C. T. *O que é anarquismo*. São Paulo: Brasiliense, 1980.

ELIADE, M. *O sagrado e o profano. A essência das religiões*. Lisboa: Livros do Brasil, s.d.

GRANGER, G. G. *Lógica e filosofia das ciências*. São Paulo: Melhoramentos, 1955.

GULLAR, F. *Sobre arte*. São Paulo: Avenir, 1982.

HUISMAN, D. *A estética*. Lisboa: Edições 70, 1984.

KREMER-MARIETTI, A. *A ética*. Campinas: Papirus, 1989.

LEBRUN, G. *O que é poder*. São Paulo: Brasiliense, 1985. (Primeiros Passos).

LYRA FILHO, R. *O que é direito*. São Paulo: Brasiliense, 1990. (Primeiros Passos).

MORIN, E. *Cultura de massas no século XX. O espírito do tempo*. Rio de Janeiro: Forense, 1969.

NUNES, B. *Introdução à filosofia da arte*. São Paulo: Ática, 1989.

OMNÈS, R. *Filosofia da ciência contemporânea*. São Paulo: Ed. da Unesp, 1996.

PAULO NETTO, J. *O que é marxismo*. São Paulo: Brasiliense, 1986. (Primeiros Passos).

PINTO, P. R. M. *Introdução à lógica simbólica*. Belo Horizonte: Ed. da UFMG, 2001.

QUIRINO, C.; SOUZA, M. T. S. de (Orgs.). *O pensamento político clássico. Maquiavel, Hobbes, Locke, Montesquieu, Rousseau*. São Paulo: T. A. Queiroz, 1980.

RUBY, C. *Introdução à filosofia política*. São Paulo: Editora da Unesp, 1998.

SANTOS, J. F. *O que é pós-moderno*. São Paulo: Brasiliense, 1983.

SOARES, A. S. *O que é informática*. São Paulo: Brasiliense, 1988. (Primeiros Passos).

VALLS, A. *O que é ética*. São Paulo: Brasiliense, 1986. (Primeiros Passos).

VASQUEZ, A. S. *Ética*. Rio de Janeiro: Civilização Brasileira, 1986.

5. Coletâneas de seleções de textos, com apresentação e comentários

BORNHEIM, G. A. (Org.). *Os filósofos pré-socráticos*. São Paulo: Cultrix, 1977.

LIMA, L. C. (Org.). *Teoria da cultura de massa*. Rio de Janeiro: Paz e Terra, 1978.

MARCONDES FILHO, D. (Org.). *Textos básicos de filosofia. Dos pré-socráticos a Wittgenstein*. Rio de Janeiro: Jorge Zahar, 1999.

WEFFORT, F. (Org.). *Os clássicos da política*. São Paulo: Ática, 1991.

6. Textos dos filósofos

Recomendamos:

a coleção Os Pensadores, da Nova Cultural, São Paulo. Os volumes vão desde os filósofos pré-socráticos até os contemporâneos;

a coleção Textos Filosóficos, das Edições 70, de Lisboa, com traduções antecedidas de pequenas introduções;

as traduções de obras filosóficas clássicas, modernas e contemporâneas da Martins Fontes, São Paulo;

as traduções de textos filosóficos da coleção Travessias, da Editora da UFMG, de Belo Horizonte.